北京昌平年鉴

BEIJING CHANGPING NIANJIAN

2016（总第12卷）

中共北京市昌平区委党史办公室
北京市昌平区地方志办公室 编

中共党史出版社

图书在版编目（CIP）数据

北京昌平年鉴 . 2016/ 中共北京市昌平区委党史办公室，北京市昌平区地方志办公室编 .-- 北京：中共党史出版社，2016.12

ISBN 978-7-5098-3467-1

Ⅰ . ①北… Ⅱ . ①中… ②北… Ⅲ . ①昌平区 - 2016- 年鉴 Ⅳ . ① Z521.3

中国版本图书馆 CIP 数据核字（2016）第 288105 号

书　　名：北京昌平年鉴（2016）

出版发行：中共党史出版社
责任编辑：韩冬梅
复　　审：潘　鹏
终　　审：李青建
社　　址：北京市海淀区芙蓉里南街 6 号院 1 号楼
邮　　编：100080
网　　址：www.dscbs.com
经　　销：新华书店
印　　刷：北京书芳苑印刷厂
开　　本：185mm × 260mm1/16
印　　张：41
字　　数：750 千字
印　　数：3000 册
版　　数：2016 年 12 月第 1 版
印　　次：2016 年 12 月第 1 次印刷

ISBN 978-7-5098-3467-1
定　　价：128.00（精装）

昌平区地方志编纂委员会

顾　　问　　侯君舒　朱光彤　陈秋生
主　　任　　张燕友
副 主 任　　鲁　亚　王燕庆　韩　义　孙　卫
委　　员　　贺　军　朱驻军　白向军　瓮　民　赵海英　孙士军
　　　　　　张维亮　梁士强　朱华海　宁　澈　李成旺　李雪红
　　　　　　王志刚　韩宝田　茅　江　金东彪　郭玉清　董锦华
　　　　　　云富勇　刘全新　杨冬泉　丁海军　李春玲　袁丽民
　　　　　　安晓玲　赵丽君　方桂堂

党史（区志）办公室

主　　任　　朱华海
副 主 任　　卢永著　李　晔
工作人员　　单胜礼　王淑丽　刘桂芳　刘　斌　杜凯英　李丽娟
　　　　　　陈　亮　任海燕

《北京昌平年鉴》编辑部

主　　编　　朱华海
常务副主编　卢永著
副 主 编　　李　晔
编　　辑　　单胜礼

编辑说明

一、《北京昌平年鉴》（以下简称“《年鉴》”）是按年编纂。连续出版的一部综合性、资料性工具书。在中共北京市昌平区委和昌平区人民政府的领导下，此书由区地方志办公室负责实施编纂出版工作。

二、本《年鉴》遵循实事求是的原则，与时俱进，开拓创新，科学地反映客观情况，力争体现时代特征、地区特点、行业特色，全面、系统记录昌平区经济和社会发展的基本情况。

三、本《年鉴》记述的是2015年昌平区经济、社会等方面的基本情况及重大事件，记述时限为2015年1月1日至2015年12月31日。凡在本书中直书月、日的，均指2015年内的日期，文中“本年”、“年内”一律指2015年。

四、本《年鉴》采用分类编辑法，用文章和条目两种形式，以条目为主，用规范的语体文、记述体直陈其事，文字力求言简意赅。全书设类目、分目、子目、条目4个层次。类目、分目、子目的标题分别用不同型号的字体加以区别。条目的标题统一用黑体并外加【】标明。

五、本《年鉴》的文字内容，设有综述、特载、大事记、政党·团体、政权·政协、政法·军事、经济行政管理、财税 ·金融·保险、城乡建设、城市管理、交通·邮电、农业、工业、商务·旅游、科技·教育·文化·卫生·体育、社会生活、街道·镇、人物、统计表、附录共20个类目。

六、本《年鉴》收录昌平区党、政、军、团体、街镇和部分企业负责人名录，以2015年内任职为限，其中有任免情况的分别予以注明。

七、本《年鉴》卷首设有总目、目录。“总目”中英文对照，卷尾有“索引”，采用主题分析法，按主题词首字汉语拼音字母顺序排列。

八、选入本《年鉴》的文章和条目，除部分资料由《年鉴》编辑部人员直接收集外，其他均由各单位确定的专人撰写或提供，并经单位主要负责人审核，报区编委会审阅。统计资料由这统计局提供。照片由有关单位提供。

总 目

CHANG PING YEARBOOK
General Catalogue

目　录

综　述

特　载

大　事　记

政党・团体

中国共产党北京市昌平区委员会

・组织工作

·昌平区残疾人联合会

·昌平区红十字会

·昌平区文学艺术界联合会

政权·政协

昌平区人民代表大会常务委员会

昌平区人民政府

政法·军事

政 法

·政法委工作

·公安工作

·案例举要

·交通管理

· **案例举要**

· **检察工作**

· **审判工作**

经济行政管理

综合调控

统计工作

工商行政管理

人力资源和社会保障

质量技术监督

审计工作

国有资产监督管理

食品药品监督管理

安全生产监督管理

财税·金融

财税

·财　政

·国家税务

·地方税务

金 融

城乡建设

规划管理

建设管理

房地产开发与建筑业

城市管理

环境建设与环境卫生

供热

供气

园林绿化

供水

节水

供电

城管监察

环境保护

防震减灾

交通·邮电

交通

·公路建设

·轨道交通建设

邮 电

农　业

农村工作

新农村建设

种植业

农机监理

农业服务

水务

气象

农村经济管理

生命科学园

北京未来科技城发展集团有限公司

北京晨光昌盛融资担保有限公司

十三陵特区

科技·教育·文化·卫生·体育

科 技

· 知识产权工作

· 科普工作

教 育

· 教育工作

·北京积水潭医院回龙观院区

·昌平区中西医结合医院

体　育

社会生活

人口管理

民 政

民族·宗教·侨务

·人民生活

街道·镇

街　道

·城北街道办事处

·城南街道办事处

·天通苑南街道办事处

人　物

统计表

附 录

1 月 6 日，召开区委四届八次全体会议。会议全面总结 2014 年工作，研究部署 2015 年各项任务

1 月 7 日，区政府与河北省怀来县签订战略合作关系

1 月 20 日，“畅动冰雪季，助力申冬奥”冰雪主题活动在区温都水城滑雪场举行

1月24日上午，2015年中国Hadoop技术峰会在昌平区举办

2月1日下午，昌平区人民政府与北京航空航天大学全面深化合作框架协议签约仪式举行

2月6日上午，昌平区2015年迎新春军政座谈会召开，与驻昌部队共商军地建设大计

2 月 12 日，昌平区邀请市书法家协会书法家和剪纸艺术家，走进昌平区延寿镇为村民写春联，送祝福

3 月 2 日，昌平区前锋学校成为中国政法大学附属学校揭牌仪式举行

3 月 3 日，环保大检查动员会

3月4日，召开安全生产大会

3月6日，区妇联以“让我们的生活充满阳光”为主题在昌平区职业教育文化园举办了庆“三八”生活体验大观园活动

3月14日，第三届北京农业嘉年华在兴寿镇草莓博览园开幕

4月，昌平区首家慈善超市在昌盛园二区开业

4月4日，昌平区与驻昌部队、中国政法大学在南口镇天寿陵园军魂园纪念广场举行先烈祭奠活动，向南口战役抗日纪念碑敬献白花，寄托哀思

4月8日，昌平区人民政府与北京农商银行举行全面战略合作暨重点项目融资签约仪式，三年内北京农商银行将为昌平区提供300亿的信贷支持

4月11日，“北京21公里”半程马拉松赛首站在昌平新城滨河森林公园开赛

5月5日昌平公共自行车租车卡开始办理，18日启用公共自行车服务

5月27日，区委书记侯君舒为全区党员领导干部讲党课

7月1日，区委邀请基层一线优秀共产党员代表召开纪念建党94周年座谈会

7月16日，中央国家机关廉政教育基地授牌仪式在昌平区“明镜昭廉”明代反腐尚廉历史文化园举行

7月27日，中共北京市昌平区第四届委员会第九次全体会议召开，提出融入京津冀协同发展大局，建设产业高端、功能完善、环境优美、舒适宜居的新昌平

9月12日，由中国扶贫基金会、昌平区人民政府和北京交通广播联合主办的2015善行者公益徒步活动在居庸关长城脚下启动

9月12日，昌平枣文化节在流村镇漆园村举办开幕仪式

10月10日， 区委召开“三严三实”专题教育工作推进会

10月20日，全国双拥办、市双拥办调研昌平区双拥办先进工作情况

10月24日，北京·昌平第十二届苹果文化节开幕，市园林绿化局相关负责人和区领导出席开幕式

10月27日，区政协弘扬中华民族传统文化，举办非遗项目漆园村“龙鼓”捐赠活动

10月29日，由议长赵淑子率领的韩国首尔特别市道峰区议会代表团一行拜会昌平区人民政府

11月7日，2015秋季·北京国际长走大会在十三陵水库举行

12月，民警入户查隐患，预防煤气中毒

12月2日，中共北京市昌平区第四届委员会举行第十次全体会议审议通过《中共北京市昌平区委关于制定国民经济和社会发展第十三个五年规划的建议》《中共北京市昌平区第四届委员会第十次全体会议决议》

12月15日，北京市昌平区工会第四次代表大会开幕，选举产生区总工会新一届领导机构

12月18日，召开农村基层党建工作座谈会暨新一届党组织书记任职培训班动员会

12 月 19 日，市领导调研基层党组织建设情况

12 月 22 日，霍营街道老年活动中心揭牌成立

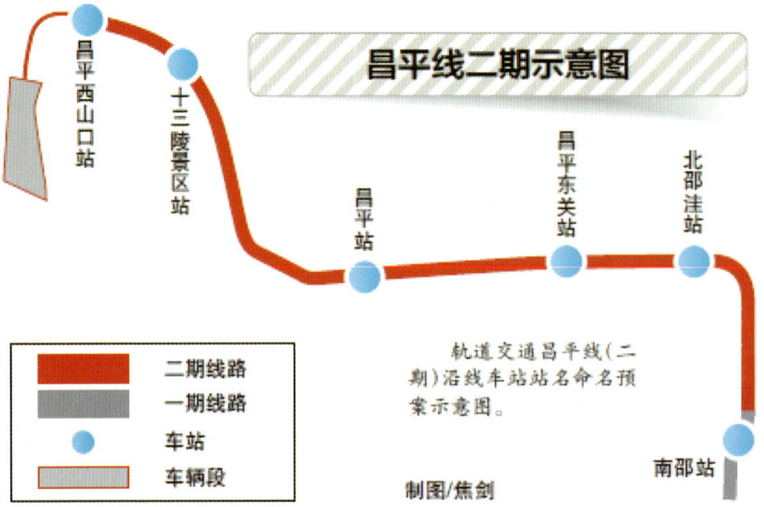

12 月 26 日，轨道交通昌平线二期正式开通运营，开通首日载客 138414 人次

综 述

昌平区地情概况

概况

昌平区位于北京市西北部。总面积1343.5平方千米，山区、半山区占全区总面积的2/3。主要河流属温榆河水系，为暖温带大陆性季风气候。全区辖15个镇（含5个地区办事处）、5个街道办事处和1个以企代镇行政单位（北企公司）。辖区下辖298个行政村、1个计划单列村和220个社区居委会。截至年底，全区常住人口196.3万人，比上年末增加5.5万人，增长2.9%;其中常住外来人口102.6万人，增长2.4%，占常住人口的比重为52.3%，比上年末下降0.2个百分点。户籍人口59.5万人，比上年末增加1万人，增长1.6%；其中农业人口17.8万人，占全区户籍人口的30%，比上年末下降1个百分点。

2015年，全区人均地区生产总值达到33958.7元，实现地区生产总值657.3亿元，以不变价计算，比上年增长8.2%。其中，第一产业增加值8.1亿元，下降10.6%；第二产业增加值244.8亿元，增长0.4%；第三产业增加值404.4亿元，增长14.3%。占地区生产总值比例为1.2:37.2:61.6。完成地方公共财政预算收入73.1亿元，比上年增长10.2%。全年城镇居民人均可支配收入38794元，比上年增长9.1%；农村居民人均可支配收入20115元，比上年增长9.1%。城镇居民恩格尔系数为24.3%，比上年增长 0.4个百分点；农村居民恩格尔系数为25.7%，比上年增长0.4个百分点。农村居民人均住房面积41.4平方米，比上年增加1平方米。

2015年国民经济和社会发展

农业

全年区农村经济总收入实现392.4亿元，比上年同期增长8.8%；农村居民人均可支配收入达到20115元，同比增长9.1%，实现农林牧渔业增加值8.3亿元，比上年下降10.6%。完成农林牧渔业总产值22.1亿元，比上年下降14.4%，其中，农业产值完成7.7亿元，比上年增长1.5%；林业产值完成5.4亿元，比上年下降27.1%；牧业产值完成7.9亿元，比上年下降18.6%；渔业产值完成0.2亿元，比上年下降12.5%;农林牧渔服务业完成0.8亿元，比上年增长3.4%。全年粮食播种面积31175亩，比上年减少6243亩，下降16.7%。粮食产量0.8万吨，增长13.6%；粮食亩产265.1公斤，比上年增长36.3%。全年蔬菜产量3.8万吨，比上年下降8.1%；禽蛋产量0.7万吨，下降17.8%。全年农业观光园208个，比上年增加10个；观光园总收入4亿元，比上年增长6.8%。民俗旅游经营户370户，累计接待游客234.2万人次，比上年增长95%；民俗旅游总收入0.9亿元，比上年增长52.2%。设施农业占地面积15949亩，比上年下降7.1%；实现收入4.2亿元，比上年下降3.3%。推动特色绿色产业升级，林下栗蘑种植发展到8个镇，全年完成种植300万袋，产值实现2500万元，调整百合产业结构，试种食用百合85.7亩，果树种植面积已达19.8万亩，年产值3.2亿元，1.9万户农民就业增收，全区花卉总面积达3000亩，总产值达6.9亿元。完成《“十三五”都市型现代农业发展规划》编制工作和《“十三五”期间昌平山区农民增收途径及对策研究》调研。

开展农村家庭财产保险和政策性农业保险工作，全区73664户参投农村家庭财产保险，因风灾、雷击、暴雨、火灾，估损金额120万元,201户获得赔款110余万元。政策性农业保险开办24个险种，增加生猪价格指数、蜂业气象指数和果树树体保险3个险种，有2602户参保，保费总额1693.09万元，总保额42966.83万元。全年在农民培训的基础上选拔农村实用人才，开发培养等级农村实用人才3399名（不含新增），其中高级实用人才85名、中级213名、初级3101名，新增农村实用人才265名，开展各类农民培训共计8000余人次。

工业

全区规模以上工业企业增至306家，完成产值1085.5亿元，同比下降3.6%。工业经济总量位列五个城市发展新区第二位。完成销售产值1090.4亿元，同比下降2.5%，实现产销率100%；主营业务收入完成1166.3亿元，同比下降0.7%；利润总额70.9亿元，同比下降1.3%。装备、基础与新材料及都市产业比上年下降，生物与医药、电子信息及汽车与交通设备产业比上年增长。其中：装备产业完成产值226.9亿元，同比下降14.9%。汽车与交通设备产业完成产值299.9亿元，同比增长1%。基础与新材料产业完成产值412.7亿元，同比下降1.6%。生物与医药产业完成产值76.1亿元，同比增长3.9%。都市产业完成产值48.1亿元，同比下降4.1%。电子信息产业完成产值21.8亿元，同比增长14.4%。北汽福田、三一、神华、国电四大重点企业，全年共完成产值556.5亿元，占规模工业总量比重51.3%，比上年下降7.6%，减量46亿元，拉动全区规模以上工业同比下降4.1个百分点，是昌平工业产值同比下降的最主要因素。其余297家规模以上工业企业，产值比上年下降3.9%，其中：剔除康明斯后的19家年产值5亿元以上企业完成产值184.4亿元，比上年下降8.5%;278家年产值5亿元以下企业，完成产值279.8亿元，比上年下降0.7%。

2015年，昌平园企业总数增加至3430家，从业人员15万人；实现总收入3384.4亿元,比上年增长6.2%；出口总额13.3亿美元，比上年下降11.7%；上缴税费144.8亿元，比上年下降0.2%；利润总额267.7亿元，比上年增长0.5%；企业内部科技活动经费支出总额95.4亿元，比上年增长19.9%；专利申请数4955件，比上年下降0.2%；专利授权数3411件，比上年增长25.7%。园区有亿元级企业202家，上市企业19家，截至年底总市值达2173.5亿元，较上年提高23.7%。

商业　外经外贸　旅游业

国内贸易：全年实现社会消费品零售额395.9亿元，比上年增长7.4%， 批发业实现零售额20.5亿元，比上年增长9.5%,占比5.2%；零售业实现零售额341.2亿元,比上年增长7.5%，占比86.2%；住宿业实现零售额8.2亿元，比上年增长4.9%，占 比2.1%；餐饮业实现零售额25.9亿元，比上年增长5.4%，占比6.5%。增速比全市高0.1个百分点，总量在5个城市发展新区中位居第二。

2015年，全区新批三资企业17家，比上年减少2家；新批三资企业注册资本37140.6万美元，比上年减少5.2%。引进外商实际投资10622.3万美元，比上年减少0.2%。其中外商独资企业实际利用外资6578.5万美元，比上年增长0.5%；合资企业实际利用外资3695.8万美元，比上年减少1.4%，总量排在城市发展新区第四。进出口总额，累计实现34.07亿美元，比上年下降16.02%，总量在城市发展新区中位居第三。

全区旅游企业增加到750家，旅游景区37家，其中世界文化遗产2家、国家级森林公园2家、A级以上景区23家；星级酒店36家，社会旅馆403家，旅游商店32家，旅行社129家，市级民俗村26个、市级民俗户1617户，京郊旅游新业态87家。全年共接待中外游客1550万人次，比上年增长10.7%；实现旅游收入104.3亿元，同比增长5.6%，占10个郊区旅游收入的20%，稳居全市第六位、10个郊区第一位、五个城市发展新区第一位，全市第6个旅游收入突破100亿大关的地区。

财税 金融

2015年全区完成地方公共财政预算收入73.1亿元，比上年增长10.2%。其中，增值税完成10.6亿元，增长17.3%；营业税完成21.8亿元，比上年增长11%；企业所得税完成 8.6亿元，比上年下降13.1%，三大主体税种合计完成财政收入41亿元，拉动公共财政预算收入增长3.7个百分点。全区公共财政预算支出185.8亿元，比上年增长34.2%。其中，用于教育33.6亿元、社会保障和就业22.6亿元、节能环保13.6亿元、城乡社区事务39.7亿元、农林水事务支出24.6亿元，分别增长59.8%、36.7%、62.3%、73.5%和25.3%。全年共完成区域税收246.7亿元，比上年增长1.6%。其中第一产业完成税收2.8亿元，比上年增长318.1%；第二产业完成税收82.0亿元，比上年增长11.5%；第三产业完成税收160.5亿元，比上年下降4%。

年内全区主要金融机构各项人民币存款余额1827.5亿元，比年初增加248.3亿元，比上年增长15.7%。其中居民储蓄余额1002亿元，比年初增加52.2亿元，比上年增长5.5%；单位定期余额141.7亿元，比年初增加29.1亿元，比上年增长25.8%。全区金融机构各项人民币贷款余额366亿元，比上年增加24.4亿元，比上年增长7.1%。全年证券市场各类证券成交额7192.4亿元，是上年的2.2倍。其中股票交易额4332亿元，是上年的3.6倍；基金交易额76.5亿元，是上年的1.9倍；债券交易额1770.4亿元，是上年的1.5倍。年末股票市场累计开户数22.7万户，本年新开户数14.5万户。

城乡建设与管理

完成中铝、商飞等未来科技城央企的规划审批手续办理，全年共核发各类规划许可167件，总用地规模148.41万平方米、总建筑规模262.9万平方米、市政工程9.01万延米，规划验收65项，总验收规模276.27万平方米。全年，对129项建设工程和在建工程进行规划监督，规划验线35项，建筑规模115万平方米，规划验收94项，建筑规模约380万平方米。拆除违法建设611处，309万平方米，出具违法建设认定819份、告知函143份。

全区房建类建设工程共237项，全年开复工面积1301.02万平方米，比上年减少22.8%，新开工程90项，建筑面积393.04万平方米；在施工程208项，建筑面积1093.34万平方米；复工工程83项，建筑面积597.11万平方米，占开复工面积的56.7%；竣工工程64项，建筑面积310.87万平方米。市政类项目53项，全长共计114.36千米，其中在施工程7项，长度15.45千米；新开3项，建筑规模5.46千米。全区建筑及房地产业共完成投资198.1亿元，比上年下降31.6%。全区重点工程共计45项，计划投资135.7亿元。全年开工39项，开工率为86.7%，完成投资134.8亿元。中国移动国际信息港一期工程，中国电信北京信息科技创新园项目，北京邮电大学学生公寓、食堂及活动中心综合楼、教学实验综合楼完工，回南北路京藏高速东辅路至育知东路段通车。

全年区建设工程安全监管出动安全检查5550人次，检查工地4234次，下达《责令立即整改通知单》3244份，《停工整改通知单》60份，简易处罚114起，罚金11.4万元，累计扣分133分，立案处罚2起，罚金3万元。

年内房屋管理完成拆迁41.7万平方米，其中住宅118户、建筑面积23.1万平方米，非住宅70处、建筑面积18.6万平方米。制定施行《关于加强昌平区征收拆迁中介服务机构监督管理的意见》《宅基地房屋搬迁补偿方案》等。全年办理预售许可初审21件，投入市场房屋套7959套。受理各类行政审批业务2969件。投资400万元承办直管公房为民办实事项目，完成平房翻建137间2343.46平方米，完成楼平房重做防水44栋13554平方米。

截至年底，昌平区公路总里程达到1877公里，公路密度达到139.6公里/百平方公里。其中国道1条、18.072公里，市道12条250.679公里，县级路60条323.358公里，乡公路368

条846.54公里，专用公路39条44.2公里，村道426条413.073公里。全年建设、养护投资34521万元，完成投资34526万元，改建续建1项，大修工程3项，预防性养护工程9项，旧桥改造工程2项，地质灾害防治工程1项。一、二类桥梁比例为97.8%，路网系统设施完好率达到99%。

科技　教育　文化　卫生　体育

2015年全区专利申请量与授权量分别为8822件和5640件，分别比上年增长18.3%和21.6%；其中发明专利申请量与授权量分别为4072件和1430件，分别比上年增长24%和42.7%。全年共签订各类技术合同1586项，比上年减少5.9%；技术合同成交总额63.5亿元，比上年增长4.1%。截至2015年，国家蛋白质科学基础设施北京基地、国家材料服役安全科学中心等重大科技项目按期实施，北京高科大学联盟成功落户，首都科技条件平台昌平站、中关村生命科学联合创新服务平台开通运行，汇集国家“千人计划”专家203人、“海聚高聚工程”专家43人。全社会研发支出占地区生产总值 比重提高到6.5%。建成各类创新创业空间130余万平方米，在回龙观地区成功打造全国首家“双创”社区。

截至年底幼儿园124所，教学班971个，离园幼儿6077人，入园幼儿9543人，在园幼儿25854人，教职工4682人。其中北京市示范幼儿园6所，北京市一级一类幼儿园28所，二级二类幼儿园19所，市级早教基地12所。年内新建、改扩建8所幼儿园，新增1620个学位。有小学53所，其中公办38所、民办15所；毕业7264人，招生7918人，在校生53910人。中学53所，毕业8586人，其中初中5521人，高中3065人；招生7076人，其中初中5100人、高中1976人；在校生22450人，其中初中15764人，高中6686人。特殊教育学校2所，公办1所，民办1所；结业25人，招生25人，在校生80人；开设教学班12个；教职工49人。校外教育单位1个，教职工44人，其中专任教师30人。全区中小学教职工8877人，其中，专任教师6994人。中小学特级教师22人，高级专业技术职务教师1212人。中小学占地总面积324.0627万平方米，校舍建筑面积128.9183万平方米，图书馆藏书312.5959万册，固定资产总值17.5085亿元。全年教育经费投入26.84亿元，其中，国家拨款26.50亿元，自筹经费0.34亿元。 有公办职业高中1所，为北京市昌平职业学校。毕业1293人，招生1046人，在校生2776人。教职工341人，有成人教育单位21个，其中，成人教育中心1个，区教委管辖乡镇成人学校20个。教职工41人，其中专任教师35人。学历教育共有专科、本科在校生3365人，新招生896人；农民中专班毕业12个班740人，新招3个班106人。开设社会化考试七大类，累计参加考试人数7492人。开展京津翼一体化农民培训5期共330人。城乡市民教育大讲堂培训在全区20个镇街的35个新农村及50个社区累计完成培训16424人次。

全年查处举报违反文化市场管理案件49件，办理行政处罚案件24件，罚款97300元，取缔非法游商、摊点23个，取缔黑开文化娱乐场所11家，取缔非法演出3次，取缔非法电台2个。完成公益惠民演出953场，放映公益电影13892场、宣传观众80余万人次。全区图书馆共接待读者10余万人次，送书下乡共100次，为农村和社区配送图书24800册。。持续开展“美丽昌平走基层”活动，全年为基层演出60场，参与观众30000余人。针对未成年人校外教育，创建“阅润昌平—童学会”系列少儿读书活动品牌，举办“阅润昌平—童学会”系列读书活动33场，有1000名小读者参加。利用博物馆、图书馆举办展览12期，制作“风情昌平民俗展”，8000余名观众参观展览。举办2015年世界大学生魔术交流大会，成立中国青年魔术师俱乐部。完成南口宝林寺、东闸关帝庙等4个文物修缮项目和16处37项文物安技防工程项目。编辑出版本土文化丛书《长峪城》，工具书《文物普查资料类编》。

全区内有各级各类医疗卫生机构907个，

其中医疗机构904个，包括营利性358个、非营利性546个。卫生技术人员13187人，执业（助理）医师4810人、注册护士5938人；实有床位10147张。平均每千人常住人口拥有卫技人员6.71人、执业（助理）医师2.45人、注册护士3.02人、床位5.17张。全年完成总诊疗1049.6301万人次，其中门急诊1036.1902万人次，家庭卫生服务13.44万人次，留观18.12万人次，健康检查43.63万人次。

年内对使用到周期的83套健身路径进行更新，为57个社区新配建健身器材，建设篮球场、笼式多功能球场等专项场地4片。举办第十届全民健身体育节，开展篮球、羽毛球、乒乓球、拔河、棋类等9项区级竞赛活动，直接参与人数达5万余人次。承办北京市第九届“和谐杯”乒乓球总决赛、北京·昌平山水林间骑游活动等4项市级竞赛活动。全民健身指导服务，组织社会体育指导员培训6期400人，举办科学健身大讲堂活动35场次，受众达5000余人。完成国家体育总局下达的年度体育健身活动调查和体质状况抽测任务，全区共测试5600余人。完成62个社区体育生活化达标及5个体育特色村创建工作，截至2015年12月，全区所属社区全部实现体育生活化达标。年度投入166万体彩公益金支持校园三大球项目，17所学校被市局命名为基层三大球网点校，组织“全国校园足球联赛昌平赛区比赛”。年度新注册运动员375人，昌平体校向市级运动队输送队员6名，在组队参加2015年北京市青少年锦标赛的12个项目比赛中，获得金牌32枚、银牌29枚。完成环十三陵水库和“经典皇陵”骑行绿道标识牌的安装工作，体育运动经营年度销售总额近3亿元，居远郊区第一。

人力资源和社会保障

年内，有17个镇街达到充分就业镇（街道）标准，占总数的85%，473个社区和村达到充分就业社区和村标准，占总数的95.9%，8个社区和村获市级充分就业示范社区和村。全区实现城乡劳动力就业12152人，完成全年指标的110.47%，城镇新增就业26369人，完成全年指标的263.69%，城镇登记失业率控制在1.46%，扶持创业598人，带动就业1748人，完成全年指标的230%和233.07%，组织开展各类培训20509人，1523人通过“三定”培训实现稳定就业。新增绿色就业经济实体128家，开发绿色就业岗位1443个，帮扶1398名城乡劳动力实现绿色就业。出台《高端人才发展政策》及其实施细则，落实“昌平英才卡”第二期一揽子服务项目，开展高层次人才需求申报工作，43个岗位、48人通过审批，新建博士后科研工作站6家，有17名博士后青年英才在站从事10个项目研究工作。首次举办“80后”科级公务员能力素质提升班，制定《昌平区公务员平时考核试点工作实施方案》，在7家单位展开试点；111名公务员参加首批挂职锻炼。出台《昌平区专业技术人员竞聘上岗办法》，在全市率先尝试专业技术人员竞聘上岗。出台《事业单位公开招聘管理岗位考试大纲》，启动事业单位工作人员三年轮训计划。年内计划常规引进322名非北京生源毕业生，选聘大学生村官111名，安置军转干部63人。全区社会保障制度覆盖人群达到214.05万人次，比上年增加10.96万人次，比上年增长5.40%，基金累计收支规模达到117.18亿元，比上年增长13.16%，其中，五项社会保险累计收缴59.28亿元，五项社会保险累计支付53.31亿元，全区11.62万人社保待遇调整，调整金额5676.68万元。年内办理退休核准4146人，完成工伤认定案件1015件，提供劳动能力鉴定服务594人次。新增20家医疗机构开通医保报销业务。受控企业劳动合同签订率达到99.5%，续订率为94.9%。开展执法检查2765家，解决工资拖欠隐患371.8万元，受理投诉举报案件859件，处理讨薪类突发事件24起，为3443人追回工资9361.61万元，成立劳动人事仲裁院，设立流动仲裁庭，启动案卷规范化管理工作，受理劳动人事争议案件3513件。转非安置完成32个项目2269人。开展山区劳动力实用技能培训，组织实施果蔬栽培管理及病虫害防治等6大类11小项实用技能培训2734人。完成全区机关事业单位在职职工养老保险及职业年金预扣、已退休合同制职工养老金调整工作，调整全区103家机关事业单位29271人的基本工资标准。开展“公共就业服务进拆迁建设地区”、毕业生就业服务月活动，举办招聘洽谈会96场，接待求职人员2.39万人，实施“一站式”小额担保贷款现场申报评审，发放小贷89笔1205万元，推荐2个项目获评北京市优秀创业项目。

精神文明 民主法治建设

开展社会主义核心价值观宣传，制作1200余块公益广告，发放宣传品90余万份，为全区农村、社区建设精神文明标准宣传栏56个，新建乡情村史博物馆2个，外墙建设宣传栏28块。推荐“首都道德模范”9名，“全国道德模范”5名，推荐“北京榜样”候选人139人。年内，5个单位获得全国文明单位，2个村获得全国文明村，有17个单位获得首都文明单位标兵，49个单位获得首都文明单位，43个村获得首都文明村，34个社区获得首都文明社区，6个镇获得首都文明镇，10个景区获得首都文明景区的荣誉称号。全区评选三星市级社区文明小使者1991名。开展“红领巾心向党”故事会、“寻找党的足迹”等活动。首批“日新书架”工程出资十余万元，为小学12个班级及书法、美术教室配置14个“日新书架”，计3386册图书。开展“助力申冬奥精彩北京人——做文明有礼的好乘客”活动，推举文明乘客681名，全区近10万群众参加现场宣传活动。文明引导开展志愿服务活动，发放宣传材料11810份，义务咨询指路1285人，照顾老弱病残孕五种人1095次，协调处理纠纷12起，志愿服务23040小时，服务对象12771人次。

全年，区人大常委会组织召开16次代表座谈协调会，邀请800多人次代表列席常委会会议。区四届人大五次会议代表提出建议276件，当年办结124件，办结率44.9%。闭会期间，代表提出建议10件，接待群众来信来访70件次。召开9次常委会会议，审议26项议题，依法作出6项决议、决定，任免国家机关工作人员72人次，任命区人民法院人民陪审员57名。区政协提交提案151件，确立重点督办提案10件，提案已全部按时办复，办复率100%，办结率45.7%，比上年提高了5.4个百分点。全年，共立现案9839起，破案5349起，破现案2476起，刑事拘留1725人，治安拘留4848人，累计抓获逃犯276人。区检察院办理审查逮捕案件970件1208人，比上年分别减少5%和10.6%；审查起诉案件1351件1684人，比上年分别减少8.2%和15.5%。区法院新收各类案件29154件，办结27169件（含旧存），法官年人均结案194件，列全市法院第四。全区有人民调解委员会631个，调委会成员3544人，共有专兼职调解员8064名，全年各级各类调解组织共计调解各类矛盾纠纷8502件，成功化解8174件，调解成功率达到96.14%。

特 载

在中共北京市昌平区委四届十一次全会上的报告

中共北京市昌平区委书记 侯君舒

（2016 年 1 月 6 日）

同志们：

受区委常委会委托，我向全会作工作报告，请予审议。

一、关于 2015 年工作

过去一年，在市委的坚强领导下，区委常委会深入学习贯彻“四个全面”战略布局和总书记系列重要讲话精神，认真落实京津冀协同发展任务，团结带领广大党员干部努力适应新常态，真抓实干，攻坚克难，推动经济社会转型发展取得了新的成效，实现了“十二五”圆满收官，为“十三五”打下了良好基础。

一年来，常委会认真贯彻中央、市委精神，在推进各方面工作的同时，重点抓了三件大事：

一是深入开展“三严三实”专题教育。从常委会自身做起，坚持以上率下，突出问题导向，严明政治纪律和政治规矩，狠抓思想教育、作风整改和立规执纪，查摆了 13 种不严不实问题。我们贯彻从严要求，认真召开专题民主生活会，开展批评和自我批评，经历了又一次严肃的党内政治生活锻炼。各级党组织认真履行责任，深化学习教育，持续推进“四风”整治，解决了一批群众反映的突出问题。

二是全力做好抗战胜利 70 周年纪念活动服务保障工作。我们把服务保障纪念活动作为重大政治任务，成立一线指挥部，强化集中调度，严格督促检查，全区总动员，高质量完成了服务保障阅兵基地建设运转、环境秩序综合整治和安保维稳各项任务。各级党组织和党员干部勇挑重担、连续奋战，充分发挥战斗堡垒和先锋模范作用，经受住了考验和锻炼，干部队伍的凝聚力、战斗力明显增强。

三是认真谋划昌平“十三五”发展。深入学习贯彻党的十八届五中全会和市委十一届八次全会精神，多次召开专题会研究昌平转型发展的重大问题，广泛听取各方面意见建议。区委四届十次全会审议通过“十三五”规划建议，围绕全面建成小康社会、加快建设国际一流科教新区的奋斗目标，明确了今后五年昌平发展的指导思想和目标任务，在全区上下形成了新的发展共识和动力支撑。

一年来，常委会全面贯彻中央、市委决策部署，把握区域功能定位，统筹改革发展稳定全局，主要抓了以下六方面工作：

一是促进经济平稳健康发展。我们加强对经济工作的领导，把稳增长、调结构摆在突出位置，抓好统筹协调调度，保持经济运行总体平稳，地区生产总值预计增长8%，一般公共预算收入增长10.2%，城乡居民收入分别增长9.1%和9.3%。电子信息、生物医药、新材料产业均保持了20%以上增速，服务业增加值占GDP比重达到65%。强化创新驱动，健全中关村昌平园统筹发展机制，加快未来科技城等重点功能区建设，科技条件平台、生命科学联合创新平台投入运行，回龙观“双创”社区正式亮相，高端要素和创新人才加快集聚。

*二是狠抓人口规模调控。*我们坚持把疏解非首都功能、压减外来人口作为全区工作的重中之重，健全“五管”工作机制，出台产业负面清单、严控新生违法建设办法、房屋租赁税收征缴等系列制度措施，实施镇街部门捆绑问责，加大综合执法力度，推进回龙观“北四村”综合改造，基本完成城北市场整治腾退。经过全区上下的共同努力，全年拆除违法建设310万平方米，清理低端企业和市场网点1000多个，区域常住人口增长势头进一步遏制，外来人口连续实现负增长，顺利完成了市委市政府下达的调控指标。

*三是着力保障和改善民生。*我们着眼弥补发展短板，加强城乡建设管理和生态环境治理，提升城市综合服务功能和宜居性。狠抓大气污染防治措施落实，实现农村地区减煤换煤18.6万吨，实施造林1.2万亩。地铁昌平线二期、马池口再生水厂等一批关键性基础设施建成投入运行。161中学回龙观学校等6所名校名园基本建成，人民医院北院区等4所医院加快建设。健全城乡一体的社会保障体系，成功创建充分就业区。建成保障房7300余套，实现1.2万名拆迁群众顺利回迁，城乡居民生活环境条件持续改善。

*四是推进重点领域改革。*我们认真落实中央、市委改革部署，结合昌平实际，统筹安排了112项改革任务，提出24项重点研究事项，以重点领域的突破带动全面深化改革整体推进。在党的制度建设、行政权力清单管理、大气污染治理、网格化社会服务体系建设等方面推出了一系列改革举措，取得了阶段性成效。探索实施“一镇街一试点”改革，回龙观综合配套改革、延寿镇农村土地流转等试点工作有序推进。加强对改革的督促检查和跟踪问效，促进改革措施落地，努力让群众有更多获得感。

*五是加强民主法治建设。*我们先后召开第四次人大工作会议、第五次政协工作会议和统战工作会议、群团工作会议，着力加强和改进党的领导，促进协商民主广泛多层制度化发展，充分发挥各条战线的独特优势和重要作用，广泛凝聚加快转型发展的正能量。积极推动司法体制改革，深化司法公开，提升司法公信力，法院立案登记制、检察官办案责任制等改革走在全市前列。深入推进平安昌平建设，加大矛盾纠纷排查化解和安全隐患综合整治力度，确保了社会大局和谐稳定。

*六是从严落实管党治党责任。*我们认真贯彻全面从严治党要求，定期研究解决党的思想、组织、作风、制度、纪律和反腐倡廉建设存在的问题。制定党建工作“三个清单”，抓好党工委书记述职评议，建立巡回检查制度，推动党建责任逐级落实。优化处级领导班子配备，加强干部日常监督管理，扩大个人事项申报核查范围。突出基层党组织政治引领功能，完成村社区党组织换届，深入推进基层服务型组织建设。严格落实党风廉政建设主体责任，坚持“一案双查”，强力正风肃纪，加大案件查办力度，召开千人警示教育大会，保持了惩治腐败的高压态势。

回顾一年的工作，成绩来之不易，但也必须清醒地看到，昌平发展还面临很多严峻的问题：经济下行压力进一步加大，稳增长、调结构、转方式任务更加紧迫；“城市病”还没有得到根本治理，调控人口规模、治理生态环境、加强城市管理、补齐民生短板工作十分繁重；制约转型发展的体制机制和深层次矛盾日益突出，推动重点领域改革攻坚还需要付出艰苦努力；面对压力和困难，一些党员干部消极懈怠、不敢担当、不愿作为，坚持全面从严治党、营造良好政治生态还需要下更大功夫。

二、当前的形势和要求

前不久闭幕的中央经济工作会议和中央城市工作会议，是党的十八届五中全会后召开的两个十分重要的会议。在中央经济工作会议上，总书记从战略和全局的高度深刻分析了国内国际经济形势，强调推进供给侧结构性改革是适应和引领经济发展新常态的主动选择和必然要求，要求实现“十个方面工作重点转变”，实施“五大政策支柱”，抓好“五大关键任务”，加大结构性改革力度，矫正要素配置扭曲，扩大有效供给，增强持续增长动力，推动经济持续健康发展。在随后召开的中央城市工作会议上，总书记全面阐述了城市工作的指导方针，强调要尊重城市发展规律，着力抓好“五个统筹”，提高城市工作的全局性、系统性、持续性、宜居性和各方面推动城市发展的积极性。总书记的这些重要论述，为我们引领经济发展新常态，做好新时期城市工作指明了方向、提供了遵循。市委市政府围绕落实首都城市战略定位、推进京津冀协同发展，聚焦结构性改革和“城市病”治理，加快疏解非首都功能、构建“高精尖”经济结构，着力提高发展质量和效益，提升城市和谐宜居水平，对我们做好各项工作提出了明确要求。

当前，昌平正处在转型发展的攻坚期和深水区，新常态特征、“城市病”难题和民生痛点短板相互叠加、交织影响，改革发展稳定各方面任务十分繁重。同时，中央大力推进供给侧结构性改革，全面加强城市规划建设管理，势必带来一系列政策利好，也为我们加快经济发展和城市发展的深度转型提供了新的机遇和动力。必须抓住机遇、主动作为、乘势而上，瞄准建设国际一流科教新区的奋斗目标，聚焦全面建成小康社会，把稳增长、调结构、疏功能、治环境、补短板摆在突出位置，战略上坚持持久战、战术上打好歼灭战，大力推进结构性改革，努力实现更高质量、更有效益、更加公平、更可持续的发展。全区各级党组织和党员干部要认真学习贯彻总书记重要讲话精神，切实把思想和行动统一到中央、市委的决策部署上来，振奋精神、敢于担当、狠抓落实。要重点把握好以下三个方面：

一是要坚决落实结构性改革的要求。推进结构性改革是适应和引领经济发展新常态的重大创新，意义十分深远。从昌平来看，经济下行压力加大同外部环境有直接关系，但内因还是自身供给侧和产业结构性问题。破解“城市病”治理难题关键也在于调整产业结构、空间结构，实现人口经济与资源环境相均衡。因此，必须大力推进结构性改革，以改善和创新供给、优化需求结构来扩大需求总量，提高投资有效性，加快培育新的发展动能，实现由低水平的供需平衡向高水平供需平衡跃升，推动经济社会转型发展迈上更高层次。

二是要深入实施创新驱动发展战略。作为中关村国家自主创新示范区核心区，我们在北京建设具有全球影响力的科技创新中心的进程中承担着重要职责和使命。必须大力推进科技体制改革，整合创新资源和创新链条，依靠科技创新引领新动能成长和传统动能改造提升，加快实现发展动力的转换。要健全产学研用金介协同创新体系，优化创新创业生态环境，强化对创新人才和重大科研项目的激励，促进创新成果就地产业化，努力打造北京原始技术创新、研发成果交易和创新型人才集聚的新高地。

三是要全面提高城乡规划建设和治理水平。当前昌平发展面临的突出矛盾和问题主要集中在城市建设管理上。统筹做好城市工作，带动城乡一体化发展，必须转变城市发展方式，完善城市治理体系，不断提升城乡环境品质、居民生活质量和城市综合竞争力。要更加重视规划的战略引领和刚性控制作用，严格划定城市增长边界、人口上限和生态红线，统筹抓好镇村规划编制实施，加强市政基础设施和城乡环境秩序建设，推进城市发展与区域功能定位相匹配，与人口经济资源环境相协调，努力建设和谐宜居的美丽昌平。

三、关于2016年的重点任务

今年是“十三五”开局之年，也是推进结构性改革的攻坚之年，做好各项工作意义重大。总的要求是：深入学习贯彻中央、市委精神，牢固树立创新、协调、绿色、开放、共享的发展理念，坚持稳中求进，强化创新驱动，狠抓改革攻坚，解决突出问题，努力实现“十三五”良好开局，开辟转型发展新境界。要重点做好以下六方面工作：

（一）推动经济持续优化发展。以提高发展质量和效益为中心，从供需两侧推进结构性改革，促进投资与消费更好结合，供给与需求有效对接，激发市场活力和社会创造力，促进经济结构不断优化，增长动力持续增强。

提高投资的有效性和持续性。投资是扩大需求和改善供给的基本着力点。要围绕重点功能区建设、城乡结合部改造、生态环境治理、市政交通和公共服务设施等重点领域，编制实施三年滚动投资计划，完善重大投资项目落地机制，保持足够的投资力度和规模。加快手续办理、征地拆迁、土地上市，坚决完成京津冀重大线性工程保障任务和新城东区等重点区域拆迁扫尾任务，加快推进回迁安置房、基础设施和公共服务配套建设，年内启动回龙观“北四村”、城南化庄社区、南口中心区等棚户区改造项目。构建多元化投融资体系，做大做强昌发展等投融资平台，发挥政府投资引领撬动和催化作用，积极对接融资产品创新，拓展运用企业债、BOT、TBT等投融资方式，在基础设施、公共服务领域推出一批PPP试点项目，吸引社会资本不断扩大投资规模。

以创新供给带动消费升级。顺应消费升级的大趋势，多渠道增加有效供给，加快培育新兴服务业态和消费模式，满足不同消费群体多元化、个性化消费需求。依托八达岭奥莱、乐多港广场等商业综合体打造融旅游、休闲、购物、住宿为一体的高端商圈，改善区域消费结构和层次。抓好旅游发展公司建设，加快旅游资源整合，大力整顿旅游市场秩序，推进十三陵景区改造和重点项目建设，提升旅游消费水平。抓紧实施生活性服务业品质提升行动，优化城乡商业网点布局，推动便民服务连锁化、品牌化发展。扶持消费金融等新业态，抓紧引进优质电商平台，加快传统商业升级，发展O2O等新型商业模式，充分释放消费潜力。培育教育医疗、健康养老、文化娱乐、环保产品等领域消费热点，形成一批新的经济增长点。

加快推进产业转型升级。强化昌平园的引领支撑作用，完善创新创业配套政策，加强创新资源整合与服务平台建设，引进一批科技金融、科技中介机构，抓好回龙观“双创”社区和天通苑、北七家等创业社群建设，催生一批新技术新业态。实施高层次人才“昌聚工程”，引进一批科技领军人才和创新团队，推动重点领域、关键技术的创新突破。健全昌平园统筹发展机制，建好统一的规划建设和投资运营平台，加快未来科技城、科技商务区等核心功能区和生命科学园、国家知识产权园等专业园区建设，加大昌平园中心区“腾笼换鸟”力度，下大力气抓好新一轮项目引进对接，扶持一批科技服务、信息服务类高新企业，推动产业升级换代、提质增效。制定实施“互联网+”行动计划，促进能源环保、现代制造产业改造升级，扶持生物医药、智能制造、文化创意等产业加快发展，推动诺华二期、智行鸿远等项目尽早开工。

（二）加快非首都功能疏解。今年是落实京津冀协同发展任务的关键之年，疏功能、控人口的任务更加艰巨，必须拿出更大的决心和魄力，采取超常规举措，严格责任落实，加快退出不符合功能定位的产业，尽快摘掉人口倒挂的帽子。

实施“三个清单”管理。抓紧编制实施待疏解退出项目、可利用存量资源、需承接目标对象三个清单，健全领导体制和工作机制，建立统一的动态管理平台，设立产业转移引导基金，制定完善配套政策措施，善于利用法治方式和市场力量推动疏解。重点抓好城北市场整体拆除，年内清退5家区域性市场，撤并改造5个工业大院，搬迁40家以上“三高”企业。加快昌平园怀来分园一期建设，推动一般制造业和比较优势不突出的高端制造业生产环节疏解外迁。加强对疏解腾退空间的管控，逐一制定落实管控措施和后续利用方案，主要用于承接高端功能、实施绿化改造和公共服务设施建设，坚决防止违规再利用、反弹再聚人。健全与中心城区的协调对接机制，吸引一批功能性项目和优质服务资源落户昌平。

严格人口空间管控政策。稳妥实施居住证和积分落户办法，健全重大决策、重大项目人口评估预警考核制度，坚决防止人口无序增长。落实“两线三区”管控措施，实行城乡建设用地总量和强度双控制，深化房地产结构和供给模式调整，避免无序建设和过度开发。开展房屋租赁市场集中治理，严厉打击黑中介和违法租赁行为。探索推进农村产业安置用房统一经营、回迁安置富余房源集中趸租、镇村闲置土地统一租赁管护，最大限度压缩流动人口、低端产业集聚空间。全面实施人口倒挂村水电总量控制、垃圾污水处理费征收、房屋租赁税收征缴等政策，充分运用供给和价格调节方式，探索更加管用有效的招数，进一步降低昌平对外来人口的吸引力。

狠抓“五管”责任落实。健全“五管”工作机制，强化镇街部门共同责任，压实村社区属地责任，实施更加严厉的责任倒查和捆绑问责，坚决控制增量、压减存量，全力保持拆违打非、人口调控的高压态势。建立更加严格的违法建设动态挂销账制度，应挂尽挂、应销尽销，加大联合督查、综合执法力度，确保全年拆除违法建设240万平方米以上。抓好村庄集体土地远程视频监控、网格化巡查管控，坚决守住新生违法建设“零增长”的底线。健全农村集体“三资”管理制度，加强村务监督委员会建设，规范农村产权交易和设施农业管理，从源头上严防违法建设、非法经营滋生。

（三）*着力破解城乡治理难题*。环境差、交通堵、管理乱是困扰城市发展的痛点，也是群众反映突出的热点。必须集中力量在完善治理体系上发力，在瓶颈节点处突破，做好提升城乡建设管理水平这篇大文章，确保取得实实在在的、老百姓认可的成效。

加强生态环境治理。严格落实大气污染防治条例，加大环保执法力度，严厉查处各类污染排放，切实做到源头严防、过程严管、后果严惩。按照2020年全市平原地区实现无煤化的硬要求，倒排工期，制定实施压减燃煤工作方案，摸清底数、分解任务，加大燃煤锅炉淘汰力度，大幅削减全区燃煤总量，全力推进城乡结合部和农村地区清洁能源替代工程，切实优化区域能源结构。制定实施新一轮污水处理三年行动计划，充分运用市场化机制，狠抓镇村污水处理设施特别是配套管网建设，推进清洁小流域治理和循环水务建设，年内把全区污水处理率提高到80%。统筹推进“一楔三廊”建设，打造好沙河湿地公园和温榆河生态旅游观光带，加快东小口、北七家郊野公园和清河、京密引水渠绿道体系建设，为群众提供高品质、多功能的绿色休憩空间。制定实施西部绿色发展示范区整体规划和海绵城市建设方案，推动一批试点示范项目。加快阿苏卫循环经济园建设，抓好垃圾分类管理、无害化处理和资源化再利用。

加快基础设施建设。重点是抓住道路建设这个城市发展的经脉，做好京张城际、110国道二期、兴延高速路建设服务保障工作，推进地铁17号线昌平段开工，加快太平庄北街、望百路等19条道路建设，确保回南北路等7条道路建成通车，力争打通回昌东路等一批断头路，年内把全区规划路网实现率提高到62%。大力治理交通拥堵，调整公交线路和场站布局，加快拥堵节点改造，严厉整治街面乱停乱放，降低机动车使用强度，扩大公共自行车覆盖范围，引导居民绿色出行。有序实施城市地下管网综合改造，促进市政管网集约利用、高效运转，增强城市运行保障能力。

推动城市管理精细化。积极推进城市管理体制改革，在回龙观、霍营等镇街开展“大城管”试点，推动职能部门管理重心下移、执法力量下沉，组建镇街综合执法队伍，实行属地管理，集中行使执法权，促进综合执法统一化、常态化，改善城乡环境秩序。加快网格化服务管理体系建设，整合配备网格人员，完善链条式服务、闭环式处置流程，确保试点镇街年底率先实现城市管理、社会服务管理、社会治安“三网”融合、一体化运行。建设智慧城市，加快信息化基础设施配套，建立统一高效的城市综合运行管理数字化平台，拓展市民智慧应用服务，推动城市管理精细化、智能化、人性化，让城市更好地服务生活。

（四）大力弥补公共服务短板。抓住供给侧结构性改革和中心城区优质服务资源外溢的契机，坚持保基本、兜底线、均等化、优质化的方向，实施新一轮公共服务发展提升计划，切实增加公共服务供给，提高公共服务共建能力和共享水平，让群众有更多更直接的获得感。

推进基本公共服务全覆盖。着眼统筹城乡一体化发展，加大农村基础设施和基本公共服务投入，重点解决西北部地区公共服务严重短缺的问题，实现教育、医疗、文化、就业等基本公共服务均等化，缩小城乡公共服务差距。推进南口医院和南口铁路医院整合提升，打造西部地区医疗机构龙头。增设20个村卫生室、社区卫生站点，采取联片服务、流动服务、驻点服务等方式，推动基层医疗卫生服务全覆盖。加快城乡义务教育公办学校标准化建设，确保年内8所中小学幼儿园投入使用，8所中小学幼儿园开工建设。推进南口、十三陵等5个镇街综合文化设施建设和农村社区基层文化站点达标。

提高公共服务优质化水平。聚焦建设首都教育发展新兴区，加快在建名校名园建设，着力引进新一批北京名校和国际学校。发挥名校的乘数效应，推行学区制、名校办分校、跨学段拉手校等新型发展联盟，扩大优质教育覆盖面。积极争取中心城区优质医疗资源向昌平转移，加快建设以名医院为核心的区域医疗联合体，扩大签约医院范围，完善社区首诊、双向转诊的分级诊疗体系，提升区域医疗合作水平。推进昌平文化中心、未来科技城文化中心、国家大马戏院等规划建设，高水平办好第三届国际魔术大会、第四届北京农业嘉年华，抓好文化品牌创建和文化惠民工程，努力争创首都公共文化服务示范区。

落实社会保障各项兜底政策。健全城乡公共就业服务体系，大力开发绿色就业和公益岗位，着力解决功能疏解带来的结构性失业，确保实现城镇新增就业1.5万人。完善助残、救孤、济困等社会福利体系，大力发展慈善公益事业，加强对城乡特定人群、弱势群体的救助。精准实施山区低收入村、低收入户帮扶行动，强化对口支山、生态补偿、财政转移支付、社会保险等政策衔接和资金投入，加快打造延寿、流村、南口三大沟域，带动生态旅游、民俗文化、林下经济等绿色产业发展，实现改善生态和养山富民的“双赢”，尽快摘掉一批低收入村、低收入户的帽子。

（五）深化重点领域改革攻坚。要从政治和全局的高度，坚决落实中央、市委的改革部署，坚持问题导向，强化责任落实，提高改革行动力，统筹谋划、加快推进一批具有标志性、关联性的重点改革任务，为经济社会转型发展提供强大动力。

深化行政管理体制改革。要围绕更好地而不是更多地发挥政府作用，进一步简政放权、优化服务，加快转变政府职能，提高行政效能和服务水平。全面实施行政权力清单和责任清单制度，框定权力行使边界，强化行政督查问责，让行政权力运行更加规范透明。加强综合行政服务中心建设，继续精简审批事项，优化投资审批流程，完善“一站式”审批模式。大力推进网络行政，整合利用政府门户网站、政务微博微信、公众服务呼叫中心等载体，建立中小企业公共服务平台，推出手机APP终端服务模式，打造“24小时在线政府”，方便企业和群众随时随地一键式办事。

加快推进经济体制改革。要围绕使市场在资源配置中发挥决定性作用，认真落实供给侧结构性改革任务和降低实体经济企业成本行动，营造宽松的市场环境，增强市场活力和企业发展内生动力。重点要抓好国资国企改革1+3文件制定实施，加快国有企业资产资源重组整合，抓紧调整组建3–5家较大规模的投资运营公司，推动国有资本向市政、房地产、金融、创业等领域集中，尽快盘活马池口、南口等地区闲置国有土地资源。加强国资监管体系建设，健全法人治理结构，完善企业经营预算制度和风险防控机制，提高国有资本配置和运行效率。

推动社会治理机制改革。以促进社会共建共治共享为导向，健全社会组织培育发展机制，出台政府向社会力量购买服务的指导目录和管理办法，鼓励社会组织积极参与社会服务与管理，建立多元供给的社会服务模式，凡是通过购买服务能够提供的公共服务，政府不再直接承办。完善社区治理体系，推广“参与式协商”社区自治模式，提高组织动员能力和服务功能，推进社区减负增效。加快回龙观综合配套改革，尽快落实行政区划调整方案，实现新设立街道挂牌运转，统筹推进城市管理、街道管理、基层社会治理等方面改革，形成可复制可推广的经验，向全区各镇街推广。

（六）切实维护社会安全稳定。随着经济结构、社会结构和利益格局的深刻变化，社会矛盾纠纷易发多发，城市运行管理中也还存在很多安全风险和隐患漏洞。确保社会安全稳定是推动经济社会转型发展的前提和基础，是城乡群众的现实要求和最大民生保障，也是摆在我们面前的重大现实考验。要牢固树立安全发展的意识，时刻绷紧安全稳定这根弦，坚持下先手棋、打主动仗，切实肩负起维护安全稳定的第一责任。深入推进平安昌平建设，着眼从源头上预防和减少矛盾纠纷，完善重大决策、重大项目建设社会安全稳定风险评估机制，抓好社会预期调节和舆论引导，加强社会矛盾排查调处，坚决把问题预见于未发之时、解决在萌芽之中。要构建严密的社会治安立体防控体系，健全维稳处突工作机制，不断提高反恐防暴和处理突发事件的能力和水平，确保实现“四个坚决防止”。要严格落实安全生产责任和管理制度，增强科技创安能力，健全预警应急机制，加大监管执法力度，深入开展安全生产大检查，及时排查化解安全隐患，切实维护人民群众生命财产安全。

四、全面加强和改进党的领导

做好今年各项工作，必须切实加强和改进党的领导。要深入落实全面从严治党要求，坚持思想建党与制度建党相结合，从严上要求、向实处着力，充分发挥各级党组织和广大党员的领导核心、战斗堡垒和先锋模范作用，为经济社会转型发展提供强有力的政治保证。

一是健全从严治党责任体系。牢固树立抓好党建是最大政绩的意识，完善党建工作“三个清单”，细化各级党组织书记的职责任务，健全镇街部门和村社区党建工作考评体系，制定针对落实党建责任不力的问责办法，抓好各级党组织书记定期述职和履职践诺，构建述职、承诺、考评、问责相衔接的责任体系，确保各项工作易于操作、利于监督、可以追溯。健全党建工作巡回检查制度，加大督促检查和责任倒查力度，考核结果全区排名通报并与领导班子考核问责和干部任用挂钩。建立纪检、组织、宣传、统战等党委工作部门和镇街联动考核机制，加强对党建重点工作项目化管理，推动责任落实“到底到边”，形成齐抓共管、长管长严的浓厚氛围。

二是切实加强思想政治建设。深入学习贯彻习近平总书记系列重要讲话精神，牢固树立看齐意识，自觉向党中央看齐、向党的理论和路线方针政策看齐，始终在思想上政治上行动上与党中央保持高度一致。巩固“三严三实”专题教育成果，抓好不严不实问题和群众反映突出问题整改，推进思想教育、作风改进和立规执纪常态化。严明党的政治纪律和政治规矩，认真贯彻民主集中制，落实“三会一课”制度，严肃党内政治生活。抓好党校主阵地建设，以“依法依规用权、廉洁勤政为民”为主题，开展党员干部集中轮训。实施百村“双训双挂”行动，选派100名村干部到高校开展学历教育和职业技能培训，到先进镇村学规矩学经验，提升政治素质和履职能力。坚持党管意识形态，加强网上党建工作，抓好“昌平先锋”党员教育管理平台和微博微信联盟建设，把握正确舆论导向，传递和凝聚正能量。

三是抓好领导班子和干部队伍建设。认真

做好区镇换届选举工作，落实新时期好干部标准，严肃换届工作纪律，加大干部调整交流力度，优化领导班子结构，增强整体功能与合力。坚持从严监督管理干部，制定推进干部能上能下实施办法，重在平时、严在细节，坚决治理党员干部不作为、乱作为等问题，树立更加鲜明的用人导向。严格落实领导干部、科队站所和村社区主要负责人个人事项申报制度，加大重要部门、关键岗位干部申报事项的抽查核实力度。抓好后备力量建设，加强优秀青年干部培养和实践锻炼，切实解决基层组织后继乏人的问题。坚持激励和约束并举，落实职务职级并行制度，健全干部激励关爱机制，加大从基层一线选拔培养干部力度，调动干部干事创业的热情。

四是深化基层党建工作创新。实施基层党组织“领导力提升工程”，建立农村基层党建工作全程指导、全程监督、全程纪实三项机制，推行集体民主决策“十步工作法”，强化党组织领导核心作用。全面推行党员积分制管理，对党员学习交流、遵规守纪、发挥作用等情况量化考核、定期评议，建立规范的年度党性分析制度，增强党员意识和宗旨观念。创新基层党组织设置方式，调整组团回迁社区党组织设置，推进商务楼宇、社会组织、流动党员党组织建设，年内新建30个非公领域联合党支部。推进“智慧党建”建设，依托网格化社会服务管理体系，以区域化党建、智能化感知、精细化服务为方向，整合党员干部信息管理系统和线上线下学习系统，推动服务资源、服务平台共建共享，搭建党群一体化管理网络，提高党建工作信息化、现代化水平。

五是狠抓党风廉政建设和反腐败斗争。从严落实“两个责任”，制定问责追究办法，明确问责内容、标准和程序，强化日常检查和重点督查，加大责任追究力度。创新联合履职模式，增设6个联合派驻纪检组，实现对全区党政机关、企事业单位纪检监督全覆盖。完善廉政风险防控体系，健全对集体土地流转和“三资”管理、工程项目建设等领域权力监督制约机制。狠抓《廉洁自律准则》和《纪律处分条例》的宣传教育和贯彻执行，坚持纪严于法，坚持“一案双查”，充分运用“四种形态”加大纪律审查力度，严肃查处违反政治纪律和政治规矩的现象，坚决纠正组织涣散、纪律松弛问题，严厉惩治顶风违纪行为，坚决遏制“小官贪腐”现象，营造风清气正的政治生态。

做好今年各项工作，意义重大、责任重大。我们要紧密团结在以习近平同志为总书记的党中央周围，在市委的坚强领导下，敢于担当、改革创新、拼搏进取，加快推动经济社会发展深度转型，为建设国际一流科教新区而努力奋斗！

北京市昌平区人民代表大会常务委员会工作报告

——在北京市昌平区第四届人民代表大会第六次会议上

北京市昌平区第四届人民代表大会常务委员会主任　朱光彤

（2016年1月13日）

各位代表：

我受北京市昌平区第四届人民代表大会常务委员会委托，向大会报告工作，请予审议。

2015年工作回顾

2015年，是推动全区人大工作与时俱进、创新发展的重要一年。区人大常委会（以下简称：常委会）以深入学习贯彻习近平总书记在庆祝全国人民代表大会成立60周年大会上的重要讲话、中共中央转发《中共全国人大常委会党组关于加强县乡人大工作和建设的若干意见》（中发[2015]18号，以下简称：中央18号文件）和市委第四次人大工作会议精神为强大动力，不断深化对人民代表大会制度本质特征和内在优势的认识，以邓小平理论、“三个代表”重要思想和科学发展观为指导，全面贯彻党的十八大和十八届三中、四中、五中全会精神，坚持党的领导、人民当家作主、依法治国有机统一，从推进国家治理体系和治理能力现代化、协调推进“四个全面”战略布局、落实京津冀协同发展责任的高度，深刻认识做好全区人大工作的重要性，切实把人民代表大会制度这个好制度的作用发挥好。一年中，常委会在区委的领导、市人大常委会的监督指导、“一府两院”的支持配合和全体代表的监督参与下，突出提高听取审议“一府两院”专项工作报告质量和代表建议办理质量两项重点，依法履行职权，充分发挥代表作用，协助区委召开了第四次人大工作会议，扎实开展“三严三实”教育。共召开9次常委会会议，审议了26项议题，依法作出6项决议、决定，任免国家机关工作人员和接受辞职72人次，任命区人民法院人民陪审员57名，较好地完成了区四届人大五次会议确定的工作任务。

一、规范程序，强化实效，进一步提升监督工作水平

加强人大监督是保障人民当家作主，促进“一府两院”依法行政、公正司法的重要举措。常委会紧紧围绕区委的工作部署，立足人大依法监督的特点和优势，用制度推进工作，靠规矩提升质量，研究制定了听取审议“一府两院”专项工作报告工作规程，强化会前调研、会中审议、会后跟踪等关键环节，着力提升听取审议“一府两院”专项工作报告质量。

（一）强化财经工作监督，促进区域经济健康发展

“十三五”规划是确保今后五年全区经济社会健康发展，决胜2020年全面建成小康社会目标的纲领性文件。常委会非常关注全区“十三五”规划编制工作，进行了深入调研，通过座谈研讨广泛听取代表和有关方面对编制“十三五”规划的建议，在此基础上，听取审议了区政府关于“十三五”规划编制工作进展情况的报告。建议区政府紧抓京津冀协同发展战略机遇，牢固树立“创新、协调、绿色、开放、

共享”的发展理念，围绕建设国际一流的科教新区目标，认真总结“十二五”规划实施的成就和存在的问题，深入研究区域自然、区位和文化资源优势，清晰规划“十三五”发展目标、细化实施路径；要强化区域核心竞争力，突出规划的引领作用，建立“多规融合”“多规合一”的规划体系，增强规划的可操作性，提高执行规划的法律意识和法治思维，强化规划的严肃性和权威性；要发挥政府与市场的合力，大力发展支柱产业，着力构建“高精尖”经济结构，加快形成以创新为支撑的经济体系和发展模式；要进一步增强政府提供公共设施、公共服务和公共产品的能力。

常委会听取审议了昌平区2014年度决算报告和预算执行及其他财政收支情况的审计工作报告，2015年上半年计划和预算执行情况的报告，作出了批准2014年度区级决算的决议。要求区政府深化重点领域和财政体制改革，全面梳理和总结“十二五”规划完成情况，确保“十二五”全区经济社会发展的目标任务如期完成；贯彻新预算法，强化预算执行，加强财政管理，坚持保基本、保重点，不断提升城市综合服务功能与和谐宜居水平；加强绩效考评和问责，认真落实审计建议，充分发挥审计监督的职能作用。

常委会听取审议了区政府关于昌平区2015年预算调整方案的报告，依据国家财政政策的调整，作出了批准区政府关于2015年预算调整方案的决议。常委会按照新预算法规定，对昌平区2015年预算执行情况及2016年预算草案进行了初步审查，提出了审查意见。

主任会议分别听取了区政府关于政府债务使用及风险评估、关于昌平新城规划与实施和关于昌平区设施农业建设发展情况的报告。建议区政府完善相关制度机制，合理控制债务规模，加强与社会资本合作，坚决制止违法违规举债。要科学编制规划，保持规划稳定，提高规划实现率，坚决查处违法违规建设，推进相关信息公开。要紧抓富民根本，坚持“精一”方向，进一步明确设施农业发展定位，促进设施农业与休闲产业融合，重视农产品质量安全，加强设施农业的监督巡查力度。

（二）强化民生工作监督，推动解决群众关心关注问题

山区生态林管护是加强生态环境建设，提升生态涵养水平，增加山区农民收入的一项重要工作。常委会听取审议了区政府关于山区生态林管护工作的报告。要求区政府进一步完善山区生态林规划政策，严格执行生态林管护制度法规，加强生态林的健康经营和有效利用，规范生态林管护队伍建设，提升管护水平，增加农民收入，巩固昌平上风上水的生态优势。

供热、燃气基础设施的建设与管理是城市建设和民生保障的一项重要基础性工作，体现着城市的宜居宜业水平。常委会听取审议了区政府关于供热和燃气基础设施建设与管理情况的报告。要求区政府加大供热能源结构调整和供热资源的整合优化；完善燃气管线布局，提高燃气供应覆盖率；加快清洁能源改造，提高供热节能降耗减排能力；加大供热燃气市场监管和安全保障力度，确保人民群众生命财产安全。

发展职业教育是提升劳动力技能素质，促进经济社会发展和劳动就业的重要途径。常委会听取审议了区政府关于加快发展现代职业教育情况的报告。要求区政府认真落实发展职业教育的主导责任，创新体制机制，整合职教资源，构建中高职贯通衔接的办学和培训体系，深化产教融合，充分发挥职教集团的服务平台作用，提升职业教育的质量和效益。

常委会对区政府落实关于在推进京郊城镇化进程中确保农村经济可持续发展、水污染防治和完善医疗资源布局方便群众就医三项报告的审议意见情况开展了跟踪监督，对进一步推进相关工作提出了意见建议。

主任会议听取了区政府关于加强农村基本医疗服务情况的报告。建议区政府要加强对农村公共卫生事业的统筹和投入力度，从满足群众基本医疗服务需求出发，完善农村医疗卫生三级服务网络，强化人力和人才资源保障，完

善基本药物运行机制，提高新型农村合作医疗保障水平。

（三）强化法律工作监督，努力推进法治昌平建设

深入开展法制宣传教育，切实提高全民法治观念、法治思维和法律素质，是法治昌平建设的一项长期任务。常委会听取审议了区政府关于“六五”普法规划实施情况的报告。要求区政府进一步提高对法制宣传教育工作重要性的认识，完善普法工作机制，强化部门工作职责，切实把普法工作落在实处；提高领导干部和公务员队伍等重点人群的法治意识和责任意识，引领全民法治意识和素质的提升；进一步加强普法队伍建设，加大经费投入，确保“六五”普法规划目标任务顺利实现。

主任会议听取了区人民法院关于落实人民陪审员制度情况的报告。建议区人民法院加强陪审员队伍建设和使用，适应司法改革要求做好陪审员选任工作，加强陪审员培训和管理，注重发挥陪审员在扩大司法民主、强化司法监督、增强司法认同、保障司法公正方面的作用。

常委会对区人民检察院落实全面加强诉讼监督切实维护司法公正工作情况报告的审议意见情况开展了跟踪监督。

常委会协助全国人大常委会和市人大常委会开展了中华人民共和国电影产业促进法、北京市院前医疗急救服务条例的立法调研；协助市人大常委会开展了水法、水污染防治法和北京市水污染防治条例、河湖保护管理条例、公园条例实施情况的检查，就流动人口中少数民族人口管理情况进行了调研。

二、深化思想认识，尊重主体地位，进一步加强代表工作

人大代表是人大工作的动力源泉。常委会不断深化对代表工作在人大工作中基础性地位的认识，发挥代表主体作用，强化代表履职保障，推动代表工作水平的提高。

（一）完善服务保障，扩大代表对常委会工作的有效参与

深入贯彻落实代表法及相关法律规定，依法规范和保障代表的权利。加强代表学习培训，为代表订阅《中国人大》、《北京人大》、《昌平报》，寄送相关学习资料，通过多种形式主动为代表提供区情政情信息，强化代表责任意识、提升履职能力。加强代表执行职务与人大及常委会行使职权的衔接，改进人代会前初审报告和专题视察的方式，增强针对性和实效性。提升代表对常委会工作参与的广泛性和连续性，邀请代表列席常委会会议，参加审议“一府两院”专项工作报告，组织代表视察了政府重点工程建设和为民办实事项目落实情况。部分代表应邀参加区政府常务会议，对政府相关工作提出建议，促进了政府科学民主决策。加强农村代表小组建设，积极围绕“三农”工作和涉农议题开展视察调研。全年邀请代表列席常委会会议，参加与常委会和“一府两院”座谈交流，参与执法检查、视察、调研等相关活动800多人次。

（二）强化办理效果，做好代表建议督办落实工作

常委会把提高代表建议办结率和代表满意度作为回应群众关切、解决群众诉求、维护群众利益的重要制度渠道和尊重代表权利、支持保障代表履职的重要内容。进一步规范了代表建议督办工作流程，健全完善了督办工作机制。组织召开了16次代表座谈协调会，加强常委会、代表、承办单位之间的联系沟通，及时向代表通报建议的办理情况，认真听取代表意见。7至8月，常委会组成五个督办组，由主任、副主任分别带队，采取专题视察、逐件听取办理落实情况的形式，对政府办理代表建议工作进行了重点和集中督办。10月份，常委会组成人员和部分代表分成两组，集中视察了部分代表建议的办理情况，常委会听取审议了区政府关于办理代表建议、批评和意见情况的报告。区四届人大五次会议代表提出的276件建议，当年办结124件，办结率44.9%。闭会期间，代表提出建议10件，接待群众来信来访70件次，常委会工作机构及时转交有关单位办理，并积极抓好办理意见的落实。

（三）加强制度建设，密切两层联系和沟通

坚持常委会主任、副主任和机关委室联系镇（街）人大，组成人员联系代表和定期召开工作交流会等制度。结合贯彻落实中央18号文件以及新修改的地方组织法和代表法，研究起草了举行区人民代表大会的工作程序、关于镇（街）人大做好区人大代表工作的指导意见、镇人大工作规范和镇人民代表大会会议工作程序等制度，用制度规范区镇两级人大的会议和各项活动。进一步密切常委会与代表、代表与选民的联系，健全完善市区镇三级人大代表联系网络。落实组成人员联系、走访基层代表和接待代表日制度，指导有关镇完成了镇人大代表补选工作。加强代表联系接待选民工作站和代表活动室建设，健全代表接待选民日制度，通过为代表制作联系卡、在选区公开联系方式、召开代表与选民代表座谈会等方式，搭建代表与选民沟通交流的平台。完善代表履职激励机制，建立代表履职台账，在昌平电视台、《昌平报》开办代表风采专题节目和专栏，连续宣传报导代表履职的先进事迹，积极通过网络、微信等平台宣传人大工作和代表履职情况。认真做好市十四届人大昌平团的各项服务保障工作。

三、加强常委会及机关自身建设，提升履职能力和水平

（一）加强党组建设，保障人大工作的正确方向

坚持党的领导、人民当家作主、依法治国有机统一是人大工作必须始终坚守的根本原则和政治方向。常委会党组深刻认识人民代表大会制度作为国家根本政治制度，在保障党对国家和社会事业的领导，实现科学执政、依法执政，保障和发展人民当家作主，有效汇集和有序表达民意，保障维护宪法法律权威和公民权利，推进依法治国等方面的重要地位和作用。主动接受区委领导，坚持把服务全区工作大局、凝聚思想共识、汇集发展正能量作为人大工作的重要遵循。健全完善党组工作制度，通过主动谋划人大及其常委会工作，主动向区委请示报告工作，主动推进人大工作方式和方法改进，主动加强区人大常委会及机关党的建设和队伍建设，实现区委对人大工作有效领导，从而保证党的主张通过法定程序成为国家意志，保证党组织推荐的人选通过法定程序成为国家政权机关的领导人员，保证人大及其常委会依法有效履行职权，保证人民通过人民代表大会行使国家权力。充分发挥党组在常委会工作中的领导核心作用，在区委的领导下，确保人大工作始终沿着正确方向前进，确保人大工作与“一府两院”工作协调一致、同心同向。在党组和机关干部中认真开展“三严三实”教育，切实巩固党的群众路线教育实践活动成果，严格政治纪律，严守政治规矩，端正思想认识、增强法治意识、强化作风建设，努力提升党组及机关干部发挥人大制度优势、促进全区经济社会发展、加强民主法治建设的能力和水平。

（二）认真贯彻落实市委、区委第四次人大工作会议精神

常委会党组按照区委的要求，深入学习领会市委第四次人大工作会议精神，立足我区人大工作实际，研究制定了党组《关于进一步加强和改进全区人大工作的意见》（以下简称:《意见》），协助区委筹备召开了第四次人大工作会议。区委站在总揽全局的高度，对坚持和完善人民代表大会制度，做好全区人大工作提出了具体要求，并全文转发了党组《意见》。《意见》作为新形势下引领全区人大工作的纲领性文件，从七个方面就进一步加强和改进全区人大工作，提出了二十五条63项具体制度和措施。常委会及时召开基层人大代表会议认真贯彻会议精神，制定了“1+8”落实方案，对63项制度措施进行了任务分解，明确了常委会各工作机构的具体职责。中央18号文件印发后，常委会将学习贯彻中央18号文件精神与贯彻落实市委、区委第四次人大工作会议精神结合起来，组织组成人员、区镇两级人大干部对文件进行了认真学习，加深对文件精神的理解和把握，推动全区人大工作再上新水平。

（三）夯实工作基础，强化常委会及机关建设

认真学习宪法法律、人大制度理论和科学

文化知识，举办了人大干部培训班，努力提升组成人员和机关干部的政治理论素质和责任担当意识，增强坚持和完善人民代表大会制度的自觉性和坚定性。坚持把加强调查研究作为履行职能、开展工作的基础和必经程序。加强各工作委员会建设，坚持“会议质量在会前，会议实效抓会后”，把握会前、会中、会后关键工作环节，提升审议监督质量。重视并加强理论建设，积极发挥区人大制度理论研究会作用，建立健全各项制度，启动实施了课题研究工作，承办了市人大理论研究会“民主与法治学术交流研讨会”。密切与不驻会组成人员的联系沟通，为不驻会组成人员做好履职服务。加强机关文化建设，努力建设和谐向上、积极健康、充满活力的机关文化。加强和改进人大信息宣传工作，广泛宣传人大制度和人大工作，营造坚持和完善人大制度的良好社会氛围。

各位代表，过去一年常委会工作所取得的成绩，是区委正确领导，全体代表积极参与，常委会组成人员共同努力，“一府两院”协同配合的结果，是全区广大人民群众关注支持的结果。在此，我谨代表常委会，向所有关心、支持昌平人大工作的同志们、朋友们，表示衷心感谢和崇高敬意！

各位代表，我们深知常委会的工作与法定职权和自身的职责使命，与代表和人民群众的期待还存在差距，主要是：监督的方式方法还比较单一，监督质量和监督实效需进一步增强；为代表履职提供服务保障的能力还需加强，发挥代表主体作用的制度机制需进一步完善，通过督办代表建议回应代表和群众关切的能力需要进一步加强；常委会组成人员的能力和素质还需进一步提高，机关工作人员的作风需进一步改进。这些问题要在今后工作中逐步加以解决。

2016年主要工作安排

2016年，是我区全面落实区域发展战略定位、加快建设国际一流科教新区，努力实现“十三五”良好开局，向着决胜全面建成小康社会目标全力迈进的重要一年，也是区四届人大任期届满之年。常委会工作的指导思想是：深入学习贯彻党的十八大，十八届三中、四中、五中全会和习近平总书记系列重要讲话精神，坚持以邓小平理论、“三个代表”重要思想和科学发展观为指导，坚持党的领导、人民当家作主、依法治国有机统一，牢固树立“创新、协调、绿色、开放、共享”的发展理念，围绕协调推进“四个全面”战略布局、积极融入京津冀协同发展，全面落实中央18号文件和市委、区委全会及第四次人大工作会议精神，充分发挥人民代表大会制度的优势和作用，围绕中心、服务大局，坚持“该做、能做，有用、有效”原则，依法行使职权，充分发挥代表作用，促进“一府两院”工作，积极回应代表和人民群众诉求，严格依法按程序做好区镇两级人大换届选举工作，为推动全区经济社会发展和民主法治建设作出新贡献。

一、强化监督工作

常委会要以增强监督实效为着力点，紧紧围绕全区中心工作、政府工作重点和人民群众关心的热点难点问题开展监督。全年拟安排听取审议“一府两院”13个专项工作报告，开展4项跟踪监督，安排主任会议听取“一府两院”4项工作报告。

财政经济监督方面。年中将听取审议昌平区2015年度决算报告、预算执行和其他财政收支情况的审计工作报告、2016年上半年计划和预算执行情况的报告；年底将对昌平区2016年计划和预算执行情况以及2017年计划和预算草案进行初步审查；依据新预算法研究制定《昌平区预算监督管理办法》。主任会议将听取区政府关于2015年度政府投资的重点工程项目建设进展情况的报告。

民生事业监督方面。将听取审议区政府关于污水治理三年行动计划实施、“六纵、八横、十一联络”路网建设和加强村级医疗卫生服务情况的报告；对区政府落实关于供热和燃气基础设施建设与管理、加快发展现代职业教育、山区生态林管护三项报告的审议意见情况进行跟踪监督。主任会议将听取区政府关于加强档案管理服务全区发展、定向安置房项目建设和农村地区“减煤换煤、清洁空气”行动计划落实情况的报告。

法律和司法监督方面。将听取审议区政府关于制定实施“七五”普法规划情况的报告，作出关于开展“七五”普法工作的决议；听取审议区人民法院关于推进司法改革综合试点工作保障审判权运行情况和区人民检察院关于检察官办案责任制改革工作情况的报告；对区政府落实“六五”普法规划实施情况报告的审议意见情况进行跟踪监督。

二、加强代表工作

进一步强化代表主体意识，尊重代表主体地位，增强代表队伍活力，夯实人大及其常委会履行法定职权基础。落实各项工作制度，深化“两层联系、双向知情”，密切常委会与代表、代表与选民的联系，健全和完善市区镇三级人大代表联系网，加强对各镇（街）人大的联系和指导，进一步做好市人大昌平团代表履职服务保障工作。

定期向代表通报工作情况，探索运用新媒体平台加强与代表的联系，畅通代表知情知政渠道，邀请代表参加常委会及各工作委员会以及“一府两院”开展的座谈调研、视察检查、列席常委会会议，扩大代表对常委会工作的参与。以强化代表职责意识，提升依法履职能力为重点，认真做好新一届区人大代表的初任培训。加强代表与选民的联系，强化对选民负责意识，稳步推进代表向选民报告履职情况工作，完善代表履职监督机制，积极发现培养和宣传代表履职的先进典型。

坚持把督办代表建议、提升办理实效，作为回应代表和群众关切、增强群众获得感的重要工作。制定完善《提高代表建议质量、加强督办工作措施》，加强建议承办人员队伍建设，强化镇（街）人大在协助督办代表建议中的作用。改进常委会主任、副主任重点督办工作，推动代表建议的落实，督促政府把该办能办的建议办好，努力提高建议办结率和代表满意度。

三、依法做好区镇两级人大换届选举工作

要充分认识做好区镇两级人大换届选举工作的重要意义和肩负的重大责任，在区委的坚强领导下，认真贯彻中央18号文件精神，通过换届进一步加强区镇两级人大建设。按照市人大常委会的决定和选举法及本市实施细则的规定，做好换届选举的筹备和组织领导工作，加强前期调研，准确分析和把握新形势，适时作出区镇两级人大换届选举的决定，制定选举工作计划，成立相应组织和工作机构，加强组织领导和协调沟通，强化法律意识，严格法律程序，把握工作进度和关键环节，做好选举的各项工作，确保换届选举顺利完成。

四、加强常委会及机关自身建设

强化常委会党组领导核心作用，坚持“四个主动”，努力实现“四个保证”。加强常委会思想政治建设，增强坚持党的领导、人民当家作主、依法治国有机统一的自觉性和坚定性。强化常委会及机关干部的政治意识、大局意识、人民意识、法治意识和责任意识，持续践行“三严三实”要求。强化常委会工作机构的职能作用，抓好《意见》任务分解方案的落实。强化基础工作，完善工作制度和规范，深入开展调查研究，加强人大制度理论和工作实务研究。加强机关文化建设和信息宣传工作，增强机关干部队伍活力，努力营造做好人大工作的良好氛围。

各位代表，新的一年里我们要认真贯彻中央、市委精神，在中共昌平区委领导下，紧密团结在以习近平同志为总书记的党中央周围，充分发挥人民代表大会制度优势和作用，为建设国际一流科教新区作出新的更大贡献！

北京市昌平区人民政府工作报告

——在北京市昌平区第四届人民代表大会第六次会议上

北京市昌平区人民政府区长 张燕友

（2016 年 1 月 12 日）

各位代表：

现在，我代表昌平区人民政府，向大会报告政府工作，请各位代表连同《昌平区国民经济和社会发展第十三个五年规划纲要（草案）》一并审议，并请区政协委员提出意见。

一、“十二五”发展回顾

“十二五”时期，是全区人民抓住历史机遇、经受重重考验、推动转型发展取得重要进展的五年。面对错综复杂的外部环境和改革发展的繁重任务，在市委市政府和区委的坚强领导下，全区上下以习近平总书记视察北京重要讲话精神和郭金龙书记调研昌平指示精神为统领，坚持稳中求进，聚焦深度转型，始终保持了经济社会平稳健康发展的良好态势，昌平改革开放和现代化建设迈出了新的步伐。

——我们努力适应经济发展新常态，全力稳增长、转方式、调结构，区域综合实力和竞争力不断提升。地区生产总值预计年均增长 10.5%；一般公共预算收入年均增长 15%，突破 70 亿元大关；全社会固定资产投资预计年均增长 11%，五年累计完成投资约 2700 亿元，是“十一五”时期的 2 倍多；社会消费品零售额预计年均增长 9.8%。每年安排不少于 5 亿元财政资金引导产业转型升级，三次产业比例调整为 1：34：65，服务业占比实现“五连增”，其中生产性服务业对经济增长的贡献率超过 50%。系统实施中关村昌平园 51.4 平方公里新版规划，未来科技城、沙河大学城、国家工程技术创新基地等重点功能区初具规模，“大昌平园”产业收入预计突破 3400 亿元、年均增长 30.3%。新引进符合区域定位的企业 1534 家、投资总额 1691 亿元，相当于之前五年的 2 倍和 5 倍。抓大助小成效凸显，已聚集 34 家中央企业的 182 家下属公司和分支机构，科技型中小微企业增加到 3250 家，累计培育上市企业 19 家、“新三板”企业 41 家。未来科技城 12 家央企研发总部、中国石油科技创新基地、中国移动国际信息港、三一集团总部迁京、悦荟万科广场、八达岭奥莱等重点项目投入运营，组建了“大健康”等产业联盟，一批新的优质增长点正在加快孕育。区域协同创新体系不断完善，国家蛋白质科学基础设施北京基地、国家材料服役安全科学中心等重大科技基础设施项目按期实施，北京高科大学联盟成功落户，首都科技条件平台昌平站、中关村生命科学联合创新服务平台开通运行，汇集国家“千人计划”专家 203 人、“海聚高聚工程”专家 43 人，全社会研发支出占地区生产总值比重提高到 6.5% 左右，技术合同成交额、专利授权量保持全市前列，一批国际领先的重大科技成果相继涌现，北航激光快速成型技术等尖端成果实现就地转化。累计建成各类创新创业空间 130 余万平方米，在回龙观地区成功打造了全国首家“双创”社区。

——我们聚焦人口资源环境矛盾，集中破解发展难题，全面打响了治理“城市病”的攻坚战。把人口调控作为头等大事，创新建立“五管”工作机制，采取了非京籍适龄儿童入学“五证联审”、外埠车辆限行、房屋租赁联合管理等一系列阶段性措施，全区常住人口年均增速由“十一五”时期的16.3%回落到3.5%，外来人口实现负增长。在全市率先出台产业负面清单，累计限制不符合区域定位的企业和项目934个。66家煤炭储运市场、82家非法砂石厂全部清退，退出工业污染企业162家、废品回收市场77家、养殖小区10个，清理整顿老旧工业大院50个，取缔未经审批幼儿园223所，回龙观城北市场商户腾退基本完成。建成查违信息平台和科技监控网络，严格实施联合督查、捆绑问责制度，拆除违法建设998万平方米。强化综合执法，关停“七黑五小”场所2000余家、清理游商摊贩2万余处。系统实施清洁空气行动计划，累计压减燃煤49万吨，淘汰老旧机动车12.6万辆，PM2.5年均浓度比2013年下降16%左右，空气质量稳居发展新区首位。同步推进污水治理三年行动计划和水利工程建设大会战，新建扩建再生水厂9座、配套管线225公里，对98个主要排污口全部采取了管理和工程措施，治理中小河道64公里，改造积水点56处，全区污水处理率比2010年提高40个百分点，市级河流跨界断面水质大幅改善。阿苏卫循环经济园建设及周边村庄搬迁全面启动，垃圾无害化处理率提高到99%。超额完成“十二五”减排目标，万元地区生产总值能耗、水耗分别下降28%、27%。环境违法案件查处数量、处罚金额分别是“十一五”时期的6倍、69倍。完成平原造林12.5万亩，绿道建设、河路绿化等工程加快实施，建成6处森林公园和郊野公园，在全市率先实现林地绿地专业化管护，林木绿化率、森林覆盖率分别提高到66.7%、46.2%。集中整治环境乱点乱象，实施环境建设提升工程118项，西部地区环境综合整治等重点项目成效明显，城乡环境面貌持续改善。

——*我们着力增进民生福祉，积极创新社会治理，安定和谐局面更加稳固。*用于民生领域的资金达到376亿元，是“十一五”时期的2.7倍。城乡居民收入年均分别增长9.8%、10.3%，农民收入增幅连续五年高于城镇居民。“创业昌平”品牌深入人心，充分就业、绿色就业水平显著提高，城镇登记失业率始终控制在2.4%以内。社会保障基本实现人群全覆盖，主要待遇标准比“十一五”末平均增长60%以上。城乡低保标准实现并轨，养老助残、优抚安置、社会慈善深入开展。各级各类教育协调发展，累计新增幼儿园学位10010个、中小学学位5783个，中高考成绩连续取得新突破，高标准通过义务教育基本均衡区国家认定工作。完成217项医药卫生体制改革重点任务，千人医疗机构床位数达到6.2张，成功创建市级慢性病综合防控示范区。“名校名医院”工程取得重大突破，引进培育“名校”项目达到20所、三级医院达到10家。基层公共文化服务设施网络更加健全，文脉梳理、文物修缮、文化惠民等工作取得新成效。群众体育蓬勃发展。新建收购保障性住房6.1万套，经适房、限价房解困率均达100%，完成老旧小区综合整治250.4万平方米。兑现为民办实事项目701件，解决重点历史遗留问题28个，初步建立了网络问政网络行政工作机制。“枢纽型”社会组织工作体系基本形成。217个社区服务办公用房全部达标，建成“一刻钟社区服务圈”56个，和谐社区创建扎实开展。军政军民团结不断巩固，成功获得全国双拥模范城“七连冠”。昌平烈士陵园建成开放。“六五”普法任务圆满完成。坚决抓好安全稳定各项工作，圆满完成一系列重大安保维稳任务。

——*我们加大城乡统筹力度，持续优化城乡功能布局，城乡一体化取得新进展。*城乡结合部改造步伐全面加快，35个村实现整建制拆迁，191个项目、20211人完成转非安置，3.9万名动迁群众回迁上楼，回龙观“北四村”等15个项目纳入全市棚户区改造计划。京新高速路昌平段、南丰路二期、崔昌路东延等79项道路工程建成通车，道路总里程达到2354公里，主干路网规划实现率提高近16个百分点。地铁昌平线、昌八联络线全线贯通，调整优化市、区公交线路86条，昌平群众享受到电动出租车、公租自行车、清洁能源公交车等绿色出行服务。一批资源能源项目建成启用，新增日供水能力

4.3万吨、供电容量513兆伏安、燃气管线407公里、集中供热面积1658万平方米。农民专业合作社达到462家，带动2.8万余户农民实现增收。创建市级美丽乡村50个，实施农宅抗震节能改造4.4万户，实现农村减煤换煤42万吨。按期完成集体产权、林权制度改革和集体土地所有权确权登记颁证，建立了农村产权交易平台，集体“三资”管理更加规范。制定实施加快山区经济社会发展、促进农民就业增收的工作意见，深入推进对口支山、养山富民，山区生态涵养发展功能进一步增强。

*——我们全面深化改革，不断扩大开放，区域发展动力和活力进一步增强。*明确全区改革的路线图和时间表，有序推进了112项重点改革任务。完成新一轮政府机构改革，顺利实施东小口地区综合配套改革和北部山区行政区划调整，回龙观地区行政区划调整获得市政府批准。大力简政放权，区属部门共取消和承接上级下放行政审批事项76项，全面建立了行政权力清单制度。商事制度改革、“营改增”成效明显，全区市场主体已达13.2万户、比“十一五”末增长29.8%，五年累计减轻企业税负约22亿元。区镇村三级政务服务网络更加完善，投资项目在线审批平台开通运行。规范政府举债融资制度，成功发行了企业债、企业私募债，累计吸引民间投资近900亿元。制定了深化国资国企改革的意见，区属国企改制重组、产能外迁、资源整合步伐加快，国有资本进一步向优势行业和领域集中。社会服务、城市管理、社会治安“三网融合”取得阶段性成果。完成阶梯水价调整，全面开征污水处理费、水资源费。深入开展国际交流、区域合作和对口支援，顺势启动中关村昌平园怀来分园建设，积极推进政企互动、校地对接、院地合作、军民融合，对外对内开放进一步深化。特别是举全区之力，圆满完成了APEC峰会、抗战胜利70周年纪念活动等重大服务保障任务，成功举办了世界草莓大会、国际魔术大会、北京农业嘉年华和一系列大型赛事活动，先后获得国家生态示范区、全国创业先进城市、全国绿化模范城市、国家新能源示范城市等命名，区域对外形象和影响力大幅度提升。

五年来，区政府坚持依法行政、从严治政、廉洁勤政，政府自身建设不断加强。自觉接受人大法律监督、工作监督和政协民主监督，累计办理各级人大代表建议1310件、政协委员提案862件。严格履行风险评估、合法性审查等法定决策程序，主动邀请人大代表、政协委员及群众代表列席政府常务会议，全面推行大气污染治理、“三公经费”等重点领域信息公开，法治政府建设取得重要进展。深入开展政府绩效管理，初步构建了“大督查”工作格局，同步加强效能监察、审计监督和行政问责，抓落实的责任机制进一步健全。认真开展党的群众路线教育实践活动和“三严三实”专题教育，集中整治“四风”等突出问题，坚定不移地推进党风廉政建设和反腐败斗争，政风行风进一步改观。

刚刚过去的2015年，是“十二五”收官之年。全区上下发扬连续奋战的精神，齐心协力，攻坚克难，推动经济社会发展取得了新的成效。全年地区生产总值预计增长8%左右，一般公共预算收入增长10.2%，城乡居民人均收入预计分别增长9.1%和9.3%，人口调控、产业转型、环境治理、民生保障等重点工作扎实推进，117件为民办实事项目全面落实，较好地完成了区四届人大五次会议确定的主要目标任务，标志着全区“十二五”规划可以胜利收官。

各位代表，过去五年是我们一步一个脚印走过来的，奋斗充满艰辛，成绩来之不易。这是市委市政府和区委坚强领导的结果，是全区人民团结拼搏的结果，是社会各界支持帮助的结果。在此，我代表区政府，向全区人民，向各位人大代表、政协委员，向各民主党派、人民团体，向驻昌中央、市属单位、高校院所、驻军部队和广大企业，向所有关心支持昌平发展的各界人士，表示衷心的感谢并致以崇高的敬意！

各位代表，五年不平凡的转型历程，让我们对推动昌平发展有了新的认识。我们深切体会到：必须坚决贯彻中央精神、特别是习近平总书记系列重要讲话精神，全面落实市委市政府和区委的决策部署，认真执行区人大及其常委会的决议和决定，主动加强与区政协的联系，始终保持正确的前进方向和一致的工作步调；必须把创新、协调、绿色、开放、共享五大发展理念贯穿到工作的方方面面，以发展理念的转变引领发展方式的转变，坚定不移地走转型发展之路，努力实现更高质量、更有效率、更加公平、更可持续的发展；必须准确把握国际一流科教新区的区域定位，创造性地落实好京津冀协同发展各项任务，坚持“瘦身健体”两手抓，在服务国家和首都大局中开创昌平自身发展的新境界；必须始终以人民为中心，把增进人民福祉、促进人的全面发展作为工作的出发点和落脚点，充分调动全区人民的积极性、主动性和创造性，最大限度汇聚推动发展的“正能量”。

各位代表，我们也清醒认识到，昌平发展正处在爬坡过坎的紧要关口，前进道路上还有不少困难和挑战，主要是：经济下行压力持续加大，产业结构调整还不到位，科技创新优势和潜力尚未充分发挥，新旧动力转换接续需要加快推进，转方式、调结构、稳增长必须下更大功夫；人口资源环境矛盾依然突出，城乡区域发展不平衡，城市综合管理和基层社会治理水平不高，基础设施滞后、公共服务短缺还比较严重，制约转型发展的短板进一步凸显；政府工作还有很多不足，少数政府工作人员面对新形势不适应、不善为、甚至不作为的问题仍然存在，作风建设必须常抓不懈。我们将正视问题、毫不懈怠，努力加以解决，绝不辜负人民的期望与重托。

二、“十三五”时期的主要目标和任务

“十三五”时期是全面建成小康社会的决胜阶段，是落实京津冀协同发展任务的关键阶段，是推动全区经济社会转型发展的攻坚阶段。根据区委关于制定“十三五”规划的建议，区政府组织编制了“十三五”规划《纲要（草案）》，大会审议通过后，将作为今后五年的行动纲领，认真付诸实施。

当前内外形势发生了深刻变化，特别是在首都新一轮功能布局调整中，昌平作为重点新城和中关村核心区的重要组成部分，承担着功能疏解和承接的双重任务，承担着推动科技创新的重要使命，承担着强化生态屏障的重要职责，责任十分重大，机遇前所未有。区委四届十次全会深入分析形势，确定“十三五”时期昌平发展的指导思想是：高举中国特色社会主义伟大旗帜，以马克思列宁主义、毛泽东思想、邓小平理论、“三个代表”重要思想、科学发展观为指导，深入贯彻习近平总书记系列重要讲话精神，坚持“四个全面”战略布局，认真落实京津冀协同发展任务，牢牢把握区域功能定位，坚持发展第一要务，以提高发展质量和效益为中心，以增进人民群众福祉为根本，着力抓好非首都功能疏解、加强生态环境治理、完善城市服务功能；着力发挥科技创新潜能、优化创新创业生态、构建“高精尖”经济结构；着力保障和改善民生、提高公共服务水平、促进社会公平正义，确保如期全面建成小康社会，坚定不移向着建设国际一流科教新区的奋斗目标大步迈进。

遵循这一指导思想，“十三五”时期我们既要破解发展难题、补齐发展短板，又要转换发展动力、厚植发展优势，惟有扬长补短，才能抓住机遇、不负重任。基于以上考虑，《纲要（草案）》提出了今后五年全区经济社会发展的主要目标，并配套建立了相应的指标体系，共30项具体指标。其中：一方面，淡化速度规模，减少了经济发展方面的预期性指标，与“十二五”规划相比，地区生产总值增长预期由10%调整为7.5%左右，既能确保实现“两个翻一番”，又利于把主要精力放到实施创新驱动、提高质量效益上来，为转方式、调结构留有余地。另一方面，强化问题导向和规划约束力，突出了功能疏解、生态建设、基础设施、民生保障等方面的约束性指标，确保补齐短板的任务可操作、可考核、可监督。概括起来，重点要在以下方面取得新的成果：

——非首都功能疏解成效明显。不符合区域功能定位的产业有序退出，区域人口规模有效控制，常住人口结构进一步改善。城乡空间格局优化调整，基础设施和公共服务设施加快完善，“大城市病”等突出问题得到有效缓解，综合服务功能和城市宜居水平大幅提升。

——经济实现平稳健康发展。经济保持中高速增长，到2020年地区生产总值和城乡居民收入比2010年翻一番；产业迈向中高端，现代服务业和高技术产业加快发展，服务业占地区生产总值比重达到72%以上，初步形成“高精尖”经济结构。高端人才加快聚集，创新创业生态全面优化，研发服务能力大幅增强，在北京建设全国科技创新中心中发挥重要作用。

——生态屏障功能显著增强。全区林木绿化率和森林覆盖率分别达到70%和48%，环境容量持续扩大。主要污染物排放总量大幅减少，PM2.5年均浓度比2015年下降15%，基本实现垃圾、污水全处理。单位地区生产总值能耗、水耗持续下降。绿色低碳生产生活方式得到普及，城乡景观风貌更加秀美。

——社会文明程度不断提升。中国梦和社会主义核心价值观更加深入人心，城乡居民思想道德素质、科学文化素质和法治意识明显提高，发展共识度、区域认同感进一步增强，社会新风尚更加浓厚。文化事业和文化产业长足发展，文化魅力充分彰显，实现基层公共文化设施全覆盖。

——群众生活水平全面提高。城乡全覆盖的社会保障制度进一步健全，公共服务体系更加完善，充分就业、绿色就业、大众创业走在全市前列。教育医疗事业优质均衡发展。城乡居民收入差距缩小，全区人民共同迈入小康社会。

——各方面制度日益完善。经济体制、城市管理、社会治理等重点领域改革实现重大突破，推动转型发展的体制机制基本形成。人民民主更加健全，法治政府基本建成，司法公信力明显增强。

围绕上述目标，《纲要（草案）》安排了六个方面重点任务：

一是坚持减量集约发展，推动城市功能品质升级。按照优化增量、疏解存量的总体思路，在完善落实产业负面清单制度的同时，系统制定待疏解退出项目、可利用存量资源、需承接目标对象“三个清单”，全力推动不符合区域定位的各类功能腾退和迁出，积极吸引优质资源要素聚集，坚决防止一般性功能无序向昌平转移。重点抓好土地资源集约高效利用，确保资源承载能力与区域定位相匹配。加强人口调控和服务管理，严格控制人口规模和增速，同步优化人口空间布局、提高人口综合素质，努力实现总量控制、结构优化、布局合理、服务提升。

二是坚持创新驱动发展，构筑健康高效经济格局。突出需求侧、供给侧两端发力，在巩固内需拉动格局的同时，加快动力换挡，尽快把区域科教资源优势转化为发展优势，形成以科技创新为引领的发展模式。集中优化创新创业生态，打造北京原始创新、研发成果交易和创新型人才聚集的新高地，使昌平成为大众创业、万众创新的乐土。同步推动文化创新，筑牢“双轮驱动”格局。按照高端化、服务化、融合化的方向，深入推进产业转型升级，加快构建以现代服务业为主导的新型产业体系。强化中关村昌平园引领支撑作用，统筹推进重点功能区和专业园区、创业社群、特色楼宇建设，不断拓展高品质的发展空间。

三是坚持绿色低碳发展，建设生态宜居美丽家园。坚决打好环境污染治理攻坚战，努力解决大气、污水、垃圾等突出问题，推进全社会节能减排，大力倡导低碳循环发展。全面提升生态宜居水平，以平原“一楔三廊”建设和山区造林工程为重点，持续扩大绿色生态空间；大力推动循环水务建设，不断增强水资源水环境承载能力；从城市设计、景观营造、环境建设、秩序整治等多方面入手，进一步提升城乡环境品质。

四是坚持协调平衡发展，加快城乡统筹发展步伐。完善“两轴两带、三城两区”的区域空间布局，促进南北均衡、东西协调，形成以生态廊道和交通网络为纽带、以重点功能区为支点的城乡发展格局。加快城乡一体化步伐，重点聚焦城乡结合部改造，推动东小口、回龙观地区全面城市化，同步促进山区经济社会健康发展，协调推进现代特色小城镇和美丽乡村建设。以治理交通拥堵、保障城市运行为重点，大力度、高质量推动基础设施建设，完善城乡功能品质。创新城市管理体制机制，提高智能化、网格化、精细化管理水平。

五是坚持共建共享发展，巩固社会安定和谐局面。按照普惠性、保基本、均等化、优质化的方向，实施新一轮公共服务发展提升计划，加快建设首都教育发展新兴区，全面推进健康昌平建设，积极创建首都公共文化服务示范区，推动农村、社区基本公共服务设施全覆盖和标准化，更好地满足群众实际需求和期望。多渠道促进城乡居民就业增收，建立更加完善的社会保障体系。重点强化对口支山、实施精准帮扶，确保所有低收入村、低收入户同步迈入小康。优化社会治理格局，夯实社会治理基础，坚决维护社会安全稳定。

六是深化改革开放和法治建设，筑牢规划实施的制度保障。落实中央和市、区改革部署，以供给侧结构性改革为重点，全面深化各领域改革，推出一批具有重大牵引作用的改革举措，打好放权、松绑、减负、惠民的改革“组合拳”。秉持开放包容的方针，主动融入“一带一路”、京津冀协同发展等重大战略，提高区域国际化水平，广泛开展区内外共赢合作。全面建设“法治昌平”，推进多层次多领域依法治理，更好地把经济社会发展纳入法治轨道。

我们坚信，只要全区上下紧紧拧成一股绳、咬定目标不放松，凝心聚力，久久为功，付出坚韧不拔的努力，“十三五”蓝图必将成为现实，昌平的未来一定更加美好，全区人民生活一定更加幸福，我们一定能够谱写中华民族伟大复兴中国梦的昌平篇章！

三、2016年重点工作安排

今年是“十三五”开局之年，也是推进结构性改革攻坚之年，做好全年工作意义十分重大。综合分析，建议全区经济社会发展主要预期目标为：地区生产总值增长7%以上；一般公共预算收入增长7%；城乡居民收入分别增长8%和9%左右；城镇登记失业率控制在3%以内；人口调控、节能减排等指标达到北京市要求。

围绕上述目标，着重抓好以下七个方面工作：

（一）坚定不移地疏解功能谋发展

统筹推进功能疏解与承接。全面实施“三个清单”制度，坚持政府引导、市场运作相结合，设立产业转移清退引导资金，进一步完善鼓励功能疏解的政策体系。精准确定疏解项目，精细制定疏解措施，严格实行挂销账管理，确保回龙观城北市场等5家区域性市场年内全面退出，完成40家以上污染企业的腾退任务。完善新增产业禁限目录，提高禁限比例，同步研究非产业类功能准入标准，切实把牢准入关。坚决落实全市安排的各项承接任务，建立与中心城区协调对接机制，重点吸引科技研发、金融服务、教育医疗文化等优质资源要素。

保持人口调控高压态势。把严控人口规模和增速放在首位，强化部门、镇街和基层组织共同责任，进一步完善“五管”工作机制。健全人口动态监测体系，准确把握区域人口分布和流向，提高人口调控预警能力。统筹考虑轨道交通建设、重大项目运营等因素影响，加强重点地区综合管控，坚决杜绝“走了八千、来了一万”的现象。巩固治违打非成果，把科技监控与查处问责结合起来，坚决守住“零增长”底线，年内再拆除违法建设240万平方米以上。加大综合执法力度，持续开展人口倒挂村综合整治，进一步加强房屋租赁市场、地下空间等领域的依法治理。全面实施人口倒挂村水电总量控制、垃圾污水处理费征收、房屋租赁税收征缴等阶段性措施。稳妥落实居住证制度和积分落户政策，进一步加强和改进对流动人口的服务管理。

加强空间管控和土地集约利用。紧密对接北京城市总体规划修改、永久基本农田划定等

增强区域文化软实力。大力弘扬践行社会主义核心价值观，开展丰富多彩的群众性精神文明创建活动。全面提升十三陵明文化景区的环境质量和发展水平，统筹推进文物修缮保护和利用，精心传承昌平历史文脉。高标准规划建设未来文化城、“汤泉古镇”等聚集区，推动魔术、创意设计等新兴文化业态集群化发展。对照首都公共文化服务示范区创建标准，摸清底数、建立台账、倒排工期，系统实施基层公共文化设施和服务提升工程，加快构建“一心五团多支撑”的设施网络。深入推进文化惠民，进一步丰富群众精神文化生活。

（三）统筹推进城乡区域协调发展

提速重点功能区建设。完成未来科技城基础设施收尾任务，高标准建设服务配套设施，全面提升人才科研服务水平，依托公共服务区大力聚集高端产业，加快构建以央企为核心的创新链和产业链，率先形成产城融合的发展格局。调整完善科技商务区规划，重点抓好科技商务中心区、巩华城、生命科学园三期等区域规划建设，筛选引入一批功能性项目，抓紧做实产业支撑。加快昌平新城东区开发节奏，推动公共服务项目落地，尽快形成相对完备的城市形态。加快老城区棚户区改造实施步伐。进一步优化沙河大学城、国家工程技术创新基地的服务配套和整体环境，保障入驻项目按期建设、高效运行。制定西部绿色发展示范区建设方案，促进生态、文化与产业有机结合，培育区域发展新亮点。发挥重点功能区辐射带动作用，促进周边区域基础设施建设、产业转型升级和民生服务改善，尽快形成互联互通、协同发展的良好局面。

加快推进新型城镇化。落实北京城乡结合部建设三年行动计划，加强政策统筹利用，总结推广集体自主腾退等经验，积极探索改造建设新模式，尽快实现“一绿城市化、二绿城乡一体化”。以棚户区改造为突破口，加快实施“北四村”整体改造，按期启动南口镇中心区、城南街道化庄社区、东小口镇兰各庄组团等一批条件成熟的项目，同步推进老旧小区综合整治，努力实现人口疏解、用地集约、产业升级、环境改善、农民受益等综合目标。坚决完成重点功能区、重点项目、重点村拆迁扫尾任务，同步解决农民转居、回迁安置等遗留问题。系统落实东小口地区综合配套改革任务，抓紧实施回龙观地区行政区划调整，进一步提升两个超大型社区的服务管理水平。调整镇街发展定位，完善转移支付、权责统一、考核评价等配套机制，分类打造现代特色小城镇。

增强城市综合承载能力。全力服务保障京张城际、兴延高速路、地铁17号线、110国道二期、北苑北综合交通枢纽等重大项目建设。以连通联络线、打通瓶颈路为重点，力争四场路、鲁疃南路东延等7条道路建成通车，加快推进太平庄北街、望百路等19条道路建设，抓紧办理望湖路、定泗路等20条道路的前期手续，力争把主干路网规划实现率提高到62%。调整完善公交线路和场站布局，促进地面公交与轨道交通有序接驳，进一步扩大公租自行车覆盖范围。研究制定老城区、回龙观、天通苑等关键区域的综合疏堵方案，从优化交通组织、整治交通秩序、改造交通堵点、完善停车设施等多方面入手，多措并举缓解交通拥堵。启动中滩、东坨变电站等一批资源能源项目。统筹市政、园林、水务建设，在有条件的地区开展综合管廊和“海绵城市”试点。统筹信息产业发展和信息基础设施建设，拓展新一代信息技术应用范围，积极打造“智慧城市”。

提高农村和山区发展水平。合理划定“两田一园”范围，大力发展高效节水农业，调整“一花三果”内部结构，持续推动都市现代农业品牌化、集约化、高端化、网络化发展。突出抓好京东农村电商生态中心等平台建设，完善农产品储运加工和质量安全体系，加快构建“互联网+农业”的营销新模式。扎实推进国家现代农业科技城昌平园规划建设，进一步加大科技兴农力度。支持农业龙头企业、农民专业合作社发挥辐射带动作用，积极培育新型农业经营主体和新型职业农民。加快建设美丽乡村，启动农村基础设施改造提升工程，推动卫生室、文化室等服务设施村村全覆盖，继续实施农宅抗震节能改造，不断改善农村人居环境。全面推行农村“三资”运营实时监控，用好产权流转交易平台，稳步推进农村土地承包经营权确权登记颁证工作，进一步完善乡村治理机制。强化政策集成、资金倾斜、资源聚焦，切实改进对口支山方式，多措并举促进山区经济社会与资源环境协调发展。落实全市新的低收入村、低收入户认定标准，建立网格化、档案式的精准帮扶机制，综合采取帮扶措施，确保到户到人、长期管用。高标准建设延寿、流村、南口等重点沟域，深入开展农地经营权整体流转、闲置农宅盘活利用等试点，集中打造长峪城、慈悲峪、西湖－湖门等一批关键节点，以产业升级激活山区“造血”功能。做好第三次全国农业普查工作。

（四）持续提升生态品质和城乡环境质量

坚决实施铁腕治污。统筹大气污染防治和节能减排，逐项分解落实“压煤、控车、治污、降尘”的年度措施，力争PM2.5年均浓度下降5%左右。切实加大城乡结合部和农村地区煤改清洁能源力度，完成燃煤锅炉清洁能源改造500蒸吨，加快推动重点企业和行业节能环保技术改造，进一步提高新能源利用率。实行能源资源总量和强度双控制，强化排污许可管理、公共建筑能耗限额管理等措施，实施最严格的环境执法，切实做到源头严防、过程严管、后果严惩。健全空气重污染应急机制，必要时当机立断采取措施，坚决维护群众健康。启动新一轮污水处理三年行动计划，加快小汤山、流村再生水厂和昌平污泥处理厂建设，重点实施配套管网和农村治污工程，新建污水管线105公里、农村分散污水处理设施23处，将东小口、北七家等南部地区污水全部纳入市级管网，着力打通污水处理“最后一公里”。巩固河流跨界断面水质改善成果，完成三、四阶段7条中小河道治理，全面整治污水直排，推行重点水域专业化管护，确保到2017年基本消除建成区黑臭水体。

不断扩大绿色生态空间。完善“一楔三廊”规划和实施方案，先行启动沙河水库湿地公园、东小口森林公园三期等节点项目，加快清河、京密引水渠绿道建设。完成平原重点地区绿化面积3500亩，确保南口公园建成开园。推进京津风沙源治理二期工程，实施山区造林8000亩，森林健康经营4.4万亩。巩固全国绿化模范城市创建成果，统筹山水林田路生态养护，提升公园绿地景观水平，大力倡导绿色生态文化。用好南水北调江水，加快建设昌平第一地表水厂，推动地表水、地下水联网联调，逐步实现主要河库水系联通循环，切实增强水资源承载能力。实行最严格的水资源管理制度，集中整治农村自备井，全面推进节水型城市建设。

持续改善城乡环境秩序。巩固“4+2”环境秩序管理模式，统筹开展重点地区、旅游景区、居民小区和背街小巷环境整治，大力治理城市痼疾顽症，继续实施一批环境建设提升项目。完善环卫基础设施，推进环卫管理市场化。加快阿苏卫循环经济园周边村庄搬迁。强化“村收集、镇运输、区处理”的垃圾处理模式，推动分类管理、源头减量，完善可再生资源回收利用体系，提高垃圾无害化、减量化、资源化水平。积极迎接国家卫生区复审。

（五）全力以赴保障和改善民生

优先抓好就业和社会保障。加快推动人力资源公共服务中心建设，推行精细化就业服务，加大重点群体、困难人员就业帮扶力度，解决好功能疏解、结构调整中失业人员的再就业，稳步提高充分就业、绿色就业水平。坚持以创业带动就业，完善创业公共服务平台，通过扶持创业激发人才创新潜力，努力把区域人口压力转化为人力资源优势。加强社保制度整合衔接，深化养老、医疗等保险制度改革，科学调整保障待遇标准。健全“救急难”工作机制，支持社会慈善、社会福利发展，完善残疾人公共服务体系，切实兜住民生底线。优先发展社区居家养老服务，启动区级养老服务中心建设，新建5个镇级养老照料中心。深化房地产结构调整，持续实施保障性安居工程，有效统筹公租房、人才公租房、定向安置房等资源，多渠道解决群众住房困难。

促进公共服务优质均衡发展。顺应人口变化趋势，科学制定教育、医疗发展和布局规划。突出抓好“名校名医院”工程，力争北京161中学回龙观学校、北师大实验幼儿园新校区等6所“名校”年内开学，加快人民医院北院区、北大医疗康复医院建设，积极引入高品质国际学校、国际医院。大力推广学区制、名校办分校、跨学段拉手校等新型校际联盟，完善以名医院为核心的区域医疗联合体，进一步扩大优质资源覆盖面。持续实施学前教育、中小学建设行动计划，稳步推进区医院门急诊综合楼、南口地区医院整合升级等项目，千方百计扩大资源供给。对接全市考试招生制度改革，推进素质教育和特色办学，全面提升教育教学质量。持续打造昌平特色职业教育品牌。深化医药卫生体制改革，逐步完善分级诊疗机制，推进居民健康卡发行应用工作，提高公共卫生服务水平。落实“全面二孩”政策，加强计划生育服务管理。完善全民健身公共服务体系，精心打造昌平户外体育休闲运动欢乐季品牌。坚持并完善为民办实事制度，集中解决一批群众关心的突出问题。

加强和创新社会治理。深化街道、社区管理体制改革，健全“四社”联动机制，推广参与式协商自治模式，扩大“一刻钟社区服务圈”覆盖范围，不断增强城乡社区治理能力。稳妥做好第十届村民委员会换届选举工作。完善区、镇两级枢纽型社会组织工作体系，提高社会动员和志愿服务能力，支持工青妇等人民团体发挥桥梁纽带作用。推进军民融合深度发展，启动新一轮全国双拥模范城创建工作。落实安全生产党政同责、一岗双责、失职追责制度，增强科技创安能力，坚决遏制重特大事故发生。推进信访工作制度改革，深入开展社会矛盾纠纷排查化解。深化“平安昌平”建设，健全立体化社会治安防控体系，提高防恐处突水平。加强食品药品安全监管。完善防灾减灾救灾体系。扎实做好新时期的民族、宗教、侨务、档案等工作。

（六）全面深化改革开放

坚持从政府自身改起。推动简政放权、放管结合、优化服务“三管齐下”，不断激发市场活力和内生动力。健全行政权力清单动态维护机制，抓紧编制责任清单，进一步规范政府权力运行。落实行政审批制度改革任务，继续精简审批事项，同步加强事中事后监管。拓展区镇村三级政务服务网络的功能，整合优化投资项目在线审批及工商、税务、社保等网络行政平台，有效利用微信微博、公众服务呼叫中心、非紧急救助热线等网络问政平台，加快建设“24小时在线政府”，努力让信息多跑路、公众少跑腿。深化预算管理制度改革，强化财税组收机制，切实提高财政资金使用效益。加大重点领域政府购买服务力度，逐步改进公共服务提供方式。坚持以服务促发展，加强对驻昌央企、高校院所、驻军部队的协调服务，努力在更高层次实现共赢发展。

推动重点领域改革攻坚。深入推进城市管理执法体制改革，启动“大城管”模式试点，强化镇街统筹能力，推动管理重心下移、执法力量下沉，努力解决条块分割、职能交叉、多头管理等问题。同步推进“三网融合”，率先在城北、回龙观、霍营3个试点镇街实现一体化运行，提高网格化服务管理水平。深化国资国企改革，加快建立以管资本为主的分类监管体系，加大资产资源重组整合力度，启动国有资本投资运营公司改革试点，推动未来科技城公司等优势企业集团化发展，支持具备条件的区属国企上市发展。持续推进商事制度和税制改革，完善中小企业公共服务平台网络，落实降低实体经济企业成本行动，在制度上、政策上营造宽松的市场经营和投资环境。

培育开放发展新优势。紧抓京津冀协同发展历史机遇，健全区域交流对接机制，共同落实交通、生态、产业等重点领域任务，尽快取得实质突破。加快中关村昌平园怀来分园一期建设，积极探索园区共建、产业对接等合作模式，促进区域优势互补、共赢发展。进一步提高国际交往和外经外贸发展水平，扎实做好对口支援工作。按照全市统一部署，全力落实2022年冬奥会筹备任务，推动冰雪运动普及发展。精心办好第四届北京农业嘉年华、第三届中国北京国际魔术大会及苹果文化节、温泉文化节等活动，在宣传展示昌平的同时，更好地实现兴业惠民。

（七）进一步加强政府自身建设

深入推进依法行政。依法接受人大监督，严格执行人大及其常委会的决议决定，自觉接受政协民主监督，密切与各民主党派、工商联、无党派人士和人民团体的联系，进一步提高人大代表议案、建议、批评、意见和政协委员提案办理质量。健全依法科学民主决策程序，全面推行政府法律顾问制度，加强新型智库建设，进一步扩大公众参与范围。加强“法治昌平”建设，落实宪法宣誓制度，认真开展“七五”普法，增强全社会、特别是公职人员尊法学法守法用法观念。

着力提升行政效能。全面履行政府职能，确保政令畅通、令行禁止，切实增强政府执行力公信力。加强政府绩效管理体系建设，完善“大督查”工作格局，强化效能监察、审计监督，大力推动“督考合一”，切实做到言必行、行必果。扩大公务员平时考核试点，落实基层公务员职务职级并行制度，提高公务员队伍综合素质和整体形象。深入推进政府信息公开，稳步推动行政行为公开，自觉接受社会监督、舆论监督，及时回应群众关切。

切实转变政府作风。坚持密切联系服务群众，深入践行“三严三实”，狠抓后续整改落实，扎紧扎实制度的“笼子”，确保作风建设成果持续巩固、持久保持。加大从严治政力度，深入学习贯彻《廉洁自律准则》和《纪律处分条例》，严格执行约谈诫勉、行政问责等制度，严肃整治不作为、乱作为、庸懒散等问题。全面落实党风廉政建设责任制，以政府权力“瘦身”为廉政“强身”，有腐必反、有贪必肃，切实做到干部清正、政府清廉。

各位代表，昌平即将在新的起点开启新征程，宏伟蓝图激励人心，美好未来催人奋进！让我们紧密团结在以习近平同志为总书记的党中央周围，在市委市政府和区委的坚强领导下，团结拼搏，真抓实干，为加快建设国际一流科教新区、如期实现全面建成小康社会的共同心愿而努力奋斗！

中国人民政治协商会议
北京市昌平区第四届委员会常务委员会
工作报告

——在政协北京市昌平区四届五次会议上

北京市昌平区政协主席 陈秋生

（2016年1月11日）

各位委员、各位同志：

我受政协北京市昌平区第四届委员会常务委员会委托，向大会报告工作，请予审议。

一、2015年工作的简要回顾

2015年，是全面推进依法治国的第一年，也是完成“十二五”规划的收官之年。一年来，在中共昌平区委坚强领导和市政协有力指导下，区政协坚持以邓小平理论、“三个代表”重要思想和科学发展观为指导，深入贯彻中共十八大、十八届三中、四中、五中全会和习近平总书记系列重要讲话精神，坚持“四个全面”战略布局，紧密围绕区委、区政府确定的深入实施创新驱动发展战略、加快构建“高精尖”经济结构、加大人口规模调控力度等中心任务，认真履行了政协职能。

（一）扎实开展“三严三实”专题教育，进一步提高领导班子和政协机关作风建设的水平

去年5月以来，区政协领导班子和政协机关按照中共中央的部署和中共北京市委、昌平区委的要求，认真开展了“三严三实”（严以修身、严以用权、严以律己；谋事要实、创业要实、做人要实）专题教育。在专题教育中，区政协党组书记和中共党员副主席分别为机关全体党员干部和分管委室的党员干部讲了党课。区政协机关认真组织机关党员干部集体学习了《习近平谈治国理政》等文献和书籍，学习了新颁布的《中国共产党廉洁自律准则》、《中国共产党纪律处分条例》等党内规章。区政协领导班子和局处级领导干部深入查找不严不实问题，分别列出整改清单，并认真进行了整改。组织机关局处级领导干部以“严以修身”、“严以律己”、“严以用权”为主题，分别召开3次专题学习研讨会，认真进行了研讨。在广泛征求意见和认真开展谈心谈话的基础上，领导班子和局处级领导干部分别撰写了对照检查材料和个人发言提纲。领导班子召开了专题民主生活会，以整风精神开展了批评与自我批评。按照建章立制的要求，在党的群众路线教育实践活动整改落实和“三严三实”专题教育期间，区政协党组先后制定或修订了《中共北京市昌平区政协党组学习制度》等共4项工作制度；区政协先后研究制定了《关于开展专题调研工作的暂行规定》等共8项政协工作制度；区政协机关党支部和区政协机关先后制定或修订了《昌平区政协机关党支部“三会一课”制度》等共8项工作制度，并编印了《昌平区政协工作制度汇编》，进一步提高了政协工作的制度化规范化程序化水平。目前区政协机关正在准备召开处级领导干部专题民主生活会；领导班

子和领导干部还将分别制定整改方案和个人整改措施，并进行认真整改。通过开展“三严三实”专题教育，机关党员干部进一步加深了对习近平总书记系列重要讲话精神和“四个全面”战略布局的理解，加深了对“三严三实”的认识，加深了对京津冀协同发展重要性的认识，进一步转变了工作作风，全面推进了区政协和政协机关的各项工作。

（二）加强协商民主，进一步提高政协履行职能的水平和质量

一年来，区政协认真贯彻《中共中央关于加强社会主义协商民主建设的意见》、中共中央办公厅《关于加强人民政协协商民主建设的实施意见》，大力加强协商民主，认真履行了政协职能。

1、积极开展专题协商，进一步提高政治协商的水平。一是积极通过专题协商会进行协商。先后召开了3次专题协商会，对昌平区国民经济和社会发展“十三五”规划、人口规模调控等进行了协商，委员们对此提出了意见和建议。组织部分委员参加了中共昌平区委召开的“十三五”规划建议座谈会，对此提出了意见和建议。部分政协委员还应邀参加了区政府常务会议，对政府工作提出了意见和建议。二是积极通过调研成果进行协商。一年来，由主席、副主席牵头，区政协各专委会紧密围绕年初常委会确定的重点调研课题深入基层、深入群众开展了深入细致的专题调研活动，主要形成了4项调研成果：（1）《关于统筹协同促进昌平环境保护与企业发展的几点建议》。区政协经济科技委员会对推进全区环境保护与企业协调发展的有关情况进行了调研，在报告中提出了“加大技术改造力度，支持企业转型升级；支持企业组团发展，增强生产现场管理；深化企业污染治理，积极改善生产环境；职能部门要做到两个甄别，切记不可‘一刀切’；企业要提高自身环保意识，增强时代担当”共五条意见和建议。（2）《关于加强昌平区水资源利用与保护的几点建议》。区政协城建环保与社会法制委员会对全区水资源的保护和利用情况进行了调研，在报告中提出了“实行严格的水资源管理制度，优化水资源配置；完善公众参与机制，推进节水型社会建设；完善集中污水处理布局，推动再生水和雨洪水的利用；加大水资源保护力度，提升水环境整体水平”共四条意见和建议。（3）《关于我区公共医疗卫生均等化进程的调研报告》。区政协教文卫体委员会对全区公共医疗卫生均等化的有关情况进行了调研，在报告中提出了“加强统筹协调，构筑优质的服务格局；进一步完善卫生医疗服务体系建设，打造优质医疗资源，提升医疗服务水平；进一步强化基层医疗服务机构建设；推进卫生信息化应用建设，提升信息化管理水平”共四条意见和建议。（4）《关于我区实施〈北京市宗教事务条例〉情况的调查与思考》。区政协民族宗教和港澳台侨委员会对全区实施《北京市宗教事务条例》的情况进行了调研，在报告中提出了“进一步加强宣传教育，确保《条例》得到全面落实；加大宗教活动场所软件和硬件建设的力度；适当增加宗教活动场所的数量，进一步优化宗教活动场所的布局；进一步完善管理体制机制，积极引导宗教为社会主义事业服务”共四条意见和建议。区政协在专题协商中提出的意见和建议，得到了区委、区政府的高度重视和采纳。此外，区政协还按照市政协要求，就修改《北京城市总体规划》征求了委员的意见和建议，并及时上报了相关材料；同时，按照市政协要求，及时上报了全区实施《北京市宗教事务条例》的相关情况。

2、积极通过对口协商、界别协商等形式开展协商活动，进一步提高民主监督的质量。一是积极开展对口协商。先后组织委员听取了水资源的利用与保护、昌平西北部地区基本公共医疗卫生服务均等化等有关情况的通报，并视察了未来科技城再生水处理中心、昌平再生水厂、位于南口的昌平老年养护中心建设情况，就相关问题与区水务局、区卫计委进行了协商。二是积极开展界别协商。组织界别委员对第三届北京农业嘉年华筹备、轻轨二期工程建设、高校与地方联合办校、乐多港建设、构建和谐

宗教活动场所、流村镇长峪城传统村落的开发与保护、漆园村非物质文化遗产“龙鼓”的传承和保护等情况进行了视察，就相关问题与有关部门进行了协商。三是积极开展基层协商活动。区政协19个基层协商民主小组分别开展了两次活动，与镇、街道、科技园区就该地区经济社会发展进行了广泛协商，促进了镇、街道、科技园区各项事业的发展；同时也为委员知情明政、履行职责创造了良好条件，受到了委员的广泛赞誉。在去年3月全国“两会”期间，《人民政协报》用四个专版对昌平建设国际一流科教新区、区政协开展基层协商民主活动等情况进行了宣传，获得了良好的反响。四是积极在民主监督中开展协商活动。区政协财政预算、新农村建设、社会治安综合治理、新型农村合作医疗、教育工作等民主监督小组分别采取多种方式就相关问题与有关部门进行了协商。在协商活动中，委员们提出的一些具体的意见和建议，得到有关部门的重视和采纳。

3、积极开展提案办理协商，进一步提高参政议政的实效。区政协四届四次会议后，及时向区委、区政府提交了四届四次会议委员提出并经审查立案的151件提案。确立重点督办提案10件，由主席、副主席、秘书长进行了督办。与区市政市容委、发改委、交通局等单位共同召开了委员提案办理工作座谈会，组织委员视察了委员关于解决沙阳路交通拥堵、加强七北路周边环境治理、生活饮用水监管、巩华城居民回迁楼建设等提案的办理情况，就委员提案的办理进行了广泛深入地协商。继续开展了双向互评活动，对委员提案和办案部门的办案工作进行了民主评议。继续开展了提案评优工作，评选出优秀提案44件，其中集体提案20件，个人提案24件；提案工作先进个人56名；办案工作先进单位22个。在区委、区政府的高度重视下，经承办单位认真办理，区政协提交的提案已全部按时办复，办复率100%，办结率45.7%，比2014年提高了5.4个百分点。通过落实提案，切实解决了发展中的一些实际问题。

（三）举办中国人民抗日战争暨世界反法西斯战争胜利70周年纪念活动，积极为全区改革发展稳定凝聚力量

为庆祝中国人民抗日战争暨世界反法西斯战争胜利70周年，区政协在有关职能部门的大力支持下，举办了系列纪念活动。组织相关部门的人员采访了昌平健在的43名抗战老兵，并留下了文字、影像资料和老兵的照片。组织昌平书画界、摄影界的艺术家到南口抗战遗址等地进行了创作，共创作书画、摄影作品470余幅；开展了抗战题材的书画、摄影等作品的征集活动，共征集各类作品600余件。举办了“纪念中国人民抗日战争暨世界反法西斯战争胜利70周年历史回顾展”；编印了昌平抗战历史资料和书画、摄影作品画册，制作了纪念活动光盘。向43位抗战老兵赠送了书画作品、纪念照片、光盘和画册；向流村镇狼儿峪村村史博物馆赠送了抗战资料展板和部分摄影作品；向国防大学防务学院、解放军66325部队赠送了部分书画作品。对《昌平文史资料》第五辑《南口战役》专辑进行了重新修订，编辑并出版了《昌平文史资料》第十五辑《血战南口》专辑。通过开展多种形式的纪念活动，使全区各族各界人士进一步增强了爱国热情，进一步坚定了走中国特色社会主义道路的决心和信心，进一步提升了履行职责的责任感和使命感。

（四）大力加强委员队伍建设，进一步提高履行职责的水平和质量

加强委员队伍建设是做好政协工作的重要基础。举办政协委员培训班，邀请专家学者分别就中共十八届四中全会精神、培育和践行社会主义核心价值观、当前国际形势等专题做了辅导报告。积极探索加强委员学习培训的新形式，首次举办委员暑期读书班，邀请专家学者分别围绕贯彻落实《京津冀协同发展规划纲要》、当前我国经济形势和宏观政策做了辅导报告。认真做好《昌平政协》月刊的编辑和政协网站的管理运行工作，共编辑《昌平政协》月刊12期，刊登各类文章400篇共150万字；对政协网站进行了进一步升级改造，增加了委员论坛、提案办理、视频播放三大功能，共上传各类信

息150篇共16万字，为委员提供了丰富的学习资料。在去年底区政协开展的评选优秀委员活动中，有228名委员被评为优秀政协委员。

各位委员、各位同志：在区委正确领导、区政府高度重视和全区各部门的鼎力支持下，我们顺利完成了2015年的各项任务。总结过去一年的工作，我们深切体会到：做好新形势下的人民政协工作，必须坚持中国共产党的领导，始终以科学理论为指导；必须坚持围绕中心、服务大局，始终把推动科学发展作为履行职能的第一要务；必须充分发挥人民政协作为社会主义协商民主的重要渠道和专门协商机构的作用，大力推进社会主义协商民主；必须坚持改革创新，始终把创新作为政协工作永葆生机的强大动力；必须不断加强委员队伍建设，充分发挥委员的主体作用。

回顾过去一年的工作，我们也清醒地认识到，与党和人民的要求、人民政协肩负的使命、广大政协委员的期望相比，我们的工作还有一定的差距。主要是政协协商民主的内容需进一步丰富；专题调研需进一步加大力度；委员队伍和政协机关建设需进一步加强等。在新的一年里，我们要认真解决存在的这些不足之处。

二、2016年工作的主要任务

2016年是实施“十三五”规划的开局之年，也是本届政协任期的最后一年。去年12月3日，中共北京市委召开了北京市第四次政协工作会议；12月30日，中共昌平区委召开了昌平区第五次政协工作会议，印发了《关于进一步加强政协协商民主建设的实施意见》，对推进政协协商民主进行了研究和部署。在新的一年里，我们要深入贯彻市、区两级政协工作会议精神，紧密围绕实施“十三五”规划、建设国际一流的科教新区认真履行职能，进一步谱写人民政协工作的新篇章。

（一）深入学习贯彻中共十八届五中全会精神，坚持用科学理论指导政协工作

中共十八届五中全会是在我国全面建成小康社会进入决胜阶段召开的一次十分重要的会议。会议通过的《中共中央关于制定国民经济和社会发展第十三个五年规划的建议》，明确提出了“十三五”规划的指导思想、基本原则、目标要求、基本理念、重大举措，描绘了未来五年国家发展蓝图，是动员全党全国各族人民夺取全面建成小康社会伟大胜利的纲领性文件。我们要通过举办培训班等多种形式，组织和推动委员深入学习贯彻十八届五中全会精神，并把学习五中全会精神同学习中共十八届三中、四中全会精神和《中共中央关于加强社会主义协商民主建设的意见》、中共中央办公厅《关于加强人民政协协商民主建设的实施意见》结合起来，同学习习近平总书记系列重要讲话精神结合起来，同学习《京津冀协同发展规划纲要》结合起来，同学习中共北京市委十一届七次、八次、九次全会和北京市第四次政协工作会议精神结合起来，同学习中共昌平区委四届十次、十一次全会和昌平区第五次政协工作会议精神结合起来，同充分履行政协职能结合起来，坚持正确的指导思想，积极研究新情况、探索新方法、解决新问题，全面提高政协工作水平，努力在协调关系、汇聚力量、建言献策、服务大局上实现新突破。

（二）紧密围绕实施昌平区“十三五”规划和建设国际一流的科教新区认真履行职能

中共昌平区委去年12月初召开的四届十次全会，审议通过了《中共北京市昌平区委关于制定昌平区国民经济和社会发展第十三个五年规划的建议》，对全区今后五年经济社会的发展做出安排和部署；今年初召开的四届十一次全会，对全区今年的工作提出了具体要求。我们要认真贯彻落实区委全会精神，继续大力推进协商民主，认真履行好政协职能。一是积极开展专题协商。认真落实区委会同区政府、区政协制定的协商年度工作计划，充分发挥政协优势，积极搭建多种形式的协商平台，对列入计划的协商议题认真组织开展好协商活动；围绕实施“十三五”规划和建设国际一流的科教新区，对全区传统企业的重组改造、污水治理、山区半山区教育均等化进程、民族村发展等方面情况进行深入调研，提出意见和建议。二是

认真开展对口协商、界别协商等形式的协商活动。紧密围绕全区“五位一体”建设，组织委员对企业落实新环保法要求、污水治理、绿色出行、医疗卫生均等化进程、高校与企业互联互通、重点企业的发展、促进民族团结和宗教和谐、文物保护、非物质文化遗产的保护与传承等情况进行视察，并听取有关部门的情况通报，切实开展好对口协商和界别协商。继续开展好民主监督小组活动，加强与相关部门的沟通和协商，进一步加大民主监督的力度。深入做好基层协商民主工作，积极为镇、街道、科技园区的发展建言献策。三是大力推进提案办理协商。认真做好提案前的基础工作；严格把握审查立案标准；加强对重点提案的督办；与有关部门共同召开提案办理协商座谈会，对委员提案的办理进行深入协商；继续开展好提案双向互评活动，进一步提高提案工作质量，充分发挥提案在政协参政议政中的主渠道作用。

（三）坚持加强自身建设，进一步提高政协工作质量和成效

加强政协自身建设，提高政协队伍整体素质，是不断开创政协工作新局面的重要前提。一是继续加强领导班子建设。坚持从严治党，认真履行区政协党组落实党风廉政建设主体责任和监督责任；认真落实区政协领导班子“三严三实”专题教育整改方案，积极整改存在的不严不实问题，不断提高作风建设的水平。二是继续加强委员队伍建设。坚持举办政协委员培训班，进一步办好政协刊物和网站，为委员提高履职水平服务；积极做好委员走访工作，加强对委员履职的考核评价，激发委员履行职责的积极性和主动性。三是继续加强机关建设。组织机关党员干部深入学习《中国共产党廉洁自律准则》、《中国共产党纪律处分条例》等党内规章，大力推动机关党员领导干部认真落实“三严三实”专题教育个人整改措施，进一步巩固“三严三实”专题教育的成果；积极协助区委做好区政协换届工作；加强政协宣传工作，广泛宣传政协履职活动和委员的先进事迹；进一步做好文史资料征集、编辑和出版工作；继续加强政协工作的制度化规范化程序化建设，不断提高履行职能的水平和质量。

各位委员、同志们：

中共十八届五中全会吹响了全面建成小康社会决胜阶段的进军号，《京津冀协同发展规划纲要》开启了新的历史征程，人民政协面临的任务将更加艰巨。让我们紧密团结在以习近平同志为总书记的中共中央周围，认真贯彻落实中共十八大和十八届三中、四中、五中全会精神，坚持“四个全面”战略布局，在中共昌平区委领导下，同心同德、开拓奋进，全力做好政协的各项工作，努力为昌平实施“十三五”规划、建设国际一流的科教新区做出新的贡献！

把纪律挺在前面 聚焦主责主业
忠诚履行党章赋予的纪律检查职责

——在中国共产党北京市昌平区第四届纪律检查委员会第四次全体会议上的工作报告

中共北京市昌平区纪委书记 张晓兰

（2016年2月18日）

同志们：

我代表区纪委常委会向全会报告工作，请予审议。

这次会议的主要任务是：贯彻落实中纪委六次全会、市纪委五次全会和区委十一次全会精神，总结2015年纪律检查工作，部署2016年任务。稍后，市纪委常委钱华杰同志和区委书记侯君舒同志还将作重要讲话，同志们要认真学习领会、坚决贯彻落实。

一、2015年工作回顾

2015年，在市纪委和区委的坚强领导下，昌平区各级党组织和纪检监察组织紧紧围绕全区经济社会发展深度转型的工作大局，认真落实全面从严治党政治责任，驰而不息纠正“四风”，保持惩治腐败高压态势，不断提升监督执纪问责水平，纪律检查工作在2014年基础上又迈上了一个新的台阶。

*（一）“两个责任”落实更加有力。*一是逐级明确责任，层层传导压力。严格执行《昌平区关于落实党风廉政建设党委主体责任和纪委监督责任的实施意见（试行）》。制定《昌平区处级单位党政正职向区纪委全会述责述廉工作方案》，健全基层站所负责人、村级党组织书记述职述廉评议制度。完善镇街部门绩效考核办法，组织实施年度检查考核。二是落实责任追究，实施“一案双查”。针对马池口镇会计服务中心原主任张佩山擅自动用巨额集体资金理财投资案，就其中存在的履职不力、失察失管问题，严肃追究了6名处级领导干部的责任，并在全区通报，收到了问责一案、警醒一片的效果。

*（二）执纪审查工作布局更加合理。*一是点面结合。既坚决查处贪污贿赂、失职渎职等严重违纪违法案件，又狠抓“四风”问题不放松，发现一起、查处一起、通报一起、分析一起，让干部群众切实感受到正风肃纪的实际成效；既坚持从整体上提升执纪审查工作效能，又高度重视重大典型案件的查处，2015年全区新立案总数168件，严肃查处了左权严重违纪违法等一批涉案金额大、影响大的案件，涉案金额总数为12.9亿元。二是调整重点。坚持将政治纪律和组织纪律挺在前面，由以往重点查处经济类违纪违法案件向违反政治纪律、组织纪律的行为前移，严肃查处了南邵镇北邵洼村党支部原书记李华生支持纵容违法建设、百善镇二德庄村党支部原书记陈立军未经上级审核擅自租赁集体土地等多起典型案件。三是注重抓早抓小。综合运用函询、约谈和信访谈话等手段，对36名处级领导干部实施了“咬耳扯袖、红脸出汗”式的执纪监督；全年党纪处分129人，其中轻处分88人、占68.2%，重处分41人、占31.8%，移送司法机关9人、占6.9%，了结

澄清反映失实的举报问题165件，既严明了党纪政纪，又落实了抓早抓小，也保护了党员干部干事创业的积极性，实现了执纪审查的综合效果。

（三）党纪教育实效更加突出。一是实现宣传教育全覆盖。综合运用电视、广播、报纸等传统媒体和网站、微信、微博、短信等新媒体，通报典型案件、发送预警信息、开展党纪条规教育，覆盖全区各级党员干部。二是推进党纪教育常态化。组织好"一小时党的纪律教育"，明确各处级单位每月开展1次党纪教育，每次不少于1小时，区纪委负责每月月初提供学习素材。三是突出警示教育时效性。每查办一起典型案件，在成立调查组的同时，成立宣教组，实时跟拍办案全过程，为制作宣传片积累素材，利用查处的"小官贪腐"典型案件，制作了系列警示教育片，召开了全区党员干部警示教育大会，用身边的典型案例对各级党员干部进行深刻的警示教育。

（四）"联合履职"工作模式更加完善。"联合履职"工作模式是昌平区落实中央"转职能、转方式、转作风"的要求，结合实际进行的有益探索和机制创新，市委、市纪委主要领导作出批示充分肯定，并在全市推广，2015年这一工作模式在原有基础上得到进一步完善。一是转变工作方式和内容。实行动态编组，随时调整各组人员，做到优化组合、人尽其用，实现监督审查一体化。针对每个履职组的业务特点，结合实际案例开展即时培训，切实提高监督执纪问责的能力，最大限度地发挥"联合履职"巡查监督的作用，做到早监督、早发现、早提醒、早解决。二是完善管理机制。建立了考评、情况通报和信息月报制度，使区纪委和各单位主要负责同志能够及时掌握每一名纪检监察干部参加"联合履职"工作的情况，防止"两头脱岗"。通过不断调整、改进，3个联合履职组的工作能力得到有效提升，在监督执纪问责中发挥着越来越明显的作用。

在总结一年工作时，我们也清醒地看到工作中仍然存在薄弱环节，有的党组织和党员领导干部对全面从严治党的紧迫性认识不深刻，落实主体责任的主动性不强、办法不多，责任追究不够；相对于中央提出的正确把握和运用监督执纪"四种形态"的要求，相对于全区干部群众的期待，纪检监察组织在执纪理念、方式和能力上还需要进一步改进，以适应不断变化的反腐败形势，更好地履行职责。

二、工作体会

党的十八大以来，党中央着眼于新的形势任务，把全面从严治党纳入"四个全面"战略布局，把党风廉政建设和反腐败斗争作为全面从严治党的重要内容，着力构建不敢腐、不能腐、不想腐的体制机制，取得了新的重大成效。市委、区委始终坚持以首善标准落实全面从严治党要求，切实加强党内监督，保持惩治腐败高压态势，推动党风廉政建设和反腐败斗争不断取得新成效。区纪委常委会认为：做好新的历史条件下的纪律检查工作，必须以习近平总书记系列重要讲话为思想武器和行动指南，不折不扣地落实中央、市委关于党风廉政建设和反腐败斗争的部署和要求，坚持学思践悟，做到融会贯通、见诸行动。我们有如下工作体会：

一是必须坚持党委统一领导，以主体责任的落实深入推进党风廉政建设和反腐败工作。在党风廉政建设方面，党委负主体责任，是领导者、执行者和推动者。区委旗帜鲜明地领导和支持区纪委查处违纪违法问题，推动形成"不敢腐"的震慑；各单位党组织明确主体责任，一级抓一级，有力支持了纪检监察组织转变职能、聚焦主业；区领导以上率下，带队检查责任制落实情况，区委、区政府主要领导主动听取党风廉政建设和反腐败工作汇报，亲自指导纪律检查工作创新、督办重大案件、协调重点环节，为全区落实党风廉政建设责任树立了榜样。实践证明，党的领导加强了，党风廉政建设就会不断取得新进展，2015年，昌平区党风廉政建设责任制检查考核排名全市前列、纪律审查立案数全市第一、干部群众对全区党风廉政建设满意度全市第一，这些成绩的取得，离不开区委、区政府坚强有力的领导，离不开全区各级党组织和党员干部群众的共同参与、理解支持，借此机会，向领导和同志们表示诚挚的感谢。

二是必须坚持把纪律挺在前面，把握和运用监督执纪“四种形态”。党中央深刻总结管党治党规律，推进全面从严治党、依规治党，提出把纪律挺在前面，为各级纪检监察组织履行职责指明了方向。我们在监督检查中坚持严明纪律在前，对落实中央、市委和区委决策部署申明纪律要求，加强执纪监督；持之以恒落实中央八项规定精神、市委实施意见和区委十项措施，驰而不息纠正“四风”，严肃查处顶风违纪行为，党风政风明显好转。我们深刻感到，只有把纪律挺在前面，才能更好地体现纪律检查工作的职责定位。在全面从严治党中，我们还要进一步把握和运用好监督执纪“四种形态”，让“咬耳扯袖、红脸出汗”成为常态，党纪轻处分、组织调整成为大多数，重处分、重大职务调整的成为少数，严重违纪涉嫌违法立案审查的成为极极少数，贯彻落实好“惩前毖后、治病救人”的方针。

三是必须坚持改革创新，不断提高监督执纪的本领和能力。纪律检查体制改革以来，全区各级纪检监察组织以问题为导向、以改革为抓手，坚持组织和制度创新，转职能、转方式、转作风，调整改革区纪委机关内设机构，清理议事协调机构，规范纪委书记工作分工，保证了聚焦主责主业；建立问题线索“下管一级”、向区纪委报告制度，实行“联合履职”工作模式，强化了区纪委对下级纪检监察组织的领导，整合了监督执纪问责的力量，提升了工作效能。在全面从严治党的实践中，工作越向纵深推进，越要发扬改革创新精神，实现思想观念、体制机制、管理监督、方式方法和工作作风的与时俱进。

四是必须认清形势，继续保持惩治腐败高压态势。当前，全区干部群众检举控告数量仍处于高位，2015 年，纪检监察信访总量 1207 件次，到中纪委、市纪委越级访 129 件次，党的十八大后不收敛、不收手的仍然为数不少，特别是一些科级和村级党员干部纪律意识和规矩意识淡薄、信访量居高不下，反腐败形势依然严峻复杂。党风廉政建设和反腐败斗争永远在路上，只有进行时。习近平总书记在中纪委六次全会上指出，反腐败斗争压倒性态势正在形成，党中央坚定不移反对腐败的决心没有变，坚决遏制腐败蔓延势头的目标没有变。我们必须把思想统一到中央对形势的判断上来，增强自信、坚定决心、扎实行动，深刻汲取左权案的教训，保持坚强政治定力，把握力度和节奏，充分发挥不敢腐的震慑作用，健全不能腐、不想腐的体制机制，不断把党风廉政建设和反腐败斗争引向深入。

三、2016 年主要任务

2016 年是“十三五”开局之年，区委十一次全会明确了 2016 年要努力实现“十三五”良好开局、开辟转型发展新境界的目标和任务。有力保障中央、市委和区委决策部署的贯彻落实，是全区纪检监察组织的重要政治任务。2016 年工作的总体要求是：全面贯彻党的十八大和十八届历次中央全会精神，深入学习贯彻习近平总书记系列重要讲话精神，落实中纪委六次全会、市纪委五次全会和昌平区委十一次全会部署和要求，围绕把握和运用监督执纪“四种形态”，进一步提升思想认识、拓展监督触角、转变执纪方式，忠诚履行党章赋予的纪律检查职责，不断取得党风廉政建设和反腐败工作的新进展和新成效。要重点做好以下四方面工作：

（一）认真履行监督职责，严明党的纪律

一要推动全面从严治党主体责任严格落实。进一步完善《昌平区关于落实党风廉政建设党委主体责任和纪委监督责任的实施意见（试行）》，为全区各级党组织、纪检监察组织和领导干部量身制定责任清单，使主体责任和监督责任明晰化、具体化、个性化，可操作、可考核、可监督，并向下延伸传导到基层站所、农村社区和企业。落实全区处级单位主要负责人向区纪委全会述责述廉的工作方案，围绕责任清单逐项说明、接受质询，督促各单位及其负责人进一步强化主体责任的担当意识。

二要深纠“四风”毫不松懈。严格落实中

央八项规定精神、市委实施意见和区委十项措施，继续紧盯重要节点，对仍然存在的“四风”突出问题，发现一个查处一个，防止反弹回潮。继续开展“为官不为、为官乱为”专项治理，特别是要以关键部门和岗位的科级干部为重点，对存在的问题持续监督整改，对已经触碰纪律红线的严肃查处并曝光。

三要加大责任追究力度。对前一阶段一系列问责案件进行总结，结合即将制定的《中国共产党党内问责条例》，立足本地实际，将实践经验转化为长效机制，制定昌平区党内问责的实施办法，使问责工作流程更加规范，更加具有可操作性。严格“一案双查”，对于执行党的路线方针政策不力，管党治党主体责任缺失、监督责任缺位、给党的事业造成严重损害，“四风”和腐败问题多发频发，选人用人失察、任用干部连续出现问题，以及发生其他影响恶劣的违纪违法案件，都要综合运用批评教育、诫勉谈话、通报批评、组织处理、纪律处分等方式，追究主体责任、监督责任、领导责任和党组织责任，并将典型问题公开通报。

（二）认真履行执纪职责，正确把握和运用“四种形态”

今年区纪委从保护干部的角度出发，执纪重点是早发现、早提醒，为确保落到实处，要做好三个方面工作。

一要推进纪检监察机构全覆盖。今年，将对一些单位的纪检监察机构进行调整、整合，新成立6个联合派驻纪检组，对44个目前未设纪检监察机构的单位实行联合派驻，由区纪委统一管理，负责对驻在单位进行日常执纪监督，发现问题线索及时提醒、处置。

二要强化重点单位的执纪监督。由全区各处级单位自愿申请，区纪委每年选择5个重点单位，指导推动其用纪律的尺子全面系统查找工作中的问题和制度方面的漏洞，对出现苗头性、倾向性问题的干部该提醒提醒，对缺失的制度该制定制定、该完善完善。对取得切实成效的单位，区纪委进行总结、宣传，推广其好经验、好做法，并作为年度党风廉政建设责任制考核的重要依据。

三要制定对党员干部问题线索早发现、早提醒的处置办法和实施细则。明确中央提出的“咬耳扯袖、红脸出汗”的实施标准、工作路径、操作流程、结果运用。形成“区委领导，区纪委组织协调，各部门各单位各负其责，上下联动，分级实施”的工作格局，区委、区纪委对处级以上领导干部实施“咬耳扯袖、红脸出汗”式监督；各处级单位党组织和纪检监察组织也要切实承担起主体责任和监督责任，对本单位科级以下党员干部存在的问题早发现、早提醒，并定期汇总上报工作情况，对未尽到早发现、早提醒职责的，区委、区纪委将进行约谈。建立廉政档案，实施动态执纪，对被提醒过的党员干部定期回访、监督整改；整改不力的，将给予党纪轻处分和组织处理；受到党纪轻处分和组织处理仍不收敛、不收手的，将调整职务并给予党纪重处分，直至移送司法机关，在实现“咬耳扯袖、红脸出汗”成为常态、党纪轻处分和组织处理成为大多数的同时，对那些屡教不改、特别是像左权那样目无党纪、我行我素、问题严重的，也决不姑息。

（三）认真履行教育职责，切实增强党员干部纪律意识

一要严格党的纪律教育。2016年的重点是落实“让每一名党员干部都受到严格的纪律教育”的要求，进一步强化《准则》和《条例》的学习宣传，利用广播、电视、报刊、网络等媒体开设专题专栏，加强主题策划，开展专家访谈、专题讲座等活动，营造“党员干部人人学《准则》、学《条例》”的浓厚氛围。全区各单位要采取切实可行的学习方法，通过集中学习、个人自学、专家辅导和研讨交流相结合的方式，深入学、专题学、带着问题学，把严明党的政治纪律和政治规矩摆在首要位置，把守纪律、讲规矩融入到各项工作之中，确保学出成效、融会贯通。各单位党政主要负责同志要认真履行“第一责任人”职责，以身作则、率先垂范，组织理论中心组开展专题学习研讨，在本地区、本单位、本系统内至少进行1次专

题党课教育；领导班子成员在做好自身学习的同时，要深入分管部门开展宣讲，引导广大党员干部转变惯性思维，树立纪律意识、规矩意识。

二要坚持同步警示教育。认真总结过去两年全区党员干部警示教育大会做法，继续发挥重大典型案件警示教育作用，与执纪审查同步开展警示教育片制作、警示教育资料提供等各项工作，通过深入剖析发生在身边的典型案例，让全区党员干部受警醒、明底线、知敬畏，实现执纪审查政治效果、法纪效果和社会效果的统一。

三要树立良好社会风尚。把贯彻《准则》和《条例》作为改进作风的重要抓手，引导党员干部践行社会主义核心价值观，培养高尚道德情操，抵制不良风气。深入挖掘昌平历史文化资源，用好廉洁元素，讲好廉政故事，持续打造“明镜昭廉”文化品牌。汲取家规家风、乡规民约的精华，弘扬真、善、美，培育全区风清气正的良好社会风尚。

（四）加强纪检监察干部队伍建设，为忠诚履职奠定坚实基础

面对反腐败斗争的新形势、新任务，中央对党风廉政建设提出了新的更高的要求，干部群众也对纪律检查工作有了新的更高的期望，更加需要我们不断加强能力素质建设，打造一支敢担当、作风正、能创新、求实效的纪检监察干部队伍。

一要提升素质。加强学习，严格学习制度，先于并严于全区党员领导干部，开展纪检监察干部《准则》、《条例》知识测试。加强队伍文化建设，创办微信群、“廉政一席谈”电视系列专题访谈等多项活动，为纪检监察干部搭建互相交流、增长才干的平台，提升业务能力，增强队伍凝聚力。

二要严格管理。新的形势要求我们改进干部管理方式、体现“严管就是厚爱”，使纪检监察干部既严格执纪，更带头守纪、做遵守纪律的楷模。创新考核办法，探索区纪委机关、联合派驻纪检组和联合履职组干部之间互考互评工作机制，量化考核指标，严格考核程序，强化考核结果运用。严明工作纪律，完善工作程序和业务流程，严格执行重大事项报告、回避和保密制度。解决“灯下黑”问题，把每一名纪检监察干部的一切表现量化打分、记入档案，对得过且过、作风漂浮、不敢担当、不愿担当的，及时进行批评教育、组织调整，造成严重后果的给予纪律处分；对执纪违纪、以案谋私的，发现一起、严肃查处一起，建设一支忠诚于党、让人民放心的纪检监察队伍。

同志们，全面从严治党责任重大、使命光荣。我们要在市纪委和区委的坚强领导下，扎实工作、锐意进取，不断将党风廉政建设和反腐败斗争引向深入，为建设国际一流的科教新区提供坚强保证。

大事记

2015年昌平区大事记

1月

4日，区委书记侯君舒带队到城北街道八街和阳坊镇后白虎涧村，对基层服务型党组织建设情况进行调研。

6日，中国共产党北京市昌平区第四届委员会召开第八次全体会议。会议全面总结2014年工作，研究部署2015年各项任务。

7日，昌平区人民政府与河北省怀来县人民政府签订协议，双方将建立战略合作关系，商定在产业发展、生态环境建设、人才培养等领域加强合作。作为产业发展的重要合作内容，双方将在河北省怀来县新兴产业示范区内共建中关村昌平园怀来分园，总占地面积3000亩。

11日，政协北京市昌平区四届四次会议召开。

12日，北京市昌平区第四届人民代表大会第五次会议召开。

14日，地铁昌平线二期水库路站最后一段混凝土“顶板”浇筑完毕，成功实现“封顶”。至此，昌平线二期5座车站主体结构全部完工。

20日，“畅动冰雪季，助力申冬奥”2015年昌平区温都爱思诺冰雪季健身活动在温都水城滑雪场举办，当日活动300余人参加。

22日，市人力社保局领导率市社会保障和就业工作领导小组成员，检查昌平区就业再就业工作，并对昌平区充分就业区创建工作进行核查认定。

24日至25日，第六届Hadoop（Hadoop是一个由Apache基金会所开发的分布式系统基础架构。用户可以在不了解分布式底层细节的情况下，开发分布式程序。充分利用集群的威力进行高速运算和存储。）中国技术峰会在昌平区召开。

是月，昌平区首个完整餐厨垃圾处理生产工艺设备在昌平粪便餐厨垃圾综合处理厂运用，处理能力工艺全国领先。

是月，昌平区劳动人事争议仲裁院正式揭牌成立。至此，昌平辖区内的劳动人事争议，可在此仲裁。

2月

1日，昌平区人民政府与北京航空航天大学签订协议，全面深化区校合作发挥双方优势及资源，建设昌平北航大学科技园和昌平北航产业示范基地。

4日，昌平区召开老干部工作会议，会议要求发挥老同志独特优势，为区域发展增添正能量。

6日，昌平区2015年迎新春军政座谈会召开，与驻昌部队共商军地建设大计。

9日，昌平区团拜会举行，区各条战线的先进个人、先进集体以及社会各界代表参加。

12日，市书法家协会书法家和剪纸艺术家，走进昌平区延寿镇为村民写春联，送祝福。

15日，《北京市昌平区2015年在直接关系群众生活方面拟办的重要实事》的通知下发，截至2015年12月，拟办实事39件。

25日，昌平区委春节假期首个工作日召开党建工作会，会议听取全区党的群众路线教育实践活动整改工作进展情况汇报。

3月

2日，昌平区前锋学校成为中国政法大学附属学校揭牌仪式举行，双方进入深度合作阶段，实现资源共享和优势互补。

3日，昌平区召开环境保护大检查工作动员部署会，检查工作重心为“压煤、控车、降尘、治污”等方面。

4日，昌平区召开2015年安全生产工作大会，会议强调强化措施、狠抓落实、确保群众生命财产安全。

8日，区妇联在昌平区职业教育文化园里组织开展庆“三八”生活体验大观园活动，对300户和谐家庭、50户平安示范家庭进行了表彰。

9日，召开2015年加强流动人口规模调控和服务管理工作领导小组第一次（扩大）会议，围绕“总量控制、结构优化、管理创新、服务提升”总体目标，力争到2015年底，全区常住外来人口比2013年压减12%。

14日，第三届北京农业嘉年华在兴寿镇草莓博览园开幕，以“自然、融合、参与、共享”为主题，以“美丽乡村、快乐生活”为口号，突出展现了区都市型现代农业，活动至5月3日。

16日，京郊首家国际知名五星级品牌万豪酒店正式入驻昌平乐多港。

26日，2015栾川春季旅游推介会在第三届北京农业嘉年华启动，活动以“老家河南、吉祥洛阳、全景栾川”、“同饮一江水，京豫一家亲”、“山花烂漫，清新栾川”为主题，旨在向北京市民充分展现河南、洛阳的魅力，吸引在京企业到栾川投资创业，实现双方互利共赢。

27日，第十二届北京·昌平·小汤山温泉文化节在区草莓博览园开幕。区领导和市旅游委、市文化局、市国土资源局相关领导以及天津市东丽区、河北省唐山市旅游局相关领导出席开幕式。

4月

4日，昌平区与驻昌部队、中国政法大学在南口镇天寿陵园军魂园纪念广场举行先烈祭奠活动，向南口战役抗日纪念碑敬献白花，寄托哀思。

8日，区政府与北京农商银行举行全面战略合作暨重点项目融资签约仪式，三年内北京农商银行将为昌平区提供300亿的信贷支持。

11日，“北京21公里”半程马拉松赛首站在昌平新城滨河森林公园开赛。

14日，昌平区召开2015年社区党组织和社区居委会换届选举工作部署会，190余个社区启动党支部委员会和居民委员会换届选举工作。

是日，区长张燕友会见由区厅长李东秦率领的韩国首尔特别市道峰区政府代表团一行。

22日，昌平区开展“大手拉小手，垃圾分类知识进校园”活动，为百余位幼儿园中班小朋友普及垃圾分类知识。

25日，“北京国际友好林”在昌平区沙河镇七里渠南村正式启用，成为在京国际友人固定植树场所。

是月，昌平区首家慈善超市在昌盛园二区开业，辖区困难群众可以凭借“爱心救助卡”，以低于市场价的价格，到慈善超市购买生活必需品。

29日，由国家督学、吉林省教育厅原厅长、国家督导评估组组长卢连大率领的专家组，对区义务教育基本均衡发展情况进行实地督导评估。

是月，经两年创建，昌平区获评北京市充分就业区殊荣。

5月

5日，昌平公共自行车租车卡开始在科技园区智通路11号公共自行车管理服务中心办理，18日起昌平市民可启用公共自行车服务。

13日，区委全面深化改革领导小组结合昌平实际，制定了涉及经济体制、政府职能科技教育等14类工作要点，细化112项具体改革任务。

21日，针对昌平天通苑北地铁周边小吃一

条街管理乱象，昌平公安、交通、城管等单位联合执法，取缔清理摊位61个、简易活动房1个，清运垃圾7吨，周边环境得到有效治理。

27日，区委书记侯君舒就“践行‘三严三实’，以良好作风推动昌平转型发展”主题，为全区党员领导干部讲党课。

28日，昌平区法院审理“民告官”案件，区领导干部行政应诉培训班100多名学员参与旁听，体验庭审过程，接受法制教育，培养法治意识。

是月，昌平“十三五”规划编制工作全面启动，涉及产业发展及空间布局规划、中关村昌平园创新发展规划等39项。

是月，北京师范大学二附中未来科技城学校，第一年在昌平计划招收高中生80人。

6月

1日，昌平区正式上汛，区长张燕友带队检查防汛工作并召开会议，对全区12座水库、13条主要河道开展隐患排查，实现“一库一预案”、“一河一预案”。

2日，区长张燕友在政府系统以“深入践行‘三严三实’，努力建设国际一流的科教新区”为主题，为全区行政负责人上党课，以“严”精神“实”作风促转型发展。

7日，全区2183名高考学生赴考，2113名学生参加普通高校统一招生考试，70名学生参加单考单招考试，设2个考点77个考场。

8日，昌平区召开社会服务、城市管理、社会治安“三网”融合工作专题会议，以违法建设、人口管理、环境秩序、消防隐患和便民服务5项内容为重点，深化“三网”融合功能，完善城市服务与管理。

15日，昌平区高校征兵体检政审工作正式启动，首批120名男青年参加体检，征兵人数有所增加，优抚标准由每年25000元提高到每年26500元。

16日，昌平区召开区级领导干部会，专题传达学习《京津冀协同发展规划纲要》和市委书记郭金龙在全市领导干部会议上的讲话精神，会议强调统一思想、主动作为、深入落实，为把昌平建设成为国际一流的科教新区奠定基础。

20日，北京市“十三五”规划编制起草组一行7人到南口镇居庸关村，与多位村民交流，听取未来五年建设“美丽乡村”的意见建议，了解村民村官新农村建设主张。

25日，昌平区召开工会组建工作部署会，区实有基层工会组织已达2993家，会员人数超18万人，新建单独基层工会274家，社区（村）联合工会新增涵盖单位1819家。

是月，《昌平区低端产业退出资金管理暂行办法》开始实施，设立补偿金额和资金奖励，鼓励辖区低端产业主动退出。

7月

1日，区委邀请基层一线优秀共产党员代表召开纪念建党94周年座谈会，激励基层党员干部更好的发挥战斗堡垒和先锋模范作用。

7日，昌平区为纪念中国人民抗日战争暨世界反法西斯战争胜利70周年，组织1000余名党团队员代表在昌平烈士陵园举行集体宣誓活动。

8日，“昌平区政府行政权力公开透明运行网”正式开通，全区67家单位的9483项政府部门行政权力可一目了然。

14日，昌平区出现自西向东强对流雷阵雨天气，平均降水量13.4毫米，伴6级以上短时大风，滨河公园大树被刮断或连根拔起。

16日，中央国家机关廉政教育基地授牌仪式在昌平区“明镜昭廉”明代反腐尚廉历史文化园举行，中央国家机关工委常务副书记李智勇，副书记邵旭军、姚志平等共同为首批6家中央国家机关廉政教育基地授牌。

18日，由中国武术协会主办的2015第五届“全球金融集团”杯北京国际武术文化交流大会暨“全球功夫网”杯第四届国际功夫交流大会开幕式在区体育馆举行。中国武术协会主席、大会组委会名誉主席，北京市体育局相关领导出席开幕式。

22日，区政府与北汽福田汽车签订《共建“美丽昌平·福田新能源汽车科技园”环境建设合作协议》，涉及福田厂区环境治理、雨水排放及道路建设等方面。

26日，区委结合“三严三实”专题教育，向全区各单位下发履行党建责任清单、党建责任倒查清单和党员领导干部应遵守的基本制度清单。

27日，中共北京市昌平区第四届委员会第九次全体会议召开，提出融入京津冀协同发展大局，建设产业高端、功能完善、环境优美、舒适宜居的新昌平。

8月

5日，居庸关长城“天下第一雄关”城楼前上演极限逃脱魔术，来自全国50多所高校的数百大学生魔术师开始“海选”，争夺入围在昌平举办的2015年世界大学生魔术交流大会4个中国名额。

8日，全市确定第21批医保定点医疗机构，昌平区新增18个“新成员”，其中12家在社区和养老机构，至此全区医保定点医疗机构达181家，209.88万参保职工和居民就医更加便捷。

11日，昌平区召开抗战胜利70周年纪念活动和世界田径锦标赛安全保卫工作动员会，会议要求全区上下党员干部敢于担当、主动作为、履行职责确保“两大活动”绝对安全。

18日，“铭记抗战史 共圆中国梦”纪念中国人民抗日战争暨世界反法西斯战争胜利70周年主题展览在昌平区体育馆开幕，8名抗战老兵代表出席开幕式。

20日，昌平区利用滨河森林公园空间开放、人流聚集的特点，应用图文并茂、特色鲜明的主题公益广告形式，“图说”社会主义核心价值观，成为昌平区首座社会主义核心价值观主题公园。

27日，昌平区6万治安志愿者头戴红色太阳帽、身着蓝色T恤、佩戴红袖标，开始进行街道巡逻，保障“两大活动”安全。

31日，“昌平先锋”党建微信平台面向关注粉丝推出“学抗战史，赢红包”活动，参与者答题成绩达到80分以上，可获得红包。

9月

1日，昌平区举行应急处突反恐演练，演练由应急处突和地上地下反恐处突两部分组成，分别对燃气泄漏事故和地铁站反恐处突进行演练。

9月4日，东帝汶民主共和国总统鲁瓦克及夫人一行，到昌平职业教育文化园区参观了解昌平区职业教育发展情况。中国驻东帝汶大使刘洪洋、副区长刘淑华陪同参观。

6日，昌平区举行应征入伍青年宣誓大会，240名入伍青年来自昌平本地和驻昌高校，将前往11省市，加入中国人民解放军和中国人民武装警察部队行列。

8日，抗日题材电影《南口1937》在昌平开机，将首次以电影故事片的形式把南口战役的历史展现给世人。

12日，由中国扶贫基金会、昌平区人民政府和北京交通广播联合主办的2015善行者公益徒步活动在居庸关长城脚下启动，来自全国800支队伍3200人登上居庸关长城，用自己的脚步，让善更有力量。

是日，首届昌平枣文化节在流村镇漆园村枣园开幕。

10日，北京邮电大学沙河校区启动仪式暨北京高科大学联盟入驻昌平揭牌典礼在昌平区举行，国家教育部发展规划司、北京市委相关领导和北京邮电大学领导出席仪式。

18日，纪念中国人民抗日战争暨世界反法西斯战争胜利70周年，大型抗战纪实史诗《筑成我们新的长城》公益演出在昌平区居庸关长城脚下完成录制，现场40余名抗战老兵出席活动。

24日，2015年世界大学生魔术交流大会开幕式在中国政法大学（昌平校区）拉开帷幕，来自中国、韩国、加拿大、西班牙等国家的9位国际顶级魔术大师现场表演，20名大学生选手将角逐金、银、铜三个奖项。

30日，昌平区党政军民公祭活动在昌平烈士陵园举办，昌平区主要领导和驻昌部队、军烈属、学校师生等400多人参加公祭。

10月

10日，昌平区召开“三严三实”，专题教

育推进会，要求强化责任落实、注重细节小事、深查细照笃行作为工作目标。

12日，昌平市民期盼已久的抗战胜利70周年纪念币开始接受兑换，城区内各银行排队市民络绎不绝。

13日，由市民政局和昌平区人民政府共同主办的北京市2015年国际减灾日宣传演练活动在昌平区举行，主题为“掌握防灾减灾知识，保护生命安全”。国家民政部救灾司、市民政局相关领导在主会场观摩应急救援演练。

15日，“植树达人”微电影《平凡的守护》在十三陵镇昭陵村开机，是昌平区社会主义核心价值观关于首部以植树为题材的微电影。

18日，德国巴登·符腾堡州州长克莱驰曼一行到昌平职业学校参观访问。市教委相关领导和区领导出席活动。

19日，区长张燕友调研昌平区人口调控与拆违打非工作，要求建立长效机制控制“二房东”私搭乱建违法行为。

20日，全国双拥办、市双拥办调研昌平区双拥办先进工作情况，对昌平区双拥工作培训基地、军地两用人才培训学校进行考察。

23日，市政府第四督查组到昌平区现场督查全市重大决策任务落实情况。督查组相关领导和市政府有关负责人参加督查。

24日，北京·昌平第十二届苹果文化节开幕，市园林绿化局相关负责人和区领导出席开幕式。

27日，区政协为弘扬中华民族传统文化，举办非遗项目漆园村“龙鼓”捐赠活动，推动促进昌平区传统民间文化传承和发展。

29日，由议长赵淑子率领的韩国首尔特别市道峰区议会代表团一行拜会昌平区人民政府。区长张燕友、区委常委、常务副区长孙卫出席活动。

11月

1日，昌平区创建全国绿化模范城市检查汇报会召开，截至目前，全区林木绿化率达66.41%，森林覆盖率达45.89%，人均公园绿地面积为27.12平方米，各项指标均达到或超过创建全国绿化模范城市的要求。

3日，昌平区26000余件“爱心冬衣”奔赴600余公里，到达内蒙古自治区赤峰市，“爱心冬衣”将分发各个旗的贫困户。

4日，昌平区首条食品安全示范街建成，食品街长500米、经营面积超过1万平方米，有13家B★★以上餐厅。

7日，2015秋季·北京国际长走大会在十三陵水库举行，首都群众和外国友人6000余人身穿红、绿、黄、蓝四色标志服，雨中“开走”。

12日，市委常委、副市长陈刚带领市发改委、规划委、住建委、国土局等相关部门负责人，先后来回龙观腾讯众创空间、回龙观城北市场、北京科技商务区（TBD）南区和中央戏剧学院昌平校区，实地调研规划建设情况。

15日，昌平区2441户村民今冬开始使用电取暖，村民选择电取暖设备为空气源热泵和蓄能式电暖气两种，政府补贴90%，“煤改电”电费享受与城区同等的0.1元谷段电价。

19日，昌平区七里渠中心小学学生艺术作品展在中华世纪坛一层中心展厅开展，展出200余名学生创作的300余幅作品。

23日，昌平区首张新“食品经营许可证”颁发，为餐饮服务许可证、食品流通许可证以及食品卫生许可证“三证合一”证。

27日–28日，昌平区在第19届北京·香港经济合作研讨洽谈会上，签下干细胞总部基地及研发中心、互联网教育研究院建设、未来科技城北区综合体、京港双向孵化器4个“高精尖”项目。

28日，北京市重大项目发布会暨京港投资合作项目签约仪式在香港会展中心举行。北京市委常委、常务副市长李士祥、副市长程红出席签约仪式。区长张燕友代表昌平区政府与美亚生物科技集团签署了总金额1亿美元的合作协议。

12月

2日，中共北京市昌平区第四届委员会第十次全体会议召开，会议研究讨论“十三五”时期昌平发展的系列重大问题，明确“十三五”

时期昌平发展指导思想、奋斗目标和任务举措。

7 日 -9 日，昌平区空气质量达到重度污染水平，实施空气重污染橙色预警措施，区政府敦促相关职能部门落实应急预案，积极应对实现科学治理和科学管控。

8 日，召开全区党员干部警示教育大会，会议播放两部警示教育专题片，通报 9 名违纪违法党员领导干部移送司法机关。至 11 月，共立案查处党员干部违纪违法案件 133 件。

9 日，由国家能源局牵头、昌平园企业华能清洁能源研究院承担的全国首个 700℃关键部件验证试验平台水压试验工作成功。

16 日，针对 10 月 9 日国家旅游局给予十三陵景区涉及欺客宰客等 3 个问题的严重警告，昌平区召开相关单位负责人专题会议，梳理出具体问题 81 个，目前已经完成整改 63 个，持续开展 43 次执法行动，出动执法力量 395 人次，会议要求要总结经验教训，形成固化机制，促进昌平本地旅游规范发展。

18 日，全国首家“一站式”特殊物品及生物材料进出口公共服务平台——中关村生命科学联合创新服务中心正式启动。

23 日，区新闻发言人暨宣传系统干部培训班开班，首次增加“昌平先锋”微信平台及“两微”联盟成员。

24 日，昌平区 28000 余盏老旧路灯全部改为节能型 LED 单灯控灯和新型单灯控高压钠灯，换装后每年将节电 1600 多万千瓦时，可节省电费 750 万元。

26 日，轨道交通昌平线二期正式开通运营，全长 10.6 公里全部为地下线，设车站 5 座，开通首日载客 138414 人次。

政党·团体

中国共产党北京市昌平区委员会

【概 况】 2015年，中国共产党北京市昌平区委员会（简称“区委”）在市委的坚强领导下，区委常委会深入学习贯彻“四个全面”战略布局和总书记系列重要讲话精神，认真落实京津冀协同发展任务，团结带领广大党员干部努力适应新常态，真抓实干，攻坚克难，推动经济社会转型发展取得了新的成效，实现了“十二五”圆满收官，为“十三五”打下了良好基础。重点抓了三件大事：

一是深入开展“三严三实”专题教育。从常委会自身做起，坚持以上率下，突出问题导向，严明政治纪律和政治规矩，狠抓思想教育、作风整改和立规执纪，查摆了13种不严不实问题。贯彻从严要求，认真召开专题民主生活会，开展批评和自我批评，经历了又一次严肃的党内政治生活锻炼。各级党组织认真履行责任，深化学习教育，持续推进“四风”整治，解决了一批群众反映的突出问题。

二是全力做好抗战胜利70周年纪念活动服务保障工作。把服务保障纪念活动作为重大政治任务，成立一线指挥部，强化集中调度，严格督促检查，全区总动员，高质量完成了服务保障阅兵基地建设运转、环境秩序综合整治和安保维稳各项任务。各级党组织和党员干部勇挑重担、连续奋战，充分发挥战斗堡垒和先锋模范作用，经受住了考验和锻炼，干部队伍的凝聚力、战斗力明显增强。

三是认真谋划昌平“十三五”发展。深入学习贯彻党的十八届五中全会和市委十一届八次全会精神，多次召开专题会研究昌平转型发展的重大问题，广泛听取各方面意见建议。区委四届十次全会审议通过“十三五”规划建议，围绕全面建成小康社会、加快建设国际一流科教新区的奋斗目标，明确了今后五年昌平发展的指导思想和目标任务，在全区上下形成了新的发展共识和动力支撑。

2015年，常委会全面贯彻中央、市委决策部署，把握区域功能定位，统筹改革发展稳定全局，主要抓了以下六方面工作：

一是促进经济平稳健康发展。加强对经济工作的领导，把稳增长、调结构摆在突出位置，抓好统筹协调调度，保持经济运行总体平稳，地区生产总值预计增长8%，一般公共预算收入增长10.2%，城乡居民收入分别增长9.1%和9.3%。电子信息、生物医药、新材料产业均保持了20%以上增速，服务业增加值占GDP比重达到65%。强化创新驱动，健全中关村昌平园统筹发展机制，加快未来科技城等重点功能区建设，科技条件平台、生命科学联合创新平台投入运行，回龙观“双创”社区正式亮相，高端要素和创新人才加快集聚。

二是狠抓人口规模调控。坚持把疏解非首都功能、压减外来人口作为全区工作的重中之重，健全“五管”工作机制，出台产业负面清单、严控新生违法建设办法、房屋租赁税收征缴等系列制度措施，实施镇街部门捆绑问责，加大综合执法力度，推进回龙观“北四村”综合改造，基本完成城北市场整治腾退。经过全区上下的共同努力，全年拆除违法建设310万平方米，清理低端企业和市场网点1000多个，区域常住人口增长势头进一步遏制，外来人口连续实现负增长，顺利完成了市委市政府下达的调控指标。

三是着力保障和改善民生。着眼弥补发展短板，加强城乡建设管理和生态环境治理，提升城市综合服务功能和宜居性。狠抓大气污染防治措施落实，实现农村地区减煤换煤18.6万吨，实施造林1.2万亩。地铁昌平线二期、马池口再生水厂等一批关键性基础设施建成投入运行。161中学回龙观学校等6所名校名园基本建成，人民医院北院区等4所医院加快建设。健全城乡一体的社会保障体系，成功创建充分就业区。建成保障房7300余套，实现1.2万名拆迁群众顺利回迁，城乡居民生活环境条件持续改善。

四是推进重点领域改革。认真落实中央、市委改革部署，结合昌平实际，统筹安排了112项改革任务，提出24项重点研究事项，以重点领域的突破带动全面深化改革整体推进。在党的制度建设、行政权力清单管理、大气污染治理、网格化社会服务体系建设等方面推出了一系列改革举措，取得了阶段性成效。探索实施“一镇街一试点”改革，回龙观综合配套改革、延寿镇农村土地流转等试点工作有序推进。加强对改革的督促检查和跟踪问效，促进改革措施落地，努力让群众有更多获得感。

五是加强民主法治建设。召开第四次人大工作会议、第五次政协工作会议和统战工作会议、群团工作会议，着力加强和改进党的领导，促进协商民主广泛多层制度化发展，充分发挥各条战线的独特优势和重要作用，广泛凝聚加快转型发展的正能量。积极推动司法体制改革，深化司法公开，提升司法公信力，法院立案登记制、检察官办案责任制等改革走在全市前列。深入推进平安昌平建设，加大矛盾纠纷排查化解和安全隐患综合整治力度，确保了社会大局和谐稳定。

六是从严落实管党治党责任。认真贯彻全面从严治党要求，定期研究解决党的思想、组织、作风、制度、纪律和反腐倡廉建设存在的问题。制定党建工作“三个清单”，抓好党工委书记述职评议，建立巡回检查制度，推动党建责任逐级落实。优化处级领导班子配备，加强干部日常监督管理，扩大个人事项申报核查范围。突出基层党组织政治引领功能，完成村社区党组织换届，深入推进基层服务型组织建设。严格落实党风廉政建设主体责任，坚持“一案双查”，强力正风肃纪，加大案件查办力度，召开千人警示教育大会，保持了惩治腐败的高压态势。

（向冰）

单位名称：中共昌平区委员会
地址：城北街道政府街19号
电话：（010）69742713
邮编：102200

【区委四届八次全会召开】 1月6日，中共北京市昌平区第四届委员会举行第八次全体会议，深入学习贯彻党的十八大、十八届三中、四中全会和中央经济工作会议精神，全面总结了2014年工作，研究部署了2015年各项任务。

（向冰）

【与怀来县战略合作关系建立】 1月7日，昌平区与河北省怀来县签订协议，双方将建立战略合作关系，商定在产业发展、生态环境建设、人才培养等领域加强合作。

（向冰）

【与北京航空航天大学签订协议】 2月1日，昌平区与北京航空航天大学签订协议，全面深化区校合作，发挥双方优势及资源，建设昌平北航大学科技园和昌平北航产业示范基地。

（向冰）

【第三届北京农业嘉年华开幕】 3月14日，第三届北京农业嘉年华在区草莓博览园开幕。市委常委牛有成，副市长林克庆，天津市副市长王宏江，河北省副省长沈小平以及北京、天津、河北三地有关部门领导出席开幕式。

（向冰）

【庆“五一”国际劳动节大会召开】 4月23日，“弘扬新时期劳模精神，庆祝‘五一’国际劳动节”大会召开，表彰了23名市劳动模范、24名市先进工作者、8个市模范集体代表。

（向冰）

【“北京国际友好林”绿化基地正式启用】 4月25日，位于沙河镇七里渠南村的“北京国际友好林”绿化基地正式启用，今后在京国际友人有了固定植树场所。市、区有关领导出席启动仪式。

（向冰）

【市政协春季长走活动在十三陵水库举办】 4月28日，北京市政协春季长走活动在十三陵水库举办。市政协主席吉林，副主席沈宝昌、赵文芝、闫仲秋，区有关领导共计500余人参加全程9公里的长走活动。

（向冰）

【义务教育基本均衡发展接受实地督导评估】 4月30日，国家督学、吉林省教育厅原厅长、国家督导评估组组长卢连大率领专家组，对区义务教育基本均衡发展情况进行了实地督导评估。区有关领导出席认定工作汇报会。

（向冰）

【市领导对未来科技城建设情况进行调研】 6月9日，市委常委、副市长陈刚，副市长隋振江带领市发改委、规划委等职能部门负责人，调研未来科技城建设及运行情况。区有关领导陪同调研。

（向冰）

【市“安全生产月”宣传咨询日主会场活动举办】 6月16日，2015年北京市“安全生产月”宣传咨询日主会场活动在永安公园举办。国家安全监管总局党组书记、局长杨栋梁，北京市副市长张延昆，北京市安全监管局局长张树森，区有关领导出席活动。

（向冰）

【中央国家机关廉政教育基地授牌仪式举行】 7月16日，中央国家机关廉政教育基地授牌仪式在区“明镜昭廉”明代反贪尚廉历史文化园举行，中央国家机关工委常务副书记李智勇，副书记邵旭军、姚志平等领导共同为首批6家中央国家机关廉政教育基地授牌。区有关领导出席授牌仪式。

（向冰）

【区委四届九次全会召开】 7月27日，中共北京市昌平区第四届委员会举行第九次全体会议，认真学习贯彻《京津冀协同发展规划纲要》、市委十一届七次全会和全市上半年经济形势分析会精神，总结分析了上半年工作，研究部署了下半年任务。

（向冰）

【市领导调研区经济社会发展情况】 7月28日，副市长隋振江带领市科委、经信委、知识产权局等职能部门负责人到区实地调研经济社会发展情况。区有关领导陪同调研。

（向冰）

【安全保卫工作动员部署大会召开】 8月11日，纪念抗日战争暨世界反法西斯战争胜利70周年和世界田径锦标赛安全保卫工作动员部署大会召开，发出了“扎实作风，严密举措，忠诚履职，决战决胜，誓保‘两大活动’绝对安全”的动员令。

（向冰）

【北京邮电大学沙河校区启动仪式暨北京高科大学联盟入驻昌平揭牌典礼举行】 9月10日，北京邮电大学沙河校区启动仪式暨北京高科大学联盟入驻昌平揭牌典礼在区高教园举行，市、区有关领导出席。

（向冰）

【纪念活动昌平区服务保障工作总结大会召开】 9月29日，中国人民抗日战争暨世界反法西斯战争胜利70周年纪念活动昌平区服务保障工作总结大会召开。

（向冰）

【第十二届苹果文化节开幕】 10月24日，北京·昌平第十二届苹果文化节开幕式在昌平苹果主题公园举行。市园林绿化局、区有关领导出席开幕式。

（向冰）

【秋季·北京国际长走大会举行】 11月7日，

2015秋季·北京国际长走大会在十三陵水库沿线举行。市政协主席吉林，市人大常委会副主任梁伟，团市委书记常宇，外国友人、首都各界群众和区有关领导6000余人参加长走活动。

（向冰）

【创新创业社区正式落户昌平】 11月8日，全国首个“双创社区”——回龙观创新创业社区正式落户回龙观地区。首发项目腾讯众创空间（北京）开园，中关村协同创新平台及产业化项目落地昌平签约仪式举行。副市长隋振江、中关村科技园区管委会主任郭洪，区有关领导出席活动。

（向冰）

【市领导调研区规划建设情况】 11月12日，市委常委、副市长陈刚带领市发改委、规划委、住建委、国土局等相关部门负责人，到回龙观腾讯众创空间、回龙观城北市场、北京科技商务区（TBD）南区和中央戏剧学院昌平校区，实地调研规划建设情况。市政府副秘书长张维，区有关领导陪同调研。

（向冰）

【区委四届十次全会召开】 12月2日，中共北京市昌平区第四届委员会举行第十次全体会议，认真贯彻落实党的十八届五中全会和市委十一届八次全会精神，审议通过了《中共北京市昌平区委关于制定昌平区国民经济和社会发展第十三个五年规划的建议》。

（向冰）

【明十三陵景区旅游环境秩序座谈会召开】 12月16日，明十三陵景区旅游环境秩序座谈会召开。副市长程红、市旅游委主任宋宇、区有关领导出席会议，市、区旅游委、发改委、公安局等相关部门负责人参加会议。

（向冰）

【市领导调研区基层党组织工作】 12月18日，市委常委、组织部长姜志刚一行到区调研基层党组织和未来科技城建设情况。区有关领导陪同调研。

（向冰）

【市领导到区督查党风廉政建设】 12月28日，市委副书记、市长王安顺一行来区督查2015年党风廉政建设责任制落实情况。

（向冰）

组织工作

【概　况】 2015年，昌平区组织工作在市委组织部的精心指导和区委的正确领导下，深入贯彻落实党的十八大、十八届四中五中全会、习近平总书记系列重要讲话以及全国全市组织部长会议精神，以开展“三严三实”专题教育为抓手，以落实从严治党责任为重点，统筹推进领导班子和干部人才队伍、基层党组织和党员队伍建设，各项工作取得了新的进展和成效。

（李根）

单位名称：昌平区委组织部
地址：城北街道政府街19号
电话：（010）89741601
邮编：102200

【扎实推进“三严三实”专题教育】 年内，制定《专题教育调研指导工作方案》、《加强边学边查边改工作的通知》等制度措施，统筹推进全区专题教育。区四套班子成员高标准完成自身任务并到分管和联系地区、领域、部门、单位调研指导，专题教育工作协调小组深入一线督查调研指导，区委基层党建工作巡回检查组到所联系单位定点指导。总结领导班子和领导干部普遍存在的21项“不严不实”问题及表现，指导二级单位建立整改任务清单和“不严不实”问题台账。严格挂销账，确保各级党组织和党员干部问题整改取得实效。

（李根）

【加强领导班子配备】 年内，坚持“好干部”标准，调整干部13批195人次。提拔16名基层一线优秀干部，其中提任正处7人、副处9人。严格执行《干部选拔任用条例》，对动议、民主推荐、考察、讨论决定、任职等环节情况进行全程纪实，使干部选任过程各环节可追溯、可倒查。

（李根）

【强化领导班子考核研判】　年内，研究制定镇街领导班子绩效考评指标体系，强化对人口调控、环境治理、控违拆违等重点工作的考核，加大对党建工作的考核权重，由17.2%提高到23.6%。开展重点工作专项考核，近距离接触了解干部精神状态、执行能力和工作成效等有关情况。深入开展处级单位“一把手”访谈，结合后备干部专项调研、年度考核和日常了解情况，逐步完善干部履职痕迹信息库，加强对处级领导班子和领导干部综合分析。

（李根）

【从严监督管理干部】　年内，扎实开展个人有关事项报告工作，完成1046名处级干部信息录入上报。按照10%的抽查比例，随机抽查核实106名处级干部，重点抽查核实3批63名拟提拔使用或转任重要岗位、拟确定为后备干部人选的个人有关事项。开展干部选拔任用“一报告两评议”、区管处级领导干部档案核查复审、违规办理和持有因私出国（境）证件专项治理以及整治超职数配备干部工作，切实把从严监督干部落到实处。

（李根）

【加强干部教育培养】　年内，在新任职班等重点主体班次中探索推行“三化三有”管理模式，推动干部学风转变。举办3期处级领导干部深入学习贯彻“四个全面”战略布局轮训班，将全区处级领导干部轮训一遍。举办7期“领导干部进高校”大讲堂活动、11期专题班次，组织2期“领导干部深入区内重点功能区、重大项目”现场教学活动，创新开展20期“送学下镇街”活动、4期“好书好人生、昌平读书汇”，培训干部6100余人次。开展专项调研，做好后备干部集中调整工作。择优选聘114名优秀高校毕业生为大学生村官、11名优秀年轻干部为选调生。

（李根）

【落实管党治党责任】　年内，建立区委每月一次党建专题会、每季度一次党建领导小组会工作机制，指导各镇街健全落实每月党建工作例会制度。牵头组织各级党组织和党员领导干部认真学习和对照落实党建责任清单、责任倒查清单和基本制度规定清单。制定《进一步加强农村基层党建工作的意见》，明确当前和今后一个时期农村基层党建工作整体思路。建立基层党建巡回检查制度，组建5个巡回检查组，对109家处级单位及所属基层组织进行了4轮督促检查。建立分领域党建工作联席会议制度，每季度召开1次各领域基层党建工作联席会议。落实“三级联述联评联考”制度，不断强化基层党组织书记抓党建的责任意识。

（李根）

【提升党组织服务功能】　年内，制定进一步加强基层服务型党组织建设实施方案及考核评价指导意见，支持推广城北街道灰厂路社区“阳光管家”、天通苑北街道“楼门长”等便民服务的经验做法。推动42个挂账软弱涣散基层党组织100%转化提升，调整不适宜党组织书记13人，争取项目资金1189万，实施帮扶项目46个。制定《进一步加强区域化党建工作的指导意见》，探索“三级平台、四个机制、四项保障”工作模式，强化各级党组织服务区域社会治理中的核心作用。

（李根）

【推进基层干部队伍建设】　年内，完成机关、企事业单位23个党委、52个党总支、716个党支部换届选举工作。圆满完成197个社区“两委”换届选举工作，书记、主任“一人兼”比例较上届提高了6.5个百分点，学历结构、年龄结构进一步优化。稳步推进298个村党组织换届选举工作，实现了预期目标。制定实施村（社区）干部个人有关事项请示报告制度，开展村“两委”主要负责人廉洁履职专题培训。

（李根）

【强化党员教育管理】　年内，开展党员意识提升行动，落实“三会一课”、“党员学习日”等经常性学习制度，开展缅怀教育和党员意识大讨论。调控发展党员数量和结构，全年发展党员1189人。开展“共产党员献爱心”、走访慰问等纪念建党94周年系列活动。

（李根）

【加大基层投入保障力度】 年内，做好首批17名驻村“第一书记”选派工作。面向优秀村党组织书记考试录用2名镇机关公务员。完成89个社区办公和活动用房达标工作，新增面积1.7万平方米。足额配套城乡基层党组织服务群众经费3720万元，确保农村、社区党组织有资源有资金为群众服务。

（李根）

【注重政策集成创新】 年内，深入实施《昌平区高端人才发展政策》和《昌平区科技创新支持政策》，积极落实“英才卡”各项服务保障措施，扶持奖励高端人才发展。

（李根）

【推动以项目带动人才集聚】 年内，新增中关村昌平园博士后科研工作站6家，与施一公院士合作共建生物医药科学实验平台，汇聚了一批优秀高端人才。在回龙观地区打造全国首个“双创社区”，引进11家孵化众创平台落地运行。

（李根）

【优化服务保障体系】 年内，落实党组织联系专家制度，对245名入选人才工程专家和各领域高端领军人才，进行“一对一”联系帮扶。开展4期“高端人才看昌平”活动、3期未来科技城央企高端人才交流活动，组织有关部门深入现场为2286名企业人才办理了工作居住证。研究制定《昌平区人才公租房管理办法》，分批为人才解决住房问题。

（李根）

【开展人才规划中期评估】 年内，客观评价规划目标完成情况和工作机制运行成效，目前全区人才总量达21万余人，两院院士8名、“千人计划”专家203名、“海聚工程”专家53名。

（李根）

【加强组织部门自身建设】 年内，认真践行“三严三实”要求，健全完善部机关议事决策、作风建设、文明办公等制度，梳理完善组工业务流程。坚持部机关集中学习制度，开展组工干部业务知识“微课堂”活动，完善“组工干部在线学习系统”，强化新入部同志教育培养，组织部门自身建设不断加强。

（李根）

宣传工作

【概　况】 2015年，全区宣传思想文化战线认真学习习近平总书记系列重要讲话，深入贯彻党的十八届三中、四中、五中全会和市委全会精神，全面落实“基层工作加强年”要求，立足区域实际，主动适应新形势，积极创新工作方式方法，不断凝聚全区精神力量，为加快建设国际一流的科教新区提供强有力的思想保证、舆论氛围和文化条件。

（王宪　姬爱国）

单位名称：昌平区委宣传部
地址：城北街道政府街19号
电话：（010）89741617
邮编：102200

【不断加强理论武装】 年内，组织区委区政府理论中心组学习（扩大）会，邀请国家环保部、保密局，北京市领导，围绕环境保护、保密工作、城市规划等专题，组织高层次辅导报告13次。组织区领导开展“三严三实”专题教育12个半天，并进行延伸学习。对处级领导干部和基层两委班子分别加大指导帮助力度，组织全区处级领导干部轮训班3批次，组织辅导报告会15场。统筹区域电视台、报纸、电子屏、宣传栏等载体，深入学习宣传市委十一届七次、八次全会精神。

（王宪　姬爱国）

【以“互联网+”思维推进学习型党组织建设】 年内，运用新媒体手段加强党建工作创新，积极探索“互联网+党建”工作模式，出台《关于建设“昌平先锋”微信平台的实施方案》，建设全国首家“一级统筹、分级主管、覆盖党员、带动群众、影响社会”党员教育微信平台。全区入库党员干部36039人，关注平台15400人。

（王宪 姬爱国）

【不断提升昌平的知名度和美誉度】 年内，精心策划第三届北京农业嘉年华的宣传报道工作，举办“乐跑昌平”“2015勇敢爱”“汉风集体婚礼”“栾川旅游推介”“我眼中的北京农业嘉年华”“魔术魔幻秀”等多项主题活动和兄弟区县特色活动，邀请境内外180多家媒体的近千名记者参与活动宣传报道。充分利用电视、报纸、广播，以及微博、微信、网络等多种传播手段，全方位、多角度、大篇幅报道盛会情况，共迎来游客118.8万人，日均游客达2.3万人，园区总收入5195万元，同比去年增长48%，带动区域观光采摘、民俗旅游总产值3亿多元。与“北京日报”合作，策划“昌平访古城”系列报道16篇。抓住第十二届温泉文化节、苹果文化节、世界大学生魔术交流大会等重要时机，向外界和社会充分展示昌平建设发展中的亮点和特色，在市级以上媒体刊播稿件13500余篇（条）。其中，中央电视台新闻频道播发新闻17条，北京电视台《北京新闻》播发新闻59条，《北京日报》头版刊登新闻21篇。加强区域宣传阵地建设，指导建设天通苑、回龙观记者站，打造基层宣传堡垒。全年，昌平电视台播发新闻2232条，播出专题节目766期，电视栏目《真情故事》荣获第八届中国品牌媒体百强称号，昌平广播电视台荣获“2015年北京市第十二届思想政治工作优秀单位”称号，公益广告《无烟生活、你我共享》获得“优秀原创网络视听公益节目奖”。

（王宪 李志华）

【营造良好舆论氛围】 年内，大力发展“两微一端”，依托新媒体做好网络问政网络行政工作。“北京昌平”政务微博在新浪、腾讯、人民网粉丝累计达130多万，入围北京十大政务机构微博和北京十大党政新闻发布微博，“北京昌平”微信公众号累计关注用户达4.5万，影响力长期居于北京政务微信前十。今日头条开通的同名账号“北京昌平”，累计阅读量超过500万。编报《网络舆情专报》200期，妥善处置不良不实信息70余条。全年向各单位反馈舆情信息1000多条次，回复率达98%。推出微信公众号“昌平圈”“昌平就业”，完成昌平新闻网改版工作。整合区域新媒体，牵头成立全市首家“两微”联盟，出台《昌平“两微”联盟公约》，首批80余家微博、微信帐号入驻联盟，涵盖政务、教育、医疗、社区、历史、摄影等多个领域。妥善处置非京籍儿童入学、阿苏卫垃圾焚烧、草莓农药残留、地铁天通苑北站涉黑等6起突发事件。

（王宪 李志华）

【努力培养全区群众爱党爱国爱家乡的情怀】 年内，突出社会主义核心价值观主线，建设主题公园1个，征集主题歌曲248首，制作主题微电影6部，以百姓自创、自编、自演的形式，营造社会氛围。组建“我们的价值观”和“京华英雄”百姓宣讲团，开展宣讲活动500余场，将百姓故事策划成讲台艺术，使宣讲、教育、娱乐融为一体，让群众在倾听身边故事的同时，受到启发触动教育。开展抗战胜利70周年系列纪念活动100场，完成昌平区《日本侵华罪证受访者信息采集》，以及中国农机院沙河试验站“阳早寒春爱国主义教育基地”挂牌工作。发挥典型示范引领作用，推荐道德模范和北京榜样候选人，无臂女孩夏红、见义勇为王亚静、贤妻仁嫂张玉新等3人上榜。积极推进文明单位创建工作，有7个单位分别被评为全国文明单位、全国文明村，有159个单位分别获得首都文明单位标兵、首都文明单位、首都文明村、首都文明社区、首都文明镇、首都文明景区荣誉称号。加强未成年人思想道德建设，广泛开展“践行传统美德、争当社区文明小使者”“红领巾心向党”“网上祭英烈”“弘扬传统文化、共筑中国梦想”等系列主题活动，积极推进学校、家庭、社会、网络四维教育有效衔接。扎实开展公共文明引导工作，组织提升服务质量系列活动，加强巡查检查和队伍管理，不断提升服务水平。

（王宪 李志华）

【发展特色鲜明创意突出的文化产业】 年内，扎实做好"十三五"规划前期课题论证相关工作。开展昌平区文化创意产业集聚区申报工作，认定宝隆艺园、北京沙河博展联盟创新产业基地、北京昌平工艺美术产业园为区级文化创意产业聚集区。组织企业申报市区两级文化创意产业资金。协助拍摄《永乐盛典》《南口1937》等影视剧。开通"创意昌平"公众微信号，打造"创意昌平"网站、微博、微信、报刊立体式宣传推介平台。组织区内文创企业高标准参与第十届文博会。

（王宪 李志华）

社会主义精神文明创建工作

【概况】 2015年，昌平区精神文明建设委员会办公室（简称"区文明办"）认真落实《中共北京市委关于培育和践行社会主义核心价值观的实施意见》，坚持首善标准，加强公民道德宣传教育，深化群众性精神文明创建，不断优化未成年人健康成长环境，宣传先进典型，传播正能量，为建设成为国际一流的科教新区提供精神动力和道德支撑。

（杨国华）

单位名称：昌平区精神文明建设委员会办公室
地址：城北街道振兴路37号
电话：（010）89742329
邮编：102200

【启动"读书伴我快乐成长"活动】 1月，首批"日新书架"工程启动，由文明办出资十余万元，为马池口中心小学12个班级及书法、美术教室配置14个"日新书架"，共计3386册图书。家校携手在全区营造"书香家庭"、"书香校园"、"书香社会"三位一体的读书氛围。

（杨国华）

【深入开展公共文明引导】 2月11日，全区引导员在南邵镇政府礼堂举行以"绿色交通、文明出行"、"自觉排队 文明乘车"等公共文明引导文化宣传交流活动。开展"助力申冬奥 精彩北京人——做文明有礼的好乘客"推举活动，共推举出自觉排队乘车、主动维护站台秩序、讲求礼让互助的文明乘客681名。邀请好乘客代表参与现场活动，向群众发放各类宣传品，传递正能量。全区近10万群众和基层主管领导参加现场宣传活动。

（杨国华）

【加强业务培训】 3月，采取集中上课、分片辅导、典型观摩、互助结对、重点帮助的方法，对新招引导员进行业务培训。根据引导员人员流动量大的特点，重点学习《岗位规范化服务教学片》和《昌平区公共文明引导员管理手册》。5月份，对每名引导员的旗语指挥动作、宣传服务用语、文明礼仪形象、日常工作规范、应急情况处置等方面的内容统一进行强化训练。

（杨国华）

【开展"三严三实"专题教育活动】 年内，系统学习习近平总书记的重要讲话和市委、区委精神。按照区委活动办和第五巡回检查组的要求，领导班子认真落实学习研讨计划，做到学习有计划、有考勤、有内容、有笔记、有体会。班子成员坚持个人自学与集中学习相结合，重点研读《习近平总书记系列重要讲话读本》、《习近平谈治国理政》等理论书籍。在抓好个人自学的基础上，每周五下午为党员集中学习时间，共组织集中学习28次。开展3次集中学习研讨活动，引导党员干部按照"三严三实"的要求，完成好首都文明办和区委、区政府交给的各项工作任务，做好公民道德宣传和精神文明创建等工作。

（杨国华）

【广泛宣传社会主义核心价值观】 年内，在《昌平报》、昌平电视台、网络、微博、微信等媒体刊播社会主义核心价值观公益广告。在政府街、南北大街、环路、工地围挡、公交车站、科技园区制作社会主义核心价值观公益广告1000余块。制作社会主义核心价值观笔记本、水杯、笔筒、工具包、果皮刀等宣传品90余万份，利用宣传活动在全区发放。

（杨国华）

【大力推荐和宣传先进典型】 年内，从历年先进典型中推荐9名“首都道德模范”，5名“全国道德模范”。其中，王亚静被列为首都道德模范正式候选人。推荐“北京榜样”候选人139人，无臂女孩夏红、见义勇为王亚静被评为“十大北京榜样”，照顾智障亲人43年的张玉新登上“北京榜样”周榜。

（杨国华）

【开展“我们的节日”宣传活动】 年内，为弘扬中华民族传统美德，宣传传统民俗，增强文化素养，开展社会主义核心价值观春联征集活动，收到世界各地800多名楹联爱好者的2000多幅作品。组织元宵节猜灯谜活动，500多名灯谜爱好者参与活动。端午节与回龙观镇联合开展民俗表演、经典诵读、趣味游戏、包粽子送香包等活动。

（杨国华）

【开展“文明昌平　身边善举”主题宣传活动】 年内，通过寻找、发现和推荐，宣传日常工作生活中的凡人善举、好人好事，发挥榜样作用，形成“点亮一盏灯，照亮一大片”的连锁反应，在全社会大力营造崇德向善、见贤思齐的浓厚氛围。广大市民通过关注“文明昌平”微信、微博，对“身边善举”进行学习、发表评论、转发和点赞，自觉践行“凡人善举”，带动周围人群行善事、做好人。活动中推荐“文明昌平　身边善举”候选人190多名，评选最佳人选奖50人，入围奖50人，优秀组织奖10个。

（杨国华）

【积极推进精神文明创建】 年内，认真开展道德讲堂、文明提示牌、学雷锋志愿服务队、文明餐桌、网络文明传播“五个一”创建活动，积极参与昌平“清洁空气，蓝天行动”、“绿色出行，文明交通”、“垃圾分类，垃圾减量”、“消防连着你我他，平安幸福进万家”等精神文明创建活动。全区有5个单位获得全国文明单位，2个村获得全国文明村。有17个单位获得首都文明单位标兵，49个单位获得首都文明单位，43个村获得首都文明村，34个社区获得首都文明社区，6个镇获得首都文明镇，10个景区获得首都文明景区的荣誉称号。

（杨国华）

【加强精神文明宣传阵地的建设】 年内，发挥LED宣传视屏、宣传栏和乡情村史博物馆的宣传阵地作用，开展道德楷模先进事迹展播等宣传活动。为全区农村、社区建设精神文明标准宣传栏56个，为延寿镇黑山寨村、百合村新建乡情村史博物馆2个。在龙水路北京军区油训大队外墙建设文明出行、文明饲养宠物、文明礼仪、传统文化等内容宣传栏28块。

（杨国华）

【大力加强未成年人思想道德建设】 年内，整合各方资源，促进未成年人全面健康发展，合力推进学校教育、家庭教育、社会教育、网络教育的有效衔接。利用假期开展“讲家训、传美德、树家风”——争当社区文明小使者”等活动，全区共评选三星市级社区文明小使者1991名。开展“红领巾心向党”故事会、“寻找党的足迹”、“红色阅读有你我，快乐读书共分享”、“弘扬北京精神，做文明有礼的北京人——市民高雅艺术殿堂文明行”等活动，组织社区文明小使者及其家庭成员1000余人参观国家大剧院。

（杨国华）

【利用乡村少年宫丰富未成年人精神文化生活】 年内，回龙观中心小学、百善学校、马池口中心小学，南邵中心小学乡村学校少年宫与区域资源相结合，与校本课程建设相结合，与校园文化相结合，充分利用课后及双休日，向本校和周边区域学生开放，让农村少年儿童真正享受到丰富多彩、形式多样，寓教于乐的教育活动。

（杨国华）

【开展“中华优秀传统文化进校园”活动】 年内，与文化委、图书馆合作，在昌平校园开展“阅润昌平”系列活动，阅润昌平《弟子规》公益亲子课堂一年安排两期课程，每期约3个月，受益人群2千余人。校园师生通过“读”、“写”、“画”、“讲”、“演”、“做”等实践活动的开展，感悟、体验和接受优秀传统文化，增强使命感和社会责任感。

（杨国华）

【加强公共文明引导员日常管理】 年内，重新编印《昌平区公共文明引导管理手册》，做到人手一册。对岗位职责、纪律要求、文明用语、管理规定等内容做了明确的规定，同时增加文明引导员日常工作常识100问。不定期召开工作会，及时纠正管理上存在的问题，抽调四名同志组成巡查小组，加强巡查检查，每天对引导员的工作情况、各镇（街道）活动开展情况、站台卫生情况、引导员着装、装具的配戴、旗语的规范使用、排队线是否清晰等方面的情况进行检查。开展“星”级文明引导员的评选活动，20名引导员获得“星”级文明引导员的称号。

（杨国华）

【全面推进志愿服务活动】 年内，组织社会团体参与志愿服务活动。昌平图书馆、客一公司、云趣园社区、智星小学等志愿服务队先后组织活动12次。全体引导员利用周末2小时和清明、端午等传统节日，深入到公交(地铁)站台、社区、学校、敬老院、陵园（墓地）等场所，开展义务咨询指路、文化小分队宣传、捡拾垃圾等活动，期间共发放宣传材料11810份，义务咨询指路1285人，照顾老弱病残孕等五种人1095次，协调处理纠纷12起，志愿服务23040小时，服务对象12771人次。

（杨国华）

社会工作

【概况】 年内，昌平区委社会工作委员会（简称“区社工委”）以开展“三严三实”专题教育活动为主线，加大工作力度，扎实推进社会建设各项重点工作，取得了一定成效。一是继续巩固党的群众路线教育实践活动成果，全力推进社会领域党建工作。在机关和本系统开展了“三严三实”专题教育活动，共有45个党组织、598名党员参加专题教育活动，参与覆盖面达100%。二是完善制度，整合资源，全面推进社区建设。年内创建社区规范化示范点4个，一刻钟社区服务圈15个，智慧社区28个，老旧小区达标社区2个，农村社会服务管理创新试点4个。三是科学管理，完善服务，社会工作队伍建设取得新成果。进一步理顺大学生社工管理体制，调整了大学生社区工作者2015年社保缴费工资基数和缴费金额，启动“昌平区社区工作者职业能力提升孵化基地建设项目”，对全区252名持有社工师初、中级证书的人员进行了培训。四是创新管理，动员社会力量，助推社会公益稳步发展。动员各级各类社会组织积极参加 “北京社会组织公益行”系列志愿公益活动，共开展活动113项。五是加强研究，强化协调，社会体制改革迈出新步伐。承担起区委全面深化改革领导小组社会事业与社会治理体制改革专项小组的牵头单位职责，开展《昌平区“十三五”时期社会治理规划》研究。

（李祥）

单位名称：昌平区委社会工作委员会
地址：城北街道政府街23号
电话：（010）69717193
邮编：102200

【召开政府购买社会组织服务项目申报工作会】 1月16日，召开2015年政府购买社会组织服务项目申报工作部署会。会议由区社工委委员、区社会办副主任徐湘涛主持并作具体工作部署。各镇（街道）主管社会组织工作的领导及具体科室负责人、12家区级“枢纽型”社会组织的主管领导及具体科室负责人、其他有关单位领导及具体负责人共计70余人参加会议。

（李祥）

【召开年度政府购买社会组织服务项目中期评估推进会】 1月27日，召开2014年政府购买社会组织服务项目中期评估推进会。区社会办副主任徐湘涛出席会议，获得项目批复的4家社会组织负责人参加会议。会上4个获批项目负责人分别汇报了项目实施进展情况并对相关工作进行PPT文稿演示。各个项目负责人对项目实施进展过程中的具体问题进行沟通与交流。

（李祥）

【参加2015年“国际社工日”暨第三届“寻找首都最美社工”表彰大会】 3月17日，区社会办组织参加2015年“国际社工日”暨第三届“寻找首都最美社工”表彰大会。昌平区三名社工分别当选第三届首都优秀社工及首批社会工作领军人才。其中，南口镇水厂路社区主任苗广义和天通苑南街道清水园社区书记刘伯华获得了首都“优秀社工”的光荣称号。北京农学院社工系教授、北京昌平温心社工师事务所所长李巧兰当选首批社会工作领军人才。

（李祥）

【召开全区2015年社区党组织和社区居民委员会换届选举工作动员部署会】 4月14日上午，召开全区2015年社区党组织和社区居民委员会换届选举工作动员部署会。会后，区社区党组织和社区居民委员会换届选举领导小组办公室举办社区党组织换届选举工作培训班，培训对象包括区社区党组织和社区居民委员会换届选举工作领导小组及办公室成员、区委基层党建工作巡回检查组成员，涉及社区换届的镇（街道）党（工）委副书记、组织委员、组织干事等相关人员。

（李祥）

【天通苑企业信用自律商盟正式成立】 4月22日，天通苑地区以信用自律为纽带组建的社会组织——天通苑企业信用自律商盟举行揭牌仪式，区社工委委员、社会办副主任徐湘涛，以及工商昌平分局、药监昌平分局、天通苑北街道办事处相关领导出席仪式并讲话。商盟由天通苑社区网、北京顺天通物业公司等企业倡议发起，首批成员企业82家，是天通苑地区各商业主体自愿参加的信用自律组织，以“团结天通苑地区的企业，宣传诚信经营，守法纳税”为宗旨，倡导“信用自律，共建和谐社区”。已开通“4006614114天通苑商通热线”，实现商通热线和政府职能部门对外咨询电话的对接，为该地区企业和消费者提供消费纠纷处理、信息查询等商业、生活及政务咨询服务。

（李祥）

【召开社区党组织和社区居民委员会换届选举工作情况交流会】 4月24日上午，昌平区社区党组织和社区居民委员会换届选举工作领导小组办公室组织召开相关镇街社区换届选举工作情况交流会。区委组织部、区民政局、区社工委相关领导出席会议。会上，各镇（街）围绕换届选举工作的进展情况、相关指标的预测情况、所采取的工作措施、目前存在的问题及下一步的工作重点等方面分别进行了交流。

（李祥）

【召开社区建设重点工作推进会】 5月7日，昌平区社会办组织镇街负责人30余人召开了社区建设重点工作推进会。会议主要内容：一是深入创建“一刻钟社区服务圈”和规范化示范点。二是加强农村社会服务管理创新和推广老旧小区准物业服务管理模式。三是重点开展社区办公用房规范化建设。四是继续探索社会动员新机制。五是加强社区工作者队伍建设。

（李祥）

【考察学习网格化工作】 5月22日，赴怀柔区开展网格化体系建设调研学习。考察组由区社工委书记刘向东带队，由区综合行政服务中心、区经信委、城北街道、回龙观镇等10个单位相关负责人员组成，先后到怀柔区桥梓镇北宅村、龙山街道望怀社区进行交流学习。怀柔区委社会工委书记赵海军及网格办负责人员向昌平考察组详细介绍了相关工作开展情况。

（李祥）

【召开“三网”融合工作专题会议】 6月8日，召开“三网”融合工作专题会议。会上，区综合行政服务中心负责人介绍了技术平台建设情况。在充分考虑现有工作业务平台和现有资源的基础上，开发建设网格化社会服务管理平台，并将该平台作为“三网”融合的主平台，先期将拆违等业务植入该平台，同时在工作业务和人员配置管理上实现整合，达到“三网”融合的阶段效果，后期再不断将其他相关业务平台植入。区经信委、查违办等部门负责人分别就网格员队伍的建立、管理、监督、考核和奖励机制，各镇（街）与执法部门工作对接、信息共享等内容，提出了意见和建议。

（李祥）

【组织参观2015中国智慧城市国际博览会】 7月10日至12日，组织各镇（街）200余人参观2015中国智慧城市国际博览会。区社工委确定参展内容为昌平区网格化和智慧社区工作的建设背景、过程、理念、成果展示和展望。网格化工作展示介绍区市政市容委城市管理系统，以回龙观北四村为典型介绍昌平区网格化工作的设计理念，建设背景，进展情况，平台展示，处理运行流程。智慧社区工作展示以城南畅春阁社区智慧化管理方案、霍营街道紫金新干线社区一站式服务大厅信息化建设方案、东村家园智慧型社区建设方案等典型智能社区以及区网络协会的e管家社区生活服务系统。

（李祥）

【“两新组织”爱国拥军协会成立】 8月4日下午，昌平区“两新组织”爱国拥军协会成立，并召开第一届一次会员大会，副区长贺军出席会议。会议听取了《关于同意筹备成立北京市昌平区“两新组织”爱国拥军协会的行政许可决定书》、审议通过了协会章程，并选举产生了协会第一届会长、副会长、理事会和监事会成员，贺军当选为昌平区“两新组织”爱国拥军协会会长。区“两新组织”爱国拥军协会共有会员83名，来自于科技、农业、医疗等各个领域。

（李祥）

【举办社区“两委”主要负责人培训班】 8月11日至14日，昌平区举办社区“两委”主要负责人培训班，全区新任职社区党组织书记和居委会主任、相关镇（街）党工委副书记、组织委员、组织干事、大学生社工代表共370人参加培训。培训班由区委组织部、区社工委、区民政局联合举办。培训主要采取领导干部动员辅导、专题讲座、分组讨论、经验交流、观看电教片等方式，涵盖全面从严治党、京津冀协同发展、基层服务型党组织建设、社区党风廉政建设、基层社会治理等方面的培训内容，并配发《昌平区社区工作制度汇编》、《社区党组织建设工作实务》等学习资料。

（李祥）

【举办社区工作者职业能力提升课程培训班】 9月23日，昌平区2015年社区工作者职业能力提升课程培训班开班仪式在北京社区学院举行。区社会办聘请社会工作专业领域的专家教授，通过案例详解、示范模拟、游戏体验、小组讨论、方案设计等多种形式，有针对性地为社区工作者讲授社区工作的专业理论、方法与工作技巧。

（李祥）

【社会治理工作交往】 10月12日至13日，贵阳市息烽县委群众工作委员会常务副书记况武德带队到昌平区考察社会建设和社会治理等工作，区社工委书记、区社会办主任刘向东等相关领导陪同考察。考察团一行，先后到区综合行政服务中心、区城市管理监督中心、水屯家园社区居委会、胡庄社区居委会等地实地学习考察，并与区社工委、区政法委举行了座谈。

（李祥）

【举行“严以用权”专题研讨会】 10月28日，区社工委按照区委“三严三实”专题教育工作协调小组的要求，举行“严以用权”专题研讨会。班子成员围绕“如何看待权利，如何严格用权，如何正确用权”等方面阐述了自己的认识和体会。

（李祥）

【进行2015年新入职社区工作者全员培训】 11月10日至12日，昌平区社会办组织2015年全区新入职社区工作者、未曾参加过“万名社区工作者培训”的社区工作者100余人参加培训。培训班根据社区工作者的岗位需求，从师资库中选拔并聘请老师，围绕社会建设、社会治理创新、社区服务与管理、社区党建等内容讲授理论知识，解读相关政策。从历届首都“最美社工”和优秀社工中挑选实务骨干师资，结合个人工作经历传授社区工作方法，分享社区工作经验。

（李祥）

【举办社区工作者交流座谈会】 11月26日下午，区社会办召开昌平区社会工作师交流座谈会。区社会办副主任张兆刚、社区学院院长闵霞等出席，十名社区办主任和十余名社区工作者职业能力提升课程培训班学员参加座谈会，北京工业大学的社工系老师魏爽介绍了培训班开课情况及相关调研情况，详细解读关于培训课满意度调查结果，涉及参训社工性别、年龄、课程安排满意程度等项目。

（李祥）

【举办非公有制企业和新社会组织党建工作培训班】 12月8日至10日，区委组织部、区社工委举办了昌平区非公有制企业和新社会组织党建工作培训班。全区非公有制企业和新社会组织党组织负责人、党建指导员和各镇（街）党（工）委及有关群团党务工作者参加了培训。培训重点深入学习习近平总书记“四个全面”科学内涵、解读《京津冀协同发展规划》、党建引领企业文化建设、新形势下如何开展好非公有制企业党建工作等内容进行集中授课。

（李祥）

编制工作

【概况】 2015年，昌平区机构编制委员会办公室（简称“区编办”）是全面深化改革的关键之年，是全面推进依法治国的开局之年，也是全面完成“十二五”规划的收官之年。区编办在区委、区政府的正确领导下，深入贯彻落实十八届三中、四中、五中全会精神和市委、区委决策部署，坚持围绕中心、服务大局，以深入开展“三严三实”专题教育活动为契机，以全面深化改革为主线，以加快政府职能转变为核心，进一步深化行政审批制度改革，严格控制和优化机构编制资源配置，扎实做好重点领域的机构编制保障，不断加强自身建设，较好完成了区委重点改革任务、区政府折子工程等重点工作，为加快建设国际一流科教新区提供坚实保障。

（张博）

单位名称：北京市昌平区机构编制委员会办公室
地址：城北街道政府街19号
电话：（010）89741670
邮编：102200

【“三严三实”专题教育开展】 年内，区编办开展“三严三实”专题教育，高度重视，周密组织，认真践行“三严三实”标准和要求，积极推进各阶段工作任务，达到预期目的，取得明显成效。坚持以学习进步带动思想进步，深入开展理论学习，全体党员干部思想境界得到进一步提高；坚持以问题整改带动作风转变，高标准、高质量的查摆问题和落实整改，政绩观、人生观、价值观得到进一步端正；坚持以制度建设带动权力规范，完善了民主决策等各项制度，权力运行得到进一步约束。

（张博）

【优化机构设置推进政府机构改革】 年内，按照精简、统一、效能的原则，加大机构和职责整合力度，优化机构设置，理顺职责关系，因地制宜、统筹协调推进改革。结合昌平区实际，将区政府办公室的外事工作职责、区民族宗教侨务办公室的侨务工作职责整合，组建北京市昌平区人民政府外事侨务办公室。取消部门管理机构，不再保留北京市昌平区金融服务办公室，改在区发展改革委加挂牌子。

（张博）

【强化简政放权推进行政审批制度改革】 年内，一是根据市政府取消和下放的行政审批事项目录，第二批取消的1项和承接的12项行政审批事项向社会公布；二是加强事中事后监管，逐一制定监管措施并汇编成册，编制了《昌平区政府各部门行政审批事项汇总清单》和《昌平区政府各部门初审上报事项汇总清单》并向社会公布，共包括行政审批事项303项；三是与全市同步启动了非行政许可审批事项清理，对涉及22个区属部门的92项非行政许可审批事项逐项提出清理意见；四是不断优化服务，落实投资项目审批新流程，编制并公布了《昌平区投资项目审批事项清单》；五是启动了中介服务事项清理工作，对涉及9个部门30项中介服务事项和2个部门4项技术性服务事项提出了清理意见；六是加快投资项目审批在线监管平台建设，依托市级系统，对119项投资项目审批和服务事项进行标准化梳理，逐一明确事项名称、受理材料、审查标准等内容；七是会同相关部门完成了权力清单编制工作，涉及66家单位的9类权力清单9800项和服务清单1209项在“昌平区行政权力公开透明运行网”向社会公布。

（张博）

【分类推进事业单位改革】　年内，根据中央和北京市关于分类推进事业单位改革的精神和《北京市事业单位分类职责目录》、市编办分类处理意见等分类标准，按照“上下一致、左右看齐”的原则，对事业单位类别进行了明确。全区纳入分类的事业单位共615个，其中已明确类别事业单位604个，占全区事业单位总数98.2%。

（张博）

【推进新建街道行政管理体制改革】　年内，一方面，不断巩固和深化东小口地区新建街道行政管理体制改革，会同市编办对天通苑北街道、天通苑南街道和霍营街道内设机构科级职数进行了优化，明确了相应标准；另一方面，加快推进回龙观地区新建街道行政管理体制改革。在借鉴石景山地区城市管理体制改革经验的基础上，探索在回龙观地区新建街道建立城市管理协调机制，健全完善属地街道牵头、部门行业主责、执法力量下沉、队伍双重管理的联合执法机制，进一步提高执法效率和水平。

（张博）

【围绕重点领域　强化机构编制服务保障】　年内，在控编减编的大背景下，立足全区经济社会发展实际，扎扎实实做好体制机制保障。推动不动产登记职能整合，完成不动产登记职责和机构编制整合工作；健全气象灾害防御体系，设立了北京市昌平区气象灾害防御中心；完善人力资源市场公共服务体系，调整组建了区人力资源公共服务中心；建立简案速裁工作机制，为区法院增设了速裁审判庭；加强拆违控违工作体系建设，为区城管执法监察局增设了2个直属执法队；强化常态化森林资源巡查，设立了区园林绿化巡查队；加强环保监管工作力量，在昌平北部地区增设1个环境监察大队；加大教育保障力度，设立了昌平区巩华学校和北师大未来科技城第一幼儿园等四所幼儿园。

（张博）

【做好事业单位登记管理工作】　年内，根据依法行政的总体要求，严格按照受理、审核、复核分开的原则，强化事业单位法人登记日常业务办理。共办理设立登记8家，变更登记102家，注销登记4家，证书补领4家，年度报告公示595家。

（张博）

【推进机构编制管理信息化建设】　年内，加快推进机构编制管理信息化建设，开发完成了机构编制信息管理系统。系统基于昌平区OA协同办公平台，突出全面、准确、实时动态和可操作性，涵盖机构编制管理、行政审批事项管理、日常办公管理、统计分析等工作内容。

（张博）

【进一步规范机构编制管理】　年内，按照控制总量、盘活存量、合理调剂、分类管理的原则，进一步规范机构编制管理。加大事业机构整合力度，从源头控制和减少机构编制需求；合理调配使用编制，积极盘活用好现有编制资源，切实加强对重点领域和镇、街基层的编制保障；严格编制核准使用，从严控制机构编制增长；建立部门监督协商机制，强化控编减编监督检查，确保控编减编工作落到实处。

（张博）

【加强队伍自身建设】 年内，一是加强思想教育，深入学习贯彻中央、市委和区委重要精神，强化党员干部的责任意识、廉政意识、服务意识，自觉加强党性修养，提高干部队伍思想水平；二是加强业务培训，结合机构编制工作实际，围绕机构编制管理创新、行政审批制度改革、等重点工作，采取各种形式加强业务培训，进一步提升人员业务素质；三是加强制度建设，根据机构编制管理工作面临的新形势、新要求，进一步健全完善各项规章制度，用制度管人、管事、管权。

（张博）

统战工作 对台工作

【概况】 2015年，在区委、区政府的正确领导和市委统战部、市台办的精心指导下，昌平区委统战部简称"统战部"团结引导全区统战成员，以科学发展观为指导，深入学习贯彻党的十八届三中、四中、五中全会、中央和市委统战工作会议精神，紧紧围绕建设"国际一流的科教新区"目标，开展各项统战和对台工作。

（卫勇）

单位名称：昌平区委统战部
地址：城北街道政府街19号
电话：（010）89741629
邮编：102200

【抓好党建工作　转变工作作风】 年内，践行"三严三实"教育。以加强党的作风建设为契机，认真传达区委有关要求，精心组织，制定了实施方案。组织党员反复学习"三严三实"精神实质。制定了一系列措施，并全力贯彻落实。推进机关党建制度化。党支部平均每周组织1次集中学习，累计组织学习60余次。坚持每月召开1次支委会，每半年召开1次支部扩大会，每年召开1次组织生活会，上1次党课。区委、区政府主管领导到各宗教活动场所调研8次，非公企业5次、台资企业1次、驻昌大学3次、民主党派人士开办的企业3次。

（卫勇）

【贯彻落实中央和市委统战工作会议精神】 年内，及时向区委汇报中央和市委统战工作会议精神。采取会议、座谈等多种形式向全区统战干部和统战成员传达两个会议精神。会同有关部门加强基层统战工作队伍建设。各镇、街道统战工作由党（工）委副书记主管，党（工）委组织委员兼任统战委员具体负责，并配备一名专（兼）职干事。各处级单位统战工作由党委（组）副书记主管，没有副书记的单位明确一名副职领导主管，并配备一名专（兼）职干事。

（卫勇）

【民主党派建言献策】 年内，各民主党派围绕中小企业软环境建设、优化昌平区医疗结构与布局等方面向市、区两级有关部门提交提案、建议共62份。落实中央关于协商民主的要求，区委向党外代表人士征求对昌平区"十三五"规划的建议。

（卫勇）

【民主党派开展社会公益活动】 年内，民建工委开展了关爱"一老一小"活动。民盟工委、民革支部、农工支部、民进支部分别邀请专家深入村镇、社区、学校进行科普讲座。九三学社工委不断推广和延伸"延寿谷"项目和"一村一博"工作。致公支部举办了"爱心陶笛"汇报音乐会。区工商联先后开展了走访慰问、学雷锋等一批扶贫济困活动。

（卫勇）

【维护社会和谐稳定】 年内，接待来信来访36人次，对上访人给予政策解答，思想疏导。依法打击非法宗教活动，抵制境外宗教势力的渗透。会同相关职能部门开展以私设功德箱为重点的专项整治行动。积极开展"妙心精舍"专项治理工作。继续做好守望教会专项治理工作，加强教育引导，做好稳控工作。

（卫勇）

【着力加强教育引导】 年内，与区政协共同举办政协委员和党外代表人士培训班。召开区情通报会，向各界党外代表人士通报上年全区经济社会发展情况。每季度召开统战系统座谈会，及时学习贯彻市委统战部、区委区政府有关会议和文件精神。选派党外代表人士参加市级培训15人次。组织部分党外代表人士考察未来科技城。

（卫勇）

【支持民主党派加强组织建设】　年内，完成农工支部换届工作。筹备成立致公党工委。加强对参加民主党派人选的考察审核，全年推荐16名国家或市级拟任用党外人选，并组织10余部门对其进行综合评价。考察申请加入民主党派的人士12人。

（卫勇）

【对台工作】　年内，增强服务台胞意识，走访台资企业30次，协调解决台属遗产继承、台资企业债务纠纷等事项10件。协助有关方面接待台湾高雄和桃园两个参访团。完成公务赴台审核和行前教育工作，全年公务赴台交流23批59人，其中组织了两批30人的社区工作者赴台进行基层社区交流参访活动。参加了京台广播交流大会。组织区部分学校校长参加首届京台教育校长峰会。组织相关部门参加了京台“第十八届科技论坛”活动。继续巩固完善“青少年涉台教育基地”建设。成立了北京市台资企业协会昌平分会。

（卫勇）

政策研究工作

【概况】　2015年，昌平区委政策研究室（简称“区委研究室”）工作紧紧围绕区委中心工作开展，聚焦经济社会发展深度转型和群众关注的热点难点问题，转变作风，真抓实干，较好完成了全年承担的文稿起草、调查研究、深化改革等任务，切实发挥了服务区委、服务大局、服务决策的作用，全区政策研究水平和以文辅政能力不断提高。

（聂慧松）

单位名称：昌平区委政策研究室
地址：城北街道政府街19号
电话：（010）89741635
邮编：102200

【起草区委重要文件文稿】　年内，积极服务区委决策，高质量完成区委重要文稿的起草任务。高标准起草区委“十三五规划建议”及说明，采取“分块拟稿、逐级统稿、合力改稿、上呈审稿”步骤，深入研读大量文件材料，广泛征集意见并认真研究吸纳，充分发扬了民主、确保文稿质量。起草了区委四届九次、十一次全会报告，完成有关汇报材料，“三严三实”专题教育、全面深化改革、基层党建述职、反腐倡廉、安全稳定等会议上的文字材料，接受新京报、首都之窗等新闻媒体的约稿访谈材料，以及有关述职、发言、致辞等各类文字材料的撰写工作，年内共起草各类文稿140余篇40余万字。

（聂慧松）

【全面加强调查研究工作】　年内，发挥职能优势，根据经济社会发展需要开展调研，起草完成了市级重点课题《昌平区基层党组织落实全面从严治党责任调查研究》、《昌平区基层党组织构建作风建设长效机制研究》。发挥调研群、座谈会、微点评等渠道作用，强化对基层单位年度课题的指导，引导各单位聚焦群众关切的公共服务保障、环境秩序整治等热点难点问题选题，组织召开调研专题座谈会6次，点评指导重点课题50余个，依托昌平调研及时通讯群共享文稿资料、组织交流研讨，统筹指导各单位完成调研文章250篇，编发《昌平调研》31期，内容涉及产业转型升级、生态环境治理、公共服务短板、城乡建设管理、党建工作创新等领域。

（聂慧松）

【着力推进改革任务落地】　年内，认真做好全面深化改革各项工作，制定了《昌平区委全面深化改革领导小组2015年工作要点》，从14

个方面提出了112项改革任务，推动创新创业、加强农村“三资”管理等62项改革任务全部完成。推进重点领域改革攻坚，启动24项重点改革事项，在调整产业结构、推动创新创业、生态环境治理等重点领域取得阶段性改革成果。探索开展“一镇街一试点”工作，因地制宜抓好实践创新，推动城北街道老旧无主管小区管理、北七家镇城市管理综合执法等试点工作。认真做好改革领导小组的服务保障，组织召开全体会议3次，向市委改革办报送信息4篇，编发改革简报11期，在昌平信息快报刊登8篇。

（聂慧松）

【协助做好相关服务保障工作】 年内，加强与市委、市政府研究室等市级部门的经常性联系，围绕首都谋划“十三五”、疏解功能、调控人口和实施城乡结合部拆迁改造等重点工作，为市委、市政府研究室搜集和提供相关基础材料。协助市委、市政府研究室来昌平调研，协调联系重点镇村开展社情民意专项调查，积极协助通州区委研究室、张家口市委研究室等到未来科技城、回龙观镇北四村考察交流学习。加强与全区各部门各单位的工作联系，就全区经济社会发展情况到发改委等部门进行授课交流。

（聂慧松）

老干部工作

【概 况】 2015年，昌平区委老干部局（简称“区老干部局”）在区委、区政府的正确领导下，认真学习贯彻党的十八大、十八届三中、四中、五中全会精神和习近平总书记系列重要讲话精神，深入开展“三严三实”专题教育活动，认真落实老干部“两项待遇”，不断加强离退休干部“两项建设”，充分发挥离退休干部的优势作用，教育引导广大离退休干部为党和人民的事业增添正能量。

（赵光辉）

单位名称：昌平区委老干部局
地址：城北街道鼓楼南大街26号
电话：（010）69742399
邮编：102200

【年度老干部工作会召开】 2月4日，昌平区2015年老干部工作会在区财会之家召开，区委常委、区委组织部长李良代表区老干部工作领导小组总结、部署了工作；区司法局、小汤山行政社区、崔村镇和区教委退休干部侯映霞作了典型发言；区委书记侯君舒在会上强调要增强做好新形势下老干部工作的责任感，真心实意地做好新时期老干部工作，发挥老干部优势作用。区委常委、区人大、区政府、区政协的领导出席，区委副书记、区长张燕友主持会议。区老干部工作领导小组成员、老干部党支部书记、离退休干部代表以及各委办局，各镇、街道主管老干部工作的领导和工作人员共160人参加了会议。

（赵光辉）

【经济社会发展情况通报会】 2月4日，区委书记侯君舒在区老干部活动中心向离退休干部通报了2014年全区经济社会发展情况。侯君舒从经济平稳健康发展、人口调控、改善民生、城乡环境持续改善等七个方面回顾了2014年工作取得的成效；对2015的发展形势、预期目标、发展机遇进行了认真分析；从深入实施创新驱动发展战略、加快构建“高精端”经济结构、加大人口规模调控、加快城市规划管理、实施美丽昌平行动计划、努力建设法治昌平等八个方面介绍了2015年重点工作。区委常委、组织部长李良主持会议，200余名离退休干部参加通报会。

（赵光辉）

【加强老干部工作队伍建设】 3月24日，全区老干部工作人员培训班在区老干部活动中心举办。总结2014年全区老干部工作，安排部署2015年工作任务和为老干部办实事情况；传达全国“双先”表彰大会和北京市老干部工作会议精神；讲解老干部相关政策及业务知识；介绍2015年开展的主要活动。区委组织部常务副部长唐拥军对做好全区老干部工作提出了具体要求。各委办局、各镇（街道）主管老干部工作领导及工作人员共100人参加培训。

（赵光辉）

【区老干部大学小汤山分校成立】 4月8日，区老干部大学小汤山分校正式成立。区委组织部副部长、老干部局局长郑雁凌，小汤山镇党委书记刘芬共同为老干部大学小汤山分校揭牌。揭牌仪式后，老师、学员们挥毫泼墨，切磋技艺，进行笔会。

（赵光辉）

【先进事迹报告会举办】 4月10日，区老干部局和团区委在老干部活动中心联合举办被中组部授予“全国先进离休干部”荣誉称号的闫颖同志先进事迹报告会。区老干部局和青年团员代表分别宣读向闫颖同志学习的倡议书，号召全区老干部和团员青年向闫颖同志学习离岗不离党，退休不褪色，为党和人民的事业传递正能量。市老干部局、区委组织部、区委宣传部、团区委等部门的领导出席报告会，全区离退休干部和团员青年代表130人聆听了报告。

（赵光辉）

【经济社会发展情况通报会】 8月26日，区委副书记、区长张燕友在区老干部活动中心向离退休干部通报了2015年上半年全区经济社会发展情况和下一步主要工作思路。区委常委、组织部部长王燕庆主持会议，全区150名离退休干部参加了通报会。

（赵光辉）

【为老干部办实事】 年内，认真落实区委为老干部办实事的决定，年内，为230名离休干部每人发放了600元蛋奶营养补助卡共计13.8万元；减免16个困难企业63名离休干部医疗费统筹金399万元；投资500万元维修改造了老干部活动中心及附属设施。

（赵光辉）

【纪念抗战胜利70周年】 年内，为纪念中国人民抗日战争暨世界反法西斯战争胜利70周年，专题召开老干部座谈会，走访慰问、入户采访报道抗战老兵，组织老干部参观中国人民抗日战争纪念馆，观看阅兵式直播，举办书画、摄影展览和征文、文艺演出等系列活动。

（赵光辉）

【主题实践活动效果明显】 年内，在全区老干部中广泛开展“展示阳光心态、体验美好生活、畅谈发展变化”主题实践活动。编辑出版了“宣讲中国梦、唱响主旋律、传播好声音、增添正能量”老干部文章荟萃书籍；制作了“弘扬主旋律 增添正能量”老干部学习活动光盘；开展“我看十八大以来的变化”、“我看京津冀协同发展”、“我看为党的事业增添正能量”老干部座谈会；组织老干部参观第三届北京农业嘉年华、昌平未来科技城、怀柔APEC国际会址；举办老干部宣讲报告会和书画、摄影展以及文艺演出，开展台球、门球、乒乓球、象棋等比赛，展示了离退休干部晚年风采。

（赵光辉）

保密工作

【概　况】 昌平区国家保密局简称“区保密局”认真贯彻落实区委全会和全市保密工作会议精神，以确保纪念活动成功举办为首要目标，深入推进保密宣传教育，切实增强保密培训力度，积极开展保密业务检查，努力夯实保密工作基础，全力抓好各项任务完成落实，充分发挥了保安全、保发展、促和谐的职能作用，为全区经济社会发展提供坚实保障。

（王岩）

单位名称：昌平区国家保密局
地址：城北街道政府街19号
电话：（010）89741513
邮编：102200

【保密教育培训机制完善】 4月，根据上级部门的文件精神，拟发了《关于进一步加强全区干部保密教育培训工作的通知》，并协调区委组织部、宣传部、党校及区人力社保局，建立了保密教育培训长效机制。邀请中央保密办副主任、国家保密局副局长杜永胜在区委区政府理论学习中心组学习（扩大）会议上讲授了保密课，发放了宣传材料，共计150余人参加了培训。在区委组织部举办的全区中青年干部培训班上安排了保密专题培训。

（王岩）

【保密领导体系深化健全】 6月，对区委保密委组成单位和人员进行了充实调整，全区各部门、各单位也都根据实际情况对自身保密工作领导小组进行了调整，有效保障保密工作领导机构的正常运转。

（王岩）

【保密管理工作重点突出】 年内，为确保抗战胜利70周年纪念活动顺利举行，制定《昌平区纪念活动服务保障工作保密管理规定》和《关于进一步加强纪念活动服务保障保密工作通知》，发放《保密知识问答》宣传手册，签订保密承诺书，开展专项保密检查，举办专项保密培训，召开专题保密会议。

（王岩）

【保密检查工作范围扩大】 年内，分别开展了涉密网络、国有企业、金融机构保密管理专项检查，针对存在问题提出整改意见，下发整改通知，并对整改情况进行了督办。

（王岩）

【保密执法工作力度加强】 年内，根据申请，对区域内符合申请标准的军工生产企业进行了审核；对区考试中心保密室硬件设施、监控设备运行、保密制度、值班人员配备、各考点保密室进行了保密检查，对试卷的接收、存放进行了全程监督；对2起涉嫌泄密事件进行了调查。

（王岩）

【保密管理工作基础强化】 年内，积极开展涉密计算机保密技术专用防护系统动态管理，并协助相关单位开展涉密网络建设，研究探索“保密技术监管平台”建设工作；做好年度保密数据统计上报工作；加强并规范涉密载体销毁工作；安排部署机关单位保密自查自评工作，进一步完善考核机制。

（王岩）

【保密法制宣传工作开展】 10月，在全区开展《保密法》宣传月活动。通过利用沿街电子显示屏滚动播出保密宣传口号、在人员密集的办公和培训场所摆放保密宣传展板、借助移动平台向全区处级领导和保密干部发送保密提示短信、利用《昌平报》制作保密宣传特刊等多媒体、多渠道的工作方式，强化法制宣传教育成果。至12月，分别召开保密工作会议，向全区120多名保密干部传达中央、市委领导同志关于保密工作的指示要求以及其有关文件精神，通报典型泄密案例，观看警示教育宣传片，通过以会代训的方式，进一步强化全区保密干部的“两识”教育。此外，还多次深入基层单位讲授保密课，进一步提高了机关单位全员保密意识。

（王岩）

区直机关工委

【概况】 2015年，昌平区委直属机关工作委员会（简称“机关工委”）深入学习贯彻党的十八大、十八届三中、四中、五中全会和习近平总书记系列重要讲话精神，认真落实市委、区委党建工作要求；抓好思想、组织、作风、反腐倡廉和制度建设，突出“三严三实”专题教育、“党员意识提升行动”，强化党建工作责任，把机关党建工作落到实处；巩固和拓展党的群众路线教育实践活动成果，持续转变作风，建设学习型、服务型、创新型党组织；服务中心，建设队伍，努力提高机关工委系统党建工作科学化水平。

（包敬东）

单位名称：昌平区委直属机关工作委员会
地址：城北街道政府街19号

电话：（010）69745184
邮编：102200

【加强党员干部理论学习】 年内，深入学习贯彻党的十八大、十八届三中、四中、五中全会精神和习近平总书记系列重要讲话精神，举办了专题辅导、“四个全面”培训班，开展了知识答题，坚持了班子理论中心组学习和学习体会交流。开展了践行社会主义核心价值观，深化机关精神文明建设活动，发放社会主义核心价值观宣传品1200余份。继续开展“读书、荐书、评书”活动，配发优秀书籍1125册。

（包敬东）

【“三严三实”专题教育开展】 年内，研究制定了专题教育方案，按照把握教育主题、突出问题导向、从严抓好整改、注重工作实效的基本原则，以严的态度、实的作风，坚持边学边查边改，认真抓好集中学习、专题交流，党员承诺、专题党课，征求意见、对照检查，专题民主生活会、组织生活会等各环节工作落实。给系统163个党支部配发学习教育光盘1630张、图书652册。

（包敬东）

【“六进三促”开展活动】 年内，机关工委与南口镇后洼村开展帮扶共建工作，协调区文化委为该村解决了文化装备陈旧问题；协调水利局为后洼村打饮水井一眼、更新生活饮用水管道1000余米；与马驰口镇宏道村开展“三结对”和“四个一”活动，协调区市政管委、体育局为宏道村翻建2000平方米集文化、健身、体育为一体的综合活动场。

（包敬东）

【党组织换届选举和党员发展工作】 年内，按照党组织换届选举工作的要求，制定了实施方案、进行了培训，指导29个机关党组织换届选举工作。对34名入党积极分子和发展对象进行了集中培训，发展党员63名。

（包敬东）

【纪念建党94周年等活动开展】 年内，组织了昌平区“共产党员献爱心”捐献活动启动仪式，现场捐款9.285万元；落实困难党员帮扶慰问工作，走访慰问系统的老党员和困难党员54人，发放慰问金4.85万元；广泛开展“铭记历史，坚定信念”主题党日活动，组织系统党员到昌平烈士陵园重温入党誓词，悼念革命先辈；做好党建工作宣传，在《昌平报》刊载系统单位“抓党建、强服务、促发展”和开展“六进三促”活动好的经验和做法。

（包敬东）

【加强党风廉政建设】 年内，强化正风肃纪，落实党风廉政建设主体责任和监督责任。层层签订责任书，严格落实中央“八项规定”，党政正职“六不直接分管”。坚持“三重一大”报备制度。组织开展以廉政报告、警示教育参观、看廉政影片、党风廉政知识答题为主要内容的“四个一”活动，落实了每月“一小时党的纪律教育”。

（包敬东）

【组织开展各类活动】 年内，充分发挥工会组织作用，组建机关工委篮球队参加区篮球比赛，组织干部职工体质检测、棋类比赛、乒乓球比赛、羽毛球比赛和登长城比赛及长走活动。慰问困难职工25人，发慰问金1.5万元；为340余名干部职工进行健康体检；为500余名工会会员办理了医疗互助保险。加强团组织建设，召开了共青团区直属机关工作会第四次团代表会议。

（包敬东）

党校工作

【概况】 中共昌平区委党校（简称“党校”）是在区委直接领导下培养全区党员领导干部和理论干部的学校，是昌平区理论研究和培训轮训党员领导干部的重要基地。区委党校同时加挂昌平区行政学院牌子，内设机构有办公室、研究室、干训科、信息科、行管科、总务科等6个党务和行政管理科室及党史党建、哲学、经济学、公共管理等4个教研室，共有教职工50名，拥有一支教学培训经验丰富的教师队伍，专职教师10人，其中具有高级职称3人。全体教职工中90%为大学本科以上学历，其中博士3名。另外还有一支由各方面专家教授组成的、数量充足的外聘教师队伍。2015年，围绕区委、区政府中心工作，举办了新任副处级干部、优秀中青年干部、新任科级公务员、初任公务员以及优秀青年人才培训班，形成了系统化的主体班培训格局，在培训党员干部群众中发挥了主渠道、主阵地和思想库的作用。

（罗艳）

单位名称：中共昌平区委党校
地址：城北街道北环东路
电话：（010）89741308
邮编：102200

【年度主体班培训工作】 年内，党校与区委组织部、区人大、区政协、区纪委、区档案局、区人力社保局、区妇联等多个部门共举办各级各类培训班50班次，培训人员达到6387人次。

（罗艳）

【改善教育培训的硬件设施】 4月2日，区政府第十三次办公会议对党校教学楼及附属设施维修改造工程进行研究，随后讨论通过。工程概算1500万元，改造面积7065.92平方米。工程于9月正式开工，截至年底，已经完成工程总量的80%。

（罗艳）

【继续推行集体备课制度】 4月至11月，党校进一步深入研究党员干部培训要求、创新教学方式，推进教学改革，继续开展集体备课制度。教研室每周五组织全体教师进行集体备课，每个教师轮流讲授自己的课件，供全体教师分享和交流。定期对教师进行专业技能的培训，提高教师的教学能力和教学内容的创新。

（罗艳）

【扎实推进"三严三实"教育】 5月，"三严三实"专题教育开始启动。在区专题教育协调小组的悉心指导下，党校研究制定《专题教育实施方案》，统一思想认识，精心组织安排，认真抓好动员部署、党课报告和专题学习会各项工作，按节点完成了阶段性目标任务，确保了"三严三实"专题教育有力有序推进。专题教育中党校以"加强学员管理，提升培训质量；加强教职工管理，提升教学水平；加强行政后勤管理，提升服务水平"为抓手，重新整理了《党校制度汇编》，对党校28项规章制度进行了重新修订完善，进一步完善单位内部管理制度，并且在工作中坚持以制度管人、用制度管事，突出细化管理、科学化管理。

（罗艳）

【择优引进两名优秀人才充实干部队伍建设】 5月至6月，为适应党校师资人才队伍建设的需要，党校面向社会公开招考参公人员两名，经过笔试、面试、试讲、政审等多个环节筛选，择优引进了一名硕士充实了党校信息科，一名具有人事工作经验的人员充实了党校办公室。

（罗艳）

【创新培训模式获得阶段性成果】 6月29日至7月17日为期三周的新任处级领导干部培训班首次采用全封闭军事化管理教学。8月17日，为期六周的中青年干部培训班，把新任处级领导干部培训班的经验加以继续推广。两次"最严"培训，由组织部和党校组织，党校具体承办。党校的8名优秀教师承担了大部分的授课任务，选派6名骨干担任培训班班主任，负责培训的课程安排、学员考评、日常工作。

（罗艳）

【继续对校级科研成果进行校外专家匿名评审】 12月，校级课题有9项按时结项。党校对这9项课题继续进行校外专家匿名评审。

（罗艳）

【科研调研成果丰硕】 年内，党校围绕全区政治、经济、文化、社会和党的建设中出现的新情况新问题和前沿热点开展研究，研究课题包括区党建研究会课题《昌平区培育和践行社会主义核心价值观的策略研究》、市委党校系统协作课题《昌平区党风廉政建设责任制考评体系优化研究》、市委统战部、北京市统战理论研究基地双立项课题《非公有制经济领域意识形态存在的主要问题及对策研究》及《做好新形势下党的意识形态工作的思考》等10个校级课题。承担了区委、区政府、区纪委下达的调研任务，组织教师下基层积极开展调研活动，鼓励教师多出科研成果。全年，党校全体教师公开发表文章17篇，完成调研报告11篇。

（罗艳）

【做好《昌平党建》的编辑工作】 年内，共编辑印发《昌平党建》6期。配合党建研究会，自第一期开始使用了新的版面和封面设计，全年围绕党建工作的核心和热点问题，紧密结合昌平实际，深入挖掘和提炼基层党建工作中的特色亮点以及工作中好的做法和经验，完成了《昌平党建》的编辑工作。

（罗艳）

【送“教”下基层活动开展】 年内，党校积极开展了送“教”下基层活动。党校教师深入昌平机关、企（事）业、农村和社区，开展关于党的十八大、十八届三中全会、八项规定与作风建设、群众路线教育、习近平系列讲话精神的宣讲，共计45次，受众达3560人。

（罗艳）

【研究生教学工作任务完成】 年内，招收市委党校宪法与行政法学专业研究生36人。截至年底在职研究生共127人。研究生毕业合格率达到100%。

（罗艳）

党史工作

【概况】 2015年，中共昌平区委党史办公室（简称“区委党史办”）认真贯彻落实《中共中央关于加强和改进新形势下党史工作的意见》（中发[2010]10号）、2015年全国党史研究室主任会议和党的十八大关于学习党的历史、弘扬党的优良传统和作风精神，在区委、区政府的领导下和市委党史研究室的指导下，以“三严三实”专题教育为契机，围绕“存史、资政、育人”的根本任务，结合全区纪念中国人民抗日战争胜利暨世界反法西斯战争胜利70周年系列活动，积极发挥存史的资政力、宣教的感染力、史料的研究力，不断提高工作效能，全力做好党史工作。

（陈亮）

单位名称：昌平区委党史办公室
地址：城北街道政府街19号
电话：（010）89741701
邮编：102200

【启动昌平党史正本编纂工作】 年内，按照北京市党史工作五年规划的要求，围绕市委党史研究室对区县党史正本的工作部署，启动《中共昌平简史》资料收集工作，重新整理建办以来的征研成果，梳理昌平地方党史发展脉络，为编研工作准备充足史料。

（陈亮）

【筹办纪念抗战胜利70周年大型展览】 年内，与区政协、区委宣传部、区文化委、区民政局、区广播电视中心等单位合作，共同筹办“铭记抗战史 共圆中国梦”——纪念中国人民抗日战争暨世界反法西斯战争胜利70周年书画摄影作品、抗战历史文字实物展览。展览于8月17日至9月30日在昌平体育馆内举办。展览面积约600平方米，展出昌平籍抗战老兵影像、照片和英雄事迹。南口抗战历史图片、实物遗存和老兵回忆，以及昌平地区绘画、摄影界人士在黄土洼、居庸关等南口战役战地遗址写生的书画摄影作品等内容。所有展览资料汇编成册，作为史料留存并向社会发放。

（陈亮）

【制作昌平抗战史主题系列片】 年内，配合区电视台制作30集昌平抗战史主题系列片《抗战烟云》。节目围绕北平第一支抗日武装“红蓝箍”、南口抗战、昌平西山惨案、昌平抗日根据地、昌平地下党支部等内容，以主持人讲故事为主线，穿插图片资料、视频资料，以及党史专家、知情人士、老党员、老战士等相关人物的采访，系统展示昌平地区抗日斗争史。系列片年底在昌平电视台全部播放完毕。

（陈亮）

【讲述昌平抗战红色故事】 年内，与区人民广播电台联合推出纪念中国人民抗日战争胜利暨世界反法西斯战争胜利70周年特别节目，讲述昌平抗战故事，与听众一起缅怀先烈，铭记历史。节目中涉及的抗战故事为党史办历年征集整理的抗战史料。节目于8月开播，连续播出一个月，共15期。

（陈亮）

【加强抗战史研究】 年内，在进一步搜集南口战役有关研究论文、书籍文章、新闻档案、报纸刊物等史料的基础上，加强与抗战史研究专家、南口抗战研究会的沟通学习，吸收借鉴已有的研究成果，组织开展撰写《南口战役》。目前已完成定稿8.8万字。

（陈亮）

【梳理昌平历史文化脉络】 年内，昌平历史文化丛书之一《昌平史话》按照各方意见修改完毕出版。该书按照千年变迁、胜迹遗存、红色起点等八个章节编写，包括《从边塞之地到京师之枕》《百年历程的见证者》《昌平革命史的界碑》等55篇专题文章，共25.2万字。

（陈亮）

【撰写发表党史与党建专题文章】 年内，深化党史党建研究，围绕党史与党建、昌平地区抗日根据地的开辟与建设、昌平地方党组织的建立与发展等内容撰写《存党之史，资党之治——新常态下党史工作功能和作用浅论》《抗战四大名团之“南口罗团”》《弃笔从戎“高鹏”展翅，平郊首义烽火白羊》等宣传介绍昌平党史的理论探讨和专题文章，分别在《昌平报》《昌平党建》等报刊、杂志发表。配合平西、平北、冀东抗战根据地专题研究，根据全市党史工作要求，参与《平西抗战史》征求意见和研讨活动。

（陈亮）

【征集抗战史料】 年内，落实中央和市委统一部署，向全区发出通知，广泛征集抗战亲历者、受害者和见证者的信息。将搜集到的抗战时期口述史料，报送市委党史研究室和区委宣传部门，供策划纪念抗战胜利活动使用。配合抗战老兵口述史报道工作，对昌平区健在的抗战老兵进行专访，用文字和影像留住老兵的抗战记忆。为编写《南口抗战》历史读本，在梳理国民党和日本侵略军有关战役史料的基础上，着重挖掘中共中央密切关注南口战役动态发展，以及实施备战动员、开辟敌后战场等战略部署相关史料。通过查阅报纸刊物、档案书籍、论文著作，新征集到珍贵史料《南口之役抗战阵亡将士名单》以及抗战初期国内主要报纸关于南口战事的报道76份。

（陈亮）

【编纂党史大事记】 年内，按照全市党史工作会对大事记编写工作提出的新要求，通过查阅相关资料选编、文献档案，对大事记稿件进行修改补充编写，并在全区范围内征求意见。初稿共26万字，已交付出版社等待付印。

（陈亮）

【整理历史档案文献】 年内，强化党史资料征集常抓不懈，打牢“存史”基础，继续推进新中国成立以来，昌平区（县）委、人民政府文献资料的收集整理工作。反复勘校昌平区（县）委文件资料，已整理出资料稿802万字，准备印刷出版；继续收集昌平区（县）人民政府档案文献，收录整理政府文件296万字。续编昌平区2014年党的工作大事记121条，共2.9万字，2015年党的工作大事记92条，共1.6万字。收集整理2014年党史办文书档案，归档永久卷档案30件，10年卷档案15件。落实全区档案信息化的要求，建立党史办档案数据库，完成2001年至2002年归档文件扫描工作。

（陈亮）

【拓宽党史宣传教育渠道】 年内，推进党史宣传教育进机关、进基层、进学校、进网络，选派业务骨干在区委党校、领导干部大讲堂为全区党员领导干部和群众讲授昌平党组织建立及发展历程、昌平抗日战争革命史等地方党史课程；在北方国际射击场，为东城区建委机关干部讲述昌平及南口战役相关历史。利用现代通信方式强化党员教育，加强与“昌平先锋”党建微信平台合作，发布昌平党史、党建消息。继续做好“昌平微历史”党史微博，及时更新内容、优化栏目设置，增强党史宣传的互动性和大众化，扩大党史宣传普及的受众范围和效果。积极参与“昌平党史办党支部微信群”建设，及时发布党史党建动态消息，参与话题讨论。

（陈亮）

【增添党史宣教工作活力】 年内，协助拍摄昌平抗战影视作品。协助拍摄电视剧《昌平红蓝籬》，向摄制组提供国民抗日军建立发展的历史资料《回忆平西游击队第三总队》《九一八事变北平地下党领导辽宁义勇军打响抗日第一枪》《平西第一抗日根据地——白羊城》《抗战七年的经验和教训》等。向湖南卫视罗芳珪纪录片摄制组提供相关资料并重访当年战场。配合电影《南口1937》的拍摄制作，积极参与剧本研讨会，形成有昌平地方特色的党史影视作品。

（陈亮）

【推动党史研究成果转化】 年内，推动党史研究成果社会化、大众化，与文化宣传部门合作，开展“昌平读书汇”活动，讲述昌平抗战历史故事。发挥党史业务专长，配合区相关部门做好烈士纪念日公祭活动，一同缅怀近百年来在昌平革命建设发展历程中前赴后继、献出生命的先烈。发掘整理村史党史资源，结合村庄历史变迁和地域特点，协助延寿镇党委建设黑山寨村、百合村村史展览。为筹备展览提供史料支持和史实把握，提出征集资料和展览脚本建议。目前，两村村史展览已完成布展，准备对外开放。

（陈亮）

纪检·监察

【概况】 2015年，中共北京市昌平区纪律检查委员会（简称“区纪委”）在北京市纪委和昌平区委的坚强领导下，全区各级党组织和纪检监察组织紧紧围绕全区经济社会发展深度转型的工作大局，认真落实全面从严治党政治责任，驰而不息纠正“四风”，保持惩治腐败高压态势，不断提升监督执纪问责水平，纪律检查工作在2014年基础上又迈上了一个新的台阶。

（马源洪）

单位名称：中共北京市昌平区纪律检查委员会
北京市昌平区监察局
地址：昌平区政府街19号
电话：（010）69719485
邮编：102200

【区纪委四届三次全会召开】 3月3日，在昌平中石化会议中心会议楼报告厅召开中共北京市昌平区第四届纪律检查委员会第三次全体会议，总结2014年党风廉政建设和反腐败工作，部署2015年各项任务。市纪委副书记李振奇和区委书记侯君舒作重要讲话，区委常委、区纪委书记张晓兰作题为《严格执行党的纪律 强化监督执纪问责 扎实推进党风廉政建设和反腐败工作》的工作报告，区纪委副书记王海津传达了市纪委十一届四次全会会议精神。

（莫清海）

【全区党员领导干部警示教育会议召开】 12月8日，召开全区党员领导干部警示教育会议，区委四套班子领导、区法院、区检察院主要负责人，全区城口处级单位党政正职、各镇（街）班子成员，全区纪检监察干部，市政、城管、国土、工商、地税等部门基层站所负责人，全区各村、社区书记、主任等共1400多人参加了大会。大会通过观看2015年区纪委查处的北企公司党委书记左权、马池口镇会计事务服务中心原主任张佩山等严重违纪违法典型案件系列警示教育专题片，深入剖析了案件发生原因、还原了党员干部堕落腐化的过程，用最新鲜、最贴近身边的典型案例对昌平区党员干部进行最生动、最深刻的警示教育。会议强调，要着力构建不敢腐的惩戒机制、不能腐的防范机制、不易腐的保障机制；要严肃党内政治生活，经常开展批评与自我批评，让咬耳朵扯袖子、红红脸出出汗成为常态；要加大案件查办力度，继续保持高压震慑。

（莫清海）

【市委检查组检查区党风廉政建设责任制落实情况】 12月9日，市纪委常委、市预防腐败局副局长宋兰刚带领市党风廉政建设责任制第二检查组对昌平区2015年党风廉政建设责任制落实情况进行现场检查。区委常委、组织部长王燕庆汇报区委落实党风廉政建设主体责任的工作情况，区委常委、宣传部长余俊生，区委常委、常务副区长孙卫，区副区长李志杰分别汇报了履行“一岗双责”的情况，区委常委、区纪委书记张晓兰书面提交了落实区纪委监督责任报告。汇报会结束后，检查组选择部分镇长、街道办事处主任就履行“一岗双责”情况进行了延伸座谈，并现场查阅了落实党委主体责任和纪委监督责任的相关文件资料，专项抽查了部分单位财务账目。

（张成）

【“两个责任”落实更加有力】 年内，严格执行《昌平区关于落实党风廉政建设党委主体责任和纪委监督责任的实施意见（试行）》。制定《昌平区处级单位党政正职向区纪委全会述责述廉工作方案》，健全基层站所负责人、村级党组织书记述职述廉评议制度。完善镇街部门绩效考核办法，组织实施年度检查考核。落实责任追究，实施“一案双查”。针对马池口镇会计服务中心原主任张佩山擅自动用巨额集体资金理财投资案，就其中存在的履职不力、失察失管问题，严肃追究了6名处级领导干部的责任，并在全区通报。

（张 成）

【执纪审查工作布局更加合理】 年内，从点面结合入手，既坚决查处贪污贿赂、失职渎职等严重违纪违法案件，又狠抓“四风”问题不放松，发现一起、查处一起、通报一起、分析一起。既坚持从整体上提升执纪审查工作效能，又高度重视重大典型案件的查处。全年新立案总数168件，严肃查处了左权严重违纪违法等一批涉案金额大、影响大的案件，涉案金额总数为12.9亿元。坚持将政治纪律和组织纪律挺在前面，由以往重点查处经济类违纪违法案件向违反政治纪律、组织纪律的行为前移，严肃查处了南邵镇北邵洼村党支部原书记李华生支持纵容违法建设、百善镇二德庄村党支部原书记陈立军未经上级审核擅自租赁集体土地等多起典型案件。注重抓早抓小，综合运用函询、约谈和信访谈话等手段，对36名处级领导干部实施了“咬耳扯袖、红脸出汗”式的执纪监督。全年党纪处分129人，移送司法机关9人、了结澄清反映失实的举报问题165件，既严明了党纪政纪，又落实了抓早抓小，保护了党员干部干事创业的积极性，实现了执纪审查的综合效果。

（王双锋）

【党纪教育实效更加突出】 年内，加强党纪教育方式方法。一是实现宣传教育全覆盖。综合运用电视、广播、报纸等传统媒体和网站、微信、微博、短信等新媒体，通报典型案件、发送预警信息、开展党纪条规教育，覆盖全区各级党员干部。二是推进党纪教育常态化。组织好“一小时党的纪律教育”，明确各处级单位每月开展1次党纪教育，每次不少于1小时，区纪委负责每月月初提供学习素材。三是突出警示教育时效性。每查办一起典型案件，在成立调查组的同时，成立宣教组，实时跟拍办案全过程，为制作宣传片积累素材，利用查处的“小官贪腐”典型案件，制作了系列警示教育片，召开了全区党员干部警示教育大会，用身边的典型案例对各级党员干部进行深刻的警示教育。

（易永烽）

【“联合履职”工作模式更加完善】 年内，“联合履职”工作模式是昌平区落实中央“转职能、转方式、转作风”的要求，结合实际进行的有益探索和机制创新，市委、市纪委主要领导作出批示充分肯定，并在全市推广，2015年这一工作模式在原有基础上得到进一步完善。一是转变工作方式和内容。实行动态编组，随时调整各组人员，做到优化组合、人尽其用，实现监督审查一体化。针对每个履职组的业务特点，结合实际案例开展即时培训，切实提高监督执纪问责的能力，最大限度地发挥"联合履职"巡查监督的作用，做到早监督、早发现、早提醒、早解决。二是完善管理机制。建立了考评、情况通报和信息月报制度，使区纪委和各单位主要负责同志能够及时掌握每一名纪检监察干部参加"联合履职"工作的情况，防止"两头脱岗"。通过不断调整、改进，3个联合履职组的工作能力得到有效提升。

（董月华）

【开展《准则》《条例》学习贯彻宣传活动】 年内，多手段宣传，综合运用电视、广播、报纸等传统媒体和网站、微信、微博等新媒体刊发学习《中国共产党廉洁自律准则》和《中国共产党纪律处分条例》（简称《准则》《条例》）的新闻、标语等资讯，加大宣传力度；深层次解读，在昌平政府网、昌平区纪检监察网站上开设"学习《准则》《条例》专栏"，通过昌平电视台、《昌平报》深度报道，引导党员干部深入了解《准则》和《条例》的重要意义、出台背景、起草过程、深刻内涵等，使《准则》和《条例》的知晓度覆盖到全区每一名党员。

（易永烽）

【开展纪检监察理论研究和调研】 年内，结合市纪委和区委下发的重点调研参考课题，确定了区纪委的重点调研参考课题，充分调动联合工作组人员力量，收集调研报告素材，开展调查研究，集体讨论确定调研报告起草提纲。完成了《关于昌平区农村干部信访问题》《关于如何治理"懒政"问题》的调研报告。

（马源洪）

【抓好纪检监察信息工作】 年内，制定下发了《关于加强纪检监察信息工作的意见》，对信息工作提出了明确要求。组织信息工作培训班，邀请市纪委办公厅领导为全区纪检监察信息工作人员进行授课。全年共编辑《昌平纪检监察信息》普刊22期，《联合履职工作动态专刊》3期；向市纪委报送信息专报50条。

（莫清海）

民　主　党　派

【概况】 2015年，全区各民主党派围绕区委、区政府中心工作，发挥参政议政职能和所处优势，积极参加全区建设和社会公益活动，为全区发展做出应有贡献。

（卫勇）

单位名称：昌平区委统战部
地址：城北街道政府街19号
电话：（010）89741629
邮编：102200

【民革昌平支部】 参政议政。年内，民革昌平支部有党员41人。在市政协和区政协会上，围绕区中小企业转型升级调研的成果，提出了《立足新常态，促进昌平区中小企业转型升级的建议》、《关于加强我区苹果文化建设，促进我区都市现代农业发展的建议》等17项提案，其中《关于工商联牵头在我区成立相关行业协会和商会的建议》获得了区政协优秀提案。

组织建设。年内，支部共组织活动14次。9月，召开了支部全体会议，支委进行了3年的述职报告，对其工作进行了民主评议并无记名推荐了新的支委候选人。

社会活动。年内，利用党派资源协助北京皮影剧团在中国农大校园开展"中国非遗文化走进大学校园"活动。协助北京瑞德生物技术有限公司深入天通苑天北街道进行百姓健康大讲堂活动。全年为区非公企业转型升级战略规划促进会组织10期沙龙活动。做多场践行习近平总书记文艺座谈会讲话精神

“等你在敖包”的新歌鉴赏与教唱会。为兴寿镇红十字会送去两万元爱心善款、赞助市第八届百家社区健身才艺大赛、为困难学生捐款4000元，利用专业知识为贫困地区做财经服务。为纪念抗战胜利70周年及研究南口抗战史出力。积极与台湾黄埔后代联谊会会长联系，收集有关南口抗战史料，用于编纂南口战役书籍。协助区统战部及北京黄埔同学会，接待台胞到昌平考察南口抗战遗址，两岸合作共同对抗战史进行研究。

（卫勇）

【民盟昌平区工委】　提高参政议政水平。年内，落实民盟昌平工委在区政协会上提出的“关于加强驻昌高校与中小学合作培养青少年科技辅导教师建议”的提案。11月，民盟昌平工委与区教委签订了关于“开展中小学科技创新教育合作协议”。

积极开展调研活动。年内，民盟昌平工委继续进行“了解区情、服务昌平、提高参政议政能力”第五站的“百家行”系列调研活动。与区教委、区科协就昌平中小学的科技创新教学的开展情况进行了调研，民盟昌平工委就昌平教委的落实方案提出了建设性意见，即由民盟昌平工委负责，发挥民盟在昌平高校的优势，充分利用民主党派中的专家资源，开展“手拉手”的帮扶活动。

利用优势开展活动。3月，民盟昌平工委利用其盟员的特殊资源，与区教委合作，在昌平区开设“非遗传承试点学校”，在中小学校园内建立不同类型的“非遗传承学生社团”，开展“非遗进校园”主题讲座、现场表演及非遗课程。

（卫勇）

【民建昌平工委】　参政议政工作。1月，在区政协会议上，12位会员获得优秀政协委员称号，6位会员获提案工作先进个人。民建代表昌平工委做了题为“关于加强昌平区基层文化人才队伍建设的几点建议”大会发言，会员个人提交了12份议案，工委向大会提交了《关于加强昌平区公共体育设施建设及管理的几点建议》、《关于建立昌平区民营企业金融服务中心助力民营资本服务昌平发展的建议》等集体提案。

社会活动。2月，召开新春团拜会，社会服务专委会开展“民建真情进乡村 文化健康齐相送”活动，组织会员中的书画家、医生到十三陵镇北新村写对联送健康。3月，组织民建昌平工委女会员参观新华1949文化创意产业基地。4月，会员自发组织第一届“民建昌平区工委企业投资系列沙龙”，回龙观支部与京津冀三地支部协同课题攻关，促成北京王府医院与河北顺平医院签约医疗互助。6月，文教支部继续做好“民建人的爱”基金捐助活动，帮助十三陵中心小学贫困学生完成学业。8月，民建北京市委来昌平工委调研考察工委班子成员履职情况。9月，科技园支部在纪念中国人民抗战胜利七十周年纪念日活动中，组织会员参加南口抗战调研活动，“第二届企业投资系列沙龙”在北京鑫地集团举办。12月，工委组织会员为退休老会员捐款献爱心活动。年内，行政支部组织会员到小汤山温馨家园参加专门为在家园里生活的残疾人朋友举办的运动会，开展献爱心活动。

（卫勇）

【民进昌平支部】　参加学习培训。2月，组织10名会员参加区统战部召开的统战系统区情通报会、培训会，参加民进市委会关于参政议政能力水平的培训。

加强支部建设。年内，按照民进组织发展工作程序和要求，做好新会员的考察与发展工作。发展新会员2人，填表待批2人，联系培养入会积极分子3人。

加强参政议政。在区2015年人代会上提出关于《发放安福苑小区房屋产权证问题》的建议等3篇。在人大会提出关于《推动京津冀职业教育一体化》的建议等4篇。

纪念中国民主促进会成立70周年活动。2015年是中国民主促进会成立70周年，支部围绕着主题开展了系列活动，落实了民进市委会《关于在全会开展创先争优活动的意见》。推荐支部成员为民进全国优秀会员。

开拓社会服务新思路，支教、扶贫、做公益。8月，组织会员10人参加走进崇高先遣团第165批内蒙古高原、张家口坝上沙漠绿化植树公益活动。9月，为纪念抗日战争胜利70周年，特聘请专人为会员讲解昌平南口战役并进行座谈，组织会员参观由区政协主办的“庆祝抗日战争胜利70周年”纪念展览。11月民进昌平支部联合区科协、区教委共同主办了“2015年度昌平区青少年庆冬奥多米诺骨牌展演”活动。年内，利用会员资源帮助学校开设校本课程，涉及国画课、航模课等。为四川甘孜贫困地区捐赠图书千余册，启动京津冀扶贫项目，由支部会员集体出资资助河北贫困学生到区职业技术学校读书。

（卫勇）

【农工党昌平支部】 参政议政。年内，农工党昌平支部强化思想建设和组织建设，积极履行参政党职能，发挥党派作用，围绕区委、区政府的中心工作，建言献策，支部政协委员提出“关于打造我区自有中医品牌的建议”、“关于加快西北部地区公共卫生均等化（优质化）进程的建议”等政协提案8件。9月，农工党昌平支部开展调研，完成《温榆河源头的现状与治理》调研报告，被列为年度农工市委会重点调研报告。

组织建设。12月，农工党昌平支部召开了支部委员会第六次全体党员大会暨支部换届大会，经全体党员无记名投票选举产生了新一届委员会领导班子。年内，按照农工党组织发展程序，有5名同志加入农工党组织；有6名同志被农工党北京市委评为优秀党员。

社会活动。1月，“农工情·共铸中国心健康京郊行”定点帮扶项目活动在流村镇高崖口村正式启动，该活动旨在把医疗服务和健康知识带进乡镇和山区。3月，昌平支部党员响应农工中央和市委会的号召，缴纳一次特别党费支持中国农工民主党“第一次全国干部会议”会址的维修和布展，共有47位党员参与捐款，捐款8300余元。8月，为了推动农村医疗建设，倡导健康的生活方式，支部组织在百善镇举行大型义诊活动，为村民们诊断治疗。10月，为响应农工党中央“弘扬传统文化，提高科学素质，促进全民健康”号召，农工党昌平支部和海淀区委联合开展第27届中国“国际科学与和平周”大型健康义诊活动，组织19名农工党员医疗专家为流村镇高崖口村百姓进行免费诊疗。

（卫勇）

【致公党昌平支部】 年内，致公党昌平支部在致公党北京市委和中共昌平区委统战部的正确领导下，支部以“发挥党员主体作用、促进工委筹备建立、创新活动内容”为指导思想，全体党员群策群力、致力为公，紧密围绕工委筹备成立，在参政议政、组织建设、社会服务、宣传联络等方面取得长足进步。9月，致公党昌平支部荣获“致公党北京市委先进集体”荣誉称号，3位党员获得致公党北京市委“优秀干部”、5位党员获得“优秀党员”荣誉称号。

参政议政。年内，致公党昌平支部推荐党员利用各种平台发挥参政党作用。截至12月底，致公党昌平支部党员中有市政协委员1名，区人大代表2名，区政协委员5名，并有4人担任各级监督员，8名党员任职致公党中央委员、致公党北京市委常委以及致公党中央、致公党北京市委各专委会副主任或委员。

建言献策。年内，致公党昌平支部以课题调研和提案为切入点围绕当前社会热点来开展工作，共实施了5项课题调研，为各级人大、政协提交提案3个，附议提案6个，建议3条。其中《关于加强控制北京人口规模、疏解中心城区人口与功能的提案》获市政协2014年“优秀提案”。

政治学习与组织建设。截至12月底，支部共组织党员参加市政协、致公党北京市委、中共昌平区委、区人大、区政府、区政协等培训班9次，参加座谈、协商、联谊等会议19次，共计125人次，支部组织传达、贯彻、讨论相关会议5次。共有党员57人，其中转入3人、新入党2人。在组织管理方面，支部坚持定期会议制度、委员会制度，并将全体党员分成3个党小组，由小组的负责人组织各自小组开展活动。在致公党市委领导以及中共昌平区委的指导下，经过精心部署，周密安排，成立了致公党昌平区工作委员会筹备工作组，各项工作进展顺利。

社会服务。年内，致公党昌平支部继续发挥党员的专长和资源优势，开展了丰富多彩的社会活动，力所能及地为社会服务。坚持四年“北京致公爱心陶笛工程”的支教活动、“爱心陶笛工程”汇报音乐会。与致公党怀柔区支部联合到响水湖义务植树活动。通过“致福慈善基金会”平台积极开展扶贫济困活动等。

对外联络。9月，支部党员5人参加了致公党北京市委组织的“一带一路”主题交流会。支部党员6人参加了致公党中央组织的建党90周年纪念大会。年内，分别与致公党怀柔区支部、致公党广东省委、陕西省委、海南省委、深圳市委、无锡市委、泸州市委、西安市委的有关负责人就基层党组织建设的经验和方法等进行了交流。先后与民建昌平区工委、民革昌平支部等开展相关活动。

（卫勇）

【九三学社昌平区工委】 组织建设。9月，为推动社员属地化管理，发挥企业科技人才的合力，区工委召开九三学社昌平科技园区支社筹备会议，成立支社筹备组。年内，九三学社昌平区工委发展新社员7名，从外区转入3人，转出1人。区工委及所属各支社、支社筹备组全年共组织活动32次，组织和参加各类培训班8次共59人次。

参政议政、调研和信息工作。年内，九三学社昌平区工委提交区政协会议党派提案5件，获优秀提案1项，7人获区优秀政协委员，3人获提案工作先进个人。区工委联合部分区政协委员赴十三陵地区调研民间文物遗存状况和传统村落保护问题，对德陵村、泰陵村、康陵村、燕子口村和万娘坟村进行实地考察，发现多处民间文物遗存，对十三陵地区传统村落保护形成建设性意见。召开年度参政议政工作总结会。全年，共计报送信息110篇，被九三学社北京市委采用71篇，有2篇获市领导批示。

社会活动。1月，区工委和中国石油大学支社联合举办骨科疾病治疗和预防讲座。4月，会同相关组织和人士共同前往黄楼院战场参加清明祭扫和先烈遗骨掩埋活动。北京农学院支社赴山东枣庄参观台儿庄大战纪念馆。中国石油大学支社组织开展了“铭记历史，缅怀先烈，强我中华”主题活动，开展世界反法西斯战争和中国人民抗日战争的历史知识竞赛。5月，区工委举办信息写作培训班，成立区工委信息代表队，参加九三学社北京市委信息大赛。6月，区工委青联举办金融知识讲座。

（卫勇）

群 众 团 体

昌平区总工会

【概况】 2015年，昌平区总工会简称“区总工会”全面贯彻落实市总工会第十三届二次、三次和四次委员（扩大）会议精神，在做好五年一次劳模评选年和第四次代表大会两大重点工作的同时，坚持以学习贯彻市总工会“1+15”文件精神为统领，以服务为宗旨、以活动为载体，创新方法，培育阵地，在建设服务型工会的工作思路和方式方法上不断探索创新，取得积极成效。

（孟繁全）

单位名称：昌平区总工会
地址：城北街道南环东路1号
电话：（010）69742721
邮编：102200

【区工会第四次代表大会召开】 12月14日至16日，昌平区工会第四次代表大会召开。大会审议通过了《肩负时代使命 凝聚职工力量 为建设国际一流的科教新区努力奋斗》的工作报告，选举产生了区总工会第四届委员会和经费审查委员会。

（孟繁全）

【做好换届选举基础工作】 年内，加强组织领导，分步骤、分阶段，统筹协调，认真做好区工会第四次代表大会各项筹备工作。指导基层做好换届选举各项准备工作。坚持依法依章，选出具有广泛代表性、体现先进性的各行各业代表279名。

（孟繁全）

【积极促进劳动关系和谐稳定】 年内，采用提质量、抓规范、树典型、推协商、兑奖励、搞培训、抓宣传的工作方法，深入推进工资集体协商。全区集体合同覆盖企业5113家，覆盖职工7.83万人，建制率94.37%。工资专项合同覆盖企业5160家，覆盖职工7.92万人，建制率95.24%。以服务促调解，以调解促和谐。开展法律知识培训8次，涉及企业人员2155人次，志愿律师下乡法律服务1056次。与区人力社保局、区建委、公安昌平分局建立了劳动法律监督检查联动机制，在各方配合下，区劳动争议调解委员会共受理劳动争议案件26件，涉及金额173.5万元，调解成功7件，员工9人，涉及金额39.7万余元。

（孟繁全）

【大力弘扬劳模精神】 年内，认真做好劳模推荐评选工作，提高其社会公信力和影响力。严格评选程序，坚持自下而上、公开、公平、公正的原则，以事迹和成绩为标准，以群众公认为要求，使名副其实的劳模脱颖而出。推荐评选出全国劳模2名、北京市劳模47名，北京市模范集体8个。加强劳模队伍建设和管理。及时发放劳模一次性奖金、津贴补助共计145万元。首次开设劳模热线和劳模接待日，帮助解决劳模工作、生活等各方面的问题，更好地服务劳模、关爱劳模，受到劳模们好评。以劳模评选年为契机，深化社会主义核心价值观教育。组织区劳模宣讲团，举办践行社会主义核心价值观劳模先进事迹报告会，倡导通过辛勤劳动、诚实劳动、科学劳动创造更加美好的生活。制作播出57集《劳动者风采》系列宣传片，组织劳模事迹巡回展，制作宣传劳模事迹展板，举办“劳模风采之榜样的力量”书画摄影展等，营造良好的“劳动光荣，劳模光荣”的氛围，在全区唱响“中国梦 劳动美”主旋律，引领职工以实际行动践行社会主义核心价值观。

（孟繁全）

【“农民工集中建会”工作】 年内，组织召开“农民工集中建会”工作部署会，积极推动农民工入会，面对面指导基层做好基层工会换届选举工作，夯实工会组织基础。全区新建工会组织涵盖法人单位1304家，新增单独基层工会143家，涵盖职工1.7575万人，发展会员1.7476万人。

（孟繁全）

【学习贯彻“1+15”文件】 年内，以学习贯彻“1+15”文件为重点，加强工会干部队伍素质建设。组织召开全区“1+15”文件专题培训班，实现工会干部全覆盖。围绕文件的贯彻落实，区总工会先后4次召开主席办公会，重点学习研究市总工会“1+15”文件，制定昌平区14个实施方案，为落实今后五年的工作重点明确方向。

（孟繁全）

【税务代收工作】 年内，结合财务大检查，进一步规范税务代收工作。区税务代收办公室开展集中调研走访活动，发放有关政策文件450余份、宣传材料380余份。为进一步完善工会经费资产收、管、用、审的制度和机制打下坚实基础。

（孟繁全）

【工会工作宣传】 年内，加强工会工作宣传，充分利用网络新媒体，面对区机关、企事业单位和工会会员，创新性开办昌平职工手机报，全年编发12期；精心改版制作昌平职工自己的刊物——《职工之友》，使之更加贴近职工；改进新闻报道，搭建起工会组织与广大职工群众沟通的桥梁和平台，为工会工作营造良好外部环境。

（孟繁全）

【贴心服务职工群众常态化】 年内，积极探索拓展普惠服务。累计采集会员信息17.9万人，采集率99.7%；累计办理京卡14万余张，办卡率80%。投入资金55.6万元，新开发冰雪嘉年华、“五一”欢乐亲子游、春游莽山、减免挂号费等14项会员服务项目，通过京卡服务会员4.14万人次，职工参与率达23%。加强职工互助保障工作，进一步完善《昌平区深入开展职工互助保障工作的意见》，建立职工互助保障考评和奖励机制。全年新增参保人员1912人，保费收入超额完成年度指标任务，赔付190人次，赔付金额31.2万元。全区在职职工医疗互助保障计划享受二次报销20335人次，报销金额532.2万元。加大困难帮扶力度，筹集投入帮扶资金30余万元，对103名因病致困职工进行形式多样的帮扶。“金秋助学”活动为全区51个困难职工家庭送去助学金22万余元。

（孟繁全）

【抓好职工文化建设】 年内，面向基层职工文化骨干开展了摄影知识讲座4次，参与人数累计达350余人。开展声乐知识讲座3次，参与人员累计366人。举办以弘扬劳模精神、安全生产和职工发展等为主题的昌平职工摄影书画展6次，累计展出作品2100余件。

（孟繁全）

【“三严三实”教育实践活动开展】 年内，按照区委的统一部署和安排，区总工会认真组织开展“三严三实”专题教育活动。领导班子先后完成20个半天的集中学习，班子成员讲党课3次。并把“三严三实”专题民主生活会的要求扩大到机关中层干部。继领导班子召开专题民主生活会之后，机关中层干部结合学习教育、征求意见、谈心谈话及自我查摆等方面的情况，进行了严格的批评与自我批评，接受了一次深刻的党性教育。机关全体党员参加了17个半天的集中学习，撰写心得体会20篇，开展爱国主义教育参观活动3次。

（孟繁全）

共青团北京市昌平区委员会

【概况】 2015年，共青团北京市昌平区委员会（简称“团区委”）按照区委和团市委的工作要求，贯彻落实党的十八届五中全会和区委四届八次、九次全会精神，进一步提高了组织青年、引导青年、服务青年、维护青少年合法权益的能力和水平，为昌平建设国际一流科教新区做出了积极贡献。

（任曼劼）

单位名称：共青团北京市昌平区委员会
地址：城北街道政府街19号
电话：（010）89741642
邮编：102200

【“春节”期间志愿服务活动开展】 2月，团区委志愿者联合会号召辖区各级各类志愿者组织在“春节”期间积极开展相关志愿服务活动。一是依托基层志愿者组织，开展“邻里守望”志愿服务活动，二是对辖区开展安全隐患排查、巡逻工作。活动累计开展志愿服务10000余人次，累计时长20000小时。

（任曼劼）

【区域化团建工作推进会召开】 4月17日，团区委召开了全区区域化团建工作推进会。团市委副书记黄克瀛、区委副书记、区政法委书记、组织部长李良出席会议，各镇（街）团（工）委书记、各区直机关单位团（工）委书记、区域化团建共建单位代表及团市委驻点干部代表等共200余人参加了会议。

（任曼劼）

【青少年增绿减霾行动开展】 4月24日，启动了以“昌平区青少年增绿减霾在行动，我为首都添绿色，我为冬奥做贡献”为主题的系列活动。团市委青农部部长代兵、团区委书记王旸、团市委驻点干部代表及全区20个镇（街）团组织负责同志、驻区单位团干部共计200余人参加此次活动。

（任曼劼）

【香港爱国工会青年骨干赴青年创业园交流】 4月30日，团区委与香港爱国工会青年骨干访京团在北京青年创业示范园开展青年创业促进工作交流。

（任曼劼）

【完成第三届北京农业嘉年华志愿服务工作】 5月3日，为期51天的第三届北京农业嘉年华活动顺利闭幕，团区委圆满完成本届嘉年华志愿服务工作。本届嘉年华会期内，来自中国石油大学（北京）、北京化工大学（北区）、北京涉外经济专修学院的160名志愿者共为近120万游客提供了优质、高效、专业的志愿服务。其中来自北京涉外经济专修学院的30名志愿者上岗54天，服务游客1620人次，累计服务时长12960小时，北京化工大学和中国石油大学上岗18天，累计服务游客2340人次，服务时长18720小时。

（任曼劼）

【青年创业园企业参展北京国际科技产业博览会】 5月13日至17日，团区委推荐北京青年创业示范园两家企业参展第十八届中国北京国际科技产业博览会"首都青年科技创新成果"展区。

（任曼劼）

【面向团员青年开展讲党课活动】 6月25日，团区委书记王旸以《践行"三严三实"，以优良作风推动共青团工作发展》为主题，为100余名直属团组织负责人及团干部讲党课。

（任曼劼）

【纪念反法西斯战争胜利70周年党团队员集体宣誓活动开展】 7月7日，团区委联合区委组织部在昌平革命历史纪念馆开展纪念反法西斯战争胜利70周年党团队员集体宣誓活动。区委常委、组织部长王燕庆出席本次活动，组织部副部长秦建柱，民政局长韩宝田，流村镇党委书记史佑民以及全区党团队员代表共计1000余人参加本次活动。

（任曼劼）

【新建三家社区青年汇旗舰店】 8月，新建三家社区青年汇旗舰店选址工作完成，分别为沙河镇两家，城北街道一家，三家旗舰店建工工作将陆续开展。

（任曼劼）

【"约会吧 昌平青年"联谊活动开展】 8月8日，由团区委主办、社区青年汇承办的"约会吧 昌平青年"主题联谊活动在七孔桥花海举办，40名单身青年一起赏花交友拉近距离，通过内容健康、形式多样的互动游戏，帮助他们成功地收获自己的幸福。

（任曼劼）

【区青年联合会三届一次会议召开】 9月8日，昌平区青年联合会第三届委员会第一次全体会议召开。区委书记侯君舒，团市委书记、市青联名誉主席常宇，区委副书记、区长张燕友，区人大常委会主任朱光彤，区委常委、统战部长孙启，区委常委、组织部长王燕庆，区政协副主席洪起国出席区青联三届一次全会开幕式。会议审议了昌平区青年联合会第二届常务委员会工作报告，研究和确定今后五年的工作思路和主要任务，并将选举产生区青联新一届领导集体。

（任曼劼）

【向上吧 昌平青年系列活动开展】 9月26日，开展"向上吧！昌平青年"系列第一次活动。团区委、区青联在蟒山国家森林公园联合开展了"向上吧 昌平青年"彩色登山活动。此项活动也是团区委年度增绿减霾系列活动之"秀秀家乡美"活动的重要组成部分。活动途中设红、黄、蓝、绿、紫五个彩色手印认证站，大家登山眺望、强健体魄，欣赏到昌平美景的同时，呼吸到了清新怡人的优质空气。来自全市300余名青年人参加了此次活动。

（任曼劼）

【2015年未成年人保护工作会召开】 10月12日，昌平区召开2015年未成年人保护工作会。区未保委委员单位负责人、法制校长代表50余

人参加了会议。

（任曼劼）

【2015年昌平区优秀青年人才培训班举办】 11月2日至6日，团区委联合区委组织部开展第五期昌平区2015年优秀青年人才培训班，前期通过单位推荐、资格审查和选拔测试三个环节，最终录取42名学员，进行为期5天的培训。

（任曼劼）

【2015秋季·北京国际长走大会成功举办】 11月7日，2015秋季北京国际长走大会在十三陵水库周边举行，共有来自社会各界的6000余名长走爱好者参与了此次长走，团区委志愿服务指导中心通过精心组织安排，圆满完成2015秋季北京国际长走大会志愿服务工作。400名志愿者共同参与，服务总时长3000余小时。

（任曼劼）

【昌平青年微信公众号正式加入昌平“两微”联盟】 11月26日，昌平青年微信公众号正式加入昌平“两微”联盟。粉丝超过28万。

（任曼劼）

【昌平区青少年春晚海选活动开展】 11月24日至12月13日，团区委联合区文化委、区教委、区广电中心、区青联在全区范围内开展了“2016昌平青少年春晚”社会报名及海选活动。12月5日、6日、12日、13日，为期四天的海选活动在回龙观龙旗购物中心和区图书馆报告厅进行，共有来自全区5岁至35岁儿童、青少年近千人参加300个节目表演海选。

（任曼劼）

【“温暖衣冬、让爱前行”冬衣捐赠活动开展】 11月28日至12月10日，团区委开展“温暖衣冬，让爱前行”冬衣捐赠活动。活动通过动员青联委员、社区青年、中小学校学生、镇（街）团员共收集合格冬衣2000余件，发放爱心捐赠卡2000余张。

（任曼劼）

【青年流动性调研活动开展】 12月19日至12月31日，团区委根据全市统一部署开展青年群体调研工作，入户调研青年在工作、生活、个人发展等方面的所急、所想、所需，面对面调研青年990人。

（任曼劼）

昌平区妇女联合会

【概况】 昌平区妇女联合会（简称“区妇联”）内设机构为办公室、组宣部、权益部（儿童部）。全区有三级妇联组织544个，其中区级妇联组织1个，各镇、街道妇联21个，工委妇委会12个，基层妇联组织510个；三级妇联干部2200人，其中区妇联第三届执委41人。2015年，区妇联在区委、区政府的坚强领导和市妇联的正确指导下，围绕建设“坚强阵地”和“温暖之家”目标，以“昌平巧妇”和“京北丽人”品牌建设为依托，扎实做好组织妇女、引导妇女、服务妇女和维护妇女儿童合法权益的工作，推动了全区妇女工作科学健康发展。

（党延敏）

单位名称：昌平区妇女联合会
地址：城北街道东环路
电话：（010）69714345
邮编：102200

【区巾帼素质提升培训班举办】 1月19日至22日，区妇联举办了“提升能力 绽放美丽”昌平区巾帼素质提升培训班，来自全区21个镇（街）妇联主席、妇代会主任以及各行业优秀妇女代表60余人参加了此次培训班。

（党延敏）

【三届五次执委扩大会召开】 1月22日，区妇联召开了三届五次执委扩大会，区妇联执委、各镇（街）妇联主席、妇联机关干部50余人参加了会议。

（党延敏）

【看望孤独症患儿】 1月25日，区妇联主席石东琨来到回龙观镇“星希望”孤独症康复训练中心，看望这里的孩子们，并为他们带去了食品和手工玩偶。

（党延敏）

【女企业家联谊会座谈会召开】 1月27日，区妇联联合区工商联召开女企业家联谊会座谈会，邀请30余名女企业家共同总结2014年联谊会工作成绩，积极筹划2015年工作重点。

（党延敏）

【友好交往】 1月28日，区妇联主席石东琨与怀柔区妇联副主席王新翠一行，参观昌平区巧妇展室，共同交流手工编织技艺，谋划带动妇女居家灵活就业思路。5月20日，区妇联与来自青海省玉树州的妇女代表团到“双学双比”示范基地及巧娘工作室参观考察。6月30日，区妇联组织21个镇（街道）妇联主席及全体机关干部共35人赴房山妇联学习交流。

（党延敏）

【区2015年青年联谊会举办】 1月31日，区妇联、区人力资源和社会保障局在区退干中心多功能厅联合举办“爱在昌平——成长、成才、成家”昌平区2015年青年联谊会，区妇联主席石东琨、区人力社保局党委副书记姚海军等出席了本次活动。活动得到了全区未婚青年的热烈响应，120余名青年男女参加了此次活动。

（党延敏）

【在职党员“下基层 献爱心”活动启动】 2月2日开始，区妇联机关近20名在职党员陆续对结对帮扶的贫困女童进行走访慰问。慰问期间，区妇联在职党员详细了解了结对帮扶女童的家庭情况、身体情况和学习状况，并为其送去了助学金以及笔、本、书包、课外读物、玩具等文体用品。

（党延敏）

【全区基层妇联干部工作会召开】 2月10日，区妇联召开全区基层妇联干部工作会，会议传达和部署市妇联党组书记、主席马兰霞同志在全国寻找“最美家庭”电视电话会议精神。

（党延敏）

【“昌平巾帼维权法律宣讲团·送法到兴寿”法律知识讲座举办】 3月3日，区妇联联合兴寿镇妇联组织举办了“昌平巾帼维权法律宣讲团·送法到兴寿”法律知识讲座，全镇21个村妇女代表近百人参加了此次法律讲座。

（党延敏）

【“两法”“两规划”综合宣传活动开展】 3月4日，区妇联牵头联合区妇儿工委多家成员单位，在昌平金隅万科广场西门开展了“两法”“两规划”综合宣传活动，这次活动得到了区法院、区人力社保局、禁毒办、疾控中心等十三家单位的支持。

（党延敏）

【慰问一线女干警、女检察官】 3月5日，区妇联副主席孙秀静一行4人来到昌平看守所看望监所一线女干警和区检察院驻看守所检察室女检察官，向辛勤工作在监管一线的女检察官及女干警们表示崇高的敬意和亲切的问候。

（党延敏）

【庆“三八”生活体验大观园活动举办】 3月6日，区妇联以“让我们的生活充满阳光”为主题在昌平区职业教育文化园举办了庆“三八”生活体验大观园活动，市妇联副主席王淑存、区妇联主席石东琨、副主席孙秀静等领导出席活动，城口各大工委、各镇（街）妇联干部以及和谐家庭代表100余人参加了活动。

（党延敏）

【处级“女领导干部进高校”大讲堂活动举办】 3月7日，区妇联联合区委组织部举办了一期处级“女领导干部进高校”大讲堂活动。活动邀请到了北京人和汇力管理顾问有限公司总经理、北京宜和书苑管理顾问有限公司总经理、女性领导力研究院创始人甘斌女士授课。

（党延敏）

【北京农学院慰问昌平区创业妇女座谈会召开】 3月10日，北京农学院慰问昌平区创业妇女座谈会在昌平区秀花农家乐旅游观光园举行，北京农学院科技处处长秦岭、市妇联发展部部长刘玲、区妇联副主席孙秀静参加了座谈会，农庄负责人王秀花以及长期为秀花农庄提供技术指导的农学院教授参加此次座谈会。

（党延敏）

【接待秦皇岛市妇联考察团】 3月24日，秦皇岛市妇联一行5人就如何开发妇女创业项目、提升妇女手工制作水平等对昌平区进行考察调研，考察团先后参观考察了第三届北京农业嘉年华和市级妇女创业就业基地——天润园农业发展有限公司。

（党延敏）

【举行模拟法庭进机关——婚姻家庭专场活动】 3月27日，区妇联联合城北司法所，在城北街道七楼会议室举行了以案释法之模拟法庭进机关——婚姻家庭专场活动，城北街道51名社区（村）妇联干部、机关部分女职工参加了此次活动。

（党延敏）

【家教讲座开展】 4月20日，区妇联聘请原昌平一中校长、区关心下一代委员会讲师团成员王宝珍老师为小汤山镇中心小学一至六年级的700余名家长做“学传统家风 扬民族文化”—2015年家庭教育讲座。

（党延敏）

【非公“妇女之家”座谈会召开】 4月24日，区妇联召开非公企业“妇女之家”座谈会，新建的三家非公企业“妇女之家”负责人及区妇联主要领导、各部室部长参加会议。三家非公企业“妇女之家”负责人从企业基本情况、职工发展情况、企业文化以及对区妇联的期望和要求等几个方面进行了座谈交流。

（党延敏）

【亲子手工课堂活动举办】 4月29日，区妇联举办了“大手拉小手 巧手扮春天”——亲子手工课堂活动。活动邀请了30名孩子和家长在程展老师的指导下，互相配合，一齐动手用了一个半小时的时间，完成了一个五彩笔筒的制作。

（党延敏）

【“恒爱温暖行动，百万家庭一线牵”评比展示活动开展】 5月5日，区妇联开展了“巧妇巧心思，恒爱见行动——昌平区妇联‘恒爱温暖行动，百万家庭一线牵’”评比展示活动。此项活动自年初启动以来，共有246名“爱心妈妈”参与其中，共为孤残儿童编织毛衣、毛裤、围巾、手套、帽子等共282件。

（党延敏）

【市妇代会代表联系制度工作部署座谈会召开】 5月7日，区妇联召开了市妇代会代表联系制度工作部署座谈会，16名市妇代会代表参加了会议。

（党延敏）

【区专家科技服务月暨巾帼创新创业基地需求恳谈会召开】 5月8日，区专家科技服务月暨巾帼创新创业基地需求恳谈会在北京秀花农家乐旅游观光园召开。区妇联主席石东琨、北京农学院都市农业研究所所长史亚军教授等6名农科专家代表及三家区巾帼创新创业基地的负责人参加了这次活动。

（党延敏）

【“最美家庭才艺展示”活动举办】 5月15日，区妇联在昌平农职校文化园举办了“最美家庭才艺展示”活动，来自全区的20个“最美家庭”进行了才艺展示，共评选出10个最美家庭才艺展示“最佳表演奖”和10个最美家庭才艺展示“最佳创作奖”。

（党延敏）

【颁发全国巾帼文明岗奖牌】 5月19日，区妇联主席石东琨与区卫计委书记石彩红前往区中西医结合医院，为医院精神科颁发了全国巾帼文明岗的奖牌，并在医院领导的陪同下参观了院区。12月14日，区妇联副主席孙秀静前往区广播电视台，向她们颁发了全国巾帼文明岗的奖牌，并祝贺她们获得全国巾帼文明岗荣誉称号。

（党延敏）

【“庆六一”系列活动总结会举办】 5月29日，区妇联举办了“庆六一”系列活动总结会。为贫困家庭的学生颁发了每人1000元的助学金，为“成长 感恩”配图征文比赛的60名优胜者颁发了证书。

（党延敏）

【市首家“儿童快乐家园”项目落户昌平】 6

月1日，市首家“儿童快乐家园”项目落户区城南街道南郝庄村村委会，中国儿童少年基金会秘书长陈晓霞、家乐福中国副总裁戴玮、家乐福中国华北区小区长 Laurent olszweski、区政府副区长刘淑华、北京妇女儿童基金会秘书长朱龙兴出席揭牌仪式。

（党延敏）

【区巧妇协会第二次会员大会召开】 6月5日，昌平区巧妇协会第二次会员大会召开，区妇联主席石东琨、副主席孙秀静、市巧娘协会副会长兼秘书长黄小群和区巧妇协会会长吴阿兰出席本次大会，来自全区19个镇的85名巧妇会员和21个镇（街）妇联主席参加了此次大会。

（党延敏）

【首期北京百万家庭数字生活技能大赛暨提高全民信息能力培训班举办】 6月25日，区妇联举办了首期北京百万家庭数字生活技能大赛暨提高全民信息能力培训班，200余户社区家庭参加了培训。

（党延敏）

【区巾帼亲情服务队骨干队员素质提升培训班举办】 6月26日，区妇联在区委党校组织了昌平区巾帼亲情服务队骨干队员素质提升培训班，全区百余名巾帼亲情服务队骨干队员参加了此次培训。区妇联副主席孙秀静出席了开班动员并讲话。

（党延敏）

【2015年优秀女性人才培训班举办】 7月7日，区委组织部、区妇联、区委党校联合在区委党校举办了2015年优秀女性人才培训班。全区百名女科技工作者、市妇代会代表、女村官、女社工和女能人等来自不同行业的优秀女性代表参加了培训。

（党延敏）

【庆“八一”暨“最美家庭”进军营展演活动举办】 7月24日，区妇联和区双拥办在装备学院昌平士官学校联合举办了庆“八一”暨“最美家庭”进军营展演活动。区民政局、双拥办、区妇联等领导出席活动，并为30个“军营最美家庭”颁奖。

（党延敏）

【2015年信访维权工作会召开】 7月29日，区妇联召开了2015年信访维权工作会，各镇（街）妇联主席，基层妇代会主任（妇联主席代表）共60余人参加了会议。

（党延敏）

【“好家风好家训”评议展示活动举办】 8月24日，区妇联在全区举办了“好家风好家训”评议展示活动。活动以弘扬优秀家训传统文化，培育文明家教风尚为主题，展示以和谐家庭生活为重点内容，由区妇联出资12余万元，共制作易拉宝1650个，在全区508个妇女之家进行展示。

（党延敏）

【昌平妇联创业项目款签约发放仪式举办】 8月27日，区妇联在昌平职业教育学校农业文化体验园，举办了2015年昌平妇联创业项目款签约发放仪式暨昌平区优秀创业妇女座谈会，参加此次活动的有区妇联有关领导以及获得2015年市级双学双比示范基地称号的女性负责人以及优秀创业女能人和贫困创业妇女代表共25人。

（党延敏）

【法制宣传活动开展】 8月27日，区妇联在依法治区领导小组的统一安排下，在亢山广场开展了法制宣传活动，向过往的群众发放宣传资料。有妇女维权知识手册、12338维权热线宣传折页、禁毒知识折页、印有平安家庭创建宣传口号的围裙、冰箱贴等宣传材料8种1000余份。

（党延敏）

【优秀巧妇技艺及作品展示活动举办】 9月23日，区妇联举办了“传承技艺 创新发展”昌平区优秀巧妇技艺及作品展示活动，三十余名妇女手工技艺能手、各镇（街）妇联主席及手工爱好者共八十余人参加了活动。此次活动的目的是总结京津冀联合举办的妇女手工艺创新创意大赛昌平赛区的活动情况，对昌平区妇女手工技艺进行集中展示、比拼和表彰。

（党延敏）

【妇女培训班举办】 9月28日至30日，区妇联举办昌平区提高妇女素质 推动妇女发展妇女创业培训班，将来自全区各镇（街）的50余名创业妇女参加培训。组织召开区农村土地承包经营权登记颁证试点工作培训及相关情况交流会，试点镇、村妇联干部及妇女参加了培训。10月12日，在区财会之家举办新任社区妇联主席培训班，镇（街）、社区两级妇联主席共226人参加了培训。

（党延敏）

【区“十二五”妇女儿童规划终期评估工作会部署会召开】 10月22日，区“十二五”妇女儿童规划终期评估工作会部署会召开，全区35个妇儿工委成员单位、镇（街道）联络员60余人参加了会议。市妇儿工委副主任马晨彤出席了会议。

（党延敏）

【反家暴宣传活动开展】 11月25日，为了推动反家庭暴力法的出台实施，区妇联组织开展以“拒绝暴力、拥抱家人”为主题的反家暴宣传活动，共五十余户家庭参加了此次活动。

（党延敏）

【妇女儿童心理讲座举办】 12月1日，由区妇女儿童活动中心承办“北京妇女儿童能力素质提升工程”项目在沙河镇政府举办了为期半天的《心理健康—幸福从积极开始》培训，邀请了市总工会王宏伟教授为大家授课，来自基层的妇女代表、机关工作人员80余人参加了此次培训。

（党延敏）

【“邻里守望·姐妹相助”活动启动仪式举办】 12月5日，全区21个镇（街道）510支“京北丽人”志愿服务队集中举办了“邻里守望·姐妹相助”活动启动仪式。

（党延敏）

【“平安家庭”创建活动总结交流暨巾帼亲情服务队优秀队伍成果展示活动举办】 12月16日，区妇联在多功能厅举办了以“家庭平安促社会稳定 亲情服务展巾帼风采”为主题的“平安家庭”创建活动总结交流暨巾帼亲情服务队优秀队伍成果展示活动，市妇联、区综治办、区司法局等相关领导应邀参加。

（党延敏）

【“京北丽人”志愿服务培训班暨工作总结交流会举办】 12月24日，区妇联举办了“京北丽人”志愿服务培训班暨工作总结交流会，全区镇（街）妇联和工委妇委会优秀“京北丽人”志愿者和优秀“京北丽人”志愿服务队伍负责人150余人参加培训。

（党延敏）

【婚前保健宣传活动开展】 年内，区妇儿工委、区妇联在七夕节下发5000份免费婚检宣传折页；在区妇幼保健院系统、工委和镇（街道）发放1400份免费婚检海报；七夕节当天在区民政局婚姻登记处为150余对新人做婚检宣传。

（党延敏）

昌平区工商业联合会

【概况】 昌平区工商业联合会（简称“区工商联”）是区委、区政府领导下的、由区内工商界人士组成的、具有统战性、经济性、民间性的人民团体和商会组织，是区委、区政府联系非公经济人士的桥梁纽带，是政府管理和服务非公经济的助手。2015年，在区委、区政府的正确领导和市工商联的精心指导下，区工商联紧紧围绕区委、区政府的中心工作，扎实开展“三严三实”专题教育，紧扣“两个健康”主题，坚持“团结、服务、引导、教育”工作方针，以广大非公企业和非公经济人士的需求为导向，以凝聚非公企业的各种活动为载体，努力践行“五好”（领导班子好、会员发展好、商会建设好、作用发挥好、工作保障好）标准，积极为非公企业和非公经济人士办实事、做好事，圆满完成了全年的各项工作任务，在全市16个区工商联中率先被全国工商联确认为“全国‘五好'县级工商联"。

（张庆志）

单位名称：昌平区工商业联合会
地址：城北街道南环东路1号
电话：（010）69744516
邮编：102200

【理想信念教育实践活动开展】　年内，利用执（常）委会、培训、宣讲会、专题报告会等多种形式，努力宣传中国特色社会主义理论、党的路线方针政策和中央、市委、区委的战略部署，不断强化广大非公经济人士对中国特色社会主义的道路自信、理论自信、制度自信。夯实共同理想基础，自觉增强对中国特色社会主义的信念、对党和政府的信任、对企业发展的信心、对社会的信誉。引导非公经济人士积极投身光彩事业，在春节前夕、学雷锋纪念日、"六一"儿童节、重阳节等关键节点，走访慰问困难家庭和福利院、敬老院等机构，送去价值6万余元慰问金和慰问品。组织250余名非公企业家及职工代表参加了"同植一片绿树，共建美好昌平"主题义务植树活动。推动成立昌平区"两新组织"爱国拥军协会。举办以"信用驱动，金融助推，企业升级"为主题的沙龙活动，发出"诚信经营"倡议，开展签署信用公约的活动。向24家企业颁发"守法诚信承诺示范单位"、"诚信经营承诺示范单位"牌匾，引导广大非公经济人士做合格的中国特色社会主义事业建设者。

（张庆志）

【稳步推进基层组织建设和会员发展工作】年内，相继成立百善镇商会、二手车行业商会和区工商联和谐劳动关系风险防范互助会，使区工商联镇（街）商会组织达到13个、行业商会及其它基层组织达到9个。全年共发展新会员51家，会员总数达621家。非公企业转型升级战略规划促进会、女企业家联谊会、青年企业家联盟、和谐劳动关系风险防范互助会四个特色基层组织共开展主题活动32次。

（张庆志）

【聚焦京津冀协同发展】　年内，组织会员企业及所属商会先后到河北保定、河南南阳、湖北十堰、内蒙古赤峰市克什克腾旗开展了考察活动。与河北省张家口市、秦皇岛市、承德市平泉县以及河南省安阳市、内蒙古赤峰市克什克腾旗、福建省南平市蒲城县6个市、县工商联缔结了"友好商会"协议。同时，还建立了3个区工商联境外商务服务站，为会员企业走出国门提供帮助。

（张庆志）

【搭建各种服务平台】　年内，一是搭建校企合作对接平台。协调中国石油大学专家教授和非公经济人士召开校企对接座谈会。组织非公经济人士到中国石油大学国家重点实验室实地参观考察。推动北京佰仁医疗科技有限公司与中国石油大学地球科学学院签订了污水处理研发校企合作协议。推动佛罗伦萨（北京）暖通科技股份有限公司与武汉理工大学签订了《相变储能材料及系统关键技术研发》合作协议。二是搭建金融服务平台。邀请银行、担保、证券等金融机构负责人，为非公经济人士介绍最新的金融政策、金融产品和融资、担保工作流程。利用召开会议、开展活动的时机，向非公企业发放了1000余份金融产品宣传材料，努力帮助企业化解融资难题。三是搭建法律服务平台。与会员企业中的律师事务所、会计师事务所、环评公司合作，先后成立了区工商联法律工作服务站、会计事务服务站、环保工作服务站，为非公企业适应新常态、及时获取相关法律服务提供便利。

（张庆志）

【多角度开展宣传服务工作】　年内，进一步完善信息工作机制，强化信息员队伍建设，努力提高信息工作质量。全年共接收会员企业报送信息169条，其中被区工商联会刊、网站采用138条；共向上级部门报送信息67条，采用35条，采用率超过50%，在全区职能部门信息采用情况综合排名中处于党群部门前列。充分发挥会刊、网站作用，编辑出版《非公经济资讯》

6期，发放7200册。更新网站页面152页，发送微博73篇，宣传非公企业101家。对2名获得北京市劳动模范荣誉称号的非公经济人士的先进事迹进行了集中宣传，为非公企业发展营造了良好的舆论环境。

（张庆志）

【鼓励非公经济人士积极参政议政】 年内，在区政协四届四次全会上，非公经济人士共提出提案63件，占到全部提案数量的41.7%，内容涵盖中小企业转型升级、文化建设、食品安全、公共交通等经济社会各个方面。区工商联提交了《关于邀请非公经济人士参与“十三五”规划编制工作的建议》、《关于加快破解商会组织登记注册工作瓶颈的建议》两个提案。认真办理了区政协张其新委员的《关于支持和扶持昌平天使投资平台，以推进中小企业转型升级创新发展的建议》、于梅委员的《关于加强我区非公企业文化建设的建议》、陈作海委员的《关于促进我区民营企业转型升级的建议》三件提案，及时答复了区人大张强斌代表的建议，提案和建议办理结果均受到上述委员和代表的充分认可。领导干部带头深入非公企业调查研究，高质量地完成了《关于新常态下昌平非公企业发展调研》、《关于商（协）会建设的调研》、《昌平区非公企业宣传工作情况的调研》3个课题的调研任务。

（张庆志）

【“三严三实”专题教育活动开展】 年内，坚持把开展“三严三实”专题教育与服务非公企业、非公经济人士的日常工作有机结合起来，成立了专题教育工作协调小组，制定了《工作方案》和《学习研讨计划》。把中心组学习与机关党支部每周一次的集中学习结合起来。组织机关全体党员干部深入学习贯彻习近平总书记系列重要讲话精神、市委郭金龙书记和区委侯君舒书记的党课报告以及相关的学习资料。党组书记邢晓峰、副书记陈宝生分别在全体机关干部和全体党员会上讲党课。党组先后组织召开三次领导班子专题学习研讨会。开展领导班子及领导干部个人不严不实问题自查，共查找出领导班子不严不实问题12项、领导干部个人不严不实问题30项，并及时进行了整改。完善机关各项规章制度，由原来的64项增加到了77项。

（张庆志）

昌平区科学技术协会

【概况】 昌平区科学技术协会（简称“区科协”）是中国共产党领导下的群众团体组织之一。成立于1958年。1985年独立建制。区科协现有区级学、协会、研究会8个，办事处科协、镇科协17个，计算机网络俱乐部一个，会员1500余名。区科协在区委、区政府的领导下，团结和组织科学技术工作者，广泛开展“学术交流、科学普及、科技咨询服务”、“青少年科技创新大赛”、“科普报告会”、“科技、卫生、文化三下乡”、“科技周”、“科普日”等多种活动。2015年共举办大型科普活动30多项，参与部门单位50多个。全区共有17个镇（街）、50个社区、50所学校开展各具特色的科普活动150多项，参与群众达30多万人次。

（叶向东）

名称：昌平区科学技术协会
地址：昌平东关二条科技中心大楼
电话：（010）69745606
邮编：102200

【区科协二届四次全会召开】 1月8日，区科协二届四次全会在金六环农业园报告厅举行。副区长苏贵光、区科协主席王秋生、党组书记李树伟、副主席教委主任李成旺、副主席田野青、马民出席。二届科协委员、镇（街）科协秘书长、优秀科普社区和相关学协会代表等90余人参加会议。会议认真贯彻落实党的十八大、十八届三中四中全会、中央经济工作会议、市委十一届六次全会和区委四届八次全会精神，紧密围绕创新驱动发展和建设国际一流的科教新区发展战略，巩固和拓展党的群众路线教育实践活动成果，努力为昌平经济社会发展做贡献。王秋生作《工作报告》。全面总结了区科协2014年的工作，安排部署了2015年的工作任务。并对2014年区科普工作先进集体、先进个人进行表彰。苏贵光在讲话中对昌平科协过去一年的工作给予充分肯定，并对今年做好科协工作提出了新要求：一是认真贯彻落实区委四届八次全会精神，围绕中心，服务大局，找准科协工作与全区中心工作的切入点和结合点；二要结合科协自身实际开展丰富多彩的科普活动；三要找准创新点努力为实施创新驱动发展战略做贡献。

（叶向东）

【参加“第15届北京青少年机器人竞赛”】 2月3日，区科协组队参加由北京市科学技术协会和北京市丰台区人民政府联合主办，北京青少年科技活动中心、北京市丰台区科学技术协会等承办的“第15届北京青少年机器人竞赛”，昌平区获得2个一等奖，8个二等奖，7个三等奖。

（叶向东）

【参加“第35届北京青少年科技创新大赛】 3月27日至30日，区科协组队参加了在海淀区101中学举办的第35届北京市青少年科技创新大赛。昌平一中、二中、四中5个项目共12人参加了大赛的总评活动，共获得竞赛项目一等奖1项、二等奖11项、三等奖39项；展示项目科幻画一等奖4幅、二等奖11幅、三等奖17幅；其中3幅被市推荐参加全国大赛。优秀实践活动二等奖1项、三等奖1项；“十佳科技辅导员”1名、科技辅导员科教创新项目荣获二等奖1项、三等奖3项、区科协获优秀组织工作奖。

（叶向东）

【“知水爱水节水”系列主题活动举办】 3月至9月，在48个优秀社区和10所中小学校开展了“知水爱水节水”系列主题科普活动，先后开展了参观南水北调展览、家庭节水科普志愿者培训活动、主题科普知识社区学校巡展、科教片放映、知识竞赛等活动，6万多人次参与活动。

（叶向东）

【科普报告会举办】 3月至12月，举办了大手拉小手科学家进校园活动，全年聘请科学家为中小学生作科普报告30场，受教育学生1万人次。

（叶向东）

【“科普之春”大型广场科普宣传活动举办】 4月11日，区科协在昌平草莓博览园东广场，举办了北京市2015年“科普之春”活动启动仪式暨第三届北京农业嘉年华大型广场宣传活动，市科协副主席周立军、区政协副主席李雪红出席活动，全市16区县科协领导及昌平区200多名相关人员参加活动。活动现场安排了优质农产品展示，农业摄影大赛优秀作品展览、科普秀表演、LED灯制作、宣传展板展示、营养小屋、科普大课堂、机器人乐园、DIY创意空间、参观嘉年华等活动板块，吸引2000多群众参加。启动仪式之后，以科技培训、科普宣传为主要内容的2015年昌平区科普之春活动将在全区农村全面展开。活动期间和科普惠农兴村计划的实施，各农技协和农村科普示范基地，大力开展农业科技服务工作，开展苹果、草莓、葡萄、板栗蘑等实用栽培管理技术培训工作，共培训2000多人次。

（叶向东）

【区第十届青少年科技创新大赛举办】 4月18日，区科协在昌平二中南校区举办昌平区第十届青少年科技创新大赛颁奖活动。依据区青少年科技创新大赛的评选规则，经评委会严格、认真的初审和终审，共评出：优秀项目特等奖1项；优秀项目一等奖11项；优秀项目二等奖33项；优秀项目三等奖10项；科学幻想绘画一等奖15名；科学幻想绘画二等奖28名；科学幻想绘画三等奖27名；优秀科技实践活动奖2项；优秀科技辅导教师60名；优秀组织奖9所学校；优秀组织者10名；第十五届北京市机器人竞赛一等奖2项、二等奖8项、三等奖7项。

（叶向东）

【青少年科学调查体验活动启动仪式举办】 4月29日，由区科协、区教委联合举办的2015年昌平区青少年科学调查体验活动在长陵学校启动，活动现场开展了科普试验秀表演，航模表演、机器人互动展示、科普大蓬车互动展示、灵巧手制作等丰富多彩的活动，长陵学校600名学生全部参与活动。

（叶向东）

【区科普联席会暨全民科学素质工作会议召开】 5月8日，区科协与区科委联合召开了2015年科普联席会暨全民科学素质工作会议，副区长苏贵光、区政协副主席区科委主任李雪红出席了会议。李雪红作了工作报告，全面总结了昌平区2014年的科普及科学素质工作，提出了2015年的科普及科学素质工作目标任务。区科协副主席田野青安排部署了2015年北京科技周昌平区重点活动的主要工作。苏贵光讲话强调，昌平区科普工作和全民科学素质工作要按照十八大“普及科学知识，弘扬科学精神，提高全民科学素养”要求，围绕建设国际一流科教新城发展战略，切实增强做好工作的责任感和使命感；勇于创新，培育品牌，不断推动全区科普工作再创新佳绩；突出主题，营造气氛，全面推进全民科学素质工作深入开展；加强领导，密切配合，广泛动员社会力量形成整体合力。特别强调：科普和公民科学素质工作要面向群众，务求实效，努力完成昌平区十二五公民科学素质指标任务。昌平区科普联席会议暨全民科学素质工作成员单位主管领导、昌平区镇街道的分管领导参加会议。区教委、区安监局、区妇联主管领导作了典型发言。

（叶向东）

【中小学生“知水爱水节水”主题科普知识竞赛举办】 5月16日上午，区科协、区教委、区文化委、区文明办、区水务局在区退干中心二层报告厅联合举办了2015年昌平区青少年“知水 爱水 节水”知识竞赛。参加活动的代表队由网上答题人数决定参加现场竞赛的10支小学生代表队组成。经过激烈的角逐最后百善学校代表队和城北中心三街小学代表队获得一等奖。巩华中心小学代表队、霍营中心小学代表队和天通苑学校代表队获得二等奖，城北中心六街小学代表队、城南中心小学代表队、南邵镇中心小学代表队、小汤山中心小学代表队、南口铁道北小学代表队分别获得三等奖。

（叶向东）

【社区居民“知水爱水节水”主题科普知识竞赛举办】 5月16号下午，在区退干中心二层报告厅，区科协联合区水务局、区教委、区文化委、区文明办举办的节约用水主题系列科普活动之节约用水科普知识竞赛开赛，本届大赛的主题是“知水 爱水 节水”。 比赛现场共有10个社区组成代表队参加。比赛共分为勇往直前环节、争分夺秒环节、火线抢答环节、默契考验环节、非你莫属环节、一锤定音环节、终极PK环节七个类型， 经过激烈的角逐，阳坊镇阳坊社区代表队和城北街道东关南里社区代表队获得一等奖；南邵镇北郡家园社区代表队、回龙观镇金榜园社区代表队和城南街道水屯家园社区代表队获得二等奖；城北街道永安社区代表队、小汤山镇市场街社区代表队、小汤山镇行政区社区代表队、南口镇南厂东社区代表队、十三陵镇胡庄社区代表队获得三等奖。

（叶向东）

【组织中小学生参观科普场馆活动】 5月19日，区科协组织前锋学校、巩华中心小学、城北中心小学、长陵学校、南口铁道北小学、阳坊中心小学等6所学校共300名学生参观富国海底世界。学生们参观海底隧道，目睹20000多种形色各异的海洋生物。观看海狮表演，听取工作人员讲解如何区分海狮和海豹，及海龟为什么在产卵的时候会流眼泪等一些关于海洋生物的科普知识。

（叶向东）

【中小学生数字生活技能大赛举办】 5月21日下午，区科协在科技中心六楼，举办了2015年中小学生数字生活技能大赛，参加比赛的中学代表队有南邵中学、长陵学校、前锋学校、昌平五中、南口铁中，每个中学代表组分为2小队参加本次比赛，有10个小队参加比赛。经过评委老师们严肃公正的评选，最终获得一等奖的是南口铁中1队和南邵中学1队；获得二等奖的是昌平五中2队、前锋学校2队和长陵学校；获得三等奖的是南邵中学2队、长陵学校1队、前锋学校1队、昌平五中1队和南口铁中2队。参加比赛的小学代表队有铁道北中心小学、阳坊中心小学、长陵小学、巩华中心小学和城北中心小学，每个小学代表组分为2小组参加本次比赛，有10个小队参加比赛。经过评委老师们严肃公正的评选，获得一等奖的是长陵小学010组和阳坊中心小学005组；获得二等奖的是巩华中心小学008组、阳坊中心小学006组和铁道北中心小学003组；获得三等奖的是城北中心小学001组、城北中心小学002组、铁道北中心小学004组、巩华中心小学007组和长陵小学009组。

（叶向东）

【科普超市行活动举办】　5月23日至24日，区科协与市科协科普发展中心合作，在金偶万科广场举办了以“美丽北京、魅力科普”为主题的科普超市行活动，活动内容包括，科普秀场、烘焙工坊、营养小屋、科普小课堂、科普书吧、机器人乐园、DIY创意空间、环保沙龙、健康俱乐部等九大互动、展示表演主题区，4000多人次参加活动，这种创新的科普活动形式得到了群众的热烈欢迎和积极参与。

（叶向东）

【中小学校科技辅导教师培训班举办】　6月19日，区科协、区教委共同举办了中小学生科技创新大赛培训班，全区30所中小学的60余名科技辅导员参加了此次培训。培训班，由来自中国科技辅导员协会、全国青少年科技创新大赛的评委赵锡禄教授就如何辅导青少年进行科技创新活动，如何初步筛选科技创新作品，怎样启发青少年进行科技发明创造等问题进行了专题辅导。来自北方交大附中的祖浩东老师就青少年机器人竞赛活动进行了辅导，最后由来自北京教学植物园的高付元老师就如何辅导学生撰写科技小论文作了辅导授课。

（叶向东）

【第六届公务员科学素质大赛举办】　9月19日上午，区科协与区人力社保局联合在昌平二中报告厅举办了第六届公务员科学素质大赛。各镇、街道、委办局选派了10支代表队参加比赛，区司法局代表队获得第一名，天通苑南街道代表队、区财政局代表队和区人社局代表队获得第二名，区卫计委代表队、区工商局代表队、区信访办代表队、霍营街道代表队、区住建委代表队和东小口镇代表队分别获得第三名。

（叶向东）

【科协系统专兼职干部业务知识竞赛举办】　9月19日下午，区科协在昌平二中，首次举办了科协专兼职干部业务知识竞赛，各镇、街道、区科协机关的30名专兼职干部参加了比赛。

（叶向东）

【区科协第三届代表大会召开】　12月24日，区科协第三次代表大会在军都旅游度假村召开。区委书记侯君舒、市科协党组成员副主席刘晓勘、区人大主任朱光彤、区政协主席陈秋生、区委常委副区长苏贵光等领导出席。区科协二届委员会主席王秋生代表区科协第二届委员会作工作报告；报告对科协过去五年的工作进行了全面的总结，对今后五年的工作提出了新构想。侯君舒作了重要讲话，对区科协过去五年的工作给予充分肯定，对今后五年的工作提出了新的要求和寄予了殷切的希望。大会代表共257名，选举产生新一届委员会。在随后举行的区科协三届一次委员会上选举产生新一届常委9名。王秋生当选新一届委员会主席。

（叶向东）

昌平区残疾人联合会

【概况】　2015年，昌平区残疾人联合会（简称“区残联”），共有18个镇级温馨家园，23个镇级职业康复站。年内，举办各类家庭康复知识、护理知识讲座，共培训残疾人及其亲友3000余人。分两批历时6天，集中组织完成了372名康复管理人员、专职委员、新入职社会工作者年度培训。办理生活补助8444人，补助金额3780万元；完成941名低保残疾人和2210名按比例就业残疾人社保核查工作。办理养老助残补贴7200人，补助金额达846.7万元。全年办理城乡残疾人居民养老保险5767人，其中重残残疾人3288人，一般残疾人2479人，补贴资金440万元。认真落实6月份新出台的护理补贴政策，办理8764人，发放补贴508万元。重要节日走访慰问5345户，其中市、区领导走访慰问14户，重残人、一户多残、老残一体和严重遭受病灾3152户，其他残疾人2179户，款物合计339.98万元。

（吴文文）

单位名称：昌平区残疾人联合会
地址：城北街道府学路17号
电话：（010）69707843
邮编 ;102200

【完成残疾人专项调查】　1月4日至3月31日，昌平区“全国残疾人基本服务状况和需求专项调查”进行入户调查。区残联成立了专项调查办公室专门负责专项调查事宜，制定了专项调查方案、督导评估方案，抽调专项调查人员553人。针对残疾人个体发放调查问卷19998份，收回19998份，其中有效调查问卷19723份；针对21个镇（街道）中的村（社区）发放的调查问卷505份，收回505份，其中有效调查问卷505份。

（吴文文）

【新招聘专职残疾人工作者上岗部署会召开】　1月12日，区残联召开新招聘社区残疾人专职工作者上岗工作部署会。会议宣读了《关于社区残疾人专职工作者管理使用的通知》，发放了《昌平区社区残疾人专职工作者制度汇编》。区残联理事长陶建刚向各镇（街）布置了新招聘的35名社区专职残疾人工作者的分配和管理工作，对各镇、街道残联和新上岗人员提出了要求。

（吴文文）

【区企业家与贫困残疾人开展结对帮扶活动】　1月23日，区企业家扶贫济困慈善之行启动仪式在区兴寿镇举行。区人大副主任、区慈善协会会长李春菊；区企业联合会会长王翠霞和15家企业代表参加活动。会上，介绍了参加活动的各个企业情况；介绍了帮扶对象的家庭状况；与会领导和企业家向15名贫困残疾人每人捐赠了500元现金和米、面、油等生活物品。企业家代表表示，将把此项工作长期坚持下去，把企业和职工的爱心送到残疾人家中。

（吴文文）

【走访慰问困难残疾人家庭】　2月11日，副区长贺军来到南邵镇小北哨村3户困难残疾人家中走访慰问，详细了解残疾人身心和生活、工作情况。向残疾人和亲友送上党、政府和社会各界的关怀和关爱，并致以新春的问候和祝福，送上慰问品、慰问金，区残联、南邵镇领导参加走访。

（吴文文）

【区国际爱耳日宣传教育活动举办】　3月3日，在南口镇举办了“第三次国际爱耳日——安全用耳，保护听力”主题宣传教育活动。全区21个镇（街）残联、16个社区卫生服务中心、各中小学校和各相关部门同时举行了形式多样的“国际爱耳日”科普宣传教育活动。活动包括科普知识专题讲座、专家义诊咨询、发放宣传品等内容。

（吴文文）

【就业援助月残疾人专场招聘会召开】　3月13日，区就业援助月残疾人专场招聘会举办。参加招聘会的用人单位有北京新雷能科技股份有限公司、北京迪桑特有限公司、北京华宇亿康生物工程技术有限公司等9家单位。拟招聘残疾人职工30余名，涉及行政、后勤、车间工人等多个工种。来自全区各镇（街）180多名求职残疾人参加了招聘会，有17名残疾人在现场达成就业意向。

（吴文文）

【农业嘉年华为展示残疾人手工艺品搭建平台】 3月14日至5月3日，第三届北京农业嘉年华组委会为残疾人职业康复预留展台，提供便利条件，为展示残疾人手工作品搭建平台。区组织职业康复站展出残疾人手工作品共计5大类，有中式、韩式灯笼、堆绣、串珠等手工艺品，受到游客关注和喜爱。

（吴文文）

【市农科院专家扶贫助残送科技下乡】 4月15日，区残联邀请市农林科学院林果所的四位种植专家，在所长鲁韧强的带领下，来到“昌兴”扶贫助残基地，结合残疾人的实际需求，指导90多户残疾人家庭的草莓、苹果、梨、杏、葡萄等果木种植，传授技术。专家还到果园和草莓大棚，通过详细讲解、解答和示范，一对一现场答疑解惑，解决了果木种植过程中遇到的病虫害、白叶病、烂根、枯萎病及修剪枝条等关键技术问题。

（吴文文）

【创建无障碍环境区县检查验收工作会召开】 4月23日，昌平区召开创建无障碍环境建设检查验收协调会，区规划分局、区发改委、区住建委、区市政市容委、区财政局和区残联等24个单位负责人参加了会议。会上，区规划分局领导介绍了昌平区创建无障碍环境区县检查验收实施方案，区残联有关领导就2015年的无障碍环境建设自查验收工作提出了要求。有关单位分别结合近期无障碍设施排查情况和无障碍环境区县申报表内容进行了讨论。最后，相关单位纷纷表示，要充分发挥各自部门的职能作用，齐心协力做好区县无障碍环境建设创建验收准备工作，不断促进全区的无障碍环境建设。

（吴文文）

【区残联主席团三届二次全会召开】 5月7日，昌平区残疾人联合会第三届主席团第二次全体会议暨昌平区残疾人工作会召开。区残联第三届主席团委员、区政府残工委成员参加会议，镇、街道残联和北方企业总公司领导列席会议。会议审议通过了调整区残联第三届主席团主席、副主席、委员、副理事长的决议。会议审议通过了区残联理事长陶建刚代表第三届执行理事会所作的工作报告，部署了下半年残疾人工作；会上，副区长、新当选的主席团主席贺军在讲话中感谢全体委员对他的信任，提出“四个着力”：一是着力构建残疾人基本生活保障安全网；二是着力增强残疾人自身发展能力；三是着力为残疾人提供基本的公共服务；四是着力抓好政府购买助残服务政策的实施。区委副书记李良代表区委对昌平区残疾人工作和事业发展提出三点意见。

（吴文文）

【昌平区全国助残日文艺演出举办】 5月15日，昌平区举办了“全国助残日——撒播人间大爱 点亮星星未来”文艺演出。各镇（街）残疾人代表、孤独症康复机构儿童代表参加活动。副区长贺军和各委办局、残联、街道的领导以及爱心嘉宾、社会爱心人士代表出席活动。演出中，由孤独症儿童演奏的钢琴联弹、创编音乐剧等节目获得了观众的热烈掌声。在互动环节，孤独症儿童将亲手制作的蓝丝带系在领导和嘉宾手腕上，表达了感激之情。领导和嘉宾向孤独症儿童赠送了礼物，祝福他们健康成长。

（吴文文）

【昌平区完成按比例安排残疾人就业审核工作】 7月1日至9月30日，昌平区残联与区地税协调联动，完成了审核工作。全区残保金审核单位23720家，总审核率72%。机关应审80家，已审77家，审核率96%。事业应审651家，已审620家，审核率95%。核定金额1.18亿元，入库金额1.12亿元。安置残疾人就业单位777家，福利企业34家。

（吴文文）

【九三学社北京市委调研昌平区残疾人社区康复工作】 7月21日，九三学社北京市委副主委方炎和中国康复研究中心、德胜医院社区康复专家专题调研昌平区残疾人社区康复服务体系建设情况。专家们分别听取了区残联和卫计委关于目前社区康复工作的主要政策和相关情况的汇报。对区残联坚持融入大保障，以实现残疾人“人人享有康复服务”为目标，以区、镇（街道）残联为主干，以温馨家园、职业康复站为基础，以民办机构为补充，构建残疾人社区康复服务网开展残疾人社区康复工作给予高度肯定，调研组成员还围绕优化资源配置、提高康复水平、加大医疗康复服务设施、加强卫生服务人才建设等问题进行了充分讨论交流。会后，调研组实地调研了回龙观、小汤山社区卫生服务中心和回龙观镇温馨家园。

（吴文文）

【组织专门协会主席参观平北抗日战争纪念馆】 8月28日，为纪念抗战胜利70周年，缅怀革命先烈，区残联组织五个协会的主席、副主席等20余人参观了平北抗日战争纪念馆。

（吴文文）

【首届孤独症康复技术国际研讨会在昌平召开】 9月23日，由中国宋庆龄基金会主办、北京星希望孤独症康复中心承办的首届孤独症康复技术国际研讨会在昌平开幕，此次研讨会为期4天，邀请了美国、英国、日本及中国两岸四地多位专家学者参加。该研讨会旨在提升国内孤独症康复技术的理论研究水平，探索适合中国国情的孤独症康复技术发展之路。

（吴文文）

【世界精神卫生日主题宣传活动举办】 10月10日，是“世界精神卫生日”。区残联、区卫计委、区综治办、公安昌平分局等部门，联合各社区卫生服务中心、镇（街道）残联，在永安公园广场举办了“美丽心灵、健康昌平”大型主题宣传教育活动。回龙观医院、区精神卫生保健院、各社区卫生服务中心等医疗机构在现场开展了儿童心理健康、精神疾病与健康等义诊咨询，并向群众发放了心理健康、精神病防治知识等宣传手册。

（吴文文）

【区政府研究通过职康中心项目】 11月17日，区政府第46次专题会研究昌平区残疾人职业康复中心建设项目。区政府副区长、各部门领导出席会议。会上，区残联理事长陶建刚汇报了关于构建昌平区职业康复中心的请示，会议讨论并原则通过了昌平区职业康复中心建设项目。会议要求区发展改革委、规划昌平分局等部门在昌平新城东区建设中，把再建一所区级职业康复中心纳入其中，区财政要给予经费保障。

（吴文文）

【社区残疾人工作者年终述职工作会召开】 12月24日至25日，区残联召开了社区残疾人专职工作者年终述职工作会，理事长陶建刚出席会议并做动员讲话。区残联各部室负责人和各镇（街道）、北方企业总公司等21名残联理事长以及41名残疾人专职工作者参加了此次会议。每名专职工作者都以PPT的形式总结了工作完成情况和经验体会，汇报了2016年的工作打算和设想。同时，以小组讨论的方式交流工作中的经验心得。

（吴文文）

【区残联部署“两节”走访慰问工作】 12月29日下午，区残联在五楼会议室召开了“两节”走访慰问工作部署会。安排在“两节”期间对贫困残疾人家庭进行走访慰问，5800户贫困残疾人家庭将享受到“送温暖”。会议强调走访慰问资金要专款专用，严格按规定、按标准开展走访慰问，并建立责任倒追机制，严肃纪律。其中一户多残、老残一体、大病大灾等特困残疾人家庭3600户，其他残疾人家庭2200户，慰问金额预算376万元。区残联领导和相关工作人员与各镇街理事长参加了会议。

（吴文文）

【“三严三实”专题教育活动开展】 年内，按照区委要求，区残联党组、理事会认真研究开展“三严三实”教育活动的实施方案，成立了领导小组，制定了学习计划，购买了习近平《谈治国理政》、《关于党风廉政建设和反腐败斗争论述摘编》等相关书籍，落实好专题教育活动。专题教育共分三个阶段开展，每个专题的学习和交流研讨时间为5个半天。个人对照检查发现问题22个，提出批评意见21条，建立问题台账和整改台账，完成了此次“三严三实”专题教育。

（吴文文）

昌平区红十字会

【概况】 2015年，昌平区红十字会（简称“区红十字会”）在区委、区政府和北京市红十字会的正确领导下，全面学习贯彻党的十八大、十八届历次全会精神和《中共中央关于加强和改进党的群团工作的意见》、《国务院关于促进红十字事业发展的意见》，落实区委四届九次、十次全会和北京市红十字会的工作部署，加强思想教育，以“三救”、“三献”传统工作为基点，创建“三站一库一平台”新的工作理念，进一步提高红十字组织快速反应能力，为打造“国际一流科教新区”做出应有贡献。

（刘芝雨）

单位名称：昌平区红十字会
地址：城北街道南环东路1号
电话：（010）69718416
邮编：102200

【募捐工作】 年内，继续开展“博爱在京城”募捐救助系列活动，共募集善款74万余元，为西藏自治区日喀则地震灾区募捐善款7000余元，所筹善款按市红十字会要求即时上缴市红十字会集团帐户。

（刘芝雨）

【救灾救助系列活动开展】 年内，在两节“送温暖”活动中救助全区困难家庭210户，计28.8万元；针对患重病、大病的困难家庭实施临时救助，共救助23户，投入救助金8.1万元；开展小天使基金资助和天使阳光基金资助活动，严格申请审批程序，年内申请小天使基金资助1人，落实资助1名；开展“天使圆梦”救助活动，对辖区18岁以内患有重病的少儿实施救助，经广泛排查、基层上报、资格审核，对城北街道、回龙观镇等7个镇（街）上报的13名患儿给予每人1万元的救助。聘请医务人员在全区30个村、社区开展义诊活动，投入5.6万元购买家庭常用药品，受益人数1269人。

（刘芝雨）

【卫生救护培训】 年内，共举办70期初级救护员培训班，2000余人取得市红十字会统一颁发的初级救护员证，受训人员包括公安干警、中小学班主任及中学生安全员、交通文明引导员以及企业员工；在百善镇等社区举办“关爱生命、从自救互救做起”、在城南街道举办“身边的急救”等大讲堂活动，受益人数4692人。

（刘芝雨）

【宣传、采集造血干细胞血样】 年内，在中央财经大学、北京石油大学等高校进行捐献造血干细胞宣传，采集了566人份造血干细胞志愿捐献者的血样，年内2名志愿者成功捐献了造血干细胞，已累计达16名。

（刘芝雨）

【三站一库一平台建设】 年内，加强志愿者应急救助站、造血干细胞捐助站、区红十字会网站，区红十字会应急救灾物资库，“爱心昌平”募捐平台建设。选出昌平区第一中学、昌平区前锋学校和昌平职业学校三家单位建站；在回龙观、城南街道的5个社区安装11个应急救援亭；建立200平方米的区红十字会应急备灾物资库，并配备价值161145元的应急物资；利用政府网络搭建一个网络信息平台，网络平台设计已经完成。

（刘芝雨）

【红十字青少年工作】 年内，在全区中小学进行红十字知识的宣传和传播，在前锋学校举办“逃生避险、自救互救”演练，推动全区中小学“救护演练”活动的开展，提高师生避险逃生、自救互救的能力。全区共6名同学获北京市红十字会“百优”红十字青少年荣誉。

（刘芝雨）

【宣传、传播红十字精神】 年内，为纪念“5·8”世界红十字日，区红十字会开展宣传活动，将30种约4000余份宣传材料发放给市民，现场传授紧急逃生避险知识和心肺复苏等操作技能。做好遗体、器官的捐献宣传工作，15名志愿者领取了志愿捐献遗体登记表，器官捐献工作按上级要求有序开展，经总会培训1名同志取得器官捐献协调员资质。

（刘芝雨）

【党支部换届工作】 年内，按照组织规程，区红十字会党支部进行换届，选举并产生第三届支部委员会，经选举并报上级党委批准，叶伟同志任区红十字会党支部书记。

（刘芝雨）

昌平区文学艺术界联合会

【概 况】 2015年，昌平区文学艺术界联合会（简称“区文联”）在区委、区政府的领导下，认真践行党的群众路线，扎实开展“三严三实”活动，围绕习近平总书记在文艺座谈会上的重要讲话精神和《中共中央关于繁荣发展社会主义文艺的意见》，认真履行协调、联络、服务职能，引领文艺创作，坚守社会主义文艺灵魂，加强改进开展各项活动，带领艺术家丰富群众文化生活，为打造国际一流科教新区做出努力。

（程晓颖）

单位名称：昌平区文学艺术界联合会
地址：城北街道西环路15号
电话：（010）69706771
邮编：102200

【迎新春美术作品展举办】 1月8日，由区文联、区总工会主办，昌平美术家协会、阳坊书画院、马池口书画院承办的昌平区“迎新春”美术作品展在总工会展厅开展。

（程晓颖）

【新年音乐会举办】 1月31日，区文联、昌平音乐家协会主办2015昌平区文学艺术界联合会新年音乐会。

（程晓颖）

【名人名家送春联进乡村】 2月7日，由区委宣传部、北京世纪名人国际书画院主办，区文联、北七家镇承办的为农民写春联送文化活动在北七家镇曹碾村举行。

（程晓颖）

【“群贤毕至 圆梦昌平”书画笔会举办】 2月15日，区文联、区政协共同举办“群贤毕至·圆梦昌平”书画笔会。

（程晓颖）

【抗日战争胜利70周年文学征文活动举办】 2月至9月，区文联举办“纪念中国人民抗日战争暨世界反法西斯战争胜利70周年”文学征文活动。

（程晓颖）

【“送欢笑”慰问演出活动举办】 3月，区文联、昌平区曲艺及戏剧家协会在城北街道敬老院举办“送欢笑”慰问演出活动。

（程晓颖）

【慰问老艺术家座谈会举办】 4月3日，区文联举办慰问老艺术家座谈会。文学、书法、美术、舞蹈等艺术门类的14名平均年龄在65岁左右的昌平老艺术家参加座谈。

（程晓颖）

【中国石油大学京剧社成立三周年汇报演出举办】 4月26日，由区文联、中国石油大学工会、共青团北京市委大学生京剧联盟、昌平区曲艺及戏剧家协会联合举办的“庆祝中国石油大学京剧社成立三周年汇报演出”在中国石油大学教职工活动中心举行。

（程晓颖）

【“美在乡村”摄影大赛举办】 4月至9月，区文联、区农委、昌平区摄影家协会联合举办昌平“美在乡村”摄影大赛。

（程晓颖）

【“华月清风·北京五人书画展”厦门开展】 5月1日，由区文联、厦门市美术馆主办、昌平区书法协会协办的“华月清风·北京五人书画展”在厦门市美术馆开展。

（程晓颖）

【北京·京北画院国画作品展在山东威海展出】 5月19日至21日，北京·京北画院国画作品展在山东威海开展。昌平美术家协会团体会员单位京北画院的24名书画家作品参加展出。

（程晓颖）

【开展延安红色采风活动】 6月1日，区文联举办摄影家延安红色之旅采风活动，参观洛川会议旧址、梁家河村、袁家沟村。

（程晓颖）

【慰问抗战老兵书画创作活动举办】 6月4日至5日，由区文联、区政协、区民政局等单位在居庸关长城联合举办慰问抗战老兵书画创作活动。

（程晓颖）

【昌平舞蹈邀请赛举办】 6月6日，昌平区文燕舞蹈俱乐部成立三周年暨舞蹈邀请赛在天通苑举行。

（程晓颖）

【开展冀中抗日根据地采风慰问活动】 6月15日至17日，由昌平美协、书协、曲协、音协、舞协、摄协共同组成的14人艺术团队，到冀中抗日根据地开展采风、慰问活动。

（程晓颖）

【庆“七一”诗词朗诵会】 6月30日，为庆祝建党94周年，区文联、昌平区曲艺及戏剧家协会在中国石油大学举办“弘扬抗战精神 同抒爱党情怀”主题诗词朗诵会。

（程晓颖）

【庆“六一”系列公益演出举办】 6月，昌平舞蹈家协会团体会员单位在北京石景山游乐园、国泰举办公益性演出活动，庆祝儿童节。

（程晓颖）

【音乐家协会青少年艺术团夏令营举办】 7月13日，区文联、昌平音乐家协会、北京绿汀艺术学校联合举办昌平音协青少年艺术团夏令营。

（程晓颖）

【开展井冈山红色采风活动】 7月23日至28日，由区文联组织的纪念抗战胜利70周年红色采风之旅第三站来到井冈山。画家们先后到革命历史博物馆、烈士纪念塔、黄洋界保卫战胜利纪念碑、毛泽东同志旧居、红军医务所旧址等地参观走访、写生创作。

（程晓颖）

【八一建军节慰问演出活动举办】 7月30日，昌平舞蹈家协会团体会员单位北京舞立方文化艺术公司、天通苑白坊艺术团、金旋艺术团联合组成慰问团，与昌平民革支部领导一起到部队举办慰问演出活动。

（程晓颖）

【文学大讲堂系列活动举办】 7月至10月，区文联联合北京作家协会举办四期昌平区文学大讲堂，总计约300位文学爱好者参与。

（程晓颖）

【纪念抗战胜利70周年作品展览举办】 8月18日，区政协联合区委宣传部、区文联、区文委、广电中心、体育局、档案局等部门举办“纪念世界反法西斯战争暨中国人民抗日战争胜利七十周年作品展览”。

（程晓颖）

【城北街道摄影协会成立】 9月6日，昌平区摄影家协会城北街道摄影协会在城北街道办事处召开成立大会。

（程晓颖）

【“文艺演出进社区”活动举办】 9月19日，区文联、昌平音乐家协会在南邵镇路劲家园小区举办文艺演出进社区活动。

（程晓颖）

【昌平杂技家协会成立】 9月26日，北京市昌平杂技家协会成立大会在昌平区中石化会议中心举行。

（程晓颖）

【摄影家协会基层公益培训班举办】 10月9日，在城北街道会议室举办昌平区城北街道摄影协会摄影技巧培训班。

（程晓颖）

【昌平舞协创办《昌平舞蹈》专刊】 11月，昌平舞蹈家协会出版协会专刊《昌平舞蹈》。

（程晓颖）

昌平区企业联合会

【概况】 2015年，昌平区企业联合会（简称“区企联”）积极履行企联职能和劳动关系三方机制工作要求，充分发挥党和政府联系企业的桥梁纽带作用，搭平台、建联盟、促互动，抓协调、解难题、办实事。主动适应新常态，坚持问题导向深化服务，聚集正能量，开拓创新，展现作为，各项工作再上新台阶，赢得了政府、企业、社会各界广泛认可和尊重。

（王翠霞　郭海龙）

单位名称：昌平区企业联合会
地址：城北街道西环路15号
电话：（010）69748178
邮编：102200

【引导会员企业的增强社会责任感】 1月23日，昌平区企业家“扶贫济困慈善之行”启动仪式召开。区供销合作联社、新时代健康产业集团等15家企业分别与兴寿镇15户残疾困难家庭建立了结对帮扶关系。全年，企业负责人定期走访慰问，了解实际需求，开展精准扶贫，提供物质、精神、情感全方位扶持。新雷能企业安排帮扶家庭的残疾人到本企业就业，福元运通提供结对家庭孩子全额学杂费、生活费。全年15家企业共计帮扶钱物35000余元。

（王翠霞　郭海龙）

【激发企业家奉献昌平的积极性】 12月24日，区企联组织中石油管道、新时代健康、神华销售等23家纳税大户企业的主要负责人与区长张燕友、常务副区长孙卫及发改委、经信委、工商、税务、环保、财政等11个职能部门的一把手举行座谈会。发改委主任宁澈全面解读了昌平区“十三五”发展规划征求意见稿，与会企业家结合企业实际提出了很多合理化建议。区领导和职能部门领导高度重视企业发展过程中的实际困难和问题，将进一步优化发展环境，提高服务质量，竭尽全力排除企业发展的障碍和困难。

（王翠霞　郭海龙）

【积极维护企业合法权益】 年内，积极参与协调劳动关系三方机制工作，在劳动用工、欠款追索、专利侵权、合同纠纷等涉及企业经营管理的各个方面为200余家企业进行法律体检和指导答疑，帮助企业补充完善各项管理细则和用工制度，指导企业有效防范劳动争议、规避法律风险。指导帮助5家企业成功追缴欠款600余万元，成功处理8家的企业劳动争议纠纷，涉及企业员工200多人。

（王翠霞　郭海龙）

【推进企业内部人民调解组织规范化建设】 年内，,在23家企业中落实了企业内部人民调解组织建设，现已有43家企业在区企联和相关部门的指导下建立了内部调解组织。并将会刊《企业天地》和区企联网站中登载的劳动政策法规、典型案例分析和区企联法律顾问编写的案例评析、问题解答等汇编成《劳动用工管理实践和法律法规选编》一书，作为企业调解员的实用工具书免费发放。

（王翠霞　郭海龙）

【帮助企业排忧解难】 年内，区企联坚持问题导向，围绕转型发展，发挥协调优势，聚集各方力量，尽心竭力为企业发展排忧解难，久拖不决的难题、急事成功化解，会员企业的70项实际困难和问题得到有效解决。

（王翠霞　郭海龙）

【银企对接助力企业融资】 年内，,分别举办农业银行、北京银行、邮储银行、包商村镇银行、福元运通昌平公司、晨光昌盛担保公司分别与北控宏创、北医产业园的入园企业和其他100余家中小微企业的银企对接座谈会。全年各银行、金融机构通过区企联对接平台共计落实贷款超8亿元。

（王翠霞　郭海龙）

【举办主题沙龙活动，加强会员企业相互沟通交流】 年内，共举办“分享成功”、“集体把脉”、“素质提升”、“文化熏陶”4次主题“企业沙龙”。

（王翠霞　郭海龙）

【促进会员企业与职能部门的联系互动】 年内，组织新时代健康、中生金玉、百奥药业、兽医生物药品厂4家企业代表分别走进国税局和地税局开展对口联系座谈会。通过开展职能部门走访企业、企业负责人观摩职能部门窗口办公、规范服务活动，拉近企业与政府的距离，建立起企业与政府阳光、和谐、信任的良型互动关系。

（王翠霞 郭海龙）

【倡导优先消费区域内产品】 年内，利用调研活动、座谈交流会、会刊、网站等各种平台，不遗余力地推广宣传区域内名优产品，会员企业的各种产品和服务项目各具特色又相互关联。共推荐宣传132家企业的近千余种产品，鼓励消费“自家门口”的放心产品。

（王翠霞 郭海龙）

【调研走访多方联动】 年内，采取联合相关部门集体调研的方法，与发改委、科委、经信委、住建委、国土、规划、国税、地税、金融办、银行、担保等部门和单位组成调研小组先后深入新时代健康产业集团、六合天融、保利新能源、建工华创、丰实建设等54家企业调研走访，针对企业土地、融资、人才、市场、招工等各种难题，解读政策，传递信息，献计献策。对于十分棘手的问题，单一部门难以解决的，及时联合多部门现场办公，急事急办。解决新时代健康产业集团用电问题、北控宏创产业园路口红绿灯问题、部分企业新三板上市的奖励资金兑现问题等。对需要贷款融资的企业，帮助企业与银行、担保公司进行对接，一时解决不了的问题和困难向区政府和职能部门专题汇报。为加强企业与区领导的沟通联系，区企联先后邀请了区委书记侯君舒调研考察新时代健康产业集团，邀请了区委常委、统战部部长孙启调研考察王府集团、新时代健康产业集团，企业的困难和问题得到快速圆满解决，有效促进了政企间的沟通。调研过程中，把着眼点放在科技高成长性中小微企业上，关注企业的成长进步，重视企业的困难和问题，通过梳理归纳，撰写了《昌平区中小微企业发展的调查与思考》的调研报告，为区委区政府在完善产业政策、推动转型升级、加快创新成果转化时提供决策依据。

（王翠霞 郭海龙）

【大力加强各类培训】 年内，举办了第六期高级职业经理人资格认证培训班；“一带一路”战略和十八届五中全会精神报告会，《京津冀协同发展规划纲要》解读培训班；企业法律风险管控讲座，企业内部调解员培训班等各类培训。

（王翠霞 郭海龙）

【会刊《企业天地》和《企联网站》成为宣传企业家的重要阵地】 年内，发行《企业天地》6期12000余册，发布政策文件11个，推介企业产品70余项，介绍优秀企业30家，推广产学研成功经验12例，宣传优秀企业家12人，报道政府和企业重要信息25余条、企联动态30条。

（王翠霞 郭海龙）

【开办《企业家风采》专栏宣传优秀企业家】 年内，为弘扬拼搏创新精神，唱响转型升级主旋律，认真挑选了代表性强、科技含量高、成长性好的中小企业的董事长、总经理黄福水、盘虹等30人，在《昌平报》宣传报道他们的先进理念和优秀事迹。

（王翠霞 郭海龙）

昌平区建筑行业协会

【概况】 2015年，昌平区建筑行业协会（简称“区建筑协会”）持续秉承“求团结、讲诚信、重服务、促发展、铸辉煌”的宗旨，坚持团结奋进、开拓进取、求实拼搏、服务会员的精神，不断强化自身建设，深入开展调查研究，组织会员单位交流培训，积极推广新技术、新产品，开展多层次、多种类争先创优评比活动，真诚反映建筑企业诉求，全力发挥政企之间的桥梁与纽带作用。截至2015年12月31日，协会共有会员单位227家，其中副会长单位10家，常务理事单位23家，理事单位47家，会员单位147家。

（宋伯芳 郅童童）

单位名称：昌平区建筑行业协会

地址：城北街道鼓楼东街62号

电话：（010）69711339
邮编：102200

【健全组织机构及完善服务功能】 1月15日，区建筑协会第四届一次理事会召开，会议主要安排审议2014年度协会工作报告、财务报告、讨论吸收新会员、筹备专业委员会等8项重要议题。吸收北京军都晨宇工程设计有限责任公司等27家行业企业为新会员；决定积极筹建物业等专业委员会；增选7名会员企业代表为理事会理事，增选4名理事为常务理事。4月15日，区建筑协会物业专业委员会成立。审议并表决通过物业企业专业委员会议事规则；举手表决方式选举专委会理事会；北京第九空间科技发展有限公司总经理李雪飞当选专委会第一届理事长，北京圣兰雅物业管理有限公司总经理郑晓东当选秘书长。6月25日，区建筑协会装饰企业专业委员会成立。审议并表决通过装饰企业专业委员会议事规则；举手表决方式选举专委会理事会；北京弘高建筑装饰设计工程有限公司副总经理马新生当选专委会第一届理事长，北京三合重鼎装饰工程有限公司总经理姚浩当选秘书长。11月22日，昌平区建筑行业协会开发企业专业委员会成立。审议并表决通过了开发企业专业委员会章程；举手表决方式选举专委会理事会；绿地集团京津房地产事业部第一区域中心总经理张宗光当选专委会第一届理事长，恒大北京公司副总经理林月宁当选秘书长。

（宋伯芳　郅童童）

【发挥协会桥梁纽带的作用】 年内，区建筑协会确定“绿色、节能、环保”为主题的发展方向，先后对会员单位开展多项调研活动，将行业需求带给企业，也将企业的创新技术带出企业，在日常的交流活动中介绍给其他企业，促成交流与合作，为企业创造经济效益。通过召开会长工作会，与副会长单位代表商讨协会工作和听取企业代表对协会今后工作的意见和建议；提出建立企业联盟、积极推出优秀企业和企业间科技技术交流等工作设想，为协会工作给予建设性意见和建议；筹备协会会刊工作，鼓励副会长单位积极参与，将会刊办成为企业了解行业动态，获悉行业发展的得力助手。在中国保温宝绿色产业联盟讲礼村基地召开“众筹建设北京市首座被动式样板房研讨会”。通过互联网广泛应用，建立建筑行业协会会员、建筑行业协会副会长联席会、总承包企业、建筑装饰企业、门窗幕墙钢结构企业、高新技术企业、1028被动房－绿建昌平培训班、房地产开发专委会8个交流平台，促进专业领域里知识、信息共享。

（宋伯芳　郅童童）

【高级研修班培训工作】 年内，为全面提升建筑业企业高层次人才素质和能力，区建筑协会与人力资源和社会保障局、区住房城乡建设委共同举办2015年度昌平区建筑业高级研修班。研修主题为“绿色建筑与住宅产业化”。学员集中区属设计、开发、总承包及区住房城乡建设委相关科室的中高级职称人员，聘请8家相关企业负责人分别就《住宅产业化在新农村建设中的应用》、《PC构件新技术助力建筑产业现代化新发展》、《绿色建筑中的节能控制》等研修课题进行专业化、具体化授课，并3次组织研修班成员实地考察相关企业，加深研修班成员对绿色建筑等相关领域的认识，为实践活动打下基础。高研班成员完成研修课题论文14篇。

（宋伯芳　郅童童）

【诚信企业推荐工作】 年内，根据《北京建设行业诚信企业评定实施办法》、《北京市建筑施工总承包企业市场行为信用评价标准》规定，“诚信企业、AAA信用企业（有效期内）作为优良信息，在市场排名中得到加分”的措施即将开始实施。区建筑协会通过提前通知企业组织申报工作，及时将申报诚信企业的通知以网站发布和电话通知的形式下达到企业，动员区内企业积极参评，认真初审、筛选，向市评定工作领导小组推荐15家参评企业。经北京市建筑业联合会信用评定专家委员会评审、网上公示，北京建设行业诚信评定工作领导小组审定，15家建筑施工企业均被评为2014年度“北京建设行业诚信企业”，其中，北京旭亚威科技发展有限公司因连续三届六年获评诚信企业，被授予“2015年北京建设行业AAA诚信企业”称号。北京市昌平一建建筑有限责任公司、北京宏福建工集团有限公司、北京港源建筑装饰工程有限公司3家单位年度复审合格，荣获“建设行业AAA诚信企业”称号。区唯一一家招投标代理机构（北京京园诚得信工程管理有限公司）首次参评并获评为2014年度“北京建设行业诚信招标代理机构”。

（宋伯芳　郅童童）

【优秀项目经理及建造师评选工作】 年内，根据《关于开展2014年度“北京市建筑企业优秀项目经理”评选活动的通知》、《关于开展2014年度“北京市优秀建造师”评选活动的通知》，推荐昌平一建建筑有限责任公司李伟、港源建筑装饰工程有限责任公司赵彦兵、弘高建筑装饰设计工程有限公司刘锡海3人，荣获2014年度“北京市建筑企业优秀项目经理”称号；昌水建筑公司陆彪、弘高建筑装饰设计工程有限公司艾欣荣、昌平一建建筑有限责任公司李洪涛、港源建筑装饰工程有限责任公司徐立春4人荣获2014年度“北京市优秀建造师”称号。根据《关于组织推荐全国建筑业企业优秀项目经理的通知》，推荐弘高建筑装饰设计工程有限公司项目经理江五洲，授予“2014年度全国建筑业企业优秀项目经理”称号。根据中施企协《关于申报2014年度全国工程建设优秀项目经理的通知》，申报昌平一建建筑有限责任公司张清宇荣获2014年度“全国工程建设优秀项目经理”的称号。北京港源建筑装饰工程有限公司——辽宁省科技馆工程项目经理部参加北京市建筑企业优秀项目经理部的评选，被授予“北京市建筑企业优秀项目经理部”称号。

（宋伯芳　郅童童）

【各项评选及评比工作情况】 年内，区建筑协会推荐北京海林节能设备股份有限公司为参选北京建筑节能与环境工程协会、暖通空调杂志社共同举办首届“蓝天杯”清洁能源优秀工程案例评选活动，公司荣获最高奖——蓝天杯。昌平区建筑工程开展“优质工程”评选活动，全区共有54项工程获得多类奖项。其中沙河镇X06-14号住宅楼等5项，28 — 29号住宅楼等25项工程获市建筑（结构）长城杯金质奖；回龙观村007-5号住宅楼等5项工程获市建筑（竣工）长城杯金质奖；中关村科技园昌平东区二期0303-04地块住宅混合公建项目等22项工程获市建筑（结构）长城杯银质奖；北京航空航天大学综合体育馆（组团9）等3项工程等获市建筑（竣工）长城杯银质奖。在区委宣传部主办的“社会主义核心价值观”主题创作歌曲征集活动中，区建筑协会报送原创歌曲《物业之声》荣获作曲类一等奖，并获得区委宣传部颁发的荣誉证书。区建筑协会成功发行会刊《昌平建设》，内容涉及昌平区建筑行业的工作动态、专业信息和先进技术。

（宋伯芳　郅童童）

【开展各项培训工作】 年内，开办各类岗位培训班10期，包括企业主要负责人、项目负责人和专职安全生产管理人员等三类人员培训班3期，91人参加培训；开办关键岗位培训班2期，185人参加培训。与相关单位合作办班共计培训人员236人（包括：三类人员、资料员、劳动力管理员、试验员、土建施工员、测量验线员、电气施工员、电气质检员、市政施工员、水暖施工员、土建质检员、水暖质检员、材料员、市政质检员、监理员、造价员）。举办2期对企业主要负责人、项目负责人和专职安全生产管理人员等三类人员830余人进行上岗证续期教育，考核全部取得续期资格。贯彻安全生产月“加强安全法治，保障安全生产”责任，为全区物业企业460余名物业项目经理、企业负责人举办“昌平区物业服务企业风险管理责任培训会暨安全生产月动员”公益讲座。举办“绿色建筑与被动房”培训班，230余人次参加了此次培训。组织建筑行业企业培训4次，共计560余人。

（宋伯芳　郅童童）

昌平区人民代表大会常务委员会

10月12日，区人大常委会组织人大代表视察阅兵村

10月14日，区人大代表实地视察兴寿镇京密引水渠半壁店交通桥的拆建工程进展情况

10月28日， 区人大城建环保委视察沙河再生水厂二期工程施工现场

11月3日，区人大有关领导到兴寿镇麦庄村草莓大棚了解农村产业经济发展情况

11月24日，区人大举办镇街人大座谈会

12月23日，区人大四届六次会议举行第34次常委会

中国人民政治协商会议北京市昌平区委员会

4 月 8 日，区政协举办政协委员和党外代表人士培训班

6 月 2 日，区政协党组书记、主席陈秋生为区政协机关党员干部讲党课

6 月 3 日，区政协组织委员视察区传统村落保护工作情况

6 月 30 日，区政协机关党支部庆“七一”慰问延寿镇上庄村老党员

9 月 14 日，区政协举办政协委员暑期读书班

8 月 18 日，昌平区政协主办“铭记历史 共圆中国梦”纪念抗日战争胜利 70 周年历史回顾展

昌平区人民武装部

3 月 19 日，昌平区组织召开民兵工作会议，安排全年整组工作

5 月 19 日，昌平区组织民兵执勤出征仪式

6 月 19 日，北京农学院征兵宣传氛围活跃，做法被北京军区《战友报》头版进行了刊发

9 月 6 日，昌平区征兵办公室组织新兵入伍欢送大会

11 月 24 日，昌平区组织一年一次的专武干部集训

5 月 15 日，昌平区组织 9.3 阅兵执勤的民兵进行集中培训

中共北京市昌平区纪律检察委员会

3月3日，区纪委召开四届三次全会

12月8日，召开昌平区警示教育大会

12月9日，市纪委检查昌平区党风廉政责任制工作

昌平区人民法院

4月10日，区法院获颁“全国法院系统第二十六届学术讨论会组织工作先进奖”

6月5日，区法院举行“未成年人案件综合审判庭”暨昌平区“青少年法制教育基地”成立仪式

7月10日，区法院在流村镇老峪沟村举行首个“山区巡回审判点”暨”村民法制教育基地”揭牌仪式

8月10日，区法院举办以“深化司法改革的重点与难点”为主题的“昌法大讲堂”

9月1日，区法院与区司法局、《法制日报》北京记者站联合导演、录制法治普法教育微电影《卖房》

11月24日至25日，区法院在全国法院诉讼服务中心建设推进会上做经验交流发言

昌平区人民检察院

3月17日，区检察院举办首期“昌检思享汇”

5月14日，区检察院团总支组织开展“爱上昌平”青年检察官志愿服务活动，走进小汤山镇葫芦河村开展法制宣传

8月4日，区检察院联合未来科技城管委会共同举办“昌平区预防国有企业领域职务犯罪巡展”

11月13日，区检察院举办“燕平书苑杯”法律知识竞赛

11月19日，区检察院举办以“法治青年行·检务零距离”为主题的检察开放日活动

12月7日，在市检察院举办的“优秀侦查活动监督案件”评选活动中，区检察院入选全市十佳优秀侦查活动监督案件

昌平区安监局

4月29日，市安监局副局长阎军来昌平调研

4月30日，举办职业病宣传周活动

5月12日，举办有限空间操作大比武

5月20日，举办特种作业形象现场教学

6月16日，举办安全宣传咨询日

北京市公安局昌平分局

1 月 10 日，昌平分局开展 110 宣传日活动

5 月 18 日，民警、武警、消防、民兵、保安员组成的安保方阵在阅兵村外围安保启动会上隆重宣誓

5 月 26 日，昌平驻区特警大队在阳坊镇南侧铁路桥执勤

6 月 18 日，昌平分局民警进行夏季安全防范宣传工作

11 月 18 日，昌平分局马刨泉检查站执勤民警

11 月 26 日，昌平分局开展反恐处突演练

昌平区城管大队

3月27日，南口执法队清明节执法

5月17日，会同阳坊执法队对阳坊镇西贯市村南一处违法建筑设进行强制拆除

7月11日，城北街道执法队查处黑三轮

8月17日，城南街道执法队在施工工地进行检查

12月18日，流村执法队规范无照经营

昌平区高校与民办大学

4月，吉利学院代表队在“首都高校大学生篮球联赛”荣获亚军

4月9日，北京交通职业技术学院与三一重能洽谈校企合作

5月4日，政法大学艺术团参加中央电视台承办的“五月的鲜花”全国大学生文艺汇演

5月18日，北京科技职业学院“在马来西亚筹建海外学习机构”

5月28日，汇佳学校初中部举办国际文化节

6月，比利时国王夫妇一行访问吉利学院

6 月 7 日，北京交通职业技术学院举办地铁车辆塞拉门安装与调试竞赛

6 月 18 日，汇佳高中部第四学科实验展示

6 月 18 日，政法大学资本金融研究院成立揭牌仪式及首届理事会会议举行

9 月 25 日，北京警察学院隆重举行 2015 级新生军训结业典礼

11 月 3 日，北京演艺专修学院艺术设计系毛发制作课堂教学

11 月 16 日，华北电力大学中欧可再生能源研究创新中心揭牌

11 月 21 日，华北电力大学举行面对面名家校友访谈

11 月 21 日，在北京农学院召开京津冀高校协同创新农林研讨会

昌平区档案局

2 月 4 日，昌平区档案局召开局馆一报告两评议暨 2014 年工作总结会

6 月 9 日，昌平区档案局举行国际档案馆日活动暨《昌平区档案馆珍藏档案图录》发行仪式

8 月 11 日，在流村镇开展新农村档案检查工作

12 月 3 日，国家档案局局长李明华在昌平调研档案工作

3 月 25 日，昌平区档案局组织 2015 年档案人员岗位培训班

7 月 10 日，昌平区档案局召开档案志编纂工作部署会

11 月 3 日，昌平区档案局组织档案工作者继续教育培训班

昌平区地税局

4月8日，昌平区地税局聘请9人为2015—2019年度特约监察员

4月14日，昌平区地税局相关科所联合在郑各庄举办第十一届乡村税校，为企业讲解最新税收政策、日常涉税账务处理等常见问题

4月18日，昌平区地税局组织税务干部在第三届农业嘉年华展会进行税收宣传

8月14日，昌平区地税局与国税联合开发的“纳税人学堂及办税服务平台”手机应用正式上线

11月8日，昌平区政府与腾讯公司合作，在回龙观联手打造创新创业聚集区—腾讯众创空间，昌平区国地税联合出席了启动仪式

11月18日，经昌平区地税局、国税局正式提请，昌平工商分局完成对64户已办理营业执照未办理税务登记个体户的营业执照吊销工作

昌平区妇联

1月19日至22日，区妇联举办“提升能力 绽放美丽”昌平区巾帼素质提升培训班

1月27日，区妇联联合区工商联召开女企业家联谊会座谈会

3月3日，区妇联联合兴寿镇妇联组织举办“昌平巾帼维权法律宣讲团·送法到兴寿”法律知识讲座

3月6日，区妇联以“让我们的生活充满阳光”为主题举办庆“三八”生活体验大观园活动

5月20日，区妇联接待来自青海省玉树州的妇女代表团到“双学双比”示范基地及巧娘工作室参观考察

8月27日，区妇联举办2015年昌平妇联创业项目款签约发放仪式暨昌平区优秀创业妇女座谈会

昌平区工商局

1月16日，昌平区消费纠纷人民调解委员会对接启动仪式

4月22日，天通苑商业自律联盟成立

6月26日，9万亿注册资金驳回案，分局局长赵学功以行政单位负责人身份出席法庭

8月24日，分局稽查大队成立

9月29日，“崔村红”商标授权暨“昌金合盈”绿色通道联盟成立大会召开

11月11日，昌平工商分局干部到草莓种植大棚调研草莓种苗合同使用情况

昌平区供电公司

5月14日，昌平供电公司在十三陵镇下口村开展智能电表换装工作现场体验活动

6月10日，昌平供电公司党委联合客户服务中心党委开展“纪念世界反法西斯胜利70周年”军营一日活动

8月10日，昌平供电公司举行15002运行供电保障誓师大会

8月25日，工作人员调试110千伏虎峪变电站设备

11月20日，昌平供电公司兴寿供电所工作人员冒雪对线路进行特巡

昌平区交通局

1月14日，区交通局推进交通行业信息化建设，安装使用铁路道口监控平台

5月22日，在前锋学校，开展水上交通安全知识进校园暨“水上平安交通　安全伴我成长”主题宣传活动

6月3日，昌平流动治超联合执法检查

6月19日，在朝凤庵公交场站，组织万佳通公司40余名安全员，开展防火、防汛演练

7月，朝凤庵公交场站，58辆新能源公交车投入运营

昌平区教委

4月2日，昌平引进名校校长工作交流会

4月22日，杨广馨特级教师工作站走进昌平

6月9日，北京教育学院2015年北京市小学英语教师培训展示交流会在昌平举办

9月7日，区委书记侯君舒在开学之际走进昌平二中

11月10日，昌平区十二五第三期骨干教师高级研修班开班典礼

昌平区经信委

1 月 26 日，召开“十三五工业转型升级课题”研讨会

2 月 11 日，区经信委开展“一帮一”慈善扶贫救助工作

4 月 10 日，组织召开昌平区工业污染企业退出工作会

6 月 9 日，举办 2015 年昌平区企业互联网思维培训会

9 月 29 日，举办“国家促进中小微企业发展政策解读”公益宣讲活动

11 月 8 日，回龙观创新创业社区启动授牌仪式

昌平区科协

4 月 11 日，昌平区科普之春启动仪式

4 月 24 日，青少年科学调查体验活动启动仪式在长陵学校举行

5 月 16 日，区科协举办青少年节约用水科普知识竞赛

5 月 21 日，区科协组织青少年数字生活技能大赛活动

5 月 24 日，区科协组织北京科技周科普超市行活动

9 月 19 日上午，区科协与区人保局联合在昌平二中举办第六届公务员科学素质大赛

昌平区农村工作委员会

4 月 17 日，举办家财保险和政策性保险工作会

5 月 18 日，办理农村家财保险和政策性保险

5 月 29 日，三夏、三秋重要生产期开展农机安全检查

6 月 1 日，栾川县农业龙头企业赴昌平进行农业产业对接

6 月 25 日，进行温室草莓——葡萄立体栽培观摩培训会

7 月 16 日，举办农业产业化和信息化工作培训会

12 月 10 日，昌平区经管站组织召开全区 2015 年农村经济统计年报暨信息化数据更新工作会议

12 月 29 日，部署“两节”期间安全生产工作

12 月 30 日，区农委落实全市安全生产电视电话会议精神

昌平区人力社保局

1月20日，市人力社保局副巡视员齐庆国和区委常委、常务副区长周云帆为劳动人事争议仲裁院揭牌

1月22日，市人力社保局副局长张祖德带队到昌平区进行充分就业区实地验收

1月29日，区事业单位人员三年轮训计划启动

3月5日，召开未来科技城2015年高端人才职称评定工作会

5月20日，召开昌平区2015年就业和社会保障工作会

11月21日，召开乐多港专场招聘会

昌平区社会工委

3 月 17 日，昌平区社工参加 2015 年“国际社工日”暨第三届“寻找首都最美社工”表彰大会

3 月 22 日，昌平区开展国际社工日主题宣传活动

4 月 14 日，昌平区委召开全区 2015 年社区党组织和社区居民委员会换届选举工作动员部署会

5 月 7 日，昌平区召开社区建设重点工作推进会

5 月 22 日，昌平区与怀柔区开展网格化体系建设调研学习交流

11 月 26 日，区社会办召开昌平区社会工作师交流座谈会

昌平区食品药品监督管理局

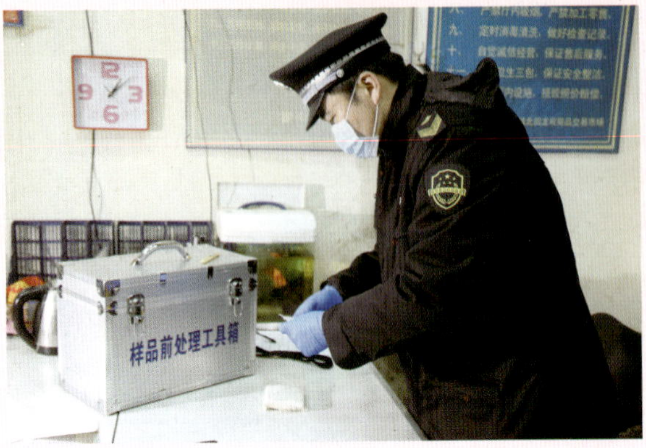

2 月 13 日凌晨，夜查回龙观城北市场、城南水屯市场

3 月 13 日，昌平食药局举行 3·15 宣传活动

4 月 6 日，农业嘉年华现场举行食品安全宣传

10 月 29 日，检查餐饮单位

10 月 30 日，检查医疗器械经营单位

昌平区市政园林

3 月 12 日，农业嘉年华周围环境整治

7 月 31 日，昌平区京津风沙源工程

8 月 3 日，阳坊镇中心街整改后街貌

11 月 1 日，创建全国绿化模范城市检查组实地考察昌平区

9 月 11 日，昌平新城滨河森林公园绿化

昌平区司法局

1 月 23 日，团中央中国预防青少年犯罪研究会秘书长路琦、副秘书长牛凯等一行 4 人来昌平区调研未成年社区服刑人员社区矫正工作

6 月 16 日，昌平区军人军属法律援助工作站成立

7 月 30 日，唐东彪人民调解工作室在南口镇新兴路社区揭牌成立

8 月 7 日，区司法局召开在全区律师队伍中开展全面依法治国教育动员部署会

12 月 3 日，举办沙河镇保利罗兰香谷社区法治文化公园落成仪式

12 月 4 日，在亢山法治文化公园举办“12.4”国家宪法日暨法治宣传教育活动

昌平区体育局

3月27日，在昌平滨河森林公园举办全区春季长跑比赛

6月23日，昌平区第十届全民健身体育节拔河比赛

7月11日，举办昌平区第九届“和谐杯”乒乓球比赛

5月19日，开展冬奥知识进校园宣传活动

6月29日，昌平区游泳救生员技能比赛及游泳救生应急演练

9月26日，举办北京山水林涧自行车骑行暨第26届杨桂林家庭自行车赛

12月29日，迎冬奥昌平区青少年冰雪体验季启动仪式在昌平雪世界滑雪场举行

昌平区统计局

5 月 8 日，昌平区统计局调查队举办“弘扬五四精神　勇担青春使命”主题团日活动

5 月 22 日，昌平区统计局调查队赴福田康明斯企业调研

5 月 22 日，昌平区统计局调查队举办长走活动

10 月 30 日，昌平区统计局调查队在全市统计系统第五届体育节荣获总分第一名

11 月 6 日，昌平区统计局调查队举办昌平统计开放日活动

12 月 8 日，昌平区统计局调查队举办社区统计站揭牌仪式

昌平区未来科技城

7月1日，未来科技城东路大桥

7月10日，北京未来科技城参展2015中国智慧城市国际博览会

7月24日，北京未来科技城门户地标——A08总部办公项目举行奠基仪式

8月9日，定泗路（未来科技城段）道路工程主路通车试运行

9月16日，未来科技城与法国韦利济·维拉库布莱市签署中法城市可持续发展标准化战略合作谅解备忘录

11月27日，北京未来科技城参加京港洽谈会交流活动

昌平区文化委

3 月 21 日，“一片丹心《弟子规》公益亲子课堂·阅润昌平”在昌平区图书馆少儿阅览室开学

4 月 18 日，“阅读点亮中国梦”暨第五届昌平阅读季启动仪式

4 月 18 日，昌平图书馆少儿部举办“全面阅读，让小读者走进昌平图书馆”活动

5 月 28 日，昌平区“身边的榜样”红领巾讲故事比赛

7 月 5 日，《拍宝》栏目走进昌平

10 月 30 日，文化市场行业协会成立

昌平区小汤山农业示范园

5月14日，中组部组织学员来园参观

6月3日，规划设计院设施所来园交流

8月28日，北京农学院领导来园调研

6月3日，草莓高架育苗技术培训交流会

8月10日，农业园第二批村官来园实习

10月15日，陕西省渭南市政协领导来园考察

10月19日，河南省地税局领导来园参观

昌平区烟草局

3 月 12 日，《北京市控制吸烟条例》培训

6 月 23 日，国家烟草局到昌平烟草开展执法案卷评查

9 月 24 日，北京烟草精益管理暨 6S 管理现场会在昌平召开

11 月 20 日，常德烟草、昌平烟草“市场化取向改革”交流座谈会

12 月 4 日，昌平烟草开展“12.4”国家宪法日宣传

昌平区邮政局

1月5日，昌平区邮政局与军都印社开展“文化昌平　激情飞扬”笔会

1月5日，羊年邮票发行日

3月17日，昌平区邮政局第三届农业嘉年华驻地服务

5月11日，昌平区邮政局“提升服务质量”专题教育培训会

6月24日，昌平区分公司包裹快递业务改革动员会

9月4日，昌平区邮政局为部队提供包裹收寄服务

昌平区卫计委

9 月 1 日，昌平区 2015 年“全民健康生活方式日”暨“阳光长城计划城市减重行动”启动

10 月 10 日，世界精神卫生日宣传活动

12 月 9 日，区卫计委联合区商务委、区工商分局等相关部门，邀请区人大代表，对辖区内党政机关、医院、大型商场、超市、宾馆及餐饮企业，开展控烟专项卫生监督执法工作

12 月 31 日，昌平区人口健康信息平台启动会在军都旅游度假村召开

昌平区医院

5月21日，回龙观医院、小汤山医院、积水潭医院、回龙观院区加入昌平区医联体并签约

7月8日至9日 急诊科代表昌平队获得北京市120急救系统心电图技能大赛一等奖

11月27日，与北大人民医院实现远程会诊

12月23日，区医院消化内科正式开科

7月7日至15日，区医院眼科主任段惠义和中医科主任杨宏山参加“重走长征路，共铸中国心”阿坝行大型义诊活动

9月15日，国家卫生计生委安全生产督查组来昌平区医院检查

12月16日，区医院携手北大国际、清华长庚加入医疗联合体

昌平区中医医院

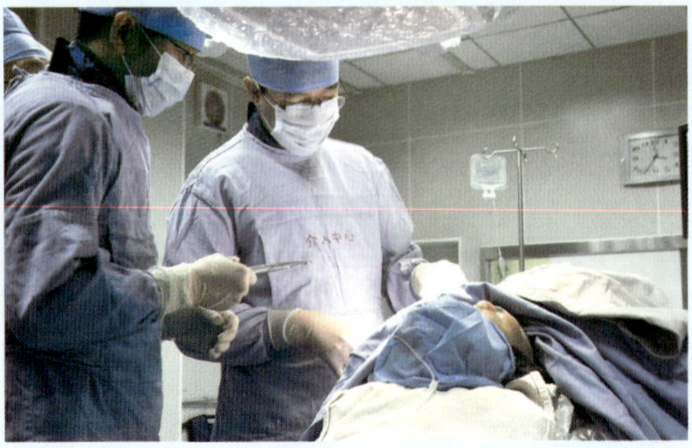

2 月 11 日，心血管病科开展心脏射频消融治疗心率失常

5 月 7 日，落实北京市中医管理局巡查工作部署会

5 月 20 日，迎接三甲甲等中医医院持续改进检查评估

6 月 26 日，走进农村开展高血压合理用药健康义诊

7 月 29 日，召开高级职称专业技术人员座谈会

7 月 31 日，召开病友座谈会征求患者意见

11 月 16 日，与北京中医药大学东直门医院第二轮学术协作工作启动

昌平区住建委

6月16日，召开昌平区建筑业企业资质换证工作培训会

8月12日，昌平区保障性住房摇号

9月24日，举办政风行政监督员聘请大会

12月17日，南环里小区抗震加固改造

昌平区自来水公司

1月30日，与洛阳自来水公司交流学习二次供水经验

2月23日，自来水公司处理用户投诉采集用户家自来水

2月28日，自来水公司雪天抢修保供水

3月14日，自来水公司小汤山管理所入小区收水费

3月24日，地铁昌平线二期水库路供水工程施工

10月28日，参观航空博物馆

昌平区财政局

5月17日，区财政局工作人员参加初级职称考试

6月30日，市财政局采购处召开昌平政府采购政策培训会

9月17日上午，召开昌平区2016年度部门预算编制工作部署会

昌平区供销社

3月26日，新世纪学雷锋志愿服务队帮助老人免费乘坐出租

6月29日，在兴寿镇举办全国雷锋车队学习雷锋植树造林活动

12月9日，举办首都的士雷锋车队八周年庆祝活动

昌平区环保局

3 月 3 日，举行环保大检查动员会

4 月 2 日，举办老旧机动车淘汰部署会

6 月 5 日，举办世界环境日宣传活动

7 月 3 日，进行行政诉讼培训

昌平区投促局

5 月 13 日至 17 日，参展第十八届中国北京国际科技产业博览会

9 月 8 日，昌平区电子商务主题招商百企沙龙活动

昌平区旅游局

2 月 13 日，召开春节假日旅游工作会

3 月 27 日，村 mall 植入嘉年华

9 月 21 日，联合市区检查一日游情况

7 月 6 日，举办“践行中国梦、少年当自强”夏令营

昌平区民政局

8 月 6 日，昌平区慈善协会“及时雨”临时慈善救助、区民政局局长韩宝田慰问困难户

8 月 31 日，昌平区民政局爱心家园发放爱心救助卡

9月6日，昌平区召开争创全国双拥模范城“八连冠”实地检查迎检工作部署会

9 月 15 日 “老照片修复志愿队”为蓬莱社区居民义务修复老照片

昌平区审计局

3月19日，区审计局组织科级干部竞选

3月24日，昌平区召开2014年全区审计工作会

昌平区信访办

4月3日，区信访办召开干部大会，宣布领导班子调整决定

4月30日，昌平区开展信访条例宣传月启动日主题宣传活动

6月18日，区信访办举办信访业务培训

8月22日至23日，中央信访工作联席办督查组到昌平区督查指导工作

昌平区中关村科技园区

3月16日，中海阳与协鑫签订战略合作协议

3月23日，中国能源互联网联盟成立

11月3日，海绵城市产业基地奠基仪式

11月24日，创客100基金成立

昌平区十三陵特区

7月16日，“明镜昭廉”被授予中央国家机关廉政教育基地

10月28日，市旅游委主任宋宇到十三陵景区调研

昌平区水务局

4月15日，检查企业排污情况

5月13日，对节水器具进行检查

10月28日，治理后的北小营西河

昌平区科委

1 月 17 日，油莎豆制生物燃油示范基地签约仪式在区科委举行

1 至 5 月，区科委组织昌平学校师生到中国工程院开展“领工程院士风采，观工程科技成就”科技实践活动

4 月 23 日，联合区工商分局、商务委等单位在永安广场举办知识产权街头宣传活动

6 月 5 日，区科委组织“告别白内障、关注眼健康”主题科普日走进东关南里社区公益活动

9 月 21 日，区科委联合东营市海洋与渔业局举办第二届“喜迎国庆，科技惠民—昌平大闸蟹暨黄河口名优水产品大型科普惠民活动”

10 月 23 至 26 日，区科委带领区相关科技企业参加第五届黄河三角洲（中国·垦利）国际生态农业博览会

昌平区组织部

5 月 15 日，举办第三届未来科技城央企高端人才交流活动

6 月 10 日，召开昌平区基层党组织换届选举工作动员部署会

7 月 13 日，区委书记侯君舒调研北七家镇“三严三实”专题教育开展情况

9 月 9 日—23 日，举办昌平区处级领导干部深入学习贯彻“四个全面”战略布局轮训班

11 月 9 日，回龙观创新创业社区授牌

共青团北京市昌平区委员会

1 月，开展“温暖衣冬、让爱前行”冬衣捐赠活动

4 月 24 日，南口镇团委组织非公企业开展增绿减霾植树活动

7 月 31 日，召开城北街道共建单位区域化团建工作座谈会

8 月，开展“约会吧 昌平青年”联谊活动

9 月 8 日，召开昌平区青年联合会三届一次全会

12 月 12 日，开展昌平区青少年春晚海选活动

政权·政协

昌平区人民代表大会常务委员会

【概况】 2015年，昌平区人民代表大会常务委员会（简称“区人大常委会”）在区委的领导、市人大常委会的监督指导、“一府两院”的支持配合和全体代表的监督参与下，以深入学习贯彻习近平总书记在庆祝全国人民代表大会成立60周年大会上的重要讲话、中央18号文件和市委第四次人大工作会议精神为强大动力，不断深化对人民代表大会制度本质特征和内在优势的认识，以邓小平理论、“三个代表”重要思想和科学发展观为指导，全面贯彻党的十八大和十八届三中、四中、五中全会精神，坚持党的领导、人民当家作主、依法治国有机统一，突出提高听取审议“一府两院”专项工作报告质量和代表建议办理质量两项重点，依法履行职权，充分发挥代表作用。全年共举行10次区人大常委会会议，审议了28项议题，依法作出9项决议、决定，任免国家机关工作人员和接受辞职74人次，任命区人民法院人民陪审员57名，较好地完成了区四届人大五次会议确定的工作任务。

（刘娜）

单位名称：昌平区人民代表大会常务委员会
地址：城北街道政府街21号
电话：（010）69742804
邮编：102200

【区四届人大常委会第二十五次会议召开】 1月5日，区四届人大常委会第二十五次会议召开，会议经过审议，作出了关于接受孙启、苏卫东同志辞去北京市昌平区人民政府副区长职务的决定；会议还分别作出了关于许可北京市人民检察院第二分院对北京市昌平区人民代表大会代表郭向东采取强制措施的决定和关于许可北京市人民检察院第三分院对北京市昌平区人民代表大会代表王书合采取强制措施的决定。

（刘娜）

【区第四届人民代表大会第五次会议召开】 1月11日至14日，北京市昌平区第四届人民代表大会第五次会议在北京温都水城召开，216名区人大代表出席会议，区委各部委、区政府各委办局、各有关单位的领导同志列席会议，区政协全体委员列席了大会开幕式。会议议程七项：1、听取和审议北京市昌平区人民政府工作报告；2、审议北京市昌平区2014年国民经济和社会发展计划执行情况与2015年国民经济和社会发展计划（草案）的书面报告，审查和批准北京市昌平区2014年国民经济和社会发展计划执行情况的报告与2015年国民经济和社会发展计划；3、审议北京市昌平区2014年财政预算执行情况和2015年财政预算（草案）的书面报告，审查和批准北京市昌平区2014年财政预算执行情况的报告和2015年财政预算；4、听取和审议北京市昌平区人大常委会工作报告；5、听取和审议北京市昌平区人民法院工作报告；6、听取和审议北京市昌平区人民检察院工作报告；7、选举事项。会议期间，全体代表认真审议了区人大常委会、区人民政府、区人民法院和区人民检察院的六项报告。会议以举手方式，表决通过了关于北京市昌平区人民政府工作报告的决议、关于北京市昌平区2014年国民经济和社会发展计划执行情况与2015年国民经济和社会发展计划的决议、关于北京市昌平区2014年财政预算执行情况和2015年财政预算的决议、关于北京市昌平区人民代表大会常务委员会工作报告的决议、关于北京市昌平区人民法院工作报告的决议、关于北京市昌平区人民检察院工作报告的决议；以无记名投票的方式，依法补选朱光彤为区人大常委会主任、杨洪达为区人大常委会副主任，贺军、李志杰为区人民政府副区长。代表们以高度的责任感和使命感，重点围绕昌平区发展大局和人民群众普遍关注的重点难点问题提出了276件建议、批评和意见。

（刘娜）

【区四届人大常委会第二十六次会议召开】 3月25日，区四届人大常委会第二十六次会议召开，会议审议通过了区四届人大常委会代表资格审查委员会主任委员名单，会议任命杨国昌为区四届人大常委会代表资格审查委员会主任委员。审议决定了区人大常委会主任会议、区人民政府和区人民法院提请的人事任免事项。会议经过无记名投票表决，决定任命王坤为区政府副区长，沈树祥为区财政局局长、宁澈为区发展和改革委员会主任、茅江为区园林绿化局局长、许正锋为区水务局局长、韩宝田为区民政局局长、段学勇为区城管执法监察局局长，刘智勇为区人大常委会天通苑北街道工作委员会主任，邢颖为区人民法院副院长、审判委员会委员、审判员。朱光彤主任向接受任命的人员颁发了任命书。区发展和改革委员会主任宁澈代表接受任命的人员作了表态发言。

（刘娜）

【区四届人大常委会第二十七次会议召开】 4月22日，区四届人大常委会第二十七次会议召开，会议审议决定了区人民政府和区人民法院提请的人事任免事项。会议经过无记名投票表决，决定任命李雪红为北京市昌平区科学技术委员会主任、丁海军为北京市昌平区人民政府国有资产监督管理委员会主任、张海岩为北京市昌平区信访办公室主任；张青松为北京市昌平区人民法院副院长，蒋建平为北京市昌平区人民法院副院长、审判委员会委员、审判员。听取审议了区政府委托关于山区生态林管护工作的报告，针对昌平区生态林功能效益比较低、生态林管护缺乏统一的规划和政策、生态林培育思路需要进一步创新、管护队伍建设有待进一步规范等问题提出了四点建议。听取审议了区政府关于“六五”普法规划实施情况的报告，针对普法工作中存在的对普法工作的长期性和重要性认识不足、对民众法律素质培养和法治理念养成重视不够、工作考核缺乏力度、学法和用法存在“两张皮”现象等具体问题提出四点建议。

（刘娜）

【区四届人大常委会第二十八次会议】 6月30日，区四届人大常委会第二十八次会议召开，听取审议了区政府关于昌平区“十三五”规划编制进展情况的报告，会议就规划编制的有关问题提出七点建议。听取审议了区政府关于供热、燃气基础设施建设与管理情况的报告，针对昌平区清洁能源供热比重低、集中供热率有待提高、节能减排任务依然艰巨、行业监管机制不完善、政府监管工作需进一步加强等问题提出四点建议。听取审议了区政府关于加快发展现代职业教育情况的报告，针对昌平区现代职业教育发展过程中存在的缺乏统一规划、技能型教师严重不足、招生困难日益凸显、校企合作服务机制不健全、职业培训的针对性和实效性有待提高等问题提出四点建议。会议还审议决定了区人民检察院提请的人事任免事项。

（刘娜）

【区四届人大常委会第二十九次会议召开】 8月26日，区四届人大常委会第二十九次会议召开，听取审议了区政府关于2014年度决算草案的报告、昌平区2015年上半年预算执行情况的报告、昌平区2014年度区级预算执行和其他财政收支情况的审计工作报告、昌平区2015年上半年国民经济和社会发展计划执行情况的报告，会议同意这四个报告。会议针对下半年昌平区经济运行和社会发展存在的经济下行压力导致财政各项指标良性运行难度加大、首都功能区梳理调整工作给昌平功能调整带来巨大压力、公共服务需求与城市功能服务能力矛盾突出、人口规模增长制约全区经济社会综合发展等问题，提出四点建议。会议还审议决定了区人民政府和区人民法院提请的人事任免事项，作出了关于接受周云帆同志辞去北京市昌平区人民政府副区长职务的决定。

（刘娜）

【区四届人大常委会第三十次会议召开】 10月4日，北京市公安局昌平分局向区人大常委会报送了《关于请昌平区人大对左权采取强制措施许可的函》。根据《中华人民共和国全国人民代表大会和地方各级人民代表大会代表法》第三十二条之规定，会议经过审议决定：许可北京市公安局昌平分局对北京市昌平区人民代表大会代表左权采取强制措施。10月10日，区四届人大常委会第三十次会议召开，审议表决许可对区人大代表左权采取强制措施的决定（草案）。

（刘娜）

【区四届人大常委会第三十一次会议召开】 10月21日，区四届人大常委会第三十一次会议召开，听取审议了区政府关于办理区四届人大五次会议代表建议、批评和意见工作情况的报告。会议认为，区政府高度重视代表建议办理工作，认真做好承办任务分解；各承办单位认真分析代表建议内容，精心研究答复和落实方案，主动与代表进行联系沟通，切实加强办理工作的落实，代表建议的办理质量和代表满意率较高，并就进一步做好代表建议办理工作提出六点建议。会议还审议决定了区人民法院提请的人事任免事项。

（刘娜）

【区四届人大常委会第三十二次会议召开】 11月25日，区四届人大常委会第三十二次会议召开，听取审议了关于昌平区2015年预算调整方案的报告，会议对区政府及其财政部门落实国务院及财政部相关政策要求，进一步加强财政预算管理、提高财政资金使用效益，提出三点建议。会议经过审议作出了关于批准北京市昌平区2015年预算调整方案的决议。

（刘娜）

【区四届人大常委会第三十三次会议召开】 12月18日，区四届人大常委会第三十三次会议召开，审议决定了吕锡文辞去市十四届人大代表职务事宜。昌平区选举的市人大代表吕锡文因涉嫌严重违纪，向市人大常委会提出了辞去北京市人大代表职务的申请。按照《中华人民共和国全国人民代表大会和地方各级人民代表大会选举法》第五十四条的规定，会议经过审议：决定接受吕锡文辞去北京市第十四届人民代表大会代表职务，并报北京市人民代表大会常务委员会备案、公告。

（刘娜）

【区四届人大常委会第三十四次会议召开】 12月23日，区四届人大常委会第三十四次会议召开，听取审议了北京市昌平区2015年预算执行情况和2016年预算（草案初步方案）的报告，并对2016年预算草案的初步方案提出了建议，并提交区四届人大六次会议主席团，为区四届人大六次会议审议批准2016年预算提供参考。审议决定了区人民政府、区人民法院、区人民检察院提请的人事任免事项，会议经过无记名投票表决，决定任命刘泽、刘长永为区人民政府副区长，陈文洁、郭建新、梁永胜为区人民法院审判委员会委员，房家燕、袁文杰为区人民检察院检察委员会委员。会议作出了关于召开北京市昌平区第四届人民代表大会第六次会议的会议决定：北京市昌平区第四届人民代表大会第六次会议于2016年1月12日召开。会议还听取审议了区人大常委会代表资格审查委员会关于区四届人大六次会议代表资格的审查报告。区四届人大五次会议实有代表228名，会后，李良、周云帆、田运胜三位代表调出昌平行政区域，根据代表法第四十九条第一款之规定，其代表资格终止。截至目前，区四届人大实有代表225名，其中王书合、郭向东、左权被暂时停止执行代表职务。至此，应出席区四届人大六次会议的代表222名。会议审议了区四届人大六次会议建议议程（草案），主席团和秘书长建议名单（草案），议案办理办法（草案），议案审查委员会建议名单（草案），国民经济社会发展计划和财政预算审查委员会建议名单（草案）。会议通过了上述文件草案，决定将会议议程（草案），主席团和秘书长名单（草案），议案办理办法（草案），议案审查委员会名单（草案），国民经济社会发展计划和财政预算审查委员会名单（草案）提交各代表团审议后，交付大会预备会议表决。会议讨论通过了会议日程（草案），决定了列席区四届人大六次会议人员名单，并原则通过了区人大常委会工作报告（讨论稿）。

（刘娜）

【代表活动】 年内，健全完善市区镇三级代表联系网络，落实组成人员联系、走访基层代表和接待代表日制度。加强代表接待选民工作站和代表活动室建设，健全代表接待选民日制度。在《昌平报》开办“代表风采”栏，刊发代表履职事迹，积极通过网络、微信等平台宣传人大工作和代表履职情况。加强代表学习培训，为代表订阅《中国人大》、《北京人大》、《昌平报》，寄送相关学习资料，通过多种形式主动为代表提供区情政情信息，强化代表责任意识、提升履职能力。加强代表执行职务与人大及常委会行使职权的衔接，改进人代会前初审报告和专题视察的方式，增强针对性和实效性。提升代表对区人大常委会工作参与的广泛性和连续性，邀请代表列席区人大常委会会议，参加审议“一府两院”专项工作报告，组织代表视察了政府重点工程建设和为民办实事项目落实情况。全年邀请代表列席区人大常委会会议，参加与常委会和“一府两院”座谈交流，参与执法检查、视察、调研等相关活动800多人次。

（刘娜）

【监督工作】 年内，区人大常委会依据法定职权，紧紧围绕区委的工作部署，立足人大依法监督的特点和优势，用制度推进工作，靠规矩提升质量，研究制定了听取审议“一府两院”专项工作报告工作规程，强化会前调研、会中审议、会后跟踪等关键环节，着力提升听取审议“一府两院”专项工作报告质量。全年，区人大常委会听取和审议了“一府两院”的9项专项工作报告和1项议案，向“一府两院”送达审议意见书7件，提出审议意见29条。年内，区人大常委会先后听取和审议了区政府关于“十三五”规划编制工作进展情况、2014年度财政收支决算、2014年预算执行和其他财政收支情况审计工作以及2015年上半年国民经济社会发展计划和财政预算执行情况，关于昌平区2015年预算调整方案，关于山区生态林管护工作情况，关于供热和燃气基础设施建设与管理情况，关于加快发展现代职业教育情况，关于“六五”普法规划实施情况，关于落实人民陪审员制度情况的报告，作出了《关于批准昌平区2014年度区级财政决算的决议》和《关于昌平区2015年预算调整方案的决议》。对区政府落实关于在推进京郊城镇化进程中确保农村经济可持续发展、水污染防治和完善医疗资源布局方便群众就医三项报告的审议意见情况开展了跟踪监督，对进一步推进相关工作提出了意见建议。区人大常委会对区人民检察院落实全面加强诉讼监督切实维护司法公正工作情况报告的审议意见情况开展了跟踪监督。积极协助全国人大常委会和市人大常委会开展了中华人民共和国电影产业促进法、北京市院前医疗急救服务条例的立法调研；协助市人大常委会开展了水法、水污染防治法和北京市水污染防治条例、河湖保护管理条例、公园条例实施情况的检查，就流动人口中少数民族人口管理情况进行了调研。区人大常委会主任会议分别听取了区政府关于政府债务使用及风险评估情况的报告，关于昌平新城规划与实施和关于昌平区设施农业建设发展情况的报告，关于加强农村基本医疗服务情况的报告，区人民法院关于落实人民陪审员制度情况的报告，对相关工作提出了意见建议。

（刘娜）

【干部任免工作】 年内，始终坚持党管干部与人大依法任免干部相结合的原则，认真贯彻执行《区人大常委会任免国家机关工作人员办法》。全年，任免国家机关工作人员和接受辞职74人次，任命区人民法院人民陪审员57名。

（刘娜）

【重大事项决定】 年内，区人大常委会围绕全区工作大局和经济社会发展中重大问题，依法作出了批准2014年度区级财政决算的决议、批准区政府关于2015年预算调整方案的决议、关于召开区人民代表大会第六次会议的决定等决议、决定9项。

（刘娜）

【代表建议督办工作】 年内，区人大常委会把提高代表建议办结率和代表满意度作为回应群众关切、解决群众诉求、维护群众利益的重要制度渠道和尊重代表权利、支持保障代表履职的重要内容。进一步规范了代表建议督办工作流程，健全完善了督办工作机制。组织召开了16次代表座谈协调会，加强区人大常委会、代表、承办单位之间的联系沟通，及时向代表通报建议的办理情况，认真听取代表意见。区人大常委会组成五个督办组，由主任、副主任分别带队，采取专题视察、逐件听取办理落实情况的形式，对政府办理代表建议工作进行了重点和集中督办。区人大常委会组成人员和部分代表分成两组，集中视察了部分代表建议的办理情况，区人大常委会听取审议了区政府关于办理代表建议、批评和意见情况的报告。区四届人大五次会议代表提出的276件建议，当年办结124件，办结率44.9%。认真做好闭会期间代表建议的接收、登记、转交和督办工作。

（刘娜）

【信访工作】 年内，重视并加强人大信访工作，积极创新信访工作机制，改进信访办理模式，加大信访案件的转办督办工作力度。全年，信访工作室接待来信、来访70件（次），其中来信7件，来访63人次。信访工作室依据信访办理办法及时处理并跟踪督办，使信访反映的问题得到了有效解决。

（刘娜）

【加强对镇（街）人大工作指导】 年内，坚持区人大常委会主任、副主任和机关委室联系镇（街）人大，组成人员联系代表和定期召开工作交流会等制度。结合贯彻落实中央18号文件以及新修改的地方组织法和代表法，研究起草了举行区人民代表大会的工作程序、关于镇（街）人大做好区人大代表工作的指导意见、镇人大工作规范和镇人民代表大会会议工作程序等制度，用制度规范区镇两级人大的会议和各项活动。指导有关镇完成了镇人大代表补选工作。指导镇（街）人大通过为代表制作联系卡、在选区公开联系方式、召开代表与选民代表座谈会等方式，搭建代表与选民沟通交流的平台。建立代表履职台账，做好代表履职情况登记工作。

（刘娜）

【对外交流工作】 年内，加强对外联系与沟通，与市人大常委会及外省、市（县）人大交流开展工作4批次，62人次。境外学习考察2批36人次。

（刘娜）

【人大机关自身建设】 年内，区人大常委会党组坚持“四个主动”，努力实现“四个保证”，研究制定了党组工作、重要工作向区委请示报告和党组成员分工联系常委会组成人员等制度，切实发挥党组的领导核心作用。积极开展“三严三实”教育，巩固党的群众路线教育实践活动成果，端正思想认识、增强法治意识、强化作风建设，努力提升党组及机关干部发挥人大制度优势、促进全区经济社会发展、加强民主法治建设的能力和水平。研究制定了党组《关于进一步加强和改进全区人大工作的意见》，协助区委筹备召开了第四次人大工作会议。区人大常委会针对《意见》提出的二十五条63项具体制度和措施，制定了“1+8”落实方案，对63项制度措施进行了任务分解，明确了区人大常委会各工作机构的具体职责。积极发挥区人大制度理论研究会作用，建立健全各项制度，启动实施了课题研究工作，承办了市人大理论研究会“民主与法治学术交流研讨会”。加强机关党风廉政建设，认真落实党风廉政建设责任和各项制度规定。加强机关文化建设，丰富机关文体生活，建立了图书室，开放活动室，组织开展工间操、读书会等各类文体活动，努力建设和谐向上、积极健康、充满活力的机关文化。加强人大信息宣传工作，成立了信息宣传工作领导小组，设立了信息宣传中心，广泛宣传人大制度和人大工作，营造良好社会氛围。加强保密、文件档案、人事劳资和老干部服务管理工作，认真执行各项规定，严格工作纪律。

（刘娜）

昌平区人民政府

【概况】 2015年是全面深化改革的关键之年，是全面推进依法治国的开局之年，也是全面完成“十二五”规划的收官之年。一年来，全区上下坚持以习近平总书记视察北京重要讲话精神和郭金龙书记调研昌平指示精神为统领，全面加快深度转型步伐，保持了经济社会持续健康发展的良好态势。2015年，全区实现地区生产总值657.3亿元，增长8.2%；公共财政预算收入达到73.1亿元，增长10.2%；城乡居民人均收入分别达到38794元、20115元，均增长9.1%。

疏解非首都功能，集中破解人口资源环境矛盾。坚决把人口调控工作放在首位，完善落实以“管人、管地、管出租房屋、管低端产业、管集体经济合同”为核心的“五管”工作机制，年内常住人口控制在196.3万人，连续第二年超额完成全市下达的调控指标，年均增速由“十一五”时期的16.3%回落到3.5%。严格落实产业负面清单，累计限制不符合区域发展定位的企业和项目934个。年度10类专项台账销账率达98%，退出工业污染企业50家、生活资料批发市场和废品回收市场11个，50个老旧工业大院清理整顿全部完成，2家退出类高尔夫球场全面关停，取缔未经审批幼儿园84所，回龙观城北市场8000多商户基本清退，累计拆除违法建设310万平方米。采取了人口倒挂村水电总量控制、农村自备井集中整治、房屋租赁联合管理等一批新的坚决举措。强化空气重污染应急机制，PM2.5年均浓度同比下降11.5%。污水处理三年行动计划基本完成，中小河道治理、主要排污口整治等工程扎实推进，全区污水处理率提高到72%，市级河流跨界断面水质大幅改善。阿苏卫循环经济园项目进展顺利，垃圾无害化处理率提高到99%。节能减排超额完成“十二五”目标，成功创建国家新能源示范城市。新建和改造绿化面积1.2万亩，林木绿化率、森林覆盖率提高到66.7%、46.2%，成功获得全国绿化模范城市命名。深入开展综合整治“百日行动”和“平安行动”，城乡环境面貌持续好转。举全区之力圆满完成了抗战胜利70周年纪念活动等“三件大事”的服务保障任务。

构建“高精尖”经济结构，加大转方式调结构力度。三次产业比例调整为1.2%:37.2%:61.6%，生产性服务业对经济增长的贡献率超过50%，旅游经营收入首次突破100亿元大关。新引进符合“高精尖”方向的产业项目360个，驻昌央企下属公司和分支机构达到182家，科技型中小微企业增至3250家，新增创业板、“新三板”企业15家，八达岭奥莱、三一重能压裂成套装备研发等项目投入运行。深入实施创新驱动战略，中关村昌平园产业总收入预计突破3400亿元。重点功能区建设扎实推进，未来科技城、沙河大学城、国家工程技术创新基地已初具规模。累计建成各类创新创业空间130余万平方米，在回龙观地区成功打造了全国首家“双创”社区。首都科技条件平台昌平站、中关村生命科学联合创新服务平台正式开通，北京高科大学联盟成功落户，汇集国家“千人计划”专家203人、“海聚高聚工程”专家43人，技术合同成交额、专利授权量保持全市前列。

加快推进城乡一体化，城乡建设发展取得

新进展。回龙观地区行政区划调整方案获得市政府批复，“北四村”、南口中心区等15个项目纳入全市棚户区改造计划，完成农民转非安置2269人，3.9万名动迁群众回迁上楼。着力提高城市综合承载能力，轨道交通昌平线二期通车运营，开复工道路工程32项、新增道路里程37.4公里，主干路网规划实现率提高到57%，虎峪变电站等一批资源能源项目建成启用。公共交通条件持续优化，新增电动出租车50辆、公租自行车3500辆。深入推进农村改革发展，“一花三果”品牌进一步提质增效，创建市级美丽乡村50个，完成农宅抗震节能改造3306户，启动土地承包经营权确权登记颁证试点，集体“三资”管理更加规范。深入开展对口支山，延寿、流村等重点沟域建设取得新进展，山区生态涵养功能进一步增强。

切实保障和改善民生，着力巩固社会安定和谐局面。成功创建北京市充分就业区，城镇登记失业率控制在1.45%以内。社保制度覆盖人群达到213.4万人次，六项社保待遇标准均上调10%。城乡低保标准实现并轨，新增养老床位1100张。高标准通过义务教育发展基本均衡区国家认定，引进培育“名校”项目累计超过20所。医药卫生体制改革不断深化，三级医院累计达到10家，新引进5家“名医院”全部加入区域医联体。积极推进基层文化服务设施改造，文脉梳理、文物修缮、文化惠民深入开展。全民健身服务体系进一步完善。完成老旧小区综合改造54.6万平方米，经适房、限价房解困率均达100%。积极创新社会治理，社区办公用房实现全部达标，新建“一刻钟社区服务圈”15个，顺利完成第九届社区居委会换届选举。117件年度为民办实事项目按期兑现。

深化重点领域改革，经济社会发展活力进一步释放。集中推进112项年度重点改革任务。坚持以简政放权为先手棋，认真抓好行政审批事项取消、承接和事中事后监管，正式上网晒出了行政权力清单。投资项目在线审批监管平台开通运行。全面实行商事制度改革，各类市场主体累计突破13.2万户。完善政府预算体系，建立了盘活存量资金与加强预算管理的挂钩机制。深化投融资体制改革，全年落实各类融资资金166亿元，为中小企业提供贷款52.7亿元。制定深化国资国企改革的意见，区属国企重组改制步伐加快。“三网融合”实现网格划分全覆盖，3个试点镇街基本具备运行条件。对外对内开放不断深入，启动了中关村昌平园怀来分园建设，成功举办了第三届北京农业嘉年华、世界大学生魔术交流大会等活动。

（孙钰良）

单位名称：昌平区人民政府
地址：城北街道政府街19号
电话：（010）89741530
邮编：102200

【调研流动人口服务与管理工作】 1月5日，区委书记侯君舒、区长张燕友分别带队到沙河镇、兴寿镇、崔村镇、东小口镇和北七家镇，调研流动人口服务与管理工作，副区长孙卫、区政协副主席靳增立陪同调研。

（孙钰良）

【与怀来县达成战略合作关系】 1月7日，昌平区与怀来县达成战略合作关系将共建中关村昌平园怀来分园，区长张燕友与怀来县县长李玉清共同签署了《昌平区与怀来县战略合作框架协议》和《中关村昌平园怀来分园共建战略合作协议》，张家口市副市长、怀来县委书记郭英，区领导侯君舒、李良、等出席签约活动。

（孙钰良）

【组织开展人大会议昌平团代表会前活动】 1月15日，区人大常委会组织开展了市十四届人大三次会议昌平团代表会前活动，会议由区人大常委会主任朱光彤主持，市委常委、政法委书记杨晓超，市人大常委会副主任唐龙、市人大常委会秘书长赵义，区委书记侯君舒，原区人大常委会主任李福忠，原区人大常委会常务副主任张文良参加会议，区长张燕友，市人大常委会、市政府研究室、市财政局、市发改委等部门相关负责人列席会议。

（孙钰良）

【市社会保障和就业工作检查】 1月22日，市社会保障和就业工作领导小组到昌平区开展就业再就业检查暨充分就业区核查认定工作，市人力社保局副局长张祖德带队核查，区委常委、常务副区长周云帆作创业就业工作汇报，区社会保障和就业工作领导小组20余家主责单位参加工作会。

（孙钰良）

【区企业家"扶贫济困慈善之行"活动】 1月23日，昌平区企业家"扶贫济困慈善之行"活动启动仪式在兴寿镇举行，区人大常委会副主任、区慈善协会会长李春菊出席启动仪式。

（孙钰良）

【举办中国Hadoop技术峰会】 1月24日，2015年中国Hadoop技术峰会在昌平区北京龙城丽宫国际酒店举办，北京市投资促进局局长张华、副区长苏贵光出席峰会开幕式。

（孙钰良）

【与北京航空航天大学签约合作框架协议】 2月1日，昌平区政府与北京航空航天大学全面深化合作框架协议签约仪式举行。区领导侯君舒、张燕友、周云帆、孙卫、苏贵光、李雪红，北京航空航天大学党委书记胡凌云、校长怀进鹏出席签约仪式。

（孙钰良）

【春节检查慰问工作】 2月17日，区委书记侯君舒、区长张燕友、区人大常委会主任朱光彤、区政协主席陈秋生分别带队，看望慰问了在节日期间仍坚守工作岗位的职工，并致以新春的问候和美好的祝福。

（孙钰良）

【第三届北京农业嘉年华新闻发布会举行】 3月1日，第三届北京农业嘉年华新闻发布会在昌平草莓博览园东区连廊举行，区委常委、宣传部长余俊生主持新闻发布会，市农工委委员王修达、昌平区副区长李志杰以及天津市农村工作委员会和河北省农业厅相关负责人出席新闻发布会。

（孙钰良）

【区食品药品安全委员会第一次全体会议召开】 3月12日，昌平区食品药品安全委员会第一次全体会议召开，区委常委、常务副区长周云帆，副区长刘淑华出席会议。全年各部门共抽样检测食品样本2119个，药品519个，其中65大类食品监测总体合格率为97.59%，药品合格率为99.54%，均超过了考核目标值。

（孙钰良）

【第三届北京农业嘉年华开幕】 3月14日，第三届北京农业嘉年华开幕式在兴寿镇草莓博览园举行，农业部党组副书记、副部长余欣荣，北京市委常委牛有成、副市长林克庆，天津市副市长王宏江，河北省副省长沈小平以及农业部相关司局领导、京津冀三省市相关部门领导，区长张燕友、副区长李志杰等出席会议。同日，京津冀三地联合召开现代农业协同发展座谈会，座谈会上，北京市农委、天津市农委、河北省农业厅共同签署了《推进现代农业协同发展框架协议》。

（孙钰良）

【环境保障工作进行全面检查】 3月17日，区长张燕友带领城管、交通、园林绿化、水务等相关职能部门负责人，对冬奥会京藏高速（昌平段）环境保障工作进行全面检查，副区长孙卫一同检查。

（孙钰良）

【空气质量保障措施的落实情况检查】 3月23日，以区委常委、常务副区长周云帆为组长，区长助理叶红光为副组长，区环保局、区住建委等为成员单位的督查组，实地督查昌平区3月下旬空气质量保障措施的落实情况。

（孙钰良）

【对口协作签约仪式举行】 3月26日，昌平区与河南省栾川县对口协作签约仪式举行。区委书记侯君舒、区长张燕友、副区长贺军、洛阳市副市长尚英照、洛阳市市委副秘书长李松民，栾川县县委书记樊国玺等领导出席签约仪式。

（孙钰良）

【农业嘉年华清明期间安全保障工作会召开】 3月27日，第三届北京农业嘉年华清明期间安全保障工作会在草莓博览园调度中心召开，区长张燕友、副区长贺军出席会议。同日，第十二届北京·昌平·小汤山温泉文化节开幕，区领导张燕友、杨国昌、贺军、靳增立，市旅游委、市文化局、市国土资源局相关领导以及天津市东丽区、河北省唐山市旅游局相关领导出席开幕式。

（孙钰良）

【全面战略合作协议签约仪式举行】 4月8日，区政府与北京农商银行全面战略合作协议签约仪式举行，北京农商银行董事长王金山，区长张燕友，区委常委、副区长孙卫，副区长李志杰以及区相关部门和北京农商银行昌平支行负责人出席签约仪式。此次与昌平区的合作，将从支持重点功能区域开发、都市型现代农业发展、改善农村金融服务环境、代理财政服务等方面入手，为昌平提供专属的金融服务方案。

（孙钰良）

【“北京21公里”2015半程马拉松首站赛事在昌平区新城滨河森林公园开跑】 4月11日，“北京21公里”2015半程马拉松首站赛事在昌平区新城滨河森林公园开跑。此次活动秉承着“乐跑北京，健康方式，极致生活”的理念，将弥补北京民间专业半程马拉松赛事的空白，为北京城的马拉松业余爱好者再添一个乐跑之旅。副区长李志杰和北京日报、北京晨报、北京三元食品股份有限公司主管领导以及区相关职能部门负责人出席起跑仪式。

（孙钰良）

【与韩国首尔特别市道峰区进行友好交流】 4月14日，区长张燕友会见韩国首尔特别市道峰区区厅长李东秦一行，区委常委、常务副区长周云帆，区教委、文化委、旅游委、外事办等相关部门负责人及双方交流人员出席仪式。区教委、文化委、体育局等相关部门负责人分别介绍了两地二十周年纪念活动的计划情况，共同签署了两区公务员互派交流修订协议，并互赠礼物合影留念。

（孙钰良）

【农业部调研第三届北京农业嘉年华相关情况】 4月21日，农业部党组成员杨绍品到昌平区调研第三届北京农业嘉年华相关情况，北京市农工委书记、农委主任王孝东，副区长李志杰一同调研。

（孙钰良）

【区领导理论中心组学习会议召开】 4月24日，区委区政府理论学习中心组学习（扩大）会议召开，会议邀请北京市规划委员会主任黄艳作了《落实习总书记重要指示精神，做好我市城市总体规划修改工作》专题辅导报告。侯君舒、张燕友、朱光彤、陈秋生等四套班子领导及城口各处级单位、各镇（街）相关负责人参加学习。4月30日，区委区政府理论中心组学习（扩大）会议召开，邀请中关村科技园区管委会主任郭洪作了主题为《优化完善创新创业生态系统，加快建设具有全球影响力的科技创新中心》的辅导报告，侯君舒、张燕友、朱光彤、陈秋生等区委、区人大、区政府、区政协领导参加学习会。

（孙钰良）

【十三陵水库春季长走活动举办】 4月28日，为纪念“五一口号”发布67周年，北京市政协在昌平区十三陵水库举办春季长走活动，市政协主席吉林，副主席沈宝昌、赵文芝、闫仲秋，区领导侯君舒、张燕友、陈秋生等以及市、区政协机关工作人员共计500余人参加全程9公里的长走活动。

（孙钰良）

【区义务教育基本均衡发展情况实地督导评估】 4月29日，由国家督学、吉林省教育厅原厅长、国家督导评估组组长卢连大率领的专家组，对昌平区义务教育基本均衡发展情况进行了实地督导评估。区领导侯君舒、张燕友、刘淑华等出席认定工作汇报会。

（孙钰良）

【区领导理论学习中心组召开环境为主题的会议】 5月6日，区委、区政府理论学习中心组学习（扩大）会议召开，会议邀请了北京市环保局党组书记、局长陈添作了题为《加强环境保护，建设生态文明》的专题报告，侯君舒、张燕友、朱光彤、陈秋生等区委、区人大、区政府、区政协领导以及各镇（街）、相关部门负责人参加学习。

（孙钰良）

【市领导调研区民政工作】　5月22日，市民政局党委书记、局长李万钧，市民政局党委常委、副局长谢延智，市民政局副巡视员王琦及相关科室负责人到区调研民政工作开展情况。区人大常委会副主任杨洪达，副区长贺军参加调研。

（孙钰良）

【科技工作联谊暨科技周闭幕式举行】　5月22日，昌平区2015年科技工作联谊暨科技周闭幕式举行，区政协副主席、区科委主任李雪红出席闭幕式，并作区科委2015年工作报告。

（孙钰良）

【召开专题会议】　5月22日下午，昌平区城市管理体制改革专项小组第二次会议召开。区领导李良、贺军出席会议。5月26日，全区2015年禁毒工作部署会议召开，区委副书记、政法委书记、区禁毒委主任李良出席会议。5月28日，昌平区慈善协会第三届三次会员大会暨第三届三次理事会召开，市慈善协会会长王长连，区委副书记、区委政法委书记李良，区人大常委会副主任、区慈善协会会长李春菊出席会议。5月29日，召开夏季消防检查工作部署会，副区长贺军出席会议。

（孙钰良）

【防汛工作检查部署】　6月1日，上汛首日，区长张燕友带队开展防汛检查，并召开2015年十三陵防汛分指挥部工作会，市水务局副局长张世清、副区长李志杰出席会议。6月4日，王家元水库防汛分指挥部2015年防汛工作会召开，区委常委、常务副区长周云帆出席会议。

（孙钰良）

【北京京都儿童医院正式开诊】　6月1日，位于回龙观东大街的北京京都儿童医院正式开诊，这是本市继儿童医院、儿研所之后的第三家大型三级儿童专科医院，未来有望纳入北京医保体系。

（孙钰良）

【违法用地、违法建设整治工作】　6月3日，区长张燕友带队，对昌平区违法用地、违法建设整治工作进行实地检查，区委常委、副区长孙卫一同检查。

（孙钰良）

【新型城镇化体制改革专项小组会议召开】　6月3日，昌平区新型城镇化体制改革专项小组召开2015年第一次会议，会议旨在贯彻落实区委全面深化改革领导小组第四次全体会议精神，研究部署专项小组2015年的重点改革任务，专项小组组长、区委常委、统战部长孙启出席会议。

（孙钰良）

【消费安全检查】　6月4日，区长张燕友带领公安、消防、住建等相关职能部门负责人，深入辖区大型商场、养老院和幼儿园，实地检查消防安全工作，副区长贺军一同检查。

（孙钰良）

【第九次全区性综合执法行动】　6月8日，昌平区开展2015年加强流动人口规模调控和服务管理工作第九次全区性综合执法行动，区领导张燕友、靳增立带领区查违办、城管执法监察局等相关部门负责人到回龙观镇实地督导综合执法行动。

（孙钰良）

【市妇联调研区妇女工作】　6月12日，市妇联党组书记、主席马兰霞，市妇联党组成员、副主席王淑存一行到区调研妇女工作。区委副书记、区委政法委书记李良一同调研。

（孙钰良）

【区政府召开第44次常务会议】　6月19日，区政府召开第44次常务会议，研究《关于进一步加强督促检查工作实施办法》；通报了昌平区建立行政职权公开透明运行和监控机制进展情况，研究《昌平区行政权力清单制度管理办法》。区长张燕友主持会议，区领导孙卫、刘淑华、苏贵光、贺军、李志杰、王坤出席会议，部分区人大代表、政协委员参加会议。

（孙钰良）

【区领导调研山区沟域经济发展情况】　6月25日，区长张燕友到延寿镇调研山区沟域经济发展情况，详细了解2015年农业综合开发土地治理项目和望百路规划建设情况，并现场调研国家登山健身步道和骑行路线规划建设情况，副区长李志杰一同调研。6月29日下午，区委书记侯君舒带队前往流村镇、南口镇，就区域沟域经济建设情况进行专题调研，副区长李志杰及相关部门负责人一同调研。

（孙钰良）

【中央国家机关廉政教育基地授牌仪式在昌平区举行】 7月16日，中央国家机关廉政教育基地授牌仪式在区“明镜昭廉”明代反贪尚廉历史文化园举行，中央国家机关工委常务副书记李志勇等领导，市纪委副书记、监察局局长王海平，区委书记侯君舒，区委常委、区纪委书记张晓兰出席授牌仪式。

（孙钰良）

【九三学社领导调研】 7月17日，市政协副秘书长、九三学社市委副主委方炎带领九三学社北京市委调研组到昌平区进行调研，专题调研社区卫生服务中心建设与发展和残疾人康复服务工作的相关情况。

（孙钰良）

【北京国际武术文化交流大会召开】 7月18日，由中国武术协会主办的2015第五届“全球金融集团”杯北京国际武术文化交流大会暨“全球功夫网”杯第四届国际功夫交流大会开幕式在区体育馆举行。中国武术协会主席、大会组委会名誉主席高小军，北京市体育局副局长苑振洲，区政协副主席靳增立出席开幕式。

（孙钰良）

【区政府与福田汽车签订环境建设合作协议】 7月22日，区长张燕友带领区市政市容委、水务局等相关部门负责人，来到北汽福田汽车总部进行调研，经详细调查了解情况后，双方签署了《共建“美丽昌平·福田新能源汽车科技园”环境建设合作协议》。

（孙钰良）

【全区经济社会发展工作的报告】 7月27日，中国共产党昌平区第四届委员会于2015年召开第九次全体会议，区委书记侯君舒代表区委常委会作了工作报告，区委副书记、区长张燕友作了关于全区经济社会发展工作的报告。

（孙钰良）

【创建全国双拥模范城迎检考评工作动员部署会召开】 7月27日，昌平区创建全国双拥模范城迎检考评工作动员部署会召开，区委常委、武装部政委、双拥办主任韩义，副区长贺军出席会议。

（孙钰良）

【市领导调研昌平区经济社会发展情况】 7月28日，副市长隋振江、市政府副秘书长朱炎带领市科委、市经信委、市知识产权局等市属相关部门负责人到昌平区实地调研经济社会发展情况。区领导侯君舒、张燕友、孙卫、苏贵光、李雪红陪同调研。

（孙钰良）

【联合召开区委四届九次全会精神落实暨下半年工作部署会】 8月3日，区经信委、科委、安监局、投促局、中关村科技园区昌平园等单位联合召开区委四届九次全会精神落实暨下半年工作部署会，区委常委、副区长苏贵光，区政协副主席、区科委主任李雪红出席会议。

（孙钰良）

【召开第46次政府常务会议】 8月20日，昌平区召开第46次政府常务会议，区长张燕友主持会议，区领导孙卫、王坤、李雪红、叶红光出席会议。会议研究《昌平区2014年度区级财政预算执行和其他财政收支情况的审计工作报告》、《关于进一步加强社区矫正工作的意见》和《昌平区政府2015年度绩效管理工作实施方案》，通报了昌平区2015年7月份严厉打击违法用地违法建设专项行动工作情况和昌平区2015年7月份城乡环境整治工作情况。

（孙钰良）

【区领导带队督查抗战胜利70周年纪念活动空气质量保障方案落实情况】 8月21日，副区长贺军、李志杰分别带队，实地检查区抗战胜利70周年纪念活动空气质量保障方案落实情况。先后到北京南口轨道交通机械有限责任公司、北京港创瑞博混凝土有限公司、北京三元食品股份有限公司乳品四厂和北京湾三期一标段施工工地，详细了解各企业采取的停产减排具体措施。深入生产车间，查看企业生产台账、物料出入库详单，并详细了解纪念活动期间企业停产限产具体措施的落实情况。

（孙钰良）

【东帝汶民主共和国总统访问昌平】 9月4日，东帝汶民主共和国总统鲁瓦克及夫人一行，到昌平职业教育文化园区参观了解区职业教育发展情况。在园区内的蝴蝶兰梦工坊，鲁瓦克认真了解了昌平区情，以及昌平职业学校校企一体、教产对接的教学模式。学校负责人向鲁瓦克介绍了由学校自主研发培育的“昌平天使”、“昌平爵士”、“昌平钻石”等蝴蝶兰品种。中国驻东帝汶大使刘洪洋、副区长刘淑华陪同参观。

（孙钰良）

【与美国马里兰州乔治王子郡代表团成员友好交流】 9月7日，区长张燕友，副区长刘淑华接见了来访的美国马里兰州乔治王子郡代表团成员。乔治王子郡毗邻美国首都华盛顿特区，是美国政府赠地面积最大的大学聚集区之一，昌平在区位条件、资源禀赋、产业发展等方面都与乔治王子郡有着相似之处，具有十分广阔的合作前景。双方代表共同签署了《友好学校关系备忘录》。

（孙钰良）

【首届昌平枣文化节开幕】 9月8日，首届昌平枣文化节在流村镇漆园村枣园开幕。活动将持续到10月8日，期间将举行以“采摘生态果品、享受自然风光、品尝乡村民俗宴、体验流村古村落”等为主题的系列活动。西峰山、漆园、王峪三个村庄共有小枣种植户300多户，枣园6000多亩，总产量超过200万斤。副区长贺军、李志杰出席开幕式。

（孙钰良）

【北京高科大学联盟入驻昌平揭牌典礼举行】 9月10日，北京邮电大学沙河校区启动仪式暨北京高科大学联盟入驻昌平揭牌典礼在昌平区举行，北京市委副秘书长郭广生、教育部发展规划司副司长刘昌亚，北京邮电大学党委书记王亚杰、校长乔建永，区领导侯君舒、张燕友、刘淑华出席仪式。

（孙钰良）

【中法城市可持续发展标准化合作活动在未来科技城启动】 9月14日，为期3天的中法城市可持续发展标准化合作活动在未来科技城启动，中国国家标准化管理委员会服务业部主任杨泽世、法国韦利济—维拉库布莱市副市长娜塔丽.伯拉奢弗、法国标准委员会可持续经济研究主席安娜玛丽.罗美拉等中法相关领域代表出席座谈会。区委常委、副区长苏贵光出席。

（孙钰良）

【共和国将军部长名家书画联展开幕】 9月18日，“铭记历史 开创未来”共和国将军部长名家书画联展在昌平李闽剪纸艺术馆开幕，书画联展将持续至9月30日结束，副区长刘淑华出席开幕式。

（孙钰良）

【世界大学生魔术交流大会在中国政法大学昌平校区拉开帷幕】 9月24日，2015年世界大学生魔术交流大会在中国政法大学昌平校区拉开帷幕。中国青年魔术师俱乐部也正式揭牌成立。市委宣传部常务副部长王海平，市文联党组书记、常务副主席陈启刚，区领导侯君舒、朱光彤、陈秋生等以及市文化局，市文联，中国青年报社负责人出席开幕式。

（孙钰良）

【举行大型烈士公祭活动】 9月30日，昌平区党政军民齐聚昌平烈士陵园，参与大型公祭活动，侯君舒、张燕友、朱光彤、陈秋生等区委、区人大、区政府、区政协领导及各委办局、镇（街）主要负责人，驻昌部队官兵，老战士、军烈属，学校师生、共青团员代表共计400余人参加公祭活动。

（孙钰良）

【村党组织和村民委员会换届选举工作动员部署会】 10月10日，昌平区召开2015年村党组织和村民委员会换届选举工作动员部署会，区领导侯君舒、张晓兰等出席会议，区委基层党建工作巡回检查组、涉及村换届的镇（街）党（工）委书记、组织委员等参加会议。

（孙钰良）

【市人大昌平团代表开展会前视察活动】 10月12日，市人大昌平团代表开展市十四届人大四次会议会前视察活动，市人大昌平团代表一行20余人集中视察了纪念中国人民抗日战争暨世界反法西斯战争胜利70周年阅兵村及周边环境整治情况，区领导侯君舒、朱光彤以市人大代表身份参加了此次活动。

（孙钰良）

【国际减灾日宣传演练活动】 10月13日，由市民政局和昌平区人民政府共同主办的北京市2015年国际减灾日宣传演练活动在位于昌平区的北京市社区防灾减灾培训基地举行，演练活动以“掌握防灾减灾知识，保护生命安全。”为主题， 来自北京商务科技学院，新桥外国语学校的三百多名学生和社区救援队的人员进行了演练。国家民政部、市民政局领导和昌平区相关领导在主会场观摩应急救援演练。

（孙钰良）

【与德国代表团友好交流】 10月18日，德国巴登·符腾堡州州长克莱驰曼率领由该州教育、环境、科学、交通等部门政府官员、企业家代表120余人组成的代表团，到昌平职业学校参观访问，市教委主任线联平、市教委委员黄侃，区长张燕友、副区长刘淑华等领导出席活动。

（孙钰良）

【全国双拥办到昌平区实地调研督导双拥工作】 10月20日，全国双拥办副主任、总政群工办主任李辉带领调研组到昌平区实地调研督导双拥工作，调研组听取工作汇报后，参观昌平区双拥广场、昌平烈士陵园和主题纪念馆以及军地两用人才培训基地，深入了解区双拥文化宣传氛围营造、军地两用人才培养等工作举措落实情况。市双拥办副主任、市民政局副局长霍军、国防大学防务学院政委衣述强、区领导韩义、孙卫陪同调研。

（孙钰良）

【市政府对昌平区重大决策任务落实情况进行督查】 10月23日，副市长林克庆带领市政府第四督查组，对昌平区重大决策任务落实情况进行督查，督查组先后对区清河第二再生水厂建设施工，北七家镇东三旗村平原造林、拆迁、土地腾退，崔村镇西辛峰村煤改电、煤改气等工作情况进行了检查了解。区长张燕友、副区长李志杰一同督查。

（孙钰良）

【2015年北京·昌平第十二届苹果文化节开幕】 10月24日，2015年北京·昌平第十二届苹果文化节开幕。苹果文化节将以果为媒、以节搭台，全面展示昌平的城市魅力和发展环境，开幕式上，昌平果农代表与远方网签订了苹果销售战略合作协议。区张燕友、朱光彤、陈秋生等领导以及市园林绿化局相关负责人出席开幕式。

（孙钰良）

【区政府落实区人大常委会情况监督】 10月28日，区人大常委会组织部分区人大代表、城建环保委委员，对区政府落实区人大常委会《关于昌平区水污染防治工作情况报告审议意见》进行跟踪监督，区人大常委会副主任奚增森参加此次活动。

（孙钰良）

【全国人口抽样调查】 11月1日零时起，昌平区2015年全国人口抽样调查进入入户登记阶段，全区557名调查员佩戴北京市统计局统一下发的调查员证件进行入户登记。11月2日，区长张燕友，区委常委、常务副区长孙卫与调查员一同深入到住户家中进行人口调查登记工作。

（孙钰良）

【2015秋季·北京国际长走大会】 11月7日，2015秋季·北京国际长走大会在昌平十三陵水库沿线举行，长走大会以“建设国际一流科教新区 畅游魅力和谐宜居昌平”为主题，以“金秋硕果赏美景 美丽昌平健康行”为宣传口号，共向社会投入2000个名额。市政协主席吉林，市人大常委会副主任梁伟，团市委书记常宇及侯君舒、张燕友、陈秋生等区领导参加活动。

（孙钰良）

【区"两微"联盟成立仪式举行】 11月27日，昌平区"两微"联盟成立仪式举行，是北京市成立的首个"两微"联盟，北京昌平、昌平先锋、爱上昌平、昌平圈、昌平青年、南口记忆等80余家微博、微信账号成为昌平"两微"联盟首批会员，北京市互联网信息办公室党组书记、主任佟力强，昌平区委常委、宣传部长余俊生出席成立仪式。

（孙钰良）

【昌平区政府与美亚生物科技集团签署合作协议】 11月28日，北京市重大项目发布会暨京港投资合作项目签约仪式在香港会展中心举行。北京市委常委、常务副市长李士祥、副市长程红出席签约仪式。区长张燕友代表昌平区政府与美亚生物科技集团签署了总金额1亿美元的合作协议。区委常委、副区长苏贵光参加签约仪式。

（孙钰良）

【重污染天气应急措施落实情况督查】 12月8日下午，由市政府督查室、市监察局、市环保局组成的督查组到昌平区督查重污染天气应急措施落实情况，全市先后发布重污染橙色预警和重污染红色预警，昌平区迅速成立20余支专项督查组，重点对"停工、停产、停驶、露天烧烤、渣土车上路、户外施工"等工作开展督导检查，共出动各类执法人员800余人，检查工地130个。

（孙钰良）

【明十三陵景区旅游环境秩序汇报会召开】 12月16日上午，明十三陵景区旅游环境秩序汇报会召开。副市长程红、区委书记侯君舒、区长张燕友、副区长贺军出席会议，市旅游委主任宋宇主持会议。与会人员观看了明十三陵景区旅游环境秩序整改暗访片。贺军代表区政府汇报了明十三陵景区旅游环境秩序的整治情况。十三陵景区进行了全面自查，建立了问题台账，共梳理包括欺客宰客、尾随兜售、游览设施不足等问题81项，已完成整改问题63个，市旅游委、物价、工商、交通等相关职能部门分别针对下一步十三陵景区中的完善配套设施、改善环境卫生、规范经营管理、打击非法"一日游"等问题提出了具体的整改意见。

（孙钰良）

【昌平区工会第四次代表大会闭幕】 12月16日，昌平区工会第四次代表大会圆满完成了各项议程，胜利闭幕。区委常委、宣传部长余俊生出席大会闭幕式。大会选举产生了区工会新一届领导班子，选举区工会第四届工会委员会委员39人、经费审查委员会委员9人。

（孙钰良）

【京东职教农村电商合作发展大会在昌平职业学校举行】 12月16日至17日，京东职教农村电商合作发展大会在昌平职业学校举行，签署《互联网+都市现代农业战略合作框架协议》，举行"教育部现代学徒制试点单位"授牌仪式。会上，由北京市昌平职业学校牵头发起成立"全国职业院校京东电商产教联盟"。市农工委书记、市农委主任孙文锴，教育部职业教育与成人教育司副司长王扬南，农业部市场与经济信息司副司长王小兵，市农委委员张宏图，副区长刘淑华、李志杰，京东集团副总裁马建荣以及商务部、市商务委、市教委等相关部门领导出席活动。

（孙钰良）

【全国首家"一站式"特殊物品及生物材料进出口公共服务平台在昌平启动】 12月18日，全国首家"一站式"特殊物品及生物材料进出口公共服务平台——中关村生命科学联合创新服务中心正式启动。市领导苟仲文、市委副秘书长郭广生，中关村管委会主任郭洪，北京国检局局长刘德平，区委常委、副区长苏贵光及北京海关、检验检疫等相关部门领导出席仪式。

（孙钰良）

【韩国釜山广域市金井区议会代表团来访】 12月23日，区长张燕友会见韩国釜山广域市金井区议会代表团一行，代表团实地考察了未来科技城，参观了居庸关长城、明十三陵。双方交流合作不断加强，人民友谊日益加深，在经贸、农业、教育等多个领域取得了丰硕成果。区委常委、常务副区长孙卫参加会见。

（孙钰良）

【北京市安全生产工作电视电话会议召开】 12月28日，北京市安全生产工作电视电话会议召开，区委常委、副区长苏贵光及相关部门负责人在区分会场收听收看会议，并随后召开专题会议，就狠抓安全生产责任和措施落实、加强重点行业、重点领域的安全监管、深入开展隐患排查治理和健全完善应急联动机制等方面进行了详细的安排部署。

（孙钰良）

法制工作

【概 况】 2015年，昌平区人民政府法制办公室（简称“区法制办“）以深入贯彻落实党的十八届四中全会和市委十一届六次全会以及区委四届八次全会精神为主线，以党的群众路线教育实践活动整改落实及“三严三实”专题教育为动力，按照《北京市2015年全面推进依法行政工作要点》的部署，开展各项工作，为建设现代化京北创新中心、国际科教新城创造良好的法治环境。

一年来，区法制办加强推进依法行政工作的组织领导；开展依法行政培训和法制宣传，提升依法行政工作能力；进一步提升行政规范性文件审核备案工作水平；开展行政执法监督工作，切实提升执法水平；大力推行行政机关负责人出庭应诉制度，扎实做好行政复议和行政应诉工作；进一步加大政府信息公开工作力度，较好地完成了《昌平区人民政府2015年度依法行政工作要点》部署的各项工作任务，为全区经济发展和社会稳定创造了良好的法治环境。

（王佩勇）

单位名称：昌平区人民政府法制办公室
地址：城北街道政府街20号
电话：（010）60781871
邮编：102200

【加强推进依法行政工作的组织领导】 年内，区法制办结合全区实际，统筹谋划，研究部署下发了《昌平区2015年度依法行政工作要点》，对本年度推进依法行政主要内容和重点工作进行安排部署。不断健全完善依法行政督查考核机制，对镇政府（街道办事处）依法行政考核内容进行调整，并将考核结果纳入区政府年度绩效考核工作。鼓励各行政机关负责人出庭应诉。全区依法行政工作有了明显提升，区法制办在推进全区依法行政中有效发挥了协调、指导和督促作用。

（王佩勇）

【依法行政培训和法制宣传工作开展】 年内，一是及时制定《昌平区2015年度区政府常务会议会前法制讲座安排意见》，区政府常务会先后组织学习了《行政诉讼法》等30余部法规、规章。二是以《行政诉讼法》修改后的应诉工作为主题，通过邀请相关领域专家授课和观摩庭审等方式。为各委、办、局、镇、街主要领导、法制工作主管领导和法制机构负责人进行应诉规范和技巧培训。三是及时发现昌平区依法行政工作中特色和亮点，做好对外宣传，让昌平的法治建设走向全市。本年度，法制办共计报送信息400余篇次，较之去年同期大幅增长。

（王佩勇）

【提升行政规范性文件审核备案工作水平】 年内，在上一年度全面启动文审制度改革的基础上，通过推行分类审查办法，充分发挥文件审查委员会的作用，先后对《北京市昌平区生产安全事故调查处理工作程序》等以区政府、区政府办公室以及区政府有关部门名义发布的文件和区政府合同文本共计93件进行了合法性审查，并提出法制审核意见138条。回复各单位征求意见48件，办理市政府规章征求意见13件，代区政府对《昌平区2015年义务教育阶段入学工作意见》等报市政府进行备案审查，确保区政府规范性文件做到内容合法规范，制度设计切实可行。办理市政府法制办转来的《北京市气象灾害防治条例》等13件法规规章的草案的征求意见工作，提出修改意见17条并及时反馈，为推进本市立法工作做出了积极贡献。做好规范性文件清理工作，确保法制统一，组织全区进行行政规范性清理工作并将清理结果及时公开，通过清理，全区共清理的行政规范性文件182件，其中保留128件、已修改4件、拟修改3件、废止47件。

（王佩勇）

【行政执法监督工作开展】 年内，一是全面推行行政权力清单和责任清单制度，构建全区统一的横有分工、纵有层级、权责明确、边界清晰、衔接有序、传导有效的行政执法体系。二是全面开展行政职能公开透明运行及动态监管机制，进一步对各单位的行政职权梳理结果进行把关，并结合全市行政处罚和行政许可及非许可性行政审批的梳理结果，对昌平区的职权进行再梳理，制作行政权力清单和责任清单目录。三是认真落实市法制办关于做好北京市行政执法信息服务平台建设的通知精神，组织各执法单位完成行政处罚案件的录入工作，保证了平台的顺利运行。四是组织各执法单位参加市法制办案卷评查。抽调安监局、卫计委案卷评查员各一人组成案卷评查小组，完成了全区执法单位行政处罚案卷评查，并下发通报。五是积极推进昌平区"两法衔接"工作平台建设，会同区检察院组织全区各相关单位人员召开联席会议并组织业务培训。

（王佩勇）

【做好行政复议和行政应诉工作】 年内，为积极应对新行诉法带来的挑战，区法制办先后于4月18日、5月28日至29日和12月29日，三次组织"全区领导干部行政应诉培训班"，并通过庭审观摩让各位领导做到理论与实际相结合，更灵活的掌握应诉规则和技巧。全年，收到行政复议申请156件，较去年同期增长47%。共代理区政府行政诉讼案件59件，与去年同期相比，应诉案件数量大幅增加。完善行政复议机构设施，室内悬挂、摆放行政复议有关图文像表进行公示，为当事人提供行政复议申请书等格式文本，为当事人提供最大的方便，畅通了行政复议渠道。

（王佩勇）

【加大政府信息公开工作力度】 年内，区法制办坚持全员参与政府信息公开的工作要求，形成了综合科牵头，各科室参与的工作机制，各科科长负责本科室政府信息公开工作，并指定专人承办。进一步完善办理政府信息公开申请会商制度，涉及重点、难点问题的依申请公开件由综合科和相关科室共同研究办理，法制办领导审核把关，为做好信息公开工作提供良好组织保障。年内共主动公开政府信息64条。

（王佩勇）

综合行政服务工作

【概　况】 昌平区综合行政服务中心（简称"区行服中心"）在区委、区政府的正确领导下，在各有关部门和镇（街道）的大力支持和配合下，坚持以贯彻落实党的十八届五中全会、市委十一届七次全会和区委四届九次全会精神为主线，团结带领全体人员，切实改进工作作风，着力服务转型发展，为建设国际一流的科教新城做出了积极的贡献。2015年，区综合行政服务中心大厅共受理办结各类业务9万余件，公众服务呼叫中心受理办结业务5万余件。

区行服中心牢牢把握自身功能定位，进一步创新服务方式，拓展服务功能，提升服务水平。一是完善三级政务服务体系。继续强化区级审批大厅服务管理，认真做好窗口优化调整等工作。加强镇级事项办理过程监督和办事窗口远程监控，定期通报、分析业务数据，梳理便民服务事项，不断提高规范化水平。深入研究村级代办室服务事项，探索推进事项规范工作。二是深入推进行政审批制度改革。推进网上审批平台建设，积极贯彻"三证合一"登记制度。三是加大重点项目协调力度。梳理汇总投资项目的前期手续办理资料，涉及32个市、区两级委办局44大项行政审批事项，形成规范性PPT，方便人员查询。三是统筹推进电子政务发展。改版升级区政府门户网站，梳理、整合全区各类政务数据，提供共享交换。建立三网融合系统。加固区政府电子邮箱安全措施，优化区协同办公平台，调试移动即时通，加强政务网络管理。四是继续拓展呼叫中心功能。推进非紧急救助服务平台建设。转变数据采集量增长方式，做好节假日咨询服务工作。

（甄祯）

单位名称：昌平区综合行政服务中心
地址：城南街道龙水路22号院4号楼
电话：（010）60718118
邮编：102200

【梳理前期手续资料形成规范PPT】 5月，结合北京市最新投资项目审批流程图，梳理汇总土地公开交易、协议出让等6类投资项目的前期手续办理资料，涉及32个市、区两级委办局44大项行政审批事项，形成规范性PPT，方便人员查询。

（甄祯）

【建设虚拟服务平台】 5月，建设虚拟化服务平台，上架刀片服务器和存储，安装虚拟化操作系统，为昌平区相关单位提供虚拟化服务。

（刘然）

【“三证合一”过渡期稳妥实施】 10月，积极贯彻《关于实行企业准入“三证合一、一照一码”登记制度的工作意见》，有效借鉴企业“一口式多证联办”服务有益经验和做法，充分发挥协调管理作用，确保过渡期内“三证合一”工作稳妥实施。

（赵小雨）

【网管人员培训班举办】 11月4日至6日，在区财会之家多功能厅举办了2015年全区网管人员培训班，全区共有90余名网管干部参加了培训。本次培训采取集中学习、专题授课与现场演示相结合的方式，邀请到市级主管部门及信息化相关领域的专家，就政府网站内容建设实务、政府网站普查的要求、政务地理空间信息资源开发利用、移动电子政务平台的建设与安全和政务网络与信息安全等方面的内容进行了系统讲解，对进一步提升全区网管干部理论素质和业务能力，更好地推动全区电子政务和信息化工作开展起到了促进作用。

（刘然）

【昌平政务服务平台培训会召开】 11月11日，在昌平财会之家召开昌平政务服务平台培训会。20个镇（街）窗口工作人员及部分村代办室代办员共200余人参加了培训。会议邀请综合政务服务平台系统开发人员进行系统应用培训，通过详细讲解，确保每一名工作人员对系统操作熟练，促进工作人员业务能力提升、办事效率提高。

（甄祯　赵小雨）

【开发三网融合系统】 12月，着力做好区三网融合系统支撑工作，研究确定系统建设方案，做好地图、网格和法人等信息数据支持，开展技术使用培训和指导，完成二级网格的划分确认工作，开发完成社管通、电子台帐、网格员管理、应用维护等子系统。

（刘然）

【推进非紧急救助服务平台建设】 年内，着力推进非紧急救助服务平台建设。开发建设集受理、转办、督办、办理和反馈等功能于一体的非紧急救助服务系统，并与市级非紧急救助系统实现实时对接。针对权属不清、责任不明的群众诉求，通过业务平台建议、电话沟通、实地走访等方式加强沟通，强化部门间的协调联动。加强培训教育和全程督办，努力做到及时了解社会舆情、及时反馈市民关切、及时办理市民诉求，解决好服务群众“最后一公里”问题。

（王淼）

外事工作

【概　况】 2015年，昌平区人民政府外事工作办公室（简称“区外事办”）在区委、区政府的正确领导下，在市政府外办的指导支持下，认真贯彻落实北京市外事暨港澳工作会议和区两会精神，与“三严三实”专题教育活动紧密结合，继续巩固党的群众路线教育实践活动成果，积极转变工作作风，着力夯实工作基础，聚焦全区转型发展，服务区内中心工作，助力“国际一流的科教新区”建设。

（庄建蓉　张冰）

单位名称：昌平区人民政府外事办公室
地址：城区镇政府街19号
电话：（010）69743764
邮编：102200

【完成各项外事任务】　年内，累计接待外交部、中联部、商务部、外交学会、市政府外办等单位安排的重要外宾团组11个、253人；友城来访及区内商务、科技、教育、卫生、旅游等交流考察团组17个、1032人。确保了2015年世界大学生魔术交流大会，2015善行者公益徒步活动，第三届北京农业嘉年华，第十二届温泉文化节、苹果文化节等多项活动的成功举办。组织承办了由北京市人民对外友好协会主办的“2015北京国际友好林”植树活动暨在京国际友人绿化基地启动仪式，为玻利维亚大使、马尔代夫大使以及埃塞俄比亚、法国、韩国等68个国家和地区的驻华使节、外国专家、外企人员和留学生等500多人提供了细致周到的服务。指导未来科技城与法国巴黎韦利济－维拉库布莱市签署了《中法可持续发展标准城市合作战略合作协议》。指导区卫计委安排人口与发展南南合作组织第26届执委会代表团来昌平区考察基层卫生计生工作及中国CDC专家组一行来昌平区疾控中心现场调研流感住院病例（SARI）监测工作。会同区商务委、区投资促进局组织区团组赴香港参加第十九届京港洽谈会及昌平区专场活动。

（庄建蓉　张冰）

【职教交流活动】　年内，配合区教委接待了德国巴登·符腾堡州州长克莱驰曼一行120人政府、企业代表团的访问考察，昌平职业学校与巴符州教师继续教育学院签订了共建“中德汽车教育文化交流中心”合作意向书，正式成立了北京市中德职业教育合作中心。举办了“2015国际学生北京夏令营——昌平职业学校体验日”活动，向来自世界40多个国家、800余名师生展示了新常态下的中职专业教学和素质培养成果。

（庄建蓉　张冰）

【苹果栽培技术交流】　年内，协助区园林绿化局邀请日本著名矮化苹果栽培专家成田東敏来昌平区，为果农介绍日本矮化苹果栽培技术发展历史、现状和趋势，日本有机苹果的栽培管理方法，讲解在平衡施肥、合理用药、套袋技术方面的先进经验及矮化苹果的修剪技术。截至年底，昌平区邀请的日本果树专家共培训果农8800人次。积极参与由市友协举办的“促进民间友好交流、聚话城市和谐发展——2015北京国际民间友好论坛”，通过制作宣传展板，以文字和图片形式向与会外宾推介昌平重点功能区及国际友城交往成果。

（庄建蓉　张冰）

【与韩国友好城交往】　年内，与韩国首尔特别市道峰区、釜山广域市金井区进行了互访。区委副书记、区长张燕友率团对道峰区、金井区进行了首次访问，与道峰区商定两区明年举办纪念友好关系二十周年庆祝活动计划；与金井区签署两区教育领域交流合作备忘录，自明年起开展小学生文化交流互访项目。道峰区区厅长李东秦、议长赵淑子，金井区议长洪完构分别率团访问昌平区，参加了第三届北京农业嘉年华、第十二届苹果文化节活动，区委书记侯君舒，区委副书记、区长张燕友会见代表团，签署了昌平区与道峰区公务员互派交流修订协议。区委副书记、区长张燕友应邀首次访问板柳町，会见町长、议长、国际交流协会会长，推介区重点功能区，详细介绍招商引资政策，就双方开展文化艺术交流、学生互访、果树种植技术研讨等项目合作进行了深入沟通并初步达成共识。

（庄建蓉　张冰）

【与美国城市建立友好关系】　年内，与美国马里兰州乔治王子郡进行了互访。昌平区派出教委代表团访问乔治王子郡，落实建立友好校关系和推进中学生夏令营项目的具体细节。乔治王子郡郡长罗圣·贝克三世率政府、学校、企业代表团访问昌平区期间，举办了经济、教育、投资领域合作洽谈对接会，双方教育主管部门签署了友好学校关系备忘录，将开展中学生夏令营项目。两地建立正式友好城市关系获国家和北京市有关部门批准，将择期签署。

（庄建蓉　张冰）

【友城交往范围首次扩大到大洋洲】　年内，在中国驻新西兰克赖斯特彻奇市总领馆的引荐和协助下，深入推进了与新西兰胡鲁努伊区的友好联系，接待了该区区长温顿·戴利先遣团的来访，举行座谈会并就两地在招商引资、教育、旅游、农业等领域的合作想法进行了广泛深入探讨。区委常委、常务副区长孙卫在率团访问胡鲁努伊区期间，与区长温顿·戴利共同签署友好合作谅解备忘录，使区友好交流城市达到13个，友城交往范围首次扩大到大洋洲。

（庄建蓉　张冰）

【与欧洲国家友好交流】　年内，副区长刘淑华率团赴西班牙、捷克、匈牙利推进友好城市务实合作，与西班牙托雷洪市商讨开展校园足球交流，与捷克卡洛维瓦理州、匈牙利布达佩斯市22区洽谈开展中医合作项目。副区长李志杰率团访问捷克卡洛维瓦理州，介绍区农林业发展情况，推介区现代农业科技创新服务联盟等项目，积极促进双方在农林领域形成长期、全面、稳定的合作关系。配合区投促局派出已建友城德国纽伦堡市行政区团组，举办专场商务洽谈会。

（庄建蓉　张冰）

【利用文化节活动加强交流】　年内，按照昌平区第十二届温泉文化节活动方案，致函韩国、日本、法国、美国、捷克、德国的7个友城，为此次活动的开幕式录制祝贺视频并邀请来昌平区出席活动，正式提出了与外方政府建立旅游网站链接、共享旅游资源的合作建议。

（庄建蓉　许薇薇）

【进一步提高因公出入境管理的规范化水平】年内，坚决贯彻落实北京市因公临时出国（境）管理各项工作要求，着力完善制度建设、强化申报审批，突出因公出访对区友城交往与经济社会发展的促进作用。

（庄建蓉　张冰）

【不断完善涉外服务与管理】　年内，坚持为企业走出去提供便利。根据重新修订的《昌平区APEC商务旅行卡申办实施细则》，为北京早晨创意品牌策划事务所、北京路鹏达市政工程有限责任公司2家民营企业申办APEC商务旅行卡。积极支持学校的国际化需求。与区人力社保局、区教委、区出入境管理大队受理并实地检查指导昌平区实验小学等区内4所公办小学和迈得高外国语学校等3家英语培训机构聘请外籍教师资格的申请工作。与区教委受理北京师范大学第二附中未来科技城学校等10所学校申请接收外籍学生资质的申报材料，并对北京育翔小学回龙观学校等4所学校进行首批实地检查指导。积极派员参加北京市举办的“领事保护和文明旅游进校园”活动启动仪式，进一步做好领事保护预防性宣传工作，增强中小学生的文明与安全意识。

（庄建蓉　许薇薇）

【深入开展国际语言环境建设】　年内，按照北京市民讲外语活动组委会和区委、区政府的总体部署，依据《昌平区落实<首都国际语言环境建设工作规划（2011年–2015年）>实施方案》，面向全区统计汇总昌平区“十二五”时期首都国际语言环境建设工作完成情况。选派天通苑北街道太平家园社区英语学习小组代表参加2015年北京外语游园会主会场活动，并进行了英文歌曲表演和诗歌朗诵。举办了2015年北京外语游园会昌平区分会场活动暨外事人才培训班成果汇报会，充分展示了昌平区各单位外事骨干人员的英文水平和演讲风采。以机关单位为试点，举办韩国语兴趣学习班。由韩国首尔特别市道峰区第十一任驻昌交流员杨允瑄担任主讲教师，学员由来自区机关单位的韩国语爱好者组成。积极配合区综合行政服务中心做好区政府英文门户网站“动态信息”、“网上互动”两大板块的信息更新和文字翻译工作。

（庄建蓉 张冰）

【逐步强化外事基础性工作】 年内，联合区委组织部、外交学院举办了第四期外事人才培训班，确定了60名参训人员，在外交学院进行了为期两周的外交外事理论知识和语言培训。按照市政府外办印发的《关于开展2015年度外事人才培训计划申报工作的通知》要求，根据区外事专办员队伍建设需要，成功举办了为期三天的外事专办员培训班。派员参加了第十七届中日韩友好城市交流大会、第十三届中韩地方政府交流大会及北京市政府外办组织的“全市外事系统青年干部培训班”、区县外办翻译技巧高级研修班、涉外案（事）件处置工作培训。认真开展外事工作网站的自查和规范整改工作，进一步规范了网站内容、增强了服务效能、提升了维护水平，及时准确报道区外事信息。向市级刊物《外事和港澳工作》、《北京友协》报送区国际化建设和对外交往信息，实现了面向全市的对外宣传和成果共享。

（庄建蓉 张冰）

信访工作

【概 况】 2015年，昌平区信访办公室（简称“区信访办”）深入贯彻落实中央关于信访工作的各项部署，积极适应经济发展新常态，以深入推进信访工作制度改革为主线，以开展“信访法治建设年”活动为载体，着力打造“阳光信访”“责任信访”“法治信访”，以维护群众合法权益、促进社会和谐稳定提供更好的服务为目标，着力提升解决群众合理诉求的水平，保持了信访形势总体良好态势。全年到区信访总量2141件批次，同比下降24%。其中来信1763件（含联名信8件714人签名），同比下降24.1%；来访378批6103人次（含集体访268批5845人次），同比批次、人次分别下降21.7%和17.5%。市联席办交办区级重点矛盾纠纷5件，均已化解。

（叶莉）

单位名称：中共北京市昌平区委信访办公室
北京市昌平区人民政府
地址：城北街道政府街19号
电话：（010）80112107
邮编：102200

【区信访办调整领导班子】 4月3日，区信访办召开干部大会，宣布区委关于区信访办领导班子的调整决定。张海岩同志任区委政法委副书记、区信访办主任，免去梁士强同志区信访办主任职务；郎利林同志任区信访办副主任，免去孙喻同志区信访办副主任职务。

（叶莉）

【开展《信访条例》宣传月活动】 4月30日，开展了以“阳光信访、责任信访、法治信访”为主题的信访条例宣传月启动日主题宣传活动，副区长贺军参加。宣传月期间，全区深入开展“六个一”活动，通过开展一次主题宣传活动、举办一次《信访条例》专题培训、开展一次知识竞赛、开设一个专题栏目、组织一次专题板报评比、开展一次征文活动，引导群众依法信访。

（叶莉）

【中央信访工作联席办督查组到昌平督查】 8月22日至23日，中央信访工作联席办督查组到昌平区督查指导工作。

（叶莉）

【信访业务培训举办】 6月18至19日、11月27日，举办两次信访业务培训。信访考核成员单位共计260余人参加培训。

（叶莉）

【信息报送快捷高效】 年内，共编发《昌平区社会矛盾纠纷排查信息》244期，《每日访情》247期，《信访工作专报》7期，《信访动态》12期，《昌平信访》6期，共计50余万字。

（叶莉）

应急管理工作

【概况】 2015年，在市委市政府的统一领导下，在市应急办的具体指导下，昌平区突发事件应急委员会办公室（简称“区应急办”）围绕首都城市安全保障体系要求，加大应急基础设施建设，强化应急队伍管理，狠抓应急准备，确保有效维护昌平地区的社会稳定，为推进国际一流的科教新区建设创造了良好的社会环境。

（单胜礼）

单位名称：昌平区突发事件应急委员会办公室
地址：城北街道政府街19号
电话：（010）89741523
邮编：102200

【应急会议召开】 2月18日，区领导张燕友、苏贵光、贺军、靳增立以及全区各镇（街）负责人在区分会场收听收看市政府召开的除夕应急值守电视电话会议。要求全区各部门、各镇（街）要突出重点部位、重点区域的监控，落实好责任，加强宣传引导，完善好应急预案，尤其是在燃放高峰时段，确保不出问题。

（单胜礼）

【应急处置积雪】 2月27日，夜间昌平区普降小雪，市政、交管、城管等职能部门紧急启动雪天道路交通预案，200名民警上路疏导指挥，加强道路巡逻管控力度，全力维护雪天道路安全畅通。环境卫生管理处根据雪情及时采取应急措施。900多名环卫工人上岗工作，调派洒水车、清扫车、洗涤车30多台，喷撒融雪剂100吨、清水200吨，清扫城区内主次干道80多条。

（单胜礼）

【元宵节烟花爆竹安全管理工作部署会召开】 3月，昌平区召开了2015年元宵节烟花爆竹安全管理工作部署会，副区长苏贵光、贺军出席会议。会议安排部署了元宵节及“全国两会”期间的火灾防控工作，要求各单位、各部门、各镇街要继续发动各类群防群治力量加大可燃物清理工作力度，对重点区域进行湿化作业，同时要严格落实禁放要求，确保十六类场所消防安全。

（单胜礼）

【预防煤气中毒工作紧急会议召开】 3月13日下午，昌平区预防煤气中毒工作紧急会议召开，副区长贺军主持会议。要求各镇、街及派出所要进一步提高思想认识，组织相关工作人员进行再动员、再部署；强化宣传检查，要针对工地、学校、集体宿舍等重点部位开展专项检查，确保各项防范措施落实到位。

（单胜礼）

【重大危险源事故应急救援演练在沙河油库开展】 6月12日上午，昌平区2015年重大危险源事故应急救援演练在沙河油库开展。演练模拟油库在处置一起汽油泄漏事件时，突发火灾，导致人员轻度烧伤。油库立刻启动应急预案，向政府部门报告，请求救援。接到报警后，区应急救援指挥部立即启动重大危险源“一对一”预案，组织公安、交通、消防、卫生、安监、气象、环保等部门人员到现场进行处置。演练模拟在处置过程中现场发生爆炸，造成多处起火，并有人员受伤，与此同时，油库另一区域也发生汽油泄漏并起火。各方救援力量快速反应、全力以赴，一小时后，现场明火被扑灭，并成功封堵泄漏点，爆炸现场得到控制。应急演练达到预期效果。

（单胜礼）

【《昌平区空气重污染应急预案》正式颁布实施】 6月，新修订的《昌平区空气重污染应急预案》正式颁布实施，昌平区各项空气重污染应急措施也随之升级。这是昌平区2012年发布的《昌平区空气重污染日应急方案（暂行）》和2013年发布的《昌平区空气重污染应急预案（试行）》的基础上修订而成的第三版空气重污染应急预案。与前两版相比，新版《预案》进一步降低了预案启动门槛，应急措施更加严格、完善。

（单胜礼）

【区游泳救生员技能比赛暨水上救生·救护应急演练举行】 7月，2015年昌平区游泳救生员技能比赛暨水上救生·救护应急演练在区体育局游泳场举行。来自全区35家游泳场馆的60多名游泳救生员参加比赛和演练。通过50米救生全能赛、心肺复苏救助演练等项目，展现和提升了救生员的专业水平，增强了大家的防范意识和责任意识。

（单胜礼）

【《雾霾天气应急保障措施》启动】 11月11日，区交管部门及时启动《雾霾天气应急保障措施》，并开展街面综合执法检查，为市民安全出行提供保障。交管部门根据天气预警情况，在昌平城区主要路口和重要点段，及时加派了警力疏导，并设立了检查岗，加大对禁限车种的处罚力度，加快事故快清快处速度等。同时，通过微博、微信等新媒体及时向公众发布实时路况信息，确保道路安全畅通。

（单胜礼）

【应对极端天气专项工作电视电话会议召开】 11月20日，市政府召开应对近期极端天气专项工作电视电话会议，市委副书记、市长王安顺部署相关工作，区领导张燕友、孙卫、贺军以及区相关部门负责人在区分会场收听、收看电视电话会议。电视电话会后，区长张燕友主持召开会议部署区应对近期极端天气专项工作。区气象局、区市政市容委、昌平交通支队等部门负责人分别结合自身工作实际，通报了极端天气采取的应对措施。会议要求，各单位、各镇（街）要做好值班备班工作，确保信息畅通。

（单胜礼）

【空气重污染红色预警 启动应急预案】 12月8日，全区启动建设系统空气重污染红色预警，要求全区施工工地停止室外施工作业。区域范围内停止一切土石方、建筑拆除、混凝土浇筑、建筑垃圾和渣土运输、喷涂粉刷等施工作业；停驶所有建筑垃圾和渣土运输车、混凝土罐车、砂石运输车等重型车辆，并采取严格降尘措施。参照全区建设系统启动的空气重污染红色预警要求，通过短信预警平台向全区在施工程项目参建单位发送预警短信，禁止土方施工，并提醒各参建单位按要求做好施工洒水降尘工作。同时，强化部门协作，健全信息沟通机制，采取抽查、联合检查等方式，对全区199个在施项目进行全覆盖检查，全力控制施工扬尘。

（单胜礼）

投资促进工作

【概　况】 2015年，昌平区投资促进局（简称“区投促局”）全面贯彻落实区委四届八次、九次全会精神，紧紧围绕“建设国际一流的科教新区”这一目标任务，依托重点功能区和重点产业的发展，大力促进符合区四个核心功能定位的“高精尖”产业项目，以强烈的责任感和紧迫感，做好新常态下的招商引资工作。全年共引进符合区产业定位的项目360个，投资总额342.6亿元。

（代洁）

单位名称：北京市昌平区投资促进局
地址：城南街道龙水路22号院4号楼
电话：（010）69726240
邮编：102200

【参展“第十八届科技产业博览会”】 5月13至17日，区投促局代表昌平区参展第十八届中国北京国际科技产业博览会。昌平展团以“科技创新·引领未来—国际一流的科教新区”为主题，通过项目推介、网络布展、形象展示等系列活动，重点展示科技创新环境、科技创新要素和科技创新载体三个部分，全方位、多角度地展示了“国际一流的科教新区”的区域发展定位。中央政治局委员、北京市委书记郭金龙及北京市相关领导一行莅临昌平展区，副区长李志杰汇报了展区情况。此次参展活动荣获7部委联合颁发的“最佳展示奖”奖杯和科博会组委会颁发的“最佳展示奖”证书。

（代洁）

【举办电子商务主题招商百企沙龙活动】 9月8日，由昌平区人民政府主办、区投促局和投联网共同承办的“昌平区电子商务主题招商百企沙龙”活动在昌成功举办。百余家电子商务类企业、互联网科技类企业、电子商务行业的投资服务机构参加了会议。活动由区投促局副局长鲍志华主持，区委常委、副区长苏贵光致辞并详细介绍了昌平区经济社会各方面发展情况，未来科技城、TBD云集中心、云谷园等功能区对重点项目的建设情况进行了全面介绍。此外，区投促局还与零壹时光和36Kr氪空间两家孵化器签订了战略合作协议。会后，意向投资企业参观了未来科技城。

（代洁）

【举办投资促进工作人员培训班】 10月13日至15日，区委组织部、区投促局联合举办了昌平区2015年投资促进与区域经济转型发展培训班。区委组织部副部长操太盛出席开班仪式并进行了讲话。区投促局局长周玲主持。全区各镇（街）、重点功能区、孵化器的相关工作人员百余人参加培训。培训班邀请了商务部投资促进局、华图教育集团以及区发改委、工商局的专业人士，设立了外事商务接待规范与商务谈判、创新驱动发展与北京科技中心建设等7门课程，针对当前经济形势和投资促进工作相关业务知识进行了系统的讲解。

（代洁）

【参加第19届京港洽谈会】 11月27日至28日，第19届北京·香港经济合作研讨洽谈会在香港会展中心举办。昌平区参加了开幕式、项目发布展示咨询、北京市重大项目发布会暨京港投资合作项目签约，并举办了昌平专场推介活动。昌平区政府在香港举办了“一带一路京港携手，创新创业魅力昌平—2015北京昌平投资环境香港推介会”，重点推介了创新创业社区、未来科技城公共服务区、中关村生命科学园、昌平旅游4个项目。在签约环节，与美亚生物科技集团、华润置地等5家合作单位签署了美亚生物科技集团干细胞总部基地及研发中心项目、香港伟东云教育集团在昌合作项目、未来科技城北区综合体项目、京港双向孵化器合作项目4个“高精尖”项目，签约金额超过10亿美元，涉及互联网+、教育和卫生医疗合作等领域。香港工会联合会荣誉会长郑耀棠、世茂集团董事长许荣茂、香港文汇报副总经理姜增和、信和集团中国业务总经理黄若红、市投资促进局副局长于燕等出席会议，昌平区委副书记、区长张燕友，区委常委、副区长苏贵光等领导以及与昌平合作的企业5家、香港本地企业100家，共130余人参加了会议。此次京港会，另有4个重点招商项目在会议期间签约，实现在昌平落地。

（代洁）

【央企项目增长强劲】 年内，区投促局量身定制促进央企落地增收和未来科技城招商方案，完善重点项目推动和服务央企等制度，巩固和发展与央企集团建立的良好合作关系，全年拜访央企项目50余次，其中陪同区领导接待拜访中国电信集团、神华集团、中国移动国际信息港等8次。深入了解央企发展动向并协调解决项目注册、人才引进、政策支持等方面的问题，最大限度满足在昌央企不同层面的需求；邀请央企负责人走进昌平参观嘉年华展览、参与国际长走大会，增进双方的交流和沟通。全年共引进中央企业项目12家，投资总额162.5亿元。

（代洁）

【六大高端产业项目集群发展】 年内，区投促局积极围绕六大高端产业集群项目开展目标招商、以商招商，高端产业项目呈现聚集发展态势，引进产业项目分布有科技商务企业227家，投资总额155.7亿元；新一代信息技术企业52家，投资总额56.5亿元；文化旅游休闲企业37家，投资总额5.6亿元；能源科技企业27家，投资总额120亿元；生物医药企业16家，投资总额4.1亿元；高端装备制造企业1家，投资总额0.8亿元。

（代洁）

档案工作

【概　况】 2015年，在区委、区政府的坚强领导下，昌平区档案局（简称“区档案局”）全体人员深入学习贯彻党的十八大、十八届三中、四中全会和习近平总书记系列重要讲话精神，认真执行区委、区政府决策部署，扎实开展“三严三实”专题教育活动，进一步加强各项建设，服务大局、改善民生，以弘扬档案文化为亮点，履职尽责，拼搏进取，较好完成了全年各项工作任务，荣获全国档案系统先进集体等多项荣誉，档案事业稳步推进。

（王金颖）

单位名称：昌平区档案局
地址：城北街道东环路144号
电话：（010）69709438-206
邮编：102200

【赴河北省征集昌平档案资料】 1月28日，区档案局有关领导到河北省档案馆考察。征集到原河北省昌平县革命历史档案、民国档案、敌伪档案复制件14份。

（王金颖）

【2014年度区档案局网站点击率突破200万】 1月，据区综合行政服务中心统计，2014年度“昌平档案信息网”点击率为2296104次，排在昌平区门户网站架构下各子网站之首。昌平档案局网站设“网上展厅”、“记忆昌平”、等17个栏目。

（王金颖）

【区档案统计年报工作培训会召开】 3月3日，区档案局召开2014年度档案统计年报工作培训会，全区70多名区属处级单位的档案员参加了本次培训。

（王金颖）

【区领导到区档案局调研】 3月5日，区政府主管档案工作副区长刘淑华到区档案局调研，区档案局相关领导陪同。刘淑华听取了2014年昌平档案工作汇报，就2015年档案工作要点和新馆建设工作进行了研讨，对下一步工作提出意见建议：一是认识新常态，在夯实基础业务的同时，加大档案宣传力度，提高档案工作影响力；二是主动融入昌平转型发展新进程，加强对拆迁地区档案工作指导，加强对卫生医疗等民生档案管理；三是加快推进新馆建设工作，做好前期准备。

（王金颖）

【镇（街）档案工作座谈会召开】 3月24日，区档案局组织全区各镇（街）机关和北企公司专兼职档案员在区档案局召开了2015年镇（街）档案工作座谈会。会议主要对2014年度主要工作特点和存在问题进行了全面总结，并就今年的工作进行了详细梳理，进一步明确全年镇、村、社区档案工作重点及工作标准、要求和时间结点。

（王金颖）

【区档案人员岗位培训班举办】 3月25日至4月9日，区档案局在区委党校组织举办为期5天历时3周的2014年度昌平区档案人员岗位培训班。此次培训内容涉及档案及档案工作基础知识，重点讲授各门类档案的收集、管理和利用方法。培训方式为多媒体讲解、网上学习、实际操作及实地参观档案馆多种形式相结合，突出针对性和实用性。全区各级机关、企事业单位共108名新任档案员参加培训。学员通过面授和网上学习，全部考试合格并取得《昌平区档案人员岗位培训合格证》。

（王金颖）

【发放宣传折页，打造基地品牌】 3月30日，区档案馆将五千多份宣传传统节日的宣传折页送到全区二十多家爱国主义教育基地、市民素质教育基地以及区烈士陵园。将传统节日与爱国主义教育紧密结合，成为区档案馆打造爱国主义教育基地品牌的新常态。

（王金颖）

【完成中国人民抗日战争暨世界反法西斯战争胜利70周年纪念活动档案服务保障工作】

3月至9月，区档案局受领中国人民抗日战争暨世界反法西斯战争胜利70周年纪念活动服务保障任务。区纪念指挥部办公室将形成的文书档案及电子文件共计227件进行了规范整理并移交到区档案馆。作为区纪念活动服务保障指挥部成员单位之一，区档案局及时研究制定了保障方案和工作措施，成立了纪念活动档案工作领导小组，并指派一名业务指导人员进驻区服务保障现场指挥部，具体负责开展相关档案工作。制发了《昌平区纪念活动服务保障工作档案管理规定》，并多次组织人员深入到相关镇和各成员单位，对服务保障工作中形成的文书、声像、会计等文件资料的收集、管理情况进行检查指导并考评，确保纪念活动档案的齐全完整和规范管理。

（王金颖）

【社保业务档案培训班举办】 4月15至22日，区档案局在区委党校首次举办社保所业务档案培训班。培训班共四期，全区20个镇（街）及北企公司近300名社保所工作人员参训，主要内容有由区档案局、区人力社保局和区民政局联合制发的《昌平区社保所业务档案管理办法》；如何编制《社保所业务档案归档范围及保管理期限表》；社保所业务档案整理的具体方法。

（王金颖）

【会计档案管理培训班举办】 4月21日，区档案局在区委党校举办会计档案管理培训班，来自全区各机关、企事业单位的会计人员及档案人员共240余人参加了培训。培训进一步明确了各单位会计档案管理职责，重点讲解了会计凭证、会计帐簿和财务报告等材料的整理、保管、利用、移交、鉴定、销毁等各环节工作内容。

（王金颖）

【区社保所业务档案管理工作现场会举行】 4月24日，昌平区社保所业务档案管理工作现场会在沙河镇政府举行，市、区档案局领导和昌平区相关单位领导以及全区各镇（街）主管领导、各社保所所长、镇（街）档案员、区社保中心档案管理科等70余人参加了会议，会议由区档案局副局长张保忠主持。会上，沙河镇社保所所长史迎东做了题为《统一工作标准，规范业务管理，扎实推进社保所业务档案管理工作》的经验介绍；区档案局局长赵丽君做了题为《适应发展新常态，服务民生新需要，创造性地做好社保所业务档案管理工作》的讲话。

（王金颖）

【与组织部联合举办区第64期“领导干部进高校”大讲堂】 4月25日，由区委组织部和区档案局联合组织的昌平区第64期“领导干部进高校”大讲堂在中国石油大学举行。由中国人民大学信息资源管理学院、中国档案学会理事、国际档案理事会档案法律事务委员会委员、国家发改委特聘重大建设项目信息资源管理主讲人宫晓东教授做题为《用好档案凭据，建设法制政府》的辅导报告，全区城口、各镇（街）及部分企事业单位分管档案工作副职领导、办公室主任及相关工作人员共200余人参加。

（王金颖）

【与中国人民大学联合举办档案专业知识培训班】 5月11日至15日，区档案局与中国人民大学联合举办了为期一周的档案专业知识培训班，组织17名业务人员赴中国人民大学信息资源管理学院学习深造。培训班安排了人民大学信息资源管理学院的教授，围绕档案工作创新发展的新思路、档案学理论前沿等内容开展专题讲座，主要讲授了《档案知识管理与领导决策》、《档案管理方法论》、《电子文件管理现状与发展》、《档案学基础理论》、《企业档案管理》、《人际沟通与技巧》等一系列知识，并实地参观了中国人民大学博物馆多项展览。

（王金颖）

【市级课题顺利通过验收荣获三等奖】 5月13日，由区档案局承担的市档案局科研项目《社会主义新农村建设档案工作示范区（县）长效机制的探索》在昌平财会之家召开专家评审验收会。由国家档案局经科司巡视员李晓明任组长，国家档案局巡视员王良城、北京市档案局副局长马素萍、海淀区档案局局长王京彦、北京市农村工作委员会村镇处副调研员汝利福组成的专家组，听取了区档案局课题工作报告，对课题进行了质询和讨论，最后一致同意该课题通过验收。8月5日，该课题被市档案局授予三等奖。

（王金颖）

【“国际档案日”暨北京市第七届“档案馆日”活动举办】 6月9日，是“国际档案日”暨北京市第七届“档案馆日”。区档案局举办了档案法制知识竞答抽奖和《昌平区档案馆珍藏档案图录》一书的首发式。共抽出一、二、三等奖和纪念奖共67名，评出14家单位组织奖。区委办、区人大、区政府办、区政协、区纪委、区委宣传部等单位出席。部分单位档案员、社区居民和大学生档案志愿者100余人参加了首发和抽奖仪式。《昌平区档案馆珍藏档案图录》是一部档案文化编研成果书。档案工作者从50万卷件馆藏文书、照片、实物、古籍、资料甄选了500余件馆藏档案珍品。用五部分，一万两千余言和500余幅图片的篇幅，以图文并茂的形式展现了昌平清代、民国、革命史时期和建国后260余年的时代变迁和历史画面。是档案走出库房、走进社会的宣传品，是知昌平、爱昌平、建昌平的教材。

（王金颖）

【区档案馆大学生暑期社会实践圆满结束】 7月至9月，区档案馆与北京化工大学继续开展暑期大学生志愿服务活动。组织50余名大学生在档案馆指导老师的带领下学习档案分类管理、案卷维护、档案查阅、档案裱糊修复等基本业务知识，使学生对档案管理的工作流程形成初步认识。组建大学生档案展览志愿讲解队进行系统培训，并在档案馆的活动中安排进行讲解。安排大学生参与查档工作，“零距离”接触利用者。

（王金颖）

【档案普法宣传活动开展】 8月4日，为宣传《档案法》，普及档案知识，提高社会各界的档案意识，区档案局向全区各机关和企事业单位、镇（街）、村及社区发放包括《昌平区档案馆珍藏档案图录》、印有馆藏的档案图片和郭沫若《题赠档案馆》诗词的折扇、宣传卡套等宣传品7000余份。

（王金颖）

【开展新农村建设档案工作测评检查】 8月11日至9月17日，由区档案局、区农委和区民政局组成的联合检查组，在全区范围内开展了2015年度新农村建设档案工作测评工作。测评检查的重点围绕农村土地承包经营权确权颁证、平原造林、以及传统村落保护名录等相关工作文件材料的收集和归档情况进行。检查组共对全区20个镇（街）的新农村建设档案工作进行了全面检查，对58个村进行了测评抽查。

（王金颖）

【全区档案行政执法检查开展】 9月14日至17日，区档案局开展档案行政执法检查，此次在全面自查的基础上，共抽查了12个单位。重点检查了文件材料归档、移交档案、档案安全保管、数字化扫描等情况。检查组采取看、听、问、查等全方位百分制考核，将检查中的情况及存在的问题进行现场反馈并提出了整改要求。

（王金颖）

【非公企业档案管理培训班举办】 10月19日，为贯彻中共中央办公厅、国务院办公厅印发的《关于加强和改进新形势下档案工作的意见》中关于引导和帮助非公有制经济组织档案工作的文件精神，区档案局与区工商联联合举办了为期一天的昌平区非公企业档案管理培训班。全区60余家非公企业档案部门人员参加此次培训。培训内容有文书、会计、声像、实物、设备等门类档案的管理方法、要求和整理流程。

（王金颖）

【社区档案员培训班举办】 10月20至21日，区档案局在军都度假村举办昌平区2015年社区档案员培训班。全区211个社区的档案工作人员参加业务培训，内容按文书档案、照片档案、设备档案、实物档案等门类档案资料的收集整理进行培训授课，并专门讲授了大事记、编组机构沿革等档案编材料的编写方法和要求。

（王金颖）

【教委系统档案业务培训班举办】 10月21日至22日，区档案局与区教委联合举办为期两天的教委系统档案业务培训班。全区近120家学校220名专兼职档案员参加了培训。培训涉及“文书、基建、声像、会计、实物、设备等门类的实操管理和整理规范，并结合区教委系统档案管理整体现状明确专兼职档案员的职责及如何更加深入的综合管理本单位档案等内容。

（王金颖）

【通报2015年档案行政执法检查结果】 10月26日，区档案局印发《关于2015年度档案行政执法检查情况的通报》（昌档文〔2015〕32号），向全区各单位通报了2015年档案行政执法检查结果，同时向重点抽查的单位下发了反馈意见书。在接受重点检查的12个单位中，5个单位获得优秀，5个单位良好，2个单位合格，没有不合格单位。

（王金颖）

【纸质档案数字化培训班举办】 10月27日至29日，区档案局在区教师进修学校分三期举办纸质档案数字化培训班，涉及纸质档案数字化工作要求、档案整理、建立目录数据库、档案扫描、图像文件命名、图像处理、数据挂接等内容。全区有扫描任务的100余家单位档案员参加。

（王金颖）

【2015年档案人员继续教育培训班举办】 11月3日，区档案局在财会之家举办2015年档案人员继续教育培训班，来自全区处级单位档案人员共152人参加培训。此次培训包括《国家治理和信息技术环境下档案工作发展方向》，由国家档案局政策法规研究司司长王岚讲授；《因热爱而幸福》，由国际关系学院心理教育研究中心的教授李胜强讲授。

（王金颖）

【在全区档案系统开展国家宪法日系列活动】 11月20日至12月10日，区档案局在全区档案系统开展国家宪法日系列活动。一是“12·4”法治宣传日当天，在亢山法治文化公园设置法律咨询台，发放《20种档案管理违法违纪行为》、《家庭建档指导手册》、《民生档案利用指南》等多种书刊折页宣传品共5000余件，接待咨询群众600余人次；二是组织全局人员学习《宪法》；三是制作《档案法律法规文件汇编》、《20种档案管理违法违纪行为》等宣传资料20000份，制作印有“记录历史、传承文明”宣传字样的卡套6000份，印有“题赠档案馆”诗词的宣传折扇2000把，发放到全区各处级单位、镇（街）、行政村、社区；四是在昌平城区电子显示屏、区档案局门口、宣传橱窗、查阅大厅电子屏悬挂、播放宣传标语；五是下发通知，组织各处级单位档案部门开展形式多样的档案法治宣传活动，并报送信息及照片。六是组织观看普法微电影。

（王金颖）

【区建成首家村级历史博物馆】 11月，东小口镇单家村建成昌平区首个村级历史博物馆——单家村村史博物馆。博物馆主要以档案资料和实物为基础，以展示本村发展变迁的历史为脉络轨迹，以丰富社会主义新农村建设文化内涵为重点，以大力培养增强村民爱党、爱国、爱首都、爱家乡的情怀意识和现代乡村文化认同感和凝聚力，激发农民建设家乡、发展经济、弘扬文化的信心为目的，主要分为村史展馆、老物件展馆、荣誉展馆、未来展馆等四个部分。村史博物馆建设充分利用了村档案室提供的文书、声像、实物、基建、科技、光盘、会计七大类的归档资料，共展示各门类档案近700卷件。

（王金颖）

【国家档案局局长到区调研档案工作】 12月1日，国家档案局局长李明华到昌平区调研档案工作。市档案局局长吕和顺、区长张燕友、副区长刘淑华、区档案局局长赵丽君陪同。调研组一行到李明华联系点郑各庄村参观调研村史展览馆和村档案馆，随后到区档案局座谈。

（王金颖）

【区档案局荣获全国档案系统先进集体称号】 12月27日至29日，在北京万寿庄宾馆国家档案局召开全国档案工作暨表彰先进会，会上，区档案局荣获国家人力资源和社会保障部、国家档案局授予的"全国档案系统先进集体"称号，是北京市唯一一家获此称号的单位。区档案局围绕全区中心工作，立足服务民生，扎实有效开展各项档案工作并取得了一定成绩。加强对未来科技城、轨道交通、北京农业嘉年华等重大项目、重要活动档案工作监管力度，确保重要档案留存完整；印发《昌平区国有企业资产与产权变动档案处置暂行办法》，积极做好企业档案工作；不断加大对新农村建设档案的监管力度，成功创建北京市首家全国新农村建设档案工作示范区，档案业务指导覆盖20个镇（街）、120余家机关企事业单位、303个行政村和211个社区。目前，全区13个镇（街）档案室达到市级优秀单位标准，全部行政村能够利用网络查询涉农档案信息，档案室管理规范化达到100%。社保、残疾人、婚姻、土地承延包、宅基地等近60种档案得到规范，档案馆平均每年接待查阅万余人次，馆藏纸质档案40.2万卷（件）进行数字化，纪念改革开放30年、建国60周年、建党90周年等18个展览累计接待参观人数近27万人次，64期26万余册《政务信息汇编》搭建起了政府与群众之间的桥梁，《毛泽东与昌平》、《昌平抗战记忆》等15种文化产品丰富了区文化建设。

（王金颖）

【编辑完成《昌平抗战记忆》一书】 年内，为了纪念中国人民抗日战争暨世界反法西斯战争胜利70周年，区档案馆利用馆藏档案和资料编辑完成《昌平抗战记忆》一书。《昌平抗战记忆》一书共37万余字。该书内容共分为三部分，第一部分离休老干部名录及主要事迹。第二部分记载了白羊城起义、永安庄突围、黑扈山战斗、昌平西山惨案等历史事件和离退休老干部、专家学者及区党史工作者有关抗战的回忆和研究文章。第三部分是馆藏征集的部分日军侵华时拍摄的资料与实物照片。此书全面记录了昌平的抗战历史，真实地反映了时代情景。

（王金颖）

【档案利用工作】 年内，区档案馆以开展党的群众路线教育实践活动为契机，结合"三严三实"活动，坚持以满足群众利用需求为导向，积极整合档案资源，全面提高服务效能，努力搭建方便人民群众查阅利用的服务平台。全年共接待利用者13961人次；提供档案资料12176卷件次；出具证明材料7990份，实现年接待人次与利用卷次再创历史新高。

（王金颖）

【通过北京市区县机关档案工作优秀单位测评】 年内，区住建委、沙河镇、区档案局等27家单位，经北京市区县机关档案工作测评小组对照《北京市区县机关档案工作测评细则》，通过实地查看、审查材料等方式顺利通过测评，档案工作达到了北京市区县机关档案工作市级优秀单位标准，成为市级优秀单位。

（王金颖）

地方志工作

【概　况】 2015年，昌平区地方志办公室（简称"区志办"）在区委、区政府的正确领导下，在市地方志办的精心指导下，坚持发扬"修志问道，直笔著史"的方志人精神，始终把贯彻落实《地方志工作条例》《北京市实施<地方志工作条例>办法》《全国地方志事业发展规划纲要（2015～2020年）》作为推进地方志工作的重要保障，集中精力做好二轮修志工作，引导和指导基层修志，不断提高年鉴编撰水平，积极开展地方志宣传，努力拓展地方志利用途径，加强地方志理论研究，全区地方志工作取得了较好的成绩。　（杜凯英）

单位名称：昌平区委党史办公室
　　　　　昌平区地方志办公室
地址：城北街道政府街19号

电话：（010）89741702
邮编：102200

【《明十三陵志》（初审稿）评审会召开】 2月4日，召开《明十三陵志》（初审稿）评审会，市志办专家、区志办及十三陵特区办事处领导和工作人员参加评审，评审专家认为：《明十三陵志》遵照了“横排编目，纵写史实”的修志原则，框架结构设置完整，篇目章节安排合理，语言客观真实，简洁凝练，史实清楚，引用有据，观点鲜明，时代感强，是一部质量很高的专志。同时指出了稿件存在的问题和不足，并提出相应修改意见和建议。

（杜凯英）

【编纂《北京昌平年鉴2015》工作】 2月25日，《北京昌平年鉴（2015）》编纂工作全面展开，要求各单位、各部门于3月13日前将《参编单位主管领导及撰稿人员登记表》反馈至区委党史办。《年鉴》资料经本单位主要领导审校签署意见后，于3月31日前，报送到区委党史办。

（单胜礼）

【地方志资料年报工作】 2月，填报《区县级综合年鉴出版情况统计表》《专业年鉴出版情况统计表》《行业志、部门志、专业志出版情况统计表》地方志资料年报报表。3月，给市方志馆报送《昌平年鉴》、《昌平教育年鉴》等地情书。

（杜凯英）

【实地考证和业务交流】 4月13日至17日，到河北省怀来县、阳原县、张家口市宣化区，重点就颇具争议的“昌平由阳原县迁入”的“昌平由来说”进行实地调研和考证，对阳原县的建置沿革，特别是西汉时期、南北朝北魏时期阳原境内的建置情况进行了解。其次，对上谷郡的辖区演变和郡治变迁，明代宣府镇与昌平、居庸关在军事防御上的关系，昌平侯杨洪的情况与当地史志专家进行交流。

（杜凯英）

【完成《昌平区志》（初审稿修改稿）】 10月，落实《昌平区志》稿（初审）评审会精神，对初审稿进行补充、修改和完善。通过压缩篇幅、调整篇目、完善彩插、撤并专记、重置附录、修改正文等环节，完成《昌平区志》（初审稿修改稿），文字规模缩减至74.6万（不含图表照片、字符空格），设25编105章396节，增加“中国共产党”和“园区经济”两编。彩插照片由143张减少到55张，占2个印张，图片以暗标方式进行分类编排。取消专记，将内容记入相应章节。删减正文中和前志大量重复的关于建置沿革和自然环境的内容.重写概述，分别记述各个时期昌平的经济发展、城乡建设、社会事业等情况。重置附录，收录地区生产总值统计表、全国性普查数据公报等。

（杜凯英）

【完成《明十三陵志》（复审稿）】 10月底，十三陵特区完成《明十三陵志》（复审稿），正文设6篇26章，以及概述、大事记、附录和参考文献等，文字48万字，图片553张。概述部分按时间顺序记述了明十三陵的历史变迁，大事记列举了自长陵营建到下限时间内发生的大事，第一篇皇帝陵寝及其陪葬、第二篇陵区附属建筑及设施、第三篇陵寝礼俗、第四篇管理、第五篇考古与研究、第六篇艺文，附录收录了十三陵的碑文、十三陵保护管理制度及相关问题考证。

（杜凯英）

【市级研究课题结题】 10月底，承担的两个市级课题《试论昌平关城文化》《昌平区镇村志编纂管理研究》结项，课题成果形式为论文，其中《试论昌平关城文化》1.15万字，《昌平区镇村志编纂管理研究》0.7万字。为完成课题，年内收集地情资料数万字，并实地考察了白羊城、长峪城、巩华城、居庸关、南口、虎峪、秦城等地，拍摄大量照片。

（杜凯英）

【完成行政审批事项改革相关工作】 年内，对《法律法规设定地方实施的行政审批事项基础清单》进行核对，对《市政府各部门行政审批事项汇总清单（2015年版）》进行确认，对行政审批事项进行编码，拟定《北京市昌平区区志办公室行政审批事项事中事后监督管理办法》。

（杜凯英）

【《昌平区军事志》出版】 年内，《昌平区军事志》出版，该志上限始于事物发端，下限止于2005年，全书约80万字，由概述、大事记、正文及附录四部分组成，其中正文共10篇40章140节，图照180幅。《昌平区军事志》由区武装部组织编纂。

（杜凯英）

【完成昌平区党史地方志网站设计方案】 年内，制定《昌平区党史地方志网站设计方案》，对网站的目标、名称、设计原则、功能、栏目设置、制作流程、后期维护和费用情况进行明确，报市志办信息处。

（杜凯英）

【地方志理论研究】 年内，完成《北京地方志》杂志约稿5000余字。梳理《地方志工作条例》实施以来，昌平区贯彻该条例和北京市"实施办法"的情况，以及二轮修志开展情况，撰写论文。支持区文脉梳理工程，为文脉办"关于昌平建置沿革研讨会"撰写论文《西汉昌平探讨》。

（杜凯英）

【开展地方志书交流利用】 年内，与上海市奉贤区、青岛市崂山区、深圳市福田区、山东省高青县、四川省自贡市、河北省怀来县、张家口市宣化区、河北省阳原县等交换地方志书，加强业务交流。

（杜凯英）

【基层修志工作】 截至年底，昌平区已经出版的部门志、专业志、镇（村）志共20部，完成初审稿的2部，分别是《昌平区道路运输志》（《昌平区交通志》）和《昌平区水务志》，正在编撰的有《昌平区公安志》《昌平区教育志》《城北街道志》，计划编撰的有《上庄村志》。

（杜凯英）

【《北京昌平年鉴2014》出版】 年内，《北京昌平年鉴2015》出版发行。全书共22个篇目，75万字。参鉴单位172家，收入照片226张。该书全面反映昌平区2014年政治、经济、文化、社会发展和党的建设等各方面的新情况、新进展和新成就。《北京昌平年鉴2015》发行范围包括区内各参鉴单位、各村（含益民书屋）、社区。

（单胜礼）

机关事务管理工作

【概　况】 2015年，昌平区机关行政事务管理处（简称"区行管处"）在区委、区政府的正确领导下，深入学习贯彻党的十八大、十八届三中、四中、五中全会精神和习近平总书记系列重要讲话精神，扎实开展"三严三实"专题教育实践活动，严格落实国务院《机关事务管理条例》，紧紧围绕区委、区政府中心工作，立足机关事务管理、服务、保障职能，以创建"节约型、服务型、创新型"机关为目标，实施精细化管理，注重服务细节，延伸服务深度，规范服务流程，努力把各项服务做实做细，为机关办公正常高效提供更加有力的后勤保障。

（尚文生）

单位名称：昌平区机关行政事务管理处
地址：城北街道政府街19号
电话：（010）89741738
邮编：102200

【细化财务管理】 年内，严格执行财务管理制度，推进财务改革，完善财务工作。改进项目经费的会计记账方式，确保专款专用，收支结余情况更加明晰。建立资金监督机制，新设资金审核岗位，由专门人员核实票据的可行性和真实性。规范财务收支审批制度，明确资金支付审批权限及审批程序，强化资金收支的内部控制。全年完成机关22家单位约600人次的工资发放，办理公积金缴存420人次，公积金提取150人次、加急业务25人次。

（李春爱）

【严控公车开支】 年内，认真落实公车维修保养“三定点”制度，坚持价比三家，择优采购，严控维修项目，每季度实地抽检、核对、回收废旧配件。建立车辆费用每月分析制度，使公车开支更加合理、节约。全年公车维修保养费用同比下降28.8%，油耗同比下降5.9%，高速通行费同比下降10.8%。

（杨西永）

【餐饮服务精细化】 年内，切实改善餐饮服务，不断提高厨师厨艺，定期翻新菜品，积极开展健康养生知识宣传；针对食品浪费现象，张贴宣传画和节约标识，引导就餐人员勤拿少取；加强成本控制，严把采购关，从源头上确保食品安全；增设卫生监督员定时检查食堂卫生，加强环境卫生监管。全年除保障机关干部职工日均约800人正常就餐外，还为维护群访秩序的公安干警、机关其他活动、突发事件等临时就餐需求提供午餐服务约400余人次。

（郑文山）

【水电暖保障能力不断提升】 年内，牢固树立超前服务理念，建立“日巡、周查、月整”的服务机制，做到及时发现、定期维护，实行“24小时全天候”保障机制。全年共完成水电暖等大小维修工程1411次，门窗桌椅等办公设施维修756次。

（刘铁鹰）

【加强环境卫生监督和绿化管理】 年内，狠抓保洁质量和效果，注重监督检查，确保环境干净整洁。严控“四害”，每月进行一次消杀补药。积极落实《北京市控制吸烟条例》，在机关大院内张贴控烟提示牌100个，宣传画50余张。强化绿化管理，按时合理进行施肥、修剪、造型，逐步建立绿化立体景观。院内绿化面积达4500平方米，总体覆盖率达到45%以上。积极开展病虫害防治工作，全年共完成4次病虫害防治作业。

（谷彩琴）

【通信、通讯保障服务持续推进】 年内，坚持机要信件和报纸即到即投、电话及通讯线路维修随叫随到的工作制度。投递机要文件18679份，行程3万多公里。投递党报党刊13000余份，快递和信件15000余件，转发各委办局信件6000余件。对通讯网络进行重新梳理、对机房桥架进行逐一登记，电话维修、装机移机累计176次。

（赵沫）

【安全保卫工作扎实开展】 年内，一是增设专人登记岗，加强事前预防、事中应对的技巧培训，协助完成多起群访事件的疏导工作，强化对重点部门、部位的实时动态监控。二是在消防器材管理方面制定“三定”制度（定点摆放、定人检查、定期维修），配备灭火器160台、烟感器105个。三是优化机关车辆停放管理，盘活了车位存量，缓解了高峰时期停车难的问题。门卫全年登记接待来宾4000余人次，公差400余人次，配合接待上访群众8000余人次。

（孙锋）

【文印保障服务优质高效】 年内，文件印刷以提供更加优质高效的服务为目标，确保文印工作运转顺畅。加大对机器设备维修保养更新力度，严格文印人员加值班制度，实行“8小时外随叫随到”工作机制。年内，完成印刷制版约1.1万个，印刷文件约240万页，装订文件10万多份，复印文件约1.3万页，红字头制版360个，印刷红字头约21万张。

（刘珂）

【提升会议、理发服务品质】 年内，牢固树立“会议服务无小事”的工作理念。稳妥做好会前准备、会中控制和会后检查。按时完成试机、点名、开机工作。通过强化教育和培训，提升会服人员的服务意识和水平。全年共接待会议914次，接待与会人员96450余人次。完善理发服务环境，严格卫生标准，完善预约服务，全力满足机关人员需求，全年累计服务500余人次。

（陈宝凤　谷彩琴）

【着力做好保障工作】 年内，一是完成区政府办公楼617会议室一期设备改造，有力提升了电视电话会议的收视效果。二是联系房管所对食堂11间危房进行翻建，对政法委、农委办公楼进行大力维修。三是继续抓好耗能设备设施节能改造工程和节能行为巡查监督。

（高保江）

【加强干部职工教育培训】 年内，落实“三会一课”、“一月一小时”、“机关学习”、书记讲党课等学习制度，全年参与学习达600余人次；在“党员意识提升行动”中，开展专题教育活动20学时；参加职业技能培训2人次。通过不断学习，提高党员干部自身的政治素质和业务水平。

（赵林魁）

中国人民政治协商会议北京市昌平区委员会

【概　况】 2015年，是全面推进依法治国的第一年，也是完成“十二五”规划的收官之年。一年来，在中共昌平区委坚强领导和市政协有力指导下，政协北京市昌平区委员会（简称“区政协”）坚持以邓小平理论、“三个代表”重要思想和科学发展观为指导，深入贯彻中共十八大、十八届三中、四中、五中全会和习近平总书记系列重要讲话精神，坚持“四个全面”战略布局，紧密围绕区委、区政府确定的深入实施创新驱动发展战略、加快构建“高精尖”经济结构、加大人口规模调控力度等中心任务，认真履行了政协职能。

（赵守华　王志刚）

单位名称：政协北京市昌平区委员会

地址：城北街道政府街19号

电话：（010）69746197

邮编：102200

【区政协四届四次会议召开】 1月10日至13日，区政协四届四次会议召开。听取并审议主席陈秋生代表常务委员会作的工作报告、副主席陈勉作的提案工作报告；列席区第四届人民代表大会第五次会议开幕式，听取并讨论区长张燕友作的政府工作报告，讨论其他报告；补选洪起国、张强斌为区政协副主席，王京民、朱秀峰、许克仲、孙和平、熊淑娟为区政协常务委员；审议通过关于常委会工作报告的决议、关于提案工作报告的决议和政治决议。市政协副主席唐晓青出席开幕式。

（赵守华　王志刚）

【常务委员会第十三次会议召开】 2月6日，昌平区四届政协常务委员会第十三次会议召开。学习《中共中央关于加强社会主义协商民主建设的意见》；通报区政协主席、副主席、秘书长分工情况；审议并原则通过常委会2015年工作要点和协商工作计划；审议通过人事任免事项。陈秋生出席并讲话。副主席李永生主持。

（赵守华　王志刚）

【政协委员培训班举办】 4月8日至10日，政协委员和党外代表人士培训班举行。邀请中国人民大学法学院副院长胡锦光、北京师范大学党委副书记王炳林、国防大学战略教研部教授马骏分别就中共十八届四中全会精神、培育和践行社会主义核心价值观、当前国际形势等专题作报告。

（赵守华　王志刚）

【“科技、文化、卫生、法律”四下乡服务活动举办】 4月23日，组织有关单位和部分委员单位的科技、文化、法律工作者和医务工作者130人到延寿镇上庄村开展“科技、文化、卫生、法律”下乡服务活动。向该村赠送和向群众发放图书共2500册，发放宣传材料和宣传品1200余份，展出宣传展板50块，医疗义诊、科技和法律咨询80余人次，赠送书画作品20幅。

（赵守华　王志刚）

【“三严三实”专题教育举行】 5月至12月，区政协党组和区政协机关开展“三严三实”专题教育。区政协党组书记和局级党组成员分别为机关全体党员干部和分管委室的党员干部讲党课；组织机关党员干部集体学习《习近平谈治国理政》等文献和书籍，学习新颁布的《中国共产党廉洁自律准则》、《中国共产党纪律处分条例》等党内规章；机关局处级领导干部以“严以修身”、“严以律己”、“严以用权”为主题，分别召开3次专题学习研讨会，认真进行研讨；领导班子和局处级领导干部分别撰写了对照检查材料和个人发言提纲，并分别召开民主生活会，以整风精神开展批评与自批评；领导班子和局处级领导干部分别制定整改方案和整改措施。

（赵守华 王志刚）

【常务委员会第十四次会议召开】 7月30日，昌平区四届政协常务委员会第十四次会议召开。视察滨河森林公园建设情况；听取区政府关于上半年全区经济社会发展情况的通报；听取区政协上半年工作情况和下半年工作安排的汇报；传达市委十一届七次全会、区委四届九次全会精神。陈秋生出席并讲话。副主席靳增立主持。

（赵守华 王志刚）

【抗日战争胜利70周年纪念活动举办】 8月，举办中国人民抗日战争暨世界反法西斯战争胜利70周年纪念活动。组织相关部门的人员采访昌平健在的43名抗战老兵，并留下文字、影像资料和老兵的照片；组织昌平书画界、摄影界的艺术家到南口抗战遗址等地进行创作，共创作书画、摄影作品470余幅；开展抗战题材的书画、摄影等作品征集活动，共征集各类作品600余件；举办“纪念中国人民抗日战争暨世界反法西斯战争胜利70周年历史回顾展”；向43位抗战老兵赠送书画作品、纪念照片、光盘和画册；向流村镇狼儿峪村村史博物馆赠送抗战资料展板和部分摄影作品；向国防大学防务学院、解放军66325部队赠送部分书画作品。

（赵守华 王志刚）

【政协委员暑期读书班举办】 9月14日至17日，政协委员暑期读书班举行。邀请国家发改委城市和小城镇改革发展中心副主任乔润令、国家发改委宏观经济研究院副院长马晓河分别围绕贯彻落实《京津冀协同发展规划纲要》、当前国经济形势和宏观政策专题作报告，并组织委员到怀柔区、密云县参观考察。

（赵守华 王志刚）

【全面深化改革课题研究完成】 12月，区政协作为区委民主政治和法治建设领域改革专项小组的成员单位，完成《关于加强社会主义协商民主建设的实施意见》改革课题的研究任务，报送区委民主政治和法治建设领域改革专项小组。

（赵守华 王志刚）

【常务委员会第十五次会议召开】 12月17日，昌平区四届政协常务委员会第十五次会议召开。审议通过关于召开区政协四届五次会议的决定、四届五次会议建议议程和日程；审议并原则通过常委会工作报告、提案工作报告；审议通过表彰先进和增补特邀委员事项。陈秋生出席并讲话，靳增立主持。

（赵守华 王志刚）

【昌平区第五次政协工作会议召开】 12月30日，中共昌平区委召开昌平区第五次政协工作会议。中共昌平区委办公室印发《关于进一步加强政协协商民主建设的实施意见》；陈秋生就《实施意见》作说明；区委书记侯君舒作讲话。

（赵守华 王志刚）

【专题协商工作】 年内，先后召开3次专题协商会，对昌平区国民经济和社会发展“十三五”规划、人口规模调控等进行广泛协商。积极通过调研成果进行开展专题协商，由分管主席牵头，各相关委室组织委员围绕推进全区环境保护与企业协调发展、全区水资源的利用与保护、推进全区公共医疗卫生均等化、实施《北京市宗教事务条例》等进行调研，并形成《关于统筹协同促进昌平环境保护与企业发展的几点建议》、《关于加强昌平区水资源利用与保护的几点建议》、《关于我区公共医疗卫生均等化进程的调研报告》、《关于我区实施〈北京市宗教事务条例〉情况的调查与思考》四篇专题调研报告，共提出17条意见和建议。

（赵守华 王志刚）

【对口协商、界别协商工作】 年内，组织委员与区水务局、区卫计委分别就水资源的利用与保护、昌平西北部地区基本公共医疗卫生服务均等化等问题开展对口协商。组织界别委员与相关部门就第三届北京农业嘉年华筹备、轻轨二期工程建设、高校与地方联合办校、乐多港建设、构建和谐宗教活动场所、流村镇长峪城传统村落的开发与保护、漆园村非物质文化遗产“龙鼓”的传承和保护等问题开展界别协商。

（赵守华 王志刚）

【提案办理协商工作】 年内，参加有关部门召开的提案办理座谈会，就委员提案办理进行广泛协商；视察“解决沙阳路交通拥堵”、“加强七北路周边环境治理”等提案的办理情况；继续开展双向互评活动，对委员提案和办案部门的办案工作进行民主评议；继续开展提案评优工作。四届四次会议委员提出并经审查立案的151件提案全部按时办复。

（赵守华 王志刚）

【基层协商民主工作】 年内，委员活动小组更名为基层协商民主小组。组织19个基层协商民主小组分别于5月和10月开展基层协商民主活动，就镇、街道、科技园区的重要事项进行广泛协商，促进镇、街道、科技园区经济社会的发展。

（赵守华 王志刚）

【文史工作】 年内，编辑出版《昌平文史资料》第十五辑《血战南口》专辑；认真做好文史资料的征集和整理工作，共征集文史资料41篇约11万字；整理登记文史存稿99篇约25万字；配合市政协开展《首都文史集萃·昌平卷》的审校、出版工作；配合市政协开展《北京市政协文史资料》第81期抗战史料部分的征集工作，向市政协上报相关史料1.5万字。

（赵守华 王志刚）

政法·军事

政　　法

政法委工作

【概　况】 2015年，昌平区委政法工作委员会（简称“区委政法委”）在区委的正确领导下，认真贯彻落实党的十八届四中、五中全会、中央市委政法工作会议和区委四届九次全会精神，全力以赴维护全区安全稳定大局、促进社会公平正义、保障人民安居乐业，圆满完成了中国人民抗日战争暨世界反法西斯战争胜利70周年纪念活动、第三届北京农业嘉年华等重大活动、重要节日安保维稳任务，为建设国际一流的科教新区创造了安全稳定的社会环境、公平正义的法治环境。

（刘泽政）

单位名称：昌平区委员会政法工作委员会
地址：城北街道政府街19号
电话：（010）89741650
邮编：102200

【区委政法工作会议召开】 3月27日，区委政法工作会议在广电中心一层报告厅召开。会议传达了中央和北京市委政法工作会议精神，全面部署了2015年全区政法工作。区四套班子相关领导，各委办局、各镇（街道）主要领导及主管领导，政法系统各单位中层以上机关干部，基层队、所、庭等单位负责人参加会议。

（刘泽政）

【安保维稳工作】 **年内，**紧紧围绕国际田联世界田径锦标赛、党的十八届五中全会、中国人民抗日战争暨世界反法西斯战争胜利70周年纪念活动等重大活动、重要敏感时段，全力以赴做好安保维稳工作，确保了绝对安全。高标准做好训练基地外围安保工作。建立了值班备勤、勤务检查、送训到岗等10余项工作制度；构建了“重点地区驻勤、武装巡逻、反恐处突、盘查核录、多点控面”的管控格局。推动全区成立了反恐防恐“六大战区”，加大涉恐情报搜集预警、侦办打击力度，强化重点地区周边、地铁公交场站、医院商场等重要部位点位的值守和安检。全面启动维稳情报信息战时会商制度和日报制度，共搜集各类预警、涉稳信息1400余条，召开会商会35次，研究处理涉稳问题79件。强化进京通道查控、隐患排查、安全检查，组织开展燃气泄漏事故、地铁天通苑北站反恐处突演练。针对经济利益引发的突出矛盾集中开展排查化解，共摸排出矛盾纠纷54件。开展纪念活动矛盾纠纷专项化解工作，共梳理各类矛盾纠纷73件、不稳定问题隐患36个。按照“属地管理”、“谁主管、谁负责”的原则，加强不稳定隐患问题的化解稳控。围绕“两大安保”任务，适时启动社会面防控等级，强化社会面严防严控。加强昌平城区、天通苑、回龙观等案件高发地域和多发性侵财等高发类案的专项打击以及秩序类问题清理整治。围绕关系国计民生的水、电、气、热、通信等重点要害单位，深入开展“人地物事组织”排查防控工作。

（刘泽政）

【法制昌平建设工作】 年内，积极推进各项司法改革，积极推进主任检察官办案责任制改革试点工作，初步形成了改革制度体系。区检察院、信访办、维稳办三方签署《关于建立检调对接协作机制的实施意见》，扎实推进涉法涉诉信访改革。指定《关于刑事速裁程序实施办法》，全面开展刑事速裁工作，已审结刑事速裁案件119件。着力推进立案制改革，健全自然人经常居住地证明委托调查、物业供暖等类型化纠纷多元化调解等立案登记制改革的配套机制。加强对交易安全和市场秩序的保护，审结民商事案件11326件。顺利完成“六五”普法检查验收工作，稳步推进法治文化建设，在区电视台“时空关注”栏目开播“普法惠民”专题11期，拍摄普法微电影6部。今年以来全区共开展法制宣传活动958场，发放法制宣传资料20余万份，受益人群90万人次。

（刘泽政）

【政法队伍建设工作】 年内，严格推进群众路线教育实践活动整改措施落实，系统各单位制定完善制度107项、废止44项，制定巩固和拓展教育实践活动成果的具体措施20项。扎实推进“三严三实”专项教育，组织开展专题研讨21次，形成了落实“三严三实”要求的浓厚氛围。深化“五好”党支部标准化创建工作，对13个基层党组织创建工作进行巡回检查、督促指导，得到了区委的充分肯定。加强廉政教育，结合工作中发现的违法违纪典型案件强化警示教育。开展“爱民实践活动”推动各项服务群众措施的落实。组织开展“我们的价值观”暨庆祝建党94周年宣讲活动。

（刘泽政）

【人口规模调控工作】 年内，认真贯彻落实区委、区政府部署，积极主动履职，全力支持保障好人口规模调控工作。加大重点挂账地区整治。以市挂牌督战3处地区为重点，建立重点地区动态排查整治工作机制，确定了定期例会、定期排查、联合执法、信息共享、督导检查、定期通报六项工作措施，形成部门联动、齐抓共管、集中整治的工作格局。全年全区可防性案件立案888起，同比下降26.3%。强化推进百日综合整治，在全区范围内组织开展综合整治百日专项行动，梳理明确了“3+8+N”三类专项整治重点地区，协调公安、城管、交通等部门，配合各镇（街）按照每周不少于2次的标准，对重点地区开展项目化执法。共开展集中综合执法行动90次，出动执法工作人员4.8万人次，清理游商摊贩13346户，规范店外经营9586家，处理违法停车5586台，268项挂账整治问题台账和48项突出问题台账实现全部销账。加强群租房等违法出租行为整治，集中开展出租房屋火灾隐患、煤气中毒隐患等安全隐患清理整治专项行动，严厉查处群租房等违规出租房屋行为。

（刘泽政）

公安工作

【概　况】 2015年，北京市公安局昌平分局（简称“昌平公安分局”）紧密围绕首都“四个中心”战略定位、公安部“四项建设”战略决策和市局“四个第一”核心理念，始终坚持“万无一失”的标准要求和“一失万无”的忧患意识，主动应对新形势下反恐维稳工作的新情况、新问题和新挑战，圆满完成了“两节、两会”、第三届“农业嘉年华”、“五一”、“十一”、党的十八届五中全会、“两大安保”等系列重大安保任务，有效维护了昌平地区的政治稳定和治安稳定，为推进国际一流的科教新区建设创造了良好的社会治安环境。全年，共立现案9839起，破案5349起，破现案2476起，刑事拘留1725人，治安拘留4848人，监管工作实现“零死亡”。全年，累计抓获逃犯276人，全市并列第五，刑拘涉毒人员111人，全市第一，电信诈骗案件同比下降5.8%，涉案金额同比下降11.9%，为群众挽回损失183万余元，入室盗窃发案同比下降4.8%，涉黄、涉赌和黑车扰序警情同比分别下降38.5%、28.8%和22.9%。视频监控系统三年规划建设稳步推进，依托1个视频监控二级平台、21个派出所三级监控平台，整合6373个视频监控探头并全方位强化监控值守，马刨泉三级治安检查站筹建完成并投入使用，以8部武装巡逻车组为依托，以机动设卡、警便结合、重点蹲守、弹性巡逻为补充，围绕8条主控道路，强化24小时不间断巡逻控制，实现了重点控制路段及周边500米范围内刑事案件大幅下降，视频天网和巡逻地网衔接更加紧密。全年参与处置群体访276批次10950人次，同比分别下降3%和7%，参与处置个人访635人次，同比上升63%，累计处理各类涉访违法犯罪人员81人，同比上升3%。狠抓全区消防安全重点单位、挂账隐患和城乡结合部重点地区隐患整治，先后妥善处置了"3.17"姑娘台隧道甲醇槽车泄漏、"9.6"沙河房屋坍塌等灾害事故，有力保障了辖区人民群众的生命财产安全。一年来，分局先后涌现出了第三届"首都杰出青年卫士"提名奖、北京市先进工作者宁志宝、纪俊旗，市局"优秀党支部书记"高春正等先进个人和"全国五一巾帼标兵岗"出入境管理大队等先进集体。充分发挥党建队建的引领保障作用，扎实组织开展"执法不公、群众不满"、"基层党建和执法专项督查"以及"队伍素质形象教育整顿"专项活动。精心组织落实三级培训制度，树立"一切面向实战、一切为了实战"理念，综合送教到岗、战地培训、现场观摩等多种形式，积极参加市局警务实战教官提高班、基层所队政工领导心理工作技能培训班等专业班次，自主开展实弹射击训练考核、多点连环恐怖袭击事件检验性拉动演练等培训演练工作，有效提升执法规范化水平。通过高标准落实健康体检，开展巡诊到岗，组织形式多样的文体活动，建设综合性健身房，积极推进休闲驿站建设等措施做到健康上关注。通过账单推进8件爱警实事落实，及时开展战时慰问，及时处置侵害民警执法权益案件等措施做到工作上关怀。通过解决困难民警跨区调动，开展民警子女暑期夏令营，加大困难民警帮扶力度等做到生活上关心。针对突发多变的形势，为全局民警购置单警装备8700余件、应急装备6000余件。

（孙岩）

单位名称：北京市公安局昌平分局
地址：城北街道西环路甲68号
电话：（010）89705793
邮编：102200

【创先争优大力推广公安宣传工作】 4月9日，昌平公安分局微博微信办公室正式揭牌启用。年内"平安昌平"共发布博文2400篇，阅读量1000余万次，吸引粉丝2400余人。各级新闻媒体共采用新闻宣传稿件1200篇次，其中中央级媒体采用96篇、市级媒体采用474篇、市局媒体平台采用446篇。《迷彩墙外的安保团队》在全国公安传媒第31届优秀作品评选中获得三等奖。

（孙岩）

【强化信访办理狠抓查信办案】 年内，昌平公安分局共办理信访案件2828件次，同比上升16.6%。其中市局交办重点信访件17件，化解率100%；接办涉法信访53件，化解率94.3%；分局领导共接待信访群众61批94人，办理非紧急救助件548件。

（孙岩）

【完成命案必破目标】 年内，昌平公安分局共接"两死"案件15起，同比下降28.6%。其中故意杀人案7起，同比下降46.2%；故意伤害致死案8起，与去年持平；"两死"案件破案率达100%，破案率同比上升了4.76个百分点。

（孙岩）

【涉枪涉暴案件100%查证】 年内，昌平公安分局坚持线索100%查证核实，全力消除潜在隐患，实现了网络涉枪涉暴案件100%破获，全年累计刑事拘留15人，治安拘留3人，收缴各类枪支64支。

（孙岩）

【深化刑事技术工作】 年内，昌平公安分局共勘查现场3458起，其中侵财类案件2699起，串并案件319串；采集个体信息21521份，完成全年指标的107%；通过个体信息采集认定犯罪嫌疑人6人，核破案件17起。11月27日分局刑事技术室被公安部遴选为全国刑事科学技术室一级示范技术室。

（孙岩）

【经济案件侦破能力显著提升】 年内，昌平公安分局共受理经济案件516起，立案456起，破案312起，刑拘210人，成功破获了昌平区首例非法买卖外汇案件，一举抓获潜逃8年之久的“猎狐”在账逃犯李某。牵动派出所破获有毒有害食品案28起，打掉生产销售假冒化妆品团伙1个，查扣假冒品牌化妆品总价值80余万元。

（孙岩）

【严密社区防控网络建设】 年内，昌平公安分局围绕全区4条城铁线路、21个站点、57个出入口，努力实现“地上地下一体化警务”工作力度最强化、运行模式最佳化、警务效能最大化，全区城铁站点周边110警情、治安警情同比下降16.3%和19.2%，站区勤务点周边200米刑事警情实现“零接报”。紧盯严重影响人民群众安全感的入室盗窃案件，以高发案地区挂账整治为手段，强化人、物、技、心防措施，全年入室盗窃发案1863起，同比下降4.8%。

（孙岩）

【严密危险物品管控工作】 年内，昌平公安分局共收缴各类枪支78支，子弹1344发，废旧炮弹、手榴弹8枚，雷管4枚，弩3支，管制刀具36把，烟花爆竹257.5箱，刑事拘留18人，治安拘留18人。

（孙岩）

【加大行业场所阵地管控力度】 年内，昌平公安分局依托特种行业反销赃、旅馆业清理整治、娱乐场所“清洁二号”打击整治等专项行动，全面强化行业监管，累计抓获各类违法犯罪人员187人、在逃人员32人，取缔黑开场所108家，停业整顿63家，收缴赌博机148台，收缴违法器材16件，行政处罚违规经营场所171家，罚款人民币25.67万元。

（孙岩）

【强化物流寄递业管控】 年内，昌平公安分局开展寄递物流清理整顿专项行动，共掌握全区寄递企业及网点153家，从业人员1642人；掌握物流企业及网点88家，从业人员540人，督促建立单位内部保卫机构9个；共约谈寄递制度落实不力的物流企业法人及负责人112名，排查出安全隐患及问题120余处，全部向邮政部门进行了通报处理。

（孙岩）

【强化盗销非机动车打击防范工作】 年内，昌平公安分局累计投入专项资金25万余元，购买并免费为群众安装GPS定位防盗系统1400个，邀请专家在全局开展GPS追踪技术培训，全年共抓获盗销非机动车人员127人，同比上升1.3倍。

（孙岩）

【强化涉黄、涉赌和黑车扰序打击工作】 年内，昌平公安分局主动联合交管、城管、交通执法等职能部门多次在辖区内进行联合执法。通过工作共查扣黑车和黑摩的9405辆，清除黑车乱点45处，治安拘留黑车扰序人员881人；共打掉涉黄窝点330个，抓获涉黄违法犯罪人员873人，涉黄警情同比下降38.5%；共打掉涉赌窝点237个，抓获涉赌违法犯罪人员828人，涉赌警情同比下降28.8%。

（孙岩）

【圆满完成各类警卫任务】 年内，昌平公安分局共完成警卫任务95次，其中：一级加强路线1次；一级路线32次，一级住地19天次，一级现场8次；二级住地8天次，二级现场6次，三级现场19次，其它2次。

（孙岩）

【严密街头防控提高社会面巡逻力度】 年内，昌平公安分局以8个巡逻警务站“改扩建”为契机，全面强化重点点位周边秩序管理和清理整治，实现了全年巡逻警务站周边200米控制区域内刑事治安“零发案”。全年共向社会面投入巡逻力量23725人次、巡逻车10950辆次，执行安保勤务57次，全局巡警系统一线核录信息70余万条同比上升39.1%。

（孙岩）

【强化消防安全监管工作】 年内，昌平公安分局共检查社会单位5003家，发现火灾隐患或违法行为2400处，督促整改火灾隐患2389处，下发责令改正通知书1805份，下发行政处罚决定书210份，下发临时查封决定书75份，责令“三停”单位22家，罚款共计247.5万元。全区共发生火灾244起，直接财产损失136.8万元，过火面积3628.3平方米，同比火灾起数减少101起，直接财产损失减少220.4万元。

（孙岩）

【做好110接处警工作】 年内，昌平公安分局共接报警电话318534件，其中有效报警308434件，同比下降2.5%；接报110刑事类警情2963件，同比上升19.9%；接报110治安侵财类警情1482件，同比上升49.7%；全年处置各类突发敏感情况730余起；发出处警通知227880件，出动警力约48万人次，车辆约23万辆次。

（孙岩）

【推进项目化集中入户走访】 年内，昌平公安分局组织开展区、战区、派出所三个层面走访活动共计289次，出动民警4505人次，辅警、保安、实管员、工商、城管、交通、镇（街）综治等配合力量8209人次，发放各类宣传材料4.4万份。期间入户检查15548户，检查各类门店、单位、摊位10122家，核查、登记流动人口29026人，检查出租大院306个，下达隐患整改通知书1305份。通过集中入户走访，共行政拘留153人，刑事拘留73人。

（孙岩）

【强化内部单位安全维稳工作落实】 年内，昌平公安分局推出在内部单位建立“安全维稳专班”工作体系，推动各内部单位在防恐反恐、治安保卫、消防管理等方面落实主体责任，做到人人知岗知责。全区14个系统，752个单位分层级自上而下金字塔式的建立了专班，确立各级安全员12365人，有力地推动了全区内部单位安全维稳工作的落实。

（孙岩）

【开展执法监督考评工作】 年内，昌平公安分局通过监督检查发现4大类执法问题，采取122件执法监督措施，涉及24个执法办案单位。分别采取执法检查登记53件，责令改正44件，执法通报25件；取证不及时、不全面35件，执法不作为、慢作为21件，发现并纠正执法突出问题325条。

（孙岩）

【看守所收押工作】 年内，昌平公安分局共收押各类犯罪嫌疑人1968人，办理出所人员2138人，送交执行910人。

（孙岩）

【加强对境外人员管理】 年内，昌平公安分局共依法检查散居外国人2876人次，检查涉外企业88件次，检查涉外留宿单位322个次。查处各类涉外案件656件，其中“三非”案件142件，处罚金额267500元；违反住宿登记管理规定案件494件，治安案件20件，处罚金额14400元，行政拘留8人。

（孙岩）

【出入境证件办理工作】 年内，昌平公安分局全年共办理各类出入境证件150526件，同比下降5.2%。为方便群众申请办理出入境证件，沙河、天通苑派出所新增出入境证件受理点。

（孙岩）

【发挥警务督察查纠服务保障作用】 年内，昌平公安分局开展各类重大警务部署、重大社会活动及各类现场督察，累计出动督察组2298组次，检查民警10200余人次、各类辅警力量13800余人。期间，发现和纠正各类问题540余件，提出工作建议136件；依法处置民警执法权益受侵害案件121件，维护受侵害民警权益143人次，打击处理违法犯罪人员156人；全年通过督察倒查共追究责任25人，其中全局通报批评21人，警示1人，行政告诫3人。

（孙岩）

【毒品犯罪案件侦破能力进一步增强】 年内，昌平公安分局破获公安部督办案件4起、市局级目标案件3起。共抓获涉毒犯罪嫌疑人111人，破获涉毒刑事案件105起，抓获涉毒违法嫌疑人491人，缴获冰毒、海洛因1799.19克，大麻4973克，毒品原植物罂粟种子1.01吨、罂粟壳

86公斤。

（孙岩）

【大力开展电信诈骗案件防范工作】　年内，全区共发生电信诈骗案件490起，同比下降5.8%；涉案金额1892万余元，同比下降11.9%。累计拦截存疑汇款35次，为群众挽回损失183万余元。

（孙岩）

【加强审计服务和保障】　年内，昌平公安分局共完成审计项目68项，审计总金额22450万元，提出审计建议48条，均被采纳。完成17名局属单位领导干部经济责任审计项目，以及采购类、大额支出类、执法财物审计、工会经费审计等审计项目49项。

（孙岩）

【“小型航空器摸排管控”专项治理工作开展】　年内，昌平公安分局制定实施了《小型航空器摸排管控处置工作规定》、《两大安保期间强化小型航空器摸排管控夯实反恐防恐基础工作的实施意见》，实现了训练基地周边小型航空器和空飘物“控制在地面，处置在起飞升空前”的刚性目标。共摸排掌握小型航空器起降点11个，小型航空器爱好者204名，生产、销售、使用小型航空器单位及个人32家，网络QQ社区4个、网站1家、注册会员938人，网络销售设备人员1名。

（孙岩）

【农业嘉年华安保工作完成】　3月14日至5月3日，由北京市昌平区人民政府主办，北京农业嘉年华组委会承办的“第三届北京农业嘉年华”活动，在昌平区草莓博览园举办，活动共计51天，接待参观的游客118.8万人次。活动期间，昌平公安分局共部署安保力量2991人次，确保了活动现场秩序井然。

（孙岩）

【增设马刨泉公安检查站】　6月6日，为加强首都外围治安查控防线建设，完善北京市立体化社会防控体系，按照市局政人字【2015】246号政治部文件内容，昌平公安分局增设“马刨泉公安检查站”，具体检查站机构编制核定情况为：检查站类别三类站，机构级别正科级，编制16名。

（孙岩）

【强化公共秩序管控工作】　6月至8月底，昌平公安分局累计出动警力4124人次，对辖区内的22个“三乱”地区开展清理整治，实现了挂账地区治安、交通秩序明显改观，人、物、技防措施明显加强，各类治安、交通安全隐患基本消除的目标。其中共清理整治430余处次，破案994起，警告及批评教育1630人，查处违法停车1779起，查处黑车黑摩的1734辆，清理游商3572人次，检查出租房屋4724间，检查流动人口6342人次，收缴小广告11481份。开展清理整治工作的同时发放宣传材料30余万份，悬挂横幅275条，发放红袖标300余个。

（孙岩）

【阅兵训练基地外围安保任务完成】　3月至9月，昌平公安分局共投入安保力量1万余人次，确保50批次、9359人、849台装备和166台大客车顺利进驻训练基地；部署日常训练及油料运输警卫工作62批次，投入警力3067人，完成受阅部队13批次油料运输、12批次火车站装卸载训练和37批次适应性训练警卫任务；部署警力2112人次，完成6次分要素演练和2次全要素合练警卫任务；部署警力6305人次，完成31批次受阅部队集结疏散路线警卫任务，实现了“冲闯拦截、极端行为、暴恐袭击、群体性事件、重大安全事故和民警违法违纪”的“六个零发生”。

（孙岩）

案例举要

【破获一起运输、贩卖、非法持有毒品原植物种苗案】　1月15日，昌平公安分局破获一起运输、贩卖、非法持有毒品原植物种苗案，在沙河镇小沙河村出租房内抓获刘某（男，29岁，山东省乐陵市人）、在四川省成都市金牛区五块石嘉欣停车场抓获杨某（男，29岁，四川省简阳市人）2名犯罪嫌疑人，收缴毒品原植物罂粟种子1.01吨、罂粟壳86公斤。经审查，刘某、杨某交代了运输、贩卖、非法持有毒品原植物种苗的犯罪事实，刘某被依法判处有期徒刑7年、杨某被依法判处有期徒刑8年6个月，剥夺政治权利1年。

（孙岩）

【破获故意杀人案】 3月3日，昌平公安分局破获一起故意杀人案。在昌平区十三陵镇果庄村抓获犯罪嫌疑人李某（男，65岁，北京市昌平区人），经审查，李某如实供述了杀害张维林后分尸并焚尸的犯罪事实，犯罪嫌疑人李某被依法批准逮捕。5月18日，昌平公安分局破获一起故意杀人案。在大兴区香海园12号楼2单元一层大厅将犯罪嫌疑人何某（男，41岁，北京市西城区人）抓获。经审查，犯罪嫌疑人何某交代了用鞋带、尼龙绳将李英勒死的犯罪事实，犯罪嫌疑人何某被依法批准逮捕。

（孙岩）

【破获一非法吸收公众存款案】 7月14日，昌平公安分局破获北京鑫达投资基金有限公司非法吸收公众存款案，在北京市昌平区将张某（男，42岁，北京市人）、刘某（男，43岁，北京市人）抓获。经审查，张某、刘某2人交代2014年1月16日至2014年11月15日期间，以建设银行昌平支行客户经理和北京鑫达投资基金有限公司经理的身份，以高额返利为手段向刘淑华等人募集资金，造成投资人损失人民币9000余万元。犯罪嫌疑人张某、刘某已被依法批准逮捕。

（孙岩）

【破获系列入室盗窃案】 5月27日，昌平公安分局打掉一河北衡水籍系列技术开锁团伙，抓获犯罪嫌疑人于某某（男，28岁，河北省饶阳县人）、刘某某（男，28岁，河北省饶阳县人）、国某某（男，42岁，内蒙古扎兰屯人）等共计12人，起获该团伙作案使用的开锁工具、盗窃所得笔记本电脑10台、手表14块及其他现金、黄金首饰、玉器等大量赃物。经审查，于某某、刘某某、国某某等7人交代了在昌平、大兴、丰台等实施入室盗窃的犯罪事实，现于某某、刘某某、国某某等7人被依法批准逮捕，5人因证据不足被释放。

（孙岩）

【破获入室抢劫案】 6月21日，昌平公安分局破获一起持械入室抢劫案，抓获犯罪嫌疑人王某（男，25岁，山东省邹城市人）和王某（男，27岁，内蒙古莫力达瓦斡尔族自治旗人），起获现金40400元人民币，手表1块。经审查，2人对实施入室抢劫的犯罪事实供认不讳，现王某等人已被依法批准逮捕。

（孙岩）

【破获卡片招嫖抢劫案】 7月9日，昌平公安分局打掉一卡片招嫖抢劫犯罪团伙，抓获章某某（男，26岁，河北省蔚县人）等26人。经审查，该团伙供述了，自2015年初至7月份，先后在北京市昌平区、海淀区、丰台区、东城区等地的快捷宾馆内作案50余起的犯罪事实，现章某某等21人被刑事拘留，4人因证据不足被释放，1人移送大兴分局处理。

（孙岩）

交通管理

【概　况】 2015年，北京市公安局公安交通管理局昌平交通支队（简称“昌平交通支队”）围绕中国人民抗日战争暨世界反法西斯战争胜利70周年纪念活动和北京国际田联世界田径锦标赛交通保卫中心任务，以建设最安全城市，打造最廉洁警队和“事故少、秩序好、道路畅通、群众满意”为最高目标，圆满完成各项重大安保任务，实现了辖区交通秩序平稳运行。年内，共纠正、处罚各种交通违法行为52万余起，处罚45.9万起，罚款6371万元。管界内共发生交通事故19918起，死亡105人，与上年度比，少发生6308起，多死亡2人，事故起数下降24%，死亡人数上升1.9％。死亡人数比控制指标减少 1 人。管界内共发生交通安全宣传事故 33 起、死亡 34.5 人，与上年度比，少发生 2 起、少死亡 4 人，事故起数下降 5.7%，死亡人数下降 10.4%。死亡人数比控制指标减少 4.5 人。

（闫爱华）

单位名称：北京市公安局公安交通管理局昌平交通支队

地址：城北街道府学路 11 号

电话（010）69742016

邮编：102200

【人大代表建议政协委员提案办理工作完成】 年内，昌平交通支队共接市、区人大代表建议和政协委员提案 44 件，其中市人大代表建议 3 件、市政协委员提案 6 件、区人大代表建议 26 件、区政协委员提案 9 件。44 件建议提案均在规定的时间内办理完毕。

（闫爱华）

【集中销毁逾期未处理违法车辆】 年内，昌平交通支队联合区公安分局、城管大队、交通局等相关执法部门组织召开集中销毁逾期未处理违法车辆现场会 2 次，现场对逾期未接受处理的燃油两轮车、燃油三轮车、电动三轮车进行集中销毁，共销毁违法车辆 3615 辆。

（闫爱华）

【完善直属派出所管界交通设施】 1 月至 5 月昌平交通支队对北四村、东三旗直属派出所管界内交通设施进行完善。其中，回龙观北四村派出所辖区八达岭高速辅路新增禁止停车标志 8 面，护栏 3000 米，阻停桩 380 根，复划标线 6000 米；东三旗派出所辖区回南路复划标线 700 米，立汤路新增禁止驶入标志 4 面、禁止停车标志 10 面、阻停桩 200 根、复划标线 700 米。

（闫爱华）

【完善阅兵训练基地周边道路交通设施】 1 月至 8 月昌平交通支队协调区市政市容委对阅兵训练基地周边的温南路、昌流路、顺沙路、沙阳路交通设施进行完善，新增信号灯 1 处，改造信号灯 19 处，新增监控设备 74 套，增设各类标志 654 面；增加各类隔离设施 10000 米，复划交通标线 3678 米。

（闫爱华）

【全国“两会”安保工作完成】 2 月 28 日至 3 月 15 日，昌平交通支队启动外围管控工作，共设置防控岗位 10 处，共配备执勤人员 55 人。期间，共查控一级临控人员 2 人、上访人员 5 人，吸毒人员 1 人、查获管制刀具 5 把、套牌车 3 辆、挪用号牌、盗抢、克隆出租车各 1 辆，侦破辖区交通死亡肇事逃逸案件 1 起，处罚各类违法行为 2 万余起，其中，酒后驾车 73 起、非司机开车 19 起、违法停车 4045 起，扣留违法车辆 373 辆。完成全国“两会”交通安保工作。

（闫爱华）

【清明节交通秩序维护工作完成】 3 月 28 日至 4 月 12 日为清明节扫墓高峰期，昌平交通支队在高峰日设置岗位 75 处，出动警力 180 人，交通协管员 75 人。次高峰日设置岗位 20 处，出动警力 46 人，交通协管员 20 人。平峰日设置岗位 17 处，出动警力 34 人，交通协管员 17 人。清明节期间，昌平交通支队共出动警力 1118 人次，协管员 750 人次，保障了 72.5 万人次的安全出行，完成了清明节期间路面秩序维护工作。

（闫爱华）

【“五一”期间交通秩序维护工作完成】 5 月 1 日至 3 日，昌平交通支队共部署岗位 63 处，警力 507 人次，处理各类警情 2147 起，其中事故警情 957 起，拥堵报警 384 起，办理进京证 13187 张，处罚各类违法行为 1129 起，发放宣传材料 1 万余份，播报提示信息 40 余条。

（闫爱华）

【顺沙路、温南路部分路段限制货车通行】 5 月 20 日起，昌平区“顺沙路百葛桥西口至靶场路口”、“温南路西大桥路口至阳坊路口”道路交通管理措施调整为禁止外省区市核发号牌载货汽车（含三轮汽车、低速货车）和本市核发号牌 5 吨（不含）以上载货汽车通行。

（闫爱华）

【端午节期间交通秩序维护工作完成】 6 月 20 日至 22 日，昌平交通支队共部署岗位 39 处，累计出动警力 590 人次，协警 160 人次，协管员700人次，开展集中整顿7次，纠正处罚各类违法5165起，其中，处罚货车违法430起，违法停车742起，酒后驾车3起，涉牌91起，保障端午小长假辖区道路交通安全形势平稳、秩序良好。

（闫爱华）

【纪念抗战胜利70周年阅兵交通安保任务完成】 9月2日至3日，昌平交通支队共部署警力1155人次，协管员600余人次，全体参战民警连续奋战50余小时，完成所承担的纪念抗战胜利70周年阅兵交通保卫任务。

（闫爱华）

【地铁昌平线二期开通站点维护工作】 12月26日，地铁昌平线二期新线正式开通运营。昌平交通支队协调区市政市容委在北邵洼站、昌平东关站增设隔离护栏2200米，增设标志28面。当日昌平交通支队设置维护岗位5处，出警5人，协管员10人，做好站点维护工作，确保周边秩序良好。

（闫爱华）

案例举要

【110国道发生死亡4人交通事故】 2月25日12时15分，于昌平区110国道38公里+100米处，周某某（男，1981年1月10日出生，本市通州区张家湾镇大辛庄村人）驾驶"宇通"牌大型客车由北向南行驶，赵某（男，1980年1月11日出生，本市昌平区南邵镇景文屯村人）驾驶"宇通"牌大型客车同方向由后驶来，驶入逆行（由南向北方向）车道超越周车，适有张某某（女，1982年5月25日出生，本市通州区漷县镇纪各庄村人）驾驶“吉利美日”牌小型客车（内乘三人）由南向北行驶，张车因躲避赵车驶入逆行（由北向南方向）车道，张车前部与周车前部相撞，造成张某某及张车1名乘车人当场死亡，另两名乘车人经医院抢救无效于当日死亡，两车损坏。经查，赵某驾车与对面来车有会车可能时逆行超车且超速行驶，是事故发生的主要原因，赵某负主要责任；张某某、周某某未按照操作规范安全驾驶，是事故发生的次要原因，张某某、周某某负次要责任。

（闫爱华）

检察工作

【概　况】 2015年，昌平区人民检察院（简称“区检察院”）深入贯彻落实党的十八大，十八届三中、四中、五中全会和习近平总书记系列重要讲话精神，继续坚持内涵式发展理念，以深化检察改革为契机，以严格规范司法为核心，忠实履行法定职责。

区检察院积极维护社会和谐稳定，依法履行审查逮捕、审查起诉职责，全年共办理审查逮捕案件970件1208人，同比分别减少5%和10.6%，审查起诉案件1351件1684人，同比分别减少8.2%和15.5%。

区检察院紧紧抓住事关改革发展稳定、事关群众利益的重大问题，充分发挥职能作用，努力营造良好法治环境。围绕昌平区促进经济平稳健康发展、加强人口调控和服务管理等重大任务，依法惩治侵犯知识产权、非法吸收公众存款等破坏市场经济秩序的犯罪案件124件154人，积极顺应人民群众平安需求，加强与公安机关和法院的衔接、配合，依法审查起诉故意杀人、涉枪涉爆、交通肇事后逃逸等严重暴力和危害公共安全犯罪案件298件311人，盗窃、抢劫等多发性侵财犯罪案件330件389人，生产销售假药劣药、有毒有害食品等危害食品药品安全犯罪案件62件68人，在依法惩治犯罪的同时，开展典型案例剖析、“互动型”廉政教育法制课等宣传教育407次，受教育人数达万余人。

区检察院认真贯彻落实上级关于司法改革和检察改革的部署，扎实推进十八届三中全会提出的办案责任制改革和四中全会提出的以审判为中心的诉讼制度改革、涉法涉诉信访改革等任务，确保改革落到实处、见到实效。全面深化检察官办案责任制改革，遵循检察办案规律和职业特点，将原有16个内设业务部门整合为6个，行政岗位减少了85.7%，使优秀检察官集中到一线办案，优化了检察权配置。全年，负责审查批捕、审查起诉的主任检察官独立决定案件比例分别占到72.1%和93%，审查起诉时间比上年平均缩短14天，结案率排全市第一，未出现无罪或撤回起诉案件，提高了办案效率和质量。运用法治思维和法治方式化解矛盾纠纷，组织开展信访矛盾纠纷专项排查4次，接待群众来访124批163人，依法妥善办理群众信访230余件。坚持诉访分离，引导当事人在法治轨道上表达诉求、维护权益，成功对符合条件的24件信访案件导入各类诉讼程序，让群众切实感到依法律、按程序就能公正有效解决纠纷。

单位名称：昌平区人民检察院
地址：城北街道政府街9号
电话：（010）60718222
邮编：102200

【开展法制教育宣传周】 1月12日，为落实好首都综治委预防青少年违法犯罪专项组、首都综治办《北京市技工院校重点青少年群体服务管理和预防犯罪工作专项实施方案》的文件精神，强化服务管理和预防犯罪工作效果，区检察院公诉和未检部门未成年人犯罪案件办公室联合北京实验技工学校开展法制教育宣传周活动。

（蒋颖）

【征文荣获一等奖】 1月16日，区检察院刑事执行检察部门撰写的《刑事执行检察视野下的羁押必要性审查制度初探》荣获2014年全国刑事执行检察重点课题研究征文活动一等奖。

（蒋颖）

【规范司法行为专项整治工作领导小组成立】 1月19日，检察长邹开红主持召开区检察院检察长办公会2015年第一次会议，集中观看了全市检察机关规范司法行为专项整治工作电视电话会议视频，认真学习了池强检察长关于做到“三个务必”切实抓好专项整治工作的要求。会议研究决定，由区检察院法律政策研究室牵头负责规范司法行为专项整治工作，成立由党组副书记、副检察长刘兆欣任组长，其他班子成员任副组长的规范司法行为专项整治工作领导小组。

（蒋颖）

【获一级规范化检察室】 1月21日，在最高人民检察院组织开展的第四届派驻监管场所一级规范化检察室考核评定活动中，区检察院刑事执行检察部门驻区看守所检察室被评定为一级规范化检察室，这是该院驻区看守所检察室第三次荣获一级规范化检察室称号，成为全市唯一一个连续三次被授予一级检察室的基层院。

（蒋颖）

【签署检调对接协作机制实施意见】 1月26日，区检察院以民行处作为具体执行部门，会同区委、区政府信访办公室及区维护稳定工作领导小组办公室共同制定并签署了《关于建立检调对接协作机制的实施意见》。从制度层面明确双方协作互助的范围、做法和程序，为双方充分发挥职能作用，互通信息、资源共享及加强协作等方面提供制度保障。

（蒋颖）

【与中粮举行“检企共建”签约仪式】 1月30日，为进一步加强检察机关与国有企业在廉政风险防控管理等工作中的协调配合，有效预防国有企业职务犯罪，同时提升检察机关服务企业的能力，保障检察干警营养健康，区检察院经与中粮营养健康研究院友好协商，在中粮营养健康研究院举行了“检企共建”签约仪式。

（蒋颖）

【走访律所保障律师权利】 2月2日，为贯彻落实高检院、市院关于规范司法行为专项整治工作的统一部署，区检察院党组成员、纪检组长章文军带队对辖区内部分律所进行走访，开展保障律师执业权利调研工作。

（蒋颖）

【与区法院探讨规范司法行为】 2月15日，按照区检察院党组关于规范司法行为专项整治工作的工作部署，院民行处以深入学习今年2月5日颁布并实施的《最高人民法院关于适用<中华人民共和国民事诉讼法>的解释》为契机，切实抓好落实，结合民行检察工作实际，及时与区法院就如何进一步规范诉讼监督工作进行了座谈。

（蒋颖）

【《规范司法行为专项整治工作方案》出台】 2月16日，为深入贯彻落实党的十八届三中、四中全会精神，提高严格规范公正文明执法能力，完善检察机关司法工作机制，按照市检察院统一部署，区检察院出台《规范司法行为专项整治工作方案》，开展为期一年的规范司法行为专项整治工作。

（蒋颖）

【精品案件的现场评审工作开展】 3月6日，为进一步推进专业化和职业化水平，提高严格规范公正文明执法能力，区检察院开展精品案件的现场评审工作。

（蒋颖）

【特殊人群庆“三八”活动举办】 3月7日，三八国际妇女节到来前夕，区检察院刑事执行检察部与区妇联、区司法局联合在昌平区阳光中途之家举办了昌平区特殊人群庆三八“知书懂法持家有方”主题教育活动。区检察院监外执行检察主任检察官段森松就检察机关对社区矫正的监督职能做了介绍，要求大家在接受矫正期间要强化服刑意识，珍惜在社会中改造的机会，努力做社会有用之人。

（蒋颖）

【“检校共建”机制启动】 3月9日，区检察院公诉和未检部门干警前往北京市新媒体技师学院，通过生动的语言和鲜活的案例为100余名师生讲解了盗窃罪的相关法律知识，开启了本学期法制教育第一课，标志“检校共建”机制正式启动，受到学校领导、老师和同学们的热烈欢迎和高度评价。

（蒋颖）

【组织制定执法办案手册】 3月11日，为切实规范司法行为，深化执法办案规律研究工作，提高执法办案质量，提升检察人员素能，实现检察工作内涵式、可持续发展，区检察院持续推进执法办案手册制定工作，形成涵盖6类核心业务，包含11章、158项具体办案规程、规则的《执法办案手册（2014年）》。

（蒋颖）

【反腐倡廉建设工作会议召开】 3月17日，区检察院召开党风廉政建设和反腐败工作会议。党组成员、纪检组长章文军作2014年反腐倡廉建设工作报告，并部署2015年纪检监察工作。党组书记、检察长邹开红在会上讲话，充分肯定了区检察院过去一年来党风廉政建设和反腐败工作取得的成绩，提出四个方面明确要求。

（蒋颖）

【第一期昌检“思享汇”举办】 3月17日下午，区检察院举办了第一期昌检“思享汇”活动。昌检“思享汇”作为该院打造的思想政治教育新亮点，为干警分享思想体会提供了新平台。在活动中，通过干警代表上台与全院干警分享自己的所思所想，从而达到相互交流、相互学习的目的，增进干警之间的了解，营造更加和谐的工作氛围。

（蒋颖）

【市院领导到院调研办案责任制改革问题】 3月24日，市院副检察长甄贞带领市检察院改革领导小组成员，到区检察院调研检察官办案责任制改革相关问题。区检察院党组书记、检察长邹开红，党组副书记、副检察长刘兆欣，党组成员、政治处主任陈威杰参加调研活动。

（蒋颖）

【会签《关于刑事速裁程序实施办法（试行）》】 3月24日，区检察院与区法院、区公安分局、区司法局会签了《关于刑事速裁程序实施办法（试行）》，并于4月22日首次对三起符合条件的刑事速裁案件派员出庭支持公诉，取得良好效果。

（蒋颖）

【调研指导和案例研究小组成立】 3月26日，为进一步加强调研工作，大力提升检察理论研究能力，充分发挥各级专业化人才的引领带动作用，深入推进检察人才队伍建设，经检委会决定，区检察院成立调研指导小组和案例研究小组。调研指导小组侧重以课题研究为抓手全面指导检察理论研究工作和调研人才培养。

（蒋颖）

【市院领导来院开展专题调研】 3月27日，市院党组成员、副检察长苗生明，公诉一处处长王新环和侦查监督处余浩一行来到区检察院，就以审判为中心背景下强化侦查监督工作开展专题调研。区检察院党组书记、检察长邹开红，党组副书记、副检察长刘兆欣，党组副书记、副检察长于丽艳，院侦查监督、公诉和未检部门负责人及部分主任检察官陪同调研。

（蒋颖）

【专题讨论会召开】 4月9日，区检察院以党组中心组学习（扩大）会的形式召开了邹碧华同志先进事迹专题学习讨论会。会上，党组成员、政治处主任陈威杰领学了《关于认真学习贯彻习近平总书记重要批示广泛开展向邹碧华同志学习活动的通知》精神，观看了中央电视台专题系列节目《法官当如邹碧华》以及邹碧华同志先进事迹报告会视频，充分交流了学习体会。

（蒋颖）

【第二期主任检察官培训班举办】 4月13日至17日，为进一步推进专业化和职业化水平，促进司法规范化建设，通过领导能力的加强，实现职业素养的全面提升，区检察院以“规范司法行为专项整治工作”为契机举办第二期主任检察官培训班，60位主任检察官、办案部门业务骨干全程参加了培训。

（蒋颖）

【“常春藤”法制宣讲团走进军营】 4月20日，为增强部队官兵遵纪守法意识，提高官兵法律素质，区检察院“常春藤”法制宣讲团走进军营，由公诉和未检部门干警为66325部队侦察营官兵教授了一堂内容丰富的法制教育课，拓宽了犯罪预防工作新渠道。

（蒋颖）

【中标国家检察官学院与市院多项课题】 5月4日，区检察院中标国家检察官学院与北京市人民检察院多项课题。同时，该院共中标北京市人民检察院2015年重点调研课题三项课题。此外，区检察院申诉检察部门还参与《“诉访分离”机制研究》的课题研究工作。

（蒋颖）

【开展法制宣传】 5月14日，区检察院团总支组织开展“爱上昌平”青年检察官志愿服务活动，走进小汤山镇葫芦河村开展法制宣传。

（蒋颖）

【市院领导到院调研指导】 5月18日，市院反渎局局长刘旭东、指导组组长张红星就办案工作情况到区检察院调研指导，区检察院主管领导杨琳及反渎职侵权主任检察官办公室相关干警参加了本次座谈交流会。

（蒋颖）

【市院巡视组到院巡视回访】 5月19日至22日，按照市院巡视工作安排，市院巡视组副组长王京立等一行六人到区检察院开展巡视回访工作。此次巡视回访的任务是对昌平院落实2013年市院巡视组反馈意见，加强业务建设和队伍建设的整改情况进行回访。

（蒋颖）

【区人大常委到院调研】 5月22日，昌平区人大常委会副主任杨洪达，区人大常委会内司委主任李海英、内司委副主任程景顺一行到区检察院进行调研。党组书记、检察长邹开红，党组副书记、副检察长刘兆欣，党组副书记、副检察长于丽艳，以及研究室、办公室等部门负责人陪同调研。

（蒋颖）

【“昌平区预防国有企业领域职务犯罪巡展”

举办】 6月25日，区检察院联合区国资委、未来科技城开发建设有限公司共同举办“昌平区预防国有企业领域职务犯罪巡展”，在未来科技城展区正式启动，未来科技城开发建设有限公司积极组织党员干部、企业员工共计200余人参观了此次展览，按照巡展活动安排，神华集团、中国国电等15家央企，区国资委下属国有企业也将陆续组织本单位领导干部、海外专家、关键岗位工作人员参观展览。

（蒋颖）

【采取多种形式庆祝建党94周年】 7月6日，为深入推进基层党组织建设和“三严三实”专题教育实践活动，区检察院聚焦推进党建工作标准化规范化、聚焦提高党员队伍新活力战斗力、聚焦营造积极氛围引领工作方向，突出党建工作“围绕中心、建设队伍”的核心任务，创新活动载体，丰富活动内容，庆祝中国共产党建党94周年。

（蒋颖）

【举行实施办法会签仪式】 7月13日，为有效落实2015年高检院公诉厅关于推动未成年人犯罪社会化帮教预防体系建设的工作要点，建立具有昌平区域特色的附条件不起诉监督考察体系，区检察院在区人大的指导下，与区民政局、十三陵温馨老年公寓举行了“新起点扬帆观护基地”昌平分站实施办法会签仪式，标志着“新起点扬帆观护基地”昌平分站正式建立，也标志着昌平区附条件不起诉考察帮教工作走入制度化、规范化的轨道。

（蒋颖）

【走进士官学校开展普法教育】 7月30日，为增强部队官兵遵纪守法意识，提高官兵法律素质，区检察院“常春藤”法制宣讲团走进军营，由公诉和未检部门干警施竹毅为士官学校官兵教授了一堂内容丰富的法制教育课。

（蒋颖）

【《审查逮捕阶段公开听证程序实施办法（试行）》制定】 7月30日，为贯彻落实全国侦监工作会议精神，进一步深化检务公开，区检察院制定《审查逮捕阶段公开听证程序实施办法（试行）》。通过公开听证程序使社会公众有机会参与到审查逮捕程序中来，以此保障当事人的合法权益，化解社会矛盾，增强检察机关司法公信力。

（蒋颖）

【高院评估组到院评估】 8月11日，高检院基层院建设抽样评估工作组进驻区检察院，开展为期一周的抽样评估工作，对区检察院基层院建设情况进行了实地评估。评估组对区检察院2014年以来基层院建设的各项工作予以高度评价。

（蒋颖）

【连续评为检察宣传先进单位】 8月26日，全国检察机关规范司法行为提升司法公信力研讨会在河南省信阳市召开。区检察院连续四年被评为全国检察宣传先进单位。

（蒋颖）

【制发未成年人犯罪预防微信推送】 8月28日，九月开学在即，作为“常春藤犯罪预防计划”的一部分，区检察院公诉和未检部门以未成年人犯罪预防为主题制发了首期微信推送，并将配合新学期法制宣传工作，在昌平检察的微博和微信公众号、昌平未检微博上，面向公众发布，进一步创新未成年人犯罪预防的形式，丰富“常春藤犯罪预防计划”的内容。

（蒋颖）

【审查逮捕案件公开听证会召开】 9月9日，为进一步深化检务公开，促进执法规范化，提升检察机关执法公信力，准确适用逮捕强制措施，区检察院就北京市公安局昌平分局提请逮捕的犯罪嫌疑人宗某某涉嫌妨害公务一案，首次召开审查逮捕案件公开听证会。

（蒋颖）

【中标最高检女检协课题】 9月14日，区检察院公诉和未检部门彭燕、刘晓辉共同申报的《未成年人权益刑事司法保护体系建设研究——以未成年人未决羁押场所改革研究为视角》中标最高检女检协2015年度课题。

（蒋颖）

【“司改大家谈”活动举办】 9月29日，为推进检察改革工作深入发展，增强理论与实践互动，激活思想、开拓视野、切实凝聚推进改革的正能量，区检察院举办了“司改大家谈”活动。党组副书记、副检察长于丽艳，党组成员、政治处主任陈威杰，机关党委书记王海祥及五十余名青年干警参加了此次活动。

（蒋颖）

【制定解答标准案宗】 10月14日，区检察院制定了规范司法常见问题解答及案件标准卷宗，积极推进基层院建设抽样评估结果的整改落实。

（蒋颖）

【召开座谈会规范涉罪未成年人社会调查工作】 10月16日，昌平区召开了2015年未成年人保护工作会。区检察院公诉和未检部门负责人彭燕向大会作《充分履行检察职能，做未成年人的司法保护人》主题经验交流发言，介绍了该院推进附条件不起诉工作和创建昌检特色未成年人犯罪预防品牌的情况。

（蒋颖）

【《刑事诉讼涉案财物管理细则》制定】 10月20日，为进一步规范刑事诉讼涉案财物管理工作，根据刑诉法、刑诉规则和高检院、市院的相关规定，结合检察工作实际，区检察院制定了共六十五条的《北京市昌平区人民检察院刑事诉讼涉案财物管理细则》，为实现涉案财物管理的规范化、科学化提供制度保障。

（蒋颖）

【组织代表观摩刑事速裁程序庭审】 10月26日，区检察院组织市、区人大代表、政协委员参加刑事速裁程序庭审观摩，区检察院公诉与未检部门主任检察官尹文涛出庭支持公诉。代表委员们对本次庭审及法院、检察院的代表委员联络工作给予充分肯定，并就本次庭审及刑事速裁程序的应用发表了观点。

（蒋颖）

【刑事案件质量通报会召开】 10月27日，区检察院公诉和未检部门与昌平分局法制办召开了刑事案件质量通报会，部门负责人就汇总2014年以来17个案件中发现的法律文书瑕疵、程序不规范等三大类问题进行了详细通报，并督促侦查机关及时整改、反馈。

（蒋颖）

【开展“三项工作”】 10月27日，随着“以审判为中心”司法改革进程的逐步推进，庭审进一步确定为定罪量刑的主要和决定性阶段，为带动执法能力和执法质量的全面提高，区检察院公诉和未检部门结合审查起诉工作实际，积极转变公诉理念，将出庭支持公诉作为龙头来抓，着力开展三项工作，强化出庭能力建设，确保公诉案件质量、效率和效果的有机统一。

（蒋颖）

【搭建“互联网＋燕平检苑”服务平台】 11月4日，为了充分发挥科学技术对检察工作的支撑、推动和引领作用，提升检察信息技术和信息化建设、应用和管理水平。区检察院秉承以信息化带动检察工作现代化的理念，坚持“建设、管理、应用”并举，依托首都检察网探索搭建了“互联网＋燕平检苑”的服务平台，有力推动了检察业务和队伍建设健康深入发展。

（蒋颖）

【市领导到院参加观摩活动】 11月5日，市人大代表、政协委员、人民监督员、特约检察员一行13人参加区检察院检委会议事观摩活动。市院党组成员、副检察长高祥阳，区人大常委会副主任杨洪达，市院研究室主任闫俊瑛、市院办公室副主任杨晶、区人大常委会内司委主任李海英列席了检委会并参加座谈。

（蒋颖）

【“燕平书苑杯”法律竞赛举办】 11月13日，区检察院政治处、工会联合举办了“燕平书苑杯”法律知识竞赛。党组书记、检察长邹开红，党组副书记、副检察长刘兆欣，党组副书记、副检察长于丽艳，党组成员、政治处主任陈威杰参加了活动，来自各部门的五十余名青年干警参与了现场观摩。

（蒋颖）

【依法保障律师执业权利】 11月19日，区检察院检察检委会第二十次会议审议通过了纪检监察处提交的《北京市昌平区人民检察院关于依法保障律师执业权利的实施办法》。该办法的出台，对新形势下构建良好的检律关系，依法保障律师执业权利，进一步规范司法行为、改进司法作风、促进司法公正，起到积极推进作用。该办法共十章51条，由十个部分组成。

（蒋颖）

【检察开放日举办】 11月19日，区检察院举办以“法治青年行·检务零距离”为主题的检察开放日活动，三十余名中国政法大学学生参观了昌平院大要案指挥中心、案件管理中心和燕平书苑等地。

（蒋颖）

【法治宣传活动开展】 12月4日，在国家宪法日，区检察院在亢山广场开展了“弘扬宪法精神，树立宪法权威”法制宣传活动，院团总支派出青年代表参与。院干警向群众发放法制宣传资料，讲解法律知识，回答法律咨询，获得了现场群众的赞誉。

（蒋颖）

【《主任检察官办案绩效考评办法（试行）》出台】 12月9日，为适应检察改革需求，落实完善办案责任制的要求，提高办案效率和质量，提高检察官的业务素质和执法水平，区检察院结合主任检察官改革试点的工作实际，及检察官责任制改革的需求，制定了《北京市昌平区人民检察院主任检察官办案绩效考评办法（试行）》。

（蒋颖）

【未成年“检校共建基地”建立】 12月16日，为进一步贯彻落实十八届四中全会“谁执法谁普法”精神，加强检察机关与职技学校在未成年人犯罪预防工作中的协调配合，区检察院与北京市新媒体技师学院友好协商研究决定将该校作为区检察院首个专门针对未成年人在校生的“检校共建基地”，并将法治教育课列入该校教学计划，由区检察院未检“常春藤”法治宣讲团队为该校一年级学生讲授每周一次共计两学期72课时的法治教育课。

（蒋颖）

【严格审查人身辨认笔录提升公诉案件质量】 12月16日，为进一步完善刑事诉讼证据证明体系，充分发挥检察机关的诉讼监督职能，深入推进司法规范化建设，确保案件质效，提升执法公信力，区检察院公诉和未检部门制定出台了《关于审查起诉阶段严格审查人身辨认笔录的工作办法》，为人身辨认笔录审查工作提供了规范指引。

（蒋颖）

【《检察官司法档案管理办法（试行）》制定】 12月23日，为加强对检察官的管理，科学评价检察官办案情况，落实办案责任制的各项要求，建设高素质、专业化的检察队伍，区检察院结合主任检察官改革试点工作的实际，适应下一步检察官责任制改革的需求，制定了《检察官司法档案管理办法（试行）》。

（蒋颖）

【《司法办案内部监督问责工作办法（试行）》制定出台】 12月23日，为进一步推进司法办案责任体系建设，保证检察人员正确履行法律赋予的职责，促进严格、规范、公正、文明司法，区检察院制定出台《司法办案内部监督问责工作办法（试行）》。

（蒋颖）

审判工作

【概　况】 2015年，昌平区人民法院（简称“区法院”）深入贯彻党的十八大和十八届三中、四中、五中全会及习近平总书记系列重要讲话精神，紧扣“努力让人民群众在每一个司法案件中都感受到公平正义”的目标，以“审判质效年”和“纪律作风建设年”为着力点，认真履行审判职责，持续深化司法为民，积极落实司法改革，各项工作取得了新的成绩。全年，新收各类案件29154件，办结27169件（含旧存）；法官年人均结案194件，在全市法院中排名第四。荣获北京市模范法院、首都精神文明单位标兵、全国法院系统第27届学术讨论会组织工作先进奖，东小口法庭被评为北京市模范集体、北京市人民满意的公务员集体、北京市人民满意的政法单位，民一庭被评为北京市法院先进集体，未成年人审判庭被评为“北京市三八红旗集体”。

（潘俊美）

单位名称：昌平区人民法院
地址：城北街道西环路62号
联系电话：（010）80122096
邮编：102200

【全力做好司法改革试点准备】 年内，区法院成立调研团队，从人员分类管理、审判权运行机制、司法责任制等方面开展前瞻调研，积累司法改革基础数据和研究材料；分别与中层干部、法官和综合部门干警开展多个层面的谈心谈话，凝聚和传递改革正能量；邀请最高法院司法改革办公室同志来院宣讲司法改革政策，确保干警了解改革方向、坚定改革信心；根据司法改革试点工作要求，结合工作实际，围绕与基层法院密切相关的改革任务，初步制定了24个具体的配套文件和实施细则。

（潘俊美）

【落实立案登记制改革】 从5月1日起，区法院全面落实立案登记制改革，变立案审查制为立案登记制，累计接待当事人27000余人次，登记立案17949件，同比增长21.2%，其中当场登记立案17052件，补正后立案897件，当场立案率达95%，有效解决了群众反映集中的“立案难”问题。在区委的支持下，区法院着力完善了相关配套工作机制，建立了全区一体化的身份证明绿色通道，减轻当事人诉累；建立了物业、供暖类纠纷多元调解机制，通过自主和解、人民调解、司法调解“三步走”程序，年内诉前化解矛盾纠纷2800余件，当事人自动履行案件2700件，同比增长16.7%和17.4%。

（潘俊美）

【推动“审判质效年”建设】 年内，区法院把2015年确定为“审判质效年”，着力提升审判质效，年内审判质效在全市法院排名中提升了五位。完善评价机制，把审判质效作为评价法官的核心标准，为8名司法能力突出的法官颁发“审判质量奖”；坚持放权与监督相结合，对667件案件进行了质量评查。推动专业化审判，成立了未成年人案件综合审判庭；坚持“简案快审，繁案精审”，在劳动争议、物业纠纷和商事审判等领域实现了分组化、专门化审理。实施全员办案工作机制，全院具有审判职称的人员必须全部办案，其中院、庭长承办大要案，开观摩庭，年内共审结案件9434件，占全院结案数的34.7%。

（潘俊美）

【强化诉讼便民建设】 年内，区法院新建独立的安检大厅，依托信息化、集约化管理，为当事人提供了更加安全有序的诉讼环境；对诉讼服务中心进行了升级建设，增设了自助立案、网络调解、法律书苑等新功能，在设施上便捷群众，在细节上温暖群众，在文化上涵养群众，让当事人成为大厅的主人。区法院诉讼服务工作得到了最高人民法院的认可，作为仅有的三家基层法院之一，在全国法院诉讼服务中心建设推进会上作了经验介绍。

（潘俊美）

【深化特色“便民法庭”建设】 年内，区法院东小口法庭“程杰法官社区服务团队”坚持“一站两点三法庭”工作模式（“一站”即社区法官工作站，“两点”即巡回审判点和多元调解联系点，“三法庭”即夜间法庭、假日法庭和巡回法庭），扎根天通苑社区，年内开展“夜间法庭”“假日法庭”“巡回法庭”172次；南口法庭在流村镇老峪沟地区设立了首个山区“巡回审判点”，每月两次前往巡回审判点开展调解、开庭、普法等工作，把司法服务送到5个偏远山村2800余名群众的家门口。

（潘俊美）

【持续推进司法公开】 年内，区法院从四方面持续推进司法公开，一是加大审判流程公开，当事人可以通过互联网和手机APP，实时查询从立案到结案15类共62项流程信息；二是加大庭审公开，年内进行庭审图文直播99次，视频直播98次，视频直播次数同比增长三倍；同时通过信息化手段，在诉讼服务大厅随机直播庭审500余次；三是加大裁判文书公开，年内公开生效裁判文书18640篇，同比增长415.5%，在诉讼服务大厅设置了文书查询终端，方便群众共享司法资源；四是加大执行信息公开，公布失信被执行人信息3244条，强化限制出境、限制高消费、限制招投标等信用惩戒机制。

（潘俊美）

【丰富普法宣传形式】 年内，区法院利用新媒体及时公布法院工作动态和优秀法官事迹，拍摄了7部普法微电影、微视频，录制了2期网络公开课；官方微博发布信息1633条，开展微博直播13次，策划微活动57次，阅读量十余万次；三个人民法庭开通了官方微博或微信公众号，加强了与辖区群众的互动；邀请人大代表、政协委员、学校师生、记者、网友500余人次来院参观交流；举行“如何避免租房纠纷”等5场新闻通报会，与正义网联合组织了“特色法庭博友行”活动，邀请博友走进东小口法庭，增强全社会对法官的理解和尊重。区法院连续两年受到最高法院政治部、人民法院报社的联合通报表扬，被市高院评为2015年度北京市法院新闻宣传工作先进单位。

（潘俊美）

【创建“1+3+1昌法之路”队建工作模式】 6月10日，区法院制定《“1+3+1昌法之路”队建工作模式实施意见》，创建了“1+3+1昌法之路”队建工作新模式（第一个“1”是指以党建工作为引领，“3”是指法官职业塑造、法院文化交流、干警关爱激励三个平台，第二个“1”是指加强纪律作风建设）。完善以阶梯式队伍培养、菜单式培训、轮岗交流为主的法官职业塑造平台，年内4名干警被评为全市法院业务标兵。完善法官业务交流平台，年内举办了2期“昌法大讲堂”、1期“昌法论坛”、6期“昌法沙龙”、1期“昌法故事汇”。完善干警关爱激励平台，建立“法官职业轨迹影像库”、成立摄影工作室、开展趣味运动会、设立心理健康辅导站，年内为干警办结实事17件。

（潘俊美）

【持续加强纪律作风建设】 年内，区法院把2015年确定为“纪律作风建设年”，将全面推进“纪律作风建设年”与扎实开展“三严三实”专题教育相结合，强调守纪律、讲规矩，召开了纪律作风警示教育大会，建立了干警信访投诉信息汇总分析平台，完善了内部人员过问案件的记录和责任追究机制，开展了“人情案、关系案、金钱案”治理活动，进行了29次审务督察，维护清正廉洁的队伍形象。

（潘俊美）

【接受人大监督】 区法院于9月23日向区人大常委会专题汇报了落实人民陪审员制度的情况；加强与人大代表的沟通联络，年内共有代表100余人次到区法院调研考察，旁听重大案件庭审或参加特色活动；拓宽人大代表监督渠道，依托“昌法微播报”微信公众号，向代表定向发送区法院工作动态21期，方便代表深度了解法院；高度重视人大代表对法院工作的意见建议，认真解决代表反映的问题，收到区人大常委会转办案件2件，全部办结。

（潘俊美）

【接受职业共同体监督】 年内，区法院加强与区检察院的沟通交流，邀请检察人员参与区法院重要学习活动和业务研讨；依法接受检察院法律监督，支持配合检察院履行监督职责；高度重视检察院的建议，及时查找和纠正工作中的不足，邀请检察长列席审判委员会5次，认真听取检察院对案件的处理意见。区法院加强律师执业权利保障，在诉讼服务大厅专门设立了律师工作室，方便律师开展工作；与区司法局、区律协进行定期交流，探索建立法官与律师良性互动机制，促进法律职业共同体成长。

（潘俊美）

司法行政工作

【概　况】 2015年，昌平区司法局（简称“区司法局”）内设行政编制机构27个：政工科、办公室、法制科（含纪检监察工作）、法制宣传科、基层工作科、法律援助指导科、矫正和帮教安置科及20个镇（街道办事处）司法所。内设事业机构3个：区法律援助中心、利兆公证处、区阳光中途之家。全局共有在职在编干部职工119名，其中：局机关公务员30名，机关工勤5名；司法所公务员（司法助理员）67名；区阳光中途之家共有工作人员4名；利兆公证处共有工作人员9名；区法律援助中心共有工作人员4名。

（郑晓轩）

单位名称：昌平区司法局

地址：城北街道东环路146号

电话：（010）69742780

邮编：102200

【“固成果、强监督、展实效”爱民实践活动开展】 1月至3月开展“固成果、强监督、展实效”爱民实践活动。“爱民实践活动”中，区司法局累计解答法律咨询1600余人次，调解矛盾纠纷310余起，开展法制宣传活动40余场，发放各种法制宣传材料47000余份。

（郑晓轩）

【区人民调解协会建设进一步完善】 1月8日至9日，昌平区人民调解协会第一届代表大会在阳坊大都饭店召开，市司法局副局长孙超美、马玉出席会议，区人民调解协会代表大会产生了会长、副会长、监事长以及秘书长等人选。协会的社团登记、组织机构、银行开户、税务登记以及公章刻制等手续已办理完毕，并被社工委认定为枢纽型社会组织。

（郑晓轩）

【在全市首创消费纠纷调解网】 1月16日，区司法局与昌平工商分局联合举行《消费纠纷行政调解与人民调解工作对接启动仪式》，首创了全市第一张覆盖全区基层的消费纠纷调解网。全区的11个工商所与20个司法所之间可以自主直接按照预定程序进行最快捷的对接联动，快速便捷的处理各类消费纠纷。

（郑晓轩）

【开展“法治春联进万家”活动】 1月27日，在阳坊镇文化中心举办了“昌平区优秀法治文艺节目巡演暨法治春联进万家活动”，京东大鼓、舞蹈、魔术、小品等十个优秀法治文艺参加本次汇演，书法家书写发放法治春联1000余幅。

（郑晓轩）

【利兆公证处与市长安公证处开展业务交流】 3月18日，市长安公证处来到利兆公证处开展交流活动。双方就公证行业发展、公证质量管理以及公证信息化建设等问题开展座谈，并在会上签署《北京市公证行业互助协议》。根据协议，双方将定期开展业务交流，就对方提出的业务咨询认真研究并提出意见建议。

（郑晓轩）

【区人大代表调研“六五”普法规划实施情况】 3月20日，区人大常委会内司委组织部分区人大代表实地调研区“六五”普法规划实施情况，区人大常委会副主任杨洪达参加调研。代表们首先参观了十三陵镇胡庄社区法治文化宣传画廊、法律图书室，深入了解十三陵镇在“六五”普法规划、年度计划制定、组织机构建立以及法治文化宣传教育等方面的工作情况，并观看了社区居民自编自演的法治节目和昌平区自编自导的普法微电影。

（郑晓轩）

【与驻昌部队签署军民共建协议】 3月份以来，区依法治区领导小组办公室、区司法局分别与中国人民解放军总装备部63926部队、中国人民解放军装备学院昌平士官学校和中国人民解放军66391部队签署了《昌平区军民共建法制宣传教育工作协议书》，协议中明确了区依法治区领导小组办公室、区司法局作为军民共建责任方的主要义务内容：定期开展法治讲座、“送法进军营”、“模拟法庭进军营”等活动。

（郑晓轩）

【第五届司法行政开放日举办】 4月10日，区司法局以“司法行政、情牵你我”为主题，以宣传司法行政工作职能成果和司法行政队伍素质风采为主要内容，举办了第五届司法行政开放日活动。活动在东小口镇设立主会场，全区其他17个镇、街道司法所设立分会场，共接待社会各界群众4000余人，发放各类宣传材料16000余份，解答群众各类咨询350余人次。

（郑晓轩）

【司法所规范化建设现场推进会召开】 4月29日，区司法局在沙河镇政府召开了基层司法所规范化建设和镇街级人民调解规范化建设现场推进会。区委副书记、政法委书记李良，政法委副书记、区综治办主任杨振和，以及各镇(街)主管副镇长（副主任）和基层司法所所长参加了会议。

（郑晓轩）

【“读书明理修身 遵规守法做人”活动开展】 4月23日至5月22日，在社区服刑人员中开展以“读书明理修身 遵规守法做人”为主题，通过读、写、谈、演四个阶段，为全体社区服刑人员搭建一个“读书、感悟、交流”的互动平台，让他们养成好读书、读好书的良好习惯，从书中吸取营养、传递正能量。

（郑晓轩）

【区军人军属法律援助工作站成立】 6月16日根据区司法局、区双拥工作领导小组办公室联合下发的《关于建立北京市昌平区军人军属法律援助工作站的实施意见》，“昌平区军人军属法律援助工作站”在中国人民解放军装备学院昌平士官学校正式挂牌运行，这是昌平区司法行政机关依托社会力量，组织建立的维护军人军属权益的第一家法律援助机构。

（郑晓轩）

【“法治故事汇”演讲比赛举办】 6月30日，昌平区依法治区领导小组办公室、区司法局举办了昌平区以案释法“法治故事汇”演讲比赛决赛，市法宣办、市司法局法宣处副处长赵菁，昌平区委政法委常务副书记梁士强，区政协社法委主任杨建东，区司法局局长徐平仪，区文明办、市政市容委领导出席了活动。

（郑晓轩）

【建立并推行社区矫正心理咨询师“巡诊”制度】 6月建立并推行社区矫正心理咨询师“巡诊”制度，“巡诊”现场设置在阳光中途之家、司法所及社区服刑人员家中，每月“巡诊”不少于一次，“巡诊”工作坚持社区服刑人员心理测评率100%、建档率100%、服务率100%的总要求，确保有心理需求社区服刑人员心理咨询、心理疏导等服务全覆盖。

（郑晓轩）

【社区服刑人员移动电话报到终端系统开通】 7月21日，区司法局开通社区服刑人员移动电话报到终端系统，通过召开社区服刑人员移动电话报到终端装备启用培训会，制发《昌平区社区服刑人员电话报到终端管理使用规定（暂行）》，配发集通话自动录音、自动存储、自动导入电脑及利用微信、飞信、短信、QQ群管理社区服刑人员等多功能一体移动电话报到终端，有效实现司法所随时随地与社区服刑人员进行沟通联系、发送通知通告、警示提醒、教育信息和互动交流等功能。

（郑晓轩）

【首个个人人民调解工作室揭牌成立】 7月30日，唐东彪人民调解工作室在南口镇新兴路社区举行揭牌仪式，正式成立。昌平区司法局局长徐平仪、副局长康德柱、南口镇镇长曹晓兵、副镇长徐长河、南口法庭副庭长董晶晶出席揭牌仪式。唐东彪人民调解工作室，成为昌平区第一个面向社会公众的人民调解个人工作室。

（郑晓轩）

【召开展全面依法治国教育动员部署会】 8月7日，区司法局召开了在全区律师队伍中开展全面依法治国教育动员部署会。区司法局党委书记、局长徐平仪出席会议并讲话。区司法局副局长孙喻、法律援助指导科科长陶秀霞、区律师协会会长吴晓刚，监事长席柯，副会长乔守东、马玉兰，区律协理事、监事，全区各律师事务所主任、合伙人共计70余人参加会议。

（郑晓轩）

【开展纪念《公证法》颁布十周年宣传咨询活动】 8月27日，利兆公证处在亢山广场开展纪念《公证法》颁布十周年公证法律宣传活动。向群众发放《公证法律咨询手册》五百余册，现场为十余名群众解答相关房屋继承、赠与、遗嘱等方面的公证内容。

（郑晓轩）

【“人民调解伴你行”主题宣传月活动开展】 8月28日，开展“人民调解伴你行”主题宣传月活动，市司法局基层处副处长杨建出席区司法局和回龙观街道办事处在回龙观北店时代广场宣传主会场共同主办的宣传活动。全区各活动现场共发放《人民调解法》宣传品40000余件。

（郑晓轩）

【区律师协会党总支部党员大会召开】 10月11日，昌平区律师协会党总支部党员大会召开。来自全区6家律师党支部的52名党员代表参加会议。会议审议并全票通过了《中国共产党昌平区律师协会党总支部工作报告》，选举孙喻、吴晓刚、徐亚宁、乔守东、席珂、李硕、谢冬飞为党总支部委员。区律师协会党总支部第二届委员会第一次全体会议选举孙喻为党总支书记，吴晓刚、徐亚宁为副书记。

（郑晓轩）

【利兆公证处积极开展为老年人服务活动】 10月20日起，对申请办理遗嘱公证时已年满80周岁的老年人不再收取公证费用；开辟老年人办理公证绿色通道；引导公证人员对于老年人，特别是70岁以上以及行动不便、患病残疾的老年人实行电话预约服务；对经济困难的老年人提供免费政策咨询、慈善捐助等服务；在老年人接待窗口配备适老用品，或由专人引导和协助，为老年人接受法律服务提供便利。

（郑晓轩）

【“12.4”大型法治宣传活动举办】 12月4日，在亢山法治文化公园举办“12.4”国家宪法日暨法治宣传教育活动，区人大副主任杨洪达、副区长贺军、区司法局局长徐平仪等领导莅临活动。全区各委、办、局60余家单位参加了活动，并结合部门工作特点，向百姓解读《宪法》相关法律知识，发放法治宣传材料2万余份，解答法律咨询80余件。

（郑晓轩）

【完成市“六五”普法检查验收工作】 年内，“六五”普法检查验收，自4月起分别向区人大、区政府和区委进行汇报。根据北京市“六五”普法考核验收要求，汇总全区“六五”普法工作档案材料70余卷。8月5日，市“六五”普法检查验收小组听取区主管副区长贺军做昌平区“六五”普法工作的集中汇报。8月17日，市司法局副巡视员马捷、计财处处长马品芳、法宣处副调研员汤瀛等市“六五”普法检查验收小组成员，对昌平区“六五”普法工作进行了检查验收。

（郑晓轩）

【“学习习近平总书记系列讲话精神”宣讲活动开展】 年内，在机关在职在编人员和狱警中，开展“修身律己、务实兴业—学习习近平总书记系列讲话精神”宣讲活动。宣讲活动按年龄进行分组，全年举办7场宣讲活动，共评出一等奖6人，二等奖14人，三等奖18人。

（郑晓轩）

【社区矫正推行“六位一体”教育新模式】 年内，在社区矫正工作中创新推行法规、时政、国学、警示、礼仪、分享“六位一体”教育模式。让社区服刑人员全面了解社区矫正起源、发展规范、时事政治、国内外形势、新政新规、大政方针、国学礼仪、经典案例等知识，让他们全面掌握法律法规、行为规范、道德规范和文明礼仪，促使其牢固树立身份意识和服刑意识，积极改造、顺利回归。

（郑晓轩）

社会治安综合治理

【概　况】 2015年，昌平区社会治安综合治理委员会办公室（简称“区综治办”），按照市委、市政府和区委、区政府的决策部署，在首都综治办的正确领导下，全面贯彻党的十八大精神和各级政法会议要求，以两件大事安保为重点，以人口规模调控为中心，以防控体系建设为载体，以基层基础建设为抓手，以问题源头治理为导向，以落实领导责任制为龙头，着力解决影响社会和谐稳定的源头性问题和影响群众安全感的突出问题，不断提升社会管理精细化、科学化水平。

（陈晓龙）

单位名称：昌平区社会治安综合治理委员会办公室
地 址：城北街道政府街19号
电 话：（010）69746474
邮编：102200

【全面开展百日综合整治】 5月22日至9月5日，以“3+8+N”为重点，对影响环境治安秩序问题强力开展综合整治百日行动。抽调专人成立专项办公室，协调公安、城管、交通组建30人的综合执法督导队，配合镇（街）每日开展综合执法行动。确定10个区级执法部门，按照每周不少于2次的标准，牵头开展项目化执法。期间，累计出动执法人员48518人次，清理游商摊贩13346起，清理小广告、违规广告牌匾19571起，处理店外经营9586家，整治违规上路车辆3029台，清理违法停车5586台。268项挂账整治问题台账和48项突出问题台账实现全部销账。

（陈晓龙）

【综治统筹协调能力得到大力提升】 年内，注重综治领导责任制落实，强化自身组织建设，切实发挥综治工作体制机制优势，强化区镇村三级综治机构建设，区委坚持每年对综治委成员进行调整，综治委成员单位也由44个增加到72个。区综治办新增综治联络科、基层基础科2个科室，各镇（街）全部设立了专职综治工作机构，各村（社区）全部设置综治委（办），夯实综治组织基础。

（陈晓龙）

【多元调解体系得到进一步完善】 年内，充分发挥区镇两级综治委社会矛盾多元调解专项组平台作用，建立起党委政府统一领导、部门共同参与的组织领导体系。聘用53名优秀人才成立调解专家库，明确职责任务，制定工作流程，真正发挥作用。组建579个6728人的调解委员会，排查调处各类矛盾纠纷近万件，调解成功率达95%以上。扩大人民调解组织的覆盖面，将中小企业等组织纳入调解组织管辖范围，与区企联联合在涉及3500余家商户的20个大型企业建立了人民调解组织，与11个工商所签订消费纠纷调解联动协议书，化解相关领域的复杂矛盾纠纷。

（陈晓龙）

【做好五类特殊人群服务管理】 年内，充分发挥区综治委特殊人群专项组平台作用，制定措施、加强管控，做到统一部署、统一指挥、统一协调。各小组按照分类、分级及属地控制原则，严格落实实名制管控措施、排查稳控零报告制度和稳控情况通报制度，扎实做好特殊人群调查摸排、动态监管、跟踪服务、帮扶救助、回归引导等方面工作，努力实现“五类人员”有人管、有人控、有人助。全区9514名在册“五类人员”管控到位，未发生有影响事件。加大青少年预防犯罪工作，开展“星光自护”系列教育活动30余次，受教育2000余人，聘任法制校长92名，加强青少年的法制教育，全面提升青少年服务管理水平。

（陈晓龙）

【深入推进“三网融合”工程建设】 年内，网格化服务管理体系建设和村庄社区化建设为基础，着力推进“三网融合”工程。制定《网格化分类目录》，把网格化分为五大类别、六级目录和3421小项工作。完成区级平台系统建设，全区共划分二级网格525个、三级网格900多个，城北、回龙观、霍营三个试点镇（街）平台建设稳步推进。

（陈晓龙）

【深入开展社会治安重点地区挂账整治】 年内，以民意为导向，建立重点地区动态排查整治工作机制，确定定期例会、定期排查、联合执法、信息共享、督导检查、定期通报六项工作措施，形成部门联动、齐抓共管、集中整治的工作格局。通过对24个（3个市级、7个区级、14个镇级）三级挂账地区的集中整治，取得显著成效。1至10月份，全区可防性案件立案1063起，同比下降22.9%；接报黄赌警情2077件，同比下降34.64%。3个市级挂账重点地区成效突出，松园地区可防性案件同比下降61.5%，北七家地区可防性案件同比下降38.6%；龙园地区接报黄赌警情同比下降44.1%，接报扒窃警情同比下降21%，实现连续7个月保持达标。

（陈晓龙）

【严密社会面防控工作】 年内，健全社会治安综合防控体系，在有效推进“站巡制”巡逻勤务模式的基础上，充分发挥武装巡逻车、巡逻警务站和弹性巡逻车组及警犬作用，全面加大对社会面的巡逻防控。充分发挥区财政补贴的7571名公安辅警、实管员、治安防巡防队员以及53266名在册治安志愿者作用，依托社区民警驻区制，指导和带领群防群治力量开展巡逻防控工作。加大技防建设力度，保障资金3200万元用于402路监控探头的建设和5628路监控探头的维护，将市政、教委、消防、交通等公共区域和要害单位的1700路视频监控资源全部纳入公安视频监控平台，实现信息交换与共享共用。开展公共监控视频系统排底排查，累计摸排视频监控探头41623个，其中高清探头10080个，掌握情况底数，为制定十三五规划奠定基础。认真做好进京卡点建设，完成安检大棚扩建，部署警力48人，落实常态查控机制，筑牢外围安全屏障。

（陈晓龙）

【加强社会面防恐防暴工作】 年内，注重完善防恐设施建设，党政机关、学校等重点单位分别建设了防冲撞路桩、硬质路障架等反恐防恐设施，全区防恐工作水平进一步提升。充分发挥6659名的安全信息员队伍作用，健全完善举报奖励机制和流程。从8月14日开始，在昌平电视台、昌平报开辟专栏，进一步加强对安全稳定信息举报奖励政策的宣传报道，充分调动人民群众积极性，构建全民参与、共保平安的社会氛围，累计发放奖励金额10.38万元。强化危爆物品和寄递物流清理整治，成立专项小组，制定工作方案，形成联合执法机制，共摸排寄递企业156家，物流企业88家，发现并整顿问题隐患12年；摸排各类危险物品从业单位185家，签定责任书104份，抓获涉枪违法犯罪6人，收缴各类枪支10余人。

（陈晓龙）

【全力确保纪念活动训练基地周边社会面稳定】年内，发动社会力量。自5月3日开始，纪念活动涉及的8镇44村6社区1沿线便率先启动社会面防控等级。纪念活动进入决战决胜阶段后，全区自8月16日起启动相应社会面防控等级，每日出动群防群治力量6.3万余人，有力确保社会面的防控密度和强度，形成全覆盖、全天候、全方位的社会面群防群控态势。织严强密防控风络。落实实名上岗，围绕社会面防控点位，逐人逐事、逐人逐地、逐人逐项明确工作范围、防控任务和防控标准。特别是涉及纪念活动区域和输送沿线，按照重点部位50米1名保安、沿线100米1个防控点位的标准，安排保安696名、民兵514名，部署机关干部1450人和群防群治力量4680人，对纪念活动集结输送路线沿线225处路口、102处桥梁涵洞和165处重点防控点位定点看护值守。注重做好各项保障，累计制作下发红袖标、小红帽10万余套，志愿者T恤9万余套、志愿者胸卡1.5万个，马扎3000余个，遮阳伞1000余把，保障巡逻看护工作开展，提升群防群治力量积极性。

（陈晓龙）

【适时启动平安昌平建设督查工作机制】 年内，在全国“两会”等纪念活动期间，及时启动平安昌平建设督查工作机制，分别印发重大活动期间安保工作落实情况督查工作方案，选择重点单位任督查组组长单位，并聘请责任心强、能力素质高的人员任组长，通过强化培训，不断提升督查质量。纪念活动期间，成立10个督查组，分别由政法委、综治办等部门领导任组长，按照“前期每周、后期每天”的标准，深入镇村开展督查，每月进行排名。共召开督查会议23次，开展督导检查420余次，发现并督查整改问题隐患180余件次。

（陈晓龙）

【加强专职护路队伍建设】 年内，按照全市统一部署，制定《关于组建昌平区铁路护路联防队伍的工作方案》，并于5月上旬正式启动工作，组织协调区财政局、区人力社保局、各镇（街）、区委党校、铁路公安派出所等部门，通过向社会发布公告，统一公开招聘、考试、体检、培训，成立了53人的铁路护路联防队伍，区财政每年投入241.68万元，落实了专职护路联防队员工资、五险一金等福利。投资50余万元，统一配备了联防队员服装、雨衣、鞋帽、标识、自行车、警棍、警用强光手电等必要装备。建立联防队员工资3年增长机制，服装、装备3年更新制度。7月1日，53名铁路护路联防队员正式上岗，按照辖区铁路线2公里左右配备1人的标准将专职队员分配到辖区铁路5个派出所，各铁路派出所根据铁路线实际，结合"两大安保"任务，排兵布阵，明确责任区段，落实护路职责任务，分兵把守各铁路运输线，确保重点时期、重要路段铁路运输绝对安全。

（陈晓龙）

军　事

人民武装

【概　况】 2015年，是全面贯彻落实党的十八届四中、五中全会和全军政治工作会议精神的开局之年，是深化国防和军队改革的实质启动之年，是革弊鼎新、正风肃纪的关键之年。昌平区人民武装部（简称"区人武部"）坚决贯彻落实习主席系列重要讲话、全军政治工作会议和军委、军区、卫戍区党委扩大会议精神，按照卫戍区党委扩大会的部署要求，突出听党指挥、履行使命、安全稳定等工作重点，紧紧围绕"四个不出"、力争一点小事不出的安全稳定目标，充分发挥"四委"联动作用，扭住问题整风整改，聚焦民兵预备役应急维稳扎实备战，拥护改革服从大局，依法治军从严治军，圆满完成了9.3阅兵等大项执勤保障任务。

（向伟希）

单位名称：昌平区人民武装部
地　址：城北街道政府街17号
电　话：（010）69742516
邮　编：102200

【组织冬季适应性训练】 1月13日至19日，区人武部组织了冬季适应性训练。依据北京军区《冬季适应性训练实施细则》，着眼强化部队战斗精神和战斗作风，坚持从难从严的训练方针，按照实战化、实案化和野战化标准，先后完成了集结与行军、组织指挥、野炊、宿营、情况处置、战地宣传等课目的训练。通过训练，有效检验了人武系统官兵在严寒条件下"走、打、吃、住、藏、通、供、修、救、管"等能力，磨练了官兵意志，进一步夯实了官兵抗严寒、抗疲劳和抗饥饿等基本技能和心理素质，锻炼了部队在严寒条件下连续作战的顽强作风，为新年度军事训练开好头、起好步打下了坚实的基础。

（赵瑞敏）

【着力抓民兵整组工作】 2月至3月份，通过整、改、扩、组，完成了上级下达的14600人的整组任务，加大在企业和社区的编兵力度，加大党团员比例和退伍军人比例，做到思想认识到位、工作人员到位、经费保障到位、措施落实到位，确保了高质量高标准完成年度整组任务。

（赵瑞敏）

【持续用力抓民兵应急分队建设】 2月至4月份，区人武部根据北京卫戍区通知要求认真抓民兵应急分队建设，在各镇（街）建强建实了30人的应急排，将17个应急排按职能编成应急防火连、应急防汛连、应急维稳连和应急执勤连，在区南部地区，协调银盾保安公司组建了

100人的区属应急力量第一连。在区西北部地区，协调胜华军训基地、励志军训基地组建了100人的区属应急第二连，应急分队训练有素，能够随时遂行任务。

（赵瑞敏）

【卫戍区领导到区人武部检查指导工作】 3月14日，北京卫戍区司令员潘良时到区人武部检查指导工作。在民兵仓库，区人武部政委韩义代表部党委汇报区人武部全面建设情况。潘良时司令员对人武部的工作给予充分肯定，并就下一步工作作出重要指示。人武部部长陈军、副部长黄磊等领导陪同检查。

（向伟希）

【阅兵执勤工作】 5月20日开始，区人武部组织阅兵村周边的阳坊镇、马池口镇、流村镇、南口镇、城南街道和南邵镇516名民兵先后上岗执勤，对阅兵部队训练区域外围进行全时空、全区域、点对点、拉网式警戒。为执勤民兵统一购置特战服装550套（含民兵执勤配饰），并按照执勤点位购置配发了129套执勤箱（含手电、警棍、捆绑绳、执勤哨本、工作手册及常用药品等物资）、雨衣等，统一了服装和执勤器材。统一购置400兆对讲机150部，直接配发至每个点位，保证组织指挥的顺畅通联问题。历时3个半月110余天，圆满完成9.3阅兵执勤任务。

（赵瑞敏）

【组织开展征兵工作调研】 5月，区人武部针对近年来全国出现的“当兵冷、征兵难”和征兵中遇到的问题，多次召开由区征兵办公室成员单位和23个基层武装部、9所高校负责人参加的征兵工作调研座谈会，形成数据详实、说理透彻、措施有力的调研报告，为做好征兵工作打下坚实基础。

（向伟希）

【卫戍区政委到区人武部检查指导工作】 6月10日，北京卫戍区政委姜勇到人武部检查指导工作。区人武部政委韩义代表部党委汇报单位全面建设情况，重点对阅兵村周边民兵执勤工作进行了汇报。人武部部长陈军、副部长黄磊等领导陪同检查指导。

（向伟希）

【开展国防设施保护工作】 6月，按照北京卫戍区工作安排，区人武部对全区国防工程进行检查摸底。对境内现有122处国防工事、176个洞口（81个坦克洞库，4条坦克遂道，37条步兵坑道，95个坑道洞口）进行抽查，掌握了全区军事设施维护保养情况，完善了军事设施数据库。对全区81个坦克洞库、3条坦克遂道、38条步兵坑道，逐一进行了拍照、记录、编号和测量，掌握了昌平区国防工程的第一手翔实资料，为国防设施建设奠定了基础。

（向伟希）

【完成基层专武干部集训】 11月24日至26日，区人武部组织全区镇（街）、企事业单位和高校武装部专武干部58人，在南口镇208轻武器研究所围绕民兵整组、军事训练、政治工作、国防教育、征兵工作和正规化建设等方面的问题，采取集中授课、理论研讨、讨论交流、考核讲评等办法，进行理论授课和研讨交流，组织开展军事基本技能训练，进一步增强专武干部的责任感和紧迫感，为推动基层武装工作打下扎实基础。

（赵瑞敏）

【进行日常战备综合整治】 年内，按照“任务契合、按需整合、动静结合”的思路，结合朝阳区人武部现场会，完成了首长机关应急战备中心建设，对民兵仓库进行了规整统一，补充了战备物资，促进了日常战备养成。

（赵瑞敏）

【政治教育开展】 年内，区人武部在政治教育中开展“学习践行强军目标，做新一代革命军人”主题教育活动。强化政治意识、阵地意识、大局意识，进一步坚定中国特色社会主义道路自信、理论自信、制度自信。针对近年来国际局势动荡和各种敏感热点问题的出现，适时搞好时事政策宣讲，认真学习贯彻《民兵政治工作规定》，利用民兵整组、训练等时机，紧紧围绕民兵担负的职能任务和使命要求，扎实开展政治教育。

（向伟希）

【做好双拥共建工作】 年内，区人武部结合抗战胜利70周年，争创“双拥模范城”评比创建活动。在阅兵基地沿线主要路口包括G6、G7高速路以及六环路、立汤路、政府街等处设置了40余处宣传广告牌和宣传标语，在电子屏、手机微信发布双拥宣传信息，制作了双拥画册《征程》，在《北京日报》、《北京社区报》刊登了昌平双拥工作专版，在电视台制作了专题宣传片，出版了《昌平双拥》杂志，营造了宣传双拥、推动创建的良好社会氛围。对训练场地外围环境进行了集中整治，累计拆除影响安保、环境的各类房屋57.6万平方米，清退污染企业66家，实施绿化工程4336亩，清运物料及渣土101万立方米，清理河道5550米，阅兵训练场周边环境面貌焕然一新。“两节”和“八一”等重大节日期间，区镇两级领导走访慰问驻昌部队送去慰问金、慰问品，经费支出共计300余万元，走访部队100余家。努力帮助解决驻昌部队各种难题，解决国防大学防务学院门前安装过街天桥的建议、空军第二通信团家属院门前道路设立红绿灯和燃气管线的建议、装甲六师训练场地等问题，协调召开了多个军政座谈会，研讨双拥工作创新发展，强化了双拥共建工作。

（赵瑞敏）

【党委民主生活会召开】 年内，区人武部着重围绕10个方面问题，坚定理想信念、匡正用人风气、强化组织功能、遵守法规纪律等方面，深入查摆班子和个人存在问题的具体表现及原因，特别是深刻吸取一些案件的教训，从思想、政治、组织、作风和制度上检讨反思、肃清流毒。班子成员进行批评与自我批评，主动揭短亮丑，把“讲规矩、懂规矩、守规矩”贯穿到自我检讨当中，每名同志思想受到了触动、灵魂受到了震撼、精神受到了洗礼。针对查找出的问题，部党委班子制定了务实管用的整改措施。

（向伟希）

【着眼安全稳定正规部队建设】 年内，区人武部紧紧围绕“‘四个不出’、力争一点小事也不出”的安全稳定目标，建立“四委”联动机制，突出重要目标、重要时节、重要部位、重点人员的安全防范，狠抓民兵预备役工作落实。一是深化思想认识。认真学习贯彻习主席依法治军从严治军重要论述，牢固树立法治思维和底线思维，紧紧围绕卫戍区党委（扩大）会提出的“四个不出”、力争一点小事不出的安全稳定目标，更加扎实有效做好后备力量安全防范工作。上半年，在全体干部职工中深入进行了“讲规矩、懂规矩、守规矩”专项教育整顿，努力增强干部职工的使命意识、责任意识和执行能力。下半年以9.3阅兵活动为契机，扎实开展安全教育法规常识的学习。二是搞好安全形势分析。党委统揽，坚持每月对人武部的安全形势进行一次分析，组织了大项活动风险评估，在敏感时期加强了对重点部位的检查，加强了对安全隐患的整改。三是突出防范重点。在注重全面防范的同时，针对人武部特点，突出人员管理教育、车辆管理使用、重点涉密载体保存保管等。按照卫戍区要求，集中开展营区周边环境调研摸排和清理整治，高度重视做好涉军敏感问题处理，确保部队纯洁巩固。四是严格隐患排查。在隐患排查和治理活动中，坚持把分析形势、细化内容、严密排查，把“找依据、列清单、作减法、抓落实”作为工作的基本方法。突出装备仓库看管，安全保密、车辆安全管理，突出临时工管理，理顺用工关系，清理了4名不合格聘用人员。

（向伟希）

【“三项清理整治”工作】 年内，区人武部根据《关于新形势下军队政治工作若干问题的决定》、《军队干部选拔作用工作程序规定》、《关于进一步明确住房清理中几个具体问题的通知》等规定，通过召开座谈会、对照政策法规核对、上报统计数据等方式，全面了解掌握本单位在干部任用、财务管理和“五用一履行”等方面存在的突出问题。研究制定整改方案，明确解决问题的措施、标准、时限和责任。

（向伟希）

【扎实抓军事训练】 年内，区人武部狠抓干部的军事素质提升，每月制定详细的训练计划，尤其突出对军事体能的训练，利用周二、周四下午的时间开展评比竞赛，所有人员的三公里长跑、俯卧撑、仰卧起坐、试图用途等科目成绩有了显著提高。5月和10月组织全体干部参加卫戍区组织的集中培训，取得总评第二名的好成绩。11月参加卫戍区组织的军官资格认证考核，参考人员均顺利通过。

（赵瑞敏）

【完成年度征兵任务】 年内，完成区征兵工作任务。5月，区人武部在各大高校进行大规模宣传动员，宣传相关精神和征兵政策。协调区委宣传部、区电视台和区广播电台连续一周反复播放夏秋季征兵政策规定、标准条件、程序方法、征集名额、纪律要求，城区内临街电子屏滚动播放征兵宣传口号，公布廉洁征兵举报电话；《昌平周刊》开辟栏目对征兵工作进行专题报道，做到家喻户晓，人人皆知。5月30日、6月19日，《战友报》头版先后两次刊登区人武部征兵工作的特点做法，受到上级通报表扬。6月至8月，完成全区从非军事部门直接招收士官的摸底报名、资格审查、体检、政审和起运工作。完成区245名男兵和25名女兵的征集任务。10月，完成新兵档案材料整理、户口注销和外籍大学生优抚通报函、入伍高校新生保留入学资格申请公函邮寄，以及大学生学费资助相关手续的审查复核工作。

（赵瑞敏）

【组织民兵安保执勤】 年内，根据上级部署要求，区人武部在全国“两会”、“6·4”、国庆期间，组织百余名民兵在南雁路马刨泉检查站配合公安部门巡逻执勤，发挥了民兵在维稳中的卫士作用。同时，协调各镇（街）30人的应急力量参与重要时节的应急备班。

（向伟希）

【扎实开展“三严三实”专题教育整顿】 年内，区人武部党委按照上级关于开展“三严三实”专题教育整顿的方案计划，贯彻整风精神，突出抓好“四项整顿”，坚持问题导向，坚持刀口向内、从严要求，着力解决党员领导干部理想信念、党性原则、革命精神、组织纪律、思想作风等方面的突出问题，把“讲规矩、懂规矩、守规矩”贯穿到各项专项检查当中。对照习主席指出的10个方面突出问题和《决定》明确的“八个纠正”，以党委班子和干部为重点，严密组织了集中教育整顿。

（赵瑞敏）

【认真学习法规制度】 年内，认真学习贯彻党中央、国务院、中央军委关于党管武装的原则和制度，了解上级关于国防建设和民兵预备役工作的部署要求，熟悉武装工作的基本理论、基本原则和方法套路。认真抓了对党委议军、党管武装工作述职、办公例会、军事日活动等制度和党管武装职责的学习。认真组织全体党员干部认真学习领会新修订的《中国共产党廉洁自律准则》和《中国共产党纪律处分条例》。

（向伟希）

预 备 役

【概 况】 2015年，北京陆军预备役高射炮兵第5团（简称“预备役”）按照市委、市政府，区委、区政府和北京卫戍区党委、高炮师党委决策指示，紧扣强军目标，紧贴“全军一流预备役部队”建设要求，深入开展“三严三实”专题教育活动，完成各级党委赋予的重大工作任务，推动团队建设稳步向前发展。

（魏智杰）

单位名称：北京陆军预备役高射炮兵第五团
地址：城北街道政府街17号
电话：（010）66744525
邮编：100220

【双拥工作进军营活动】 7月24日，参加庆“八一”暨“最美家庭”进军营展演活动。此次活动坚持以弘扬家庭美德、树立良好家风为主线，从提高昌平驻军官兵参与率、扩大活动影响力入手，挖掘和展现最美家庭建设成果，促进中华民族传统文化的传承和弘扬，引导全区广大家庭特别是部队官兵在参与“首都最美家庭”活动中积极接受道德教育，自觉践行社会主义核心价值观，为昌平建设国际一流的科教新区提供强大的道德力量和精神支撑。

（魏智杰）

【参加“军民融合 双拥情深”公益大讲堂】 11月23日，“军民融合 双拥情深”公益大讲堂在昌平区举行，预备役团和来自各驻昌部队代表聆听讲座。本次活动结合纪念中国人民抗日战争暨世界反法西斯战争胜利70周年的主题，以图文形式分享“你不知道的昌平抗战和英雄”，展现昌平历史悠久的革命传统，以及昌平人民在抗日战争时期不屈不挠、誓死保卫家乡的抗战精神。

（魏智杰）

人民防空工作

【概　况】 2015年，昌平区民防局（简称“区民防局”）以党的十八大、十八届三中、四中全会和习近平总书记系列重要讲话精神为指引，深入开展“三严三实”专题教育活动，以区政府折子工程和市民防局重点工作为中心，立足本职，开拓思路，全面落实从严治党要求，努力推进民防工作稳步开展。民防组织指挥能力建设稳步推进，完成了南口镇高点监控系统建设和指挥网分级防护改造工作。坚持民防指挥中心周检制度，坚持民防应急指挥通信车的每周日常训练，坚持卫星通信系统的周、月、年维护，确保各类应急通信设备处于良好备勤状态，完成各项应急值守任务。坚持以建为主，合理规划人防工程，人防工程管理水平明显增强，对全区在用人防工程安全进行了拉网式排查，将全区人防工程按照低、中、高三种风险等级实行抽查、巡查和盯防等不同监管模式，加大人防工程监管力度，确保人防工程安全无事故。全面推动民防宣传教育“五进”工作，以“国际民防日”、“防灾减灾日”宣传周活动为契机，在全区范围内开展防空防灾的社会宣传活动，重点组织了18场“民防知识与技能”培训班。

（柴颖）

单位名称：昌平区民防局
地址：城南街道南环东路1号
电话：（010）69746036
邮编：102200

【深化“三严三实”专题活动】 年内，区民防局按照区委的统一部署，研究制定了《昌平区民防局“三严三实”专题教育工作方案》和《昌平区民防局“三严三实”专题教育学习研讨计划》，从领导班子做起，坚持以上率下，突出问题导向，严明政治纪律和政治规矩，先后分三个专题组织集中学习12次60学时，全体党员撰写体会文章32篇，班子成员开展交流研讨3次、主动到基层开展调研式学习40次，发放调查问卷51份，与服务对象交流，征求意见建议。按照“三必谈”要求，广泛开展谈心谈话24人次。紧扣“三严三实”主题，认真查摆不严不实突出问题10条，进行党性分析，开展批评和自我批评，全体党员干部经历了又一次严肃的党内生活锻炼。

（柴颖）

【完成“十三五”民防建设发展规划编制】 年内，区民防局根据昌平区“十三五”规划编制工作总体部署，结合民防实际，制定了《昌平区“十三五”时期民防建设发展规划编制工作方案》。深入总结昌平区“十二五”时期民防建设情况，自4月份起先后邀请市局领导与专家组进行座谈指导4次，完成了《昌平区“十三五”民防建设发展规划》初稿，后经8次改稿，于12月11日局长办公会审议通过了《昌平区“十三五”民防建设发展规划》审议稿，并制作了多媒体汇报片，为日后昌平民防事业发展做好准备。

（柴颖）

【启动新一轮地下空间综合整治工作】 年内，区民防局积极贯彻落实北京市地下空间三年综合整治工作精神，以区政府名义下发了《昌平区关于继续开展地下空间综合整治工作的实施方案》，制定了《昌平区继续开展人防工程综合整治和维稳工作方案》，结合人防战备资产资源普查工作，全面摸清已建人防工程使用现状。

（柴颖）

【落实《安全生产党政同责一岗双责实施办法》】 年内，区民防局切实加强昌平区人防工程的安全生产工作，调整人防工程安全监管工作方式，制定了《昌平区民防局安全生产"党政同责、一岗双责"实施办法》和《昌平区民防局人防工程日常安全检查工作办法》，从实际出发，从制度入手，切实落实人防工程安全生产"党政同责、一岗双责"，将人防工程安全检查工作规范化、标准化、细节化。根据职务级别、工作分工，将安全生产责任分解到人，将人防工程包干到人，逐一明确职责任务、检查频次和工作标准。并建立了安全生产例会、学习调研、安全检查、情况通报和执法约谈五项工作制度，从加强学习培训、完善考核机制和严格责任追究等方面强化工作落实。年内检查防空地下室536处次，所有在用人防工程普遍检查4次以上，重点人员密集场所在用人防工程普查检查至少8次，已建未用人防工程安全检查一遍，其中局领导带队检查35次。消除各类安全隐患33起，下达责令限期整改通知书48份，发送执法移送单4份；与违法当事人执法约谈15次41人次；实施行政处罚1起、罚款2万元，有效遏制了违法违规使用人防工程行为。

（柴颖）

【完成警报试鸣任务】 年内，区民防局对全区防空警报设施逐一进行检测和维护，更新电声防空警报器8台、更换防空警报电瓶16块；完成了450兆警报控制分中心升级改造工作；新建了220兆警报控制分中心和220兆防误鸣警报控制分中心。制定了《昌平区防空警报试鸣工作方案》，以区政府名义下发了《关于在昌平区9月19日防空警报试鸣的通知》，组织相关委办局召开综合协调专题会研究警报试鸣工作；采取向各镇（街道）发放防空警报试鸣宣传折页40000份，利用宣传橱窗张贴公告2500份，在防空警报设点的小区大门和楼前悬挂条幅130幅，广泛开展警报鸣响宣传。通过区警报控制分中心进行无线遥控，完成9.19防空警报试鸣工作。

（柴颖）

【修订行政审批程序】 年内，区民防局根据市民防局新的行政审批工作要求，重新修订了《北京市昌平区固定资产投资项目结合修建人民防空工程审批流程》。按照程序规范、便民高效、分权制约的原则出台了《北京市昌平区民防局人防工程建设行政审批工作制度》。对现有6项行政审批事项和1项非行政审批事项及19项行政处罚权力进行全面清理，做到法定职责必须为、法无授权不可为。

（柴颖）

双拥工作

【概　况】 2015年，昌平区双拥工作办公室（简称"区双拥办"）在区委、区政府的正确领导下，双拥工作坚持"发挥优势、挖掘潜力、整合资源、主动作为"的思路，围绕争创全国双拥模范城目标，认真落实"双拥在基层"要求，服务重大活动，创建特色品牌，推动融合发展，全面做好双拥各项工作，军政军民关系坚如磐石，为促进区域转型发展、服务军队和国防建设作出了积极贡献。

（朱珊）

单位名称：昌平区双拥工作办公室
地址：城北街道政府街17号
电话：（010）69744602
邮编：102200

【北京曲剧团慰问驻昌部队】 1月28日、30日，区双拥办协调北京曲剧团在61035部队慰问演出《骆驼祥子》、《烟壶》，受到部队官兵热烈欢迎。

（朱珊）

【双拥工作座谈会召开】 2月2日，2015年双拥工作座谈会召开。驻昌部队人大代表、政协委员及部分部队领导欢聚一堂，就2014年双拥工作开展情况进行总结，并对2015年昌平区双拥工作要点进行汇报。

（朱珊）

【“同抒双拥情 共圆中国梦”双拥文艺演出】 2月4日，在昌平士官学校举行“同抒双拥情 共圆中国梦”昌平区2015年双拥文艺演出。区领导、双拥办、驻昌部队领导及官兵、各镇（街）有关领导及群众共500多人观看了演出。

（朱珊）

【迎新春军政座谈会召开】 2月6日，2015年迎新春军政座谈会召开。区领导和20多家驻昌部队的人大代表、政协委员及相关领导出席了会议。春节期间，区领导分别走访慰问联系部队，为官兵送去慰问金、慰问品，共计300余万元。

（朱珊）

【慈善进军营 温暖子弟兵】 2月15日，区双拥办与区慈善协会共同开展了“慈善进军营”活动，将慈善爱心送进军营。昌平士官学校一名战士受到了慈善救助。

（朱珊）

【驻昌部队开展学雷锋志愿服务活动】 3月，驻昌各部队开展了“学雷锋、献爱心、送温暖、树新风”活动，慰问看望军烈属和孤寡老人，并赠送了生活及娱乐用品。驻昌部队出动官兵1200人次参加学雷锋活动，清洁城区道路、护栏及公园卫生，为人民群众治理美化环境。

（朱珊）

【组织驻昌部队官兵参观第三届北京农业嘉年华】 3月26日，为使官兵深入了解昌平区都市型现代农业发展成果，组织驻昌部队官兵近50人参观了第三届北京农业嘉年华 。

（朱珊）

【申报首都拥军优属拥政爱民模范奖】 年内，按照市双拥办会议精神，区双拥办申报首都拥军优属、拥政爱民模范先进单位10个、先进个人10名。

（朱珊）

【外籍学员家属子女参观第三届北京农业嘉年华】 4月24日，为使国际友人深切感受到新时期北京农业生产、生态的创新发展，区双拥办组织国防大学防务学院外籍学员家属子女220人次、参观了第三届北京农业嘉年华。

（朱珊）

【首家军人军属法律援助工作站成立】 6月16日，昌平首家军人军属法律援助工作站成立，把军人军属的法律援助需求正式纳入制度化。

（朱珊）

【区领导走访慰问联系部队】 7月，区领导和有关职能部门在“八一”建军节前走访慰问联系部队，送去慰问金、慰问品，召开现场办公会，为部队解决实际问题。

（朱珊）

【“两新组织”爱国拥军协会成立】 8月4日，昌平区“两新组织”爱国拥军协会成立，并召开第一届一次会员大会。

（朱珊）

【市双拥工作检查组检查区双拥创建工作】 9月8日，市双拥工作检查组来昌平检查昌平区创建全国双拥模范城“八连冠”工作，对昌平创建工作给予高度评价，称赞昌平区双拥工作组织健全，扎实深入，有规模，有亮点。

（朱珊）

【协调组织烈士公祭活动】 9月30日，在昌平烈士陵园举办烈士公祭活动。为确保昌平区烈士纪念日烈士公祭活动的顺利进行，按照区委，区政府的要求，区双拥办协调组织陆、海、空、武警共计220余名官兵参加了昌平区烈士纪念日烈士公祭活动。

（朱珊）

【全国双拥办检查组调研督导双拥创建工作】 10月20日，全国双拥办副主任、总政治部群众工作办公室主任及双拥工作调研督导组一行5人，莅临昌平调研督导双拥创建工作。

（朱珊）

【向驻昌部队赠送电脑】 11月27日，为丰富官兵文化生活，激发官兵爱驻地、建驻地的热情，建设维护首都稳定精锐之师，为建设和谐昌平、平安昌平做贡献，昌平区为装甲24团赠送50台电脑。

（朱珊）

【“两新组织爱国拥军协会”会长会召开】 12月3日，“昌平区两新组织爱国拥军协会”会长会召开。会议就如何推进协会健康快速发展、如何发挥自身优势开展爱国拥军活动、促进军企交流共建、增进军企军民团结等展开了沟通。

（朱珊）

【2015年军地两用人才培养工作座谈会召开】 12月11日，在昌平职业学校举行军地两用人才培养工作座谈会。95820部队、95865部队、95880部队、66391部队、92427部队，共五家部队代表出席座谈会，商定共同举办军地两用人才培训5个班次。

（朱珊）

经济行政管理

综 合 调 控

【概 况】 2015年，昌平区发展和改革委员会（简称“区发改委”）在区委、区政府的坚强领导下，坚持有序疏解非首都功能、努力构建“高精尖”经济结构，充分发挥参谋助手、政策支撑、统筹协调和综合调度职能，认真落实区委区政府各项工作部署，顺利完成各项指标任务，全力推进经济社会平稳健康发展。

（张建竹）

单位名称：昌平区发展和改革委员会
地址：城北街道西环路17号
电话：（010）80107802
邮编：102200

【推动经济平稳健康发展】 年内，一是科学编制“十三五”规划。完成方案编制、前期调研、课题研究、公众建言、项目库编制、部门对接、人大政协意见征集、中央市区建议对接等重点工作。二是开展了重点、热点问题研究，先后完成了高端发展、绿色发展、发展动力、功能区、经济大数据等重点课题研究。三是及时开展经济监测分析。落实“月会商、季分析、专项调度”制度。

（张建竹）

【全力推动投资落地】 年内，一是强化综合调度。围绕年度投资任务，在经济下行的情况下，采取投资督查、实地检查、倒排工期等手段，推进支撑项目和重点工程建设。二是积极争取市级投资。共争取21项市政府投资建设项目，市级投资约18.1亿元，下达市政府投资19.3亿元。批复区政府投资项目48项，批复资金33.8亿元，核准、备案企业项目216项。

（张建竹）

【全面加快产业转型发展】 年内，进一步修订完善了产业政策，对2014年第二批331个项目，拨付支持资金7196.1万元。7个工程实验室创新能力项目获得市级7407万元支持，争取国家、北京市高技术产业化专项支持资金800万元。大力推行“基金+孵化器”发展模式，设立了4支创业投资引导基金，吸引社会资本5.4亿元。对高尔夫球场进行了排查整治，国际、顺峰2家退出类高尔夫球场已全部关停。

（张建竹）

【强力推动人口规模调控】 年内，完成全区人口调控指标任务分解工作。开展了人口调控指标进度分析和动态管理。完成了“十三五”期间人口规模和结构调控前期研究，编制完成“十三五”时期人口专项规划。制定了“管低端产业”工作要点、退出资金管理办法和产业准入特别管理措施。重点抓好产业发展“负面清单”落实，累计限制了934家不符合要求的企业入驻。

（张建竹）

【扎实开展体制机制创新】 年内，制定了重点功能区182.9亿元年度融资方案，落实各类融资资金166亿元。制定了金融支持小微企业发展措施。通过金融服务大厅、担保机构分别为中小企业提供贷款34.8亿元和17.9亿元。新增18家、累计39家企业在全国中小企业股份转让系统（新三板）成功挂牌。着力推进重点领域改革，组织参加全市2014年度区县医改督导考核，跟进东小口地区综合配套改革和回龙观镇（地区）行政区划调整。积极疏解非首都功能，整合委内资源成立协同发展办公室，做好协同发展的各项对接保障工作。

（张建竹）

【着力提升综合服务水平】 年内，推动全区供电网络、燃气管线布局和老旧小区配电设施改造，促进回昌东路、回南北路、桃下路、虎峪输变电站等续建项目完工。学前教育三年计划项目全部完成立项审批，第三批社区用房项目实施方案已获得市发改委批复。中小型水库加固、京津风沙源一期、2014年巩固退耕还林成果工程全部完工。稳步推进2015年平原地区造林、温榆河绿道（昌平段）工程建设。圆满完成2014年度区节能目标考评和节能目标任务。制定了2015年压减燃煤和清洁能源建设工作措施。及时做好价格备案管理和市场检查，妥善处理价格举报443件，注销167个行政事业性单位收费许可。完成涉案财产价格鉴定1000件，案值约950万元。

（张建竹）

统 计 工 作

【概　况】 2015年，昌平区统计局（简称“区统计局”）、调查队在市局总队和区委区政府的正确领导下，以党的十八大和十八届五中全会精神为指导，贯彻落实全市统计改革会议、区委四届九次全会精神， 优化统计服务，加强统计监测，深入开展“三严三实”专题教育活动，扎实推进人口规模调控各项工作；全力推进社区统计站建设，夯实基层统计工作；圆满完成统计调查工作，全面提升统计服务水平，深入推进统计法制建设，优化干部队伍建设，在北京市2014年度政府统计工作综合考核评比中排名第七；有1篇文章分获北京市优秀统计分析报告评比三等奖；统计局团支部被区委评为2015年“五四红旗团支部”，社会服务业科、价格科和商贸科获得“青年文明”称号。

（左宝东）

单位名称：昌平区统计局
地址：昌平区西环路17号
电话：（010）69742558
邮编：102200

【完成统计调查工作】 年内，扎实做好2014年年报和2015年定报工作，面向4600余家调查对象，组织年定报培训33场，共培训调查对象6200余人次。坚持部门联动，深入实地踏查，积极推进投资统计方法制度改革和能源核算制度改革，做好新旧制度的衔接。顺利完成生产价格调查基期轮换和一体化住户样本轮换工作，进一步夯实调查基础，确保数据质量。建立旅游节庆活动监测台账，对游客、收入进行统计，及时追踪监测旅游业发展动态；加强对社会消费品零售额的监测，预测消费品市场走势，及时提供预警信息；积极开展新设立小微企业跟踪调查、小微企业税收减免政策调查、北京市党风廉政建设责任制检查考核等多项社情民意调查工作。

为落实区委区政府加强人口调控的工作要求，积极开展人口动态监测工作。精心组织人口抽样调查，发挥职能优势主动作为，在保证国家、市样本的基础上，结合昌平实际，适当扩大样本，抽选样本覆盖到全区20个镇（街），抽选小区344个，涉及230个村（居）委会，抽样比例达到5%，每个调查小区的人口约为200至300人，预计调查常住人口9万人左右。为科学制定“十三五”规划，制定人口与经济、社会、资源环境协调发展战略决策提供重要依据和支撑。

（左宝东）

【提升统计服务水平】 年内，着力加强统计指标监测。围绕区委、区政府中心工作，重点监测市委市政府考核区县绩效的相关统计指标以及区委全会、区人代会、区政府折子工程明确的GDP、“两个收入”、投资、社会消费品零售额等主要核心指标，及时提供预警信息。每季度定期召开经济运行分析会，对重点指标、重点行业、重点领域经济运行特点、影响因素、下阶段预期进行分析研讨，为区委、区政府科学决策提供重要依据。

加强统计分析调研。围绕领导需求、区域发展战略、区域重点工作和社会热点问题对统计数据资料进行整理、加工和深度挖掘，不断提高统计分析的敏锐性、针对性和及时性，完成了重点调研课题11篇、统计分析报告120篇、“领导参阅”专刊11期、统计专报6篇，较好地发挥了统计的决策参谋作用。其中5月份专刊《经济运行态势趋缓 投资领域下降明显》获张燕友区长批示。

不断加强统计信息公开和新闻发布工作。全年为各级媒体提供统计信息1693篇，采用1407篇，提供统计新闻稿件70篇，国家级媒体采用28篇，区级媒体、电视台采用40篇。全力推进政府信息公开工作，为社会机构和公众提供信息咨询3462次，发布政府统计信息711条，连续多次受到区政府信息公开办公室通报表彰。同时，昌平统计信息网以服务为宗旨发布各类统计数据、信息1409条，在全区70多家考核单位中以点击量和信息数排名第一。此外，区领导及镇（街）、企业提供《数据·昌平》月刊8800册，《2015年昌平统计年鉴》500册，《2014年昌平统计公报》500册，出版《常用统计知识介绍》500册，累计发行《昌平统计》8000册，牢固树立了昌平统计宣传品牌。

（左宝东）

【夯实基层基础工作】 年内，继续推进村级统计站工作，研究制定统计台账、报表等多项农村统计工作考评制度，面向镇统计所人员和村级统计站人员组织实施多期岗位知识培训，确保村级统计工作规范化、标准化运行。对全区214个社区居委会配备了专（兼）职统计人员，做到岗位设置、人员配备、工作职责、办公设备和经费保障“五到位”，实现社区统计职能全覆盖，制定《昌平区社区统计站工作考核办法》。完善“三级机构、四级网络”统计体系建设，并采取面授培训和数字化教学结合的模式，保障培训人员学习与实践同步，提升村、社区统计队伍综合素质，有效夯实基层统计基础工作。

（左宝东）

【推进统计法制建设】 年内，广泛开展多种形式的统计法制宣传，结合“六五”普法规划，充分利用年报培训会、法制宣传月等契机深入开展“送法进企业”“送法进村、进社区”“统计法制伴我行”等宣传活动，发放《统计法》（节选）等各类宣传材料3700余份，宣传品2000余件，遍及全区150家企业，521个村（居）委会，进一步提高了调查对象和社会公众的统计法制意识。扎实推进统计诚信建设，评选出北京低碳清洁能源研究所等7家企业为统计诚信单位，并上门授牌、交流经验。组织实施全年统计系统青年人才执法业务培训，渐进式推动执法人才库建设，普遍提高系统内业务骨干的依法行政意识和统计执法技能。加大统计执法检查力度，全年共完成执法检查单位135家，督导检查单位150家，查处迟报15家，立案查处30家，充分营造了依法统计的良好社会氛围。

（左宝东）

【推动统计文化建设】 年内，成功举办“昌平统计开放日”活动，以“回顾‘十二五’、思考‘京津冀’、展望‘十三五’”为主题，分全区综合经济、工业、第三产业、商业、节能降耗、旅游六个版块内容开展演讲。活动邀请了区委区政府、市局总队的有关领导、各委办局和各镇（街）主要领导、区人大代表和政协委员等170余人，得到了区委区政府和市局总队领导的高度肯定及与会人员的广泛赞誉。开展“弘扬五四精神，勇担青春使命”主题团日活动，增强团员青年的团队意识。组织开展系列活动纪念抗战70周年和建党94周年，提升队伍凝聚力和向心力。积极参加北京市政府统计系统第五届体育节，以团结协作、奋力拼搏的精神获得“团体总分第一名”，并荣获北京市政府统计系统第六届文化艺术节优秀组织三等奖。

（左宝东）

【优化干部队伍建设】 年内，加大人才培养力度，推荐2名干部晋升副处级领导及非领导职务，通过科级竞争选拔7名正科级干部、6名副科级干部，选派11名同志到基层一线实践挂职锻炼，择优录取7名学历高、素质优的青年人才，为统计队伍注入了新鲜血液。加强学习型机关建设，组织开展系统内全员集中学习培训，邀请市级专家授课，增强了广大干部职工的知识储备，提升了统计人员的政治素质和业务技能。

全面履行党风廉政建设主体责任，营造风清气正的干事创业环境。落实“两个责任”，开展专项治理。逐级签订党风廉政建设责任书，强化“一岗双责”工作。落实“三重一大”决策制度，建立整改任务销号机制，树立统计部门清廉、干部清正的良好形象。深入开展“三严三实”专题教育活动，局党组书记带头讲党课，各党支部书记发挥带学促学作用，扎实开展“三严三实”专题学习研讨，紧紧抓住“四风”方面存在的突出问题，对准焦距、找准穴位，责任到人，抓好“不严不实”问题整改落实工作。

（左宝东）

工商行政管理

【概　况】 2015年，北京市工商行政管理局昌平分局（简称“区工商分局”）通过紧紧围绕深化商事制度改革，积极推动产业结构转型，强化对企业的全面监管。使地方经济得到了健康有序的发展。全区市场主体存量13.4万户，同比增幅10%，其中个体工商户增幅降低至1%以下，企业增幅22.6%，个转企2000余户。结构调整成效显著，企业在市场主体中的份额已占近47%。全年累计新增注册商标2800余件，注册商标总数突破2万件，“雪迪龙”等17件商标被认定为北京市著名商标。累计监测媒体广告4.8万条次，为企业办理动产抵押登记37件，盘活资产16.4亿元。受理投诉、举报、咨询6500余件，为消费者挽回经济损失120余万元。区工商分局还完成了纪念抗日战争胜利70周年阅兵活动期间的市场秩序保障任务。再次荣获北京市工商行政管理系统先进分局。

（韩玉林）

单位名称：北京市工商行政管理局昌平分局
地址：城北街道南大街31号
电话：（010）69742605
邮编：102200

【推进商事制度改革为企业注册登记提供便利】 年内，为给企业注册登记提供更多便利，区工商分局采取了多项措施。主要有加强对工商登记的前端引导、告知服务、将工商登记与许可审批紧密结合，对“先照后证”企业进行数据统计，理顺信息传递机制等措施。已初步实现了工商登记和许可审批的无缝衔接。在借鉴“多证联办”成功经验的基础上，于9月底在全区范围内正式实施“三证合一”、“一照一码”登记服务。通过定期会商、优化审批流程、设立一表填报系统等措施，累计核发“先照后证”执照3800余户，办结“一照一码”设立登记3700余户。5月，在全市范围内又率先提出并落实了个体工商户“跨所登记”服务模式，核发了全市首个“跨所登记”个体执照，并于6月初在全区进行推广，大大方便了个体工商户的注册登记。这一创新服务方式，受到了程红副市长的充分肯定并为此作出批示。

（韩玉林）

【扶持和规范科技型企业孵化器发展】 10月，全国首个全要素创业生态系统 -- 腾讯众创空间（北京）落户辖区回龙观创新社区，区工商分局联合科技园区管委会等多部门设立了政务会客厅，集中优势资源解决企业初创期遇到的瓶颈问题。同时，结合《北京市新增产业的禁止和限制目录（2015年版）》的有关规定，牵头制定了《中关村自主创新示范区昌平园科技企业孵化器管理办法》，在全区大学科技园、重点孵化聚集区、知名投资孵化器等60余家机构同步实施，从孵化器设立退出机制、企业入驻和引导等方面作了细致规范。

（韩玉林）

【投入疏解非首都功能工作】 年内，区工商分局严格执行市区两级禁限目录，完善“企业住所负面信息库”，对34处异常地址限制登记，简化“三高”企业退出程序，不予准入低端主体347户，不予名称核准137户次。联合多部门实施了“社会治理层级联勤联动”，推进“七黑五小”主体压减清退，参与区级、镇（街）层面联合执法400余次，累计退出低端工业主体650余户，取缔无证无照主体4700余户。特别是在回龙观城北市场腾退工作中，通过广泛参与动员宣传、严格登记准入、开辟外迁绿色通道等多种手段，配合完成了5000余户市场主体的疏解外迁工作。

（韩玉林）

【推进年报公示工作】 年内，区工商分局积极与市局汇报沟通，制定了“定时、定人、定区域、定类型、定指标”的年报推进计划。通过媒体宣传、实地走访、协同相关部门查找失联主体信息等方法推动年报工作，内资企业年报率位居本市前列。

（韩玉林）

【联合税务部门清理主体虚数】 年内，针对主体存在虚数和部分经营者只办理营业执照不办理税务登记的问题，区工商分局联手税务部门多次召开联席会议，并实施共同打击。依据《税收征管法》在全市范围内率先对辖区主体虚数开展函告吊销，年内首批试点64户完成吊销手续。在严控增量上下功夫，一方面将未在注册地经营、利用虚假地址申请的新设立主体纳入异常经营名录，堵住增量缺口。另一方面及时将有形市场内未经营主体作为清理重点，年内共注销未经营主体2000余户。

（韩玉林）

【完善企业信用监管机制建设】 年内，进行了企业信息抽查工作四次，初步形成了以“随机抽查”为基础的日常监管模式，累计抽查经济主体5700余户。因未年报、查无经营地址等被列入经营异常名录企业3160户，标记经营异常状态8301户，信用约束效果初步显现。在全市范围内率先建立经济户口抽查、异常名录档案，实施一户一档、一册一订、分类规范、整体存档、统一保管。信用档案收录2.6万户企业。协调税务、食药等部门在天通苑地区成立了全市首个企业信用自律商盟，累计吸纳380余家会员企业加盟，完善信用自律公约和会员信用档案，搭建起商盟与工商部门双向联系机制。同时，依托天通苑社区网，开通“400商盟热线”，曝光不诚信企业9家，提供案件线索13个，地区消费投诉同比下降19%，其中房地产类投诉下降了60%。

（韩玉林）

【开展消保维权工作】 年内，与区司法局合作，构建了消费纠纷调解对接机制，实现了辖区11个工商所与20个镇（街）人民调解委员会对接，通过签署联调移转协议、制发工作规范、设立调解成功资金奖励等手段，有效拓宽了行政调解的司法救济途径，成功调处消费纠纷72件次，其中极端投诉12件次。开展辖区重点业态投诉规模控降工作，落实“行业定期通报”、“被投诉主体强制培训”等消费投诉控降措施，提高重点业态事前防控水平，全年5类重点业态投诉数量为432件，同比下降21.3%。

（韩玉林）

【为农民致富提供法律帮助】 年内，区工商分局在下乡调研中发现，农民在经济发展过程中经常受骗上当，其主要原因是经验不足和法律知识贫乏，所以急需为他们提供法律知识和签订合同方面的帮助。于是区工商分局在向农民宣传法律知识的同时，有针对性的为农户设计了“农村土地承租户出租土地承包经营权合同”、“农家乐观光园餐饮加盟合同”、“苹果买卖合同”、“草莓苗买卖合同”等四种区域性推荐合同文本，经营者采用上述合同文本签订合同1000余份，合同金额达2400余万元。为整合镇域资源，起草了“崔村红”商标集体使用许可协议，由镇属企业将商标免费授权联社成员使用，覆盖产品包装、收购、销售等环节，形成了全市首创的以“合作联社+农专社+商标+农户”品牌经营管理新模式，这些种植大户年销售额累计达到2000万元。

（韩玉林）

【协同工商联为小微企业发展注入活力】 年内，区工商分局与区工商联共同成立了“昌平区非公企业转型升级战略规划促进会”，吸引了30余户非公企业参与。还积极协助小微企业破解资金难题，搭建银企合作平台，与昌平邮储支行搭建框架协议。累计为380余户小微企业协调专项融资贷款3.25亿元。为小微企业发展提供了有效帮助。

（韩玉林）

【执法人员办案水平进一步提高】 年内，区工商分局行政复议和行政诉讼案件共19起，未出现一起错案，特别是发生在昌平区全国首例非理性注册资本行政诉讼案，区工商分局本着对国家对人民高度负责的精神，顶住压力，对要求登记注册资金为9万亿的当事人未予核准，该起行政诉讼案，经过区法院一审和市一中院的终审，最终以区工商分局的胜诉而告结束。

（韩玉林）

【整合执法办案资源加强执法部门协同合作】 年内，按照市局执法机制改革工作要求，区工商分局组建了专司办案的稽查大队。突出执法导向作用，把政府关心、群众关切、影响秩序、疏解不利的突出问题作为办案重点。集中开展联合执法33次，整改问题商户45家，拆除占路户外广告牌70余块。对两起影响恶劣的违法案件各处以20万元的高限罚款。同时开展了跨区域部门协同执法，8月中旬联合昌平公安分局、天津市市场监督管理委员会，集中端掉了位于平西府地区的一处高端化妆品售假黑窝点，涉案金额达200余万元，9名案件嫌疑人已移交公安部门处理。

（韩玉林）

人力资源和社会保障

【概　况】 2015年，昌平区人力资源和社会保障局（简称“区人力社保局”）坚持“民生为本、人才优先”，全力服务于区委、区政府中心工作，成功创建了充分就业区，加速汇聚高端人才，基本实现了社保“人群全覆盖”，不断巩固和谐劳动关系，全力完成各项目标任务，实现了“十二五”圆满收官。

（陈霆）

单位名称：昌平区人力资源和社会保障局
地址：城北街道政府街1号
电话：（010）69746816
邮编：102200

【成功创建充分就业区】 年内，顺利通过北京市充分就业区审核验收，共有17个镇（街）达到充分就业镇（街）标准，占总数的85%，473个村（社区）达到充分就业村（社区）标准，占总数的95.9%，沙河、回龙观获市级充分就业示范镇，城北街道二街村等8个村（社区）获市级充分就业示范村（社区）。

（陈霆）

【就业创业目标任务超额完成】 年内，全区实现城乡劳动力就业12152人，完成全年指标的110.47%；城镇新增就业26369人，完成全年指标的263.69%；城镇登记失业率控制在1.46%；扶持创业598人，带动就业1748人，完成全年指标的230%和233.07%；组织开展各类培训20509人，1523人通过“三定”培训实现稳定就业。

（陈霆）

【推进人事人才制度创新】 年内，出台了《高端人才发展政策》及其实施细则，落实“昌平英才卡”第二期一揽子服务项目；开展高层次人才需求申报工作，43个岗位、48人通过审批；新建博士后科研工作站6家，共有17名博士后青年英才在站从事10个项目研究工作。首次举办了“80后”科级公务员能力素质提升班，制定《昌平区公务员平时考核试点工作实施方案》，并在7家单位展开试点；启动了公务员挂职锻炼工作，111名公务员参加首批挂职锻炼。出台《昌平区专业技术人员竞聘上岗办法》，在全市率先尝试专业技术人员竞聘上岗；出台《事业单位公开招聘管理岗位考试大纲》，启动事业单位工作人员三年轮训计划；年内计划常规引进322名非北京生源毕业生，选聘大学生村官111名，安置军转干部63人。

（陈霆）

【基本实现社保“人群全覆盖”】 年内，全区社会保障制度覆盖人群达到214.05万人次，同比增加10.96万人次，同比增长5.40%；基金累计收支规模达到117.18亿元，同比增长13.16%，其中，五项社会保险累计收缴59.28亿元，五项社会保险累计支付53.31亿元。年内共办理退休核准4146人，完成工伤认定案件1015件，提供劳动能力鉴定服务594人次；新增20家医疗机构已经开通医保报销业务，正式为医保患者提供服务。

（陈霆）

【和谐劳动关系更加巩固】 年内，受控企业劳动合同签订率达到99.5%，续订率为94.9%；开展了“通过一个案例规范一家企业”活动，评选8家和谐劳动关系单位；开展多项执法大检查，检查单位2765家，解决工资拖欠隐患371.8万元；受理投诉举报案件859件，处理讨薪类突发事件24起，为3443人追回工资9361.61万元；成立了劳动人事仲裁院，设立流动仲裁庭，启动案卷规范化管理工作，受理劳动人事争议案件3513件，获得全市通报表彰。

（陈霆）

【办好民生实事】 年内，办好五件民生实事。一是优化“四化、三线、多点”的绿色就业格局，新增绿色就业经济实体128家，开发绿色就业岗位1443个，帮扶1398名城乡劳动力实现绿色就业。二是加大建设征地历史遗留项目的转非安置推进力度，共完成32个项目、2269人的转非安置工作。三是落实各项社保待遇调整涉及全区11.62万人，调整金额5676.68万元。四是开展山区劳动力实用技能培训，组织实施了果蔬栽培管理及病虫害防治等6大类11小项实用技能培训2734人。五是做好人大代表建议和政协提案的办理工作（9件），代表和委员满意率达到100%，被评为先进办案单位。

（陈霆）

【促进改革落地】 年内，重点推进五项改革。一是推进机关事业单位养老保险制度改革，起草了实施方案，完成全区机关事业单位在职职工养老保险及职业年金预扣、已退休合同制职工养老金调整工作。二是落实机关事业单位工资制度改革，按要求调整全区103家机关事业单位29271人的基本工资标准。三是启动镇（街）职务与职级并行改革，与区委组织部密切沟通，细化审批流程和标准，指导各镇（街）进行拟晋升人员档案筛查和初审。四是展开职称制度改革，在工程、自然科学研究员两个系列开展职称直通车工作，共推荐32人并通过17人，通过率同比提高15%。五是推进人力资源市场公共服务体系改革，启动了区人力资源公共服务中心整合建设，完成选址和内部装修设计工作。

（陈霆）

【提升服务水平】 年内，着力提升民生服务水平。一是强化公共就业服务精准度，开展“公共就业服务进拆迁建设地区”、毕业生就业服务月等特色活动，举办招聘洽谈会96场，接待求职人员2.39万人。二是优化创业服务，实施“一站式”小额担保贷款现场申报评审，发放小贷89笔1205万元，推荐的2个项目获评北京市优秀创业项目。三是深化“三民”品牌建设，将医保报销等15项业务及政策生成二维码并公布；设立代办业务绿色通道、推行“业务专管员”制度，推出“互联网+”的社保政策培训模式。

四是展开基层宣传平台试点，在亢山广场建立民生普法主题广场，在华北电力大学建设学生就业创业主题校园，推出“昌平就业”微信公众号，将就业保障直通车、新媒体、宣传栏结合，打造“三级贯通、四位一体”宣传平台。

（陈霆）

质量技术监督

【概　述】 2015年，昌平区质量技术监督局（简称“区质监局”）在区委、区政府和市局党组的坚强领导下，推进质量强区和标准化战略，狠抓产品质量和民生计量，确保特种设备安全，完成了各项工作任务，质监工作对区域经济社会发展的贡献率和影响力得到明显提升。全年，共开展各项执法活动1550起，办理各类案件50起，罚没款63.2万元。处理各类投诉举报328起。受理行政许可1958件，办结率100%。完成组织机构代码赋码、变更、制证、制卡、扫描共计24115个，受理行政许可566家，特种设备开工告知240家、企业标准备案1029件。培训特种设备管理及操作人员227人。技术机构完成计量器具强制检定66228台套，产品质量监督检验样品4563个，特种设备定期检验14655台套。

（杨峥）

单位名称：昌平区质量技术监督局
地址：城北街道昌崔路200号
电话：（010）69746078
邮编：102200

【开展争创“全国质量强市示范城市”宣传活动】 5月20日，区质量强区工作领导小组办公室在回龙观城北交易市场和老干部活动中心组织开展争创“全国质量强市示范城市”暨“世界计量日”宣传活动。发放计量和质监法律法规等宣传手册、创建“全国质量强市示范城市”相关资料及区市民质量满意度测评的调查问卷100余份，区“城市质量精神”相关宣传品1200余份。现场免费为老干部检定和维修血压计47台，并讲解常用医疗计量器具的使用方法和日常维护保养注意事项。

（温少赟）

【“质量月”主题宣传暨咨询日活动开展】 9月15日，区质监局联合区委宣传部等18家单位，开展了主题为“迈向质量时代 建设质量强区”的“质量月”宣传暨咨询日活动。区委常委、副区长苏贵光应邀出席。活动现场发放各类知识手册8000余份，宣传品5000余份，免费检修血压计12台。

（温少赟）

【推进质量强区工作】 年内，区质监局组织质量强区工作培训会、“领导干部进高校”大讲堂和昌平区“企业首席质量官”任职资格培训班，培训各委办局及镇（街）科室负责人76人、区属各单位处级领导干部300余人、大中型企业副总裁或质量负责人55人。区质监局牵头起草的《昌平区质量提升专项资金管理办法》及《实施细则》正式纳入《昌平区产业转型升级政策》，北汽福田等11家企业共获得质量提升资金178.06万元。委托专业公司开展昌平区市民质量满意度调查测评工作，撰写《昌平区市民质量满意度调查与分析报告》。

（杨峥）

【重大活动服务保障开展】 年内，第三届北京农业嘉年华活动期间，对农业嘉年华场馆内特种设备进行每日巡查，对地理标志产品“昌平草莓”进行监督抽查，纠正违规标注“有机草莓”、“无公害”等行为，巡查场馆周边农业种植公司、种植合作社70余家，杜绝缺斤短两等计量违法行为。抗战胜利70周年纪念活动期间，区质监局以阅兵村为中心，重点开展周边200米范围内和人口密集区的特种设备安全监察，共检查单位125家次，涉及各类特种设备1123台。

（杨峥）

【推动《首都标准化战略纲要》贯彻落实】年内，区质监局鼓励、支持企业参与国际标准、国家标准和行业标准的制订，7家企业获技术标准制修订专项资金奖励。落实市局关于开展企业产品标准自我声明公开试点的工作要求，累计完成标准登记31个，企业标准备案649个，其中自我公开企业标准133个，经企业同意后公开食品企业标准276个。第七批国家级示范区“昌平百合”通过验收，第八批国家级示范区“昌平樱桃”通过第二年度考核。年内，区质监局两次组织召开栗蘑生产技术地方标准现场宣贯会，30余家种植户掌握栗蘑种植方法。开展食品标签、儿童玩具、能效标识和商品条码的专项执法检查，检查生产企业67家，销售单位45家。

（杨峥）

【工业产品及煤炭质量监督管理工作开展】年内，区质监局开展防水卷材、建筑用金属面绝缘夹芯板、农机、食品相关产品、学生装、汽车产品等工业产品质量专项整治活动十余次，检查生产企业324家次。完成工业产品生产许可证年审75家，发（换）证实地核查21家次，新取得生产许可证企业13家。完成四个季度的工业产品质量监督抽查工作。处理市局转来风险监测信息37件。开展燃煤质量监管工作，抽查燃煤样品223个，合格率96.4%。持续开展“减煤换煤”质量检测，留样检测样品465个。监督检查机动车安检机构18家次，质检机构3家次。

（杨峥）

【强化特种设备安全监察】 年内，区质监局开展电梯安全监管大会战、油气输送管道隐患整治攻坚战和燃料锅炉节能减排攻坚战。电梯安全监管方面，重点检查电梯维保单位日常维护保养，加大依法处罚力度；组织开展电梯安全隐患排查工作，牵头制定《昌平区电梯安全隐患排查工作方案》；牵头建立昌平区住宅小区电梯维修改造更新政府救济机制。油气输送管道隐患整治方面，督促相关单位办理检验手续，并结合日常监督检查，加强对压力管道施工企业的督促。燃煤锅炉节能减排方面，注销燃煤锅炉53台，完成2017年底前确需保留的10吨/时及以上燃煤工业锅炉摸排工作，没有受理燃煤锅炉的安装、使用许可，做到了燃煤锅炉只减不增。

（杨峥）

【提高计量工作有效性】 年内，区质监局检查超市、集贸市场、医疗卫生单位、餐饮单位、加油站、计量器具生产厂、实验室326家次。抽查面粉、儿童食品、豆制品、蔬菜等定量包装商品和预包装商品188批次。办理计量器具生产许可证签发14家26项。配合市局对12家冷热水表、一氧化碳报警仪等计量器具生产单位开展监督检查和市级监督抽查。参加由区发改委牵头的昌平区重点用能企业节能目标考核，考核用能单位16家。

（杨峥）

审　计　工　作

【概　况】 2015年，昌平区审计局（简称“区审计局”）在区委、区政府和市审计局的正确领导下，围绕全区中心工作，坚持稳中求进，突出审计重点，加大审计力度，提高审计实效，全面提升审计工作质量和水平。全年共完成审计项目101个，查出主要问题金额21500万元，其中预算执行审计13个、政府投资工程结算审计77个、经济责任审计6个、定期审计2个、稳增长政策落实情况跟踪审计3个。向相关部门、单位提出审计建议240余条。对全区76个政府投（融）资项目的67.38亿元资金进行跟踪审计。参与市审计局及区政府安排的临时性工作6项。

（樊明茹）

单位名称：昌平区审计局

地址：城北街道南环东路1号广电大厦11-12层

电话：（010）69747354
邮编：102200

【区级预算执行审计】　年内，区审计局组织实施2014年度预算执行和其他财政收支情况审计。重点审计公共财政预算收支和基金预算收支、国有资本经营预算收支、各专户资金的管理使用情况、政府性债务规模结构及民生资金的支出情况。8月27日，代政府向区人大常委会报告2014年度区级预算执行和其他财政收支的审计情况。

完成对区人力社保局、区城管执法监察局等12个单位的2014年度部门预算执行和决算草案审计。总体把握部门年度预算编制与预算执行情况，加强对全区重点工作、重大投资、民生领域等大额财政资金项目的审计，客观评价部门预算编制、决算执行、财务管理、内控制度等情况，并将12个部门预算执行审计结果进行了公开。

（樊明茹）

【政府投（融）资项目跟踪审计】　年内，围绕区重点工程建设项目，区审计局指导中介审计机构对未来科技城、平原造林、中小河道治理、再生水厂建设等76个政府投（融）资项目开展跟踪审计，送审金额共计达67.38亿元，审减金额6.33亿元。其中2015年新开展14个，涉及区2015年西部环境整治、2015年平原造林、第四届农业嘉年华、第三阶段中小河道治理等重点区域项目。在2015年西部环境整治项目中，区审计局抽调了机关专业审计人员组建了工程审计组、拆迁审计组和资金审计组，分别协调和指导8个社会中介审计公司，百余名审计人员参与到此次跟踪审计项目中，确保项目能够顺利、高效推进。

（樊明茹）

【政府投资项目工程结算审计】　年内，围绕全区市政基础设施建设、城市环境整治、为民办实事等项目，区审计局共开展政府投资工程结算审计项目77个，送审金额79884万元，查出管理不规范金额7724万元，其中核减金额7707万元，有效节约了财政资金的使用。审计发现部分项目存在多计工程造价、未按规定履行招投标程序和实施监理制、未委托有资质的施工单位进行施工等问题。

（樊明茹）

【区重点工程定期审计】　年内，区审计局完成北京兴昌高科技发展有限公司2012年7月至2013年12月中关村科技园区昌平园东区及南口镇工业用地土地一级开发建设资金来源及使用情况、铭嘉房地产开发有限责任公司2013年7月至2014年12月开发资金来源及使用情况的定期审计。

（樊明茹）

【领导干部经济责任审计】　年内，区审计局共完成6位领导干部经济责任审计，其中对4位镇（街）党政领导干部试行了同步审计。镇（街）党政领导干部同步审计在审计实施中能够更有侧重、有针对地开展审计工作：对党委书记审计侧重对决策合规性、效益性的检查，对镇长的审计则侧重各项决策是否按规定执行以及执行的效果，对发现的问题区分党政正职各自应承担的经济责任，作出公正的评价。结合地热资源开展领导干部自然资源资产离任审计试点项目，探索自然资源资产离任审计的范围、内容和审计的方式方法。

（樊明茹）

【稳增长等政策跟踪审计】　年内，区审计局完成了2015年一季度和四季度三个月的稳增长等政策跟踪审计项目，一季度重点审计了区稳增长等政策的20个方面的政策措施落实情况，共涉及20余个单位、40余个项目，重点对2014年稳增长系列政策审计发现问题的整改情况、2015年稳增长系列政策措施推进情况及存在的困难问题进行了调查。四季度中对统筹推进的中国移动国际信息港、中关村生命科学园医药科技中心等5个项目情况进行审计，重点反映审计资金到位、投资完成情况、建设进度等情况，同时对区疏解非首都功能等四项目标责任书落实情况和简政放权情况进行了审计调查。

（樊明茹）

【内部审计工作指导】 年内，开展内审协会年检工作，进一步规范各级内审单位社会审计机构的使用情况。对全区20个镇（街）单位内部审计工作进行检查，重点摸清镇（街）基层单位内部审计队伍建设、制度建立、审计成果等情况；组织参加市内审协会组织的学习、交流活动，选送论文荣获2015年北京市优秀内部审计案例二等奖，151名专兼职内审人员参加了全市内部审计质量管理培训；开通全区内部审计人员继续教育网络平台，积极提升内部审计人员工作能力和水平。

（樊明茹）

【完成配合上级机关审计和区政府安排的其他项目审计】 年内，区审计局抽调审计人员参与市审计局2015年城镇保障性安居工程跟踪审计、养老机构建设与运行情况审计。完成区政府安排的开展产业政策检查、低端产业退出昌平项目跟踪审计、鹿牌公司搬迁项目资金监管审计、招商引资资金跟踪审计以及破产清算审计项目。

（樊明茹）

【全区审计工作会召开】 年内，由区长张燕友主持召开2015年昌平区审计工作会，总结2014年审计工作情况、在发现主要问题的基础上，对全区各单位提出三点要求，一是提高认识，统一思想。二是高度重视，狠抓落实。三是着眼长效，健全机制。自觉把审计工作融入到全区经济社会发展全局当中。

（樊明茹）

国有资产监督管理

【概　况】 2015年是“十二五”收官之年，昌平区人民政府国有资产监督管理委员会（简称“区国资委”）在区委区政府的正确领导下，努力适应经济发展新常态，牢牢把握“稳中求进”的总基调，围绕昌平区功能定位和全区经济工作大局，结合“三严三实”专题教育活动，深化国资国企改革，加强国资监管体系建设，完成了全年主要目标任务，各项工作取得了积极成效。截至2015年底，监管企业资产总额297.77亿元，同比增长12.24%；所有者权益总额102.74亿元，同比增长25.76%；实现利润总额8674万元，上缴税金1.91亿元。区属国有经济总体上保持了良好的发展态势，经营性企业整体发展平稳。

（任聪）

单位名称：昌平区人民政府国有资产监督管理委员会
地址：城北街道南环东路1号
电话：（010）69742456
邮编：102200

【年度重点工作进展良好】 年内，一是有序推进北京国际高尔夫游乐公司球场清退工作。球场已正式停业，完成了种树任务，实现球场去功能化，公司职工安置分流进展顺利，总体平稳。二是完成协议转让流村176亩土地及房产工作，促进区新能源汽车招商项目尽快落地。三是加快与市属企业的合作对接，完成了华都酿酒食品有限责任公司和华都酒业营销有限公司70%股权向北京市糖业烟酒公司的转让。四是组建成立了昌平旅游发展有限责任公司，公司注册资本金5000万元，其中区国资委代表区政府出资3000万元，宏达兴公司、昌房公司各出资1000万元，公司主要业务包括项目投资、资产管理等。五是昌建投公司投融资平台，至12月底资产总量达184.08亿元，净资产81.09亿元，累计为全区22个重点项目融资41.9亿元，提供担保258.12亿元。六是推动新元科技园健康发展。新元科技园共入驻企业152家，总体出租率达97%（不含A座），其中2015年新增企业32家，续租企业34家。截至2015年底，园区整体营业收入21亿元，上缴税金9000万元，每平方米产值2.2万元。园区投资与经营管理单位北京首冶新元科技发展有限公司实现营业收入 7245.75 万元，利润总额 2000 多万元，营业收入创出新高。

（任聪）

【国企功能作用有效发挥】 年内，昌房公司继续做好沙河巩华城、七里渠项目拆迁扫尾工作，大力推进阿苏卫项目搬迁及回迁楼建设工作，抓紧落实南口棚户区改造工作，2015 年共实现重点项目投资 10.8 亿元。铭嘉公司推进新城东区开发建设，2015 年市政道路建设和土地开发累计投资 1.87 亿元；完成南环路小区 240 户居民回迁安置工作，何营路回迁小区 A 地块 1-8 号住宅楼主体结构已封顶。自来水公司增资京昌水务公司推进昌平第一地表水厂建设，启动邓庄水厂应急加压改造工程，解决昌平地铁二期和长城奥特莱斯等重大建设项目用水需求，全年铺设各类供水管网 38.1 公里，完成供水量 3219 万立方米。区供销社全年实现营业收入 5.76 亿元，同比上年度增加 991 万元，增长 1.76%。同时，投资 6844 万元推进小汤山商场建设工程。按期完成了兴寿商场升级改造工作，商场营业面积扩大至 800 平方米。晨光昌盛公司累计为 480 余家企业提供 1100 余笔贷款担保，累计金额约 113 亿元，为全区城市建设和经济社会发展提供了有力支撑。宏达兴公司实行集团化管理模式一年来效果显著，全公司营业收入 1.6 亿元，实现利润 2198.4 万元。水电市场出租率保持在 98%，市场成交额 88.09 亿元；电动出租车公司 200 辆运营车辆累计行驶里程 640 万公里以上，实现总载客数 134 万人次，载客里程 434 万公里，总运营收入 801 万元。保障房公司完成北七家宁科项目、南邵中铁建项目收购合同的签署，涉及公租房 1091 套，稳步推进沙河龙湖“人才公租房”项目、北郝庄回迁楼项目共计 929 套公租房收购工作并取得积极进展。皇城粮油公司累计完成 3.14 万吨市储粮出库任务和 5.04 万吨市储粮入库任务；完成面粉车间工艺改造工作，成功研发、制作出麦芯粉；完成昌平粮食收储库拆建项目主体工程和后牛坊粮库危房翻建工程。红冶汇新公司稳步开展委贷金融业务，在贷项目 7 个，委托贷款余额 1.51 亿元，全年累计利息收入 1551.33 万元，下属天津园区加大招商力度，已入驻企业 3 家。

（任聪）

【改革发展工作有序推进】 年内，修改完善了《关于全面深化区属国资国企改革的意见》，并通过区委深改组审议；完成了《昌平区“十三五”时期国资国企改革发展规划》的编制；围绕发展昌平区混合所有制经济形成研究成果，并通过发改委专家评审论证；开展了监管企业办社会情况调研，为剥离企业社会职能提供决策依据；全面调研了解监管企业土地资源现状，并列出了可利用的资源清单，已向区政府专题会作了汇报，正结合区域产业发展需求研究可用土地资源利用方案；根据南口镇中心区总体规划和棚户区改造计划要求，协助配合区有关部门推进昌房公司、玻璃公司等企业南口棚户区改造工程。

（任聪）

【国资监管水平不断提升】 年内，一是加强资产管理。制定出台了《关于加强企业实物资产转让管理工作的通知》，督促监管企业进一步完善并严格落实各层级企业资产租赁管理制度，并对 9 家一级监管企业开展了资产处置、资产租赁管理工作检查。二是严格财审工作。制定了《专项审计经费使用工作流程》，完成了 13 家企业负责人的业绩考核及薪酬核定、6 家企业财务机构负责人考核工作，开展了“小金库”专项检查、企业领导人离任审计、企业负责人任期薪酬发放情况专项审计。三是严格督查考核。制定实施《区国资委重要工作督查办法》，督促检查机关科室和监管企业对重要工作的落实情况。在监管企业中先后开展了企业法律顾问制度建设情况检查、合同管理工作检查、企业安全生产检查和“三体系”认证审核等多项检查，确保各项工作取得实效。四是加强业务培训。围绕提高国资监管水平，组织开展了系列业务培训，先后分别举办了产权管理业务培训、监管企业财务人员新会计准则培训、监管企业董事培训、系统专兼职监事培训、法务工作专题培训、新《安全生产法》等10余次培训班，全系统800余人次接受了专业培训，从理论知识、管理经验到实操技能、业务水平都有了明显提升。

（任聪）

食品药品监督管理

【概　况】 2015年，昌平区食品药品监督管理局（简称“区食药局”）在监管工作中，充分发挥了区、镇两级食品药品安全委员会的综合协调作用，结合辖区特点，有针对性的开展监管工作。对内，贯彻落实“三严三实”，强化党风廉政建设，严格落实责任追究制，树立食品药品监管部门廉洁勤政、务实高效的良好形象。始终把基层、基础建设摆在突出位置，人员、装备配备优先保障基层，并通过区政府的支持解决了经费、执法力量不足等问题。全年，区政府共拨付经费1300万元，用于监察员工资、抽验检测、信息化建设等。在原有88名监察员的基础上，新招聘录用42名监察员，进一步补充了食品药品监管力量。

（王慧瑾）

单位名称：昌平区食品药品监督管理局
地址：城南街道西关环岛西100米
电话：（010）89702346
邮编：102200

【监管对象】 年内，共有食品药品监管主体24903户。其中食品生产企业107户、食品流通企业10479户、餐饮服务单位5389户；药品生产企业（含药包材生产企业）35户、药品经营企业496户，保健食品生产经营企业599户，化妆品生产经营企业7150户、医疗器械生产经营企业648户。

（王慧瑾）

【行政许可】 年内，区食药局不断完善行政审批机制，提高行政效率，全年共接待办事人员4万余人次，作出行政审批6974件。

（王慧瑾）

【日常监管】 年内，区食药局实行科所联动机制，将专项检查的思路常态化，逐步形成长效机制。率先制订了《关于推动昌平区肉制品生产企业建立过期食品集中销毁制度的意见》，从源头保障食品安全。开展食品流通企业量化分级分类管理，推进干部驻场工作制度。推行餐饮许可现场复查的工作方式，严格准入。开展量化分级管理及明厨亮灶工程。加强对药品生产企业关键环节的监管；对保健食品化妆品生产企业实现100%全覆盖的检查力度。积极做好药品经营企业的药品电子监管工作。全面实施药品零售企业分级分类管理。搭建医疗器械不良事件监测交流平台。全年，区食药局共出动执法人员五万余人次，检查食品药品生产经营单位35478家次，抽验及快速检测食品样本5364个，“三品一械”1092件。完成了190个村（社区）的过期药品回收箱安放工作。为开展有效监管奠定了工作基础。

（王慧瑾）

【突发事件】 年内，区食药局应急执法体系逐步建立健全，应对突发事件处置有条不紊。辖区共处理食品药品突发事件20起，均第一时间赶往现场牵头处理，并予以妥善处置。为防范食物中毒事件，区食药局联合区住建委，建立了建筑工地食堂食品安全监管联动机制。实现站所对接，信息共享，完善突发事件应急处置机制。

（王慧瑾）

【宣传工作】 年内，针对食品药品监管系统成立时间短的特点，区食药局大力开展科普宣传工作，举办“3·15”消费者权益保障日、“食品安全宣传周”、“药品安全用药月”等宣传活动。新食品安全法颁布实施后，积极组织食品药品安全委员会成员单位以及各类监管主体负责人进行培训。在第三届农业嘉年华期间，同组委会联合举办食品安全日主题宣传，现场与群众互动，取得良好效果，提高了广大市民的食品药品安全意识。

（王慧瑾）

【重大活动保障】 年内，区食药局完成了第三届北京农业嘉年华、抗战胜利70周年纪念活动、东帝汶总统访问等共计16次大型活动的保障工作。在抗战胜利70周年纪念活动的保障工作中，区食药局对食品定点供应生产企业实施驻点监管，共快检37批次，监督抽样41批次，监督出厂44次，18000公斤产品，保障工作做到了万无一失。

（王慧瑾）

【行政执法】 年内，区食药局与区公安分局、检察院、法院确立了刑事优先案件移送模式及提前介入制度，有效震慑了区内食品药品违法行为。全年共处理食品药品投诉举报3156件，查办违法案件293件，罚没款400余万元。区食药局共牵头组织全区综合执法16次。共出动执法人员10730人次、2287车次，取缔无证食品药品生产经营企业912家。回龙观、天通苑社区，区食药局推行相邻食药所联防联动机制，合理调配资源，共同应对“突发事件”；联合开展“大型专项整治行动”，在市场巡查与应急处置中，实现了“反应灵敏、联动高效”的目标。10月，对回龙观城北市场进行腾退，区食药局对市场内的重点商户加强检查力度，并对其余吸纳商户较多的市场进行先期介入，保障腾退期间的市场食品质量稳定。

（王慧瑾）

安全生产监督管理

【概　况】 2015年，昌平区安全生产监督管理局（简称“区安监局”）在区委、区政府和市局的正确领导下，践行“三严三实”要求，认真贯彻落实党的十八大、十八届三中、四中、五中全会精神，以习近平总书记关于安全生产和视察北京重要讲话精神为指导，以深入落实“四化三体系双基”总任务为中心，牢牢抓住“依法治安”这条主线，围绕区委、区政府中心工作，强化监管监察，加大宣传力度，加强队伍建设，扎实做好安全生产各项工作，不断巩固全区安全生产“上下一盘棋”的良好局面，形成了齐抓共管、协调共治的安全生产工作新格局，实现了安全生产形势的持续稳定好转。

（樊朝花）

单位：昌平区安全生产监督管理局
地址：城北街道南环东路1号广电大厦
电话：（010）69706133
邮编：102200

【安全生产执法检查】 年内，采用日常执法、重点执法、跟踪执法、专项执法、联合执法等形式，开展非煤矿山、危险化学品企业、粉尘与高毒物品危害治理、建筑施工企业、抗战胜利纪念活动、“六打六治”、液氨使用单位、重大危险源单位、特种作业及特种设备作业人员“双打”、人员密集场所、商品交易市场、流动人口规模调控等专项执法行动，共检查各类生产经营单位6083家次，查出各类安全隐患8104条，整改8032条，下达执法文书4369份，立案处罚违法生产经营单位80家，罚款115.23万元。未发生纳入综合考核的生产安全事故。

（樊朝花）

【行政许可】 年内，严格按照《中华人民共和国行政许可法》、《危险化学品经营许可证管理办法》等规定，通过申请、受理、审核、复核、审定程序，审批发放危险化学品经营许可证60个、注销5个，延期第二、三类非药品类易制毒化学品备案证明1个。截至12月底，全区共有危险化学品经营单位124家。其中储存经营企业93家，（油库2家、加油站77家、工业气体13家、酸碱经营企业1家），无储存经营企业31家，（烟花爆竹经营单位92家，其中长期销售点8家、临时销售点84家），非煤矿山企业2家。

（樊朝花）

【危化企业安全监管】 年内，开展加油站贯标改造、涉氨制冷及危险化学品罐区专项整治，组织危化达标企业进行安全生产标准化复评、签订反恐防暴及汛期安全责任书。吸取天津港“8.12”事故教训，按照“一类企业一个标准”，“一个重点企业一个检查方案”的工作要求，开展危险化学品生产经营单位安全生产大检查，共检查394家次。抗战胜利纪念活动期间，对危化储存仓库进行封闭管理，停止烟花爆竹、剧毒、易制爆化学品销售。

（樊朝花）

【烟花爆竹安全监管】 年内，按照“杜绝新增，全力压减”的布设原则，全区共设置烟花爆竹零售网点92个，对其中60个实行24小时视频监控。通过培训、发放《烟花销售十牢记》宣传海报、昌平报及昌平电视台报道等途径加强烟花爆竹宣传教育。采取日常检查和集中检查相结合的方式，加大对销售网点的监管监察。春节期间，共出动执法人员343人次，检查烟花爆竹销售网点826家次，下达执法文书724份，消除各类安全隐患1609条。全年烟花爆竹销售工作实现了零举报、零投诉。

（樊朝花）

【有限空间及职业安全监管】 年内，实行有限空间施工企业登记备案，组织企业开展有限空间作业大比武，同14个行业管理部门和单位主管领导签订了《有限空间作业安全管理责任告知书》，同374家存在职业病危害因素的用人单位签订《职业病防治责任告知书》。加大有限空间施工现场检查巡查力度，对94处有限空间施工作业现场进行了检查，警示约谈隐患企业14次。开展建设项目职业卫生“三同时”行政许可、职业危害申报、职业病危害现状评价及职业卫生基础达标建设，共完成建设项目职业病危害预评价审核1家，备案1家，受理1项职业病防护设施竣工验收项目，审核通过职业危害企业364家，64家企业完成了现状评价。联合区总工会组织参加了北京市第二届有限空间作业大比武选拔赛，三支队伍进入复赛，其中两支队伍进入决赛，分获二、三等奖，区安监局获“优秀组织奖”。

（樊朝花）

【非煤矿山安全监管】 年内，加大汛期及重大活动期间安全生产检查督导力度，与非煤矿山企业签订汛期安全生产责任书，要求企业进一步强化“红线”意识，严格落实安全生产主体责任，对边坡、排土场等重点部位开展隐患排查治理，防止安全生产事故的发生。

（樊朝花）

【安全生产宣传】 年内，以新《安全生产法》宣贯为主线，通过电视、报刊、街边电子屏等媒体，开展安全社区创建、知识答题、专题讲座、技能比武、大型公开课、文艺演出、书画摄影展，“双百”服务等活动，加大新《安全生产法》等法律法规、安全知识的宣传。共有1.6万余家单位、23万余人参与宣传活动，发放各类宣传材料25万余份，43名安全生产监管干部及专家与410家企业进行了谈话服务。6月16日，在永安公园承办北京市安全生产月“宣传咨询日”活动主会场活动，共设立21个安全生产咨询台、4个应急演练及互动体验项目，摆放各类安全宣传展板124块，开展了家庭安全用电、应急救护、消防、燃气安全使用知识现场讲解及演示、新安法知识互动问答、安全主题文艺表演等活动。

（樊朝花）

【安全生产应急管理】 年内，加强应急值守，加大对4个危险化学品应急救援物资储备库的管理和执法力度，及时更新破损、过期的应急物资。制定了昌平区生产安全事故应急预案管理实施细则及备案程序，在96家危险化学品、非煤矿山、重大危险源企业开展了安全生产应急管理示范企业试点工作。督促组织企业开展应急演练173场。6月12日，由区政府主导、参与策划和指挥，区安监局牵头，在中石化沙河油库组织开展了昌平区首例，也是全市规模最大的一次政府与重大危险源企业“一对一”生产安全事故应急救援实战演练。区委宣传部、区应急办等17个部门及企业共500余人参加了救援演练，40多个部门及属地政府100余人现场进行了观摩，动用大型应急、消防等车辆30余台次。演练中政府部门与企业间应对突发事故的组织协调、配合和处置能力，得到了市局及区政府领导的充分肯定。

（樊朝花）

【培训教育及考核】　年内，制定昌平区安全生产培训计划，对各属地、重点行业培训任务进行分解。充分发挥行业、属地的组织和管理作用，监督、指导行业、属地加大对生产经营单位主要负责人和安全生产管理人员的安全生产培训力度。共开展安全生产培训218期，培训企业主要负责人和安全生产管理人员11769人，初任安全生产检查员28名。按照市局实操考点“三化”建设要求，重新规范和新建了考试场所，与区职业学校合作，投入500多万元，建成了“昌平区安全生产培训考核基地”，并于8月正式揭牌成立投入使用。考核基地集“标准化、信息化、现代化”为一体，能满足昌平区电工、焊工等特种作业理论和实操考试需求，同时实现了对考场无死角的全程视频监控。截至年底，考核各类特种作业人员5015人、高危从业人员510人。

（樊朝花）

【安全生产标准化建设】　年内，制定安全生产标准化建设方案，加大创建达标培训力度，建立联动机制，推动安全生产标准化建设。全年共培训各类企业4020家、7000余人次，完成三级达标企业103家，小微达标企业3237家，82家危化企业全部通过标准化复评。

（樊朝花）

【安全生产条件普查】　2014年5月至2015年6月，区政府共投资124万余元，按照“试点镇街、总结完善、全面开展”的原则，在城北街道、百善镇顺利完成安全生产条件普查工作基础上，在全区建立了安监部门、属地政府两级答疑指导的工作模式，全面开展安全生产条件普查工作。普查期间，各镇（街）积极配合，广泛播放悬挂宣传标语、发放宣传材料，营造了良好的氛围。为有效提高普查数据的完整性、准确性，昌平区采用各镇（街）抽查、聘请专家全覆盖核查的方式先后两轮对普查数据进行核查，根据核查结果，要求各镇（街）对核查出的问题及时进行补充完善。截至2015年6月，共摸排各类生产经营单位101861家，形成34215条有效数据，28357家持有营业执照有生产经营行为的企业数据全部录入到市级安普系统当中。

（樊朝花）

【安全生产大检查】　8月至12月底，在全区范围内开展安全生产大检查活动。尤其是8月12日天津发生重特大危险化学品爆炸事故后，加大了危险化学品企业安全生产检查的力度，以日汇总、周报告、月督查通报的方式，强化大检查活动的实效性。8月17日至9月4日，由区四套班子主要领导带队，分成四组，共对各镇（街）重点单位、重点部位开展安全生产大检查52次。大检查活动期间，共检查生产经营单位30061家，查处隐患37496处，下发检查文书24754份，下发责令改正通知书8856份，下发执法文书2650份，立案查处58起，罚款73.334万元。

（樊朝花）

【安全生产信息化建设】　年内，制定《昌平区隐患排查治理体系建设实施方案（2015–2017）》，计划投入620余万元，用三年时间建成昌平区安全生产隐患排查治理体系信息平台，以夯实体系建设基础工作，实现安全生产痕迹化管理，推进全区安全生产综合监管信息化进程。截至年底，共投入90.5万元，顺利完成了招标、平台一期协同办公、统计分析等6个子系统的开发建设。

（樊朝花）

【安全生产责任体系建设】　年内，按照“管行业必须管安全、管业务必须管安全、管生产经营必须管安全”的要求，重新梳理了各工作部门安全监管（管理）职责，同安委会成员单位签订《安全生产目标责任书》，制定并印发了昌平区《关于实施安全发展战略促进国际一流科教新区建设的意见》、《安全生产“党政同责、一岗双责”实施办法》等“1+6”责任体系文件，督促68个安委会成员单位及21个属地政府制定了“党政同责、一岗双责”工作制度，301个村220个社区成立安全生产委员会。将各属地、重点行业管理部门贯彻落实安全生产工作情况纳入年底绩效考核，细化考核细则，量化考核指标，推动了安全生产责任的落实和“三级五覆盖”、“齐抓共管”安全生产责任体系的构建。

（樊朝花）

【大型活动安全保障】 年内，完成了纪念抗日战争暨反法西斯战争胜利70周年纪念活动、全国“两会”、第三届北京农业嘉年华、第十二届北京小汤山温泉文化节、善行者公益徒步活动、世界大学生魔术交流大会等大型活动的安全生产保障任务。抗战胜利70周年活动期间，制定详细的纪念活动保障方案，对阅兵活动涉及重点地区生产经营单位进行全面摸排核查，建立纪念活动安全生产保障重点执法管理台账。阅兵预演及9.3正式阅兵期间，每天安排1名领导带班、9名业务熟练的工作人员24小时全天候应急值守。将阅兵涉及重点镇（街）分为5个区域，由5名局领导带队，分成5个组，开展72小时不间断的安全生产检查、巡查。共出动执法人员102人次，车辆34台次，实地检查、巡查生产经营单位273家次，及时消除了个别生产经营单位不按规定开展生产经营活动，应急值守力量不到位等安全隐患。同时，充分发挥镇（街）专职安全员作用，对全区加油加气站、烟花爆竹长期零售点、油库等重点单位进行24小时盯守，确保阅兵活动期间辖区安全生产形势稳定，全区有33人获得市局“两大安保”及时奖励表彰。

（樊朝花）

【“打非”及流动人口规模调控】 年内，加强对城乡结合部、流动人口聚集区、“七黑五小”场所等无证照经营、特种作业人员无资质上岗、住宅内生产经营等非法违法行为执法力度。共出动执法人员480人次，组织参与全区性综合执法20次，项目化执法16次，检查无证照各类生产经营单位304家，查处安全生产隐患223条，消除挂账安全生产隐患2493条，清理住宅内非法生产经营单位263家，查扣非法违法气瓶气罐近千个。

（樊朝花）

【安全员队伍建设及管理】 年内，通过向社会购买服务的方式，为24个镇街（园区）配备了320名安全生产专职安全员，必要的检查服装，照相机、摄像机、执法记录仪、检查车辆等装备设施，解决了基层监管力量薄弱的问题，实现了全覆盖、无盲区的安全监管。制定一系列专职安全员管理办法，采取全面、重点、专项巡查，组织专家，分片、分行业，直接到企业对安全员进行现场检查业务培训等方式，加强对安全员的管理、指导和监督。以城北街道、小汤山镇及科技园区为示范示点单位，探索安全员管理有效模式。全年，全区镇街（园区）专职安全员共检查生产经营单位62712家次，下达现场检查纪录57787份，下达责令改正文书19233份，排查各类安全生产隐患72432条。在春节烟花爆竹专项检查、节假日及“抗战胜利纪念活动”安全保障、安全条件普查、安全生产标准化创建、流动人口规模调控等工作中发挥了积极作用。

（樊朝花）

【安委会办公室工作】 年内，组织召开各类安全生产会议19次，定期对全区安全生产形势进行分析通报。牵头起草安全生产责任体系“1+6”系列文件，组织开展了安全生产责任保险推广、安全生产大检查、清理住宅内非法违法行为、输油管道等专项治理行动，完成了对全区重点行业、各属地政府年安全生产工作的综合考核，建立起一支70人的安全生产专家队伍。截至年底，全区共发生各类安全生产事故108起、死亡114人。其中道路管界交通事故死亡105人、火灾事故死亡6人、铁路交通事故死亡3人，未突破市政府下达的115人的控制指标。

（樊朝花）

【党风廉政建设】 年内，制定党风廉政建设工作方案，分层逐级签订《党风廉政建设责任书》，对廉政建设工作任务进行分解。全员签订《依法行政，廉洁从政承诺书》，在全局范围内开展廉政风险点查找，并制定相应的廉政风险防范措施，建立风险防范管理台账。共查找廉政风险点132个，制定廉政风险防控措施177条。建立廉政风险防控预警机制，及时向全体职工通报廉政违纪案件、明查暗访情况，“春节”等重要传统节假日前，提前向全局人员发送廉政预警提示短信。制作廉政勤政警示牌，发放给每名党员，并放置于办公桌醒目位置。实行科级干部个人事项报告制度，建立个人事项报告管理台账。加大信息公开力度，设置建议箱，聘请18名政风行风监督员，自行制作文明执法监督卡，设置基层执法廉政监督员，以加强对政风行风的监督。并在机关公共走廊设立安全文化墙，悬挂勤政、廉政等名言警句，以营造“风清气正”的办公环境。成立内部监察室，安排专门人员负责纪检监察工作。采取明查暗访等方式，加强对执法人员依法行政、廉洁从政、制度执行等方面的监督检查。全年，共对21个镇（街）52家企业进行了走访，未发现廉政及作风违纪情况。

（樊朝花）

【精神文明建设】　年内，由党支部牵头，工会和团支部配合，通过理论学习、专题讲座，开展在职党员到村（社区）报到、“读书、荐书、评书”、特殊儿童志愿服务、“安全梦·我的梦”主题征文、“烈士陵园祭扫、缅怀革命先烈”、参观顺义区焦庄户地道战遗址、登山、长走、爱心捐款、党员承诺践诺、知识答题、观看教育影视片，开通“共产党员”、“昌平先锋”党建微信平台，在大会议室设立读书角等方式开展丰富多彩的党建及精神文明活动。

（樊朝花）

【干部选拔作用】　年内，共选拔任用科级领导干部8名，其中通过竞争上岗方式选拔任用正科级干部1名、副科级干部4名，通过竞争上岗程序后延续使用的方式选拔任用副科级干部3名。共选拔任用科级非领导职务干部7名，其中通过民主推荐方式选拔任用主任科员4名、副主任科员1名，通过竞争上岗方式选拔聘用八级职员1名，通过新录用公务员试用期满考核转正定级的方式选拔任用副主任科员1名。

（樊朝花）

【“三严三实”专题教育】　年内，制定了《区安监局开展“三严三实”专题教育实施方案》及学习计划，以领导干部为重点，在全局范围内开展“三严三实”专题教育活动。通过集中学、自学、领导干部讲党课等方式，开展了《习近平谈治国理政》、《习近平关于党风廉政建设和反腐败斗争论述摘编》、《优秀领导干部先进事迹选编》、《领导干部违纪违法典型案例警示录》等书籍资料、政治理论、先进典型的学习教育活动。共开展学习活动53次，专题交流研讨3次，征求群众对领导班子的意见建议29条次，对领导干部的意见建议58条次，党员对领导干部提出的批评建议36条，查找出领导班子存在问题17个，领导干部存在的问题45个，制定整改措施79条。

（樊朝花）

财税·金融

财　税

财　政

【概　况】 2015年，昌平区财政局（简称“区财政局”）深入学习贯彻党的十八大、十八届三中、四中全会精神，围绕全区中心工作，坚持稳中求进、聚焦转型发展，切实发挥财政职能作用，创新财政管理改革，推动了全区经济转型发展，完成了全年预算任务。全年一般公共预算收入完成730532万元，同比增收67697万元，增长10.2%。

（张永刚）

单位名称：昌平区财政局
地址：城北街道东环路中段
电话：（010）69742917
邮编：102200

【财政收入实现首月“开门红”】 1月，区一般公共预算收入完成108608万元，同比增收8245万元，增长8.2%，完成年度预算的14.7%，超时间进度6.4个百分点，单月财政收入创历史新高。

（张永刚）

【支持经济高端发展】 年内，区财政积极筹措资金，推进未来科技城、昌平新城东区、沙河高教园区及东小口旧村改造项目等土地一级开发项目。支持未来科技城、昌平新城东区绿化美化、道路、环境、污水等基础设施建设，提升重点功能区城市建设品质。支持生物技术、信息技术、智能制造、新能源等新兴产业发展，培育发展“高精尖”产业。投入资金，组建北京昌平科技园发展有限公司，搭建产业发展体系市场化投资运营平台，实现产业发展要素系统联动。支持中关村科技园区昌平园“腾笼换鸟”、“产业升级”、“重大工程”建设，促进创新型产业集群培育。支持和引导三一、福田等企业打造大型现代装备制造企业总部和研发、服务中心，推动高端产业发展。

（张永刚）

【支持人口调控工作】 年内，投入资金用于平原地区造林拆迁。支持回龙观镇城北市场、阳坊镇、南口镇、马池口镇等低端产业、低端市场清退。推动绿色低碳循环发展产业体系建设，支持“高污染、高耗能、高耗水”企业有序退出，鼓励企业工艺技术装备更新改造。保障镇（街）土地看护、拆违控违专项工作和流动人口管理等。保障全区124个村和61个老旧小区维稳分中心运行、实有人口服务管理全覆盖体系建设和公安视频监控系统建设及运维。支持“三网融合”协同推进，保障网格化平台软件建设。

（张永刚）

【支持全区绿色发展】 年内，支持西部地区环境整治、昌平老城区重点道路周边及中部地区环境综合整治等。支持平原地区植树造林工程和其他林业重点项目。支持昌平第二阶段中小河道治理、再生水、污水、村级水处理等基础设施建设项目，基本完成第二阶段中小河道治理、污水治理三年行动计划，提高了水环境质量。支持“减煤换煤、清洁空气”行动计划，推进液化石油气下乡，实施优质燃煤替代工程，覆盖16个镇（街）、235个村。支持全区各类建筑使用新型节能材料。支持公共自行车租赁系统建设及维护，推进绿色出行。

（张永刚）

【支持教育事业发展】 年内，支持幼儿园及中小学设备购置和办学条件达标、引进名校、改善校园环境、中小学综合素质提升和校园文化建设、中小学教师绩效奖励、为教师办实事，以及推进职业教育多元化发展等。

（张永刚）

【健全社会保障体系】 年内，落实社会保障和就业政策。提高城乡低保补助标准，由家庭月人均650元上调至710元，确保优抚对象、残疾人、老年人等群体待遇及时发放，支持各项就业再就业工作。继续推进医药卫生体制改革，完善基层医疗卫生机构补偿机制，提高城镇居民基本医疗保险和新型农村合作医疗补助标准。落实医疗机构补助资金，重点支持区医院、区中医院、南口铁路医院医疗设备购置。

（张永刚）

【2016年农业综合开发项目申报工作完成】 年内，区财政拟申报国家农业综合开发小流域治理项目3个，涉及流村镇、南口镇、延寿镇，国家农业综合开发产业化经营财政补助项目4个，包括1个龙头企业及3个合作社，地方农业综合开发项目27个，包括22个基础设施项目及5个产业化项目。

（张永刚）

【拨付新城滨河森林公园养护资金】 年内，区财政局拨付资金4740万元，用于昌平新城滨河森林公园养护管理，确保公园的正常运转，环境提升。

（张永刚）

【拨付六项惠农政策扶持资金】 年内，区财政及时拨付六项政策扶持资金，确保资金及时到位。一是生态林管护员补助资金2239.2万元，涉及全区9个镇（街）102个行政村；二是农村管水员经费570万元，涉及21个镇（街）；三是动物防疫员经费186.6万元；四是会计服务所运行经费338万元；五是村级公益事业补助588.5万元；六是山区生态林生态效益促进发展机制区级补助资金1438.442万元。

（张永刚）

【及时拨付两节送温暖资金】 年内，区财政局及时拨付元旦、春节期间专项送温暖活动资金943.98万元，资金主要用于走访慰问城乡低保对象、残疾人家庭、优抚对象、失业人员等特殊群体14288户，慰问光荣院、敬老院、困难企业等有关单位67个，组织优抚对象电影招待会1个。

（张永刚）

【按新标准拨付新农合补助资金】 年内，根据《昌平区2015年新型农村合作医疗暂行办法实施细则》文件精神，区2015年新农合筹资标准1200元，其中中央、市、区财政补助940元/人年、镇财政补助100元/人年、农民个人缴费160元/人年。区财政按实际参合人数166752人，将补助资金15677万元，拨入新农合财政专户。

（张永刚）

【加大城镇居民基本医疗保险保障力度】 年内，区财政局再度提高城镇居民基本医疗保险政府标准，由每人每年860元调整为每人每年1000元，共落实政府补助资金6637万元，比上年增加993万元。其中资助重残及低保人员和特殊困难家庭的学生儿童参保1420人，涉及补助资金50.3万元。

（张永刚）

【做好农村地区“减煤换煤、清洁空气”行动资金保障】 年内，区财政做好农村地区“减煤换煤、清洁空气”行动资金保障工作。一是合理落实资金保障。统筹考虑以前年度实际支出与本年工作重点，合理安排预算资金；二是合理使用市级资金。深入学习上级文件精神，把握市级资金使用与管理方向，做到支出方向明确、依据明确、监管明确。三是根据市区两级文件精神，及时合理调整本级资金安排。

（张永刚）

【做好粮食风险基金最低规模调增工作】 年内，为进一步落实中央增加地方储备粮的要求，强化区县政府在粮食风险基金管理中的责任，根据《北京市粮食风险基金监督管理暂行办法》中关于“实行粮食风险基金最低规模动态管理”的规定，结合区县实际负担人口情况，调整全年粮食风险基金最低规模为628万元。

（张永刚）

【2016年部门预算编制部署会召开】 年内，区财政在广电中心召开区2016年度部门预算编制工作部署会。对2016年预算编制工作进行了动员与部署，传达了北京市及区委、区政府在明年预算编制工作中的要求；明确了部门预算编制的指导思想和编制原则；细化了各部门的预算编制任务和主要工作；确定了部门预算信息公开的主体和范围。

（张永刚）

【完成“北京市昌平区政府采购网”升级改造】 年内，根据《中华人民共和国政府采购法》、《关于做好政府采购信息公开工作的通知》等法律法规的有关规定，区财政局对“北京市昌平区政府采购网”系统进行升级改造，已经完成政府采购项目信息、采购项目预算金额、采购文件、中标或成交结果、采购合同、投诉处理结果等全公开，实现了采购全过程信息公开。

（张永刚）

【《政府采购法实施条例》及相关政策培训】 年内，为进一步贯彻落实《政府采购法实施条例》及新出台的政府采购相关政策，提升政府采购管理水平。区财政局分三期开展政府采购政策培训，培训的主要内容包括：（1）讲解政府采购法实施条例；（2）结合财政部及北京市代理机构检查，讲解代理机构实际工作中应注意的问题；（3）讲解竞争性磋商适用情形及竞争性磋商程序；（4）解答各代理机构在代理区政府采购项目中遇到的问题。通过培训，政府采购代理机构及预算单位对《政府采购法实施条例》的重点条款把握更加准确，对区政府采购项目工作流程更加明确。

（张永刚）

【加强市级少数民族经济发展专项资金申报筛选】 年内，区财政四项措施加强市级少数民族经济发展专项资金申报筛选。一是加强政策宣传，明确年度扶持重点；二是加强部门联动，积极与区民侨办、区商委深入项目单位对项目内容、项目投资、完工程度进行实地调查了解；三是按照相关政策，对申报项目提出调整与完善建议；四是加强项目申报文本的指导，提升申报项目文本质量。全年申报项目企业共计8家，经过筛选符合政策条件6家，项目总投资1449万元，申报市级少数民族经济发展专项资金674万元。

（张永刚）

【三举措推进财政预算项目事前绩效评估实效性】 年内，实行三举措推进财政预算项目事前绩效评估实效性。一是加大财政预算项目事前绩效评估的力度和范围，2015年事前绩效评估的项目6个，评价资金7378.04万元，较上年同比增长22.52%；二是加强事前评估结果的运用，评估结果为“不予支持的项目”不纳入本年度预算安排；三是加强事前评估与绩效评价的有效衔接，将事前评估结果中提出需整改的问题，在项目执行过程和事后评价中作为主要依据进行重点关注。

（张永刚）

【全国会计专业技术资格中级考试圆满结束】 年内，昌平区全国会计专业技术资格考试（中级）于9月12日、13日顺利完成，共设考场67个。本次考试财务管理应考人数1824人，参考率44%；经济法应考人数1864人，参考率43%；中级会计实务应考人数1996人，参考率43%。

（张永刚）

【四项措施完成金融支农奖补资金自查工作】 年内，按照市财政局《关于做好金融支农奖补资金审计问题整改工作的通知》要求，区财政局对辖区内享受金融支农奖补资金支持的金融机构进行了检查：一是转达《通知》要求，布置金融机构开展自查，形成金融机构自查报告；二是核对金融机构账目，确保奖补资金按用途支出；三是对照其他地区出现的问题进行重点检查；四是形成区县自查情况报告，上报上级财政部门。涉及辖区内金融企业一家，奖补资金669.61万元。

（张永刚）

【2014年固定资产投资决算圆满完成】 年内，按照市级财政的要求，完成了2014年固定资产投资决算。2014年全区固定资产投资项目52个，投资金额209515.96万元，其中中央基建投资2029.6万元，中央补助资金1530万元，市级固定资产投资205956.36万元。

（张永刚）

【启动财政国库集中支付系统升级更新工作】 年内，为进一步深化财政国库支付制度改革，完善国库支付业务功能和管理需求，国库科（支付中心）启动财政国库集中支付系统升级更新工作。已经完成支付系统和代理银行接口以及支付系统和其他业务系统接口的需求确认；完成了政府采购合同支付管理、预算单位实有资金账户支付等新增功能模块的需求确认，支付系统升级进入具体功能开发及业务流程配置阶段。

（张永刚）

【开展《预算法》宣传活动】 4月下旬至5月上旬，区财政局在全区范围开展送法进机关活动，向全区200余家预算单位免费发放新《预算法》单行本1100余册。

（张永刚）

【信访条例宣传月活动启动】 年内，按照《昌平区2015年<信访条例>宣传月活动方案》和《年信访工作要点》，区财政局启动信访条例宣传月活动。利用大厅电子显示屏滚动播放信访宣传相关知识，同时对本局干部职工和来局办理业务人员发放《北京市信访条例》《法律知识问答》《公民常用法制案例漫画》等宣传材料100余册。引导干部职工和民众牢固树立法制意识，倡导民众以包容的心态理性提出利益诉求，共建和谐社会。

（张永刚）

【精神文明创建工作开展】 年内，区财政局多举措推进精神文明创建，一是充分利用电子显示屏、AM财政电子交流平台加强舆论宣传，引导广大党员干部正确认识形势，增强发展信心。二是落实党建带团建，注重对青年干部的理想和思想道德教育，鼓励和引导青年干部积极参与市、区组织的各类征文、演讲、知识竞赛等活动，展示青年风采。三是结合“昌平先锋”党建微信平台建设的要求，号召全局党员干部及时关注“昌平先锋”，发挥好网络宣传的作用。四是组织党员干部积极参与区环保知识竞赛、科学素质大赛和健康生活方式演讲比赛等，充分展示昌平财政的良好形象，营造文明风尚。

（张永刚）

【共产党员亮牌活动开展】 年内，为巩固和拓展教育实践活动成果，创新党员教育管理，区财政局开展了“我是共产党员”亮牌活动。局党组为全局104名在职党员制作了“我是共产党员”提示牌，要求党员在办公桌上亮出自己的身份。一方面，提高责任感和荣誉感，通过党员的自觉行动改变工作作风，增强全心全意为人民服务的意识；另一方面，以“一个党员一盏灯 一个党员一面旗”为警示，提醒党员认真履行工作职责，时刻接受群众的监督，切实提高财政工作水平和服务质量。

（张永刚）

国家税务

【概　况】 2015年，北京市昌平区国家税务局（简称“区国税局”）在区委、区政府和北京市国税局的正确领导下，认真学习贯彻党的十八届三中、四中、五中全会精神，紧紧围绕税务工作会议部署，坚持率先实现税收现代化目标不动摇，以“三严三实”专题教育为契机，在解放思想中阔步前进，在改革创新中锐意求进，在攻坚克难中砥砺奋进，班子成员同心同德，全局360多名干部职工齐心协力，完成了全年各项税收工作，确保了昌平国税事业和谐健康发展。

（王宝云）

单位名称：北京市昌平区国家税务局
地址：城北街道鼓楼南街23号
电话：（010）69742048
邮编：102200

【依法组收实现新增长】 年内，区国税局面对经济下行、产业结构不合理、税源可持续增长潜力不足、半年时点出现五年来首次负增长等组收压力，全局干部职工坚定信心，深化管理、挖潜风控、抓实稽查，保证了各级税收稳定、均衡、可持续增长。全年完成税收121.8亿元，增长1.1%，其中中央级税收完成87.8亿元，与2014年持平；地方级税收完成34亿元，增长4.4%。风险防控、税务稽查贡献税收1.5亿元。

（王宝云）

【政策落实迈出新步伐】 年内，区国税局平稳推进营改增税制转换，全年减税5.16亿元，总体税负下降45%，促进产业结构不断优化。落实小微优惠政策，其中增值税惠及12.6万户次，免税5300万元；企业所得税惠及2.8万户次，减税2607万元。深入宣传培训、辅导修改申报，260户纳税人享受了企业所得税固定资产加速折旧政策，减税1600万元。落实车购税优惠政策，惠及5853位车主，减税3094万元。落实非居民享受税收协定待遇政策，股息、利息、特许权使用费等共减免1580万元。落实出口退税政策，主动增加退税批次并将时间由20日缩短至平均10日，共办理3820户次，出口退税8.9亿元。

（王宝云）

【规范执法迈上新台阶】 年内，区国税局充分发挥依法行政领导小组作用，提高对全面依法行政的深刻认识。落实行政审批改革，保留7项行政许可事项并及时政务公开，使权力运行受社会监督。规范税收执法行为，以问题为导向，对存在问题加大执法责任过错追究力度，对17人开展批评教育，防患于未然。夯实法治建设基础，拓宽法治宣传渠道。与法院法治共建，与园区、人力社保局、高校等加强协同，使税法宣传与服务进“双创”社区，进大学校园，进人才招聘市场。区国税局被评为北京市四个法治税务示范基地之一。放管结合，加大后续管理力度。以规范内部协查为切入点，建立健全制度，进一步理清职权，共清理协查1.8万条，在权力放到位的同时将该管理的严格管起来。

（王宝云）

【征管服务提升新水平】 年内，区国税局根据《税收征管工作规范》和《纳税服务工作规范》有关要求，结合实际制定了《昌平区国家税务局税收工作操作指引》，使“两个规范”在基层有效落实。解放思想、转变观念，昌平国税局在推行市局15项优化征管措施中，加大对纳税人的引导力度，使办税服务厅工作量减半，10多名青年骨干逐渐走向征管、税政、政工等岗位历练。加大国地税合作力度，国地税在三证合一、清理低端市场、手机APP纳税人学堂、纳税人信用体系建设、联合稽查办案、联合深化税收分析等多方面取得成效。

（王宝云）

【队伍建设焕发新活力】 年内，区国税局坚持分类培养提高能力，抓好中层领导干部能力提升，每季开展“理论学习大讲堂”，组织廉政、风控、经济分析、专项业务等培训拓展。做好中青年骨干多种形式培养，推荐优秀法律人才到律师事务所学习深造；9名干部挂职借调市局、总局学习历练；按程序选拔28名优秀中青年骨干，加强优秀人才储备；组织7类35名人才库干部进行对口培训，提高能力。会计抽考全市第6，青年公务员考试全市第8，均考出历史最好成绩。坚持轮岗交流优势互补，结合税收工作需要，对26名科级干部进行调整，实现“优化配置”，对39名中青年干部进行岗位互换，实现“优势互补”，对20名一般干部进行“双选”，实现“人岗相适”。丰富了干部工作经历、增强了业务能力，为推动全局发展积攒了能量。坚持绩效管理提升质效，把绩效管理作为统筹工作、激发活力的抓手和载体，努力实现工作发展与干部成长、集体荣誉与个人成就感的有机结合和促进。

（王宝云）

【党风廉政呈现新气象】 年内，区国税局抓好主体责任落实，将党风廉政建设任务，分解为严明各项纪律、落实“两个责任”、贯彻八项规定等8类36项工作，明确责任部门。将选人用人、明纪纠风、预防监管等39项主体责任事项逐级细化分解，实现层层分解、上下贯通。推进监督责任落地。加大对违法违纪行为惩处力度，对涉税违法案件和信访案件进行妥善处理。依托税收执法监察子系统，开展执法监察132件，干部行为进一步规范，更加敬畏法律，遵守纪律。推进内控机制，通过监察员监督、检查组明察、第三方暗访三种形式对纠正“四风”、工作纪律、服务态度等进行明察暗访，并纳入绩效考核。将推进内控机制信息化与优化税收征管相结合，及时处理税收违法案件检查期限、逾期应认定未认定、税收违法案件检查期限等147条各类风险点指标，做到事事有落实、件件有回音。

（王宝云）

【基层党建提升新质效】 年内，区国税局坚持党建工作与中心工作同部署同考核，共赢共促。机关成立两个联合支部，下设党小组，以联合支部带动党小组深入开展党建，各支部开展的“马上就办”、到敬老院慰问孤寡年迈老人、捐书捐款等活动凝聚人心。全局通过走进军营与武警官兵在烈日下一起训练，锤炼干部精神；通过开展“我骄傲，我是北京国税人”主题讲述，弘扬身边个人和团队典型。第一税务所被评为“全国青年文明号”，并被共青团中央推荐为“三创”经验推广单位。一名基层税务所干部获选“昌平区十大优秀青年”，一名基层税务所长获选“全市国税系统优秀基层税务所长”荣誉。

（王宝云）

地方税务

【概　况】 2015年，昌平区地方税务局（简称“区地税局”）紧扣组织收入核心，以建设税收现代化为契机，深入开展征收管理改革，优化纳税服务，完善各项制度，提升依法治税质量，强化绩效考核抓手作用，提高规范化建设水平，较好完成了“收好税、带好队、执好法、服好务”的基本任务。全年共组织各项税费收入124.9亿元，同比增收2.6亿元，增幅2.2%，其中地方公共财政预算收入100.6亿元，增收2.5亿元，增幅2.5%；完成区级税收43.69亿元，增收0.26亿元，增幅0.6%。圆满完成两级目标要求。

（韩晓君　林尚佳）

单位名称：昌平区地方税务局
地址：城南街道南环东路16号
电话：（010）69705047
邮编：102200

【第一党支部成立】 1月22日区地税局召开第一党支部成立大会，市局党组成员、副局长王炜，区委组织部副部长李怀来、区发改委工委副书记靳红出席会议，区地税局中层以上领导干部参加了会议。会上，宣读了第一党支部成立决定，学习了第一党支部纪律规定，并对今后建设规划进行了明确。

（韩晓君　林尚佳）

【区领导到沙河税务所调研】 2月25日，区委书记侯君舒、区委副书记李良、区委常委、常务副区长周云帆一行到沙河税务所调研指导工作。区委领导视察了沙河税务所办公环境，并向一线干部致以节日的问候。听取了区地税局2014年主要工作以及基层党建开展情况的汇报。区委领导对区地税局在2014年严峻的组收形势下攻坚克难迎难而上的工作态度以及工作成果表示肯定，对区地税局及沙河所的党建工作给予了高度评价。

（韩晓君　林尚佳）

【市局领导到区地税局调研】 3月24日，市地税局局长杨志强、副局长王炜一行到区地税局就区域税收工作开展调研，与区委书记侯君舒、区长张燕友、常务副区长周云帆等区领导进行了座谈。市区两级领导详细交流了目前昌平区域经济社会发展和区域整体规划等情况，并就地方税收情况进行了深度沟通。市区两级领导希望区地税局进一步采取措施加强征管，全力以赴履行职责，切实为区域经济社会发展提供坚实的财力保障。

（韩晓君 林尚佳）

【年度物业服务采购项目开标】 3月31日，区地税局2015至2016年度物业服务采购项目开标，北京鼎轩物业管理有限公司中标。此项工作于2015年2月份开始，历经2个月时间，经过提出采购需求、专家论证，发布招标公告、抽取专家、开标、专家评标阶段，最终确定中标单位。

（韩晓君 林尚佳）

【特约监察员座谈会暨聘任仪式召开】 4月8日，聘请9名同志为区地税局2015—2019年度特约监察员，党组书记、局长于欣杰为9名同志颁发了聘书，纪检组长谷秀敏对区地税局的基本情况、2014年度党风廉政建设工作的主要成绩及2015年工作的打算作了介绍，并就特约监察员履行监督职责等方面进行了座谈。

（韩晓君 林尚佳）

【连续第11年举行乡村税校活动】 4月14日，区地税局相关科所联合在郑各庄举行乡村税校活动，重点就郑各庄区域内企业类型、发展转型需求等特点，着重选取了小型微利企业最新政策、日常涉税账务处理常见问题等进行专题讲解，并为参会企业发放了优惠政策汇编。

（韩晓君 林尚佳）

【税收宣传服务进农业嘉年华】 4月18日，区地税局组织税务干部在第三届农业嘉年华展会进行税收宣传，现场共发放各类宣传材料1000余份。专门制作了包括小微企业优惠、日常涉税培训、个人办税指导等多个实用办税指引的二维码展板，在嘉年华会场内进行长期陈列。

（韩晓君 林尚佳）

【首次开展税务约谈工作】 4月22日，区地税局有关人员在市局约谈室首次开展税务约谈工作，对北汽福田汽车股份有限公司财务负责人和税务部负责人就一季度企业税收减幅较大等情况进行约谈，摸清税收下降的原因并形成初步应对方案。

（韩晓君 林尚佳）

【年度公务员更新知识培训完成】 5月22日，区地税局采取脱岗集中培训的办法，分三批次在北京静之湖培训中心举办，公务员知识更新培训，计划参训311人，实际参加271人，参训率为86.5%。此次培训，专门聘请了首都经济贸易大学、北京市管理科学院、中石化管理干部学院以及区委党校的教授进行授课。

（韩晓君 林尚佳）

【与空军95880部队建立共建关系】 6月18日，区地税局与空军95880部队建立共建关系，双方商定借助相互资源积极开展军地互助建设，重点在思想教育、作风养成、纪律建设等方面开展合作，税务部门在与部队建设和官兵就业等相关的税收政策方面予以支持。

（韩晓君 林尚佳）

【涉税事项单轨运行首日平稳】 7月1日，按照市局互联网地税局建设工作要求，区地税局积极推进开具外出经营管理证明等7个涉税事项单轨运行工作。正式上线首日运行平稳，共办理外出经营活动登记事项7件，纳税人自身涉税保密信息查询事项5件，变更税务登记（不含重新打证业务）6件。

（韩晓君 林尚佳）

【"怡然之家"活动中心成立】 7月20日，区地税局党组本着"真诚关心、真情关爱、真心实意办好事"的原则，经积极协调，在退休人员相对集中的金地家园建成了退休干部活动中心"怡然之家"，安置了乒乓球台、台球、围棋、象棋等活动器材，增订了相关的图书杂志，进一步丰富了老干部的退休生活。

（韩晓君 林尚佳）

【与中央财经大学签订合作协议】 7月20日，区地税局与中央财经大学税务学院签订建立校外教学实践基地事项合作协议，中央财经大学税务学院副院长樊勇与区地税局党组副书记、副局长钱富分别代表双方签字。协议签订后，首批3名本科学生已进入区地税局一线税务所开始实践学习。

（韩晓君 林尚佳）

【推出办税服务平台手机APP】　8月14日，区地税局与国税联合开发的“纳税人学堂及办税服务平台”手机应用正式上线。该软件由四大平台组成，包含“政策热点”等28项主要功能，涵盖600余项纳税人最关注的内容。纳税人通过软件可以同时接收国地税最新通知、参加业务知识培训、查询办税地址、了解办税流程等。

（韩晓君　林尚佳）

【完成区地税局机构职责调整】　9月15日，区地税局派出机构和内设机构职责调整完成：一是取消纳税评估科。原纳税评估科承担的风险管理、纳税评估、日常检查和大企业管理职责划入征收管理科，数据管理职责划入收入核算科。二是成立第四税务所。其主要职责为：负责昌平区范围内由区地税局确定的重点税源的日常管理和服务工作；承担风险部门推送的复杂涉税事项的调查、确认和处理工作，中、低等风险任务应对及风险数据收集等工作。

（韩晓君　林尚佳）

【颁发首个“三证合一”证照】　9月29日，昌平区颁发首个“三证合一”证照。在昌平综合服务中心，区领导为企业颁发昌平区首张“三证合一”的工商执照。

（韩晓君　林尚佳）

【第四税务所正式揭牌】　10月20日，区地税局第四税务所正式揭牌，标志着区地税局重点税源管理所正式投入运转。第四税务所的成立是落实《北京市地方税务局关于调整区县（分）局机构职责有关工作的通知》（京地税人〔2015〕118号）具体举措，主要负责昌平区范围内重点税源的日常管理和服务等工作。

（韩晓君　林尚佳）

【参加腾讯众创空间启动仪式】　11月8日，区政府与腾讯公司合作，在回龙观联手打造创新创业聚集区—腾讯众创空间，区地税局局长于欣杰带领税政一科、园区所相关同志出席了启动仪式，并现场为部分纳税人提供了税收咨询服务。

（韩晓君　林尚佳）

【主题教育活动开展】　11月20日，区地税局党组17次会议研究决定，区地税局开展“知敬畏、守底线、拒侥幸、严要求、真落实”主题教育活动，并于当天下午召开动员会，宣布活动正式启动，活动按照教育动员、集中学习、体会交流、廉政谈话、召开专题组织生活会等步骤进行，于春节前结束。

（韩晓君　林尚佳）

【税务登记户数突破10万户】　截至12月31日，区地税局税务登记户数首次突破10万户，达到100113户。其中正常户96273户，非正常户1341户，在途户2487户，停业户12户。正常户中企事业单位53640户，个体工商户42633户。年内，新开业税务登记11830户，注销税务登记1630户，非正常户认定2714户次，核销外出经营证明2035户次。

（韩晓君　林尚佳）

【先进表彰】　年内，区地税局先后获得“首都文明单位标兵”“昌平区交通安全委员会授予区级交通安全先进单位”荣誉称号；第二税务所凭借优质高水平的服务荣获“北京市模范集体”荣誉称号；李爱红在《国家税务总局关于通报表扬2014年度打击发票违法犯罪活动工作成绩突出的单位和个人的决定》中受到通报表扬；曹军荣获“昌平区2014年度交通安全管理工作区级交通安全优秀管理干部”荣誉称号；杨小菲荣获“昌平区第三次全国经济普查先进个人”荣誉称号。

（韩晓君　林尚佳）

金　融

邮政储蓄银行昌平支行

【概　况】　2015年，中国邮政储蓄银行北京昌平区支行（简称“邮储昌平支行”）贯彻落实北京分行的战略部署和工作安排，坚守“普惠金融”的社会责任，勇于创新创造，始终贯彻落实邮储银行“服务‘三农’、服务中小企业、服务社区”的战略定位，结合自身特色优势，初步探索出了一条兼顾普惠金融与商业可持续发展的特色道路。截至年底，全区开设 11 家二级支行和 24 家代理网点，各项存款余额达 112.45 亿元，各项贷款余额达 23.19 亿元，拥有储蓄账户 46 万户。

（养文君）

单位名称：中国邮政储蓄银行北京昌平区支行
地址：城北街道昌崔路 201 号天运通大厦三层
电话：（010）69729926
邮编：102200

【服务三农】 年内，邮储昌平支行始终把‘三农’金融服务放在改革发展的重要战略位置，认真学习、贯彻落实区委、区政府的重要指示精神，充分发挥在资金、网络、技术等方面的独特优势，通过改革创新发展，不断提升‘三农’金融服务水平。通过加大信贷“支农”力度，不断丰富金融业务产品，畅通城乡资金流通渠道，为昌平地方经济发展作出了积极贡献，邮储昌平支行荣获北京市银行业协会颁发的“2015 年度北京市银行业‘三农’金融服务特色经营单位”称号。

（养文君）

【服务中小企业】 年内，“创富大赛”活动是邮储昌平支行支持“大众创业、万众创新”的重要举措，是践行“普惠金融”理念、助力实体经济发展的重要工作，也是邮储昌平支行服务“三农”、服务中小企业、服务社区的重要实践。北京地区已经连续 6 年举办了创富大赛，以服务实体经济、助力小微企业为宗旨，以小额贷款、个人商务贷款、小企业贷款三种产品为依托，通过政策扶持、资金支持、导师辅导、基地孵化等方式，培育创业创富项目，成立创富小分队，走访工业园区、高新科技园区、行业协会等，通过开展推介会、创富巡展等活动助力企业科学发展，幸福创富。新推出了适用于高新技术企业、新三板企业的科技贷、挂牌贷、快捷贷、易捷贷，短短几个月，便为昌平区科技类企业发放贷款 20 笔 4000 余万元。

（养文君）

【服务社区】 年内，为满足社区客户的各类消费需求，邮储昌平支行相继推出绿卡通·DO 卡、精英教育贷款、装修消费贷款等覆盖百姓衣食住行等领域的新产品，同时，大力推进特约特惠商户建设，积极打造“微”银行、电话银行、网上银行、电视银行和手机银行等多种电子支付渠道全程覆盖、互联互通的电子金融服务体系，积极建设遍布城乡的 ATM 等自助渠道，为社区金融提供了方便、快捷、种类齐全的电子银行服务网络，让客户切身享受到更加优质便捷的现代社区金融服务。

（养文君）

【加快渠道建设】 年内，区域内新增 2 家二级支行，其中东小口支行为新筹建开业网点、昌平路支行为机构划转网点，进一步扩大了邮储昌平支行服务半径；通过加快网点改造，优化网点布局，创新服务方式，改善服务环境，推动网点柜台与自助渠道、电子渠道的功能互补、协调发展，进一步提高服务效率和服务水平，满足客户多元化的金融需求；持续抓好网点转型和示范网点建设工作，巩固深化网点经营管理转型效果。截至年末，邮储昌平支行自营和代理网点电子银行客户共计 70.66 万户，全区 ATM 机布放总量 204 台，电子银行交易替代率达 81.6%。

（养文君）

【做好养老金融服务】 年内，作为北京市最早参与养老金社会发放的金融机构，邮储昌平支行免费为养老金客户加办短信通知、免费为养老金客户加办电视银行、为老年客户开设金融知识大讲堂等。在产品上，面向养老金融客户推出“金晖卡”，除了为客户提供养老金代发、专属理财产品、保险规划等金融服务外，还不定期组织理财沙龙、健康保险讲座、特惠旅游等活动。截至年末，邮储昌平支行年代发养老金22.77亿元，服务养老金客户6.9万户。

（养文君）

【加强风控管理】　年内，搭建监控体系，抓好层级管理，确保各岗位履职到位、制度执行到位、风险管控到位；加强合规管理，从网点常规检查、风险滚动排查、内部控制检查、柜台业务风险排查、员工行为排查等方面，突出对重点岗位、重点人员、关键环节以及监管部门重点关注的事项进行监督检查，做好持续整改跟踪工作，规范业务操作流程，提高全行案防意识；加强教育培训，多措并举提高各级人员风控意识、合规意识，提高各级人员风险管控能力；加强监督检查，以查代训，规范操作，源头防范资金案件风险发生，促进邮储昌平支行业务依法经营、健康发展。

（养文君）

【加强作风建设】　年内，邮储昌平支行紧紧围绕党的十八大、十八届四中全会精神，围绕“党风廉政宣传月”、“三严三实”等活动的开展，把贯彻落实党建工作与银行的实际工作紧密结合，切实加强党的思想、组织、作风建设。通过紧密围绕支行经营发展实际开展效能监察，将纪检监察工作有机融入到日常经营管理之中，加大从源头上预防和治理腐败的力度，形成反腐倡廉工作整体合力，促进邮储昌平支行稳健发展。

（养文君）

城乡建设

规 划 管 理

【概　况】 2015年，北京市规划委委员会昌平分局（简称“区规划局”）按照区委、区政府的统一部署，以群众路线活动整改落实和“三严三实”专题教育为主线，以区域人口规模调控和产业转型发展为着力点，深入落实京津冀协同发展，全面做好规划工作。全年共核发各类规划许可167件，总用地规模约148.41万平方米、总建筑规模约262.9万平方米、市政工程9.01万延米；规划验收65项，总验收规模约276.27万平方米。

（王小玲）

单位名称：北京市规划委员会昌平分局
地址：城北街道振兴路29号
电话：（010）69742688
邮编：102200

【北京城市总体规划修改配合工作】 年内，配合北京城市总体规划修改，完成涉及全区的规划修改工作。完善对全区现状基础情况的梳理和评估分析，并向区人大做专题汇报；完成全区各层次规划的新旧京标转换及用地编码标准化工作；完成全区总体规划修改要点和规划实施重点政策的校核工作；完成全区增长边界、生态红线、现状建设用地、存量用地的初步校核工作。

（王小玲）

【乡村规划研究及管理制度探索】 年内，针对全区新农村规划建设遇到的新问题、新矛盾，积极探索制定村庄规划编制及乡村建设项目审批程序；组织开展《昌平区宅基地利用现状及需求情况调查研究》；组织开展西湖村、湖门村、慈悲峪、长峪城、白羊城、望宝川、禾子涧、大岭沟、果庄村庄规划编制工作。

（王小玲　乔捷娟）

【服务重大项目落地】 年内，完成中铝、商飞等未来科技城央企的规划审批手续办理；同时，为完善未来科技城园区城市功能，完成核心区多个上市地块方案审批，并积极开展“城市客厅”国际方案的征集和评选，对项目建筑形态、交通组织优化、景观设计等方面提出优化建议。

（陈诚　韩星）

【昌平新城及中关村科技园昌平园建设】 年内，核发了东区二期0303-04地块（路劲地产）商业办公、东区三期0303-03、08地块（泰康之家）酒店及幼儿园、东区二期0303-16地块（世纪华盛文化娱乐项目）等公共服务设施规划手续，完善新城东区城市功能；完成中科创新园四期、石油化工科学院、知蜂堂、新雷能、依科瑞德、有研亿金等产业项目规划手续，推动园区建设。

（陈诚　韩星）

【天通苑及回龙观地区公服设施梳理】 年内，为进一步提高居住公共服务设施规划建设和管理水平，对天通苑及回龙观地区公共服务设施规划及建设使用情况深入实地开工调查，分类型梳理汇总，总结规划与实施存在的问题，为区政府进一步完善区域公共配套服务设施提供了前置条件。

（陈诚）

【西北部交通路网规划研究工作开展】 年内，结合《昌平西北部京藏高速公路沿线地区交通整合规划》，开展西北部交通路网规划研究工作，推进区域重点道路前期规划手续的办理，并配合北京市规划委员会批复京藏高速公路开口及北辅路拓宽设计方案。

（张燕）

【公交场站规划研究工作开展】 年内，协同区交通局和市规划院，共同开展昌平区地面公交场站专项规划工作。结合昌平区多条轨道线开通，梳理公交场站现状情况，提出公交规划场站用地布局。

（张燕）

【推动存量土地整合发展】 年内，配合全区开展"三个清单"调查摸底工作，系统梳理全区存量土地资源及规划用地情况，进一步摸清可利用存量土地资源，形成"可利用存量资源清单"做到"底数清、情况明、数字准。"提前半年完成全年25项计划入市项目控规及钉桩条件。

（曹煜　刘元）

【加强公服设施建设】 年内，推进区档案馆、南邵社区卫生中心、北七家法庭等公共设施选址。

（曹煜）

【棚户区改造】 年内，积极推进全区棚户区改造项目规划工作。昌平区列入2015年全市棚户区改造和环境整治项目计划册共9个，其中实施计划册2个，前期计划册7个。全力推动三项前期工作：一是完成回龙观"北四村"、城南化庄两项棚改项目控规组织编制及初步审查，推进规划报批工作；二是实地调研，探索南口棚户区改造路径；三是协调推进东小口镇兰各庄村、店上村棚户区改造项目规划进度，指导东小口规划实施方案编制，并积极探索差异化资金平衡方式，优先保障棚改区域回迁住宅、劳动力安置及公服配套设施设置。

（刘元　乔捷娟）

【城乡建设工程规划监督工作】 年内，共对129项建设工程和在建工程进行规划监督，其中规划验线35项，建筑规模约115万平方米；规划验收94项，建筑规模约380万平方米。

（辛欣　王艳君）

【配合违法建设查处工作开展】 年内，全区拆除违法建设611处，309万平方米，为配合全区拆违工作，出具违法建设认定819份，出具告知函143份，另外将20处违法建设移送相关部门处理，确保相关部门、镇（街）对违法建设进行及时管控。配合区查违办分4次对全区范围内57处规划卫片点位进行核查，确认违法建设6处，现已经完成整改1处，市专指挂账督办整改5处。

（辛欣　李天求）

【完善居住区公共服务相关工作机制】 年初，区规划局完成了《昌平区控制性详细规划联审制度》、《昌平区居住项目公共服务设施配置指标联审制度》、《昌平区居住项目公共服务设施及代征用地规划验收与行业监管对接制度》制定工作，经区政府专题会研究同意后正式下发。根据职责要求，对21个控规、11个项目公共服务设施配置指标开展了联合审查工作，对11个项目代征绿化用地、代征道路用地、配套设施移交与监管问题与相关部门进行对接。

（辛欣　王艳君）

【党风廉政建设工作开展】 年内，建立了纪检组定期巡查工作制度、纪检组和各科室纪检员工作例会制度以及科级领导廉政档案、昌平分局督查工作制度、区规划局"三重一大议事"规则等制度，并对现有全局80余项制度进行修订。落实委党组"双约谈"工作制度，共约谈13人次，提出整改意见48条，及时制定《约谈整改督办通知书》，明确整改任务和完成时限。制定了进一步严肃工作纪律的规定，制定印发了《贯彻〈党政机关厉行节约反对浪费条例〉的实施细则》，对党政机关经费管理、公务接待、公务用车、会议活动等做出规范。

（李瑶瑶　赵翰文）

【"三严三实"教育实践活动开展】 年内，

组织党员领导干部深入学习习近平总书记关于党员领导干部践行“三严三实”的新观点新要求，领导班子成员结合规划工作的实际和风险点为全局人员讲党课，党组主要负责同志、班子成员、科室主要负责同志之间深入开展谈心谈话，同时认真梳理意见问题，深入查找不足，提出改进措施。组织专题民主生活会，联系班子和个人实际深入查摆“不严不实”等问题，严肃认真开展批评和自我批评；对查摆出来的问题形成整改清单，抓好整改落实，对不严不实突出问题集中力量开展专项整治。

（魏晓明　赵翰文）

建 设 管 理

【概　况】 2015年，昌平区住房和城乡建设委员会（简称“区住建委”）按照区委、区政府的决策部署，坚持以“抓项目、促开工、保增长、保稳定”为核心的工作重心，全力保障全区建筑业经济运行平稳。年内，房建类建设工程共237项，开复工面积1301.02万平方米；市政类项目53项，全长共计114.36千米；中国移动国际信息港一期等12项重点工程项目完工。办理施工许可56项。工程竣工验收备案手续99项，总合同价款96.25亿元。全年完成各项招投标238项，中标金额95.77亿元。

（郅童童）

单位名称：昌平区住房和城乡建设委员会
地址：城北街道南大街太安胡同5号
电话：（010）80115061
邮编：102200

【工程建设总体建设】 年内，全区房建类建设工程共237项，开复工面积1301.02万平方米、同比减少22.8%。其中，新开工程90项、建筑面积393.04万平方米；复工工程83项、建筑面积597.11万平方米，占开复工面积的56.7%；竣工工程64项、建筑面积310.87万平方米。市政类项目53项，全长共计114.36千米。全区建筑及房地产业共完成固定资产支撑项目投资198.1亿元、同比下降31.6%。

（张福芝　郅童童）

【重点工程建设情况】 年内，全区重点工程共计45项，计划投资135.7亿元。已开工39项，开工率为86.7%，完成投资134.8亿元。中国移动国际信息港一期工程完工；中国电信北京信息科技创新园项目已基本完工；北京邮电大学学生公寓、食堂及活动中心综合楼、教学实验综合楼已完工；中央财经大学图书馆内装施工，学生宿舍基础施工；中海油能源技术开发研究院建设项目1–4、1–8号楼幕墙施工完成，开始室内精装施工,6号楼结构封顶；迈瑞北京研究院工程项目主体工程施工；中科创新园二期二次结构施工；中船重工北京昌平船舶科技产业园主体完工，正在装修和市政施工；长城精品奥特莱斯项目已完工；昌平大型旅游商业文化综合体（乐多港假日广场）商业工程收尾，酒店、游乐完成90%；沙河镇C–X06 ~ X07、C–X10地块二类居住、公建混合住宅、托幼用地项目（配建人才公共租赁住房）结构封顶；回南北路京藏高速东辅路至育知东路段现已通车。

（张福芝　郅童童）

【建设安全工程监督】 年内，以实施安全生产“标准化施工”为目标，提高监管与服务的工作质量，逐步构筑保证全区建设工程安全监管的长效机制，全年累计出动安全检查5550人次，检查工地4234次，下达《责令立即整改通知单》3244份，《停工整改通知单》60份，简易处罚114起，罚金11.4万元，累计扣分133分；立案处罚2起，罚金3万元。通过建筑领域联合专项执法检查，全年发送各类预警信息3万余条，开展防汛应急演练54次，消防应急演练71次，应急救援演练18次。以开展安全生产演讲比赛、安全生产知识竞赛、安全月文化宣传活动和优秀样板工地观摩活动，扎实开展“安全生产月”系列活动。在汛期雨季对深基坑、大型起重设备、高大支模、临时用电等危险性较大分部分项工程安全隐患的排查，确保汛期安全生产形势稳定。

（吴东 郅童童）

【建设工程质量监督】 年内，全年监督在施工程258大项，建筑面积1407.21万平方米，其中新增监督注册房建工程75项，建筑面积279.68万平方米，同比减少44.77%；竣工验收工程96项，建筑面积350.67万平方米，同比减少40.95%。全年监管老旧小区综合整治工程8个标段，167个单体，工程规模77.98万平方米。出动质量监督执法人员1573人，检查工地982次。日常监督检查中违规工程执法处罚5起，罚款金额90446.85元，下达《责令改正通知书》41起，共计91份。接质量投诉279起，处理265起，处理率96.36%。根据市住房城乡建设委关于质量专项治理两年行动相关规定，及《昌平区工程质量专项治理两年行动方案》要求，积极落实建筑工程质量五方主体责任制度，在日常监督工作中做好监督注册阶段《授权书》、《承诺书》及备案文件的审核工作，严格执行工程质量终身责任承诺制度及永久性标识制度。同时全面开展“质量月”系列活动，通过钢筋工程施工质量专项治理、住宅产业化的工程施工标准化及老旧小区综合整治工程观摩等活动形式，确保“质量月”活动及工程质量专项治理两年行动取得实效。

（孟凡军 郅童童）

【保障纪念活动期间施工现场平稳有序】 年内，在中国人民抗战胜利70周年纪念活动期间，全区成立施工现场扬尘管理保障工作领导小组，督促土石方、建筑拆除及混凝土结构施工工程施工单位做好停工的准备工作和施工扬尘治理工作。加强轨道交通工程、暗挖工程、基坑工程及周边环境的监测和巡视工作，确保建设工程及周边环境的安全。开展纪念活动期间专项执法检查，累计出动执法人员1899人，共检查工地1150次，发现并消除各类安全隐患3544条，下达《责令立即整改通知单》1087份，《停工整改通知单》17份，简易处罚57起，罚金5.7万元；立案处罚2起，罚金3万元。

（吴东 郅童童）

【住建系统安全生产绿色施工】 年内，组织召开《昌平区住建系统安全生产绿色施工部署会》。对住建系统2015年安全质量及绿色施工工作进行部署，并与各在监项目签订《昌平区建筑施工企业安全生产责任书》和《昌平区建设工程施工现场绿色施工扬尘治理责任书》，下发《2015年昌平区建筑施工现场安全生产和绿色施工管理工作要点》。按照市住房城乡建设委文件要求，督促参建各方抓好五方主体自查复工工作。同时，通过落实施工现场扬尘治理专项工作方案、短信预警平台向全区在监工程发送预警短信、加大巡查检查力度、利用视频监控系统监控各在监工地的动土情况，提高应急能力，积极响应空气重污染预警指令。

（吴东 郅童童）

【建设工程招投标备案】 年内，完成各项招投标238项，中标金额95.77亿元。其中建设工程施工类招投标备案130项，建筑面积271.92万平方米，中标金额85.71亿元；工程监理招投标备案75项，面积297.75万平方米，中标金额1.99亿元；市政工程施工总承包招投标备案33项，规模13.88千米，中标金额8.07亿元。全年共缴招投标交易服务费1475万元，代征合同印花税587万元。组织现场监督抽取评标专家1636人，安排开标322场，评标318场，开、评标共计640场。受理4717家企业参加有关项目的投标报名工作，并对128家企业在投标前进行有无犯罪情况查询，净化招投标市场环境，避免部分“问题企业”参与建筑市场招投标的行为。年内，完成保障性住房招投标6项，总面积59.48万平方米，中标金额19.39亿元。通过创新完善“摇号选取投标人方法”，提高老旧小区招投标效率，避免资格审查环节投诉案件发生，共计完成8个标段老旧小区综合整治工程招投标工作，招投标面积75.90万平方米，中标金额7.12亿元，获得市交易中心高度赞扬。

（郭亚超 郅童童）

【施工许可管理】 年内，办理施工许可56项，同比减少19.1%。其中房建类47项，建筑规模212.9万平方米，合同价款为72.8亿元；市政类6项，长度59.3千米，合同价款3.2亿元；装饰装修类3项，建筑规模0.83万平方米，合同价款0.18亿元。补办施工许可手续（发函）9项，房建类4项，建筑面积69545.02平方米；市政类5项，长度74.5千米。对未取得施工许可证擅自施工的责令停止施工、限期改正并处罚违法开工项目4项，涉及建筑面积20万平方米。

（张福芝　郅童童）

【建设工程竣工验收备案】　年内，办理工程竣工验收备案手续99项，总合同价款96.25亿元。其中房屋建筑工程97项，建筑面积385.78万平方米；装饰装修工程2项，建筑面积1.87万平方米。在《北京市房屋建筑和市政基础设施竣工验收管理办法》（京建法【2015】2号）施行后，结合市住房城乡建设委《北京市住房城乡建设系统审批任务操作手册》及区住建委《关于加强驻区综合行政服务中心项目建设厅行政审批管理的工作意见》，对竣工验收备案工作程序作出相应调整，形成新的昌平区建设工程竣工验收备案告知单、昌平区建设工程竣工验收备案注意事项，使备案流程标准化、程序化，保证审批过程公开化、透明化。

（周德荣　郅童童）

【建筑起重机械管理情况】　年内，按照市、区两级建筑起重机械管理各项规定，办理起重机械登记编号备案293项（包括外地起重机械设备进京备案4项），同比增长25.4%；起重机械使用登记备案318项，同比减少29.1%；起重机械登记编号注销55项，同比减少32.1%。附着式升降脚手架使用登记备案5项，同比减少72.2%。通过对起重机械备案事项初审环节备案资料一次合格通过审核率极低，查找原因主要是①申报材料设备销售合同与设备类型不符；②设备制造企业名称与特种设备制造许可证不符；③建筑起重机械租赁合同时间与施工现场起重机械验收核查表及检验报告时间不符；④建筑起重机械租赁合同中产权单位与实际不符等问题，通过提供申报材料清单和相关规定材料等，提高备案效率，把业务办理时限由5个缩短至2个工作日，加快起重机械办理流程，实现起重机械业务一站式服务的工作目标。按照北京市住房城乡建设委《关于开展2015年度区县住房城乡建设部门行政审批案卷评查的通知》（京建发【2015】153号），对非行政审批事项进行自查，完成自查建筑起重机械登记备案58件；建筑起重机械使用登记318项；附着式升降脚手架使用登记5项。

（周德荣　郅童童）

【预拌混凝土绿色生产达标及专项检查】　年内，北京市地方标准《预拌混凝土绿色生产管理规程》（DB11/642-2014）发布实施，对全区22家具备混凝土生产资质的搅拌站，召开混凝土搅拌站绿色生产升级改造工作会，并进行“预拌混凝土绿色生产管理规程”执行情况专项检查，其中，3家搅拌站优秀，11家搅拌站良好，3家搅拌站合格，5家搅拌站处于停产阶段。下半年，对全区11家混凝土搅拌站进行原材料使用管理专项检查，检查结果良好，未发现相关违法问题，对存在砂石料使用手续不规范现象，作出限期整改要求。开展散装预拌砂浆、建材管理、建筑节能工程质量与新型墙体材料使用情况、老旧小区综合整治工程专项检查。针对专项检查存在的问题，下发责令改整通知书3份，要求企业限期整改。

（赵岩　郅童童）

【建筑节能与建材管理】　年内，累计收缴新型墙体材料专项基金1945.67万元，同比下降57.96%，返退3615.01万元（去年同期无）；收缴散装水泥专项资金125.23万元，同比下降58.64%；完成节能设计备案103项，建筑面积107.46万平方米，同比下降54.79%；节能专项验收备案86项，建筑面积369.29万平方米，同比增长32.32%。完成对采集488栋公共建筑电耗限额管理信息再核实；抽取居住样本163栋（9883户），其中低层15栋，多层136栋，中高层12栋，完成居住用户电表号采集工作；落实北京市居住建筑节能设计标准，累计166万平方米新建建筑达到绿色一星建筑标准。根据京建法[2012]3

号文件精神，推广使用太阳能热水系统，实现新建建筑太阳能热水应用建筑面积78.6万平方米；实施危房改造的37户完成信息录入工作。完成五个重点小城镇申报工作，并对其基础设施建设项目审定金额合计589.9万元。

（赵岩 郅童童）

房地产开发与建筑业

房地产开发

【概 况】 2015年是北京市“十二五”时期住房保障规划的收官之年，昌平区住房和城乡建设委员会（简称“区住建委”）按照“三级审核、两级公示”保障房资格审核程序，全区累计备案家庭11603户。累计公开摇号配售10次，经适房、限价房解困率均已达到100%。全区房地产开发累计开复工项目46个，总建筑面积868.45万平方米，完成投资129.06亿元。

（郅童童）

单位名称：昌平区住房和城乡建设委员会
地址：城北街道南大街太安胡同5号
电话：（010）80115061
邮编：102200

【保障性住房配售及任务完成情况】 年内，全区保障性住房建设任务为建设筹集保障性住房17455套（户），全年落实各类保障性住房项目约2.3万套（户），完成建设任务的131%。其中自住型商品房约0.7万套；公租房约0.2万套；完成市级统筹保障性住房（经适房和限价房）约0.7万套；定向安置房约0.4万套；其他保障房约0.3万套（户）；全区保障性住房竣工任务为基本建成保障性住房3917套（户）。全年竣工交用各类保障性住房项目6个，共计7320套，均办理完成四方验收及竣工备案手续。按照“三级审核、两级公示”保障房资格审核程序，全区累计备案家庭11603户。其中限价房9942户，经适房359户，廉租房129户，保障性住房1173户。累计公开摇号配售10次，经适房、限价房解困率均已达到100%。指导昌平保障房建设投资管理有限公司开展区保障性住房收购工作。政府拨付专项资金3.87亿元，其中完成北七家宁科项目的收购合同签署，涉及公租房391套，建筑面积2万平方米，总投资额约1亿元；完成南邵中铁建项目的收购合同签署，涉及公租房700套，建筑面积3.5万平方米，总投资1.4亿元。霍营、中关村科技园昌平园东区二期0303–04地块住宅混合公建用地等5个回迁安置房项目基本建成，可实现1.2万名群众回迁上楼。

（王丹峰 郅童童）

【保障性住房监督管理情况】 年内，为向保障对象和服务对象提供优质高效服务，编制《廉租住房租房补贴协议签订及备案流程》、《廉租住房租房补贴发放流程》、《办理已购经济适用住房上市出售意见流程》等工作流程，全年受理18户《已购经济适用住房上市出售意见》申请；受理3户《昌平区廉租住房租房补贴协议签订及备案》，整理备案档案120份。全年累计发放廉租住房租房补贴31.34万元，发放公共租赁住房租金补贴资金74.11万元（6–12月）；通过每月租金补贴发放前的房产筛查，及时发现房产超标行为1户，确保财政资金发放无误。根据溪城家园和保利芳园公租房项目选房情况，完成2015年结算和2016年请款等相关工作，为342户廉租房、公租房家庭办理入住溪城家园廉（公）租房项目手续，10月16日印发实施《昌平区人才公共租赁住房管理暂行办法》。

（费玉新 郅童童）

【棚户区改造工作完成情况】 年内，根据北京市政府《关于加快棚户区改造和环境整治工作的实施意见》（京政发〔2014〕18号）文件精神，制定昌平区《关于加快棚户区改造和环境整治工作的实施意见》并于5月19日在全区范围内印发实施。年内，完成回龙观“北四村”①、南口镇镇中心区、东小口镇兰各庄村店上村（组团）项目实施主体授权工作。回龙观镇“北四村”、东小口镇兰各庄村店上村（组团）等5个项目②列入2016年实施计划；南口镇镇中心区、北七家镇八仙庄和曹碾村等10个项目③列入2016年储备计划。全年召开各级棚改协调会30余次，向有关镇（街）及实施主体宣贯棚改政策2次，8月14日开始形成棚改信息汇总周报16期，撰写工作简报3期，随时掌握我区棚改工作动向。

注：① 史各庄、东半壁店、西半壁店、定福皇庄

② 5个实施项目为回龙观镇中关村生命科学园三期及“北四村”、兰各庄村和店上村（组团）、城南街道化庄社区、首农集团、北郊农场、北车南口工厂棚户区改造和环境整治项目。

③ 10个储备计划项目为南口镇镇中心区、阳坊镇镇中心区、北七家镇八仙庄村和曹碾村、城北街道老城区、城南街道邓庄村、城南街道旧县村、城南街道北郝庄村、城南街道南郝庄村、城南街道水屯村、沙河镇西沙屯村和满井西村棚户区改造和环境整治项目。

（费玉新 郅童童）

【房地产市场管理情况】 年内，全区共有房地产开发企业225家，其中一级企业4家，二级企业10家，三级企业10家，四级企业139家，暂定资质企业62家。房地产开发累计开复工项目46个，总建筑面积868.45万平方米，其中新开工180.46万平方米，复工687.99万平方米，同比减少33.5%。其中本区注册企业开发建设项目37个，累计开复工面积737.25万平方米，包括：新开工165.58万平方米，复工571.67万平方米；外区注册企业开发建设项目9个，累计开复工面积131.2万平方米，包括：新开工14.88万平方米，复工116.32万平方米。房地产开发项目累计完成投资129.06亿元，同比减少24.8%，其中本区企业项目累计完成投资106.46亿元，占全区房地产项目完成投资的82.49%，外区企业项目累计完成投资22.6亿元，占全区房地产项目完成投资的17.51%。

（李恒罡 郅童童）

【房地产开发企业资质审批】 年内，按照“规范审核程序、严格审核时限、确保审核质量”目标要求，通过实行三个“双把关”①，实行开发企业“经办人、法人”双约谈、“注册地、项目现场”双核查，严把新企业资质准入关和老企业资质延续关。召开资质办公会12次，审批企业资质148件，其中新备案11件，资质等级升级7件，降级1件，重新核定73件，暂定延续22件，变更34件。根据住建部《修改<房地产开发企业资质管理规定>等部门规章的决定》通知，修正完善《房地产开发企业资质等级核定事项告知卡》，方便企业查看并提高回复企业咨询和企业准备材料的效率及水平。运用区房地产开发企业微信交流平台，下发通知和督促指导，避免出现资质过期、超期开发的违规行为。全年上报北京市住房城乡建设委申请注销已过期房地产开发企业19家，对超期办理房地产开发企业资质法人变更6家企业按照相关规定进行罚款处理。根据《关于印发<北京市房地产开发企业资质抽查工作方案>的通知》（京建开〔2008〕743号），制定《2015年度昌平区房地产开发企业资质抽查工作方案》，通过不定期抽查，推动房地产开发管理由入门式审批向全过程监管转变。年内受理、解决信访案件176件

注：① 窗口、科室双把关，书面、网上双把关，审查人、负责人双把关

（李恒罡 郅童童）

【项目建设方案实施落实情况】 年内，根据《北京市新建商品住宅小区住宅与市政公用基础设施、公共服务设施同步交付使用管理暂行办法》京建法[2007]99号文件要求，实行建设方案联审制度，确保建设方案编制项目、配套服务设施、市政基础设施建设内容、时序合理合规。全年备案通过并在市住房城乡建设委网站公示商品房住宅小区建设方案6件。与新取得规划方案复函的商品住宅项目开发企业及时签订《北京市居住配套教育设施建设协议书》，保障全区新建住宅小区住宅部分与市政基础设施、公共

配套服务设施同步建设、同步交付。全年签署协议书1件。完善项目台账，强化日常监督检查。启用“新建商品住宅小区建设方案管理信息系统”，按照“50、80”标准①，全年到项目现场检查90余次。

注：①教育、医疗卫生、社区管理服务等公共服务设施，应当在住宅总规模完成50%之前同步建设、同步交付使用；其他公共服务设施应当在住宅总规模完成80%之前同步建设、同步交付使用。

（李恒罡　郅童童）

【动态监管平台服务开发项目】　年内，加大动态监管平台项目信息监测力度，通过审核项目信息与证件关联完备工作实现对开发项目全程监控。不断加强市、区两级建设部门沟通力度，及时反馈监测过程中各种问题，做好企业服务和监管工作。全年在动态监管平台中发送关联数据标签24个，房地产开发项目手册信息系统项目区县初审备案16件。

（李恒罡　郅童童）

建　筑　业

【概　况】　2015年1月1日开始实行新资质标准，通过对企业资质变更和人员注册管理、新资质标准及相关细则宣贯、企业咨询进行政策答疑、资质就位的换证资料进行审查、新申请企业上报资料进行审查等措施，10月新资质标准正式开通，共审查换证资料202套；审批新设立企业10家。

（郅童童）

单位名称：昌平区住房和城乡建设委员会
地址：城北街道南大街太安胡同5号
电话：（010）80115061
邮编：102200

【建筑市场管理】　年内，全区建筑纳税企业2275家，其中区属企业193家。建筑业共纳税7.28亿元，同比下降7.84%。其中区属建筑业纳税3.62亿元，同比增加8.45%；非区属建筑业企业纳税3.66亿元，同比下降19.74%。年内，以治理整顿建筑市场为中心，规范企业资格及市场行为为重点，规范行业准入，加强行业监管，强化行业服务，通过召开管理工作研讨会、制订针对外埠进京专业企业和劳务企业驻京负责人备案制度和不守信用企业、民工的黑名单制度；充实检查人员和车辆；开展业务培训和考核；建筑市场综合执法。落实各项检查工作，有效遏制和减少违法发包、转包、违法分包、资质挂靠等行为。组织开展三期“劳务管理专项检查暨劳务费结算支付隐患排查”工作。通过对所有在施工地逐一进行排查，确保“9.3”阅兵期间安全稳定。根据老旧小区改造项目工期短、作业面散、容易出现因不签合同和使用零工而引发群体上访讨薪的实际情况，累计检查工地约6550个，先后对涉及存在违法违规行为的32家企业及负责人进行记分处理。收到纠纷调处通知46份（劳资纠纷46起），涉及民工400余人，金额780余万元。接待上访、举报97起。

（陈式涛　郅童童）

【建筑业企业资质及人员资格管理】　年内，通过对企业资质变更和人员注册管理、新资质标准及相关细则宣贯、企业咨询进行政策答疑、资质就位的换证资料进行审查、新申请企业上报资料进行审查等措施，全年共变更企业222家，完成二级建造师审批业务1471项，解答企业咨询3800余次。1月1日开始实行新资质标准，10月新资质标准正式开通，共审查换证资料202套；审批新设立企业10家。

（陈式涛　郅童童）

昌平房地产开发有限责任公司

【概　况】　北京市昌平房地产开发有限责任公司（以下简称昌房公司）是建设部核准，区政府所属的二级开发企业。公司注册资金

134072万元，总资产约105.5亿元，经营范围是房地产一、二级开发与商品房销售。目前，承担着沙河镇巩华城区及北区土地一级开发项目、七里渠土地城乡一体化改造项目、阿苏卫项目搬迁和东沙屯村一级开发项目的搬迁（拆迁）及回迁安置、南口棚户区改造等工作。

公司下属企业北京长安建筑工程有限公司、北京建通市政工程有限公司、北京特艺建筑装饰装修有限公司、北京立昌物业管理服务中心、北京昌房幼儿园及控股企业北京路鹏达市政工程有限责任公司，共有八个资质等级证书：国家房屋建筑工程施工总承包二级、土石方工程专业承包三级、起重设备安装工程专业承包三级、市政公用工程施工总承包一级，钢结构工程专业承包三级，建筑防水工程专业承包三级，体育场地设施工程专业承包三级，公路交通工程专业承包交通安全设施分项不分等级。这些施工承包资质为昌房公司的长远发展提供了必要条件。

全年昌房公司实现收入7.10亿元，完成纳税额3974万元。

（田珊珊）

单位名称：北京市昌平房地产开发有限责任公司
地址：城北街道东环路99号
电话：（010）69746898
邮编：102200

【第五届会员代表大会召开】 10月，昌房公司工会召开第五届会员代表大会。会议选举产生了昌房公司工会第五届委员会、经费审查委员会以及出席昌平区工会第四次代表大会代表，协商产生了第五届女工委员会。

（田珊珊）

【沙河镇巩华城区及北区土地一级开发项目】 2014年底至2015年初，沙河镇巩华城区及北区土地一级开发项目取得了阶段性胜利，巩华城四个村2485户（11000余名）群众平稳有序的完成了回迁入住，同时积极做好入住后期的的设备设施的维护保障工作，确保百姓住得安心。

（田珊珊）

【沙河镇七里渠土地城乡一体化改造项目】 截至年底，七里渠项目宅基地累计签约822宗；红线范围内非住宅累计签约51家；买卖集体土地腾退房屋户累计签约4家；C地块签约企业1家；七里渠南、北村公产及村集体设施已全部签约拆除。七里渠安置房已全部完成，正在进行红线内市政基础设施建设的收尾工作。

（田珊珊）

【阿苏卫项目搬迁和东沙屯村一级开发项目】 年内，根据区委、区政府关于昌房公司承担阿苏卫项目的指示，昌房公司认真落实了三方面工作：一是安置房建设有序推进，阿苏卫项目安置房百善部分已经完成，小汤山部分已完成室内外装修，市政基础设施建设全面铺开；二是牛房圈、二德庄两个村自主腾退工作已经完成100%签约，百善、东沙屯两个村清登工作已经启动，阿苏卫村正在制定入户方案；三是在各相关部门的支持下，各项手续办理进展顺利。

（田珊珊）

【南口棚户区改造项目】 年内，根据区政府授权，在区住建委的支持和指导下，成立了南口项目部，与南口镇积极对接，在规划分局的大力支持下，正在加快推进规划方案的制定，并初步制定了南口项目工作方案，为项目后续工作的开展做好准备。

（田珊珊）

【年度总结会召开】 年内，昌房公司召开2015年度总结暨2016年度工作部署会。大会总结了2015度工作并部署了2016年主要任务，对年内各项重点工作提出了具体要求。

（田珊珊）

北京铭嘉房地产开发有限公司

【概　况】 北京铭嘉房地产开发有限公司（简称“铭嘉公司”），承担着昌平新城东区开发建设及老城核心区升级改造的任务，主要负责市政工程建设、征地拆迁、回迁安置及土地上市等相关工作。新城东区作为昌平新城的重要组团，位于老城区东侧，与老城区一水相隔，西起东沙河，东至九里山、孟祖河一带，南起京密引水渠，北至通辽铁路，占地11.445平方公里，规划范围内涉及南邵镇12个行政村，总人口13174人、4435户。按照新城东区控制性详细规划，未来新城东区的规划总建筑面积1061.2万平方米，规划居住人口规模约15万人。

（刘晓宇）

单位名称：北京铭嘉房地产开发有限公司

地址：南邵镇四合庄村东

电话：（010）60730161

邮编：102200

【总投资额】 年内，昌平新城东区开发建设已累计投资65.38亿元，全年累计投资1.87亿元，其中市政道路建设投资0.27亿元，土地开发投资1.6亿元。

（刘晓宇）

【招商工作】 年内，与招商局地产北京公司就文化创意产业园项目启动区六期土地拿地方式与上市挂牌条件内容确定等一系列工作进行了反复沟通调整。与苏宁集团就苏宁广场、苏宁生活广场项目进行了初步沟通，根据项目方需求推荐拟选址地。此外，与清控人居集团进行了多次对接，人居示范新城项目选址已基本确定，双方就拿地方式、规划调整、拆迁进度等问题已多次深入研究探讨。

（刘晓宇）

【土地开发工作】 年内，六期（东）土地已通过成本预审会和地价会，已具备上市条件。七、九期土地取得授权和立项批复。市政道路取得5条支路施工图审查意见、昌怀北路排水建设工程规划许可证。初步完成了南邵镇镇域规划实施方案编制等规划工作。

（刘晓宇）

【市政道路建设工作】 年内，何营东路已完成总工程量的50%；南环南路已完成97%；昌怀北路、南丰东路分别已完成65%；四合庄北路及何营村小街已完成市政道路工程。南丰东路等四台道路箱变工程已完成基础施工。

（刘晓宇）

【回迁楼建设工作】 年内，南环路回迁小区完成已建6栋回迁楼的入住工作。另外，对小区规划方案进行了调整，对已建成的回迁楼制定了外立面改造方案，实现保留建筑与新建建筑形象的协调统一。何营路回迁小区A地块建设工作进展顺利，1–8号住宅楼主体结构已封顶，正在进行装饰装修及外立面工程，外网工程已进入招投标阶段。

（刘晓宇）

【拆违控违及拆迁工作】 年内，拆违控违及拆迁工作稳步推进。配合南邵镇政府下发违章通知书53份，强制拆除违章建设16户，强制拆除面积约6690平方米，墙约20延米，同时拔除抢栽抢种树木约100棵。与南邵镇政府、兴昌公司的拆迁协调指挥机制进一步得到完善，每周坚持例会制度，5月中旬已初步拟定出遗留户拆迁的进度表并落实到人。同时继续做好二期土地张营村拆迁工作，对三期土地内小北哨村的集体果园整体拆迁问题进行了评估动迁工作。

（刘晓宇）

【棚户区改造工作】 年内，与城北街道办事处成立了联合工作组，对老城区改造范围的地上物、人口、土地权属等方面进行了摸底，已完成正式棚户区改造方案成果。

（刘晓宇）

房 屋 管 理

【概 况】 2015年，完成拆迁41.7万平方米，其中住宅118户、建筑面积23.1万平方米，非住宅70处、建筑面积18.6万平方米；完成并正式施行《关于加强昌平区征收拆迁中介服务机构监督管理的意见》，配合各镇政府和相关单位、企业制定《宅基地房屋搬迁补偿方案》、《宅基地房屋搬迁安置房购买方案》、《拆迁实施方案》、《宅基地自主腾退拆除实施方案》、《非住宅房屋自主腾退拆除实施方案》。全年办理预售许可初审21件，投入市场房屋7959套。受理各类行政审批业务2969件。投资400万元承办直管公房为民办实事项目：平房翻建完成137间，2343.46平方米；楼平房重做防水完成44栋，13554平方米。年内，机关事业试点单位住房补贴发放工作完成对1027人基本信息审核，初审合格244人，录入系统141人，确认完成81人，公示合格63人。全区实施物业管理项目374个、4799万平方米；召开“物业管理事项职能延伸工作部署会”，研讨职能下放、服务前移、属地监管等相关问题。

（郅童童）

单位名称：昌平区住房和城乡建设委员会
地址：城北街道南大街太安胡同5号
电话：（010）80115061
邮编：102200

【拆迁工作推进情况】　年内，共有在拆项目27个，拆迁许可总建筑面积共计803.2万平方米，拆迁住宅户数9574户。全年完成在拆项目拆迁23.1万平方米，住宅户数118户。累计完成拆迁建筑面积686.9万平方米，住宅户数8538户。未拆迁建筑面积116.3万平方米，住宅1036户。年内，完成并正式施行《关于加强昌平区征收拆迁中介服务机构监督管理的意见》，受理拆迁招标备案项目6个（东小口镇政府1件，振邦承基公司2件，昌房公司2件，城建嘉业公司1件），待结案项目11个，涉及拆迁许可证面积344.3万平方米，拆迁住宅户数2505户。分别是京密北路项目、新城东区二期土地（张营村）一级开发项目、沙河镇七里渠（南北）土地一级开发（城乡一体化旧村改造）A、B地块项目、北京新干线住宅小区项目、北七家镇沟自头土地一级开发项目、中关村科技园昌平园东区四期联合储备开发项目、中关村科技园区昌平园三期产业基地土地一级开发项目、北京信息科技大学新校区项目、北七家镇平坊村土地一级开发项目和北七家镇歇甲庄村项目土地一级开发（二期），除沙河镇七里渠（南北）土地一级开发（城乡一体化旧村改造）A、B地块项目需再次启动拆迁工作，其他项目均已完成拆迁或行政管理工作，待项目单位提交相关结案材料后，正式办理结案手续。

（吕红松　郅童童）

【拆迁引发问题处理情况】　年内，在拆迁纠纷处理过程中，坚持“以调为主、调裁结合”的原则，化解拆迁矛盾，审慎裁决。全年进行预裁决谈话47户，其中约谈促成签约12户，专家鉴定29户，东小口镇6户正在准备鉴定工作。收到行政裁决申请35户，其中拆迁人申请29户，被拆迁人申请6户，29户通过立案，调解达成协议15户，准备进行调解谈话6户，作出裁决5户。发生行政复议16起，行政诉讼40起，其中一审32起，二审8起。胜诉33起，败诉7起。回复涉及拆迁问题信访37件。受理拆迁信息公开30件，均按照《信息公开条例》的有关规定向申请人完成信息公开工作。

（吕红松　郅童童）

【拆迁资金监管及重点工作情况】　年内，全区拆迁监管资金项目10个，涉及资金11.6亿元，包括2个拆迁项目新开设资金监管账户监管资金共计8.1亿元，其中监管资金约7.1亿元，新划入资金0.23亿元，上年结转资金0.77亿元。审核资金1100笔。按时完成全区环评公参工作；落实“折子工程”，全面梳理各拆迁项目滞留情况，起草《关于在棚户区改造和环境整治过程中实施自主腾退工作的参考规程（讨论稿）》，通过司法性审查，待正式施行；配合各镇政府和相关单位、企业制定《宅基地房屋搬迁补偿方案》、《宅基地房屋搬迁安置房购买方案》、《拆迁实施方案》、《宅基地自主腾退拆除实施方案》、《非住宅房屋自主腾退拆除实施方案》，对北七家镇平坊村土地一级开发自主腾退试点项目，涉及住宅131户，完成签约125户，非住宅完成拆迁1.8万平方米；根据《关于开展2015年度区县住房城乡建设部门行政审批案卷评查的通知》（京建发[2015]153号），开展行政审批案卷自查28卷（含已结案项目一卷），全部完成自查工作。

（吕红松　郅童童）

【房地产预售市场监管工作】　年内，办理预售许可初审21件，投入市场房屋7959套。通过开展预售监管资金专项执法检查，全年约谈开发企业8家，暂停网签项目6个，完成整改项目7个；严格审核开发项目申请使用应急用款，对北京怡园、天元广建两个开发项目的4个预售资金监管帐户进行了应急用款的审核工作。加强预售审批事前告知及事后监管，发放一次性告之单21份，指导19个开发企业做好开盘工作，开展售楼场所专项执法检查售楼场所14个。全年受理投诉609件，同比减少6%，其中房地产经纪行业纠纷投诉330件，商品房销售投诉279件，所有投诉均已按期办结；接待人数超过30人的群访事件6起，针对反映的延期交房、“捆绑销售”等问题，对存在违规问题的开发企业作出相应处理，保障房地产市场秩序的稳定。全年共办理预售许可延期29件，同比增加26%；退房314件，同比增加27%。年内，切实做好“三个清单”①涉及昌平区可利用存量房资源调查摸底工作，梳理、填报房地产开发项目72个，分布于东小口、回龙观、北七家等11个镇（街），共计规划建筑面积2162.5万平方米，形成《昌平区可利用存量房源情况分析报告》。

注：①可利用存量资源清单；需疏解退出项目清单；需承接目标对象清单

（刘武刚　郅童童）

【房地产经纪机构管理工作】　年内，全区在册房地产经纪机构、分支机构540家（门店），其中房地产经纪机构177家（门店）、分支机构363家（门店）。全年办理房地产经纪机构、分支机构备案299件。其中房地产经纪机构初始备案19件、变更（重新）备案45件、注销备案8件；房地产分支机构初始备案49件、变更（重新）备案140件、注销备案38件。全年检查房地产经纪机构及分支机构81家，发现存在问题机构18家，其中对5家问题突出的经纪机构约谈其负责人，责令其限期整改；其余13家均按要求进行现场整改。通过房地产经纪行业专项整治工作全年共约谈经纪机构29家，对存在违规行为的暂停网签3家。在“人口调控工作月”专项治理工作中，共参加各项联合检查30余次，约谈经纪机构10余家，整治群租房46余处，疏解清退外来人口273人。根据《关于完善存量房买卖合同网上签约流程等有关问题的通知》（京建发【2010】169号），全年审核注销网签合同21件，约谈经纪公司负责人5次。完成上年经纪机构备案档案案卷全面自查307件，自查率100%。

（刘武刚　郅童童）

【行政审批业务受理情况】　年内，受理各类行政审批业务2969件。其中建筑工程施工许可证核发56件；商品房预售许可（初审）21件；北京市房屋建筑和市政基础设施工程竣工验收备案93件；民用建筑节能专项验收备案86件；商品住宅小区项目建设方案备案5件；建筑起重机械登记备案304件；建筑起重机械使用登记备案322件；新型墙体材料专项基金与散装水泥专项资金征收52件；二级建造师注册（初审）1124件；建筑业企业资质审批382件；从事物业服务活动的企业（包括三级暂定、三级、二级）资质审查48件；房地产开发企业资质等级核定145件；昌平区房地产经纪及分支机构备案288件；集体土地房屋拆迁许可延期31件。办结各类行政审批业务共2936件。整体办结率为98.9%。11–12月，按照《住房城乡建设部关于建筑业企业资质管理有关问题的通知》（建市〔2015〕154号）要求，受理资质换证申请177份，资质变更179份，制证69套，76家企业领取新证书，接听有关资质换证电话1000余次。全年召开施工许可、预售许可初审会审会签工作会27次，会审施工许可52项、竣工验收备案1项，项目建设方案2项，商品房预售许可（初审）17项。

（解　祺　郅童童）

【行政审批改革工作情况】 年内，为落实行政审批改革方案，推进“阳光审批”，逐步规范行政审批业务，针对区审改办公开的31项行审批事项，梳理24个审批服务事项受办环节的工作内容和工作时限，梳理网上审批系统权限、账号使用人和责任人，更改账户权限，收回相应钥匙盘。对各事项受理环节、网上操作进行整理，明确五层受理窗口的工作内容和职责，形成制式、操作性强的业务办理说明，编写业务受理工作手册，编写完成10个事项的受理工作手册。对涉及中介服务8个行政审批事项，制定相应的清理规范方案。对承担的21项非行政许可审批事项，按照“取消是原则，调整是例外，例外必从严”的原则，逐项确定调整意见。行政审批改革工作获得北京市住房城乡建设委肯定，并在市行政审批工作会上向各区县住房城乡建设委做经验介绍。年内，按照市审改办《关于抓紧完成投资项目审批和服务事项标准化梳理工作的通知》要求，对涉及的19个投资项目审批和服务事项目录和事项信息按照八个一致的原则①进行修改和确认。

注：① 事项名称一致、市区权限划分一致、办理时限一致、申报材料一致、受理标准一致、审查标准一致、审批流程一致、审批结果名称一致

（解　祺　郅童童）

【房屋所有权初始登记和现房销售确认】 年内，按照《北京市房屋登记规范》的要求，即“申请登记的房屋在建设规划许可范围内，且符合规划许可批准的用途、栋数、层数的应予以登记”，使房屋所有权初始登记做到合法、合规、合理。共办理现房销售确认5657套，面积72.63万平方米。1–7月①完成房屋所有权初始登记163件，面积118.31万平方米，办理集体土地房屋登记发证2件，面积15396.84平方米。抽查各类房屋登记档案1819件，其中抽查所有权初始登记161件，转移登记698件，变更登记12件，注销登记213件，抵押登记692件，其他登记43件。整理登记档案1335件，整理文书档案995件。对85个现房销售项目履行价格审批程序，涉及住宅3171套，商业37套，办公298套，车位1633个，库房607套，其他9套。

注：①8月开始，根据北京市国土资源局、北京市住房和城乡建设委员会及北京市机构编制委员会办公室《关于做好房屋交易与不动产工作衔接有关问题的通知》（京国土籍【2015】295号）文件要求，按照市住房城乡建设委与市国土局有关房屋登记工作的相关部署，房屋登记业务转由不动产登记事务中心办理。

（付　丽　郅童童）

【落实私房政策工作情况】 年内，累计办理落实私房问题20件：其中要求补留自留房货币补贴12件（1件已报市住房城乡建设委落私办进行初审），返还经租房房产土地1件，撤销经租房房产2件，回复查询落私房产档案5件。6件已获市住房城乡建设委批准，并且5件经租房产权人或继承人领取了补贴款，共计人民币129万元。为认真落实市住建委《关于加强落实私房政策档案工作管理的通知》（京建发【2014】386号）文件精神，与北京威远图易数字科技有限公司和市落私办、市住房城乡建设委信息中心签订《档案整理数字化保密协议》，完成经租房档案扫描工作138卷，征收产档案66卷。

（付　丽　郅童童）

【承接房产实测绘成果审核工作】 年内，按照市住建委《关于下放房产实测绘成果审核工作有关问题的通知》（京建发【2015】348号）第一条“原由市住房城乡建设委承担的房产实测绘成果审核工作中，除在京中央单位、驻京部队、保密单位房屋及其他由市不动产登记部门发证的房屋仍由市住房城乡建设委办理之外，其他房屋的实测绘成果审核工作，按照属地管理原则，由区县房管部门承担”和第八条“本通知自2016年1月1日起实施”的文件要求，为保证测绘成果审核工作顺利展开，积极开展前期准备工作，配备电脑、打印机等所需设备，根据建设部《房产测绘管理办法》（国家测绘局令第83号）以及市住建委《关于加强房产

测绘成果备案管理有关问题的通知》（京建发【2011】315号）等文件精神，对工作人员进行测绘方面的业务知识学习，为迎接新的工作夯实基础。

（付　丽　郅童童）

【城镇房屋安全管理工作】 年内，对全区城镇房屋5421.12万平方米进行安全检查，同比增加2.54%，保证汛期房屋住用安全。5月29日组织召开区城镇房屋防汛工作动员会，与20个镇（街）签订区城镇房屋防汛责任书，逐级落实防汛属地责任；在南口柳树14号进行防汛应急演练；在亢山广场现场发放宣传材料800余份，在昌平周刊、昌平电视台等媒体宣传城镇房屋防汛工作，普及群众房屋防汛安全知识，提高公众避险自救能力。保证入汛后城镇房屋安全，实现“不塌房、不死人、安全度汛”目标。全年完成房屋安全鉴定报告74份，同比减少71.76%；面积818839.44平方米，同比减少58.14%。其中公共维修资金使用鉴定41份，建筑面积78.36万平方米；廉租房鉴定7份，建筑面积178.52平方米；平房翻建等其他鉴定26份，建筑面积35093.14平方米。全年审批商品住宅专项维修资金动用维修资金561件，同比减少15%；累计审批动用专项维修资金6511.12万元，同比减少44%；待审6份，涉及天南、天北、回龙观、霍营等10个镇（街）。受理信访投诉269件，同比减少9.73%，其中公维资金使用投诉88件，同比增加12.82%，房屋拆改投诉65件，同比减少59.12%，地下室使用投诉52件，同比增加85.71%，其他房屋安全投诉64件，同比增加113.33%。

（侯庆刚　郅童童）

【直管房屋修缮经营管理】 年内，直管公房综合维修项目共投资400万元，承办直管公房为民办实事项目：平房翻建完成137间，2343.46平方米；楼平房重做防水完成44栋，13554平方米；御路园14～15号楼和静心苑8号楼庭院改造全部完工；沙阳路15号院1号楼防水改造、排水管线翻修、30间平房防水改造全部完工；和平街东里小区单元门楼宇对讲工程更换14套；和平街东里小区楼梯间粉刷改造完成7000平方米；秦城造纸厂暖气管道及庭院改造全部完工。全年办理直管房屋标准价改成本价45户，同比减少43%；成本价改商品房167户，同比增加58%。

（侯庆刚　郅童童）

【普通地下室综合管理】 年内，办理普通地下室备案39处，通过日常检查、通知等方式告知未办理普通地下室备案的产权人、管理人、使用人及时办理地下室备案手续。参与、组织联合执法18次、单独执法56次，检查普通地下室450处，处理投诉55件，开具责令整改通知书376份。召开普通地下室工作会3次，组织约谈产权单位、承包人等18次。为杜绝变动房屋建筑主体、承重结构及抗震构件等设施的行为的发生，消除普通地下室安全隐患，保证普通地下室的安全使用，无重大事故发生。按照《2015年昌平区加强流动人口规模调控和服务管理工作实施方案》（京昌办发〔2015〕5号）要求，经区人口规模调控办审核，拟定《昌平区关于建立普通地下室安全使用管理长效机制的意见》，保证普通地下室的安全使用。

（杨亮　郅童童）

【稽查执法工作】 年内，出动行政执法人员183人次，施工现场检查102人次；中介机构及预售现场执法检查49人次；房地产经纪机构及群租房检查7人次；房管类执法检查8人次；物业公司执法检查10人次；违法建设小产权执法检查7人次。下发各类违法行为《责令（停工）整改通知书》40份；约谈建筑公司法人及项目经理1次。转接信访投诉23件，涉及房屋拆改结构、房屋出租群租、无手续施工等违法违规行为特别是小区内私装地锁及住户装修私拆承重墙和下挖地下室。检查违法出租房4户，拆除违规隔断房10间，清退24人；对15家售楼处进行检查；对7个镇的小产权房进行巡查，均未发现在建在售情况；对龙城花园别墅个人翻建行为进行执法检查，下发责令停工（整改）通知书；对9个无证施工项目及无证施工的投诉举报13件进行现场核实，下发责令停工（整改）通知书。为加强对违法建设的整治，全年出动140多人次，对全区所有镇、街道进行全方位巡查，对发现的38处违法建设下发《责令停工（整改）通知书》40份，有效制止和纠正了违建行为。对重点案件采取联合执法16余次。对有在施项目5家企业出具《合规性证明》。按照属地负责、部门尽职的原则，加强流动人口调控，完成上年所有挂账项目全部销账。

（杨亮　郅童童）

【行政处罚情况】 年内，立案21起，做出行政处罚22起（其中一起为延期缴款），罚款金额725.7万元。其中无证施工11起，罚款金额583.9万元；处罚延期缴款1起，补交罚款54.6万元，滞纳金54.6万元；工程肢解发包2起，罚款金额8.1万元；房地产开发企业处罚7起，罚款金额9.5万元；拆迁资质过期1起，罚款金额15万元。与上年同期立案处罚相比减少14件；与上年同期处罚金额相比，增加处罚金额247.92万元。

（杨亮　郅童童）

【住房补贴工作开展情况】 年内，通过召开机关事业试点单位住房补贴发放工作动员会，制订并印发《昌平区机关事业试点单位退休职工住房补贴发放工作实施细则》，编制《昌平区住房补贴工作政策问答手册》，建立住房补贴试点单位联席会议制度。开发、上线运行住房补贴管理系统（以下简称"系统"），对住房补贴工作数据的采集、填报、汇总及统计工作实现数字化管理。组织召开住房补贴政策、业务培训会，对住房补贴发放实施方案和细则进行宣讲，明确工作程序和规范标准。建立住房补贴月报制度，定期召开工作会，对试点单位工作完成情况进行通报，及时发现和解决工作进程当中遇到的各类问题。深入开展调研，实地了解试点单位受理审核工作开展情况，及时给出意见和指导，确保住房补贴工作有效推进。通过制定《昌平区住房补贴复核员保密责任书》、《昌平区住房补贴复核员行为规范》等6项制度，签订责任书，规范临时人员行为。以试点方式正式启动机关事业单位退休职工住房补贴发放工作。全区机关事业试点单位退休职工（2014年12月31日前退休）1027人通过基本信息审核，提出住房补贴申请退休职工548人（未达标316人、无房232人），占退休人数的53.40%。初审合格244人，录入系统141人，确认完成81人，公示合格63人。

（胡俊文　郅童童）

【机关事业单位物业服务改革工作情况】 年内，会同区人力社保局对区级各行政机关、事业单位退休及在职职工人数，进行推算，根据《关于北京市机关事业单位物业服务改革有关问题的通知》（京建发〔2015〕258号）补贴标准，对昌平区物业服务补贴的月补贴资金及年补贴资金进行测算。会同区人力社保局、区财政局就区机关事业单位物业服务补贴资金测算结果及相关问题多次进行研究，将《关于昌平区机关事业单位物业服务改革有关问题的意见》报区政府审批，召开物业服务改革工作部署会，全年各机关事业单位退休及在职职工物业服务补贴全部发放到位。

（胡俊文　郅童童）

【住房改革工作管理】 年内，完成出售公有住房审批、备案3500.08平方米；公有住房回购备案573.01平方米；售后公有住房住宅专项维修资金审核117.36万元；8家产权单位房改售房、3家单位使用国有住房出售收入审批材料的初审工作。

（胡俊文　郅童童）

【物业服务管理】 年内，全区实施物业管理项目374个、4799万平方米（住宅项目264个、4217万平方米，非住宅项目110个、582万平方米）。在本区办理物业服务资质登记企业168家（一级5家，二级27家，三级134家，三级暂定2家）；外区外埠登记注册、本区经营企业60家。全国物业管理示范项目1个，北京市物业管理示范项目12个（五星级3个，四星级9个）；已组建业主委员会项目44个、1292万平方米。全年，对物业资质管理进行业务指导389次；完成资质业务44件（三级暂定3，三级核定4，变更35，遗失补证1，注销1）；物业服务企业信息维护33件；报送请示10份。为物业服务资质行政审批改革梳理并修订资质管理工作流程，制定修改资质管理9项业务的一次性告知单。物业合同备案进行业务指导420次，完成备案业务87件（新增17件，变更54件，注销12件）。对烟花爆竹燃放安全管理工作进行抽查、收支公示检查、物业矛盾纠纷排查、住宅物业服务标准检查、安全生产检查，全年出动执法人员425人次，监督检查物业服务企业166家，检查项目191个。“人口调控工作月”期间，对全区156个重点村（社区）进行联合执法检查。对项目小区业主大会建设和业主委员会选举工作进行政策指导75次。受理调处物业服务纠纷信访投诉1619件，办结率100%。

（降孟云　郅童童）

【物业管理行业安全生产】 年内，按照安全生产“党政同责、一岗双责”和“管行业必须管安全、管业务必须管安全”要求，下发《关于进一步加强昌平区物业管理安全生产工作的通知》，通过强化监管职责，积极动员部署、加强业务培训，提升专业技能、“安全生产月”、物业管理项目安全隐患大排查行动，全面夯实物业管理行业安全生产工作基础。5月13日，会同市住房城乡建设委、市物业管理协会、市安监局、区质监局，组织全区169家物业企业负责人及370个物业项目负责人以及职能延伸六个工作站相关人员，召开安全生产工作培训会，对设施设备安全运行、有限空间管理、维修资金应急支取以及物业在安全生产过程中应尽的职责等业务进行培训及现场考试。“安全生产月”期间开展物业服务安全生产检查130人次、34个项目。8月18日至9月10日，根据《昌平区住房和城乡建设委员会“大排查、大摸底、大整治”工作方案》和《北京市昌平区安全生产委员会办公室关于迅速开展安全生产大检查的紧急通知》，通过短信平台通知物业服务企业，会同市住房城乡建设委、区质监、区消防等部门对重点区域的物业管理项目进行项目检查127个，发现存在有限空间未悬挂警示标牌、无违建巡查记录等安全隐患92处，下达整改通知书85份。

（降孟云　郅童童）

【物业管理职能延伸】 年内，召开“物业管理事项职能延伸工作部署会”，会同职能延伸六个工作站相关负责人就职能下放、服务前移、属地监管等问题进行研讨。通过制定工作方案，明确延伸事项、实施步骤、工作要求。会同六个工作站召开“物业管理事项职能延伸工作经验交流座谈会”，围绕处理信访事项涉及的法律法规政策，物业管理专业知识，与业主交流的技巧以及处理信访事项流程等进行研讨，并针对物业服务纠纷的受理、调查、回复等工作具体要求对物业企业及物业项目负责人进行物业管理安全生产风险防控培训。成立镇（街）物业办，探索纳入社区统一管理的新型管理模式。以霍营街道办事处为试点开展职能延伸工作，由办事处具体监督辖区内物业管理活动。5月26日，在霍营街道办事处与镇（街）政府研讨有关行政职权、行政管理事项下放等问题，就前期职能下沉、物业纠纷投诉处理及物业服务安全生产方面达成共识，对下一步工作进行安排。通过采取“专（专业）片（区域）结合”工作模式，科室人员按照各自业务范围，同时划分分管镇（街）区域，分组与各站对接，协同开展物业服务安全生产检查，物业服务日常检查，专项检查及纠纷处理等日常工作。各片区物业服务企业与相应工作站的工作对接得到了有效促进。

（降孟云　郅童童）

【接信接访工作】 年内，接待处理群众信访3815件（次），其中12345非紧急救助热线转办3276件、群众来信251件、群众来电236件、群众来访52批次167人。同比增加38.15%，要求履行法定职责方面的诉求逐渐增多。全年办结3758件（次），办结率98.5%。为做好矛盾排查调处及重要时期信息报送工作，全年上报维稳情报信息30余篇，开展矛盾纠纷排查3次，排查矛盾隐患3起。完善《信访工作管理规程》，研究制定《信访工作目标责任制考核办法》。组织召开疑难信访案件联动会商会10

余次，有效化解矛盾纠纷。

（许秋顺 郅童童）

【法制工作建设】 年内，承办各类案件85件，其中行政诉讼案件61件（一审44件，二审17件），行政复议17件，民事诉讼案件6件，申请强制执行1件，案件总量同比减少15%。全年审结62件，其中诉讼胜诉38件，败诉10件（有2件无责败诉）；复议维持10件，撤销4件。通过行政职权梳理，现行有效法律、法规、规章90部，行政审批38大项，行政处罚497项。制定《行政职权运行清单》，在区行政职权公开透明运行管理系统进行公示，切实做到依法办事、依法行政、执政为民、对民负责、受民监督。全年，参加普法宣传活动6次；组织干部职工学法用法培训会4次；法院庭审观摩4次。在"六五"普法验收工作集中检查中取得优异成绩。审查、制作行政执法案卷7卷，在参加全区行政处罚案卷集中评查中执法队制作的案卷成绩为优。按照市住房城乡建设委下发《关于开展执法人员行政处罚执法资格清理工作的通知》要求，对140名持证执法人员中29名因退休、调离等原因上报市住房城乡建设委决定取消执法资格。5月1日新修订的《行政诉讼法》正式颁布实施，对原有的《行政诉讼案件应诉工作规程》、《行政执法工作规程》进行修订，同步制定《依法行政工作考核办法》。通过提供法律服务，全年审核各类公文、出具法律建议函共计200余份，通过面谈、会商会等形式解答法律疑难问题30余起。

（许秋顺 郅童童）

【档案工作完成情况】 年内，全年接收档案4500卷/件，其中业务档案32项2448卷（件）；文书档案754件，会计档案（上年度）429卷，实物档案24件，科技档案29卷/件，图书资料28件，声像档案788件。为加强声像档案管理，建立数码照片数据库，对照片进行重新整理、编辑、链接，录入数码照片数据库进行保存。共整理、编辑2011至2014年底数码照片永久、长期756张；整理入册2014年度纸质永久照片29张；光盘档案3件。对室藏62738卷/件：业务档案46157卷/件；文书档案7967件，会计档案5028卷，实物档案683件，科技档案317卷，图书资料312件，声像档案2274件进行定期或不定期安全检查。全年档案资料被调阅490件，利用人数184余次。年内，采取在办公楼橱窗张贴宣传海报、悬挂横幅、在机关内部网络宣传档案法规相关知识等形式完成档案宣传工作。通过采取集中与分散培训相结合完成档案人员培训工作。完成与市国土分局档案移交587754卷，其中房产档案584934卷、地政档案716卷、土地证档案190卷、市转不动产登记档案1914卷。12月24日完成市机关档案工作测评，被评为"北京市区县机关档案工作测评市级优秀单位"。

（李琼娟 郅童童）

国土资源管理

【概 况】 2015年，北京市国土资源局昌平分局（简称"区国土局"）认真贯彻党的十八届三中、四中、五中全会精神，以习近平总书记系列讲话精神为统领，坚持"尽职尽责保护国土资源、节约集约利用国土资源、尽心尽力维护群众权益"的职责定位，着力发挥国土资源管理在稳增长、调结构、促转型、惠民生中的职能作用，全局凝心聚力，大力推进国家、市区重点项目落地、加强设施农用地管理、严厉打击违法用地违法建设行为，积极做好国土资源管理各项工作。

（李晓林 梁辉）

单位名称：北京市国土资源局昌平分局
地址：城南街道科技园区创新路9号
电话：（010）80102363
邮编：102200

【全国土地日宣传活动开展】 6月25日，围绕“节约集约利用土地，转变土地利用方式”的主题，创新宣传方式，改变以往被动接受群众咨询，向群众发放宣传品的局面，在宣传前准备了《国土资源实用知识问答》，设计了依法依规用地常识等方面的问题，通过提前向群众发放试题，设置有奖问答环节等方式，吸引群众更加深入的参与到宣传中来，宣传效果更加显著；向各镇（街）及重点违法地区分发国土资源管理书籍、横幅、喷绘进行重点宣传，并在《昌平报》上连续发表8篇文章，以专栏形式进一步扩大宣传范围。

（李晓林　梁辉）

【三级基本农田保护区专项规划工作】 年内，在充分征求各镇（街）及委办局意见的基础上，将“139公顷可调整地类划入基本农田”以及多划定基本农田指标使用的问题与《昌平区市区镇（街）三级基本农田保护区专项规划》进行有效衔接，形成了《区乡两级规划修改方案》及《昌平区市区乡三级基本农田专项规划》。并于2015年12月30日，通过了市国土资源局组织有关专家和相关部门的评审，等待市局正式审批。

（李晓林　梁辉）

【建设项目用地预审工作】 年内，共审核完成建设项目用地预审65件，总用地面积约543.71公顷，其中农用地205.99公顷，建设用地321.60公顷，未利用地16.12公顷。

（李晓林　梁辉）

【土地储备开发情况】 年内，全区土地储备开发工作继续以“严控增量、消化存量”为重点稳步开展。全年共完成土地储备开发面积76.48公顷，实现土地储备开发投资35.53亿元，储备资金13.89亿元。

（李晓林　梁辉）

【土地供应情况】 年内，共受理国有土地使用权划拨事项16个，总用地面积120.42公顷；办理出让项目28宗，宗地总面积178.9132公顷，政府土地收益总额132.37亿元：其中协议出让项目16宗，宗地总面积87.9550公顷，政府土地收益总额19.2007亿元；招拍挂项目12宗，宗地总面积90.9581公顷，政府土地收益总额112.3562亿元。

（李晓林　梁辉）

【经营性项目用地入市交易工作】 年内，全区完成经营性项目用地入市11宗，土地面积87.85公顷，规划建筑规模229.02万平方米，总成交额约252.53亿元，实现政府土地收益112.36亿元。

（李晓林　梁辉）

【保障性安居工程土地供应】 年内，完成新增供应保障性安居工程用地29.48公顷。其中限价商品房用地24.05公顷，公租房用地5.43公顷，全面完成年度保障性安居工程用地供应指标任务。

（李晓林　梁辉）

【基本农田整理和土地开发工作】 年内，完成了流村镇黑寨村等8个村基本农田整理项目、南口镇前洼村等9个村基本农田整理项目、流村镇马刨泉村土地开发项目、崔村镇大辛峰村等12个村基本农田整理项目、阳坊镇基本农田整理项目和流村镇马刨泉等5个村基本农田整理项目的验收工作，建成高标准基本农田面积2.93万亩，新增耕地面积328.3亩。

（李晓林　梁辉）

【土地利用总体规划调整完善工作】 年内，编制完成《昌平区土地利用总体规划调整完善工作方案》，并印发至各成员单位，成立了工作领导小组，完成了项目预算并上报区政府审批。

（李晓林　梁辉）

【集体土地审核上报情况】 年内，审核上报集体土地征收项目4件，用地面积50.8346公顷；审核上报集体占地项目2件，用地面积1.8627公顷；审核上报村民宅基地2件，用地面积0.0335公顷。办理设施农用地备案11件。

（李晓林　梁辉）

【征地及农转用批复情况】 年内，共收到市政府建设用地批复7件，总用地面积147.5326公顷。及时完成5个项目涉及7个村的征地公告张贴工作；获得区政府批准村民宅基地2件，用地面积0.0335公顷。

（李晓林　梁辉）

【土地矿产卫片执法检查】　年内，开展2014年度土地卫片进入执法环节共计444宗，占地面积5072.47亩，占用耕地1368.83亩。全年共拆除违法用地85宗，总面积332.04亩，退还耕地面积78.99亩。

（李晓林　梁辉）

【国有土地使用权日常登记发证工作】　年内，完成国有土地使用权日常登记发证684宗，涉及土地面积1739.808公顷；其中国有土地使用权初始登记72件，面积244.52公顷；国有土地使用权变更登记243件，面积762.71公顷；土地更正登记1件，面积0.004公顷；法院协助执行土地登记3件，面积0.24公顷；补正土地登记1件，面积0.004公顷；土地注销登记2件，注销土地面积14.3公顷；国有土地使用权抵押登记210件，抵押土地面积457.96公顷，抵押贷款金额285.36亿元；国有土地使用权抵押注销登记152件，注销抵押土地面积260.07公顷，注销抵押贷款金额364.18亿元。

（李晓林　梁辉）

【农村土地确权登记颁证工作】　年内，完成全区5633宗农村集体建设用地使用权确权登记颁证工作：核查历史已发证宗地1727宗；核查不符合确权登记颁证条件宗地3906宗；对3906宗地的调查档案进行整理完善并开展数据入库工作。

（李晓林　梁辉）

【农村村庄地籍调查试点工作】　年内，区农村村庄地籍调查试点工作基本完成。8月，区农村村庄地籍调查试点工作正式启动，兴寿镇沙坨村被确定为试点村。历经5个月，已完成外业调查测绘、数据建库、成果资料整理及数据汇总等各项工作。共调查测绘控制范围面积247126.36平方米，设立宗地507宗，其中宅基地333宗；道路及其他乡村集体建设用地59宗；其他情况（滴水）115宗。

（李晓林　梁辉）

【打击偷挖盗采砂石工作】　年内，严厉打击偷挖盗采砂石行为，共出动执法检查9868人次，出动执法车辆2485车次，发现并制止盗采砂石违法行为8宗，查扣参与盗采的机械设备13台，全部立案并对其中8宗违法当事人实施了行政处罚，收缴罚款人民币34.6万元。

（李晓林　梁辉）

【国土资源执法监察巡查工作】　年内，充分利用昌平区国土资源远程视频监控系统，对全区耕地和基本农田全覆盖式实时监控，严防新增违章违法建设。全年共监测预警61个。巡查发现46处新增违法用地，占地面积215.54亩，建筑面积75409平方米，均已下达《责令停止国土资源违法行为通知书》。

（李晓林　梁辉）

【地质灾害防治工作】　年内，完成汛前排查工作，更新了隐患点台账和群测群防网络，相比2014年新发现隐患点38处。其中涉及险村险户的隐患点34处，景区隐患点4处。编制了《昌平区2015年度地质灾害防治工作方案》，并于5月28日由区政府办正式发布，明确了地质灾害隐患的分布、重点防范期、防范重点和相应的防治措施。开展“5.12防灾减灾日”宣传活动，在亢山广场现场发放防灾知识手册、宣传片光盘等各类宣传材料1000余份，并组织国土所开展下乡宣传；整个汛期在昌平区电视综合频道和点歌频道播放宣传地质灾害防治避险公益广告、宣传片和科普动画片。组织完成突发地质灾害应急避险演练2次，与区气象局联合发布突发地质灾害气象风险预警4次，实现安全度汛。

（李晓林　梁辉）

【政府信息公开工作】　年内，主动公开633条；受理依申请信息公开事项129件，同比增长40%；接待信息公开咨询180人次，同比增长12%。

（李晓林　梁辉）

【加强社会矛盾排查化解工作】　年内，强化和完善了信访工作机制，畅通信访救济渠道，开展了社会矛盾排查化解工作，坚持重点案件领导包案制和领导接访制度。共接待群众来访122批次、180人次；受理来信222件，已办结222件，办结率100%。

（李晓林　梁辉）

城市管理

市 政 建 设

【概 况】2015年昌平区市政市容管理委员会（简称“区市政市容委”）统筹全区道路建设、城市运行保障、环境建设和环境卫生服务等工作，在区委、区政府的正确领导下，区市政市容委把道路建设、环境整治、城市管理放在突出位置，突出重点、带动全局，着力提升市政管理水平，实现市容面貌有效改善。

（赵冠杰）

单位名称：昌平区市政市容管理委员会
地址：城北街道南环东路
电话：（010）69746250
邮编：102200

【市政道路建设稳中有增】 年内，市政道路建设实现开复工项目32项。回昌东路、为民办实事工程、桃下路、安宁庄东路、乡村公路大修等8个项目竣工通车。回南北路、四场路、回昌路大学城段等一批道路工程取得重大突破。未来科技城、创新基地、大学城等重点功能区路网建设明显加快。全年道路建设累计完成投资22.2亿元，实现新增道路里程37.4公里；新增道路面积128.7万平方米。

（赵冠杰）

【道路前期手续】 年内，全区共取得道路项目设计方案批复、水保、环评、土地预审、立项等批复文件70件。

（赵冠杰）

【道路统计信息】 年内，全区道路总里程2354.1公里，道路总面积4093.9万平方米。

（赵冠杰）

【“六纵、八横、十一联络”主干路网完成规划情况】 年内，主干路网“六纵、八横、十一联络”完成规划总里程324.14公里，规划实现率56.9%。

（赵冠杰）

【十三条重点道路建成通车情况】 年内，十三条重点道路系统实现通车里程104.63公里，通车率20.9%。

（赵冠杰）

【为民办实事工程】 年内，为民办实事工程包含的胡同改造工程、亮化工程、改善老旧小区居住条件工程及完善交通安全设施工程，截至年底全部完工。

（赵冠杰）

【十里长街东延】 年内，林萃路至建材城东侧路，全长1.6公里，红线宽60米，该路于年底竣工通车。

（赵冠杰）

【回昌东路】 年内，定泗路至回南北路，全长2.95公里，红线宽50米，该路于年底竣工通车。

（赵冠杰）

【回南北路】 年内，京藏高速至良庄街，八达岭高速东辅路至育知路（1标段）完成合同内的全部工程量并验收合格，已通车；育知路至良庄街段（2标段）文华西路至文华路（现状路）段，除中央给水、中水改移、燃气切改节点外，完成两层沥青混凝土摊铺、人行步道铺设、地下管线铺设，待给水、中水改移、燃气切改完成后，进行道路施工。累计完成总工程量的95%。

（赵冠杰）

【回昌路大学城段】 年内，高教园南三街至六环路，红线宽50米，主干路。总长2.42公里。拆迁完成40%，道路完成35%。该项目2016年计划完成部分路段施工。

（赵冠杰）

【完成道路大修、改造工程10项】 年内，完成创新路（南环路至振兴路）、昌盛路、北山公园市政路、南口玻璃厂社区路、中滩村北三街、立水桥东三路、太平庄东一路、太平庄中街步道8条道路大修，京藏高速东辅路与白浮泉路交叉口进口道、建委东路2条道路改造。共铺设沥青混凝土81719平方米，铺设水泥混凝土2691平方米，铺设步道砖27305平方米路缘石19304米等。

（赵冠杰）

【7项胡同步道改造工程完成】 年内，完成斗母宫、玉虚观、两庙庵、南口村社区、兴隆街社区、隆盛街社区和十一条社区7条胡同改造。共铺设沥青745平方米，铺砖16488平方米等。

（赵冠杰）

【完成改善老旧小区居住条件项目】 年内，完成路面硬化1024平方米，雨污水改造333米，72户电力线路改造，82户上下水管道改造，防水改造2757平方米，长凳5套，庭院大门2座，防盗门7樘等。

（赵冠杰）

【阿苏卫村南至立汤路段道路及地下管线工程完成】 年内，工程东起立汤路北至顺沙路，全长4.69公里，宽30–45米，包括道路工程、桥梁工程、雨水工程、污水工程、给水工程、交通工程、绿化工程、照明工程。截至年底，阿苏卫村南（k0+886）至立汤路段已建成通车。阿苏卫村南至顺沙路段根据拆迁进度安排。

（赵冠杰）

【景文屯西桥改造工程完成】 年内，景文屯西桥改造工程完工。工程位于昌平区南邵镇，上跨京密引水渠，连接景姜路，桥梁全长39米，为三跨桥，中跨桥梁全宽10米，边跨桥宽由10米渐变为18米，附属工程包括河道护砌及施工交通导改工程。

（赵冠杰）

【回昌路道路工程跨京密引水渠桥梁施工完成】 年内，完成昌平新城回昌路道路工程跨京密引水渠桥梁施工，工程设计起点与北六环中线相交，终点与规划怀昌路永中相交，总长2180.51米，红线宽50米。完成新建跨京密引水渠桥梁结构为1–40米预应力混凝土简支T梁桥，桥长43.54米。

（赵冠杰）

【回昌东路道路工程完成】 年内，昌平区回昌东路道路工程，南起回南北路北至定泗路，全长2.95公里，宽50米，包括电力、污水、给水、中水、电信管线等附属管线工程，截至年底，七北路至回南北路段全部完工，具备通车条件。

（赵冠杰）

【行政审批窗口服务工作】 年内，共完成行政审批事项199件，其中，行政许可类99件（掘路许可2件、占路许可2件、建筑垃圾消纳许可38件、建筑垃圾运输企业经营许可8件、建筑垃圾车辆准运许可39件、设置建筑垃圾消纳场许可4件、生活垃圾清扫收集运输服务审批5件，燃气燃烧器具安装、维修企业资质许可1件），非行政许可100件（机动车收费停车场新增备案21件，机动车收费停车场年审79件）。

（赵冠杰）

【交通设施建设管理工作】 年内，结合抗战胜利70周年及为民办实事工程等工作，增设三套液晶拼接显示系统，改造信号灯123套、新建信号灯4套、新建监控86套、新建护栏18543米、新增减速带266米、施划标线20761米、新建各类交通标志1437套、新建护柱、阻车柱共965个、安全隔离墩200个；翻新标识268套、粉饰更新百米柱和公里桩308个、更新护栏8852米；日常检修测试共计503次，配合交管部门调配时55次，全年受理应急抢修任务共计28次。

（赵冠杰）

【户外广告及牌匾标识管理工作】　年内，上年着重对主要道路和城区的违章户外广告进行了整治，共计拆除违章广告和牌匾3679块；专项清理违规设置的户外电子显示屏12块；通过昌平区信息化城市管理系统共发现非法小广告12830件（办结率91%）。结合环境整治，投入资金2127.28万元，对昌平城区、小汤山地区、沙河地区沙阳路及福田周边区域的户外广告和牌匾标识进行整治规划和建设。

（赵冠杰）

【城市道路公共服务设施日常管理工作】　年内，上年积极配合首环办设施治理工作协调解决挂账问题100余处，拆除违规商亭29处、拆除报刊亭5个、整治报刊亭58处。维修各类设施500处；拆除老化损坏设施1400余处；完成公益广告粘贴42500平方米；每月保洁各类设施2000余处。

（赵冠杰）

【地下管线综合协调管理工作】　年内，一是完成2014年地下管线基础信息统计年报工作，统计数据已上报市市政市容委，并已通过上级部门审核，截至2014年底，昌平区地下管线总长度为17597.45公里（城市地下管线长17549.87公里、长输管道长47.58公里），占全市城市地下管线总长的10.53%，管线长度在全市16个区中排名第三位，仅次朝阳及海淀；井盖类设施数量为360349套（检查井309645套、雨水篦子50704套），占全市井盖类设施总数的13.78%，井盖设施数量在全市16个区中排名第二位，仅次朝阳区。二是积极开展消除地下管线自身结构性隐患工作，排查隐患项目数2107项，排查隐患管线长度1252.294公里；消除隐患项目数1968项，消除隐患管线长度880.665公里；另有随路大修消隐管线16.03公里；投入隐患排查治理资金12113.06万元。

（赵冠杰）

【油气管道保护工作】　年内，根据《北京市油气输送管道安全隐患整改工作领导小组办公室关于进一步做好油气输送管道隐患整治工作的通知》（京油气管办〔2015〕2号）要求，积极开展油气输送管道安全隐患整改工作。全区市级挂账安全隐患共83项，涉及中石油、中石化、市燃气集团3家产权单位及马池口、沙河、北七家、回龙观等7镇（街），截至目前共计消隐75项，整改率90%。

（赵冠杰）

【城市道路管理工作】　年内，区市政市容委管养道路共计403条，包括主干道、次干道、支路、街坊路及胡同，长度共计329公里，道路面积共计603万平方米。其中正式接收道路共计36条，道路里程达45公里，道路面积135万平米。

（赵冠杰）

【安全迎汛工作】　年内，汛前排查雨污水管线51,707米、清掏检查排水井822座、雨水口3,675座，清理雨水边沟2,432米。准备防汛抢险队伍10支，人数共计225人。编织袋0.29万条、无纺布0.008万平米、铅丝0.04吨、砂石料0.052万立方米、大型作业灯1个、运输车辆22辆、铲吊车6辆、发电机9台、水泵25台，应急电源车1辆，物资总价值847万元。据不完全统计，6月以来，北京地区51天内共出现32次降雨天气。9月4日至5日期间，降雨持续时间超过30小时。在此期间，区市政市容委共出动防汛应急车辆756车次、人员10,080人次。全市持续降雨期间，本区管养市政道路未出现持续积水情况，各类市政设施运行通畅。

（赵冠杰）

【为民办实事工程】　年内，为民办实事道路亮化工程一共10个项目。总投资约1900万元。总计安装路灯289基，路灯箱变5座，安装景观灯1199盏，安装景观串灯28串，维修太阳能路灯210基，新建4基。

（赵冠杰）

【人大建议政协提案安排9项建设工程】　年内，总投资约900万元。总计安装路灯186基，路灯箱变3座，更换灯具264套，更换电池120套，更换控制器120套，更换电缆5000米。

（赵冠杰）

【节能减排工作开展】 年内，区市政市容委把节能减排作为一项重要工作。结合昌平路灯现状做好路灯节能改造工作，运用新型节能照明灯具和物联网技术，采用系统集成的方法，建设市政照明远程智能管理系统，从而实现节能减排和智能控制两方面的目标。1、新建道路要求全部使用节能型光源。2、与国网节能服务有限公司签订路灯照明节能改造协议。本年度路灯节能改造涉及道路共139条，包括主干路58条、次干路41条、支路40条，改造的路灯数量为23602盏。改造数量占全区路灯总量的65%，超额完成十二五期间建设部规定完成节电率15%的要求。

（赵冠杰）

【城市管理监督信息化平台工作】 年内，紧紧围绕为专业部门和市民服务的宗旨，提升城市形象，全年共受理城市管理案卷100420件，结案91543件，结案率91.2%，使非法小广告、无照经营游商、机动车乱停放等热点问题得到有效监管。同时拓展平台受理渠道，建成了集电话、城管通、视频监控、网站“四位一体”的城市管理信息系统平台，全年已接到群众咨询供暖问题电话12300余件，均已得到妥善解决；积极推进地下管线管理系统、呼叫中心语音系统及西部地区环境整治安保技防措施工程建设。

（赵冠杰）

环境建设与环境卫生

【概　况】 2015年是“十二五”规划的收官之年，也是全面深化改革的关键之年。昌平区坚持“美丽北京、环境先行”理念，以提升全区环境建设水平为核心，量化指标任务、细化台账管理、强化统筹协调，精心组织、勇于担当，全力推进环境建设工作落实。

（刘攀　李斌）

单位名称：昌平区市政市容管理委员会
地址：城北街道南环东路
电话：（010）69746250
邮编：102200

【阅兵训练场馆周边环境保障任务完成】 年内，抗战胜利70周年9.3纪念活动—阅兵训练基地位于昌平区阳坊镇，为做好环境保障工作，对周边温南路、顺沙路、沙阳路等15条重点道路以及南口、念头两处火车站点进行整治。经过四个月的努力奋战，高标准、高质量地完成了纪念活动训练场馆周边环境整治任务，取得了较好的整治效果，共腾退低端产业66家，治理砂石场11处，拆除有碍观瞻的破旧房屋53万平方米，绿化提升4665亩，清理堆物堆料及渣土130万立方米，围墙围栏新建整修5.3万延米，建筑外立面粉饰42万平方米，规范广告牌匾1.3万平方米，河道治理5550米，完成坦克路硬化9公里，道路整修35万平方米，新建交通信号灯144套，安装违法监控91套，更换并增加交通隔离护栏及防撞护栏2.1万延米，铁塔入地11座，京新高速、北六环新建隔音挡板3600延米，顺沙路、北六环停车场腾退车辆9293辆。

（刘攀　李斌）

【完成3个区域提升工程】 年内，着重推进昌平城区核心区、沙阳路及福田周边、小汤山镇中部地区等3个区域环境综合提升项目，根据相关标准，综合实施配套服务设施、建筑外立面粉饰、人行步道新建整修、绿化补植及广告牌匾规范等工作，努力打造城市环境亮点。完成建筑外立面油饰粉饰23.6万平方米、新建围墙围栏2.6万延米、修补步道及路面21.1万平方米，清运渣土7万立方米，补植各类苗木2万株，更换道牙2.8万米，取得了明显成效。

（刘攀　李斌）

【昌平线二期环境整治开展】 年内，完成涧头村内通往十三陵景区站主要道路周边围墙外立面整治4200平方米，安装护栏460延米，预埋浇筑800个，广告牌匾整治200平方米。

（刘攀　李斌）

【完成农业嘉年华环境提升】　年内，对嘉年华周边道路两侧进行整治，完成墙体粉饰42929平方米，围挡背板油饰5035平方米，更换广告围挡画面16326平方米，拆除乱设广告牌匾、横幅200处，清理非法小广告1000处，清除路边临时摊点34处，保障了场馆周边环境优美。

（刘攀　李斌）

【整治城市公共空间环境乱象】　年内，区环境建设办牵头组织相关部门开展了城市公共空间集中治理。一是制定工作方案。把问题较多的城市道路，地铁入口及桥下空间列为工作重心，大力清理城市道路非公共服务设施，将违法违章、失管无用、超范围经营、脏污损坏的违法占道早餐车、报刊亭和各类经营性的附着设施，纳入到整治任务中。二是全面排查，建立台账。组织各镇（街）及相关单位召开工作部署会，全面梳理辖区问题，建立公共空间台账320处，坚决撤除废弃无用，超范围经营，违法违章的报刊亭、售货亭，截至年底，全部销账。

（刘攀　李斌）

【环境薄弱区域集中治理工作开展】　年内，加强回龙观、沙河、南邵等城乡结合部薄弱区域整治，解决主要交通联络线脏乱问题。完成回龙观东西大街、朱辛庄中路、百沙路、南丰路等25条重要交通联络线的整治，进一步提升道路沿线环境景观水平。

（刘攀　李斌）

【抓好冬奥会评估路线环境保障】　年内，针对京藏高速沿线存在的易反弹环境问题，强化环境问题自查，先后完成399处环境问题治理，有力保障了国际奥委会在京评估期间昌平区环境优美、秩序良好。

（刘攀　李斌）

【推进垃圾处理设施建设】　年内，区市政市容委努力推进垃圾处理设施建设。一是取得阿苏卫循环经济园项目环评批复，完成牛房圈和二德庄村的搬迁工作。二是推进有机生态处理站项目建设，签订《特许经营协议》，完成规划、国土和发改委审批工作。三是及时做好对出入阿苏卫垃圾运输车辆的计量卡的新办与补办工作，全年共办理新增计量卡43张，补办35张，完成65辆垃圾压缩车（使用期为5–7年）升级改造任务。

（刘攀　李斌）

【为民办实事项目完成年度目标】　年内，完成城南垃圾中转站更新改造工程和25座公厕改造任务。

（刘攀　李斌）

【垃圾分类工作开展有条不紊】　年内，对15个垃圾分类居住小区达标工作进行宣传和检查，其中举办垃圾分类宣传活动50场；组织自查300次，迎接市级检查36次。

（刘攀　李斌）

【城区街道清扫实行“全天候动态保洁”】　年内，完成城区97条城市道路446万平方米的清扫保洁任务，机扫率达到99.74%；实施城市道路清扫新工艺组合作业面积191万平方米，新工艺组合作业覆盖率达到75.4%。同时协助昌平公路分局将南丰路、北清路、顺沙路等6条主干道清扫保洁提升为城市道路保洁标准。

（刘攀　李斌）

【建筑渣土管理工作开展】　年内，区市政市容委加强建筑渣土管理。一是全年共计办理渣土消纳许可37件、车辆准运许可146张、建筑垃圾渣土消纳场所许可5份和建筑垃圾经营性运输服务行政许可5份。二是严格执法，全年对运输车辆检查223次，其中夜查136次、日查87次，累计出动执法人员2896人，查扣非法运输车566辆；对出土工地检查98次，下发整改通知书25张。三是昌平区剩余渣土消纳场4处，填埋量为387万吨。四是加大建筑垃圾脏乱点及非法渣土场排查力度，全年发现建筑垃圾脏乱点21处，立即责成属地整改销账。

（刘攀　李斌）

【环境卫生管理工作开展】　年内，一是加强对各镇（街）环卫管理中心和环卫作业中心的行业指导，实行“日检查、月通报、季评价、年考核”制度，并将考核结果与区委、区政府对各镇（街）经济社会协调发展绩效评价挂钩，消除环境卫生管理死角。二是加强环境卫生行业监管。对昌平区水系，京藏、京包高速、六环出入口周围和昌平区地铁站站内的环境卫生进行周检查共33次，对5个小城镇和6个相关景区检查15次，对全区7条重点公路监督检查共29次，对发现问题的地点及时拍照，并将照片发送给相关负责人，做到及时发现及时整治。

【落实除雪预案工作开展】 年内，制定区2015-2016年冬季扫雪铲冰实施预案，明确各镇（街）环卫作业单位扫雪铲冰职责和任务，要求各环卫作业单位保养、维修好扫雪铲冰设备，随时启动扫雪铲冰预案。11月6日和21日启动雪天应急预案，完成抢险任务，保障了雪天道路的通行和环境卫生的清洁。

（刘攀 李斌）

【环卫基础工作开展】 年内，一是协调21个镇（街）完成环境卫生统计报表报送、及相关检查工作。二是完成223个环境升级达标村创建工作，达到基本完成农村环境“干净、整洁、路畅、村绿、建制”的目标。三是积极配合区文明办做好文明户创建工作。四是完成了欣中基清洁服务（北京）有限公司等3件从事生活垃圾（含粪便）经营性清扫、收集、运输服务审批工作。五是办理人大和政协提案15件，其中A类5件、B类4件、C类6件。全年累计办理群众信访投诉100余件，均做到及时处理。

（刘攀 李斌）

供　热

【概　况】 2015年，全区总供热面积4137万平方米，其中住宅面积3417.1万平方米，供热单位114家，锅炉房197座。

（田森）

单位名称：昌平区市政市容管理委员会
地址：城北街道南环东路
电话：（010）69746250
邮编：102200

【煤改清洁能源供热改造】 年内，为消减燃煤总量，减少污染物排放，根据《昌平区2013-2017年压减燃煤和清洁能源建设工作方案2015年任务措施》工作要求，经过实地考察，反复研究论证，计划完成改造任务600蒸吨，实际完成866蒸吨，涉及永安热力公司、热能鸿业、奥力斯特等14家供热单位，总计改造燃煤锅炉59台，供热面积757.9万平方米，消减燃煤16.2万吨，特别是永安热力公司下属的南环、北环供热厂改造完工后，基本实现昌平卫星城区无煤化供热。二氧化硫、氮氧化物排放量明显降低，有效的改善了空气质量。

（田森）

【老旧供热管网改造】 年内，针对老旧小区整体温度偏低，供热管线热损失严重问题，继续稳步实施了供热老旧管网改造工程，涉及单位13家，小区68处，锅炉房20座，改造面积596.53万平方米，改造管网长度483公里。有效的提高了老旧小区的整体供热温度，尤其是望都家园、秋实家园等小区的供热质量，在采暖季期间均得到明显改善。

（田森）

【按时发放燃料补贴】 年内，针对供热燃料价格上涨，居民采暖费标准没有调整的实际情况，市、区两级政府每年按照8:2的比例，给予居民供热燃料补贴，以缓解供热单位燃料购买资金压力。全年，累计发放燃料补贴27989万元。通过供热补贴的按时发放，进一步保证了各供热单位供暖季购买燃料的资金充足，为居民温暖过冬提供了有力保障。

（田森）

供　气

【概　况】 2015年，昌平区市政市容委在市、区两级政府的正确领导下，坚持“安全第一、预防为主、综合治理”的指导方针，全面加强燃气行业监督管理工作，不断强化燃气企业安全生产经营行为，加快城市燃气基础设施和管网建设，稳步推进燃气事业健康有序发展。截至年底，全区取得燃气经营许可的燃气供应企业、场站和燃烧器具安装企业共计24家，其中管道企业4家、压缩天然气3家、液化气罐装站10家、液化气换瓶站6家、燃烧器具安装企业1家。使用燃气用户54.02万户，其中天然气用户37.17万户、液化气用户16.85万户，高、中管网674.8公里。

（武童）

单位名称：昌平区市政市容管理委员会
地址：城北街道南环东路
电话：（010）69746250
邮编：102200

【城市燃气设施和管网建设】 年内，协调推进京包线高压管线、阿苏卫保障房中压管线、十里长街中压管线、南环里20楼用户线低压工程，新元村、曹庄、丈头村等村庄（社区）燃气入户等工程实施。推进北环路中压管线、振兴路中压管线、黄平路中压管线等基建线建设，完成19处燃煤锅炉房供暖季前“煤改气”工程。全年敷设燃气高、中管线31.59公里。

（武童）

【燃气安全教育和宣传】 年内，为20个镇（街）和北企公司发放燃气宣传挂图14820张，宣传手册72800份，宣传品23800件，强化居民使用燃气安全意识，普及燃气使用安全常识，提高预防和应对各类燃气问题的处置能力。先后组织燃气企业进社区、街道开展燃气安全宣传培训6次；全年开展燃气安全教育大型培训5次；培训1050余人次，通过培训活动分析安全生产形势，强化企业安全防范意识，确保了全区全年燃气安全无重大事故。

（武童）

【送液化石油气下乡工作开展】 年内，认真推进农村地区“减煤换煤，送气下乡”工作。全年完成全区12.2万户送气下乡任务，下半年累计拨付送气下乡资金767.71万元。

（武童）

【重要节、假日燃气安全保障】 年内，组织联合检查4次，参加对燃气企业、餐饮行业、工业区、重点企业等联合执法15次；配合公安部门治安拘留非法制售液化石油气59起；收缴不合格钢瓶369个。

（武童）

园　林　绿　化

【概　况】 2015年，昌平区园林绿化局（简称“区园林局”）在区委、区政府的坚强领导下，主动适应发展新常态，不断拓展绿色新空间，紧紧围绕建设“美丽昌平”的总体目标，完成了各项园林绿化任务。截至年底，全区林木绿化率提高到66.72%，森林覆盖率提高到46.2%，稳居5个城市发展新区之首，为建设天蓝地绿、山清水秀的美丽昌平打下了坚实的基础。

（刘畅）

单位名称：昌平区园林绿化局
地址：城北街道政府街10号
电话：（010）69742677
邮编：102200

【创建全国绿化模范城市】 年内，完成创建“全国绿化模范城市”工作，为昌平创建全国绿化模范城市制作手机版“点赞”系统，总计点赞260万；印刷创建海报300张、横幅376条；同时在北京日版、中国绿色时报、国土绿化刊发了昌平区创建“全国绿化模范城市”专刊，在昌平报刊发5期创建工作纪实；完成专题片《美丽昌平绿色新区》拍摄和剪辑工作；整理涉及领导重视程度、绿化机构建设、绿化规划、计划、义务植树、造林绿化成活率和保存率、城乡绿化建设等14个方面园林绿化档案300盒。

（刘畅）

【平原造林工程】 年内，完成平原造林扫尾任务533.33公顷，共栽植各类乔灌木334万株。

（刘畅）

【西部环境整治工程】 年内，完成西部环境绿化299公顷，播草种花113公顷，栽植各类苗木17万株。

（刘畅）

【加快推进绿道建设工作】 年内，全面完成23.3公里的温榆河绿道（昌平段）建设和滨河森林公园5.55公里的绿道建设。

（刘畅）

【为民办实事工程】 年内，完成为民办实事工程绿化改造面积14.54公顷，涉及居住区及代征绿地建设工程14.19公顷；城区绿地建设及绿地圈围工程0.26公顷；公园基础设施修复工程0.09公顷。

（刘畅）

【滨河森林公园建设】 年内，完成昌平新城滨河森林公园总建设面积776.2公顷，整理绿化用地316.03公顷，完成工程整体形象进度98%，累计完成清单内土方量为123.2万立方米。累计种植树木74.3万株，其中乔木16.11万株，灌木58.19万株；完成宿根花卉及草坪206.1公顷。完成园路广场铺装总量的89%。累计完成地下喷灌管线5.67万米。

（刘畅）

【彩叶树种造林】 年内，完成彩色树种造林工程133.33公顷，共栽植黄栌、元宝枫等彩叶树种11.74万株，建设地点位于流村镇白羊沟口、崔村镇真顺村、兴寿镇桃林村前山脸。

（刘畅）

【森林健康经营】 年内，完成生态效益促进发展机制森林健康经营工程林木抚育2933.33公顷（含国家重点公益林抚育），其中重点地区林木抚育面积1152.53公顷，一般地区林木抚育面积1780.8公顷；作业道路建设25425米。

（刘畅）

【义务植树活动】 年内，累计约37万人参加植树活动，新植树木36.54万株，新植树面积424.87公顷；完成5项大型义务植树活动。

（刘畅）

【代征绿地收缴】 年内，完成代征绿地收缴8.46公顷，其中北京风景2.24公顷、沙河镇七里渠限价商品房项目0.44公顷、中关村科技园区昌平园东区三期联合储备开发项目5.78公顷。

（刘畅）

【山区生态林管护机制】 年内，安排4850名山区农民绿岗就业，成立生态林管护队伍。出台了昌平区关于完善山区生态林补偿机制意见，从1月起山区生态林管护员人均月补偿金由原来的384元提高到768元。

（刘畅）

【林木有害生物防控】 年内，共做产地检疫49个单位（个人），检疫苗木总面积1110.53公顷，实现了产地检疫率100%的目标；监测测报美国白蛾、红脂大小蠹等林果有害生物32种。

（刘畅）

【林木伐移管理】 年内，共发放《林木采伐许可证》392件，采伐林木108268株，蓄积13829.99立方米。严格执行限额采伐管理，林木移植发证52件、7834株，树木砍伐审批19件、103株，树木移植5件、30株。

（刘畅）

【野生动物保护】 年内，累计监测野生鸟类150万只，未发现野生动物传播疫源疫病异常现象。救助雕枭、猫头鹰等野生动物35只。

（刘畅）

【古树名木管理】 年内，对区内5919株古树进行日常养护，完善健全古树名木档案资料。重点展开延寿镇盘龙松古树、南口镇檀树和酸枣王及十三陵镇、南邵镇等古树的保护复壮。

（刘畅）

【绿地监管】 年内，接到区城市管理监督指挥中心来件3473件，办结3460件，办结率99.6%。

（刘畅）

【行政执法】 年内，依法处理结办案件26件。实施行政罚款28.43万元，补种树木1599株，处理违法人员15人，违法单位11个。

（刘畅）

【森林火灾防控】　年内，共接森林火情报警4起，其中误报1起，未发生一般森林火灾。查处野外违法用火15起，查处各类火灾隐患6起，印制各类宣传物品35万份，清理可燃物1.09万公顷。全区的5616名护林员，11支巡查队、84名巡查员加强巡护，33座瞭望塔，实施24小时瞭望监测。

（刘畅）

【林地审批管理】　年内，共办理征收、占用林地许可6件、92.1222公顷，分别是位于南口镇的国家电网北京市电力公司虎峪110千伏输变电工程项目，涉及林地0.3726公顷；流村镇中心幼儿新建设工程，涉及林地0.0629公顷；南水北调来水调入密云水库调蓄工程，涉及林地1.2640公顷；新建北京至张家口铁路八达岭越岭段工程，涉及林地1.3109公顷；兴延高速公路（西六环--主收费站段）工程，涉及林地87.3308公顷；昌平大型旅游商业文化综合体（奥莱欢乐城），涉及林地1.7810公顷。Ⅳ级林地备案审核4项，共涉及林地41.8690公顷，分别是位于沙河镇的中关村国家工程技术创新基地（一期）A-15、A-16地块一级开发项目使用Ⅳ级林地1.3212公顷；位于南邵镇的华北电网有限公司高级研究院三期工程建设项目使用Ⅳ级林地4.3834公顷；位于昌平区流村镇、阳坊镇、马池口镇的兴延高速公路（西六环路-主收费站段工程）工程项目使用Ⅳ级林地30.2275公顷；昌平大型旅游商业文化综合体（奥莱欢乐城）项目使用Ⅳ级林地5.9369公顷。

（刘畅）

供　水

【概　况】　2015年，昌平自来水有限责任公司（简称“自来水公司”）共铺设各类供水管线53.13余公里，挖填土石5.67万立方米，砌筑各类井739座；安装阀门1636个，安装水表16604块，安装消火栓97台，水表出户改造409户。全年售水2773万立方米，修漏428处，各类供水管线应急抢修133次，修漏及时率100%，查表正日率98.33%，查表准确率99.97%。管网漏失率10.15%，千吨水耗电382.56度。

（王欣）

单位名称：北京市昌平自来水有限责任公司
地址：城北街道南环路53号
电话：（010）69746788
邮编：102200

【夯实供水能力建设】　年内，自来水公司协调推进城市供水能力建设，不断提升城市供水安全保障能力。按照政府与北京水务投资中心形成的框架协议，以政府主导、企业运作的方式，北京水务投资中心和自来水公司共同出资组建北京京昌水务有限公司，作为昌平第一地表水厂的建设主体，8月该公司已经取得《建设项目选址意见书附件》的批复和项目建议书的批复，12月完成了勘察、设计招投标工作，并发出了中标通知书。为解决昌平地铁二期和长城奥特莱斯等重大建设项目用水需求的问题，年初，自来水公司着手实施邓庄水厂应急加压改造工程，5月召开了设计方案征求意见会，并最终选用无负压泵站解决供水压力不足问题，10月施工单位正式进驻邓庄水厂施工，年底前完成冲管水水质验收工作，工程接近尾声。

（王欣）

【落实重大管线工程】　年内，自来水公司加快新建供水管网基础设施建设进度，累计敷设各类供水管线53.13余公里。地铁昌平线二期供水工程供水管线总长度3.83公里，4月开工建设，9月底全部完成供水，确保了昌平城铁二期年底通车使用。沙河高教园恒大保障房总建筑面积71万平方米，供水管线约10.1公里，年底前施工仍在进行；阿苏卫循环产业园2#地块13万平方米，供水管线约3公里，已顺利完工。

配合昌平新城东区、沙河大学城市政道路建设，实施南丰东路、北三街、西四路、东三路、东四路等配套市政供水管线工程，随市政道路建设进度开展。另外，中科创新园二期、中铁青秀尚城、军都小区、西关槐树巷等住宅小区供水管线工程已经顺利完工。

（王欣）

【拓宽供水服务领域】 年内，自来水公司在做好常规供水服务工作的基础上，积极拓宽服务方式方法。一是推广安装用水信息公示栏，查表后将水费明细张贴在各小区单元安装用水信息公示栏内，便于用户清楚了解用水情况和缴费信息；二是开展学雷锋志愿服务行动，主动深入社区义务收水费、开展供水宣传、义务进行水质检测、帮助困难用户，学雷锋志愿服务队由年初的40人扩增至108人，定点长期帮扶对象由15人增至21人，累计开展志愿服务活动2500人次，全年各个窗口岗位组织供水宣传累计24次、义务收水费累计51次；三是积极做好网上缴费、银行网点缴费等新型缴费模式推进工作，与银行间的各项前期工作基本收尾，进入最后实施阶段，预计2016年可以投入使用。

（王欣）

【加强二次供水管理工作】 年内，自来水公司规范和加强二次供水管理工作，提供专业化管理、规范化服务、标准化作业的二次供水服务。一是加强二次供水设施的日常管理。通过监控平台对二次供水设备实施24小时远程监控，自动接收设备报警，同时安排24小时值班人员，保证全面、及时掌握二次供水设施运行情况，安排工作人员定期巡视泵房内的各种设施，保证二次供水设施的正常运行，并随时做好应急抢修工作。二是加强二次供水水质监测。配备专业人员定期对水质进行检测，工作人员在完成卫生监督部门要求的水质全分析检测之外，每周对所维护的二次供水设施出水口水样进行常规水质检测，配备专业人员定期对水池、水箱进行清洗消毒，确保供水安全和水质质量。三是建立二次供水设施档案。详细普查、登记、建档二次供水设施的使用时间、型号和管网布局等信息，使各项目的二次供水设施基本情况均有据可查。登记在册的二次供水设施的运行安全和清洗消毒实施监督检查，采取定期和不定期水质抽样检查的形式进行，同时建立和完善了二次供水应急措施体系。年内，首科凯奇、中船重工、长空工业、兴业孵化器等9个项目的二次供水设施投入建设，项目总建筑面积85.1万平方米，涉及人口12580人，二次供水设施及泵房运行安全稳定、水质水压达标，二次供水专业化集中管理模式得到公众越来越多的认可。

（王欣）

【持续推进水表出户改造工作】 年内，完成新汇园小区、中国水利水电第五局宿舍楼和新世纪商业街宿舍楼户表出户改造，共涉及水表出户409户，铺设外线224米，砌井77座。

（王欣）

【提升供水水质检测能力】 4月中旬，经北京市计量检测科学研究院计量认证评审组检查、考核，自来水公司水质监测站顺利通过实验室资质认定复评审和扩项评审，新增27个参数的检测能力，扩项至99项，水质检测能力仍居区县站首位。为进一步提高水质化验水平，在邓庄水厂着手新建约1500平方米的水质监测站，年内，项目规划方案已报送至市规划委，并上会通过。

（王欣）

节　水

【概　况】 2015年，昌平区水务局（简称“区水务局”）围绕“建设海绵城市，促进生态文明”之主题，坚定不移地开展节水用水工作。与昌平区工商局联合执法检查，进行节水用水有关法规宣传。昌平区全年用水总量达到2.1361亿立方米，同比下降4.6%，达到了年初制定的用水总量控制目标。

（姚华萍）

单位名称：昌平区水务局
地址：城南街道昌平路25号
电话：（010）89749740
邮编：102200

【用水总量控制与计划管理】 年内，实行严格的水资源管理制度，将用水总量控制目标分配到20个镇、街。昌平区全年用水总量达到2.1361亿立方米，同比下降4.6%，达到了年初制定的用水总量控制目标。

（姚华萍）

【雨水综合利用和节水灌溉】 年内，共完成北京科技大学、北京汉兹投资有限公司、北京锦昊万华置业有限公司等6处自建单位雨洪利用设施，增加蓄水能力5000立方米。大力推进农村雨洪利用，共完成10个农村地区雨洪利用项目，新增蓄水能力约2.5万立方米。持续发展农业节水灌溉配套设施，新增和改善高效农业节水灌溉面积2万亩。与现状灌溉用水量相比节约22.72%，减少了对地下水的开采。

（姚华萍）

【节水“三同时”管理工作】 年内，完成节水设施方案审查18个，临时用水审批项目9个，核定临时用水指标69万立方米。完成节水设施竣工验收项目4个，核定正式用水指标340立方米/日。

（姚华萍）

【节水器具换装工作】 年内，对北七家镇西湖新村、北亚花园社区，东小口镇华龙苑社区等6个老旧小区共计14300户开展节水器具换装工作，共安装水龙头3298个，座便器瓷低水箱440套，水箱配件3106件套，截止阀3258套，节水花洒4000套。通过该项工作的开展，每年节水达6万立方米。

（姚华萍）

【节水创建工作】 年内，对区中西医结合医院、中国人民解放军防化研究院、昌平三中等21个单位开展节水创建工作，积极开展水平衡测试、管网测漏、节水专项培训、节水宣传栏建设等工作，目前节水创建各项工作已全部完成验收。

（姚华萍）

【节水执法检查】 年内，制定《昌平区2015年节水专项执法检查活动工作方案》，以水价调整为契机，进一步强化节水执法检查，定期派出专项检查组，对高耗水行业、违法用水、违法排水、浪费水资源的行为进行查处，共出动检查人员2000余人次，检查用水单位1530家，其中洗车业42家，洗浴业25家，高尔夫球场8家，滑雪场2家，一般行业1453家。责令整改650余家单位，节水执法检查覆盖率为83%。实现了规范用水、合理用水、节约用水的目标。

（姚华萍）

【节水宣传活动开展】 年内，利用“世界水日”、“中国水周”“城市节水宣传周”开展丰富多彩的宣传活动，共发放宣传资料2万份，宣传品4千份，制作展板70块次，悬挂横幅20余条，组织宣传人员500多人次，直接受教育人员10万余人。

（姚华萍）

供　电

【概　况】 2015年，在区委、区政府的正确领导下，国网北京昌平供电公司（简称“区供电公司”）以创一流为目标，抓安全强基础，抓管理促提升，抓落实促规范，抓队伍强素质，锐意进取、扎实工作，完成各项任务，公司和电网发展再上新台阶。

年内，累计完成售电量58.85亿千瓦时，同比增长3.16%；完成营业收入45.21亿元，同比提高3.21%；完成固定资产投资11.66亿元，同比增长44.6%；公司所属110kV变电站28座，总容量2770.5MVA；35kV变电站8座，总容量272.6MVA；110kV线路40条，长度192.028km；35kV线路31条，长度155.728km；10kV架空线路149条，长度1519.53km；10kV电缆线路3578条，长度1675.079km。公司电网最大负荷127.2万kW。区供电公司荣获“全国文明单位”称号、首都文明单位标兵、纪念中国人民抗日战争暨世界反法西斯战争胜利70周年阅兵服务保障单位、市级交通安全先进单位等先进荣誉。

（闵政军　党剑）

单位名称：国网北京昌平供电公司
地址：城北街道永安路33号
电话：（010）69742681
邮编：102200

【电网规划与建设】　年内，紧密对接地区发展需求，收集地区控规，了解各镇重点开发项目，开展“十三五”主、配网规划滚动修编，并由区发改委牵头，实现地区规划、土地规划、电网规划三规合一。加强项目规划前期管理，完成东坨、岭上、中滩、七家庄切改、虎峪切改5项工程全部规划手续。取得山峡、桃洼、生命园等5项工程环评批复，信息港、七家庄两项工程规划手续取得阶段性进展。加强工程管控力度，虎峪输变电工程如期竣工发电，霍营至东小口、白坊送电工程、马池口升压工程达成里程碑计划目标，中滩、昌八线、七家庄、七家庄切改4项工程建设前期工作取得重要突破。推进配网建设改造“超常规”发展，充分发挥配网改造指挥部作用，科学制定工程计划，完成运检类改造工程90项，通信类改造工程16项，营销类改造工程1项，改造目标全面实现。

（闵政军　党剑）

【安全生产】　年内，深入开展“安全管理提升”活动，以落实安全主体责任为核心，完善安全管理体系，做实安全监督考核体系，提高安全大检查、安全审计等活动成效，推进安全风险管控和风险指数体系建设，强化安全技能等级培训，区供电公司安全基础管理水平稳步提升。安全监督管理进一步加强，完善集体企业、外协、外包队伍一体化管控模式，严格“双准入”审核把关，建立“负面清单”，落实淘汰机制，开展作业现场安全巡检580次，发放违章通知单32张，考核违章违纪外施单位17家。投入资金1.3亿元，组织实施技改、大修、维修项目260项。完成开闭站改造11座、输电线路标准化整治134公里、配网线路优化改造39路，电网设备健康水平进一步提升。成功应对阅兵供电“时间紧、任务重、周期长”的严峻考验，阅兵供电保障万无一失，受到阅兵联合指挥部办公室特别表彰。区供电公司累计完成政治保障任务38项，保电146天，全部实现“零闪动”工作目标，累计实现安全生产547天。

（闵政军　党剑）

【供电服务水平不断提升】　年内，区供电公司共管理营业客户53.50万户。全区共有重要客户28户，其中一级客户19户，二级客户9户。主动适应服务提升新要求，加强一线员工服务意识、服务行为培训，完善投诉处置流程，客户回访满意率提升至99.26%。拓展服务新手段，全部营业厅开通WIFI信号，完成掌上电力及微信电力用户绑定11.24万户。“促业扩、压结存”有效推进，严格执行“一证受理”服务要求，高度关注大客户与重点工程，简化业务环节，提高协同效率，累计完成接电容量92.3万千伏安，超额完成年度计划指标。成立电动汽车新能源管理班，规范自用充电设施报装，完成个人充电桩发电132项，率先完成2015年公共充电站建设项目发改委备案及2016年站点布局。营销工程加快推进，落实“全采集”工作目标，完成智能表换装9.9万具，改造台区采集1395台。老旧小区改造工程投运5项，2镇5村煤改电工程全部竣工，惠及居民2441户。

（闵政军　党剑）

【党建与精神文明建设】　年内，扎实推进“三严三实”专题教育，做到“规定动作必落实，自选动作有特色”，坚持高标准、严要求开展各项工作。领导班子成员讲党课廉课9次，专题学习32次，专题研讨4次，认真做好廉政约谈、召开民主生活会和组织生活会、强化整改落实和立规执纪等关键动作，促进思想政治和作风建设水平进一步提升。聚焦中心工作，创新发展模式，打造共建平台，成立阅兵村临时党支部和阅兵村共产党员服务队，同步开展军营体验、国防知识讲座、走访抗战遗址等系列活动，实现政治供电与政治素质提升双丰收。企业文化建设再上新台阶，“六个一”道德流动讲堂深入推进，宣讲范围扩展至集体企业、供电所，“电靓昌平”微信客户端累计注册798人，成为传播企业文化和精神文明建设重要平台。队伍建设再上新水平，以“提精神、聚人气、练队伍、展风采、促和谐、树新风”主题实践活动为载体，发挥榜样引领作用，连续两年开展“党员之星”、“党员先锋”评选工作。两年来，共有24人荣获“党员之星”称号，9人荣获“党员先锋”称号，激发广大员工履职尽责、勇攀高峰的进取精神，公司员工队伍政治素质、业务素质得到全面提升。品牌建设成效显著，突出重点工作，聚焦一线员工，开展专题宣传策划活动15项，社会媒体发稿118篇次、行业媒体发稿98篇次，进一步提升公司品牌知名度和美誉度。

（闵政军　党剑）

城　管　监　察

【概　况】 2015年，昌平区城市管理综合行政执法监察局（简称“区城管执法监察局”）在区委、区政府的坚强领导下，在市城管局的有力指导下，依托协调领导小组平台努力推进城市环境综合监管工作，结合“五管”工作积极发挥综合协调职能，围绕重大活动、重要节日扎实开展综合执法保障，强化职责，依法行政，大力加强队伍素质建设，提高全区环境水平，各项工作稳步推进。全年共查处各类环境秩序违法行为39470起，处罚4228起，罚款711.26万元，同比增长13.3%，拆除及配合拆除违法建设面积244万平方米。非法小广告移送停机1187条，社会表扬42件。

（王雪）

单位名称：昌平区城市管理综合行政执法监察局
地址：城北街道西关路12号
电话：（010）89785341
邮编：102200

【全力落实环境整治任务】 年内，根据全区统一安排，先后参加综合性执法20次，牵头组织项目化执法6次，出动执法队员2600余人次、协管员3800余人次、执法车辆1200辆次，共查处违法行为6250起，通过执法强化和源头治理，促进低端产业尽快清退，全面于服务人口规模调控工作。依据区政府“3+8+N”专项整治工作要求，对全区环境秩序乱点进行全面摸排和系统梳理，建立整治台账，对114处点位进行分析，制定了具体措施，在各镇（街）的统一指挥下，分批次开展整治工作。共规范无照经营1150起、店外经营876起，先行登记保存证据物品950件，有效地改善了城市环境秩序，并进一步压缩了街头违法经营的生存空间。

（王雪）

【做好拆违控违工作】 年内，在全力遏制新增违法建设的同时，借助全区加强流动人口调控、拆违控违和西部地区环境秩序整治的新常态，进一步加大对违法建设的打击力度。全年共拆除及配合拆除违法建设面积达244万平方米，向相关部门派发工作建议函23件，对违法建设采取行政限制措施143起。

（王雪）

【发挥综合协调和综合监管职能】 年内，全面加强落实城市管理问题监管通知单的派发和督办工作，共开展联合检查214次，检查主要大街25133条次，重要点位11859个次，办理市级监管通知单207件，办理系统内部监管通知单201件，自发区级监管通知单3773份，编发监管通报129期，“四公开一监督”专刊13期，督办反馈机制运转良好。组织区城管协调办相关成员单位召开各类工作例会和专题会16次，定期通报了协调办相关工作落实情况；固化与治安、交通、工商、环保、住建、市政市容等部门的联合管控机制，对主要道路、重点点位周边的环境秩序问题开展联合执法，进行专项整治；深入属地镇（街）及公安、水务等部门就具体问题进行沟通，商议整治措施，成功解决了沙河水库周边露天烧烤、昌赤路农家院广告标识等难点问题。

（王雪）

【全力做好纪念活动环境保障工作】 年内，为确保纪念活动服务保障工作万无一失，以阳坊、马池口、南口、沙河、回龙观、十三陵属地执法队为基础，以保障分队为机动，不断加大执法保障工作力度。全力配合属地各镇完成环境整治和拆除工作，同时梳理整治区级台账710起，并在规定时限内全部销账。日均出动执法力量260人次，开展联合执法276次，查处各类环境秩序违法行为5639起。努力克服点多、线长、面广的不利条件，始终坚持以最高标准完成每一项任务、以最严标准进行整治成果的保持和巩固，圆满地完成了此项服务保障任务。

（王雪）

【重大活动保障工作开展】 年内，针对冬奥评估团行程沿线及周边地区存在的环境秩序问题，区城管执法监察局第一时间部署力量，立即组织开展多波次执法，累计出动执法人员、协管人员1216人次、执法车辆267辆次，组织督导检查43次，确保市级台账问题753项在规定时间内100%销账，得到市城管执法局通报表扬，顺利完成了冬奥迎评的保障工作。科学统筹周密安排，顺利完成农业嘉年华等重点活动保障工作。结合大型活动场地周边实际情况，制定周密的保障方案，科学配备执法力量，出动执法力量4000余人次，车辆1000余辆次，开展专项执法90余次，确保了农业嘉年华、善行者公益活动、世界大学生魔术交流大会等重大活动期间的环境秩序良好。

（王雪）

【推进执法队伍建设】 年内，以“三严三实”专题教育为契机，进一步完善基层组织建设，健全基层支部班子，明确工作职责，开展抓阵地、抓组织、抓制度、抓活动的“四项规范化”建设活动，提升基层党组织标准化、规范化、科学化水平。将“三严三实”专题教育活动与市城管执法系统深化队伍管理“十抓”活动相结合，按要求开展学习研讨、专题党课、民主生活会和组织生活会，增强执法队伍的责任意识和使命意识，提高党组织的战斗力。

（王雪）

【深入推进党风廉政建设】 年内，制定年度党风廉政建设工作计划及《建立健全惩治和预防腐败体系规划实施细则》，整体统筹全年党风廉政建设工作；推进基层支部班子建设，设置纪检委员，建立执法队“三重一大”集体决策制度，强化支部班子“一岗双责”工作落实；投入资金采购执法记录仪等执法装备，为执法队案件处理室、信访接待室安装视频监控设备，把执法风纪与廉政风险防控相结合，全面树立纪律意识和规矩意识，推进党风廉政建设责任制层层落实。

（王雪）

【多种形式教育培训工作开展】 年内，开展全员集中学习一次，人均24学时，从政策分析、法律适用、执法技能、文书制作、信访办理、廉政建设等方面提升了执法队伍整体素质；组织科级干部、业务骨干参加各类专项培训21次，着重提升其综合业务能力和理论水平，带动了基层执法业务的推进；面向青年队员开展“展青春风采 树城管新风”知识竞赛等特色培训，激发了青年队员奋发进取的工作热情，增强青年队员的法制意识和实战能力。

（王雪）

环 境 保 护

【概 况】 2015年，昌平区环境保护局（简称“区环保局”）在区委、区政府的正确领导下，在市环保局的大力支持下，紧紧围绕建设美丽昌平的总体目标，以实施新环保法为契机，突出抓好大气污染防治、总量减排、环境监管、生态创建四项重点工作，不断深化环保队伍建设，持续改善环境质量，全力保障辖区环境安全，较好地完成了各项工作任务，为建设京北创新中心、国际科教新城奠定了良好的环境基础。

（张莹莹）

单位名称：昌平区环境保护局
地址：城南街道白浮泉路15号
电话：（010）69746293
邮编：102200

【大气污染防治工作扎实推进】 年内，市委、市政府出台了《北京市2013—2017年清洁空气行动计划重点任务分解2015年工作措施》，要求全区空气中的细颗粒物年均浓度比2014年下降5%以上。区委、区政府高度重视，制订下发《昌平区2013-2017年清洁空气行动计划重点任务分解2015年工作措施》，分解了62项任务，确定了17项重点治理任务，涉及66家单位。区环保局履行牵头职能，统筹抓好协调指导，确保各项任务落到实处。组织协调区发改委、财政局、经信委等成员单位召开协调会10余次，对重点、难点工程进行专题研究；加大燃煤锅炉改造力度，完成燃煤锅炉清洁能源改造867蒸吨；严格控制机动车尾气污染，共检查车辆102.28万辆，处罚车辆或施工机械环保不达标653起，淘汰老旧机动车30175辆；严格控制扬尘污染，协调区住建委，加大对扬尘污染的监管力度，全区112家、5000平方米以上的施工工地全部实现24小时视频监控；深化治理工业污染，协调相关部门，超额完成全市下达的28家退出任务，削减挥发性有机物224.5吨。全力保障"两大活动"期间空气质量，制定并组织实施了《昌平区空气质量保障方案》，"两大活动"期间，全区PM2.5日均浓度下降66.1%，为全市收获"阅兵蓝"做出了应有贡献。2015年，全区空气中细颗粒物（PM2.5）累计浓度为70.6微克/立方米，同比下降11.0%，超额完成市政府下达的下降5%左右的年度目标任务，全市排名第三；可吸入颗粒物（PM10）、二氧化硫（SO2）、二氧化氮（NO2）累计浓度分别为93.3、12.1、42.7微克/立方米，同比下降9.6%、42.9%、6.6%。

（张莹莹）

【污染物总量减排任务完成】 年内，与发改委等部门研究制定昌平区产业准入负面清单，建设项目主要污染物排放增量实现了零增长。协调区水务局，推进未来科技城再生水厂一期、百善再生水厂等重点减排工程建设步伐。南、北环供热厂已完成燃煤锅炉清洁能源改造。组织10家企业申请清洁生产审核评估，完成9家企业的登记申请工作。认真开展环境统计，上报154家工业企业、45家农业规模化畜禽养殖场等单位的环境基础数据。年内，昌平区二氧化硫削减率为4.56%、氮氧化物削减率为5.44%、化学需氧量削减率为7.41%、氨氮削减率为22.64%，完成了全市下达的减排任务。

（张莹莹）

【创建国家环保模范城区指标实现突破】 年内，制定《昌平区2015年度创模实施方案》，督促53个责任部门落实各自工作职责分解，128项重点创建任务均取得积极进展，其中119项基本完成。统筹推进基层创建工作，指导各镇街开展生态创建工作，组织马池口、兴寿上报国家生态镇申报材料，为流村、十三陵、南口3个镇申请共120万元市级环境优美镇复查奖励资金，已获批拨付。全区共有9个镇创成国家生态镇、13个镇创成市级环境优美镇、198个村创成市级生态文明村，15个镇的环境规划通过专家评审。全年，26项创模考核指标中21项已经达标，达标率突破84%。

（张莹莹）

【建设项目环保审批】 年内，坚持严把环境准入关，搭建沟通平台，开展建设项目网上申报培训讲座49期，共审批建设项目537项；强化审批监察联动机制，督促项目单位落实"三同时"制度，验收建设项目208件；优化审批通道，全区117项固定资产投资任务已办理环保审批手续；服务窗口共处理外网审批和验收申请4148件，出具回复意见函107件，接受群众咨询8035余人次，提前办结率和满意率均为100%。

（张莹莹）

【环境监察】 年内，开展温榆河流域污水排放和集中式饮用水源地非法排污口专项执法活动，处罚超标单位26家。组织开展环境保护大检查，共普查企业7656家，建立“一厂一档”企业955家。依据新《环境保护法》，依法对9家单位实施查封扣押，对1家单位实施停产措施，对4家拒不履行处罚决定的环境违法企业申请法院强制执行，受理3件行政复议案件。加强日常执法检查，深入开展燃煤锅炉、工业固废等环保专项行动，全年共检查单位5000家次，下发责令改正通知57份，行政处罚338起，罚金3530.85万元。全年共受理各渠道的环境信访件4290件，全部按时保质办结、其中优秀信访件23件，全市排名第一。妥善办理人大建议和政协提案7件，被区政协授予“先进办案单位”称号。

（张莹莹）

【排污申报登记和排污收费】 年内，按照排污费提标后的核算要求和“应收尽收”的基本原则，切实提高排污收费工作力度，更新污染源信息3000余家，排污费开单454家、收缴排污费2432.94万元，是上年的1.5倍。

（张莹莹）

【环境监测】 年内，强化环境监测能力建设，顺利完成2012-2015年度计量认证复查及扩项评审工作。积极筹建3个空气质量监测子站。全年上报9763个监测数据，完成建设项目环保设施验收监测314家、信访监测305次、应急监测10次。编制完成《2014年北京市昌平区环境质量报告书》和《2014年北京市昌平区污染源监测年报》，全面反映了昌平区环境质量状况。

（张莹莹）

【环保法制宣教工作】 年内，编写涉嫌危害环境犯罪案件移送工作规程、非诉案件强制执行等规定。组织召开行政处罚听证会6次、受理听证申请10件。以六五世界环境日为契机，组织开展环保知识竞赛等宣传活动，在昌平电视台制作播出《环保在线》专题节目50期，推送环保手机报10期，组织全区130名领导干部参加生态文明培训班。全年共发放宣传材料12万余份、宣传品600余件，条幅50余条，展出各类展板80余块。2015年，昌平区成为环保部政务信息直报点，年底在全国62个直报点中排名第10，区环保局被环保部评为2015年政务信息工作先进单位。

（张莹莹）

防 震 减 灾

【概 况】 昌平区地震局（简称“区地震局”）是昌平区人民政府负责防震减灾工作的职能机构，依法履行防震减灾主管机构的各项职责，承担本行政区域内防震减灾工作行政管理职能。2015年，区地震局在区委、区政府的正确领导下，始终坚持预防为主防御与救助相结合的防震减灾工作方针。严格遵守执行震情会商和震情跟踪制度，进一步完善全区防震减灾工作的三大体系建设，不断提高全区整体的防灾减灾能力。获北京市地震局2015年度区县防震减灾工作综合评比先进单位，北京市地震监测预报工作先进单位、政务信息先进单位。

（刘忠斌）

单位名称：昌平区地震局
地 址：城北街道南环东路1号
联系电话：（010）69726916
邮政编码：102200

【部分地震宏观观测站调整】 年内，对全区地震宏观观测站进行了摸底排查，结合各镇（街）的规划安排，调整了部分宏观观测站。其中撤消了回龙观镇、东小口镇、崔村镇（其中一个）

等3个地震宏观观测站，调整更换了十三陵镇的2个宏观观测站。5月，重新标定了各站的经纬度并上报市地震局。区属宏观观测站共有20个，都具备了五大要素：即有一定数量的观测规模、有一个稳定的观测场地、有两个固定的观测人员、有常用的联系方式、站内墙上有规范的管理规章制度。

（殷德倚）

【国家级、市级地震安全示范社区（村）创建工作开展】 年内，按照中国地震局《关于开展2015年第一批国家地震安全示范社区申报命名工作的通知》、《关于开展2015年第二批国家地震安全示范社区申报命名工作的通知》以及市地震局《关于开展2015年地震安全社区申报命名工作的通知》精神，全区共开展了5个国家级、4个市级地震安全社区的申报工作，并按要求结合5.12活动周、7.28唐山地震纪念日等宣传节点，开展了丰富多彩的宣教活动。防震减灾工作领导小组办公室为各创建单位配发了家庭应急包、应急帐篷、应急睡袋、应急照明灯、应急工兵铁锹、应急安全帽、应急担架、应急液压钳等应急物资及档案物资专柜。提高了各社区的创建热情，提升了个社区的创建基础。9月，昌平区参加2015年第一批国家地震安全示范社区申报的3个社区全部通过考评，获得了“国家级地震安全示范社区”的称号。

（张东亚）

【行政职权清单的梳理工作开展】 年内，按照市、区政府关于全面推行权力清单制度工作的部署要求，区地震局按照《中华人民共和国防震减灾法》等法律法规，对行政权力和行政服务事项进行了全面清理，并按照要求进行了网上公开。共有行政职权37项，其中行政许可1项、非行政许可审批3项、行政处罚24项、行政强制2项、其他行政权力7项，并已录入昌平行政职权公开透明运行管理系统和北京市行政审批事项目录管理系统，对外公布。

（张东亚）

【加强避难场所升级改造和建设工作】 年内，依照专家建议小汤山镇文化广场地震应急避难场所升级改造实施方案。在充分征求各有关部门意见后，得到区发改委建设及招投标批示，立项工作完成。10月组织召开建设工作部署会，提出工作要求，确定时间节点。于11月底前完成建设改造工作，配套疏散预案及运行保障制度同期完成。截至年底，全区共建成和升级改造（GB 21734–2008）标准的地震应急避难场所共20处，总面积248.4万平方米，可利用面积161.4万平方米，可疏散人员54.9万人。

（王佳琳）

交通·邮电

交 通

公路建设

【概 况】 2015年，北京市交通委员会路政局昌平公路分局（简称“区公路分局”），完成全年工作任务，区公路总里程达到1877公里。公路密度达到139.6公里/百平方公里。按照行政等级分：国道18.072公里/1条；市道250.679公里/12条；县级路323.358公里/60条；乡公路846.54公里/368条；专用公路44.2公里/39条；村道413.073公里/426条。截止年底，干线公路PQI为91.35，乡村公路PQI为88。全年建设、养护计划投资34521万元，完成投资34526万元，其中包括新改建续建1项；大修工程3项，共18.6公里；预防性养护工程9项，共92.28公里；旧桥改造工程2项；地质灾害防治工程1项；中小修日常维护等；一、二类桥梁比例为97.8%；路网系统设施完好率达到99%。全年共办理行政许可115项，其中高速公路行政许可5项，收取行政许可补偿金额1059.68万元；发现违法违规案件555件，结案548件，结案率98.7%，其中行政处罚案件78件，收缴行政处罚金额117.6万元（其中查处超限超载车辆69辆，处罚金额106.6万元）；处置赔偿案件44件，收取赔偿款25.8万元。

（程京亚）

单位名称：北京市交通委员会路政局昌平公路分局
地址：城北街道城角西路11号
电话：（010）69742714
邮编：102200

【完成抗战70周年纪念活动道路保障工作】 9月3日，抗战70周年纪念活动在京隆重举行，作为保障任务最重的区县之一，区公路分局不负使命圆满完成一般公路保障工作。为满足60吨履带式装备的通行要求，对9公里原有砂石坦克路实施硬化工程；对22.95公里的保障路线实施了路面预防性养护；对转弯半径较小的2处路口进行加宽改造；完成了顺沙路鹿场桥、四家庄桥、昌流路小营东桥、小营西桥4座桥梁的支护工程。针对温南路等阅兵基地周边道路，实施了45公里的环境整治工程，共完成路面保洁97.5公里，路面修复8000平米。实施环境整治专项行动，修剪沿线路树6985棵，提升交通标志27套，下发违法通知书13份，强制拆除违法设置的非公路标志115面。制定了路网系统专项工作方案，通过加装和迁移的方式对阅兵基地及重点路段覆盖安装视频监控设备，确保第一时间观测道路通行状况，为交通委、路政局对一般公路保障的统一指挥提供了保障。

（程京亚）

【完成工程建设任务】 年内，完成秦北路1.42公里路床和530米沥青底面层施工；完成大修工程3项，预防性养护工程9项，共计110公里；完成旧桥改造工程2项，秦上路京密引水渠桥完工，德胜口桥完成桥台、桩基、承台和一个墩柱施工，完成年度计划的100%。怀昌北路改建工程全长1.84公里，年内恢复施工，并完成道路工程建设任务。位于沙阳路重要交叉路口（六环出口、温阳路路口）的两座高压铁塔（35KV），存在安全隐患，严重影响道路通行。经区政府多次组织现场会议协调，拆除了两座铁塔解决了遗留问题，消除了安全隐患。在德胜口桥大修工程中开展"精品桥"示范工程，严格按照专项施工方案及评分标准实施，确保达到内坚外美的目标及示范效果。

（程京亚）

【养护管理水平不断提高】 年内，加强路面巡视养护，确保影响出行的道路病害在24小时内修复。全年共完成路面修补13.9万平方米，及时修复率达到100%；县级以上公路PQI达到91.35，较去年提升1.68。严格落实"十项制度"规定，明确桥梁工程师岗位职责，落实桥梁例行检查制度，安排专项养护资金，用于实体工程的占83%。一、二类桥梁比例为97.8%，无四、五类桥梁。加强隐患排查，治理17处道路交通隐患点。实施了5项重点绿化工程，完善"畅安舒美"路域环境。对小循环路线路面采取预防性养护、灌缝等措施，保持路况较好水平，对较差路段科学安排养护资金。将龙虎台物资储备中心提级为市级物资储备中心。细化防汛预案具体措施，顺利安全度过汛期。加强铲冰除雪保障工作，就西北货运通道与延庆分局建立联动机制，顺利完成2015年11月4日和11月22日两次大雪的铲冰除雪工作，保证了G110和G6辅路的安全畅通。

（程京亚）

【为民办实事，乡村公路管理水平再上新台阶】 年内，昌平区乡村公路养护总里程1249.13公里，乡村公路大修工程被列为区政府为民办实事工程，投资7536万元，完成大修工程71.8公里，加固桥梁1座，防护工程860立方米。区公路分局乡公路科与质量监督科联合对大修工程质量进行监管，并委托第三方对工程的重要指标进行检测。完成2014年区乡村公路大修工程绩效评价工作，获得90.1分的绩效评价成绩，被评为优秀。为保障乡村公路日常养护质量，区公路分局制定了2015年《乡村公路养护管理办法》，规范行业标准，聘请监理对道路加强巡视监督，全年进行6次日常检查，2次集中检查，半年和年终进行检查评定，组织3次乡村公路养护管理人员培训。

（程京亚）

【安全监管工作开展】 年内，健全完善了五项制度，开展"四不两直"检查80次，应急演练4次，召开各种安全会议19次，完成24项"养护工程平安工地"考核。组织安全培训2次；开展了5.12防灾减灾安全宣传，6.16安全文化下基层，11.9消防安全宣传等"安全生产月"活动；在北京市交通路政行业2015年安全知识竞赛中，获得第三名。

（程京亚）

【依法行政工作开展】 年内，全年共办理行政许可115项，其中高速公路行政许可5项，收取行政许可补偿金额1059.68万元；发现违法违规案件555件，结案548件，结案率98.7%，其中行政处罚案件78件，收缴行政处罚金额117.6万元（其中查处超限超载车辆69辆，处罚金额106.6万元）；处置赔偿案件44件，收取赔偿款25.8万元。严格规范超载超限治理，积极开展流动治超工作，大力推进治超非现场执法外场设备建设工作，目前部分监测点已开工建设。

（程京亚）

【信息化服务公众工作开展】 年内，区公路分局坚持及时发布公路出行信息。通过公路出行信息服务站发布路况信息22条，利用可变情报板发布信息2233条；严格24小时应急值守，规范接听"路政服务热线"，接听来电283次，做到及时答复，妥善处理。向区应急办、市局路网中心报送信息350余次；通过交通部路况信息管理系统报送路况信息17条。完成13处交通量调查设备工程施工，及时迁移视频监控设备位置，实现实时观测德胜口大桥施工状况。

（程京亚）

轨道交通建设

【概 况】 2015年，昌平区轨道交通建设指挥部办公室（简称“区轨道办”）在区委、区政府的领导下，努力发挥桥梁纽带作用，提高服务意识，加大协调力度，作为市政基础设施分指挥部成员，多次参会讨论辖区内轨道建设存在的问题。主要负责轨道交通昌平线二段工程的协调工作，做好拆迁及运营通车的服务保障工作；配合相关部门做好轨道交通桥下空间整治工作、地铁线路资金审计工作、做好京沈客专、京张城际及地铁17号线的征地拆迁及各项协调工作。

（白玉茹）

单位名称：昌平区轨道交通建设指挥部办公室
地址：昌平区南环东路
电话：（010）69746250
邮编：102200

【做好京张城际铁路八达岭越岭段相关工作】 年内，昌平区与京张城际公司已签订征地拆迁协议，开设项目专户并签订征地拆迁资金监管协议，完成《北京至张家口铁路八达岭越岭段工程征地拆迁补偿方案》的制定，八达岭越岭段拆迁工作已全部完成。京张城际铁路工程是实现京津冀一体化并服务于2022年冬奥会的国家级重点工程，昌平区境内长度约33.5公里，先期建设八达岭越岭段长度为6.14公里，其余为平原段。

（白玉茹）

【做好京张城际铁路平原段相关工作】 年内，区轨道办会同京张城际公司、设计部门到线路平原段现场踏勘，初步摸排占地情况并向市规委回复关于平原段征占七间房村土地相关意见。

（白玉茹）

【做好昌平线二段工程运营通车保障工作】 年内，区轨道办与地铁建设单位建立良好信息沟通机制，协调区相关部门、沿线镇政府确保昌平线二段工程2015年年底正式开通运营。

（白玉茹）

【协调解决昌平线二段工程地问题】 年内，区轨道办协调市建管公司、产权人、区相关职能部门，妥善处理昌平站A出入口及风亭永久占用和临时占用金平大酒店停车场相关问题；昌平站2号风亭占用农业局及金润龙水产院地问题；昌平东关站都市岳华永久占地问题等。

（白玉茹）

【协调做好昌平线二段工程车辆段搬迁问题】 年内，协调城南街道、被拆迁人做好邓庄车辆段工业区厂房拆除搬迁、大型精密仪器拆除及企业异地选址等工作。

（白玉茹）

【协调昌平线二段拆迁开具补偿款票据问题】 年内，在昌平线二段工程拆迁补偿过程中存在部分企业无法开具补偿款票据问题，区轨道办经过与区地税局等部门多次沟通，将该问题提交市政拆迁分指例会讨论，确定了解决方案。

（白玉茹）

【协调做好涧头村下穿居民的赔偿及安置工作】 年内，昌平线二段工程规划线路调整后，线路需下穿涧头43户民宅。地铁施工振动、降水对部分村民房屋造成开裂、沉降等现象。区轨道办会同十三陵镇、建管公司与受损村民多次洽谈协商，根据房屋受损检测报告及审计部门的意见，及时给予村民受损补偿和维修费用。

（白玉茹）

【协调昌平线二段工程施工对产权人造成损失的补偿】 年内，区轨道办协调处理地铁施工振动、噪音等对食家鸽园房造成的破损补偿问题；协调处理施工扬尘、振动等对村民果木造成减产问题。

（白玉茹）

【做好昌平线二段工程施工撤场后工作】 年内，区轨道办协调建管公司在十三陵景区站配建警务站；完成昌二工程公厕还建工作；地铁施工单位撤场后做好与水务、电力、园林等各部门的对接工作等。

（白玉茹）

【做好昌平线二段工程相关维稳工作】 年内，区轨道办处理了在建工程由于施工等原因造成的路面交通问题、群众出行等问题，东关路口双向车道还建路面坑洼沉陷问题；宁馨苑小区居民门前交通隔离带影响车辆掉头问题；西山口村民与中铁十六局因施工产生的纠纷问题等。及时消除隐患，维护了地区稳定。

（白玉茹）

【做好地铁17号线工程相关工作】 年内，区轨道办协助京投公司完成环评公参及社会影响调查并与市轨道交通建管公司签订歇甲车辆段征地拆迁补偿协议及项目资金监管协议。17号线是确保年内施工单位进场的市重点工程，昌平区境内总长约9.2公里，设站3座，分别为未来科技城北区站、未来科技城南区站、天通苑东站，并设置歇甲车辆段。

（白玉茹）

【做好京沈客专工程相关工作】 年内，完成与京沈公司征地拆迁协议的签订，开设项目专户并签订征地拆迁资金监管协议，完成《北京至沈阳铁路客运专线工程征地拆迁补偿方案》的制定。完成地上物清登调查和评估作价工作，并与产权单位协商地上物拆迁补偿工作，线路的勘测定界工作已完成。京沈客专线路昌平区境内长度约为4.9公里，征地面积128.547亩，征地范围内伐移树木5428株，涉及产权人为北七家镇鲁疃村、小汤山镇土沟村、未来科技城公司。

（白玉茹）

【做好京通电气化改移相关工作】 年内，京通铁路电气化改造工程，途经昌平区城北街道、马池口镇、南邵镇、崔村镇、兴寿镇多村，需对现有平交道口改立交工程，用地74.4亩，电气化设施改造用地约25.1亩。区轨道办协调镇街、产权单位配合北京市铁路局做好电气化改造环评公参各项工作。

（白玉茹）

【配合市区财政和审计部门做好拆迁资金的审计审查工作】 年内，区轨道办配合市属区属财政、审计部门做好拆迁资金的审计工作及审查工作；配合区审计局和审计公司做好昌平线二段工程拆迁工作的跟踪审计工作；配合市财政局及京投公司做好辖区内地铁线路延伸审计工作。

（白玉茹）

【做好昌8联络线工程遗留问题及永久占地工作】 年内，协调处理昌8联络线遗留问题，并配合京投公司做好永久占地各项工作。

（白玉茹）

【做好桥下空间安全隐患整治工作】 年内，联系京投公司、镇街、运营公司等相关单位做好全区地铁出入口公共空间和桥下空间设施治理工作，会同东小口镇、村委会协调处理兰各庄桥下自发市场安全隐患问题，为轨道交通安全运营保驾护航。

（白玉茹）

【做好轨道交通建设舆情解答工作】 年内，区轨道办百余次解答区委宣传部、区信访办、市民来电、来访的舆情解答工作。

（白玉茹）

【做好“三个清单”调查摸底动态信息报告工作】 年内，为贯彻落实《昌平区疏解非首都功能“三个清单”调查摸底工作方案》，推荐疏解非首都功能工作深入开展，区轨道办按照区政府会议精神，确定主管领导和联络员，按照要求梳理昌平线二段等工程的工程信息，定期上报区领导小组综合协调办公室。

（白玉茹）

【完成清洁空气具体任务】 年内，根据区委、区政府清洁空气行动计划要求做好地铁施工单位文明、环保施工进行属地监管工作。严格按照清洁空气方案，落实保障工作。同时根据区政府具体工作要求，按时向环保局上报清洁空气各项工作进展，完成了工作任务。

（白玉茹）

【做好轨道交通建设信息的宣传工作】 年内，配合区委宣传部、昌平电视台、昌平周刊做好昌平线二段工程采访工作，使市民能更直观的了解地铁建设进度及情况。

（白玉茹）

【完成汛期内轨道运营线路的安全上报工作】 年内，配合区市政设施科完成汛期内轨道运营线路的安全上报工作，在地铁施工单位撤场后，做好与水务、电力等各部门的对接工作等。

（白玉茹）

【做好重点节假日地铁运营安全的服务保障工作】 年内，在重点节假日及抗日战争胜利70周年纪念日期间，做好施工保障及运营维护等工作，确保节假日及纪念活动期间安全稳定。

（白玉茹）

运输管理

【概　况】 2015年，昌平区交通局（简称“区交通局”）履行交通运输行业监管职责，开展行业管理、行政执法与安全检查等各项工作，开通调整一批公交线路、站点，扩大电动出租车示范运营规模、公交设施建设维护等惠民工程，完成第三届北京农业嘉年华等大型活动运输保障任务，落实清洁空气行动计划各项工作，办理好人大建议、政协提案与信访工作，保持良好运输市场秩序和行业安全稳定局面，提高运营服务水平。昌平区道路运输行业共有境内公交企业1个，公交线路40条，运营客车462辆（其中新能源车116辆），从业人员865人，运营里程1144公里，客位16559个；出租汽车企业8个、个体23户，出租汽车2353辆，从业人员3225人；旅游客运企业8个，营运车辆316辆，从业人员323人；租赁企业39户、1178辆客车，从业人员236人；游船企业4个，各类游船120艘，从业人员12人；客运人力三轮车188辆（户、人）；货运6136户，各类货车22319辆、126153.7355吨位，从业人员3.3万人；机动车维修409户，从业人员4703人；铁路监护道口14处、监护员113名；轨道交通5、8、13号线，昌平线（一期、二期）境内站点共22个、运营里程43.6公里。 全行业共有运输、维修业户6816户，各类运输车辆、船舶26936辆（艘），从业人员4.3万人。行业全年公路货运量6500万吨、周转量15.5亿吨公里，公路客运量1.1亿人次，维护、维修各类型汽车100万辆次，全面保障区域建设发展、城市运行、人民生产生活需要。

（李娟）

单位名称：昌平区交通局
地址：城北街道北环路11号
电话：（010）69746109
邮编：102200

【运输行业安全生产专项行动开展】 1月12日至15日，区交通局开展运输行业“除隐患、压事故、保两节”安全生产专项行动，组成7个专项行动小组，深入区域客货运输、机动车维修行业企业，开展安全检查。期间出动执法车21辆次、执法人员64人次，检查行业企业37户，排查治理作业场所杂乱、可燃易燃物堆积隐患1处。

（李娟）

【376路公交延长至南口北山坡部队】 1月17日，经协调，市公交376路自现终点站南口北站沿军民路延伸至北山坡，每天6:30—18:00定点发送7班车，解决北山坡3个驻军部队官兵及家属和南口村西北部群众出行不便问题。

（李娟）

【推进交通行业信息化建设】 1月，督促引导区域专业运输企业为运营车辆安装车载定位装置，4129辆已安装GPS定位装置，安装率98%；铁路监护14处道口安装监控平台，实时监控监护情况，提高监管效率。

（李娟）

【春节期间交通运输服务保障工作】 2月18日至24日春节期间，区交通局做好交通运输行业安全监管。一是开展巡查检查，出动执法车24辆次、执法人员78人次。二是做好客运保障，区内公交共发车1.15万班次，安全运送乘客97.89万人次，旅游客运发车766车次，运送2.6万人次。三是坚持24小时值守，针对2月20日正月初二雪情，启动应急预案，停运区内公交6条山区线和路段，确保安全。

（李娟）

【出租车驾驶员妥善处置突发情况】 3月5日，全国“两会”期间，当日上午9:40，区北京四合汽车服务公司京BQ8844号出租车驾驶员杨光甫，在协和医院运送一男一女两名乘客去西单商场，当行驶至天安门西遇堵车时，驾驶员发现男乘客向车外抛撒传单，立即停车报警，并协助警方将其控制调查处理。

（李娟）

【水上交通安全知识进校园活动开展】 5月22日，在前锋学校，区交通局与区教委联合开展水上交通安全知识进校园暨“水上平安交通 安全伴我成长”主题宣传活动，全区300多名中小学生代表和各校、幼儿园安全管理干部共500多人参加。活动向学生代表发放《小学生水上交通安全教育读本》，以演示文稿形式图文并茂讲解安全乘船、事故应对、防止溺水与自救救援等水上安全知识，增强学生水上安全防范意识与和自救救人技能。

（李娟）

【调整线路解决华都肉鸡公司职工出行难】 5月28日，经区交通局实地走访、沟通协调，调整未来科技城微循环专线、昌51路2条公交线路途经华都肉鸡公司，解决公司和周边群众出行难。

（李娟）

【交通运输行业安全度汛】 6月1日至9月15日汛期，区交通局共出动执法人员450余人次，检查重点企业和场所、关键区域310多户次，特别对客运山区线路和轨道交通车站进行了重点巡查，确定隐患点8处；监督企业开展客运从业人员教育6次，开展防汛应急演练2次。汛期无重大事故发生，交通运输行业有序运行。

（李娟）

【做好高考期间公交保障相关工作】 6月7日、8日高考期间，协调市、区公交企业，高考时间段内，途经昌平一中（4条线路）、二中（南大街站24条线路）两个考点附近公交车站的市、区公交车辆，暂停语音报站与站点停靠，禁止鸣笛，为考生提供良好考试环境。协调电动出租车企业，部署一部分出租车驾驶员在考点附近候客，做好考生出租汽车服务保障。

（李娟）

【开展安全生产宣传日活动】 6月16日，全区安全生产宣传日，区交通局在永安公园、地铁南邵站、公交1路总站设置3处宣传点，开展以“强化依法治安意识，建设安全发展城市”为主题的安全月宣传咨询日活动。共出动15人，悬挂横幅2条，摆放展板4块，发放宣传材料2000余份。

（李娟）

【开展公交客运应急演练】 6月19日上午，在朝凤庵公交场站，区交通局组织万佳通公司40余名安全员，开展防火、防汛演练，由专业人员讲解公交运营突发情况处置、消防设施使用，并实际操作，提升应急处置能力。

（李娟）

【组织汽车维修企业消防演练】 6月30日，区交通局组织汽车维修企业火灾事故应急演练，以汽修作业现场发生火灾为背景，现场工作人员按照分工，分别进行灭火器材使用、切断电源、报警、车间停放车辆撤离、人员疏散等应急处置，30余户维修企业负责人现场观摩。

（李娟）

【2015年货运量抽样调查工作完成】 6月，开展货运量抽样调查工作，全区车辆样本179辆，7月底完成全部样本调查录入，并通过交通部科研信息中心审核。将依据样本基础数据，推算全区货运行业半年、年度货类、运量、周转量等数据，为实施行业调控提供依据。

（李娟）

【58辆新能源公交车上路运营】 7月24日，经区交通局推进，新增的58辆液化天然气新能源公交车正式上路运营，替换途经昌平城区的昌1、2、11、67路燃油车辆，进一步改善空气质量。至此，昌平区已有116辆新能源区内公交车。

（李娟）

【做好“两大安保”工作】 8月20日至9月3日，

区交通局做好世界田径锦标赛和抗日战争暨世界反法西斯战争胜利70周年纪念活动安保工作。一是严把运输保障企业车辆质量关、人员政治业务关，工作人员到运输保障企业，检查车辆状况，逐一审核承担运输任务驾驶员资质，签订责任书。二是开展安全大检查，出动执法检查人员220人次，深入运输行业110户重点企业，检查运营车辆387辆次，下达限期整改通知书6份，注销3个企业4辆货车道路运输证，并与主要负责人对话谈心，强化安全责任意识。

（李娟）

【纪念活动保障任务完成】 9月3日至5日，为完成纪念活动保障作用一是做好运输保障。在专运列车途经的兰各庄监护道口增派3名监护员（常规2名），加强车辆疏导。管理人员对道口进行24小时不间断巡查；组织13辆大客车运送本区450名观礼代表往返。二是做好秩序维护。期间每天安排4个执法检查组进行巡查检查，维护运输秩序。

（李娟）

【“十一”期间交通服务保障工作完成】 10月1日至7日国庆期间，区交通局共出动执法车辆24辆次、执法人员71人次，对本区的公交车站、城铁车站、公园门口、主要街道、铁路道口等区域进行巡查。区内公交462辆车全部上线运营，期间共发12363班次，运送乘客183.41万人次；旅游客运共发1042车次，运送游客3.58万人次；200辆电动出租车全部上路运营。“十一”期间，区内交通运输行业秩序平稳有序运行。

（李娟）

【营运黄标车集中清理工作完成】 11月初至12月中旬，区交通局开展2005年底前注册黄标货车退出营运工作，注销287辆2005年底前办理《道路运输证》的运营黄标车。

（李娟）

【区内道口煤改电工程通过验收】 11月18日，昌平区前白虎涧、南口村、畜仓屯等10处道口的煤改电取暖工程验收合格。

（李娟）

【地铁昌平线二期首个工作日运行良好】 12月28日，地铁昌平线二期开通后首个工作日，区交通局做好相关交通运输服务保障工作。一是安排执法人员对北邵洼、东关、昌平等站的客运组织、安检措施、站内环境秩序等方面进行检查，确保运营安全。二期早高峰期间东关、昌平客流大站2万余人次，十三陵景区、西山口站300余人次，线路运行平稳。二是各站公交接驳顺畅，配合二期开通，新开、调整和既有线路各站公交接驳布局分别为：北邵洼站（何营）9条、东关站20条、昌平站（南大街）19条、十三陵景区站2条、西山口站2条。

（李娟）

【冬春季火灾防控专项行动开展】 12月，区交通局开展交通运输行业冬春季火灾防控，组织开展消防安全宣传培训5次、演练活动2次，出动执法人员240人次，检查各类运输企业120户次。对消防器材未及时更换、消防疏散通道不畅通、可燃物未及时清理等问题，下达《限期整改通知书》2份。

（李娟）

【交通运输行业安全稳定】 年内，区交通局共出动执法人员2688人次，检查运输行业各类违法行为立案299起、罚没款83.22万元；检查运输行业企业1643户次、车船4729辆（艘）次，针对问题下达限期整改通知书76份。区域交通运输行业未发生重特大事故，总体安全稳定。

（李娟）

【治理公路超限超载运输】 年内，区交通局坚持路面治超全覆盖，重点加强大宗货源单位、砂石场周边超限超载治理。共出动执法车1320辆次、6864人次，检查货车10912辆次，查扣超限超载货车151辆次，强制擅自改装恢复原状75辆，卸载货物2730吨，罚款150.91万元。

（李娟）

【受理办理行政许可与服务】 年内，交通行政服务大厅受理交通行政许可与服务事项19409件，办结率100%，在服务对象343份随机评价中，满意度99%。

（李娟）

【做好运输行业从业资格培训】 年内，区交通局举办运输行业从业资格培训班7期，665名客、货运输驾驶员通过培训考试获得从业资格。

（李娟）

【营运车辆二级维护检测与技术等级评定】 年内，区汽车综合性能检测站对客、货营运车辆二级维护检测、技术等级评定共2.9万辆次。

（李娟）

邮　电

昌平邮政

【概　况】 2015年，中国邮政集团公司北京市昌平区分公司（简称“区邮政局”）服务范围覆盖全区21个镇（街道办事处），305个行政村，服务面积1343.5平方公里。下设四部一室一中心、五个专业局和集邮公司；下辖12个邮政支局、35个邮政所，其中邮政储蓄网点24个、支行24个；信箱信筒447个；全局共有投递道段127条，总里程4603公里；村邮站305个；便民服务站27个。年末职工人数646名。主要经营有邮政基础业务、邮政储蓄业务、邮政增值业务、邮政附属业务、电信公众业务；与邮政、电信业务相关的设计、施工、销售、咨询以及国务院通信主管部门批准开办的其他通信业务；邮政物流；电子邮件业务；化肥、农用物资配送；航空机票销售代理；保险兼业代理；零售预包装食品；销售日用品、化肥、农药、农膜、不再分装的包装种子、文化用品、工艺美术品；零售五金交电等业务。

（张晓影）

单位名称：中国邮政集团公司北京市昌平区分公司
地址：城北街道政府街25号
电话：（010）69742290
邮编：102200

【大学生包裹收寄工作完成】 6月24日，全面启动大学生包裹收寄工作，根据每个学校特点制定不同的收寄方案和应急预案，于7月7日圆满完成此项工作，共收寄大学生包裹3873件。

（张晓影）

【经营成果】 年内，邮政业务总量完成15375.68万元；邮政通信总量完成16186.54万元；邮政业务收入完成17398.17万元，实现利润3336.41万元；全员劳动生产率实现25.02万元/人。各专项业务均实现了较好发展。

（张晓影）

【提升服务质量】 年内，加大网点形象建设力度，对营业网点安防设施进行更新、维护。以亮标准、亮身份、亮承诺，比技能、比作风、比业绩为抓手，发挥基层党组织的战斗堡垒和共产党员在为民服务中的先锋模范作用，不断提高了邮政普遍服务和商业服务水平。新通邮楼房448栋、25107户，新建楼房通邮率达到100%；服务满意度93.98分，满意率100%。

（张晓影）

【第三届北京农业嘉年华服务任务完成】 年内，认真落实邮件安全制度，全面分析第三届北京农业嘉年华用邮特点、收寄、封装、出口等需求，做好充足准备，确保邮政服务安全，专门成立了服务保障指挥部，明确责任分工，对活动场馆进行了实地考察，建立了邮政服务设施的相应服务预案；分析参会人员结构，安排专人、专车负责邮件的进出口投递，为观光游客提供优质服务；区邮政局被北京农业嘉年华组委会授予“最佳服务保障奖”。

（张晓影）

【抗战胜利70周年阅兵村服务保障工作完成】 年内，认真落实阅兵服务保障安全制度，根据阅兵服务用邮特点、收寄、封装、出口等需求，制定了邮政阅兵服务保障安全的相应预案，确保邮政服务安全；成立了专项活动保障组织机构和工作组，设立5个阅兵村临时邮局，成立了6个流动服务收寄小组，抽调了政治素质好、业务水平高的精兵强将开展了历时150天的流动服务，安排专人、专车负责邮件的进出口投递，为阅兵官兵提供优质的服务；区邮政局被北京市委和阅兵联合指挥部授予“优秀服务保障单位”称号。

（张晓影）

【合理调整网点经营模式】 年内，为了更好的完善大众的用邮需求，对沙河、南口、东三旗、回龙观、北七家、十三陵局所完成了装修改造工作。

（张晓影）

【落实人大代表提案加快户箱工程通邮】 年内，组织召开了回龙观社区新装信报箱使用工作专题会议，对户箱工程和未通邮社区的通邮工作进行现场办公，为8个小区238栋楼房305个单元12115户办理了通邮手续，完成了人大代表提案和新安装信报箱的启用工作。

（张晓影）

【提高综合服务能力】 年内，提升邮政形象，提高服务质量。加大业务知识培训，全面提升人员服务质量，整合局内部资源，实现资源互补，注重整合各类邮政业务资源，大力开发跨专业综合营销项目，为客户提供综合性服务方案。

（张晓影）

【加强安全管理 确保平安邮政】 年内，加强营业与投递的安全管理，严格落实内部检查制度，对所有投递部、代投点、部分收发室、村邮站、信报箱进行彻底检查清理，对发现问题及时进行处理和整改；新增普邮道段3条、商投道段4条；合理调整了电动三轮车的使用，新增电动三轮车28辆，提高了投递员的工作条件；扎实推进“安全生产专项治理活动”；坚持层层签订安全目标管理责任书，加大检查力度，采取领导带班、突击检查等有效措施，消除安全隐患。

（张晓影）

【为职工办实事】 年内，开展“两节”慰问和帮扶救助工作；组织女职工开展“三八”节活动；扩大了职工医疗互助保险救助范围；女职工进行健康体检，建立健全了女职工体检健康档案。

（张晓影）

【代理金融网点转型】 年内，积极组织网点金融人员进行实践操作及理论培训，确保集中授权系统上线工作顺畅，规范了业务处理流程，提高了大堂服务水平，有效避免投诉的发生。

（张晓影）

【新生儿血片筛查揽收业务】 年内，新生儿血片筛查业务共揽收新生儿血片22130件，全年运行无差错，受到了用户的一致好评。

（张晓影）

【国内小包业务投递力量增强】 年内，为满足寄递轻小件商品的商户需求，提升邮政基本服务品质，增加了电动车28辆，安装了手持终端综合充电柜，用于支局投递，减轻了投递人员的劳动强度、提高了工作效率，增强了国内小包业务投递力量。

（张晓影）

【强化两会期间邮件安全收寄验视工作】 年内，落实重大活动期间的邮件安全工作，重点关注验视环节，封发、运输环节严格执行三项基本制度及封闭作业制度。做好非法出版物的查堵工作，确保了邮政服务安全、寄递物品安全、用户用邮安全。

（张晓影）

【实现服务三农快速发展】 年内，整合网点和村邮站资源，加快综合服务平台建设，发挥空白乡镇网点开业的有利条件，创新经营模式，实现直营店的规模效益；增加便民服务站数量和业务种类，树立邮政服务三农新品牌。

（张晓影）

【复转军人包裹收寄工作完成】 截至12月31日，圆满完成22个驻昌部队的军包收寄任务，共收寄包裹6000件，为部队官兵提供了优质高效的服务。

（张晓影）

昌平联通

【概　况】　2015年，中国联合网络通信有限公司北京市昌平区分公司（简称“昌平联通”）在区委、区政府和上级公司的正确领导下，坚持变革执行，提质增效，转型发展，各项工作取得了扎实进展。树立大局意识，加强组织领导，以高度政治责任感确保通信畅通。以服务作为根本，推进“网络瘦身、光进铜退”，实现昌平地区全光网络；启动4G建设会战，优化移动网络信号覆盖，推动各项通信业务发展，为加快昌平地区信息化建设进程作出了重要贡献。

（张迎亚）

单位名称：中国联合网络通信有限公司北京市昌平区分公司

地址：城北街道政府街8号

电话：（010）69741001

邮编：102200

【完成昌平地区光纤改造】年内，积极推进“网络瘦身、光进铜退”惠民工程，对现有铜缆免费进行光纤改造，以实现节能减排、提升网速与质量、承载更多增值业务的目的。在时间紧、任务重的情况下，全体人员加班加点、保质保量，及时完成了昌平地区用户光纤网络改造，实现昌平地区全光网络覆盖。共计退网7个端局，撤除各类铜缆8.3万对公里。

（张迎亚）

【提升移动网络质量】　年内，为进一步提升移动网络质量，一方面启动4G网络会战，对昌平重点区域、重点高校、楼宇宏站和室分信号覆盖进一步完善，满足规模用户使用需求；另一方面，通过基站扩容、深度优化、RF优化整改等措施提升片区移动网络质量，对城中村黑直放站干扰问题进行专项调研整治。

（张迎亚）

【配合做好重大活动通信保障】　年内，以高度政治责任感，按照精益求精、万无一失的工作方针，完成“两会”、“第三届农业嘉年华”、“抗战纪念阅兵演练”等通信保障工作。特别是为做好抗战纪念阅兵演练通信保障，克服困难，积极协调各级单位，及时保障了军方通信需求。

（张迎亚）

【持续提升服务保障】年内，严格遵照公司“服务为先”理念要求，以客户感知为中心，以客户需求为导向，坚持服务高标准、考核高要求、追责高强度，整体服务水平进一步提升。全年共安排20位三级经理到营业厅进行值班，记录了32条问题及提出相应解决建议。建立客服集中管控体系，畅通分公司级服务电话接听受理渠道，为用户业务咨询、资费咨询、查询装机进度等服务需求提供了便捷通道。新成立7家自有营业厅，进一步提升重点区域服务覆盖能力，提升用户业务办理便捷性。

（张迎亚）

【推进信息化进程】　年内，依托于高速、稳定的固定网络和移动网络资源及丰富的终端和应用，积极推进各项信息化行业应用、组网、物联网等创新业务。在创新业务方面，成功打造聚利科技“物联网＋车联网”平台、小云科技公司“互联网＋空气检测平台”、昌平供电局“互联网＋智慧电网”微信服务平台、财政局“物联网＋金财网”等互联网平台。在智慧家庭方面，继续推进智惠沃家、宽带电视等增值业务，使得用户能够享受到现代通信服务带来的便利生活。

（张迎亚）

【加强企业合作】　年内，与中关村昌平园达成信息化合作意向，与下设园区、写字楼、孵化器等加强信息业务合作，共同为助力“万众创业”、“互联网＋”贡献力量。对公安局等部分大客户创新维护管理，组织各代维单位召开现场经验交流会，针对使用业务进行培训，进一步提升维护保障。

（张迎亚）

【加强校园服务与创业合作】　年内，共进驻昌平地区26所高校提供校园通信服务，不仅通过校园合作店铺、现场营销、线上营销等方式提供学生专属移动产品、校园宽带、无线网络服务，更是培养了一批骨干合作社团，提供创业培训、合作平台，为提升大学生实践能力做出贡献。

（张迎亚）

【落实整改从严治企工作开展】 年内，坚持从严治企，深入开展管理、作风问题自查自纠和专项整治，落实“三严三实”专题教育，继续进行党风廉政建设。先后在财经纪律、物资采购、办公用房、公务用车、文山会海等方面进行了自查与规范，为企业健康发展营造了健康、廉洁的良好氛围。在安全生产等方面，从杜绝隐患入手，将管理工作落到实处，企业生产经营安全有序。

（张迎亚）

昌平电信

【概　况】 2015年，中国电信股份有限公司北京分公司昌平电信局（简称“昌平电信局”）为属地的政府、企事业单位，商业楼宇、住宅小区等机构客户以及广大的公众客户，提供包括宽带互联网接入、移动通信、信息化应用及固定电话等产品在内的综合化信息解决方案以及宽带应用等增值电信业务。在中国电信北京分公司的正确领导下，始终秉承着“用户至上、用心服务”的理念，不断创新业务模式、提高服务能力。全年，昌平电信局紧跟集团公司和北京公司转型发展步伐，紧紧把握住信息通信产业日益呈现的大变革、大融合的发展趋势，秉承“开放、合作、创新”的互联网精神，定位于“智能管道的主导者、综合平台的提供者、内容和应用的参与者”，打破传统思维禁锢，全面深化企业改革，持续推进战略转型。

（何京楠）

单位名称：中国电信股份有限公司北京分公司昌平电信局

地址：城北街道鼓楼北街12号

电话：（010）59704775

邮编：102200

【协助属地同贺节日】 3月5日，昌平电信与属地三街社区共同举办羊年元宵佳节精彩表演活动，让辖区居民们共同感受了羊年元宵节的喜庆气氛，由昌平电信局4名员工出演的卡通人偶节目获得好评，节目宣传电信产品，提升企业认知度，密切与社区居委会间的关系，为属地内精神文化建设做出贡献。

（冷笑非）

【提供集成服务 助力阅兵保障】 8月至9月，昌平电信局成功为“纪念中国人民抗日战争暨世界反法西斯战争胜利70周年阅兵式”提供通信服务重点保障，为昌平属地部队客户接入多条优质线路，提供多重物理路由保障，根据各部队差异化通信需求，提供优质系统集成服务，为阅兵式的顺利举行提供强有力的支撑服务。

（彭鑫驰）

【参加解读京津冀一体化政策培训】 9月17日上午，昌平电信局政企方向负责人受邀参加了由区企业联合会组织的《京津冀协同发展规划纲要》解读培训。结合市、区发改委领导对政策的解读以及对昌平区域特点分析，昌平电信局与属地企业在培训后就京津冀一体化战略进行研讨，利用政策红利，创新思路，共谋发展。

（贾岩）

【协作共促校园信息安全工作】 10月，昌平电信局落实“教育部部属高校信息技术安全培训会”精神，走访属地高校，了解到中国石油大学昌平校区将在年底对学校信息系统的安全测评及等级保护进行招标。昌平电信局校园团队快速做出反应，经过多轮技术沟通与商务协商后，12月7日中标。

（谭啸）

【客户服务热线全天候服务】 年内，昌平电信局客户服务热线10000，通过人工服务，全天候为您提供业务咨询与受理、费用查询、障碍申告、投诉及建议服务。网上营业厅面向包括天翼客户、我的e家客户和商务领航客户在内的所有北京地区客户提供不间断的服务。客户可以访问登陆网上营业厅进行业务信息查询，话费查询、业务办理、靓号选购、充值缴费能操作，足不出户鼠标一点即可完成大部分的业务服务。

（何京楠）

【网点覆盖广服务能力增强】 年内，昌平电信局属地合作网点大规模发展，社会渠道网点规模较2014年有较大增长，合作厅和专区遍及昌平区各个热点商圈及居民居住区，为居民办理通讯业务提供便利。合作型网点逐步实现固移融合业务转型，全方位满足日益增长的居民通信需求。以合作型网点为中心，辐射厅店附近村镇，大力开展“电影下乡”的惠农服务工作，为昌平村镇群众业余生活提供便利。

（马大林）

【百兆宽带提速降费】 年内，响应国家号召，落实集团公司“提速降费”工作要求，更好地适应市场竞争，昌平电信局在全区域内FTTH接入类型社区开展“百年电信，百兆宽带”的营销工作。加快非光社区光改进度，实施改销同步，实践公司“四个一片”战略，有效提升在网用户宽带速率，增强用户感知，同时为IPTV的加载工作打下基础。

（段笑非）

【创新提升服务工作】 年内，为创造客户全新体验，提升客户感知，全年昌平电信局自有营业厅不断推出各项便民服务。推出了翼支付、NFC手机一卡通等便民民生应用产品，为用户提供差异化服务；电信自有营业厅已实现公交一卡通充值服务，提升用户体验，助力打造“智慧生活”。

（何京楠）

昌平移动

【概　况】 2015年，中国移动通信集团公司北京有限公司昌平分公司（简称“移动昌平分公司”）主要承担厅台服务、集团客户推广与维系、网络建设与维护、行政管理等全方位多元化的综合性工作。根据昌平区环境和地域的特点，移动昌平分公司秉承“正德厚生、臻于至善”的企业核心价值观，以卓越品质锻造一流信息服务，积极为昌平区人民提供方便、及时、快速、准确的移动通信服务，并助力于昌平区经济发展和信息化建设。移动昌平分公司在北京公司的正确领导下，在区委、区政府及各委办局大力支持下，全面贯彻党的十八大，十八届三中、四中、五中全会以及中央经济工作会议精神，牢固树立和贯彻发展新理念，适应和引领行业发展新常态。广大干部员工奋勇拼搏，继续保持4G领先优势，不断提升服务能力，着力改善网络质量，各项工作平稳有序开展。

（冯静）

单位名称：中国移动通信集团北京有限公司昌平分公司
联系地址：城北街道南环东路42号
联系电话：13911396699
邮政编码：102200

【服务提升篇】 年内，移动昌平分公司推进自主营业厅服务质量专项提升，一是改善营业厅基础环境，对9家自有营业厅进行了改造与大修，调整了综合布局、优化了基础设施。通过厅台环境的改善，为昌平区移动用户提供更舒适的客户服务体验。二是营业人员主动服务与业务能力常态化提升，通过梳理营业厅现场服务关键要素、改善服务细节、评选优秀标杆厅等多项举措，实现“两提高一降低”：提高客户服务亲和度，提高业务办理准确性，降低客户排队时长。通过规范业务办理、宣传电信诈骗防范技巧、不知情定制先退订再查证等系列措施，为用户权益保驾护航。大力开展“企业服务不出门”活动，以全区各类大中型企业为服务对象，整合公司优质资源，定时定点为企业及员工开展信息化及个人业务的上门服务。年内已在全区开展上百场次的现场服务。

（冯静）

【社会渠道篇】 年内，移动昌平分公司大力发展渠道建设，以全区域覆盖为基础，以全渠道优质运营为目标，强化与合作伙伴的合作。已建立千家合作伙伴店面，贴身覆盖所有小区，满足客户需求，为客户提供更加便捷的服务。

（冯静）

【智慧家庭篇】 年内，移动昌平分公司积极响应政府惠民工程号召，推进宽带中国建设工作，年内完成昌平区39%社区的光纤入户工程。以“还利于民”为目标，将宽带使用费降低到1元/天，大大降低了互联网使用门槛，丰富了昌平区家庭用户的网络生活需求。

（冯静）

【智慧城市篇】 年内，移动昌平分公司与国土资源局推广视频监控项目，此项目设计使用昌平区域内86个移动基站安装摄像头，对区域基本农田及违建高发区进行监控。实现了对违法建筑的自动比对、自动报警功能，大大提高对违建的发现和监控，提升违建处理的工作效率。自开通后对违建拆除整改进展情况进行实时监控，有力于提高辖区土地利用管理水平，有效遏制违法用地、违法建设行为。与区市政市容委签署西部环境治理项目，在西部增加了50余路监控探头，实现了与城管系统对接。50余路视频监控探头运行平稳，利用视频监控技术对昌平区西部管理、治安防范的重点区域起到了有效的监督预防效果，拓宽了城市管理信息的收集渠道，实现了信息资源共享，与公安、交通队等多部门实现视频共享，在公安案件及交通事故等时间中发挥了很大的作用。物联网应用是智慧城市建设的重要基础，移动昌平分公司重点推进物联网业务发展，在智慧农业、穿戴设备、节能环保、智能终端、智能制造等重要领域为相关企事业单位提供了大量的物联网应用解决方案和服务，全年累计开通物联网卡30余万张，为昌平区物联网应用推广及相关产业链企业快速成长发挥了重要作用。

（冯静）

【校园服务篇】 年内，移动昌平分公司全面完善属地28所中高校开展校园迎新活动，免费向学校提供校园迎新专用展蓬、展伞、促销桌椅、现场办公MIFI、贫困生赠机、迎新专用购物袋等学校迎新必备物资。为及时满足各地学子通信需求，迎新期间提供号卡销售、换卡、充值、终端销售等优质现场服务300场次。针对学生通信需求及消费能力，特制定专属4G校园专用卡并享“200免费打一年”超级特惠资费，确保新生享受移动超优质通话及超速上网服务，该服务受到新生广泛认可。同时，移动昌平分公司在10余所高校建设WLAN网络，为学生提供免费上网通道，极大丰富了学生们学习途径及日常生活。

（冯静）

【网络提升篇】 年内，移动昌平分公司大力发展TD-LTE网络，着力改善和提升昌平区无线网络质量。年内全区4G网络覆盖率较2014年提高60%，昌平城区、回龙观、天通苑、大学城等主要区域覆盖率提升了19%，4G无线网络的下载速率提升200%。通过加强4G网络的覆盖，全区无线网络的信息化水平进一步提升。实践市“无线城市”战略方针，结合市年度信息化发展思路，重点开展打击整治‘伪基站’专项行动，通过加强伪基站的排查整治保护昌平区群众财产权益和个人通信隐私。积极联系配合昌平刑警支队、各派出所民警，在回龙观和天通苑等高发区域定期排查伪基站，年内共协助警察抓获13起伪基站嫌疑人。其中包含了发送假发票信息、房产广告、招嫖短信等，通过破获这些案件，预计减少垃圾短信600万条以上。移动昌平分公司利用有效的行动打击电信诈骗活动，净化网络空间，为移动网络信息安全作出贡献。

（冯静）

农 业

农村工作

【概 况】2015年,昌平区农村工作委员会(简称“区农委”)在区委、区政府的坚强领导下，紧紧围绕全区建设现代化的京北创新中心、国际科教新城的中心目标，按照“强二优三精一”的产业发展思路，以“精一”为奋斗目标，以促进农村经济发展和农民持续增收为出发点，以增强农业生产和生态功能为工作主线，以发展低消耗、高效益的生态农业为主攻方向，推进产业结构调整，加快农业经济发展方式转变，促进农业增效、农民增收、农村和谐，农村经济保持平稳较快增长。全年农村经济总收入实现392.4亿元，同比增长8.8%；农村居民人均可支配收入达到20115元，同比增长9.1%。

（李国荣）

单位名称：昌平区农村工作委员会
地址：城北街道政府街19号
电话：（010）69742758
邮编：102200

【农村家庭财产保险工作】 1月28日制定并印发了“关于2015年开展农村家庭财产保险工作的实施意见”（昌农发〔2015〕5号）。全区21个镇（街）288个村73664户参保，2月11日0时起保。截至11月底出险261起，其中风灾108起，雷击116起，暴雨12起，火灾25起，估损金额120万元,201户已获得赔款110余万元。

（张淑媛）

【涉农专项贴息贷款实施办法出台】 1月，出台了《关于进一步完善涉农专项贴息贷款工作的实施办法》,贷款对象在“一花三果”、食用菌、民俗旅游六类产业的基础上，增加了蔬菜种植、农产品加工；贷款银行也全面放开，不在局限于指定银行，贷款贴息从全额贴息改为按照6%的贷款利率进行贴息。

（王佳）

【上报农村土地承包经营及流转情况统计表】 1月，完成2014年《北京市农村土地承包经营及流转情况统计表》的整理上报工作。

（张涛）

【春节前安全生产检查开展】 2月12日，副区长李志杰带队，率区农委、农业局、农服中心相关负责人对全区农业安全生产进行抽查，分别查看了百善镇狮子营村阿卡农庄温室大棚及卷帘机安全使用情况，崔村镇南庄营村川府菜缘设施农业及沼气站安全生产工作，南邵镇姜屯村节能吊炕安全使用情况。

（雒凯）

【政策性农业保险工作】 2月27日制定并印发了“关于2015年政策性农业保险工作的意见”（昌农发〔2015〕7号）；共开办24个险种，较去年增加了生猪价格指数、蜂业气象指数和果树树体保险等3个险种。截至11月底，有2602户参保，保费总额1693.09万元，总保额42966.83万元。

（张淑媛）

【落实全市农村工作会议精神】 4月1日，区委、区政府组织区农委、新农办、农业局、园林绿化局、水务局、经管站、住房城乡建设委、经济信息化委、旅游发展委等部门主要领导，各镇（街道）党（工）委书记、镇长，市级龙头企业和市级合作社示范社近80人就贯彻落实全市农村工作会议精神，全面做好2015年工作进行讨论。区委书记侯君舒主持会议，区长张燕友、区委常委、区委统战部部长孙启，副区长李志杰出席会议，市农委、市农业局、市环保局领导参加了会议。会上，首先由区农委、农业局、镇党委代表、龙头企业和农民专业合作社市级示范社代表就如何落实市农村工作会议精神、做好2015年各项工作进行了交流发言。市农业局副局长马丽英对讨论情况给予充分肯定，并对昌平未来发展提出了建议。李志杰对2015年“三农”工作五个方面的重点任务进行了部署。张燕友从高端发展、绿色发展、减量发展三个方面对2015年工作提出了新要求。最后侯君舒强调了三点意见：一是认真落实市委决策和区委部署，坚持高端发展、绿色发展、减量发展。指出减量发展是基础、绿色发展是底线、高端发展是方向。二是要以改革的精神来推动各项工作创新。指出要全面理解改革精神，突出改革问题导向，坚持从具体问题入手。三是要加强农村基层党的建设。指出，要层层落实基层党建责任，加强服务型党组织建设和加强农村党风廉政建设，建立风清气正的农村氛围。

（李国荣）

【山区高清交互数字电视推广启动仪式】 4月30日，区农委、歌华有线昌平分公司在慈悲峪村联合组织“昌平山区高清交互数字电视推广启动仪式”。按照区委、区政府“对口支山”工作部署，歌华有线昌平分公司以延寿镇慈悲峪村为试点实施“数字家园阅览室”、“村委会及活动广场WIFI覆盖服务”、“高清交互数字电视服务项目”，通过项目扶贫，推进延寿镇慈悲峪村发展。

（邹虎）

【流村镇禾子涧村搬迁工作协调会召开】 5月19日，副区长李志杰主持召开流村镇禾子涧村整村搬迁工作协调会，区市政市容委、市国土昌平分局、市规划委昌平分局、区水务局及流村镇相关领导参加会议，会议由区农委副主任殷永增主持。会议明确了搬迁责任主体，搬迁时序和各部门职责，推进了禾子涧村整村搬迁工程。

（邹虎）

【区政协视察都市农业发展情况】 5月29日，区政协副主席李永生带队一行20余人对昌平区都市型现代农业建设情况进行视察。参观了阿卡农庄大棚以及小汤山农业园水培蔬菜生产企业，参观后进行了座谈。

（李国荣）

【“昌平栗蘑”品牌优势加强】 5月，经过复核审查，中国特产之乡推荐暨宣传活动组织委员会继续授予昌平区“中国栗蘑之乡”称号和“中国特产之乡”商标品牌使用许可权，确保了昌平栗蘑在全国范围内的品牌优势。

（邹虎）

【区政协委员视察传统村落保护工作】 6月3日，由区政协主席陈秋生带队，区政协委员及工作人员共30余人，到流村镇长峪城村视察传统村落保护工作。长峪城村于2014年被列入第二批中央财政支持范围中国传统村落名录，根据保护规划，将本着真实性、完整性的原则，对村落环境、建筑进行保护和利用。委员们实地踏看了长峪城村保护情况和村容村貌，听取了区农委、流村镇和长峪城村关于长峪城村发展现状和保护利用计划的汇报，并对全区传统村落保护工作开展的情况做了进一步了解。

（李国荣）

【参观学习门头沟区山区搬迁工作经验】 7月14日，区农委带领流村镇政府、十三陵镇政府和禾子涧村、果庄村、大岭沟村等重点搬迁镇村领导干部赴门头沟区斋堂镇参观法城搬迁新村，学习搬迁经验以推进昌平区山区搬迁工程。

（邹虎）

【山区农民增收工作研讨会召开】 7月15日，副区长李志杰主持召开山区农民增收工作研讨会，区农委、区财政局、园林绿化局、水务局、南口镇、流村镇、十三陵镇和延寿镇主管领导参加了会议。山区镇汇报了2015年计划实施的对口支援山区低收入村专项资金项目情况，各职能部门结合自身职能对专项资金项目进行了具体指导。年内区财政安排项目资金2000万元，用于山区低收入村的产业发展和基础设施建设，山区镇计划安排22个村实施23个项目，其中，与民生密切相关的基础设施项目11个，与产业发展密切相关的基础实施项目12个。

（邹虎）

【农业产业化和信息化培训班举办】 7月16日、17日，市农业局信息中心和区农委共同主办农业产业化和农业信息化培训班，各镇农办主任、镇、村信息员、区级以上农民专业合作社负责人、区级重点农业企业负责人百余人参加了培训。培训结合信息进村入户项目，重点介绍了云农场信息平台和专业型益农社建设方案，农产品电子商务现状分析、农产品品牌打造与树立等。

（施爱华）

【区人大重点督办农委系统承办的代表建议】 7月24日，区四届人大五次会议代表建议第一组督办会召开，区人大常委会针对农委系统承办区政府交办的人大建议办理情况，进行了重点督办和集中督办。区人大常委会主任朱光彤，副主任奚增森、郑国柱及区人大常委会组成人员、部分提建议的区人大代表，区政府副区长李志杰及各相关承办单位负责人参加了会议。年内，农委系统共承办区人大代表建议61件，建议内容主要涉及加强河道、排洪沟、沟域治理，平原造林管护，山区农村搬迁，农民技能培训等与百姓生活息息相关的民生问题。经系统各单位积极办理，所有建议全部办复。

（李国荣）

【农业产业化和信息化工作培训会召开】 7月，区农委组织44家区级以上合作社、18家重点农业企业和各镇的农办主任、信息员召开了农业产业化和信息化工作培训会。

（鲁晨）

【栾川县农业龙头企业赴昌平农业产业对接】 8月，栾川县农业局组织县内3家农业产业化龙头企业及食用菌种植大户负责人赴昌平进行农业产业对接。区农委、发改委介绍了昌平栗蘑产业种植及发展情况，并应栾川县农业局要求无偿支援4万袋栗蘑菌袋，价值15万元，用于栗蘑在栾川县的试验示范推广。区农委组织栗蘑生产专家赴栾川实地指导栗蘑产业发展。栗蘑的引进发展，对于利用栾川丰富的林下资源，发挥生态环境优势，促进栾川农业增效、农民增收将起到极大的推动作用。

（邹虎）

【参加市农村土地承包经营权确权登记颁证工作培训班】 10月，组织区有关单位、部分镇的主管领导、工作人员14人次，参加了共2期，每期为期3天的“北京市农村土地承包经营权确权登记颁证工作培训班”。

（张涛）

【崔村镇智慧乡村项目启动】 11月28日，崔村镇政府与歌华有线昌平分公司举办了昌平区崔村镇智慧乡村项目启动仪式暨歌华高清机顶盒下乡活动，双方将基于歌华有线高速宽带数据网络，为村民提供高清交互数字电视、无线wifi覆盖、社区安防以及相关农业信息化服务，以实现“惠民、汇农、会生活”的智慧乡村建设目标。年内建设完成真顺、八家等4个村的高清数字电视机顶盒的发放工作，并实现了村委会无线网络覆盖，完成了镇政府、川府莱缘农业园的光纤接入工程，实现了镇政府与农业园的网络互联。

（施爱华）

【10家合作社参加第十三届国际农交会】 11月，组织全区10家合作社赴福建省福州市参加第十三届国际农交会，并制作相关宣传品。

（贺康）

【农村土地承包经营权确权登记颁证工作实施方案起草】 11月，按照《关于认真做好本市农村土地承包经营权确权登记颁证工作的意见》（京办字［2015］10号）和《北京市农村土地承包经营权确权登记颁证工作实施方案》（京农发［2015］17号）要求，研究起草《昌平区农村土地承包经营权确权登记颁证工作实施方案（讨论稿）》，待区政府专题会审议。

（张涛）

【落实市安全生产委员会电视电话会议精神】 12月30日，区农委、农业局贯彻落实12月28日上午北京市安全生产委员会电视电话会议精神，就做好元旦前农业安全生产工作，到兴寿镇香屯村和沙坨村实地检查了两个村的草莓日光温室种植大棚等设施农业安全生产工作。

（雒凯）

【区人大代表视察整改措施落实情况】 年内，区政府对区人大在《关于在推进京郊城镇化进程中确保农村经济可持续发展的报告》中提出的意见建议进行了整改。11月4日，区人大常委会副主任奚增森带队，部分农村委委员和代表针对整改落实情况，到百善镇阿卡农庄进行了实地视察，了解了阿卡农庄“农业＋互联网”的运营模式，随后召开专题会议。

（李国荣）

【设施农业用地备案工作情况】 年内，通过设施农业用地备案实行联席会，区农委、区国土分局、区农业局、区园林绿化局、区农业服务中心、区经管站对北七家镇等9个镇上报的38个有意向的农调项目进行实地踏勘，召开9次联席会。已完成备案的项目6个。其他项目正在积极完善备案材料中。

（张丽园）

【4个村启动农村土地承包经营权确权登记颁证试点工作】 年内，在十三陵镇石牌坊村、泰陵村，南口镇花塔村，流村镇北庄村4个村启动了农村土地承包经营权确权登记颁证试点工作。

（张涛）

【全国一村一品示范村】 年内，兴寿镇香屯村翼寿草莓被评为全国一村一品示范村。

（赵超）

【现代农业示范镇】 年内，马池口镇被评为现代农业示范镇。

（赵超）

【实用人才培训】 年内，区农村实用人才工作着重培养营销、管理、技术、生产、文体五类实用人才，在农民培训的基础上选拔农村实用人才，同时加大中级人才培训和高级人才研修培训力度，提升全区农村实用人才素质。截至目前，全区共开发培养等级农村实用人才3399名（不含新增），其中高级实用人才85名、中级213名、初级3101名。全年，新增农村实用人才265名，开展各类农民培训共计8000余人次。

（张丽园）

【“十三五”规划编制工作启动】 年内，聘请专业规划单位，启动《“十三五”都市型现代农业发展规划》编制工作并完成初稿，为“十三五”期间都市农业发展明确方向。

（李国荣）

【推动特色产业升级】 年内，扩大特色产业规模，林下栗蘑种植发展到8个镇，全年完成种植300万袋，产值实现2400万元；调整百合产业结构，制定了食用百合试验期扶持政策，试种食用百合85.7亩。

（李国荣）

【稳步推进绿色产业工作】 年内，全区果树种植面积已达19.8万亩，年产值约3.2亿元，直接带动了1.9万户农民就业增收。成功举办第12届苹果文化节，进一步打响“昌平苹果”品牌。全区花卉总面积达3000亩，总产值达6.9亿元。

（李国荣）

新农村建设

【概　况】 2015年，昌平区新农村建设领导小组办公室（简称“区新农办”）紧紧围绕绿色发展的区域发展方针，以农村地区“减煤换煤、清洁空气”行动为主要抓手，完成了市下达的减煤换煤任务，农村地区用能结构得到了进一步优化，区域环境质量得到了有效改善。

（万晓迎）

单位名称：昌平区新农村建设领导小组办公室
地址：城北街道南环路1号
电话：（010）69709071
邮编：102200

【超额完成农村地区减煤换煤工作任务】 年内，以“整村推动、区域覆盖、主推型煤”为原则，继续按照城市化改造上楼一批、拆除违建减少一批、炊事气化解决一批、城市管网辐射一批、优质燃煤替代一批（简称“五个一批”）方式推进农村地区“减煤换煤、清洁空气”行动，稳步推进液化石油气下乡、优质燃煤替代、优质燃煤炉具更换、农村取暖煤改电、煤改气、农宅抗震节能改造和推进城镇化及拆除违法建设等各项工程建设。截至2015年12月底，全年共实现减煤换煤19.29万吨，超额完成市下达的减煤换煤任务。

（万晓迎）

【优质燃煤替代一批】 年内，新增加9个镇实施优质燃煤替代工程，进一步扩大了工程覆盖范围。截至年底，优质燃煤替代工程将覆盖16个镇（街）、235个村（社区），除回龙观镇北四村已纳入拆迁程序外，已实现全区工程全覆盖。全年农户共订购优质燃煤10.9万吨。共安装优质燃煤炉具2.84万台。

（万晓迎）

【炊事气化解决一批】 年内，全区已实现液化石油气下乡全覆盖，政策惠及17个镇（街），275个村，12.22万户。同时，根据市市政市容委、市新农办等4部门《关于进一步做好农村地区液化石油气送气下乡有关工作的意见》（京政容函〔2014〕303号）精神，液化石油气下乡管理工作由区新农办移交区市政市容委组织实施，7月完成交接工作。全年共配送液化石油气36.78万瓶。

（万晓迎）

【城市管网辐射一批】 年内，“煤改气”工程：南口镇新元村、曹庄村共208户实施LNG（液化天然气）取暖试点工程，农户已用燃气正常取暖；马池口镇乃干屯村、丈头村市政管网天然气取暖工程已接通燃气正常供暖；“煤改电”工程：南邵镇营坊村，兴寿镇桃峪口村、香屯村、秦家屯村、麦庄村共2441户，电采暖设备的安装调试工作已经全部完成，正常供暖。截至目前，冬季取暖“无煤村”增加至21个村。

（万晓迎）

【城市化改造上楼一批】 年内，按照区委、区政府统一部署安排，全年共有242户实现了拆迁上楼；拆除违建减少一批：已拆除各类违法建设310万平方米。

（万晓迎）

【新型城镇化体制改革工作】 年内，扎实推进新型城镇化体制改革工作。一是回龙观“北四村”综合改造工作。经市政府批准，回龙观“北四村”项目已正式纳入市2015年棚户区改造和环境整治项目前期计划；区政府第43期常务会议审议通过了并以区政府文件形式印发，市政府原则同意。二是农村土地承包经营权确权登记颁证工作。2015年，区农委、区经管站对十三陵镇石牌坊村、南口镇花塔村、延寿镇西湖村、流村镇北庄村四个村完成了前期调查工作。三是落实城乡结合部建设三年行动计划。2015年继续开展城乡结合部重点村建设的攻坚扫尾并适时启动东小口镇“一道绿隔”建设工作。回龙观镇、沙河镇已公开出让建设用地56.82公顷，回收土地开发补偿费70.1亿元。总规划回迁安置房144.05万平方米，已基本竣工。7个重点村已经全部完成产权制度改革，12357人成为股东，量化总资产12.53亿元、净资产8.73亿元，共转居7370人，东小口镇“一道绿隔”涉及的剩余5个村庄正在进行规划编制工作。四是农村集体“三资”管理工作。2015年，全区共计通过农村产权交易平台累计发生交易项目35笔，已完成项目成交额累计达到8326.79万元。

（万晓迎）

【“美丽乡村”建设工作开展】 年内，按照北京市“提升农村人居环境，推进美丽乡村建设”工作的要求，区新农办起草了《昌平区“提升农村人居环境、推进美丽乡村建设”实施方案》共涉及“减煤换煤”、电网改造、农宅抗震节能改造、农村地区污水处理、村庄绿化美化、村庄环境整治、农村医疗卫生服务、历史文化保护、村庄设施长效管护机制建立，共计九大项内容11项具体任务，分别由12家区属职能部门负责对村进行实施。在村庄申报工作方面区新农办本着“先易后难、山区优先”的原则对全区各镇村庄进行了调研，并与各镇深入沟通之后确定了55个基础较好的村庄作为第一批昌平区创建北京市美丽乡村的备选村庄。55个村庄已经完成了区级自查，其中有38个村庄通过市级验收，获得命名。

（万晓迎）

【区政府建议、政协提案办理工作完成】 年内，办理承办区政府建议、区政协提案共8件。建议提案内容翔实，建议具体，针对性强，反映了代表、委员和广大人民群众对新农村建设工作的意见、要求和呼声，区新农办高度重视，本着“责任明确、标准明确、时限明确”的工作原则，严格规范程序，认真组织办理，及时予以答复，做到了事事有回音，件件有着落。按照办理时间节点，建议、提案承办工作全部办结，满意率100%。

（万晓迎）

种 植 业

粮食种植

【概 况】 2015年，粮食种植业继续围绕调结构转方式发展高效节水农业的总体思路，以调整农业产业结构为主线，加强重点功能区农村集体土地集中租赁管护、菜篮子工程建设、提升了全区农业综合生产能力，推动了优势产业发展。在抓粮食种植生产的同时，更加注重其生态功能，减少撂荒地，提高耕地种植指数和土地覆盖率。随着平原造林工程和建设性占地的增加，粮食种植面积有所减少。全年粮食播种面积2.4万亩，产量4876.5吨。

（季有胜）

单位名称：昌平区农业局
地址：城北街道政府街12号
电话：（010）80119755
邮编：102200

【落实粮食直补和生态补贴政策】 年内，市粮食直补政策继续执行“粮食直补、农资综合补贴、良种补贴和生态补贴”项目。补贴标准：小麦种植每亩补贴180元。玉米种植每亩补贴97元 。按照北京市文件要求的补贴原则、补贴范围、补贴标准和工作程序，完成小麦补贴2099.6亩，补贴资金272948元，涉及7个镇、14个村、46户农户；玉米补贴21456.84亩，补贴资金2081313.48元，涉及15个镇、158个村、10027户农户。

（季有胜）

【加强重点功能区的土地管护工作】 年内，以“三强化一提高”即“强化领导责任，强化制度管理，强化巡查力度，提高管护效果”为工作重点，积极开展相关工作，全年没有发生一起新的违章违建现象。重点功能区管护总面积为67132.406亩，涉及15个镇（街）106个村。

（季有胜）

蔬菜种植

【概 况】 2015年，在稳定现有蔬菜种植面积的基础上，稳步推进“菜篮子”工程建设，以科学发展观为指导，围绕调结构转方式发展高效节水农业的目标，通过加强标准化基地建设，推进高产创建，发挥农业科技优势，加快“菜篮子”生产向标准化生产、规模化种植、组织化运作和产业化经营方向发展，不断提高“菜篮子”主要产品生产能力和质量安全水平。

为首都市民提供安全、放心的蔬菜产品，丰富首都市民的菜篮子。全区蔬菜播种面积16929.6亩，蔬菜产量4513.38万公斤。

（季有胜）

单位名称：昌平区农业局

地址：城北街道政府街12号

电话：（010）80119755

邮编：102200

【推进“菜篮子工程”建设】 年内，“菜篮子”工程建设以蔬菜集约化育苗场建设和园艺化蔬菜园区为核心，以提高温室利用率为蔬菜种植增长点，完成了百善北京银黄绿色农业生态园有限公司集约化育苗场和北京湖西岛有机农业发展有限公司园艺化蔬菜园区的建设。通过开展集约化育苗场建设、合理茬口安排，选用品种优良，采用科学育苗方式，水肥管理、病虫害防治技术到位，达到了为昌平区蔬菜种植户年提供250万株高质量的蔬菜种苗的能力。

（季有胜）

【落实菜田补贴政策】 年内，按照《北京市基本菜田蔬菜生产补贴办法》的文件精神，结合全区蔬菜生产情况，由区农委、区财政局、区农业局联合制定了《昌平区菜田补贴实施办法》，按照补贴范围、补贴对象、补贴标准和工作程序，全区共有13个镇62个村的5332.73亩菜田享受基础补贴，发放补贴资金3956259.6元。

（季有胜）

【加强设施农业监管 】 年内，组织相关人员对全区各镇的日光温室进行了督导检查，共检查日光温室约16000栋，在检查中发现有个别温室地面硬化的及时制止，并限期拆除。

（季有胜）

养 殖 业

畜禽养殖

【概　况】 2015年，畜牧养殖业生产，紧紧围绕区委、区政府加强流动人口规模调控和服务管理工作部署，通过清退畜牧养殖小区，缩减低端的散户养殖数量；通过压减高耗水高污染畜牧品种养殖数量；通过项目建设，对养殖场生产基础设施进行改扩建，改善更新生产条件，提高规模养殖场生产能力，提升标准化生产水平，稳定基础生产畜禽群体；通过引导、宣传、补助措施，帮助养殖场建设污物废水处理设施，降低养殖场污物排放，缓解养殖与环保矛盾，提高养殖场可持续发展和市场生存能力，提高规模场养殖数量比重。同时，加强各种证照审核审批、安全生产监管等工作，全年总体生产发展取得预期效果。

（王亭成）

单位名称：昌平区农业局

地址：城北街道政府街12号

电话：（010）80119755

邮编：102200

【畜禽生产情况】 年内，畜禽存栏83.69万头（只），累计出栏96.74万头（只），生产鲜奶4.79万吨，生产鲜蛋0.68万吨，肉类总产量0.99万吨。其中生猪存栏7.42万头，出栏9.45万头；肉羊存栏3.74万只，出栏2.71万只；肉鸡存栏4.92万只，出栏74.08万只；蛋鸡存栏60.5万只；鸭存栏4.13万只，出栏0.58万只；奶牛存栏0.87万头；其它畜禽存栏2.11万头（只），出栏9.92万头（只）。

（王亭成）

【养殖小区规范工作进展顺利】 年内，围绕区委、区政府加强流动人口规模调控和服务管理工作，拆除养殖小区6个，清退养殖小区4个，清退家畜禽5226头、只，清退流动人口3460人。

（王亭成）

【畜牧养殖业调查摸底工作完成】 年内，养殖科对全区畜牧养殖业基本情况进行了调查摸底，并完成上报区政府《关于昌平区畜牧养殖调查摸底情况分析报告》，为区政府制定缩减全区畜牧养殖规划提供了科学依据。

（王亭成）

【畜牧业“菜篮子”工程建设项目完成】 年内，投资768余万元，其中申请财政补助600万元，养殖场自筹168余万元。对6个养殖场进行生产设施标准化提升，每个场补助50万元，总补助300万元；对4个养殖场建设雨水收集系统40个标准栋，每个标准栋补助7.5万元，总补助300万元，并通过区级组织的工程验收。项目建设改善了养殖场的生产条件，提升了昌平区肉、蛋、奶等主要畜禽产品的生产供应能力、质量安全控制能力和应急保障能力。

（王亭成）

【养殖场粪污治理工程建设完成】 年内，利用市级财政资金113.2万元，完成2家养殖场粪污治理工程建设，治理模式采取建设小型沼气站形式。通过实施粪污处理工程建设，降低北运河水系农业产业排污总量，实现粪污有机化、无害化处理，提高养殖场可持续发展能力，形成生产与环境治理同步发展局面，确保北运河水系综合安全。

（王亭成）

水产养殖

【概 况】 2015年，水产养殖业在市、区两级政府的正确领导下，以温水鱼产业化为特色，以抓水产品质量安全管理为工作重点，通过开展渔政监督执法、水产品安全监管以及增殖放流等一系列有效措施，保障了全区水产养殖业的平稳安全生产。

（吕士军）

单位名称：昌平区农业局
地址：城北街道政府街12号
电话：（010）80119755
邮编：102200

【水产生产情况】 年内，全区有水产养殖场（户）95家，养殖水面面积1713.7亩。其中养殖水面30亩以上23户，养殖面积982.5亩；养殖水面15至29亩18户，养殖面积337.2亩；养殖水面14亩以下54户，养殖面积394亩。全年水产品产量1553吨，其中鲢鳙鱼208吨、鲤鱼338吨、草鱼270吨、鲫鱼90吨、罗非鱼566吨、其他鱼类81吨。水产品均销往本市，其中垂钓量154.34吨。

（吕士军）

【保障水产养殖业生产安全】 年内，与95家水产养殖场（户）签订了生产安全责任书。平日加强安全生产检查，及时发现和消除安全隐患，通过区气象局提前预警极端天气，全年渔业生产安全运营，在市局安全生产大检查中，安全工作获市局肯定。

（吕士军）

【增殖放流任务完成】 年内，组织开展了渔业资源增殖放流工作。向十三陵水库等水域放流鲢、鳙鱼、草鱼、鲂鱼共计2.6万公斤。同时，与自然水域管理单位签订了放流渔业管理协议书，明确了水域管理单位的管理义务和职责。

（吕士军）

【开展专项执法保护水生野生动物】 年内，加大对水生野生动物违法经营利用行为的检查力度，对花鸟鱼虫市场、宾馆饭店、珠宝店等部门开展专项检查行动22次，共出动执法人员86人次，检查企业84个次，立案查处5起，罚款1478元，没收砗磲制品10件、珊瑚制品3件。对经营水生野生动物及制品的单位进行了合法经营的宣传教育，发放《保护水生野生动物》宣传册200余份。

（吕士军）

【养殖场实施抽样工作完成】 年内，完成养殖场实施抽样工作，全年抽样数量共计73个。详细填写抽样单，准确记录生产基地或企业名称、产品批次、抽样时间、地点等信息，抽检样品品种为普通淡水鱼、冷水鱼。

（吕士军）

【水产养殖技术推广培训工作】　年内，水产养殖培训内容有淡水养殖鱼类的疾病与控制、水产生态养殖技术、“似鲶高原鳅”新品种推广养殖技术培训4期96人次，入户指导62次。技术人员参加市水产技术推广站举办的产品质量检测、鱼病防控、新型池塘循环流水养殖系统技术5次，42学时。参加市观赏鱼苗种推介会1次，观赏鱼养殖技术培训1次，海南名优水产品种种苗推介会1次。

（吕士军）

动物卫生监督管理

【概　况】　2015年，区农业局动物卫生监督部门以动物产品安全及动物疫病防控工作为中心重点，以日常监管为基本依托，以专项整治为重拳抓手，精准定位、明确职责、依法履职，努力确保不发生区域性重大动物疫病和不发生动物产品安全事件，各项工作有效推进。

（杜振伟　刘文君）

单位名称：昌平区农业局
地址：城北街道政府街12号
电话：（010）80119755
邮编：102200

【“两节”“两会”期间畜产品安全监管开展】1月至2月，成立专项检查组，扎实开展动物及动物产品安全保障工作。春节期间，共出动执法人员22人次、产地检疫生猪127头，鸭80400只；屠宰检疫生猪1206头；落地分销动物产品7847公斤。对“两会”动物产品供应企业采取全程监管、督促制度落实、确保动物产品可追溯性等措施，累计供应“两会”禽产品6200公斤，消毒车辆24辆，所供禽产品全部符合要求。

（杜振伟　刘文君）

【3·15集中宣传活动开展】　3月15日，区农业局在水屯批发市场开展“昌平区3·15消费者权利保护法宣传日”集中宣传活动。本次宣传以“防控动物疫病，关注狂犬病免疫”为主题，通过悬挂横幅、发放宣传材料及环保袋、接受群众咨询等形式向广大消费者宣传相关法律知识，告知群众如何文明饲养宠物和做好动物疫病预防控制。共发放各种宣传材料550份，发放环保袋100余个，接受群众咨询100余人次。

（张琼）

【兽药生产经营企业专项检查开展】　4月30日，区动物卫生监督所对辖区内兽药生产企业开展为期一个月的监督检查工作完成。重点检查兽药产品标签和说明书清理整顿情况及《兽药处方药和非处方药管理办法》执行情况。对兽药经营企业自有的执业兽医以及乡村兽医进行登记。强化兽药GMP、兽药GSP后续监管，杜绝夹杂假劣原料的情况发生。

（高伶慧）

【崔村区域官方兽医室设立】　5月21日，区动物卫生监督所正式设立崔村区域官方兽医室。崔村区域官方兽医室将主要负责南邵、崔村、兴寿、小汤山四个镇的动物防疫监督工作，并承担以下职能：一是在签约兽医辅助下实施本区域的动物、动物产品检疫；二是对检疫合格的动物、动物产品出具检疫合格证明；三是负责动物卫生相关法律法规知识的普及和宣传；四是负责签约兽医的指导监督。

（刘文君）

【专项执法检查打击诊疗环节违法从业行为】5月，区动物卫生监督所对辖区39家动物诊疗机构年检、执业兽医注册情况以及违法从业行为开展专项检查。累计检查动物医院25场次，动物诊所5场次，出具笔录意见书30份，提出整改意见152条。共查处未经兽医执业注册从事动物诊疗活动案件2起，未取得动物诊疗许可证从事动物诊疗活动案件1起。未发现将人用抗微生物药品、人用抗寄生虫药品用于宠物的现象。

（杨晓菲）

【签约兽医培训会召开】 6月24日，区动物卫生监督所召开签约兽医培训会，对全区17个镇级动物防疫站35名签约兽医、首农畜牧发展有限公司奶牛场4名签约兽医进行集中培训。执法人员就“签约兽医工作职责”、“‘瘦肉精’快速检测”、“昌平区动物产地检疫出证规范”、《动物临床检查证书》填写规范等内容进行了讲解。并针对动物临床检查证书的出具、“瘦肉精”快速检测进行了现场测试。此次培训，进一步明确了签约兽医的工作职责，细化了工作程序，为昌平动物产地检疫工作打下了坚实的基础。

（任琳琳　刘景文）

【推进动物卫生诚信责任体系建设工作】 7月17日，区动物卫生监督所召开第七次诚信责任体系建设会议。完成了兽医实验室、兽药、饲料生产企业、兽药经营企业、动物诊疗机构、养殖场户的诚信责任主体签约工作。共计签订责任书197份，承诺书158份，发放告知书500余份。

（任琳琳　高伶慧　刘景文）

【畜牧兽医行业安全生产监督活动开展】 8月，为迎接世锦赛及中国人民抗日战争暨反法西斯战争胜利70周年纪念活动，区动物卫生监督所对辖区内的兽药、饲料生产、经营单位和病原微生物实验室开展安全生产隐患排查。共出动执法人员48人次，重点对辖区内的34家兽药生产经营单位、8家饲料企业的危险品进行摸排，对持有亚硒酸钠类药品的企业要求双人双锁，全面加强危险品管理。

（高伶慧）

【兽药经营企业规范和清理行动结束】 8月，区动物卫生监督所历时2个多月开展的兽药经营企业规范和清理行动结束，共出动执法车辆25辆次，执法人员70人次，出具监督笔录、意见书各25份，提出整改意见39条。

（高伶慧）

【羊“布病”防控工作开展】 9月25日，区农业局执法人员来到流村镇动物防疫站田间学校，组织该镇养羊户学习羊布鲁氏菌病相关知识，这是昌平区动监所开展“布病”专项检查工作到镇宣传的第二站。区动监所执法人员制作了精美的PPT，为到场的羊养殖户详细讲解羊“布病”防控的方法，人预防该疾病的实用方法，以及《动物防疫法》中与养殖户息息相关的规定等。参加学习人员34人，发放宣传材料6种204份。

（刘婧）

【动物产品分销检疫监管创新】 年内，区动物卫生监督所在动物产品监管工作上，坚持以非拆包装动物产品分销换证为重心，以《北京市昌平区动物卫生监督所动物产品分销换证现场查验工作规范》和《昌平区动物产品分销换证补充通知》为依据，严格分销检疫准入条件，并运用企业单独建档，报检抽测，规范储运标准等手段开展现场查验动物产品共806场次，分销检疫动物产品2999批次、23389118.65公斤。

（高立全）

【检疫证章标志管理高效无误】 年内，区动物卫生监督所以集中发放、分块负责，严把证、章、标志发放关，并完善领取制度，采取为服务对象单独建立发放记录、严格限制超额领取、出入库记录标明产品规格及标志使用数量等措施，务求标志发放数量与实际使用量一致。全年累计发放检疫证明29839本，回收47679本，返还外埠存根400本；发放检疫标志462.5万枚、官方记录2190本。

（韩国亮）

【动物卫生监督综合执法成效显著】 年内，区动物卫生监督所累计执法检查1571场次，出动人员3705人次，向监管对象下达监督笔录1270份、意见书506份，提出整改意见2558条。查处各类违法行为24起，收缴罚没款10.3918万元，没收违法所得3.5596万元，没收饲料400公斤；及时妥善处理各类投诉举报20起，收容无主动物（犬除外）9只。

（冯娟）

【完成养殖环节“瘦肉精”现场检测任务】

年内，开展养殖环节“瘦肉精”专项监测工作，区动物卫生监督所执法人员深入辖区内规模猪场、羊场（户）采集猪尿、羊尿，现场进行“瘦肉精”即沙丁胺醇、莱克多巴胺、克伦特罗金标快速检测。专项检测共涉及20个猪场、4个羊场（户），采集尿液196份，经现场检测，结果均为阴性。

（刘文君）

【“两大活动”期间专项监管开展】 年内，区动物卫生监督所增派驻北京华都肉鸡公司人员，对供“阅兵”和“世锦赛”活动动物产品进行全程监管，截至9月17日，供阅兵村动物产品共涉及9个品项，5个地点，217900公斤，168车次；世锦赛供应10个酒店，21批次，11720公斤。共抽样检测40份，所供禽产品全部检测合格。

（高立全）

动物植物疾病防控

动物疫病防控

【概　况】 2015年，动物防疫工作继续围绕防控重大动物疫病为工作重点，以实现本年度无区域性重大动物疫情和动物源性食品安全事件为目标，组织开展全区动物疫病防控督查、春秋季及重点阶段动物疫病防控、清理取缔泔水喂猪、医政药政及动物防疫条件行政审批管理等工作，同时推进农业应急管理指挥系统建设工作，有效地保障了全区公共卫生和食品安全。

（李卫东）

单位名称：昌平区农业局

地址：城北街道政府街12号

电话：（010）80119755

邮编：102200

【重大动物疫情应急演练开展】 1月22日，市区防治重大动物疫病指挥部办公室在昌平红栌山庄举办北京市重大动物疫情应急演练。此次应急演练共分为疫情报告、诊断与先期处理；应急响应与应急处置；应急响应终止与善后处置三大科目。通过此次演练进一步检验了应急队伍的应急能力、处置速度。对防控区域性重大动物疫情工作中信息沟通、协调联动起到积极的促进作用。区防治重大动物疫病指挥部办公室、区疫控中心、区动监所参加了此次演练。

（李卫东）

【区农产品质量安全综合质检站完成竣工验收】 2月5日，农业部农业环境质量监督检验测试中心和市疫控中心联合专家组对昌平区农产品质量安全综合质检站项目进行竣工验收。区农产品综合质检站项目完成了立项批复的建设内容，资金使用符合预算要求，资料档案齐全，通过验收。

（赵长光）

【春季动物防疫工作部署会召开】 3月3日，区农业局组织召开昌平区动物防疫工作暨春季动物防疫工作部署会，区农业局、区疫控中心、区动监所、三元畜牧兽医总站相关领导及全区17个镇站站长参加会议。会上，各镇站站长汇报了各镇春节期间动物防疫工作开展情况及配合镇政府泔水猪整治及督察工作开展情况；区农业局兽医科科长李卫东、区监督所副所长黄东风和区疫控中心副主任王天坤就相关工作进行了安排部署；区疫控中心主任姚学军对重大动物疫情情况进行了分析，并对全区春季动物防疫工作进行了全面和详细的部署；最后，区农业局副局长罗桂河要求各单位务必积极落实各项综合防控措施，确保全区全年无重大动物疫情和动物源性食品安全事件。

（赵长光）

【确保农业嘉年华期间无重大动物疫情】 3月14日至5月3日，在第三届北京农业嘉年华举办期间，区农业局动物疫病防控部门以春季动物防疫工作为契机，通过加强隐患排查、疫情监测预警、落实封闭管理、应急准备到位等各项综合防控措施的落实，确保农业嘉年华顺利开展。

（赵长光）

【犬狂犬病免疫点认定工作完成】 3月，区农业局通过制定动物狂犬病免疫点认定工作方案，对上报免疫点单位的材料进行审核、对免疫人员进行培训考核及对申请免疫点单位进行现场评定等一系列工作程序，认定昌平区犬狂犬病免疫单位43家，包括区疫控中心、基层动物卫生防疫站17家、动物医院19家，动物诊所4家，辖区内43家犬狂犬病定点免疫单位，将严格按照《北京市犬只狂犬病强制免疫管理办法》对辖区内的犬实施免疫。区犬只狂犬病免疫点名录，已通过昌平区农业局网站向社会公布。

（孟德艳）

【畜禽养殖环节兽药使用情况专项整治行动开展】 4月，区农业局开展了为期3个月的畜禽养殖环节兽药使用情况专项整治活动。共检查养殖场（户）56场次、出动执法人员155人次、出具笔录46份、监督意见书48份，提出意见384条。与种畜禽、备案猪场签订《诚信体系责任书》和《责任体系承诺书》40份。发放动物卫生养殖手册、兽药使用手册、动物卫生便民手册等宣传材料5种、300余份。通过检查，养殖场（户）基本做到建立兽药购入使用记录，合理使用兽药，未发现养殖场（户）使用违禁药品、人用药品、假劣兽药、原料药以及有毒有害的化学物质违法行为。

（孟德艳）

【春防及动物防疫责任制落实情况专项督查】 5月12至18日，区农业局组织开展春季重大动物疫病防控及动物防疫责任制落实情况专项督查行动。各镇（政府）和北企公司在动物疫病防控工作的组织和部署、动物防疫责任制落实情况、动物防疫队伍建设情况、2014年度动物防疫经费投入情况、动物防疫工作开展情况、专项整治、应急管理工作等方面均得到了顺利开展并有效完成。

（梁锐萍）

【加强兽药生产经营企业诚信责任体系建设工作】 5月26日，区农业局组织召开了辖区内兽药生产、兽药经营企业诚信责任体系建设工作会。会上区农业局与区监督所领导就当前在督查检查过程中发现的问题进行了通报，并对兽药经营企业做出郑重告知。

（李卫东）

【春季动物防疫工作圆满完成】 5月，全区完成了为期45天的春季动物防疫工作。春防期间，共完成高致病性禽流感等重大动物疫病免疫152.15万头（只）次，应免密度达到了100%；完成高致病性禽流感等疫病免疫抗体监测4529头（只）次，免疫抗体水平均高于农业部规定的合格标准；对4个祖代、父母代鸡场的400份血清进行了两病检测，经检测均为阴性。春防期间，疫控部门共发放各类消毒药8.9吨，开展清圈消毒4510万余平方米。

（赵长光）

【采集畜牧兽医监管对象信息工作】 7月，为落实《北京市中长期动物疫病防治规划（2013–2020年）》重点工程项目，推进畜牧兽医精细化管理工作，搭建全市畜牧兽医系统信息化工作平台，区农业局对全区规模养殖场、散养户、动物屠宰加工企业、动物诊疗机构、兽医实验室、兽药生产、经营等十类监管对象信息进行收集、整理、上报。信息系统建成后，将会极大提高全区畜牧兽医体系的工作效率。

（李卫东）

【兽药经营企业规范和清理行动开展】 7月，区农业局组织开展兽药经营企业规范和清理行动。此次清理行动正值5年换证契机，对于不符合兽药经营质量管理规范的企业，责令限期改正，逾期不改正的，责令停止经营活动，情节严重的，依法吊销《兽药经营许可证》；对于无证经营企业，坚决予以取缔，全面规范兽药经营行为，确保经营环节兽药产品质量。

（孟德艳）

【秋季动物防疫工作部署会召开】 9月14日，区农业局组织召开了由区疫控中心、区动监所、17个镇站、首农集团等相关领导参加的“2015年秋季动物防疫工作动员会”。区疫控中心对全区秋防工作进行了全面部署，下发了《关于开展二〇一五年秋季动物防疫工作的通知》。确定秋防工作时间为9月10日至10月15日，具体工作分为四个阶段：一是查漏补针阶段；二是重点动物疫病检疫净化阶段；三是抗体监测和督促检查阶段；四是秋防总结阶段。

（赵长光）

【秋季动物防疫工作开展】 10月，区大病办向各镇（街）政府、北企公司下发了《关于落实农业部秋防视频会议精神，扎实开展秋防工作的通知》（昌防指办发〔2015〕30号）。通知要求各单位高度重视，准确把握当前动物疫病防控形势，严格落实责任制，扎实开展秋季防疫，确保各项防控措施落实到位、有效防控人畜共患病、着力做好各项应急准备，切实强化应急处置等工作，确保秋防各项工作顺利有序进行。并于10月26日迎接市大病办对昌平区秋季重大动物疫病防控的专项督查。

（梁锐萍）

【区动物防疫“两员”培训开展】 11月11日至13日，区农业局邀请北京市农业局及北京市疫病预防控制中心老师对全区现有300名村级防疫员和211名社区动物防疫和林木有害生物观测普防员开展了动物防疫相关知识的培训。

（梁锐萍）

【兽医实验室生物安全专项整治工作开展】 12月31日，区农业局召开昌平区兽医实验室安全隐患专项整治工作会，全区七家备案兽医实验室主管人员参加了会议。会议部署了兽医实验室安全隐患专项整治工作，下发了《关于开展兽医实验室安全隐患专项整治工作的通知》，明确到2016年6月底前，要彻底消除全区兽医实验室安全隐患的工作目标。

（李卫东）

【医政药政管理工作】 年内，完成38家动物诊疗机构年检，其中新办动物诊疗许可2家，变更经营地点和法人5家，注销5家；注册执业兽医师42名，注销23名；备案助理执业兽医师4名，注销9名。全区共有注册执业兽医师226名，备案助理执业兽医师25名。年审《动物防疫条件合格证》59件；完成兽药GSP验收3家，截止目前兽药经营企业23家，兽药生产企业9家。备案兽医实验室4家。

（孟德艳）

植物疫病防控

【概　况】 2015年，区植保植检部门积极开展农业植物检疫、农作物病虫草鼠的监测与防控、绿色防控技术推广、农药市场监管及农产品质量安全监管等相关工作。在做好基础职责工作的前提下，加强了绿色防控示范基地建设，开展了绿色防控技术试验示范，探索了生防产品的补贴机制工作。全年共开展蔬菜基地TBS鼠害监测技术试验、草莓种苗病毒检测试验、设施蔬菜根结线虫试验示范、草莓蜜蜂授粉试验示范、草莓土壤消毒试验示范、草莓生长全程绿色防控技术试验示范、茄果类蔬菜熊蜂授粉示范等试验示范项目12项，努力践行了绿色植保的工作理念。

（邢冬梅）

单位名称：昌平区农业局
地址：城北街道政府街12号
电话：（010）80119755
邮编：102200

【监测检疫工作开展】 年内，区植保植检站在全区范围内建立农作物病、虫、草、鼠害；植物疫情；绿色防控技术等监测点40余个，监测面积达10余万亩次。全年开展产地检疫149批次；调运检疫70批次。通过开展病虫测报、绿色防控技术推广与农业执法检查，逐步提高植保系统的社会威信力和影响力。

（邢冬梅）

【推广绿色防控技术效果显著】 年内，区植保植检站新建百善循环园、万德园等4个蔬菜绿色防控示范基地，累计建设绿色防控示范基地12个，示范面积3600余亩。按照北京市绿色防控示范基地建设技术标准，推广天敌应用、色板诱杀、灯光诱杀、两网覆盖、苗棚消毒、硫磺熏蒸消毒、高效施药、产后蔬菜残体无害处理等20多项绿色防控技术。全年增加生物农药用量1吨，减少化学农药用量2.493吨，绿色防控示范基地起到了示范、展示、带动作用。促进了农业生产安全和农产品质量安全。

（邢冬梅）

【开办四家植物诊所解决农户实际问题】 年内，区植保植检站与市植保站、英国国际应用生物科学中心（简称CABI）合作共开办植物诊所4所，其中在区植保站、鑫城缘果品专业合作社、汇兴种植养殖专业合作社开办3家固定植物诊所，在兴寿草莓种植集中区开办1家流动诊所，为农户提供草莓病虫害现场诊断及防治技术指导。植物诊所全年出诊94次，开具诊断处方640份，接待农户咨询640户次，入户指导340户次。解决草莓白粉、红蜘蛛、蚜虫、生理病害等问题。

（邢冬梅）

【草莓种苗病毒检测工作开展】 年内，区植保植检站成立了病毒检测实验室。病毒检测试验室正式运行以来，共检测草莓病毒样品104个，样品来自于金六环、华耐等6个基地，同时还承接了来自丰台、延庆等4个区县草莓基地的样品，检测出了SMOV、SVBV、SCV等病毒。开展草莓病毒检测为推广草莓无病虫草莓种苗提供了科学依据，同时探索了与企业共同开展技术攻关的创新型工作模式，激发了科研植保，企业就草莓病毒开展研究的热情。

（邢冬梅）

【专业化统防统治和空包装回收工作开展】 年内，全区6支植保专防队开展农作物病虫害统防统治服务，防治面积达到3万余亩。同时在百善、兴寿两个镇开展田园清洁回收农药空包装工作，发放回收资金2.34万元，回收面积1.3万亩，回收农药空包装19.8万个，由有回收资质企业统一进行无害化处理，减少空包装对农田环境的污染，保护了农田环境。

（邢冬梅）

【草莓蜜蜂授粉效果显著】 年内，区植保植检站与市植物保护站、中国农科院蜜蜂所合作，开展草莓蜜蜂授粉试验和蜂箱放置位置试验。实验结果显示：草莓蜜蜂授粉的小区平均产量与自花授粉相比增加411.0%，座果率提高28.4%，畸形果率下降41.1%，蜜蜂授粉增产效果显著；授粉蜂箱放在坐东朝西的位置，中午授粉时段蜜蜂访花量多。

（邢冬梅）

【宣传培训与信息报道工作】 年内，区植保植检站通过电视、广播、网络、报刊等媒体开展农药管理、农产品质量安全、植物检疫、监测预报与绿色防控的宣传工作。全年发布粮田、蔬菜、草莓病虫情报16期；植保信息158条；开展电视宣传10余次；在京郊日报、昌平报等报刊发表文章20余篇；通过召开现场会、培训会开展田间技术指导100余次；开展法律法规宣传和绿色防控技术推广，全年累计培训人员6000余人次；发放宣传资料10600份；针对草莓乙草胺、蜜蜂授粉等事件，积极配合各级部门、各种媒体做好辟谣工作，传递正能量，从科学的角度给社会一个满意的答复。

（邢冬梅）

林 果 业

【概　况】 2015年，昌平区林果产品以“提质增效、标准管理”为指导，围绕“苗木优种化、栽植矮砧化、栽培有机化、管理精细化、优质高效化、果园园林化”的“六化”目标建设和发展，着眼于兴绿富民，全面加强果树标准化管理技术培训与示范推广，认真研究、规划和开展以苹果、柿子为代表的都市型现代果业建设，努力打造优质、安全、高效的绿色产业。

（刘畅）

单位名称：昌平区园林绿化局
地址：城北街道政府街 10 号
电话：（010）69742677
邮编：102200

【第十二届苹果文化节开幕】 10月24日，第十二届苹果文化节在苹果主题公园拉开帷幕。开幕式上对昌平精品苹果进行了展示，引入电商平台促进昌平果品销售。区政府、电商企业代表、果农代表、绿色骑行爱好者约350人参加了开幕式活动。

（刘畅）

【果品产值产量】 年内，全区果品总产量4000万公斤，同比增长14.3%。其中苹果预计产量2200万公斤，同比增产近40%，产量和质量均稳步提升。

（刘畅）

【苹果产业】 年内，全区更新发展苹果66.67公顷，苗木保存率普遍在90%以上，完成苹果套袋6000万个，安装矮砧支柱500亩，推广生物菌剂改良土壤3万亩，园艺地布覆盖技术2000亩。"昌平苹果"品牌价值达11.78亿元。

（刘畅）

【柿子等传统果业发展】 年内，加强景陵、新建村示范点甜柿嫁接、修剪、病虫防治等技术培训指导，示范园进入初盛果期，通过宣传，进行采摘销售试点。同时为果农提供甜柿种穗1000余根，满足甜柿主产区高接换优的需求。磨盘柿加工柿饼产能进一步扩大，促进柿子种植户增收。

（刘畅）

【果树关键技术试验示范】 年内，示范推广低成本、省力化果园管理技术，完成园艺地布覆盖示范推广7000亩，微喷带节水灌溉试验示范2000亩。对引进的果园小型机械，进行省力化机械试验示范，掌握一手数据材料。完成24片果园进行土壤取样检测和分析，依据结果指导果农科学肥水管理。

（刘畅）

【苹果技术交流】 年内，邀请日本苹果专家成田束敏先生2次到昌平区进行矮砧苹果技术交流活动，培训指导土壤改良、品种结构调整、整形修剪等苹果矮密集约高产稳产优质高效栽培技术。

（刘畅）

【果农技术培训指导】 年内，累计开展冬剪、花期管理、着色管理等培训指导、座谈研讨90余场次，培训果农5000人次，发放技术资料800多份，利用微信平台、农信通向果农发送果树管理指导信息5000条。

（刘畅）

【果品质量安全认证和管理】 年内，完成10个果树树种、500份果品随机取样和送检工作，结果均100%符合无公害食品安全标准。协助33个果园完成无公害认证和复查换证，全区认证果园面积940公顷，同比增长20.1%。

（刘畅）

农机监理

【概 况】 2015年，昌平区农业局农机监理部门在市、区各级领导的大力支持下，不断提高依法行政和"文明监理，优质服务"的能力和水平，全年未突破控制考核指标，较好地完成了各项农机监理工作，被市农机监理总站评为"北京市农机监理工作优秀单位"。

（沈静）

单位名称：昌平区农业局
地址：城北街道政府街 12 号
电话：（010）80119755
邮编：102200

【拖拉机集中年检工作启动】 3月，拖拉机年度检验工作在各镇、街道集中开展。在年度检验过程中，严抓外观、灯光、转向、刹车、尾气等环节，使每一台通过"体检"的拖拉机都能安全作业。

（赵倩）

【农机监理部门防控秸秆焚烧】　4月13日，昌平区农机安全监理所成立东、西两个检查小组，在全区范围内针对焚烧秸秆情况进行巡查，发现着火点、焚烧后的痕迹、或存在焚烧隐患的，均拍照留影，并进行详细检查记录。

（赵倩）

【“三夏“农机安全生产联合执法活动开展】5月29日，在崔村镇北京天润园草莓专业合作社，市农业局开展了“三夏”农机安全生产联合执法行动。市、区两级农委、农业局、农机监理总站、交管、工商、安监、质监等部门联合对设施农业机械卷帘机、上道路行驶拖拉机、田间作业农业机械及农机合作社即将投入“三夏”作业的农业机械进行了安全隐患排查，对发现的安全隐患，下达了整改通知书，并对驾驶操作人员发放了安全操作手册和宣传品。

（沈静）

【秸秆禁烧工作部署会召开】　6月2日，昌平区在财会之家召开了2015年秸秆禁烧工作部署会，区农业局、农业服务中心、农村工作委员会、园林绿化局、环境保护局、城管局、发改委、财政局等八个部门领导，全区各镇、街道主管镇长、农办主任等出席会议。会议对八部门联合制定的《昌平区综合施策杜绝农作物秸秆和园林绿化废弃物焚烧工作方案》进行讨论，听取各镇、街道意见建议。区农委领导对秸秆禁烧工作提出具体要求。

（赵倩）

【农机监理行政审批流动服务大厅上门服务】6月11日，区农机监理行政审批流动服务大厅试点建设项目启动。11日上午，在崔村镇北京天润园草莓专业合作社，区农机监理行政审批流动服务大厅为崔村、百善、南邵、兴寿、小汤山等镇农机手、农机户上门服务，共办理农机监理业务20项，群众满意率100%。

（沈静）

【农机安全和全面禁烧督导检查工作开展】　6月，加强全区农作物秸秆和园林绿化废弃物焚烧工作监管，成立了由区农业局、农服中心、农机化技术推广站、农机监理所人员组成的3个督导检查小组，对全区18个镇及街道的农机安全生产、秸秆禁烧、深松作业和农机补贴需求情况进行督导检查，做到检查有痕迹，督导有记录。

（沈静）

【“三秋”前农机安全大检查工作开展】　8月19日，区农机监理所执法人员来到新世光农场、东盛农机服务队、新宏军农机专业合作社等农机服务组织，对即将开始“三秋”作业的各类机具进行了安全检查，确保“三秋”农机生产安全。

（袁智博）

【农机安全生产隐患大排查工作开展】　8月20日，市农机监理总站与区农机监理所联合，对全区4家农机服务组织进行农机安全隐患的排查工作。对机库、配电库、油料库、维修间“三库一间”的防火、防爆安全隐患进行全面排查。发现问题，执法人员对相关责任人进行了提醒、告知，要求及时整改，加强安全防范，避免安全事故发生。

（袁智博）

【联合执法检查活动开展】　9月9日，区农机安全监理所与区农委、区农服中心和区安监局一起，对辖区内北京新世光农场等4家农机服务组织进行了联合执法检查活动。重点检查了“三库一间” 防火、防爆，电线电路安全，油库油罐使用、电气焊操作安全，以及农业机械安全技术状况。对在检查中发现的电闸箱没有安全警示标识、灭火器失效等隐患，执法人员及时进行了提示，要求责任人及时整改。

（袁智博）

【秋季农作物秸秆禁烧工作培训会开展】　10月10日，区农机安全监理所在红栌山庄开展了秋季农作物秸秆禁烧工作培训会，监理所全体人员及全区各镇监理员参加了培训会。培训会要求各镇继续进行秸秆禁烧的宣传，坚持堵疏结合，一方面要细化措施，加强监管，做到纵到底、横到边，不留死角，对禁烧工作不力、秸秆焚烧现象严重的地区和责任人进行问责；

另一方面要做好秸秆还田工作，促进秸秆综合利用，从根本上消除秸秆焚烧隐患。会后，监理所向各镇下拨了区财政拨付的禁烧专项资金80万元，并下发了禁烧宣传彩页10000张、横幅40条。

（袁智博）

【秸秆禁烧工作联合检查开展】 10月27日，区农委、区农服中心、区农机监理所联合对昌平区西部山区半山区的十三陵镇、南口镇、马池口镇和流村镇进行了农作物秸秆禁烧工作大检查。检查中，区农委、农服中心领导认真倾听了各镇主管镇长及农办主任对本镇秸秆禁烧工作的汇报，听取了各镇主管领导对秸秆禁烧、综合利用工作的意见和建议，并分别对秸秆收获和仍未收获的地块进行了实地考查。

（袁智博）

【农机化统计工作会议召开】 12月11日，区农业服务中心和区农机安全监理所在农服中心会议室，共同组织召开了2015年农机化统计工作会。各镇、街农机年报负责人员参加了会议。

（袁智博）

【冬季农机安全法制宣传活动开展】 12月18日，区农机安全监理所联合市监理总站，在北京天润园草莓专业合作社开展冬季农机安全法制宣传活动。共发放宣传材料1000多份，解答群众咨询40余人次。

（袁智博）

【农机事故应急处理演练活动开展】 12月18日下午，区农机监理所在北京天润园草莓专业合作社举办了昌平区农机事故应急处理演练活动。市监理总站、区农服中心领导和监理所、全区各镇监理员参加了演练活动。通过演练，提高了农机部门应对农机事故的应急反应、指挥、协调、配合及处理能力。

（袁智博）

【农机执法情况】 年内，共执法检查135天，执法人数755人次，出动执法车辆310台次，检查农业机械1327台次。一般程序立案6起，结案6起，罚款金额480元，完成行政处罚案卷6卷。发放宣传品12700余份，安全操作提示贴10000张。办理牌证业务836件，年检纯拖拉机342台，年检率99.1%；联合收割机年检23台，年检率100%。全年发放国补农机具139台套，惠及农户62户，总价格13622460元，政府补贴6811230元。

（沈静）

农 业 服 务

【概　况】 2015年，昌平区农业服务中心（简称“区农服中心）以草莓产业为核心加大农业服务力度，认真落实各项惠农政策，加强农产品质量安全，抓好农技推广、科技培训等服务工作，全力提升农业现代化水平，促进农民增收。

（麻宏蕊）

单位名称：昌平区农业服务中心
地址：城北街道府学路科技中心楼
电话：（010）69742441
邮编：102200

【为草莓产业提供技术服务】 年内，区农服中心组织8支草莓技术服务队深入田间地头了解生产过程中出现的问题并解决问题，为草莓种植企业和农户提供优质服务。整个草莓种植季，全区草莓总产量735.2万公斤，与上年持平。受央视财经草莓“乙草胺”事件等多重因素影响，全区草莓总产值3.4亿元，比上年减少19%。

（于静湜）

【做好产业宣传工作】 年内，区农服中心配合各级媒体对草莓产业进行宣传报道，通过公交车身广告进行广泛宣传。为了加强草莓种植户的安全生产意识，制作并下发了2000本昌平草莓生产服务手册，其中包括草莓蔬菜禁限用农药名录，农药使用安全知识，草莓周年生产农事安排及草莓生产、草莓种苗繁育地方标准等内容。做到了每个草莓种植的企业和农户人手一份；在全区草莓种植基地安装了1300块以安全用药内容为主的宣传展板，安装范围普及到每个草莓种植的企业和村，指导广大种植户安全生产、科学用药。

（于静湜）

【严格落实各项补贴政策】 年内，草莓种植季，向财政申请草莓种苗补贴、微生物菌剂补贴、农药补贴、土壤化学消毒补贴、立体基质栽培补贴以及营养液补贴六项，共计申请财政资金799.3万余元。其中种苗补贴3587497.5元；有机微生物菌剂（BGB）补贴894000元；农药补贴1027532元；土壤化学消毒补贴197660元；立体基质栽培补贴2098000元；营养液补贴188800元。

（于静湜）

【草莓科技工作开展】 年内，开展草莓科技工作。一是引进优新品种。引进30余种优新品种进行试验示范，成功推广了隋珠、圣诞红、晶瑶、京桃香等新品种；二是开展土壤消毒技术攻关。针对草莓连作障碍开展土壤消毒处理对比试验，从高温闷棚、氯化苦消毒、棉隆消毒、辣根素消毒等方法中选取出两至三种安全有效的方法进行推广；三是发展立体种植。为提高单栋产值，在草莓温室内套种葡萄、食用菌、蔬菜等高效益作物，向空间要效益，使单栋草莓温室效益增加上万元；四是进行反季节栽培。试验种植了草莓反季节栽培，将草莓推迟到四月上市，在延长草莓供应时间的同时，提升了果品质量。

（于静湜）

【为农业嘉年华活动提供服务保障】 年内，为保障第三届北京农业嘉年华活动顺利召开，区农服中心制定周密方案，会前对园区内各单位水、电、暖、气、通讯、安监、消防等使用情况进行查验，对存在的问题和应当维护修理的部位如温室地面、园区道路、枯死树木等进行更换修理，保证各场馆正常运营使用；为做好场馆后续开发利用，草莓博览园AAA级景区申办成功，做好景区内水、电、监控、绿化等日常维护工作。

（麻宏蕊）

【狠抓农产品质量安全】 年内，区农服中心和区农业局整合检测团队，全年对现有21家用标单位发放农业部和国家质检总局印发公共标识115.68万枚。整个生产季共抽检草莓、蔬菜、苹果样品8439个，合格率达99.8%。积极开展土壤取样检测工作，完成土样共累计测试数据达3058个，从根源抓农产品品质及安全。

（麻宏蕊）

【完善新农村服务体系】 年内，围绕新农村建设“三起来”工作目标，对全区农村1.2万盏太阳能路灯和3.13万盏节能光源路灯进行管护和维修；结合“两气一室”运行情况，对全区5处大中型沼气站、6处秸秆气化站和43处太阳能公共浴室设施进行更新、维护。

（麻宏蕊）

【扎实抓好农民培训工作】 年内，为进一步提高农民的科学素养，根据农民培训工作目标和任务，围绕发展以“一花三果”产业为主导的都市型现代农业，结合农业“科技下乡”及科技试验示范、推广工作，组织开展农业实用技术培训233期，参加培训8568人次。

（田炜玮）

【积极推进新型职业农民培训】 年内，结合全区农业产业特色，大力发展节水高效农业的新要求，大力培育新型职业农民和青年农场主，加快构建新型农业经营体系，着力为节水农业、生态农业、休闲农业和安全农业提供人才支撑。全年实施生产经营型培训70人、专业技能型培训30人，并对上年实施培训的150名新型职业农民进行跟踪服务。

（田炜玮）

【加强村级全科农技员管理工作】 年内，组织、协调百善、小汤山、十三陵、阳坊、南口5个镇与所属的74名村级全科农技员签订了岗位责任书，强化入户次数与质量。全科农技员服务农户数由原来的7922个减少7502个，服务种植面积52927.52亩、养殖规模105917头/只，指导农民23982次，解决问题5420个。

（田炜玮）

【网络书屋服务农技工作】　年内，为推进农业科技进村入户，为农业专业技术人员方便查阅、下载工作资料，对区农业局、区农服中心全体农业技术推广人员建立“书屋”账户，每一位农业技术人员，建立个人网络书屋，一人一号，方便使用和学习。全区共设立“书屋”账户638个。

（田炜玮）

【农技人员知识更新培训开展】　年内，区农服中心建立了“系统培训”制度，开展了农技人员知识更新培训。共组织了32期、1896人次参与的农技人员知识更新培训。各级各类培训班有力助推了全区农业科技人员掌握新知识，更好地服务于昌平区农业技术推广工作。

（田炜玮）

水　务

【概　况】　2015年，昌平区水务局（简称“区水务局”）在区委区政府的坚强领导下，认真学习贯彻“四个全面”战略布局和习近平总书记系列重要讲话精神，按照京津冀协同发展和区域定位加快建设国际一流科教新区的要求，以深入开展“三严三实”专题教育为抓手，团结带领全局干部职工努力适应新常态，不断转变工作作风、密切联系群众，真抓实干，攻坚克难，在持续深入推动水务改革发展各项工作上取得了新的成绩，实现了水务发展“十二五”圆满收官，为“十三五”发展奠定了良好基础。

（胡文杰）

单位名称：昌平区水务局

地址：城南街道昌平路25号

电话：（010）89749740

邮编：102200

【“三严三实”专题教育活动开展】　年内，按照区委的统一部署要求，全局27个基层单位、23个党支部组织开展“三严三实”专题教育，制定专题教育实施方案，从局党委做起，以上率下，突出问题导向，严明政治纪律和政治规距，狠抓思想教育、作风整改，增强立规执纪的意识，查摆不严不实问题，召开专题民主生活会，开展批评和自我批评，加强党内生活锻炼。局属各单位、基层各党组织认真履行责任，开展各种形式的学习教育，不断推进“四风”整治，强化了密切联系群众的自觉性，在水务工作中解决一批群众反映的实际问题，取得了良好效果。

（胡文杰）

【做好抗战胜利70周年纪念活动服务保障工作】　年内，把服务保障纪念活动作为重大的政治任务开展，周密安排水务保障工作，建立保障工作机制，积极开展纪念活动供水、防汛和水源安全保障工作，实施水系综合治理，高质量完成了水务保障任务，奠定了扎实的水务基础。

（胡文杰）

【认真谋划“十三五”水务发展规划】　年内，区水务局积极开展昌平区“十三五”水务发展规划编制工作，同步组织完成排水与再生水、污水厂布局、水土保持、防洪、节水等专项规划编制，确定今后五年昌平区水务发展的指导思想和目标任务，在全局上下形成了促进水务持续发展新的共识和动力支撑。

（胡文杰）

【加快中小河道治理提升防洪减灾能力】　年内，第一阶段中小河道东小口沟治理工程任务全部完成。加快实施了第二阶段9条中小河道治理工程，已完成温榆河（蔺沟至区界）、未来科技城南区沟、北沙河3条河道治理，北小营西河、孟祖河、水都河、回龙观河、兴隆口沟等6条河道累计完成治理总任务量的80%。启动了第三、四阶段中小河道治理工程，完成项目前期手续及招标工作，组织实施项目拆迁工作，为确保2016年全面完成四个阶段中小河道治理任务奠定基础。

（胡文杰）

【落实第一个三年污水治理行动计划工作】 年内，按照污水治理三年行动计划，持续加快污水处理厂（再生水厂）、污水收集管网建设，马池口、阳坊再生水厂已投入运行，完成昌平、沙河再生水厂二期工程建设，小汤山再生水厂完成80%工程量，流村再生水厂完成主体工程；推动南北沙河及温榆河14个排污口综合治理，实施小城镇污水处理设施市场化建设配套管网工程等，完成排水管线建设30公里；强化集中污水处理厂（再生水厂）和分散污水处理设施运行管理，完成污水（再生水）处理7078万立方米，再生水利用量3555万立方米，科学处置污泥49057吨，全区污水处理率已达到76%，超出年度目标值四个百分点。

（胡文杰）

【水环境保护工作开展】 年内，对全区水环境开展清查，摸清所有河道、排干排污口、重点排污单位、居民区和农村排污基本情况，建立台账，确定治理方案，动员全局力量开展污水治理攻坚战；实施西部水环境整治工程，对四家庄等河道部分段进行清淤，实施阳坊铁路以南截污、阳坊再生水厂退水和四家庄湿地工程；完成温阳路排水沟、叉河以及高唐排水沟治理，加快温榆河沿线排污口治理步伐，通过未来科技城再生水厂每天向温榆河补排再生水2万立方米，实现了跨区域断面水质达标；向昌平新城滨河森林公园稳定补水，已累计补水310万立方米，形成水面景观32万平方米；完成创新河小流域10平方公里的建设；加强全区水库、河道水环境管护力量，建立水环境维护队伍，制定水环境管护方案，清洁水面，保护周边林木环境，制止在河道沿线烧烤、垂钓、放生等行为，营造良好水环境。

（胡文杰）

【落实水资源管理制度推进节水型社会创建工作】 年内，加强机井管理，控制地下水开采，开展新开水源井的水影响评价，严格做好取水许可证的核发，完成300个单位取水许可证的年审；严格落实计划用水指标，控制用水总量，全年用水总量2.1361亿立方米，同比下降4.6%，达到了年初制定的用水总量控制目标；强化水资源费征收，收缴水资源费13939万元、污水处理费14247万元，超计划加价收费109万元。强化水资源管理，编制全区自备水源井集中整治方案，完善农村地区的供水管理，开展农村用水调查工作，推行农村用水指标核定。加大地表水、地下水监测力度，保障全区水质和水环境安全。持续开展节水创建，完成21个单位的水平衡测试、管网测漏、技术培训等；完成农村及企事业单位雨洪利用工程16处，新增蓄水能力3万立方米；开展节水“三同时”管理工作，严格进行节水方案审查和临时用水指标的核定；完成14300户居民节水器具的换装，对43个用水大户实施地下水井远程实时在线监控管理，进行预警提示；强化节水执法检查，联合多个部门定期派出专项检查组，对高耗水行业、违法用水、违法排污、施工降水、浪费水资源的行为进行查处，检查用水单位1530家，责令整改650余家单位，节水执法检查覆盖率为83%，多种形式开展节水宣传，进一步提高了全民节水意识。实施北七家等2个老旧小区供水管改造工程；持续发展农业节水灌溉配套设施，新增和改善节水灌溉面积2万亩。

（胡文杰）

【防汛工作开展】 年内，完善防汛组织机构，调整完善了区级防汛指挥部、8个重点防汛分指挥部和7个防汛专项办公室，落实防汛行政首长负责制；组织制定水库河道闸坝防御洪水方案以及重点工程、重点部位、重点行业防汛预案50项；充实防汛物资库，落实防汛抢险队伍、险村险户避险措施和责任制；组织开展全区防汛检查和隐患排查，开展防汛技术培训、防汛宣传和防汛演练；加强汛期应急管理，确保指挥到位，妥善应对和处置每次降雨过程，开展汛情、雨情和水情信息实时监测、预警、会商和发布，果断决策，实现安全度汛。

（胡文杰）

【增强水务服务意识提高水行政管理水平】

年内，完成为民办实事项目3项，政府折子工程9项；积极承办市级人大建议政协提案4件、区人大代表建议36件、区政协委员提案8件；积极开展水行政许可和服务工作，开展水影响评价，受理水行政许可事项179件，满意率100%，接受征求意见和咨询事项共120余项；接受处理热线电话1000余起，落实市、区级政风行风等热线22起，接待处理信仿人员直接到水务局进行信访事项5次，办理12345非紧急救助热线网络平台交办单741件，办理区网管办舆情信息交办单67件；提高政府部门透明度，公开“三公”经费，主动公开政府信息37条；核定登记水库移民人口4571人，落实后期扶持项目21项，发放移民补助资金269万元；加强供水和排水管理，保障全区供水厂和排水设施安全运行；更新农村水源井12眼，保障农村用水安全；对41项重点水利工程建设项目实施质量监督，开展水务工程参建单位管理人员培训，实施安全备案，强化安全生产措施，确保水利工程质量安全；开展水事违法行为执法检查，查处违法行为198起，立案查处案件14起，检查排污单位530家，制止河道沿线烧烤捕鱼1800余起，封填非法机井10眼，营造良好的水事秩序。

（胡文杰）

【加强党风廉政建设提升党建工作水平】 年内，在全局深入推进党风廉政建设党委主体责任、纪委监督责任，签订党风廉政建设责任书，明确领导班子和领导干部在党风廉政建设中承担的领导责任，把业务工作与党风廉政建设工作一起部署，细化责任，层层落实。加强党风廉政教育，及时传达中央、市区关于党风廉政建设和反腐败工作的各项要求，组织干部职工观看反腐倡廉电教片、廉政警示教育片，开展廉政预警，适时通报违纪违法案件，使全局党员干部充分认识到党风廉政建设的紧迫性、严峻性、长期性，不断提高自律意识、廉政风险防控意识，增强组织观念。完善重大经济合同管理办法和廉政风险防控制度，对385份重大经济合同进行复审，防控水务工程建设廉政风险点。创建基层服务型党组织，制定实施方案，确立加强党组织核心作用等四项任务，开展基层组织调研，开阔创建工作思路，启动了23个局属党支部与各镇（街）村（社区）党支部共建活动，建立联系服务群众的长效机制。开展局属党组织换届选举工作，召开全局党员大会，选举产生新一届局党委、局纪委，确定今后三年全局党建工作发展目标，明确了水务建设事业的主要任务和努力方向。

（胡文杰）

气　　象

【概　况】 2015年是“十二五”规划的收官之年，是推进气象现代化的关键之年，昌平区气象局（简称“区气象局”）在区委、区政府的正确领导下，相关部门的大力支持下，深入贯彻落实党的十八大和十八届三中、四中、五中全会和区委四届七次全会精神，以做好公共气象服务为中心任务，不断巩固气象为农服务、防灾减灾“两个体系”建设成果，紧紧围绕“推进昌平气象事业发展加快实现气象现代化”这一主题，突出创新，着力改革，深入开展党建和精神文明创建工作，持续做好苹果、草莓等农业气象服务和防灾减灾建设、气象行政管理等工作，稳步推进气象事业健康发展。荣获“三农科技服务金桥奖”优秀项目奖、“2012–2014年度首都文明单位标兵”、全国文明单位称号。为将昌平建设成为国际一流的科教新区提供坚实气象服务保障。

（贾爽）

单位名称：昌平区气象局
地址：城北街道西关路29号
电话：（010）89783659
邮编：102200

【世界气象日纪念活动】 3月，区气象局开展了一系列形式多样、内容丰富的科普宣传活动。与区水务局、区科协等多家单位先后走进永安公园、亢山广场、农业嘉年华广场以及流村镇狼儿峪村、延寿镇辛庄村进行科普宣传及应急演练活动。向居民发放了《气象知识丛书》、《中国气象报》、《社区防灾减灾指南》、《农村气象灾害防御指南》以及区气象局编制的《防雷安全知识手册》等宣传材料，业务人员深入浅出地向居民、农民及小学生详细讲解了贴近生活的气象知识，通过专业讲解提高了居民的防灾减灾意识。

（贾爽）

【气候概况】 年内，年度平均气温 13.4℃，比常年平均值（12.6℃）高 0.8℃。年极端最高气温 39.4℃，比历年最高（41.4℃）低 2℃，极端最低气温 −10.7℃，比历年最低（−19.6℃）高 8.9℃。年降水量 721.3mm，比常年（507.0mm）多 4 成多，比历年最多（901.4mm）少 2 成，比历年最少（282.0mm）多近 1.6 倍。年日照时数合计 2565.6 小时，接近常年平均值（2617.7 小时）。年度气温较常年偏高，降水比常年偏多。冬季气温明显偏高，降水明显偏少，总体气象条件对冬小麦安全越冬有利。春季气温明显偏高，降水偏多，对冬小麦起身、拔节生长、充分穗分化以及籽粒形成和春播有利。夏季气温接近常年，前、中期降水偏多，对夏玉米播种和春玉米生长有利，后期降水偏少，旱象显现，对春夏玉米生长不利。秋季气温接近常年，降水明显偏多，后期日照明显不足，总体气候条件对夏玉米灌浆、成熟有利，对冬小麦的生长和分蘖不利。

（程波）

【气象灾情】 年内，全区有 2 次灾害性天气的发生：7 月 14 日 00 时 40 分，昌平城区、马池口镇部分村不同程度遭受大风和冰雹袭击；冰雹历时 10 分钟左右，密度较大，昌平城区最大直径 13 毫米，马池口地区最大直径 15 毫米。因瞬时大风造成倒树 404 株；城南街道南郝庄村 200 亩菜田受灾，预计经济损失 100 万元；马池口镇横桥村 100 亩蔬菜、玉米受灾，宏道村 160 亩苹果树受灾，因灾减产损失 8 万元。9 月 24 日 18 时 30 分，十三陵镇南新村及西山口村遭受冰雹袭击，历时约 10 分钟，最大直径约 10毫米，造成部分果树农田受灾，其中包括蔬菜、苹果、海棠等，受灾面积达 140 亩地，造成直接经济损失 10 万元左右。

（王娟）

【气象执法】 年内，为加强防雷安全管理工作，年初联系区安监局、区消防支队等单位共同下发了《关于进一步做好 2015 年度防雷装置设计审核和竣工验收行政许可及防雷装置定期检测工作的通知》，为全年防雷安全工作的开展打下良好基础。根据市气象局安排，作为西北片联合执法的牵头单位，区气象局制定了联合执法工作计划表，确定了执法时间、地点以及学习内容等。全年现场执法共计 129 次，其中防雷安全执法 109 次，高空系留气球执法 4 次，人工影响天气安全执法 16 次。

（孟麟）

【气象为农服务】 年内，区气象局在中国气象局、市气象局及区政府的支持和指导下，以“三农”专项服务试点工作建设为契机，进一步深化气象为“三农”服务的工作机制，提高区级农业气象服务能力和农村气象灾害防御能力，提升特色设施农业服务的针对性。中国气象局支持专项经费 19 万元，地方政府匹配资金 22 万元，总资金达到 41 万元。与林业、农业等部门签署了双向合作协议，建立了数据资源、人力资源、网络及技术资源、服务基础设施等方面的共享机制。针对区现有农业气象服务硬件设备及软件进行升级改造，更换了老旧实景监控系统视频服务器，对全区为农服务 9 要素自动气象站进行升级改造，完成了与市局信息中心的对接，并对昌平区气象为农服务系统进行了升级。按照“八有”标准，组织兴寿镇、十三陵镇、阳坊镇通过了中国气象局“第三批全国标准化气象灾害防御镇”称号的认定。

（刘丹）

【人工影响天气】 年内，区人影指挥中心对7个高山地基增雨（雪）点，在冬春两季采用燃烧碘化银的作业方式，进行人工增雨（雪）作业，共燃烧碘化银烟条108根，对降低森林火险等级、增加降水及净化空气起到了重要作用，取得了良好效果。在防雹作业期（5月–9月）指挥辖区四个炮站利用高炮进行防雹作业，共发射炮弹40发，及时有效地减少了雹灾的发生。为提高广大炮手的综合素质，组织炮手进行专业知识学习，取得了良好成绩。

（赵亮）

【气象探测站网建设】 年内，全区共建有区域自动气象站39个，乡镇气象监测站网覆盖率达到100%；完成了X波段天气雷达建设的前期准备工作，将在小汤山现代农业示范园（西区）进行组网建设。

（王健军）

【专题气象服务】 年内，为北京国际长走大会、第三届北京农业嘉年华、中高考、善行者公益徒步活动、应急演练气象服务、阅兵保障等提供了优质的气象服务，全年共制作各类气象服务专报408期。

（张建丽）

农村经济管理

【概 况】 2015年，昌平区农村合作经济经营管理站（简称“区经管站”）根据北京市有关京津冀协同发展的工作部署，围绕全区中心工作和重点任务，以实现“新三起来”目标为着眼点，以贯彻落实“1+5”系列文件为支撑点，以提升经管服务水平为落脚点，积极推广经验做法，扎实推进重点工作。创新实行农村集体货币资金“收支两条线”管理，深入开展合同清查、整改工作，推广产权交易平台使用，规范农村产权交易行为，进一步加大农村集体经济运行实时监控系统和农经地理综合信息系统的推广应用，不断提高农民专业合作社规范化建设，扎实开展农村经济统计工作，认真核查农民负担，规范推进“一事一议”财政奖补项目，有效提升了农村经管工作水平，开创了农经工作的新局面。

（吕腾）

单位名称：昌平区农村合作经济经营管理站
地址：城北街道政府街19号
电话（010）89741713
邮编：102200

【创新实行货币资金“收支两条线”管理】 年内，区经管站依托区委、区政府出台的“1+5”系列文件，创新货币资金管理方法，提出“收支两条线”的农村集体货币资金管理制度，被列为区政府101号折子工程。全区有91%的村完成专储账户的开设工作，224个村正式实行农村集体货币资金“收支两条线”管理，占全区总村数的72%，剩余村也已经进入收尾阶段。

（吕腾）

【推广农村集体经济运行实时监控系统应用】 年内，区经管站在城南街道及兴寿、延寿、南口3个镇成功试点应用农村集体经济运行实时监控系统的基础上，继续推广应用该系统，力争实现对农村集体经济运行的实时预警防控，实现农村重大经济事项审批及监控网络化，实现农村集体账务处理及财务公开网络化，实现农村集体经济数据自动汇总，促进农村集体“三资”管理精细化。

（吕腾）

【做好“集体经济审计年”各项工作】 年内，开展经济审计工作，一季度完成村级组织正常运转专项补助资金管理使用情况年度审计工作和新型集体经济组织年度审计工作。4月部署并培训全区农村开展村干部任期经济责任审计，配合全区农村党组织和村民委员会班子换届选举工作，其中有221个村运用农村经济在线审计系统进行审计。截至目前，全区共有17个镇（街）所属268个村完成任期审计工作。

（吕腾）

【发挥农村产权交易平台效用】 年内，区经管站认真落实《关于规范农村产权交易工作的实施意见》文件要求，充分发挥区农村产权交易服务中心的职能。全区通过农村产权交易平台累计发生交易项目37笔，其中已完成交易项目33笔，挂牌待交易项目4笔。已完成项目成交额累计达到8782.8万元，其中实物资产项目26宗，涉及回龙观镇、北七家镇、流村镇、十三陵镇、沙河镇及百善镇；土地出租项目7宗，涉及阳坊镇、百善镇及十三陵镇。

（吕腾）

【加强合同清查整改工作力度】 年内，区经管站围绕“五管”中心工作，按照《2015年昌平区加强流动人口规模调控和服务管理“管集体经济合同”工作要点》，深入开展合同清查、整改工作，坚持村集体新签合同月报制度。全区共有农村集体经济合同17586份，涉及出租土地面积共计533610.82亩。5月底部署了农村集体经济合同租金清理工作，全区共计收回拖欠租金5694.94万元，涉及合同767份。

（吕腾）

【推进农民专业合作社规范化建设】 年内，区经管站培育示范社工作取得明显成效，全区登记注册的农民专业合作社已达459家，入社社员总数达15450人，带动农户28692户。其中国家级示范社11家、市级示范社21家、区级示范社51家。农民专业合作社项目扶持工作取得新的突破，截至目前，昌平区农民专业合作社累计获得创新项目奖励、“国家农业综合开发”项目和扶持资金3538.37万元。

（吕腾）

【加强农村经济管理信息化建设】 年内，区经管站继续在全区全面推广地理综合信息系统，将地理信息系统的应用范围扩大到农村集体出租合同、资源性资产、农民专业合作社、“一事一议”工程等数据。年内，全区21个镇（街）及所属312个村集体经济组织已经完成了本年度系统数据的采集和更新工作。

（吕腾）

【核查农民负担推进“一事一议”项目】 年内，开展农民负担监督执法检查工作，一是对农村公共基础设施建设、基本公共服务费用开支等进行了重点检查，未发现向村级组织摊派、收费以及村级组织向农户收费的问题。二是“一事一议”财政奖补项目稳步推进，截至年底，资金投资总额累计达到1.12亿元。南口、崔村、兴寿、流村、阳坊、延寿、十三陵、马池口、百善共计9个镇（街）开展“一事一议”财政奖补工作，项目投资总额为5000万元，其中中央财政资金1600万元、市财政资金1600万元、区财政资金800万元、村级自筹资金1000万元。

（吕腾）

农产品质量安全监管

【概　况】 2015年，围绕市、区政府工作重点，认真履行农产品质量安全监管职责，安排部署各项工作。制定《昌平区农业局2015年农产品质量安全管理工作意见》，明确年度推进的重点工作。本着“强化管理机制，严格落实职责，巩固现有基础，稳步推进工作”的工作思路，区、镇（街）、各单位、各部门齐心协力，全区农产品质量安全工作平稳有序开展。

（杨立成）

单位名称：昌平区农业局
地址：城北街道政府街12号
电话：（010）80119755
邮编：102200

【应对质量安全突发事件】 4月25日央视报道草莓乙草胺超标问题，区主管部门立即组织相关单位和技术专家，研究分析区内的草莓种植情况和投入品使用情况，同时在全区草莓生产基地进行采样送检，结果全区草莓未检出乙草胺。在市农业局的指导和协调下，全区积极开展宣传和规范草莓种植管理，开展了农药经营单位、草莓生产基地的专项检查和整治，消除不良影响，减少经济损失。

（杨立成）

【“三品”基地认证情况】 年内，按照市、区政府关于积极推进认证工作的政策和要求，按照以无公害认证为主，绿色、有机认证为补充的原则，认真履行工作流程，加强和完善了认证工作组，各镇（街）确定了人员，管理服务顺畅到位，确保有效推动认证工作的开展。完成新认证“三品”基地25家，全区“三品”认证基地达到100家，认证率达到40%。

（杨立成）

【培训情况】 年内，以确保农产品质量安全为目标，促进农产品安全水平提高，强化无公害基地内检员职责，确保不发生农产品质量安全事故，确保农产品质量安全水平稳步提升。全年开展和组织参加市级培训8次，共计培训人员500人次。

（杨立成）

【农产品质量安全主体普查情况】 年内，按照全市农产品质量安全管理工作要求，对全区开展农产品质量安全责任主体普查工作。主要目的一是摸清农产品质量安全监管对象底数，为实现全覆盖监管，不留监管死角提供支持；二是全面排查风险隐患，及时发现问题，防患于未然提供支持；三是对监管对象划分风险隐患等级，为开展针对性监管提供支持；四是为今后相关政策、资金支持提供参考依据。

（杨立成）

【“9.3”阅兵活动农产品服务保障情况】 年内，为保障“9.3”阅兵活动农产品质量安全，6月3日、6月15日和8月15日，区农业局和市农业局农产品质量安全处领导到北京华都肉鸡公司监督检查农产品服务保障工作。督促企业落实所供产品要做到专人、专库、专车，固定备用产品及货源批次，确保供应每一产品均来源清晰，质量安全有保障，产品必须批批检测合格才准出厂进行专供。

（杨立成）

【农产品安全检测】 年内，制定年度农产品质量安全检测计划，落实检测工作任务。全区以区级检测为主，以基地检测为补充，检测面全覆盖。农产品质量安全检测工作顺利实施，完成检测样本30000个，产品检测合格率达到要求标准。昌平区农产品质量安全综合质检站建设顺利完成并通过验收，已开展了部分农产品的检测工作。

（杨立成）

【标准化生产基地建设】 年内，全区已建成“菜篮子”标准化生产基地40家，其中经过评定考核，达到北京市优级标准化基地30家，达到良好标准化基地10家。通过标准化生产带动了生产者增收，促进了产业发展，保证了质量安全。在此基础上新建8家北京市优级标准化基地，全区标准化生产基地覆盖面进一步提高。

（杨立成）

小汤山现代农业科技示范园

【概　况】 2015年，昌平区小汤山现代农业科技示范园管理中心（简称“小汤山农业园”）围绕提升农业科技水平，强化科技服务功能，进一步加强基础设施建设、维护和谐稳定、为企业创造良好发展环境，增强园区可持续发展。一是以项目为抓手，全年引进新品种、新技术16个，申请专利9个，开展科技培训2800余人次，科普教育7万人次。积极搭建科技创新平台，申报科技项目10个，资金2395万元。重点支持北京华绿食用菌扩大产能；万德园草莓种苗育繁推；三益公司开展铁皮石斛引进快繁及产业化；协助5家企业在天津武清、河北承德等地建立了草莓、蔬菜等农产品生产示范基地2000余亩。二是拓展科技交流，与中国农大、中粮研究院等7家机构开展产学研合作，促进了科技成果转化；支持京冀人才交流，圆满完成河北怀来2批大学生村官为期4个月的驻园学习实践活动。三是完善生态基础建设，全年投入3350万元，进行园区环境整治提升。借助“北京绿道”温榆河滨水绿道项目，完成园区路段沿路标识标牌安装，旅游4A级景区游客服务中心改建；完成煤改气工程（含航空博物馆军民共建部分）前期规划设计批复；清退低端企业5家，收回土地220亩、地上建筑及设施3.8万平方米。四是严实作风、凝聚力量，扎实开展“三严三实”专题教育活动，顺利完成了党委班子换届选举，营造风清气正的环境；实施“党建430”项目，与农业部等单位开展“3+1”支部共建活动，组建非公企业支部和园区党员活动中心各2个。

（许晓英　徐爱军）

单位名称：昌平区小汤山现代农业科技示范园管理中心
地址：小汤山镇中国航空博物馆西
电话：（010）61785121
邮编：102211

【天然气管道工程启动】 2月，小汤山农业园申报天然气接入管道工程项目，报装登记安装2台6蒸吨燃气锅炉，现阶段已取得燃气公司报装登记表及批复；文化委、园林局、航空博物馆对天然气接入管道工程项目意见的复函；完成了规划设计院道路条件、选线定线、过河条件及定桩规划设计成果，相关资料报送首规委并获得批复。

（塔娜）

【小汤山现代农业科技示范园管委会更名】 4月3日，昌编委发[2015]1号文，根据编办《关于昌平区处级自设机构清理情况的批复》（京编办事[37]号）精神，北京市小汤山现代农业科技示范园管委会更名为北京市昌平区小汤山现代农业科技示范园管理中心，为区政府直属相当正处级区财政全额拨款事业单位。

（塔娜）

【荣获“首都文明风景旅游区”称号】 5月8日，首都精神文明建设委员会向小汤山农业园颁发2015年度“首都文明风景旅游区”证书。

（塔娜）

【中组部组织学员参观学习】 5月14日，中组部组织青海省藏区基层党组织书记、拉萨市县处级党政干部、新疆和田优秀中青年干部一行131人，参观了小汤山农业园，学员们就水培蔬菜节水种植技术和食用菌工厂化生产技术进行了交流。

（塔娜）

【荣获“全国旅游价格信得过景区”称号】 5月25日，国家旅游局公布首批“全国旅游价格信得过景区”的名单。小汤山农业园榜上有名，成为北京市30家“信得过”景区之一。

（塔娜）

【组织大学生村官座谈会】 6月2日下午，小汤山农业园邀请百善镇泥洼沟村党支部书记王小利参加大学生村官座谈会，园区党委书记、主任张正伟主持座谈，强调基层工作是推动年轻人成长成材的优质平台。王小利结合多年工作经验，向大学生村官详细讲解做好基层工作的要点。

（塔娜）

【规划设计院设施所来园交流】 6月3日，小汤山农业园邀请农业部规划设计研究院设施所的科技团队来园参加农业技术交流活动。设施所各位专家在园区技术人员陪同下，参观了设施草莓层式高架育苗项目，了解该项目整体运行情况，并就水肥自动化控制、温室设施调控、高架育苗管理等运维工作进行了交流与探讨。设施所李邵博士就设施草莓高架育苗关键技术进行了系统深入地讲解。

（塔娜）

【匈牙利农业考察团来园参观考察】 6月10日，匈牙利农业考察团一行3人来到国家现代农业科技城昌平园参观考察。

（塔娜）

【哈萨克斯坦共产人民党干部考察团来访】 6月10日，哈萨克斯坦共产人民党中央书记、议会下院议员阿赫梅特别科夫带领干部考察团参观考察小汤山农业园。

（塔娜）

【怀来县大学生村官实习结业】 6月18日，小汤山农业园举行河北省怀来县大学生村官实习结业仪式，怀来县委组织部副部长赵东升、园区党委书记张正伟等参加了结业仪式。本次来园实习的15位大学生村官，分别来自河北省怀来县各行政村，4月10日至6月18日，他们分别在园区办公室、人力资源部、党群办公室等科室（部门）进行了实习。

（塔娜）

【水域净化工作开展】 6月，小汤山农业园加大生态建设力度，着力开展西区受污染水域净化工作。根据受污染水域水体富营养化的特点，采用生物修复方法进行治理。园区与莲藕种植专业户丁俊林合作，在受污染水域内共种植莲藕15亩，有效改善水体生态环境。

（塔娜）

【学习教育活动开展】 7月17日，为进一步巩固和强化党的群众路线教育实践活动成果，树立和增强全园上下的服务意识和奉献精神，结合“三严三实”专题教育活动，积极构建自主学习和集体学习相结合的常态化、自觉化、长效化机制，每两周组织开展一次以“学知识、增本领、强信念”为主题的学习活动。

（塔娜）

【“草莓高架育苗及有机化栽培”课题实施】 8月28日，小汤山农业园与北京市科技委员会农村发展中心密切协作、共同推进“草莓高架层式育苗及有机化栽培技术继承与示范”课题顺利开展。该课题采用无土栽培模式，利用酸碱度测试仪、电导率测试仪、基质水分测试仪等仪器设备，试验分析苗期的育苗环境、营养液配方、灌溉施肥措施等，很好的解决了土壤病害严重问题，提高了草莓苗的品质和产量。项目安装完成草莓育苗支架2460延米，配置组装自动化施肥系统、净水系统和高压喷雾设备等。

（塔娜）

【北京农学院领导来园调研】 8月28日，北京农学院院长王慧敏、副院长范双喜、科学技术处处长秦岭来园调研，座谈会上，双方围绕在京津冀协同发展重大战略稳步实施推动优质农产品的需求量不断增大的背景下，农业如何找准发展方向、加快转型升级、实现提质增效等内容进行广泛交流。随后，王慧敏一行来到森淼枸杞种植基地、华绿食用菌工厂化生产基地、黑六养殖观光基地进行实地调研。

（塔娜）

【骑行绿道规划实施】 9月7日，小汤山农业园综合管理部会同小汤山林业站、施工单位、设计单位共同商讨农业园东区范围内温榆河骑行绿道规划工作。骑行绿道规划长度约2.75千米，占地面积约6.8公顷。

（塔娜）

【获区档案行政执法检查评优单位】 9月16日，区档案局法制科、指导科、信息化科组成联合检查组来园开展档案行政执法检查工作。小汤山农业园获年内优秀档案管理单位。

（塔娜）

【陕西省渭南市政协领导来园考察】 10月15日，陕西省渭南市政协副主席王民庆一行9人来农业园考察，区政协副主席靳增立、提案委主任许克仲、区农委副主任冯民、园区副主任王志勇等陪同。座谈会上，围绕昌平惠农政策实施方案、农业龙头企业扶持培育、互联网销售平台运营模式等方面分别介绍了全区现代农业发展状况。

（塔娜）

【湖南省地税局领导来园参观】 10月19日下午，湖南省地税局领导一行10人来园区参观，区地税局党组书记、局长于欣杰，园区纪委书记王玉春陪同。参观团先后来到华绿生物科技有限公司和格普通泰水培蔬菜科技有限公司，实地了解食用菌的工厂化生产流程和水培蔬菜技术优势。

（塔娜）

【“严以用权”专题学习交流活动开展】 10月27日，按照区委“三严三实”专题教育活动安排，小汤山农业园围绕“严以用权，真抓实干，实实在在谋事创业做人，树立忠诚、干净、担当的新形象”主题进行第三次集中学习交流。小汤山农业园班子成员及区委组织部干部监督科科长王猛参加学习交流。

（塔娜）

【园区十三五规划报告】 11月14日，园区参加政府组织的“十三五”规划专题报告。重点从三个方面阐述十三五工作设想：一、发展思路。围绕产业培育、科技研创、示范推广、交流会展、科普教育、管理服务，推动一二三产融合发展，坚持高端、减量、绿色发展，强化园区“总部研发、高端服务、先导示范”功能，实现园区跨越式发展；二、总体目标。从引进示范、培训教育、申请专利，培育上市企业，创建国家级、市级著名商标，农业生产总值都有量化指标；三、主要任务。推动新版规划稳步实施，提升园区持续发展能力，加强园区基础设施建设，强化园区公益服务职能。

（塔娜）

【管理中心党委班子完成换届选举】 12月4日，中国共产党北京市昌平区小汤山现代农业科技示范园管理中心党员大会在第三会议室隆重召开。各基层党支部共42名党员汇聚一堂，面对党徽庄严行使党章赋予的权利，选举产生新一届党委委员、纪委委员，昌平区委组织部代表联络室主任赵永明出席了会议并作了重要讲话。张正伟代表上届党委向大会作了题为《抢抓新机遇，谋划新发展---努力开创“高端、高效、高辐射”园区新局面》的工作报告。大会为农业园未来的快速健康发展奠定了坚实的组织基础。

（塔娜）

【市国土局领导来园调研指导】 12月9日，市国土局纪检组长金兴利到园区实地调研，围绕地热开发利用情况听取工作。小汤山农业园党委书记、管理中心主任张正伟陪同。调研组首先对农业园地热管理工作进行了实地检查，继而与农业园领导班子进行了座谈。

（塔娜）

【搭建企业项目申报平台】 年内，小汤山农业园充分发挥科技服务职能，以优质服务为保障，着力为企业搭建服务平台，全力做好科技成果和科技项目的申报工作。截至5月园区共申报农业综合开发项目6个，其中农业园基础设施项目4个，包括西区温室改造、供暖管道改造、东区供电管井铺设、污水处理等。

（塔娜）

昌平牧工商总公司

【概　况】 2015年，昌平牧工商总公司（简称“牧工商总公司”）根据区国资委《北京市昌平区国资委关于北京昌平牧工商总公司及所属子公司产权无偿划转至宏达兴公司的批复》（昌国资复（2015）25号）精神，于8月划转到北京宏达兴投资管理有限公司，周贵强主持牧工商总公司全面工作。

（陈文）

单位名称：昌平牧工商总公司
地 址：北京市昌平区百善镇百善村东
电 话：（010）61731651
邮 编：102211

【做好划转后的后续工作】 8月，企业改革后，公司领导积极主动地与职工谈心，了解职工心理状态和困难，切实解决实际问题，确保了公司职工思想稳定和划转后单位后续工作的顺利进行。

（陈文）

【“三严三实”专题教育工作开展】 年内，根据《昌平区关于在处级以上领导干部中开展“三严三实”专题教育的工作方案》的通知精神，在宏达兴党委的指导下，牧工商公司领导高度重视，从5月上旬开始，通过制定方案、学习交流、警示教育、红色教育、专题座谈、党课教育等形式，积极在党员干部和群众中开展专题教育，取得了阶段性成果。

（陈文）

【资产租赁管理工作】 年内，公司主营业务以租赁为主，制定了《单位资产租赁管理制度》，认真细致填写《资产租赁情况表》、《资产台账》、及时上报全年租赁情况总结。

（陈文）

【财务部工作情况】 年内，配合宏达兴财务人员及资产管理人员对公司的财产和债权债务等账目进行核查和取证工作。

（陈文）

【安全生产和交通安全管理工作】 年内，牧工商总公司本着“安全第一、预防为主”的原则，努力做好安全生产、安全保卫、车辆安全、防火、防盗、防煤气中毒等工作，及时与下属单位、各租赁单位、个人签订安全责任书；对职工进行安全知识培训及考试，及时消除各种安全隐患。全年未发生重大责任事故。

（陈文）

工 业

经济与信息化

【概 况】 2015年，昌平区经济和信息化委员会（简称“区经信委”）认真学习贯彻党的十八大、十八届三中、四中、五中全会、中央经济工作会议和市委、区委全会精神，坚决落实区委、区政府的决策部署，紧紧围绕“四个全面”战略布局和推进京津冀协同发展战略要求，深入开展“三严三实”专题教育活动，突出抓好重大项目建设，全力推动低端产业退出，大力支持企业创新发展，不断完善中小企业服务体系建设，持续促进两化深度融合，各项工作取得了新的进展。

年内，全区306家规模以上工业企业完成产值1085.5亿元，同比下降3.6%。工业经济总量位列五个城市发展新区第二位。完成销售产值1090.4亿元，同比下降2.5%，实现产销率100%；主营业务收入完成1166.3亿元，同比下降0.7%；利润总额70.9亿元，同比下降1.3%。

六个产业产值“三增三降”，即装备、基础与新材料及都市产业同比下降，生物与医药、电子信息及汽车与交通设备产业同比增长。其中装备产业完成产值226.9亿元，同比下降14.9%。汽车与交通设备产业完成产值299.9亿元，同比增长1%。基础与新材料产业完成产值412.7亿元，同比下降1.6%。生物与医药产业完成产值76.1亿元，同比增长3.9%。都市产业完成产值48.1亿元，同比下降4.1%。电子信息产业完成产值21.8亿元，同比增长14.4%。

北汽福田、三一、神华、国电四大重点企业，全年共完成产值556.5亿元，占规模工业总量比重51.3%，产值同比下降7.6%，减量46亿元，拉动全区规模以上工业同比下降4.1个百分点，是昌平工业产值同比下降的最主要因素。其中北汽福田完成产值201.5亿元，占规模工业总量比重18.6%，产值同比下降9.1%，减量20.2亿元，拉动昌平规模以上工业下降1.8个百分点。主要受宏观经济趋缓影响，商用车市场下滑10.6%，其中货车市场同比下滑11.9%；去年基数较大，上半年抢时间生产“国3”中高档车型（自去年6月份开始“国3”商用车停产）等。三一公司完成产值61.8亿元，占规模工业总量比重5.7%，产值同比下降26.9%，减量22.8亿元，拉动昌平规模以上工业下降2个百分点。主要受投资增速回落、施工项目开工率低、资金到位率低等因素影响较大，公司现有设备开工率和作业量双双下滑，产品市场需求下滑较大。神华昌运完成产值222.1亿元，占规模工业总量比重20.5%，产值同比增长3.7%，增量7.9亿元，拉动昌平规模以上工业上升0.7个百分点。年内，神华集团山东秦皇岛港下水煤炭结算分配进行了调整（入账大于出账），同时上年基数也较小（特别是7–8月）。主要因为煤炭市场价格同比下降153元/吨（5500大卡港口下水平仓价上年525元/吨，现为372元/吨）；低端产业退出及雾霾治理等因素导致京津冀地区煤炭市场逐渐萎缩。国电燃料完成产值71.2亿元，占规模工业总量比重6.6%，产值同比下降13.3%，减量10.9亿元，拉动昌平规模以上工业下降1个百分点。主要受煤炭市场价格同比下降影响。

年内，剔除福田、神华、国电、三一四大企业及增长作用凸显的康明斯，其余297家规模以上工业企业，产值同比下降3.9%，其中剔除康明斯后的19家年产值5亿元以上企业完成产值184.4亿元，同比下降8.5%；278家年产值5亿元以下企业产值同比出现下降，完成产值279.8亿元，同比下降0.7%。

（于凌燕　刘佳）

单位名称：昌平区经济和信息化委员会
地址：城北街道西环路15号
电话：（010）69742365
邮编：102200

【重点项目建设稳步推进】　年内，重点抓好三一重能压裂成套装备研发及产业化项目等27个投资在3000万元以上的重大产业项目建设。25个项目已开复工建设。其中北京东华原医疗设备有限责任公司生产研发中心等6个项目投入使用；中船重工北京昌平船舶科技产业园等7个项目已主体完工，预计2016年上半年投入使用；中科创新高技术产业园等7个项目主体厂房建设中，预计2016年年底竣工；北京新雷能科技股份有限公司模块电源扩产项目等5个项目新开工建设。北京硕方电子科技有限公司硕方科技研发中心等2个项目正在积极办理各项手续。同时，做好非政府投资的工业项目备案、核准等工作。全年共办理核准立项16个，总投资7.04亿元；办理备案项目立项48个，总投资25.03亿元；完成环保备案97个，意向总投资11.1亿元。

（于凌燕　刘佳）

【污染企业依规有序退出】　年内，通过召开工业污染企业退出工作会等形式，宣传市区两级支持政策，全年共完成50家工业污染企业退出任务，压减外来人口2228人。与区环保局和属地镇街共同对3个镇村产业集聚区工业污染企业进行了清理整治。积极推进工业领域燃煤锅炉清洁能源改造工作，10家企业完成改造共计77.5蒸吨，消减燃煤2.17万吨。积极贯彻落实《昌平区空气重污染日应急方案》，对138家停限产企业加大监督力度，严格落实企业减排措施。高标准完成中国人民抗日战争暨世界反法西斯战争胜利70周年纪念活动空气质量保障工作。

（于凌燕　刘佳）

【企业发展环境持续优化】　年内，对小微企业、小企业创业基地、闲置国有土地进行调研，充分沟通协调解决企业面临的难点问题。推进昌平区中小企业公共服务平台建设，平台微信公众号已经开通试运营。指导企业申报北京市小企业创业基地和公共服务平台的认定。开展申报小微企业创业创新基地城市示范工作。组织开展中小企业服务活动，举办了“企业所得税汇算清缴专题”、“国家促进小微企业发展政策宣讲”等培训，培训人员300余人次。积极落实中小企业资金扶持政策，60家中小企业获得区产业转型升级政策资金贷款贴息支持1401.5万元，32家中小企业获市经信委创新融资贴息支持1180万元。做好工业中小企业技改项目监督工作，完成了19家技改和提升研发能力项目的验收工作。

（于凌燕　刘佳）

【中小企业微信公共服务平台上线】　11月8日，昌平区中小企业“微信公共服务平台”在腾讯众创空间首次亮相。微信服务功能有三个大的功能模块，每个模块下面分别有四项服务内容。第一模块“服务平台”，主要是对平台的介绍。第二模块“企业服务”，包括主要服务项目。此模块主要体现昌平区对各类服务资源的整合。随着平台的成熟和成长，会有更多的服务项目不断地开发出来，实现让信息多跑路、企业少跑腿，同时也是昌平区向服务型政府、创新型政府转变的一种体现。第三模块“我的消息”，主要功能是查找、查看以及互动，创业者或者企业通过这个模块与平台进行沟通，查看服务的状态和结果，提出意见和建议、求助或投诉等。

（于凌燕　刘佳）

【科技创新能力不断增强】 年内，大力推进企业技术中心建设，北京康比特体育科技股份有限公司等8家企业通过2015年北京市级企业技术中心认定初审。此外，2014年新增国家认定企业技术中心3家，北京市认定企业技术中心3家。截至年底，全区共有市级以上企业技术中心57家（国家级技术中心5家，市级技术中心52家）。北汽福田汽车股份有限公司被认定为国家技术创新示范企业，全区共有国家技术创新示范企业4家。配合市经信委完成了昌平区2013年至2014年规划在建和在用数据中心的情况调查。抓好品牌战略建设工作，新增北京东华原医疗设备有限责任公司“图形”、北京诚益通控制工程科技股份有限公司“诚益通”、北京雪迪龙科技股份有限公司“雪迪龙”、北京元盛隆博家具有限责任公司“元盛隆博”4个“北京市著名商标”，使全区北京市著名商标达到50个。

（于凌燕　刘佳）

【智慧昌平建设逐步推进】 年内，以中国铁塔股份有限公司北京市昌平分公司成立为契机，整合全区通讯基础设施，完成改建及扩容基站180个（2G,3G）；铺设信息管道94.68沟公里，建设无线宽带接入点（AP）501个、4G基站2253个；累计发放高清机顶盒27362户，新建有线电视双向网3.4万户，双向网络改造2.5万户。加快推进社区信息化建设，以回龙观为试点的社区服务平台项目已经验收完毕。全面启动《昌平区落实宽带北京行动计划研究》课题研究工作。举办了“2015年昌平区企业互联网思维培训会”。开展全区正版软件检查工作。启动编制《昌平区“十三五”时期信息化发展规划》。

（于凌燕　刘佳）

【其他各项工作有序推进】 年内，折子工程、安全生产、后勤管理等项工作顺利推进。承办区政府折子工程12项，为民办实事1项，办结政协提案、人大建议10项，并被区政协评为“2015年度先进办案单位”。做好2015年北京工业年鉴、昌平年鉴的编撰和修订工作；完成了《“十三五”期间昌平工业转型升级对策研究》前期课题和《“十三五”工业发展规划》征求意见稿的编制工作；指导区文化艺术发展中心，办好“昌平经济和信息化”专刊；抓好安全生产工作，与企业签订安全生产责任书，确保被监管的单位不发生安全生产事故；关心离退休老干部生活，定期走访慰问老干部；做好机关、食堂和企联的日常财务工作；健全食堂管理、车辆管理等相关制度，为机关干部提供优质的后勤服务保障。

（于凌燕　刘佳）

中关村科技园区昌平园

【概　况】 2015年，中关村科技园区昌平管理委员会（简称“昌平园”）企业总数近3250家，国家级高新技术企业达660家。年内，加大重点结算型项目和创新型项目的引进，推动国网信息通信产业集团、北京神华首路销售公司、河北钢铁集团北京国际贸易公司等落地昌平；推动臻迪科技无人机项目落户中科创新园，北京康远制药公司选址流村工业园。国内首家GMP级口腔干细胞库落户中关村生命园；泰宁—海绵城市产业基地落地昌平。全年完成投资18.3亿元，超额完成年投资计划（计划投资15.35亿元）。泰宁科创、知蜂堂生产基地等四个项目开工实施，北大国际医院、中科创新园、方正医疗研究院等项目超额完成投资；北京迈瑞医疗科技园、乐华仕健康产业园、中船重工船舶科技产业园等项目主体封顶完工；确定昌平园怀来分园一期1416亩区域范围，三个项目列入首批开工建设名单；回龙观创业大街开街，启动回龙观“双创社区”暨腾讯众创空间（北京），已签约入驻项目20个，涵盖移动互联网、机器人、智能制造、健康等多个领域；全国首个“双创周”期间，昌平园在宏福大厦设立分会场，组织宏福博奥、乐邦乐成、创客100及其他孵化器参与，共策划投资对接活动6场次；与《IT时代周刊》杂志社共同建设的“创客100创业孵化平台”，设立了创客100TMT投资基金；乐邦乐成、果栋社区、国风美唐创新中心等众创空间陆续投入使用；推进科技企业孵化器工作，设立创业投资引导基金，协调设立融科汇智创业投资引导基金，探索“基金+孵化器”孵化模式，构筑科技创新“1+3+1”发展战略平台；成立“北京昌平科技园发展有限公司”，加快腾讯众创空间项目顺利实施、作为昌平园怀来分园建设主体进行规划设计及参与土地开发工作、作为出资主体设立厚德昌科投资管理公司和创客100TMT投资基金。园区开展各种形式培训活动，帮助企业转型升级。开展“走进科技孵化器”活动，为华北电力大学科技园、乐邦乐诚、集中办公区等孵化器的企业进行上门培训；邀请了业内知名的证券机构，针对未来有意向在新三板挂牌上市的企业进行业务培训和政策讲解，召开了新三板挂牌和政策培训会；召开高新技术企业认定工作培训会，帮助企业做好国家级高新技术企业认定和复审工作。在北京奥凯立科技发展股份有限公司建立“院士专家科技服务站”，启动“百名院士进民企”活动。启用国家蛋白质科学基础设施北京基地（凤凰工程），将为全世界提供高水平、一站式的蛋白质组分析服务；北京药检所投入使用，为企业提供便利快捷的权威检验检测服务；中关村生命科学联合创新服务绿通平台挂牌运行，大幅提高企业生物材料试剂的进出口效率并有效降低采购成本；中关村昌平园科技条件平台，已整合一万多项测试服务资源，为昌平各类科技企业提供一个科研创新和成果转化及产业化的公共技术平台。乐普（北京）医疗器械股份有限公司和北京思达医用装置有限公司通过英国标准协会（BSI）对环形肺静脉标测导管、含药洗脱冠脉支架系统、超滑造影导丝和机械心脏瓣膜附件等产品的审核；东华原医疗设备有限责任公司的《中药煎药机》（《Herbal Decoction Apparatus》）国际标准（ISO 18665）出版发行；科诺伟业自主研发的风电2MW全功率风电机组成套电控系统、KNGI 900-500HEC光伏并网逆变器通过2015年第一批北京市新技术新产品（服务）认定；国电新能源技术研究院能源创新技术研究中心两项发明专利：“一种捕集烟道气中二氧化碳系统和方法”（授权专利号：201210572964.4）和“一种互补式绿色能源供给系统”（授权专利号：201210573067.5）通过国家知识产权局评审，获得国家发明专利授权；高德软件有限公司《备选路径规划方法及导航终端》获得中国专利优秀奖，为用户规划出更加合理的备选路径，也为智慧城市平台建设、进一步提升城乡建设和城市精细化管理以及培育新型地理信息服务业态规划提供了强有力支撑。组织推荐盟固利、科诺伟业、百济神州、诺诗康瀛4家企业进行博士后科研工作站申报并获批授牌；爱博诺德、博晖创新、雪迪龙、万全德众4家企业申报博士后科研工作站分站获批。昌平园共有博士后科研工作站11家，博士后科研工作分站11家，创新实践基地工作站7家，在站博士后29名，全年新进站博士后7人，出站博士后6人；入园留创企业15家，留学人员52名；7人通过中关村高端领军人才高级工程师（教授级）职称评价；中关村高端领军人才80人，其中28人入选“千人计划”、42人入选“海聚工程”、10人入选“高聚工程”。昌平园通过“中关村昌平园大健康产业联盟”驻韩办事点对接韩国江原道科学研究院和江原道政府战略产业科，双方共同签署了战略合作协议，将借助韩国江原道在生物医药方面的领先优势，推动昌平区生物医药医疗器械产业的发展；成立中关村惠康运动健康产业联盟，为大健康产业运动健康领域的发展搭建交流平台。

（万玮）

单位名称：中关村科技园区昌平园管理委员会
地址：城南街道超前路9号
电话：（010）69745383
邮编：102200

【中关村昌平园在河北怀来建分园】 1月7日，昌平区人民政府与河北省怀来县人民政府签订了《昌平区与怀来县战略合作框架协议》和《中关村昌平园怀来分园共建战略合作协议》，区委书记侯君舒，区长张燕友，区委常委、组织部长李良，副区长孙卫、苏贵光以及张家口市副市长、怀来县委书记郭英，县长李玉清等出席了签约仪式。双方将在河北省怀来新兴产业示范区内共建昌平园怀来分园，总占地面积3000亩。

（万玮）

【中海阳与协鑫签订战略合作协议】 3月16日，中海阳能源集团与协鑫新能源正式签署新能源开发及投资战略合作协议。两大能源集团强强联合，将在全国范围内进行光伏电站（含地面电站和分布式电站）的联合开发及投资建设合作，2015至2017年合作规模合计为1GW。此次签约为双方建立稳固的战略合作伙伴关系，在全国新能源领域战略布局持续、健康、快速发展奠定了良好的基础。

（万玮）

【勤邦生物参加中国蜂业博览会】 3月19日，由中国蜂产品协会、中国养蜂学会主办的2015年全国蜂产品市场信息交流会暨中国蜂业博览会在广州召开，相关国家机构、省市领导以及全国各地的近2000名蜂业代表参加了此次大会。该会是全国蜂产品业界盛世，也是蜂产品行业内信息交流、产品展示、品牌推广的重要平台。勤邦生物连续三届参加大会，从出口企业到内销企业越来越多的蜂产品工作者开始关注蜂产品的质量安全检测。

（万玮）

【诺华（中国）移植示范中心项目在广州、上海启动】 3月20日和4月2日，由诺华制药（中国）支持的“植树中华”肝移植示范中心在中山大学附属第一医院器官移植科和上海交通大学医学院附属仁济医院正式揭牌运行。此次肝移植示范中心的成立，将致力于移植领域高精尖专的医学人才的培养，实现最新研究成果和先进临床经验共享，从而更好地推动中国公民器官捐献的学术进步，促进中国公民器官捐献事业发展并加快与国际接轨的进程。

（万玮）

【中国首个探索心死亡器官捐献肾移植优化免疫抑制方案研究启动】 3月29日，由诺华和浙江大学医学院附属第一医院陈江华教授等国内知名移植专家共同发起的，在中国首个在心死亡器官捐献肾移植患者中，基于米芙免疫抑制方案的前瞻性、多中心研究——MyERA研究正式启动。该研究旨在归纳出优化的免疫抑制治疗方案，提高移植成功率，为医生提供权威的临床指导，同时也是目前在中国由公司发起的最大的一项在公民逝世后器官捐献人群中的研究。

（万玮）

【召开高新技术企业认定培训会】 4月2日，昌平园召开2015年度高新技术企业认定工作培训会，旨在更好地帮助企业做好国家级高新技术企业认定和复审工作，共有80余家企业的100余名企业代表参加培训，市科委高新技术企业认定管理工作相关负责人进行了现场答疑解惑。

（万玮）

【贝瑞和康入选中国非上市潜力企业100强】 4月14日，国际著名财经媒体《福布斯》杂志在上海举行了“2015福布斯中国潜力企业创新峰会暨颁奖典礼”。北京贝瑞和康生物技术有限公司首次入选“中国非上市潜力企业100强”，位列第16位，在所有生物医药企业中位列第一。

（万玮）

【勤邦推出饲料检测整体解决方案】 4月24日，2015中国饲料工业展览会暨畜牧业科技成果推介会在江苏南京国际博览中心召开。本次展会由中国饲料工业协会和全国畜牧总站联合主办，中、美、德、法等20多个国家和地区的500余家企业参展，展会面积达6万平方米。展会集中展示了国内外饲料原料、饲料添加剂、饲料机械展、畜牧科技等，重点围绕生猪、肉鸡、奶牛、牧草新品种和新技术，进行了分专区布展和推介。勤邦生物作为检测行业第一品牌参加了此次推介会，推出了真菌毒素、抗生素及非法添加物快速检测解决方案，为广大饲料及养殖产品规避了安全风险。

（万玮）

【首届难治性癫痫神经调控治疗研讨会召开】 5月10日，由神经调控技术国家工程实验室主办，北京品驰医疗设备有限公司承办的首届“难治性神经调控治疗研讨会”在北京科技会堂召开。研讨会由全国癫痫外科协会理事长谭启富和北京品驰医疗设备有限公司总经理郝红伟共同主持，共有来自全国30多家医院的医生参会。这是神经调控技术国家工程实验室在癫痫外科治疗领域组织的首次医工结合研讨会，本次研讨会为国内神经调控技术应用于难治性癫痫的治疗明确了方向，提出了引领研究的目标，这将成为国内难治性癫痫神经调控治疗发展进程中的一个标志性事件。

（万玮）

【新时代健康产业集团荣获“首都文明单位”称号】 6月1日，中央企业首都精神文明创建工作推进会在京隆重召开，首都文明办副主任卜秀均，国资委文明办副主任、宣传局局长卢卫东，在京中央企业文明办负责人，以及此次获得表彰的企业代表出席大会。新时代健康产业（集团）有限公司荣获“首都文明单位”称号，总经理黄永刚应邀出席大会并接受表彰。

（万玮）

【东华原孵化器启动】 6月11日，在昌平园举行了“东华原生物信息科技孵化器”启动仪式。在仪式上北京东华原医疗设备有限责任公司董事长南龙就项目具体筹建、规划及未来发展预期进行了详细介绍。

（万玮）

【废弃脱硝催化剂再生及回收处理技术研究成果达到国际先进水平】 6月13日，由国家新能源技术研究院、北京国电龙源环保工程有限公司共同研发的“废弃脱硝催化剂再生及回收处理技术”研究项目，通过了中国电力企业联合会在北京组织召开的科技成果鉴定。该项目结合国内煤质和烟气特点，针对废旧脱硝催化剂性能进行自主研发。

（万玮）

【市科委调研三一集团高端装备技术创新情况】 6月15日，市科委主任闫傲霜赴“三一集团.北京南口产业园”进行调研，参观了产业园重能1号、2号厂房，详细了解风力发电、能源装备、超高层消防等产品新技术研发应用的最新情况。市科委委员张虹，办公室、重大专项办公室、电子信息与装备制造处等负责同志参加调研。

（万玮）

【国电集团助力“一路一带”推动产能国际合作】 6月25日至7月3日，国电集团公司党组织书记、董事长乔保平率科环集团、国际合作部相关负责人，先后赴巴西、比利时、捷克，参加一系列国际商贸会议和“一对一”商务会谈，推动集团公司新能源和节能环保设备“走出去”，积极参与“一带一路”建设。

（万玮）

【三一上榜财富中国500强工程机械行业榜首】 7月8日，《财富》（中文版）发布2015年中国500强排行榜公司名单，三一重工以营业收入303.64亿元、利润7.09亿元位居榜单177名，是工程机械行业上榜名单中排名第一的企业。

（万玮）

【中澳燃烧后二氧化碳捕集可行性研究项目启动】 7月14日，昌平园华能清能院公司与澳大利亚沃利帕森服务公司在北京未来科技城的华能人才创新创业基地签署了“中国－澳大利亚燃烧后二氧化碳捕集可行性研究”项目合同，中国国家能源局与澳大利亚工业部代表出席签约仪式。该项目是由中澳两国政府主导的国际合作项目，沃利帕森公司为澳政府通过招标选择的项目管理单位。

（万玮）

【福田汽车与张家口市签署产业转型升级合作协议】 7月24日，福田汽车集团与张家口市在京签署产业转型升级战略合作协议。福田汽车股份有限公司将借助其在宣化福田雷萨泵送机械厂产业资源，逐步将北汽福田北京厂区现有产业制造业务转移至张市宣化区。并对泵送机、起重机、环卫车、消防车、渣土车、动力和储能电池产业转移及后续发展事宜开展战略合作。

（万玮）

【三项电力行业标准入选国家能源领域行业标准制（修）订计划】 7月28日，国家能源局对外公布了《2015年能源领域行业标准制（修）订计划》（国能科技[2015]283号），清洁能源研究院主持申报的《循环流化床锅炉检修导则（修订）》、《循环流化床锅炉炉膛防磨技术导则》、《半工业试验台流化床锅炉燃料试烧试验技术规范》入选。

（万玮）

【中关村惠康运动健康产业联盟成立】 8月12日，由康比特、健与美、青鸟健身、浩沙健身、宝力豪、北京市健美协会、中国食品科学技术学会运动营养食品分会和首都体育学院等行业众多机构联合发起并成立的"中关村惠康运动健康产业联盟"在北京召开了成立大会暨第一次全体会员大会。

（万玮）

【9家企业获科技服务促进专项支持】 8月14日，为贯彻落实北京市《关于加快首都科技服务业发展的实施意见》（京政发〔2015〕25号）及《北京技术创新行动计划（2014–2017年）》（京政发〔2014〕11号），切实提升科技服务业对首都经济发展和转型升级的支撑能力，市科委在全市范围内评选出210项2015年"北京市科技服务业促进专项"拟支持项目，昌平园利尔、海林、金隅红树林、康比特、东华原、兆信、北京蛋白质组研究中心等9家企业获得该项目支持。

（万玮）

【贝瑞和康与阿里云达成合作】 8月14日，北京贝瑞和康生物技术有限公司与云计算服务平台提供商阿里云达成合作，共同打造以中国人群基因组数据为核心的数据云，实现对个人基因组数据的精准解读。贝瑞和康自主构建的中国人群基因组大数据库目前已包含超过四十万份基因组数据。

（万玮）

【新时代健康公司获专项资金支持】 9月24日，根据《中关村国家自主创新示范区产业发展资金管理办法》（中科园发〔2014〕56号）第十一条第一款的有关规定，经中关村管委会2015年第25次主任专题会审议通过，新时代健康等27家"十百千工程"培育企业获得"企业做强做大"支持资金。目前昌平园共有35家"十百千工程"企业。

（万玮）

【350兆瓦超临界循环流化床机组在国神投产】 9月28日，国神集团神东电力河曲发电公司2×350兆瓦低热值煤发电工程1号机组顺利通过168小时满负荷试运行，正式投入商业运营。该项目是神华集团投产的首台、世界上投产的第2台350兆瓦超临界循环流化床机组，对循环流化床技术的可持续发展具有里程碑意义。

（万玮）

【"大众创业万众创新"昌平园分场活动举行】 10月21日，首届全国"大众创业万众创新"昌平园分场活动在宏福大厦创客100孵化器举行。活动现场，创投业优秀代表分别以"初创企业容易出现的问题"、"在创业路上翻滚的互联网老兵"、"创业，你真的准备好了吗"为主题进行了经验分享、交流和互动问答。

（万玮）

【泰宁—海绵城市产业基地落地昌平】 11月3日，国内首个海绵城市产业基地在昌平园东区举行了奠基仪式，住建部康居认证中心、市水科学技术研究院、区政协、统战部、工商联和区各职能部门领导参加了奠基仪式。该项目由北京泰宁科创雨水利用技术股份有限公司投资建设，占地面积2.81公顷，总建筑面约5万平方米，总投资约2.5亿元。

（万玮）

【回龙观创新创业社区盛大揭幕】 11月8日，全国首家获得中关村科技园区管理委员会授牌的"双创社区"—回龙观创新创业社区在昌平盛大揭幕。社区的首发项目腾讯众创空间（北京）的开启仪式也同期举行。

（万玮）

【**美亚生物集团落户中关村生命科学园**】 11月27日，美亚生物科技集团与区政府签署了“干细胞总部基地及研发中心项目”，并落户位于中关村生命科学园内的北大医疗产业园，建立研发中心及临床实验室。

（万玮）

【**市药品检验所新所启用**】 年内，市药品检验所（简称药检所）新所迁址到中关村生命科学园并正式启用，新所占地面积达34084平方米，总建筑面积33260平方米，总投资约3亿元人民币，是全国最大的省级药品检验机构，年检验能力从2万多件达到5至8万件。药检所新所是中央和北京地区社会公众药品质量监管的检验服务平台。

（万玮）

生命科学园

【**概　况**】 北京中关村生命科学园发展有限责任公司（简称“生命科学园”）位于北京市昌平区，是中关村国家自主创新示范区核心区的重要组成部分，是以生命科学研究、生物技术和生物医药相关领域研发创新为主的高科技专业园区。生命科学园规划占地总面积2.49平方公里，分为两期开发，其中一期生命科学园占地1.3平方公里，规划建筑面积约70万平方米；二期国际医疗园占地1.19平方公里，规划建筑面积约83万平方米。目前园区建设已基本完成，实现八通一平。截至年底，园区共有入园企业306家，其中注册在昌平的238家，以生物制药、医疗器械和基础研究企业为主。其中上市企业总部5家，G20企业8家，瞪羚企业9家，十百千工程企业7家，金种子企业6家。园区有国家工程研究中心、国家重点实验室及国家重点项目7个。全年入园企业总收入174.10亿元，其中注册在昌平企业102亿元。入园企业共投入研发经费15.22亿元，同比增加23.43%，占总收入的8.74%。入园企业累计申请专利1842项，授权专利为911项，国际授权专利128项；累计申请的注册商标1050项中，授权注册商标519项，国际授权注册商标11项。入园企业共承担各类课题156项，完成76项，共计投入研发经费7.44亿元。其中973计划项目19项，完成7项，投入经费1.24亿元；863计划项目17项，完成12项，投入经费1.36亿元；国家自然科学基金项目19项，完成1项，投入经费2775.42万元；其他省部级课题66项，完成51项，共投入经费4.46亿元。入园企业在国内外期刊发表文章353篇。其中中文核心期刊发表62篇，SCI收录期刊发表文章293篇，影响因子10以上的高达29篇。园区聚集高端人才162人次。其中两院及外籍院士14人（表4），国务院特殊津贴获得者22人，千人计划33人，海聚工程66人，高聚工程11人，“科技北京”领军人才3人，科技部杰出青年12人，长江学者1人，硕士及以上员工占比33.73%。

（梁爽）

单位名称：北京中关村生命科学园发展有限责任公司
地址：城南街道生命园路29号
电话：（010）89738914
邮编：102206

【**美国生命科技公司与诺禾致源达成战略合作意向**】 年初，美国生命科技公司（Life Technologies）代表团到访诺禾医学检验所，双方就共建临床实验室达成合作意向。据了解，双方将合作在中国建立首家符合临床实验室标准（CLIA）的第二代测序技术（NGS）肿瘤临床检测实验室。经CLIA认证的临检实验室不仅能保证检测结果准确、可靠，还将实现国内外实验室统一标准，结果互认。同时，还将为国内各大医疗机构建设国际标准NGS临检实验室提供样板，进一步推动基因检测走向标准化和规范化。通过与Life Technology合作，双方将充分发挥自身的技术及资源优势，共同搭建高标准的 NGS 临检实验室。

（梁爽）

【同昕生物获"2014 年全国质量信得过单位"称号】 1月，中关村生命科学园入园企业同昕生物荣获"2014 年全国质量信得过单位"称号。全国质量信得过单位是经由全国各省市质量监督管理部门针对企业质量管理情况择优进行推荐，报经相关全国性行业质量管理部门评价、审核、颁发的全国性质量荣誉奖项。近年来，同昕生物连续推出了鼻咽癌早期诊断产品、感染诊断产品和心梗预警等系列产品，获得市场的广泛认可。

（梁爽）

【迈瑞同获两项中国专利优秀奖】 1月6日，在国家知识产权局召开的"第十六届中国专利奖颁奖大会"上，中关村生命科学园入园企业迈瑞公司两项专利分别荣获中国专利（发明）优秀奖和中国专利（外观设计）优秀奖。中国专利奖是国家唯一专门针对授予专利权的发明创造或设计的省部级奖励，该奖得到世界知识产权组织的认可，在国际上具有较大影响力。此次获奖充分表明迈瑞在产品技术含量、设计能力和专利质量方面均已迈上新台阶。

（梁爽）

【市委领导参观碧水源运营污水站】 2月2日，市委常委、常务副市长李士祥，副市长林克庆等考察了由中关村生命科学园入园企业北京碧水源科技股份有限公司负责运营的北京密云穆家峪镇庄头峪村村级污水站。李士祥详细了解了碧水源拥有自主知识产权的膜技术，高度评价了碧水源集团的技术实力，并对穆家峪镇庄头峪村污水站再生水水质表示赞赏。据悉，碧水源在密云县负责运行村镇级污水处理厂规模超过 1 万吨 / 天，为超过 10 万人提供污水处理服务，为保障密云水库承担南水北调蓄水、调水任务做出积极贡献。

（梁爽）

【"世界睡眠日"义诊举办】 3 月 18 日，北京大学国际医院 Upenn-PKU 睡眠中心和心理行为医学科专家在国际医院进行联合义诊，为更多"睡不着、睡不醒、睡不好"的睡眠障碍人群提供帮助。专家们为大家提供了各类睡眠障碍疾病的自诊问卷，从睡眠医学和精神医学的专业角度评估问卷结果，并给出专业建议。

（梁爽）

【第二代基因测序体外诊断产品获 CFDA 批准】 3 月 20 日，中关村生命园入园企业，中国高通量基因测序领军者贝瑞和康基因诊断技术有限公司生产的 NextSeq CN500 基因测序仪和胎儿染色体非整倍体（T13/T18/T21）检测试剂盒获国家食品药品监督管理总局批准。NextSeq CN500 基因测序仪是贝瑞和康与美国 Illumina 公司合作，为满足中国临床需求而设计制造的新型高通量基因测序仪。同时获批的胎儿染色体非整倍体（T13/T18/T21）检测试剂盒则采用了贝瑞和康自主研发的快速 PCR-free 文库构建专利技术，可大大简化操作步骤。

（梁爽）

【与农大生物学院联合举办毕业生双选会】 3月24 日，由生命科学园和中国农业大学生物学院联合举办的"中国农业大学 2015 届毕业生双选会——生物专场"在中国农业大学（西区）成功举办。来自生物学院和京内高等院校的本科、硕士、博士毕业生参加了双选会。本次双选会吸引了园区内博奥生物、扬子江海燕药业、万泰药业、奥瑞金种业等 29 家生命科学产业领军企业。

（梁爽）

【健康养生主题活动举办】 3 月 31 日下午，由中关村生物医药企业家俱乐部主办，北京大学国际医院承办的"健康养生主题活动"在北京大学国际医院成功举办。中关村生物医药企业家俱乐部会员参加了本次活动。俱乐部会员听取了国际医院情况介绍，实地参观了医院核心科室、急救直升机停机坪、VIP 病房和体检中心等。国际医院还特别为俱乐部会员做了全套健康体检，并在体检过程中安排知名专家与会员面对面交流，一对一解答会员提出的健康问题。

（梁爽）

【MBR工程项目汇总碧水源与美国GE平分秋色】 3月，全球专门统计MBR技术（膜生物反应器净水技术）、产品及项目的专业网站MBR Site发布。碧水源和美国GE（通用电气公司）所承担的项目数量最多，分别为18个和17个。碧水源承担项目日处理水量规模超1000万吨/天，每年可为国家新增高品质再生水40亿吨以上。

（梁爽）

【碧水源创造京东众筹新纪录】 4月8日，北京碧水源科技股份有限公司生产的D506智能纳滤净水器在京东众筹平台开启众筹，仅37分钟，众筹金额即超过200万，创造京东众筹新纪录。D506智能纳滤净水器采用碧水源超级纳滤技术，集成智能WiFi模块，可通过云端与用户手机App相连，实现滤芯更换提醒、水质监测、净水器操控等多种功能。

（梁爽）

【贝瑞和康入选中国非上市潜力企业100强】 4月14日，国际著名财经媒体《福布斯》杂志在上海举办了“2015福布斯中国潜力企业创新峰会暨颁奖典礼”。北京贝瑞和康生物技术有限公司凭借其在高通量测序领域的专业性和创新性脱颖而出，首次入选“中国非上市潜力企业100强”，位列第16位，在所有生物医药企业中位列第一。

（梁爽）

【博奥生物核酸分析仪获CFDA认证】 4月20日，由博奥生物集团有限公司自主研发的恒温扩增微流控芯片核酸分析仪获得了国家食品药品监督管理总局（CFDA）认证。该分析仪完美结合了微流控与恒温扩增技术，能够对核酸分子进行快速、高通量（高成功率）并行处理，简化实验流程、加快实验速度（加快速度或提高效率），可广泛应用于生命科学与医学基础研究、食品安全、临床医疗、卫生防疫等领域，填补了国内微纳生物医学检测仪器的空白。

（梁爽）

【先正达绿色增长计划研讨会召开】 5月13日，中关村生命科学园入园企业先正达在北京召开“绿色增长计划”首年度成果研讨会。此次研讨会旨在寻求拓展合作的机会，促进政府机构、行业伙伴、价值链以及非营利机构之间沟通，并就如何推进中国农业可持续发展交流意见。

（梁爽）

【北生所博士入选欧洲分子生物学组织（EMBO）外籍成员】 5月20日，生命科学研究所邵峰博士因其在致病菌感染宿主和宿主先天免疫机制方面研究中做出的突出贡献而当选欧洲分子生物学组织（EMBO）外籍成员。EMBO是由分子生物学家们推动成立的非官方学术组织，其成员由包含79位诺贝尔奖获得者在内的1700多名科学家组成。

（梁爽）

【第七届趣味运动会成功举办】 5月29日下午，生命科学园第七届趣味运动会在生命广场开幕，共有12家入园单位参加，参赛员工297人，到场观众逾1000人。6月26日最后一场赛事进行的篮球赛决赛博奥生物集团有限公司荣获冠军，本届趣味运动会旨在团结入园单位，搭建各单位间的交流平台，通过体育运动彰显园区活力，增强园区凝聚力。

（梁爽）

【新时代荣获“首都文明单位”称号】 6月1日，中央企业首都精神文明创建工作推进会在北京隆重召开，生命科学园入园企业新时代健康产业（集团）有限公司荣获“首都文明单位”称号。

（梁爽）

【方正医药研究院挑战拜耳莫西沙星专利终审胜诉】 6月5日，北大医疗产业集团旗下方正医药研究院宣布，该公司历时三年诉德国拜耳“莫西沙星氯化钠注射液”专利无效一案，获终审胜诉。德国拜耳“莫西沙星氯化钠注射液”专利从法律效力上正式被宣布无效。

（梁爽）

【博晖创新收购美国Advion公司】 6月7日，博晖创新宣布收购美国Advion公司100%股权，并签署股权转让协议，交易基础合并对价为2800万美元。Advion公司主营业务为开发、制造并向全球提供质谱仪和生命科学产业的相关耗材。通过此次收购，博晖创新将借助 Advion 公司的技术和人才优势进入质谱分析行业，Advion 公司也将通过博晖创新快速进入中国市场。

（梁爽）

【碧水源发起中小学生饮水安全计划】 6月23日，“践行社会主义核心价值观中关村企业家支持志愿服务工作”座谈会在京召开，北京碧水源科技股份有限公司作为首家捐助企业受邀参加本次座谈会。为响应国家解决农村饮水安全的号召，帮助老少边穷地区中小学生解决饮水安全问题，碧水源联合中国志愿服务基金会、MBR 联盟发起了“‘饮水思源’中小学生饮水安全计划”基金项目，并捐款 500 万元。

（梁爽）

【扬子江药业荣获国际质量管理金奖】 10月7日，扬子江药业集团在韩国举办的国际质量管理小组竞赛中勇夺 2 项金奖。该竞赛被誉为质量管理领域的“奥林匹克”，共吸引来自中国、美国、日本、韩国、新加坡等 13 个国家和地区的企业参赛。此次获奖标志着扬子江药业集团的质量管理获得了国际认可，对该集团的国际化进程具有重要意义。

（梁爽）

【博奥生物 HPV 认证产品再添新成员】 7月9日，博奥生物集团有限公司自主研发的人乳头瘤病毒（HPV）DNA 检测试剂盒（荧光 PCR 染料法）（国械注准 20153401059）获得了国家食品药品监督管理总局（CFDA）认证。这是继今年 2 月人乳头瘤病毒（HPV）核酸检测试剂盒（微阵列芯片法）（国械注准 20153400158）获得 CFDA 认证后，又一款配套产品获得证书。至此博奥生物已开发了一套完整的 HPV 检测系统，为临床宫颈癌的快速筛查和辅助诊断提供了全面可靠的整体解决方案。

（梁爽）

【扬子江药业荣登 2014 年度中国医药工业百强榜首位】 7月12日，2015 年（第 32 届）全国医药工业信息年会在四川省成都市召开。会议发布了“2014 年度中国医药工业百强企业”榜单，扬子江药业集团有限公司荣登榜单第一位，并获研发产品线最佳工业企业殊荣。“2014 年度中国医药工业百强企业”榜单是以反映国家医药工业经济运行状况的《中国医药统计年报》为依托，具有很强权威性。

（梁爽）

【GMP 级口腔干细胞库落户生命科学园】 7月25日，中国首家 GMP 级口腔干细胞库在生命科学园落成。该项目由“世界口腔干细胞之父”、美国宾夕法尼亚大学牙医学院口腔分子生物系系主任施松涛教授领衔，并得到科技部资助，主要进行口腔干细胞采集提取、存储应用和医学研究等工作，设计存储量 300 万份。口腔干细胞取材存储方便，免疫原性小，免疫调节能力强，临床应用安全性好，在颌面部组织再生及全身系统疾病的治疗应用方面拥有广阔前景。

（梁爽）

【中关村高成长企业 TOP100 发布】 7月29日，中关村高新技术协会举办的 2015 中关村高成长企业 TOP100 颁奖典礼在北京召开，生命园入园单位北京碧水源科技股份有限公司、北京万泰德瑞诊断技术有限公司上榜。本届 TOP100 评选活动聚焦新常态下中关村国家自主创新示范区内拥有核心技术、创新能力强、发展速度快、发展前景良好的优秀企业。上榜企业覆盖国家重点支持的高新技术八大领域，平均复合增长率高达 258%，呈现高成长发展趋势。中关村高成长企业 TOP100 年度评选活动始于 2009 年，是中关村范围内最具权威性和公信力的大型公益性评选活动之一。

（梁爽）

【碧水源集团斩获北京 2022 冬奥会第一单】 7月31日，国际奥委会宣布北京获得 2022 年冬季奥运会举办权，成为奥运史上第一座既举办过夏季奥运会、又将举办冬季奥运会的城市。碧水源集团控股子公司北京久安建设投资集团有限公司宣布中标冬奥会所在地——河北省张家口市崇礼县污水处理工程、道路工程及旅游度假区市政配套工程等。碧水源集团也由此成为同时为2008北京夏季奥运会、2022北京冬季奥运会提供环境服务的第一家企业。

（梁爽）

【博奥生物微流控碟式芯片产品荣获“国家创新医疗器械产品”】 8月10日，由博奥生物集团有限公司自主研发生产的微流控碟式芯片产品——呼吸道病原菌核酸检测试剂盒，通过了国家食品药品监督管理总局（CFDA）《创新医疗器械特别审批程序（试行）》审查。呼吸道病原菌核酸检测试剂盒基于博奥生物自主研发的微流控碟式芯片及配套仪器平台，与现有常规检验手段相比，该平台具有检测速度快、灵敏度高、结果准确、多指标并行检测等显著优势，为感染性疾病快速诊断、精准治疗及应对重大突发公共卫生事件提供了一种新工具。

（梁爽）

【贝瑞和康与阿里云达成合作】 8月14日，北京贝瑞和康生物技术有限公司宣布与阿里云达成合作，共同启动以中国人群基因组数据为核心的“神州基因组数据云项目”，实现对个人基因组数据的精准解读。该项目首次聚焦基因组大数据在云平台上的批量计算、分析、存储，进而在基因大数据领域进行前沿探索。贝瑞和康自主构建的中国人群基因组大数据库目前已包含超过四十万份基因组数据。通过深入分析该数据资源，能够进一步揭示中国人群遗传突变分布，并将极大提升遗传疾病诊断效率和精准度。

（梁爽）

【博奥颐和携手中国人保布局精准医疗】 8月14日，博奥颐和健康科学技术（北京）有限公司与中国人民健康保险股份有限公司北京分公司签订战略协议，博奥颐和将通过基因检测服务、健康管理全产业链服务与中国人保北京分公司“三位一体”全流程医疗风险管控机制形成优势互补，从而将疾病预防与医疗保障有效结合，共同打造中国大健康管理服务。

（梁爽）

【国开行入股碧水源】 8月15日，碧水源公司完成非公开发行股票，募集资金62.31亿元，其中国家开发银行旗下子公司国开创新资本有限责任公司以54.34亿元获得碧水源10.48%的股份，成为碧水源第三大股东。作为国家唯一的开发性金融机构，国开行主要为基础设施建设提供开发资金，在城镇化建设中起着主要支撑作用。此举是国开行第一次股权投资水务领域。

（梁爽）

【博奥生物项目获科技奖一等奖】 9月1日，中国仪器仪表学会公示2015年中国仪器仪表学会科技奖获奖名单，博奥生物集团有限公司“恒温扩增微流控芯片核酸分析仪研究”项目荣获科学技术奖一等奖。该仪器平台配合博奥生物的呼吸道病原菌核酸检测试剂盒和微流控碟式芯片，一次可检测与呼吸道感染相关的13种病原微生物，并将检测时间缩短到2小时以内。

（梁爽）

【贝瑞和康科孕安整体解决方案全新上市】 9月12日，北京贝瑞和康生物技术有限公司在北京胚胎组学国际研讨会上正式推出全新的“科孕安胚胎植入前遗传学筛查系列产品”。该系列产品的问世，将为中国辅助生殖领域的胚胎植入前遗传筛查提供更加便捷经济的一站式解决方案。

（梁爽）

【阿可拉定获准进入药物快速审批】 9月15日，北京珅奥基医药科技有限公司研发的天然药物（中药）一类新药——阿可拉定正式获准进入药物快速审批程序。阿可拉定获得多项国际及国内专利授权，具有完全自主知识产权，并相继获得国家“十一五”、“十二五”、“重大新药创制”和省市级重点项目立项支持。该药物是从中药淫羊藿中分离提取得到的纯度98%以上的有效单体，被认为是在中药现代化研究中继青蒿素之后的又一成功案例。

（梁爽）

【北生所揭示细胞炎性坏死的关键机制】 9月16日，北京生命科学研究所邵峰实验室在《自然》杂志上发表文章，首次揭示了细胞炎性坏死的关键分子机制，为多种自身炎症性疾病和内毒素诱导的败血症提供了全新的药物靶点，并重新定义了细胞焦亡（细胞程序性死亡的一种，与细胞凋亡不同）的概念。

（梁爽）

【发展论坛（2015）成功举办】 9月17日，以“创新赢未来”为主题的“中关村生命科学园发展论坛（2015）”成功举办。市相关部门、区政府领导及近百家生物医药企业负责人和高新技术人才参加了本届论坛。论坛围绕北京市科技项目及申报、新药新产品注册申报流程、中关村生物医药产业发展状况和新政策等重点领域进行了探讨，全面展示了生命园建园十五年来取得的成果，为园区企业发展提供沟通、分享、协作、共赢的平台，促进企业不断成长。

（梁爽）

【碧水源获天津废水处理大单】 9月21日，北京碧水源科技股份有限公司子公司天津市碧水源环境科技有限公司中标天津市宁河区潘庄工业区废水处理BOT项目。该项目采用碧水源核心技术“AAO+MBR”，设计废水处理规模1万吨/日，出水质量达国家《城镇污水处理厂污染物排放标准》(GB18918-2002)一级A标准，将成为碧水源在京津冀协同发展工业废水处理领域的典型示范项目。

（梁爽）

【金唯智蝉联中国服务外包成长型百强企业】 9月24日，生命园入园企业金唯智公司蝉联“中国服务外包成长型百强企业”。此活动是中国国际投资促进会、中国服务外包网联合国际数据公司、美国高德纳公司等国际知名咨询机构共同开展的全国性服务外包优质企业现状调研和筛选活动，已经成为国内服务外包行业最具权威性和公信力的活动。

（梁爽）

【北大国际医院成为医保定点医疗机构】 9月29日，北京市人力资源和社会保障局（京人社医发[2015]（215号））将北京大学国际医院新增为北京市基本医疗保险定点医疗机构。此举将改善京北地区缺乏三级综合基本医疗保险定点医疗机构的现状，部分解决北京北部居民到大医院“看病难”问题，促进区域医联体的建设和发展，构建分级诊疗服务体系。

（梁爽）

【诺和诺德新胰岛素获准投放美国市场】 9月30日，诺和诺德公司两个治疗糖尿病的药品Tresiba（德谷胰岛素）和Ryzodeg（德谷胰岛素和门冬胰岛素复合制剂）在被美国食品药品监督管理局要求进一步研究两年后，最终获得其批准。这两个药物将于2016年一季度投放美国市场，有望进一步巩固诺和诺德在糖尿病药物市场的领先地位。

（梁爽）

【百济神州抗癌新药进入I期临床】 10月12日，百济神州（北京）生物科技有限公司宣布在国内开展抗癌新药（BGB-283）的临床I期试验，并已招募了首位患者。该药物获得了国家“十二五”重大新药创制专项支持，是一种用于治疗因特定基因突变导致实体瘤的新型药物。

（梁爽）

【国家蛋白质科学中心·北京基地在生命科学园落成】 10月14日，2015年度《自然》会议在国家蛋白质科学中心·北京基地成功举办，世界蛋白质组学及相关领域科学家、院士等参加会议，标志着“国家蛋白质科学中心·北京基地”正式启用。国家蛋白质科学中心·北京基地是国务院“十一五”期间批准设立的12个重大科技基础设施之一，项目由国家发改委、北京市政府、总后勤部和教育部共同出资，军事科学院作为法人单位，联合清华大学、北京大学和中科院生物物理研究所共同建设，是迄今国内生命科学领域投资规模最大的国家级大科学工程。

（梁爽）

【碧水源荣获中国膜行业20年领军企业奖】 10月14日，中国膜工业协会“20周年庆典”在北京举办。北京碧水源科技股份有限公司荣获“中国膜行业20年领军企业奖”。数十位水处理及膜行业泰斗、上百家膜技术企业参加了此次大会。北京碧水源科技股份有限公司成立于2001年，在国家大力支持环保水处理产业及膜工业快速发展的背景下，凭借自主创新迅速做大做强，成为中国惟一一家集膜材料研发、膜设备制造、膜工艺应用于一体的企业。

（梁爽）

【万泰生物获“中国区艾滋病诊断最佳技术创新奖”】 10月29日，全球著名增长咨询公司弗若斯特沙利文授予万泰生物“2015年度中国区艾滋病诊断最佳技术创新奖”，以表彰该公司在中国艾滋病诊断市场上的不断创新与进取，实现销售额与品牌知名度大幅增长。

（梁爽）

【生命科学研究所博士当选中国科学院院士】 12月7日，中国科学院公布了新增选院士名单，中关村生命科学园入园单位北京生命科学研究所邵峰博士当选中国科学院院士。生命科学和医学学部（中科院医药学组）共计新增院士12名，邵峰博士作为医药学组最年轻的候选人，以其在感染与免疫的分子机制领域的突出贡献顺利当选。

（梁爽）

【副市长调研市药品检验所】 12月15日，副市长程红调研市药品检验所新址。市药品检验所新址位于生命科学园内，负责全市范围内药品、保健食品、化妆品的鉴定检验、进口通关检验等工作，本次新址启用即标志生命科学园生物医药产业链的重点环节开始发挥作用。

（梁爽）

【中关村生命科学联合创新服务中心揭牌】 12月18日，中关村生物医药进出口公共服务平台调研活动暨中关村生命科学联合创新服务中心启动活动在生命科学园生物技术研发中心举行。会上，中关村科技园区管委会、北京海关、北京出入境检验检疫局共同发布了《关于共同推进中关村国家自主创新示范区生物医药进出口公共服务平台建设合作备忘录》，宣布共建生物医药进出口公共服务平台，并进一步简政放权，探索可复制、可推广的监管新模式，全面提升中关村特殊物品和动植物源性生物材料的通关便利化水平，大力推进中关村生物医药产业发展。

（梁爽）

【产业技术情报发布会成功举办】 12月22日上午，《大规模基因测序及其个性化医疗的应用》产业技术情报发布会暨中关村生物医药科技信息交流中心启用仪式在生命科学园举办，共吸引来自园区和生物医药行业的百余位代表参会。

（梁爽）

【2015中国农药行业销售百强榜，颖泰嘉和位列第二】 年内，2015中国农药行业销售百强榜发布，生命科学园入园企业北京颖泰嘉和生物科技有限公司位列第二。与2014年相比，今年的百强业绩增长平稳，总销售额达到1063.34亿元，同比增长9%；百强榜入围门槛也从去年的2.97亿元升至3.24亿元。

（梁爽）

【诺禾致源破译四倍体棉花基因组】 年内，南京农业大学作物遗传与种质创新国家重点实验室、北京诺禾致源生物信息科技有限公司（中关村生命科学园入园企业）和美国德克萨斯大学的研究人员共同完成了陆地棉基因组的测序工作。相应的研究成果《四倍体陆地棉基因组测序完成为提高纤维质量提供资料》于4月发表于国际顶尖生物学杂志英文（《自然－生物技术》）上。

（梁爽）

北京未来科技城发展集团有限公司

【概　况】 2015年，北京未来科技城发展集团有限公司（原“北京未来科技城开发建设有限公司”，简称“未来科技城”）围绕“做大未来科技城品牌、做实一城带两镇、做好园区产业承载”三个发展目标，着力推进北京未来科技城的土地一级开发、部分经营性地块二级开发、城市运营管理、科技资源管理与服务、产业投资及金融服务等业务发展，并积极参与北七家镇、小汤山两镇的新型小城镇化建设。

集团总注册资本金约61亿元，总资产约421亿元，净资产约168亿元，下设7家控股子公司、6家项目公司，现有经营管理人员和专业技术人员260余人。作为北京未来科技城的开发建设主体，北京未来科技城发展集团的发展愿景是成为多元化经营、专业化运作的“城市开发投资运营商”，重点打造土地一级开发、房地产开发、城市运营管理、产业发展四大业务板块，最终实现产城融合发展，充分发挥带动未来科技城及周边地区发展的驱动器和动力源作用。

（金彤）

单位名称：北京未来科技城发展集团有限公司
地址：北七家镇定泗路238号达华会馆
电话：（010）89757195
邮编：102209

【住房和城乡建设部领导到未来科技城调研】 2月8日，中华人民共和国住房和城乡建设部城建司副巡视员章林伟一行到未来科技城调研。未来科技城管委会常务副主任吴小利陪同调研。

（孙伊竹）

【竞得A49、62地块组团国有建设用地使用权】 2月15日，北京未来科技城置业有限公司和金融街长安（北京）置业有限公司联合体以13.66亿元现场竞报自住型商品住房面积27000平方米，竞得未来科技城南区A49、62地块组团F1住宅混合公建用地（配建“人才公共租赁住房”）国有建设用地使用权。

（李晓远）

【昌融置业有限公司成立】 3月3日，北京未来科技城昌融置业有限公司注册成立，注册资本1亿元。由北京未来科技城置业有限公司和金融街长安（北京）置业有限公司共同出资，主要承担北京未来科技城南区A14、30地块组团项目的开发建设。

（李晓远）

【“缅怀革命先烈·重温入党誓词”教育活动开展】 4月2日，未来科技城公司组织全体党员、发展对象和入党积极分子到昌平烈士陵园，开展以“缅怀革命先烈·重温入党誓词”为主题的学习教育活动。首先参观了昌平革命历史纪念馆，随后向革命烈士纪念碑敬献了花圈并重温了入党誓词。

（侯薇）

【区委书记主持召开未来科技城建设工作专题会】 4月3日，区委书记侯君舒主持召开未来科技城建设工作专题会。会议听取了未来科技城入驻央企二期建设情况汇报，审议了中国商飞北研中心和中国建材三新产业研发中心的二期建筑设计方案，研究了城市客厅项目的工作思路、时序安排及城市设计导则。区领导张燕友、周云帆、苏贵光、李志杰、吴小利出席会议。

（沈月娥）

【“春风送温暖，慈善济万家”募捐活动开展】 4月28日，未来科技城公司开展了2015年“春风送温暖·慈善济万家”募捐活动，254人参加捐款，共募集善款33400元。

（侯薇）

【参展第十八届中国北京科技产业博览会】 5月13日至17日，未来科技城参展第十八届中国北京科技产业博览会，以“引领科技创新、推动产业发展”为主题，在昌平展区集中展现园区定位、总体规划、配套布局及招商项目。期间，共接待企业咨询30余组，发放宣传折页400余册。

（刘琳）

【国资委企业领导人员管理一局领导到未来科技城调研】 5月15日，国资委企业领导人员管理一局局长宋亚晨、副局长王铵、副局长肖宗辉一行到未来科技城调研。宋亚晨一行参观了未来科技城展厅，察看了南北区市政基础设施及央企项目建设情况，实地参观了未来科技城中学、中国商飞北研中心及神华低碳所。区委书记侯君舒陪同调研。

（孙伊竹）

【“书香满城”读书演讲比赛举办】 5月15日，未来科技城公司举办首届“书香满城”读书演讲比赛，9位入围选手分别通过视频短片介绍和现场精彩演讲，与评委和现场观众分享了他们的读书体会。经现场观众及评委共同评选，最终葛佳慧获得一等奖，张宏伟、刘琳获得二等奖，杜伟、李梦菲获得三等奖，钱鹤群、刘庞凤宝、刘晟昱和魏环获得优胜奖。

（侯薇）

【昌金置业有限公司注册成立】 5月21日，北京未来科技城昌金置业有限公司注册成立，注册资本金0.5亿元。由北京未来科技城置业有限公司和金融街长安（北京）置业有限公司共同出资，主要承担北京未来科技城南区A49、62地块组团项目的开发建设。

（李晓远）

【区政协领导到未来科技城调研】 6月9日，昌平区政协副主席李永生一行到未来科技城调研。区委常委、常务副区长周云帆，未来科技城管委会常务副主任吴小利陪同调研。

（孙伊竹）

【未来科技城亮相2015中国智慧城市国际博览会】 7月10日至12日，北京未来科技城亮相2015中国智慧城市国际博览会，在北京展览馆一号馆设立展位，围绕"智慧生活.走进未来"，集中展现了北京未来科技城智慧城市建设的历程和成果，国家发改委、北京市领导先后来到未来科技城展区参观，展出吸引了CCTV新闻频道、北京新闻频道等主流媒体的争相报道。

（王景）

【综合管廊（一期）设计项目获奖】 7月17日，未来科技城综合管廊（一期）设计项目荣获由北京工程勘察设计行业协会颁发的"北京市第十八届优秀工程设计奖（市政公用工程）二等奖"。

（王景）

【南区A08总部办公项目奠基仪式举行】 7月24日，北京未来科技城门户地标——A08总部办公项目举行奠基仪式。该项目共建设7栋国际甲级5A写字楼，涵盖独栋总部、平层总部、优质办公、标准办公四类办公物业产品，并配备超过20000平方米的高端商业。项目采用国际先进的"BLOCK"街区开发理念，按照"复合功能、黄金比例、动静隔离、广场效应"的原则进行整体规划，着力打造未来科技城乃至北京市高端写字楼的示范标杆。

（沈月娥）

【北七家收费站至海德堡花园东路主路通车试运行】 8月9日，定泗路（未来科技城段）道路工程（北七家收费站－海德堡花园东路）段主路通车试运行。该道路西起北七家村中路，东至北七家收费站，道路设计全长1987.43米，规划为城市主干路，设计车速为每小时60千米，红线宽60米，主路宽23米，为三上三下六车道。

（孟贺平）

【成功发行10亿元企业债】 8月12日，未来科技城公司通过簿记建档方式成功发行2015年企业债，发行总额10亿元，期限7年，票面利率4.2%，较同期贷款基准利率下浮22%，达到了近五年来同期企业债发行利率的最低点，是唯一一家达到该利率水平的AA+信用等级的企业。

（殷雅雯）

【成立企业集团有关事宜通过区委区政府审议】 8月11日，按照区委、区政府"支持未来科技城公司集团化发展"的目标要求，公司积极推动集团化实施研究工作，成立了集团化工作小组，开展了集团化发展的可行性研究，制订了公司集团化工作方案，经区政府专题会会议审议通过，9月6日经四届区委常委会第116次会议审议通过。

（刘琳）

【与法国韦利济·维拉库布莱市签署中法城市可持续发展标准化战略合作谅解备忘录】 9月16日，北京未来科技城与法国韦利济·维拉库布莱市在天津签署中法城市可持续发展标准化战略合作谅解备忘录，这是中法在国际城市间可持续发展标准化方面的首次合作。随后，未来科技城与韦利济·维拉库布莱市将联合建立中法城市可持续发展标准合作示范基地，共同在商务区可持续发展国际标准编制方面进行深入合作。

（刘琳）

【完成企业集团登记注册工作】 9月23日，未来科技城公司在市工商行政管理局完成企业集团登记注册工作，集团名称为“北京未来科技城发展集团”，公司名称由“北京未来科技城开发建设有限公司”变更为“北京未来科技城发展集团有限公司”。

（余宙）

【参展北京第十一届国际金融博览会】 10月29日至11月1日，未来科技城参展北京第十一届国际金融博览会，北京未来科技城发展集团负责昌平展区未来科技城部分的布展工作。通过展板、展岛、多媒体等多种形式，重点展示了未来科技城创新创业服务体系、公共服务配套招商等内容，并对A08总部办公项目、A14和A30项目进行系统推介，整体展示效果良好，对园区宣传推广起到了积极的促进作用。

（刘琳）

【区人大领导到未来科技城调研】 10月30日，区人大领导到未来科技城调研。未来科技城管理委员会常务副主任吴小利，未来科技城公司总经理董贵蛟陪同调研。

（孙伊竹）

【昌远置业有限公司注册成立】 11月9日，北京未来科技城昌远置业有限公司注册成立，注册资本0.5亿元，由北京未来科技城发展集团有限公司和北京未来科技城置业有限公司共同出资，经营范围包括房地产开发、施工总承包、物业管理和商品房销售等。

（李晓远）

【鲁疃西路至京承高速北七家收费站主辅路正式通车】 11月19日，定泗路（未来科技城段）道路工程（鲁疃西路－京承高速北七家收费站）主辅路正式通车、照明及交通设施投入使用。

（孟贺平）

【竞得南区A05、26地块组团项目国有建设用地使用权】 11月19日，北京世博宏业房地产开发有限公司、北京和筑房地产开发有限公司和北京未来科技城昌远置业有限公司联合体以42亿元竞得未来科技城南区A05、26地块组团项目国有建设用地使用权。该地块用地性质为B4综合性商业金融服务业用地。

（李晓远）

【竞得北区地铁沿线A18、20、21地块组团项目国有建设用地使用权】 11月23日，北京华润曙光房地产开发有限公司和北京未来科技城置业有限公司联合体以33亿元竞得未来科技城北区地铁沿线A18、20、21地块组团项目国有建设用地使用权。其中A18、20地块用地性质为F2类公建混合住宅用地；A21地块用地性质为F3其他类多功能用地。

（李晓远）

【竞得北区地铁沿线B-11.13、B-15.17地块组团项目国有建设用地使用权】 11月23日，北京华润曙光房地产开发有限公司和北京未来科技城置业有限公司联合体以17.2亿元竞得未来科技城北区地铁沿线B-11.13、B-15.17地块组团项目国有建设用地使用权。其中B-11.13地块用地性质为F1类住宅混合公建用地；B-15.17地块用地性质为F2公建混合住宅用地。

（李晓远）

【完成集团化调整】 11月24日，根据公司发展战略，未来科技城公司进行了集团化调整，明确了集团公司及下属各子公司主营业务和组织架构。

（赵静瑞）

【完成第19届京港洽谈会交流活动】 11月27至28日，以“互通要素、双向投资、同享机遇、共创繁荣”为主题的第19届北京·香港经济合作研讨洽谈会在香港会展中心举办，未来科技城参加了开幕式及昌平投资环境专场推介会等活动，重点推介了未来科技城公共服务区项目。

（刘琳）

【15项道路及管线工程取得《建筑工程施工许可证》】 年内，未来科技城公司取得未来科技城北区三号路、北区四号路、鲁疃东路等15项道路及管线工程《建筑工程施工许可证》。

（孟贺平）

【汽车租赁有限公司通过质量、环境、职业健康管理体系认证】 年内，北京未来科技城汽车租赁有限公司先后通过质量管理体系、环境管理体系、职业健康管理体系认证，并取得认证证书，这标志着公司在质量、环境、职业健康安全管理方面迈上了新台阶，对公司的基础管理起到了促进作用。

（谢淑丽）

北京晨光昌盛融资担保有限公司

【概　况】 2015年，北京晨光昌盛融资担保有限公司（简称“晨光昌盛公司”）在区委、区政府和区国资委的坚强领导下，紧密围绕全区经济深度转型发展大局，为保障区重点工程项目的稳步推进和广大中小微创企业健康发展，作出了不懈的努力和应有的贡献，圆满完成年度各项工作任务，切实保证国有资产保值增值。截至年底，公司累计服务企业近490家，办理担保项目超1400笔，担保总额约215亿元，项目总数与担保总额分别比去年同期增长约25%和10%。

（刘洋）

单位名称：北京晨光昌盛融资担保有限公司
地址：城南街道超前路9号
电话：（010）69709488
邮编：102200

【参加义务植树活动】 4月，晨光昌盛公司组织干部职工，参加了区委统战部、区工商联在百善镇孟祖村组织开展的义务植树活动。

（刘洋）

【诉讼保全业务开展】 4月，根据2014年北京市出台《关于扩大立案阶段财产保全试点工作范围的通知》及《北京市高级人民法院信用担保公司名册》，晨光昌盛公司入围新一批诉讼保全担保合作机构，并以此为契机全面开展诉讼保全业务，现已提供担保总额超2亿元。

（刘洋）

【推出“智权专项担保”业务】 5月，晨光昌盛公司为进一步加强与科技企业融资平台的沟通协作，推进科技成果落地、体现企业知识产权的价值、支持科技型中小微企业的发展，为“轻资产”的科技型中小微企业提供“智权专项担保”，已为2家企业提供了近500万元融资支持。

（刘洋）

【制定《晨光昌盛公司“十三五”发展规划》】 5月，晨光昌盛公司领导班子实现健康可持续发展，研究制定了《晨光昌盛公司“十三五”发展规划》，明确提出了坚持“四个创新”、完善“七大平台”、“三大体系”、抓好“三条工作主线”的总体目标。

（刘洋）

【小额宣讲及现场办公会举办】 6月，在崔村镇政府，晨光昌盛公司联合社保局、崔村镇社保所、北京银行举办崔村镇绿色就业工作会——小额贷款现场办公会，崔村镇十余户有贷款需求的个体工商户参加会议。会上，公司业务人员进行小额担保项目宣讲，讲解续贷注意事项和流程，介绍续贷申请的每项要求及审批放款的整个流程，缩短了个体工商户申报小额担保贷款的时间。

（刘洋）

【签署“信用公约”】 7月，在区工商联牵头主办下，晨光昌盛公司积极承办“信用驱动、金融助推、企业腾飞”专题研讨会，近50家区内中小企业，金融机构及相关部门的领导和代表参加了会议，共同签署了“信用公约”。

（刘洋）

【参观昌平区抗战胜利70周年巡展】 9月，晨光昌盛公司组织全体员工参观昌平区“铭记抗战史、共圆中国梦”抗战胜利70周年巡展，了解当时党群、军民英勇奋战革命历史。以史为鉴，缅怀革命先烈的丰功伟绩。

（刘洋）

【完成ISO9001质量管理体系认证复评审核工作】 10月，晨光昌盛公司积极配合中联认证中心，开展ISO9001质量管理体系认证年度复评审核工作。通过对公司《质量手册》和《程序文件》及实际工作形成的记录文件进行详细抽查，公司质量管理体系运行良好，顺利完成复评审核工作。

（刘洋）

【“国有企业领域警示教育”巡展活动开展】 12月，晨光昌盛公司按照区国资委纪委《关于在全系统开展“国有企业领域警示教育”巡展活动的通知》精神和要求，组织公司党员领导干部共50余人参观廉政警示教育展览。广大党员干部职工进一步增强支持和参与反腐倡廉工作的自觉性与主动性。

（刘洋）

【开展雷锋志愿服务活动】 年内，晨光雷锋志愿服务队，根据企业提出的需求进行专项服务，为企业讲解各种融资渠道和相关优惠政策，解答经营过程中涉及到的财税、法律等问题。全年，晨光雷锋志愿服务队开展主动服务近500次，参与服务近千人次，惠及企业近200家。

（刘洋）

【信用能力不断增强】 年内，凭借良好的经营业绩和较强的资金实力，晨光昌盛公司信用能力不断增强。截至年底，晨光昌盛公司已连续五年信用评级达到AA+级，是北京市首家信用评级获得AA+的区县担保机构。

（刘洋）

北京兴昌高科技发展有限公司

【概 况】 2015年，北京兴昌高科技发展有限公司（简称“兴昌公司”）在区委、区政府及中关村发展集团的领导下，按照中央、市委和区委关于“三严三实”专题教育工作通知的要求，深入开展“三严三实”专题教育，以学习活动促发展，全面推进各项工作。在土地开发建设，整合优势资源，加强工作作风、工作纪律等方面取得了新成绩。

截至年底，兴昌公司已累计完成投资78.49亿元，累计总收入50.94亿元，累计上缴税费总额2.86亿元。资产总额64.38亿元，负债总额47.57亿元，净资产总额16.61亿元，资产负债率73.89%，从业人数112人。

（林文斌 周婷婷）

单位名称：北京兴昌高科技发展有限公司
地址：城南街道超前路9号
电话：（010）89715555
邮编：102200

【“三严三实”专题教育实践活动开展】 5月25日开始，兴昌公司开展“三严三实”专题教育实践活动。活动期间，先后共组织集中学习19次、787人次，参观学习1次、63人次。发放自学书籍及资料242册。编发《学习文摘》15期，更新宣传栏6期；梳理汇总出对领导班子在“不严不实”、遵纪守规、党风廉政建设方面突出问题共计7项；班子成员的突出问题32项。

（张月双）

【埝头工业区招商】 6月6日，北方天途航空技术发展（北京）有限公司入驻马池口埝头工业区核心区域孵化器大厦。该公司成立于2008年，注册资本2224万元，为国家高新技术及中关村高新技术企业。作为专业无人机全产业链服务商，被列为北航国防重点实验室，清华大学自动化系战略合作伙伴，参与国家十一五、十二五、863、973无人机项目。

（余浩 周婷婷）

【道路及交通工程资料移交】 9月上旬，完成新城东区白浮泉路全线、京密北路（南丰路至何营东路段）、兴昌路、华昌路、振昌路、利祥路总计6条道路的道路工程及交通工程资料移交市政市容管理委员会工作。

（姚锦阳 周婷婷）

【土地入市交易】 10月23日，新城东区0303-07和54地块，在市土地整理储备中心土地交易市场通过现场竞价完成土地成交。其中07地块入市交易底价为95000万元，成交金额142500万元，共配建人才公共租赁住房45600平方米，竞得人为北京龙湖中佰置业有限公司、深圳平嘉投资管理有限公司和北京昌基置业有限公司联合体；54地块入市交易底价为185000

万元，成交金额277500万元，共配建限价房49000平方米，竞得人为福建中维房地产开发有限公司。

（张伟）

【党支部换届选举】 10月23日，根据区委和园区工委统一部署，兴昌公司党支部召开全体党员大会，以无记名投票方式进行差额选举，产生了新一届委员会。

（张月双）

【兴昌达博房地产开发有限公司股权转让】 10月，经反复研究并向区委、区政府、中关村发展集团多次汇报同意，在北京产权交易所完成北京兴昌达博房地产开发有限公司股权转让工作，收回股权转让款2亿元。

（张建兰　周婷婷）

【中心路道路工程建设】 11月底，经过与区政府和市路政局协调，争取到建设支持资金651万元，完成中心路道路工程建设。

（姚锦阳　周婷婷）

北京英特莱科技有限公司

【概　况】 北京英特莱科技有限公司（简称“英特莱公司”）注册资本7600万元人民币，是北京市高新技术企业、北京市中关村百家创新企业、中国消防企业30强、中国环保行业骨干企业，主要从事安全防护、隔热节能、环保过滤产品的生产与销售。英特莱一贯秉承“起步，就与世界同行！”的企业理念，坚持不懈地技术创新。英特莱设计的具有国际水平的产品填补了多项国内空白，获得多项国家专利。

（魏军）

单位名称：北京英特莱科技有限公司
地　址：北京市昌平区西环路76号
电　话：69742480　69749988
邮　编：102200

【总经理被续聘为全国消防标委会分技委委员】 1月20日至21日，在全国消防标准化技术委员会第十二分技术委员会换届暨二届一次会议上，英特莱公司总经理刘学锋被续聘为分技委委员。

（魏军）

【英特莱获特种劳动防护用品安全标志证书】 2月8日，经特种劳动防护用品安全标志管理中心对英特莱公司的实地核查，英特莱公司的特种劳动防护用品——阻燃服装获得特种劳动防护用品安全标志证书。英特莱公司在获得此证后，即可正式向电力行业、钢铁行业、石油行业、化工行业及一些工矿企业等领域推广自主研发的阻燃服装系列产品。

（魏军）

【2014年度优秀员工表彰大会召开】 2月14日下午，英特莱公司在培训教室召开2014年度优秀员工表彰大会。刘景红等6名优秀员工、曹青松等14名业务标兵和张建芬等13名表扬员工获得奖励。

（魏军）

【携美国安全产品公司与市消防局进行交流】 3月23日上午，英特莱总经理刘学锋和美国安全产品公司Joey高级副总裁一行赴市公安局消防局参加技术交流。市消防局局长吴志强、副局长李建春以及司令部、特勤支队和装备处相关负责人参加了现场交流，全市的消防支队主要负责同志参加了视频交流，会议由副局长李建春主持。

（魏军）

【股东会暨董事会监事会召开】 3月26日，英特莱公司2014年度股东会暨第五届第一次董事会、监事会在公司第一会议室召开。北京英特莱科技有限公司、北京工业发展投资管理有限公司、北京平板玻璃集团公司的股东代表及各位董事、监事参加了会议，公司的经营管理层列席了会议。会议由董事长范建强主持。会上，各位股东代表、董事及监事对经营管理层一年的工作以及公司2015年战略措施给予了肯定及支持，并针对公司的发展规划、销售团队建设、激励机制及园区建设等问题进行了充分的酝酿讨论，提出了建议。

（魏军）

【参加德国汉诺威消防博览会】 6月8日至13日，英特莱公司参加德国汉诺威举办的2015国际消防博览会。该博览会每五年举办一次，是国际消防产业最具代表性、最重要的博览会，也是全球最大的消防展会。展会上，英特莱公司展出了目前世界最新一代PBI MAX面料消防服，PBI MAX消防服防爆燃能力最出色，断裂强力是普通芳纶消防服的3至5倍。该款消防服的展出受到了世界各地消防员和行业专家的关注和赞誉。

（魏军）

【英特莱举办2015年操作运动会】 6月9日，英特莱公司举办了2015年操作运动会，本次运动会共有93人参加。生产部赛区分为五个组，裁剪组、包装组、案工组、缝纫组、检验组。一等奖3名、二等奖6名、三等奖12名获奖。生产二部赛区分裁剪、缝纫、后道三个组。一等奖1名、二等奖3名、三等奖6名获奖。

（魏军）

【参加第十六届北京国际消防设备技术交流展览会】 10月20日至23日，英特莱公司参加了第十六届北京国际消防设备技术交流展览会。展会中，英特莱公司与美国PBI公司、美国安全部件公司、德国赫克斯公司、美国博莱德公司、德国舒伯特公司达成了战略合作协议，并携手美国PBI公司、美国安全部件公司、德国赫克斯公司、加拿大斯泰法斯特公司、美国博莱德公司、德国舒伯特公司、西班牙高达公司、英国IFP公司等国际顶级公司一同参展，推出了包括世界上目前性能最好的第三代PBI Max消防服、世界上最好的德国HAIX消防靴以及全新的消防备勤防护系统、防护装备包、头盔、手套、阻燃毛衣、防静电内衣、袜子等全系列个人防护产品，形成了从头到脚、从内到外的系统防护；不同地区、不同季节、不同岗位的分类防护；快速穿脱和模块化管理的科技防护；舒适性和安全性相协调的全面防护；并推出了消防服装清洗维护的4S服务系统。

（魏军）

【公安部副部长参观英特莱展台】 10月20日上午，第十六届国际消防设备技术交流展览会在北京中国国际展览中心（新馆）隆重开幕。公安部党委委员、副部长李伟出席开幕式后，在公安部消防局局长于建华、北京消防总队总队长吴志强等领导的陪同下，详细参观了英特莱公司展台。中央电视台一套晚七点新闻联播节目进行了报道。

（魏军）

【新产品发布会暨答谢晚宴举办】 10月21日，借第十六届国际消防设备技术交流展览会之机，英特莱公司隆重举行PBI Max消防靴和赫克斯消防靴新产品发布会暨答谢晚宴。中国消防协会原会长孙伦、副会长李引擎、秘书长高伟以及市消防协会、市经济和信息化委员会、中关村科技园管委会的领导和多省消防总队的老领导应邀出席。英特莱公司全球合作伙伴美国PBI公司、美国安全部件公司、德国赫克斯公司、美国博莱德公司、美国3M公司、西班牙高达公司、英国IFP公司以及英特莱国内合作伙伴和国内多家消防媒体均出席此次发布会。

（魏军）

【消防雄师TM首次经销商大会召开】 11月23日，英特莱公司消防雄师TM首次全国经销商大会在燕山脚下“昌平凤山温泉度假村”胜利召开。来自吉林、河北、山西、新疆、山东、甘肃、陕西、重庆、河南、西藏、安徽、江苏、上海、浙江、湖南、贵州、云南、广东等地的十八家优秀的消防装备经销企业负责人应邀参加了大会。

（魏军）

【新技术新产品新市场研习会召开】 12月26日，英特莱公司在培训教室召开“新技术、新产品、新市场”研习会，公司生产部、技术中心、个人防护部、进出口部、制品车间、人事行政部等部门共计34人参加会议。

（魏军）

北京昌鑫建设投资有限公司

【概　况】 北京昌鑫建设投资有限公司（简称“昌鑫公司”）成立于1993年，是经区政府批准成立的从事国有资产投资经营的国有独资公司。作为区政府专门设立的大型综合性投融资平台公司，主要负责昌平区城市基础设施建设工作，同时肩负着昌平区综合性融资平台、产业投资平台和国有资产管理经营平台的多重职能，通过企业化、专业化和市场化的运作模式，为昌平区经济社会发展服务，确保国有资本保值增值目标的实现。截至年底，资产总额达到81.82亿元，负债总额为24.43亿元。投资经营资产涉及房地产、基础设施、金融、制造、高科技、旅游、教育、体育等多个领域，旗下拥有权属企业29家。

（孟凡敏）

单位名称：北京昌鑫建设投资有限公司
地址：城北街道南环东路1号广电大厦15层
电话：（010）69747645
邮编：102200

【企业发债工作】 年内，完成2014-2015年度公司债券兑息工作，共支付债券利息13480万元；公司收回债券代垫成本及费用共计197.874万元；变更5亿元债券资金使用计划工作，已经完成变更备案工作，并确定变更项目，其中1亿元已经拨付昌房公司投入使用，永安市政拟使用4亿元债券资金正在推进资金使用协议签署工作。公司企业债券的发行，将进一步提升公司对国有资产的整合、管理、经营能力，打通融资瓶颈，提高融资造血能力，为昌平区经济建设提供有力的资金支持。

（孟凡敏）

【创业投资引导基金工作】 年内，做好创业投资基金的日常监督、管理及沟通工作，参加金吾基金、明物新源基金、德源盛通基金合伙人大会及投委会会议，及时了解基金运行情况及对外投资情况；办理德源盛通基金第二次出资相关事宜，已完成对德源盛通基金的出资；签署明物新源基金合伙协议《补充协议》等。公司利用基金的放大作用，通过股权投资的方式，积极引导社会资本投资于符合我区产业发展导向的新兴产业，在推动地区优质企业快速发展的同时增加自身投资收益，实现公司的可持续发展。

（孟凡敏）

【政府融资担保工作】 年内，作为区政府指定的政府融资平台，与北京银行、建设银行等金融机构开展合作，为涉及区基础设施、新兴产业、社会民生的重点项目进行融资。做好政府债置换工作，根据市财政局和区财政局的统一安排部署，将昌鑫公司现有银行贷款形式的政府融资通过置换形式转换为政府债。其中第一批置换贷款为国开行的6000万元贷款，7月完成；第二批置换贷款为北京银行、工商银行和国开行贷款，共计6.13亿元，昌鑫公司与市财政局、区财政局及贷款银行的债权解除协议已经签署完成，贷款利息均已偿还，至此昌鑫公司政府融资贷款本息均已偿还完毕。为支持区重点工程项目建设，昌鑫公司为区重大项目累计担保258.12亿元，在担金额为114.48亿元。被提供担保的公司有振邦公司、未来科技城公司、霍营街道上坡佳园经济合作社、皇城粮油公司等多家国有企业。保证了昌平重点建设项目的顺利进行，为贷款单位每年节约近2亿元财务费用。

（孟凡敏）

【公司增资8.0536亿元】 年内，昌鑫公司完成4笔增资，共计增资8.05亿元。5月2日，增资2.1亿元，6月8日，增资3.15亿元，7月8日，增资7000万元，7月28日，增资2.1亿元。4笔增资完成后，昌鑫公司的资产规模进一步扩大。

（孟凡敏）

【“三严三实”教育实践活动开展】 年内，

按照区委和国资委的工作部署，昌鑫公司制定了“三严三实”教育实践活动实施方案，并按照计划开展各项活动，组织了支部书记讲党课、集中学习、交流研讨等活动，领导班子成员更是积极研讨学习，开展多次专题交流会，就“三严三实”主题深刻交谈所学所悟，确保“三严三实”活动的开展扎实有效。

（孟凡敏）

北京红冶汇新控股集团有限公司

【概　况】 2015年，北京红冶汇新控股集团有限公司（简称“红冶集团”），前身为北京首钢红冶钢厂，原隶属首钢总公司。2003年，根据北京产业结构调整总体规划以及首钢总公司的搬迁，2003年底划转昌平区管理。红冶退出钢铁生产后，按照区委、区政府、区国资委的工作要求，在区政府各有关部门的大力支持下，积极探索产业结构调整，成立了“北京红冶汇新控股集团有限公司”，并组建了“北京红冶汇新集团”。北京红冶汇新集团注册总资本4.5亿元，截至年底在册职工人数284人，红冶集团下属，北京红冶嘉信钢铁贸易有限公司、北京红冶嘉鹏轻钢有限公司、北京红冶嘉润科技发展有限公司3个全资子公司。天津红冶汇新实业有限公司1个控股公司。

（周永革）

单位名称：北京红冶汇新控股集团有限公司
地址：南邵镇何营路8号院企业墅13号楼
电话：（010）56087004
邮编：102206

【董事会召开】 1月16日，红冶集团召开2015年第一次董事会议，会议由党委书记、董事长吕星主持。会议听取了集团董事、总经理沈煜铭对2014年公司经营情况总结；听取了副总经理史伟对红冶2015年财务预算安排介绍；听取了关于轻钢业务调整方案的报告。会上各位董事对2014年红冶集团各项工作给予肯定，特别是对金融委贷业务中所取得的成绩给予了高度评价，并对2015年工作提出意见和建议。

（周永革）

【区国资委检查红冶集团党风廉政建设情况】1月27日，区国资委党风廉政建设检查组对红冶集团党风廉政建设情况和纪检部门工作进行检查。检查过程中组织红冶集团职工对领导班子成员进行了民主测评。

（周永革）

【职工代表大会召开】 2月5日，红冶集团2015年职工代表大会在公司办公楼召开。会议由纪委书记、工会主席贺德智主持，集团总经理沈煜铭在职代会上作了题为《夯实基础，强化管理，加快合作，寻求突破，全面完成2015年各项任务》的报告，党委书记吕星在会上对贯彻职代会精神提出要求。会议审议通过了《红冶汇新集团2015年财务预算计划安排》，会议一致通过《红冶汇新集团2015职工代表大会决议》。

（周永革）

【领导班子及领导干部民主测评会召开】 2月13日，红冶集团召开领导班子和领导干部民主测评会，与会人员本着认真负责的态度，对领导班子、领导班子成员以及领导干部对主抓党工作情况进行了民主测评。

（周永革）

【国资委党委书记到红冶集团进行党建工作调研】 6月12日上午，国资委党委书记徐军到红冶汇新集团进行党建工作调研。调研中，就2015年国资委党建工作规划向红冶分管党务工作的领导和主要负责同志进行了详细的介绍。要求红冶集团在党建工作中，在完成区委、区国资委党建系统规定工作的同时，创新工作方式和方法，并整合到国资委系统党建工作中来，与国资委党建工作合拍。尤其是通过国资委当前开展的学雷锋志愿服务等活动与企业党建实际相结合，更好的把党员组织起来，为群众做好事，解决群众困难，突显党组织和党员先锋作用。

（周永革）

【**庆七一暨抗战胜利70周年党团员集体宣誓活动开展**】 7月8日，红冶集团组织30名党团员到西山革命烈士纪念碑前举行新党员入党宣誓和老党员重温入党誓词，团员重温入团誓词活动。

（周永革）

【**部署基层党支部换届选举工作**】 8月14日，按照区委、区国资委关于做好基层党组织换届工作的通知要求，红冶集团召开支部书记会议，部署各基层党组织换届工作。

（周永革）

【**北京糖业烟酒集团有限公司签订华都酒业项目合作**】 11月17日，红冶集团与北京糖业烟酒集团有限公司华都酒业项目合作签约仪式在北京举行。区委、区政府相关领导，国资委、经信委、发改委等部门领导，红冶集团、北京二商集团、北京糖业烟酒集团相关负责人以及新闻媒体记者等参与了签约仪式。

（周永革）

【**区反腐倡廉教育巡展在红冶集团展出**】 12月15日，为期一周的"北京市昌平区反腐倡廉教育巡展"，在红冶集团三楼会议室展出。巡展的内容为市各级检察机关查办、公诉的国有企业各类典型职务犯罪案件。展出首日，红冶集团、昌平文教器材公司领导班子成员及部分党员干部职工参观展览。

（周永革）

【**区国资委检查红冶集团党风廉政建设及党建工作**】 12月14日，区国资委党委书记徐军带队，对红冶集团2015年党风廉政建设及党建工作进行检查。在检查会上，徐军首先听取了红冶集团党委书记吕星对2015年红冶集团党建及党风廉政建设情况汇报，随后分别与班子成员、中层领导干部和普通党员进行访谈交流，同时对红冶集团一年来党建及党风廉政工作基础材料进行系统检查。

（周永革）

【**"三严三实"专题民主生活会召开**】 12月28日，红冶集团领导班子召开"三严三实"专题民主生活会。领导班子及成员紧扣主题，深刻剖析自己在做人、创业，遵守政治纪律和政治规矩，紧密联系班子建设和个人思想、工作、生活、作风实际不严不实问题，开展批评与自我批评，明确整改方向和重点，深化思想政治建设和作风建设，为红冶集团持续、健康、稳定发展提供坚强保证。党委书记吕星主持会议。

（周永革）

【**"三严三实"专题教育活动开展**】 年内，按照区委关于开展"三严三实"专题教育活动工作安排，5月，红冶集团制定下发了《红冶汇新集团开展"三严三实"专题教育活动工作方案》和《红冶汇新集团"三严三实"学习研讨计划安排》。红冶集团学习研讨活动将根据计划安排稳步推进，确保专题教育活动各阶段工作有序进行，积极推动这项活动的开展。

（周永革）

北京振邦承基开发建设有限公司

【**概　况**】 2015年，北京振邦承基开发建设有限公司（简称"振邦承基公司"）在区委、区政府的领导下承担中关村国家工程技术创新基地（以下简称：创新基地）的土地一级开发。振邦承基公司成立于2006年5月，注册资本金2亿元，为加快创新基地建设，拓宽融资渠道，经先后两次注资，公司注册资本金增至3.81亿元，股东为兴昌公司及区国资委，持股比例分别为52.5%和47.5%。振邦承基公司主要负责研究制定规划建设方案；负责实施"创新基地"基础设施建设；为科研院所、大专院校、大型企业入驻"创新基地"提供服务；协助入驻单位搞好规划建设，并协调处理有关问题。年内，完成开发总投资2.62亿元，完成固定资产投资约 11.3 亿元。

（孙景欢）

单位名称：北京振邦承基开发建设有限公司
地址：沙河镇昆仑西路南口（西沙桥西）
电话：（010）80725665
邮编：102206

【拆迁工作情况】 9月，启动踩河新村非住宅房屋自主腾退工作，已完成 28 户约 6.2 万平米腾退签约；开展东坨村非住宅房屋拆迁扫尾工作，保障北京信息科技大学新校区一期项目有序建设，细致分析了滞留户基本信息，并针对每户情况做出促签方案。

（孙景欢）

【市政基础设施建设】 年内，推进踩河南路污水管线改线工程，保障中移动项目顺利运营投用，总计完成管道顶进 1378 米；完成创新中路下穿铁路桥工程建设，解决园区南部出行问题，正式启用北部十条道路交通设施，保障行人车辆交通安全；中直渠生态清洁小流域综合治理工程创新基地黄河街跨河桥段已建成，进一步美化环境，为入园企业员工提供休闲场所。

（孙景欢）

【入驻央企有序建设运行】 年内，根据央企建设运行需求，积极协调相关部门，为央企提供优质的建设投资环境。中国石油科技创新基地项目完成投资约 5.8 亿元，其中六个地块已投用，三个地块在建中，年内完成税收约 13.9 亿元，区留成约 2.5 亿元；中国移动国际信息港项目完成投资约 3.9 亿元，项目一期工程已竣工使用，2 号地约 14.9 万平米综合服务中心已结构封顶，3 号地约 4 万平米网管中心正在开展土方基础施工。完成税收约 5.8 亿元，区留成约 1.3 亿元；北科大国家材料服役安全科学中心项目完成投资约 0.5 亿元，主楼封顶，生活区及实验厂房等已建设完毕。

（孙景欢）

北汽福田汽车股份有限公司

【概　况】 2015 年，北汽福田汽车股份有限公司（简称“福田汽车”）是中国品种最全、规模最大的商用车企业。福田汽车成立于 1996 年 8 月 28 日，1998 年 6 月在上海证券交易所上市，股票代码 600166。福田汽车在国内的京、鲁、湘、粤、冀、新等多省市拥有整车和零部件基地；在中国、日本、德国、印度、俄罗斯等国家拥有研发分支机构；在印度、俄罗斯设立了事业部，在全球 20 多个国家设有 KD 工厂，产品出口到 110 多个国家和地区。福田汽车旗下拥有欧曼、欧辉、欧马可、奥铃、萨瓦纳、拓陆者、萨普、图雅诺、蒙派克、风景、伽途等汽车产品品牌。福田汽车确立了“五大转型”（商用车低端产品向高端产品转型，投资类产品向消费类产品转型，国内业务向国外业务转型，制造业向服务业转型，商用车黄金价值链的延伸）的战略路径，系统性构建了“1+N”管理模式，形成了汽车与新能源汽车、工程机械、新能源、金融、现代物流、信息技术服务六大产业优势互补、资源共享、相互支撑的黄金产业链。年内，福田汽车克服了经济增速放缓和商用车市场低迷的双重影响，全年实现销售 490070 辆，继续保持中国商用车第一品牌的市场地位。在国内出口销量下滑的形势下，福田汽车整车出口实现逆势增长，销量实现 60,376 辆，同比增长 11.1%。

（单胜礼）

单位名称：北汽福田汽车股份有限公司
地址：沙河镇沙阳路
电话：（010）80708570
邮编：102206

【品牌价值再创新高】 年内，福田汽车克服了宏观经济下行，商用车市场大幅下滑等诸多不利因素，在排放升级、节能降耗等一系列行业法规的严格实施下，通过坚持自主创新，深化结构调整，推进战略转型，全年实现销售汽车49万辆（含福田戴姆勒产品），保持了商用车第一的市场地位；实现销售收入339.97亿元，利润总额4.01亿元。同时，福田汽车以809.36亿元的品牌价值再创新高，继续以“中国商用车第一”的品牌地位领军中国商用车行业。

（单胜礼）

【汽车销售】　年内，汽车销售2459.76万辆，连续七年蝉联全球第一，同比增长4.68%，增速比上年同期减缓2.18个百分点；其中乘用车销售2114.63万辆，同比增长7.30%；商用车销售345.13万辆，同比下降8.97%。

（单胜礼）

【加大对新能源汽车的研发力度】　年内，福田汽车紧随社会态势，在治理雾霾，开发环保产品等方面积极应对，在严格遵守排放法规升级规定的同时加大对新能源汽车的研发力度。报告期内，新能源和清洁能源产品销量8289台，其中纯电动大中客车4008台、纯电动高端轻卡物流车198台、天然气（含LNG+CNG）大中客车3615台、天然气（含LNG+CNG）货车468台。新能源产品销量同比增长141.72%，公司的新能源汽车取得了跨越式发展。

（单胜礼）

【福田汽车出口】　年内，出口销量实现6.04万辆，同比增长11.1%，实现逆势增长，继续保持全国商用车出口第一名。与此同时，国际合作方面，福田汽车以泰国、印尼为试点在东南亚探索新的属地化运营模式，进行属地产品开发、制造、零部件采购和市场拓展，为海外销量提升寻找新的增长动力。福田汽车分别取得沙特阿拉伯、智利、越南、巴基斯坦等国家的大订单，显示了福田汽车深入拓展海外市场取得的重大进展，也加速了福田汽车国际化战略的实施进程。

（单胜礼）

商务·旅游

商　　务

商务管理

【概　况】 2015年，昌平区商务委员会（简称“区商务委”）立足于科学发展，加快转变经济发展方式，不断提高全区商务经济的运行质量和发展水平，努力构建与一流科教新区相协调的现代新型商业服务体系，推动了商务领域各项事业的全面发展。社会消费品零售额实现395.9亿元，同比增长7.4%，总量在5个城市发展新区中位居第二；实际利用外资实现10901万美元，同比增长5.01%，总量排在城市发展新区第四；进出口总额实现34.07亿美元，同比下降16.02%，总量在城市发展新区中位居第三。严格按照《昌平区关于在处级以上领导干部中开展“三严三实”专题教育的工作方案》要求，深入开展“三严三实”专题教育活动。

（赖金坚）

单位名称：昌平区商务委员会
地址：城北街道南环路55号
电话：（010）69746220
邮编：102200

【零售额指标平稳增长】 年内，社会消费品零售额累计实现395.9亿元，同比增长7.4%，增速比全市高0.1个百分点，总量在5个城市发展新区中位居第二。

（赖金坚）

【低端市场清理整治工作开展】 年内，累计清退低端市场7个，腾退土地632.8亩，拆除地上物15.2万平方米，压减从业及相关人员8206人；开展了全区生活资料市场调查。制定了供应保障方案，积极推动城北市场关停外迁工作。

（赖金坚）

【惠民工程扎实开展】 年内，按照计划进度，对1个社区菜市场进行升级改造；新增蔬菜直通车10辆。10家早餐固定门店、5辆早餐流动车全部投入使用。

（赖金坚）

【促消费工作持续加强】 年内，注重过程管理，制定了“促消费”工作整体方案，按月监控分析社会消费品零售额指标完成情况。组织开展促进全区消费结构优化升级的课题调研和促进电子商务行业发展的课题调研。

（赖金坚）

【培育网络消费新型业态】 年内，区综合购物电子平台系统开发与应用项目进展顺利，签约入驻商户280家，商品数量4200种；北京任我在线电子商务有限公司依托85家社区蔬菜网点连锁直营店，开发“产业互联网O2O零售渠道”，为生产者与消费者直接交易提供全方位服务。

（赖金坚）

【加快推进重点商业项目建设】 6月26日，八达岭奥特莱斯项目试营业，10月29日正式开业。宜家家居商场项目，完成了地块地勘。

（赖金坚）

【进一步优化消费环境】 年内，累计出动执法人员700余人次，检查商业单位362家次；处理解决各类商务投诉220余起。

（赖金坚）

【粮食流通秩序进一步加强】 年内，主动做好区级储备粮监管；开展了全区社会粮食供需平衡调查；及时做好退耕还林补助粮发放，把北京市惠民政策落到实处。按照国家粮食局和市粮食局的相关精神，本着“有仓必到、有粮必查、有账必核、查必彻底”的原则，督促粮食企业完成年度粮食清仓查库工作；妥善做好军粮供应。

（赖金坚）

【“十三五”时期商业发展规划编制工作】 年内，按照区委、区政府的任务安排，结合昌平实际，切实做好《昌平区“十三五”时期商业发展规划》编制工作。

（赖金坚）

【党的群众路线教育实践活动整改落实工作】 年内，按照委党组制定的《领导班子整改方案》和《个人整改措施》，班子整改落实的问题18项、个人整改落实的问题87项，均已按时完成。整改过程中，“四风”问题未出现反弹，整改成效得到了群众认可。

（赖金坚）

【“三严三实”专题教育活动开展】 年内，区商务委党组制定了《北京市昌平区商务委员会“三严三实”专题教育工作方案》，在委处级干部中组织学习市委书记郭金龙和区委书记侯君舒专题党课报告，配合区委巡回检查组开展整改落实专项检查，举办了领导干部讲党课活动，完成了三个专题的学习研讨。班子成员通过召开座谈会、实地走访等形式进行专题调研，听取党员群众意见建议，对照郭金龙指出的“12个不”，进一步查找不严不实问题，做到边查边学边改。召开了一次专题民主生活会，针对查摆出来的问题，强化整改落实和立规执纪，确保活动落到实处。

（赖金坚）

皇城粮油公司

【概　况】 2015年，北京市皇城粮油有限责任公司（简称“皇城粮油公司”）全面践行党的“三严三实”专题教育活动，坚持以人为本的办企方向，认真落实粮食安全责任，全力搞好储备粮管理和粮食基础设施建设，坚持稳中求进、开拓创新、真抓实干，努力抓好党的组织建设和反腐倡廉建设，深入推进现代企业法制体系建设。截至年底，公司资产总额35383万元。实现主营业务收入53512万元；其他业务利润2448万元，补贴收入4109万元；费用总额5400万元，上缴税费640万元；实现利润总额278万元。

（高连柱）

单位名称：北京市皇城粮油有限责任公司
地址：城北街道政府街14号
电话：（010）69746033
邮编：102200

【被授予先进集体、个人荣誉称号】 3月4日，皇城粮油公司被区国资委授予“2014年度立足岗位学雷锋活动先进集体”荣誉称号、27名职工获得“学雷锋先进个人”荣誉称号。

（高连柱）

【公司深化改革】 3月11日，皇城粮油公司召开公司第二届第六次董事会，会上讨论决定：为进一步推进公司机关的深化改革，强化机关各项工作管理，提高工作效率，撤销机关原两室四科的设置，成立一室五部。即办公室、财务审考部、储运管理部、基建管理部、贸易经营部、资产管理部。同时为进一步提高基层领导干部的领导水平和创新能力，确保基层干部充满活力和朝气，对基层领导干部进行了交流调整。

（高连柱）

【粮食春夏季安全检查和库存检查开展】 4月

9日至10日，根据市粮食局有关工作安排，皇城粮油公司组织有关人员，对各储粮单位进行了粮食春夏季安全检查和库存检查的普查工作。检查中，按照春夏季粮食保管工作要求，检查了粮情、仓储设施设备和成品粮的安全储存情况，对存在的隐患认真排查、及时处理，确保了春夏季粮食的储存安全；根据全市库存检查工作统一部署，对各储粮单位的自查情况进行了细致的核查，检查结果各储粮单位能够严格按照工作要求，认真做好库存检查的自查工作，查实了库存，摸清了家底，确保库存粮食的数量真实、质量良好和储存安全，提高了管理水平。

（高连柱）

【践行岗位学雷锋】 5月7日，在区国资委的统一组织下，皇城粮油公司联合宏达兴下属单位昌平电动小客车出租有限责任公司的“雷锋车队”共同开展了“和谐的春风”慰问活动，对区国资委系统内11名困难职工进行家庭入户走访慰问，并送去22袋“红叶”牌面粉和22袋东北产大米。通过活动进一步促进了同兄弟单位的沟通交流，进一步促进了学雷锋活动的开展，更有力地传承好扶贫济困的雷锋精神。

（高连柱）

【公司领导到南口面粉厂调研】 5月18日，公司党委书记、董事长带领班子成员集体到南口面粉厂一线调研，召开现场办公会，对面粉深加工进行指导工作。党委书记、董事长提出在保障区储备粮安全的前提下，为满足全区不同层次的需求，应该延长产业链，可以申请财政资金进行专用粉生产线的投入和车间设备改造及为保证区储备粮安全所必要的设备更新。他强调要充分酝酿讨论、进行可行性分析，研究好投资收益。另外企业发展，设备要更新、思想更要创新，逆水行舟，不进则退。面粉厂在狠抓面粉质量的同时，还要加大销售人员的培训，包装设计的改进和品牌的推广，各环节都要有条不紊的衔接好，为昌平服务、为公司创利。

（高连柱）

【检化人员培训工作开展】 6月9日，皇城粮油公司在昌平粮食收储库中心化验室开展了小麦质量比对培训工作。各基层单位派两名检验员参加这次对比培训。现场对小麦GB1351-2008国标所要求的项目进行逐一检验，并对质量检验项目的检验手法进行交流和指导。通过培训，使基层检验技术人员增强了实际操作经验，发现不足，改进不足，提高个人业务能力，为接下来的小麦入库质量把好关。

（高连柱）

【严查防汛工作】 6月11至12日，皇城粮油公司对所属4个粮食收储企业的储备粮安全度夏和防汛工作开展专项检查。各收储库都成立了防汛领导小组和防汛抢险队，制定了应急预案。防汛器材物资均已落实到位。领导强调，在防汛期间，要严格执行“雨中三查”及领导值班制度，遇中雨以上雨情时主要领导要及时到岗。并要做好粮情检测和科学保粮工作，确保储粮安全。

（高连柱）

【半年经济分析会召开】 7月31日，皇城粮油公司召开上半年经济分析会，公司领导班子和各部室负责人以及基层党政一把手参加会议，公司监事会成员列席。会上，所属各单位法人代表逐一介绍本单位半年来的经济运营情况、面临的问题和下一步工作计划。

（高连柱）

【区国资委到公司调研】 8月18日，区国资委主任丁海军到皇城粮油公司开展调研活动。公司党委书记、董事长汇报了近期公司的基础设施建设完成情况、南口面粉厂车间改造工作和公司各部门正在专项检查情况，以及检查后针对发现的问题进行系统培训工作。丁海军肯定了工作成绩，指出要加大对鑫隆市场等出租单位的安全防范工作，要根据区委统一规划，整体利用好自身资源，争取利益最大化。最后与公司领导一起探讨了公司建立风险防范试点工作，提出争取在年底前制定《员工自律手册》，强化员工自律，加强入职教育。

（高连柱）

【员工自律手册编定工作】 8月24日，皇城粮油公司董事长、总经理带领有关人员就员工自律手册的编定工作同北京双高志远管理咨询有限公司进行咨询交流。经过协商双方拟抽调有经验人员组成联合编定工作小组，共同努力完成好员工手册的编定工作。为落实好区国资委丁海军到皇城公司调研关于做好员工自律手册的编定工作的指示精神，保质保量按时完成好员工自律手册的编定工作奠定了坚实的基础。

（高连柱）

【面粉加工大胆创新】 8月25日，由皇城粮油公司下属企业南口面粉厂研发的麦芯粉上市了。面对市场竞争和面粉加工业普遍低迷的情况，皇城粮油公司党委积极探寻新出路，谋求新发展。及时成立有生产、供销及专业制粉人员组成的产品研发小组，并投资50万元完成了车间工艺改造工作。历经5个月的反复试验，研发小组将小麦中心部分的胚乳磨制成的小麦面粉单独提纯，成功制作出了麦芯粉。

（高连柱）

【区委领导带队检查公司安保工作】 8月28日和9月1日，区委书记侯君舒带队，督导检查了公司所属沙河粮食收储库和皇城饲料厂以及实地察看了沙河鑫之星市场的安全生产和安保工作，区国资委有关领导一起陪同。公司董事长和总经理随行汇报了几个单位的基本情况和经营状况。侯君舒一行听取了粮食保管员对粮食库存和保管的简要汇报。

（高连柱）

【市发改委和市粮食局领导到昌平粮库考察】 9月30日，市发改委投资处副处长王强、市粮食局副局长阎维洪、流通管理处副处长于燕麟到皇城粮油公司下属企业昌平粮食收储库扩建项目工地现场考察工程建设情况。董事长李山、副总经理李进兴及基建管理部和建设单位相关负责人陪同考察。

（高连柱）

【招投标工作】 10月13日，皇城粮油公司监事会成员、公司内部董事、公司领导班子成员以及项目单位法人代表和公司基建部相关人员参与了昌平粮食收储库煤改气天然气工程招投标会。会上，9家投标单位代表出示委托书和身份证明，当场拆开密封的工程投标文件，基建部人员现场拆封标底。评标委员当场查看资料，相互对比，每个环节公开透明。经反复讨论，仔细斟酌，最后昌平粮食收储库煤改气天然气工程由市煤气工程有限公司中标；后牛坊粮食收储库监控改造工程由福建亚太工程有限公司中标；昌平粮食收储库监控改造工程由北京恒昌华安信息技术有限公司中标。

（高连柱）

【工程财务决算工作】 12月15日和21日，皇城粮油公司组织两次工程财务决算会，本着公开透明的经营理念和“三重一大”有关制度，公司党委班子成员、公司基建管理部、财务审考部相关人员，项目单位领导以及施工单位、工程设计监理单位代表参会，公司纪委成员和监事会人员全部到场，监督整个会议过程。

（高连柱）

【全国粮食系统先进个人获选】 12月31日，皇城粮油公司张爱生被国家粮食局评为全国粮食系统传承“四无粮仓”精神先进个人荣誉称号。是北京市粮食系统唯一获此殊荣的先进典型，也是公司党委号召岗位学雷锋的标兵。

（高连柱）

供销合作社

【概　况】 2015年，昌平区供销合作联合社（简称“区供销社”）坚持开展“三严三实”专题教育活动，持续巩固和拓展群众路线教育实践活动成果。重点抓好提高社有企业发展质量和经济效益，深入推进企业内部调整和规范化管理；坚持安全生产运营、和谐稳定发展，统筹安排各项工作任务。全系统在册职工1257人；实现商品销售总额56788万元，同比增加35万元；实现营业总收入56634万元，同比增加786万元；实现利润总额420万元，同比增加68万元；上缴国家财政税收2042万元，同比减少5万元。

（车振华）

单位名称：北京市昌平区供销合作联合社
地址：城北街道政府街 20 号
电话：（010）69742066
邮编：102200

【增加市社投资的认缴份额】 2 月 9 日，区供销社经与市供销合作总社协商，经请示区国资委，同意增加认缴北京世欣鼎成投资中心（有限合伙）基金份额 1000 万元。增加认缴后，区供销社实际投资为 2000 万元。

（车振华）

【支持西北部路网旧西路改造工程】 9 月 16 日，区供销社与昌平旧西路（南涧路－京藏高速）道路改造工程签订拆迁补偿协议书，征用部分土地 4.018 亩，地上物建筑面积 2890.90 平方米。

（车振华）

【党委换届选举工作完成】 12 月 15 日，区供销社召开党员大会，大会听取和审查区供销社第一届党委会的工作报告、纪律检查委员会工作报告，选举产生新一届党委和纪委班子成员。完成所属基层 1 个党总支、8 个党支部换届选举工作，进一步规范和加强基层党组织建设。

（车振华）

【荣获金扁担奖】 12 月 22 日，在以“弘扬扁担背篓精神、建设供销合作社文化”为主题的供销合作社文化建设论坛暨《中华合作时报》创刊 20 周年座谈会上，区供销社荣获全国供销合作社系统“金扁担奖”。

（车振华）

【小汤山商场建设工程顺利完工】 年内，区供销社小汤山商场项目完成全部投资计划，共投资 6844 万元。

（车振华）

【财务审计工作开展】 年内，配合区国资委检查组完成对区供销社及所属企业小金库专项整治检查，安排专业人员对所属银山出租汽车公司负责人张建忠进行离任审计，组织有关人员对所属单位（含二级子企业）进行财务全面审计，并针对存在的问题提出整改措施，逐项落实整改，不断强化对社有资产的监督管理。

（车振华）

【公益活动开展】 年内，扶持银山出租汽车公司开展公益活动，先后提供资金支持 17.4 万元。将新世纪商城学雷锋志愿服务队作为切入点，发挥党员先锋模范作用，在各商场共成立 11 支志愿服务分队，参加志愿服务队员 171 名，累计做好人好事 851 件，展示了企业良好的精神风貌。

（车振华）

昌平商业贸易总公司

【概　况】 2015 年，北京昌平商业贸易总公司（简称“商贸总公司”）在区国资委和宏达兴党委的坚强领导下，紧紧围绕企业中心任务，以全面从严治党为主线，充分发挥国有企业党组织的政治核心作用，领导班子转作风、谋发展，携同全体职工实现企业发展总体平稳与和谐稳定，实现营业收入 2281.8 万元，净利润 330.2 万元。

（王东竹）

单位名称：北京昌平商业贸易总公司
地址：城北街道东关二条
电话：（010）89704418
邮编：102200

【消防培训会举办】 4 月 3 日，商贸总公司邀请市防火委员会宣传科王维廉教授为 40 余名干部、职工进行消防安全知识讲座。通过培训，干部、职工的消防安全意识提高了，责任意识增强了。

（王东竹）

【“健步走，赏秋景”活动开展】 11 月 3 日，为丰富职工的文化生活，提高职工健康意识，商贸总公司工会在滨河公园组织了“健步走，赏秋景”主题活动。活动共有 80 多名职工报名参加，尽情享受健康运动带来的快乐。

（王东竹）

【党支部换届选举】 年内，按照应换尽换的原则，商贸总公司所属7个党支部完成换届选举，配齐了支部班子，进一步增强党支部的战斗力和凝聚力。

（王东竹）

【“党员责任区”活动开展】 年内，以党员意识提升行动为契机，商贸总公司党委指导党支部开展“党员责任区”活动，7个党支部制作了“党员责任区”公开栏，使党员亮明身份，公开服务承诺，提升了党员责任意识、服务意识。

（王东竹）

【弘扬雷锋精神】 年内，商贸总公司继续推进学雷锋活动深入开展，76名学雷锋志愿者累计做好事1636件。商贸总公司投资1400元为学雷锋志愿者订做了遮阳帽，做为开展志愿服务活动的统一标志。

（王东竹）

【物资公司、外贸公司原办公场所整体出租】 年内，权属企业物资公司与昌平方城、外贸公司与菜蔬公司合并办公，外贸公司、物资公司原办公场所整体出租，提高资产收益。

（王东竹）

【走访慰问送温暖】 年内，商贸总公司党委高度重视送温暖活动，走访慰问离退休老干部、劳模、困难党员和困难职工104人次，送出慰问金17.8万元，其中企业出资14.8万元，申请专项帮扶资金3万元和部分慰问品，取得慰问一人、温暖一户的良好效果。

（王东竹）

【职工参观APEC会址】 年内 商贸总公司工会组织职工分两批赴APEC会址参观了会议中心、集贤厅、亚太伙伴林等展厅。使职工切身体验到国际会都的风采，领略了中国文化的魅力。

（王东竹）

【获昌平区“三八”红旗集体】 年内，商贸总公司荣获昌平区“三八”红旗集体。女职工们在做好本职工作的同时，自愿加入“京北丽人服务队” 开展公益活动，用实际行动展现着女性自强敬业、乐观向上的精神风貌。

（王东竹）

新世纪商城

【概　况】 2015年，北京市昌平新世纪商城（简称“新世纪商城”）在区供销社党委、理事会的领导下，努力适应市场常态化的新形势，积极开展业务经营，稳妥推进各项工作，着力实施规范化管理，基本实现了年初制定的各项工作目标。全年实现商品销售额55300万元，同比增加132万元，其中零售额完成52000万元，完成全年计划的94%，与上年基本持平；商品批发额完成3232万元，同比增加139万元，增长4.5%。实现毛利额7863万元，完成全年计划的97%，同比增加287万元，增长3.8 %。向国家上缴各项税收1681万元，同比增加99万元，增长6.3%。实现利润总额135万元，同比增加39万元，增长40. 6%。一线员工人均月收入3652元，比上年增加441元，增长14%。主要经济指标基本完成了年初制定的计划。

（姚春江）

单位名称：北京市昌平新世纪商城

地址：城北街道鼓楼南大街17号

电话：69741009

邮编：102200

【春节期间销售实现较快增长】 2月3日至3月5日（农历腊月十五至正月十五）期间，各直营商场实现零售额7458.23万元，同比（农历）增加307.56万元，总体客单数增加31944单，春节期间的销售实现较快增长，为完成全年各项经济指标打下了良好的基础。

（姚春江）

【被评为首都文明单位】 3月31日，首都精神文明建设委员会做出决定，对2012年—2014年度首都精神文明创建工作先进单位进行表彰。新世纪商城被评为首都文明单位，连续20年获得这一荣誉。

（姚春江）

【店长获北京市劳动模范称号】 4月29日，北京市庆祝“五一”国际劳动节暨表彰劳动模范和先进工作者大会在北京会议中心隆重举行，新世纪商城五楼商场鸿润床品专柜店长冯莉荣获得“北京市劳动模范”荣誉称号并与全市674名劳动模范一起受到表彰。

（姚春江）

【兴寿商场重装开业】 7月18日，新世纪商城兴寿商场在装修改造后开业，开业首日零售额12万元，18、19、20日三天零售额27万元，经济效益和社会效益明显。至此，新世纪商城所有直营店已经全面完成新一轮装修改造，进入经营收获期。

（姚春江）

【通过清洁生产审核】 7月30日，由市发改委指定的专家组对新世纪商城清洁生产工作进行审核。审核专家充分肯定了新世纪商城的清洁生产工作成效，对尚需完善的方面给予了指导。新世纪商城是全区第一家通过安全生产审核的商业企业，并得到市区发改委的审核补助。

（姚春江）

【成为首批离境退税企业】 7月，经过企业申报和市委、税务部门评定，新世纪商城被确定为北京市首批境外旅客购物离境退税商店。

（姚春江）

【选举新一届党总支委员会】 9月15日，在各党支部完成换届选举后，新世纪商城党总支部召开全体党员大会，选举新一届总支委员会。王国均当选总支书记，葛新江当选总支副书记，王立方当选组织委员，姚长厚当选宣传委员，纪万善当选纪检委员。

（姚春江）

【志愿服务慰问困难职工】 9月下旬，新世纪商城学雷锋志愿服务队在中秋、国庆节之前慰问了供销社系统内的困难职工，学雷锋志愿服务队成员为困难职工送去了米、面、油、鸡蛋等生活必需品，10个志愿服务队与困难职工结成了帮扶对子，重点为其提供力所能及的帮助。区供销社和区国资委的领导一同看望了部分困难职工。

（姚春江）

【成为市级安全生产达标企业】 11月，按照新标准推进了商城本部、新晨商场、汤山商场、商城配送中心、朝宗桥商场的安全生产达标复评，成为北京市安全生产标准化三级达标单位。

（姚春江）

【授予店长“学习之星”称号】 11月，新世纪商城五楼商场鸿润床品专柜店长冯莉荣被首都精神文明建设委员会授予“首都市民学习之星”称号

（姚春江）

【被评定为节能减排商品销售企业】 年内，根据北京市商务委员会的通知精神，新世纪商城申报北京市节能减排商品销售企业获得专家组评定，成为北京市第一批节能减排商品销售企业。

（姚春江）

【农超对接取得成效】 年内，商城配送中心努力加大生鲜商品的经营力度，采取当地采购、批发市场购进等方式，总计实现蔬菜水果自营采购额881.37万元，同比增加494.54万元，其中昌平当地采购占蔬菜水果采购额的40%。自营的蛋品和杂粮采购额达到383万元，同比增加100万元。各连锁超市的生鲜商品经营规模和影响力日益提高。

（姚春江）

【燃煤锅炉清洁能源改造进展顺利】 年内，完成了阳坊市场、福农公司的燃煤锅炉清洁能源改造，制定了新晨商场锅炉改造方案，所属商场、部门使用的燃煤锅炉清洁能源改造工作稳步推进。

（姚春江）

【管理制度修订工作完成】 年内，完成了《新世纪商城人事管理制度》、《新世纪商城财务管理制度》、《新世纪商城业务管理制度》、《新世纪商城安全生产和卫生保洁管理制度》的修订工作。

（姚春江）

【成为市级健康超市】 年内，新世纪商城一楼商场经过努力，通过了由商务、卫生、疾控中心等有关部门的“北京市健康超市”验收，

成为昌平区第一家市级健康超市。

（姚春江）

昌平阳光商厦有限公司

【概　况】 2015年，北京昌平阳光商厦有限公司（简称“阳光商厦”），在公司董事会和经营班子的带领下，以求生存保稳定为立足点，以业务开展为核心，以深化管理为手段，有序开展各项工作。

（吴洁）

单位名称：北京昌平阳光商厦有限公司
地址：城北街道府学路29号
电话：（010）69747644
邮编：102200

【大数据统计】 年初，为落实公司精细化的管理目标，开展季度大数据统计工作。从销售额、毛利额、平米效益、大类排名等方面的数据通过表格、图文等方式清晰体现，为企业经营管理提供了数据支持。

（吴洁）

【合作成立新公司】 2月5日，阳光商厦与城北街道朝凤庵经济合作社合作注册成立北京阳光朝凤餐饮管理有限责任公司。

（吴洁）

【库房改造】 3月初，阳光商厦对朝凤庵库房区域进行了改、扩建，新建库房600平方米，改造库房300余平方米，总投资72万元。

（吴洁）

【文件修编】 3月中旬，根据阳光商厦长远规划和企业发展需要，历时五个月对各类文件进行了重新梳理和修编，包括人事、业务、财务、安全、服务、行政六个方面，形成《北京昌平阳光商厦有限公司2015版文件汇编》和《北京昌平阳光商厦有限公司二级文件合订本》，自8月1日起正式执行。整个过程由律师指导，工会参与，严格履行民主程序。

（吴洁）

【网络营销初见成效】 年内，随着互联网经济的不断发展，阳光商厦尝试性的开展了一些与互联网合作的营销项目，以烤鸭店为试点，积极尝试与美团网、糯米网、百度外卖等网站合作，开展外卖业务、团购业务，并取得了较好的经济效益。

（吴洁）

【召开党支部换届大会】 7月28日，党支部组织召开支部换届选举大会，共计41名党员参会，符合法定人数，何小平当选为本届党支部书记。

（吴洁）

【增加儿童品类经营项目】 10月，对五层西区卖场进行整合，改造原库房区域，扩大营业面积200平方米，对原有粗纺品类进行调整，增加儿童体验项目。引进童装品牌8个，经营面积550平方米。

（吴洁）

【供暖设备改造】 11月初，为进一步落实节能减排的工作重点，阳光商厦投入6.5万元进行供暖设备改造，节约供暖费用30%。

（吴洁）

昌平烟草专卖局（公司）

【概　况】 2015年，昌平区烟草专卖局（公司）（简称“烟草专卖局”）下设七科二室：办公室（安保科）、监察科（政工办公室）、专卖监督管理科、法制科、内部专卖管理监督派驻办公室、营销网建科、配送仓储科、人事科、财务科，现有在岗职工100人。全年实现利税40779万元，上交税金28168.91万元。

（李巍）

单位名称：北京市昌平区烟草专卖局（公司）
地　址：城北街道西关路29号
联系电话：（010）89719065
邮政编码：102200

【联合执法】 年内，联合朝阳烟草、延庆烟草、公路分局、朝阳公安局等单位破获一起无证运输卷烟案件，查获走私卷烟 315.62 万支，案值 202 万元，查扣涉案车辆 4 台；建立执法协作机制，联合工商、公安等部门合作执法 20 余次。

（李巍）

【行政许可办理】 年内，全区共有零售许可证 3212 个，同比减幅 63 个，减幅 1.92%。其中正常经营 3133 个，占总数的 97.5%，停业 62 个，占总数的 1.93%，新办待增项 17 个，占总数的 0.52%。全年共受理新办行政许可 527 户，延续行政许可 919 户，变更行政许可 104 户，办理停业 70 户，歇业 140 户，恢复营业 26 户，办理补办零售许可证 8 户，注销 181 户，制作许可类案卷 1550 卷，管理类案卷 425 卷。

（李巍）

【市场净化】 年内，共查获涉烟案件 600 起，同比上升 53.06%；查获违法卷烟 783.15 万支，同比上升 1.85%；查获违法卷烟涉案案值 388.64 万元，同比上升 29.65%；其中 5 万元以上案件 8 起，同比上升 14.3%，移送工商 212 起，移送公安机关处理的涉烟刑事案件 2 起，大要案件刑事拘留 1 人，判刑 6 人。

（李巍）

【党支部建设】 年内，发展 2 名预备党员，3 名预备党员转正；7 月 1 日，组织开展了“学党章，强党性，做合格党员”、“共产党员献爱心”捐献等活动。截至年底，烟草专卖局共有党员 48 人，占比 48%，在全局工作中起到了先锋带头作用。

（李巍）

【党风廉政建设】 年内，烟草专卖局先后制定了《昌平局落实党风廉政建设主体责任实施意见》、《昌平局巡视检查办法》，修订了党组议事规则、办公用房管理办法、公务接待用餐标准、车辆管理规定、工会经费管理办法、办事公开民主管理实施办法等 10 余部规章制度，促进廉政建设制度化、规范化、常态化。

（李巍）

【工会工作】 年内，烟草专卖局积极组织职工参加市局职工运动会、秋游等活动，并严格按照市总工会规定为职工购买了部分节日慰问品，增强了职工的自豪感和凝聚力。

（李巍）

【6S 管理】 年内，烟草专卖局高度重视 6S 管理工作，首次北京烟草“精益管理暨 6S 管理现场会”在昌平召开，效果显著，得到了市局（公司）领导与同事的广泛认可。

（李巍）

【学术研究】 年内，烟草专卖局共有 12 篇学术论文在市烟草专卖局论文评比中分别获得一、二、三等奖及鼓励奖；5 个课题在市烟草专卖局“十佳”改善课题获得精益项目奖项；昌平烟草专卖局以团体第二名的成绩，荣获北京烟草“精益十佳”标兵单位。

（李巍）

【团队建设】 年内，烟草专卖局持续秉持员工人性化管理理念，着力构建和谐团队，连续两年增加职工之家建设投入，更新保养运动健身设施，不断营造充满正能量的工作氛围，强化员工归属感。

（李巍）

外经外贸

【概　况】 2015 年，新批外商投资企业 23 家；11 家企业增资扩大生产经营规模。实地验厂 12 次，审批加工贸易合同金额 6840.7 万美元；对外贸易经营者备案 474 个。服务外包收入实现 13456.91 万美元。

（赖金坚）

单位名称：昌平区商务委员会
地址：城北街道南环路 55 号
电话：（010）69746220
邮编：102200

【新批三资企业 23 家】 年内，新批设立外商投资企业 23 家，合同外资 3.7797 亿美元。

（赖金坚）

【11家三资企业扩大经营规模】 年内，11家三资企业增资，增加合同外资7238万美元。

（赖金坚）

【促进对外贸易稳步发展】 年内，对外贸易经营者备案474个。服务外包收入实现13456.91万美元。

（赖金坚）

【积极做好加工贸易审批管理】 年内，实地验厂12次，审批加工贸易合同金额6840.7万美元。

（赖金坚）

旅　游

旅游业管理

【概　况】 2015年，昌平区旅游委员会（简称“区旅游委”），坚持以党的十八大精神为指导，以实施《旅游法》为准绳，全面落实完成全年核心工作内容，努力实现各项工作新进展。全区共有旅游企业750家，旅游景区37家（其中世界文化遗产2家、国家级森林公园2家、A级以上景区23家），星级酒店36家，社会旅馆403家，旅游商店32家，旅行社129家，市级民俗村26个、市级民俗户1617户、京郊旅游新业态87家。

（李国辉）

单位名称：昌平区旅游发展委员会

地址：城南街道创新路8号

邮编：102200

电话：69744656

【“元旦”期间旅游热点场所的安全执法检查】 1月1日至3日，区旅游委分成两个小组对温泉酒店、滑雪场、旅游景点等热点密集场所进行安全执法检查。3天共出动执法人员30人次，执法车12台次，巡查旅游企业50家次，发现安全隐患9处。特别强调各旅游企业要深刻吸取近期发生的安全事故教训，提高安全生产意识，重视安全管理工作，加强值班，保持通讯、信息畅通，遇有突发事件要立即报告。

（李晓雪）

【举办“2015年科长述职工作会”】 1月8日举办“2015年科长述职工作会”。会上，办公室、产业发展科、消费促进科、安全管理科、行业管理科、教育培训科、行业监管科和行业协会主要负责人围绕全区旅游产业发展指导思想和各自工作职责，本着服务、务实、创新的工作思路对2014年工作完成情况和2015年工作进行了全面、清晰、详实、诚恳的工作陈述，达到了预期效果，博得全体机关党员干部的一致好评。

（李国辉）

【“全市旅游咨询服务工作总结会”在昌平举行】 1月14日，“北京市2014年旅游咨询服务工作总结会”在军都温泉旅游度假村举行。昌平旅游咨询服务中心、蟒山国家森林公园咨询站、明皇蜡像宫咨询站荣获“北京市优秀咨询站”称号，朱凯峰及刘浩、吴琼、李思玉分别获得“先进工作者”、“优秀咨询员”称号；在“全市旅游咨询服务知识竞赛活动’中，由十三陵特区组成的昌平区代表队荣获“一等奖”。

（张月婷）

【“星级乡村民俗旅游村、户评定工作”启动】 1月20日，区旅游委召开“星级乡村民俗旅游村、户评定工作动员会”，副主任李洪良详细解读了《乡村民俗旅游村、户等级划分与评定》两个标准，要求相关镇认真领会评定标准，务实开展评定工作，首先踏实准确搞好摸底调查工作。

（李苗）

【“旅游行业安全生产工作部署会”召开】 1月21日，区旅游委召开“昌平区旅游行业安全生产工作部署会”，星级饭店、国家级旅游景区、重点旅游商店、社会旅馆180余家企业负责人参加了会议。会上，首先传达了国务院领导对安全工作的重要讲话，细致解析了近期国内发生的几起重大安全事故，并与各旅游企业负责人签订了《2015年安全生产责任书》。

（李晓雪）

【对行业安全管理人员进行培训】 1月29日，区旅游委会同区安监生产协会在农机学院举办“昌平区旅游行业安全管理人员培训班”，来自星级饭店、旅游景区、社会旅馆、旅游商店等百余家旅游企业的总经理、主管领导226人参加了培训。课程结束后进行了书面考试，合格者颁发了《北京市安全管理人员资格证书》。

（李晓雪）

【“2015年春节假日旅游工作会议”召开】 2月13日，区政府在党校大礼堂召开“2015年春节假日旅游工作会议”。副区长贺军、区假日旅游工作领导小组成员单位领导，各镇（街）主管领导和旅游公司经理，旅游企业负责人和媒体记者200余人参加了会议。会上，区旅游委主任袁丽民部署2015年春节旅游服务保障工作；公安昌平分局、区安监局、区卫计委、区食药局、区城管执法局、昌平交通支队、昌平消防支队领导部署假日专项工作；贺军就今年春节假日旅游工作提出四点意见。

（李晓雪）

【区领导调研《国家登山健身步道》项目】 3月5日，副区长贺军到旅游委调研《北京昌平旅游休闲国家登山健身步道》项目的进展情况。首先，旅游委副主任张凤英对项目概况和进展进行了详细汇报，主任袁丽民表示项目设计一定要遵循环保理念和安全、富民原则，做好前期的各项工作，稳步推进项目进程。贺军强调要进一步深化项目的设计工作，综合考虑项目前期面临的方方面面的问题，有效处理好，拿出好的设计方案，争取早日开工建设。

（孟薇）

【区领导调研 “乐多港假日广场”项目】 3月6日，副区长贺军到市区重点项目“乐多港假日广场”现场考察调研项目进展情况。首先，认真听取了项目方的工程进展情况和急需协调解决的问题，并到工地查看了工程建设情况。表示区政府将全力支持推进“乐多港假日广场”项目建设，力争四季度项目试营业。

（李国辉）

【对嘉年华主场馆进行安全执法检查】 3月12日，区旅游委嘉年华活动执法检查组对嘉年华主场馆进行安全执法检查。检查中对发现的安全隐患，及时提出了整改意见，限期整改，确保嘉年华活动期间秩序井然、安全有序。

（李晓雪）

【嘉年华周边旅游接待单位安全检查工作】 3月14日至5月3日，启动“第三届北京农业嘉年华活动”在昌平草莓博览园举办，为确保活动期间周边旅游接待服务和安全保障工作顺利进行，区旅游委从3月11日开始，对活动场馆周边餐饮、住宿、采摘园等旅游接待单位进行安全隐患和服务质量检查。全力以赴做好活动期间的安全保障和旅游服务接待工作，为游客提供一个安全、有序、舒适、放心的住宿、餐饮、采摘环境。

（李晓雪）

【京郊首家万豪酒店入驻乐多港假日广场】 3月16日，北京汉慈投资有限公司与万豪国际集团共同签署了《北京乐多港万豪酒店项目管理合同书》，即日起，京郊首家万豪酒店将正式入住乐多港假日广场，区委常委、常务副区长周云帆出席签约仪式并讲话。

（李国辉）

【做好清明节防火安全工作】 3月25日，区旅游委召开“旅游行业清明安全防火工作会”。区旅游委副主任沈玉江结合当前工作提出五点要求，并希望旅游企业全面做好清明节期间火灾防控工作，确保假日期间不发生任何火灾事故。

（李晓雪）

【“昌平旅游安全工作专题会议”召开】 3月25日，区旅游委与区国土分局联合召开：“昌平区旅游安全工作专题会议”，6个旅游山区镇主管领导及区内12家自然风景区的负责人参加会议。

（李晓雪）

【“十三五”旅游发展规划启动】 3月，成立以区旅游委主任袁丽民为组长的《昌平区“十三五”旅游发展规划》编制工作领导小组，正式启动《“十三五”旅游规划》的编制工作，计划11月底前完成。

（孟薇）

【市交通委联合对昌平“一日游”旅游市场进行检查】 4月3日，市交通委联合旅游委、公安分局、城管执法局、交通局、交通支队等区相关职能部门对昌平“一日游”重点区域十三陵景区沿线旅游市场秩序进行突击检查。此次检查共出动执法人员12人，抽查旅游车辆9辆，其中4辆因手续不全涉嫌“黑车”被当场扣押接受处理，抽查导游员9名，其中两名导游员行程填写不规范，立即给予扣分处理。

（袁德新）

【自然风景区防汛安全检查启动】 4月8日开始，区旅游委联合区防汛办、国土分局以及相关镇政府，对虎峪自然风景区、蟒山国家森林公园、北京后花园景区等12家自然风景区展开防汛、防地质灾害隐患安全大检查。要求有安全隐患的风景区要加强隐患治理，及时设立警示标识牌，以提示游客远离、躲避隐患点，确保游客的人身安全。

（李晓雪）

【14家婚庆企业亮相北京婚博会】 4月11日至12日，北京婚博会在北京展览馆举行。九华山庄、温都水城、龙城丽宫国际酒店、凤山温泉、拉斐特城堡酒店、静之湖度假酒店、富来宫温泉山庄、红栌山庄、中石化会议中心等14家婚庆企业在“爱上昌平”展区开展宣传展示推介活动，吸引众多参观者关注。

（张利娜）

【参加“市A级旅游景区最大承载量工作培训会”】 4月14日，为准确掌握景区内的客流量，确保游客各项活动安全有序，防止因人流量过大，而发生游客拥挤、踩踏等安全事故。区旅游委组织辖区内26家A级旅游景区主管领导参加“北京市A级旅游景区最大承载量工作培训会”。

（李晓雪）

【乡村民俗旅游村（户）等级评定工作协调会召开】 4月24日，区旅游委主持召开全区乡村旅游民俗村（户）等级评定工作部门协调会。区农委、环保局、公安分局、食药局、工商局等相关部门及9个旅游镇主管领导参加了会议。会上，讨论通过了《昌平区乡村民俗旅游村（户）等级评定工作方案》。4月27日，对9个旅游镇的500余名民俗旅游从业人员进行等级评定工作培训，邀请《北京市乡村民俗旅游村（户）等级与划分》专家组成员对标准进行了细致解读。

（李苗）

【“全国防灾减灾日”宣传咨询活动开展】 5月12日，是全国第七个“防灾减灾日”，为营造全民参与防灾减灾的良好社会氛围，提高广大市民的防灾减灾应急能力和意识，区旅游委组织参加了区政府在亢山广场举行的“科学减灾依法应对”为主题的“防灾减灾日”宣传咨询活动。活动现场向广大市民发放各种旅游安全宣传资料3000余份，接待咨询者500余人，受到市民的好评。

（李晓雪）

【区政府召开“国家登山健身步道”项目汇报会】 5月19日，区政府在旅游委主持召开“北京昌平旅游休闲国家登山健身步道”项目汇报会。副区长贺军，旅游委、规划昌平分局、国土昌平分局、发改委、文化委、财政局、环保局、水务局、园林绿化局、体育局等区相关职能部门领导和延寿镇、南口镇、流村镇、阳坊镇主管镇长及中国城市规划设计研究院、北京市工程咨询公司项目负责人参加了会议。

（孟薇）

【“安全生产月”活动部署会召开】 6月4日，为全面贯彻落实市、区“安全生产月”活动工作要求，有效预防各类安全生产事故的发生，区旅游委召开旅游行业“安全生产月”活动动员部署会。

（李晓雪）

【14 人获聘“全国旅游服务质量社会监督员”】 6月12日，区旅游委代表国家旅游局和市旅游委向区人大、区政协、区委宣传部、区农委、区环保局、区食药局、昌平公安分局及重点旅游企业代表14人，颁发“全国旅游服务质量社会监督员”聘书和工作证，并就相关工作内容和工作要求进行了培训。

（高峰）

【安全生产月宣传活动在居庸关举行】 6月16日，市交通委联合区旅游执法大队在居庸关长城景区开展“安全连着你我他、平安交通靠大家”为主题的“安全生产月”宣传活动，强化旅游市场交通安全整治工作，为广大市民和游客营造一个“安全、有序、和谐、快乐”的旅游市场氛围。

（李晓雪）

【参加“安全生产月”宣传咨询日活动】 6月16日，区旅游委参加在永安公园举行的“依法治安保障安全，建设和谐宜居之都”主题宣传咨询日活动。向前来咨询的市民耐心讲解旅游安全知识、旅游突发事件应急知识及最新旅游资讯，昌平旅游安全咨询区博得广大市民的好评。

（李晓雪）

【昌平加入“京福、沪昆高铁旅游城市联盟”】 6月23日，由江西省上饶市人民政府、省旅游发展委员会、南昌铁路局及中国铁道出版社共同发起的“京福、沪昆高铁旅游城市联盟成立大会”在上饶市举行，京福、沪昆两条高铁沿线7省（市）17个城市的代表齐聚上饶，共商旅游发展大计。会上，通过了联盟章程、纲领及宣言，区旅游委成为“京福、沪昆高铁旅游城市联盟”成员。

（朱凯峰）

【“旅游行业服务技能与网络营销培训班”举办】 6月24日，区旅游委在且亭山水酒店举办“昌平区旅游行业服务技能与网络营销培训班”。区内星级饭店、A级景区、9个旅游镇、特色新业态、民俗村（户）等行业的管理人员和服务人员500余人参加培训。课程邀请了市旅游委客座讲师、高级服务技师刘娟、北京交通大学副教授陈怡宁分别从加强服务意识与规范礼貌礼仪、互联网思维下的旅游市场营销两大课题进行了生动详实的讲解，博得学员们的一致好评。

（贾京梅）

【景区、星级饭店开展安全应急演练】 6月29日、30日，区旅游委在虎峪景区、九华山庄举办旅游景区、星级饭店安全应急演练活动。区相关职能部门负责人、旅游企业主管领导观摩了演练全过程。景区安全应急演练主要针对防火、防汛两大科目进行，检验使用干粉式手提灭火器快速扑灭火源和汛期有序快速疏散游客过程。在九华山庄16区举行的消防安全应急演练中，共出动消防车2辆，消防队员30余人，通过中控室接警、跑点、疏散游客、抢救伤员、全力扑救火灾等步骤有序进行。

（李晓雪）

【区人大考察调研代表建议的办理情况】 7月14日，区人大副主任杨国昌和部分人大代表在区旅游委主任袁丽民、十三陵镇书记王建成的陪同下，到十三陵镇麻峪房民俗村考察调研区四届人大五次会议代表建议的办理情况。在麻峪房民俗村，杨国昌和人大代表详细听取了由区旅游委主办的“关于提升麻峪房民俗村整体环境和服务品质”的代表建议办理情况，在年底前打造出一个具备“传统元素”，蕴含浓厚乡土气息的精品民俗村。

（李苗）

【市旅游委调研昌平乡村旅游培训工作】 7月16日，市旅游委人力资源处处长范红一行到昌平调研乡村旅游教育培训工作。区旅游委相关领导及十三陵镇、昌平职业学校领导陪同调研。在座谈中，区旅游委就三年来“京郊旅游百千万”培训工程的开展情况和取得的效果进行了工作汇报，十三陵镇、昌平职业学校领导分别就乡村旅游培训需求和有效建立旅游培训教育示范基地进行了简要发言。随后，市旅游委领导参观考察了十三陵镇仙人洞民俗村、康陵民俗村和马池口镇亲农耕休闲农庄项目。

(张利娜)

【助力旅游企业提升服务技能水平】 7月21日，区旅游委邀请餐饮服务专业评委参与了“阳坊大都饭店餐饮服务技能大赛活动”，企业57名餐饮服务佼佼者参加了中餐服务知识和摆台、端托两项服务技能比赛，经过专家评审9名选手分别荣获大赛一、二、三等奖。

(张利娜)

【自然景区防汛安全应急演练展开】 7月22日，区旅游委在北京后花园景区组织“防汛、防地质灾害安全应急演练活动”。演练活动内容为：天气突降暴雨，景区内有游客被困，并有受伤游客，景区积极组织迎救，首先把游客疏散到安全地带，并做好相关善后工作。演练活动分工明确，预警组、抢险组、抢救组、通讯保障组和后勤保障组等安全服务保障小组，在总指挥的统一领导下有序开展工作，圆满完成应急救险任务。

(李晓雪)

【与延寿镇共商旅游发展大计】 8月8日，区委书记侯君舒一行调研延寿镇沟域经济建设情况，就如何推动乡村旅游发展，切实带动农民增收致富等相关工作进行部署，8月10日，区旅游委主任袁丽民带领有关科室负责人赴延寿镇，与镇、村两级领导商讨涉及该镇的国家登山健身步道、骑行道路基础设施和黑山寨特色民宿建设等工作。

(赵志涛)

【44家进入全国首批乡村旅游品牌榜单】 8月12日，国家旅游局下发通知，公布了首批乡村旅游“千千万万”品牌名单，十三陵镇康陵村、麻峪房村两个市级民俗村，齐轩居、金旗农家乐两个经营户，桂荣等20家农家乐和赵立新等20人被分别授予“中国乡村旅游模范村”、“中国乡村旅游模范户”、“中国乡村旅游金牌农家乐”和“中国乡村旅游致富带头人”称号。

(李国辉)

【“昌平区商务旅游行业安全工作会”召开】 8月18日，“昌平区商务旅游行业安全工作会议”在广电大厦举行。副区长贺军，区各职能部门、各镇（街）主管领导及全区重点商务旅游系统200余家企业参加了会议。会上区商务委、旅游委、安监局、食药局、消防支队紧紧围绕纪念抗日战争胜利70周年和世界田径锦标赛两大活动，全面部署安全保障工作；贺军就全力以赴推进安保维稳等各项工作，确保社会面总体保持安定和谐，提出四点意见。

(李晓雪)

【市旅游委联合检查昌平“两大活动”期间旅游市场保障工作】 8月20日，市旅游委委员赵广朝带队会同市旅游执法大队、市交通委、市公安局、市城管执法局和区相关职能部门，对昌平“两大活动”（两大活动即：中国人民抗日战争暨世界反法西斯战争胜利70周年纪念活动和第十五届世界田径锦标赛）期间旅游市场保障工作进行检查，重点检查昌平“一日游”区域、十三陵景区沿线旅游市场安全服务保障工作。

(袁德新)

【支持北方射击场全员礼仪培训】 8月20日，区旅游委邀请国家级高级服务师、考评委、中国APEC国际会议礼仪培训专家于秀兰为军事体验特色旅游企业—中国北方国际射击场进行全员礼貌礼仪知识技能培训。

(张利娜)

【督查住宿业安全保障工作】 8月27日至28日，昌平区旅游委主任带队分成四个组对南口、马池口、阳坊、沙河、小汤山、回龙观七个镇40余家社会旅馆进行安全服务保障工作大检查，针对发现的问题开出检查单要求立即整改，并发放百余本《旅游企业安全工作指导手册》督促学习，确保“两大活动”期间安全稳定。

(李国辉)

【推动“昌平礼物”研发、制作、销售体系建设】 9月4日、5日，正值抗战胜利70周年纪念日小假期，“2015年我最喜爱的昌平礼物”评选活动暨昌平旅游商品展示展卖活动在康陵村成功举办，10月下旬，四大类44件获奖作品参加了第十二届“北京礼物”旅游商品大赛暨“第四届北京国际旅游商品博览会”展示评选活动，两大类6件作品荣获奖项，区旅游委获得大赛优秀组织奖，其中探路者、手表厂精品表获得市旅游商品扶持资金支持。

（杨波）

【工作规划通过专家评审】 9月15日，区旅游委组织召开《北京市昌平区旅游发展规划（2014—2030）》及《北京昌平小汤山国际温泉度假带发展战略规划》专家评审会。由中国社会科学院旅游研究中心副主任刘德谦、市旅游局原局长温子吉、中国地科院研究员、住建部风景园林专家陈安泽、北京师范大学教授、博导吴殿廷、中国科学院研究员刘家明组成的专家组参与评审。在听取两个规划汇报后，专家组认为《总规》定位准确，内容丰富，体系完整，成果规范，符合《国家旅游规划通则》的要求；《温泉规划》符合昌平温泉旅游发展实际，达到了规划编制要求，是一个较好的规划成果，一致同意《总规》及《温泉规划》通过评审。

（杨郑艳）

【《“十三五”规划》征求意见会》】 9月15日，召开《昌平区“十三五”时期旅游业发展规划》征求意见会。会议由区旅游委主任袁丽民主持，十三陵镇、延寿镇、流村镇等9个旅游镇主管领导和区旅游委相关科室负责人参加了会议。

（杨郑艳）

【联合市、区执法部门检查“一日游”旅游市场】 9月21日，区旅游委联合市交通委执法总队、区公安分局治安支队等市区职能部门对“一日游”重点区域十三陵景区沿线旅游市场环境秩序进行突击检查，《京华周末》、《昌平电视台》、《昌平报》进行了跟踪采访。

（袁德新）

【4A级景区举行“水上救生与消防应急演练”】 9月23日，区旅游委在龙脉温泉度假村举行“水上救生和消防应急实战演练”。共出动消防灭火车3辆，救护车1辆，近400名员工参加了现场观摩。演练过程通过中控室接警、报警、疏散游客、抢救伤员、全力扑救火灾等步骤有序进行。

（李晓雪）

【“2015年中秋国庆假日旅游工作会议”召开】 9月24日，区政府在昌平体育馆召开“2015年中秋国庆假日旅游工作会议”。副区长贺军，区假日旅游工作领导小组成员单位领导、各镇（街）主管领导及旅游企业200余人参加了会议。区旅游委主任袁丽民部署了2015年中秋国庆假日旅游工作；公安昌平分局、区安监局、卫计委、食药监局、城管执法局、交通支队、消防支队领导分别部署假日专项工作；贺军就今年假日旅游工作提出五点意见。

（李国辉）

【区领导带队检查“国庆”假日旅游市场情况】 9月29日，副区长贺军、叶红光带领区旅游委、商务委、公安分局、工商分局、区安监局、城管执法局、交通支队、消防支队、食药监局、质监局、供电局等职能部门领导对明十三陵长陵景区、康陵民俗村和北京润泽玉苑公司等重点旅游企业进行节前安全与服务质量检查。

（李晓雪）

【“昌平星级饭店消防安全技能大赛”举行】 10月21日，区旅游委在九华山庄举办“昌平区星级饭店消防安全技能大赛”，九华山庄、龙城丽宫国际酒店、军都旅游温泉度假村、温都水城、财会之家、明皇度假山庄、芳草渔村等12个代表队参赛。本次大赛共设立50米两人担架救人，50米一人二盘水带连接，50米负重跑，50米油锅灭火，50米原地着装和4×50米5kg灭火器接力6个项目。最终九华山庄、龙城丽宫国际酒店、军都旅游温泉度假村、温都水城、财会之家5个代表队分别获奖。

（李晓雪）

【旅游新业态企业举行消防安全应急演练】 10月27日，区旅游委在芳草渔村乡村酒店举行消防安全应急演练活动。活动按照员工发现火情、中控室接警、疏散游客、抢救伤员、全力扑救火灾等步骤有序进行。参演人员积极主动、操作娴熟，成功完成演练活动。

（李晓雪）

【市旅游委调研检查十三陵景区及周边旅游环境秩序整治工作】 10月28日，市旅游委主任宋宇带领相关处室负责人调研检查明十三陵景区及周边旅游市场环境秩序整改工作落实情况，副区长贺军及区相关部门负责人全程陪同检查。

（李万升）

【"爱上昌平·网络营销平台"正式上线】 10月，"爱上昌平·网络营销平台"经过建设、测试、试运行等阶段，正式上线运营，该平台通过统一包装、宣传推广、销售，改变旅游企业各自为营的局面，发挥集中联动作用，提升昌平旅游的核心竞争力，让市民更加关注昌平、爱上昌平、走进昌平，感受昌平旅游的别样魅力。通过前期"2015善行者公益徒步活动"和"苹果嘉年华"两项大型活动的成功举办进入市民眼眸，社会经济效益初显。

（郭嵬）

【区领导检查旅游购物场所】 11月3日，副区长贺军、区旅游委主任袁丽民、副主任沈玉江及旅游执法队成员检查北京宝树堂药店、北京台味商行、南方珍珠、润德珍珠和华夏北京商城5家旅游商店，针对"一日游"旅游商店欺客宰客等违法行为将协调公安、工商等部门进行严厉打击治理，并采取暗访形式掌握第一手资料。

（班一鸣）

【区政协主席带队视察乐多港项目】 12月1日，区政协主席陈秋生、副主席靳增立、洪起国及部分政协委员视察正在建设的大型旅游休闲购物综合体乐多港假日广场项目工程进展情况。

（李国辉）

【"全国法制宣传日活动"开展】 12月4日，区旅游委参加在亢山公园举行的"2015年昌平区国家宪法日暨法制宣传日大型宣传活动"。活动现场悬挂"增强法律意识 提高旅游品质"主题宣传横幅，郑建国、杨晓松旅游委两位老同志向来往的市民发放旅游安全宣传材料千余份，接待咨询者百余人。

（李晓雪）

【市领导带队暗访明十三陵景区旅游环境秩序整治工作】 12月16日，市政府副市长程红带队对昌平区明十三陵景区旅游环境秩序整改落实情况进行了暗访。随后在区政府召开了整改工作座谈会。会议由市旅游委主任宋宇主持。区委书记侯君舒、区长张燕友、副区长贺军及相关部门负责人参加座谈会。

（高峰）

【"三优一满意"评选活动落下帷幕】 年内，以"优质服务、优良秩序、优美环境、游客满意"为主题的A级景区、星级宾馆饭店"三优一满意"评比活动11月中旬成功落下帷幕。最终评出4个先进单位、6个先进部门、11个先进个人，并在全区旅游系统进行表彰。

（贾京梅）

【首次为自然景区制作安装"安全警示标识牌"】 年内，为深入推进和规范旅游行业安全生产标准化达标创建工作，保障游客生命及财产安全，区旅游委向区政府申请100余万元专项资金，作为区政府为民办实事项目之一，首次为12家自然风景区制作安装"安全警示标识牌"260块。

（李晓雪）

【荣获"首都文明单位"称号】 年内，在2012年—2014年度首都精神文明创建工作先进单位评比活动中，区旅游委荣获"首都文明单位"称号，中国航空博物馆、中国北方国际射击场、小汤山农业科技示范园、银山塔林景区、居庸关长城景区、十三陵景区、蟒山国际森林公园、龙脉温泉度假村、双龙山景区、中国坦克博物馆等10个景区荣获"首都文明景区"称号。

（李国辉）

【"十二五"期间市区旅游专项资金投入】 年内，有效推进市区为民办实事项目和市旅游专项资金、区旅游产业转型升级资金项目建设。"十二五"期间，共投入市区旅游专项资金2亿多元，有效推动昌平旅游产业平稳健康发展。

（李国辉）

【新增"乡村旅游特色新业态"17家】 年内，17家企业评为北京市乡村旅游特色业态。截至年底，全区共有乡村旅游特色业态87家，其中乡村酒店40家，采摘篱园33家，山水人家5家，休闲农庄7家，国际驿站1家，生态渔家1家。

（李苗）

【“国家级旅游景区”增至26家】 年内，北京草莓博览园、香堂文化新村和区云中阁风景区评为AAA国家级旅游景区，天池风景区评为AA国家级旅游景区。至此，昌平“国家级旅游景区”增至26家，其中AAAAA国家级旅游景区4家，AAAA国家级旅游景区6家，AAA国家级旅游景区8家，AA国家级旅游景区8家。

（高峰）

【南口镇荣获“全国特色景观旅游名镇”】 年内，在区申报、市相关部门推荐的基础上，经住房和城乡建设部和国家旅游局组织专家委员会评审，南口镇列为第三批“全国特色景观旅游名镇”示范。

（李国辉）

【航空博物馆获评“市科教旅游示范单位”】 年内，经市“科教旅游示范单位”评定委员会委派的评定小组现场验收，市“科教旅游示范单位”评定委员会审核，国家4A级旅游景区中国航空博物馆获评北京市首批“科教旅游示范单位”。

（李国辉）

【流村镇荣获“市休闲农业与乡村旅游示范镇”称号】 年内，流村镇在市农委、市旅游委、市水务局、市园林绿化局、市农业局五部门开展的创建“北京市休闲农业与乡村旅游示范镇”活动中荣获“2014年北京市休闲农业与乡村旅游示范乡镇”称号。

（李国辉）

旅游活动

【概　况】 2015年，全年旅游各项经济指标继续保持平稳增长势头，全年共接待中外游客1550万人次，同比增长10.7%，实现旅游收入104.3亿元，同比增长5.6%，占10个郊区旅游收入的20%，稳居全市第六位、10个郊区第一位、五个城市发展新区第一位，全市第6个旅游收入突破100亿大关的地区。

（李国辉）

单位名称：昌平区旅游发展委员会
地址：城南街道创新路8号
邮编：102200
电话：69744656

【“京郊旅游农家院特色美食品鉴活动”获奖】 1月16日，市旅游行业协会、市烹饪协会主办的“2014年度京郊旅游农家院特色美食品鉴活动”在大兴区隆重举行。昌平区旅游行业代表队由11家民俗特色美食企业和4家特色美食民俗村组成参赛，通过初审、微信票选、现场比拼三个环节，共获得15个大奖。

（姚瑶）

【“昌平邀您过大年”活动丰富多彩】 1月至2月，以“昌平邀您过大年”为活动主题，大力宣传推介“爱上昌平·踏雪寻莓”、“第二届麻峪房村过大年”和“昌平邀您过大年”网络营销活动，聚集40余项节庆优惠促销活动，满足多层次的大众旅游消费需求。春节期间乡村旅游收入实现626.2万元，同比增长20.8%，其中“第二届麻峪房村过大年”活动收入同比增长53.4%。

（李国辉）

【嘉年华、温泉节期间推出精品旅游线路】 3月14日、27日，农业嘉年华、小汤山温泉文化节活动在昌平草莓博览园拉开帷幕，为给广大市民提供一个崭新、方便、快捷、舒适的旅游休闲行程，拉动区域旅游经济增长，区旅游委在两节期间隆重推出涵盖温泉养生、军事体验、乡村美食、鲜果采摘、村MALL购物（“村MALL”是昌平区旅游发展委员会主导设立的乡村shoppingmall）五大类22条精品旅游线路，打造昌平“必吃、必购、必看、必住”的旅游消费热点。22条昌平精品旅游线路将在区旅游委官方网站、微信上如实发布。

（郭嵬）

【嘉年华“金玉良缘”展区植入“村MALL”理念】 3月14日至5月3日，举行第三届北京农业嘉年华活动，区旅游委以嘉年华活动为契机，有效拉动京郊休闲旅游产业发展。在嘉年华“金玉良缘”创意展区植入了“村MALL”理念，全面展示推介区乡村旅游美食宴、特色农副旅游商品、乡村休闲温泉、果品采摘等特色业态，活动期间共接待游客56万人次，销售商品35万元；场馆周边草莓采摘园共接待游客257.6万人次，销售草莓302.8万公斤，实现收入1.58亿元，并带动周边3个民俗旅游镇实现收入9296.1万元。

（李国辉）

【携手举办“第十二届小汤山温泉文化节”】 3月27日至5月30日，温泉文化节历时2个月，有效推出了温泉节开幕式、“泉水相依京津冀”、“泉”城热恋、“友泉链接”、“春泉网汇”、“村MALL”游购季等六大主题活动，吸引市民参与其中，使“小汤山温泉”文化品牌知名度和“爱上昌平”品牌影响力得到进一步提升。据统计温泉节期间昌平16家重点温泉企业共接待游客35.5万人次，完成旅游收入7584万元，同比分别增长5.6%和2.7%。不仅旅游数字可观，网络口碑也在不断攀升，“爱上昌平”官方微博、微信粉丝新增近2万人，与携程网搭建网络营销平台，共售出温泉酒店产品700余份，同比增长11倍，点击量达130万次。

（李国辉）

【旅游联谊推介活动举行】 4月22日，“泉水相依京津冀—享昌平温泉、游东丽乐园、赏唐山美景”暨“2015天津市东丽区旅游嘉年华启动仪式”在天津欢乐谷主题公园隆重举行。活动期间举办了三地旅游资源、旅游产品推介会，进行了广泛的交流与沟通，达成合作意向60余个，昌平的温泉养生和名胜古迹、军事体验、乡村美食、婚庆旅游等特色旅游资源、旅游产品深受天津、唐山业内人士和广大天津市民的青睐。4月28日为期两天的“迎世园，游唐山”旅游推介交流大会在唐山市举行。

（姚瑶）

【“泉城热恋”单身联谊闪亮登场】 5月9日，由区旅游委主办，中关村科技园区昌平园、北京未来科技城协办，以“泉城热恋——让我们恋爱结婚吧”为主题，作为第十二届温泉文化节重要活动之一的“泉城热恋”单身联谊活动在红栌山庄温泉酒店隆重举行。活动以婚纱秀、模特走秀开场，魔术表演活跃现场氛围，由160名青年男女参与的互动游戏把活动引向高潮，最后通过“自由约会”，7对青年男女成功牵手，并荣获了“昌平旅游大礼包”。为助推旅游企业转型升级，打造“浪漫缘泉”昌平婚庆旅游服务品牌，区旅游委已陆续推出了静之湖教堂婚礼、拉斐特城堡婚礼、温都水城中式婚礼和红栌山庄温泉婚礼等15家温泉特色婚庆服务企业，并取得了较好经济和社会效益。

（张利娜）

【参加“中国旅游日”宣传咨询活动】 5月19日，区旅游委组织参加市旅游委在陶然亭公园举办的“中国旅游日”宣传咨询活动，向广大市民发放昌平旅游宣传品3000余份，接待来往咨询者300余人，昌平旅游资源和特色旅游产品深受市民喜爱。

（张月婷）

【“绚一夏”系列旅游活动接衔登场】 5月29日，第十二届小汤山温泉文化节闭幕式暨第七届金隅蟒山森林啤酒节开幕式在蟒山国家森林公园举行。副区长贺军、区旅游委、金隅集团、9个旅游镇领导和旅游企业代表、媒体记者及市民近300人参加本次活动。在宣布温泉节落幕的同时，以“爱上昌平·绚一夏”为主题的“胜利绽放—纪念中国人民抗日战争暨世界反法西斯胜利70周年”、“第七届金隅蟒山森林啤酒节”及“清凉不插电，漫游山野间”户外健身休闲等夏季系列旅游活动接衔登场。首先亮相的是已成功举办六届的“第七届金隅蟒山森林啤酒节”，本届啤酒节历时3个月，以“蟒山公园消夏夜，醉美森林啤酒节“为主题，陆续酒王争霸赛、足球射门挑战赛等系列活动，为广大市民朋友编织一个”欢乐、舒适、健康、浪漫“的夏季休闲娱乐好去处。

（郭嵬）

【“村MALL游购季”活动贴近市民、服务百姓】 5月，作为第十二届温泉文化节重要活动之一的“村MALL游购季”活动历时一个月，以贴近市民、服务百姓为宗旨，自1日开始“走进蟹岛”北京梦想车展，又先后造访了东城海运仓社区、石景山远洋山水社区、海淀知西社区、昌平龙泽苑社区四大社区居民。活动中，以宣传展板和实物展卖等形式充分宣传展示昌平丰富的旅游资源和特色旅游产品，以游戏互动、旅游攻略撰写等有奖体验活动，加深市民对昌平旅游的了解和认知，博得了广大市民的喜爱。

（李苗）

【“首届‘端午’登山赛”举办】 6月21日，北京后花园景区举办“绿色休闲·爱国感恩·迎端午”首届登山健身赛，来自社会各界的登山爱好者300余人参加了比赛，6名男女参赛者分获一、二、三等奖，30余家媒体记者为此次活动进行了赛前和赛后的宣传报道工作，区旅游委积极督促旅游企业做好赛事的安全保障工作。

（李晓雪）

【“旅博会”展位设计获《最佳创意奖》】 6月26日至28日，“2015北京国际旅游博览会”在北京国家会议中心举行。区旅游委精心策划装饰的90平方米展区，以“爱上昌平·绚一夏”品牌为主题，充分展示“胜利绽放－纪念中国人民抗日战争暨世界反法西斯胜利70周年、胜利绽放－军事拓展夏令营、蟒山森林啤酒节、清凉不插电、漫游山野间”等清凉消夏系列旅游活动。昌平展区倍受市民和游客关注，3天展期共接待咨询者2000余人，发放宣传品3万余份，赠送昌平景区一卡通1000张，展位制作以其新颖独特、产品丰富多彩荣获组委会《最佳创意奖》。

（张月婷）

【第五届“爱上昌平”军事拓展夏令营开营】 7月6日，由区旅游委、区教委共同主办的“践行中国梦，少年当自强”——“第五届‘爱上昌平’·军事拓展夏令营”活动在新城滨河森林公园开营，来自全区中小学校的70名优秀学生走进军营成为首批新兵。为期四天夏令营活动，通过拓展训练、农事体验等系列军事体验活动，并结合纪念抗战胜利70周年观展和自编自演抗战英雄故事，培养孩子们的认知能力、人际沟通能力、坚强的意志和爱国、爱家乡的热情。

（杨波）

【“善行者”徒步活动协调会召开】 7月21日，区政府召开2015年第二届“善行者”大型公益徒步活动安全服务保障工作协调会议，副区长贺军及30余家相关职能部门参加了会议，由中国扶贫基金会和区人民政府共同发起的大型户外公益徒步活动暨2015年第二届“善行者”徒步活动将于9月12日、13日在昌平区举行。活动路线分为50公里路段和100公里路段。

（李晓雪）

【“兰州国际旅游博览会”·“昌平旅游”引关注】 7月28日至31日，“2015第五届中国·兰州黄河文化旅游节暨中国·兰州国际旅游博览会”在甘肃国际会展中心隆重举行。展会上，设立丝绸之路经济合作国际城市展区，区旅游委组团参展，并参加了一系列旅游文化推介活动。期间共发放宣传品2万余份，接待咨询者3000余人，其中通过扫瞄二维码送礼品活动增加微博微信粉丝500余人。

（孟薇）

【“枣文化节”拉开序幕】 9月8日，由区旅游委、流村镇政府共同举办的昌平区“枣文化节”在流村镇漆园村小枣采摘基地开幕。副区长贺军、李志杰及相关职能部门领导参加了开幕式。“枣文化节”活动历时一个月，流村镇西峰山、漆园、王峪村的290家小枣采摘园以及小枣文化园、百米长廊等休闲娱乐设施和“打枣”擂台、爸妈记忆中的北京味儿、“枣王”选拔赛、私家车自驾采摘游等系列体验活动将为市民感受乡土乡情，享受健康瞬间提供一个恰当的好去处。

（李国辉）

【组织企业参加“唐山旅游企业对接洽谈会”】 9月16日至17日，“迎世园、游唐山”—“唐山旅游企业对接洽谈会”在唐山香格里拉大饭店举行。区旅游委副主任沈玉江带队参加此次活动，两天活动一是听取旅游产业发展论坛；二是与周边省市旅游局、旅游企业就当前旅游业发展趋势和前景进行座谈；三是参加唐山陶瓷博览会开幕式，并参观考察清东陵、地震遗址纪念公园、开滦国家矿山公园和启新1889文化创意产业园等A级旅游景区。

（郭嵬）

【组织企业参加“京津冀红色旅游展”】 9月20日至23日，区旅游委组织中国航空博物馆、中国北方国际射击场、北京后花园等旅游企业参加在卢沟桥广场举行的“2015首届京津冀红色旅游展暨金秋旅游推介活动”。活动中共发放宣传品万余份，接待咨询者2000余人，昌平旅游展区博得天津、河北与会者的广泛关注。

（郭嵬）

【“走进金色的昌平”自驾游活动落幕】 10月18日、25日，作为“第十二届苹果文化节”旅游板块重要活动之一的“走进金色的昌平”自驾游活动如期举行。本次活动由区旅游委主办，北京晨报、腾讯大燕网、京华时报、自驾游杂志联合承办的，共有200余位旅游爱好者和摄影爱好者一起走进金色的昌平，体验量身定制四条旅游线路，感受昌平金秋的别样魅力。

（宋志轶）

【“苹果主题嘉年华”开幕】 10月24日，“昌平第十二届苹果文化节”在昌平苹果主题公园开幕，作为“苹果文化节“旅游板块重要活动之一的“苹果主题嘉年华”活动登场，首个周末迎来游客万余人。本次活动共设三个区域：主舞台区、百花湖区、儿童游乐园，分别安排了竞技类游戏项目、体验类动手项目和儿童游乐设施。以苹果为主题，充分挖掘它的趣味性、功能性，让游客充分参与的同时，了解昌平苹果的独特魅力。

（杨波）

【15家微信公众号“爱上昌平”】 10月26日，在“昌平文化苹果节”举办之际，区旅游委与京华时报、北京青年报、法制晚报、腾讯网、北京旅游网、旅游直通车、京津冀旅游年票、周末去哪儿玩、北京昌平、南口记忆等15家微信公众号在昌平苹果主题公园签订了《旅游新媒体联盟倡议书》，宣布成立“昌平旅游新媒体联盟”，承诺在昌平四季系列活动中，发挥各自宣传推广优势，吸引市民参与其中，促昌平旅游资源、旅游产品信息步入快速、高效的传播渠道。

（杨波）

【“爱上昌平”旅游品牌在国际旅交会引关注】 11月13日至15日，“2015中国国际旅游交易会”在云南昆明滇池国际会展中心举行。区旅游委组织十三陵特区办事处、龙城丽宫国际酒店、中国北方国际射击场等10余家旅游企业参加了此次国际旅交会，参与了展示、推广、交流、洽谈等活动。市旅游委主任宋宇在昌平旅游展区接受北京电视台记者采访，详细介绍了北京旅游的新发展宣传，宣传推介北京旅游特色新产品。

（崔峥）

【美丽昌平引爆深圳热情】 12月4日，“2015第二届中国（深圳）国际旅游博览会”在深圳会展中心隆重开幕。区旅游委组织中国北方国际射击场、中国航空博物馆、龙脉温泉度假村等热点旅游企业参加了展会。“爱上昌平”展区以雪白的冬季为主色调，加上空间内点缀的温泉、滑雪、草莓采摘等昌平冬季旅游特色资源图片，格外吸引业内人士和深圳市民的关注，展会现场，不仅带来了《昌平旅游手绘地图》、《昌平导游手册》等旅游宣传品，还特为粤港澳地区游客，量身设计制作了《北京昌平自由行攻略》宣传手册，深圳电视台、南方都市报、深圳特区报、新浪网等媒体约定对昌平旅游现状和发展进行了现场采访。

（杨波）

【参加“京冀晋陕”高铁城市联盟大会】 12月21日至23日，2015“京冀晋陕”高铁旅游城市联盟大会在山西省阳泉市举行。区旅游委组织相关部门参加了此次活动。活动内容包括总结推介大会、四地旅游资源洽谈交流融合及考察调研项目。三天活动积极融洽实效，既增加了相互友谊与了解、达成有效的共识，又有利于协同发展，实现双赢。

（郭嵬）

十三陵特区

【概　况】 2015年，昌平区十三陵特区办事处（简称“十三陵特区”），在区委、区政府的正确领导下，立足实际，深入贯彻党的十八大、十八届三中、四中、五中全会精神，扎实开展“三严三实”主题教育活动，不断加强作风建设，正确处理改革、发展与稳定的关系，统筹文物保护和旅游经济协调发展，抓住5A景区整改契机，积极促进旅游设施和管理服务能力全面提升，努力打造一流的历史文化景区。

（张大刚）

单位名称：昌平区十三陵特区办事处
地址：昌平区十三陵定陵
电话：（010）60761422
邮政编码：102213

【参加市旅游咨询服务知识竞赛获佳绩】 1月14日、15日，市旅游委举办全市旅游咨询服务知识竞赛，十三陵特区选派齐晶晶、李梅、刘培代表昌平区参加了竞赛活动，并获得第一名。

（聂蕊　陈辉）

【明十三陵与居庸关长城微信公众号推出】 3月，十三陵特区推出明十三陵与居庸关长城微信公众号，以图文并茂的形式展现明十三陵与居庸关长城历史文化及景区活动。

（杜霞　陈辉）

【接待冈比亚环境部部长】 4月1日，冈比亚环境部部长兼气候特使贾尔朱一行5人到居庸关长城参观游览。

（刘丽莉　陈辉）

【研发纪念品投入市场】 5月1日，十三陵特区商业中心研发的十三陵纪念币在长陵、定陵博物馆面向广大中外游客推出，同时，自动售卖机设备开始投入运营。

（田立恒　陈辉）

【“5.18”国际博物馆日宣传活动开展】 5月18日，在第39个国际博物馆日，十三陵特区按照市文物局统一部署，制作宣传横幅，在各景区设置黑板报和咨询台，义务为游客答疑解惑，免费向游客发放宣传资料，对“5.18国际博物馆日”进行宣传。

（林雪楠　陈辉）

【接待美国硅谷市长及企业代表团】 5月21日，美国硅谷市长及企业代表团一行20人到居庸关长城参观游览。

（刘丽莉　陈辉）

【龙祥汽修中心实行内部承包改革】 5月底，十三陵特区对龙祥汽修中心实行了内部承包经营改革，并对在编正式职工等内部人员实施了分流安置。通过成立领导小组统筹妥善推进承包改革，法律顾问全程参与方案起草和实施。

（张大刚　陈辉）

【接待美国马里兰州州长代表团】 6月3日，美国马里兰州州长代表团一行18人到居庸关长城参观游览。

（刘丽莉　陈辉）

【“1039慧旅行”发现北京美食走进明十三陵】 6月13日，北京交通广播和十三陵特区共同举办的“1039慧旅行”走进明十三陵活动在明十三陵长陵举行，热心听众30余人在此观明朝祭祀祈福，感受昔日皇家礼仪文化盛景。

（杜霞　陈辉）

【端午佳节‘粽’情景区】 6月20日，十三陵特区在长陵、定陵、昭陵、神路、居庸关景区推出了“赏祭祀表演、品糯米香粽”、“香粽DIY活动”、“端午佳节‘粽’情居庸”等一系列端午节庆活动。

（聂蕊　陈辉）

【接待格鲁吉亚党代表团】 6月26日，格鲁吉亚党代表团一行7人到居庸关长城参观游览。

（刘丽莉　陈辉）

【取消景区参观优待券】 7月1日起，十三陵特区取消景区参观优待券，公务接待和专项工作需要等凭公函、通知经审批后统一办理，并加强了票务监察。

（侯雅娟　陈辉）

【市纪委领导到“明镜昭廉”调研】 7月2日，市纪委副书记王海平在区纪委书记张晓兰、区纪委副书记翁民、十三陵特区纪委书记包卫东等陪同下，到“明镜昭廉”明代反贪尚廉历史文化园进行调研，并对廉政文化园以史为鉴，为反腐倡廉教育搭建平台所取得的深远意义予以充分肯定和赞扬。

（李晨朝　陈辉）

【昭陵明楼抢险修缮工程开工】 7月15日，明十三陵昭陵明楼抢险修缮工程正式开工。工程修缮面积310平方米，投资176万元。本次修缮主要为现状抢险，局部重点修缮、修复，排除安全隐患，展示原有文物建筑的历史风貌，使文物建筑的历史风貌得以延续。工程由市文物建筑保护设计所设计；明十三陵古建维修中心施工；北京方亭工程监理有限公司监理。

（蔡彦　陈辉）

【“明镜昭廉”被授予首批中央国家机关廉政教育基地】 7月16日，十三陵特区“明镜昭廉”明代反贪尚廉历史文化园被中央国家机关工委授予首批中央国家机关廉政教育基地。授牌仪式在昭陵景区“明镜昭廉”明代反贪尚廉历史文化园举行。中央国家机关工委常务副书记李智勇，副书记邵旭军、姚志平，工委委员、办公室主任常大光，工委委员、宣传部长刘涛，市纪委副书记、监察局局长王海平，区委书记侯君舒，区委常委、纪委书记张晓兰等领导出席授牌仪式。十三陵特区党委书记王建成代表“明镜昭廉”历史文化园接受中央国家机关工委授牌。

（李晨朝　陈辉）

【著名摄影家十三陵采风】 7月24日，中国网组织国内著名摄影家赴明十三陵采风，世界遗产影像学专家梅生带队，对明十三陵陵寝建筑和周边自然风光进行了深入的拍摄创作。

（杜霞　陈辉）

【居庸关国计坊、迎恩坊及旌善亭修缮工程开工】 7月28日，居庸关国计坊、迎恩坊及旌善亭修缮工程正式开工。工程修缮面积327平方米，投资169万元，主要是对劈裂、腐朽的木构件进行修缮加固，排除安全隐患；对屋顶进行揭瓦，更换糟朽木基层，补配破损、缺失瓦件；对油饰彩画进行修缮。工程由市文物建筑保护设计所设计；明十三陵古建维修中心施工；北京方亭工程监理有限公司监理。

（蔡彦　陈辉）

【纪念抗战胜利70周年摄影展在居庸关长城举办】 8月10日至22日，由中国摄影家协会和中国文联组织的纪念中国人民抗日战争暨世界反法西斯战争胜利70周年主题摄影展在居庸关长城举办。

（杜霞　陈辉）

【接待多哥国民议会议长一行】 8月24日，多哥国民议会议长一行4人到居庸关长城参观游览。

（刘丽莉　陈辉）

【《明代清官故事》（上、下）连环画出版】 8月，明代帝陵研究会积极促成《明代清官故事》（上、下）连环画出版。

（刘少华　陈辉）

【《南口1937》在居庸关长城开镜】 9月8日，抗战题材影片《南口一九三七》开机仪式在居庸关长城举行。该片把以昌平南口地区为主战场的“南口战役”首次搬上大荧幕，由中国电影家协会、区委宣传部等单位联合摄制。

（杜霞　陈辉）

【“善行者”公益徒步行走活动在居庸关长城举办】 9月12日，由中国扶贫基金会、区人民政府联合主办的2015善行者公益徒步活动在居庸关长城脚下启动。来自全国的约3400名善行者登上了居庸关长城。

（杜霞　陈辉）

【接待哥斯达黎加立法大会主席一行】 9月21日，哥斯达黎加立法大会主席一行到居庸关长城参观游览。

（刘丽莉 陈辉）

【抗战胜利70周年公益演出举行】 9月21日，纪念中国人民抗日战争暨世界反法西斯战争胜利70周年抗战纪实史诗公益演出活动在居庸关长城举行。

（杜霞 陈辉）

【居庸关电力提升改造项目开工】 9月，居庸关电力提升改造项目开工。该项工程列入昌平区2015年固定资产投资支撑项目，区政府投资2593.94万元，主要对居庸关长城及相关建筑进行景观照明和配电设施设备提升改造，对电缆进行更换。施工单位为北京市京电博源供用电工程安装有限公司，预计2016年1月竣工。

（黄英明 陈辉）

【《明史专家说明史》简装版出版】 9月，《明史专家说明史》简装版出版。

（王丽梅）

【明十三陵景区被国家旅游局通报警告】 10月9日，国家旅游局在京召开新闻发布会，通报了近期5A级景区核查情况。河北省秦皇岛市山海关景区被取消5A级资质，北京市明十三陵景区等6家5A级景区给予严重警告，并公开通报，给予6个月时间整改。

（侯雅娟 陈辉）

【环境秩序综合整治部署会召开】 10月12日，副区长贺军牵头召开十三陵景区及周边旅游环境秩序综合整治部署会。

（侯雅娟 陈辉）

【5A整改专题会召开】 10月10日和12日，十三陵特区分别召开了由各景区、机关各科室和协作单位参加的整改工作专题会，全面安排部署整改提升工作。

（侯雅娟 陈辉）

【8部门景区联合执法】 10月13日，区旅游委、工商、发改委和十三陵特区等8部门联合执法，对十三陵景区外围商贩存在的强买强卖、欺诈经营、尾随兜售等问题进行了集中整治。

（侯雅娟 陈辉）

【接待塞浦路斯总统一行】 10月16日，塞浦路斯总统尼克斯·阿纳斯塔西亚迪斯一行到居庸关长城参观游览。

（刘丽莉 陈辉）

【接待德国巴登符滕州州长一行】 10月18日，德国巴登符滕州州长克莱切曼一行到居庸关长城参观游览。

（刘丽莉 陈辉）

【市文物局领导调研特区文物工作】 10月22日，市文物局副局长向德春一行到十三陵特区调研文物工作。特区主任方桂堂、副主任王红宇等陪同座谈。市文物局领导对特区的文物工作给予了充分的肯定。

（王丽梅 陈辉）

【区领导带队督察景区整改工作】 10月23日，副区长贺军再次来到十三陵各景区，带队检查，督促各项整改工作落实。

（侯雅娟 陈辉）

【区长一行督察景区整改工作】 10月26日，由区长张燕友、副区长贺军带队，对十三陵景区、十三陵镇大宫门村周边农家院及金肆维旅游商店等周边环境秩序进行了重点检查，并召开了现场工作会。

（侯雅娟 陈辉）

【市旅游委主任督察景区整改工作】 10月28日，市旅游委主任宋宇到十三陵景区调研督查景区5A整改工作。

（侯雅娟 陈辉）

【5A整改媒体见面会召开】 10月30日，十三陵特区召开媒体见面会，主任方桂堂向媒体通报了十三陵特区5A整改工作基本情况。

（侯雅娟 陈辉）

【长陵、定陵、昭陵、神路电力提升改造项目开工】 10月，长陵、定陵、昭陵、神路电力提升改造项目开工。该项目由区政府投资3572万元，是昌平区2015年固定资产投资支撑项目，主要对配电设施设备进行提升改造，对电缆进行更换。施工单位为北京诚信能环科技有限公司，预计2016年1月竣工。

（黄英明　陈辉）

【第二次党代会召开】 11月3日，中共北京市昌平区十三陵特区办事处第二次代表大会在居庸关长城古客栈召开。与会代表104人听取了党委书记王建成题为《克服困难迎难而上，全面提升建设一流的历史文化景区》的工作报告。会议分别选举产生了中共十三陵特区办事处第二届党委委员会和纪律检查委员会。在党委和纪委第一次全体会议上，等额选举王建成为十三陵特区党委书记，方桂堂、刘长德、海英（女，回族）为党委副书记；选举包卫东为纪委书记，李晨朝为纪委副书记。

（王燕　陈辉）

【旅游委委员督察景区整改工作】 11月6日，市旅游委委员赵广朝一行到十三陵景区调研、督察景区5A整改工作。

（侯雅娟　陈辉）

【明十三陵文物移库搬家工作基本完成】 11月10日，明十三陵文物移库搬家工作基本完成。此次文物搬家工作于3月27日正式启动，历时七个多月，共搬运藏品5000余件。

（宋磊　陈辉）

【聘请专业公司指导整改工作】 11月16日，十三陵特区决定聘请具有5A景区整改工作丰富经验的北京大地风景景区管理有限公司，对景区整改工作全程进行指导；委托中国城建院园林三所，对长陵、定陵旅游环境整治进行深化设计。

（侯雅娟　陈辉）

【接待斯洛伐克副总理一行】 11月25日，斯洛伐克副总理一行10人到定陵参观游览。

（刘丽莉　陈辉）

【新建消防设施工程完工】 11月30日，献陵、裕陵、泰陵、德陵新建消防设施工程竣工。工程3月16日开工，包括室外消火栓、消防水泵、消防水池、火灾报警、视频火灾报警、消防动力电源、消防水源、泵房和控制系统，总投资2037万元，由北京中奥建工程设计有限公司设计、北京市设备安装工程集团有限公司施工、北京磐石建设监理有限责任公司监理。

（袁江玉　陈辉）

【居庸关南北关城楼修缮工程完工】 11月，居庸关长城南北关城楼修缮工程完工。本次修缮3月开工，主要排除建筑结构安全隐患，并对建筑破损的墙体、地面、瓦面、油饰等进行修缮。修缮面积1057平方米，投资总额1382万元。工程由市文物建筑保护设计所设计；市文物古建工程公司施工；北京方亭工程监理有限公司监理。该项工程被评为北京市文物局2015年度文物保护优质工程。

（袁江玉　陈辉）

【长陵祾恩殿栏板望柱加固工程完工】 11月，长陵祾恩殿栏板望柱加固保护工程完工。本次修缮6月开工，主要排除北侧月台歪闪、塌陷台帮，加固地基；修缮栏板、望柱，加固松动栏板、望柱；全面恢复月台地面铺装；工程修缮面积4772平方米，投资总额482万元。由市文物建筑保护设计所设计，市文物古建工程公司施工，北京方亭工程监理有限公司监理。

（袁江玉　陈辉）

【副市长一行督察景区整改工作】 12月16日，副市长程红、市旅游委主任宋宇、赵广朝委员，市发改委、市公安局治安总队、市交通委、市工商局、市城管执法局等领导到明十三陵景区督察5A整改工作，并召开旅游环境秩序整治专题会。

（侯雅娟　陈辉）

【区领导督察景区整改工作】 12月16日，区委书记侯君舒、区长张燕友等领导到明十三陵景区督察景区5A整改工作。

（侯雅娟　陈辉）

【接待金井区议会代表团一行】 12月23日，韩国釜山市金井区议会代表团一行17人到定陵、长陵和居庸关长城参观游览。

（吕长城　陈辉）

【《明十三陵志》修改完成复审稿】 12月底，明代帝陵研究会根据专家意见修改完成了《明十三陵志》复审稿。

（刘少华　陈辉）

【“三严三实”专题教育活动开展】 年内，

根据区委要求，十三陵特区成立了“三严三实”专题教育工作协调小组，制定了工作方案及学习研讨计划。班子成员分别讲了党课，召开了学习交流会，收到了学用结合、学以致用的良好效果。教育活动开展以来，十三陵特区党委切实提高领导干部思想认识，把“三严三实”要求体现到履职尽责、做人做事的方方面面。

（王燕　陈辉）

【可移动文物普查完成登录】　年内，在市文物局的大力支持下，在国家文物局信息中心的帮助下，截至4月25日，特区参与的第一次全国可移动文物普查按照要求顺利完成藏品登录，进入审核阶段。

（宋磊　陈辉）

【基层单位经费管理办法调整】　年内，为进一步推进内部机制改革，十三陵特区党委自7月1日起调整了基层单位经费管理办法，除工资、保险之外的人员经费和办公经费包干使用。新办法调动了一线干部职工工作的积极性、主动性和创造性，提高了工作效率。

（侯雅娟　陈辉）

科技·教育·文化·卫生·体育

科　　技

【概　况】 2015年，昌平区科学技术委员会（简称“区科委”）在区委、区政府的正确领导下，以贯彻落实科学发展观为重要指导思想，以提高全民的科学素养为出发点和立足点，以不断提升科技服务能力为主线，不断整合资源，鼓励创新，完善政策体系，认真践行“三严三实”专题教育活动，积极融入京津冀协同发展大局，不断提高科技创新对昌平经济社会发展的支撑作用。

（白俊英）

单位名称：昌平区科学技术委员会
地址：城北街道东关二条1号
电话：（010）69700663
邮编：102200

【油莎豆制生物燃油示范基地落户昌平】 1月17日，油莎豆制生物燃油示范基地签约仪式在区科委会议室成功举行，这标志着北京市首个油莎豆制新型生物柴油研发科普推广示范基地正式落户昌平区。

（白俊英）

【生物质能源调研】 2月4日，区科委主任李万佰带领中国石油大学新能源研究院、北京鑫科创油莎豆科技发展有限公司、军蓝集团等科研单位到中石化炼化工程（集团）股份有限公司现场对接洽谈油莎豆产业项目。

（白俊英）

【油莎豆昌平科技研发中心】 2月16日，区科委主任李万佰一行到北京市鑫科创油莎豆科技发展有限公司，为鑫科创“昌平科技研发中心”揭牌。发展油莎豆事业，对新能源、新农业、环保治理、生态保护、人体健康等都有积极的作用。

（白俊英）

【区科技企业孵化联合会调研乐邦乐成】 3月20日，昌平区科技企业孵化联合会调研乐邦乐成。区政协副主席、区科委副主任李雪红主持活动，乐邦乐成CEO乔继昌介绍乐邦乐成孵化器的建设运营，企业代表和创客分享创业经验，区孵化器联合会会长郑宝林就孵化器发展趋势做了分析。

（白俊英）

【循环农业课题通过验收】 3月26日，《昌平区循环农业技术集成应用科技示范工程》课题顺利通过验收。通过两年实施取得成效：一是改造老旧温室，引进先进技术，开展集成展示，提高原有设施利用率；二是对损耗较大的土豆、洋葱、生菜等产品开发土豆醋、洋葱醋、生菜汁饮料，提高蔬菜废弃物利用率；三是在北京农学院采用网箱立体繁殖蚯蚓的技术，用于蚓激酶提取；开展太阳能沼气池补温技术，提高冬季沼气产气能力；四是在小汤山特菜大观园和北京农学院大学科技园建设循环农业示范基地，培训农户1570人次，技术骨干23名。

（白俊英）

【国家火炬计划申报工作启动】 4月3日，国家火炬计划申报工作正式启动，按照市科委申报工作整体要求，区科委共推荐项目17个，涉及环境保护、生物医药、电子信息、现代制造等多个行业，同时这也是近三年来区科委申报推荐项目数量最多的一年。

（白俊英）

【科技部领导调研油莎豆产业】 4月12日，科技部农村科技司副司长蒋丹平专程调研油莎豆产业发展情况。蒋丹平听取汇报后表示，油莎豆经济效益，营养价值好，对栽培环境条件要求低，可开发产品附加值高，是一种前景广阔的新型油料作物。从研发角度讲，要加强育种、收割机械、深加工和生物燃油产品标准的基础性研究，在这些方面政府都要给予支持。从市场链条来看，成立了全国油莎豆产业联盟，中期要引入中介组织和社会资本，吸引风险投资加速推进产业发展，后期公司要做成上市企业，成长为大型集团公司，促进全国油莎豆相关企业共同发展。

（白俊英）

【调研华北电力大学科技园】 4月13日，区科委调研华北电力大学国家大学科技园。参观华北电力大学重点科研平台——电站设备状态监测与控制教育部重点实验室、新能源电力系统国家重点实验室、生物质发电成套设备国家工程实验室。

（白俊英）

【果树技术培训观摩会召开】 4月20日，区科委召开果树高密植矮化栽培新模式与技术培训观摩会，高级农艺师张文和详细介绍技术，昌平、顺义和平谷30余家农业企业及果树种植农户参会交流。

（白俊英）

【年度北京市科学技术奖励申报】 5月5日，按照市科委奖励办要求，区科委共推荐13项成果申报2015年度北京市科学技术奖励。此次申报包括中国华能集团清洁能源技术研究院有限公司在内的未来科技城入驻企业申报数量大幅提升，占总申报数量的50%，体现了未来科技城在功能定位中的核心地位。

（白俊英）

【市领导调研油莎豆产业】 5月21日，市科委农村科技发展处副处长马金旺、项目主管工程师王菲、市发改委节能环保中心焦江波专程来昌平调研生物燃油及油莎豆产业发展情况。区政协副主席、区科委主任李雪红，区科委党组书记李万佰以及中国石油大学、军蓝集团和相关企业负责人陪同调研。

（白俊英）

【华北电力大学科技园培训会】 5月22日，华北电力大学国家大学科技园面向园区企业举办中关村高新技术企业认定培训及现场办公会，园区40余家企业代表参加培训。

（白俊英）

【组织项目专家论证会】 5月26日，区科委对申报2016年北京市财政专项的“昌平龙母庄科普教育示范基地二期项目”、“国家农业科技城昌平园科普教育基地建设”等项目进行专家论证。专家组一致认为，项目立项依据充分，内容设置合理，技术方案可行，经费预算合理，建议予以立项，尽快实施。

（白俊英）

【北京电影学院科技园承办国际性论坛】 5月27日，由国家发改委和文化部主办的“2015首届国际文化产业投资洽谈会”在北京国家会议中心拉开大幕。“国际影视文化产业发展与投融资论坛”作为洽谈会主题论坛在其间召开，论坛由北京电影学院和中国城市文化产业发展联盟主办，北京电影学院影视文化产业创新园承办。

（白俊英）

【企业与地方创新产业对接会】 6月4日，区科委主任李雪红组织国家科技部农村中心副处长胡春华、科技部赴河北魏县挂职干部韩红旗、魏县科技局与商务局领导以及神雾公司负责人一同座谈，为昌平神雾公司的发展和河北魏县的创新产业相互对接、共谋发展深入交换意见，助力京津冀协同发展。

（白俊英）

【落实区领导批示工作】 6月5日，区科委积极落实区委、区政府领导对北京信息（综合快报）中“市科委部署电子信息与装备制造科技创新工作”内容的批示。区科委领会市科委相关部署，并会同科技园区和区经信委共同推进昌平相关工作。

（白俊英）

【东华原孵化器项目启动】 6月11日，“北京东华原生物信息科技孵化器”项目在中关村科技园区昌平园正式启动。东华原作为昌平区大健康产业联盟的重要组成部分，其生物信息科技孵化器的启动，符合“大众创业，万众创新”的时代要求，其健康体检设备及健康小屋项目也符合“互联网+”的发展趋势，孵化器的启动对昌平区大健康产业联盟的发展将起到推进作用。

（白俊英）

【调研北京化工大学昌平新校区】 6月15日，区科委书记李万佰到北京化工大学昌平新校区调研，了解新校区建设情况及需解决问题，北京化工大学新校区位于昌平区南口镇东北部马鞍山地块，规划总占地面积130公顷。

（白俊英）

【市科委主任赴昌调研】 6月26日，市科委主任闫傲霜赴来昌平“三一集团·北京南口产业园”进行调研，参观了产业园重能1号、2号厂房，详细了解风力发电、能源装备、超高层消防等产品新技术研发应用的最新情况。

（白俊英）

【科技企业融资上市服务会】 6月至7月，区科委与厚德九九（北京）投资基金管理有限公司、杭州银行北京昌平支行、渤海银行北京分行签订的战略合作框架协议，分三次召开昌平区重点科技企业融资上市服务会，区科委李万佰书记出席会议并作重要讲话。区科委召开企业上市融资推动会，旨在帮助企业提高竞争优势和竞争实力，引导和鼓励企业通过上市融资谋求更大的发展，实现资源要素优化配置，增强企业发展潜力和后劲。共有100家昌平区重点科技企业参加会议。

（白俊英）

【张显川同志事迹座谈会召开】 7月6日，为弘扬张显川同志生前事迹，区委宣传部、区老干部局和区科委联合主办张显川同志生平事迹座谈会。科技部农村处、山东省泰安市科技信息协会、区林业局和三家主办单位领导、专家，张显川同志生前的同事、家属等20余人参加座谈会。

（白俊英）

【年度北京市科技奖初审名单】 7月24日，市奖励办公布了通过2015年度北京市科技奖励初审的成果名单，由区科委推荐的包括“线聚光直接蒸汽式太阳能热发电装置研制”、“锅炉低NOx燃烧控制与优化运行关键技术的研究及应用”、“能量功率兼顾型锂离子动力电池系统的开发与应用技术”、“发电厂烟气二氧化碳捕集技术研发与应用”、“一种治疗咳嗽变异型哮喘类疾病的中药新药研究开发与临床应用”、“煎药室智能控制系统开发及应用”6项成果通过市科技奖励初审，这也是近年来由区科委推荐并通过初审数量最多的一年，在各区县科委推荐的成果通过初审数量中排名第二。

（白俊英）

【市科委重大办赴昌调研】 8月6日，北京科技协作中心副主任兼市科委重大办主任徐琤一行10人到昌平开展调研，区科委主任李雪红、副主任张卫军等参加调研会。就回龙观众创空间促进就地就业创业、未来科技城及大学科技园入驻企业、全区能源企业转型升级等情况展开讨论。

（白俊英）

【军民共建参观高新技术企业】 8月11日，区科委与驻昌某部队开展军民共建活动，赴两家国家高新技术企业参观学习。在北京泰宁科创雨水利用技术股份有限公司展示基地，深入学习习总书记关于“加强海绵城市建设”的讲话精神和雨水回收利用方式。在北方天途航空技术发展（北京）有限公司，参观民用无人机研发、装配、展示，探索高科技在无人机领域的应用前景。通过此次军民共建活动，纪念中国人民抗日战争暨世界反法西斯战争胜利七十周年，助力科技创新中心建设。

（白俊英）

【推荐项目获市科技经费支持】 9月15日，由昌平区推荐的“具有复合光学曲面的人工晶体的研制”绿色通道项目通过市科委和市财政局的联合财政评审，该课题成功获得500万元的科技经费支持。

（白俊英）

【大闸蟹科普惠民活动】 9月21日，由区科委联合东营市海洋与渔业局举办的第二届“喜迎国庆，科技惠民—昌平大闸蟹暨黄河口名优水产品大型科普惠民活动”，在昌平区龙母庄和秀水渔村成功举办。经过4年多的大闸蟹池塘循环水养殖模式试验和精心培育，昌平区解决了大闸蟹北方越冬及幼体繁育等关键性技术难题，育苗和养殖都取得成功，市民们可以吃上安全、放心、味美、价廉的本地产大闸蟹。

（白俊英）

【科技创新支持政策资金拨付】 10月12日，区科委在区体育馆召开“北京市昌平区科技创新支持政策2014年第二批资金拨付会”，本次科技创新政策支持200个项目，支持资金达到3568.3730万元。本次项目申报呈现出项目数量多、质量高、产业领域广泛的特点，其中生物医药、能源环保、装备制造、新材料等领域占所有申报项目80%以上。

（白俊英）

【区领导视察宏福科技园】 10月14日，区委常委、副区长苏贵光，区人大副主任杨国昌、郑国柱带领部分人大代表视察宏福科技园。宏福科技园目前面积6万平方米，其中宏福孵化器3万平方米，已取得国家级科技企业孵化器、北京市第一批小企业创业基地、中关村创业投资风险补贴合作伙伴、北京市众创联盟成员等相关认定。

（白俊英）

【京鲁合作】 10月23日至26日，区科委带领相关科技企业受邀参加第五届黄河三角洲（中国·垦利）国际生态农业博览会，并开展北京山东垦利油莎豆科技产业惠民工程示范园合作项目洽谈、对接及现代农业高层研讨。科技部农村科技司副司长蒋丹平受邀，赴垦利县指导科技项目建设。

（白俊英）

【精准扶贫】 12月16日，河南省兰考县科工信委副主任付武魁协同相关部门来昌平区进行考察并洽谈“精准扶贫工程”及油莎豆种植和深加工项目合作事宜。区科委李万佰陪同考察团一行参观考察北京鑫科创油莎豆科技发展有限公司。

（白俊英）

【昌平农业企业亮相农博会】 年内，昌平区农业企业亮相“2015赤峰·中国北方农业科技成果博览会暨全国农高会新丝绸之路创新品牌展示交易会”。北京鑫科创油莎豆科技发展有限公司和北京谷氏獭兔养殖专业合作社代表参加了市科委联合内蒙科技厅、赤峰市政府组织召开的京蒙（赤峰）科技合作洽谈会。

（白俊英）

【赴中关村创业大街学习】 年内，区科委组织辖区内大学科技园、科技企业孵化器负责人两次走进中关村创业大街，深入3W咖啡等一些创新型孵化器，感受“大众创业万众创新”的氛围，学习交流“众创空间”的运行模式及一些科技服务机构对创业者的服务理念和做法。

（白俊英）

【油莎豆酒酿制成功】 年内，随着油莎豆酒的酿制成功，鑫科创在油莎豆综合利用、提升产业链综合价值方面进入实质性阶段。鑫科创继续研发油莎豆制生物燃油、高端保健食用油、结冷胶等高附加值产品，逐步推向市场。

（白俊英）

【各项任务指标完成情况】 年内，完成折子工程6项，办理人大代表建议和提案4项，完成为民办实事1项。全年共登记技术合同1586份，完成技术合同额63.5亿元。全区国家级高新技术企业达610家。

（白俊英）

【科技政策执行情况】 年内，共受理《昌平区科技创新支持政策》339个项目，拟支持资金8797.7413万元，其中申报《昌平区产业转型升级政策》资金158.2万元，申报《昌平区科技创新支持政策》资金 8639.5413 万元。兑现 2014 年第二批科技创新政策资金 3568 万元。

（白俊英）

【创新工作方法】 年内，全面提升科技项目管理水平，一是精研政策，做到“两个结合”，即项目申报与科技项目支持方向相结合、与区重点工作相结合；二是建章立制，完善《昌平区科技项目管理办法》，总体把握项目申报、立项、财评、实施、验收、经费管理、档案归集等环节。三是主动服务，为企业提供政策咨询等一站式服务，创造性地为企业提供财政评审风险评估报告，帮助企业挽回损失 70 余万元。

（白俊英）

【孵化器建设】 年内，区科委备案孵化器企业 26 家，孵化面积 68 万平方米，累计孵化企业 1600 余家。年内，新增科技企业孵化器 4 家，新培育上市企业 2 家。

（白俊英）

【大学科技园建设】 年内，七个大学科技园共入驻企业 414 家，总注册资金 16.85 亿元，总经营面积 36249 平方米，总就业人数 4418 人。

（白俊英）

【首都科技条件平台昌平站】 年内，吸收成员单位 28 家，开放科技人才 21 位，征集科技需求 42 项，服务企业 60 多家，实现合同金额 804 万元。

（白俊英）

【能源科技产业基地】 年内，落实区政府与市科委签订的《共建北京能源科技产业基地框架协议》。抽调专人联合启动昌平能源科技产业基地摸底调研工作，梳理昌平能源科技企业基础数据，形成《昌平区能源科技产业初步分析报告》、《关于区政府与市科委共同出资促进昌平能源科技产业提质增效的请示》。

（白俊英）

知识产权工作

【概 况】 2015 年，昌平区专利申请量 8822 件，同比上涨 18.3%，（其中发明专利 4072 件，实用新型 3640 件，外观设计 1110 件），全市排名第 5 位；专利授权量 5640 件，同比上涨 21.6%，（其中发明专利 1430 件，实用新型 3308 件，外观设计 902 件），全市排名第 5 位。全区有效发明专利达到 4759 件，全市排名第 6 位。发明专利申请量和授权量的持续增长，表明科技创新的技术含量在不断提高。同时，有效利用专利制度参与国际竞争的意识大幅提高，全区通过《专利合作条约》（PCT）途径提交的国际专利申请为 97 件。

（白俊英）

单位名称：昌平区科学技术委员会
地址：城北街道东关二条 1 号
电话：（010）69700663
邮编：102200

【“3.15”联合专项执法】 3 月 15 日，区知识产权局、工商昌平分局、区文委等部门组织开展专项执法检查活动，重点是北京市第三届农业嘉年华市场内的零售商品以及参展商户。

（白俊英）

【知识产权走进昌平一中】 4 月 1 日，区知识产权局走进昌平一中，开展《青少年创新意识培养与知识产权基础知识》专题讲座。区知识产权局本着“教育一个学生，带动整个家庭，影响整个社会”的传播模式，形成了知识产权教有师资、学有课时、鼓励发明、激励创新的良好知识产权教育氛围。

（白俊英）

【世界知识产权日宣传】 4 月 23 日，区知识产权局围绕“实施知识产权战略，建设知识产权强国”的主题，联合区工商分局、商务委、科委、文委、法院、检察院，在永安广场举办知识产权街头宣传活动。

（白俊英）

【专利信息管理平台】 5 月 5 日，未来科技城专利信息管理平台正式上线运行，该平台是由园区 15 家央企研究院、研发中心和华北电力、中国石油 2 所大学的科技人员，整合资源合力建设完成的。共涉及8个模块32项功能，是集专利导航检索、数据统计分析、专利缴费预警等多种功能于一体的集成化专题数据库系统。

（白俊英）

【知识产权众创空间研讨会】 5月29日，为进一步推动未来科技城创新创业生态环境建设，为园区初创项目提供众创空间知识产权服务，知识产权保护、知识产权运营等一揽子解决方案，举办了知识产权众创空间研讨会。

（白俊英）

【知识产权进高校】 7月28日，区知识产权局与区大学科技园管理办公室共同举办“昌平区企业专利申请与应用培训”。来自昌平区6所高校的大学科技园以及20多家企业共计40人参加了培训。

（白俊英）

【市知识产权局赴昌调研】 8月10日，市知识产权局副局长朱建红一行来到昌平区开展知识产权调研工作，区知识产权局局长王永林汇报工作情况。今后昌平区知识产权工作一是要在做好制度创新、政策引领的同时，狠抓过程控制，将工作重心从单纯的专利创造工作向运用、保护和管理等环节和过程侧重，全方位推进区域知识产权事业的大发展；二是持续性的开展进校园工作，将好的经验向全市各个区县推广应用；三是要加强知识产权宣传教育工作，通过营造良好的保护环境吸引入驻企业，为区域经济发展奠定基础。

（白俊英）

【专利信息平台二期工程建设研讨会召开】 9月15日，区知识产权局联合市知识产权信息中心召开昌平区企业专利信息平台二期工程建设研讨会。

（白俊英）

【质量月宣传工作开展】 9月15日，区知识产权局配合区质量强区工作领导小组办公室关于开展2015年昌平区“质量月”活动的工作安排，协同相关单位于昌平亢山广场开展“质量月”宣传咨询活动。区知识产权局局长王永林带领全局同志在现场发放宣传资料，回答市民提问，向公众讲解知识产权的相关知识。

（白俊英）

【知识产权联盟座谈会召开】 12月4日，区知识产权局召开昌平区建筑材料产业知识产权联盟座谈会。

（白俊英）

【青少年知识产权竞赛举办】 12月23日，由区知识产权局、区教委联合主办的2015年昌平区青少年知识产权竞赛，在兴寿中学拉开序幕。市知识产权局副局长朱建红、市教委基础教育一处副处长王蕤、区知识产权局局长王永林、区教委主任李成旺、市知识产权局宣传教育处副处长李琼芳、区教委副主任苏俊山、兴寿镇中学校长及各学校领导出席大赛。

（白俊英）

【知识产权企业专题培训】 年内，组织10场知识产权专题培训，培训500余人次。开展小微企业、众创空间知识产权专项服务。办理专利费用减缓手续2500余份。

（白俊英）

【专利执法】 年内，落实“北京市打击假冒他人专利和冒充专利行为”行动专项考核指标，清理专利侵权、假冒案源50余件，查处专利违法案件12件，协助5家企业开展知识产权维权工作。完成“第三届北京农业嘉年华”知识产权服务保障工作。

（白俊英）

科普工作

【概　况】 2005年，召开2014年度科普统计工作会，参加四下乡服务活动，召开全区科普联席会暨全民科学素质工作会议，举办“科技周”、“科普行”活动，组织7000名学生走进大学校园、科普基地、高新技术企业开展科普活动。落实10个科普电子视窗、40个科普画廊、20个科普图书室、50处科普宣传一体机安装地点，完成2个科普体验厅建设、2个科普体验厅验收。

（白俊英）

单位名称：昌平区科学技术委员会
地址：城北街道东关二条1号
电话：（010）69700663
邮编：102200

【青少年走进工程院】　1至5月，区科委组织天通苑学校、长陵学校、沙河中学师生共510余人到中国工程院开展“领工程院士风采，观工程科技成就”科技实践活动。

（白俊英）

【科普行进企业】　1月14日，区科委配合市科委、市农村中心组织的科普行进企业暨科技“三下乡”活动，在昌平区天安农业发展有限公司举行。邀请市农科院蔬菜所教授李武做《蔬菜采后贮藏保鲜技术》知识讲座，市科委农村中心现场赠送科普书籍40余册及各类瓜菜种子500袋。

（白俊英）

【科普统计工作会】　4月2日，区科委召开2014年度科普统计工作会，市科普基地、区各委、办、局和各镇（街）、各学校等70多家单位负责科普统计的人员参加会议，传达科技部《关于开展2014年度全国科普统计的通知》精神和市科委科普统计工作的具体要求。

（白俊英）

【第十届青少年科技创新大赛】　4月18日，第十届昌平区青少年科技创新大赛颁奖活动在昌平二中回龙观校区举行。本届大赛由区科协、区教委、区科委、中关村科技园昌平园、中国石油大学理学院和昌平区校外教育协会共同主办，活动持续一年，大赛内容包括发明创造、科学论文、科技实践活动和科学幻想绘画四种形式，分为竞赛项目和展示项目，共吸引全区30多所学校的1000多名学生参加。

（白俊英）

【科普联席会召开】　5月8日，区科普联席会暨全民科学素质工作会议在区科技中心大楼六楼报告厅召开。副区长、区科普联席会议办公室主任、区全民科学素质工作领导小组组长苏贵光出席并讲话。科普联席会副主任、全民科学素质工作领导小组副组长、区政协副主席、科委主任李雪红，科普联席会副主任、全民科学素质工作领导小组副组长科协主席王秋生，全民科学素质工作领导小组办公室主任、科协副主席田野青出席。王秋生主持会议。

（白俊英）

【科普体验厅结题】　5月29日，市科委组织专家召开区城北街道永安社区科普体验厅、回龙观镇回龙观村社区科普体验厅建设结题验收会。专家组经过现场考察、听取项目汇报，进行质询，同意项目结题。

（白俊英）

【科普行进社区】　6月5日，区科委组织“告别白内障、关注眼健康”主题科普活动日走进东关南里社区，为80余位社区居民讲解爱眼常识，提供免费眼科疾病筛查，发放《科技在我身边》等科普书籍100册。爱博诺德（北京）医疗科技有限公司的临床医学专家介绍了最先进的白内障人工晶体技术。

（白俊英）

【青少年科普行】　年内，区科委全面落实《全民科学素质行动计划纲要》和《昌平区十二五时期科学技术普及发展规划》，充分利用全区科普场馆、驻昌高校及高新技术企业的丰富资源，拓展科普的渠道和形式，着力培养青少年科学精神和创新意识，落实区政府为民办实事工程。共组织7000名中小学生走进科技企业、高等院校、科普场馆。

（白俊英）

教　育

教育工作

【概　况】　2015年，昌平区共有幼儿园124所，教学班971个，离园幼儿6077人，入园幼儿9543人，在园幼儿25854人。教职工4682人。全区北京市示范幼儿园6所，北京市一级一类幼儿园28所，二级二类幼儿园19所，市级早教基地12所。年内新建、改扩建8所幼儿园，新增1620个学位。小学53所（公办38所、民办15所）；毕业7264人，招生7918人，在校生53910人。中学53所，毕业8586人（初中5521人、高中3065人），招生7076人（初中5100人、高中1976人），在校生22450人（初中15764人、高中6686人）。特殊教育学校2所（公办1所、民办1所），结业25人，招生25人，在校生80人，开设教学班12个；教职工49人。校外教育单位1个，教职工44人，其中专任教师30人。全区中小学教职工8877人，其中专任教师6994人。中小学教师学历合格率100%，特级教师22人（小学5人、中学17人），高级专业技术职务教师1212人（小学144人、中学1068人）。中小学占地总面积324.0627万平方米，校舍建筑面积128.9183万平方米，图书馆藏书312.5959万册，固定资产总值17.5085亿元。全年教育经费投入26.84亿元，其中国家拨款26.50亿元，自筹经费0.34亿元。昌平区公办职业高中1所，为北京市昌平职业学校。毕业1293人，招生1046人，在校生2776人。教职工341人，其中专任教师213人。学校占地面积16.87万平方米、建筑面积13万平方米。图书馆纸质图书12万册，电子图书2TB。固定资产总值21849万元。昌平区成人教育单位21个，其中，成人教育中心1个，区教委管辖乡镇成人学校20个。教职工41人（不含外聘教师），其中专任教师35人。全年教育经费投入1687万元，其中国拨1460万元，自筹227万元。2015年，学历教育共有专科、本科在校生3365人，新招生896人；农民中专班毕业12个班740人，新招3个班106人。开设社会化考试七大类，累计参加考试人数7492人。开展京津冀一体化农民培训5期共330人。城乡市民教育大讲堂培训在全区20个镇（街）的35个新农村及50个社区累计完成培训16424人次。

（张翠珍）

单位名称：昌平区教育委员会
地址：城北街道南环东路1号
电话：（010）69742570
邮编：102200

【民办幼儿园办园经验交流会召开】 1月20日，区教委在滨河幼儿园组织“民办幼儿园办园经验交流会”。民办园考核优秀的八所幼儿园园长汇报上年各项工作开展情况、亮点工作和办园经验，参观滨河幼儿园室内外环境创设，交流了幼儿园的办园理念和队伍建设等情况。区教委副主任苏俊山提出本次活动为民办园搭建相互学习、交流的平台；希望民办园要依法办园、规范管理、提高质量、打造特色，特别是要形成属于自己的课程资源。区教委领导、民办园园长18人参加会议。

（刘冬梅）

【昌平二中为内高班学生安排丰富多彩的寒假生活】 1月22日至2月26日，昌平二中组织新疆内高班学生开展丰富多彩的寒假生活。主要包括：知识竞赛、趣味体育比赛、歌咏比赛、朗诵比赛，网上冲浪，图书阅览；并观看电影，参观房山周口店、石花洞、中央电视塔、海底世界、天坛、自然博物馆、中华世纪坛、玉渊潭等活动。除夕夜，区政府领导张燕友、苏贵光、贺军、靳增立，区教委主任李成旺到昌平二中，看望慰问内高班师生，向节日期间坚守在内高班工作岗位、为内高班学生辛勤付出的教职工表示感谢。

（阎晓东）

【做好节日假期廉洁自律风险预警工作】 1月26日，区委教育工委、区教委在教育系统党员干部中开展“持续深入反对‘四风’、坚决杜绝‘节日腐败’”专题教育。重点强调要认真学习十八大以来，中央、市、区下发的有关文件规定，强化财务管理和监督。严禁用公款吃喝、旅游和以各种名义相互走访、送礼、宴请；严禁公车私用；严禁购买赠送烟花爆竹等年货节礼；严禁出入私人会所、借培训中心奢侈浪费；严禁以任何名义滥发津贴、补贴、奖金和实物，用财政性资金举办年会、经营性文艺晚会；严禁大操大办婚丧嫁娶、借机敛财；严禁违规收受礼品、礼金和各种有价证券、支付凭证、商业预付卡、电子红包；严禁参与各种形式的赌博活动。通过开展警示专题教育，进一步增强党员干部拒腐防变意识。

（黄菊芳）

【学前教育幼小衔接培训开展】 1月29日，区教委开展学前教育幼小衔接培训。邀请城北中心三街小学教师，分别就小学与幼儿园的主要区别、初入小学儿童的主要问题及解决策略、一年级主要课程设置及学前准备、家校园合作，实现完美衔接等方面阐述幼小衔接内容，从影响顺利过渡的因素、过渡中存在的问题、如何帮助孩子顺利过渡问题进行剖析。区教委领导提出要明确幼儿阶段的教育任务，紧紧围绕《纲要》、《指南》精神，坚持保教结合，促进幼儿健康、快乐地成长，顺利完成幼小衔接。全区各级各类幼儿园园长及骨干教师150人参加培训。

（刘冬梅）

【赴任娃娃送祝福暨赴任书院迎新春笔会活动举办】 1月29日，大东流中心举办赴任娃娃送祝福暨赴任书院迎新春笔会。与会领导、教师、家长和学员观看书院成立一年来发展宣传片；全体学员展示《牛氏学书三字经》；校长王洪燕致欢迎词；学生、家长代表发言，讲述学生学习书法的经历；院长牛耕耘宣读表彰决定，对评选出的10幅优秀书法作品和10名支持学生学习书法的“赴任好家长”进行表彰；区委教育工委书记隋彦玲肯定书院取得的成绩，鼓励学员要坚持练习，将来一定会有所成就；区教委主任李成旺宣布活动开幕；特级教师、书法家爱新觉罗·毓骏为活动开笔；与会书法家和学员在百米长卷上书写对书院的美好祝愿；学员将自己书写的“福”字送到周边村的军烈属、老教师、老党员和村民家中。书法家还为书院各个教室创作书法作品和春联。区少年宫主任聂玉锋、小汤山镇党委书记许正锋，区体美教研室、前白书画院、北京农大附小、九华山庄、地子体验基地、周边村等单位及学校家长、学生190人参加活动。

（李国栋）

【昌盛园小学获全国百强特色学校】 1月，昌盛园小学应邀参加第二届中国当代特色学校高峰论坛及表彰会，获“全国百强特色学校”，校长吴宝文获“全国百强特色学校十佳创新校长”。

（吴宝文）

【幼儿园园长交流会召开】 2月2日，区教委召开区教委所属幼儿园园长交流会。各园长围绕“开展园本培训，提高教师专业水平”、“促进内涵发展，打造园所特色”进行交流。区教委副主任苏俊山就学前教育发展趋势、第二期学前教育三年行动计划的启动、新一年招生工作、传染病预防工作以及园所发展问题进行部署。教委直属园园长、学前科成员30人参加会议。

（刘冬梅）

【学前教育专家组成立】 2月2日，区教委成立“昌平区学前教育专家组”。专家组由9名市级骨干、19名区级学科带头人、8名区级骨干教师组成，将在全区示范园评选、上级上类园指导、市级评优等工作上起到指导、引领作用。区教委人事科科长张文博宣读成立昌平区学前专家组决定，并向专家组成员颁发了聘书。

（刘冬梅）

【太阳村送温暖活动开展】 2月7日，清华附小昌平学校的学生走进太阳村开展送温暖活动。学生们为太阳村的孩子送去米、面、文具、玩具和衣服，还在那里帮助他们进行鲜花绿植义卖、采摘农作物等。学生们在太阳村观看《太阳村》纪录片，参观太阳村环境，看到这些孤儿的生活，明白了“幼吾幼以及人之幼”这句话。回到家，学生们把自己的感受写成日记，表达对太阳村孩子们的美好祝福。师生51人参加活动。

（郭启蒙）

【王府学校参加ASDAN数学竞赛（斯坦福）获奖】 2月11至17日，北京王府学校优秀学生代表8人赴美参加斯坦福数学竞赛。此次参赛，每位学生都获得由ASDAN颁发的青年数学家奖。

（赵荣）

【瓶盖小制作展评活动开展】 3月3日，回龙观镇中心幼儿园开展瓶盖小制作展评活动。教师们利用废旧瓶盖制作出美观富有新意的小作品，作品包括幼儿熟悉的机器人、迷宫、小汽车、毛毛虫、钟表等。评委由业务干部及班长担任，从创意、制作、利用三方面对作品进行点评，并提出修改意见，评选出一等奖2件、二等奖11件。教师36人参加活动。

（蒋文靖）

【家长大讲堂活动开展】 3至6月，二毛学校开展家长大讲堂活动。学校创新德育活动形式，开启了家校沟通合作育人的新模式。已有42位家长走进自己孩子的班级课堂、3位家长走进孩子的年级课堂、2位家长走进校级课堂，为孩子们带来《语言表达和少儿情境朗读》《牙齿保卫战》《奇妙的血细胞》《电梯安全》《理财》《机动车尾气和雾霾》《生活中的测量学》《茶艺》《插花》《水与人的生活》《回族的历史及人们的饮食习惯》《北京地铁发展》《我们身边的建筑》等不同门类的课程，让孩子们开阔眼界，学到书本上学不到的知识和技能，受到学生的喜爱和家长的大力支持。5月9日，昌平电视台《昌平新闻》节目对该校此项活动进行了宣传报道。6月26日学校授予走进学校为孩子们带来异彩纷呈课程的47位家长“志愿服务学校教育的好家长”称号，并在家长会上为家长颁发荣誉证书。

（王柏顺）

【教工幼儿园举办亲子游园活动】 3月6日，教工幼儿园举办亲子游园活动。活动分小班、中班、大班三个组，每个组的游园内容分别为水果拼盘、创意节日礼物制作、纸工刮画、做面点四个项目。孩子和妈妈通过这些具体活动，体会妈妈的伟大。师幼502人参加活动。

（褚小芹）

【珠心算工作总结交流会召开】 3月11日，区教委、区教师进修学校和昌平区“三算协会”联合召开昌平区珠心算工作布置会。崔村中心小学教师纪铁良汇报寒假期间参加由台北珠算协会举办的“名人杯”珠心算比赛情况和成绩。“三算协会”秘书长高振生部署上半年珠心算工作和“第二十四届海峡两岸珠心算通信比赛”相关事宜，宣布市珠算协会“关于举办珠心算教练师知识竞赛的通知”及“关于开展优秀珠心算和财会综合技能科研成果征集评选活动的通知”。小学教研室主任门海英肯定大家一年的工作，对珠心算实验校负责人提出要求，鼓励大家开展好实验工作。全区17所珠心算实验学校和幼儿园负责人20人参加会议。

（王凤云）

【昌平特教学校开展社会实践活动】 3月24日，6月10日，昌平特教学校组织全校师生参观第四届北京农业嘉年华、中国航空博物馆和市少年宫新址。师生参观创意农业体验馆、草莓科技展示馆等展区，参观航空博物馆展出的270余架飞机、近万件航空文物，参观少年宫科技馆和植物园，上关于芽苗菜和手工制作钥匙链课程。学生亲近自然，丰富课余生活，了解现代农业技术知识，开阔眼界，领略都市型现代农业风采。师生共72人参加活动。

（李海洋　王海涛）

【城关小学开展送课下乡活动】 3月26日、27日、31日和5月13日，城关小学开展送课下乡活动。学校教导处主任刘月霞率领副主任邵红英和教师李京、刘永利分别送课到阳坊中心、小汤山中心以及打工子弟学校雨竹小学和山东青岛惜福镇小学。四次活动共计187人参加。

（邵红英）

【专家指导城关小学“减负”课堂】 4月9日，市基教研中心主任张立军走进城关小学参与语文学科减负研究。减负研究中，该校“语文结合点”课型已得到北京小学语文界的认可，并取得一定成效。本次针对“如何将研究推向深入，并形成可推广的经验”，教师们开始进行更深入地研究。干部、教师38人参加活动。

（邵红英）

【小学入学政策咨询活动开展】　4月15日，区教委小学招生办公室开始正式办公。入学政策出台后家长咨询量增加，为满足家长咨询需求面向社会公布两部电话：69708814和69708824。教行科对学校主管招生的教师进行政策培训，报请区教委领导批准，全区公办中小学负责招生的主管教师轮流接听家长电话，通过电话回答家长提出的问题。

（刘裕勤）

【跳蚤市场活动举办】　4月16、17、20日，机关幼儿园举办跳蚤市场活动。中班170名幼儿把自己闲置在家的图书、玩具以及DIY自制的作品带到幼儿园，铺好布，摆好物品，定好价格，孩子们变成小摊主，小班218名幼儿和家长一同开展“小班宝贝兑换节”活动，大班106名幼儿开展“大班跳蚤市场”活动。

（刘文明）

【民办幼儿园负责人会召开】　4月17日，区教委组织召开全区民办幼儿园法定代表人、园长会。会议通报昌平区赛亚宝贝幼儿园教师打幼儿事件，宣读对赛亚宝贝幼儿园的处理决定，下发《北京市昌平区教育委员会关于开展民办幼儿园依法办园专项治理整顿工作的通知》，对全区民办幼儿园管理工作提出要求：各幼儿园法定代表人和园长要高度重视，加强全园教职工管理，加大教职工师德师风的培训，提高教职工职业素养与职业道德，避免类似事件的发生；各园要依法依规办学，确保教职工全园持证上岗，不得出现超班额、不达标准办学的现象；强化监控录像的监管，依法管理好监控录像；加强幼儿园安全管理，定期检查，消除隐患；做好社会层面维稳工作，尽可能将各类矛盾化解在幼儿园内部。

（王蓉）

【“文玩核桃栽培种植”班举办】　4月17日，区农广校举办“文玩核桃栽培种植”班。农广校将培训项目与当地产业嫁接，与农民需求对接，与农时对接，从新型职业农民中选取40名种植户参加“文玩核桃”栽培种植班学习。培训班采取“固定课堂＋田间课堂”模式，一堂理论课，一堂田间课，结合农时，按照学校自编培训规范从文玩核桃种植与管理入手，建园育苗、土肥水管理、树体管理、病虫害综合防治、储存加工等多方位开展教育培训工作。

（仝月）

【两所幼儿园通过市级示范幼儿园验收】　4月17日和4月30日，区滨河幼儿园、昌房幼儿园分别通过了由17名特级教师组成的市级示范幼儿园验收专家组验收。通过查看园所环境、班级半日活动、各项档案等工作，对两所幼儿园给予高度评价和认可，滨河幼儿园成为全市最年轻的示范园。全区市级示范幼儿园达到6所。

（刘冬梅）

【昌平一中预防青少年犯罪专题讲座】　4月20日，昌平一中科学探案社团邀请中国政法大学犯罪研究所所长于国旦教授到昌平一中主讲“预防青少年犯罪”专题讲座活动。于国旦结合实际案例讲解青少年犯罪的有关知识，从刑法到犯罪的危害再到未成年人对犯罪所应承担的刑事责任，普及关于青少年犯罪的法律知识。科学探案社团成员及师生100人参加活动。

（何茂芋　罗启明）

【合作共建签约仪式举行】　4月21日，区教委与中国政法大学民商经济法学院举行合作共建签约仪式。双方领导为“法制课堂”共建基地揭牌并向昌平二中授牌，为13名优秀大学生宣讲团成员颁发荣誉证书。昌平二中作为合作共建试点学校，校领导为两名挂职大学生颁发聘书，聘任也尔帕、姚睿担任该校挂职团委副书记，任期一年。区教委副主任黄友刚、政法大学民商经济法学院党委书记王光进分别致辞。本次合作共建包含建立“法制课堂”、推行大学生到中学挂职锻炼、开展“正青春·大学生宣讲团进校园”等系列项目。

（张威）

【特级教师工作站成立】　4月22日，由市教育科学研究院基础教育研究中心主办，区教师进修学校和区马池口中心小学承办的“杨广馨特级教师工作站走进昌平区马池口中心小学”

在该校拉开序幕。杨广馨与市基教研中心书记李子恒一起为马池口中心“杨广馨特级教师工作站”揭幕。杨广馨向与会人员介绍教师工作站的概况，明确今后活动的主要内容以开展多种形式教师研修与培训活动为主，同时加工、开发、传播教学资源，与一线教师分享书法教学成果，促使他们在全市小学专业发展中发挥积极作用。市区领导、教研员，该校师生220人参加活动。

（左红霞）

【第十五中学南口学校邀作文专家进行专题讲座】 4月23日，北京市第十五中学南口学校邀请高考作文专家周京昱进行高考作文专题讲座。周京昱多年担任北京高考语文评卷组组长，是语文评卷权威点评专家，曾应邀在全国各地讲学，并在中国教育电视台、新浪网、腾讯网、北清之慧大讲堂、考试在线频道等媒体做高考辅导讲座。本次讲座历时两个半小时，通过与学生互动，了解学生在作文中的困惑，从作文审题、素材使用、好作文标准等方面进行讲解，分享高考优秀作文。学校领导及高中年级师生132人参加活动。

（李嫩嫩）

【义务教育发展基本均衡国家认定】 4月29日，以国家督学、吉林省教育厅原厅长、吉林省政协文教委主任卢连大为组长的义务教育均衡发展国家认定专家组一行6人对区义务教育发展基本均衡工作进行督导检查评估。区委书记侯君舒致欢迎辞，观看《政府统筹推进优质资源共享》--昌平区推进义务教育均衡发展纪实宣传片，听取区长张燕友作的《立足均衡 着眼优质 加快打造首都教育发展新兴区》工作汇报，从强化政府职责，确保义务教育优先发展、切实兜住底线，全面促进义务教育公平、实施名校工程，着力办人民满意的教育、着力培育名师，不断加强教师队伍建设、深化素质教育，推动昌平教育内涵发展五个方面汇报昌平区近年来在推进义务教育均衡方面所做的工作。专家组查阅档案资料，召开人大、政协委员代表，中小学校长、教师代表，学生家长代表座谈会，对区前锋学校、昌平二中、城北中心小学等15所学校进行实地考察，听取各校校长办学理念介绍，查看各校办学达标、特色建设情况，观看部分学校课外活动展示，了解昌平区义务教育均衡发展工作。昌平区的“科教兴区”战略、“引优培优”举措、“抱团发展”经验以及“优质均衡”目标得到专家组认可，昌平区达到义务教育基本均衡区县的国家评估认定标准，通过国家认定。

（苏凤兰）

【对16所学校进行教育教学联合视导】 4月和11月，区教委义教科、体美科，教师进修学校中学教研室、小学教研室、体美教研室、德育教研室、课程室，中小学教育技术装备中心组成联合视导组，对4所中学，10所小学，2所一贯制学校进行教育教学联合视导。视导增加新的课程方案落实实施情况、区级重点项目开展情况两项重点工作，关注学校在研究过程中的创新举措及典型经验，并及时推广。引领学校关注学校全面工作，关注教育教学过程性常态管理工作，规范日常教育教学行为，视导组分别听取16所学校的校长汇报、走进课堂听课690节、进行学生问卷320份、访谈一线教师96人，针对学校发展进行诊断，提炼优势，发现问题，撰写六万余字的反馈报告，促进学校内涵发展。

（孙元伟）

【工业幼儿园开展制作饼干活动】 5月4日，工业幼儿园团支部组织团员开展“青春活力 服务园所”亲手制作饼干活动。教师们听食堂师傅崔凤岭进行饼干制作讲解，教师们按大、中、小班分三组，每个组再进行细致分工，包括和面、擀面、印模具、刷蛋清、看烤箱等多个环节。制作中，教师们体会到食堂师傅工作的辛苦，感受到在制作中师傅们所付出的爱。老师在活动中体验到动手的快乐，度过一个有意义的青年节。园长、工会主席及21名青年团员参加活动。

（袁媛）

【体验立夏民俗活动开展】 5月6日，阳坊镇中心幼儿园开展体验立夏民俗活动。“立夏”是中国传统节气之一，教师带领幼儿到八口村街道观看村民熬制立夏粥、制作玉米饼和菜团子，并与村民交流立夏相关民俗知识。村民自发组织了赠粥活动，活动中，全园幼儿体验到立夏粥的美味。师幼195人参加活动。

（齐景新）

【接待新西兰先遣团到校参观】 5月11日，马池口中心接待新西兰胡鲁努伊区派出由区长及商务助理组成的先遣团对昌平区进行访问，重点了解本区教育、农业、旅游、科技、招商等方面的发展情况。来宾就学校校园环境、民乐教育、心理健康教育、书法美术教育、日常教学等方面进行了解，与学校学生进行交谈，深入课堂与教师交流，对该校的育人文化和教育质量连连称赞。美术课上，学生将自己亲手绘制的国画《大熊猫》赠送给来访的外宾，同时接受外国友人赠送的徽章。师生31人参加活动。

（左红霞）

【昌平特教学校开展校际交流活动】 5月12日，6月29日，昌平二中部分教师和高三年级学生50人、天通苑小学师生54人到昌平特教学校进行交流。学生听取校长王玉荣的介绍，与特教学校部分学生进行互动游戏，为残障学生表演舞蹈、诗歌朗诵、歌曲演唱等节目，并送上精心准备的礼物。

（李海洋 王海涛）

【“德育专家讲师团”走进上苑中心小学】 5月13日，区教委德育教研室主任邱立君带领“昌平区中小学德育专家讲师团”成员南口镇中心小学任立平、城关小学绍红英和南邵中心李娜到上苑中心小学举办讲座。邵红英以《教育路上快乐徜徉》为题，从爱心—点亮学生生命的火种、故事—滋养学生心灵的鸡汤、共育—加快学生成长的催化剂三个方面介绍带班经验。任立平以《我和四班同学们的故事》为题，以案例和班级循环日记的形式列举“小洋洋”、“大洋洋”等几位同学的教育故事，展示主题班队会活动内容，针对如何写教育案例进行具体指导。上苑中心小学50人参加活动。

（安凯杰）

【优秀协作组展示活动开展】 5月13日，区教委义教科、区教师进修学校主办的区优秀协作组展示交流活动在南口镇小学开展。展示南口片协作组工作成果，交流分享经验，推动昌平区联片协作工作纵深发展。加强校际合作，优化资源配置，实现资源共享，发挥群体优势、协作效应和规模效应，整体提高学校办学水平，推进全区义务教育优质均衡发展。活动分为四部分：参观协作组8所学校特色展板及学生作品；参加协作组美术、语文、英语、数学、品社、科学学科教研活动，8所学校分别承办教研活动，把轮流承办的协作组理念落到实处；大会集中研讨，南口镇小介绍南口片协作组活动经验，小学教研室领导就教研部门在协作组中的工作进行交流；区教委领导对南口片协作组的实践研究给予肯定，对全区协作组建设提出具体方向和要求。区教委领导、全区小学校长和教学干部以及内蒙古太仆寺旗的教育同仁150人参加会议。

（王凤云）

【“唱歌学英语”观摩活动举办】 5月15日，北京市“唱歌学英语”观摩活动走进昌平区平西府中心小学。活动共展示两节现场课，平西府中心小学李荣荣、邢艳玲分别执教《Skip to my Lou》、《What do you do in the morning?》课。平西府中心小学、郑各庄小学、东沙小学学生分别进行唱歌学英语成果展示。平西府中心英语教研组做研究历程回顾与分享。北大外文学院教授王逸梅和市教科院国际课程负责人杨黎霞肯定昌平区在该项目研究中的丰硕成果。区教委、教师进修学校领导、通州区、平谷区和石景山区的领导和教师，以及昌平区教师代表107人参加活动。

（高春杰）

【参加第二届全国自主教育特色课堂同课异构观摩研讨活动】 5月20至22日，第二届全国自主教育特色课堂同课异构观摩研讨活动在深圳龙岗区举办。本次活动由全国自主教育联盟自主学习研究院主办，汇集10地10所学校26节课同课异构，分为专家讲座、教学研讨、颁奖授牌三部分。霍营中心小学作为课题实验基地北京地区代表参加此活动。会上，校长王斌作《行走在和育文化特色建设的路上》发言，从和育教育理念的形成、探索与实践等方面进行介绍。该校教师董爱华执教数学课《鸡兔同笼》，该课数学思维缜密，逻辑清晰，对学生的思维训练抓到了数学课本质，由学生会学到学会很好地体现了“和育课堂”所倡导的成功之悦，受到了与会教师的交口称赞；高晓娜执教语文课《祖父的园子》，该课激情投入，真诚大气，体现了师生之间良好互动的和谐关系。会上，该校“和育文化”建设的理念和思路引起热烈反响，专家、教师们认为该校办学理念认识深刻，学校发展思路清晰系统，积累的经验非常有借鉴意义，值得深入学习探讨。

（王斌）

【昌盛园小学举办读书会】 5月21日，“做学生阅读的点灯人”——昌平区小学语文综合实践观摩活动在昌盛园小学举办。区小教研主任介绍全区的经典诵读情况。该校五（1）班展演“古韵悠悠话李白”读书会，分“明月诗心、对酒当歌、韵舞山川、愁情别绪、志向豪情”五个板块诵读李白的诗词。活动中，孩子们自己伴奏、诵读、吟唱，该班班主任丰志奎与孩子们共同背诵80多首诗词。读书会尾声，参加活动的人员点将背诵，学生均熟练背出。区教委义教科科长张建飞评价：李白课程的展示纯粹而经典、丰志奎老师与孩子们的积淀丰厚而充盈，是中华传统文化的继承与发展，充分落实了《中小学学科意见》，在全区做到了高度的引领与示范。市教委法制处处长张远贵，区政府教育督导室副主任钱正秒等领导及全区语文教师及家长代表162人参加活动。

（周晓芳）

【承办北京市中小学培育和践行社会主义核心价值观专题视导活动】 5月22日，崔村中心承办北京市教委基础教育一处组织的“北京市中小学培育和践行社会主义核心价值观专题视导”活动。来自海淀、延庆、房山、燕山教委教研部门领导和昌平区各小学德育主管80余人参加活动；区委教育工委书记隋彦玲、教委主任李成旺、副主任苏俊山以及义教科、教师进修学校相关科室领导参与活动。第一部分，展示班会、语文、数学、英语共5节课。第二部分，传统体育项目展示，包括自编皮筋操、皮筋童谣伴唱、皮筋唐诗和健美操、独轮车、武术、太极拳；传统民间艺术展示，包括剪纸、书法、石头画、变脸、珠心算；传统学生游戏展示，包括跳房子、踢毽子、欻子儿等。第三部分，全体与会人员集中开会，区教委义教科科长张建飞代表昌平区教委作《全面落实，注重养成，为学生幸福人生奠基》的总结报告；该校校长赵彩霞作《传承经典 合和育人》的学校工作汇报；市基教研中心、德育中心和北师大项目组的专家从学科教学、德育工作几条路径等方面进行点评。

（刘新生）

【参加市社区教育特色课程教材评选】 5月22日，区教委上报5本社区教育自编教材参加北京市社区教育特色课程教学大纲和教材（讲义、手册）评选工作。5本自编教材中昌平职业学校的《美食文化与传统节日》、昌平社区学院的《图解学串珠》获二等奖，昌平社区学院的《人在旅途》获三等奖。

（王颖）

【百善镇中心幼儿园正式开园】 5月27日，百善镇中心幼儿园正式开园。百善镇中心幼儿园于2014年6月13日设立，全园教职工15人。年内，接收2所村办园，分别为孟祖村分园和上东廓村分园。园所各项设施及玩教具等基本到位，孟祖村幼儿园、上东廓村幼儿园各招生一个小班，共38名幼儿。该园以“善德育人”为办园宗旨，以“以善为本、立德树人”为办园理念，以“在善德中成长，播种和谐希望”“在和谐中成长，彰显善德风采”为办园目标，逐步形成善德文化教育特色。

（邹雪）

【完成幸福教育校本教材出版印刷工作】 5月，

七里渠中心幸福教育校本教材《幸福成长》完成出版印刷工作。《幸福成长》系列教材是七里渠中心创作编写的校本教材，目前为两册，一册面向小学五年级学生，教材名称为《向着幸福出发》；一册面向小学六年级学生，教材名称为《做幸福的自己》。两册教材分别安排了贴近学生实际的“幸福认识”“正确认识自己”“投入地学习”“情绪管理”“考试应对”“做乐观的人”“幸福修炼”七个板块，旨在引导学生习得乐观，提高幸福指数。该教材是昌平区教育科学“十二五”规划课题“农村小学开展幸福教育的实践研究”的重要成果。教材主编陈自东，编委为课题组成员刘承恩、孙伟、孙红研等人。该工作从2012年9月开始，有教师11人参加此项工作，共投入资金10万元。

（刘承恩）

【澳大利亚教授到滨河幼儿园交流】 6月5日，澳大利亚福林德斯大学教育学院Susan教授到滨河幼儿园交流。活动是与澳大利亚学前教育关于“幼儿自主游戏”的一次交流，由市早教所主办。Susan教授参观该园班级环境与幼儿户外体育功能区活动，被舞龙、抬轿子的中国民间游戏深深吸引，对孩子们挑战性的自主游戏与园长进行交流，高度评价中国学前教育的发展态势，并表示要将交流的经验带回去进行探索。师生220人参加活动。

（杨光）

【实验二小特色办学思想研讨会举办】 6月10日，实验二小举办“做一件让世界更美丽的事 --- 昌平第二实验小学润泽生命教育故事”办学思想研讨会。区委教育工委书记隋彦玲、区政府教育督导室副主任钱正秒、区教委副主任苏俊山、北京师范大学教育学部教授余雅风、北京第二实验小学副校长芦咏莉、北京师范大学教育学部副教授赵德成以及昌平区中小学校长、兼职督学、该校校级家委会成员31人参加活动。

（李小平）

【中小学德育干部走进滨河幼儿园现场会召开】 6月11日，区教委在滨河幼儿园召开“营造和谐环境，关注活动育人”中小学德育干部走进滨河幼儿园幼小衔接活动。与会人员分组观摩该园室内区域、集体教学活动，集体观摩户外活动，感受幼儿园独到的园所环境文化。园长金岚作主题汇报；副园长结合自身角色转换做幼小衔接分享交流，义教科科长张建飞，对今后更有效地开展幼小衔接，协同育人提出有针对性的指导建议。进修学校德育教研室相关负责人和全区中小学德育干部63人参会。

（尹东方）

【回龙观二小开展六校联盟英语学科展示活动】 6月11日，回龙观第二小学举办六校联盟英语学科展示活动。六校联盟学校包括昌平实验小学、实验二小、实验三小、回龙观中心小学、史各庄中心小学和回龙观第二小学。活动旨在通过校际联盟，探讨小学英语教学如何做到创新与高效并存，现代化信息技术如何更好的应用于英语教学，并希望借助联盟加强六校之间的交流与合作，促进六校每一位英语教师的专业发展。该校教师王玥、郑彬彬分别展示三年级英语高效E课堂的课和一年级的英语绘本课。区教研员、英语教师20人参加活动。

（吴艳）

【中国电信走进老峪沟小学】 6月12日，中国电信集团共青团团员一行19人走进老峪沟中心慰问师生。中国电信团支部书记鼓励孩子们认真学习长大成才、勉励教师们安贫乐业，为孩子们的人生打好基础。校长刘永强对中国电信集团团员们的善举表示感谢。学生代表发言，表示要刻苦学习，报效祖国，回报社会。中国电信的团员们向师生赠送礼物并合影留念。随行的79岁高龄藏头诗诗人闪世昌做三字诗一首《赞老峪沟中心小学》“老峪沟，山河秀。金灿灿，绿油油。众园丁，善绸缪，山里娃，有追求。爱家乡，书山走；圆国梦，学海游。人虽少，质更优，地偏远，重交流。网新知，电亲友。小学校，大天地，气候怪，人不愁。志高远，情悠悠，哪最美？老峪沟！”并亲笔手书送给学校留作纪念，学校师生39人参加活动。

（刘永强）

【昌平二中被命名为民族团结教育示范学校】 6月13日，昌平二中被市教育委员会、市民族事务委员会命名为北京市民族团结教育示范学校。

（李继阳）

【环保服装T台秀表演举办】 6月15日，机关幼儿园组织大班103名幼儿举办“环保服装T台秀”表演。孩子们用废旧的矿泉水包装纸、废旧的日历、废旧纸、废旧报纸、塑料袋等做成各种时装，幼儿穿上自己设计、制作的时装，沿着红毯进行时装秀展示。活动提高了幼儿对废旧材料的再次利用能力，增强了幼儿保护环境的意识和创新意识。

（刘文明）

【完成教育部义务教育质量监测工作】 6月18日，教育部义务教育质量监测工作在21所中小学进行，600多名四年级和八年级学生参加了数学和体育与体质健康状况及相关影响因素的测试。为做好测试工作，区政府教育督导室召开了由责任督学、数学主监、样本校校长、数学监测员、体育教研组长参加的工作部署会，印发了《组织工作手册》《现场操作手册》，明确了工作职责，提出了工作要求。监测学校认真落实，顺利完成了监测工作，荣获国家义务教育质量监测实施优秀区级组织单位。

（苏凤兰）

【延寿镇中心幼儿园现场会召开】 6月19日，区教委在延寿镇中心幼儿园组织“拥抱自然，快乐成长——走进延寿镇中心幼儿园现场会”。市早教所副研究员徐明、区教委学前科科长谷长志、延寿镇党委书记鹿伟强、副镇长付秀玲参加活动。与会人员参观幼儿园室内外环境、幼儿游戏活动、集体教学活动。听取园长王维明汇报园所三年来的发展历程；徐明通过实际案例分析阐述幼儿学习特点，并对活动进行点评；谷长志提出“打造精致、有特色、有味道的园所，提高学前教育质量。”全区各级各类幼儿园园长、业务园长120人参加活动。

（刘冬梅）

【大手拉小手庆端午游园活动举办】 6月19日，幸福童年双语幼儿园举办大手拉小手庆端午游园活动。活动安排有娃娃影院、两元店、套圈、五彩串珠、小猫钓鱼、艾饼、包粽子、彩泥塑端午、五彩绳、端午T台秀、甜点吧、香包堂。活动通过大手拉小手的形式，让大班小朋友学会照顾小弟弟和小妹妹，通过自主参与游艺项目，让幼儿学会等待、谦让同时锻炼幼儿的社会交往能力。全体教职工和义工家长代表26人、幼儿367人参加活动。

（李莉）

【王府学校与陕西延安中学举行签约仪式】 6月25日，王府学校与陕西延安中学联合举办国际教育合作签约仪式。根据延安市政府和中实集团、法政集团三方达成的推动延安国际教育事业发展、提高延安在西部地区影响力的共识，法政集团旗下北京王府学校拟在陕西延安中学校区内开设延安王府学校，双方签订“校区合作协议”，协议约定由延安中学提供办学场地及教室、宿舍等，王府学校提供中外优质师资和教育资源开设国际学校课程，办学期限12年，学生毕业颁发北京王府学校高中毕业证书。延安各区县近40位中学校长及延安中学400多名师生参加签约仪式。延安王府学校于2015年9月正式开班授课。

（高楚淇）

【奇奇怪怪服装展活动开展】 6月26日，沙河镇中心幼儿园中三班开展“奇奇怪怪”服装展活动。服装展幼儿出场分为美丽花裙组、奇妙人物组、神奇布艺组、创意袋子组、百变混搭组和奇奇怪怪组六组，家长和孩子共同参与活动，制作的衣服精致美丽，有帅气的蝙蝠侠、傲娇的小公主、圆嘟嘟的葫芦娃，还有无所不能的孙悟空，家长各显其能，制作出很多稀奇的服装。家长51人参加活动。

（胡艳梅）

【“我与经典有约”童话剧评选开展】 6月30日，回龙观镇中心幼儿园开展“我与经典有约”童话剧评选。孩子以班为单位进行展示，节目包括《猫和铃铛》《桃树下的小白兔》《有朋友真好》《农夫猪和绿皮龙》等。该园邀请

20位家长代表及园内干部担任评委，从道具准备、台风、语言表达、舞台效果几方面进行评价，评出最佳服装奖、最佳音乐奖等十个集体奖；最佳台风奖、最佳模仿奖、最佳幽默奖、最佳魅力奖等10个幼儿单项奖。园长为获奖幼儿、班级颁发了证书及奖品。幼儿、家长400人参加活动。

（蒋文靖）

【民俗艺术展活动举办】 7月2日，南口镇中心幼儿园与南口镇南厂西社区共同举办“走进民俗、创意作品、点亮环境”民俗艺术展活动。活动旨在宣传南口地区特有民俗文化，让幼儿感受民俗艺术的多种表现形式，通过与地区民俗文化“爱家乡、爱生活”这一主题相结合，丰富幼儿区域操作材料，增添趣味游戏内容，让更多的幼儿在游戏中获得快乐，在参与中获得发展，在艺术创作中抒发对家乡和生活的热爱之情。本次共收集33位民间艺术爱好者作品60余件进行参展，包括国画、书法、布艺、泥塑、根雕彩绘葫芦等；幼儿作品50余件，包括绘画、剪纸、扎染等。区教委、南口镇、周边社区领导及民间艺术家、该园领导、教师、幼儿120人参加活动。

（孟丽娟）

【小学劳动技术教师培训班举办】 7月6日至9日，10月28日至11月4日，昌平区中小学教育技术装备中心与进修学校联合，在前锋学校举办全区小学劳动技术教师培训班。培训的主要内容为：金工、木工、陶工和编制，培训以理论联系实际、操作技能为主的形式开展。聘请海淀区教师进修学校相泽民培训金工和木工，市第二十中学教师刘敏培训陶工，河北大宾美术用品有限公司郭宪宁培训编制。全区59名小学劳动技术教师参加培训。参训学员在培训间隙，欣赏了昌平区小学教研室劳动技术学科在全区征集评选出来的18所学校257件优秀的学生创新作品。

（李洪潮）

【巩华学校成立】 7月8日，昌平区巩华学校成立。经区机构编制委员会审核同意设立昌平区巩华学校。办学性质为公立区教委直属小学，区教委所属区财政全额拨款事业单位，暂核定区财政全额拨款事业编制110人，科级领导3人；学校为36个班的教学建制。举办者区教委，开办资金50万元。学校办学地址位于沙河镇顺沙路路松街，服务对象为新迁入巩华家园、丰善小区、五福家园、彩河、满井等地区的适龄儿童，同时原沙河中心小学在百善学校上学的学生、教师一并划归到巩华学校。该工程2013年9月开工建设，建筑为框架结构，总投入约8697万元。学校占地面积30700平方米，建筑面积19320平方米，体育场（馆）面积7000平方米。图书馆（室）藏书1.1万册，电子图书1万册。固定资产总值9500万元。学校信息化经费投入1000万元，拥有计算机296台，多媒体教室座位2280个，校园网出口总带宽100Mbps，数字资源量1000GB。有36个普通教室，20个专用教室，拥有新式的学生课桌椅，校长评估系统，校园安保技防系统。有教职工76人（高级职称1人、中级职称35人），其中，专任教师68人，包括市级骨干教师1人，区学科带头人5人，本科以上学历70人。学校现有1至6年级教学班24个，招生116人、在校生694人。

（王书奎）

【组织市示范幼儿园标准解读培训】 7月10日，区教委在滨河幼儿园组织北京市示范幼儿园标准解读培训。区妇幼保健院儿保科科长程彩虹、学前教研室教研员张春艳、学前科领导杜娟、董双鸿分别从卫生保健、保教工作示范、教科研、社区早教、办学条件、管理、队伍等方面进行解读；明确市级示范幼儿园的各项标准及细则。滨河幼儿园园长金岚和回龙观镇中心幼儿园园长张艳苓就验收过程中的重点、难点、感受及体会进行交流；与会人员观摩滨河幼儿园园所文化建设、班级环境、档案资料。区幼儿园园长、主任、保健医等30人参加培训。

（刘冬梅）

【参加市农村成人教育自编教材和微课评选】 7月10日，区教委参加市农村成人教育自编教材和微课评选工作。昌平区上报两本自编教材，

《农家美食宴的开发》获一等奖，《文玩核桃》获二等奖，获奖率为100%，其中《农家美食宴的开发》一书被高等教育出版社选中出版，将全国发行。昌平区上报六个微课作品，获一等奖1个、二等奖4个，三等奖1个。

（王颖）

【开展民办教育机构委托办学项目】 7月20日，黑山寨学校和新东方昌平校区合作，开展民办教育机构委托办学项目。10月23日，流村中学、十三陵中学、下庄学校、长陵学校、崔村中学和南邵中学6所学校列入项目组。根据合作协议，新东方昌平校区每周定期派送教师到黑山寨学校授课；7所项目学校部分学生可利用假期和周末自行到新东方昌平校区插班学习，费用由项目资金支付；可利用项目资金购买新东方开发的教师培训和学生课业学习资源；新东方优秀学科教师为全区初中教师做新课程落实和中高考改革培训。11月8日起，7所学校359个学生定期到新东方昌平校区接受课业辅导。

（张海力）

【小汤山镇中心幼儿园西官庄分园正式开园】 9月7日，小汤山镇中心幼儿园西官庄分园正式开园。西官庄园由小汤山中心幼儿园统一管理，教育、教学设备一应俱全，幼儿学习、休息场所温馨舒适，实现了园所绿化、美化、儿童化、卫生安全化，是一所幼儿开心、家长放心的幼儿园。该园位于小汤山镇西官庄村64号院，园所占地面积1520平方米、建筑面积600平方米，固定资产总值160万元。主要设施包括多功能活动大厅、阅览室、图书室、备课室以及专用办公用房等。有教职工11人，其中专职教师9人，专科以上学历9人，中级职称1人；保健员1人。该园招收大、中、小各1个班级，幼儿87人，其中小班25人、中班26人、大班25人。

（赵秀玲）

【开设“葫芦丝”校本课程】 9至12月，南邵中学开设“葫芦丝”校本课程。聘请少年宫教师授课。授课时间为每周一、四第八节课，总课时为20课时。设置课程内容为：葫芦丝的基本指法、如何正确吹奏葫芦丝、葫芦丝吹奏方法、简谱及五线谱的初步认知等。学期末，教师对学员进行《月光下的凤尾竹》和《新年好》两个曲目的吹奏考核。该校师生共计31人参加学习。

（刘玉芬）

【参加全民健身操舞大赛获奖】 9月15至16日，霍营中心小学组团赴青岛参加2015年世界休闲体育大会第四届全民健身操舞大赛总决赛。来自全国22个分赛区27个省市选拔、推荐的330支参赛队伍、近6000名运动员参加本次大赛。总决赛分为5大类13个大项、78个小项，10个组别。霍营中心小学在小学甲组有氧健身操（舞）轻器械健身操舞自选动作及小学甲组有氧健身操全民健身操等级规定动作有氧舞蹈2级比赛中均获一等奖。学校教师3人、学生9人参加比赛活动。

（李春林）

【获全国现场说课一等奖和最佳教学设计奖】 9月20至24日在青海省西宁市举办第五届全国农村及少数民族地区中小学英语课堂教学与教师发展研讨会。昌平一中英语教师琚俊梅代表北京市参加了本次活动中的优秀课展评，“现场说课”获得了一等奖和最佳教学设计奖两项大奖。

（蔡青 琚俊梅）

【创建“互联网+农业”校企合作模式】 9月22日，区农广校与营坊昆利合作社共同筹备创建“互联网+农业”果品销售模式，将合作社自产的苹果等农副产品通过网络资源进行推广与销售。通过校企“互联网+农业”合作模式，调动合作社试点的示范功能，提升农民综合素质，增加合作社农民收入，同时打造出新农村农副产品网络营销的新典范。

（高燕）

【中小学校卫生工作会召开】 9月23日，区教委、区卫计委联合召开中小学校卫生工作会。会议表彰2013–2014年昌平区学校卫生工作先进集体和先进个人、昌平区中小学生“我和家长一起锻炼 我的家庭锻炼日记”摄影大赛获奖集体和先进个人、昌平区小学生第二届健康素养66条绘画比赛获奖集体和先进个人。市疾病预防控制中心学校卫生所所长段佳丽就北京市中小学校卫生防病工作规划（2011年–2015年）》进行培训，围绕十二项目标、九项健康目标、五大措施进行详细解读。区中小学卫生保健站站长张丛伟布置2015年中小学校健康月活动安排，解读昌平区2015年学校卫生视导及终期考评标准。区疾控中心医生总结2015年晨午检网络报告系统使用情况并进行营养标签知识等相关培训。全区中小学、幼儿园卫生工作主管领导及校医200人参加会议。

（赵红良）

【跳蚤市场活动举办】 10月12日，平西府中心白庙小学组织一至六年级400余名学生集体参与“体验生活、变废为宝”主题跳蚤市场活动。13个班级的学生在操场跑道内顺序入场，学生们打出“买一送一，多买多送”“物美价廉”等招牌，孩子们带着大部分家里闲置的“商品”参与活动，各种文具、书籍、毛绒玩具、小饰品受到孩子们的欢迎。活动中，吆喝声、讨价声不绝于耳。学生们在活动中共筹得款项5800余元，其中五年级一名学生在活动内最多收入103.5元。该校领导带领学生代表将活动收入送到身患肾病的学生杨响家中表示慰问，并祝她早日康复。

（周莹）

【组织秋季教育收费专项检查】 10月12至23日，区教委按照《北京市治理教育乱收费局际联席会议办公室关于开展2015年秋季教育收费自查自纠工作的通知》部署，及时制定下发《昌平区治理教育乱收费局际联席会议办公室关于开展2015年秋季教育收费检查工作的通知》，组织召开区治理教育乱收费局际联席会议并研究制定检查工作方案。专项检查在各中小学幼儿园认真开展前期自查自纠基础上，组成3个检查组并联合区教育督导检查，对全区30所公办、4所民办的中小学、幼儿园秋季教育收费情况进行重点抽查，并及时纠正个别违规收费行为。检查过程包括听取学校收费工作汇报、学生问卷调查、查看财务账薄及凭证，查阅相关档案资料、检查组汇总检查情况并及时反馈检查结果。通过检查，清退违规收费金额35.33万元，进一步规范教育收费行为。

（黄菊芳）

【实施素质教育区级综合督导检查工作完成】 10月13日至11月5日，昌平区政府教育督导室与区教委组成联合督导组，对22个学校（教育机构）自2012年以来全面实施素质教育工作情况进行区级综合督导检查。此次督导对象包括15所中小学校、6所幼儿园、1所特殊教育学校。将特殊教育纳入素质教育综合督导范畴在昌平区属首次。区政府教育督导室组建三支督导队伍，共计59名督评人员，根据督导规划中三类不同评价实施细则分别进行督导评价。督导组通过听取汇报、进班听课、察看课间活动、查阅档案资料、干部座谈、实地察看、问卷调查等方式，多方收集信息、客观比对、集体会商，在总结学校（园所）办学成绩和经验基础上，提出具体的有针对性的督导意见和建议。到年底，向被督导单位下发正式的督导意见，并要求学校（园所）根据督导意见列出“整改任务清单”，明确整改时限、整改措施和具体责任人。同时，将督导意见的整改落实情况纳入经常性督导工作范畴，由督学责任区督学负责继续追踪落实，直至整改到位。

（陈敏）

【城北中心小学与内蒙学校开展交流活动】 10月15日，城北中心六街小学与内蒙古无定河学校开展“养好习惯之根，正好人生之本”专题交流活动。来宾参观校园文化，该校小讲解员介绍厚德园、思源厅、筑梦厅、康乐园、闻道楼的设计理念以及学校读书启智、感恩养德的办学特色。教师们走进语文、数学、音乐、体育、美术、班会等多个学科课堂，了解学校三级课程的实施情况。课后，来访教师在学校各办公室与教师们进行交流。来宾及学校教师51人参加活动。

（李凤欣）

【学生联合会成立大会召开】 10月17日，昌平区学生联合会成立大会暨第一次代表大会在北京师范大学昌平附属学校召开，全区38所中学107名学联代表参加会议。昌平区学联共设7个部门（主席团、秘书处、学习部、生活部、文体部、外联部、宣传部），下设7个分会。自2014年4月发起《关于成立昌平区学生联合会的通知》后，各基层学校陆续开展校内初选工作，共选举出学联代表280人。各分会先后召开片级学联成立大会，通过个人演讲、才艺展示、现场应答等层层选拔，完成选举工作，共选举出42名学联分会各部部长。

（张威）

【初中开放性科学实践活动开展】 10月21日，区教委制定《昌平区初中开放性科学实践活动工作方案》。开放性科学实践活动是落实新课程计划中关于物理、化学、生物、地理四个学科10%课时用于综合实践活动要求的具体举措，活动面向9月入学的初一学生。每学期学生完成5个综合实践活动，初中三年完成30个，计30分，最后计入学生中考原始成绩。区教委建立各校活动联系机制和督导机制，并派专人联系、督导区内7所资源单位。10月31日起，开放科学活动进入实施阶段，要求学校每学期完成3门团选课程，学生自主选择2门课程。全区初一5150名在籍学生参与其中。截至11月13日，完成活动预约19159人次。

（张海力）

【指导基层单位史志工作】 10月30日，11月5日，区教委教育志办公室主任、责任编辑到北京王府学校、回龙观育新学校指导学校史志工作。年鉴责任编辑唐明从教育年鉴条目的选材、撰写、编辑等方面对王府学校教育年鉴撰稿人进行培训，责任编辑韩玉霞从年鉴的历史、分类、年鉴条目的撰写等方面对育新学校年鉴撰稿人进行指导。教育志办公室主任张翠珍从学校年鉴的基本框架对两所学校进行指导。区教育工会原主席田世亮对两所学校提出要求。两所学校领导、年鉴撰稿人35人参加培训。

（韩玉霞）

【组织区级示范园开放活动】 10月30日，区教委组织区级示范园开放活动——走进长陵中心幼儿园。与会教师观摩该园园所环境、班级环境、半日活动，听取园长汇报，观看教师和幼儿社交礼仪及茶文化等特色展示。区教委主任李成旺出席开放活动，并从一园一品、顺应幼儿成长规律、培养幼儿良好习惯等方面对幼儿园办园方向及教育教学质量提出要求。全区各级各类幼儿园园长、业务园长及教师200人参加活动。

（刘冬梅）

【城北中心小学参加全国跳绳联赛获冠军】 10月31日至11月3日，城北中心小学代表队参加2015—2016年全国跳绳联赛（青岛站）获奖。本次比赛由国家体育总局社会体育指导中心、中国大学生体育协会、中国中学生体育协会主办，由全国跳绳运动推广中心、北京师范大学青岛城阳附属学校、青岛和之韵艺术体操绳操运动俱乐部承办。比赛包括计数赛、花样赛、通级赛、趣味赛等四个项目类别。设小学甲组（四年级以上）、小学乙组（三年级以下）、初中组、高中组、普通院校组、体育院校组、特教学校组、社会俱乐部组共八个组别。按照性别依据，设置男子组、女子组和混合组。有来自北京、河北、山东、江苏、上海等省市的近百支优秀代表队同场竞技。城北中心小学跳绳队参加此次比赛，经过两天争夺，代表队分别获花式跳绳赛团体冠军、“8”字长绳赛亚军，规定套路自编动作亚军，10人集体跳季军，两人车轮跳自选初级季军，两人车轮跳自选中级第四名，单人双摇跳第七名。

（王建阳）

【完成“十二五”立项课题成果集出版工作】 10月，区教育学会完成《走在求索的路上——新课改理念下的实践研究》一书的出版工作。区教育学会于2014年下半年启动“十二五”优秀教科研成果集的编辑出版工作。在前期筛选、合稿、编排的基础上，完成成果集初稿的4轮校对工作及照片的遴选、编排工作，并送交出版社。此书分上下两册，收录了论文、教学设计、案例反思、开题、结题报告162项成果，约60

万字。北京出版社出版。

（刘淑明）

【农民教育知识竞赛举办】　11月4日，昌平区举办农民教育知识竞赛。参赛对象以参加2015年农民教育大讲堂的6个镇为单位，包括百善镇、兴寿镇、南口镇、马池口镇、小汤山镇、崔村镇。比赛内容分为新型职业农民知识、生态家园知识、传统文化知识、基础农业知识和法律法规知识五部分。评出一等奖1个，二等奖2个，三等奖3个。“新农杯”系列竞赛活动已连续开展10年，逐渐树立昌平区学习品牌。

（王颖）

【第五届“花”文化艺术节举办】　11月5日，昌平职业学校、区花卉协会联合举办第五届“花”文化艺术节。展区分三个部分，分别为5000平方米综合体验馆，60栋中高档温室花卉展和1700平方米的蝴蝶兰文化“梦工坊”。市民可在展区中欣赏2500余盆独特造型的菊花，500余支昌平职业学校研发的新品种蝴蝶兰及各类绿植5000余盆，绢花2500余支。此届花文化艺术节为市民准备体验环节，市民可在展区里亲身体验植物微景DIY制作、水培制作、现代花艺插花、手工制作、陶艺制作、绘画、摄影、中西面点烘焙等活动。职业学校邀请花艺大师和专业教师为市民提供全方位的指导与服务。

（张文琳）

【北京市村办园开放活动举办】　11月5日，北京市村办园开放活动在百善镇孟祖村幼儿园举行。开放活动的主要议程有：观看园所文化宣传片，了解百善镇孟祖村幼儿园善德育人与中华传统特色文化，观看3节集体教学活动，参观园所环境及班级环境。观摩园长对该园教学活动及班级环境给予肯定。全市27所幼儿园园长参加活动。

（刘冬梅）

【全国首届艺术教育研讨会召开】　11月5日，全国首届艺术教育研讨会开幕式在马池口中心小学举行。著名舞蹈家陈爱莲，著名书法家郭石夫、白续智，著名歌唱家李元华，首师大博士生导师郑莉教授以及18个省市的主管教育的领导、教师共400余人参会。会议学习艺术教育相关文件。聆听该校音乐、美术、心理、民乐校本课程等13节展示课，观看红领巾民乐团、七彩童年舞蹈团、教师乐团的节目展示。参会专家说：“马池口中心小学的艺术教育非常有特色，他们是真正的在做教育，真正的将艺术教育做实、做好。他们有很多的经验值得推广。

（左红霞）

【南口镇小学开展国学之旅活动】　11月5日，南口镇小学开展国学之旅。活动以“参观国子监游览孔庙 感受国学之渊源”为主题，整合语文、美术等学科开展实践活动。三年级结合“悦纳读书”实践活动开展《诵经典诗文做儒雅少年》主题活动，在孔庙进行“声声诵论语”朗诵活动；四年级结合“孝亲敬长 感恩同行”实践活动，以学生担任小导游的形式为同学进行讲解有关孔庙的故事，小导游活动前，根据语文、美术教师布置的实践活动要求，进行导游词的搜集、撰写和游览图的制作。三、四年级师生293人参加活动。

（王春凤）

【立德树人现场会召开】　11月11日，天通苑小学召开“弘扬中华传统美德 传承优秀民族文化”立德树人现场会。现场会由昌平区教育系统关心下一代委员会主办，天通苑小学承办。教育部机关工委常务副主任傅国亮、市关心下一代工作委员会常务副主任籍之伟、区委教育工委副书记韩文勇分别讲话，全区各中小学德育干部、学生家长等331人参加现场会。

（王学成）

【学生艺术作品展举办】　11月17日，七里渠中心小学庆祝建校七十周年庆典暨“清凌渠水育花红”学生艺术作品展在中华世纪坛中心展厅开幕。展出作品包涵书法、绘画、篆刻、雕刻、剪纸等六大类，300多幅作品，展示出学校683名孩子丰富多彩的校园生活；学校美术教师计华叶、孙红研、张旭、杨晶4人的绘画、剪纸等作品32幅也参加了展出。开幕式上，校长总结学校培养学生艺术素养，发展学生艺术特长的成果；区委教育工委书记隋彦玲致辞，副区长刘淑华宣布本次作品展开幕。区政府、区教委等单位领导、专家及本校师生、家长320人参加活动。

（刘承恩）

【首届爱学乐考闯关嘉年华活动开展】 11月17至19日，二毛学校开展首届爱学乐考闯关嘉年华活动。该活动取代每学期一次的期中考试，以学生喜欢的闯关形式展开。本次闯关嘉年华由数学、英语、艺术三个学科组成，通过闯关活动实现对学生阶段学习水平的测查。活动设置听、说、读、写等闯关环节，1–6年级学生全员参与。本次活动是对传统测评形式的变革，开辟了测评学生学业情况的新形式，得到教师、学生、家长的认可。学校语、数、英、音乐四个学科教师52人，学生1166人参加活动。

（于士洁）

【首届校园足球嘉年华活动举办】 11月18日，昌平区首届校园足球嘉年华活动在大东流中学举行。区委教育工委书记隋彦玲、区教委主任李成旺、区教育工会主席王长军、小汤山镇政府副镇长高杨、原中国国家队足球运动员李公一、原北京国安足球俱乐部足球运动员南方、昌平区10所中小学校长出席活动。出席活动的来宾共同点亮启动球宣布"昌平区校园足球联盟"正式成立。原国安运动员南方致辞。本次嘉年华活动以庙会形式举办，设足球九宫格、颠球争霸赛、桌上足球赛、球衣DIY、亲子足球、足球保龄、足球知识抢答赛、击鼓颠球、踢球超音速、运球绕桩等足球趣味项目。300余人参加活动。

（张莉）

【藏书之家评选活动举办】 11月19日，马池口镇中心幼儿园举办"藏书之家"评选活动。在各班选拔的基础上，共有18个家庭参赛；9位家长委员当评委。比赛采用现场演讲的方式进行，突出家园协作和亲子共同参与。依据该园"藏书之家"评选规则，从家庭藏书数量、幼儿书籍所占比例、幼儿独立阅读时间、亲子共读时间以及现场表述情况等方面进行评分，评出5个"最佳书香之家"、6个"最佳和谐共读奖"和7个最佳"图书收藏奖"。家长、幼儿62人参加活动。

（温丽萍）

【娃娃自助餐活动开展】 11月30日，幸福童年双语幼儿园开展娃娃自助餐活动。各班以班级为单位，自助餐以自由、自主选择为主，班级摆放节约风尚、爱惜粮食的宣传版，自助餐品种有：油焖大虾、糖醋排骨、红烧鸡翅、双色菜花、菠菜鸡蛋、三鲜包子、蒸饺、桃酥、橘子、火龙果等。380名幼儿参加活动。

（李莉）

【开放性科学实践活动开展】 11月28日、29日，昌平职业学校开展北京市初中开放性科学实践活动。北京市首批初一年级学生80人分别在该校主校区及农业文化园区体验民航安全检查活动、汽车电路喇叭与检测、种苗生产、植物组织培养、植物病虫害防治5门课程。通过体检课程，锻炼学生动手动脑和分析解决问题能力，帮助学生体验知识生成过程，并将知识应用到生活中去。

（冯舒芳）

【举办改革"更多获得感"基层行——走进昌平区集体采访活动】 12月18日，改革"更多获得感"基层行——走进昌平区集体采访活动在回龙观第二小学举办。会议听取区教委领导介绍昌平区素质教育实施整体情况以及区域经验。三位学校校长代表依次发言，该校校长郑金霞介绍学校以课程建设为路径，培育学生实施情况；大东流中心小学校长王洪燕介绍学校素质教育实施情况；马池口中学校长吴振奇介绍学校开展学生综合实践活动及综合素质提升工作成果。记者就昌平区素质教育实施总体情况对各位领导、校长进行现场提问。各大媒体记者观看该校网球操、武术操、课课练展示及特色校本课程并随机进行采访。同时，就学校发展理念、特色，"高参小、高办小"推进工作、学校应对雾霾措施等专访校长、主管、教师、学生等。媒体人员对学校的七彩阳光校本课程建设非常感兴趣并给予很高评价，同时决定将在相关报道中予以介绍推广，让全市的教育同行感受来自该校的课程文化发展，传递“阳光教育”感受。相关领导，来自北京电视台、北京教育电视台、北京人民广播电台、北京青年报、现代教育报、新华社、参考消息、腾讯网、中国教育报、新浪网、昌平电视台等多家媒体记者24人参加活动。

（赵飞）

【推进教科研部门支持中小学发展项目】 12月21日，区教委制定《昌平区教科研部门支持中小学发展项目管理办法》和《昌平区教科研部门支持中小学项目工作方案》，项目为期一年。区教师进修学校和南邵中学为首期试点单位，市财政提供项目资金200万元，区教师进修学校教研员在南邵中学兼课、做示范课和研究课，组织南邵中学教师培训、培养骨干教师，帮助南邵中学健全研修制度，并开展教育教学改革研究。发挥市、区两级教科研力量，帮助项目学校提升教师素质、课堂教学、课程建设、校园文化等软件建设，扩大优质教育资源，促进基础教育均衡发展。

（张海力）

【开展北京市幼儿园继续教育第二工作区“十二五”工作总结会】 12月23日，区教委学前教研室开展北京市幼儿园继续教育第二工作区“十二五”工作总结会。第二工作区负责人李莉进行“十二五”工作汇报。各区对自己的亮点工作分别进行汇报交流，北京市幼教师资培训中心主任李靖对各区的工作给予肯定，并对“十三五”工作提出了“绿色发展，强调共享”的新期望。延庆学前教研室主任刘彩云；怀柔学前教研室、西城研修学院、昌平学前教研室的继教负责人8人参加会议。

（崔云松）

【昌平教育年鉴十周年暨2015教育史志工作会召开】 12月23日，区教委召开《昌平教育年鉴》十周年暨2015教育史志工作会。大会以《十年磨砺 继往开来 把昌平教育史志工作推向新阶段》为题总结昌平十年史志工作并回顾2015年教育史志工作，部署2016年教育史志工作；表彰支持教育史志工作的好校长（园长）16人、昌平教育史志工作先进集体26个、先进个人50人、昌平教育年鉴优秀条目（照片）作者100人；基层学校代表南口镇小学校长徐成以《传承历史文化、彰显时代特色》为题介绍学校史志工作情况，昌平职业学校校长段福生以《坚持三个必须，推动学校史志工作持续发展》为题介绍职业学校出版年鉴、建设校史馆等史志工作；市地方志办公室副主任张恒彬出席会议并讲话，建议各级领导继续大力支持昌平史志工作，坚持质量标准突出教育特色。市教育志办主任李晓秋认为区教委领导重视、认识到位，希望昌平区教育志办在工作拓展、质量提高上下功夫，希望《昌平教育年鉴》走向全国前列；区委教育工委书记隋彦玲以《同心同德，奋发进取，努力开创昌平教育史志工作的新局面》为题，从进一步加强学习、进一步强化开发利用等方面对教育史志工作提出要求。昌平区志办、昌平电视台、昌平报记者、昌平区宣教中心、密云、延庆教育宣传中心领导及工作人员，昌平区中小学、幼儿园、直属单位党政一把手，教育年鉴组稿人260人参加会议。

（韩玉霞）

【第一届乐透冰雪季活动举办】 12月25日，延寿镇中心幼儿园举办第一届乐透冰雪季活动。副区长刘淑华，区教工委书记隋彦玲，区教委主任李成旺，延寿镇镇长李攀等领导出席乐透冰雪季开幕式，各幼儿园领导、教师代表110人参加活动。延寿镇中心幼儿园园长王维明为开幕式致辞，家长代表发言，隋彦玲在开幕式讲话，刘淑华宣布乐透冰雪季开幕。

（王欢）

【西贯市回民小学召开中国传统节日主题班会】 12月28日，西贯市回民小学召开“了解传统节日内涵，弘扬优良传统文化”主题班会。活动分别在六个年级进行，邀请化工大学学生分别走进六个年级课堂，组织学生用不同方式开展主题教育活动。低年级以传统节日“春节”为主题，围绕如何过春节、春节的习俗、春节的特色饮食等问题开展小组讨论研究；中年级以清明节为主题，以小组探究、课前调查的方式进行“清明节中活动”的探究；高年级以端午节为主题，以亲身体验、小组合作的形式对端午节的来历、习俗、活动等进行探究。学校师生176人、化工大学学生8人参加活动。

（包雪莲）

【教育执法督导检查自评报告上报工作完成】 12月，区政府教育督导室根据市政府教育督导室文件要求，联合区发改委、文化委、人力社保局、财政局、体育局以及教委相关科室，对本区贯彻执行义务教育相关法律法规和规范性文件情况以及贯彻执行《北京市实施<职业教育法>办法》情况进行自查，区政府教育督导室在相关部门自查基础上汇总撰写形成昌平区自查报告上报市督导室。

（苏凤兰）

【高校和附中、附小开展教学交流工作】 年内，区6所中小学和4所高校开展教学交流工作。高校面向附中、附小教师开展远程培训，大学和附属学校教师可共享大学图书馆资源。课程建设方面，大学帮助对口附属学校开展课程建设工作，华北电力大学外教进入附中、附小授课；华北电力附中、附小借助大学资源，开设跳绳、田径、篮球等课程。北京农学院附小开发插花、植物栽培等课程；政法大学附属学校成立辩论队和法学社团。学生活动方面，附属学校学生参加高校专家讲座、社团活动、名家讲堂、艺术演出、各项赛事等活动。改善办学条件方面，6所附中、附小利用市级项目引导资金累计达1400余万元。师资培训方面，大学向对口附属学校派送外教支持学校英语教学工作。

（张海力）

【城乡市民教育大讲堂培训工作开展】 年内，区教委继续开展“城乡市民教育大讲堂培训”活动。培训范围包括全区20个镇（街）的35个行政村和50个社区，区教委根据调研报告制定《昌平区2015年城乡市民教育大讲堂工作实施方案》。昌平职业学校培训部和成教中心（电大、农广校、社区学院）两所培训学校根据镇（街）、村、社区的前期调研情况制定培训实施计划和课程安排。培训课程内容有衍纸画、广场舞、交谊舞、葡萄酒品鉴、有机蔬菜家里种、串珠编织、果树种植等。全年共培训社区市民16424人次。

（王颖）

【做好干部选拔任用工作】 年内，区教委修订出台《昌平区教育系统领导干部选拔任用工作意见》。《意见》中对干部选拔任用程序进行具体规定，增加中层干部选任的具体程序要求，取消“年龄在男57岁、女52岁以上的干部，原则上不再担任实职，享受相当待遇（受党纪政纪处分等情形者除外）”的任职规定，明确严肃干部选拔任用“10不准”的工作纪律，提出加强干部的常态考察和任期考察的工作措施。全年对基层单位上报的拟调整的干部职务初审达到154人。拟任校级干部全部经过严格的组织考察程序，全年新任职校级干部43人，包括名校引进校级干部7人，任职中层干部54人，5名正校级干部进行轮岗交流任职。

（李海英）

【完成教师公开招聘工作】 年内，区教委面向社会公开招聘工作人员。共进行6次招聘：赴东北招聘教师25人；第1批公招拟聘用教师238人；第2批公招拟聘用教师146人；公开招聘北京市农村中小学音、体、美等学科教师49人；第3批公招拟聘用教师66人；会计招聘13人；全年共计537人。全年招聘应届毕业生366人，其中北京生源毕业生197人，非京生源毕业生169人。

（段焕文）

【开展学历培训工作】 年内，北京教育学院和区教师进修学校联合办学开展学历教育。学历班共有2013级幼儿艺术教育专科和2015级学前教育本科两个专业，共60人参加学历进修，两个专业开设幼儿教育心理学、幼儿教育管理学、幼儿体育、幼儿舞蹈等课程。12月，幼儿艺术教育专科33名毕业生顺利毕业，取得专科学历。

（刘鑫）

【开展教师资格认定工作】 年内，区教委完成教师资格认定工作。春季，师范类院校应届毕业生，即汇佳职业学院和昌平职业学校学前教育专业应届毕业生693人，集体办理直接认定。面向社会网报人数为496人，现场确认总数为470人。参加教育教学能力测试总数为462人，455人取得证书，3人补办。春季认定总数1148人。秋季，网报总数为203人，现场确认总数为184人。178人参加教育教学能力测试。秋季认定总数177人。

（任蓉）

【完成学生健康体检工作】 年内，区中小学卫生保健站对本区中小学生体检，建立学生健康档案，学生建档率100%。学生健康监测（2015年8月数据）结果显示：2014–2015学年度学生视力不良检出率为58.09%，比2013–2014学年度相比下降了2.08个百分点，其中小学生视力不良检出率下降了3.62个百分点，初中生视力不良检出率上升了2.84个百分点，高中生视力不良检出率上升了1.65个百分点。学生的肥胖检出率为17.91%，与2013–2014学年度持平；其中小学生肥胖检出率下降0.46个百分点，初中生肥胖检出率上升1.07个百分点，高中生肥胖检出率上升0.42个百分点。学生贫血检出率5.14%，比2013–2014学年度上升2.26个百分点，其中小学生贫血检出率比上一年度上升趋势不明显，初中、高中的贫血检出率比上一学年度上升明显。学生沙眼检出率为0.05%，两学年度相比下降0.09%。学生恒牙龋齿患病率为10.33%，与2013–2014学年度相比，小、初、高中学生龋患率分别下降1.48%、3.05%、2.75%。

（李媛媛）

北京交通职业技术学院

【概　况】 2015年，北京交通职业技术学院占地面积203761平方米，产权建筑面积97012平方米。图书馆建筑面积2979平方米，藏书27.52万册，其中纸质图书14.52万册、电子图书13万册。固定资产总值18727.4万元，全年教育经费投入10158.7万元，其中，国家拨款7907.5万元、自筹经费2251.2万元。拥有计算机838台，多媒体教室座位2900个，网络信息点数1640个，校园网出口总带宽120Mbps，电子邮件系统用户数0个，上网课程数30门，数字资源量7310GB，管理信息系统数据总量32GB。设有四系一部：路桥系、汽车系、管理系、轨道交通系、基础部，共18个专业。教职工总数248人，其中专任教师97人，教授级及教授级高级工程师2人，副教授级高级工程师24人，博士4人，硕士65人，外聘教师70人。毕业生701人，毕业生一次就业率95.29%，一次签约率72.18%。2015年共招生664人。高考北京地区提档线文科151分、理科150分。2015年在校生638人。

（陈晓燕）

单位名称：北京交通职业技术学院
地址：城南街道邓庄村东
电话（010）89703145
邮编：102200

【第一批教师职业教育教学能力测评工作完成】 1月14日，北京交通职业技术学院组织开展的第一批教师职业教育教学能力测评工作顺利结束。经过两个多月的报名、上交文本材料、录课、现场说课、现场评议、评委打分、结果公示等程序，共有11名教师参加了第一批测评工作，其中3名教师总评分在85分以上，达到优秀成绩，其他8名教师以合格成绩通过了本次测评。

（裴冠金）

【“温暖衣冬”活动开展】 1月，北京交通职业技术学院团委响应团市委号召，全方位、多层面开展“温暖衣冬”活动。本次活动共招募了100名志愿者，有100人携带冬衣在全国范围进行了爱心传递，并及时在新浪微博和人人网发布活动动态。本次活动鼓励青年大学生用实际行动认识社会、回报社会，积极倡导“随手微公益，传播正能量”理念，让大学生在寒假期间完成一次“快乐的微公益”行动。

（李萍）

【自主招生报名考试工作完成】 3月15日

至4月22日，北京交通职业技术学院圆满完成2015年自主招生各项工作。经过招考报名、资格审查、出题组考、阅卷评分、面试组织、录取公示等一系列环节，计划录取300人，实际录取293人，报到290人。

（胡晓艳）

【区人大领导来院调研指导工作】 3月17日，区人大副主任李春菊率队来北京交通职业技术学院进行调研。李春菊率领区人大教科文卫委主任、区人大代表联络室主任、区人大财经委主任等6人来到学院就昌平区职业教育的发展、学院发展面临的困难等问题进行了专题调研。李春菊认真听取了林海波院长的汇报，对学院教职工艰苦创业、锐意进取的工作精神给予充分肯定。她表示，区人大将持续关注学院发展中存在的困难和问题，呼吁政府进一步加大对高等职业教育的支持力度，全力保障职业教育的健康发展。会后，与会领导参观考察了学院的旅游及物业实训室、轨道交通实训中心、路桥实训中心、工程造价实训室等，对学院在切实培养学生职业技能、提高学生综合素质等方面给予了高度的肯定和评价。

（陈晓燕）

【承办2015年全国计算机等级考试】 3月28日，北京交职业技术学院承办全国计算机等级考试。共有181人分别参加了一级计算机基础及MS office应用，二级Access数据库程序设计，二级C++语言程序设计，二级MS office高级应用，二级VB程序设计等项目的考试。

（王慧珍）

【电工技能竞赛举行】 3月至6月底，北京交通职业技术学院城规系举行第三届地铁文化节之电工技能竞赛。电子竞赛作为城轨系地铁文化节的重头戏，吸引了2013级、2014级机电设备维修与管理专业、机电一体化技术专业、城市轨道交通控制专业、城市轨道交通车辆专业200多名学生参赛。参赛选手经过初赛、复赛，2人获得一等奖，3人获得二等奖，4人获得三等奖。

（刘亚磊　蒋志杰　杜洋　李森）

【与三一重能洽谈校企合作】 4月9日，北京交通职业技术学院前往北京三一重型能源装备有限公司洽谈校企合作项目。三一重能公司就人才需求、岗位需求、人才晋升、企业文化、任职要求、所需的职业技能和各岗位的具体工作内容等进行了详细了介绍。双方就机电一体化专业冠名“三一订单班”及班级招生人数等达成了协议，同时就校企合作后的人才培养方式、课程建设等方面取得了初步一致，为接下来进一步深度合作打下了坚实基础。

（刘亚磊）

【在全国大学生英语竞赛中喜获佳绩】 4月12日，北京交通职业技术学院参加2015年全国大学生英语竞赛（NECCS）获得了北京赛区高职高专组一个一等奖，三个二等奖，六个三等奖的好成绩。全国大学生英语竞赛是经教育部批准，由高等学校大学外语教学指导委员会和高等学校大学外语教学研究会联合主办，是全国性大学英语学科竞赛，旨在贯彻落实教育部关于大学英语教学改革精神，促进大学生英语水平的全面提高，激发学生学习英语的兴趣，鼓励英语学习成绩优秀的大学生。本次比赛学院派出2013级和2014级共66名学生参加比赛。

（宋雪莲）

【第十届心理健康文化节举办】 4月至5月，北京交通职业技术学院举办第十届“5.25”大学生心理健康节。本次心理健康文化节以“为爱点赞，为青春担当”为主题，主要包括开幕式、心理健康系列专题讲座、心理情景剧展演、学生心理素质拓展训练、心理健康主题班会、摄影故事征集大赛 、“父爱如山，母爱如水—为家庭点赞”微电影大赛 、“爱的说明书”微绘本大赛、大学生“宿舍心晴”创意大赛、心理电影放送等系列活动，提升大学生的心理素质，为大学生营造一个积极乐观、和谐向上的校园文化氛围。

（王丽红）

【地铁车辆塞拉门安装与调试竞赛举办】 4月至6月，北京交通职业技术学院举行了地铁车辆塞拉门安装与调试竞赛活动。此次竞赛共有

13级、14级车辆专业6个参赛队18名学生参加，产生一等奖两个队，二等奖两个队，三等奖两个队。

（刘亚磊）

【参加2015年北京市高等职业职院校技能大赛】 5月9日至17日，北京交通职业技术学院组织优秀学生参加2015年北京市高等职业院校技能大赛。本次大赛该学院共派出7名学生参加了中餐主题宴会设计、导游服务(中、英文)、英语口语三个分赛项目，学生们在指导教师的带领下刻苦训练，在比赛中分别获得了三等奖，“中餐主题宴会设计”赛项获奖学生还被推荐代表北京市参加全国高等职业院校技能大赛。

（苏亚茹）

【在学生田径运动会中再创佳绩】 5月14至17日，北京交通职业技术学院参加首都高校第53届学生田径运动会获得好成绩。本届运动会是由北京市教育委员会、北京市体育局联合举办，北京市大学生体育协会和北京体育大学承办，是首都高校一年一度的体育盛会，来自全市69所高校参加了该次比赛。该院学生运动员们在赛场上勇于拼搏、团结协作，充分展示了学院的体育道德风貌和体育竞技风采，最终获得丙组男女团体第一名，男子团体第一名，女子团体第七名的好成绩，个人奖项斩获7金、4银、3铜的佳绩。

（宋雪莲）

【推荐优秀学子升入本科阶段学习】 5月中旬，北京交通职业技术学院32名学生通过了北京市专升本考试，录取率达到新高。该院2015级15个专业共有62名同学报名参加了2015年北京市专升本考试。在各系部师生的共同努力下，5月中旬公布结果中，该院有11个专业共计32名学生被北京建筑大学录取。

（裴冠金）

【区武装部领导来院指导征兵工作】 6月3日，区委常委、武装部政委韩义和武装部副部长黄磊来到北京交通职业技术学院指导和调研征兵工作。会上，学院领导就学院的基本情况和今年征兵工作做了汇报，并对近年来学院征兵工作取得的成绩和工作中存在的问题进行了分析。韩义认真听取了汇报，对学院在征兵工作中不怕困难、积极进取的工作精神给予充分赞扬。他表示，区武装部将持续关注高校征兵过程中存在的困难和问题，呼吁教育部门进一步加大对大学生参军入伍的支持力度，与学院共建国防教育长廊，全力保障国防教育和征兵工作的健康发展。

（董帅）

【第四届就业法规大赛举办】 6月18日，北京交通职业技术学院举行第四届就业法规大赛。大赛以“学习就业法规，提升就业能力”为根本宗旨，通过任课教师的前期课程讲授和有针对性地辅导，2014级学生共派出10支代表队参赛，通过基础题、进阶题和风险题三个环节的激烈角逐，最终2014级工程造价（2）班代表队摘得桂冠。

（宋雪莲）

【英语应用能力考试工作结束】 6月至12月，北京交通职业技术学院顺利举办了两次“高等学校英语应用能力考试”，该校2012级、2013级和2014级学生参加了考试。经统计，该院A级报名人数499人；B级报名人数1301人，共设64个考场，130多位教师参与了考试工作，确保了该院高等学校英语应用能力考试的圆满完成。

（王文丽）

【暑期社会实践活动开展】 7月17日，北京交通职业技术学院城轨系举行了以“地铁安全行、责任在心中”为主题的暑期社会实践活动。本次活动主要是深入北京地铁昌平线朱辛庄车辆段检修中心，调查和学习保障地铁安全高效运行的车辆段检修工作任务，熟悉车辆检修工作的工作性质和特点，强化学生的安全责任意识，为将来更好地适应岗位工作奠定基础。共有2014级车辆专业10名学生参加了此次活动。

（刘亚磊）

【荣获教学名师奖】 7月，北京交通职业技术学院王艳红老师荣获第十一届北京市高等学校教学名师奖。本次评选经过了学校推荐、课堂教学录像评价、现场教学观摩课评价、评审专家组评议、评审委员会投票、市教委审核并公示等环节，共有84名教师入选获奖。王艳红教师是该院建筑工程技术专业的专业带头人，承担该专业核心课程教学任务，努力探索教育教学规律，在引领教学内容、方法和手段改革、创新课程教材和教学模式、创建合理教学梯队等方面做出了突出成绩。

（黎妮）

【大学生暑期社会实践活动开展】 8月，北京交通职业技术学院开展了以“启航梦想·智造未来”为主题的暑期实践活动。本次实践活动共组建了5支实践团队，每支团队设2名指导老师，每支队伍参与人数均在13人左右。暑期中，各团队在指导老师的带领下积极参与实践，撰写实践报告，通过活动引导学生在社会实践中“受教育、长才干、做贡献”，实现促进学生成长、服务基层发展双向受益。

（李萍）

【学院青年教师荣获教学能手大赛二等奖】 9月19日，北京交通职业技术学院宋雪莲老师参加北京市高职院校思想政治理论课青年教师教学能手大赛获得二等奖。本次大赛由市委教育工委主办，北京高职德育研究会承办，7月至9月进行全市初赛选拔，9月19日，来自13所高职院校的25名教师齐聚北京财贸职业学院参加决赛。专家评委从教学目标、教学内容、教学过程、教学方法与手段、教学效果等方面，结合选手的现场表现进行打分。经过专家评议，共评出一等奖2项，二等奖6项，三等奖17项，优秀组织奖3项。

（宋雪莲）

【征兵工作圆满完成】 9月，北京交通职业技术学院圆满完成征兵工作。通过动员宣传、登记、初审、体检、政审、定兵等环节，共有33名同学以过硬的身体条件，全优的政审结果，光荣从该院参军入伍。

（董帅）

【组织提升教学能力系列活动】 9月至11月，北京交通职业技术学院组织开展了“新教师课堂教学能力提升与展示”系列活动。本次活动主要包括：近三年入职新教师工作会、关注教师成长活动、新老教师课堂教学研讨会、新教师课堂教学能力展示会、加强新教师课堂教学基本功检查等五项内容。通过组织系列活动为新教师提供课堂教学展示和个性化辅导的机会，教师们交流课改的实践经验，分享课改的收获，全面提高教师的教育教学水平。本次活动共有42名教师参加。

（陈佳毅）

【在秋季学生田径运动会中再创佳绩】 10月17至18日，北京交通职业技术学院参加了2015年首都高校第七届秋季学生田径运动会获得丙组男子团体第一名，男女团体第四名的好成绩，斩获6金、2银、3铜的佳绩。本届运动会是由北京市教育委员会、北京市体育局联合举办，北京市大学生体育协会和北京工业大学耿丹学院承办，是首都高校一年一度的体育盛会，来自全市47所高校参加了该次比赛。

（宋雪莲）

【2015级新生军训闭营式举行】 10月23日，北京交通职业技术学院在盛华军训基地举行了2015级新生军训闭营式。本次军训为期十四天，磨炼了学生们的意志，增强了集体荣誉感，并让学生们逐渐养成良好的生活习惯。军训基地领导对该院学生的训练给予了高度赞扬，充分肯定了这次军训成果，评选出了90名优秀学员并为学员代表颁发了荣誉证书。参加本次军训共有627名新生。

（武桂云）

【参加高职高专英语写作比赛获得佳绩】 11月15日，北京交通职业技术学院参加了第六届“外研社杯”全国高职高专英语写作大赛北京赛区比赛。本次大赛由教育部职业院校外语类专业教学指导委员会和外语教学与研究出版社共同主办，共有来自北京地区20所院校的47名选手参加比赛。该院两名学生在比赛中表现突出，获得北京赛区三等奖。

（宋雪莲）

【无偿献血工作完成】 11月18日，北京交通职业技术学院组织师生进行无偿献血活动。本次献血活动师生们积极响应，共有187名师生报名并参加体检，经过严格的检查，共有159名师生献出32000ml血液，充分体现出了学院师生乐于奉献、互帮互爱、积极向上的良好风气。

（李萍）

【学院心理咨询室建设完成】 11月，北京交通职业技术学院心理咨询室建设完成。主要涵盖心理咨询、团体辅导、沙盘游戏、心理减压、心理测量、预约接待等功能，引进多种心理专业设备，改善了学院心理健康教育的硬件设施，为大学生心理健康教育创设了良好的环境。

（王丽红）

【成为第一批BIM等级考试考点院校】 12月12日，北京交通职业技术学院顺利完成了第七期“全国BIM技能等级考试”一级考试的工作。BIM技能等级考试是中华人民共和国人力资源和社会保障部教育培训中心和中国图学会联合举办的全国性技能认证考试，是国内唯一由官方许可并且组织的考试，该院是第一批获得BIM技能等级考试考点的职业院校。该院在11月5日至7日举行了全国BIM应用技能师资培训班，共有来自国内31所院校及行业单位的61人参加了本期的培训，为申请BIM等级考试考点，扩大在行业内的影响奠定了基础。

（郝焱）

【联合慰问南口敬老院】 12月19日，北京交通职业技术学院青协与城南社区青年汇的志愿者共同前往南口敬老院，用实际行动宣传志愿服务精神，共同关爱老人，传递爱心。志愿者们为老人擦洗门窗，陪老人下棋等，细心周到的服务赢得了老人们的赞誉，通过活动使志愿者们更加了解了关爱老人、照顾老人是当代大学生应尽的义务和责任，这不仅能够帮助老人们减少内心的孤独，而且还能让志愿者们有心灵的回馈。

（李萍）

【完善城轨实训中心建设】 12月，北京交通职业技术学院城轨实训中心完成升级改造。经过前期的调研、规划以及为期半年的建设，城轨实训中心完成了城市轨道交通车门、屏蔽门、道岔及信号系统、车辆运行软件等设备的调试与安装，改造了轨道交通综控室，铺设了大厅地面等。建设完成后，能够让学生更加直观地认知城轨行业设备，快速适应城轨工作要求，成长为适应企业发展需求的技能人才。

（刘亚磊）

沙河高教园区

【概 况】 2015年，北京沙河高教园区管委会（简称“沙河高教园”）以开展“三严三实”专题教育为契机，充分发挥职能作用，进一步加快高校新校区建设，完善配套服务设施功能，强化服务意识，全力推进沙河高教园区建设。年内完成投资20.24亿元，实现开复工111.61万平方米。其中：五所高校完成投资6.24亿元，实现开复工面积39.83万平方米；市政基础设施及公共配套服务设施完成投资14.00亿元，实现开复工面积71.78万平方米。

一是高校新校区建设有序推进。中央财经大学、北京航空航天大学、外交学院运转正常，北京邮电大学正式投入使用；北京师范大学沙河校区开展G18地块建设。二是市政基础设施建设逐步完善。配套教育周边道路完成路面施工并具备通行条件，北三街开展分段建设，顺沙路改建工程进行开工前各项准备工作。三是拆迁安置补偿工作艰难开展。年内主要开展北邮一期范围内的松兰堡非住宅扫尾及北师大G18地块范围内的剩余住宅及小寨村剩余住宅的拆迁工作。农机试验站新址办理征地前期相关手续并开展各项准备工作。四是配套住宅及公共服务设施加紧进行。二期（一）项目教师安置用房51万平方米主体已建设完成并基本具备竣工验收条件，农民搬迁楼建设进一步加快，智能安全监控设施完成施工，公交场站加紧办理各项手续，学府公园工程形象进度完成80%以上。

（熊玉川）

单位名称：北京沙河高教园区管委会
地址：顺沙路中央财经大学东侧
电话：（010）80761647
邮编：102206

【园区建设】 年内，各级领导对园区建设高度重视。5月21日、9月10日，市委副秘书长郭广生到高教园区调研，研究协调高教园区建设有关问题；区领导张燕友、孙启、孙卫、刘淑华多次召开专题会协调解决园区建设中遇到的困难。

（熊玉川）

【高校新校区建设有序推进】 年内，中央财经大学、北京航空航天大学、外交学院、北京邮电大学沙河校区已投入使用，入住师生逾2万人。中央财经大学图书馆项目进行了室内外装修，体育场、学生宿舍项目建设完成并投入使用；北京航空航天大学公共实验楼组团3二期完成施工，组团4主体施工；北京师范大学G-18地块教学楼、食堂、学生公寓及教学服务楼等完成结构封顶；北京邮电大学沙河校区于9月正式启用，先期入住师生约3000人。

（熊玉川）

【拆迁工作开展】 年内，主要开展松兰堡非住宅、满井东村和农机试验站的拆迁工作。松兰堡非住宅拆迁共计12处，有7处签订拆迁补偿协议，2处正在进行合同预审，3处正在协商中；满井东队年内新签约3户；针对小寨村拆迁，高教园区在有关镇村的支持下制定了拆迁工作方案，正在入户谈判；农机试验站搬迁工作取得了立项批复，新址征地一期取得了项目备案、普测报告、规划条件、钉桩成果、土地权属审查报告，正在市国土局办理用地预审工作。新址征地二期取得了项目备案、普测报告，正在办理规划条件，沙河高教园区与南邵镇政府和百善镇政府正在积极协商，开展征地前的准备工作。

（熊玉川）

【市政基础设施建设工作】 年内，完成了西三路、西四路、西五路、八号路、南三街部分路段路面工程施工；顺沙路改建工程完成拆改移工作；北三街南丰路至东一路路段南半幅基本建成，南丰路至回昌路路段正在开展南半幅道路的建设工作；顺沙路与回昌路接驳工程正在施工。园区内规划市政道路26条约48公里，除中部部分路段尚未开工建设外，其余道路已基本建成，总长度约30公里。

（熊玉川）

【配套住宅及公共服务设施工作】 年内，农民搬迁楼18号、19号楼完成主体施工，9号、29号楼进行规划调整；二期（一）教师安置房项目已基本具备竣工验收条件，计划2016年6月入住使用；园区交通科技及治安监控项目已基本完工，待决算完毕后移交公安、交通部门；G-5公交场站取得了用地预审，规划选址意见书，正在办理立项、环评、水保等手续；中小学、幼儿园周边的学府公园工程完成了花卉灌木、地被及草坪、乔木的种、移植工作，修建了公园管理用房及配套用房，工程形象进度完成80%以上。

（熊玉川）

北京农学院

【概　况】 2015年，学校占地75.67万平方米，建筑面积（含学校产权建筑面积、非产权建筑面积）24.27万平方米、非产权建筑面积9.71万平方米。资产总值115756.24万元，其中教科仪器设备资产值38925.50万元。全年教育经费投入67101.41万元，其中，国家拨款56502.54万元和自筹经费10598.87万元。有计算机数4143台。学校信息化经费投入693.76万元，拥有多媒体教室座位个数7590个，信息化设备资产7661.35万元，网络信息点数5911个，校园网出口总带宽1600Mbps，电子邮件系统用户数13262个，上网课程数4986门，数字资源量6454GB，管理信息系统数据总量2620GB。校区设置 10 个学院，4 个教学部及继续教育学院。开设专业数 30 个及覆盖学科数 7 个；具有一级学科数 7 个，一级学科博士点 0，博士学位授权点数 0，硕士学位授权点数 26 个和专业学位授权点数 14 个；博士后流动站数 1，其中，博士后研究人员出站 0、进站 0 和在站人数 0。国家重点学科 0、北京市重点学科数 5 个、部级重点学科数 0；国家级研究 0、实验机构 0 及其构成，国家重点实验室数 0。教职工总数 1224 人，其中，专任教师数 501 人，包括教授 104 人、副教授数 210 人；有博士生导师 13 人和硕士生导师数 367 人；中科院院士 0 和工程院院士数 0。有“长江学者奖励计划”特聘教授 0、国家有突出贡献专家 0、享受政府特殊津贴专家 6 人；教育部高等学校教学指导委员会成员 3 人等国家级专家及其构成。外籍教师数 6 人，其中，教授 0 人、副教授 0 人。毕业学生总数及其构成。招收学生总数及其构成。在校学生总数及其构成。本科毕业生就业率 97.6%，高考北京地区本科提档线理科 511、文科 548。留学生毕业、招生和在校生总数及其构成。图书馆建筑面积 15997 平方米，馆藏纸质文献 79.25 万册、电子文献 26 万种。学校网址 www.bua.edu.cn。

各类学生数据根据上报市教委发展规划处的《高等教育基层统计报表》统计项目，以 2015 年 10 月 27 日数据为准。具体格式如下：毕业生 2132 人，其中，学历教育学生中全日制研究生 205 人（博士生 0 人、硕士生 205 人、研究生班 0 人），普通本专科生 1835 人（本科生 1457 人、专科生 378 人），成人教育本专科生 92 人（本科生 48 人、专科生 44 人），网络教育本专科生 0 人（本科生 0 人、专科生 0 人）；非计划招生高等教育学生中在职人员攻读博士硕士学位 83 人（博士生 0 人、硕士生 83 人），研究生课程进修班 0 人。招生人 2468 人，其中，学历教育学生中全日制研究生 268 人（博士生 0 人、硕士生 268 人、研究生班 0 人），普通本专科生 2066 人（本科生 1653 人、专科生 413 人）、成人教育本专科生 134 人（本科生 84 人、专科生 50 人），网络教育本专科生 0 人（本科生 0 人、专科生 0 人）；非计划招生高等教育学生中在职人员攻读博士硕士学位 117 人（博士生 0 人、硕士生 183 人），研究生课程进修班 0 人。在校生 8701 人，其中，学历教育学生中全日制研究生 588 人（博士生 0 人、硕士生 588 人、研究生班 0 人），普通本专科生 7663 人（本科生 6344 人、专科生 1319 人），成人教育本专科生 450 人（本科生 275 人、专科生 175 人），网络教育本专科生 0 人（本科生 0 人、专科生 0 人）；非计划招生高等教育学生中在职人员攻读博士硕士学位 586 人（博士生 0 人、硕士生 486 人），研究生课程进修班 0 人。留学生毕业 0 人，招生 0 人，在校生 0 人。（2015 年有短期留学交换生 25 人）

单位名称：北京农学院
地址：回龙观镇北农路 7 号
电话：（010）80794134
邮编：102206

【1 个项目获得国家科技进步奖二等奖】 1 月 9 日，2014 年度国家科学技术奖励大会在北京人民大会堂举行。由农学院教授王绍辉、研究生孙宏贺参与完成的“西瓜优异抗病种质创制与京欣系列新品种选育及推广”喜获 2014 年国家科技进步奖二等奖。该项目实施以来，培育出北京市或国家审定品种 3 个，获得植物新品种权 1 项、发明专利 2 项，发表论文 53 篇，其中 SCI 论文 9 篇，西瓜基因组论文在《自然遗传学》（IF 35.5）上发表。通过与“京研”种业企业合作，累计销售京欣系列西瓜良种 45 万斤，创产值 1.12 亿元，名列国内蔬菜种苗企业前茅。

（王磊）

【应邀参加 2015 中国丝绸之路文化年活动】 1 月 25 日，农学院副教授侯芳梅应邀参加 2015 中国丝绸之路文化年——暨“丝绸之路文化遗迹救助保护基金会”启动仪式相关活动，并为参加此次活动的文化、艺术及佛教界的专家学者们进行了中国插花艺术表演。

（王磊）

【获北京市科学技术奖】 2月27日，市科学技术奖励大会暨2015年北京市科技工作会议在北京会议中心召开，中共中央政治局委员、北京市委书记郭金龙，市长王安顺等领导出席大会并为获奖代表颁奖。农学院共有3个项目获得2014年度北京市科学技术奖，其中二等奖1项（参加）、三等奖2项（主持1项、参加1项）。

（王磊）

【荣获“全国精神文明单位”称号】 2月28日，在全国精神文明建设工作表彰大会上，农学院被中央精神文明建设指导委员会授予第四届全国文明单位荣誉称号。

（王磊）

【当选“首都十大教育新闻人物”】 3月1日，“首都十大教育新闻人物颁奖典礼”在北京电视台科教频道播出。农学院刘克锋在内的10位教育工作者获得2014年度荣誉称号。

（王磊）

【荣获“首都文明单位标兵”称号】 3月，首都精神文明建设委员会下发了《关于表彰2012—2014年度首都精神文明创建工作先进单位的决定》，农学院被授予“首都文明单位标兵”荣誉称号。

（王磊）

【荣获国家级实验教学示范中心】 3月，教育部下发《关于批准北京工业大学电子信息与电工技术实验教学中心等80个国家级实验教学示范中心的通知》，农学院“动物类实验教学中心”获批。

（王磊）

【入选2014年享受政府特殊津贴人员】 4月，经国务院批准，市人力资源与社会保障局下发了《关于公布2014年北京市享受政府特殊津贴人员名单及做好有关工作的通知》（京人社专家发[2015]75号），农学院范双喜教授确定入选2014年享受政府特殊津贴人员。

（王磊）

【荣获中央综治委平安校园建设优秀成果三等奖】 9月，中央综治委校园安全专项组公布了第二届平安校园建设优秀成果评选结果，农学院通过北京市上报的“搭建网络安全教育平台，创建学生安全教育新模式”荣获优秀成果三等奖。

（王磊）

【京津冀农林高校协同创新研讨会举办】 11月21日，来自京津冀地区的中国农业大学、北京林业大学、北京农学院、北京农业职业学院、天津农学院、河北农业大学、河北北方学院、河北科技师范学院、石家庄学院9所农林高校的校领导及各校相关部门负责人90余人紧紧围绕京津冀协同发展战略背景下三地农林高校的协同创新与发展问题进行深入探讨。

（王磊）

【荣获2015年北京高校青年教师社会调研优秀成果奖】 12月，2015年北京高校青年教师社会调研成果评审结果揭晓，农学院报送的多篇报告获奖，其中一等奖五篇，二等奖四篇，同时学校获得“优秀项目申报先进校”称号。

（王磊）

中国石油大学（北京）

【概　况】 2015年，中国石油大学（北京）（简称“石油大学”）面积36.41万平方米，建筑面积48.47万平方米。固定资产总值157924.42万元，其中教科仪器设备资产值68483.53万元。设有11个学院（部）以及提高采收率研究院、非常规天然气研究院、新能源研究院、中国能源战略研究院4个直属研究院，开设本科专业27个，拥有11个博士授权的一级学科，45个博士点，11个博士后流动站；33个硕士授权的一级学科，151个硕士点；4个专业硕士学位授予权，工程硕士授权点涵盖20个工程领域；拥有5个国家重点学科、2个国家重点（培育）学科、7个北京市重点学科。现有教职工1389人，专任教师892人；在专任教师中，具有博士学位的教师占74.4%。专任教师中有海外（境外）学习经历累计一年以上的98人。教授232人，副教授317人，其中博士生导师225人。现有中国科学院院士2人，中国工程院院士2人，双聘院士5人，中组部“千人计划”入选者4人，“长江学者”特聘教授9人，国家杰出青年基金获得者9人，国家“973”项目首席科学家5人，国务院学位委员会学科评议组成员4人，国家级教学名师1人，全国优秀教师4人，入选“新（跨）世纪百千万人才工程”国家级人选8人，教育部“长江学者和创新团队发展计划”创新团队3个，国家级教学团队3个，北京市优秀教学团队6个。聘用外籍教师11人，其中，教授4人。毕业生15514人，其中，学历教育学生中全日制研究生1911人（博士生180人、硕士生1731人），普通本科生1865人，成人教育本专科生3176人（本科生1661人、专科生1515人），网络教育本专科生8562人（本科生3377人、专科生5185人）；非计划招生高等教育学生中在职人员攻读硕士学位363人。本科一次就业率为91.73%，研究生一次就业率为95.28%。招生14673人，其中，学历教育学生中全日制研究生2248人（博士生278人、硕士生1970人），普通本科生1973人，成人教育本专科生1633人（本科生921人、专科生712人），网络教育本专科生8819人（本科生4091人、专科生4728人）。在校生34584人，其中，学历教育学生中全日制研究生6680人（博士生1142人、硕士生5538人），普通本科生7714人，成人教育本专科生3176人（本科生1444人、专科生1732人），网络教育本专科生17014人（本科生7296人、专科生9718人）。留学生毕业155人，招生138人，在校生637人。

（许博）

单位名称：中国石油大学（北京）
地址：城北街道府学路18号
电话：（010）89733256 89733062
邮编：102200

【教师首次入选创新人才推进计划】 3月，科技部公布2014年创新人才推进计划入选名单，石油大学金衍教授入选2014年创新人才推进计划中青年科技创新领军人才。

（许博）

【第五届中国石油工程设计大赛举办】 5月23日至24日，第五届中国石油工程设计大赛在石油大学举办。来自国内外49所高校及科研院所的3772支队伍报名参加，共提交有效作品1063份。经过各分赛区初审、复审，选出58支优秀团队入围全国总决赛，参加现场答辩。本届大赛共产生卓越杯1组、一等奖20组、二等奖37组、三等奖192组、鼓励奖239组、成功参赛奖579组；同时产生团体总分奖3个、优秀组织奖4个、优秀指导教师46名、先进个人13名。

（许博）

【接受教育部巡视】 5月，教育部巡视组对石油大学进行了为期5周的驻校巡视。巡视组的主要工作方式为听取汇报、列席有关会议、个别谈话、召开座谈会、调阅资料、问卷调查、接受来信来访听取意见建议等。巡视结束后，巡视组向学校反馈了巡视意见。针对教育部巡视组指出的突出问题和提出的意见建议，学校党委召集会议研究，把巡视组反馈的问题和提出的意见建议分解成了31个具体问题和5条具体建议，据此制订了学校《2015年巡视工作整改方案》和《整改工作台账》，包括5个方面共45项整改任务。截至年底，已完成或已落实整改任务39项，部分完成或正在进行的2项，未完成4项。

（许博）

【承办全国大学生机器人大赛华北赛区赛事】 5月30日至31日，Robo Masters 2015全国大学生机器人大赛华北赛区比赛在石油大学举行。全国分区预选赛分六个赛区进行，其中，华北赛区有参赛队伍24支，参赛师生近300名。大赛采取战车对抗的比赛形式，参赛队伍通过自行设计制造多种机器人进行射击对抗，完成指定任务，由比赛裁判系统判定比赛胜负。太原工业学院火线队TITF、中国石油大学（北京）SPR机器人队、山东科技大学Smart Robot队分别获得华北赛区冠、亚、季军。

（许博）

【大学章程核准生效】 6月，教育部发布《中华人民共和国教育部高等学校章程核准书》（第79号），对《中国石油大学（北京）章程》予以核准公布。这标志着《中国石油大学（北京）章程》已产生法律效力。《中国石油大学（北京）章程》分为序言和正文两大部分。正文部分包括总则、学校基本职能、治理结构、学生、教职工、办学条件与保障、学校标识与校庆日、附则等9章，共计100条，章程全文9700余字。自6月26日起生效，未经法定程序不得修改。

（许博）

【大学生创新创业教育中心揭牌成立】 11月16日，石油大学大学生创新创业教育中心揭牌成立。新东方教育集团董事长俞敏洪，石油大学校长张来斌为中心揭牌。2000多名师生参加仪式。

（许博）

【“973计划项目”通过验收】 11月23日，石油大学负责的973项目“中国西部叠合盆地深部油气复合成藏机制与富集规律”通过科技部验收评审。

（许博）

【新增1名中国工程院院士】 12月7日，石油大学教授李根生当选为中国工程院院士。李根生发表学术论文75篇（被SCI/EI收录45篇次），合作出版专著2部，主编教材1部；获授权国家发明专利18件、美国专利1件，登记国家计算机软件著作权10项；获国家技术发明二等奖1项、三等奖1项，国家科技进步二等奖2项，省部级科技进步一等奖7项、技术发明一等奖1项，中国专利优秀奖1项。

（许博）

【克拉玛依校区揭牌成立】 12月10日，石油大学克拉玛依校区揭牌。新疆维吾尔自治区党委常委、自治区副主席艾尔肯·吐尼亚孜，教育部民族教育司司长毛力提·满苏尔，克拉玛依市委书记、市人大常委会主任陈新发，石油大学校长张来斌为校区揭牌。校区是教育部直属“211”高校。截至年底，校区已建成教学楼、学生宿舍、学生餐厅、学员公寓、体育馆、实训厂房等设施，计划于2016年面向全国招生，9月正式开学。

（许博）

【2名青年教师入选北京市科技新星计划】 12月，市科委公布了2016年北京市科技新星计划入选人员名单，石油大学教师商烁、王雅君入选该计划，分别获得计划A类和B类资助。

（许博）

【石油科学通报获批创办】 12月，石油大学获国家新闻出版广电总局批复创办《石油科学通报》。《石油科学通报》由教育部主管，石油大学为主办单位，清华大学出版社有限公司为出版单位，国内连续出版物号为CN10-1405/TE，是公开发行的大16开中文季刊。

（许博）

【获得国家自然科学基金资助项目】 年内，石油大学共有94个项目获得国家自然科学基金资助，资助经费达到6167.1479万元。

（许博）

中国政法大学

【概　况】 2015年，中国政法大学（简称“法大”）校园面积为446108.5平方米、建筑面积为469512平方米，学校教育经费投入105867.84万元。其中国家拨款67993.92万元、自筹经费37873.92万元；固定资产总值累计15.52亿元，其中，教学、科研仪器设备资产值1.83亿元；图书馆建筑面积24050平方米，藏书267.2万册，其中，纸质图书223.2册、电子图书44万册；全年信息化经费投入230万元，至今拥有计算机（教学）1632台、多媒体教室255间、信息化设备资产7724.682万元、网络信息点数14638个、校园网出口总带宽3000Mbps、电子邮件系统用户数15180个、上网课程数13门、管理信息系统数据总量107691GB。

学校设置法学院等18个教学单位、诉讼法

学研究院等11个在编科研机构、资本金融研究院等3个新型研究机构、司法文明协同创新中心等7个协同创新中心；设有23个专业、34个博士学位授权点、78个硕士学位授权点、5个专业硕士学位授权点，具有3个博士学位授权一级学科、13个硕士学位授权一级学科、1个一级学科国家重点学科、1个一级学科北京市重点学科、3个二级学科北京市重点学科、2个交叉学科北京市重点学科、14个校级重点学科、12个交叉学科建设项目；设有3个博士后科研流动站，全年博士后研究人员出站16人、进站37人和在站129人；具有国家级法学教育实践基地1个、国家人权教育与培训基地1个、国家级司法鉴定机构1个；现有教职工1662人，其中，教师951人，教学科研岗位教师中教授301人，博士生导师192人、硕士生导师806人，有博士或硕士学位的比例达89.58%，现有累计“长江学者奖励计划”特聘教授2人、享受政府特殊津贴专家44人、“全国杰出资深法学家”5人、“全国十大杰出青年法学家”9人，入选国家“千人计划”1人、新（跨）世纪百千万人才工程3人、教育部“新世纪优秀人才支持计划”37人，有教育部青年教师奖获得者2人、国家级教学名师奖获得者1人、宝钢优秀教师奖获得者16人、“长江学者和创新团队发展计划”创新团队1个。

学校现有全日制在校生15833人，其中本科生8727人，研究生6110人，留学生996人。2015年全日制毕业生人数4028人，其中全日制研究生2026人，普通本科生2002人，截至2015年10月31日，毕业生就业落实率为96.35%。

（陈泉廷）

单位名称：中国政法大学
地址：城北街道府学路27号
电话：（010）58909038
邮编：102200

【入选2013、2014年度长江学者特聘教授】 1月16日，法大刑事司法学院教授于志刚被聘为2013、2014年度长江学者特聘教授。法大先后有罗纳德·J·艾伦当选为长江学者讲座教授，赵旭东、于志刚2人当选为长江学者特聘教授。

（陈泉廷）

【Cupler合唱团参加央视《2015合唱春晚》】 2月21日，由法大学子组建的Cupler合唱团以《万物生》、《Bang Bang》、《Seasons of Love》3首歌曲参加中央电视台音乐频道特别节目《2015合唱春晚》的首播。《2015合唱春晚》由演艺明星和来自不同地区的20余支合唱团合作表演，是央视于春节贺岁档期间推出的接地气的群众联欢类节目。

（陈泉廷）

【中国政法大学附属学校正式挂牌成立】 3月2日，法大与区前锋学校合作共建的“中国政法大学附属学校”揭牌仪式在前锋学校隆重举行。法大校长黄进、副校长马怀德和区政府副区长刘淑华、区教育工委书记隋彦玲、区教委主任李成旺、前锋学校校长李小奇等出席仪式。前锋学校共有教职工268人、学生2500余人。

（陈泉廷）

【发布《中国司法文明指数报告2014》】 3月2日，《中国司法文明指数报告2014》新闻发布会在法大学院路校区举行。《中国司法文明指数报告2014》通过对9个省市司法文明状况进行实地动态监测，从普通人的视角，调查和评估可能影响人民群众日常生活的司法文明状况，展现司法文明程度的综合指标，以直接调查数据为基础，用直观图形呈现出来，反映了普通民众和法律职业群体对本地司法文明发展的满意程度。

（陈泉廷）

【扩大博士研究生招生“审核录取制”试点范围】 3月27日至4月1日，法大举行2015年博士研究生招生考试，在前两年试点的基础上，扩大博士研究生招生“申请审核制”的试点范围，共8个学院的12个专业开展试点，最终录取116人，占总招生计划的比例近50%。

（陈泉廷）

【建立国内首个制度学研究中心】 4月12日，

国内第一个以制度为研究对象的学术研究机构——中国政法大学制度学研究中心成立仪式暨制度学理论研讨会在法大学院路校区举行。该中心主要进行法治制度研究、制度理论探讨、制度体系构建等方面的研究。中心主任由中国政法大学副校长李树忠担任。

（陈泉廷）

【法大学子参加全国大学生文艺汇演】 5月4日，由中宣部、教育部、团中央联合主办，中央电视台承办的“五月的鲜花”全国大学生文艺汇演——《梦想点亮未来》在央视综合频道首播。由法大团委选送的器乐说唱节目《从我做起》作为“修德”板块的第一个作品，以“构建节约型社会”为创意主题，通过青春洋溢的舞台表演，展现了当代大学生以身作则、积极践行社会主义核心价值观的昂扬风貌。

（陈泉廷）

【获第九届北京高校青年教师教学基本功比赛奖】 5月20日，由北京市教育工会、教育部全国教师网络培训中心主办的第九届北京市青年教师教学基本功比赛落下帷幕，共有来自全市46所高校的73名选手进行了为期3天的激烈角逐。法大刑事司法学院赵珊珊、商学院顾凡两位老师在比赛中表现突出，分别获得文史A组一等奖、二等奖。赵珊珊还获得最佳演示奖，顾凡获得最佳教案奖、最受学生欢迎奖，刘玫作为指导教师获得优秀指导老师奖。

（陈泉廷）

【新一届行政领导班子任命】 5月21日，校党委书记石亚军主持召开2015年第7次党委常委会。会上，石亚军分别宣读了《教育部关于黄进等职务任免的通知》（教任[2015]28号）和《中共教育部党组关于常保国等同志职务任免的通知》（教党任[2015]55号）。经教育部研究决定，任命黄进为中国政法大学校长，冯世勇、马怀德、李树忠、徐扬、时建中、常保国、于志刚为中国政法大学副校长；免去朱勇、张桂林、张保生的中国政法大学副校长职务。

（陈泉廷）

【《费青文集》首发式举行】 5月24日，《费青文集》首发式在法大学院路校区举行。该文集由法学院老师白晟编辑，商务印书馆出版，共上下两卷，汇集了费青的大部分作品和详尽的平生大事等个人资料。法大校长黄进、终身教授陈光中，原民盟中央干部、费青之子费平成等出席了开幕式。

（陈泉廷）

【国内首家资本金融研究院成立】 6月18日，法大资本金融研究院成立揭牌仪式及首届理事会会议在法大昌平校区举行。法大校长黄进、副校长时建中，万达集团董事长王健林，国美电器董事局主席张大中，全国政协常委、保监会原副主席李克穆，全国政协委员、银监会原副主席蔡鄂生，证监会原副主席李小雪，全国政协委员、中央财经大学证券期货研究所所长贺强，全国政协委员贾康等共20名首届理事共同出席了会议。

（陈泉廷）

【《中国政法大学章程》经教育部核准正式发布】 6月26日，《中国政法大学章程》（教育部高等学校章程核准书第70号）经教育部高等学校章程核准委员会评议，2015年第22次部务会议审议通过，正式予以核准。全文共10章74条，内容涵盖了“总则，学校功能，组织机构，教职员工，学生，校友和校友会、学校与社会，资产、经费和后勤，学校标识，附则”，为推进依法治校、构建现代大学制度提供制度保障。

（陈泉廷）

【授牌成为“最高人民法院‘一带一路’司法研究基地”】 7月8日，最高人民法院“一带一路”司法研究中心（以下简称“中心”）在京成立。法大被授牌为“最高人民法院‘一带一路’司法研究基地”，校长黄进被聘为中心副主任和中心学术委员会主任，国际法学院周忠海、孔庆江两位教授被聘为中心研究员。

（陈泉廷）

【“立格联盟”第六届高峰论坛在京召开】 7月13日，全国政法大学“立格联盟”第六届高峰论坛在京召开。最高人民法院、教育部、司法部、市教委等部门的领导，中国政法大学、西南政法大学、华东政法大学、中南财经政法大学、西北政法大学、甘肃政法学院、上海政法学院、山东政法学院等高校书记、校长及相关业务部门的负责人出席了论坛，共同探讨了创新法治人才培养机制问题。

（陈泉廷）

【组建“中俄比较司法研究中心”】 9月24日，司法文明协同创新中心联席主任张保生一行访问俄罗斯国立司法大学，出席了“中俄比较司法研究中心”的揭牌仪式，代表“2011计划”司法文明协同创新中心与俄罗斯国立司法大学校长O.И.亚历山德洛娃女士签署了双方合作协议，约定自2015-2016学年起，每年接受对方一定数量的交换生，并互派学者进行短期讲学。

（陈泉廷）

【司法文明协同创新中心法官当选前南刑庭（ICTY）副院长】 10月21日，在联合国前南斯拉夫国际刑事法庭（以下简称“前南刑庭”）召开的特别全体会议上，中国籍法官刘大群被选举为前南刑庭的副院长，任期从2015年11月17日开始，为期两年。

（陈泉廷）

【参加全英孔子学院和孔子课堂年会开幕式】 10月22日，国家主席习近平一行出席由伦敦大学教育学院举办的全英孔子学院和孔子课堂年会开幕式，并亲切接见了与会代表，法大校长黄进应邀参加开幕式，受邀参加的还有来自国家汉办、中外方院校领导共40余人。

（陈泉廷）

【签订“双培计划”合作协议】 11月19日，“双培计划”学生工作合作协议签约仪式在法大学院路校区举行。市教委黄侃、中国政法大学副校长于志刚、北方工业大学党委副书记郭玉良、北京第二外国语学院党委副书记朱光好、首都经济贸易大学党委副书记孙善学等出席本次会议并致辞。

（陈泉廷）

【涉外法律人才实验班首创实务导师制】 12月1日，法大涉外法律人才实验班实务导师暨国际法学院兼职教授聘任大会在法大昌平校区举行。法大校长黄进，副校长于志刚，以及教务处、国际法学院相关负责人出席会议。北京通商律师事务所合伙人王家路，金杜律师事务所合伙人何薇，著名公益律师、国际法学院实务副院长佟丽华，申万宏源集团股份有限公司证券事务代表、董事会办公室主任徐亮，中伦律师事务所争议解决部合伙人曹丽军，中伦律师事务所合伙人蒲凌尘等涉外法律人才实验班实务导师代表共同出席会议。

（陈泉廷）

【入选2015CCTV年度法治人物】 12月4日，法大教授、婚姻法泰斗巫昌祯，当选央视2015CCTV年度法治人物。

（陈泉廷）

【发布《法治政府蓝皮书2015》《法治政府评估报告2015》】 12月14日，法大法治政府研究院（以下简称“研究院”）召开《法治政府蓝皮书2015》、《法治政府评估报告2015》发布会暨法治政府高峰论坛。法大副校长兼中国行政法学研究会会长马怀德，法大终身教授应松年、社会科学文献出版社总编杨群和中国法学会研究部主任李仕春出席会议并致辞，研究院副院长王敬波及“中国法治政府评估”项目组成员做评估报告，11位地方政府法制办的相关负责人，检察院、法院等部门负责人和兄弟院校科研单位的专家学者受邀参加高峰论坛。

（陈泉廷）

【资本金融研究院首期要报获国务院领导批示】 12月初，法大资本金融研究院院长刘纪鹏受国务院国资委之托，就山东省成立国内首家省级社保基金并推进国有股划拨工作相关事项进行研究，并撰写《关于山东国有股划归地方社保的几点思考》一文，刊载于《资本金融研究院要报》（总第1期），并报送国家相关部委。国务院副总理马凯、国务委员王勇对此文高度重视，并做了专门批示。《资本金融研究院要报》自2015年12月起创办，以国内外重大政治经济问题为研究内容，为国家重大决策提供参考建议。

（陈泉廷）

华北电力大学

【概　况】 2015年，华北电力大学（简称“电力大学”）占地97.9283万平方米，学校产权校舍建筑面积104.1460万平方米。固定资产总值318223.08万元，其中，教学、科研仪器设备资产值68383.45万元。图书馆建筑面积36932平方米，藏书238.503万册。全年教育经费投入174782.88万元，其中，国家拨款90594.63万元，自筹经费84188.25万元。学校拥有计算机16809台，网络多媒体教室345间，信息化设备资产值23486.01万元，网络信息点26011个，校园网出口总带宽7000Mbps，电子邮件系统用户28742个，上网课程98门，数字资源量483463GB，管理信息系统数据总量20750GB。学校设有直属学院10个，教学部2个，另设有国际教育学院、研究生院、继续教育学院、艺术教育中心和工程训练中心；开设本科专业63个；拥有一级学科博士学位授权点5个和二级学科博士学位授权点30个，一级学科硕士学位授权点23个和二级学科硕士学位授权点123个；博士后科研流动站5个，其中博士后研究人员出站20人，进站17人和在站45人。学校拥有国家级重点学科2个、省部级重点学科25个，国家重点实验室1个，国家工程试验室1个、国家工程技术研究中心1个、教育部重点实验室2个、教育部工程技术研究中心1个、北京市重点实验室7个、北京市工程技术研究中心2个，另有北京市哲学社会科学研究基地1个。教职工2922人，其中，专任教师1801人，包括教授396人、副教授621人；博士生导师217人、硕士生导师893人；中国工程院院士2人、双聘院士5人。“千人计划”专家10人，国家“万人计划”科技创新领军人才1人，“万人计划”青年拔尖人才支持计划1人，国家教学名师获得者1人，“长江学者”特聘教授6人、国家有突出贡献专家7人。获国家“杰出青年科学基金”资助人员7人，入选国家“百千万人才工程”人员9人，“973计划”首席科学家5人，教育部“新世纪优秀人才支持计划”40人。外籍教师6人，均为教授。毕业生13996人，在校生49984人。

（王振华）

单位名称：华北电力大学
地址：回龙观镇北农路2号
电话：（010）61772000
邮编：102206

【2成果获国家科技奖】 1月9日，2014年度国家科学技术奖颁奖大会在北京举行。电力大学2项科技成果获奖。“大型超超临界机组自动化成套控制系统关键技术及应用”项目获国家科学技术进步二等奖，教授刘吉臻为第一完成人、电力大学为第一完成单位。该项目通过自主创新，在大型超超临界机组复合建模理论与状态重构技术等方面取得重大突破，项目申请发明专利60项，其中已授权专利20项；获软件著作权46项；发表SCI收录论文22篇，EI收录论文23篇。项目先后通过科技部、国家能源局、中国电机工程学会组织的项目验收和技术鉴定。“气体绝缘装备特高频局部放电检测关键技术及其应用”项目获国家技术发明奖二等奖，教授李成榕为第三完成人、电力大学为第二完成单位。项目获授权发明专利18项、实用新型6项及软件著作权1项；发表SCI论文49篇，EI论文185篇；研发的SF6气体绝缘装备绝缘状态在线监测装置得到广泛应用。

（王振华）

【获中国青年女科学家奖】 1月16日，电力大学教授李永平获中国青年女科学家奖，是该奖项创办以来电力大学首次获奖。

（王振华）

【“973”项目获批】 4月，国家科技部公布国家重点基础研究发展计划（“973计划”）2015年项目，以电力大学教授杨勇平作为首席科学家申报的项目“燃煤发电系统能源高效清洁利用的基础研究”获批准立项。

（王振华）

【1课程获批国家精品视频公开课】 6月，教育部公布第七批158门国家精品视频公开课名单，电力大学经管学院教师赵洱岽的《沟通的力量》入选。

（王振华）

【与山西大学签署战略合作协议】 9月，电力大学与山西大学在太原签署战略合作框架协议。校长刘吉臻，山西省教育厅副厅长孙世新，山西大学党委书记师帅、校长贾锁堂出席签字仪式。根据协议，双方将紧密围绕山西能源电力产业发展需求及山西大学发展的实际需要，开展能源电力学科领域的战略合作，在学科建设、人才培养、科技创新、合作交流及资源共享等重点领域，建立长期稳定的合作机制，积极推进全方位深层次的广泛合作。同时双方共同成立合作委员会，制定具体工作计划，组织、协调双方的合作事宜。仪式上，贾锁堂为华北电力大学7位教授颁发山西大学特聘教授聘书。

（王振华）

【中欧可再生能源创新中心揭牌】 11月16日，电力大学中欧可再生能源创新中心揭牌。校长刘吉臻、副校长杨勇平，国家留学基金管理委员会秘书长刘京辉、市外办因公出入境管理处处长张文双、市教委国际合作处处长潘芳芳、德国黑森州中国合作促进中心主席施密特及该中心代表等参加揭牌仪式。

（王振华）

【一项成果获美国专利授权】 11月，电力大学副教授陈宏霞、教授徐进良申请的发明专利“Internal Liquid Separating Hood Type Condensation Heat Exchange Tube（PCT专利号：PCT/CN2012/00274、美国专利号:13/984,659）”获美国国际专利局授权。

（王振华）

【能源互联网研究中心成立】 11月，电力大学能源互联网研究中心成立。该中心致力于整合校内外能源领域的优势科研力量，形成由经济管理、电气、能源与动力、可再生能源、信息与通信、人文社科等多学科、跨专业的科研团队，在科学研究、产业化和人才培养方面，对能源互联网的未来发挥重要的支撑作用。该中心将邀请行业知名外部专家，组成学术委员会，提升学术影响力，并积极打造产学研平台，建立发展共赢激励机制，利用产业界对该校参与行动计划得地位认可，发展与地方政府、企业间的研究基地、联合实验室、试点工程、产业孵化等新型合作模式。

（王振华）

【西肯孔院获全球示范孔院称号】 12月6日，第十一届全球孔子学院大会在上海举行。电力大学西肯塔基大学孔子学院获评“全球示范孔院称号”。西肯塔基大学孔子学院由电力大学与美国西肯塔基大学举办，截至年底，孔院注册汉语学员数达13580人，下设课堂15所，累计参与文化活动人数187348人，汉语考试人数3000余人，已成为北美乃至全球规模最大的综合性孔子学院之一。

（王振华）

【当选中国工程院院士】 12月7日，中国工程院公布2015年中国工程院院士增选结果，电力大学教授刘吉臻当选为中国工程院能源与矿业工程学部院士。刘吉臻获国家科技进步二等奖两项，省部级科技进步奖4项。出版学术著作5部，发表SCI论文32篇，EI论文118篇。获授权发明专利17项。培养了博士研究生36名，硕士研究生68名。

（王振华）

【一创新引智基地获批立项】 12月，教育部和国家外国专家局联合发布《关于高等学校学科创新引智计划新建基地立项通知》（教技函〔2015〕号），批准47个引智基地作为建设项目予以立项，电力大学教授戴松元作为负责人申报的“新型太阳电池的基础和应用研究创新引智基地”获批立项建设。该基地依托华北电力大学在新能源科学与工程学科上的优势学科，通过与瑞士、英国、美国、日本、韩国、澳大利亚和西班牙等著名科学家开展合作研究，优势互补，以稳定高效新型薄膜太阳电池为研究目标，着力解决关键材料的设计合成、关键器件的制备优化和光电过程的机理等科学问题，构筑完整的研究体系，为国家实现薄膜太阳电池的大规模应用提供科学依据和技术基础。

（王振华）

北京警察学院

【概　况】 2015年，北京警察学院（简称“警察学院”）认真贯彻落实市局党委关于警院建设发展的意见，团结带领全院教职工扎实开展学历教育、在职训练、警务科研，基本形成凝神聚力谋发展、戮力同心搞建设的良好局面。年内，学院顺利通过市学位委员会专家组考察审核，北京市学位委员会审议批准学院为学士学位授予单位，同时批准侦查学、治安学、刑事科学技术、公安管理学四个专业学士学位授予权。学院坚持“迎评促建、以建为主”，推动评建工作有序开展，建立健全各项规章制度，完善教学档案建设，学院的生师比、具有研究生学位教师占专任教师比例、生均教学行政用房、生均教学科研仪器设备值、生均图书等基本办学条件指标和相关监测办学条件指标均达到教育部要求。在已有学科专业基础上，结合首都反恐维稳等形势发展需要，开设警犬技术、公安法制、特警三个新专业（方向），与市局刑侦总队、法制办、特警总队等职能部门合作加强专业建设，形成了适应首都公安工作发展需要的学科专业结构。继续深化课程教学改革，涉及章节以上实施教改的课程共43门次，结合实战推出了8项警务技战术能力训练科目，将工作过程导向式、项目式、案例式、讨论式教学等多种互动式教学方式引入课堂，并强化实践性教学，加大训练比例，激发学生的潜能，带动教师思想观念的转变和教改的研究。完成1项国家社科基金项目“微博对社会稳定的影响及其对策研究”课题，部级公安理论及软科学研究项目“公安机关刑事案件现场勘验检查规则研究”通过验收，4个省部级项目获批立项，其中北京市自然科学基金项目实现了零的突破；12个局级项目获批立项；101个院级科研教研项目立项。建立警务化管理信息平台，实施警务化管理考评成绩与学生公务员考试资格、学位授予、奖学金以及政治进步等挂钩的政策，强化了警务化管理效能。坚持学历培训双并重，完成各项培训任务，年内共举办培训班93个班次205期次，参训18785人次。学院紧紧围绕理想信念、作风建设、纪律建设、文化建设四个着力点，开展党委理论中心组学习、“三严三实”专题学习教育活动16次，召开专题党性党风、廉政教育全体党员大会7次，全院16个党支部共组织支部生活192次，举办政治轮训班5期共336人参训，初步形成了追求政治进步、守纪律、讲规矩的良好气氛。

（胡欣坤　李瑶思）

单位名称：北京警察学院
地址：南口镇南涧路11号
电话：（010）89768219
邮编：102202

【接受市学位委员会专家组对学士学位授权的审核考察】 3月25日，由市教委副主任、市学位委员会副主任委员叶茂林，市教委科学技术与研究生培养工作处处长、市学位办主任赵清带队，市学位委员会专家组一行24人对警察学院进行申请学士学位授予权审核考察。专家组对警察学院的教学训练设施和教学情况进行了实地考察；分组审阅了学院及各专业的申报简况表和自评报告等评审材料，与各专业进行了充分的沟通与悉心的指导；分别召开了教师和学生代表座谈会，对学院的办学条件、教学水平等进行了较全面的了解。市局党委委员、政治部主任李建华、市局政治部副主任刘如赞出席了考察汇报会，学院党委书记、院长滕健、政委李汝川等院领导参加考察接待工作。

（胡欣坤　李瑶思）

【副市长、市局局长到警察学院调研指导工作】 4月5日，北京市副市长、市公安局党委书记、局长王小洪与市局相关领导到北京警察学院调研指导工作，听取警察学院院长滕健的工作汇报以及市局主管领导李建华主任的相关工作意见后，对警院建设发展做出指示。

（胡欣坤 李瑶思）

【2015年政治轮训班举办】 5月11日至6月12日，警察学院分五期举行2015年政治轮训班。培训对象为学院全体现职领导干部、教学系部所有民警和非教学部门青年民警，培训内容以强化理想信念、强化理论武装和强化党规党纪教育为重点。

（胡欣坤 李瑶思）

【参加首都高校第53届运动会】 5月14日至17日，首都高校第53届田径运动会在北京体育大学举行。警察学院派出由1名领队、4名教练员、20名运动员组成的田径代表队。在丙组28所参赛高校中，警察学院田径队荣获男子团体总分第二名和男、女团体总分第四名的成绩。

（胡欣坤 李瑶思）

【年度最佳教育教学奖表彰大会举办】 9月23日，警察学院隆重举行2015年度最佳教育教学奖表彰大会。市局党委委员、政治部主任衡晓帆，市局政治部副主任刘如赞出席，学院党委书记、院长滕健及党委全体成员、全体教职员工、部分培训学员和学历学生共计1200余人现场参会，学院2015级560名新生在阶梯教室通过网络转播观看了表彰大会。李连智、秦超、李晶等7人获“2015年度最佳教育教学奖”。

（胡欣坤 李瑶思）

【年度招生情况】 年内，警察学院招收普通高中毕业生581名。其中，侦查学、治安学、网络安全与执法、刑事科学技术、交通管理工程、公安管理学等本科共418名，刑事侦查技术专科共163名。

（胡欣坤 李瑶思）

【学历教学任务完成】 年内，共开设学历课程287门，完成教学任务29732课时，其中必修课154门25210课时，选修课133门4522课时；组织2012级专科246名学生赴基层一线开展毕业实习；组织2次全国四、六级考试，2次全国计算机等级考试，共有3131人次参加考试。

（胡欣坤 李瑶思）

【各级各类培训任务完成】 年内，共举办培训班93个班次205期次，参训18785人次。其中军转干部和大学生新警岗前培训4期803人次；司晋督培训8期1835人次；其它专项业务培训194期16247人次。

（胡欣坤 李瑶思）

【年度科研任务完成】 年内，共公开发表论文69篇，其中核心期刊7篇，出版专著5部、教材主编6部、参编11部、其他4部。4个省部级课题结项。召开4次学术委员会。

（胡欣坤 李瑶思）

【《北京警察学院章程》制定】 年内，经警察学院教职工大会、院长办公会、党委会讨论研究，市局政治部召开专家论证会研讨论证，市教委各职能处室反馈意见，市局第27次党委会审核批准，形成《北京警察学院章程（送审稿）》报市教委核准发布。同时将137份文件规定分7类进行5次校对编辑形成《学院管理制度汇编》材料，建立实施院领导值班巡查通报、绩效考核等制度，为规范化管理提供制度保障。

（胡欣坤 李瑶思）

【课程建设工程项目启动】 年内，警察学院出台《北京警察学院课程建设工程实施办法》，涉及43门次课程，结合实战推出8项警务技战术能力训练科目，将工作过程导向式、项目式、案例式、讨论式教学等多种互动式教学方式引入课堂，并强化实践性教学，加大训练比例。

（胡欣坤 李瑶思）

北京科技职业学院

【概　况】 2015年，北京科技职业学院（简称“北科院”）占地面积167.8万平方米，产权校舍建筑面积69.6万平方米。全年教育经费投入319.17万元，其中，国家拨款70万元，自筹经费249.17万元。固定资产总值1,522,78万元，其中，教学、科研仪器设备总值3829.7万元。图书建筑面积1.9万平方米，藏有纸质图书65.8万册，电子图书59万册；拥有计算机1100台，多媒体教室座位610个，学校信息化经费投入124.5万元，信息化设备资产1264万元，网络信息总数980个，校园网出口总宽带400mbps，电子邮件系统用户数673个，上网课程数19门，数字资源量4234.36GB，管理信息系统数据总量162.0GB。拥有沙河、八达岭两个校区，共有校内专业实训室36个，综合实训室20个，校外实训基地24个。设有4个直属二级学院，开设18个专业，其中专科专业18个；另开展长短期培训班，培训人数约6000人。教职工375人，其中，专任教师82人，包括教授及教授级高级工程师7人，副教授及副教授级高级工程师、高级讲师29人，聘请校外教师45人。学历教育全日制高职（专科）毕业生893人，非学历教育结业242人。全日制学历教育高考招生北京地区提档线理科150分，文科150分。在校生2563人，其中，学历教育全日制专科（高职）生1957人，非学历教育学生606人。

（树玉森　王枫　李爱东）

单位名称：北京科技职业学院
地址：沙河镇沙阳路18号
电话：（010）69730093-8226
邮编：102206

【五项举措诚招北京生源】 3月14日，北科院围绕做好2015年招生工作，实行5项举措以吸引来自北京的生源：（一）合理设置与规划招生专业，（初定18个专业近30个专业攻读方向）；（二）进一步修订专业人才培养方案，按照北京市城市功能定位的四大目标，选准培养人才的切入点，使毕业生能切实有效地为区域经济发展服务；（三）加强课程建设，明确专业课主干地位，配之以扎实的实习实训以消化专业理论，提高专业动手能力；（四）统筹并规划好现有教学资源，做到物尽其用，器尽其利。对需要新配或使旧设备修复增效的，列入年度预算，限期完成并投入使用；（五）全方位监控、提升教育教学质量。从专业建设、课程改革、课堂教学方法与教学手段现代化追求、以及考试环节、考试内容的改革要求等方面出发，制订教育教学质量提升的可操作性方案，并予以全面实施。

（树玉森　李爱东）

【在马来西亚筹建海外学习机构】 4月14日，北科院董事会批准北科院在马来西亚筹建海外学习中心，为北科院大学生提供深造留学并获得本科及以上学历的机会。北科院国际教育事业部负责为海外学习中心营建组织架构及国际交流拓展渠道。第一批有38名师生报名于暑假至吉隆坡大学游学。

（树玉森　李爱东）

【教学管理过程创新活动开展】 4月15日，由4位有高级职称的老教师与上年评为教学能手的7位中青年教师，共同承担一项教学管理过程创新实验的任务。鼓励改进旧的课堂教学管理模式，创新学生爱听获多的优质课模式。活动涉及“物流信息管理”、“蒙台梭利教学法”、“北京旅游与导游”、“航空英语”、“DV创作训练”等11个专业22门核心课程，实验受众1600多人，占在校生55%。

（树玉森　李爱东）

【校园网安全座谈会召开】 4月19日，北科院召开校园网络安全工作座谈会，对于不负责任的网言、无事实依据的谤语，以及毁人的谩骂，都提升到良知道德与法纪原则上来考量，晚上12点前关闭网线，防止有人沉湎网络，影响正常学习。会议通过了《北京科技职业学院校园网建设与维护的意见》，参加座谈会的有团学干部、学生代表、网络维护志愿者、班主任代表等70多人，分管学生工作的副院长与党委组宣部部长共同主持了会议。

（树玉森　李爱东）

【学生干部履新述职】 4月24日，北科院开展新一届学生会成员履新3周后述职交流活动并在经济管理学院先行试点。

（树玉森　李爱东）

【污水处理厂告竣】 6月15日，北科院污水处理厂进入交付使用前验收程序。该工程占地面积960平方米，建筑面积170平方米，可日处理污水600吨，总造价780万元。

（树玉森　李爱东）

【制定面向十三五办学规划】　6月30日，北科院十三五办学新规划出台。其办学定位是“北京需要、转型高端、质量特色、精专发展”。

（树玉森　李爱东）

【“零学费”班成功开设】　9月3日，北科院国际语言文化学院旅游管理专业“零学费班”报到34人，学成后将在联办单位大宅门与唐宫两酒店定向安排工作。

（树玉森　李爱东）

【第二次党代会召开】　9月15日，北科院第二次党代会在学校多功能厅召开。76名党员代表及6名特邀代表共计82人参加了本次大会。大会通过了以全校广大党员名义发出的《倡议书》。

（树玉森　王枫）

【课堂教学工作】　10月16日，北科院召开专兼职教师座谈会，贯彻校长办公会关于加强教学督导的精神。学校主要负责人作《当管教管导能教师，做教书育人领路者》的讲话。

（树玉森　李爱东）

【智障康复教育专业获批】　11月25日，北科院申报拟与2016年度招生的“智障康复教育专业”获批。申报该专业一是鉴于社会智障儿童家庭大多具有支持康复教育的经济条件，而在供给侧教育资源稀缺；二是北科院经过三年准备夯实了举办的思想与物质基础；三是有外部社会力量支持。

（树玉森　李爱东）

【印发大学生心理自学辅导材料】　12月10日，北科院学工处印发大学生心理自学辅导材料，刊登在《学生工作通讯》的校内期刊上，内容有：（一）珍爱生命、安全第一；（二）直面困难、不测与痛苦；（三）体验大学生活的甘甜与不易；（四）学会感恩，感谢生命中的每一位相逢的人；（五）懂得建立同善相求的人际关系；（六）在充满自信的快乐相处中过好每一天；（七）培养健康的成长理念与健体健美的物质文化生活习惯；（八）远离烟草、酒精和熬夜，克服不良嗜好。

（树玉森　李爱东）

北京吉利学院

【概　况】　2015年，北京吉利学院（简称“吉利学院”）占地66.11万平方米，建筑面积43.97万平方米。图书馆建筑面积2.27万平方米，藏书79.8万册，其中纸质图书66.8万册、电子图书13万册。固定资产总值84656.04万元，其中教学、科研仪器设备总值8036.33万元。学校拥有计算机3834台，网络多媒体教室229间，信息化设备资产379.95万元，网络信息点数4096个，接入互联网出口带宽1400Mbps，电子邮件系统用户数571个，上网课程数21门，数字资源量800GB，管理信息系统数据总量1426GB。设有1个校区，10个二级学院，高职专业32个、本科专业9个。教职工458人，其中专任教师241人，包括正高级教授30人、副高级教授72人；博士15人，硕士101人；“双师型”教师58人，外聘教师55人。毕业生3120人，其中高职生1919人、非学历教育学生1201人。毕业生一次就业率79.04%。招生1150人，其中高职生807人、本科生343人。在校生4377人，其中高职生3868人、本科生509人。

（刘新锐　吕其永）

单位名称：北京吉利学院
地址：马池口镇
电话：（010）60758447
邮编：102202

【幸福嘉年华系列活动举办】　1月，吉利学院举办2015年幸福游园会暨嘉年华系列活动。本次嘉年华活动分为幸福游园会与幸福嘉年华联欢活动，教职工们参与现场猜灯谜、蒙眼敲锣等各项互动活动。最后，由全体校领导及中层干部表演校歌《我要自由飞翔》。吉利学院老师400人参加活动。

（杨承志 吕其永）

【与广西梧州职业学院召开座谈会】 2月，广西梧州职业学院书记张凌贞一行到吉利学院就“创新管理与领导力提升”的话题进行座谈讨论。学校执行校长林一鸣致欢迎辞并介绍学校概况和办学特色，就学校升本后在改革、转型中面临的困难与压力，结合“创新管理与领导力提升”话题，进行深入细致的阐述和探讨。双方40人参加座谈。

（孙建美 吕其永）

【与韩国希杰集团成功签署战略合作协议】 3月16日，吉利学院和韩国希杰（CJ）集团战略合作协议签约仪式举行。吉利学院院长兼铭泰集团总裁王兴贵与韩国希杰（CJ）集团中国区总裁朴根太代表双方签署协议，设立CJ烘焙教室与简易卖场。

（张菲南 吕其永）

【比利时东法兰德斯省副省长GeertVersnick一行参访】 3月18日，吉利学院接待比利时东法兰德斯省副省长Geert Versnick一行访问。执行院长林一鸣会见来宾，并就双方合作机遇交换意见。林一鸣通过学院宣传片向来宾介绍该校的历史沿革及发展现状，并详细介绍学校的办学特色、重点学科以及国内外合作交流情况。双方15人参加活动。

（林清河 吕其永）

【国际瑜伽节千人瑜伽汇举办】 6月21日，吉利学院举办国际瑜伽节千人瑜伽汇活动。活动与印度驻华大使馆联合主办。印度驻华大使康特和印度知名瑜伽大师亲临学校，见证1500名师生的瑜伽表演。

（崔凯 吕其永）

【接待比利时国王夫妇一行访问】 6月23日，吉利学院接待比利时国王菲利普、王后玛蒂尔德到访。此次访问是外国元首第一次进行国事访问时到访民办高等院校。来宾参观由学校汽车学院的学生设计的赛车，吉利星车队的学生们分别从车的技术、外观等方面介绍竹子节能车、诺亚和GSF-1方程式赛车，菲利普国王亲切地和介绍的同学握手并询问。在董事长李书福陪同下比利时国王夫妇一同在博雅广场的草地上栽种一棵象征比中两国友谊的雪松，代表比利时国王对北京吉利学院学生的美好期许，希望同学们都能积极向上，拥有不屈不挠、坚忍不拔的精神。

（孙建美 吕其永）

【市教委领导到吉利学院考察】 7月2日，市教委民办教育处处长韩宝来一行到吉利学院考察指导工作。执行校长林一鸣向韩宝等领导介绍学校的非学历教育，从“311”就业导向、五教练管理模式、专业设置等方面介绍学校应用文理学院。副校长就学校非学历教育进行补充说明，并提出现阶段学校发展面临的困难和问题。学校领导、教师21人参加活动。

（叶文杰 吕其永）

【汽车学院与昌平职业学校举行“3+2”中高职对接合作办学说明会召开】 12月18日，汽车学院与昌平职业学校在北京吉利学院汽车学院召开“3+2”中高职对接合作办学说明会。双方领导12人及10名2015级3+2学生代表出席说明会，双方就今后的合作具体事宜进行讨论，在如何设置课程、课程内容如何体现中高职衔接、下学期开设课程及安排教师赴昌平职业学院南口校区进行课程授课安排、安排学生、家长、学校的三方见面会的具体问题上进行讨论，并达成一致。

（张秋 吕其永）

北京演艺专修学院

【概　况】 2015年，北京演艺专修学院（简称“演艺学院”）由北京市昌平区定泗路搬迁到京银路。学院座落在北京中关村昌平园，毗邻长城、明十三陵和十三陵水库，学院内风景秀丽、空气清新，被誉为"园林式学校"，北京大学新校区、中国政法大学、中国石油大学、北京联合大学等著名高校环布周围，文化气息浓郁。办学十年来，北京演艺专修学院秉承“宽进、严教、严管、严出”的育人思路，突出“质量为魂、学生为本、特色发展、重在应用”的办学理念，积极探索高等艺术教育改革思路，创新艺术人才培养模式，努力适应文化创意产业发展形势。学院从办学伊始，始终坚持专家治校、名师执教。开设有表演、播音与主持艺术、影视编导与制作、音乐表演、音乐教育、流行声乐、器乐与音乐制作、中国舞、流行舞、国标舞、模特表演、文化产业管理、艺术设计等专业，组建了三个专业群艺术委员会。分别是戏剧影视艺术委员会、音乐（流行音乐）艺术委员会、舞蹈艺术委员会。

（王圣贵 方佳）

单位名称：北京演艺专修学院
地址：十三陵镇京银路石牌坊南100米
电话：（010）69736888
邮编：102202

【舞蹈系参加《中华好民歌》录制】 1月，演艺学院舞蹈系师生在系主任张志友和系干事黄湘的带领下，参与了《中华好民歌》的录制。

（王圣贵 方佳）

【男高音歌唱家做客演艺学院名人讲堂】 3月12日，战友文工团男高音歌唱家，国家一级演员康曦受邀来演艺学院讲课，现场指导了演艺学院6位同学。

（王圣贵 方佳）

【学院第六届才艺大赛开赛】 3月25日，演艺学院第六届才艺大赛和流行音乐学院启动仪式在学院演艺中心举办。

（王圣贵 方佳）

【北京演艺专修学院红烛行动—爱心支教昌平区新龙学校】 4月17日，演艺学院团委学生会到区新龙小学开展爱心支教活动，协助区新龙小学举办了首届春季趣味运动会。

（王圣贵 方佳）

【国标舞锦标赛】 4月25日，2015首届中国·青岛青少年·院校杯国际国标舞公开赛暨“2015首届QBDA青岛市国际国标舞锦标赛”在青岛开赛。在经历了外教老师的封闭式训练后，演艺学院国标舞学生参赛。周文强，李欣蕾，荣获普通高校组第一名，杨凡，杜欣，荣获专业14岁以下A组第一名。

（王圣贵 方佳）

【参加观影发布会活动】 5月26日，演艺学院作为团中央中国青年发展服务中心、影视艺术中心、电影《爱你的人》摄制组长期合作、联合单位，应邀参加了在全国政协礼堂举办的“第四届‘5.26’国际艾滋病反歧视午餐日暨公益电影《爱你的人》观影发布会”活动。参加本次活动人员有表演系14级同学共计150人。

（王圣贵 方佳）

【文化定点单位】 8月7日，演艺学院荣获文化行业职业资格定点培训单位。

（王圣贵 方佳）

【民族艺术进校园活动开展】 10月20日，北京歌剧舞剧院的多位艺术家于演艺学院演艺中心为全院师生奉上精彩的“民族艺术进校园——北京演艺专修学院专场演出”。此次“民族艺术进校园”活动针对演艺学院学生的年龄层次和专业类别进行了精心安排，不仅让演艺学院学生欣赏到了艺术家们的风采，也获得了一次宝贵的与艺术家们近距离交流的机会。

（王圣贵 方佳）

【与韩国全州大学交流】 10月23日，韩国全州大学国际交流院院长高仙祐一行到演艺学院参观交流，共同建立了韩国全州大学二级学院——中韩影视学院项目。

（王圣贵 方佳）

【歌曲赏析会】 11月5日，中国老教授协会文化艺术专业委员会和演艺学院联合主办为庆祝中人国民抗日战争暨世界反法西斯战争胜利70周年“《大刀向鬼子头上砍去》-- 抗战烽火中的经典诗词歌曲赏析”活动在演艺学院北演剧场内举办。

（王圣贵 方佳）

【赴韩国全州大学参观】 11月29日，演艺学院考察团赴韩国全州大学参观并参加了韩国国立顺天大学校的 2015 年 lower song 韩中歌谣节演出活动。

（王圣贵 方佳）

北京市私立汇佳学校

【概　况】 2015 年，北京市私立汇佳学校（简称“汇佳学校”）设有小学部、中学部（初中、高中），占地 9.35 万平方米，建筑面积 10.48 万平方米，体育场面积 4.12 万平方米。拥有教学楼 3 座、学生宿舍楼 7 座，以及艺术楼、外教楼、学生餐厅、保龄球馆、网球场、小学游泳馆、中学气膜游泳馆、气膜马术馆、气膜运动馆、人造草皮、田径运动场及高尔夫练习场等设施。图书馆（室）藏书 5.35 万册，电子图书 24.2 万册，订阅杂志、报刊 113 种。固定资产总值 25399 万元，包括教学仪器资产 2005 万元，。全年教育经费投入 23274 万元，全部为自筹经费，学校信息化经费投入 1200 万元。拥有计算机 500 台，多媒体教室座位 2000 个，设有校园网络中心，校园网出口总带宽 200 Mbps，数字资源量 200 GB。“信息技术”课程 10 课时/周。多媒体教室 113 个，普通教室 3 个，专用教室 2 个，实验室 3 个，专用钢琴房 125 间、钢琴 200 架，图书馆设有普通阅览室、国际文凭（IB）图书阅览室。教职工 434 人，其中，高级职称 26 人，中级职称 32 人，专业教师 140 人，外籍教师 66 人，本科以上学历 202 人。开设教学班 92 个，高中升学率 100%。

（李尔京）

单位名称：北京市私立汇佳学校
地址：城南街道龙凤山怀昌路 157 号
电话：（010）69744794
邮编：102200

【校友新年峰会举办】 1 月 8 日，由汇佳学校高中部主办的 2015 年全球汇佳校友新年峰会在学校礼堂隆重开幕。峰会主题为“关注中国青年创业黄金年”。六位汇佳校友从不同角度讨论了回国创业之路。

（李尔京）

【汇佳大讲堂举办】 1 月 13 日，在汇佳学校礼堂举办汇佳大讲堂，由中国登山协会攀岩教练，为学生和教师讲述主题为《攀岩，向上的力量》专题讲座。讲座使学生们增加了知识和对攀岩活动的兴趣。参加讲座的师生有 460 人。

（李尔京）

【合作意向书签订】 1 月 21 日，汇佳学生课程规划与升学项目合作意向书签订仪式在汇佳学校举行。汇佳学校与美国课程规划专业机构签订合作意向书。中美合作的规划办公室未来将从八年级开始为汇佳的每一位学生量身定制只属于他的课程计划，帮助并辅导学生走最适合的成长之路，最终迈进自己心中的理想学府。

（李尔京）

【爱因斯坦节举办】 3 月 12 日，汇佳学校初中部在操场举办爱因斯坦节，又称 Л day. 节日既是对爱因斯坦的纪念又是学生们对获取知识和智慧的庆祝。3 月 14 日上午九点 26 分 53 秒，是 100 年才会出现一次的 π day 时间日，这组数字组合在一起便是 3.141592653，活动有 5 个部分：开展以班级为单位的 3.14km 接力赛并完成小数点后 20 位圆周率值；全体学生组成“π”造型；年级背 π 活动，挑选背诵最多的最强记忆者；班级 2 分钟背 π 接龙限时活动；数学词汇瞬间记忆比赛，评选记忆最多最准的同学为最强大脑。教师为学生们介绍了 π Day 的由来，学生们在活动中增长了知识和学习兴趣 .470 名学生参加了活动。

（李尔京）

【开放日活动举办】 3 月 14 日，在汇佳学校内举办了“体验汇佳”开放日活动。活动目的是让家长和学生更全面地了解汇佳学校，基于 IB标准的双语双文化国际教育理念和教育实践。活动有校长沙龙、各学部讲座、学生综合测评、参观校园等环节。汇佳学校执行校长为家长介绍学校教育理念和教学特色。高中部、初中部、小学部教师分别介绍各部教学情况。最后，学校组织家长参观学校。参加活动的家长和学生有420人。

（李尔京）

【**艺术展举办**】 4月13日，汇佳高中艺术展在汇佳学校宴会厅展出。展会展出了学习IB-DP项目的8位艺术学生的作品，共计100余副。作品种类多元，包含了丙烯画、素描、摄影、拼贴、木刻、油画、电脑动漫等。

（李尔京）

【**春假赴韩游学团**】 4月26日，汇佳学校八年级师生一行26人飞往韩国首尔，开启了为期五天的游学旅程。学校给学生们提供了国际理解的平台和途径，也培养了同学们放眼世界的眼界和胸襟。在韩国期间，学生们的活动内容有：体验韩国服饰文化，品尝韩式美食，游览韩屋村，体会民俗风情，参观韩国总统府青瓦台、景福宫，青溪川。与韩国道道尔顿学校进行交流活动，双方学生分别介绍了自己的学校，交换了礼物，表演了富有特色的节目，两国师生合影留念。参加涂鸦秀，游览了世界最大的室内游乐场——乐天游乐场。乘江轮去往风景秀丽的南怡岛、汝矣岛。

（李尔京）

【**汇佳第十届模拟联合国会议**】 5月21日，中学部第十届汇佳模拟联合国会议在阶梯教室举行.学生们分别代表每一位国家代表和新闻工作者。汇佳模拟联合国设置的奖项有“最佳CP奖”、“最佳着装奖”、“最沉默奖”、“最具潜力模联人”、“最佳游说奖”、“最优秀女代表”分别颁发给获奖的学生。

（李尔京）

【**初中部举办国际文化节**】 5月28日，汇佳初中部国际文化节在校园内举办。文化节以“多样化、尊重、包容、合作”为主题，展示学生在人文学科课堂上学习到的世界各国文化知识和技能，让学生们参与、体验、欣赏丰富多彩的国际文化。文化节上学生们展示了各国美食、歌曲、音乐、舞蹈、以及中国的相声、武术、民乐合奏还进行了知识竞赛。文化节活动从国际视角展示青少年的世界观，通过活动呈现文化的多样性，并借助课堂教学，培养学生尊重和包容不同民族的文化特色并与之合作共处的态度。450名学生参加了此次活动。

（李尔京）

【**小学部五年级学习成果展**】 6月4日，汇佳小学部五年级学习成果展在汇佳学校山堂公寓举办。五年级成果展学生们以“共享地球”为主题，以“冲突期间或时刻，冲突各方的行动和反应都会影响到冲突的解决”为中心思想进行了为期8周的超学科探究。学生们在自己的展板前，向家长和来宾讲解本小组的探究过程，学习成果展是在PYP项目最后一年，学生根据自己的兴趣选题行动的超学科探究单元。要求学生通过这次探究展示他们对5大课程要素（知识，概念，技能，态度和行动）的掌握。学生们找到自己关心的本地及世界的问题，通过查找资料解决自己的问题，参加活动的学生及教师和家长有380人。

（李尔京）

【**2015届高中毕业典礼**】 6月10日，汇佳学校第2015届高中毕业典礼在汇佳学校西气膜馆举行。本届高中毕业生有192名。毕业生依次走上舞台从校长和总督学先生手中接过毕业证书及纪念戒指，并行拨穗礼。合唱团演出了合唱《斯卡布罗集市》，高中毕业代表向学校赠送了刻有全体毕业生姓名的牌匾；学长创作的雕塑作品“时光沙漏”也赠予母校留念。由多位高中毕业学生创作的原创音乐作品《黄黑时代》在典礼上以MV的形式演出。毕业典礼在《红旗飘飘》的歌声中结束。

（李尔京）

【**初中部MYP个人设计展**】 6月17日，汇佳学校初中部在学校礼堂举办个人设计展示大会。大会的主题是，“科技、创新、探究、行动”，内容包括：历史、经济、哲学、艺术、科技、文学、运动、时尚、美食方面。展示的作品有：3D模型设计、便携式机械手、南锣鼓巷探秘、太阳能充电雕塑、创微电影、科教类动画短片、速绘素描短片、服装表演。MYP教学注重习惯和能力的培养，双语双文化的氛围和多元的思维训练使学生更加个性。参加活动的学生、教师及家长有380人。

（李尔京）

【第四学科实验展示】 6月18日，汇佳学校13IB高中部在学校西气膜馆举行第四学科“科学集市”实验展示。活动以“变化”为主题。第四学科实验是物理、化学、生物三个学科的小组探究活动。本届第四学科组共有十六个小组参展，学生们带来的研究项目涵盖了生物学、物理学、机械学、计算机科学等多个学科，通过对食品安全、能源利用、环境保护、人体健康的探究加深课内理论知识的理解。评委教师、学生们进行现场综合评价，“关于电能对于细胞和真菌伤害程度的研究”获得优秀奖，并且赢得最佳创意奖。“汽车防爆膜对阳光中紫外线和红外线的过滤”获得最受欢迎奖和亚军。170名学生参加活动。

（李尔京）

【国际青少年文化艺术交流举办】 8月5日，汇佳学校迎来了来自澳大利亚、埃及、印度、以色列、印度尼西亚、韩国、科威特、德国、蒙古九国的青少年艺术团，并与他们进行了一次文化艺术交流。活动是“欢动北京”2015国际青少年文化艺术交流周内容之一。汇佳师生挑选了七个代表性的活动项目，参加活动的中外学生有280人。

（李尔京）

【小学部秋季外出实践活动】 10月19日至22日，汇佳学校小学部以年级为单位，开展了一系列外出实践活动。一年级到汇佳马场和农场，与马匹近距离接触，亲手采摘绿色无公害蔬菜。二年级到中华民族园，参观了满族博物馆皇家建筑，鄂伦春族博物馆，苗家寨，了解民族风情和民族文化。三年级和五年级到中国科技馆，教师根据学生们不同的年级带领他们做了不同的主题探究。四年级的学生们登上了莽山，攀登莽山锻炼身体体验自然环境，培养学生们的合作精神。六年级到怀柔生存岛，面对岩壁，绳索，山石，山洞表现出勇敢。

（李尔京）

【中学部进行诚信教育】 11月2日，汇佳学校礼堂内，400余名师生共同在国旗下宣誓，将‘学术诚信’作为终身信守的诺言。

（李尔京）

【中学部举办文学话剧比赛】 11月26日，汇佳2015年中学部第十一届中文A1文学话剧比赛决赛在学校礼堂上演。演出剧目有，改编自欧亨利的《20年再相见》、莎士比亚的喜剧《威尼斯商人》、曹禺的话剧《北京人》、关汉卿的《窦娥冤》等。

（李尔京）

【汇佳未来空间奠基仪式】 11月27日，汇佳未来空间奠基仪式在汇佳学校西区举行，千余名汇佳学子将写满对未来的自己、朋友、爱人、家人想说的话放入汇佳的“时间胶囊”时间胶囊放入地下，并立下纪念碑，等待50年后的汇佳人来开启。

（李尔京）

【学生会竞选活动】 12月，汇佳中学部进行学生会竞选活动。学生会一年一改选，整个参选按照真实的竞选模式设置，学生们要有理念、口号并到各个班级拉票，一些学生选择唱歌、跳舞和做海报的方式参加竞选，学生会主席、副主席、体育部长、生活部长、文艺部长、宣传部长等通过竞选产生。

（李尔京）

【招生说明会举办】 12月5日，汇佳学校在学校礼堂召开2016年春季招生说明会，来自全国各地的600余位同学和家长来到学校参加会议。

（李尔京）

【中学部举办英语演讲比赛】 12月16日，中学部两个年级在汇佳学校礼堂举行英语演讲比赛，每一名学生都是演讲者，在课堂上进行初赛，再由复赛选出十名演讲者进入决赛。

（李尔京）

【四项基建工程完工】 年内，汇佳学校完成四项改造工程，中学部教学楼改造装修工程、四号学生公寓改造装修工程、锅炉房煤改气工程、游泳馆气膜工程。

（李尔京）

文 化

文化文物

【概 况】 2015年，昌平区文化委（简称“区文化委”）紧紧围绕区委、区政府中心工作，深入学习贯彻党的十八届三中、四中全会精神，进一步巩固和深化党的群众路线教育实践活动成果，以深入开展“三严三实”专题教育活动为契机，以全面争创首都公共文化服务示范区为目标，狠抓基层基础工作，加大文物保护、文化市场监管力度，不断丰富全区文化活动，扎实推进文化惠民工程。以“扫黄打非”为重点，深入开展联合执法专项行动。开展“五管”、等执法行动以及“两节”、“两会”、抗日战争胜利70周年大阅兵等重要时间节点安全保障行动，全年查处举报49件，办理行政处罚案件24件，罚款97300元，取缔非法游商、摊点23个，取缔黑开文化娱乐场所11家，取缔非法演出3次，取缔非法电台2个。完成公益惠民演出953场，放映公益电影13892余场、宣传观众80余万人次。全区图书馆共接待读者10余万人次，送书下乡共100次，为农村和社区配送图书24800册。持续开展“美丽昌平走基层”活动。全年共演出60场，参与观众30000余人。着力打造“好书好人生·昌平读书汇”文化活动品牌。全年共举办了11场。针对未成年人校外教育，创建了“阅润昌平—童学会”系列少儿读书活动品牌，举办“阅润昌平—童学会”系列读书活动33场，有1000名小读者参加。全年举办展览12期，制作了“风情昌平民俗展”，有8千余名观众参观了展览。持续开展魔术演出活动，营造“魔术之都”氛围，在中国政法大学（昌平校区）成功举办2015年世界大学生魔术交流大会。大会期间，举办了中国青年魔术师俱乐部成立大会、“金长城杯”世界大学生魔术争霸赛、中国高校魔术社团联谊会换届大会等十大项内容。共有来自美国、韩国等17个国家和地区的选手、评委、表演嘉宾参会。全面推进首都公共文化服务示范区创建工作，不断完善《昌平区创建首都公共文化服务示范区实施方案》。加快推进镇街、村社区文化设施建设。完成沙河、南邵、崔村、阳坊镇、天南街道等5个镇级文化中心改造工程。完成南口镇檀峪村文化室、沙河镇北街社区等47个农村和社区文化活动室改造建设工程。积极争取市级资金，加大文物修缮保护力度。完成南口宝林寺、东闸关帝庙等4个文物修缮项目和16处37项文物安技防工程项目。按计划顺利完成《明长陵》《昌平清代园寝》等5本第二批丛书的前期编纂审校工作。编辑出版本土文化丛书《长峪城》、工具书《文物普查资料类编》。

（谷瑞亮）

单位名称：昌平区文化委员会
地址：城北街道府学路10号
电话：（010）69742257
邮编：102200

【与北京曲剧团联合举办“第二届曲剧艺术节”】 1月23日上午，由区文化委和市曲剧团主办的“第二届北京曲剧艺术节”在昌平“中国政法大学礼堂”，以北京曲剧《四世同堂》演出拉开了整个活动的帷幕。之后，北京曲剧《烟壶》、《四世同堂》、《骆驼祥子》3个剧目分别于1月和4月前后2个阶段，送到了在校师生、驻扎部队官兵和当地百姓的身边。本次艺术节安排演出场次16场，每场观众达800人之多，合计12000余人。

（谷瑞亮）

【全面启动首都公共文化示范区创建工作】 年内，北京市制定了公共文化“1＋3”政策文件，要求2016年至2020年在全市范围内开展创建首都公共文化服务示范区活动，根据北京市政府和市文化局精神，区文化委拟定了昌平区公共文化服务“1＋3”实施方案意见，即《昌平区创建首都公共文化服务示范区方案》《昌平区基层文化组织员管理办法》、《昌平区支持和鼓励社会力量参与公共文化服务的暂行办法》《昌平区公共文化服务绩效考核暂行办法》3个办法和《昌平区创建首都公共文化服务示范区标准》。

（谷瑞亮）

【积极推进镇村社区两级文化设施升级改造工程】 年内，完成崔村镇、南邵镇、沙河镇、阳坊镇、天通苑南街道5个文化服务中心建设改造工程和北七家镇西沙各庄村文化室、北亚花园社区文化室、沙河镇北街社区和兆丰家园文化室，小汤山镇讲礼、延寿镇湖门村等47个村社区文化室进行升级改造建设工程。

（谷瑞亮）

【加大文化工作绩效管理整改力度】 年内，区文化委党委对《昌平区2014年度公共文化服务绩效管理工作整改方案》进一步完善，结合实际加大力度推进基层文化设施全面达标、加快落实《昌平区文化事业十二五发展规划》收官之年和进一步提高全区文化创意产业竞争力等三个方面内容进行完善修改，明确了责任部门、主管领导、责任人和完成时限。经过近一年的努力，这些具体措施全部落实到位，有效提升了全区文化工作水平。

（谷瑞亮）

【加大对各镇（街）文化工作指导督查力度】 年内，区文化委党委成员按照职责分工，主管领导采取集中与分散相结合的方式定期分析研判文化工作推进情况，下乡走访镇街和文化企业，现场指导服务，随时了解基层需求，帮助解决实际困难，充分发挥了业务主管部门具体指导和督促检查的作用，促进年度各项任务落到实处。

（谷瑞亮）

【基层文艺骨干培训与辅导】 年内，为提高各级文化工作者驾驭镇村、社区文化工作的能力，掌握业务知识，区文化委根据本区地域特色和群众需求，由文化馆专门聘请国家级、市级专家和馆内优秀辅导老师在馆内及馆外，举办了舞蹈、评剧、京剧、摄影、工笔画、书法、朗诵主持、声乐、器乐、电影放映员等各类培训班，累计学时2120学时，共计78240余人次。组织各镇（街）优秀文化组织员参加北京市千名文化组织员培训工作；文化馆对各镇（街）电影放映员开展了专项业务培训。各项培训工作的开展，进一步完善壮大了基层文化组织、管理队伍，提高了文艺骨干的业务水平。

（谷瑞亮）

【完成北京市“特色文化村”推荐上报工作】 年内，为做好农村“十三五”规划编制工作，北京市开展了“特色文化村”建设调研项目。本着“打造特色文化、提升文明水平、服务乡村发展”的建设要求，在“了解情况、摸清底数”的基础上，区文化委扎实做好该项目调研工作。围绕“四有”四个方面，从各镇（街）上报的13个候选村中挑选出8个特色文化村上报至市文化局。这8个特色文化村分为四大类，分别是：民间手工艺类（上东廓村）、文艺活动类（漆园村、后牛坊村、郑各庄村、康陵园村、涧头村）、书画摄影类（康陵村）、其他类（长峪城村）。

（谷瑞亮）

【2015年世界大学生魔术交流大会成功举办】 年内，成功举办世界大学生魔术交流大会，大会分为主体活动和配套活动两大部分。主体活动于9月24日至26日，在中国政法大学（昌平校区）举办。大会期间，举办了中国青年魔术师俱乐部成立大会、“金长城杯”世界大学生魔术争霸赛、中国高校魔术社团联谊会换届大会、国际魔术道具展等十大项内容。共有来自美国、日本及中国大陆等17个国家和地区的选手、评委、表演嘉宾参会。本届大会组委会以世界大学生魔术交流大会的举办为契机，发出倡议将每年9月第四个周六设为“世界青年魔术日”，得到了国际魔术界广泛认可。大会期间，还成立了昌平杂技家协会和昌平魔术协会。两个协会是目前北京市唯一的一个区县级的杂技、魔术类协会，为创建“魔术之都”提

供组织保障，推动中国魔术事业更好、更快的发展。配套活动共有四项内容，从年初开始组织预热，直至大会开幕，为在全国掀起魔术热潮为交流大会主体活动预热。配套活动直接参与人数超过30万人次。

（谷瑞亮）

【公益惠民文化活动丰富多彩】 年内，以“美丽昌平走基层”系列文化活动为主体，落实折子工程和为民办实事项目，不断开展公益惠民演出、电影放映、送书下乡活动。全年公益惠民演出953场；公益放映电影13892场次，宣传观众80万余人次；送书下乡共100次，为农村和社区配送图书24800册。

（谷瑞亮）

【特色品牌文化活动】 年内，举办了“好书好人生 昌平读书汇”14期；举办了“阅润昌平 -- 聚焦阅读”摄影展活动，收集了全区摄影爱好者作品113幅；开展了北京市“书香家庭”、“阅读示范社区”、“金牌阅读推广人”评选活动，兴寿镇的徐继新家庭、十三陵镇胡庄社区、雪绒花社区儿童中心分别被评为书香家庭、阅读示范社区、金牌阅读推广人；组织百姓读书大讲堂活动40场，参与人数2311人次；以阅润昌平 --《弟子规》公益亲子课堂为龙头，创建“童学汇”，打造少儿读书系列活动，每月举办两次不同主题的少儿阅读活动，共33场，1000余名小读者参加。为全区书画爱好者搭建展示交流的平台，先后为14位作者举办个人书画展，共展出作品1000余幅，参观人数达7万余人。

（谷瑞亮）

【收集保护整理非物质文化遗产项目】 年内，收集、保护、整理昌平区非物质文化遗产项目397个，其中国家级非遗项目2个，市级非遗项目5个，区级10个，推荐申报了国家级传承人2名，市级传承人2名.并对非遗项目《五虎棍》等13个项目进行了整理调研、其中6项进行了区级项目的申报工作；通过昌平电视台《古今昌平》专访、“保护成果，全民共享”为主题的第十个文化遗产日举行宣传活动，组织“花钹大鼓”、“涧头村高跷”、“王麻子剪刀”参加北京第二届“非遗大观园”端午游园会的活动，向群众普及相关知识，提高公众非物质文化遗产保护意识。为更好的展示非物质文化遗产，建立能听、能看、能传承的市级非遗项目漆园村龙鼓传承基地，筹备市级非遗项目“十三陵涧头高跷”基地，进一步推进文化强区建设。

（谷瑞亮）

【加强文物保护管理工作】 年内，区文化委出台了《昌平区基层文物工作管理办法》《昌平区文物修缮设计单位、监理单位、施工单位工作规范》《文物修缮和安全技防工程季度联合检查百分考核标准》修订了《昌平区处置文物安全突发事件应急预案》。出版了昌平文化丛书《长峪城》和《军都文苑荟萃》，完成了工具书《昌平区文物普查资料类编》。为使文物保护工作深入人心，区文化委在昌平报开办了说文道物专题栏目，创办了“说文道物”分享会，建立了“说文道物”、“昌平文物圈”、“军都印社”、“昌平古玩协会”微信群，分管的文物和图书工作人员全年在市区各类媒体发表新闻信息近千条。

（谷瑞亮）

【文物保护修缮工作开展】 年内，在市文物局的大力支持下，区文化委完成了亭自庄娘娘庙、西沙屯药王庙、小东流双观音庵、下庄关帝庙庆王家族墓围墙等5项修缮工程的竣工验收。相继启动了长峪城关帝庙、南口宝林寺、西马坊娘娘庙、东闸关帝庙、禾子涧关帝庙、马刨泉九神庙、阳坊药王庙、楼自庄娘娘庙、上东廓菩萨庙、朝宗桥、讲礼娘娘庙、沙河巩华城南北瓮城等多处修缮工程。积极争取区级资金205万对西马坊娘娘庙修缮工程进行了开工。积极推进技防项目。争取市级资金2500万元，为大运河－白浮泉遗址、南一村清真寺、西贯市清真寺等16处文物单位安装避雷、消防、监控设施37项，年底完成全部工程。及时做好2016年文物安全技防项目储备工作，安排设计人员对南口清真寺、宝林寺等13处文物单位进行了技防方案设计，并上报市文物局。

（谷瑞亮）

【保护知识产权】 年内，区文化委在文物品牌资源保护上进行探索，与北京力量专利代理事务所签订协议，对雪山、白浮泉、巩华城等重点文物商标申报注册，保护文物知识产权。

（谷瑞亮）

【梳理昌平历史文脉】 年内，区历史文脉第二批文稿历经数次修改完善，完成前期编纂审校工作。有《明长陵》、《昌平清代园寝》、《银山塔林》《昌平考古发现》《昌平史话》五部书籍。

（谷瑞亮）

【完成巩华城遗址考古勘探】 年内，完成巩华城遗址考古勘探工作。3月初进场，截至5月中旬，完成勘探面积近55万平方米，为研究巩华城历史，做好巩华城修缮，制定文物保护规划提供依据。

（谷瑞亮）

【强化市场监管，服务"五管"工作大局】 年内，牢牢把握"扫黄打非"在意识形态领域工作中的重要定位，切实贯彻管行业必须管安全的工作职责，履行好维护本辖区的政治稳定和文化安全这一首要政治任务，制定并出台《文化娱乐场所严格管控意见》，严查违法违规行为，重拳打击黑开场所，狠抓安全隐患治理，以"两大安保"、"扫黄打非"为重点，以"场所数量零增长，流动人口管控有力"为目标，深入开展联合执法专项行动。全年共出动人员1275人次，组织联合执法行动16次，检查各类文化企业1400余家次，上报各类信息45余篇，查处举报58件，办理行政处罚案件34件，罚款11.1万元，警告29家次，收缴盗版及非法印制图书1250册，盗版光盘1168张，取缔非法游商、摊点23个，取缔黑网吧17家，黑歌厅2家，黑演艺3家，黑电游2家，非法电台2个，查扣各类非法经营设备375台，取缔非法销售卫星地面接收设施、网络电视棒摊点7家次，收缴非法地面卫星接收设施37套，屏蔽有害信息2705条，拦截淫秽色情信息105条。紧扣文化市场发展动态，创新工作机制，引导重点行业进行安全生产标准化，推进网吧优化升级。成立文化市场行业协会，建立"扫黄打非"镇（街）工作考评机制，提高了文化市场管理水平。全年，共受理行政许可事项108件。新设企业54件，变更企业54件。

（谷瑞亮）

广播电视

【概　况】 2015年，昌平区广播电视中心（简称"区广电中心"）深入贯彻落实党的十八大和十八届三中、四中、五中全会精神，坚持党的领导，坚持正确政治方向，坚持以人民为中心的工作导向，始终在思想上政治上行动上同党中央保持高度一致，在区委、区政府的坚强领导下，围绕全区工作大局，充分发挥广播电台、电视台和网站的"全媒体"合力，致力于讲述好昌平故事、传播好昌平声音、展示好昌平形象，为把昌平建设成为国际一流科教新区提供了思想保证、精神动力、道德滋养和文化条件。现有播出平台包括：昌平电视台综合频道（高标清同步播出）、昌平电视台生活频道、昌平电视台文艺频道4个有线频道；昌平人民广播电台FM103.1兆赫广播频率；昌平广播电视网、手机电视APP客户端、昌广传媒微信公众号3个新媒体平台；永安公园、霍营、天通苑南、亢山广场4块户外大屏。机构设置有办公室、政工科、财务科、事业科、总编室、宣传科、节目审查科、广播电视台、广播电视网络信息管理中心、广播电视节目制作中心、昌北音像广告中心、永安城影视传媒中心。全年，区广电中心紧密结合区委、区政府的中心工作，按照《昌平区2015年宣传思想文化工作要点》确定的目标，圆满完成了一系列重大宣传报道任务，制作播出了一批主题鲜明、特色突出、群众喜爱的精品节目和栏目。同时，不断加快推进技术更新，完成设备维护改造；提升安全播出意识，严把播出"安全关"；着力打造广电人才队伍，激发全员工作活力；抓好基层党建，打造服务型党组织；深入推进“三严三实”专题教育，实现思想建设全覆盖；认真贯彻落实中央八项规定和市委实施意见，切实改进工作作风。

（王艳蕊）

单位名称：昌平区广播电视中心
地址：城北街道南环东路1号
电话：（010）69746088
邮编：102200

【广播电台直播启动】 12月1日，调频103.1昌平人民广播电台首档直播节目《乐享时光》进行试播，填补了昌平地区广播直播节目的空白。《乐享时光》寓意分享快乐的时光，是昌平人民广播电台最新推出的一档时尚轻松的话题聊天类节目。节目将社会效益放在第一位，立足于昌平地区百姓的实际生活，以服务昌平百姓为宗旨，将涵盖气象服务信息、本地最新资讯、轻松话题互动、精彩音乐分享等多项内容。播出时间为每周一至周五上午10:00——10:30。

（王艳蕊）

【创优再上新台阶】 年内，区广电中心不断提高宣传水平，创优再上新台阶，荣获市级以上奖项23个，包括“2015传媒中国年度十大区县广播电视台”称号、被中华全国妇女联合会授予“巾帼文明岗”称号、获得“2014-2015中国品牌媒体百强——城市电视台品牌10强”“首都文明单位标兵”“2015年北京市第十二届思想政治工作优秀单位”等荣誉称号。

（王艳蕊）

【节目更加贴近民生】 年内，昌平电视台共编播《昌平新闻》313期。优化新闻报道内容和结构，把重心转向民生。采编制作新闻3300多条，其中时政新闻占播发新闻总量的42%，经济、社会、民生及生活服务资讯类新闻占比达到58%。同时配合全区重点工作，录制了20多场大型活动，并不断根据老百姓口味调整节目设置，引进电视节目，切实肩负起广电媒体的使命担当，更好的服务民生。

（王艳蕊）

【力推主题性系列报道】 年内，《昌平新闻》始终秉承着权威、全面、及时、客观的栏目宗旨，配合全区各项工作，先后推出20多部主题性系列报道。为纪念中国人民抗日战争暨世界反法西斯战争胜利70周年，昌平电视台策划的大型主题新闻系列报道——《让历史告诉未来》开播，一直持续到10月底结束。这一系列报道中包括《致敬抗战老兵》《共同的历史 永远的记忆》等板块，突出纪念抗战的氛围，并在此基础上，讲好军民齐心抵御外敌的抗战故事。

（王艳蕊）

【着力讲好昌平故事】 年内，昌平电视台精心打造专题节目，围绕历史文化、“三农”发展、法制建设、安全生产、百姓健康等内容，着力讲好昌平故事，不断扩大全区中心工作的宣传报道力度。共制作播出专题节目1100多期。其中，《古今昌平》栏目继“古城探幽”系列之后，策划推出了20集系列专题节目《非遗华彩》；《真情故事》栏目继续挖掘昌平的感人故事，以真人真事反映昌平人的优秀精神品质，倡导弘扬社会主义核心价值观。

（王艳蕊）

【释放新媒体宣传活力】 年内，昌平广播电视网围绕区内外重点工作、重大活动、重要事件，增加专题性网络报道力度，策划、制作了多组系列报道，并荣获北京市新闻出版广电局颁发的“2015年北京市优秀网络视听节目征集评选活动优秀组织推荐单位”奖。同时主动参与市、区网络评论工作，积极开展网络互动。做稳做实昌广传媒手机APP。充分发挥昌平广播电视网和昌广传媒手机APP的协同效应，保证内容同步、更新同步、宣传同步，不断提升新媒体整合传播和服务群众的能力。

（王艳蕊）

【全力传播昌平声音】 年内，昌平人民广播电台共有近30档节目，全天播音13.5小时。全年，共播出节目5000小时左右，其中转播中央人民广播电台、北京电视台以及昌平电视台《昌平新闻》等新闻类节目时长共500小时。全年制作、播出自办节目《与法同行》365期，共7300分钟；全新访谈类节目《我们是艺家人》《我们一起来》共42期，与区党史办推出纪念抗战胜利70周年广播特别节目——《小梁故事会》15期，三档节目播出总时长达4680分钟。

（王艳蕊）

【完成六大技术改造】 年内，区广电中心完成技术更新和设备维护改造工作。一是新建了800平米的播控中心，包括播出机房、新闻直播间、录音棚、中心数据机房；二是完成了新型全台网项目创建；三是新建了1+1频道，即1个高标清同播、1个独立标清播出频道，完成了网络播出总控系统的建设及项目集成；四是新建播控系统和无线发射系统的双路供电工程；五是对摄像机系统、切换系统、节目监测系统、同步系统、通话系统、时钟系统、配电系统等多方面进行立体式升级改造；六是在天通苑地区新建了两块LED户外大屏。

（王艳蕊）

【实现安全播出无事故】 年内，区广电中心按照以“安全播出”为核心的ISO9001质量管理体系认证标准开展工作，全年共播出22387.25小时，实现安全无事故。5月，广电中心在市局举办的“防非法信号插播演练比赛”中取得电视第一名、广播第二名的成绩。同时加强节目制作值班制度、新闻发布审核制度、网络转载把关制度等建设，严格执行节目制作人员初审、部门主任二审、广电中心领导终审的审核制度，确保节目安全播出。

（王艳蕊）

【强化媒体社会担当】 年内，区广电中心积极推进广告创收，同时加大公益广告的制作和播出力度。全年，在电台、电视台、网站和户外大屏共计播出公益广告12000多条，时长9000多分钟。广电中心制作的广告《让雷锋精神永远传承》和《活出自己的价值》分别获得2014–2015年度北京市新闻出版广电局举办的“广播电视公益广告专项资金扶持项目”二类和三类作品；区广电中心被评为“2014—2015年度广播电视公益广告专项资金扶持项目”一类传播机构。

（王艳蕊）

【打造广电人才队伍】 年内，区广电中心积极做好人力资源保障工作，打造人才队伍梯队。一是2015年选拔任用1名科级领导干部，启动了6个科级岗位的竞争上岗；二是充实队伍，引进新鲜血液，通过事业单位公开招聘，择优录取了业务比较全面、有工作经验的6人；三是积极组织人员学习培训。坚持每周一学习日制度，共组织集中学习39次，累计参加人数4767人次。

（王艳蕊）

卫生和人口计生管理

【概　况】 2015年，是“十二五”规划的收官之年，在区委、区政府领导下，昌平区卫生和计划生育委员会（简称“区卫计委”）按照昌平区“十二五”规划纲要的部署，始终坚持以人的健康为中心，积极推进医疗卫生事业发展，认真落实计划生育基本国策，继续深化医药卫生体制改革，各方面工作平稳推进，年度各项任务圆满完成，实现了“十二五”期间各项预期目标。辖区内有各级各类医疗卫生机构907个，其中医疗机构904个，包括营利性358个、非营利性546个。卫生技术人员13187人，执业（助理）医师4810人、注册护士5938人；实有床位10147张。平均每千人常住人口拥有卫技人员6.71人、执业（助理）医师2.45人、注册护士3.02人、床位5.17张。卫生服务水平明显提高。全年完成总诊疗1049.6301万人次，其中门急诊1036.1902万人次，家庭卫生服务13.44万人次，留观18.12万人次，健康检查43.63万人次。年度户籍人口出生5954人，符合政策生育率94.04%，出生人口性别比103.42。

（孙树军　安红）

单位名称：昌平区卫生和计划生育委员会
地址：城北街道西环南路58号
电话：（010）69746223
邮编：102200

【节前“大走访”计生困难和特殊家庭】 1月至2月，区卫计委集中走访慰问五类计生困难和特殊家庭共384户，送去食用油、春联福字和慰问金共39.2万元。

（孙树军　安红）

【创建全国健康促进示范区启动】 4月30日，召开昌平区创建全国健康促进示范区（试点）工作启动会。副区长王坤出席此次会议并发表讲话。

（孙树军　安红）

【两癌免费筛查项目启动】 4月30日，昌平区2015–2016年度适龄妇女宫颈癌、乳腺癌免费筛查项目启动，副区长王坤出席。

（孙树军　安红）

【调整昌平区免费孕检条件】 5月1日起，区卫计委对持有《流动人口婚育证明》且在昌平区现居住地村居委会注册人员全部实行免费孕检。

（孙树军　安红）

【饮用水卫生监管情况】 5月13日，区卫计委邀请部分政协委员视察昌平区生活饮用水卫生监管情况，区政协副主席李永生参加视察。区卫计委主任杨冬泉陪同各位委员先后到昌平四中和十三陵镇北新村，实地察看了解学生直饮水和村民水源井的监管情况。

（孙树军　安红）

【宣传“世界无烟日”活动】 5月31日，在中国石油大学开展“世界无烟日”主题宣传活动。区政府副区长王坤参加宣传活动，此次活动为推广2015年6月1日起《北京市控制吸烟条例》的实施起到积极作用。

（孙树军　安红）

【退休职工住房补贴发放工作启动】 5月，区卫计委系统试点单位退休职工住房补贴发放工作正式启动。

（孙树军　安红）

【“三严三实专题教育活动”开展】 5月下旬开始，区卫计委处级领导干部开展“三严三实专题教育活动”。活动以开展学习研讨、专题党课、专题民主生活会和组织生活会，强化整改落实和立规执纪为主要内容。

（孙树军　安红）

【基层人员情况调查完成】 6月10日，区卫计委根据国家及市统一安排，完成镇（街）、村（社区）两级653名计划生育工作人员基本情况调查。

（孙树军　安红）

【“北京市昌平区中医健康乡村试点建设工作”启动】 6月12日，在崔村镇香堂文化村山北峪健身广场召开了“北京市昌平区中医健康乡村试点建设工作启动仪式”。

（孙树军　安红）

【共青团北京市昌平区卫计委第一次代表大会召开】 6月16日，召开共青团北京市昌平区卫生计生委第一次代表大会。

（孙树军　安红）

【昌平区卫生计生委网站上线】 7月，原昌平区卫生局、计生委官方网站正式合并为昌平区卫生计生委网站并上线。

（孙树军　安红）

【区卫计委系统工资改革完成】 7月，区卫计委完成卫计委系统2家机关单位及35家事业单位工资改革工作。

（孙树军　安红）

【奖扶特扶工作】 8月，区卫计委发放2015年奖励扶助、特别扶助金共计1566.768万元。其中奖励扶助对象4870人，发放金额共计878.328万元；特别扶助对象527人，发放金额379.44万元；伤残特别扶助对象515人，发放金额309万元。

（孙树军　安红）

【“阳光长城计划城市减重行动”启动】 9月6日，昌平区2015年“全民健康生活方式日”暨“阳光长城计划城市减重行动”启动，副区长王坤出席。

（孙树军　安红）

【区整治“两非”专项行动工作领导小组成立】 9月，成立昌平区整治“两非”工作领导小组。按照北京市要求组建了由区卫计委、工商分局、食品药品监管局和妇联四家单位组成的昌平区整治“两非”专项行动工作领导小组，并印发了《昌平区整治“两非”专项行动实施方案》。

（孙树军　安红）

【失独家庭慈善走访慰问工作开展】 9月，区卫计委和慈善协会联合走访慰问全区50户计生失独家庭和8户失独老人，每户（人）发放一次性慈善帮助金2000元至5000元，共计20.95万元。

（孙树军　安红）

【区卫计委第一次代表大会召开】 10月27日，中共昌平区卫生和计划生育委员会第一次代表大会召开，102名代表出席会议，15家社区卫生服务中心党支部书记、部分机关科室负责人列席。大会选举产生了区卫生计生委新一届党委、纪委班子成员，杨冬泉、石彩红、左晨、郝春月、沈茂成、董亚卿、谭光剑、杨杰、王红珍、张春生、吴顺祥11名同志当选为区卫生计生委新一届党委委员，郝春月、张金华、刘丰、郑铁军、杨贵、温俊杰、邵立雪7名同志当选为区卫生计生委纪委委员。

（孙树军　安红）

【区电视台驻区卫计委记者站成立】 11月，正式成立区电视台驻区卫计委记者站，并派驻两名工作人员。

（孙树军　安红）

【公众微信平台启动】 12月1日，区卫计委正式启动“健康昌平”公众微信平台，截至年底，按照每周两次或三次推送，共推送30期80篇文章。

（孙树军　安红）

【控烟专项卫生监督执法工作】 12月9日，区爱卫会、区卫计委、区卫生监督所联合区商务委、区工商分局、区食药监局等相关部门，共同邀请区人大代表，对辖区内党政机关、医院、大型商场、超市、宾馆及餐饮企业，开展了控烟专项卫生监督执法工作。

（孙树军　安红）

【廉政警示教育大会召开】 12月15日，区卫计委系统在军都度假村举办党纪政纪学习培训暨廉政警示教育大会。对新修订的《中国共产党廉洁自律准则》和《中国共产党纪律处分条例》进行专题辅导培训；传达昌平区警示教育大会精神，观看“警惕身边的腐败”、“左权案警示录”两部警示教育纪录片。

（孙树军　安红）

【签约仪式】 12月16日，清华长庚医院、北大国际医院与区医联体核心医院签订了协议书，副区长刘淑华、区卫计委主任杨冬泉等领导参加签约仪式。

（孙树军　安红）

【区人口健康信息平台启动会召开】 12月31日，昌平区人口健康信息平台启动会在军都旅游度假村召开。区卫计委相关领导，农商银行昌平支行行长郑文明，承建商万达股份信息有限公司副总裁徐奎东，各镇（街）计生办主任、区属二三级医院、社区卫生服务中心、公卫机构等27家单位的负责人、主管领导、信息科科长等等150余人参加了启动会。

（孙树军　安红）

【“关爱女孩－阳光助学”行动开展】 年内，共有103名考取大学的困难家庭独生女孩为“阳光助学”受益人，其中考入本科院校的97人，每人给予5000元一次性助学金；深山区村考入大专院校6人，每人给予4000元的一次性助学金。共发放助学金50.9万。

（孙树军　安红）

【卫生计生文化景观建设】 年内，分别在城北街道、南口镇、阳坊镇、流村镇、十三陵镇、城南街道、小汤山、天南街道、天北街道、回龙观、南邵镇的共15个镇（街），建成6个特色人口文化园和9条人口文化街，共投资259.2万元。

（孙树军　安红）

【“幸福家庭大讲堂活动”开展】 年内，“幸福家庭大讲堂”深入农村、社区、企业、机关、部队、院校，聘请马桂林、郭笑雪、夏梦等专家授课，共举办38场，受益人群达4000人。

（孙树军　安红）

【贯彻落实“单独两孩”新政】 年内，区卫计委共审批二孩1816例，其中单独二孩1511例，占审批总数的83.2%。

（孙树军　安红）

【规范社会抚养费征收标准】 年内，区卫计委共下过征收决定书127例，征收社会抚养费1403.6万元。

（孙树军　安红）

【办理“两险”】 年内，区卫计委共办理计划生育家庭意外伤害保险及女性两癌保险共计16.5万份，连续五年创投保数量、财政补贴金额、保险覆盖人群“三个全市第一”。

（孙树军　安红）

【农村合作医疗保障服务水平提高】 年内，共计166752人参加新农合，参合率99.52%。2015年人均筹资标准为1200元，其中中央、市、区年人均补助840元，镇补助100元，个人缴费160元。截止10月底，新农合共计报销补偿472373人次，报销补偿资金16970.3198万元。

（孙树军　安红）

【控制吸烟卫生监督执法】 年内，共出动监督人员4644人次，共监督检查2322户单位，其中不合格967户。各单位设立控烟管理人员共7531名，劝阻吸烟人数共4892人。共对956户控烟管理工作落实不到位的单位下达了责令改正通知书。

（孙树军　安红）

爱国卫生工作

【概　况】 2015年，昌平区爱国卫生运动委员会办公室（简称“区爱卫会”）在区委、区政府的正确领导下，在上级部门的业务指导下，在各镇政府、街道办事处、各委办局的大力支持协作下，以为群众办好事实事为落脚点，全面推进爱国卫生运动向纵深发展，以良好的工作态势、最佳的工作水平、优异的工作成绩，圆满完成预定工作目标。

（杨明）

单位名称：昌平区爱国卫生运动委员会办公室
地址：城北街道西环南路
电话：（010）69746219
邮编：102200

【全区范围内统一消杀越冬蚊活动】 1月24日，市爱卫会下发《关于开展全市统一消杀越冬蚊活动的通知》（京爱卫发〔2015〕3号），区爱卫会根据北京市爱卫会工作要求，积极组织消杀越冬蚊工作，并以正式文件形式转发市爱卫会通知到各镇（街））及各相关部门。各单位根据通知积极开展消杀越冬蚊工作，此次活动共下发宣传海报5000余张，各镇（街）建立基层宣传站10个，发动居民群众1957人次，清理卫生死角及蚊类滋生地2004处，使用灭蚊用药0.85吨。

（杨明）

【健康北京社区指导员工作开展】 4月20日，市爱卫会下发《关于做好2015年度健康北京社区指导员建设工作的通知》（京爱卫办函〔2015〕8号），区爱卫会根据市爱卫会文件要求，在全区开展了区级指导员培训师资筛选工作，最终选定2名专业人员作为昌平区师资上报爱卫会。6月18日，市爱卫会、市健促办组织全市健康指导员培训及全市健康指导员师资人员，针对控烟知识、认识抑郁症、安全运动、家庭健康饮食等相关知识进行了业务培训。

（杨明）

【创建健康促进区工作】 4月30日，区政府召开“昌平区创建全国健康促进区（试点）工作启动会”，全区共有41家机关事业单位、21个镇街、35家医疗机构参加此次会议。会议下发了《昌平区创建全国健康促进区（试点）工作方案》，由区卫计委部署了全国健康促进区创建相关工作，并将任务指标体系中的具体工作内容和工作要求下发到各相关单位。截至12月，全区共开展创建健康促进区工作培训会议

4次，培训内容涉及健康促进区创建工作思路、健康促进区标准、健康示范单位标准、健康社区、健康促进示范村标准等相关内容，累计培训人数达500余人次。

（杨明）

【爱国卫生月、城市清洁日活动】 4月，为落实市爱卫会《关于做好第27个爱国卫生月活动的通知》（京爱卫办函〔2015〕4号）文件精神，区爱卫会以“全民参与爱国卫生，共建共享健康北京”为主题，开展了全区范围内的爱国卫生月活动。爱国卫生月活动采用板报、条幅、微信、电子屏等宣传手段宣传爱国卫生月相关内容259次。累计发动居民群众、党政机关公职人员、在校学生、驻昌部队等共计43.5万人次参加环境卫生扫除活动。清理1747处卫生死角，清理小广告30528处，发动清运卡车847车次，清理各类垃圾、渣土1444.66吨。

（杨明）

【第二轮“健康北京灭蟑行动”工作】 5月10日，区爱卫会联合相关部门负责人在南邵镇四合村村委会召开了昌平区第二轮“健康北京 灭蟑行动”启动仪式，此次全市统一灭蟑行动，截至5月23日活动结束，全区共完成灭蟑1万户。

（杨明）

【世界无烟日活动开展】 5月31日，世界卫生组织发起第28个世界无烟日。为做好世界无烟日及《北京市控制吸烟条例》的宣传工作，区爱卫会、区卫计委、区疾控中心联合在中国石油大学开展以“制止烟草制品非法贸易”为主题的大型宣传活动。相关领导及中国石油大学300余名师生共同参与参加了活动。活动围绕“无烟北京、我支持、我行动”主题，广泛动员社会力量，积极协调有关部门，提高了在校大学生对烟草烟雾危害的认识、加强了自觉抵制吸烟与被动吸烟的健康意识，为推广《北京市控制吸烟条例》的实施起到积极作用。

（杨明）

【控烟工作】 6月1日，《北京市控制吸烟条例》（以下简称《条例》）正式施行。区爱卫会先后起草了《关于昌平区落实〈北京市控制吸烟条例〉工作方案》《关于进一步加强落实〈北京市控制吸烟条例〉有关工作的通知》，并以区政府正式文件下发至各委办局、镇政府、街道办事处。明确了属地和部门工作职责，并建立昌平区控烟工作组织网络，定期召开控烟工作会议和培训，全区共开展机关、企事业单位、公共场所等相关人员控烟培训4期，累计培训人次2500余人次。

（杨明）

【西部重点地区病媒生物防制工作】 6月至9月，对西部重点地区范围内有害生物进行了4轮消杀作业，有效控制了西部重点区域内预防虫媒传染病的发生，保障了重大活动的顺利进行，此次区财政共拨付消杀服务专项资金395万元，全部用于保障此次病媒生物防制工作。

（杨明）

【开展健康社区、健康促进示范村督导检查工作】 7月23日至26日，区爱卫会对往年已经通过验收的健康社区、健康促进示范村进行复查工作。9月11日至30日，区爱卫会、区疾控中心组成督导组对全区20个镇（街）的162个健康社区、健康促进示范村开展督导检查工作。按照《北京市健康促进示范社区（村）考核验收评分表》，对各个健康社区、健康促进示范村的组织管理、健康环境、健康服务等项目的相关资料进行了严格的检查评分。检查结束后，及时以文字形式向相关镇街反馈检查结果，对检查中发现的问题提出了指导性意见，并督促进行整改和落实。

（杨明）

【继续加强控烟监督检查力度】 10月20日止，全区共出动监督人员4522人次，监督检查单位2261户，对944户单位下达了责令改正通知书，并对其中41户单位进行了行政处罚，罚款总额99000元。同时在公共场所及工作场所制止、劝阻吸烟人员14人，并对其中12人进行了行政处罚，罚款总额600元。现全区共有控烟监督员7308名，劝阻吸烟人数共4823人，监督员现场劝阻吸烟人数85人。共接到12320转入的控烟类投诉举报350起，案件均已办结。

（杨明）

【公务员健康素养知识竞赛】 11月20日，区爱卫会、区疾控中心健康教育所，组织区公务员健康素养知识竞赛初赛，全区38家机关单位约150名公务员参加。12月30日昌平区国税局、区教委、区人力社保局、区食药局、区住建委、区城北街道办事处6支队伍从初赛的38家机关单位中脱颖而出进入决赛，全区共36家单位共计180余人参加了此次活动。

（杨明）

【控烟示范单位创建开展】 11月，区爱卫会按市爱卫会《关于开展北京市控烟示范单位创建活动中期评估的通知》工作要求，对昌平区9家创建控烟示范单位的部门进行中期评估工作，此次中期评估昌平区9家创建单位中8家单位的平均得分都在95分以上，能够达到控烟示范单位的标准。

（杨明）

【不断加大控烟宣传力度】 年内，为扩大《北京市控制吸烟条例》影响力，巩固和加强无烟机关、无烟校园、无烟医疗卫生机构等无烟环境建设工作，做好区机关单位、学校、医疗机构、社会企事业单位等控烟宣传工作，区爱卫会制作了钥匙包、标签纸、拉杆笔等一系列与控烟有关的宣传品2万多件。印制、发放控烟海报、条例单行本、折页等共20万份。利用城市电子显示屏播放控烟宣传口号10余条，利用媒体新闻宣传228条，电视台播放公益广告1727次，在主要街道安置控烟知识宣传灯箱33块，其中8块为滚动灯箱，每天滚动播放14类控烟相关知识。制作控烟横幅56条，控烟知识的宣传橱窗40块，控烟知识宣传展板一套共10张。各类媒体积极宣传区控烟工作，在《昌平报》开设控烟报刊专题1版，报道控烟工作专报1条。在昌平电视台制作控烟工作专题节目2期，节目内容涉及控烟知识、吸烟危害、法规讲解等相关内容。制作控烟公益广告1个，在昌平新闻前后各播放1次，播放时长为1个月，此公益广告还在永安公园大屏幕每天滚动播放。同时区爱卫会印制带有“12320”控烟投诉举报电话的控烟标识6000份，并已下发到了机关、企事业单位、学校、医院、公共场所等相关单位。

（杨明）

【全区统一灭鼠活动】 年内，为降低全区鼠密度，根据市爱卫会统一布署，在全区范围内开展了秋冬季统一灭鼠活动，对市政地下管线、中小餐饮、宾馆（饭店）、农贸市场、近两年发生过流行性出血热的区域设置鼠药投放点，向各镇（街）下发秋冬季灭鼠内、外环境灭鼠用药共500箱。

（杨明）

卫生监督

【概　况】 2015年，昌平区卫生局卫生监督所（简称“区卫生监督所”）是区卫生和计划生育委员会领导下的副处级行政执法机构，承担全区生活饮用水、公共场所、学校卫生、放射卫生、医疗服务、传染病防治、母婴保健、涉水产品、采供血及公共场所控烟、打击非法行医等法律法规赋予的监督执法及部分行政许可工作任务。设职能科室6个，业务科室3个，综合执法队9个（其中8个为卫生监督派出机构），现实有公务员55人，工勤3人，其中副处级领导职务1人，正科级领导职务13人，副科级领导职务11人，非领导职务15人，科员15人。

（兰峰松）

单位名称：昌平区卫生局卫生监督所
地址：城北街道鼓楼北街7号
电话：69745043
邮编：102200

【控烟卫生】 4月至5月，组织全区268家饮用水供水单位、190余家医疗机构单位、2000多家公共场所单位的卫生负责人，进行了控制吸烟条例宣贯培训。6至12月，监督检查单位2917户，对1032户控烟管理工作落实不到位的单位下达了责令改正通知书，并对其中45户单位进行了行政处罚，罚款金额总计110000元，同时对20名在公共场所吸烟的人员进行了行政处罚，罚款1000元。监督员劝阻吸烟共计5829人次。

（程龙）

【行政许可】 年内，共发放卫生许可证913件，新办许可252件；延续许可共计547件；变更许可共计88件。注销许可共计26件。此外，放射诊疗卫生审查38件，竣工验收17件。全年共受理食品安全企业标准备案56个，其中制定55个，修订1个，集中空调备案12件，完成病原微生物实验室备案工作4件。启动“先照后证”工作，9月1日起，启用“北京市企业信用信息网”平台操作系统，共接收公共场所许可信息216条，完成信息归集56条，及时通过网络或电话告知“有照无证”单位办理卫生许可证。依法查处市场主体“有照无证经营”的违法行为。

（国民）

【卫生监督】 年内，辖区共有被监督单位4859户，共开展经常性卫生监督20739户次，监督频次3.64次，总体监督覆盖率为99.81%。其中全区共有各类公共场所经营单位2170户，本年度共监督7902户次；学校188所，监督669户次。各类生活饮用水单位773户，监督861户次；各级医疗机构885户，监督1908户次，开展对各级各类传染病防控监督2900户次。

（胡帅）

【卫生监督抽检】 年内，共对昌平区4种涉水产品、5台现制售水机的出水水质、4件市政水厂出厂水抽检样品，13所学校的末梢水水质进行了行政抽检。开展了公共用品、用具消毒效果抽检、游泳场所水质抽检工作、集中空调通风系统卫生状况抽检工作，共对98家单位抽检样品483件。对辖区内随机抽取的20%学校进行生活饮用水卫生抽检、抽取辖区内20%的中小学校开展教学环境监测工作。

（程龙）

【投诉举报处理】 年内，接报受理各类来电、来访、来信（投诉举报件）1104件，已全部办结。其中控烟投诉547件。区卫计委转来信访件221件，市卫生监督所转来交办件2件。

（崔宗强）

【大型活动卫生保障】 年内，完成元旦假日期间巡查、春节假日期间巡查、两会召开期间巡查、区第三届农业嘉年华期间保障、五一节假日期间巡查、2015年高考、会考、中考卫生监督保障、端午节假日期间巡查、2015年昌平区西部乡镇重点区域重大活动期间生活饮用水卫生监督保障、2015年世界大学生魔术交流大会期间保障、中秋、十一节假日期间巡查等。

（程龙）

【卫生监督技能大赛】 年内，按照市卫计委要求，区卫计委联合区总工会于7月份开展了卫生计生监督技能竞赛活动，选派4名监督员参加了全市技能竞赛活动，获得团体优秀奖，1人获得个人优秀奖。

（崔宗强）

【卫生监督协管服务】 年内，组织全区101名卫生监督协管员参加了培训，并进行了考试。每月收集各社区卫生服务中心上报的卫生监督协管信息报告登记表和卫生监督协管服务工作汇总表。11月份，对各社区卫生服务中心卫生监督协管服务工作开展情况进行了督导考核。

（崔宗强）

【公共场所量化分级】 年内，对475家旅店业、68家游泳场馆、85家文化娱乐场馆、87家大型商场、119家公共浴室、1190家美容美发、3家其他类公共场所经营单位进行了量化评级。共评出A级单位316户，B级单位1644户，C级单位67户。

（国民）

【行政处罚】 年内，执行行政处罚案件387件，执行罚没款144.48万元。其中一般程序行政处罚312起，罚没款143.08万元；简易程序行政处罚75起，罚款1.4万元。对2起不履行行政处罚决定的当事人，依法申请人民法院强制执行，执行罚没款1.4万元。

（崔宗强）

【专项重点工作】 年内，开展了小汤山温泉文化节期间专项检查、快捷酒店专项检查、室外和大型游泳场所卫生监督专项检查、地下空间经营公共场所专项检查；开展对辖区内9所民办高校卫生安全状况入校检查、中小学教学环境监督检查、学校及托幼机构传染病专项检查、学校饮用水卫生监督、学校综合评价工作等专项工作；开展了二次供水电子监管专项检查、生活饮用水重点专项检查、农村饮用水卫生专项监督检查、学校生活饮用水重点专项检查、区南水北调用水专项监督检查工作和辖区内医院二次供水的专项检查；对辖区内阅兵驻地周边自备水源供水单位进行巡回监督检查，未发生生活饮用水安全事故；开展了“美丽盾牌”专项行动、打击代孕专项行动、互联网医疗保健服务信息及医疗广告专项行动、中医行业清扫专项行动，配合公安打击“医托”等违法活动；开展了医疗废物处置的监督检查、冬春季传染病防治工作、麻疹防控监督检查、肠道门诊专项检查，落实人感染H7N9禽流感防控突发措施、消毒产品生产企业及消毒产品的监督检查、实验室生物安全专项监督检查、医疗机构消毒隔离制度执行情况、预防接种工作专项检查等工作。

（国民）

【打击非法行医】 年内，共取缔非法“黑诊所”62户次，对47户非法黑诊所实施了行政处罚，罚款人民币共计21.4万元，没收非法所得2.8万元，没收药品约3000公斤，没收医疗器械180件。

（国民）

疾病预防与控制

【概　况】 2015年，昌平区疾病预防控制中心（简称“区疾控中心”）现有内设机构23个，职工146人，具有本科以上学历者占职工总数的80.8%，具有中级以上专业技术职务者占专业技术人员总数的41.1%。主要工作职能包括：疾病预防与控制、突发公共卫生事件应急处理、疫情报告与健康相关因素管理、健康危险因素监测与干预、实验室检测分析与评价、重大活动的公共卫生保障、健康教育与健康促进、技术服务管理与应用研究指导。区疾控中心以科学发展观为指导，坚持“预防为主”的工作方针，全面加强疾病预防控制与应急能力建设，努力提高疾病预防控制综合能力。积极履行职责，圆满完成年度各项疾病预防控制工作任务，为全区人民群众的身体健康与生命安全提供了有力的卫生保障。

（刘达峰　李晓晨）

单位名称：昌平区疾病预防控制中心
地址：城北街道鼓楼北街7号
电话：（010）69742645
邮编：102200

【市级工作考核】 1月26日，市卫计委对区疾控中心上年度疾病预防控制工作进行绩效考核，通过听取工作汇报和现场考核，专家组一致认为区疾控中心管理规范，工作落实到位，各专业均高质量的完成了工作任务，并取得第四名的优异成绩。

（刘达峰　李晓晨）

【实验室资质认定和食品检验机构资质认定复评审】 3月19日至3月20日，市质量技术监督局委派评审组对区疾控中心进行了实验室资质认定（计量认证）和食品检验机构资质认定复评审，通过现场评审，评审组一致认为区疾控中心法律地位明确，组织机构设置合理、职责清晰，质量保证体系运行有效，现场考核的检测结果均在标准允许误差范围内，申报的授权签字人基本符合评审准则相关要求，同意通过实验室资质认定（计量认证）和食品检验机构资质认定复评审。

（刘达峰　李晓晨）

【中东呼吸综合征疫情防控联合应急演练】 8月5日至7日，区疾控中心会同锡盟疾控中心在二连浩特市开展了中东呼吸综合征防控联合应急演练，演练具体内容为疫情接报、物资准备、个体防护、核实诊断、流行病学调查、防护效果检查、撰写流行病学调查报告等，技术评估组一致认为演练侧重实战、形式新颖，应急小分队人员操作规范，反映出了高水平。

（刘达峰　李晓晨）

【职业卫生技术服务机构评估检查】 11月6日，市安全生产监督管理局考评组对区疾控中心职业卫生技术服务工作进行了工作调研和评估检查，听取了职业病危害因素检测与评价工作汇报，查阅了大量技术性资料和现行质量体系文件，审核了人员资质和仪器设备配备等情况。

（刘达峰　李晓晨）

【艾滋病筛查中心实验室能力评估】 11月19日，市疾控中心性艾所专家组对区疾控中心艾滋病筛查中心实验室进行督导审核，通过查阅实验室检测资料，现场人员实验操作考核，参加盲样质控考核结果等方面进行了审核，专家组一致认可区疾控中心实验室检测能力和管理水平，评选昌平区疾控中心艾滋病筛查中心实验室为艾滋病、性病检测优秀实验室。

（刘达峰　李晓晨）

【“世界艾滋病日”主题宣传活动】 12月5日，区防治艾滋病工作委员会主办，区疾控中心、区结核病防治所共同承办防治艾滋病工作会暨世界艾滋病日主题宣传活动。参加活动的有区防艾委成员单位、各镇政府、街道办事处、各医疗机构、各高校志愿者共900余人。通过表彰先进、现场演出、发放宣传资料和设立现场咨询台等方式号召群众积极参与艾滋病防治宣传活动，呼吁向艾滋病患者奉献关怀和爱心，营造温暖宽容的生活环境，为进一步推动艾滋病防治工作广泛深入开展起到了良好的促进作用。

（刘达峰　李晓晨）

【疾病预防控制工作】 年内，组织完成预防接种78.2万人次；公共服务从业人员预防性体检9.9万人次；职业健康监护体检1000余人次；学生常见病监测1.2万人次；艾滋病哨点监测6585人次，高危人群行为干预18.5万人次；开展各种卫生防病检测检验14万件26万项次；调查处理多发及暴发疫情64起；截至年底，全区已经连续36年无脊髓灰质炎病例，连续35年无白喉病例。

（刘达峰　李晓晨）

【检验检测与质量管理】 年内，区疾控中心实验室现有仪器设备686台，通过检定、校准、测试等方式实施仪器设备功能确认379台/件。5月6日至7日，区疾控中心顺利通过计量认证和食品检验机构资质认定复查/扩项评审，并重新换发了《资质认定计量认证证书》和《食品检验机构资质认定证书》。获得了计量认证范围内8个检测产品/类别的232个检测项目/参数和食品检验机构资质认定范围内6个检测产品/类别的116个检测项目/参数的检测资质认定。区疾控中心共有94个检测项目分别参加实验室间比对和能力验证及质评考核活动，具备实验室资质认定（计量认证）、食品检验机构资质认定、北京市HIV抗体筛查实验室、碘盐监测实验室资质等4项省级资质。

（刘达峰　李晓晨）

【健康教育与健康促进】 年内，组织全区开展健康大课堂活动878场，受众达3.7万余人；重点卫生日开展宣传活动5次；在《昌平报》专栏中刊登科普文章11篇，新闻8篇，控烟专题1版；在昌平电视台举办“健康昌平”专题节目16期；在建成区电子滚动屏发布卫生防病核心信息9条，共5400小时；在“昌平健康教育”官方微博中发送相关信息1258条，关注人群2万人；在“北京市昌平区疾病预防控制中心”官方微信发送相关信息172条，浏览量2万余人次；向居民发送防病知识短信70余万条。组织开展了“昌平区健康科普大赛”、“昌平区公务员健康素养知识竞赛”、第二届小学生“健康素养66条”等活动，并取得优异成绩。

（刘达峰　李晓晨）

【业务培训及督导检查】 年内，区疾控中心对辖区医疗机构举办培训班76个，培训共251学时；开展各类督导检查15次；开展基层医疗机构卫生防病考核2次。

（刘达峰　李晓晨）

【住院严重急性呼吸道感染病例监测】 年内，

区疾控中心在市里率先启动了住院严重急性呼吸道感染（SARI）病例监测，以了解流感感染相关疾病的住院情况，为流感疾病负担估计提供资料，监测流感重症病例中流感病毒不同型别、亚型的分布情况，了解流感重症病例中分离流感病毒的抗原性和基因特征，及与世界卫生组织（WHO）推荐疫苗株的匹配情况，得到市卫计委的高度认可，先后迎接了国家 CDC、香港大学、美国 CDC、全球流感住院病例监测网络（GIHSN）协调办公室人员到区疾控中心进行交流活动。

（刘达峰　李晓晨）

【扶贫和对口技术支援】　年内，区疾控中心与山西省阳泉市疾控中心签订了对口技术支援协议；截至年底，区疾控中心先后与内蒙古自治区、山西省、河北省等 5 家卫生防病机构建立了扶贫和对口技术支援关系并开展了相关工作。

（刘达峰　李晓晨）

【全民健康生活方式行动】　年内，组织辖区内 5 家健康社区、5 家健康食堂、5 家健康餐厅、1 家健康超市开展创建工作，并通过了市级验收；新建健康主题公园 1 个，健康步道 7 条，健康知识一条街 7 条；对上年建设的主题公园 1 个，健康知识一条街 1 条，健康步道 4 条进行了维护；完成 4 个镇（街），8 个居（村）委会的全民健康生活方式行动效果评估调查工作 600 份调查问卷；组织培训 202 名健康生活方式指导员。

（刘达峰　李晓晨）

【应急管理及公共卫生保障】　年内，区疾控中心制定并完善应急预案 9 类 46 个，各类工作技术方案 6 类 38 个；突发公共卫生事件应急处置小分队成员 73 人，现场消杀灭装备及药品等传染病控制应急装备、物资 52 种；开展应急培训 11 次，共计 607 人次；开展应急处置演练 3 次；同时，圆满完成了辖区内“中国人民抗日战争暨世界反法西斯战争胜利 70 周年”、“中高考”等活动公共卫生保障工作。

（刘达峰　李晓晨）

妇幼保健

【概　况】　2015 年内，昌平区妇幼保健院（简称“区妇幼保健院”）主要指标完成情况：有户籍孕产妇 5915 人，住院分娩率 100%；活产 5992 人；孕产妇建卡 5914 人，建卡率 99.98%；产前检查 5914 人，产检率 99.98%；孕早期检查 5911 人，早检率 99.93%；高危孕产妇 3138 人，高危筛出率 53.05%，高危管理 3023 人，合格管理率 96.34%；产后访视 5648 人，访视率 95.49%；系统管理 5620 人，系统管理率 95.01%。新生儿期母乳喂养 9072 人，有喂养登记 9400 人，母乳喂养率 96.51%；6 个月内母乳喂养率 92.29%。孕产妇死亡率 0 例；围产儿死亡 25 例，死亡率 4.16‰；新生儿死亡率 2.17‰；婴儿死亡率 3.67‰。新生儿访视 5632 人，访视率 93.99%；新生儿访视、代管共 16811 人，检出高危新生儿 3787 人，高危新生儿发生率 22.53%，合格管理 2834，合格管理率 74.83%。0 ~ 6 岁在册儿童 115054 人，接受一次及以上体检 110604 人，儿童保健覆盖率 96.13%；0–6 岁儿童系统管理率 90.15%，3 岁以下儿童系统管理率 83.73%；1 ~ 6 岁儿童听力筛查率 95.31%。全年计划生育手术 15682 例，其中本地 6296 例、外地 9386 例。计划生育手术并发症发生率为 0/ 万。农村妇女普查实查 96233 人；宫颈涂片 95557 张，涂片率 99.30%；检出妇科疾病 19945 人，疾病检出率 20.73%；婚检 1928 人，婚检率 15.80%，患病率 21.42%，其中男性患病占 77.48%、女性患病占 22.52%。

（王刚）

单位名称：昌平区妇幼保健院
地址：城北街道北环路 1 号
电话：（010）69746091
邮编：102200

【助产机构工作检查及计划生育技术服务换证

验收】 10月，区卫计委组织全区母婴保健专家组和妇幼保健管理人员，对区内8家助产机构开展了产科质量、爱婴医院、孕妇学校、产前筛查、出生缺陷、出生医学证明、新生儿疾病筛查、新生儿听力筛查、5岁以下儿童死亡相关工作、妇幼二期信息系统使用情况、重大和基本公共卫生服务项目进行检查，对助产机构妇幼信息进行区级质控。检查后进行现场反馈，并下达反馈意见书。对27家计划生育技术服务机构进行督导检查。

（王刚）

【35–64岁户籍妇女两癌筛查】 年内，开展城南街道、城北街道、天南街道、天北街道、霍营街道、十三陵镇、东小口镇、小汤山镇、崔村镇、南邵镇、百善镇、流村镇12个镇（街）的两癌筛查工作，目标人群68861人，完成入户登记27661人，宫颈癌筛查22229人（筛查率32.28%），乳腺癌筛查24299人（筛查率35.29%），已确诊乳腺癌22例（患病率90.54/10万），宫颈癌7例（患病率31.49/10万）。

（王刚）

【农村孕产妇住院分娩补助】 年内，按照昌平区实施方案要求，继续开展农村孕产妇住院分娩补助工作，指导社区卫生服务机构通过为孕妇建立《北京市母子保健健康档案》机会进行项目宣传，助产机构通过产前检查、孕妇学校、住院分娩环节加大宣传力度，使目标人群了解政府的政策，全区共完成农村孕产妇住院分娩补助234人。需财政支出14.04万元。

（王刚）

【免费增补叶酸预防神经管缺陷】 年内，对市级下发到区内的叶酸（8904瓶）及时下发到了各基层保健单位，利用例会对全区妇幼人员讲解了叶酸项目注意的问题，鼓励开展叶酸发放工作，全区共完成5614人叶酸发放工作，对叶酸项目开展进行了区级年中、年底督导质控。

（王刚）

【预防艾滋病、梅毒和乙肝母婴传播工作】 年内，继续开展预防艾滋病、梅毒和乙肝母婴传播工作，全区对孕产妇孕期检查三病10577人，产时检查153人，未发现HIV检测阳性病历，孕期梅毒2例，产时检测梅毒阳性1例，及时给予青霉素治疗，并转往传染病医院。共发现乙肝表面抗原阳性母亲201人，出生201个孩子，有199个新生儿免费注射了乙肝免疫球蛋白（2个新生儿因家长拒绝未给孩子注射）。

（王刚）

【免费建立《北京市母子健康档案》】 年内，根据市卫生局关于开展免费建立《北京市母子健康档案》工作的通知要求，继续开展免费为孕妇建立《北京市母子健康档案》工作，全区共免费建立《北京市母子健康档案》19229本，同时对《北京市母子健康档案》进行严格管理，定期上报建档情况。

（王刚）

【孕产妇产前检查和产后访视补助项目】 年内，根据《昌平区孕产妇产前检查和产后访视项目补助政策工作方案》要求，继续开展此项工作，对217名符合条件的孕产妇进行了补助，其中户籍补助149人、非户籍补助68人，补助金额10.2万元。

（王刚）

【免费健康体检和新生儿先天性疾病筛查】 年内，继续开展区常住人口0–6岁学前儿童免费体检和免费为新生儿进行先天性疾病筛查工作，共完成新生儿免费先心病筛查15695人、髋脱位筛查16048人、听力异常筛查10688人、新生儿先天性甲状腺功能低下筛查10876人、苯丙酮尿症筛查10876人、耳聋基因筛查10876人。完成0至6岁儿童免费围产访视59543人次、健康体检187646人次、血常规检查107597人次、听力筛查110752人次、智力筛查25322人次、口腔检查130281人次、视力检查33198人次。财政支出531万元。

（王刚）

昌平区医院

【概　况】 2015年，在区委、区政府及上级主管部门的大力支持下，在全院广大干部职工的共同努力下，昌平区医院（简称“区医院”）积极践行党的群众路线，全面贯彻落实“三严三实”专题教育，不断加强医院内涵建设，规范医疗行为，改善服务态度，提高医疗质量，顺利完成了年初制定的工作目标。作为昌平区医联体核心医院，年内相继与回龙观医院、小汤山医院、积水潭医院回龙观院区、北大国际和清华长庚医院等五家三级医院进行签约，医联体覆盖范围进一步扩大；增设消化内科、中医康复新病区，促进学科发展建设；门急诊综合楼新建及改建工程已全面开始施工建设。全年门急诊量129万余人次，出院人数19145人次，全年开展新技术、新项目62项。

单位名称：昌平区医院
地址：城北街道鼓楼北街9号
电话：（010）69742509
邮编：102200

【门急诊综合楼新建及改建工程启动】 4月10日，区医院召开门急诊综合楼新建及改建工程的第一次项目管理会议，党委书记朱平辉、副院长胡光以及项目施工单位相关负责人出席会议。该项目估算总投资54488万元，总建筑面积79317平方米，总工期1063天。本次会议的召开，标志着区医院门急诊综合楼项目施工工作已正式启动。

（孙向群）

【承办首医大学泌尿外科学系会议】 4月25日，区医院承办的2015首都医科大学泌尿外科学系环北京郊区主任沙龙暨第一季度系务委员会会议在区医院召开。来自全市22家医院的近50名专家参加了会议。

（孙向群）

【三家医院加入昌平区医联体】 5月21日，在区卫计委的部署下，区医院与回龙观医院、小汤山医院、积水潭医院回龙观院区举行了医疗联合体签约仪式。区卫计委副主任杨杰、谭光剑、董亚卿及三家签约医院主管领导和区医院院长朱平辉参加了此次签约仪式。

（孙向群）

【新农合门诊即时结算启动】 6月3日，区医院正式启动新农合门诊随诊随报即时结算工作，区参合农民看病报销更加方便。按照区新型农村合作医疗管理中心的要求，区医院成为昌平区新农合门诊“随诊随报即时结算”试点医院。

（孙向群）

【参加阿坝行大型义诊活动】 7月7日至15日，区医院眼科主任段惠义和中医科主任杨宏山参加由中央统战部领导组织、社会各界共同参与的一项大型公益活动的“重走长征路，共铸中国心”阿坝行大型义诊活动。

（孙向群）

【市心电图技能大赛获得佳绩】 7月8日至9日，区医院急诊科三名医生张雷、马舰和金焕喜组成昌平代表队，参加由120急救中心组织的北京市第二届心电图技能大赛，并获得第一名。

（孙向群）

【骨科完成百岁老人的骨折手术】 7月，区医院骨科成功为一位摔伤的101岁老人完成右侧股骨粗隆间骨折手术。

（孙向群）

【主办睡眠疾病诊疗及无创通气学习班】 8月7日，首都医科大学昌平教学医院呼吸内科主办了第二届“睡眠疾病诊疗及无创通气技术”学习班。本次学习班邀请解放军总医院教授李玉柱及人民医院呼吸与危重症医学科教授董霄松前来授课。

（孙向群）

【获昌平区十大优秀青年称号】 8月18日，区医院呼吸内科主治医师夏紫凝获第七届“昌平区十大优秀青年”称号。

（孙向群）

【市发改委专项稽查】 8月24日至28日，市发改委对区医院门急诊综合楼新建及改建工程项目进行招投标专项稽查。经稽查组检查，项目建设程序及招投标流程合法、合规。

（孙向群）

【成功完成高难度肾上腺瘤手术】 8月25日，

区医院泌尿外科利用腹腔镜技术为一70岁女患者成功实施高难度肾上腺瘤切除手术，过程顺利，术后恢复良好。

（孙向群）

【肾内科正式成立】 9月1日，区医院肾内科成立。

（孙向群）

【迎接国家卫生计生委安全生产检查】 9月15日，由山东省卫计委办公室主任张韬带队的国家卫计委安全生产督查组一行7人，在区生计委领导陪同下，来到区医院进行安全生产检查。

（孙向群）

【价格和成本监测喜获表彰】 9月24日，由国家卫计委财务司举办的“2015年全国医疗服务价格和成本监测培训班暨2014年度先进表彰大会”上，区医院成为会议表彰的53家全国医疗服务价格和成本监测先进机构之一，财务科陈慧媛荣获先进个人奖。

（孙向群）

【北京市科技计划课题启动】 11月25日，北京市科技计划课题《综合医院肺炎动态病原学监测和鉴别路径研究》启动会在区医院召开。该研究课题由中国工程院院士、中日医院院长王辰牵头负责，由中日医院承担，在全市范围内遴选出二十家临床中心，区医院承担社区获得性肺炎患者病例筛选和临床信息采集工作。

（孙向群）

【与人民医院远程会诊】 11月27日，区医院与北京大学人民医院远程会诊系统首次对接成功，实现远程实时面对面交流。

（孙向群）

【医联体签约仪式举行】 12月16日，在区政府、区卫计委的部署下，区医院与北大国际、清华长庚医院举行医疗联合体签约仪式。副区长刘淑华、区卫计委主任杨冬泉及相关领导参加了签约仪式。

（孙向群）

【消化内科病区成立】 12月23日，区医院消化内科病区成立，该病区设置床位30张，改善了消化系统疾病患者的诊治条件。

（孙向群）

昌平区中医医院

【概　况】 2015年，昌平区中医医院（简称“区中医院”）全体干部职工在区委、区政府的关怀下，在区卫计委的正确领导和各委办局的大力支持下，认真贯彻执行各项卫生工作方针，始终坚持“以病人为中心、以质量为核心、以特色为优势”的办院方针，在继承和发扬祖国传统医学的同时不断追赶和学习现代医学，把加强学科建设、提高新技术应用作为学科发展的突破口，在中医药特色优势发挥、中医药人才梯队建立、中医特色专科建设、医护质量与安全管理、中医预防保健和中医药文化建设等方面进行了持续改进和全面完善。全年门急诊人次100.3万人次，年住院9308人次，年手术3000余台，床位使用率86%，平均住院日10.6天，年业务收入6.42亿元。

（孙萍萍）

单位名称：昌平区中医医院
地址：城北街道东环路南段
电话：（010）69742196
邮编：102200

【中医产后病培训班举办】 4月18日至19日，由北京市中西医结合学会和区中医院共同主办的中医产后病培训班举行，200余人参加培训。区中医院妇产科作为北京市基层重点专科和北京中医药大学产科模块教学基地，在此次培训中发挥了很好的培训和指导作用。

（孙萍萍）

【第二期昌平区心血管疾病学习班顺利召开】 4月25日，第二期昌平区心血管疾病学习班在区中医医院召开。北京大学人民医院教授刘元生、刘刚，医院急诊科主任张碎虎、心血管病科主任王居新，分别对心血管疾病的相关专业知识做了精彩讲座。全区200余名医务工作者参加本次学习。

（孙萍萍）

【通过北京市三级甲等中医医院持续改进检查评估】 5月20日，按照国家中医药管理局的统一部署，市中医管理局持续改进检查评估专家组对区中医院“创三”三年来的工作进行了检查指导。专家们通过听取汇报、查阅资料、现场查看等多种检查形式进行了全面、严谨、细致的检查评估，肯定了医院取得的成绩，提出了整改意见和建议。

（孙萍萍）

【部署大型中医医院巡查工作】 5月，按照市中医管理局《关于印发大型中医医院巡查工作实施方案（2015-2017年度）的通知》要求，结合实际，区中医院成立了领导小组，制定并下发了《关于落实北京市中医管理局巡查工作实施方案》，召开了动员部署，确保实施方案全面落实。

（孙萍萍）

【通过中医绩效考核检查评估】 6月8日，区中医院通过了2014年至2015年度北京市中医管理局及北京中医协会专家组的中医绩效考核评估。

（孙萍萍）

【2015年“三伏贴”贴敷工作圆满完成】 7月13日至8月18日。区中医院开展“冬病夏治三伏贴”贴敷工作，成人、儿童贴敷日共计20天，完成贴敷21228人次。

（孙萍萍）

【高级职称专业技术人员座谈会召开】 7月29日，区中医院召开高级职称专业技术人员座谈会。通过会议，调动高级职称专业技术人员为医院学科建设、科研教学、发展前景等建言献策的积极性和主动性。

（孙萍萍）

【成立煎药中心服务百姓健康】 8月，区中医院成立了中药饮片煎药中心，配备全新煎药机100台、包装机26台，使用最新的煎药室智能控制系统和管理模式。日平均煎药付数近千余付。

（孙萍萍）

【区中医院党委换届选举大会召开】 9月29日，区中医院党委换届选举大会召开。156名党员参加。会上，一致讨论通过了院党委《统一思想　振奋精神　为实现医院跨越式发展而努力奋斗》工作报告，差额选举产生了新一届党委委员。会后，召开了新一届党委第一次全体会议，等额选举产生了党委书记、副书记，并对党委委员进行了分工。

（孙萍萍）

【健康教育结硕果】 9月，区中医院选派主治医师张绍开参加2015年“健康中国行”北京市健康科普大赛，并获得了三等奖和十佳健康科普文章奖两项殊荣。

（孙萍萍）

【成功开展经皮穿刺腰椎间盘切吸术】 10月29日，成功开展2例经皮穿刺腰椎间盘切吸术，此手术采用低温等离子射频髓核消融技术，手术时间大约30分钟，髓核消融仅需120秒，安全有效，痛苦小，并发症少。

（孙萍萍）

【参加中医系统带教老师评比大赛喜获佳绩】 10月，区中医院护士巩心悦、秦丽英参加市中医管理局举办的中医系统带教老师评比大赛，并分别获得了理论与技能比赛的个人三等奖。

（孙萍萍）

【市级基层适宜技术推广培训举办】 11月13日，区中医院在南院区举办市级基层适宜技术推广培训，由北京针灸学会秘书长、主任医师黄毅担任主讲人，授课内容是常用腧穴的定位和拔罐技法。本次培训共有21家基层医院参加，参加人员共184人。

（孙萍萍）

【与北京中医药大学东直门医院第二轮学术协作工作启动】 11月16日，区中医院与北京中医药大学东直门医院学术协作工作总结暨第二轮协作启动会召开。共同签署了第二轮学术协作协议，正式启动第二轮学术协作。

（孙萍萍）

【市发改委专家组对医院迁址东区新建项目进行评审】 11月26日，市发改委专家组对区中医院迁址东区新建项目进行评审，区发改委、项目设计单位、院领导班子参加。

（孙萍萍）

【科研思路与方法系列培训开展】 12月4日开始， 区中医院组织开展科研思路与方法系列培训。培训以讲座、学习班的形式不定期举办；系列培训第一讲由北京大学人民医院科研处处长徐涛结合自身科研经历，为大家讲授《临床科研：思路与选题》，内容深入浅出，受到与会者热烈欢迎。

（孙萍萍）

【第三届昌平区急诊医学学术交流会召开】 12月24日，区中医院承办的第三届昌平区急诊医学学术交流会举行。100余人参加此次活动。

（孙萍萍）

【科教工作取得新进展】 年内，区中医院分获北京市科委科研立项、北京市中医管理局科研立项、北京市中医药大学科研立项、昌平区科委科研立项11项；在各学术期刊上发表学术论文55篇，其中核心期刊40篇，征集院内交流论文412篇。完成《中西医结合产科临床必备》、《北京针灸名家丛书.针坛巾帼金伯华》的出版工作。

（孙萍萍）

【新技术新项目开展】 年内，区中医院开展新技术新项目19项，其中心血管病科开展了心脏射频消融治疗心率失常、起搏器程控随访等项目；冠心病介入科开展了棘突球囊治疗冠脉钙化病变、药物涂层球囊治疗支架内再狭窄、冠脉病变分期杂交手术治疗等项目；骨伤科开展了胫骨远端经皮钢板内固定术、微创定向穿刺颅内血肿清除术等项目；妇产科开展了子宫内膜癌根治术、腹腔镜下切口妊娠病灶切除术等项目。

（孙萍萍）

【加强学科建设 成立学科群组】 年内，区中医院成立医学影像学科群组，发挥了学科间相互交融、优势叠加、劣势互补作用。新建疼痛科，增设头痛、胸痛、不孕不育等专病门诊。治未病科成为北京市中医管理局“治未病”建设项目单位。

（孙萍萍）

北京积水潭医院回龙观院区

【概　况】 2015年，北京积水潭医院回龙观院区（简称“回龙观院区”）有在职职工2962人，行政管理人员153人；工人260人。现医疗设备总值111986.69万元。本年度购置医疗设备总值12723.48万元，其中10万元以上设备150台，价值4558.79万元（不包括100万元以上设备）；100万元以上设备19台，价值6900.70万元。全年门诊1736558人次，急诊216867人次，急诊危重症抢救4966人次，抢救成功率93.88%。医院编制床位1503张，开放床位数1396张。全年出院54309人，床位周转39.13次数，床位使用率91.75%，平均住院日8.56天，死亡率0.55%。全年手术量54696台，住院手术38032人次。剖宫产率37.22 %，孕产妇死亡率0，新生儿死亡率0，围产儿死亡率2.9‰。

（陈春玉）

单位名称：北京积水潭医院回龙观院区
地址：回龙观镇回南北路68号
电话：（010）58516718
邮编：102208

【医疗支援】 1月，选派麻醉科主治医师许莉作为人才京郊行支援干部，到怀柔妇幼保健院挂职副院长，为期一年。对口支援延庆县医院、延庆县永宁镇医院、内蒙古伊金霍洛旗医院、内蒙古准格尔旗中心医院、武警北京总队医院，共派驻专业技术人员88人次，并接纳进修人员；接纳四川什邡市、内蒙古通辽、湖北十堰三省进修医师10人。3月矫形骨科副主任医师褚亚明作为北京市第八批第二期援疆干部，赴新疆和田地区医院进行为期一年的医疗支援；

8月心内科副主任医师范军作为北京市属医院首批“组团式”援藏医疗队成员，赴拉萨市人民医院进行为期一年的援藏工作。9月起组织共计30名副高以上医、护、药师分两批组成医疗队，到延庆县永宁镇和大庄科镇的65个村庄进行为期两周的巡诊活动；响应服务百姓健康行动，组织由10个科室参与为期一周的义诊活动；本年度派出了数十名医护人员参与了西城区和昌平区举办的各种义诊活动；到中央中宣部新闻局、北京农学院、航天运载火箭研究院等单位进行健康宣传活动。

（陈春玉）

【意向性合作协议签订】 2月1日，北京积水潭医院与张家口崇礼县医院签署了意向性合作协议。张家口市的医院和崇礼县医院的院长分别和北京积水潭医院田伟院长就合作框架的内容进行了广泛的交流。

（陈春玉）

【“一站式后勤服务中心”创建工作启动】 3月25日，市医院管理局在回龙观院区召开了市属医院“一站式后勤服务中心”创建工作启动会。与会人员分组实地参观了回龙观院区“一站式后勤服务中心”值班室、索迪斯餐厅信息化营养点餐系统和天鸿物业公司工作运行情况。

（陈春玉）

【医管局医疗质量管理专题研究】 4月底，牵头负责医管局医疗质量管理专题研究“在创伤领域探索市属医院系统内联合合作模式”，5月加入昌平区区域医疗联合体。

（陈春玉）

【贯彻落实“三严三实”专题教育】 6月9日，回龙观院区党委举行了积水潭医院党校2015学年开班仪式暨党课培训，领导班子成员、中层干部、各党支部书记、入党积极分子共150多人参加了培训。

（陈春玉）

【医药购销领域商业贿赂专项治理工作】 7月13日，北京积水潭医院召开院务会就北京市卫生计生委《关于进一步开展医药购销领域商业贿赂专项治理工作的实施意见》进行传达部署。回龙观院区领导班子成员、中层干部、各科护士长参加了会议。

（陈春玉）

【职工代表大会召开】 7月16日，院工会组织召开了北京积水潭医院第三届十六次职工代表大会，本次职代会以“讲效率，重安全”为主题，全院130名职工代表参加了大会。

（陈春玉）

【考察调研】 9月7日，国家卫计委到北京积水潭医院调研考察骨科手术机器人项目。

（陈春玉）

【应急工作】 年内，成功完成“云南农产品商贸中心火灾”、“内蒙古锡林郭勒大火”、“河南鲁山老年康复中心火灾”、台湾八仙乐园粉尘爆炸、“新疆和田皮山县地震”、“天津滨海新区危险品仓库爆炸”、“广西柳州快递爆炸案”、“深圳工业园区山体滑坡”各类突发事件应急外派工作，共计外派8批医疗队，18人次。

（陈春玉）

【医疗保障工作】 年内，承担全国两会、国际田径世界锦标赛及“中国人民抗日战争暨世界反法西斯战争胜利70周年纪念日”等大型活动医疗保障工作，共计5次，派出59人次。

（陈春玉）

【深化北京积水潭医院骨科医联体】 年内，深化北京积水潭医院骨科医联体，北京、河北、深圳的23家医院加入骨科医联体，成立7家积水潭医院技术支持医院，以科室对接深度合作。实现轻病人、康复病人、急诊病人分流，向下转1968人次；组织开展专家学术讲座2次。

（陈春玉）

昌平区中西医结合医院

【概　况】 2015年，昌平区中西医结合医院（简称“区中西医结合医院”）在区卫生计生委、市中医管理局的正确领导、大力支持和关怀下，以开展基层服务型党组织建设活动为契机，坚持以病人为中心、以医疗质量为核心，深化优质服务，不断提高医疗技术水平，努力打造“大综合、大专科”协同发展的特色医疗模式，不断提升三甲医院医疗、教学、科研水平，实现了医院持续、稳定、健康发展的良好局面。

年内，成功获批了国家中医药管理局中医学术流派“华山正骨”传承工作室二级工作站，整合骨伤科、创伤骨科，形成了融合传统、微创、康复、开放手术为一体的多元化治疗体系；整合肝病门诊和脾胃病科，在肝脾胃病科门诊区域内成立中医综合治疗区，丰富中西医结合治疗消化系统疾病手段；组建了具有鲜明中医特色的治未病科，融预防、保健、养生、治疗于一体，予以患者系统、个性化的中医健康指导及中医传统疗法干预；实现了精神病合并躯体病科的二级分科，使患者得到了更专业化、精细化、优质化的诊治；启动“六个一”工程，形成具有独特中医文化内涵的品牌效应，带动医院医疗业务的向前发展。医院门诊量81,7459人次，比上年增长1.28%；住院人数12216人次。

（聂昕）

单位名称：昌平区中西医结合医院
地址：回龙观镇黄平路219号
电话：（010）5859 6009
邮编：102208

【国家及北京市卫计委领导调研精神病区】 2月1日，国家卫计委副主任、国家中医药管理局局长王国强、医政司司长蒋健以及规划司、办公室等领导在北京市中医管理局局长屠志涛、医政处处长赵建宏，区政府领导王坤、区卫计委主任杨冬泉、书记石彩红等陪同下，到区中西医结合医院精神病区实地调研，区中西医结合医院书记、院长王春生携全体院领导班子陪同并汇报。

（聂昕）

【北京市中医管理局领导调研】 2月26日，北京市中医管理局局长屠志涛、副局长罗增刚、禹震以及各处室负责人到区中西医结合医院调研指导工作，昌平区卫计委副主任杨杰、区中西医结合医院书记、院长王春生携全体院领导班子陪同调研。

（聂昕）

【市政自来水引入工程竣工】 3月，区中西医结合医院市政自来水引入工程竣工，实现正式通水，结束了医院四十年一直使用自备井水供水的历史。

（聂昕）

【荣获“首度文明单位”荣誉称号】 3月，区中西医结合医院在第二轮首都文明单位评比创建年中，再次荣获了首都精神文明建设委员会颁发的“首都文明单位”荣誉称号。

（聂昕）

【“六个一”工程启动】 4月9日，区中西医结合医院召开了“六个一”工程启动会，即：“一科”（国家级骨伤重点专科）、“一室”（名老中医师承工作室）、“一中心”（中西医结合防治精神合并躯体病、精神合并传染病诊疗中心）、“一群”（中西医结合人才团队）、“一体”（临床研究联合体）、“一品牌”（以“中西医结合治疗精神合并躯体病、精神合并传染病”为核心，以中医骨伤、脑病、儿科、眼科为支撑，“大专科、大综合”创新性协同发展为特色，形成“京北一流、全国领先”，具有独特中医文化内涵的品牌效应）。

（聂昕）

【成功获批“华山正骨”传承工作室二级工作站】 5月9日，骨伤科作为国家级重点专科、北京市学科团队基地，成功获批了国家中医药管理局中医学术流派“华山正骨”传承工作室二级工作站。骨伤科主任医师潘贵超、医师王志鹏、医师韩思龙三人拜入“华山正骨”第四代传承人刘海起门下成为“华山正骨”第五代传承人。

（聂昕）

【荣获“巾帼文明岗”荣誉称号】 5月19日，区妇联主席石东琨，区卫计委党委书记石彩红、副书记左晨，来到区中西医结合医院，授予中华全国妇女联合会“巾帼文明岗”牌匾，并亲切慰问了战斗在临床一线的女性医务人员。

（聂昕）

【“三好一满意，创建‘零投诉’科室活动开展】 6月1日至11月30日，区中西医结合医院结合持续开展的“三好一满意”活动，在医院范围内开展创建“零投诉科室”活动。主题活动涉及各科室，自活动开展以来，患者满意度为99.6%，医疗纠纷同比下降68%，有4个科室被评为“零投诉”优质服务科室，6名职工当选为“零投诉”优质服务标兵。通过活动的开展，促进医院医疗服务质量整体提升，医疗技术水平进一步得到提高，为最终实现“零投诉”，打造“三好一满意”医院奠定了坚实的基础。

（聂昕）

【参加阿坝行大型公益活动】 7月7日至14日，区中西医结合医院院长王春生带领内科王校斌、外科王尚喜两位专家，参加了“同心·共筑中国心”阿坝行大型公益活动。

（聂昕）

【大型义诊周活动开展】 9月13日至19日，区中西医结合医院启动为期一周的义诊活动，组织各级别医师17人，护理人员3人，开展各种形式的义诊6场、讲座1场，服务百姓697人次。

（聂昕）

【首次党员“政治生日”专题组织生活会召开】 10月10日，区中西医结合医院党总支召开首次党员“政治生日”专题组织生活会。党总支成员、党支部全体委员和7、8、9月入党的54名党员，参加了本次专题组织生活会。会上，全体参会党员重温了入党誓词，党总支成员向过“政治生日”的党员赠送了生日贺卡、学习书籍和读书笔记本。

（聂昕）

【协办“第二届全国中医学术流派中医骨伤科交流发展大会”】 11月27日至29日，在北京九华山庄，由国家中医药管理局中医学术流派传承推广基地、中华中医学术流派联盟主办，中华中医学术流派联盟骨伤分盟、华山正骨北京工作总站承办，区中西医结合医院协办了“第二届全国中医学术流派中医骨伤科交流发展大会”，来自全国各地中医骨伤学术流派代表，中医骨伤专业及中西医结合专业，传统民间医、民族医等专家学者300余人参加会议。

（聂昕）

体　　育

【概　述】 2015年，昌平区体育局（简称“区体育局”）认真贯彻党的十八大和十八届三中、四中、五中全会及市委、区委全会精神，紧紧围绕建设体育强区目标，坚持从不断满足群众日益增长的体育需求出发，提升服务、深化改革、狠抓落实，全面推进我区体育事业协调发展。坚持将体育健身设施建设纳入为民办实事项目，年内组织对使用到周期的83套健身路径进行更新，为57个社区新配建健身器材，建设篮球场、笼式多功能球场等专项场地4片，积极推进城乡体育均衡发展，完成62个社区体育生活化达标及5个体育特色村创建工作，截至年底，全区194个社区全部实现体育生活化达标。年度投入166万体彩公益金支持校园三大球项目，17所学校被市局命名为基层三大球网点校，组织了“全国校园足球联赛昌平赛区比赛”。

（袁育林）

单位名称：昌平区体育局
地址：城北街道西环路31号
电话：（010）69742856
邮编：102200

【全区春季长跑比赛在滨河森林公园举行】 3月27日，由区体育局和区总工会主办的2015年昌平区春季长跑比赛于在滨河森林公园举行，来自全区各系统、各行业及镇（街道）共1800余名健身爱好者参加，其中1200余人参加了健步走活动、600余人参加了春季长跑比赛。本次长跑比赛根据不同年龄段和性别设置男（女）子青年组、男（女）子中年组、男（女）子壮年组共六个组别。参赛运动员围绕滨河森林公园完成对应组别的长跑距离，最长 5.5 公里。

（袁育林）

【第十届全民健身体育节举办】 5月至8月份，举办了昌平区第十届全民健身体育节。6 月 23 日体育节启动仪式在昌平体育馆举行，本届体育节历时四个月，先后举办了全区篮球比赛、羽毛球比赛、拔河比赛、乒乓球比赛、棋类比赛等 5 个大项区级群众体育赛事，直接参与达 5 万余人。本届体育节以增强人民体质为目的，以构建全民健身公共服务体系为核心，按照在“全民”上做文章、在“求变”上有思路、在“创新”上求突破、在“广度”上加力度、在“实效”上下功夫的要求，深化形成“大群体”工作格局，推进了群众体育活动生活化、社会化、经常化、科学化，进一步了夯实全民健身工作基础。

（袁育林）

【北京世界田径锦标赛观众组织任务完成】 6月至 8 月，组织昌平区观众参加北京世界田径锦标赛，积极协调区教委和南邵、回龙观等 12 个镇（街），周密计划、精心组织，认真细致地核实人员信息，租用车辆 300 余台次，安全圆满地完成昌平区观众观看在国家体育场（鸟巢）举办的 2015 年北京国际田联世界田径锦标赛多批次共计 19200 名观众的组织保障任务，被评为“优秀组织单位”，2 名同志被评为“先进工作者”。

（袁育林）

【承办市第九届和谐杯乒乓球总决赛】 9月 19 日，由市体育局、市社会办、市民政局、市直机关工委、市教委、市总工会、市残联主办，市社会体育管理中心、市乒协承办的北京市第九届“和谐杯”乒乓球比赛总决赛在昌平区体育馆举行。来自市直机关、市总工会、市大学生体协和各区县的 90 支代表队近 800 名运动员参加了总决赛。颁奖仪式由市社会建设办副主任王智玲主持，市体育局局长孙学才讲话，市总工会副主席潘建新宣读北京市第九届“和谐杯”乒乓球比赛评比表彰决定，副区长刘淑华等领导出席。百善镇代表队、昌平三中代表队、北七家镇代表队获得郊区混合团体一等奖。

（袁育林）

【完善全民健身设施建设】 年内，投入 515 万元，为有需求的 57 个社区（村）新建了全民健身路径，对使用到期的 83 套全民健身路径进行更新，对 455 套健身路径进行了维护；利用市、区两级资金建设篮球场 1 片、笼式多功能球场 1 片、乒乓球长廊 2 片，截至年底，全区共建设乒乓球长廊、笼式多功能球场等专项场地达 36 片，全民健身设施水平得到进一步提升。

（袁育林）

【加强科学健身指导服务工作】 年内，组织羽毛球、空竹、健身气功、广场舞、太极、柔力球等项目社会体育指导员培训 6 期，培训二级、三级社会体育指导员 400 人；选派 11 人参加市局举办的一级社会体育指导员培训，提升了全区社体指导员队伍整体素质；组织科学健身大讲堂活动 35 场次，受众达 5000 余人次；完成国家体育总局下达的年度全国 20 至 69 岁人群体育健身活动调查和体质状况抽测任务，全区共测试 5600 人，编撰了《2015 年昌平区国民体质监测结果分析报告》，进一步提升了科学健身水平。

（袁育林）

【推进城乡体育均衡发展】 年内，积极推进体育生活化社区达标建设和农村体育特色村建设，年度完成 62 个社区体育生活化达标建设，创建体育特色村 5 个，截至年底，全区 194 个社区全部实现体育生活化达标，体育特色示范村达 19 个。

（袁育林）

【认真做好体校招生选材工作】 年内，协调区教委认真做好昌平体校招生选材工作，组织 8 名体校教练员到全区 23 所中心校、45 所完小进行招生选材，择优录取 24 人。

（袁育林）

【校园三大球运动蓬勃发展】 年内，投入 166 万体彩公益金支持校园三大球项目，在原有 17

支队伍上，新增22支，使全区校园“三大球”队伍发展到39支，进一步扩大了发展基础；组织了“全国校园足球联赛北京昌平赛区比赛”，参加了北京中小学生足球、篮球、排球等项目活动15次，获得集体名次奖36项；年度昌平区有17所学校被评定为市级青少年三大球基层网点校、3所学校被评定为三大球市级重点示范校、4个运动队被评定为重点运动队，全区中小学校“三大球”运动蓬勃发展。

（袁育林）

【青少年竞技体育人才培养取得新的进步】 年内，新注册运动员375人，在组队参加2015年北京市青少年锦标赛的12个项目比赛中，获得金牌32枚、银牌29枚，居全市中等偏上水平，较上年有较大提升。昌平体校向市级运动队输送队员6名（分别为射箭、棒球、摔跤、排球等项目）。

（袁育林）

【体育彩票销售管理成效明显】 年内，从培育新的市场、打击违规黑彩入手，深入抓好体育彩票销售管理工作，年度体育彩票销售总额达3亿元，继续居远郊区前列。

（袁育林）

【抓好冬奥知识的宣传普及】 年内，为配合申办2022年北京·张家口第24届冬季奥林匹克运动会，举办了2015年昌平区温都爱思诺冰雪季健身活动；深入10所中小学、75个社区开展冬奥知识宣传普及工作，制作冬奥申办及相关知识宣传展板20块，印发冬奥宣传海报225张、宣传册5000份，举办冰雪运动知识讲座10场次，营造了浓郁的冬奥氛围。

（袁育林）

社会生活

人口管理

【概　况】　截至2015年12月31日，全区户籍人口达265853户，594903人，（男299036人，女295867人）。其中非农业人口181854户，416405人（男214805人，女201600人）；农业人口83999户，178498人（男84231人，女94267人）。全年出生6443人（男3285人，女3158人），死亡2927人（男1638人，女1289人），迁入22468人（市内迁入13556人，市外迁入8912人），迁出16305人（迁往市内10707人，迁往市外5598人）。

（孙岩）

单位名称：北京市公安局昌平分局
地址：城北街道西环路甲68号
电话：（010）89705793
邮编：102200

【户政窗口服务工作】　年内，昌平分局共受理户口审批1615件，受理征地转非727人，办理各类人员入户手续8912人，办理临时身份证8125件，变更户口主项692件，办理边境通行证454张，受理军人身份证2421张，接待群众咨询1.6万余人次，进行疑难户口会商12次，解决疑难户口5件，办理楼门牌审批67。

（孙岩）

【推进户口清理整顿工作】　年内，昌平分局开展死亡应销未销、满16周岁无相片、小城镇户口等人员专项清理整顿工作，期间注销死亡应销未销1589人，完成率63.3%；采集满16周岁以上无相片人员584人，完成率为100%；核对小城镇户口775人，核对率100%。期间发现外省市重户口17人，发函12件，注销重户口4人。

（孙岩）

【推进人房信息登记强化流动人口信息比对】年内，昌平分局先后8次组织各职能部门、派出所召开工作推进会。全年登记流动人口总数94.7万人，登记出租房屋共9.1万户，全区70处小产权房小区、159处群租房、838处出租大院全部纳入管控视线。强化流动人口信息比对，及时落地管控流动人口，全年共9批次对49万条新登记流动人口数据进行批量比对，发现前科劣迹人员10296人，落地核查4096人，抓获在逃人员2人。

（孙岩）

民　政

【概　况】　2015年，昌平区民政局（简称“区民政局”）在区委、区政府、区政法委的坚强领导下，按照民政部门的基本职能，理清思路、创新工作，较好完成了各项工作任务。

（张妍）

单位名称：昌平区民政局
地址：城北街道政府街 23 号
电话：（010）69718657
邮政编码：102200

【城市低保】 1月1日起，城市低保标准从家庭月人均650元调整为710元。全年新增60户97人、撤销90户110人。全区共有城市低保对象580户782人（包括分散供养城市特困人员），全年发放保障金693.19万元。

（王夕玲）

【农村低保】 1月1日起，农村低保标准从家庭月人均650元调整为710元。全年新增71户93人，撤销74户85人。全区共有农村低保对象1390户2008人（包括农村分散供养人员），全年发放保障金1756.57万元。

（王夕玲）

【城乡低收入家庭认定】 1月1日起，城乡低收入标准从家庭月人均850元调整为930元。全年共审批城乡低收入家庭15户42人，发放低收入家庭救助证15本。（其中城市3户7人；农村12户35人）。

（王夕玲）

【昌平民政资金统发与监管信息平台正式启动】 4月，昌平区民政资金统发与监管信息平台正式启动，民政资金内部风险得到管控和监管，资金发放全区统筹，改变了由镇（街）发放民政补助资金的方式，使民政对象能够安全便捷地领取各项民政补助资金，提高了资金管理水平。

（周海霞）

【社会工作师职业水平考试及登记情况】 5月，对124名社工师进行了登记，其中首次登记56人，再次登记65人，补发证3人。全区共有93人通过全国社会工作者职业水平考试。截至年底，全区有693人取得全国社会工作职业水平证书，其中社会工作师147人，助理社会工作师546人。

（李永安）

【完成回龙观地区行政区划调整方案】 6月，市民政局同意撤销回龙观镇政府（地区办事处），设立回龙观、龙泽园及史各庄3个街道办事处，同时对现回龙观镇与沙河镇界线进行微调，将跨回龙观镇与沙河镇界线建设的碧水庄园社区整体划归沙河镇管辖。

（杨随银）

【第十届村民委员会选举前期准备工作】 10月，昌平区村“两委”换届选举工作正式启动。11月底，参加换届选举的298个村党组织完成换届。

（杨随银）

【对口支援内蒙】 10月，将募集的（棉）衣被2.6万件运至内蒙对口支援单位。

（尹玲玲）

【社区管理信息系统改版升级】 10月，对全区212个社区居委会社区管理系统进行改版升级并对工作人员进行新系统使用实际操作培训。

（蒋承恩）

【社区志愿者网站升级改造培训】 10月，对各镇街和社区居委会工作人员进行了社区志愿者新系统实际操作培训，共计培训229人。

（蒋承恩）

【社会工作联合会成立】 12月，成立昌平区社会工作联合会并召开第一届会员大会，共23个单位会员、58位个人会员参加会议。

（李永安）

【党建和队建工作】 年内，贯彻落实全面从严治党要求，进一步巩固和拓展党的群众路线教育实践活动成果，在处级干部中开展“三严三实”专题教育，持续深入推进党的思想政治建设和作风建设。11月12日，召开党员大会，换届选举产生区民政局第二届委员会和区民政局纪律检查委员会。完成换届的党支部为：机关第一党支部、机关第二党支部、机关第三党支部、机关第四党支部、机关第五党支部、救助站党支部、佛山陵园党支部、光荣院党支部、殡仪馆党支部、离退休党支部。

（刘欣欣）

【民政宣传】 年内，围绕市民政局和区委、区政府中心工作，抓重点、弱点、难点和热点信息，在《北京日报》《北京青年报》《京郊日报》

《中国社会报》《北京社区》等媒体发稿 181 篇；区级媒体《昌平报》发稿 128 篇。结合抗日战争胜利 70 周年纪念活动，通过采访 13 位老兵，连续一个月策划“老兵记忆”专题报道 15 期，受到普遍关注。

（张妍）

【行政执法】 年内，成立区民政局依法行政领导小组和综合执法机构，成立法制科，梳理 135 项民政行政处罚权力清单、17 项行政许可审批事项和 11 项非行政许可审批事项，并在网站上公布。组建了一支 20 人的普法宣传队伍，收集整理民政系统涉及的相关法律法规 200 余条，编制《民政法制题库》作为考核依据。共有 9 人取得行政处罚执法资格，完成行政处罚案件 1 件。

（刘欣欣）

【信访工作】 年内，共办理信访件 187 件。其中市信访综合办公平台 5 件；市长信箱转 1 件；市民政局转 13 件；昌平公众服务统一办理平台 159 件；区长信箱转 2 件；区信访办转 5 件；区宣传部网络微博办公室转 2 件，共接待群众来访 177 批 356 人次，电话咨询 986 人次。

（宋朝锋）

【优抚抚恤】 年内，有各类优抚对象 2826 人（不包括服现役义务兵、初级士官、军校学员）。其中享受定期生活补助优抚对象 590 人；在职伤残军人、民警、国家机关工作人员共 302 人；享受 60 周岁以上农村退役士兵老年生活补助 1588 人；享受 60 周岁以上生活补助烈士子女 207 人；持证烈属 133 人；见义勇为牺牲人员遗属 6 人。全年共发放各类慰问金、定期生活补助金、一次性抚恤金、医药费、义务兵优待金共计 3269.3655 万元。

（周彬）

【农村危房改造】 年内，完成优抚对象危房改造 4 户，补助金 21.6 万元。

（周彬）

【见义勇为行为认定】 年内，受理见义勇为申请 2 起，确认 2 起 2 人。

（张大军）

【昌平革命历史纪念馆建设】 年内，昌平革命历史纪念馆二层展馆完工投入使用。纪念馆二层设有军事模型展厅和多媒体电教厅。军事模型展厅主要展出多种现役和正在研制的陆、海、空军事装备模型；多媒体电教厅则用于各种影像资料、历史题材影片的放映，为参观群众营造逼真的视觉、听觉体验，同时为社会各界开展的纪念活动提供服务。

（张学斌）

【烈士纪念设施管理保护】 年内，烈士陵园按规定与烈士亲属签订自管协议书及迁葬意向书，已迁入烈士墓 482 座，签订自行管理的烈士墓协议书 56 座。昌平区有烈士纪念设施 604 座。其中，烈士墓 573 座，其它纪念设施 31 处。除原昌平烈士陵园集中管理的 351 座烈士墓外，有 222 座烈士墓均为零散墓，分布在全区 12 个镇，58 个行政村。

（张学斌）

【烈士纪念活动】 年内，共接待党政机关、企事业单位、社会团体、个人等 1003 批次，2.47 万余人次；协助区委、区政府、首都文明办等党政机关、企事业单位、部队和大中小学校举办 600 余场主题教育活动，提供讲解 832 场次。

（张学斌）

【退役士兵安置】 年内，共接收退役士兵 445 人，有 432 人自愿申请办理了自主就业，有 3 人自愿选择自谋职业，10 人由政府负责安置，并对 432 个选择自主就业和 3 个选择自谋职业的退役士兵发放了一次性经济补助和待安置期间生活补贴，共计人民币 2418.84 万元。

（马正）

【城市集中供养特困】 年内，根据市统计局第二季度公布的上一年度城镇居民人均生活消费支出，扣除 10% 医疗救助资金。全区共有集中供养城市特困人员 13 户 13 人，每人每月 1647.6 元，全年发放保障金 18.12 万元。

（王夕玲）

【农村集中供养五保】 年内，根据市统计局第二季度公布的上一年度农村居民人均生活消费支出，扣除 10% 医疗救助资金。全区共有农村集中供养五保对象85户88人，每人每月1065.45元，全年发放保障金112.41万元。

（王夕玲）

【城乡医疗救助】 年内，城乡低保、城乡低收入对象共1300人享受医疗救助，发放医疗救助金289.66万元。（其中城市医疗救助342人次支出金额83.12万元；农村医疗救助958人次，发放救助金206.54万元）。

（王夕玲）

【高等教育新生入学救助】 年内，全区共2人符合享受高等教育新生入学救助，共发放救助金0.9万元。

（王夕玲）

【城乡燃煤自采暖补贴】 年内，自采暖补贴由原家庭每户500元调整到每户1000元，第一阶段共为城乡低保对象1705户，发放燃煤自采暖补贴170.5万元。

（王夕玲）

【城市住宅清洁能源自采暖补贴】 年内，共为14户城市低保对象发放住宅清洁能源自采暖补贴2.45万元。

（王夕玲）

【城乡低保对象阶梯电价补贴】 年内，按照每户每月15度每度7.32元的标准，为全区2082户城乡低保对象、农村五保、城市特困发放用电补贴，共18.33万元。

（王夕玲）

【两节期间走访慰问低保家庭】 年内，按照城乡低保对象单人户每户400元，2人以上户每户800元的标准，共发放慰问金106.96万元。

（王夕玲）

【城乡低保及城乡低收入人员上意外伤害保险】年内，为60岁以下城乡低保及城乡低收入人员上意外伤害保险，标准为每人每年70元，共计1758人，共支出资金12.31万元。保险有效期为1年。

（王夕玲）

【“减煤换煤、清洁空气”补助】 年内，农村地区城乡低保“减煤换煤、清洁空气”补助发放，全区16个镇（街）使用煤炉取暖的城乡低保181户，发放优质燃煤替代补助金共计10.32万元。

（王夕玲）

【农村低保人员参加新农合补助】 年内，按照每人每年160元的标准，为1464人（不包括残疾人）参加农村新型合作医疗补助23.42万元。

（王夕玲）

【司法救助】 年内，司法救助6户6人，发放救助金29.3万元。

（赵晶）

【地退工人管理】 年内，为105名地退工人（含沙河福利厂）增加退休补贴共计39.6万元、发放物业补贴共计21.2万元；为原沙河福利厂3人报销医疗费共计5877元；为4名地退工人发放死亡丧葬费38.5万元。

（赵晶）

【临时救助】 年内，临时救助214户，发放救助金148.67万元。其中，因病救助205户，发放救助金125.11万元；因灾救助3户，发放救助金1.7万元；教育救助5户，发放救助金2.35元；其他救助1户，发放救助金1.93万元。

（赵晶）

【儿童福利】 年内，接收弃婴4名，其中男婴2名，女婴2名；发放孤儿基本生活费共计112.08万元。新增2名区儿童福利院弃婴和3名社会散居孤儿享受孤儿重大疾病公益保险；完成2名区儿童福利部成年孤儿安置工作。

（赵晶）

【农村住房救助】 年内，农村危房救助改造38户，其中翻建35户、维修3户。共拨付救助资金161.55万元。

（赵晶）

【防灾减灾】 年内，租赁十三陵镇仙人洞村184号院作为区救灾物资储备主库；购买109.68万元物资补充救灾物资储备；创建2个全国级综合减灾示范社区（北七家镇八仙别墅社区，南邵镇北郡嘉源社区）、3个市综合减灾示范社区（北七家镇温泉花园社区B区、小汤山镇大东流社区、城南街道拓然家苑社区）。

（赵晶）

【养老机构发展情况】 年内，完成首批营利性养老机构（北京龙脉养老服务有限公司和泰康之家燕园（北京）养老服务有限公司）审批，新增机构2家，新增床位1100张。注销养老机构两家（百善康乐家园和绚丽阳光颐养中心）。养老机构内设医务室已取得医保定点资质的共3家。对7家二星级养老机构完成复评。全区有55家养老机构，正常经营42家，床位总数14111张。

（刘明）

【养老机构老人生活能力认定】 年内，完成全区养老机构不能完全自理老人评估，共有18家养老机构新增1026位老人被认定为生活不能完全自理。其中上半年17家，461人，下半年18家，565人。

（刘明）

【养老助残】 年内，发放低保失能老人入住敬老院补助金，共50人、29.15万元。

（赵晶）

【养老机构运营资助金发放】 年内，向25家养老机构发放运营资助金2085.29万元。

（赵晶）

【养老护理员培训】 年内，有12个敬老院的27名护工考取了初级养老护理员职业资格证书。

（赵晶）

【养老机构综合责任险投保】 年内，完成养老机构综合责任险投保工作，保费标准为277.2元/床/16个月；市财政对标准保费给予80%的补贴，即221.76元/床/16个月；养老服务机构自付标准保费的20％，即55.44元/床/16个月。共有26家养老机构投保，投保床位总数5004床。

（赵晶）

【接收捐赠及发放救助】 年内，共接收捐款56.95万元，接收（棉）衣被3.4万件。通过爱心家园发放救助卡1076张（300元/张），发放粮油2030份（114.2元/份）。

（尹玲玲）

【慈善协会】 年内，共募集善款1754.32万元。其中“春风送温暖，慈善济万家”活动募集善款958.91万元。“共产党员献爱心”活动募集善款334.54万元。全年共支出善款1509.27万元。其中“一帮一”慈善救助项目帮扶困难群众1175户，发放善款553万元；“及时雨”慈善救助项目救助癌症患者37人，共支出救助金47.37万元；“慈善进军营”项目救助官兵6人，支出救助金3.9万元；“爱心成就未来”助学项目资助困难学生21名支出救助金12.5万元；“关爱建国前老党员”项目支出善款42万元，帮扶老党员、老干部140人；“关爱失独家庭”项目共帮扶130户失独家庭的169名失独老人，支出善款56.5万元；“九九重阳节，浓浓敬老情”项目共慰问1257名老人，支出善款127万元；“关爱在乡退伍老兵”项目共救助退伍老兵1600人，支出善款102.62万元。

（孟志松）

【流浪乞讨人员救助】 年内，共救助流浪乞讨人员570人。其中男性515人，女性55人；60岁以上老人49人、未成年人12人、送往养老院安置7人，送往区中医医院救治73人，送往区中西医结合医院救治5人。

（李梦其）

【第九届社区居民委员会选举】 年内，有211个社区居民委员会，除2014年审批新建的19个外，其余192个顺利完成了第九届社区居民委员会选举 。

（张彦宏）

【新成立社区居委会】 年内，共审批成立社区居民委员会9个，设置居民委员会成员职数73名。截至年底，共有社区居民委员会220个。

（张彦宏）

【社区居民委员会职数调整】 年内，对25个社区居民委员会进行了职数调整，新增社区居民委员会职数64名。

（张彦宏）

【“六型社区”示范单位创建 】 年内，创建干净、规范、服务、安全、健康、文化“六型社区”示范单位目标值10个、挑战值12个，涉及到11个街（镇）。

（张彦宏）

【农村社区建设典型示范社区创建】 年内，共有5个村申报“农村社区建设典型示范社区”，4个村创建成功。

（张彦宏）

【推行“参与型”社区协商模式】 年内，梳理总结试点经验，及时成立组织机构，建立健全工作机制，制定下发实施方案，积极推行“参与型”社区协商模式。截至年底，全区所有社区都建立了“社区议事厅”。

（张彦宏）

【社区“两节”服务】 年内，发放为孤老病残、行动不便的群体提供上门家政服务和理发服务小时工服务卡1200张，理发卡800张。

（蒋承恩）

【96156社区大课堂】 年内，开展298次社区大课堂讲座活动，为社区居民提供防震减灾、法律知识、心理健康、科普知识等课程，参与大讲堂居民累计达13471人次。

（蒋承恩）

【社区志愿者服务】 年内，首都社区志愿者服务网登记注册志愿者队伍1642支、注册志愿者102412人，项目注册537个。11名被市民政局评为“2015年度首都社区志愿者之星”，4名被评为市民政局“2015年度社区志愿者服务工作之星”，3支队伍被市民政局评为“2015年度首都社区志愿服务组织之星”、南口镇水厂路社区“阳光电器修理队”被市民政局评为优秀项目。

（蒋承恩）

【老照片修复高级培训班】 年内，举办“老照片修复”和“老照片高级修复”免费培训班，培养了一批拯救修复历史的老照片志愿队，为全国各地的百姓免费修复老照片共计500多张。

（蒋承恩）

【社区志愿者开展捐书活动】 年内，社区服务中心与链家地产协作组织开展了“家乡的爱心图书馆”捐书活动，共为贫困地区的孩子募集图书1290册。

（蒋承恩）

【社会组织管理】 年内，完成社会组织筹备登记12家、成立登记19家、变更登记34家、注销登记12家，为273家社会组织换发了登记证书。全区社会组织备案数595家。全区社会组织共464个（其中社会团体111个，民办非企业单位353个）。年度社会组织年检：应参检社会团体106家，已参检97家，参检率为92%；应参检民办非企业单位334家，已参检259家，参检率为73%。

（崔莹莹）

【社会组织评估】 年内，委托第三方评估机构北京海朝社会组织服务与评估中心，对民办非企业单位和社会团体分别进行评估。参加评估的24家社会组织，经过评估机构评估和评估委员会评审，确定4A级社会组织16个，3A级社会组织8个。累计评估社会组织共计164家，累计评估率为77%。

（崔莹莹）

【筹建街道社区社会组织联合会】 年内，在城南街道、霍营街道、天通苑北街道分别筹备成立社区社会组织联合会，在城北街道、天通苑南街道筹备成立社区社会组织服务中心，为社区社会组织提供管理、指导、培训、服务等方面的专业支持。

（崔莹莹）

【清明节祭扫】 年内，接待扫墓群众72.5万人，疏导祭扫车辆17.3万辆。

（吴志永）

【殡葬管理及行政执法】 年内，对13家非法公墓增设禁葬标志。与十三陵镇共同组建十三陵镇殡葬巡查队，制定实施《十三陵镇非法公墓管理改革创新试点方案》。处理各类信访投诉50余件。办理遗体外运（运回）4起。对桃峰公益性公墓违法经营问题立案调查，没收其违法所得82800元。

（吴志永）

【丧葬补贴】 年内，审核21个镇（街）上报的《北京市城乡无丧葬补助居民丧葬补贴申请表》983份，发放丧葬补贴491.5万元。

（吴志永）

【殡仪服务】 年内，火化遗体14146具，业务收入4842万元。落实惠民政策，优惠200余家，减免20余万元。清明节期间共接待祭奠群众33210，车辆6650辆。

（李凤水）

【婚姻收养登记】　年内，办理结婚登记6436对、离婚登记2854对、补领结婚登记1537对、补领离婚登记186对、出具（无）婚姻登记记录证明2220人次；办理收养登记6件。9月1日起，根据民政部（民函[2015]266号）规定，除办理涉台和9个国家（哈萨克斯坦、芬兰、奥地利、荷兰、德国、阿根廷、乌拉圭、墨西哥和波兰）的公证事项外，婚姻登记处不再向任何部门和个人出具（无）婚姻登记记录证明。12月1日起，本市居民婚姻登记可跨区县办理。

（李洁）

【福利企业管理】　年内，自行关闭2家福利企业，为北京壮大真谛工贸有限公司和北京市长存福利煤炭加工厂。截至年底，共有福利企业37家，职工1891人，其中残疾职工为737人，占比39%，分布在9个镇（街），其中较为集中的是阳坊镇、崔村镇。福利企业全年销售收入37852.5万元，完成利税1441.03万元。享受岗位补贴的福利企业36家，合计567人，补贴金额383.5万元；享受集中安置残疾人就业社会保险补贴的福利企业36家，合计540人，补贴金额282.36万元；享受集中安置残疾人就业超比例奖励的福利企业15家，合计112人，补贴金额33.6万元；享受集中安置残疾人就业精神残疾人岗位补贴的福利企业2家，合计2人，补贴金额7.52万元。

（牛晨）

【福利彩票发行】　年内，有福利彩票销售站169个，其中普通销售站32个、快乐8销售站28个、PK拾销售站14个、快3销售站95个。全年销售额约3.52亿元，其中销售电脑票2.86亿元、销售即开票0.65亿元，累计销量位居全市第五，远郊区县第一。

（白彬）

【建设征地超转人员管理】　年内，新接收超转人员233人，接收资金20528万元（生活费15813万元、医疗费4715万元）。截至年底，全区共有征地超转人员9175人，其中一般超转人员8980人，孤残超转人员195人；一次性453人，市管533人，区管8189人。全年发放生活费1.7亿元；发放清洁能源自采暖补贴223.3万元；补缴医疗保险费15041万元。

（王颖）

【军休干部服务】　年内，接收军队退休干部27人、无军籍退休退职职工29人，截至年底，有军休干部528人、遗孀47人、无军籍职工412人。全年发放离退休费、各类补助补贴7460余万元；调整离退休、遗属离退休费及生活补贴金额1512万元；报销医疗费1662.8万元；兑现学龄补贴8人16.13万元。在小汤山疗养院为365名军休干部进行健康体检；组织16名军休干部到南戴河黄金海岸疗养院疗养；组织军休干部参加市级各种培训及比赛518人次；举办台球、门球、沙壶球、钓鱼等比赛和培训活动，参加军休干部2100人次 。

（王鑫磊）

【为老年人办实事】　年内，为6786名老年人（60–64周岁）办理了老年证；为19219名老年人（65周岁以上）办理了老年优待卡；为80周岁及以上老年人发放养老助残卡16万余人，金额2000余万元；为90周岁以上老年人发放高龄补贴10744人次，金额107.9万元。九九重阳节期间，为1259老人，发放慰问金127.2万元。

（张红）

民族·宗教·侨务

【概　况】　2015年，昌平区民族宗教侨务办公室（简称“区民宗侨办”）在区委、区政府的正确领导下，在市民委（宗教局）、市侨办等有关部门的大力支持下，以开展“三严三实”专题教育活动为主线，深入学习贯彻习近平总书记系列讲话精神，改进作风，认真履职，着力促进民族团结、宗教和睦，服务全区工作大局。

（张喆）

单位名称：昌平区民族宗教侨务办公室
地址：城北街道政府街23号
联系电话：（010）69744130
邮编：102200

【**清真专项扶持资金使用情况评审**】 1月16日，市民委民族二处处长杨琳带市专家组到昌平区，就专项扶持资金使用情况进行评审。昌平区5家清真餐饮企业共获得市级清真专项扶持资金支持176万元。专家组先后听取昌平区项目申报及资金拨付等相关工作情况汇报和5家企业项目建设、资金投入、资金拨付、企业效益等情况汇报，审阅了相关资料，实地查看了企业项目完成情况。

（张喆）

【**开展宗教界人士、少数民族困难户走访慰问工作**】 1月至二月，区民宗侨办对各宗教团体、宗教活动场所负责人和教职人员及24户少数民族困难户进行走访慰问。为区内15户具有清真饮食习惯的少数民族低保户发放春节一次性补助金4500元。

（张喆）

【**全区佛教基本情况调研开展**】 3月上旬开始，为全面了解掌握昌平区佛教活动、佛教活动场所状况、寺院管理中存在的主要问题，区民宗侨办利用一个半月时间开展佛教基本情况调研工作，调研对象包括经政府依法登记的佛教活动场所、正在筹备设立的佛教活动场所、市级和其他区县佛教团体及设立佛教活动场所的相关镇（街）。

（张喆）

【**部署和谐寺观教堂创建及“宗教政策法规学习月”活动**】 4月24日，区民宗侨办召开专题会议，部署2015年以“教风”为主题的和谐寺观教堂创建活动及以“国法与教规的关系”为主题的宗教政策法规学习月活动。会议传达了北京市宗教局《关于2015年继续以“教风”为主题开展和谐寺观教堂创建活动的实施意见》和国家宗教局《关于2015年开展以“国法与教规的关系”为主题的宗教政策法规学习月活动的通知》，部署了昌平区学习创建工作，并就做好相关工作提出要求。全区各宗教团体、各宗教活动场所负责人参加会议。

（张喆）

【**组织民宗侨界人士参观北京农业嘉年华**】 4月28日，区民宗侨办组织全区各宗教团体、宗教活动场所负责人、宗教教职人员、部分骨干信徒及归侨侨眷代表40余人参观了第三届北京农业嘉年华。

（张喆）

【**民族乡村经济工作获得市级奖励**】 4月30日上午，市委、市政府在通州区于家务回族乡召开市少数民族乡村经济工作现场会，昌平区获得“区县主体作用发挥优秀奖”三等奖，定福皇庄村获得民族村经济发展达标奖，共获奖金180万元。

（张喆）

【**市级专项扶持资金（清真）企业考察**】 5月20日，区民宗侨办会同区商务委、区财政局组成联合考评组，对新申报的5家专项扶持资金的（清真）企业进行了实地查看。5家企业分别位于城北街道和阳坊镇，包括清真餐饮企业4家，清真牛羊肉加工企业1家。

（张喆）

【**佛教信众浴佛节**】 5月21日至22日，区民宗侨办联合公安昌平分局一支队，对区内3个佛教活动场所进行实地检查，要求各场所认真排查安全隐患，制定活动预案，控制活动规模，确保佛教信众安全度过浴佛节。5月25日，全区共有460余名佛教信众前往和平寺、延寿寺和菩萨寺，各寺秩序良好，区民宗侨办对各寺进行了走访慰问。

（张喆）

【**部署整治违法违规设立功德箱专项工作**】 6月19日，区民族宗教工作领导小组办公室召开专项工作会议，传达市宗教局、市委统战部、市公安局、市旅游委、市文物局、市园林绿化局联合下发的《关于贯彻落实中央和国家六部门〈关于开展整治违法违规设立功德箱等借教敛财问题专项工作的通知〉的通知》精神，就昌平区专项治理工作进行部署。区民宗侨办、区委统战部、公安昌平分局、区旅游委、区文委、区园林绿化局主管领导参加会议。

（张喆）

【开斋节服务保障工作会召开】 7月8日，副区长贺军主持召开开斋节服务保障工作会，区有关部门和相关镇（街）主管领导参加会议。会上听取了各清真寺开斋节活动安排及前期工作情况汇报，对开斋节服务保障工作进行具体部署。贺军提出四点要求：一是各相关单位要高度重视开斋节服务保障工作，制定和完善保障措施；二是目前反恐形势比较严峻，要及时掌握参加节日聚礼人员，特别是外籍人员情况，防止出现突发事件；三是切实做好消防、食品、供水、供电安全检查，做好清真寺周边环境整治和交通疏导；四是各项责任、措施要落实到位，确保穆斯林群众过上一个平安、祥和的开斋节，维护民族团结大局。

（张喆）

【区委领导到北七家镇调研宗教工作】 8月12日，区委常委、统战部部长孙启一行到北七家镇调研基督教工作，听取了北七家镇基督教工作情况和调研工作进展，实地考察了区基督教三自爱国会联系的聚会点建设情况。

（张喆）

【组织抗日战争暨世界反法西斯战争胜利70周年纪念活动】 8月12日至13日，组织全区宗教团体、宗教活动场所负责人、宗教教职人员及部分骨干信众近50人，参观房山区平西抗日烈士陵园、河北省易县狼牙山五壮士纪念馆，缅怀革命先烈。

（张喆）

【“延寿心灵关爱”慈善周举办】 9月13日，第二届“延寿心灵关爱”慈善周在延寿镇北庄村举办，区委常委、区委统战部部长孙启、区政协副主席洪起国出席活动，现场向10位尿毒症患者发放了捐助款。

（张喆）

【宗教教职人员及骨干信众培训班举办】 9月14日至15日，区委统战部、区民宗侨办在日坊大都饭店举办年度宗教教职人员及骨干信众培训班，全区各宗教团体、宗教活动场所负责人，宗教教职人员及部分骨干信徒近90人参加培训，副区长贺军为培训班做动员讲话。培训班邀请市宗教局政策法规处处长司永成和区发改委副主任柳强围绕“落实党的宗教政策，依法加强宗教事务管理”、“京津冀一体化协同发展战略”等内容进行讲解；教职人员围绕“国法与教规的关系”进行交流发言。区委常委、区委统战部部长孙启做培训班总结讲话，提出四点希望：一是不断深化学习认识，切实把思想和行动统一到中央统战工作会议精神上来，不断开创宗教工作的新局面；二是积极践行法治精神，不断推动宗教事务走上法治化、规范化轨道；三是自觉融入昌平大局，切实发挥宗教界在促进经济社会发展中的积极作用，为全区经济建设多做贡献，为推动我区京津冀协同发展多提宝贵意见和建议；四是进一步夯实宗教与社会主义相适应的思想理论基础，彰显宗教的社会价值，塑造宗教良好的社会形象，促进宗教与社会和谐相处，共同维护全区稳定大局。

（张喆）

【走访慰问民族学校、民族宗教侨界代表人士】 9月至10月，“国庆”、“中秋”两节，走访慰问30余名宗教团体和宗教活动场所负责人、宗教教职人员和归侨侨眷，并送去慰问品。在第31个教师节来临之际，走访慰问了西贯市回民小学、定福皇庄回民小学和昌平二中新疆内高班，向工作在一线的教师致以节日的问候。

（张喆）

【区民宗侨办领导到清真企业调研】 10月16日至28日，区民宗侨办主任贾洪东先后到阳坊镇、城北街道、南口镇调研清真企业的生产经营工作。

（张喆）

【区民宗侨办到沙河清真寺检查指导工作】

10月27日，区民宗侨办主任贾洪东、副主任张琳在区伊协秘书长赵建国的陪同下到沙河清真寺检查指导工作。现场查看了清真寺建设情况。

（张喆）

【佛教活动场所筹备工作推进会召开】 10月30日，区委常委、统战部部长孙启主持召开佛教活动场所筹备工作推进会。相关单位分别汇报了宝云寺和十方普觉寺筹备工作进展情况，就筹备工作中存在的问题进行了研究。

（张喆）

【清真企业产业转型升级资金申报工作部署会召开】 11月10日，区民宗侨办召开年度清真企业产业转型升级政策资金申报部署会，阳坊大都饭店有限责任公司、北京胜利穆斯林文化园有限责任公司等十余家清真企业参加会议。会上传达了区发改委关于产业转型升级政策资金申报工作的通知精神，对申报工作的流程进行了讲解。

（张喆）

【档案工作和信息工作培训班举办】 11月10日至11日，区民宗侨办举办宗教团体、宗教活动场所档案工作和信息工作培训班。培训班邀请了区档案局和区委办信息科就如何加强档案工作及如何做好信息工作等内容进行系统讲解。全区宗教团体、宗教活动场所档案员、信息员共30余人参加培训。

（张喆）

【和谐清真寺创建情况检查】 12月1日，市民委副主任范宝一行到昌平清真寺检查创建工作。区伊斯兰教协会、昌平清真寺分别就创建情况进行了汇报。

（张喆）

【宗教活动场所消防知识专题培训举办】 12月9日，区民宗侨办举办消防知识专题培训。昌平消防支队沙河中队副队长刘兆阳就火灾的危害、预防、处置等内容进行了详细讲解，播放了安全逃生教育短片。各宗教团体、宗教活动场所负责人和安全员40余人参加培训。

（张喆）

【“三严三实”民主生活会征求意见座谈会召开】 12月16日，区民宗侨办召开征求意见座谈会，认真听取民族宗教界代表人士的意见和建议。会议由区民宗侨办副主任张琳主持，全区五大宗教代表人士和民族企业代表参加了座谈会。

（张喆）

【天主教、基督教信教群众圣诞节工作】 12月23日，区民宗侨办会同区委统战部、公安昌平分局一处、治安支队、消防支队、属地政府及派出所对部分基督教、天主教堂（点）进行安全检查。12月24日平安夜，区委常委、区委统战部部长孙启，副区长贺军代表区委、区政府分别到基督教南口堂昌平聚会点、天主教燕子口堂看望教职人员和信教群众，并致以节日问候，并送去慰问金。平安夜、圣诞节期间，全区共有1万余名信众到基督教、天主教各堂点内参加活动。

（张喆）

【和谐寺观教堂创建活动获评先进】 12月29日，市委统战部、市宗教局召开北京市创建和谐寺观教堂活动总结达标会，区基督教三自爱国会和区伊斯兰教协会被评为先进团体；昌平清真寺被评为先进宗教活动场所，4名教职人员被评为先进个人。

（张喆）

【区民族宗教侨务办公室更名】 12月，根据《北京市机构编制委员会关于同意调整昌平区政府机构设置的批复》（京编委〔2015〕17号）精神，北京市昌平区民族宗教侨务办公室更名为北京市昌平区民族宗教事务办公室，不再负责侨务工作。

（张喆）

【民族宗教界相关资金落实工作】 年内，区民宗侨办落实民族宗教界相关资金。一是落实市区扶持清真企业发展专项扶持资金404.07万元；二是落实区级资金263.8万元，用于沙河清真寺200千伏安箱式变压器安装、天主教燕子口新堂占地补偿、小辛庄清真寺旧房改造及基督教南口堂新堂办公设备采购；三是落实区级资金20万元，支持区基督教“三自”爱国会和区伊斯兰教协会开展工作；四是落实区级资金6.5万元，用于伊斯兰教阿訇交纳社会保险和生活补助。

（张喆）

【宗教活动场所冬季取暖用煤工作】 年内，区民宗侨办在取暖季协调区新农办，为西贯市清真寺、青龙观等6个以煤取暖的宗教活动场所无偿提供141吨新型节能煤，实现宗教活动场所的节能减排，同时减轻场所的经济负担。

（张喆）

人民生活

【概 况】 2015年，全区常住人口196.3万人，同比增加5.5万人，增长2.9%；其中常住外来人口102.6万人，增长2.4 %，占常住人口的比重为52.3%，比上年末下降0.2个百分点。年末全区户籍人口59.5万人，比上年末增加1万人，增长1.7%。

城镇居民人均可支配收入38794元，比上年增长9.1%；人均消费性支出27340元，同比增长8.7%。农村居民人均可支配收入20115元，比上年增长9.1%；人均生活消费支出18425元，同比增长10.7%。

（左宝东）

单位名称：昌平区统计局
地址：城北街道西环路17号
电话：（010）69742558
邮编：102200

【城镇居民收入支出情况】 年内，城镇居民人均可支配收入38794元，同比增长9.1%。可支配收入由工资性收入、经营净收入、财产净收入和转移净收入四部分组成，分别为24599元、379元、6969元和6847元。城镇居民消费性支出27340元，同比增长8.7%。消费性支出包括食品、衣着、居住、医疗保健、交通和通信等八大类，结构呈七升一降态势。居民消费性支出的增长主要体现在生活用品及服务以及教育文化娱乐上，同比分别增长了14.7%和12.7%。

（左宝东）

【农村居民收入支出情况】 年内，昌平区农民人均可支配收入20115元，同比增长9.1%；其中，工资性收入15592元，经营净收入1426元，财产净收入1618元，转移净收入1479元。工资性收入对可支配收入增长贡献最大，拉动可支配收入增长7.6个百分点。人均生活消费支出18425元，同比增长10.7%。八大类消费六升二降，医疗保健增速最高，同比增长37.7%。

（左宝东）

昌平区天通苑南街道办事处

2月8日，天通苑南街道举办第二届书法绘画剪纸精品大赛站

4月23日，清华长庚医院走进天南街道举行健康讲座

5月18日，昌平区首届“天南杯”北京市空竹球邀请赛

5月18日，昌平区首届“天南杯”北京市空竹球邀请赛

7月19日，嘉诚花园社区正式选举现场

昌平区天通苑北街道办事处

1月6日，食品卫生工作检查

6月26日，工委书记刘智勇讲党课

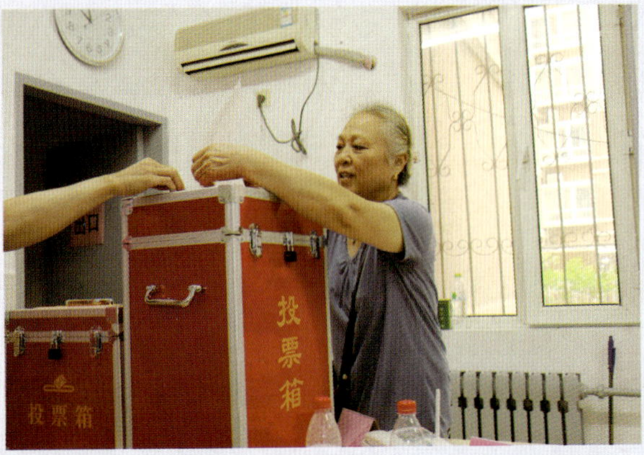

7月10日，西二社区选举

8月19日，办事处领导检查消防工作

10月23日，街道职工拓展训练

11月11日，举行文明引导员排队日活动

昌平区霍营街道办事处

2月，霍营街道闹元宵活动

4月1日，霍营街道警示教育大会

5月25日，霍营街道百日拆违行动工作部署会

9月9日，霍营街道文艺团“消夏剧场”演出

9月18日，霍营街道纪念中国人民抗日战争暨世界反法西斯战争胜利70周年文艺汇演活动

12月4日，霍营街道老年活动中心成立

昌平区沙河地区办事处

1月6日，罗兰香谷揭牌

3月5日，沙河镇2015年庆元宵民间小车会

3月13日，2015党风廉政建设工作会

4月16日，沙河镇第四届人大代表第七次会议

7月1日，区领导七一慰问困难老党员

9月7日，巩华学校落成暨首届开学典礼

昌平区南口镇

1月24日，中共南口镇第四届代表大会第三次会议召开

5月5日，110千伏变电站及外接电源建设项目施工

6月25日，南口镇举办“三严三实”书记讲党课活动

南口镇居庸关村拔河队获全国新星系列赛总决赛第二名、北京市第一名

4月21日，召开社区党支部和社区居委会换届选举动员会

5月24日，昌平区西部环境整治提升工程（南口段）街道新面貌

9月13日，南口镇举办“善行者”百公里公益徒步活动

昌平区百善镇

6月16日，百善镇召开“三严三实”专题教育党课

7月6日，百善镇召开搬迁工作启动会

8月至9月，全力做好抗战胜利70周年安保工作

9月7日，百善镇召开新兵入伍欢送大会

10月21日，百善镇召开欢度重阳节大会

11月29日，二德庄村搬迁腾退发放存折

12月15日，牛房圈村搬迁腾退发放存折

昌平区回龙观镇

1月31日，回龙观春晚

3月10日，市委研究室北四村调研

4月18日，回超足球赛

4月18日，少儿回超比赛

12月18日，城北市场西区拆除

昌平区崔村镇

4月10日，崔村中学开展“寻找崔村古迹，缅怀革命先烈”长走活动

4月15日，果农培训送到田间地头

6月12日，北京市昌平区中医健康乡村试点建设工作启动仪式在香堂村举行

10月30日，举办“我们的价值观和京华英雄”百姓宣讲活动

11月5日，举办妇女手工培训班

11月13日，镇专职消防队荣获北京市2015年专职消防队伍实战化岗位练兵比武竞赛政府组班进攻平地操第一名

昌平区南邵镇

4月14日，开展助力申冬奥　精彩北京人宣传活动

6月26日，组织支部党员、入党积极分子重温入党誓词

6月27日，举办第一届健身广场舞蹈大赛

8月，组织机关科队站所负责人，基层两委干部观看预防职务犯罪图片展

10月，镇政府组织力量清理未审批幼儿园

11月19日，南邵镇第四次妇女代表大会隆重召开

昌平区流村镇

1月9日，召开中共流村镇第四届代表大会第三次会议

3月5日，开展学习雷锋活动

6月26日，开展“三严三实”教育活动

7月30日，举办军民共建演出

9月26日，举办第四届舞蹈大赛

昌平区延寿镇

2月3日，开展送春联下乡活动

4月18日，农业嘉年华延寿日活动

6月5日，延寿镇组织青年开展“相约栗花飘香季　浓情六月健步行”活动

6月25日，举行防汛演习

6月28日，举办艳山红广场舞比赛

9月12日，望宝川村善行者服务保障

昌平区东小口镇

1月9日，东小口召开第四届党代表大会

8月17日，召开第四届人民代表大会第八次会议

3月27日，东小口回迁楼旧村改造调研会

昌平区北企集团

2月10日，进行一帮一走访慰问马池口村困难户活动

10月24日，北方企业集团公司召开了马池口村全体村民代表大会，推荐新一届党支部成员候选人

8月26日，副区长孙卫、贺军及相关职能部门到北方企业集团公司进行安全生产工作检查

11月10日，北方企业集团公司锅炉煤改气工程完工，举行揭业仪式

昌平区北七家镇

2 月 7 日，世纪名人国际书画院送春联活动

2 月 10 日，八仙别墅社区成立志愿团

2 月 13 日，北七家镇机关工会组织开展趣味运动会

3 月 18 日，北七家镇举办“春风行动”专场招聘会

7 月 24 日，北七家镇纪念中国共产党成立 94 周年暨中国人民抗日战争胜利 70 周年文艺演出

昌平区小汤山镇

镇领导慰问百岁老人

小汤山镇纪念中国人民抗日战争暨世界反法西斯战争胜利70周年书画展笔会

花钵大鼓走进非遗大观园

组织业余歌手大赛

社会主义核心价值观知识竞赛

街道·镇

街　道

城北街道办事处

【概　况】 城北街道办事处（简称“城北街道”）位于昌平区中部，辖区总面积18.9平方千米，耕地面积0.7平方千米。下辖14个党总支部、43个社区居委会和5个村委会。截至年底，辖区人口总数221547人，其中户籍人口92326人，人户分离65298人，流动人口62974人，境外949人。

2015年，城北街道区级财政收入预计完成4.25亿元，同比增长10%；农村经济总收入预计完成10.9亿元，企业总收入预计完成6.26亿元，企业增加值预计完成1.3亿元，居民可支配收入预计为17413.8元，农民人均劳动所得预计为21740元。

（王秋懿）

单位名称：昌平区城北街道办事处
地址：城北街道东关十字路口东北侧
电话：（010）89731148
邮编：102200

【农业】 城北街道经济继续保持相对稳健的发展态势，总体上呈现出健康平稳增长的特点。1—12月农村经济总收入完成11.1亿元，同比增长8.1%；其中：农村工业、建筑业总产值4.5亿元；运输、商饮、服务业总产值3.5亿元；其他性收入2.8亿元；营业外及其他业务收入0.3亿元。辖区内未整体转制仍保留农村建制的有二街、三街、六街、西关、朝凤五个行政村，共有农业人口1981人，农村劳动力总数1326人。现有农业用地总面积2139.2亩，其中耕地654亩，主要集中在六街、西关、朝凤三个村；果园174亩，主要集中在朝凤村；林地面积813亩，主要集中在二街、六街、朝凤三个村。农村人口就业分布情况：主要从事商业、服务业性质工作；从事农业生产的262人（蔬菜、果园），其他从事社区或村内管理工作。

（王秋懿）

【工业】 城北街道辖区内2000万元以上的工业规模企业（含园区）42家，工业总产值305.4亿元，同比增长2.2%；利润总额10.8亿元，同比增长56.3%。

（王秋懿）

【城乡建设】 老旧小区抗震加固及综合整治工作稳步推进。共计13栋楼、4.1万余平米正在进行抗震加固，其中，南环里14号楼、建明里1号楼等6栋楼的施工工作已在年底完成，向922户居民发放周转安置费共计1400余万元。截至年底，辖区内1990年以前的楼宇节能保温工作基本完成。另外，红冶宿舍、北环里等12栋楼已列入明年的抗震加固计划。地铁昌平线二期拆迁工作有序推进。街道积极配合区轨道办完成拆迁占地的协议签订工作。

扎实开展清洁空气行动计划，实施“减煤换煤、清洁空气”行动。启动平房采暖煤改清洁能源工程，推进燃煤锅炉清洁能源改造。积极落实空气质量保障相关要求，开展取缔露天烧烤等专项整治行动，清理整顿街面非法经营，减少“街头污染”。进一步加强环境卫生综合管理，坚持日常检查，落实环境卫生挂销账制度，实现销账率100%。认真开展垃圾减量、垃圾分类工作，落实“门前三包”责任制，确保街道辖区内责任书签订率达到100%。

（王秋懿）

【社会事业】 2015年，城乡劳动力就业人数为1233人，完成全年指标的112.1%，其中就业困难人员902人，完成指标的167%；空岗信息采集2274个，完成全年指标的103.4%；走访跟踪服务用人单位户数261个，完成全年指标的174%；城镇登记失业率为1.48%，控制在1.5%以内；实现创业36人，带动就业108人，完成全年指标的102.9%；发放小额担保贷款4笔，完成指标的200%；开办了5个创业培训班，培训失业人员150人，另有7人参加了职业技能培训，完成指标的104.7%；用人单位招用就业困难人员195人，完成指标102.6%；辖区内达到充分就业社区标准的为93.8%，达到85%的指标要求。

加大就业帮扶力度，举办“2015年春风行动”专场招聘会，390人达成初步就业意向。开展就业援助月活动，通过送政策、送岗位、送服务，促进58名失业人员再就业。做好“一老一小”及无业居民大病医疗保险业务、社保卡申领及补办工作。做好低保及无养老保障人员养老金发放、无丧葬补助居民丧葬补助金发放工作。完成辖区20余栋楼的抗震加固和30余栋楼的节能保温工程。继续做好保障性住房受理工作，受理审核保障性住房申请365户，获得市备案222户。加强计生服务工作，健全计生基层工作网络，加强对流动人口计划生育管理。做好非本市户籍适龄儿童小学入学条件审核工作。落实北京市“九养”政策，扎实开展敬老爱老服务，为2761名符合条件的老人办理了优待证和优待卡，为80周岁以上老人发放老龄津贴244.83万元，为95岁以上老人报销药费1.1万元。广泛开展残疾人扶贫助残和康复工作。

（王秋懿）

【社区建设】 圆满完成了第九届社区居委会换届选举工作，产生新一届社区居委会成员285人，优化了居委会班子结构。认真做好社区办公用房达标工作，区上账的21个不达标社区房源已经全部落实，均已实现350平米以上的达标面积。积极探索管理城市、服务居民的有效方法和途径，完成城北街道网格化指挥分中心建设工作。大力开展以构建和谐社区、建设特色文化为主题的各种活动。拓展社区服务，广泛开展社区中介组织和社区志愿者的服务活动。稳步推进“六型社区”、社区规范化建设示范点、“一刻钟服务圈”和农村社区化典型示范村的创建工作。

新成立社区党支部2个，非公党支部1个，扩大了党组织覆盖面。从严从实完成12个社区党总支，41个社区“两委”、5个村党支部、15个基层党组织换届选举，实现了应换尽换。社区（村）党支部的换届选举中，“直选”率、一次性选举成功率、人员预测准确率均达100%。社区产生“两委”人员405人，村产生党组织成员21人，“社区“一人兼”和交叉任职分别达到75.6%和45%。年龄学历、本地化、专职副书记等各项指标均顺利达标。巩固提升“一支一特色”党建品牌创建成果，分类指导推进基层服务型党组织建设。开展党员意识提升行动，引导党员承诺、践诺发挥先锋模范作用。发展党员38名，走访慰问困难党员、建国前老党员81人次。为离退休老干部提供贴心服务。统筹推进社会领域党建工作。加强大学生“村官”和社区工作者的教育管理。统筹开展党群共建，工会制作服务联系卡，拓宽服务渠道，团工委积极开展“青年汇”创建活动，妇联开展“最美家庭”评选等活动。严格落实基层党风廉政建设“两个责任”，全年共受理群众关于党员干部的来电来信、上级转办件和自查案件5件，其中来电来信2件、转交办2件、查处党员违法案件1件，均已按期办结。

（王秋懿）

【商贸旅游】 城北街道位于昌平区中部，是昌平区政治、经济、文化的中心区域，承载着昌平区人口和其他产业疏解的重要职能。就旅游而言，虽然城北辖区没有旅游景点，但辖区内的旅游服务开展的十分活跃。截至年底，辖区有旅行社18家；较大型旅游购物中心3家；以北京军都旅游度假村等8家星级宾馆饭店和如家、7天连锁酒店为龙头的60余家宾馆饭店遍布辖区，是昌平区旅游购物、休闲度假的首选区域。

（王秋懿）

【精神文明民主法治建设】 积极培育和践行社会主义核心价值观，扎实开展精神文明创建活动。以培育社会组织为抓手，契合城市发展需要，建设积极、向上、和谐、有爱的城北精神家园。自觉接受人大、政协的监督，年初两会结束后，转交城北街道办理的3件人大建议、1件政协提案已办理完毕。加强社区（村）自治组织建设，党务、政务、居（村）务公开逐步规范化、制度化，推进和扩大了基层民主政治建设。全面贯彻落实“六五”普法规划，完成“法治单位”、“法治社区（村）”的申报工作，做好人民调解和社区矫正法律服务。1—12月街道受理信访总量56件次，其中受理来信18件，受理来访23批57人次，集体访4批32人，主要反映的是老旧小区引发的各种问题，信访总量同比减少47%。

（王秋懿）

【其他重要工作或特色工作】 持续深入开展“五管”工作，建立8类专项台账250项，明确工作目标和重点。截至10月底，已全部销账。根据不同时间、不同区域的重点和难点分别进行整治，统筹做好各次执法工作。1月至12月，街道共组织参加20次全区性综合执法和113次专项执法，共出动执法人员5655人次，执法车辆973台次，共检查商户4000余次，规范店外经营2750家，关停取缔商户100户，查扣违法经营器具1721件，整治安全隐患513处，下达执法文书216份，清理游商摊贩3100个，查扣燃油三轮及机动车30辆，清退取缔废品收购市场12个、居住性出租大院2个，超额完成人口压减指标。控制违法建设工作取得实效，在辖区全境特别是重点地域进行24小时不间断巡查，共拆除违法占地违法建设7处、1478平方米。

加强重点地区和突出问题的排查整治，针对市级挂账重点松园地区和区级挂账重点鑫隆小市场周边，开展40余次综合执法，先后检查学校、幼儿园、经营场所并督促落实整改600余处隐患。强化重大节日和重要敏感期社会面防控工作，按照区级部门要求启动二级加强和一级超常防控等级，1月至12月，累计出动社会治安志愿者24万余人次，巡防队队员及民兵1.5万余人次，实现了“街巷胡同有人巡、楼门院落有人守、重点部位有人控、重点人员有人看、机动车停放有人管”的工作目标。充分发挥安全生产监督员作用，对辖区4302家生产经营单位的生产、消防安全状况进行了8792次安全检查，消除整改各类隐患1955处。精细防控、精准打击，保持对邪教的高压震慑态势。

（王秋懿）

城南街道办事处

【概述】 城南街道办事处（简称“城南街道”）位于昌平主城区，为昌平新城核心功能区之一，属城乡结合部，平原地区。面积14.7平方千米，耕地面积2.039平方公里。辖16个社区、5个行政村。2015年，城南街道辖区内常住人口数量为7.3万人。其中户籍人口为17312人，其中农业人口为4008人，外来人口数量为3.1万人。

（战鑫垚）

单位名称：昌平区城南街道办事处
地址：城南街道南环东路18号
电话（010）69741019
邮编：102200

【农业】 2015年，街道共有61栋日光温室种植草莓，预计产量6万公斤，产值达到120万元。对辖区邓庄村、旧县村进行优质燃煤炉补装工作，旧县村安装15台、邓庄村安装28台，用户自付费用19634元，享受政府补贴88766元。大中型水库农转非移民培训补贴资金与大中型水库农村移民后期扶持资金共发放45480元，农转非移民每人补贴560元，共计48人；农村移民每人补贴600元，共计31人。

（战鑫垚）

【工业】 以提高质量和效益为中心，着力稳增长、调结构、转方式、惠民生。加大城乡统筹力度，持续优化城乡功能布局，通过积极争取，化庄社区棚户区改造项目已获得市区审批，已进入准备实施阶段。协调推进介山社区综合楼、旧县村民回迁楼、邓庄旧村改造等项目进程，城乡一体化取得新进展；以中关村科技园区昌平园为龙头，加快产业转型升级，促进经济平稳健康发展。属地企业运行良好，对区域经济起到较强的推动作用；重点项目、重点工程进展顺利，乐多港假日广场工程商业项目、游乐项目及五星级酒店等建筑已建设完毕，正在进行品牌商户二次装修。

（战鑫垚）

【城乡建设】 建立健全环境秩序保障工作机制，实施了分片督查、定期集中排查、及时报告、限期办结、跟踪落实等一系列环境整治工作制度；紧密结合申办冬奥会、纪念反法西斯战争胜利70周年系列活动等环境保障任务，加大对重点难点区域的环境综合治理，完成了京藏高速辅路两侧综合整治、邓庄垃圾中转站改造、旧县北八家艺术墙修葺等工程；强化联合执法、典型曝光、巡查看护机制，协调城管、公安、工商、交通等部门，对车辆非法运营、游商摊贩、无照经营、高速路非法广告牌等行为进行严厉打击。一系列措施使街道城乡环境面貌得到了明显提升，完成挂账整治突出环境问题409件，实现销账率100%。

（战鑫垚）

【财政税收】 全年完成工商税收18.64亿元，同比增长8.5%；完成财政收入3.58亿元，同比增长10.7%。2015年，城镇居民年人均可支配收入38794元，增长9.2 %；农村居民年人均纯收入20115元，增长7.6%。

（战鑫垚）

【社会事业】 进一步健全村、社区的文化、体育设施，广泛开展星火工程文艺演出、数字电影放映等活动，提高居民文化素质。加强劳动力就业管理，举办职业技能培训班3期，安置就业272人。社会保险城乡一体化建设持续推进，参保率达到95%。养老助残、社会救助和慈善事业取得新成效，募集捐款58万元。

（战鑫垚）

【社区建设】 品牌社区创建工作取得新进展，扎实推进拓然家苑社区市级“六型社区”建设，砂石厂社区“智慧型社区”建设以及龙山锦园等6个社区升星创建工作。

（战鑫垚）

【新农村建设】 贯彻落实“148”制度体系和集体经济重大事项民主管理“五步法”，确保农村集体经济安全运行。2015年，辖区9个农村集体经济组织共履行“五步法”事项70件，涉及金额17110万元。根据区“1+5”文件精神，9个股份经济合作社，均已开设2个收入专储账户和1个支出账户，从7月初开始实行农村集体货币资金收支两条线管理制度，监管收入账户，每季度审核村“两委”提交申请的季度支出预算，由收入户拨款到支出户，做到专户专用，保证资金安全。根据区农委文件精神，为城南辖区1520户农户投保中国人民财产保险股份有限公司“幸福农家”家庭财产保险组合产品，此保险期限为一年，保额20.3万元，保费60元，全部由区政府负担。

（战鑫垚）

【商贸旅游】 联系实际、统筹规划初步制定了城南街道2016–2020年十三五规划方案初稿。重点清理、整治低端产业废品回收市场和无照经营商户，共整治回收市场站点11家，清走有照商户三家、关停无照经营站点4家，压减外来务工人员29人。配合工商执法查处违法经营7户，关停无照经营7户。清退高污染企业1家。水屯豪盛钢木制品厂已完成转行。

（战鑫垚）

【精神文明民主法治建设】 认真开展“三严

三实”专题教育，通过领导班子成员讲党课和专题研讨交流等形式，把对党忠诚、个人干净、敢于担当的要求落实到每个党组织、每名党员干部；结合教育实践活动后续整改落实工作，开展“四风”整改回头看活动，坚持边学边查边改，强化问题导向；不断推进基层党建工作创新，着力打造水屯市场流动党员服务管理中心、畅春阁社区智能关爱党员志愿服务平台和昌盛园“聚火星辉党员服务站”等服务型党组织品牌，引导各级党组织和党员干部在经济发展、拆违控违和环境整治、流动人口管控和基层社会治理等重点任务中发挥关键性作用；基层班子结构不断优化，圆满完成了16个社区“两委”换届选举和5个村党组织换届选举工作，连选连任比例、班子成员大专以上学历比例及班子成员党员比例均有所提升，为村委会换届选举工作奠定了坚实基础。在严格贯彻“148”农村民主管理制度的基础上，认真执行“五步法”，强化对农村集体重大事项审批程序把关。全面抓好安全稳定工作，深入落实群众走访“一单式”工作法和“5+2”工作模式，定期进行信访摸排，在重点时期实行信访开放日活动。建立健全了综治联动机制和维稳防控机制，圆满完成全国“两会”、“六四”、“阅兵活动”等重点时期的维稳安保任务。妥善处理北郝庄京包高速拆迁村民回迁问题，经多方协调，已完成31户村民回迁上楼。进一步加强安全生产、食品药品安全监管等工作巡查开展力度，确保辖区安定和谐。

（战鑫垚）

【其他重要工作或特色工作】 把疏解功能、压减人口作为街道工作的重中之重，进一步完善“五管”工作机制，细化台账管理，形成更加严格精准的工作推进机制；加强经费保障，2015年，累计投入近300万元，组建街道、村、保安公司三级巡查管控队伍，重点对北郝庄、邓庄、化庄等地区宅基地翻建加层强化管控；严格落实工商执照登记盖章审查、房屋租赁税征收等相关政策，引导村集体收缴流动人口卫生费、垃圾清运费、停车费，不断提高流动人口生活成本；整合各方资源力量，集中开展“人口调控工作月”活动，在重点村、社区明确了12个执法巡查点位。协同区职能部门每天至少对2个重点村（社区）及周边区域开展综合执法行动，形成持续密集执法、高压缩减人口的态势。共开展联合执法90余次，拆除市卫片台账项目16个，完成拆违任务32203.22平米，规范各类经济合同446份，“幼升小”初审通过119人，同比减少20%，压减流动人口3487人，已超额完成任务指标1287人。

（战鑫垚）

天通苑南街道办事处

【概　况】 天通苑南街道办事处（简称“天南街道”）位于昌平区东南部，南临朝阳区，西与海淀区接壤，地域面积约5.5平方千米。现辖14个社区、1个行政村。截至2015年底，街道常住人口约13万人，户籍人口13924人，其中农业人口593人。

2015年，完成工业生产总值23688万元，比上年增长4.6%，建筑业生产总值2064万元，增长6.1%，社会消费品零售总额32545万元，增长6.1%，公共财政收入7821万元，增长41.7%，农村居民人均纯收入23373元，增长8.97%。

（高亮　房正）

单位名称：昌平区天通苑南街道办事处
地址：东小口镇水务站南50米
电话：（010）84823891
邮编：102218

【民生保障】 社保业务实现数量、质量双提升，全年共为辖区居民提供各类劳动和社会保障业务4499人次，业务量同比增长32.3%。确保“一老一小”应保尽保，新农合参保率达到100%，全年报销新农合医药费用64.4万元。创新街道窗口服务模式，探索“一口式”服务方便群众办事，实现3个部门4个窗口的工作协同，全年减少居民重复排队近900人次。坚持促进就业的民生主线，通过举办招聘会现场达成就业意向260人，年度实现68名就业困难人员稳定就业，辖区户籍劳动力就业率达99.7%，获“昌平区充分就业街道”称号。做好养老助残工作，全年完成6011名老人养老卡信息核查和录入，受理80岁以上老年人居家养老服务券申请957人，发放居家养老服务券101.74万元，办理各类助残补贴、服务369人次。

（高亮　房正）

【城乡建设】　扎实推进各项民生工程建设。顺利完成陈营地区环境整治工程，惠及陈营地区6个社区（村）2万余群众；配合区水务局完成清河北岸污水管线工程天通苑南街道施工段的拆迁腾退工作；协调开展东辰、佳运园、清水园等老旧小区电力改造工程。强化综合执法频次和力度，重点清理北方明珠东侧车站、龙德广场周边、地铁5号线天通苑南站等秩序难点、乱点，共完成市、区环境秩序台账372处、环境卫生台账90处的销账工作，销账率100%。不断提升城市运行保障水平，对非市政道路雨水管线进行隐患排查和清掏，确保城市安全度汛，圆满完成年度森林防火工作任务，开展道路应急抢修，消除破损井盖等道路安全隐患50余处。

（高亮　房正）

【社会事业】　大力推动教育事业发展，投入20万元用于改善中小学周边环境和支持中小学特色办学；抽调专门人员开展核查，扎实完成年度非京籍儿童小学入学“五证联审”工作；加大教育管理力度，对辖区幼儿园开展安全检查及联合执法25次，取缔未审批幼儿园2家。提高居民科学素养，建立区公民科学素质提升行动系列讲座天南站，开展形式多样的宣传活动40余次。积极开展各类慢性非传染性疾病综合防控工作，天通东苑第一社区、天通西苑第一社区成功创建北京市健康示范社区。深入推进“文化天南、人文天南、书香天南”建设，组织举办各类文艺汇演60余场，参加人数总计达两万余人，组织居民参加首届中国社区书画节，共送交作品160幅，组织居民参加“昌平区迎春书画展”并获两个一等奖、一个二等奖。大力加强社区文体设施硬件建设，完成街道文化活动中心新建项目主体工程，改建天通西苑第一社区文化活动中心空竹场地，被北京市空竹协会命名为“北京市空竹基地”，新建天通苑第二社区空竹训练基地，改造天通东苑第二社区、天通苑第二社区4块篮球场地。组织天通东苑第四社区、东辰社区等6个社区成功创建体育生活化社区。组织街道乒乓球队参加区“和谐杯”大赛并取得团体一等奖，举办街道空竹花样大赛，开办两期空竹花样培训，共有800人参加。

（高亮　房正）

【社区建设】　健全社区自治组织体系，监督指导各社区圆满完成“两委”换届选举工作，书记主任“一人兼”社区9个，同比增长50%，居委会人员平均年龄46.63岁，人员结构进一步年轻化。监督天通苑小区、天通西苑小区、天通东苑北苑中苑小区业主委员会换届选举工作，指导时代新苑小区、卢卡新天地小区业主委员会成立。加快推进社区规范化建设，指导天通东苑第一社区、天通东苑第二社区、天通西苑第一社区3个社区扎实做好“智慧社区”、“一刻钟服务圈”等社区建设重点项目的创建工作，指导天通东苑第二社区、天通东苑第四社区等2个社区完成“一站式”办公服务大厅改造，完成溪城珑原社区居委会及社区服务中心配套设施移交、接收、改造工作。下大力气全部解决了6个面积不达标社区的办公用房问题，其中天通苑第一社区、北方明珠社区采取购买方式，天通苑第二社区、清水园、嘉诚花园、佳运园4个社区采取租赁方式。

（高亮　房正）

【新农村建设】　继续加强农村集体“三资”管理和监督，引入审计公司对村集体经济开展定期审计，探索因村施策的管理模式。保障各项惠农工程落到实处，为辖区237户农民家庭申办农民家庭财产保险。圆满完成陈营村党支部换届选举工作，完成陈营村党员活动室规范化建设。

（高亮　房正）

【精神文明民主法治建设】　深入推进法治宣传，组织开展“法律六进”活动20余场，受教育群众1000人，解答法律咨询500余人次，开展“青春船长，法治启航”专项活动16场，发放宣传资料2500余份。积极开展“无邪教创建示范工程”活动，完善社区（村）反邪教工作制度，溪城珑原社区被评为“区级无邪教创建示范单位”。继续提升法律援助和法律服务能力，拓宽法律援助途径，扩大法律援助范围，为受援人开辟“绿色通道”，全年办理法律援助案件12件，印发《法律援助指南》《法律援助条例》等各类宣传资料1000余份，接待法律援助咨询200余人次。开展“社会主义核心价值观送千家”活动，覆盖社区（村）、非公企事业等18家单位，受益人群达到4.2万人。形成“专群结合、全面覆盖、从严从紧”的社会面防控态势，重点时段日均发动3000人次，全面做好“两大安保”、“两会”、十八届五中全会及节假日等重大活动时段社会面防控工作。组建“天南靓丽风景线”百姓宣讲团，传递社会主义核心价值观的精神内涵，共宣讲7场，受众达千余人。强化宣传阵地建设，在辖区主要街道、重点路口、小区周边显著位置打造社会主义核心价值观文化墙，总面积达1192平方米，设置公益宣传牌220块。

（高亮　房正）

【重要会议和重要活动】　1月5日，区委常委、区纪委书记张晓兰到天通苑南街道检查党风廉政建设工作。5月16日至17日，“天南杯”北京市空竹球邀请赛在东小口太平郊野公园专业空竹场地举办，本次比赛邀请了来自北京、南京、河南的10支队伍，共500余人参赛。6月12日，街道团工委第一次团代表会议召开。7月8日，街道承办北京市“弘扬社会主义核心价值观”对联书法展，此次书法展由市文联、市楹联学会主办，展出作品100余幅。8月10日，区委常委、区纪委书记张晓兰调研天通苑南街道“三严三实”专题教育工作。8月17日，区政协主席陈秋生、副区长苏贵光带领相关职能部门负责人对辖区人员密集场所龙德广场进行安全大检查。10月16日，区委常委、组织部长王燕庆调研基层党建创新工作。10月19日，区长张燕友带队调研街道群租房治理和地下空间整治工作。11月4日，副区长贺军检查指导街道“五管”工作。11月17日，区政协主席陈秋生带队召开街道东小口地区基层协商民主小组座谈会。

（高亮　房正）

【其他重要工作】　制定并严格落实《天通苑南街道“三严三实”专题教育实施方案》，深入开展“三严三实”专题教育，认真查找“不严不实”问题，确保整改成效落到实处。突出征税促管模式，以个人出租房屋税款代征为抓手促进低端产业管控清退，在代征中对租用违法建设房屋的个人、个体、企业坚决不予提供缴税服务，对缴税中发现的违法违规经营、无证照经营等36条线索纳入联合执法对象，其中7户予以取缔关停，全年共实现个人出租房屋税款代征817万余元，同比增长103%。全年拆除陈营村东路、陈营中街沿街违法建设共10余处，拆除面积2000平米，清退地下室违规住人23处116户，以“全区综合性执法”和“人口调控月”等专项行动为契机，对辖区内“七黑五小”、“无证无照”、“游商摊贩”开展集中清理，共计开展各类综合执法行动72次，取缔废品回收点5个，取缔合立方、白坊路、陈营村等市场大集3处，街道共计压减清退外来人口3900人。完成第一次安全生产条件普查工作，深入开展小微企业安全标准化工作，316家企业评审达标，在全区率先完成年度目标任务，扎实开展日常巡查，消除各类安全生产隐患2808处。

（高亮　房正）

天通苑北街道办事处

【概　况】　昌平区天通苑北街道办事处（简

称“天北街道”）位于昌平区东南部，面积5平方公里，辖9个社区及3个行政村。截至年底，社会总人口14.6万人。辖区内交通便利，以立汤路为主要交通干道，地铁5号线自此始发，设有天通苑、天通苑北两个地铁站。

2015年，区域税收2.31亿元，同比增加8.9%，地方财政收入6620.7万元，同比增加9.7%；农村经济总收入5.36亿元，比去年增加9.6%，农民人均纯收入20036元，比去年增加9.4%，全社会固定资产投资13366万元。

（韩智星）

单位名称：昌平区天通苑北街道办事处
地址：天通苑北街道太平家园小区西100米
电话：（010）84840288
邮编：102218

【农业】 推进植物病虫害防疫工作。集中开展3次防治美国大白蛾等病虫害防疫工作，共投入防治人员335人，使用防治机械12台，使用药剂11吨，预防面积0.23万亩。

（韩智星）

【经济建设】 帮助、支持做好太平庄农民就业服务用房的建设招商工作，开展建设监管，确保严格按照相关规划审批手续进行建设，协调解决劳务纠纷等问题，该项目进入内外装修和绿化停车场建设。

（韩智星）

【城乡建设】 完善环境管理办法，加强环卫保洁力量，日均投入保洁员175人次，扫地车4车次，累计清运垃圾40968吨，清理小广告71余万张。落实市、区级挂销账434处。街道专人落实环境卫生“日检查、日整改、日销账”机制，建立街道环境卫生及环境秩序台账，落实挂销账140处。针对地铁天通苑北站、地铁天通苑站、广发桥、中滩村路等重点地段，组织城管、公安、交通、工商等部门开展联合执法100余次，累计出动人员9000余人次，共清理摊贩游商3000余户次，店外经营2500余户次，查扣四轮推车和电动三轮车230余辆。落实空气行动计划，启动为期一年的环保大检查行动，如实建立了辖区内各类污染源档案。完成了3次空气重污染预警应急工作及3月下旬大气污染防治专项工作。保持清退低端产业和压减流动人口的高压态势，拘留“二房东”2人，清理取缔违规出租住人地下空间12处，整治违法出租房410套，拆除违法建设8处，面积1050平方米，压减流动人口3500余人。

（韩智星）

【社会事业】 2015年，共办理社保、保障房登记、计划生育、借读证明等为民服务4000余件，走访优抚对象人数20人，发放慰问金，慰问品共计1.66万余元，筹措“春风”募捐资金21.26万余元。新农合覆盖率达到100%，参合农业人口总数783人，参加合作医疗762户，参合率99.7%。开具非京籍适龄儿童入学就读证明111份。对32所幼儿园开展综合检查，确保学校安全，聘请专业消杀公司对幼儿园学校开展免费消杀工作，消杀面积60000平方米。开展外来务工人员麻疹接种、儿童查漏补种、结核病防治宣传等工作。

（韩智星）

【社区建设】 充分发挥各社区（村）党支部书记的“带头人”作用，在调节社区（村）矛盾、引导文明娱乐、服务居民群众等方面做出了突出贡献。开展丰富多彩的文体活动，举办“和谐天北 美在四季”迎春会、“和谐天北进社区”、星火工程等各类文艺演出共19场次，举办“乐活天北”系列乒乓球、健身气功、健步走等比赛活动3次，丰富了社区居民的业余文化生活。顺利完成社区党组织和居委会的换届选举工作，选举产生社区两委干部81人。全面推进社区建设管理的科学化和精细化，完成东三社区“六型社区”的创建验收工作及北二“一刻钟服务圈”建设工作。完成北一社区、太平家园社区“体育生活化社区”和太平庄村“体育特色村”的创建工作。推行“参与型”社区协商模式，建立完善社区议事协商会。强化楼门长队伍建设，对楼门长队伍进行专业知识技能以及个人素质提升的各种类型的培训与交流。

（韩智星）

【精神文明 民主法治建设】 大力弘扬社会主义核心价值观，利用天北街道政务网、街道辖区户外电子屏、过街天桥等宣传媒介，大力营造宣传氛围。充分发挥天通苑社区网、天通苑大讲堂、书法班等民间协会作用，推动辖区精神文明建设。充分发挥工会、妇联、共青团等群团组织作用，开展“我们的价值观”百姓宣讲活动6场，开展跳骚市场、排队日、学雷锋志愿服务等宣传活动13场次，开展“青少年健康课堂”、“京北丽人”、“妇女之家”等系列活动。强化公共文明引导员队伍建设，在公交、地铁站台开展文明乘车、清洁环境卫生、清除小广告活动。健全社区（村）基层治保组织，充分发挥群防群治力量，在纪念中国人民抗日战争暨世界反法西斯战争胜利70周年活动、党的十八届五中全会、国庆66周年等敏感时期、重要节点，全面启动社会面等级防控，出动专群力量6000人。2015年，共办理群众信访551件，12345服务热线507件，所有信访件均得到了及时回复办理，处理率为100%。

（韩智星）

【重要会议和重要活动】 1月8日，天通苑北街道召开街道领导班子和成员述职述廉会议暨2014年度干部选拔任用“一报告两评议”工作会。2月10日，天北街道工委书记张新亮、办事处主任张学广同区人大副主任奚增森一道，分别探望了中一社区、北一社区和太平庄村的困难群众家庭。2月28日，为确保“两会”期间地区安全稳定，认真做好“两会”期间维稳工作，天北街道从2月28日起组织社区党员、楼门长、社区保安、保洁员等2923名志愿者对辖区内重点部位和社会面进行治安巡逻管控。3月27日，区发改委总经济师杨薇薇等一行人，到天北街道调研“十三五”规划前期课题相关情况。4月13日，天北街道组织开展“千人执法大行动”，对辖区内环境秩序重点地区开展联合执法集中整治行动。副区长苏贵光、天北街道工委书记刘智勇、街道主任张学广、副主任张玉龙、副主任刘飞参与执法行动一线。4月17日，天北街道召开2015年社区党组织和社区居民委员会换届选举工作动员部署会。区委第一巡视组、街道领导班子成员、包社区工作队、各社区党支部书记、副书记及居委会主任等近50人参加了会议。10月23日，天北街道在太平郊野公园组织开展机关干部以“爱生活、爱工作、爱运动、爱健康”为主题的拓展训练。10月30日，天北街道召开第四季度安全工作会，会上就第二十五届119消防宣传月、消防安全网格化管理体系建设、冬季预防煤气中毒、社区（村）“党政同责，一岗双责”安全生产责任体系建设、社区（村）办公场所安全大检查等工作进行了部署。11月18日，天北街道工会服务站通过了市总工会的规范化验收，在天通中苑工会服务站举行揭牌仪式。11月26日，天北街道召开第一次妇女代表大会，完成了天北街道妇联委员及出席区第四次妇代会代表的选举工作，共选举产生街道妇联主席1人、副主席2人、委员4人及区四次妇代会代表8人。12月11日，天北街道召开党员干部警示教育大会，街道全体机关干部及社区（村）“两委”干部等150余人参加了警示教育大会。12月25日，区委常委、副区长苏贵光带队，区党风廉政第十检查组到天通苑北街道检查党风廉政建设责任制落实情况。

（韩智星）

【其他重要工作或特色工作】 积极开展“三严三实”专题教育活动，并与街道各项重点工作任务相结合，做到专题教育与日常工作有机融合、相互促进。深入探索建设“乐活天北·职住新城”的支撑体系，按照辖区“一横两轴·三区四点”的产业结构布局，结合太平庄农村就业服务用房项目，积极谋划引进高端商业、服务业，不断改善地区职住结构。充分发挥党建工作引领保障作用。探索超大型社区管理新模式，提高人民群众的满意度。对社区进行网格化划分，形成社区、村领导干部，部室（中心），社区、村“两委”干部和党员、楼门长四级全响应服务网络；壮大楼门长队伍，加强能力素质培养，全面推广提升楼门长工作，实现全覆盖、更高效。

（韩智星）

霍营街道办事处

【概况】　昌平区霍营街道办事处（简称“霍营街道”）于位于昌平区南部，辖区面积4.6平方公里，辖18个社区、1个村。截至年底，全街道社会总人口9.4万人，其中常住人口7.9万人（含户籍人口11983人），流动人口1.5万人。

2015年，地方财政收入408万元，同比增长39.1%，完成税收6000余万元，同比增长136.2%。

（吕季）

单位名称：昌平区霍营街道办事处
地址：霍营街道黄平路207号
电话：（010）60787800
邮编：102208

【城乡建设】　年内，大力推进道路、管网等市政基础设施建设，回南北路、龙锦二街等8条道路修建完工，道路绿化、垃圾桶、红绿灯等设施配套到位。坚持精细化管理机制，继续推行“123”管理法，加大环境卫生整治工作，清理堆料垃圾40余吨，清除卫生死角43处。开展大气污染治理行动，完成对天鑫家园等5个社区的燃煤锅炉清洁能源改造工程。

采取疏堵结合的方式，结合全区性综合执法、“百日专项整治”等行动，对辖区黄平路、城铁站周边等重点地区开展高密度、常态化综合执法，取缔游商摊贩1852起、无证照经营商户339家、私搭乱建80余处，有效规范市场经营秩序。实施“驻镇制”交通模式，在黄平路沿线安装阻停桩、护栏等设施，大力解决华一医院周边重点路段的交通拥堵问题。

（吕季）

【财政税收】　全年完成区域税收0.6亿元，新注册各类企业194户，新增个体120家，辖区企业总量达869户，个体工商户899家。

（吕季）

【社会事业】　年内，创建“霍营九韵”文化品牌，成功举办闹元宵、书画展、纪念抗战胜利70周年文艺汇演等文艺活动20余场。精心组织、严格审核，完成非京籍适龄儿童入学“五证”初审工作。完善健康一条街建设，组建社区群众性健身活动团体70余个，组织社区居民参与全民长走、拔河比赛等活动。狠抓科普阵地建设，科普体验厅项目基本建成，社区科普大学教学点顺利开课，累计授课150余学时。成功创建昌平区充分就业街道，辖区失业率持续控制在1%以内。扎实推进养老助残、新农合报销、“一老一小”保险、保障房审核登记等系列惠民政策，完成社保待遇调标工作。成立街道社会化退休职工自管组织，新吸纳退休人员340名，稳妥做好服务管理工作。切实保障计生奖励政策到位，组织374名育龄妇女参加免费体检，全力提高人口素质结构。大力发展慈善捐赠事业，组织开展“春风送暖，扶危济困”主题募捐月活动。

（吕季）

【社区建设】　年内，圆满完成社区两委换届选举工作，共选举产生18个社区居委会和18个社区党支部，其中书记、主任“一人兼”社区13个，占72.2%。指导推动霍家营村完成“撤村改居”后的“两委”选举工作。稳步推进16个社区参与“六型社区”、“一刻钟社区服务圈”、“老旧小区自我服务管理试点”、“社区规范化建设示范点”等6项社区规范化建设。完善制度体系，依法履职，加强对业委会、物业公司的引导和监督管理，全力维护社区稳定。作为北京市社会动员试点单位，创新开展社区志愿百日专项行动，推进社区志愿“百千万工程”，拓展社会组织服务，成功申报北京市“三社联动”试点街道项目，对接6个重点服务社区，推进8个社区社会组织的培育孵化工作。

（吕季）

【商贸旅游】　年内，科学制定街道“十三五”规划发展计划。依托霍家营村商业安置楼，联合昌平科技园打造创新创业社区，创建“腾讯众创空间”，培育科技型企业，首批入驻企业已正式运营。综合规划，重点引进优质企业，“点石成金”动漫培训学校、雅酷儿童世界商业中心等优质项目落户营业，辖区企业总量达869户，个体工商户899家。设立出租房屋税收代征点，有效规范经济秩序。

（吕季）

【精神文明民主法治建设】 年内，充分发动各类群防群治力量加强社会面联防联控，圆满完成“三件大事”、“两大安保”及十八届五中全会期间安保维稳任务。加大矛盾纠纷排查力度，有效调解各类社会矛盾纠纷，及时化解社会不安定因素。不断夯实防范和处理邪教工作的社会基础，严厉打击各类违法犯罪活动。健全领导接访日制度和信访代理制度，加强信访接待处置水平和效率。

（吕季）

【重要会议和重要活动】 3月2日，组织召开“两会”安保工作部署会。3月26日，召开2015年度党建工作部署会。4月1日，召开2015年警示教育大会。4月17日，召开了2015年度社区党组织和居民委员会换届工作动员部署会。4月21日，体育运动协会成立大会隆重开幕。5月6日，合唱团在霍家营村会议室举行成立仪式。5月29日，召开综合整治专项行动工作部署会。是日，霍营街道召开了社区党组织换届选举总结暨居委会换届选举工作部署会。7月9日，召开廉政培训会。7月31日，市委社会工委、市社会办动员处调研员伍发明、副调研员王进殿、区委社会工委副主任张兆刚一行5人检查街道社会动员工作。8月17日，区委副书记、区长张燕友，副区长贺军，区政协副主席靳增立带队，实地走访检查了城铁十三号线霍营站“两大安保”、反恐防暴落实情况及北京燃气集团液化气回龙观供应站（霍营地区）安全措施落实情况。8月28日，昌平区委副书记、区长张燕友带队，实地走访检查了龙锦苑东五社区在“两大”安保期间的群防群治工作。8月31日，召开“中国人民抗日战争暨世界反法西斯战争胜利70周年纪念活动”筹备工作部署会。9月9日，召开新兵入伍欢送会。9月18日，霍营街道办事处在95865部队礼堂隆重举办纪念中国人民抗日战争暨世界反法西斯战争胜利70周年文艺汇演活动。10月14日，区长张燕友一行到霍营街道实地调研联合执法工作。10月30日，召开人口抽样正式登记工作动员部署会。11月6日，北京市委社会工委社会处调研员闫纪青、刘昭、区委社会工委副主任张兆刚及工作人员一行五人对街道社区规范化建设工作、一刻钟服务圈工作、老旧小区改造工作进行实地视察。11月26日，召开了第一次妇女代表大会。12月4日，老年活动中心暨文化服务中心揭牌仪式在南楼小广场隆重举行。12月14日，协调霍营派出所、区公安消防支队、东小口安监执法分队、天通苑工商所、霍营城管执法分队、霍营环保监察所、霍营食药所、霍营司法所等职能站所开展第十八次综合执法，副区长贺军到霍营街道执法现场进行指导并提出工作要求。

（吕季）

【其他重要工作或特色工作】 采用租用、共享和开发商配建三种方式，解决社区办公服务用房面积2956.79平米，辖区社区办公服务用房全部达标。完成霍家营村“撤村改居”，回迁楼建设顺利竣工，村民按计划开展回迁。协同落实社区服务中心项目，年内投入使用。完成老年活动中心建设，丰富街道老年活动设施。

（吕季）

镇（地区办事处）

沙河镇
（沙河地区办事处）

【概　况】 沙河镇位于昌平区南部，面积

56.5平方千米，辖11个社区、22个行政村。截至年底，全镇常住人口14.2万人，户籍人口4.88万人，其中农业人口11624人。

2015年，全镇农村经济总收入完成39.24亿元，比上年增长10%。镇地方财政收入4.02亿元，同比增长9.04%。农村居民年人均劳动所得20252.7元，同比增长9%。

（罗荣梅　高强）

单位名称：昌平区沙河镇人民政府
昌平区沙河地区办事处
地址：沙河镇松兰堡村西
电话：（010）80761375
邮编：102206

【农业】　全镇共种植蔬菜460亩；青饲玉米250亩；小沙河食用菌年产量3000吨、草莓20吨；松兰堡一分地农场占地150亩，以互联网为依托，自主研发了家庭农场互联网系统，实现了通过手机、电脑等终端对一分地农场种养殖全场监控，保证了基地生产的安全性。全镇规模以上养殖企业6个，其中奶牛养殖4家，分别是七里渠三元养殖场、松兰堡春山养殖场、王庄农机试验站奶牛养殖场和踩河诚远盛隆奶牛养殖场；养猪场2家，分别是北京黑猪原种猪场和七里渠南村宝丰养猪场。完成沙河镇年度平原造林任务605亩的拆除腾退工作。发放拆除腾退补偿款2.3亿元，清退外来人口20000余人，拆除建筑面积17万平方米。

（罗荣梅　高强）

【工业】　2015年，全镇工业总产值达到326.28亿元。认真做好企业和个体经营户工商注册登记审批工作，抓好空气重污染日和严重污染日重点工业企业限产减排工作，按时完成“三高企业”和低产能企业的退出，配合拆迁拆违工作，对工业大院进行综合整治、压减外来人口，七里渠北村、北二村、东一村、辛力屯、白各庄等5家工业大院共压减人员448人。

（罗荣梅　高强）

【城乡建设】　拆除违法建设63.2万平米，清退工业污染企业及工业大院9个，清退生活资料和建材批发市场2个，关停取缔未审批C类幼儿园11家、非法办学机构1家，涉及幼儿1146人，查处无证无照经营118家，整治人力资源市场和规范企业用工16家，整治违法排污企业73家，排查整治消防安全隐患14处、生产安全隐患187处。

全面清理拆除出租大院和废品回收市场，腾退土地用于平原造林。七北路北侧拆除违建22万平米，腾退土地218亩。加大“拆迁还绿、拆违见绿、减量增绿、见缝插绿”的工作力度，全年新增绿化面积605亩。七北路南侧地块已作为“国际友好林”绿化基地正式启用。

加快推进保障性住房的申请，切实解决中低收入家庭住房困难。积极推进沙阳路、站前路、北二社区老旧小区抗震加固和节能保温改造工程。积极推进回迁小区市政基础设施和公共服务设施建设，提升城市综合服务功能和宜居性。

强化安全管理，与300个重点企业、19个易燃易爆危险化学品单位场所、33个村居签订安全目标管理责任书和消防安保工作责任书。按照“全覆盖、零容忍、严执法、重实效”的总体要求，成立六个专项检查工作组，建立长效的安全检查、督查工作机制，建立安全隐患排查台账。检查生产经营单位3820家次，排除各类隐患7820条。

（罗荣梅　高强）

【财政税收】　区域税收完成26.17亿元，综合经济实力进一步增强，在全区镇街保持了领先地位。

（罗荣梅　高强）

【社会事业】　全力推进就业创业工作，新增就业1316人，为5000人办理了社会保险参保手续。积极开展民政帮扶、慈善救助、养老助老、双拥优抚工作。认真落实好政府的惠民政策，发放各类教育、慰问资金157.94万元，发放各类社保金1亿元。保障弱势群体基本生活，发放各类残疾人补助金460万元。发放民政专项资金350余万元，发放“一帮一”慈善救助金及临时救助款共计27万元。为全镇11452名农业户口人员参缴新型农村合作医疗，其中有2887名群众进行新农合药费报销786万元，组织全镇3901名育龄妇女及流动妇女参加生殖健康检查。为10621户计划生育家庭缴纳意外伤害保险，为4706名妇女缴纳“两癌”保险。户籍人口信息覆盖率98%以上、人口信息准确率95%以上、计划生育率达到97.34%。扎实推进农村减煤换煤工作，更换2000余台炉具。做好液化石油气下乡工作，为4000余户发放液化石油气补贴卡、票。平稳高效的开展非京籍适龄儿童入学审核工作，为符合条件的138名儿童发放借读证明。

（罗荣梅　高强）

【社区建设】 顺利完成了5个新建社区居委会的选举和6个社区居委会的换届工作。开展保利罗兰香谷社区“六型”创建，推进社区规范化管理工作，完善“一刻钟服务圈”建设。积极探索村级社区化管理体制建设，以兆丰家园居委会为试点，实现农村社区化管理的新型模式，进一步推进了我镇城乡一体化的发展进程。

（罗荣梅　高强）

【新农村建设】 以“新三起来”统领农村改革。切实规范农村“三资”管理，贯彻落实区“1+5”政策，结合沙河实际，严格落实镇“1+5+2”文件。贯彻执行“五步法”民主程序，严格落实村级合同镇级联席决议制度，全镇新签合同共17件。引入并推广农村产权交易平台，完成资产成交10宗。积极推进农村财务、村务公开工作和村章镇管工作，规范农村福利分配，提高基层工作的透明度。

（罗荣梅　高强）

【精神文明民主法治建设】 加强重点人管控，健全矛盾排查调处机制。及早排查、及时解决“两会”、“六四”、非京籍适龄儿童入学和巩华城拆迁群众回迁期间的各类隐患，做好“两大纪念活动”等“三件大事”期间的服务保障任务，做好社区居委会和村党支部换届选举期间的信访和矛盾调处工作。共受理群众来访和上级交办案件115件，处理农民工讨薪51批1216人次，涉及金额1642万元。推进法律援助，完善调解组织，编印《沙河镇以案说法读本》。坚决遏制重大安全生产事故和火灾亡人事故。开展“清源”、“净网”、“秋风”、“护苗”四大专项行动，严厉打击各类违法犯罪活动和邪教活动，确保了敏感时期、节假日、重大活动期间的绝对安全。

（罗荣梅　高强）

【重大会议和重要活动】 高教园区北京邮电大学开学入驻。学府公园及相关绿化项目进入环境提升阶段，智能安全监控系统基本建成。巩华家园完成4个村11000余人的顺利回迁，配套巩华学校投入使用。七里渠12栋回迁楼全部完成结构封顶，市政基础设施、公共服务设施建设等后续工作紧张推进。中关村国家工程技术创新基地中国石油科技创新基地6个地块内建设项目竣工并投入使用。中国移动国际信息港项目一期实现运营。北京科技大学国家材料服役安全科学中心：完成设备调试。踩河新村及满井西队线性工程非住宅房屋及地上物自主腾退基本完成。沙河再生水厂涉及的34家住宅已全部完成签约入住，非住宅39家已完成拆迁工作。福田产业园康明斯发动机扩能技改项目已正式投产，发动机和多种经营效益显著。

（罗荣梅　高强）

南口镇
（南口地区办事处）

【概　况】 南口镇位于昌平区西北部，面积201.7平方千米，耕地面积7.2平方公里。辖11个社区、28个行政村。截至年底，全镇常住人口7.25万人，户籍人口5.34万人，其中非农业人口4.02万人。

2015年，地方财政收入完成0.95亿元，税收完成4.15亿元，农村经济总收入11.9亿元，同比增长8%；人均收入13260元，同比增长9%。

（李国　王玉）

单位名称：昌平区南口镇人民政府
昌平区南口地区办事处
地址：南口镇南口村路
电话：（010）69708770
邮编：102202

【农业】 年内，以林果产业带、现代农业设施园和农业重要发展区为主的现代农业区基本形成；完成平原造林381亩，山区造林83亩；完成居庸关“文玩核桃创意产业园”基础设施项目申报审批工作，项目已动工实施；更新10眼机井，新增节水灌溉面积8785亩。

（李国　王玉）

【工业】 年内，北京化工大学项目转非安置、地上物清理及补偿工作基本完成，35千伏线路移改建设项目腾退补偿有序推进；清华大学项目一期转非安置和施工围挡已完成；马鞍山110千伏变电站及外接电源建设项目已完工；规划三路、规划四路项目正在办理前期手续；南涧路项目已进场拆迁；兴延高速南口段和京张高铁越岭段工程已进场施工。

（李国　王玉）

【城乡建设】 年内，兴隆口流域中小河道整治工程、南口镇生态休闲公园项目以及龙潭沟道生态治理农业综合开发项目有序实施；羊圈子沟森林防火路建设进入施工准备阶段；七间房村主路及周边环境整治、亭阳路及G6辅路环境整治工作已完成；申报关沟沟域经济配套设施建设等一批沟域建设项目；拆除违法建设61处6万多平方米；对全镇3470户出租房屋进行了采集登记和隐患排查，采集率达到100%；4家退出低端企业正在办理相关手续；新签农村土地出租合同21份；集中开展60余次综合执法和专项整治，对奥特莱斯周边五个村等重点区域的秩序进行整治；完成2条乡镇道路大修工程，养护公路100多公里；8家施工工地扬尘管理达标率100%；重新修订《南口镇空气重污染应急预案》，组织召开低端企业和污染企业工作会2次，启动空气重污染应急预案7次；年度节能报告通过区发改委节能考核；环境卫生销账131处，清理历史遗留脏乱点5处，清运生活垃圾19000余吨；取缔未经审批幼儿园5所，关闭再生资源回收市场16家，10项台账全部按期完成；压减人口2000人。

（李国　王玉）

【财政税收】 年内，地方财政收入完成0.95亿元，税收完成4.15亿元，农村经济总收入11.9亿元，同比增长8%；人均收入13260元，同比增长9%。

（李国　王玉）

【社会事业】 年内，成功争创市级充分就业镇，实现就业910人，城镇登记失业率控制在1.5%以下；对96户保障性住房进行复核工作，127户家庭获得两限房；完成216户1.2万平方米的老旧小区居民楼抗震加固，1632户农宅完成抗震节能改造；全年出生人口439人，政策符合率97.8%；6000吨优质燃煤供应到户，2.2万户家庭享受“液化气下乡工程”政策补贴；为74人办理了非京籍幼升小《在京就读证明》。

（李国　王玉）

【社区建设】 年内，11个社区均已完成“六型社区”创建工作；完成社区党支部、第九届社区居民委员会换届选举工作，选出班子成员102人；以南口村社区、水厂路社区、居庸关村作为试点典型，推进“六上门”服务，开展上门送政策68次，送温暖156次，送关怀86次，送发展42次，送法制75次，求意见22条，为党员群众解决实际问题253件，兑现承诺45项；南口村社区益民书屋获得市益民办图书奖励；南农社区成立南口镇首家三级国民体质监测站。

（李国　王玉）

【新农村建设】 年内，农村党支部换届选举顺利完成；启动花塔村、前洼村农村承包土地经营权确权登记试点；花塔、兴隆口村的对口支山项目顺利完工；发放7·16雹灾补贴农肥6000吨；为5700户农户投保了家庭财产保险；落实了辛力庄村、马庄村的财政扶贫资金；完成年度农村合作医疗缴费工作，参合率99.5%；曹庄村和新元村煤改气试点工程完工并投入使用；农村用水管理和污水管网改造工作有序推进，完成“一镇街一试点”南口农村污水处理项目设计工作；红泥沟、檀峪等9个村“美丽乡村”建设顺利通过验收；完成488人的转非安置工作，涉及6个项目、12个村；曹庄村党支部获年度北京市“五个好”党支部；后桃洼村获“首都文明村”荣誉称号。

（李围　王玉）

【商贸旅游】 年内，民俗旅游总收入800多万元，接待游客20余万人次；举办“善行者”百公里公益徒步走活动和居庸关旅游文化节；南口镇获“第三批全国旅游特色景观名镇”荣誉称号。

（李围　王玉）

【精神文明民主法治建设】 年内，政务公开和政府信息公开有序推进，主动公开政府信息581条，公开大气污染治理、“三公经费”等重点领域信息41条；办复镇人大代表建议16件、区人大代表建议1件，回复政府行风热线及区长信箱8件；受理纪检监察信访举报18件次、40余项，涉及12个村和1个企事业单位，警示教育6人，留党察看2人，开除党籍3人；《新南口》共编辑出刊12期，采用稿件988篇；《昌平报》刊登专题版5期，新闻报道70余篇；北京电视台、昌平电视台等播发南口相关新闻30余条；《北京日报》、《京郊日报》等市级媒体刊登稿件6篇；各大门户网站发布引导言论700余条，处理各类网络舆情20余件；开展以“我们的价值观”和“京华英雄”为主题的百姓宣讲活动15场；招募志愿者1183人，开展各类志愿服务160余次；输送7名新兵到部队，完成322名民兵的整组工作，从基层抽调108名民兵，参加纪念活动的外围安保工作，受到上级表彰；获得北京市“双拥工作”先进单位荣誉称号；成功举办创建无邪教示范镇文艺演出，开展法律“六进”、“七个一”等普法宣传活动，“六五”普法活动顺利完成；组织20人参加抗战胜利70周年纪念活动天安门观礼；镇党委获年度北京市“五个好”乡镇党委；居庸关村拔河队获全国新星系列赛总决赛第二名；镇跳绳队获得北京市农民体育健身运动展示周跳绳比赛一等奖；辛力庄村获全国农民第五套秧歌健身大赛二等奖。

（李围　王玉）

【重要会议和重要活动】 1月20日，年度述职述德述廉报告会和年度考核测评工作会召开；1月24日，中国共产党南口镇第四届代表大会第三次会议召开；2月12日，年度工作总结暨2015年工作思路科长汇报会召开；2月15日，年度年终总结暨2015年工作部署会召开；3月5日，镇专题学习会召开，学习贯彻区纪委四届三次全会讲话精神；4月16日，2015年党风廉政建设和反腐败工作部署会召开；4月22日，镇第四届人民代表大会第八次会议召开，补选产生南口镇人大主席；4月21日，2015年社区党支部和社区居委会换届选举动员会召开；6月17日，共青团北京市昌平区南口镇第四次代表大会召开，选举产生新一届委员会委员和3名共青团昌平区第四次代表大会代表；8月12日，“两大活动”安保工作会商会召开；8月20日，镇第四届人民代表大会第九次会议召开；9月29日，镇总工会第二次代表大会召开，顺利完成换届选举工作；10月20日，农村党支部和村委会换届选举工作部署会召开；11月13日，新一届农村党支部委员候选人集体谈话暨农村党支部换届选举工作第二次专题培训会召开；11月26日，镇第四次妇女代表大会召开，选举产生新一届妇女联合会和7名出席昌平区第四次大会的代表。

（李围　王玉）

【其他重要工作或特色工作】 年内，围绕抗战胜利70周年纪念活动，完成东道口市场搬迁腾退、温南路及东南大街改造提升等14个点位任务，累计拆除建筑1万余平方米，拆后修复提升工作按期完成；纪念活动期间累计清理非法广告牌150处，查处经营门店190余家，整治游商340人次，清退无证无照废品回收点5家，南大街沿线60户流动摊贩全部退路进市；规范划定了500个停车位控制违章停车现象；启动社会面等级防控，组织群防群治力量2000余人，及时协调解决各类问题及安全隐患50余个；开展“三严三实”专题教育，建立班子整改台账10大项，个人整改台账79条；每两周组织机关干部学习会，学习习近平总书记系列讲话精神，开展“一月一小时”套餐党纪学习；开展“党员意识提升行动”和“机关干部进村（社区）、帮助村民解难题”等主题教育培训；编制完成“十三五”规划初稿；南口镇被命名为“全国气象科普教育基地”；抗日题材电影《南口1937》开机。

（李国　王玉）

阳　坊　镇

【概　况】　阳坊镇位于昌平区西南部，面积40.55平方千米，耕地面积6.4245平方千米。辖1个社区、10个行政村。截至年底，全镇（街道）常住人口2.4万人，户籍人口1.6048万人，其中非农业人口7148人。

2015年，全镇总收入134997万元。镇地方财政收入4565万元，增长5.4%。农村经济总收入131392万元，增长9%；农村居民年人均纯收入17661元，增长8%。

（关阳）

单位名称：昌平区阳坊镇人民政府
地址：阳坊镇
电话：（010）69760175
邮编：102205

【农业】　年内，加大农业基础设施建设力度，多渠道做好农业基础服务工作。在全镇范围内替换优质燃煤炉具2730台，优质燃煤配送4077.5吨。液化石油气补贴10492罐，补贴资金总计52.46万元。加大在温室大棚内建违建房的巡查、制止、打击力度。完成粮食直补、草莓补贴、栗蘑补贴、贷款贴息、百合补贴、水库移民补贴及设施农用地申报审批工作。完成平原造林面积737亩，结合造林地块现状，鼓励发展林下经济，增加农民收入。

（关阳）

【工业】　2015年，全镇工业总产值完成22亿元，完成全年计划数104.7%；企业总收入预计完成22.4亿元，完成全年计划数106.6%；企业外贸出口交货额预计完成1.7亿元，完成全年计划数115.4%。阳坊镇工业企业入驻企业共有30家，其中规模以上企业10家。

（关阳）

【城乡建设】　年内，以“综合整治百日专项行动”为契机，加大“七黑五小”打击力度，挤压低端产业和低端流动人口生存空间。加大“五管”工作考核力度，开展各类执法活动120余次，执法点位200处，出动执法人员2000余人次，全镇流动人口共计减少2500人。清理存在安全隐患的出租房屋200余间；拆除违建89处、面积8.9万平方米；清退区级挂账7家工业污染企业及工业大院；清退生活资料和建材批发市场1家；整治办学机构2家；查处无证无照经营19家，压减流动人口284人；整治违法排污企业11家，整顿人力资源市场和规范企业用工5家，排查安全隐患102处，生产安全隐患、消防安全隐患205处，整顿环境秩序脏乱点20处；全镇规范沿街门店310家，检查“七黑五小”企业及场所194处，全面完成了年度任务目标。重点工程和重点项目取得实质性进展。路网工程建设项目已基本完工。阳坊中学、文化体育活动中心、中心幼儿园建设工程等工程项目稳步推进。推进生态乡镇创建工作，开展环境卫生整治工作，加大城镇环境绿化美化力度，增加保洁人员、转运车和垃圾收集车，保障各单位及新增驻训部队生活垃圾日产日清。加强垃圾收集设施管护，投资近15万元购置分类垃圾桶200个，翻新铁皮垃圾箱60个，为垃圾分类工作提供条件。

（关阳）

【财政税收】　年内，全镇税收2亿元，财政收入4565万元，同比增长5.4%；农村经济总收入完成131392万元，同比增长9%；人均劳动所得完成17661元，同比增长8%。

（关阳）

【社会事业】 做好群众基本生活保障工作，办理“一老一小”和城镇无业居民大病医疗参保手续1049人，其中新增120人；新型农村合作医疗报销药费1616人、454.96万元，发放重度残疾人补助和轻度无业残疾人、低保残疾人补助174.91万元。做好农民就业工作，年内共举办3场招聘会，为用工单位推荐求职人员30余人。小额贷款工作全面实现了创业意识培训、政策咨询、创业项目推荐、小额贷款申请、后续跟踪一条龙的服务机制。落实对独生子女家庭的各项奖励扶助政策，向2243名独生子女父母发放独生子女父母奖励费13万元。落实独生子女“奖励助学”政策，向镇域内47名独生子女应届毕业生发放镇奖励资金共计9.9万元。开展计划生育困难家庭走访慰问和关爱人工流产育龄妇女以及整治“两非”专项行动。做好非京籍适龄儿童入学“五证”联审工作。制定了《阳坊镇安全生产“党政同责、一岗双责”实施办法》，建立健全了“三级五覆盖”的安全生产责任体系，督促企业切实做到“五落实五到位”。全镇100家生产经营单位通过小微企业安全生产标准化达标建设。推进安全网格化管理工作，投入资金19.56万元用于安全网格化建设，开展检查排除隐患5300余处，做到安全工作全覆盖、不留死角。年内，共检查企业1991家，查出隐患2534处，下达整改通知书413份，行政处罚12万元，隐患均全部整改完毕。

（关阳）

【新农村建设】 创建“一体两翼”基层党建新格局，实现党组织、党员发挥作用“全覆盖”。以农村（社区）基层党组织议事干事平台为主体，集中力量为老百姓办大事。以党员志愿服务队伍建设为一翼，分别组建技能小组开展专业化服务。以深化实施党员承诺制为另一翼，充分激发党员个体“红细胞”作用。深入推进党员志愿服务标准化，共组建党员志愿服务队21支，注册党员志愿者907名，组织开展志愿服务370余次，参与党员近3000人次。制定落实《关于进一步规范和严格党的组织生活的实施意见》，明确规定各党支部组织党员活动及党员参加组织生活相关安排。各农村党支部严格落实“三会一课”、“党员学习日”等经常性学习制度，党员党性意识和纪律观念得到有效提高。制定《在职党员进农村、社区活动实施意见》，组织在职党员结合职业特长、服务意愿认岗定责、投身公益。年内，已先后开展涉及种植、养殖、果树、绿化、涉农法律与政策咨询、文化娱乐等内容的多项服务共计774人次。

（关阳）

【商贸旅游】 年内，加大对民俗旅游户和乡村酒店扶持力度，提升以阳坊涮肉和白虎涧生态旅游为主的第三产业发展，实现一产三产融合发展，实现农民属地绿色就业，有效带动地区经济发展。

（关阳）

【精神文明民主法治建设】 持续开展品牌活动“文化志愿者春节慰问演出”、第三届“阳光小镇”风情文化节系列活动、第四届“快乐之坊杯”广场舞蹈比赛，大力弘扬社会主义核心价值观理念，逐步在村民心中树立起“爱国、敬业、诚信、友善”的价值取向和精神追求。利用镇创办刊物《阳坊》刊登社会主义核心价值观的宣教文章，利用电子屏、宣传牌、招贴画、横幅、发放宣传品等形式在全镇范围内宣传社会主义核心价值观内容倡导其精神，营造群众周边的核心价值观氛围。充分运用传统节日和重大纪念活动开展核心价值观宣传教育主题，倡导文明，培树新风并引导党员群众参与农村志愿服务。组织群众观看主题电影，提升社会公德、职业道德、家庭美德和个人品德。全年放映电影440场，流动放映尝试走进企业，也受到企业的欢迎。开通阳坊镇微信公众号“阳光小镇、快乐之坊”。贯彻阳光信访、责任信访理念，制定劝返非正常上访、群体性上访事件应急处置、信访突发事件应急等4项预案，明确分工，落实责任。通过集中宣传、知识竞赛等方式开展“信访法制建设年”主题宣传活动，引导信访人依法理性有序表达诉求，共发放宣传资料近千份，服务群众500余人。全年共接待到镇来访63批次370人次，共收到上级转办件51件次94人次，办结率均为100%。推进“法制阳坊”建设。成立领导小组，制定实施方案，深入开展法治宣传教育活动，广泛传播法律知识。举办“春风”送暖行动，深化矫正帮教工作，提升矫正帮教工作质量，提高教育转化率，降低重新违法犯罪率。深入推进“法律服务村居行”活动，积极构建适应地区发展和群众需要的法律服务体系。

（关阳）

【重要会议和重要活动】　1月4日，区委书记侯君舒调研镇后白虎涧村党建工作。2月4日，组织党员参观南水北调展览。2月10日，区政协副主席靳增立慰问驻镇解放军24团。2月10日，副区长李志杰考察阳坊镇在建再生水厂。3月16日，镇执法人员对镇内无证无照废品回收站等4处违法经营站点进行查处。3月18日，区委党建工作督导组来阳坊镇举行座谈会。3月19日，召开2015年全年工作部署会。3月24日，召开环境整治点位部署会，对全镇环境整治点位进行巡查并部署整改工作。3月30日，联合执法人员对镇域内3处非法经营的焊接厂、木器厂和废品回收厂进行查处，并责令其停产整改。4月14日，组织机关党员、入党积极分子、大学生村官进行义务植树活动，共义务植物200颗。5月28日，区人大副主任杨洪达到阳坊镇就人大工作进行座谈。7月4日，阳坊社区举行社区换届选举投票。7月7日镇机关党员到后白虎涧村烈士陵园宣誓。7月18日，西贯市村举行回民开斋节活动。8月11日，公安昌平分局对镇机关工作人员进行安保活动培训。7月28日，区政协副主席靳增立对镇域内部队进行慰问。8月27日，区人大主任朱光彤带队对镇安保岗亭、重要场所进行检查。8月30日，区人大主任朱光彤到镇企业利德华福，听取负责人汇报并对企业的安全生产进行检查。9月15日，组织镇机关工作人员参观反法西斯胜利70周年展览。9月24日，区委书记侯君舒到西贯市村进行全面调研。10月9日，举办第四届“快乐之坊杯”广场舞蹈比赛。10月13日，召开保障纪念活动总结会，对各单位做出的努力和贡献做出表彰。10月19日，组织人员参观新疆自治区成立70周年展览。12月10日，阳坊镇中心幼儿园举办剪纸展览。

（关阳）

【其他重要工作或特色工作】　做好纪念活动服务保障工作，全力推进环境整治提升工程。成立由党委书记任组长的领导小组，下设7个工作机构，启动“5+2”工作模式，实行镇领导包案制度，建立完善领导体制和高效工作机制。充分发挥农村党支部书记、村委会主任的“熟人”效应，由村干部配合镇级土地腾退专项工作组与被腾退对象进行腾退补偿谈判工作。从群众角度出发，帮助被腾退对象联系产品销路、介绍产品买家，为腾退对象提供各种便利。聘请北京易合律师事务所律师为该项工作的法律服务人员，对整治地块租赁合同梳理、整治难点协助谈判、依法助拆建筑物等工作提供法律咨询和跟踪服务。工程期间，拆除有碍观瞻建筑物9万余平方米，拆除围墙围栏4.2万延米，清运渣土9.2万方，粉饰墙体外立面4050平方米，种植树木945亩。

（关阳）

小汤山镇

【概　况】　小汤山镇位于北京正北，昌平新城东南，处在前门、故宫中轴线的北延长线上，东与顺义区接壤，西靠百善镇，南临北七家镇，北靠兴寿镇。镇域面积70.1平方千米。全镇辖24个行政村、4个社区。截至年底，全镇常住人口6.02万人，户籍人口3.4万人，其中非农业人口1.6万人。

2015年，全镇农村经济总收入实现36.30亿元，同比增长7.8%；人均劳动所得19329.7元，同比增长9%；完成税收总额97334.8万元，同比下降25.4%；完成区考核财政收入2.07亿元，同比减少27.6%。

（尚明春）

单位名称：昌平区小汤山镇人民政府
地址：小汤山镇典雅庄园
电话（010）61781357
邮编：102211

【农业】 全镇现有耕地27692亩，农业总户数7395户，农业总人口17430人。全镇建设日光温室3500栋，春秋大棚272栋，连栋温室32.3万平方米。粮食播种面积4686亩，其中种植小麦1138亩、秋粮播种面积3548亩。瓜果类播种面积481亩，其中瓜类播种面积91亩，草莓播种面积390亩。以“农业嘉年华”为契机，多家单位由过去单一生产型向生产、生活、采摘型转变，773栋草莓大棚均可以休闲采摘的方式进行经营销售。

（冯江）

【工业】 全镇工业企业发展到151家，企业现有职工5453人，形成了以镇级工业小区为核心的现代制造、都市加工、新型建材、彩色印刷、电子产品、食品加工等多种行业共同发展的新格局。全年工业企业新引进人才14人，新开发本地农民就业岗位401个。镇内所辖小汤山工业园区现有入驻企业42家，项目总占地86公顷，总建筑面积25万平方米，完成投资7.3亿元，年产值30多亿元，其中有港源装饰、华丽联合、北京利尔等优秀企业，基本上形成了以新材料产业、机械制造为主的产业类型。

（冯江）

【城乡建设】 年内，完成葫芦河村搬迁安置地块控规，小汤山国际健康城项目土地一级开发主体单位招投标工作，阿苏卫村搬迁安置项目回迁楼工程建设。城乡基础设施建设申请了大赴任庄村和赴任辛庄村排水工程，两项工程均已完工；镇中心幼儿园项目已得到市发改委立项批复，取得规划局规划意见书和人防工程易地建设证明，设计招投标和概预算已完成；小汤山镇文化体育活动中心项目取得区发改委立项批复；审批翻建宅基地33户，新建1户。生态建设和环境治理，制定了《小汤山镇2015年大气污染防治计划》。

（张昊宇　郭利）

【财政税收】 全镇完成税收总额9.73亿元，完成区考核财政收入2.07亿元。

（周春湘）

【社会事业】 慈善募集捐款59万元，发放各类善款52.9万元，民政发放养老券141.16万元，发放义务兵优待金55万元；为全镇残疾人发放助残券52万元，发放生活补助28万元，护理补贴45万元，发放燃油补贴2万元，年底走访发放残疾人慰问金22万元；为土沟村469名符合征地超转人员发放清洁能源补贴129.49万元；重阳节走访高龄老人发放每人500元的慰问品，年底走访各类民政救助对象362户，发放米、面、油等慰问品；投入近200万元为全镇农民入新型农村合作医疗，投入21万元补贴各村完成公民献血工作，投入106万元支持教育教学为学生购买校服和人身意外伤害保险。

组织文艺演出70场，完成流动电影放映100场，24个村级数字影厅放映960场。小东流村双观音庵修缮项目竣工并通过验收，讲礼村娘娘庙启动修缮。后牛坊花钹大鼓亮相北京第二届“非遗大观园”，争取市级非遗项目专项资金50万，市区花钹大鼓扶持资金80万，均已到位。举办小汤山镇全民健身体育节，开展小汤山镇第九届“和谐杯”乒乓球比赛、健步走活动，积极推动基层广场舞交流互动。举办科学健身大讲堂2次，并完成国民体质监测193人的体质检测。完成后牛坊、讲礼等5个村及镇文化广场健身路径更新60件。小汤山乒协代表昌平区参加了首钢杯2015北京市乒协团体会员联赛远郊区县组复赛平谷站的比赛。

（王玉贵　吴学萍）

【社区建设】 完成社区党组织换届选举工作，按照“三有一化”工作要求，推进社区区域化党建建设。强化社区党员分类管理，加强社区志愿者队伍建设，以文化活动为载体增强社区党组织凝聚力。重新修定了两委干部“考勤制度”，开展两委干部培训15次，组织全员干部考核1次。组织社区两委干部“践行‘三严三实’，唱响我心中的社区之歌”演讲比赛1次。加强社区居委会固定资产管理，定期组织资产盘点清查。及时对第九届居委会财务人员进行业务培训。利用“六型社区”创建工作等契机，对大东流社区老办公危房进行修建，对行政区社区居民活动场所进行地面硬化。

春节期间，在全镇4个社区牵头组织了为期3周的“社区之声”文艺演出，参与居民达1500余人。重阳、国庆两节期间，“红十月”走进社区活动开展10次，受益居民1000余人。组织举办了小汤山镇第三届社区趣味运动会，参与居民200余人。两节期间，共为先进党员代表、先进居民代表、志愿者等共计发放80张理发卡、65张家政服务卡。在社区普遍开展为老、邻里互助等志愿服务，为社区弱势群体开展送春联、贴福字、送年货、打扫卫生等服务活动20多场。全年共开展了30场社区大课堂，内容涉及到心理健康、老年人权益、防震减灾知识等方面内容。培育壮大社区志愿者队伍，并与服装学院青协、驻区单位等合作开展志愿活动。全镇社区共有注册志愿者队伍28支，注册志愿者2238人，开展活动50余次。

（刘玉香）

【新农村建设】 完成村党组织换届选举工作。以酸枣岭村“365民生服务站”为载体，推进基层服务型党组织建设。以大学生村官建设的“汤北人家”网络服务平台为载体，整合镇域资源。深入开展在职党员进村、社区活动，进一步巩固支部共建活动成果。在基层党组织班子成员中以“遵规守纪、服务为民”为主题，在普通党员中以“践行承诺做表率，社会治理当先锋”为主题，开展党员意识提升行动。利用“三会一课”、远程教育等平台，强化党员教育培训。做好党员组织转接、党费收缴等日常工作，全年发展党员44人。

全面做好第四届北京农业嘉年华各项工作。经区草莓办验收，完成了御林汤泉、万德园等北京农业嘉年华“草莓票香”活动采摘园的筛选确定工作。贯彻落实昌平区关于草莓产业发展的扶持政策，严格按照有关补助流程，配合区农服中心完成了本年度草莓种植各项补贴资料的统计汇总上报工作，涉及补贴款项共计135.6万元已及时拨付到企业和农户。完成了4家无公害基地认证，2个标准化基地的验收工作，组织各村种植养殖大户、基地单位参加市、区农业局安排的农产品质量安全培训达81人次。完成年度北京市基本菜田蔬菜生产基础性补贴镇级统计汇总上报工作，做好“十三五”粮食、蔬菜两田核定工作，核定粮田1600亩、蔬菜4600亩（含草莓）。为做好杜绝农作物秸秆和园林绿化废弃物焚烧工作，落实村主体责任，签订相关工作责任书。

（刘美　刘长文）

【商贸旅游】 深入挖掘乡村休闲旅游发展潜力，提升乡村旅游户的品牌和档次，申报市级民俗户8户，获批7户，其中2个四星民俗户，4个三星民俗户，1个二星民俗户。新业态企业中，常兴庄渔场评为市级生态渔家，春禾盛辉采摘园评为市级采摘篱园，已为7家企业制作了全景图。在区旅游委举办的2015“我最喜欢的昌平礼物”旅游商品大赛评比活动中，获得多个奖项；加大从业人员的培训力度，全年共组织培训4次，培训人员200余人。与企业签定安全责任书，定期对企业进行安全检查。借助报纸、全景图、展板、网络、电视、微信等平台加大对企业进行宣传。

（纪士宁）

【精神文明民主法治建设】 巩固首都文明镇、文明村和全国文明村的成果，在电视台宣传全国文明村——酸枣岭村的365民生服务站。充分利用镇素质教育基地的优势，广泛开展爱国主义教育和“京华英雄”系列宣传活动，倡导社会层面的价值取向。举办“我们的价值观”百姓宣讲和知识竞赛活动，以敬业奉献、孝老爱亲、见义勇为等方面的典型为主，组成宣讲团进行巡回宣讲。召开了镇四届人大八次、九次会议和7次主席团会议，补选产生了1名镇级人大代表和镇人大主席，在区、镇人大代表中开展了“两层联系、双向知情”的教育实践主题活动。利用农村广播、宣传栏，定期开展反邪教相关内容的宣传，聘请10余名政治素质好、热心公益工作的老干部、老教师、老职工组成宣教队伍，宣讲反邪教知识，社区群众自建了文艺表演队，自编自演《反对邪教擦亮眼》、快板书《反邪四季》等10余个反邪教节目，年度排演30余场次。

（刘新伟　王得良　王永娥）

【其他重要工作或特色工作】 开展“三严三实”专题教育，制定工作方案和学习计划。集中学习14次，座谈调研3次，学习研讨3次。党委书记讲授专题党课，其他领导班子成员完成所包村、联系单位党课讲授工作。班子成员坚持反躬自省，面向基层听取意见，对群众关注的热点难点问题进行了梳理，并对照党章党纪、先进先辈，查摆出镇领导班子“不严不实”问题14条，13名领导班子成员共查摆出“不严不实”问题81条，同时建立动态台账，及时整改。

明确以“两横三纵”为中心的“五管”工作重点，建立完善区、镇、村三级台账管理，实行挂销账制度，按照压减流动人口10%的比例将压减指标分配到28个村和社区。实行了每周一报送、每周一开会和每周一总结的工作制度，健全联合执法机制。建立区级十类台账346项，镇级“七黑五小”台账344项，全部销账，压减外来流动人口3895人。全年共参与全区性综合执法20次，组织专项执法137次，拆除各类违章违法建设52处，面积15.32万平方米，清理砂石厂6个；检查各类企业、单位、门店300余家，取消集市1处，取缔危险化学品违法储存点2处；取缔无证食品经营407户，取缔非法食品加工点2处，查抄售假点2处，查扣各类食品加工用具、容器、设备1.87万件，食品原料及成品8.1吨；取缔无照加工厂9家，废品收购点7处；清理摊贩游商170处，清理广告牌匾93块；检查家具厂22家，查抄1家；清退低端工业企业5家，另有2家完成评估。

（刘美　李友利）

百　善　镇

【概　况】 百善镇位于昌平城区东南部，地处平原，北起京密引水渠，南至温榆河，东临小汤山，西接沙河高教园区，面积35.2平方千米，耕地面积17280.3亩。辖2个社区，13个行政村。截至年底，全镇常住人口2.68万，户籍人口1.6万人，其中非农业人口0.97万人。

2015年，全镇实现农村经济总收入13.7亿元，同比增长8.2%；农民人均劳动所得实现1.7万元，同比增长8.1%；实现工商税收3.18亿元，同比增长32%；财政收入4539万元（一般企业），剔除不可比因素，实际增长37.6%。

（王玉迪）

单位名称：昌平区百善镇人民政府
地址：百善镇泥洼村143号
电话：（010）61730019
邮编：102211

【农业】 年内，以设施农业和循环农业为主体，广泛推广“草莓温室套种葡萄立体栽培模式”，完成区第三届农业嘉年华“草莓票香”活动保障和草莓种植调查、农资补贴卡办理工作。完成北京市园艺化蔬菜园区、蔬菜集约化育苗场建设项目、全国“一村一品”示范村申报工作，依托“移动农网”发送农产品推广、气象预警等信息6万条，发放各类农业补贴资金96.7万元，协助2家企业完成农业部无公害农产品认证复查换证工作。获得“北京市发展都市型现代农业先进镇”称号，狮子营村被评为“北京市特色产业村（蔬菜专业村）”，创新百善循环农业示范园被评为“市级绿色防控基地”。

（王玉迪）

【工业】 年内，开展家具行业企业调查摸底工作，全镇有营业执照的家具厂及公司32家，金属喷涂厂1家。积极推进生泰尔、中农华威、中农劲腾、科力通等企业的创业板和新三板上市工作，完成企业标准化达标92家，清退低税收、低就业、低端产能的企业7家，清理无证无照企业7家。加强企业安全培训820余人次，严查各类火灾隐患，全年未发生较大安全生产事故。

（王玉迪）

【城乡建设】 年内，以“五管”为抓手、以“人口调控工作月”为契机，大力开展人口规模调控工作，组织综合性执法89次，累计出动各类工作力量2321人次，检查出租房屋430间。国土卫片监察项目实现动态零增长，拆除违法建设4.2万平方米，各类拆违台账全部销账。完成平原造林485亩；实现市区环境问题销账率100%，成功创建“国家生态镇”。中小河道治理工程腾退工作基本完成，百善三角地项目一级开发成功摘牌，百善镇农民就业培训基地项目启动大市政方案设计，航空产业园土地一级开发项目有序推进。

（王玉迪）

【社会事业】 年内，积极开展“一老一小”参保工作，支付新农合参保资金补助99.4万元，参合率达到100%。强化食品药品安全工作，取缔无证经营单位24家。着力构建和谐人口环境，符合政策生育率97.8%，各项计生优惠政策落实率达100%。大力发展教育事业，镇中心幼儿园建设项目进行建设申报工作，关停未审批幼儿园8家，认真做好非京籍适龄儿童小学入学“五证”初审，支持百善学校41万元用于教育事业发展。举办“第三届”善德文化艺术节、第十二届“迎春杯”乒乓球比赛、“欢庆重阳节大会”等文体活动，创作的“善德三字经”广为传唱。

（王玉迪）

【社区建设】 年内，善缘社区、林溪园社区完成党支部、居委会换届选举工作，选出“两委”干部各5名。发展社区党员2名，预备党员转正2名。

（王玉迪）

【新农村建设】 年内，启动村“两委”换届选举工作，在13个村党支部换届选举中，选出支部班子成员50人，村党支部书记13人，村党支部副书记12人（含2名专职副书记），女委员14人，实现各项预期目标。按照《党员发展工作细则》要求，发展农村党员2名，农村预备党员转正7名。扎实推进党员积分制考核管理，在全镇党员干部中开展“党员意识提升行动”和“讲政治、守纪律、懂规矩”主题教育月活动。推进“农村集体经济审计年”各项任务，完成涉及征地补偿事项的农村集体经济组织和征地补偿费有结余的农村集体经济组织的审计工作。争取村级公益事业建设“一事一议”财政资金227万元，完成百善、孟祖、泥洼、狮子营四村6项工程建设。落实农村大气污染防治措施，按农村地区“减煤换煤、清洁空气”行动要求，在孟祖村建设储煤库房实施优质燃煤替代工程，配送优质燃煤6000吨，炉具更换率达到97%。

（王玉迪）

【精神文明民主法治建设】 年内，完成星火惠民工程，播放电影570场，文艺演出52场。加强益民书屋管理，争取区财政资金9万元，新增图书3000册，全镇益民书屋全部达到两星以上服务标准。积极开展“善德文化”征文，编制“善德”微电影——《孝老标兵和模范老人》一部，新星广场增强“善德文化”主题宣传。依托善德文化艺术社，累计开展摄影、舞蹈、书法绘画等方面培训520人次。加大文物保护工作力度，争取市级财政资金150万元，对上东廓菩萨庙整体修缮保护。加强社会治安重点地区和突出问题整治，在“两会”、“农业嘉年华”、抗战胜利70周年纪念活动、北京世界锦标赛等重要节点强化安全稳定。坚持领导包案和干部下访制度，接待镇来访79批531人次，接收区转来信件31封，受理答复31件，同比减少15件。

（王玉迪）

【重要会议和重要活动】 年内，深入开展“三严三实”专题教育，镇党政班子成员坚持以上率下，突出问题导向，狠抓思想教育和学习，围绕“严以修身”、“严以律己”、“严以用权”三个主题开展专题研讨3次，开展集中学习20次；通过召开民主生活会，9名班子成员查摆班子及个人不严不实问题77条，并带头制订整改清单。全力做好纪念抗日战争暨世界反法西斯战争胜利70周年服务保障工作，以决战决胜态度提前半个月启动一级超常规防控等级，累计投入专群防控力量近2.5万人次，启动维稳经费专项补贴43.5万元用于各村（社区）资金保障，以讲政治、讲大局的高度实现“大事不出、小事也不出”的目标。

（王玉迪）

【其他重要工作】 年内，顺利启动阿苏卫循环经济产业园村庄搬迁项目，涉及牛房圈、二德庄、百善和东沙屯4个村。通过采用村民自主腾退模式，广泛发动，细致工作，年内率先完成二德庄、牛房圈两村100%签约，镇政府、昌房公司、腾退工作组收到群众送的锦旗6面，百善、东沙屯两村完成搬迁腾退入户宣传工作。

（王玉迪）

回龙观镇
（回龙观地区办事处）

【概　况】 回龙观镇位于昌平区南端，区域面积34平方千米，现辖6个行政村、53个社区。截至年底，全镇社会总人口达43万，常住人口为39万；户籍人口72746人，其中非农业人口68715人。

2015年，实现财政收入4.9亿元，同比增长11%。农民年人均纯收入2.41万元，同比增长9.1%。

（王俊卿）

单位名称：昌平区回龙观镇人民政府
昌平区回龙观地区办事处
地址：回龙观镇东大街199号
电话：（010）81749031
邮编：102208

【工业】 深度调整产业结构，依托中关村生命科学园、三一产业园等园区建设，积极配合区政府相关部门引进高新企业和项目入驻，进一步推动产业结构优化升级，提升传统优势产业的发展水平。集中抓好重大产业项目建设，加快推进区级重点项目宜家家居建设进程，组织国土、规划、设计等部门与宜家进行充分对接，按职责筹备规划方案相关事宜。

推进企业建设，协助国际信息产业基地E2、E3地块入园企业办理相应手续，积极引入智能制造等高端业态，加快推进商业地块开发和园区建设。协助昌平科技园管委会打造全国首家“双创”社区，回龙观创业大街示范项目正式启动，全国首家“双创”社区挂牌运营，核心区一期已有腾讯众创空间携40余家企业进驻，入驻率达96%。

推进节能降耗，对25家区级重点用能企业进行年度节能减排考核，严格落实“减煤换煤、清洁空气”计划，推动北京兴普精细化工技术有限公司、北京得利斯食品有限公司2家企业煤改气工作，全力完成GDP降耗6%的任务目标。

（王俊卿）

【财政税收】 完成税收25.1亿元、实现财政收入4.9亿元，分别同比增长12%和11%。完成规模工业总产值79.2亿元，实现企业总收入76.1亿元。

（王俊卿）

【城乡建设】 成立了城北市场整治清退现场指挥部，稳步推进城北市场整治清退工作。清退商户摊位8229个，拆除建筑物10万余平方米。完成“三个清单”调查摸底，加快推进低端产业疏解，北京合力家具厂、北京世纪京泰钢制家具有限公司2家低端企业完成退出工作。做好承接城市中心人口疏解任务，按照市委、市政府要求，为加大中心城区旧城保护与疏解力度，辖区融泽嘉园小区作为西城区旧城保护定向安置房，一期、二期保障房已陆续交付居民，接纳疏解人口1.7万人。教育、医疗、环卫、道路等公共设施均已顺利运转，育翔小学已开始招生，北大国际医院、京都儿童医院等疏解非首都功能项目均已建成并顺利运行。

健全“五管”工作机制，整合执法力量，集中开展“人口调控月”活动。全年共拆除各类违法建设55.37万平方米，清理流动人口约2.7万人，超额完成全区下达的压减1.55万人的调控指标。整治拆除群众反映强烈的群租房169套，清理面积约3200平方米；顺利完成去年非京籍适龄儿童入学“五证”联审初审工作；关停安全隐患较大的未注册幼儿园2家；责令关停取缔违法商户180家，查扣各种违法经营车辆266辆；清理低端市场1处；组织实施各类综合执法127次，共出动执法人员6199人次。继续保持对违法建设的高压态势，完善奖惩措施，落实管护责任，做到对新增违建“零容忍”。实施联合督查、捆绑问责制度，采取重点区域严看死守和其他区域流动巡查相结合的方式，全年共出动巡逻近万人次，累计拆除违法建设55处。突出抓好南店、北四村、马家地、二拨子工业园、西店花木公司等重点区域，采取重点地区专人防守。全年拆除群租房225套，发放限期拆除通知书68余份、强制拆除决定书4份、责令停止违法建设通知书72份、违法建设催告通知书16份。

完成纪念活动沿线环境保障任务，完成G6、G7沿线5处点位整治和绿化美化工作，提前完成西店村等区域9万多平米建筑的拆除任务。强化环境卫生管理机制，继续完善市场化服务外包制度，不断提升环境卫生精细化管理水平。完成首环办（首都城市环境建设委员会办公室）和区市政市容委台帐共969处，销账率100%。配合做好冬奥会考察团京藏沿线保障工作，朱辛庄新村周边区域顺利通过首环办综合检查验收。开展绿化美化工作，完成平原造林面积350亩。完成龙乡、良庄、龙华园、龙华二、慧华苑5个小区及南店公园的绿化改造工作。落实空气清洁行动计划，努力实现空气改善与节能减排协调推进，组织开展对露天焚烧、经营性燃煤设施的检查51次；针对夜间烧烤及镇中心区的游商摊贩进行看护式打击；会同有关部门开展施工扬尘、道路遗撒检查以及易扬尘车辆停运工作20余次。着力提高道路承载能力，对镇域内交通拥堵路段进行疏导和治理，加快项目手续办理，京藏高速西辅路（回龙观收费站至回龙观桥）拓宽改造工程已完工通车。对镇级公路实行维护更新和及时保养机制，集中推进了二拨子东路西段、三合庄北路两条镇级公路修护和交通安全设施建设。

（王俊卿）

【社会事业】　全年新增城乡就业人员951人，城乡登记失业率控制在1.4%以下；充分就业村（居）比例达到90%，荣获北京市“充分就业乡镇”称号。顺利完成适龄儿童入学初审任务；北京一六一中学回龙观学校、首都师范大学附属回龙观幼儿园、华北电力大学附属幼儿园基本建成，各级各类教育协调发展；基层公共文化服务设施网络更加健全，文物修缮、文化惠民工作取得新成效；群众性文化体育活动蓬勃开展。京都儿童医院开诊运营，北大国际医院纳入医保，北大人民医院北院区动工建设。

（王俊卿）

【社区建设】　龙腾四等6个社区通过全民健康生活方式行动示范社区验收，16家基层单位参与申报全国健康促进示范区；优抚安置、社会救助、养老助残工作深入开展。为29个社区协调了6748平方米的办公用房，全部达标；“一刻钟服务圈”、“六型”和“智慧”社区建设蓬勃开展；第九届社区居委会换届选举顺利完成；和谐社区创建扎实推进。

（王俊卿）

【新农村建设】　顺利完成6个行政村党组织换届选举工作；按期完成集体产权、集体土地所有权确权登记颁证；实行村级财务集中结算，落实“收支两条线”管理制度；完成镇农村产权交易平台建设，集体“三资”管理规范。推进“北四村”拆迁改造，以“北四村”为核心的4.7平方公里地块已整体纳入全市棚户区改造规划范围，项目全部采用棚户区改造土地开发模式实施。棚户区改造方案已通过市政府专题会批准，正全力推进规划公示、审批工作。

（王俊卿）

【社会安全稳定保障】　通过分析镇域实情，在“北四村”地区进一步加强了治安巡防队伍及消防队伍的建设，完善了“网格化”管理制度；在建成区以整治群租房、地下空间安全为重点，开展了大量摸排整改工作，同时采取行业主管和领导包片的双重管理模式，积极发挥实管员和村居志愿者作用，做到安全工作全覆盖。建立联合检查长效机制，强化“北四村”、三合庄马家地、城铁周边、学校幼儿园等流动人口聚居重点区域以及危化、建材重点领域的执法检查，加大以消防安全为重点的隐患排查力度。在人口密集区和事故易发区，持续开展安全生产大检查、预防煤气中毒等系列活动。全镇共组织开展各项检查80余次，组织执法力量及其他社会力量2万余人积极参与，共发现各种隐患1079处，责令整改企业285家。在工作中突出督导，不打招呼、不发通知，镇督导组随时对重点区域施行24小时抽查暗访，全镇未出现一起重大安全事故。全力做好重大活动期间的服务保障工作，成立指挥部，强化集中调度，严格督促检查，高质量完成了安保维稳各项任务。开展百日整治行动，龙园所辖区和龙泽城铁站周边市、区两级挂账整治内容完成销账任务。通过派出所等各部门的共同努力，有效维护了非京籍适龄儿童入学初审、村（居）换届选举和城北市场整治清退期间的稳定大局。提高信访维稳工作实效，认真落实领导干部包案和接访制度，对回龙观、南店社区等群众信访诉求，加大矛盾调解力度，确保不升级、不激化。全年信访办结率达97%以上。

（王俊卿）

【精神文明民主法治建设】 严格履行风险评估、合法性审查、集体讨论决定等法定决策程序，法治政府建设取得重要进展。充分发挥“12345”非紧急救助热线、政风行风热线、回龙观政务微博作用，分类梳理出涉及群众切身利益事项给予及时办理。办结“12345”热线946件、政风行风34件，办结率达100%。自觉接受人大法律监督、工作监督，办理各级人大代表建议4件、政协委员提案5件。全面推行人口调控、“五管”等重点领域信息公开，充分发挥了信息公开对群众生产、生活和经济社会活动的良性促进作用。主动公开政府信息676条，依申请公开2次，移送主动公开政府信息告知函12次。朱辛庄村参评北京市思想政治工作先进集体，获北京市第十二届思想政治工作先进集体荣誉称号；臧英年获首都志愿服务好市民称号；王广林等15位“观里好人”获得昌平区“文明昌平 身边善举”评选活动最佳人选奖和入围奖。以端午、中秋、重阳等传统节日为契机，开展“幸福过节”系列活动。开展群众性文化活动，回龙观春晚、回超系列联赛等文化品牌的影响力扩大。开展引导服务百日竞赛、“助力申冬奥”好乘客推举活动，倡导市民自觉养成文明乘车、维护公共交通秩序的良好习惯。

（王俊卿）

北七家镇

【概　况】 北七家镇位于昌平区东南部，面积56.8平方千米，农用地面积1687.2公顷。辖18个社区、19个行政村。截至2015年底，全镇常住人口27.5万人，户籍人口39897人，其中非农业人口27992人。

2015年，镇地方一般财政收入2.75亿元，增长9.8%。农村居民年人均纯收入21108元，增长8.9%。

（孙雪松　赵英华　姜正红）

单位名称：昌平区北七家镇人民政府

地址：北七家镇定泗路

电话：（010）69751031 69751030

邮编：102209

【农业】 镇域种植农用地面积1451亩：其中市级菜田面积681亩（日光温室492栋、春秋棚16栋）、玉米477亩、果品200亩、鱼池120亩。农村集体集中租赁管护土地3891.05亩；农民水库移民47人、居民水库移民16人；羊各庄、沟自头、东沙各庄村农民实现管道集中供水；主要畜禽年终存栏，猪8048头、牛673头、羊988只、鸡3587只、犬3050条。完成平原造林土地腾退1635亩，实施造林1226亩，全镇绿化造林面积13802亩。加强防汛工作，清理十二条主排干清淤 19.4 公里、清淤约 8000 立方米；工程排除隐患点 2 处（南七家村回南路西村级暗涵清堵、燕丹村南水源九厂路过路涵加宽）；完成鲁疃村 5 条中小河道治理工程和验收、完成南七家老河湾清淤工程；二排干治理工程仍在实施中。全年农村经济总收入 41.57 亿元，同比增长 6.3%。

（孙雪松　赵英华　姜正红）

【工业】　推动产业格局持续优化，以宏福创业园为引领，加快推进产业转型升级，积极打造宏福博奥科技孵化器，全年共入住项目 110 个。稳步提升高新技术产业和生产型服务业比重，加快淘汰低端产业（清退 6 家污染企业，整顿 5 个工业大院），初步形成以未来科技城、海鶄落文化城、TBD 云集中心为主导的科技商务、文化创意产业分布格局。加快重点产业功能区集约发展。对镇级工业园区厂房场地、农村劳动力就业安置用房、市属国企仓储用地进行调查摸底，积极与中关村科技园区昌平园和区投促局沟通协调，做好承接中心城区科技、产业、文化及公共服务资源的空间准备。全年企业经济总收入完成 211738 万元，企业利润总额完成 9870 万元。

（孙雪松　赵英华　姜正红）

【城乡建设】　加快城镇基础设施建设，配合公路分局完成定泗路、七北路主路路面大修工程，积极推进七星路北延、规划十一条道路管线项目施工，完成水场路、南歇路等 5 条乡村公路大修工程；规划五路、北七家中路南延、天机街西延等道路项目前期规划方案设计和手续申报审批工作。加大对存量违法建设的拆除力度，共拆除违法建设 50.27 万平方米。加强生态环境治理。制定《北七家镇 2015 年空气重污染预警应急预案》，建立羊各庄、白庙 2 个环境质量监测站，及时做好空气污染预警和应急措施落实。结合全区综合执法工作机制，持续对区级重点挂账督办事项进行整治，全年环境秩序共销帐 527 处，清除垃圾渣土 5600 吨；严格落实“环境卫生管理”和“门前三包”制度，与 173 家餐饮单位签订了餐厨垃圾消纳协议，全镇整体环境秩序得到改善。

（孙雪松　赵英华　姜正红）

【财政税收】　全镇一般财政收入完成 2.75 亿元，比上年增加 2347 万元，同比增长 9.8%；税收总额完成 11.89 亿元。

（孙雪松　赵英华　姜正红）

【社会事业】　完成 4 个体育生活化社区创建工作及 8 个社区的评估检查工作；投入资金 305 万元为 12 个社区解决办公及活动用房，面积 3714 平方米；扎实推进人口计生优质服务，为 5000 余名育龄妇女免费开展生殖健康检查；落实新型农村合作医疗保险工作，参保人数达 11584 人；继续稳定扩大就业，实现城乡劳动力就业 1224 人，困难人员再就业 683 人，城镇登记失业率控制在 1.5% 之内；完成燕丹、八仙庄、白庙 3 个村办幼儿园的筹建工作，优化幼儿教育环境；开展“一帮一”救助、优抚对象、困难群体走访慰问，养老助残、社会慈善工作有序推进。

（孙雪松　赵英华　姜正红）

【社区建设】　完成社区居委会换届选举工作，共选出居委会成员 122 名，其中连选连任 68 人，书记、主任一人兼 13 人，占比 72.2 %。完成八仙别墅、温泉 B 区两个社区“六型社区”的创建工作，稳步推进社区规范化建设示范点项目，方便群众生活。协调推进蓬莱公寓、晨浩花园等小区电改工作，基本完成北亚花园、温泉 B 区电改工程。名流花园社区被评为昌平科普网信息工作先进单位，燕城苑社区被评为区民主与法治示范社区。

（孙雪松　赵英华　姜正红）

【新农村建设】　完成村党组织换届选举工作，共选出村级党支部书记、副书记各 19 人，委员 55 人，17 名党支部书记实现连选连任。开展东三旗、燕丹等 8 个村减煤换煤工作，持续推进液化气下乡，累计更换新型燃煤锅炉 4004 台，替换燃煤 2.6 万吨，配送液化气 1.2 万罐。实施燕丹村、东三旗村低压台区改造工程，工程共涉及 22 个台区，共投资 445.85 万元，截至年底，燕丹村 10 个台区完成 7 个，东三旗 12 台区已经完成。组建镇政府专职消防队，购置专业消防车及消防设备，对重点村开展消防隐患排查及巡逻防控。

（孙雪松　赵英华　姜正红）

【精神文明民主法治建设】 召开北七家镇第四届人民代表大会第七次会议和第八次会议，作出决议3项。全年共开展代表座谈3次，听取审议镇政府专项工作报告4项，开展代表视察、检查活动2次，向镇政府送达代表意见和建议8条。在昌平电视台《代表风采》栏目，宣传报道2名代表的履职先进事迹。积极开展“六五”普法工作，完善人民调解工作机制，全年调解各类纠纷182件，有效化解群众矛盾；畅通民意渠道，解决非紧急救助中心群众反映各类问题1544件，办理全程代理服务业务2553件，接受群众咨询5000余人次；深化信访工作制度改革，共接待群众来访497人次、回复来信101件。围绕镇党委中心工作，宣传报道惠民利民工程、环境建设和典型事例和宣传亮点。《昌平报》共发新闻22条，3篇专题报道；昌平新闻播出北七家新闻44条，建成北七家镇记者站，梳理镇工作重点；挖掘“京华英雄”战争故事，对老兵进行采访，并制作HTM5场景应用；开展“我的价值观”和“京华英雄”百姓宣讲活动。积极推进益民书屋创建及升级工作，完成8家三星级、1家五星级益民书屋的升级改造。全年组织“星火工程”演出68场，开展广场舞《张灯结彩》、健身舞《今夜舞起来》舞蹈培训，举办“和谐杯”乒乓球、羽毛球、象棋比赛。

（孙雪松　赵英华　姜正红）

【重要会议和重要活动】 1月5日，区长张燕友调研平坊村和东沙各庄村土地腾退工作。1月12日，区政法委副书记、综治办主任杨振到东三旗村对违法建设、违法经营、出租房屋管理进行调研。2月7日，区委常委、宣传部部长余俊生携北京世纪名人国际书画院为北七家镇写春联送文化。2月12日，区委常委、常务副区长周云帆走访慰问公安部警卫局培训中心武警官兵，为部队官兵送去新春祝福。3月9日，区委书记侯君舒在镇党委书记周金星、镇长齐俊国陪同下到歇甲庄村北指导拆除彭冲出租院综合执法工作。4月16日，镇人大第7选区进行代表补选工作，镇党委书记周金星当选为第四届人大代表。5月18日至22日，国务院办公厅年轻干部在北七家镇开展“接地气”实践活动，各科室、村、社区和未来科技城管委会配合此次活动，使年轻干部深入了解人民群众生活状况。5月底，本镇18个社区完成党支部换届选举工作。6月15日，区委常委、组织部部长王燕庆在镇党委书记周金星陪同下，到羊各庄村、名佳花园社区进行基层党建工作调研。6月29日，区委书记侯君舒到羊各庄村、海鹊落村慰问困难党员刘国连和王海。7月3日，举办纪念中国共产党成立94周年暨抗日战争胜利70周年文艺演出活动。7月13日，区委书记侯君舒调研《三严三实》专题教育开展情况，镇党委书记周金星做工作汇报。7月17日，区人大常委会主任朱光彤调研第四次人大工作会议精神，听取镇党委书记周金星做人大工作会议精神情况汇报，镇长齐俊国做办理区人大代表意见情况汇报。8月12日，区委常委、区委统战部部长孙启调研宗教工作，实地调研基督教南口堂北七家聚会点建设情况和宗教管理工作。8月24日，区委书记侯君舒带队督导检查维稳安保工作，实地检查亚运村汽车交易市场。8月26日，市环保局副局长冯惠生检查“两大活动”期间空气质量保障工作，对“停工、停限产”措施落实情况进行巡视。8月28日，区委书记侯君舒带领区市政市容委、区安监局、公安昌平分局、区消防支队检查安全生产工作，对燃气公司、供气站、建材城进行安全生产大检查。9月30，召开国庆假期期间重点工作安排部署会，保障节日期间各项工作正常有序运转。10月18日，举行全国1%人口抽样调查宣传启动仪式，区统计局局长李春玲、副局长郭勇、王建华出席活动。12月10日，西藏自治区人大常委会党组副书记、副主任嘎玛带领农牧区基层干部和老党员到北七家镇学习考察新农村建设情况，市人大常委会副秘书长刘凤仪，区人大常委会主任朱光彤、副主任奚增森参加活动。12月15日，国家档案局局长李明华调研郑各庄村档案工作，市档案局局长吕和顺，区长张燕友、副区长刘淑华一同调研。12月23日，区委书记侯君舒检查党风廉政建设责任制落实情况。

（孙雪松　赵英华　姜正红）

崔 村 镇

【概　况】　崔村镇位于昌平区东部，面积约62.8平方公里，耕地面积9.84平方公里。镇辖12个行政村，分别为棉山、西辛峰、大辛峰、西崔、东崔、南庄营、南庄、麻峪、香堂、真顺、八家、西峪。全镇常住人口1.8万人，户籍人口1.4万人，其中非农业人口0.41万人。

2015年全镇农村经济总收入完成20.7亿元，同比增长10.1%；工业总产值完成11.22亿元，同比增长4.8%；财政收入完成2441万元（同比下降11.6%），上缴国家税金8962万元，同比增长3.4%；人均劳动所得完成18412元，同比增长9.0%，全镇经济保持较好发展态势。

（张国勇）

单位名称：昌平区崔村镇人民政府
地址：崔村镇
电话：（010）60721700
邮编：102212

【农业】　推进草莓产业上规模、上效益、上水平发展。成功举办第三届北京农业嘉年华“惠农汇民会生活——崔村主题日”活动。苹果产业围绕提质增效，做好协会服务管理、技术指导和产品营销工作，全镇苹果产量和质量稳步提升。加强技术培训，推广新技术种植27亩，先后举办培训班7次，培训果农392人次。发挥专业合作社和昌金合盈合作联社的服务职能，通过农超对接、网络销售平台等方式，帮助农户缓解农产品销售难问题。

（王振国）

【工业】　落实“三个清单”，加大低端产业清理力度，对无证无照、木器加工等重点领域进行清理，落实市区节能减排各项措施。通过内整外引优化产业结构，对外加大招商引资力度，对内盘活闲置土地、厂房等资产，引进高新技术产业入驻，注重培育新的增长点。对全镇家具制造业、再生资源回收业、木材市场、销售煤块行业等低端产业进行了全面排查，对有营业执照的企业进行宣传，引导政策性退出，对没有营业执照的企业下发通知要求在指定时间自行清理关闭。清理无照经营企业10家，高污染企业4家（木器加工），清理外来人口217人。全镇新注册企业49家，注册资金9689万元，新注册个体工商户29家。

（张国勇）

【城乡建设】　推进“五管”工作。狠抓100人执法队伍建设，全年累计拆除违法建设并销账2.04万平方米，规范企业用工行为专项行动工作台账21项，代收房屋租赁税6.76万元，挂账项目全部销账。狠抓“人口调控工作月”措施落实。确定西辛峰村、大辛峰村为重点人口调控村，在工作月内，通过联合执法压减321人，关停4家企业，压减195人。清退流动人口656人，完成全年压减外来人口500人的指标。加强环境治理。加强基础设施投入，香堂村投资48万元完成垃圾筛分场的建设。全年收到环境卫生台账274处，其中区级269处、市级5处，全部及时治理完毕，销账率100%。强化垃圾分类管理，实现垃圾减量化、资源化、无害化。完成生活垃圾消纳1600吨，渣土7.38万吨。大力开展安全生产检查。抓安全宣传进村入户，全镇悬挂横幅160条，印发安全资料1.6万余份，发放应急避险手册500册。狠抓安全教育培训，组织全镇企业法人、主要负责人每季度不少于一次的安全教育培训，共培训800人次，重点检查了北京京师印务有限公司等380多家企业，排查安全隐患730处，及时整改730处。

（张国勇）

【财政税收】　全镇农村经济总收入完成20.7亿元，同比增长10.1%；工业总产值完成11.22亿元，同比增长4.8%；财政收入完成2441万元（同比下降11.6%），上缴国家税金8962万元，同比增长 3.4%；人均劳动所得完成 18412 元，同比增长 9.0 %，全镇经济保持较好发展态势。

（张国勇）

【社会事业】 加强弱势群体救助。“两节”期间慰问优抚对象 180 多人，发放慰问金 15 万多元。慰问一帮一困难人员 76 人，发放钱款 30 多万元。为全镇烈士子女、孤儿、高龄老人等各类人员发放各种补助 120 多万元。申请低保建房补助 2 户，为全镇 600 多名残疾人发放残疾人一卡通，为 200 多名的重残人员发放小型健身器材，为低保残疾人、普通残疾人、重度残疾人发放生活补助 90 多万元。关爱特困家庭，为 10 名失独老人发放暖心卡养老金 8.7 万元。为 141 人发放年老一次性奖励金 14.1 万元。举办 2 场“幸福家庭”大讲堂活动，建设彩绘墙 600 米和异形展板 32 块，新建 1 个人口文化活动室配书 400 余册，实现村村有人口文化活动阵地。不断推进农村合作医疗体系建设，全镇 9011 人参加大病统筹，做到应保尽保。为参保人员提供报销服务，为 3534 名住院及门诊病人报销医药费 449.5 万元。以绿色就业实现充分就业，集中开展果树管理培训，参加培训人员 4000 多人，开展电工、焊工、叉车工及消防中控人员培训 4 期 52 人。鼓励农民自主创业，申请小额贷款 95 笔，放贷资金 944 万元，成为区小额贷款申请放贷最多的乡镇。全镇户籍劳动力年龄人口 8290 人，其中有劳动能力和转移就业愿望的人员 7674 人，实现就业 7620 人，就业率达 99.2%，12 个村全部为充分就业村，其中香堂村为市级充分就业村，大辛峰村和南庄营村为区级充分就业示范村。在元旦、春节期间镇村两级共开展各种文艺演出 14 场，结合“三八”节，“七一”、“国庆节”等，组织“星火工程”文艺演出 36 场。

（王振国）

【新农村建设】 加强路网建设，对麻峪路支线、西西路等五条道路进行了大修，道路总长 8.08 公里，总投资 827 万元。投入资金 50 万元，对工业小区排水桥重建，将原桥宽度由 6.5 米加宽到 9.5 米。实施新建翻建抗震节能改造 26 户，落实补贴资金 104 万元。推进“液化石油气下乡”工程，推进“减煤换煤、清洁空气”行动工程，投资百余万元建设优质燃煤储存库。部署全镇优质燃煤替代工作，组织炉具供应企业进村展示，组织优质燃煤和燃煤炉具的订购登记和配送、安装工作。全镇共订购炉具 2358 台，完成配送 2050 台，订购燃煤 4250 吨。加快推进环境优美乡镇建设，有 10 个村完成生态村创建工作。

（王振国）

【商贸旅游】 继续推进“一村一品”的旅游产业发展规划，促进旅游产业与各村主导产业的融合发展。扎实推进南庄营 29 户“一院一文化”和西峪国家登山步道等旅游产业建设，培育旅游文化亮点。充分发挥军都山滑雪场、太伟高尔夫、瑶台山庄等企业带动作用，推进旅游资源的开发利用，为水榭萍乡和仕芳民俗户向旅游委申报安置两块园区全景指示牌。组织镇内 3 家企业参加“第十二届 2015 年昌平礼物大赛暨首届昌平礼物展示、展卖大集”活动，加强西峪、真顺等民俗村旅游服务管理，积极开发特色旅游产品，提升接待服务水平。

（王振国）

【精神文明 民主法治建设】 以“六五”普法验收为主线，开展“人民调解宣传活动”，“九九重阳法援爱老活动”，“律师法律服务村居行活动”，下发各种法制宣传材料近 8000 余份，受教育人近 6000 余人次。建成圣学图书馆普法基地示范点，全年开展法律知识讲座、法律之书法等活动。加强镇人大与基层代表的联系，拓宽代表知情知政渠道，组织人大代表开展监督检查活动，为经济社会发展建言献策。开展社会面防控、警示教育、巩固帮教以及无邪教社区建设等各项工作，投资近 5 万元为各村统一安装 2 平方米的不锈钢宣传栏，张贴图文并茂的反邪教知识，提升各村宣传栏质量。开展无邪教进校园活动，通过小手拉大手，让反邪教知识通过校园活动延伸到家庭，通过完成作品，认识邪教的危害。投入奖励资金 1.55 万元给予举报群众奖励。积极落实党建带团建工作机制，加强大学生村官队伍建设，完成基层15个团支部、团总支的换届选举工作，召开共青团崔村镇第四次代表大会，选举出第四届委员会委员、书记、副书记。制定出台崔村镇“十三五”时期妇女儿童发展规划。组织基层群众代表参加庆祝抗日战争胜利70周年天安门阅兵观礼活动，活动期间，全镇启动一级防控措施，792名红袖标全员上街巡查，政府各部门及各村、企事业单位全部停休，并由各副职带队组成12个工作组，督导各村社会面防控工作。做好铁路、公路周边、公交站点、变电站、加油站等重点区域、重点部位的治安防范。信访维稳工作提早安排对全镇社会矛盾进行全面摸排，突出抓好“平时接访、定期排查、把握重点、及时化解”四方面工作，对重点人进行“六包一”式的实名制看控，将各类矛盾有效化解在萌芽状态。

（王振国）

【重大会议和重要活动】 1月28日，中共崔村镇第四届代表大会第三次会议顺利召开。3月18日，召开2015年党风廉政建设工作会，深入学习贯彻落实市纪委四次全会、区委八次全会和区纪委四届三次全会精神，总结2014年全镇党风廉政建设和反腐败工作，安排部署2015年工作任务。3月24日，召开2014年科级干部工作考核汇报会。会上科级以上干部依次就分管部门进行了工作述职，主管领导和村干部依次进行点评。4月5日，以“惠农汇民会生活”崔村主题日活动举办，主题日让市民详细了解了崔村镇的都市型现代农业和生态旅游产业，通过参与农耕体验互动活动，享受农业休闲旅游带来的乐趣。5月6日，区委基层党建工作第五巡回检查组到崔村镇对教育实践活动整改落实情况进行了全面检查。7月15日，召开农业产业品牌化发展会议，13位农业专业合作社社长、种植园主与昌平工商职能部门的负责人共同探讨如何解决崔村农业产业化发展中遇到的困难与问题。7月8日，在区委组织部副部长秦建柱的带领下，河南省栾川县考察团一行人来到南庄营村，就基层党组织建设、村“两委”班子建设、美丽乡村建设等方面考察学习。8月24日，区委常委、统战部部长孙启，区委常委、武装部政委韩义，区政协副主席李永生带领区政法委、区经信委、区住建委等职能部门督查镇安保维稳工作。10月16日，召开村“两委”换届选举工作动员会，对本次选举的总体安排作了明确部署，确保村“两委”换届选举工作圆满完成。11月6日，镇政府专职消防队代表昌平区参加北京市2015年度专职消防队伍实战化岗位练兵大比武活动中，获政府组班进攻平地操第一名。

（王振国）

兴寿镇

【概　况】 兴寿镇位于昌平区卫星城东部，与顺义区、怀柔区接壤。镇域面积75平方公里，辖21个行政村。截至年底，全镇常住人口30416人，户籍人口23149人。

2015年，全镇农村经济总收入完成14.3亿元，比去年同期增长了9.3%；人均劳动所得实现1.6万元，比去年增长了8.7%；税收总额为1.8亿元，同比增长23.6%；财政收入为4496万元，同比增长23.2%。

（仇哲）

单位名称：昌平区兴寿镇人民政府
地址：兴寿镇兴寿村
电话：（010）61726118 61726158
邮编：102212

【农业】 年内，继续加大对草莓产业的扶持力度，发挥专业合作社作用，坚持政府主导、农民主体，认真落实市区惠农政策，为每户每个大棚按照750元的标准发放草莓苗补贴，促进农民增收。完成年度春季草莓生产工作，年产量4059.7吨，产值15484.9万元。

（仇哲）

【城乡建设】 年内，实施平原造林，推进绿化美化工程。完成昌金路与顺义交界处环境整治项目。督促检查，高质量完成了抗战胜利70周年纪念活动的环境秩序综合整治、外围服务保障各项任务。

（仇哲）

【财政税收】 农村经济总收入完成14.3亿元，同比增长了9.3%；人均劳动所得实现1.6万元，比去年增长了8.7%；税收总额为1.8亿元，同比增长23.6%；财政收入为4496万元，同比增长23.2%。

（仇哲）

【社会事业】 年内，推进绿色就业政策措施、农民参加社保政策，举办绿色就业政策推进会，为223名农民办理了参保手续。全镇新农合参合率达到100%；城镇医保、养老保险实现全覆盖；提高各类保障标准，发放养老、助残、扶贫等各类补助、救助金416余万元。配合安定医院、区精防院完成镇域所有残疾人专项调查工作，对全镇所有精神病患者进行逐一排查。人口与计划生育工作扎实开展，符合政策生育率达96.37%。开展群众性文体健身活动，各类演出67场，完成数字影厅播放610场。教育投入兴寿学校、上苑中学、上苑中心小学三所学校艺术家美术兴趣班学习资金31万余元，投入10万元用于美化上苑中心小学校园环境。投入资金用于辛庄、上苑、西营等村自来水改造项目。与歌华有线公司签订框架协议，启动镇村级文化站点升级改造项目。启动镇节能房新建翻建项目，完成21个村35431张液化气票发放工作，拨付液化石油气下乡政府补贴177.16万元。建立信访工作长效机制，提高信访办结率，接待来访人数930余人。

（仇哲）

【新农村建设】 年内，落实“减煤换煤，清洁空气”行动计划，在麦庄、香屯、桃峪口、秦家屯等4个村实施煤改电工程。开展“三严三实”专题教育，制定《兴寿镇关于在处级领导干部中开展“三严三实”专题教育工作方案》，镇领导班子成员每人确定一处联系点，营造全镇各级党员干部群众共同践行“三严三实”的浓厚氛围。挖掘新问题，发放调查问卷64份，广泛征求意见建议。镇领导班子及成员从严以律已、严以修身、严以用权三方面开展交流研讨3次。通过“党员意识提升行动”，提升党员意识，推进基层服务型党组织建设。全面完成机关企事业单位和农村党组织换届选举工作，为下一步工作打下了坚实基础。认真梳理党建工作“三个清单”，健全了责任传导机制，完善了农村党建工作考评体系，将党建工作抓具体、抓深入、抓细致。加强党员干部队伍建设，将书记领办党建创新项目与机关干部队伍建设相结合，调整选优配齐“2+1”工作组成员，增加机关干部下基层的频次，规范各村工作程序；加强年轻干部的培养和实践锻炼，安排科级干部轮流参加综合执法行动等镇中心工作，提升干部解决实际问题的能力。创新教育培训方式，集中对新一届基层党组织班子成员进行培训，不断提高基层干部素质能力、规矩意识和服务水平。深入推进基层服务型党组织建设，指导各村申报党建项目，给予21个村党组织资金支持312.51万元。

（仇哲）

【商贸旅游】 年内，协助嘉年华组委会，开展第三届农业嘉年华“草莓票香”体验活动，共14个村466户参加了草莓票香代金券采摘活动，活动期间共收取草莓采摘券1.42万张，总金额为28.34万元。

（仇哲）

【精神文明 民主法治建设】 年内，完成四届七次、八次人代会，加强对群团工作的领导，完成第四次妇代会、团代会、镇总工会换届选举工作，配齐配强干部队伍。推进平安兴寿建设，加大矛盾纠纷排查化解和安全隐患综合整治力度，做好嘉年华和“两会”期间社会面防控以及重点人稳控工作，确保社会大局和谐稳定。

（仇哲）

【基础设施建设】 年内，推动秦北路兴寿段腾退补偿工作，开始进场施工建设。桃下路道路改扩建工程已完成沥青混凝土道路摊铺，实现全程通车。完成4条公路的大修工程，其中乡道三条、村道一条，总投资213万元，现4

条公路的大修工程已全部完工并投入使用。

（仇哲）

【人口规模调控工作】　年内，运用经济、法律、行政等手段，完善“五管”工作机制，实施捆绑问责，整合各方资源力量，集中开展区、镇两级综合执法活动66次，出动执法力量3145人次，取缔违法经营商户43家，取缔C类幼儿园7所。加大拆违控违力度，全年拆除违法建设4.6万平方米，压缩流动人口经济活动空间和生活居住空间，遏制区域内常住人口增长势头，完成区委、区政府下达的调控指标。

（仇哲）

【党风廉政建设】　年内，落实党委党风廉政建设主体责任和纪委监督责任，建立健全作风建设监督检查机制，强化各个层面的廉政风险防控。开展警示教育，班子成员、机关干部和村“两委”成员，学习相关典型案例，发放《昌平区党员干部违纪违法典型案例选编》。建立廉政谈话话制度和暗访、实地监督检查等长效机制，对党员干部作风纪律上的问题早发现、早提醒、早纠正、早查处，对苗头性问题及时约谈，加大诫勉谈话力度，对东庄、西营、肖村、香屯等5个村党支部负责人进行诫勉谈话。学习贯彻农村集体“三资”管理“1+5”文件精神，研究制定《兴寿镇关于加强农村集体货币资金管理的实施方案》，加强农村财务管理，实行农村收支两条线管理办法，规范农村党员干部用权行为，确保依纪依规履行职责。加强对全镇拆违、“五管”重大决策部署落实情况的监督执纪，确保政令畅通。

（仇哲）

东小口镇
（东小口地区办事处）

【概　况】　东小口镇位于昌平区东南部，面积17.7平方千米。耕地面积1.2173平方公里，辖10个行政村、4个社区。截至年底，全镇常住人口11.4（含外来人口）万人，户籍人口13265人，其中非农业人口10393人。

2015年，完成地方财政收入1.53亿元。增长26%；城镇居民年人均可支配收入3.8万元，增长9.1 %;农村居民年人均劳动所得2.12万元，增长8.04%；

（金文亮　李宏敏）

单位名称：昌平区东小口镇人民政府
　　　　　昌平区东小口地区办事处
地　址：东小口镇中滩村386号
电　话：（010）84811903
邮　编：102218

【工业】　2015年，镇税收总额完成6331万元，财政收入完成1366万元。乡镇企业二三产业企业经济，企业总收入5905万元；企业利润总额51万元；企业增加值604万元；工业总产值4343万元；工业利润总额53万元。

（金文亮　李宏敏）

【城乡建设】　年内，联合安监、消防、城管、工商、派出所等9个部门开展了节前联合大检查。共计出动检查人员60余人，车辆11台次。对建筑工地、烟花爆竹销售网点、出租大院、公园等9家单位，发现可燃物堆积2处、领导干部值班脱岗1处、烟花爆竹销售点使用麻花线及灭火器过期等安全隐患11处。清理可燃物1处、整理私拉电线2处，发放宣传画600余份，在重点单位张贴宣传海报50余份。开展综合执法检查工作。1月14日上午，召开兰太路整治项目方案设计协调会，涉及兰太路整治的兰各庄村、店上村、单村及水务站、林业站、电管站、公路站、一路顺保洁中心、城管分队等职能部门参加会议。由设计公司介绍讲解设计方案和资金预算。就设计方案，各职能部门负责人提出建议。3月30日，协调城管、工商、安监、消防以及镇“五管办”、安全科等部门联合执法，对东小口村的废成宝旧货市场7000平方米进行拆除，清理人口300人。4月15日，镇政府联合城管执法队，镇环卫管理中心对该废品回收站进行了彻底清除，出动城管60余人，车辆8台次，环卫队出动车辆3次，清理垃圾3吨，清理面积20平方米。7月4日，开展对半截塔村马路集市的清理整治，逢开集的周二、周六，自早5点至下午1点，由东小口镇综治办、霍营派出所、东小口派出所、东小口城管执法分队以及保安等科室部门，采取高峰时段加强治理的方式，对区域进行固定盯守，防止游商摊贩占道经营、阻碍交通的现象出现，共清退马路摊位560余个。

（金文亮　李宏敏）

【财政税收】 完成财政收入1.53亿元，财政支出1.46亿元；农村居民年人均劳动所得2.12万元，增长8.04%；税收5539万元。

（金文亮　李宏敏）

【社会事业】 全年发放各类定期补助、抚恤金40.5万元；为各类优抚人员办理医疗保险，提高医疗报销比例，全年共报销医药费10.39万元；发放60周岁农村籍退役士兵第二批一次性补助款，共计2.08万元、32人，发放义务兵优待金6人159000元。6月4日，幸福家庭讲堂应急救护专家到东小口镇中滩中学，为初中两个年级8个班的200多名同学和老师讲应急救助课。6月7日，镇舞蹈队代表区体育局到市地坛体育馆参加市第十届民族操舞大赛，获二等奖，参加人数20人。6月26日，九台社区、森林大第社区两支代表队20人参加区体育局健身气功比赛，分别获得一等奖、二等奖。根据区民政局、区慈善协会、区红十字会的工作要求，进行“春风送暖”、“春风送温暖，慈善济万家”以及“博爱在京城”三项募捐活动，社区群众及镇域内的企业募捐善款，共募捐善款59万余元，企业捐款共计51万元。开展“冬衣送暖”募捐活动，共募集棉衣1100余件、棉被褥6套、其它衣物500余件。7月11日，参加区第九届和谐杯乒乓球比赛，镇三支代表队参加比赛，分别获得第一名和两个第三名。9月14日，组织镇舞蹈队代表区参加市农民体育健身运动展示周健身秧歌比赛，在全市十三个代表队中取得一等奖。11月21日，组织镇舞蹈队代表区参加在丰台区举办的2015年市优秀健身团队健身舞交流展示大会，获得二等奖，参加人数24人。

【社区建设】 下发60张家政服务卡、40张理发服务卡、慰问走访357名残疾人、孤寡老人和社区志愿者。在3个社区内组织开展社区大讲堂讲座294场，累计参加听课的居民1.2万多人；不定期为1735位老人义务理发。依法依规指导、监督森林在第、回南家园、合木山庄以及九台庄园业主大会开展工作。7月15日至9月14日，对合木山庄业务委员会补选工作进行指导监督，并依法备案。

（金文亮　李宏敏）

【新农村建设】 截至8月28日，全镇21个（除村、社区）基层党组织换届选举工作已全面完成。共选举产生书记21名，副书记17名，委员41名。12月8日，组织镇党政班子成员、机关科级、农村（社区）两委干部参加区2015年党员干部警示教育大会，与会人员观看了警示教育专题片《警惕身边的腐败——昌平区“小官贪腐”典型案件警示录》和《左权案警示录》。区委常委、区纪委书记张晓兰结合相关案例进行了剖析。

（金文亮　李宏敏）

【精神文明民主法治建设】 1月30日，举办“依法行政 规范管理”专题讲座活动，镇党委副书记主持，全体机关干部、农村社区及队站所负责人等150余人参加。易和律师事务所所长池英花作题为《规范管理 依法行政》专题讲座。8月13日，组织机关干部70余人到中国人民抗日战争纪念馆，参观“伟大胜利 历史贡献——纪念中国人民抗日战争暨世界反法西斯战争胜利70周年主题展览”。全年，排查受理调解各类民间纠纷184件，涉及人数248人，调解处理155件，调解成功140件，履行140件，做司法确认5件，其中司法所直接参与指导调处复杂疑难纠纷10起，为当事人挽回各类经济损失10余万元，未发生一起因调处不及时导致的民转刑和上访事件。在拆迁、拆违工作中与当事村配合，共排查调处涉及拆迁、拆违纠纷6件，成功化解3件，向有关部门分流3件，建议司法解决2件。

（金文亮　李宏敏）

【重大会议和重要活动】 1月9日，召开中共东小口镇第四届代表大会第三次会议，镇各党组织56名党代表和20名列席代表参加会议，听取并审议通过镇党委书记王军代表镇党委所作的工作报告、由镇纪委书记关鸿杰代表镇纪委所作的工作报告和各位党政班子成员的述职述德述廉报告，审议并通过了党委收缴、使用情况报告。4月23日，召开东小口镇第四届人民代表大会第八次会议。会上，听取并审议了冉灏所作的2014年东小口镇政府工作报告、李长清所作的2014年镇人大主席团工作报告，审议批准了东小口镇2014年财政预算执行情况和2015年财政预算草案的报告，并对三个报告作出决议。会议依法补选了东小口镇镇长1人，副镇长1人。冉灏当选为东小口镇镇长，鞠国栋当选为东小口镇副镇长。8月21日，召开第四届人民代表大会第九次会议，会议听取并审议了东小口镇政府2015年上半年工作报告，补选李夕涛当选东小口镇副镇长。11月26日，镇第四次妇女代表大会举行，选举镇第四届委员会成员及出席区第四届妇代会代表。

（金文亮　李宏敏）

【其他重要工作或特色工作】 年内，投资100余万元新购置种类消防设备和消防车辆4辆，并新组建15人森林消防中队和8人的专职安全员队伍。镇、村消防人员总数已达600余人，全年累计出警扑灭小火情84起。8月28日，区政协主席陈秋生带领检查组就抗战胜利70周年纪念活动及世界田径锦标赛“两大活动”安保工作到镇进行检查。

（金文亮　李宏敏）

南　邵　镇

【概　况】 2015年，在区委、区政府的正确领导下，南邵镇党委、政府认真学习贯彻党的十八届四中、五中全会和市委十一届七次全会以及区委四届九次全会精神，深入落实科学发展观，以加强党的执政能力建设为核心，团结和带领全镇各级干部、群众，齐心协力、真抓实干，全面推进城市化建设，进一步开创南邵科学发展的新局面。农村经济总收入完成20.2亿，同比增长8%，人均劳动所得1.96万，同比增长8%；属地税收总额完成6.68亿，同比增长9.4%，财政收入完成7408万，同比增长14.1%，超额完成年初确定的经济工作任务。

（徐丽娟）

单位名称：昌平区南邵镇人民政府
地址：南邵镇南邵村
电话：（010）60734825
邮编：102200

【农业】 按照《昌平区中央财政小型农田水利重点县实施意见》，发展高效节水灌溉面积1637亩。

（徐丽娟）

【城乡建设】 成立由南邵镇、兴昌公司和铭嘉公司三方主要领导组成的昌平新城东区建设领导小组，下设协调办公室，加大新城东区建设过程中各类征地拆迁问题的协调处置力度：孟祖河项目签约1户非住宅，协调解决一处树木产权纠纷；景文屯村滞留户签约2户；完成南环路小区238户、345套房回迁工作；金明园小区2925平米、160余间违建房屋拆除工作；由征地拆迁主体单位出资5800万，一次性解决兴昌佳苑3个村、921户回迁村民10年50%供暖费问题。全年开展16次综合执法行动、28次专项整治行动，累计出动执法人员2530人次、执法车辆810辆次，拆除违法建筑77处，面积12万平方米，实现违法建设动态清零。清理整顿各类“七黑五小”场所583家，清退整治游商摊贩212处，清理各类废品回收站点19处，压减流动人口1317人。完善城乡一体化环境卫生管理机制，加大保洁员管理和垃圾清运力度，清运生活垃圾8千吨，消纳建筑垃圾、渣土8万方，清理非法小广告、喷涂电话号码2.5万条，

3万平方米。

（徐丽娟）

【社会事业】 两会、9.3阅兵等重点时期按要求启动社会面防控，广泛发动各类群防群治力量，完成各类保障任务。强化安全生产管理，开展安全教育64次，培训企事业单位安全负责人1236人次；检查各类生产经营单位2151家次，查处安全隐患842处，签订各类安全责任书1260余份。参加区级文体活动10次，获团体奖14个，参与人员200余人。举办镇级赛事5次，参与人员2千余人。接待专业团队6个，演出16场，非专业团队演出42场，参与群众5千余人。为各类人群报销医药费65万元，发放生活补助、救助金、慰问金315.4万元。开展募捐活动，筹得善款31.4万元。推动新型农村合作医疗全覆盖，实现参合率超95%和村民参合人员全覆盖，医药费报销3.1万人次，金额990.7万。加大教育事业保障力度，完成官高村幼儿园、姜屯村幼儿园和张各庄村幼儿园的工程建设及装修。

（徐丽娟）

【社区建设】 完成16个村党支部换届选举工作、风景丽苑社区居委会选举工作及麓鸣花园居委会创建申报工作。加强已建社区的管理与服务，不断完善社区硬件、软件及相关配套设施建设。完成"六型社区"、"一刻钟服务圈"项目创建。推进10个村环境卫生工作达标并通过区审核，镇域环境显著改善。

（徐丽娟）

【新农村建设】 完成农村节能保温改造186户、1.03万平方米，节煤减煤换炉具2150台，送煤2500余吨，煤改电400户，液化石油气补贴4万余瓶。农田水利及果园田间节水灌溉面积1637亩；为镇300余户850亩果园申报微喷节水灌溉技术。10月至11月，在全镇16个村中进行党组织换届选举工作，构建镇选办、包村工作队和村党组织三级贯通的工作体系，推动换届选举相关工作，共选举产生支部委员54名。细化农村"两委"干部月绩效考核管理和年终考核标准，并结合重点工作，设立专项考核，激励村"两委"干部干事创业。坚持发展党员五公示两票决制度，全年共发展党员36名。

（徐丽娟）

【精神文明民主法治建设】 开展理想信念教育、廉洁警示教育和党纪法规教育，筑牢拒腐防变的思想道德防线。利用《今日南邵》、基层市民学校、公开栏等载体，加强理论宣传教育，提高党员干部的思想素质。通过规范政府网站管理、建立政府微信公众号和调动党员干部积极性等方式，推动对外宣传工作再上新台阶。加强党群共建，统筹推进各领域工作。镇党委坚持以党建带群建，以群建促党建，充分发挥工会、妇联、团委、人大等部门的职能作用，推动群团工作开展。加大对困难职工帮扶，全年共走访困难职工及家属45人，送去慰问金6.17万元。镇妇联全年共举办各类培训班18期，培训以妇女为主的闲置劳力1060人，安置就业800余人。开展特色共青团活动，结合"学雷锋日"、"五四青年节"、"敬老月"等，开展青年志愿者行动，完善志愿者平台建设，培养团员青年的奉献意识和服务能力，丰富青年业余文化生活，增强团组织的凝聚力。姜屯村和北郡嘉苑社区入选昌平区无邪教示范村(社区)。

（徐丽娟）

【重要会议和重要活动】 1月5日，镇路劲家园社区居委会、长滩庭苑社区居委会成立。同日，区委常委、统战部部长孙启到南邵镇检查纪检工作。1月9日，中共南邵镇第四届代表大会第三次会议在凤山温泉度假村召开，全镇各基层党组织的104名党代表参加会议。1月30日，镇心灵家园关爱互助活动站成立。1月19日，区文化委副主任李爱武对何营村菩萨庙、回族筛海伯哈智墓、景文屯村关帝庙三处文物保护单位进行安全检查。4月17日，召开南邵镇第四届人民代表大会第十次会议。6月16日，召开南邵镇共青团第四次代表大会，选举产生新一届团委班子，并结合区域化团建工作，选优配强班子成员。6月19日，张营村部分拆迁户回迁。6月27日，南邵镇第一届健身广场舞蹈大赛在小北哨村举行，共18支代表队300余人参加。7月22日，区委常委、统战部部长孙启到南邵镇调研“三严三实”工作。8月14日，南邵镇第四届人民代表大会第十一次会议在北郡嘉源社区举行。8月15日，举办纪念抗日战争胜利70周年合唱大赛，共23支代表队参加。8月19日，召开“两大活动”暨国庆节安全生产工作会。8月4日，金明园小区改造工程启动。10月16日，召开2015年村党组织换届选举动员部署会。10月23日，召开镇总工会第二次代表大会，选举产生了新一届工会委员会和经费审查委员会。11月17日，长滩庭苑社区合唱团成立。11月19日，召开镇第四次妇女代表大会，选举出镇妇联第四届执委9名和出席昌平区第四次妇女代表大会代表9名，并召开镇妇联四届一次执委会议，选举李会君为镇妇联主席，孙红梅、李秋侠、李艳云、宋丽娟为南邵镇妇联副主席。

（徐丽娟）

【其他重要工作或特色工作】 开展“三严三实”专题教育，打造过硬的干部队伍。坚持学用结合、以学促干，深化学习成果，通过建立整改台账，推进整改任务的完成。推广小北哨村“1345”服务型党组织创建模式，提升党建工作整体水平。开展“迎新春、送春联”、图书免费发放及秧歌舞蹈培训等镇级活动赛事；做好村、社区益民书屋建设，为北郡嘉源社区提供图书2000册，解决社区居民借书难问题。

（徐丽娟）

流村镇

【概　况】 流村镇位于昌平区西部，面积269.4平方千米，耕地面积11.99平方千米。辖28个行政村。截至年底，全镇（街道）常住人口2.3万人，户籍人口1.91万人，其中非农业人口0.52万人。

2015年，包含建筑业房地产企业，税收完成2.2亿元，同比增长3.79%；财政收入完成5814.65万元，同比增长1.29%。不含建筑业房地产企业，税收完成1.82亿元，同比增长15.82%；财政收入完成入3912.63万元，同比增长20.7%。

实现农村经济总收入14.42亿元，同比增长10.2%，人均劳动所得12586元，同比增长11.49%。

（琚敏）

单位名称：昌平区流村镇人民政府
地址：流村镇北庄村东
电话：（010）89771182
邮编：102204

【农业】 成功举办首届“枣文化节”，与天通苑南、天通苑北街道进行对接，开展枣进社区售卖活动。扶植栗蘑种植户3户，共种植5万株，栗蘑出蘑1.8万斤。猪存栏32场户6540头，牛（奶牛）10场户585头，羊240户8866只，禽类474场户22.7万只，犬1928场户1.04万条，马属39户145匹，其它90户1.17万只。共有专业合作社73个，成员2000余人。其中国家级示范社1个（田园盛业农业专业合作社），市级示范社1个（园霖昌顺农业种植专业合作社）、区级示范社5个（七星苹果专业合作社、高崖口蜂产品专业合作社、阳光惠民合作社、谷氏獭兔合作社、红崖台农业合作社）。

（琚敏）

【工业】 全镇有工业小区1个，即中关村昌平流村镇产业园，院内有正常生产的企业7家。有工业大院2个，分别为上店工业大院，有企业3家；下店工业大院，有企业6家。实现工业生产总值11.9亿万元，销售总产值11.96亿元，营业总收入13.39亿元，利润总额5806万元，上交税金7486万元。按照“待疏解退出项目清单”、“可利用存量资源清单”、“需承接目标对象清单”三个清单要求，对镇域内87家工业企业进行调查摸底。

（琚敏）

【城乡建设】 沟域经济建设。编制完成长峪城古村落保护与发展规划和《长峪城》书稿，完成村落风貌整治、基础设施建设、古村落保护等6个方面。修复狼儿峪武装部、县委、县政府等旧址，完成旅游接待中心、停车场、村口标识、公共厕所等建设。完善白羊城旅游发展规划、一期试点农宅改造方案、禾子涧村搬迁规划和新村建设规划。制作10个旅游全景图，安装旅游指引牌，不断完善配套设施。规划设计白羊沟口至禾子涧仙人谷骑行路线，完成庆王坟、长峪城关帝庙等文物修复工程。环境综合整治。对北流环岛周边进行集中整治，更换北流公园内照明设施，在公交车站西侧设置停车位，在环岛南侧铺设售货步道，在南雁路环岛西侧新建围挡墙，对政府街垃圾收集设施存放点进行改造，在商业街东侧流村中学南至新乡村饭店北道路沿线安装围栏。对下店村东公路两侧进行了环境整治，清理公路两侧柴草、渣土，平整土地长820米、平均宽度4米，栽种两年生沙地柏1280平方米，安装围挡栅栏840米。长峪城、白羊城、王家园、北庄、北照台、菩萨鹿、狼儿峪、韩台8个村通过美丽乡村检查验收。推进“减煤换煤、清洁空气”行动，共发放8528本《液化气购气卡》，总计5.45万瓶，配送优质燃煤2437吨。生态环境建设。完成平原造林扫尾工程，实施平原造林645亩、山区造林5162亩。实施林木抚育7029亩、种植彩叶670亩，在政府街东侧补植花草15亩，白羊沟沿线补植补栽420亩。在西峰山、南流村健康林示范区修建步道2000多米。在白羊城水口两侧山坡上进行种植彩叶670亩。人口规模调控。加大“五管”工作投入力度，设立综合治理、拆违控违专项考核办法，提高各村工作积极性。组织开展加强流动人口规模调控和服务管理工作综合执法20次，开展“百日专项行动”综合执法7次，依法取缔无照废品回收站3家、无照餐饮业1家，整顿环保排污、工业大院10家，规范企业用工2家，全镇流动人口控制在3900人以内，出租房屋管理税征缴4.2万元。狠抓控违拆违，加强对违法建设的巡查，坚决拆除各类违法建设19宗、3.46万平方米。10类挂账项目已全部完成整治。基础设施建设。继续实施抗震节能保温房改造工程，完成翻建120户。实施公路大修7.27公里。完成南雁路与李流路交叉路口改造工程。做好兴延路建设服务保障工作。水利设施建设。推进王家园中小河道治理工程。装修瓦窑、王峪、老峪沟、南流4个村水源井房5座。调查核实饮用水源井消毒设备及水池，全镇容量20立方米至500立方米的水池或水塔共有56座，涉及高口、黄土洼、黑寨等25个行政村，水源井设备64套涉及28个行政村。完成王峪、瓦窑、南流3个村的水源井房的改造及消毒设备的配套安装工作。实施标准化果园田间节水配套工程，涉及王峪、漆园、王家园、北流4个村，共计1100亩。完成漆园、黑寨塘坝除险工程，实施三项小水工程。

（琚敏）

【财政税收】 年内，包含建筑业房地产企业，税收完成2.2亿元，同比增长3.79%；财政收入完成5814.65万元，同比增长1.29%。不含建筑业房地产企业，税收完成1.82亿元，同比增长15.82%；财政收完成入3912.63万元，同比增长20.7%。

（琚敏）

【社会事业】 “六一”儿童节期间，出资7.2万元向全镇1004名中小学生、幼儿园发放慰问金。做好“非京籍”幼升小、小升初“五证”审核工作，进行幼升小“五证”初审56人，审核通过5人，进行小升初“五证”初审2人，审核通过2人。做好全镇中、高考优秀学生奖励工作，奖励大学本科生53名，优秀中学生13名，发放奖励资金24.4万元。教师节期间，向长期扎根山区教育工作15年至24年及从事山区教育工作25年以上的教师，以及对支持幼教工作的相关村发放奖励资金27.5万元。开展预防心血管疾病、科学健身等科普宣传工作，为全镇28个村发放科普知识宣传画200余份。在南流村安装科普知识宣传电子屏，在新建村、老峪沟村、古将小学分别安装10米科普画廊。星火工程艺术团全年演出79场，成功举办流村镇第四届“舞动流村，唱响和谐”舞蹈大赛，承办“美丽昌平走进流村镇”演出活动，代表昌平区组织参加北京市健身操舞大赛活动获得了铜牌。组织星火艺术团培训20余次，培训人数1200余人次。完成白羊城村庆王墓围墙修缮、长峪城关帝庙、禾子涧村关帝庙、马刨泉村九神庙修复工作，启动庆王墓二期、长峪城村永兴寺安全技防项目。配合区文化委编撰《长峪城》书籍。参加新型农村合作医疗共1.12万人，参合率96%。18岁以上农民免费健康体检4790人。开展万名医师下山村巡诊活动，历时1个月，出诊医师108人次，受益群众6000余人次。申报创建健康示范单位（流村镇机关），健康促进示范村6个（黑寨村、漆园村、北庄村、发电站村、小水峪村和韩台村）。完成国民体质监测任务，上站182人。建立退役军人群体体育运动协会。11个村申报2016年度球类场地项目，共17项，约1.7万平方米。10个村申报2016年全民健身工程项目，约1.15万平方米。

（琚敏）

【新农村建设】　加强思想政治建设。编撰《身边楷模 流村榜样》书籍，拍摄微视频、《邻家慈母》等影像资料，通过百姓宣讲、文艺表演等形式，深化社会主义核心价值观宣传教育。采用《今日流村》、生态流村微博、京北第一村微信等宣传引导，为各项工作开展营造良好的舆论氛围。开展“三严三实”专题教育活动。组织开展专题学习研讨，引导党员干部深刻领会“三严三实”实践要求。采取领导班子专题学习、机关干部集中学习、党委书记讲党课、班子成员讲党课等方式，学习习近平总书记系列重要讲话、市委郭金龙书记和区委侯君舒书记专题党课报告。围绕三个专题，领导干部结合自身工作和地区发展深入进行研讨。做好基层党组织换届选举工作。严格按照规定推进换届选举各个环节工作，17个机关、企事业单位党组织全部完成换届选举。研究分析村“两委”换届选举形势，开展换届考察，全面掌握“两委”干部履职、竞职人选、后备干部等情况。严格把关、严密程序，坚持成熟一个选举一个，确保换届选举平稳进行，28个村全部完成换届选举。统筹考虑村委会换届选举，做好准备工作，实现“两保持、两提高、两确保、两降低”工作目标。推进基层服务型党组织建设。围绕人口调控、控违拆违、环境整治等中心工作，细化服务型党组织创建措施。保障党组织服务群众经费投入，实行项目化管理，确定志愿服务、硬化道路等28个服务群众项目。以创建服务型党组织为载体，深化结对共建，联合结对党组织开展文化下乡、技术下乡、支山帮扶等共建活动。加强对漆园、禾子涧、溜石港3个软弱涣散村党组织整顿，选派机关干部驻溜石港村指导工作，通过换届选举健全党支部班子，推动村级事务正常开展。争取项目、资金支持，完成漆园村党员活动场所建设，加快办理禾子涧村党员活动场所建设项目手续。加强党员干部教育管理。加强村干部待遇保障，落实村干部参加保险补贴政策，完善村干部退出保障机制。修订“两委”班子绩效考核办法，加大重点工作考核力度，设立专项考核办法，强化考核措施。加强机关干部职责管理，进一步规范机关管理制度。严格执行干部选拔任用规定，年内，招聘公务员2名、事业编3名，提拔科级干部2名、非领导职务科级干部1人。加强基层干部教育培训，开展集中培训、专项培训20余期。做好离退休干部工作，加强对大学生村官的培养、管理和使用。全面实施党员意识提升行动，利用远程网络教育、“送学下乡”等活动，实行“五管”党员专项承诺，不断提高党员党性修养。强化党风廉政建设。严格履行党委主体责任，按照“一岗双责”要求，层层分解任务、落实责任。深入查找廉政风险点，完善防控措施，更新科级干部、村书记、主任廉政档案78份。运用正反两个方面的典型案例开展廉政教育活动。做好违纪信访案件调查、联合查办案件工作，受理群众信访举报11件，全部办结，查处5起党员干部违纪行为，给予5人党纪处分。推进群团组织发展。新成立5家工会，新发展会员81人，做好工资集体协商、困难职工救助等工作。组织青年团员开展学雷锋志愿服务等活动，积极争取青年创业政策支持。在4个单位新成立妇委会，开展“沐浴书香，精彩人生”妇女读书、为全国残疾儿童编织爱心毛衣、绘画、钢琴培训等妇女活动，积极申报“最美家庭”。完成活动基地民兵执勤及征兵任务，开展学生军训、国防教育等多项军民共建活动。巩固党建特色品牌建设。深化结对共建机制，通过共建支山村党支部争取支持840余万元。市政协和市外是办依托共建平台，指导长峪城和南流村党支部党建工作，开展结对活动。8支部队党组织与所在村党支部在支部活动、党员教育等方面互助共建实现常态化。发挥狼儿峪党员教育示范基地、区革命历史博物馆的作用，全镇36个党支部、1100余名党员开展了缅怀先烈、重温入党誓词等活动。党员义务理发、支部成员义务劳动、两委班子义务治安巡逻等志愿服务活动长期坚持。

（琚敏）

【商贸旅游】 在漆园村小枣基地成功举办了第一届“昌平枣文化节”，制作采摘园引导牌10个，枣节道旗300道。邀请昌平农机校对镇狼儿峪、王峪及老峪沟3个民俗村进行民俗餐研发、制作及接待礼仪培训，培育出狼儿峪村粗茶淡饭、王峪村王峪包子四喜汤锅饺、老峪沟土豆宴等特色民俗宴。在黄土洼村、老峪沟村实施“山里人家，阳光菜园”项目，将农民闲置耕地重新利用，划分区域，改建小菜园。编印宣传图册5000份，并且通过区草莓大会、微博、微信等途径进行宣传，吸引游客，助力农民增收。为长峪城、白羊城、北照台、狼儿峪、漆园、田园盛业合作社等10余个单位制作全景牌，在流村环岛至高口村路段安装3套旅游指引牌。做好市级民俗村、户等级评定工作，提升民俗接待规范化水平。参加“昌平礼物”征集活动，田园盛业合作社、谷氏獭兔合作社、园林昌顺合作社及旅游服务中心四个单位参加评选，作品20余件。协助中央电视台财经频道“美丽乡村”摄制组对流村镇白羊城、白羊沟、老峪沟、长峪城进行“双城故事”拍摄工作，充分展现流村悠久历史文化和自然风光美景。完成区旅游步道流村长峪城段前期踏勘工作。

（琚敏）

【精神文明民主法治建设】 完成镇人大代表补选工作，补选人大代表2名。4月24日，召开镇第四届人民代表大会第七次会议，会议听取并审议了《流村镇人民政府工作报告》《流村镇人民代表大会主席团工作报告》。审议《流村镇2014年财政预算执行情况和2015年财政预算的报告》。依照法定程序，采取无记名投票的方式，依法补选王志强为流村镇人民政府镇长、刘文为流村镇人民政府副镇长。10月22日，召开镇第四届人民代表大会第七次会议，副镇长乔伟华代表政府做了《多措并举 务实创新 全面推动我镇“五管”工作再上新台阶》的专题报告。组织区、镇人大代表参加“送学下镇街”讲座等学习培训活动。信访工作。收到来信18封，其中受理4封、办结答复4件，其他留存2件，不予受理12件。接访235批次、389人次，批次同比下降20%，人次同比下降64%；集体访12批次、117人次，批次同比下降70%，人次同比下降80%。配合区相关部门做好因违建引发的信访接待工作，及时预警。司法行政工作。扎实开展普法教育工作，以“法律进学校”“法律进乡村”“法律进企业”“法律进机关”“法律进自然风景区”“法律进单位”为载体，开展“法律六进”、司法大讲堂活动。开展平安校园创建宣传活动、治理违建、“加强残疾人服务，保障残疾人权益”、“12·4”法制宣传日等主题宣传活动。全年共举办法制宣传月活动3次，举办普法培训班2次，受训人数160余人次，举办各类法律知识考试2场次，参与人数220余人，印发普法宣传资料（宣传单、宣传册、漫画等）近1万余份，张贴悬挂各类普法标语35条。司法所工作人员进村走访群众2000余户，解答法律咨询600人次。开通法律咨询电话，全年共解答法律咨询142人次。加强人民调解委员会建设，健全村级调解委会统计和镇级调委会统计工作的分开管理和上报机制。为解决高口、老峪沟等处于深山区的民事纠纷，完善“联合流动调解庭”工作机制，司法所、法庭、派出所开展联动机制深入村庄。司法所流动调解庭共调解各类纠纷107件；与派出所联合调解各类纠纷87件；与法庭联合调解各类纠纷65件。司法所全年为政府起草、审查合同52件，涉及合同金额500余万元，解决经济纠纷54起，挽回经济损失254余万元，其中为农民工讨薪83.2万元。全年办理法律援助案件9件，其中诉讼案件1件，非诉讼案件8件。5月21日，为农民工法律援助讨薪51万元。以“中国好人榜”获得“北京榜样”提名奖“彰显人间大爱抚养邻居孩子和智障母亲”李淑英的感人故事为原型，拍摄成《邻家慈母》“微电影”，向全镇群众大力宣传，弘扬社会正能量。借助“北京昌平、爱上昌平、昌平圈、昌平先锋、昌平电子报、昌平史话、独漂摄影”等微信平台，大力宣传流村生态美景、新农村发展变化、百姓和谐生活、身边好人好事、抗战红色记忆等本土正能量。

（琚敏）

【重要会议和重要活动】 1月19日，召开镇四届党代会第三次会议，会议全面总结了全镇2014年工作，研究部署了2015年各项任务。1月29日，召开老峪沟村、黄土洼村支山工作会。2月6日，区政协委员周英到古将村慰问道德模范、北京榜样提名奖获得者李淑英，并送去了一万元慰问金。2月15日，召开马刨泉村、长峪城村支山工作会。3月19日，召开王峪村、漆园村对口支山工作会，区委副书记、区长张燕友、副区长李志杰出席会议。4月3日，区委决定张中武不再担任流村镇党委副书记、委员职务，建议不再担任流村镇镇长职务。王志强提名为流村镇镇长候选人。徐广均任流村镇党委副书记，建议不再担任流村镇副镇长职务。刘文任流村镇党委委员，提名为流村镇副镇长候选人，不再担任流村镇党委宣传委员职务。时桂荣任流村镇党委宣传委员，建议不再担任流村镇副镇长职务。谷天庆建议不再担任流村镇副镇长职务。4月24日，召开流村镇第四届人民代表大会第七次会议，会议听取并审议了政府工作报告和人大工作报告。选举了镇长和副镇长。王志强当选为流村镇镇长，刘文当选为流村镇副镇长。5月20日，“美丽昌平”首场下基层演出到西峰山村，近200名百姓和部分驻区官兵观看了演出，区文化委、区广电中心、镇领导班子全体成员出席演出活动。6月25日，区委常委、组织部部长王燕庆一行人先后来到漆园村和瓦窑村，慰问漆园村困难党员刘福年和瓦窑村困难党员邢瑞贵。7月29日，漆园村“漆园龙鼓”传承基地正式揭牌，市文化局非遗文化处处长千容与区文化委主任刘全新一同为基地进行揭牌，并将龙鼓传承学校的匾额授予流村中学。8月31日，区卫计委党委副书记、主任杨冬泉到流村镇走访慰问考入本科且生活困难的独生女孩家庭。9月8日，区首届枣文化节在漆园村举办开幕仪式。副区长贺军、李志杰及区旅游委、农委、文委等相关部门负责人及镇全体班子成员出席了开幕式。枣文化节主要活动区域为漆园、西峰山、王峪三村。8月29日至10月8日，三个村的300余户种植户，6000亩枣园，可为市民提供优质的采摘服务。9月3日，为抗战老兵韩殿武颁发抗战胜利70周年纪念章。9月26日，第四届“舞动流村 唱响和谐”广场舞蹈大赛在流村中学举办。9月29日，举办“道德楷模 流村榜样”百姓宣讲活动。区委宣传部常务副部长孙士军、区委宣传部副部长郑高智、区委宣传部副部长、区文明办主任涂沙金，镇党委书记史佑民、镇党委副书记、镇长王志强等镇领导班子成员出席本次活动，镇28个村“两委”班子成员，辖区企事业单位负责人，全镇机关干部共200余人参加活动。10月19日，组织机关干部到北京民族文化宫，参观新疆维吾尔自治区成立60周年成就展。10月27日，区政协支持市级非遗项目—漆园村龙鼓捐资仪式在漆园村龙鼓传承基地举行。区政协主席陈秋生、副主席靳增立、区文化委主任刘全新等人出席捐资仪式，镇党委书记史佑民、镇党委副书记、镇长王志强参加捐资仪式。12月25日，区委常委、组织部部长王燕庆带领检查组一行来到流村镇，对党风廉政建设责任制工作落实情况进行专项检查。

（琚敏）

马池口镇
（马池口地区办事处）

【概　况】 马池口镇位于昌平区西南部，面积56.44平方千米，耕地面积11.96平方千米。辖1个社区、20个行政村。截至年底，全镇常住人口7.15万人，户籍人口3.17万人，其中非农业人口1.4万人。

2015年，镇地方财政收入1.33万元。城镇居民年人均可支配收入2.28万元，增长10.6%；农村居民年人均可支配收入1.57万元，增长9%。

（陈良　韩娟）

单位名称：昌平区马池口镇人民政府
昌平区马池口地区办事处
地址：昌平区马池口镇
电话：（010）60758410
邮编：102202

【农业】 年内，种植玉米673.9亩，对415.2亩菜田进行资金补贴26.21万元。开展全镇设施农业基地检查工作，完成45台农机年检工作。

（陈良　韩娟）

【工　业】 年内，二、三产业实现企业总收入1.89亿元，企业增加值2.28亿元，工业总产值10.69亿元，工业区实现销售收入10.71亿元，税金3762万元。

（陈良　韩娟）

【城乡建设】 年内，全力开展环境卫生整治工作。出动执法检查150余次，完成全镇五条道路沿线13个村1个社区共129处点位的整治任务。拆除有碍观瞻建筑物28.2万平方米、围墙围栏1.7万延米；清运渣土堆物堆料91万方。完成平原造林拆迁腾退1143亩。落实“门前三包”责任制，及时对市、区、镇挂账点进行清理销账。清理堆物堆料300余吨，清除垃圾、渣土1.5万方。全年共清理违法卫片132处，其中涉及镇的29宗市政府督查违法建设项目已全部拆除整改到位，基本实现了新生违法建设动态“零”增长的目标。积极推进土城新村改造土地一级开发，完成马池口变电站升压110千伏永久外电源拆迁和管线占压等工作。

（陈良　韩娟）

【财政税收】 年内，全镇农村经济总收入28.9亿元，同比增长9.6%；农民人均劳动所得1.57万元，同比增长9%。完成财政收入1.33亿元，税收8.6亿元。

（陈良　韩娟）

【社会事业】 落实社会保障、民政优抚工作，发放各类保障金、慰问金、补助金、养老助残券、报销医药费等达1093余万元。实现养老保险全覆盖，城镇失业人员实现就业340人。完成北京衡器厂有限公司、北京巴龙机电科技有限公司等6个征地项目33人的转非安置工作。对7016户农户家庭实行了家庭财产保险。投入41余万元为5000余名妇女开展了生殖健康检查。

开展“春风送温暖，慈善济万家”募捐活动，募集捐款43万元。大力发展基层文体事业，举办各类文艺演出、放映电影420场。加强学校安全管理，做好非京籍适龄儿童五证初审工作。推进六型社区建设，做好社区大讲堂活动。加强对食品药品市场的管理和监督，强化对辖区无证食品加工小作坊等食品安全风险点监管工作。

（陈良　韩娟）

【新农村建设】 着力改善农村基础设施建设，完成4条乡级公路大修、3000余平方米村级道路补坑，疏通桥涵100余座、整修路肩50余公里。积极落实“减煤换煤，清洁空气”行动计划，为全镇20个村配送并安装炉具4070台，配送燃煤4600吨。推进液化气下乡工作，涉及农户10429户，全年享受液化气下乡优惠25229瓶。推进丈头、乃干屯591户的天燃气入户工程建设。保护生态环境，组织大型环保宣传活动6次，取缔无证无照污染企业20家。全面落实村级“148”系列制度及农村集体事务民主管理程序“五步法”，健全村务监督工作机制。开展“三严三实”主题教育活动，集中学习9次，召开专题研讨会3次。坚持不懈抓基层组织建设，提升基层党组织服务群众能力。完成基层党支部换届选举工作，全镇20个村党支部选举出新一届村支部委员会委员83名。

（陈良　韩娟）

【精神文明民主法治建设】　召开马池口镇第四届人民代表大会第七次会议和第八次会议。全年开展代表座谈会活动3次，听取审议镇政府工作报告4项，开展代表参观、视察活动4次。组织开展纪念抗日战争胜利70周年系列活动，成立“我们的价值观”和“京华英雄”百姓宣讲团，通过身边人身边事引导群众正确的人生观、价值观。组织全镇党员开展宣誓活动，参观卢沟桥抗日战争纪念馆。做好“昌平先锋”党建微信平台推进工作，利用新媒体抓好党员教育管理。深入开展反邪教工作，镇、村成立防范和处理邪教问题工作领导小组，做好对辖区内重点人、重点部位的防控工作。年内，累计投入专业防控力量145人，群众防控力量2100余人。扎实做好信访维稳工作，收到各类办公系统来信57件，接待群众来访88批415人次。做好人民调解工作，组织开展矛盾纠纷排查调解活动6次，法律咨询550余人次。

（陈良　韩娟）

【重要会议和重要活动】　1月21日，召开镇四届三次党代会；3月8日，召开镇党风廉政建设暨重点工作部署会；3月12日，召开学龄前儿童强化漏补种工作会；4月12日，召开环境整治工作部署会；4月15日，召开镇四届人大七次会议，补选产生镇长、副镇长各一名；6月25日，区人大主任朱光彤到马池口镇慰问困难党员和建国老党员；6月29日，召开共青团马池口镇第四次代表大会，选举产生委员9名，出席区团代会代表4名。7月9日，区委常委、组织部长王燕庆到马池口镇调研；7月23日，区人大主任朱光彤到马池口镇指导“三严三实”工作；9月15日，召开镇四届人大八次会议;10月9日，召开人口调控工作月活动部署会；10月21日，召开村党支部换届选举工作动员部署会；11月4日，召开镇总工会第二次代表大会。

（陈良　韩娟）

【人口规模调控工作】　以10类台账为抓手，整合各类执法力量，开展执法54次、拆除违法建设台账32.1万平方米、清退低端企业8家、清理脏乱点391处，关停非法办学机构6家、取缔无证无照经营企业14家、整治违法排污企业、打击环境违法行为29处、整治人力资源市场秩序和规范企业用工行为11处、排查整治消防安全隐患15处。年涉及279项台账全部销账，完成流动人口压减任务和全国1%人口抽样调查工作。

（陈良　韩娟）

【社会综合治理】　创新网络化社会服务管理体系，281个网格配置网络管理员。集中开展安全生产、食药安全、消防安全、环境保护排查工作，高度重视防汛、预防煤气中毒、森林防火和信访维稳工作。落实纪念活动期间安保维稳工作，投入群防群治力量2312人，24小时不间断巡逻检查；组织114名民兵110天不间断执勤。在纪念活动预演和“9.3”期间，全镇141名机关干部由班子成员带队深入一线，驻村督导安保维稳工作，实现纪念活动期间“大事不出，小事也不出”的工作目标。

（陈良　韩娟）

【党风廉政建设】　加强党委主体责任，坚持落实党政正职“六不直接分管”、“一岗双责”、“三重一大”等制度。坚持科学选人用人，公开选任交流机关干部10名。注重完善相关制度，重点加强财务管理等各项制度。开展党风廉政建设教育活动，改进领导干部作风。强化纪委监督责任，全年约谈相关村干部10余人次、服务单位30余人次，受理办结信访举报件6件，配合区纪委查办案件5件，开除党籍7人、留党察看1人，严重警告2人，警告2人。

（陈良　韩娟）

【基层党支部换届选举工作】　年内，进行社区党支部、机关企事业单位党支部和农村党支部的换届选举工作。社区党支部选举采用直选的方式产生党支部委员5名，其中连选连任支委2名，连任支部书记1名。全镇20个村党支部选举出新一届村支部委员会委员83名。其中新当选委员17名，连选连任的委员66名；大专以上学历30名。6月至10月，全镇26个基层党支部进行换届选举，共选出党支部委员63名，其中书记26名，副书记11名。

（陈良　韩娟）

延寿镇

【概　况】 延寿镇位于昌平区东北部，镇域面积125.25平方千米，植被覆盖率达97%，辖17个行政村。截至年底，全镇常住人口1.07万人，户籍人口数1.08万人，其中非农业人口2987人。

2015年延寿镇地方财政收入4918万元，增长31.2%。农村居民年人均可支配收入1.14万元，增长10.9%。

（殷立志　何海杰　陈菲）

单位名称：昌平区延寿镇人民政府
地址：十三陵镇景陵村西
电话：（010）60761127　60761833
邮编：102213

【农业】 年内，全镇推广林下经济作物种植，栽培栗蘑菌袋129万袋，林下中药材的种植450亩，杂粮种植400亩；完成全镇农用车验车工作，与各村签订农机安全责任书34份，农机培训50人次，发放农机宣传画200余张，秸秆禁烧宣传通告100余份，发放横幅17条；玉米直补全镇共计990.75亩1167户，发放玉米直补资金9.6万元；发放农业政策性保险投保宣传文件17份；完成对口支山项目的申报、会议等工作；对全镇符合申报无公害基地的单位进行了前期调研工作，完成对分水岭野山杏专业合作社无公害食用菌基地的监管和复查换证工作。

（郝守峰）

【工业】 年内，镇企业营业收入完成4.78亿元；企业增加值完成1.57亿元；利润总额完成3324万元；工业总产值完成5845万元；规模工业总产值完成2471万元。

（齐小娜）

【城乡建设】 年内，拆除违章违法建设总面积5091平方米；完成13个村68户的农宅翻建审批手续；按计划完成百合、上庄、花果山三个村地质灾害隐患点治理工程的前期工作；宣传《北京市大气污染防治条例》，向工业企业、群众发放宣传材料1200余份；大力组织开展防震减灾知识培训和宣传活动，下发宣传材料5000余份；全年共清运生活垃圾2000余吨，建筑垃圾渣土1800余吨；消除环境卫生台帐129处，其中区级环境卫生台账117处，镇级环境卫生台账12处。

（王振海　王建富）

【财政税收】 年内，收入总额为1.37亿元。其中财政拨款收入1.2亿元，上级补助收入18.5万元，事业收入598.7万元，经营收入4.2万元，其他收入1032.1万元。本年财政收入共计4.55亿元，比上一年增长12.44%。

（何海杰　刘朔）

【社会事业】 年内，为138户困难户、2名抗日时期的伤残军人、4名抗日时期的烈士子女、45名优抚对象和17名现役义务兵、22名60–79周岁农村籍退伍义务兵、38名70周岁以上农村籍退伍义务兵发放慰问金共计4.14万元；筹集捐款13.02万元，为区慈善协会募集捐款10万元；举办第二届延寿心灵关爱周活动，由延寿寺居士为全镇9名尿毒症患者进行捐款；对家庭因病、因灾导致家庭生活困难的情况进行帮扶，共为41户困难户向区级争取各类临时救助共计18.46万元，为85人次报销医疗费用54.25万元；为68人办理了残疾证；为48名残疾人申请了残疾人生活补助，累计发放216万元；为411人申请残疾人护理补贴，累计发放18.18万元；为8名重度残疾人申请了助残券，累计发放33.86万元；开展“爱眼日”、“爱耳日”、“助残日”等宣传活动；与北京千手学校合作开展手工艺品培训班，60余名残疾人参加培训；开展60周岁老年人免费体检工作，为752名老年人进行免费体检；对9个村图书补充的需求进行统计上报；新添了西湖和慈悲峪村两个村级文艺队，村级文艺队达到15支，总计212人；举办延寿镇第二届"燕山红"广场舞蹈比赛活动。全年完成星火工程非专业演出共44场，专业演出17场；加强对文物保护，制定保护安全措施，按时填写上报镇20个文物保护点的台账工作，并与11个村签订《昌平区延寿镇2015年度文物安全目标管理责任书》；新发现百合关帝庙、上庄石碑两处文物古迹；全镇已放映数字电影达640场次；获得昌平区体育组织建设工作评比第二名，并获得下发的奖励资金3万元。

（王海音　崔春朋　高雪川）

【新农村建设】　年内，完成年度湖门、西湖、连山石、分水岭村的美丽乡村申报材料和协助验收工作，完成各村上报68户翻建房的图纸制作和报表的填报工作；协助区审计部门完成镇年度68户翻建入户审计验收工作；监督企业将村需液化气罐定期送到各村，完成了全镇共计5569户共计3.18万瓶的液化石油气下乡发放监督和协助审计工作；完成年度减煤换煤登记汇总工作，煤球1583.06吨及蜂窝煤442.5吨兰炭35吨全部发放至各户；完成23个基层党组织换届选举工作；严格按照《中国共产党发展党员工作细则》吸收新党员29名、预备党员转正22名；组织各基层党支部开展农村党组织服务群众项目经费申报工作并抓好落实；利用红色文化资源，建成黑山寨、百合两个村史博物馆作为党员教育实训基地；关心关爱20名建国前老党员和18名生活困难党员并多次走访慰问送上帮扶资金；组织23名处级领导干部和17名机关科级干部开展个人有关事项填报工作；推进基层服务型党组织建设，成立党员志愿服务队和志愿服务小组，覆盖党员856人；落实党风廉政主体责任和监督责任，深化监督问责。

（苏慧　养毅）

【商贸旅游】　年内，完成区级为民办实事，停车港湾的延伸审计工作；申报全域道路骑行线路服务驿站两处，分别位于延寿寺和百合村，配套建设避雨亭、饮水处、修车工具等；对国家步道延寿段进行踏勘，争取市级支持资金；3月至8月，对镇域民俗户进行梳理，其中符合条件的22家民俗户接受区旅游委的检查指导和星级评定；承接区旅游委和腾讯网组织的自驾游活动；继续通过延寿旅游微博、美丽延寿、爱上昌平的微信平台对延寿生旅旅游资源、特色农家菜进行宣传；组织镇域新业态带头人在农闲时节参加服务与互联网营销的培训，提高从业人员的服务水平；组织民俗户和专业合作社参加"我最喜爱的北京礼物"评选；继续为符合条件的15家民俗户安装宽带网络。全镇民俗旅游收入为615万元，同比增长3.5%，接待人次13.93万人次，同比增长3.9%。

（刘佳）

【精神文明 民主法治建设】　年内，组织召开镇一届七次、八次人代会，闭会期间，对5条代表建议，按照法定时间进行答复；组织部分区、镇人大代表对全镇17个行政村进行环境卫生集中大检查，并现场打分；组织全体镇人大代表对《区人大关于进一步加强和改进全区人大工作的意见》进行学习贯彻；借助村级民主日，组织有条件的代表向选民述职；积极配合镇司法所等相关部门开展各类法律知识讲座和送法下乡活动8次；组织接待全国人大老干部为海字村村民义务写春联活动，共送出春联300多副、福字500多个；积极开展人大信息报送工作，共上报人大信息10条，被昌平人大信息采用8条；延寿司法所2015年被评为AAA级规范化司法所；完成了六五普法规划验收工作；积极组织参加法制宣传"故事汇"演讲比赛以及法律知识答题活动；开展法律"六进"活动12场次，发放各类宣传材料1.5万余份，解答群众的法律咨询200余人次；完成分水岭村法制文化墙的工作；全镇开展法德大讲堂活动18场次；全年对基层调解员的业务培训2次；司法所调解矛盾纠纷40余件，其中签定调解协议书20份，进行司法确认18份；全年为镇政府及17个村起草制定各类合同20余份，参加诉讼5次。组织律师事务所律师与17个村签订顾问合同，解答法律咨询100余人次，为村民代写法律文书30份；推进依法信访、阳光信访；全年共接访302批次、505人次，同比下降30.7%、32.9%，领导干部接访169人次；办理网上信件19件，受理信访事项69件，上报人民建议11条采用6条；完成了“两会”、“9.3纪念活动”、“国庆66周年”及“十八届五中全会”等重大活动期间信访维稳工作；开展全区性综合执法行动22次，出动各类力量共计1460人，下达各类整改通知书87份，清理广告牌6块，清理游商摊贩135人次；共取缔无照经营4家，清理压减流动人口52人，治理非法停车及占道经营车辆12辆，查抄非法经营器具2件；重大活动期间部署社会面防控力量1191人；开展防范邪教、铁路护路、禁毒及普法知识等法治宣传6次，发放各类宣传材料2万余份。

（殷书岭　刘超　李红　陈菲　胡新华　孙颖萍）

【重要会议和重要活动】 1月16日，中共延寿镇第一届代表大会第三次会议召开，89名镇党代表（含镇党委班子）、49名列席代表出席了本次会议。3月20日，镇第一届人民代表大会第七次会议胜利召开，全体代表听取、审议并通过《政府工作报告》《财政预算报告》《人大工作报告》。5月23日，召开综合整治百日专项行动部署会，传达贯彻落实区委、区政府文件精神，安排部署综合整治工作。6月28日，举办的第二届燕山红广场舞蹈比赛，比赛由15个村组成的13支村级文艺代表队共212人参加，有灯笼舞《张灯结彩》，自选舞蹈《中国美》《欢乐中国鼓》《飒爽女兵》等。7月7日，来自机关、各村、企事业单位的10名党员代表，及25名团员代表，到区革命历史纪念馆，参加全区党团队员集体宣誓活动；。8月10日，区委书记侯君舒带领区规划分局、园林绿化局、山区办等部门负责人，利用一天时间，到延寿镇实地调研山区经济发展情况，副区长李志杰一同调研。9月14日，第二届“延寿心灵关爱”慈善周活动在延寿镇北庄村举办。区委常委、区委统战部部长孙启、区政协副主席洪起国出席活动并向捐助对象发放了捐助款。

（陈菲）

【其他重要工作或特色工作】 5月8日，在延寿镇举办全区第一次青年创业大讲堂活动。6月10日，召开了“美丽延寿”政务微信平台启动推进会，17个村、机关科室、及职能站所的54名文明宣传信息员参与会议。5月开始，成立延寿镇宣讲团，在镇村开展讲党课、讲法律、讲服务、讲健康、讲文化等“五讲”和“我们的价值观”、“京华英雄”专题宣讲活动。年内共开展宣讲19次，参与宣讲人员累计62人，收听宣讲近千人。7月7日，开展集体宣誓活动，200余名党员、团员、入党积极分子一同重温了入党誓词，以此纪念中国人民抗日战争暨世界反法西斯战争胜利70周年。

（陈菲）

十三陵镇

【概况】 昌平区十三陵镇人民政府位于昌平区西北部，面积158.84平方千米，耕地面积3.6平方千米。辖2个社区、38个行政村。截至年底，全镇常住人口2.82万人，户籍人口2.65万人，其中非农业人口1万人。

2015年，镇地方财政收入3280万元，全镇实现农村经济总收入236061.2万元，实现人均劳动所得15069.9元。

（路晓龙　章勇华　朱春华　徐全宇）

单位名称：昌平区十三陵镇人民政府

地址：十三陵镇泰胡路2号院

电话：（010）89761455　89762166

邮编：102206

【农业】 2015年，全镇农林牧渔总产值1.65亿元。新发展苹果面积104.3亩，全镇苹果种植面积达到4340.72亩，总产量3279吨，产值3279万元；柿子种植面积2.41万亩，总产量1983吨，产值416.6万元。办理农业保险494户，参保面积3455.35亩；为种植户发放生物菌剂252吨。截至年底，全镇鸡存栏4.2万只，猪存栏8788头；牛125头、羊6188只；马属动物100匹。全镇规模水产养殖6户，养殖水面151.6亩。发放全镇1709农户玉米种植补贴32万元，补贴面积3301.6亩；发放栗蘑补贴款20万元；发放19栋草莓种苗补贴1.4万元。发放涉农专项贴息款2.3万元。完成基本菜田蔬菜生产基础性补贴汇总，其中露地菜田44.2亩、设施菜田10.39亩，补贴资金合计2.6万元。强化地区生态优势，完成700亩重点公益林抚育，补植苗木1.75万株，割灌面积100余亩。

（章勇华　马瑞满　阚纯利　张永宽）

【工业】　全镇完成企业总收入2.8亿元，企业利润总额1800万元，企业增加值5000万元。其中，工业总产值完成2300万元，工业利润总额完成80万元。

（郝志刚）

【城乡建设】　全年累计开展综合执法行动20次，全力做好综合整治百日专项行动、流动人口调控月工作。加强实有人口信息采集，重点做好轨道交通站点周边流动人口管控工作，严查违规出租房屋行为。保持拆违控违高压态势，严厉打击违法建设行为。发现各类违法建设50余处，拆除违法建设3万平方米；动态清除新生违法建设1000平方米，实现“零增长”目标。严格执行产业负面清单，落实清退低端产业政策，从源头控制低端业态吸纳外来人口。全年累计压减常住外来人口588人。旧西路、南涧路拆迁整体推进，重新启动了国道110二期的评估、拆迁工作。强化地质灾害防治工作，大岭沟、果庄两村泥石流搬迁工程开始进入规划结果的镇村两级公示。乡村公路改扩建10.98公里，涉及6条道路，完成总投资892万元。乡村公路养护总里程约150公里，完成总投资135.8万元。加强农村生活垃圾分类，设立建筑垃圾存放点38个、垃圾分类站1个、公厕66座。全年累计清运生活垃圾1万余吨、清理渣土2万余吨，清理小广告4000余张、摘除不规范牌匾500余处，消除区级环境卫生台账120多份。全镇环境卫生考核全区排名前列。

（路晓龙　尹兆怀　张洪兵　王志刚）

【社会事业】　开展城乡低保、社会救助、慈善救济等工作，累计投入461.8万元。拓宽就业渠道，大力开发绿色就业岗位，城镇登记失业率保持在1.5%以内。以培训促就业，全年开展各类技能培训班17期，参加培训854人次，55人取得资格证，实用技术培训达到791人。城乡居民养老保险参保率达98.5%；新型农村合作医疗参保人数1.35万人，参合率达99.8%，筹集慈善捐赠27.69万元。成功创建市健康示范单位1个、健康示范村11个、健康社区1个、农村典型示范社区5个，为7个村进行水质改造工程，为65岁以上老人免费开展健康体检，为4937人投保了女性两癌保险，为5991个家庭承保了2015年家庭意外伤害保险。完成6人义务教育阶段入学工作“五证”联审，十三陵中心小学、长陵学校通过教育部评估验收。为79名考入示范性高中、大学的优秀学生发放奖励金13万元。严格按照《北京市控制吸烟条例》要求，做好全镇控烟工作。加强镇域内各墓地单位殡葬管理服务工作，成立墓地巡查看护队，加强非法公墓巡查监管。清明祭扫期间各项保障措施落实到位，各公墓单位接待祭扫人员13.89万人次，车辆3.6万辆。共接待群众来访148批次、632人次，有效化解120批次；处理网上信访17件、208批次、212人次，全部办结。

（魏艳华　王哲　程希枝　李红英　李东凤）

【社区建设】　完成胡庄社区、北新村社区第九届社区居委会和党支部换届选举工作，两个社区共有9人实现连选连任，全部实现书记、主任“一人兼”。下口村、德陵村、麻峪房村、大宫门村、昭陵村5个村完成2015年农村示范社区创建工作。

（魏艳华）

【新农村建设】　完成石牌坊、泰陵2个试点村合同地块的实地测绘工作和合同中数据与实地测绘数据的比对工作，共涉及承包合同289份、935人。完成集体土地、房屋出租产权交易8笔，被列为市级试点单位。完成16个村年度一事一议财政奖补项目。全年累计签订集体经济合同918份，上市产权交易平台合同8份。落实市区“减煤换煤·清洁空气”行动计划，为37个村配送优质煤4300吨、液化石油气2.9万余罐。严格执行环境卫生专项考核办法，落实“门前三包”。新建、翻建抗震节能住宅改造50户，完成12个村的美丽乡村迎检工作。组织10个对口支山村召开对口支山会议，争取资金和项目支持178万元。印发《十三陵镇关于加强村(社区)综治委(办)建设的工作意见》，以东水峪村、康陵园村试点建设经验为借鉴，全镇村级综治委（办）100%完成建设。充分发挥视频监控系统在前置预警和应急处置中的效能潜力，17个实施村庄社区化的村居视频监控室全部修复完毕并投入使用

（朱春华　刘振增　尹兆怀）

【商贸旅游】 主动对接“互联网+”，建立健全农副产品网络销售体系，促进农民增产变增收。做好“麻峪房形象力提升改造项目”，春节期间麻峪房村共接待游客4000余人，收入近50万元，同比增长53.4%；配合区旅游委做好“昌平骑行路线服务设施配套项目”，跟进“大岭沟猕猴桃谷景区提升改造项目”及国家登山步道项目。举办“麻峪房村抱金羊，最美乡村过大年”活动，组织146家民俗户参与星级评定，组织“四大名宴”及麻峪房“嘎嘎宴”民俗户参加区“农业嘉年华”，现场进行制作和展卖。通过微信平台、广播、电视等多种渠道，开展旅游宣传，提高知名度和影响力。做好民俗村、民俗户的百度地图定位工作，全镇222个民俗户均已录入，方便游客及时搜索了解镇域旅游资源。组织2015年“昌平礼物评选、昌平乡村旅游商品展卖大集”活动，“双龙山文玩工艺品”和双龙山“柿子醋原浆”均获得民俗工艺品类和乡土美食类优秀奖。大力发展创新驱动的文化创意产业，努力形成新的经济增长点。2015年元旦、春节、五一、十一等重点节假日期间，全镇接待旅游人次14.7万人，民俗旅游接待收入806.4万余元。

（刘京）

【精神文明民主法治建设】 打造具有区域特色、凸显明文化、兼具时代精神的文化活动品牌，成功举办第二届“乡村过大年”、第四届群众文化体育节等系列文化活动。全年共安排“星火工程”文艺演出87场次，放映数字电影1450场次，全镇数字放映厅达35处。邀请区文化馆老师对各村（社区）共80名基层专职文化骨干进行广场舞培训，丰富完善40个村（居）的“益民书屋”，胡庄社区被评为市优秀阅读示范社区；完成了献陵五虎棍区级非物质文化遗产代表性项目申报、大宫门村北京市体育特色村申请、《十三陵镇概览》编制出版等工作。坚持“保护为主、加强管理”的方针，以优化保护管理手段为中心，加大文物保护宣传范围，加强文物保护力度，创新文物保护管理方式，充分发挥文物保护对旅游服务工作的拉动功能。加强反邪教工作力度，强化宣传教育和帮教转化，完成无邪教示范社区创建工作。推进《十三陵镇“六五”普法规划》落实，积极开展“送法进山村”等法制宣传活动。

（李红英　吕会见　张合明）

【开展“三严三实”专题教育】 开展“三严三实”专题教育，坚持高标准严要求，先后召开专题学习会4次，撰写学习体会52篇，推动地区大建设、大发展的决心和信心。班子成员剖析自身问题，以自觉行动促进自我革新，让“严”与“实”的精神在思想深处扎根。健全规范干部选拔任用制度，努力营造风清气正、务实干事的工作氛围。

（郝雪芹）

【基层党组织建设】 完成56个基层党组织、共青团等选举工作，完成38个村党支部书记任期三年的换届审计工作。注重党员发展管理，年内发展党员39名，在全镇党员干部中开展“党员意识提升行动”和“讲政治、守纪律、懂规矩”主题教育，组织基层两委干部参加专题讲座6次，为基层讲党课2次。组织全镇适龄村“两委”干部参加职工社会保险，制定超龄“两委”补贴方案。探索基层党建项目化管理。组织各村(社区）做好基层党组织服务群众专项经费申报，对项目进行严格审核，对不符合资金使用用途

的项目坚决予以纠正，确保经费使用规范。加大党建创新力度，提炼党建工作特色，推进《构建村级后备干部培养新模式》等创新项目。

（马力　郝雪芹）

【党风廉政建设】 全面推进党风廉政建设各项工作，认真开展专项治理和反腐倡廉警示教育。严格落实“两个责任”和党员领导干部“一岗双责”，强力正风肃纪，保持惩治腐败的高压态势。全年共接待群众来信来访20次，完成上级交办信访初核9件，给予党纪处分1人。

（李小军）

【旅游环境整治】 成立旅游秩序联合执法办公室，全力整顿旅游市场秩序，收回不规范菜单70余份，拆除不规范广告牌匾221块、私搭乱建1950平方米，同步推进菜单和门头牌匾规范化、统一化。

（刘京）

北方企业集团公司

【概　况】 北方企业集团公司（简称“北企公司”）位于昌平城区西南4公里处，面积5.6平方公里，所辖马池口村。截至年底，全村共1122户、总人口3700人。

2015年，农村经济总收入完成7.04亿元。地区企业增加值完成1.11亿元。乡镇企业总收入完成3.69亿元。乡镇企业利润总额完成1168万元。工业总产值完成1.14亿元。工业利润总额完成165万元。外贸出口商品交货额完成5597万元。农村人均劳动所得1.7万元。企业完成税收额1379.2万元。完成财政总收入560万元。

（王学梅）

单位名称：北方企业集团公司
地址：马池口镇马池口村
电话：（010）60771927
邮编：102200

【集团公司党委一帮一走访慰问】 2月10日，集团公司党委副书记、公司经理林祥到马池口村困难户中进行一帮一走访慰问活动。

（王学梅）

【人大267号建议协调会】 5月26日，在集团公司举行人大267号建议协调会，讨论关于北京北方汽车驾驶学校移址新建的建议。参加会议的有区政府、区人大、区规划局、区国土局、百善镇等有关部门领导。会上，听取了北企公司的工作汇报，并由百善镇介绍了所选新址所在地的情况。

（王学梅）

【机关党支部大会召开】 7月17日，召开机关党支部大会，发展了4名新党员，北企公司经理林祥讲党课。

（王学梅）

【安全保障工作会召开】 8月12日，召开安全保障工作会，要求采取安全保障措施，做好值班巡逻。

（王学梅）

【安全生产工作检查】 8月26日，副区长孙卫、贺军及相关职能部门到北企业公司进行安全生产工作检查，分别对加油站、北方机动车检测场及马池口村民回迁楼工程工地进行了检查。

（王学梅）

【参加习近平三农思想研讨会】 9月8日，部分职工到人民日报社参加“习近平三农思想研讨会”。

（王学梅）

【贯彻中央八项规定动员会召开】 9月29日，召开贯彻中央八项规定动员会。参加会议的有全体机关干部及下属企业负责人。会上，明确了中央八项规定，并强调了严格遵守节日期间的纪律和规定。

（王学梅）

【推荐马池口村支部候选人党员大会召开】 10月24日，召开了马池口村党支部推荐新一届支部成员候选人全体党员大会。会上，现任支部书记王成林向全体党员们汇报了本届支部的工作情况；全体党员对新一届马池口村党支部成员候选人进行了投票推荐选举。

（王学梅）

【马池口村党支部选举工作动员培训会召开】 10月22日，北企公司党委召开了村党支部换届选举工作动员及培训会，会上，就村党支部的换届选举工作进行了动员和培训。

（王学梅）

【组织党员干部学习】 10月30日，组织党委中心组及全体机关、村委及相关单位干部学习“中央纪委转发河南省委通报调强化责任追究把从严治党落到实处”、“四川省委书记王东明：南充拉选票贿选案教训极其深刻”文件精神。并观看警示片《任性的区长——门头沟区原区长王洪钟案警示录》。

（王学梅）

【马池口村党支部进行换届选举】 11月14日，北企公司、马池口村党支部召开党员大会，进行村党支部换届选举。会上，现任村党支部书记王成林代表本届支部向全体党员做了《以习总书记系列讲话精神为指导 全面推进村党支部建设工作》报告。选举选出党支部书记一名，副书记一名，委员两名。

（王学梅）

【组织机关干部学习】 12月11日，组织机关干部学习，传达了区委四届十次会议精神并结合公司实际向大家提出了新的工作要求。12月18日，学习廉洁自律准则、纪律处分条例及相关案例。

（王学梅）

【贯彻区委警示教育大会精神】 12月21日，召开全体机关干部及企业单位领导班子、财务主管人员会议，观看了警示片和“左权案警示录”，传达区委书记侯君舒、区纪委书记张晓兰在区党员干部警示教育大会上的讲话。北企公司党委副书记、经理林祥结合北企实际情况，进行了对照检查，提出深刻反思。

（王学梅）

人物

组织机构负责人

一、区委机关

中国共产党北京市昌平区第四届委员会

书　记　侯君舒
副书记　张燕友　李　良（2月任，7月免）
常　委　周云帆（6月免）　张晓兰（女）　孙　启　余俊生　田运胜（土家族，12月免）　王燕庆（4月任）　韩　义　孙　卫（1月任）　苏贵光（7月任）
委　员　（常委均系委员，从略）　王　璐（女）　王书合（6月免）　王志刚　云富勇　白向军　牟少华（女）　刘长永　苏卫东（1月免）　李万佰　李元和　李志杰（蒙古族）　李福忠　吴小利　张　勇（1月免）　陈隽磊　赵海英（女）　茅　江　贺　军　郭玉清　郭向东　董贵蛟　靳增立
候补委员　刘晓梅（女，满族）　宁　澈　杨冬泉　杨春山　黄先锋　隋彦玲（女）　王海岭

中国共产党北京市昌平区第四届纪律检查委员会

书　记　张晓兰（女）
副书记　裴卫东　㑇　民　王海津
常　委　魏学军（3月免）　王海龙（3月免）　尚文生（3月免）　王双锋　孟令然　莫清海（3月任）　马源洪（3月任）　王　乾（3月任）

区委工作机构及相关部门

区委办主任　刘长永（3月任）
组织部部长　李　良(5月免）王燕庆(5月任）
常务副部长　唐拥军
宣传部部长　余俊生
常务副部长　孙士军
政法委书记　朱光彤(3月免）李　良(3月任）
常务副书记　靳增立（3月免）　梁士强（3月任）
统战部部长　余俊生(1月免）孙　启(1月任）
常务副部长　张维亮
老干部局局长　郑雁凌（女）
直属机关工委书记　朱光彤（3月免）　孙　启（3月任）
常务副书记　尚大海
社会工委书记　刘向东
社会办主任　刘向东
研究室主任　周金星（3月免）　喻明喜（3月任）
国家保密局局长　冉　灏（3月免）　朱驻军（3月任）
文明办主任　涂沙金

610办公室主任 齐炳瑞
综治办主任 杨振和
流管办主任 杨振和
区委巡视一组组长 路玉玺（满族）
区委巡视二组组长 李进春
编办主任 张 华
区委党校常务副校长 杨春山
党委书记 尚万江
党史办（区志办）主任 朱华海

二、人大机关

主 任 李福忠（1月免） 朱光彤（1月任）
副主任 杨国昌 奚增森 李春菊（女）
杨洪达（1月任） 郑国柱
委 员 胡玉泉 杨 毅 李同新 张 进
宋 杰 谷全成 李海英（女）
秦 况 郝 和 孙秀静（女）
刘智勇 王丽英（女） 冯世勇
张强斌 杨启红（女） 杨剑平
张艳霞（女） 周志军 袁振春
黄永刚 王金玉

区人大工作机构

办公室主任 胡玉泉
研究室主任 杨 毅
代表联络室主任 李同新
教科文卫委主任 秦 况
农村委主任 张 进
城建环保委主任 谷全成
财经委主任 宋 杰
内务司法工委主任 李海英（女）

三、政府机关

北京市昌平区第四届人民政府

区 长 张燕友
副区长 周云帆（8月免） 孙 启（1月免）
孙 卫 苏贵光 刘淑华（女）
刘 泽（12月任） 贺 军（1月任）
李志杰（1月任） 刘长永（12月任）
苏卫东（1月免）

区政府工作机构及相关部门

政府办主任 白向军
外事办主任 庄建蓉（女）
法制办主任 安晓玲（女）
信访办主任 梁士强（3月免）
张海岩（3月任）
台办主任
人力资源和社会保障局党委书记、局长
赵海英（女）
监察局局长、行政投诉中心主任
裴卫东
知识产权局局长 王永林
文化委主任 刘全新
党委书记 李志武（5月免）
刘全新（6月任）
旅游委党组书记、主任 袁丽民（女）
经济信息化委主任 王志刚
党组书记 李智民
商务委主任 云富勇
党组书记 杨 嵩（6月免）
云富勇（6月任）
安监局局长 兰剑波
党组书记 兰剑波（11月免）
韩文亮（11月任）
体育局局长 王玉禄
党组书记 方 磊
卫生计生委主任 杨冬泉
党委书记 石彩红（女）
国资委主任 陈隽磊（3月免）
丁海军（3月任）
党委书记 徐 军
住房城乡建设工委书记、住房城乡建设委主任
金东彪

市政市容委员会工委书记、主任
郭玉清
科委主任 李万佰（3月免）
李雪红(女,3月任)
党组书记 李万佰
发展改革工委书记、发展改革委主任
李志杰（3月免）
宁　澈（3月任）
教育工委书记 隋彦玲（女）
教委主任 李成旺
农村工作委员会主任 董锦华
农村工委书记 李元和
科技园区管委会主任 苏贵光
常务副主任 吕晨飞（3月免）
张劲柏（3月任）
工委书记 吕晨飞（6月免）
张劲柏（6月任）
投资促进局局长 周　玲（女）
交通局局长 张　伟
党委书记 邱小波
环境保护局党组书记、局长 牟少华（女）
城管执法局局长 韩续昌（3月免）
段学勇（3月任）
党组书记 段学勇（3月免）
韩续昌（3月任）
园林绿化局局长、绿化办主任
沈树祥（3月免）
茅　江（3月任）
党委书记 马传亮
水务局党委书记、局长 洪起国（3月免）
许正锋（3月任）
司法局党委书记、局长 徐平仪
民防局局长 王学剑
民政局党委书记、局长 杨洪达（3月免）
韩宝田（3月任）
农业局局长 宗　江
党组书记 杨群群
动物卫生监督管理局局长 宗　江
民宗侨务办公室主任 贾洪东
财政局党组书记、局长 贺　军（3月免）
沈树祥（3月任）
审计局党组书记、局长 陈玉起
统计局党组书记、局长 李春玲（女）
综合行政服务中心主任 桑先军
沙河高教园区管委会主任 王　冰
档案局党组书记、局长 赵丽君（女）
农服中心主任 宗　江
党委书记 李利军
经管站党组书记、站长 徐德清
地震局局长 刘　平（女）
十三陵特区办事处党委书记 王建成
十三陵特区办事处主任 雷　涛（3月免）
方桂堂（3月任）
机关行政事务管理处党组书记、主任
白向军（3月免）
尚文生（3月任）
广播电视中心党委书记、主任
刘晓梅(女,满族)
小汤山农业园管理中心党委书记、主任
张正伟（4月任）
北京交通职业技术学院院长 林海波
党委书记 李卫东

四、政协机关

中国人民政治协商会议
北京市昌平区第四届委员会

主　　席 陈秋生
副 主 席 李永生　靳增立　洪起国（1月任）
陈　勉（满族）　李雪红（女）
张强斌（1月任）
秘 书 长 郭守忠
常务委员 于　梅（女）　王　欣（女）
王　彬　王金玲（女）　王立兵
王剑元　王鲁滨　纪树一　邢洪金
邢晓峰　张晓鹏（女）张维亮
李术元　李秀玉　李克非　李志江
杨建东　李胜利　陈武威　林国水

周建忠 罗钊明 赵守华 赵连葆
秦凤权（女） 徐振宏 桂振华
黄 辉（女） 常 坚 梁建兵
鲍志华 塔 娜（女） 潘晓军
王清晨 王京民（1月任）
朱秀峰（1月任） 许克仲（1月任）
孙和平（1月任） 熊淑娟（1月任）

区政协工作机构

办公室主任	纪树一
研究室主任	赵守华
提案委兼文史资料委员会主任	李志江
经科委兼港澳台侨委员会主任	许克仲
城建环保与社会法制委兼民族宗教委员会主任	杨建东
教文卫体委兼学习委员会主任	赵连葆
专委会工作五室主任	王清晨（女）
专委会工作六室主任	熊淑娟（女）

五、群团组织

总工会党组书记、主席	郭自成（1月任）
团委书记	刘智勇（3月免）
	王 旸（女，3月任）
妇联主席	石东琨（女）
科协主席	王秋生
科协党组书记	李树伟
残联党组书记、理事长	陶建刚
工商联党组书记、会长	邢晓峰
红十字会常务副会长	杨玉宝（3月免）
	张中武（3月任）
文联主席	周振华

六、政法、军事机构

市公安局昌平分局分局长	田运胜（土家族，12月免）
	刘 泽（12月任）
党委书记	田运胜（土家族）
政委	徐 桐
法院党组书记、院长	张 雯（女）
检察院党组书记、检察长	邹开红
武装部政委	韩 义
部长	陈 军

七、街道办事处、镇（地区办事处）

回龙观镇、回龙观地区办事处

党（工）委书记	郭向东（3月免）
	杨玉宝（3月任）
镇 长	储 鑫（女，3月免）
	雷 涛（3月任）
主 任	储 鑫（女，3月免）
	雷 涛（3月任）

东小口镇、东小口地区办事处

党（工）委书记	王 军
镇 长	刘 芬（女，4月免）
	冉 灏（4月任）
主 任	刘 芬（女，4月免）
	冉 灏（4月任）

沙河镇、沙河地区办事处

党（工）委书记	黄建军
镇 长	白保平（4月免）
	王玉君（女，4月任）
主 任	白保平（4月免）
	王玉君（女，4月任）

小汤山镇

党委书记	许正锋（3月免）

刘　芬（女，3月任）
镇　长　张大鹏

崔村镇

党委书记　韩　军
镇　长　王月林
兴寿镇
党委书记　杨玉文
镇　长　黄森华

阳坊镇

党委书记　李　昌
镇　长　徐冬云（女）

南邵镇

党委书记　王　建（3月免）
李　欣（女，3月任）
镇　长　李　欣（女，4月免）
李　勇（4月任）

百善镇

党委书记　徐　强（3月免）
李怀来（3月任）
镇　长　李万升（4月免）
李文慧（女，4月任）

北七家镇

党委书记　刘长永（3月免）
周金星（3月任）
镇　长　齐俊国

十三陵镇

党委书记　王建成
镇　长　方桂堂（4月免）
刘长德（4月任）

延寿镇

党委书记　鹿伟强
镇　长　李　攀

南口镇

党委书记　宁　澈（3月免）
徐　强（3月任）
镇　长　曹晓兵

流村镇

党委书记　史佑民
镇　长　张中武（4月免）
王志强（4月任）

马池口镇

党委书记　张劲柏（3月免）
张新亮（3月任）
镇　长　王玉君（女，4月免）
柴龙钢（4月任）

城北街道办事处

工委书记　茅　江（3月免）
王　建（3月任）
主　任　刘庆海

城南街道办事处

工委书记　韩宝田（3月免）
郑森堂（3月任）
主　任　郑森堂（4月免）
张田华（4月任）

天通苑南街道办事处

工委书记 黄先锋
主　任 苏贵峰

天通苑北街道办事处

工委书记 张新亮（3月免）
刘智勇（3月任）
主　任 张学广

霍营街道办事处

工委书记 刘宝君
主　任 张海明

八、企业单位

北京振邦承基开发建设有限公司董事长、总经理
王小淳
北京兴昌高科技发展有限公司董事长、总经理
王海岭
铭嘉房地产开发总公司董事长、总经理
高建勋
北京市昌平自来水有限责任公司董事长、总经理
王振国
北京市昌平自来水有限责任公司党委书记
王桂林
供销联社党委书记、主任 蔡国平
昌房公司党委书记、总经理 王　波
北京沙河高教园区开发建设有限责任公司董事长
王　波
未来科技城开发建设有限公司党委书记、经理
董贵蛟

区委研究室主任： 周金星（3月免）
喻明喜（3月任）

昌平区残联党组理事会领导名单

党组书记、理 事 长： 陶建刚
副理事长： 郭久明（肢残人）
赵群杰（女 3月免）
吴海明（4月任）

九、双管单位

市国土资源局昌平分局党组书记李亚琴女5月任、局长
汪少群
市食品药品监督管理局昌平分局党组书记、局长
张爱华（女）
市规划委员会昌平分局党组书记、局长
李晋4月任
市交通委路政局昌平公路分局局长
李自明6月任
国税局党组书记、局长 叶放（女）6月任
地税局党组书记、局长 于欣杰
市工商局昌平分局党组书记、局长
赵学功
质量技术监督局党组书记、局长
高忠维11月任
统计局党组书记、局长 李春玲（女）
统计局党组副书记、国家统计局昌平调查队队长
王军10月任
烟草专卖局党总支书记、局长
李路春
气象局局长 李文华
邮政局党委书记、局长 王贺利

昌平区荣获市级以上（含系统）先进集体和个人

昌平区荣获市级以上（含系统）表彰的先进集体

序号	获奖先进集体	表彰单位	获奖名称
1	北京市昌平区安全生产执法监察队	国家安全生产监督管理总局 国家煤矿安全监察局	安全生产监管监察先进单位
2	昌平区安全生产监督管理局	首都精神文明建设委员会	首都文明单位
3	昌平区安全生产监督管理局	北京市安全生产监督管理局 北京市妇女联合会	2014年北京市家庭安全知识竞赛优秀组织奖
4	昌平区安全生产监督管理局	北京市安全生产监督管理局 北京市总工会	北京市第二届有限空间作业大比武优秀组织奖
5	昌平区安全生产监督管理局	北京市安全生产监督管理局 首都精神文明建设委员会办公室 北京市总工会	“北京汽车杯”北京市十佳安全宣传员评选活动（2014-2015）优秀组织奖
6	昌平区安全生产监督管理局	国务院安全生产委员会	2015年全国“安全生产月”活动先进单位
7	昌平区安全生产监督管理局	北京市安全生产监督管理局 北京煤矿监察局	2015年度政务信息工作先进单位
8	北京市昌平区百善镇人民政府	市爱卫会	北京市健康示范单位
9	北京市昌平区百善镇东沙屯村委会	市献血办	北京市无偿献血先进单位
10	北京市昌平区百善镇良各庄村委会	中央防范和处理反邪教办公室	反邪教先进单位
11	北京市昌平区百善镇良各庄村委会	北京市爱卫会	健康促进示范村
12	北京市昌平区百善镇良各庄村委会	市爱卫会	北京市健康促进示范村
13	北京市昌平区百善镇钟家营村委会	首都精神文明建设委员会	首都文明村
14	北京市昌平区北七家社区卫生服务中心	首都精神文明建设委员会	2012-2014年度首都精神文明单位
15	北京市昌平区北七家社区卫生服务中心	北京市社区高血压达标工程	“北京市社区高血压达标工程”项目优秀壁报评比二等奖
16	昌平区地方税务局	首都精神文明建设委员会	首都文明单位标兵
17	昌平区地方税务局第二税务所	北京市总工会	北京市模范集体
18	北京市昌平区城北街道社会保障事务所	北京市人力资源和社会保障局	北京市人力资源和社会保障系统2013-2015年度优质服务窗口
19	北京市昌平区城北街道社会保障事务所	北京市人力资源和社会保障局	2015年度开展“劳动用工规范一条街工程”工作先进单位
20	昌平区城北街道办事处	北京市安全生产委员会 北京市人力资源和社会保障局	2013-2015年度北京市安全生产先进单位
21	二街村民委员会	北京市民政局	先进村民委员会
22	二街村党支部	北京市委组织部；北京市委农工委	北京市“五个好”村党组织

23	玉虚观居委会	北京市卫生和计划生育委员会 北京市全民健康生活方式行动办公室	北京市全民健康生活方式行动示范社区
24	西关社区居委会	首都精神文明建设委员会	首都文明社区
25	西关村委会	首都精神文明建设委员会	首都文明村
26	宅新苑居委会	北京市体育局	北京市体育生活化社区
27	宅新苑居委会	北京市民政局	北京市智慧型社区
28	国通家园社区居委会	北京市地震局	北京市地震安全示范社区
29	国通家园社区居委会	中华人文民共和国民政部	全国和谐社区建设示范社区
30	国通家园社区居委会	北京市社会建设工作办公室、北京市经济和信息化委员会、北京市民政局	北京市智慧社区
31	国通家园社区居委会	国际体育总局社会体育指导中心	中国柔力球公开赛（北京市）二等奖
32	北京市昌平区城管执法监察局	北京市城管执法监察局	北京市城管执法系统先进集体名单
33	昌平区城管执法监察局阳坊执法队	北京市城管执法监察局	北京市城管执法系统先进集体名单
34	昌平区城管执法监察局回龙观地区执法队	北京市城管执法监察局	北京市城管执法系统先进集体名单
35	社区服务中心	北京市社区服务中心	市级优秀社区服务中心
36	拓然家苑社区居委会	北京市民政局、北京市人力资源和社会保障局	2015年北京市先进居委会集体
37	秋实家园社区	市委组织部	北京市党员干部现代远程教育示范站点
38	南郝庄村	市委组织部	2012–2014市级五好村
39	畅春阁社区	昌平区地震局	国家级地震示范社区
40	畅春阁社区	昌平区社工委	市级规范化社区
41	畅春阁社区	昌平区体育局	市级体育生活社区
42	畅春阁社区	昌平区司法局	市级司法规范化先进调解委员会
43	城南街道水屯家园社区“京北丽人”志愿服务队	昌平区妇联	昌平区优秀“京北丽人”志愿服务队
44	社区服务中心	北京市社区服务中心	市级优秀社区服务中心
45	拓然家苑社区居委会	北京市民政局、北京市人力资源和社会保障局	2015年北京市先进居委会集体
46	秋实家园社区	市委组织部	北京市党员干部现代远程教育示范站点
47	南郝庄村	市委组织部	2012–2014市级五好村
48	畅春阁社区	昌平区地震局	国家级地震示范社区
49	畅春阁社区	昌平区社工委	市级规范化社区
50	畅春阁社区	昌平区体育局	市级体育生活社区
51	畅春阁社区	昌平区司法局	市级司法规范化先进调解委员会
52	城南街道水屯家园社区“京北丽人”志愿服务队	昌平区妇联	昌平区优秀“京北丽人”志愿服务队
53	崔村镇	国家卫计委	2015年全国计划生育协会先进镇
54	崔村镇政府专职消防队	北京市公安消防总队	北京市2015年度专职消防队伍实战化岗位练兵比武竞赛政府组班进攻平地操第一名
55	真顺村	市政府、首都绿化委员会	首都绿色村庄
56	西峪村	首都精神文明建设委员会	首都文明村
57	南庄营村	北京市志愿者联合会	首都学雷锋志愿服务岗
58	南庄营村	北京市委组织部 市委农工委	2012–2014年度北京市“五个好”村党组织
59	南庄营村	首都精神文明建设委员会	首都文明村
60	南庄营村	市政府、首都绿化委员会	首都绿色村庄
61	西辛峰村	北京市献血办公室	无偿献血公益事业先进集体
62	东小口镇政府	北京市第九届和谐杯乒乓球比赛组委会	北京市第九届和谐杯乒乓球总决赛 优秀组织奖

63	东小口镇兰各庄村	中共北京市委组织部	北京市党员干部现代远程教育示范站点
64	昌平区东小口镇环境卫生管理中心	首都城市环境建设委员会	2015年度首都城市环境建设样板单位
65	东小口镇社会保障事务所	北京市人力资源和社会保障局	“十二五”时期北京市人力社保基层培训工作优秀实施单位
66	东小口镇司法所	北京市司法局	北京市示范司法所
67	昌平区发改委价格管理科	北京市发改委价格监测中心	2015年度北京市价格监测先进单位
68	北京市昌平区人民政府	北京市发展和改革委员会、北京市环境保护局、北京市人力资源和社会保障局、北京市财政局	北京市节能先进区
69	北京市昌平区人民法院	市高院、市人社局	北京市模范法院
70	北京市昌平区人民法院	首都精神文明创建办	首都文明单位标兵
71	北京市昌平区人民法院东小口法庭	市总工会、市政府	北京市模范集体
72	北京市昌平区人民法院东小口法庭	市委组织部、市委宣传部、市人社局	北京市人民满意的公务员集体
73	北京市昌平区人民法院东小口法庭	市委政法委、市委宣传部、市人社局	北京市人民满意的政法单位
74	北京市昌平区人民法院南口法庭	市委政法委、市军区政法委	涉军维权工作先进集体
75	北京市昌平区人民法院民一庭	市高院、市人社局	北京市法院先进集体
76	昌平工商分局	北京市爱卫会	北京市健康示范单位
77	昌平工商分局	北京市交通安全委员会	北京市2015年度交通安全先进单位
78	昌平工商分局	首都精神文明建设委员会	首都文明单位标兵
79	昌平工商分局	北京市人民政府首都绿化委员会	首都全民义务植树先进单位
80	北京市昌平区工商业联合会	中华全国工商业联合会	2015年全国“五好”县级工商联
81	北京东华原医疗设备有限责任公司	北京市人民政府	北京市科学技术奖
82	北京东华原医疗设备有限责任公司	北京市科委、市发改委、市经信委、市住房城乡建设委、市质检局、中关村管委会	北京市新技术新产品（服务）
83	北京东华原医疗设备有限责任公司	北京市科委、市发改委、市经信委、市住房城乡建设委、市质检局、中关村管委会	北京市新技术新产品（服务）
84	北京东华原医疗设备有限责任公司	北京市科委、市发改委、市经信委、市住房城乡建设委、市质检局、中关村管委会	北京市新技术新产品（服务）
85	北京东华原医疗设备有限责任公司	北京市科委、市发改委、市经信委、市住房城乡建设委、市质检局、中关村管委会	北京市新技术新产品（服务）
86	北京东华原医疗设备有限责任公司	北京市科委、市发改委、市经信委、市住房城乡建设委、市质检局、中关村管委会	北京市新技术新产品（服务）
87	北京东华原医疗设备有限责任公司	北京市工商行政管理局	北京市著名商标
88	北京四合汽车服务公司	北京市交通委员会运输管理局	2015年国际田联世界田径锦标赛中国人民抗日战争暨世界反法西斯战争胜利70周年纪念活动交通运输服务保障工作优秀单位
89	北京四合汽车服务公司	北京市公安局公共交通安全保卫总队	2015年出租汽车行业治安信息报送工作先进工作单位
90	北京四合汽车服务公司	北京市道路运输协会	2015年共保工作优秀组织奖
91	北京四合金元汽车租赁有限公司	北京市交通委员会运输管理局	2015年度质量信誉考核良好企业
92	北京佰仁医疗科技有限公司	中国北京国际科技产业博览会组委会办公室	最佳展示奖
93	北京佰仁医疗科技有限公司	北京影响力组委会评选办公室	社会使命奖
94	北京佰仁医疗科技有限公司	诚信长城杯评审委员会	诚信长城杯企业
95	昌平分局	北京市公安局	市局优秀党校分校
96	昌平分局法制处党支部	北京市公安局	市局先进党支部

97	昌平分局勤务指挥处党支部	北京市公安局	市局先进党支部
98	昌平分局沙河派出所党支部	北京市公安局	市局先进党支部
99	昌平分局十三陵派出所党支部	北京市公安局	市局先进党支部
100	昌平分局阅兵训练基地外围安保运行指挥部	北京市公安局	集体二等功
101	昌平分局阳坊派出所	北京市公安局	集体二等功
102	昌平分局马池口派出所	北京市公安局	集体二等功
103	昌平分局南口派出所	北京市公安局	集体二等功
104	昌平分局“两大安保”队伍思想发动工作组	北京市公安局	集体二等功
105	昌平分局治安支队	北京市公安局	集体二等功
106	昌平分局警务保障处	北京市公安局	集体二等功
107	昌平分局“大排查、大摸底、大整治”专项工作办公室	北京市公安局	集体二等功
108	昌平分局人口管理大队	北京市公安局	集体二等功
109	昌平分局法制处	北京市公安局	集体二等功
110	昌平分局东小口派出所	北京市公安局	集体二等功
111	昌平分局沙河派出所	北京市公安局	集体二等功
112	昌平分局禁毒中队	北京市公安局	集体二等功
113	昌平区社	中华合作时报社	金扁担奖
114	昌平区社	北京市交通安全委员会	北京市 2015 年度交通安全先进单位
115	昌平广播电视台	中华全国妇女联合会	巾帼文明岗
116	昌平区广播电视中心	首都精神文明建设委员会	首都文明标兵单位
117	昌平区广播电视中心	北京市新新闻出版广电局	2014-2015 年度广播电视公益广告专项资金扶持项目三类作品（活出自己的价值）
118	昌平区广播电视中心	北京市新新闻出版广电局	2014-2015 年度广播电视公益广告专项资金扶持项目二类作品（让雷锋精神永远传承）
119	昌平区广播电视中心	北京市新新闻出版广电局	2014-2015 年度广播电视公益广告专项资金扶持项目一类传播机构
120	昌平广播电视台	中国共产党北京市委员会	北京市第十二届思想政治工作优秀单位称号
121	北京市昌平区广播电视中心	传媒中国组委会及：6 家新闻院校	2015 传媒中国年度十大区县广播电视台
122	昌平区广电中心	北京市第九届和谐杯乒乓球比赛组委会	北京市第九届和谐杯乒乓球总决赛优秀报道奖
123	昌平广播电视台	北京市新闻出版广电局	2015 年度优秀原创网台联动视听节目（真情故事）
124	昌平广播电视台	北京市新闻出版广电局	2015 年度优秀原创网络视听公益节目（无烟生活你我共享）
125	昌平广播电视台	北京市新闻出版广电局	2015 年度优秀原创网络视听节目征集评选活动优秀组织推荐单位
126	昌平广播电视台	中国品牌媒体高峰论坛组委会及 10 家新闻院校	2014-2015 中国品牌媒体百强——城市电视台品牌 10 强
127	昌平区广播电视中心	北京市安全生产委员会办公室	2015 年北京市安全生产活动月优秀新闻报道奖
128	昌平广播电视网	北京市新闻出版广电局、北京网络视听节目服务协会	《我与互联网 + 梦想》征文优秀组织单位

129	昌平广播电视台	北京市发展宣传教育领导小组、北京市司法局、北京市互联网信息办公室	2015年北京市法治动漫微电影征集展映活动公益广告类优秀作品奖
130	昌平广播电视台	第十一届中国传媒大会及10家大学院校	金长城传媒奖·2015中国十大影响力城市电视台
131	北京市规划委员会昌平分局	北京市献血办公室	2015年度献血先进单位
132	北京市规划委员会昌平分局	北京市规划委员会	优秀分局
133	北京市规划委员会昌平分局	北京市规划委员会	2014年度市规划委系统优秀调研成果三等奖
134	昌平国税局	中央精神文明建设指导委员会	全国文明单位
135	昌平国税局	首都精神文明建设委员会	首都文明单位标兵
136	昌平国税局	北京市国税局	北京市法治税务示范基地
137	昌平国税局	北京市公安交通管理局	2015年度北京市交通安全市级先进单位
138	北京市昌平自来水有限责任公司	首都精神文明建设委员会	首都文明单位标兵
139	北京市昌平自来水有限责任公司水质监测站	中共北京市委北京市人民政府	北京市模范集体
140	昌房幼儿园	北京市教育委员会	北京市市级示范幼儿园
141	昌房幼儿园	北京民办教育协会学前教育专业委员会	中国优质特色民办幼儿园
142	北京市昌平后牛坊粮食收储库	北京市粮食局	2015年度市储备粮　“一符四无”粮库
143	北京市昌平南口粮食购销站	北京市粮食局	2015年度市储备粮　“一符四无”粮库
144	北京市昌平沙河粮食收储库	北京市粮食局	2015年度市储备粮　“一符四无”粮库
145	北京市昌平粮食收储库	北京市粮食局	2015年度市储备粮　“一符四无”粮库
146	北京市昌平区供销合作联合社	中华合作时报社	金扁担奖
147	北京市银山出租汽车公司首都的士雷锋车队	中国福利基金会学雷锋管理委员会	学雷锋先进集体
148	北京市银山出租汽车公司首都的士雷锋车队	中国福利基金会学雷锋管理委员会	北京出租汽车暨汽车租赁行业公益服务活动先进集体
149	北京市昌平新世纪商城	首都精神文明建设委员会	首都文明单位
150	昌平区机关行政事务管理处	首都精神文明建设委员会	首都文明单位
151	昌平区机关行政事务管理处	北京市爱国卫生运动委员会	2015年度首都控烟工作先进集体
152	北京市昌平区环境保护局	北京市人民政府	首都环境保护先进集体
153	北京市昌平区环境保护局	北京市环境保护局	2014年度全市环保系统优秀信息工作单位
154	北京市昌平区环境保护局	环境保护部	2015年度全国环保政务信息工作先进单位
155	北京市昌平区环境保护局	北京市环境保护局	2015年度北京市环保系统信息工作“优秀信息工作单位”
156	北京市昌平区环境保护局	北京市爱国卫生运动委员会 北京市卫生和计划生育委员会	北京市健康示范单位
157	北京市昌平区环境保护局	北京市献血办公室	无偿献血荣誉证书
158	北京市昌平后牛坊粮食收储库	北京市粮食局	2015年度北京市储备粮“一符四无”粮（油）库
159	北京市昌平南口粮食购销站		
160	北京市昌平沙河粮食收储库		
161	北京市昌平粮食收储库		
162	北京市皇城粮油有限责任公司（机关）	北京市人力资源和社会保障局	北京市粮食行业先进集体
163	北京市昌平粮食收储库		
164	回龙观镇社会保障事务所	北京市人力资源和社会保障局	北京市人力资源和社会保障系统2013-2015年度优质服务窗口
165	回龙观镇社会保障事务所	北京市人力资源和社会保障局	北京市人力资源和社会保障系统2015年度五星级社保所

166	回龙观镇政府	北京农村产权交易所	2015年北京农村产权交易工作先进集体
167	朱辛庄村	中国共产党北京市委员会	北京市第十二届思想政治工作优秀单位
168	东村家园社区	中华人民共和国人力资源和社会保障局	国家级充分就业社区
169	东村家园社区	首都精神文明建设委员会	首都文明社区
170	金榜园社区	北京市爱国卫生运动委员会	北京市健康社区
171	金榜园社区	北京市社会建设工作办公室 北京市经济和信息化委员会 北京市民政局	北京市智慧社区（三星）
172	金榜园社区	北京市科协	北京市优秀科普示范社区
173	慧华苑社区	北京市人民政府 首都绿化委员会	首都绿化美化花园式单位
174	龙泽苑东区	首都精神文明建设委员会	首都文明社区
175	龙泽苑东区	北京市社会建设工作办公室 北京市经济和信息化委员会 北京市民政局	北京市智慧社区（三星）
176	龙泽苑东区	北京市民政局	六型社区
177	龙泽苑东区	北京市委社会工委	北京市规范化建设市级示范点
178	龙跃苑二区	北京市社会建设工作办公室 北京市经济和信息化委员会 北京市民政局	北京市智慧社区（三星）
179	龙跃苑二区	北京市体育局	北京市体育生活化社区
180	龙跃苑二区	北京市卫生和计划生育委员会 北京市全民健康生活方式行动办公室	北京市全民健康生活方式行动示范社区
181	龙跃苑二区	北京市爱国卫生运动委员会	北京市健康社区
182	龙跃苑二区	北京市社会建设工作办公室 北京市经济和信息化委员会 北京市民政局	北京市智慧社区（五星）
183	龙城社区	北京市社会建设工作办公室 北京市经济和信息化委员会 北京市民政局	北京市智慧社区（三星）
184	龙城社区	首都精神文明建设委员会	首都文明社区
185	龙城社区	北京市社会建设工作办公室 北京市经济和信息化委员会 北京市民政局	北京市智慧社区（四星）
186	昌艺园社区	首都精神文明建设委员会	首都文明社区
187	万润家园社区	北京市社会建设工作办公室 北京市民政局	北京市智慧社区（三星）
188	万润家园社区	首都精神文明建设委员会	首都文明社区
189	龙跃苑一区	北京市社会建设工作办公室 北京市经济和信息化委员会 北京市民政局	北京市智慧社区（三星）
190	龙腾苑六区	北京市残疾人福利基金会	扶残助残 造福社会
191	龙腾苑六区	中国拥军优属基金会	重走抗联路 研究抗联史 传承英雄志
192	风雅园社区（柔力球队）	国家体育总局 社会体育指导中心	中国柔力球公开赛(北京站)集体规定套路(社会组）一等奖
193	龙华园二区	北京市体育局	体育生活化社区
194	龙华园二区	北京市民政局	六型社区
195	龙腾苑四区	北京市体育局	北京体育生活化社区
196	龙腾苑四区	北京市社会工作办公室 北京市经济和信息化委员会 北京市民政局	北京市智慧社区（三星）
197	龙腾苑四区	北京市统计局	北京市统计先进社区
198	龙锦苑六区	北京市卫生和计划生育委员会 北京市全民健康生活方式行动办公室	北京市全民健康生活方式行动示范社区

199	龙锦苑六区	首都精神文明健康委员会	首都文明社区
200	龙锦苑六区	北京市社会建设工作办公室 北京市民政局	北京市智慧社区（三星）
201	龙跃苑三区	北京市人民政府首都绿化委员会	首都绿化美化花园式单位
202	北京市昌平区人民检察院驻所检察官办公室	最高人民检察院办公厅	全国检察机关派驻监管场所一级规范化检察室
203	北京市昌平区人民检察院	首都文明委	首都文明单位标兵
204	北京市昌平区人民检察院	北京市人民检察院政治部	2014年重点调研课题优秀成果
205	北京市昌平区人民检察院	北京市人民检察院政治部	北京日报“检察官在线”栏目2014年度优秀稿件优秀组织奖
206	北京市昌平区人民检察院	司法部	第十一届全国法治漫画动画微电影作品征集活动微电影类优秀奖
207	北京市昌平区人民检察院	北京市人民检察院政治部	2013—2014年度北京市检察机关基层院级先进集体
208	北京市昌平区人民检察院政治处	北京市人民检察院政治部	2013—2014年度北京市检察机关内设机构级先进集体
209	北京市昌平区人民检察院办公室	北京市人民检察院政治部	2013—2014年度北京市检察机关内设机构级先进集体
210	北京市昌平区人民检察院侦查监督处	北京市人民检察院政治部	2013-2014年度北京市检察机关办案集体二等功
211	北京市昌平区人民检察院反贪局	北京市人民检察院政治部	2013-2014年度北京市检察机关办案集体嘉奖
212	北京市昌平区人民检察院控告申诉检察处	北京市人民检察院政治部	2013-2014年度北京市检察机关办案集体三等功
213	北京市昌平区人民检察院监所检察处	北京市人民检察院政治部	2013—2014年度北京市检察机关内设机构级先进集体
214	北京市昌平区人民检察院法警队	北京市人民检察院政治部	2013-2014年度北京市检察机关办案集体嘉奖
215	北京市昌平区人民检察院职务犯罪预防处	北京市人民检察院政治部	2013—2014年度北京市检察机关内设机构级先进集体
216	北京市昌平区人民检察院公诉二处	北京市人民检察院政治部	2013-2014年度北京市检察机关办案集体嘉奖
217	北京市昌平区人民检察院案管办	北京市人民检察院政治部	2013-2014年度北京市检察机关办案集体嘉奖
218	北京市昌平区人民检察院驻所检察官办公室	最高人民检察院	全国检察机关派驻监管场所示范检察室
219	北京市昌平区人民检察院	最高人民检察院	2015年度全国检察宣传先进单位
220	北京市昌平区人民检察院	北京市献血办公室	2015年度积极参与无偿献血公益事业单位
221	北京市昌平区人民检察院监所检察处	市委政法委	第九届北京市“人民满意的政法单位”荣誉称号
222	北京市昌平区人民检察院	市委政法委	“首都劳动奖状”
223	北京市昌平区人民检察院反渎职侵权局	北京市人民检察院	2013-2015年度北京市检察机关反渎部门“十大优质案”
224	北京市昌平区人民检察院反贪局	北京市人民检察院	2013-2015年度全市反贪部门第五届“三优”评选活动中被评为“优秀反贪局”
225	北京市昌平区人民检察院公诉一处	市委政法委	北京市政法系统“五好党支部”
226	北京市昌平区人民检察院公诉二处	市委政法委	北京市政法系统“五好党支部”
227	北京市昌平区人民检察院公诉三处	市委政法委	北京市政法系统“五好党支部”
228	北京市昌平区人民检察院未成年人案件检察处	市委政法委	北京市政法系统“五好党支部”
229	昌平区道口安全管理办公室	北京市路政局道口管理办公室	道口安全管理先进单位

230	昌平交通支队	阅兵联合指挥部办公室	纪念中国人民抗日战争暨世界反法西斯战争胜利70周年阅兵服务保障单位
231	昌平交通支队	阅兵联合指挥部	纪念中国人民抗日战争暨世界反法西斯战争胜利70周年阅兵保障贡献突出
232	北京市昌平区科学技术委员会	首都精神文明建设委员会	首都文明单位标兵
233	昌平区科协	北京青少年科技创新大赛组委会	第34届北京青少年科技创新大赛优秀组织奖
234	昌平区科协	首都精神文明建设委员会	首都文明单位
235	流村镇人民政府	北京市卫计委	优秀组织奖
236	流村镇人民政府	北京市体育局	健身操舞蹈铜牌
237	流村镇人民政府	北京市森林防火指挥部、北京市园林绿化局	2013-2015年度北京市森林防火先进单位
238	勃然制药	北京市政府、首都绿化委员会	北京市绿化美化花园式单位
239	流村镇人民政府	北京市政府、首都绿化委员会	首都绿化美化先进单位
240	流村镇农业发展办公室	市发改委、市社保局、市绿化局、市农委、市农业局、市水务局	京津风沙源治理工程先进集体
241	北京市“健康示范单位”	北京市爱委会、北京市卫计委	奖牌
242	南口镇玻璃公司社区	北京市体育局 北京市人力资源和社会保障局	2012-2014年度北京市群众体育先进集体
243	南口镇人民政府	北京市第十届全民健身体育节组委会	北京市第十届全民健身体育节“优秀组织奖”
244	南口镇居庸关村拔河队	中国拔河协会	2015年度全国拔河新星系列赛总决赛公开组（600公斤级）第二名
245	南口镇居庸关村	北京市社会保障和就业工作领导小组	2015年度充分就业示范村
246	北京市昌平区农机安全监理所	北京市农业机械监理总站	2015年度北京市农机安全监理工作优秀单位
247	北京市昌平区气象局	首都精神文明建设委员会	首都文明单位标兵
248	北京市昌平区气象局	北京市气象局	“中国人民抗日战争暨世界反法西斯战争胜利70周年纪念活动气象服务保障贡献突出”奖
249	北京市昌平区气象局	中国技术市场协会	“北京市昌平区气象局农业农村气象信息化服务”获得“三农科技服务金桥奖”优秀项目奖
250	北京市昌平区气象局	北京市气象局	执法竞赛团体第二名
251	北京市昌平区气象局	中央文明委	全国文明单位
252	北京市昌平区医院	北京市红十字基金会 北京市红十字基金会共锋中国心项目办公室	顺时代潮流，应群众之需；承担道义责任，积极投身公益。感谢贵单位积极支持2015年“同心 共铸中国心”大型公益活动，做出突出贡献。经“同心 共铸中国心”活动组委研究决定，特授予贵单位“2015年度爱心单位”荣誉称号。
253	北京市昌平区医院	北京市卫生与计划生育委员会 北京市药品与食品监督管理局	北京市医疗器械不良事件监测先进单位
254	北京市昌平区检验科	北京细菌耐药监测网北京大学临床药理研究所	2015年度北京市细菌耐药监测网中心网工作优秀奖
255	北京市昌平区检验科	北京细菌耐药监测网北京大学临床药理研究所	2015年度北京市细菌耐药监测网基础网工作优秀奖
256	北京市昌平区医院	北京市人力资源和社会保障局	北京市昌平区医院在2015年医疗保险管理工作中成绩优秀，被评为医疗保险管理服务一等奖，特此表彰
257	北京市昌平区医院	北京市征兵工作领导小组	2015年征兵工作先进单位

258	北京市昌平区医院	北京市哮喘联盟	2015年世界哮喘日宣传先进单位
259	昌平区人民政府	北京市社会保障和就业工作领导小组	北京市2015年度充分就业区
260	北京市昌平区社会保险事业管理中心	北京市人力资源和社会保障局	北京市人力资源和社会保障系统2013-2015年度优质服务窗口
261	北京市昌平区社会保险事业管理中心	北京市社会保险基金管理中心	2015年度社保经办机构重点业务目标考核评比先进单位
262	北京市昌平区劳动人事争议仲裁院	北京市劳动人事争议仲裁委员会	预防调解工作先进单位
263	北京市人力资源和社会保障局	北京市劳动保障学会	2015年度论文征集活动组织奖
264	昌平区十三陵社区卫生服务中心	北京市疾病预防控制中心	在2014-2015年度北京市食源性疾病负担调查工作中表现突出，被评为先进单位
265	十三陵镇团委	共青团北京市委员会	北京郊区“百县千乡分类示范创建活动”基层团建优秀创新项目奖
266	十三陵镇大宫门村	北京市民政局	北京市2015年度先进村委会集体
267	十三陵镇大宫门村	北京市民政局	昌平区典型示范社区
268	十三陵镇大宫门村	北京市爱卫会	北京市健康促进示范村
269	十三陵镇北新村社区	北京市民政局	北京市智慧社区
270	十三陵镇北新村社区	首都精神文明建设委员会	首都文明社区
271	十三陵镇北新村社区	北京市卫生和计划生育委会	北京市全民健康生活方式行动示范社区
272	十三陵镇胡庄社区居委会	首都精神文明建设委员会	首都文明社区
273		书香中国·北京阅读季领导小组办公室	第五届书香中国·北京阅读季阅读示范社区
274		北京市社会建设工作办公室、北京市经济和信息化委员会、北京市民政局	北京市智慧社区
275	十三陵镇上口村	中共北京市委农村工作委员会 北京市农村工作委员会 北京市人力资源和社会保障局	北京山区发展先进村
276	十三陵镇西山口村	中共北京市委农村工作委员会 北京市农村工作委员会 北京市人力资源和社会保障局	北京环境建设先进村
277	北京市昌平区食品药品监督管理局	北京市爱国卫生运动委员会 北京市卫生和计划生育委员会	北京市健康示范单位
278	北京市昌平区食品药品监督管理局	北京市食品药品监督管理局 北京市卫生和计划生育委员会	组织协调工作先进单位
279	北京市交通委员会路政局昌平公路分局	首都精神文明建设委员会	2012-2014年度首都文明单位标兵
280	北京市交通委员会路政局昌平公路分局	北京市交通委员会路政局	2015年度后勤综合工作先进单位
281	北京市交通委员会路政局昌平公路分局	北京市交通委员会路政局	2015年度舆情处置工作先进单位
282	北京市交通委员会路政局昌平公路分局乡村公路管理科	北京市交通委员会 北京市人力资源和社会保障局	2013-2014年度北京市交通工作先进集体
283	北京市交通委员会路政局昌平公路分局	北京市交通委员会路政局	2014年安全应急专项活动先进单位
284	北京市交通委员会路政局昌平公路分局路政大队党支部	中共北京市交通委员会路政局委员会	2015年度先进基层党组织
285	北京市昌平区环境保护局	环境保护部	2015年度全国环保政务信息工作先进单位
286	北京市昌平区环境保护局	北京市环境保护局	2015年度北京市环保系统信息工作“优秀信息工作单位”
287	北京市昌平区环境保护局	北京市爱国卫生运动委员会 北京市卫生和计划生育委员会	北京市健康示范单位

288	北京市昌平区环境保护局	北京市献血办公室	无偿献血荣誉证书
289	昌平区道口安全管理办公室	北京市路政局道口管理办公室	道口安全管理先进单位
290	北京永安热力有限公司	首都精神文明建设委员会	首都文明单位
291	北京永安热力有限公司	北京市安全生产监督管理局 北京市总工会	北京市第二届有限空间大比武二等奖
292	北京永安热力有限公司	北京市市政市容管理委员会、北京市人力资源和社会保障局	2012-2015年度北京市先进供热单位（一级）
293	北京永安热力有限公司	北京市交通安全委员会	北京市交通安全先进单位
294	北京市昌平区城管执法监察局	北京市城管执法监察局	北京市城管执法系统先进集体名单
295	昌平区城管执法监察局阳坊执法队	北京市城管执法监察局	北京市城管执法系统先进集体名单
296	昌平区城管执法监察局回龙观地区执法队	北京市城管执法监察局	北京市城管执法系统先进集体名单
297	法律援助指导科	北京市司法局	北京市法律援助模范集体
298	北七家司法所	北京市司法局	北京市示范司法所
299	沙河法律援助工作站	北京市司法局	北京市法律援助先进集体
300	城北街道人民调解委员会	北京市人民调解协会	北京市调解优秀工作品牌
301	东小口司法所	北京市司法局	北京市示范司法所
302	昌平区体育局	北京国际田联世界锦标赛组委会	优秀组织单位
303	天通北苑第一社区	北京市体育局	北京市体育生活化社区
304	天通北苑第二社区	北京市人民政府首都绿化委员会	首都绿化美化花园式社区
305	天通北苑第三社区	北京市卫生和计划生育委员会 北京市全民健康生活方式行动办公室	北京市全民健康生活方式行动示范社区
306	天通北苑第三社区	北京市社工委、北京市民政局	北京市智慧社区
307	天通北苑第三社区	中国地震局	国家地震安全示范社区
308	天通东苑第三社区	北京市民政局	六型社区
309	天通中苑第一社区	首都精神文明建设委员会	首都文明社区
310	天通中苑第一社区	北京市社工委、北京市民政局	北京市智慧社区
311	太平家园社区	北京市体育局	北京市体育生活化社区
312	太平庄村	北京市体育局	北京市体育特色村
313	天通北苑第一社区	北京市体育局	北京市体育生活化社区
314	天通北苑第二社区	北京市人民政府首都绿化委员会	首都绿化美化花园式社区
315	天通北苑第三社区	北京市卫生和计划生育委员会 北京市全民健康生活方式行动办公室	北京市全民健康生活方式行动示范社区
316	天通北苑第三社区	北京市社工委、北京市民政局	北京市智慧社区
317	天通北苑第三社区	中国地震局	国家地震安全示范社区
318	天通东苑第三社区	北京市民政局	六型社区
319	太平家园社区	北京市体育局	北京市体育生活化社区
320	太平庄村	北京市体育局	北京市体育特色村
321	奥北中心社区	北京市献血办公室	2015年度积极参与无偿献血公益事业
322	昌平区天通苑南街道顶秀青溪家园社区	北京市社区建设工作办公室、北京市经济和信息化委员会、北京市民政局	北京市智慧社区
323	天通苑第二社区太极拳队	北京市总工会、北京市体育局	获2015年首都职工健身操舞交流展示活动健身气功、太极拳类三等奖
324	北京市昌平区第三次全国经济普查领导小组办公室	北京市第三次全国经济普查领导小组办公室 北京市统计局 国家统计局北京调查总队 北京市人力资源和社会保障局	北京市第三次全国经济普查先进集体

325	北京市昌平区统计局	北京市安全生产监督管理局	北京市第一次生产经营单位安全生产条件普查先进单位
326	北京市昌平区统计局 国家统计局昌平调查队	北京市统计局 国家统计局北京调查总队	北京市政府统计系统第五届体育节团体总分第一名
327	北京市昌平区统计局	昌平区慢性非传染性疾病综合防控工作领导小组	2015 昌平区健康生活方式讲演比赛优秀组织奖
328	昌平区投资促进局	北京市投资促进局	北京市项目促进工作（重大项目促进）优秀单位
329	昌平区投资促进局	中国北京国际科技产业博览会组委会	“第十八届中国北京国际科技产业博览会”最佳展示奖
330	昌平区文化馆	文化部	优秀组织奖
331	昌平区文化馆选送的铁片大鼓《真心》	文化部	入围奖
332	昌平区文化馆选送的快板《小区热点三人聊》	农民艺术节组委会	优秀奖
333	昌平文联	北京市文联	信息工作先进集体
334	北京市小汤山现代农业科技示范园管理委员会	首都精神文明建设委员会	首都文明风景旅游区
335	北京市小汤山现代农业科技示范园管理委员会	北京市科学技术委员会 北京市科学技术协会	北京市科普基地
336	小汤山镇政府	北京市建设学习型党组织工作协调小组	授予：昌平区小汤山镇党委 建设学习型党组织工作示范点
337	小汤山镇政府	首都精神文明建设委员会	首都文明乡镇
338	小汤山镇政府	中共北京市委组织部 / 中共北京市委农工委	2012–2014 年度北京市“五个好”乡镇党委
339	小汤山镇政府	北京市第九届和谐杯乒乓球比赛组委会	北京市第九届和谐杯乒乓球总决赛优秀组织奖
340	小汤山镇政府	北京市第十届全民健身体育节组委会	北京市第十届全民健身体育节优秀组织奖
341	小汤山镇政府	共青团北京市委员会	昌平区小汤山镇团委 : 荣获 2015 年度北京郊区 " 百县千乡分类示范创建活动 " 基层团建示范乡镇
342	小汤山镇政府	北京市安全生产监督管理局	昌平区小汤山镇：荣获 2013–2015 年度北京市先进单位
343	昌平区小汤山镇环境卫生管理中心	首都城市环境建设委员会	2015 年度首都城市环境建设样板单位
344	昌平区信访办	首都精神文明建设委员会	首都文明单位标兵
345	昌平区信访办	北京市信访办 北京市人力资源和社会保障局	北京市人民建议征集工作先进集体
346	昌平区信访办	北京市信访办 北京市人力资源和社会保障局	北京市信访工作先进集体
347	北京市区县机关档案工作测评市级优秀单位	北京市档案局	奖牌
348	北京烟草二队	昌平烟草代表队	2015 年国际毽球公开赛第五名
349	共青团北京市昌平区延寿镇委员会	共青团北京市委员会 北京市人力资源和社会保障局	2015 年北京市五四红旗团委
350	昌平区延寿镇食品药品监督管理所	北京市食品药品监督管理局	2015 年度食品药品监督管理示范所
351	昌平区延寿镇环境卫生管理中心	首都城市环境建设委员会	2015 年首都环境建设样板单位
352	阳坊镇	北京市双拥工作领导小组办公室	2015 年首度双拥模范单位
353	阳坊镇环卫中心	首都城市环境建设委员会	首度环境建设样板单位

354	昌平区分公司	阅兵联合指挥部办公室	阅兵联合指挥部办公室纪念中国人民抗日战争暨世界反法西斯战争胜利70周年纪念等重大活动服务安全保障先进单位
355	昌平区分公司	北京市献血办	北京市献血工作先进单位
356	北京市美昌然园林工程有限责任公司	北京市人民政府与北京市人力资源社会保障局	首都全民义务植树先进单位
357	北京市昌平区南口公园	北京市人民政府与北京市人力资源社会保障局	首都全民义务植树先进单位
358	昌平区住建委	首都精神文明建设委员会	昌平区住房和城乡建设委员会荣获“首都文明单位”
359	昌平区住建委	北京市安全生产委员会办公室	授予昌平区住建委“优秀样板工地观摩交流活动最佳实践活动奖”
360	昌平区住建委	北京市爱国卫生运动委员会、北京市卫生和计划生育委员会	授予昌平区住建委“北京市健康示范单位”
361	昌平区住建委	北京市档案局	北京市区县机关档案工作测评中获得“市级优秀单位”
362	北京市昌平自来水有限责任公司水质监测站	北京市总工会	北京市劳动模范集体
363	北京市昌平自来水有限责任公司	北京市交通安全委员会	北京市2015年度交通安全先进单位
364	北京市昌平区综合行政服务中心信息中心	中共北京市委、北京市政府	北京市模范集体
365	北京市昌平区社会治安综合治理委员会	首都社会治安综合治理委员会	首都社会治安综合治理二〇一五年度优秀区
366	昌平区委组织部	中共中央组织部	2015年全国党员教育电视片观摩交流活动二等奖
367	昌平区委组织部	北京市委组织部	全市党员教育电视片观摩交流活动一等奖
368	昌平区委组织部	北京市委组织部	全市党员教育电视片观摩交流活动三等奖
369	北京市昌平区兴寿社区卫生服务中心	北京市疾病预防控制中心 北京市预防医学研究中心	2015年度死因登记报告先进个人医疗机构
370	北京市昌平区北七家社区卫生服务中心	首都精神文明建设委员会	2012–2014年度首都精神文明单位
371	北京市昌平区北七家社区卫生服务中心	北京市社区高血压达标工程	“北京市社区高血压达标工程”项目优秀壁报评比二等奖
372	北京市昌平区东小口社区卫生服务中心	北京市疾病预防控制中心	2014–2015年度食源性疾病负担调查先进单位
373	回龙观社区卫生服务中心	北京市疾病预防控制中心	食源性疾病负担调查先进单位
374	龙华园社区卫生服务站	北京市人保局、北京市财政局	医保管理服务二等奖
375	北店嘉园社区卫生服务站	北京市人保局、北京市财政局	医保管理服务一等奖
376	云趣园三区社区卫生服务站	北京市人保局、北京市财政局	医保管理服务二等奖
377	天龙苑社区卫生服务站	北京市人保局、北京市财政局	医保管理服务二等奖
378	龙跃苑社区卫生服务站	北京市人保局、北京市财政局	医保管理服务三等奖
379	回龙观社区卫生服务中心	首都精神文明建设委员会	首都文明单位
380	回龙观社区卫生服务中心	北京社区卫生协会/拜耳医药保健有限公司	“北京市社区高血压达标工程”项目初赛中获得综合优胜奖
381	回龙观社区卫生服务中心	北京市卫生和计划生育委员会	北京市社区处方点评工作先进单位
382	回龙观社区卫生服务中心	北京市社区卫生协会	北京市社区高血压达标工程师范中心
383	回龙观社区卫生服务中心	北京医师协会全科医师分会	社区慢病规范管理与分级诊疗试点单位
384	回龙观社区卫生服务中心	中华预防医学会	荣获“2015社区慢病立方管理知识竞赛总决赛一等奖”

385	回龙观社区卫生服务中心	北京市疾控中心	贵单位选送的“中医养生保健系列折页”在2015年北京市健康传播材料大赛中荣获平面宣传品类二等奖
386	回龙观社区卫生服务中心	北京市卫生计生委	2015年度北京市社区出发点评工作
387	回龙观社区卫生服务中心	北京市卫生计生委	“发现最美的自己”-2016北京社区药师、医师处方技能大赛昌平区分赛优秀单位
388	回龙观社区卫生服务中心	北京市疾控中心	北京市2015年度传染病报告先进医疗机构
389	昌平区十三陵社区卫生服务中心	北京市疾病预防控制中心	在2014-2015年度北京市食源性疾病负担调查工作中表现突出，被评为先进单位
390	北京市昌平区卫生和计划生育委员会	北京市卫生和计划生育委员会、北京市人力资源和社会保障局等6部门	2014-2015年度首都无偿献血工作先进集体
391	北京市昌平区疾病预防控制中心	中国控制吸烟协会 青少年控烟专业委员会	2015年全国大中小学生“我要健康成长，我爱无烟环境”控烟随手拍竞赛组织奖
392	北京市昌平区疾病预防控制中心	北京市疾病预防控制中心	2015年北京市学生健康体检血红蛋白检测盲样考核成绩优秀
393	北京市昌平区疾病预防控制中心	北京市疾病预防控制中心	2015年中国健康科普大赛（北京疾控赛区）优秀组织奖
394	北京市昌平区疾病预防控制中心	北京市疾病预防控制中心	2015年中国健康科普大赛（北京疾控赛区）作品《麻疹，你知道吗？》视频类优秀作品
395	北京市昌平区疾病预防控制中心	北京市疾病预防控制中心	2015年中国健康科普大赛（北京疾控赛区）作品《兄弟还是杀手》图文类优秀作品
396	北京市昌平区疾病预防控制中心	北京市疾病预防控制中心	2015年中国成人慢病与营养监测工作鼓励奖
397	北京市昌平区疾病预防控制中心	北京市疾病预防控制中心	2015年北京市全民健康生活方式行动鼓励奖
398	北京市昌平区疾病预防控制中心	北京市疾病预防控制中心	<关于某工地工人出现恶心、呕吐等症状的调查报告>获2015年北京市食品安全事故流行病学调查优秀案例评选三等奖
399	北京市昌平区疾病预防控制中心	北京市疾病预防控制中心	2015年度北京市疾控机构营养与食品卫生工作先进单位
400	北京市昌平区疾病预防控制中心	北京市疾病预防控制中心	2015年北京市健康传播材料大赛优秀组织奖
401	北京市昌平区疾病预防控制中心	北京市疾病预防控制中心	北京市2015年度放射卫生工作二等奖
402	北京市昌平区疾病预防控制中心	北京市健康促进工作委员会	2015年健康中国行北京市健康科普大赛优秀组织奖
403	昌平区妇幼保健院	北京市科学技术委员会 北京市科学技术协会	北京市科普基地
404	北京市昌平区医院	北京市红十字基金会　北京市红十字基金会共铸中国心项目办公室	顺时代潮流，应群众之需；承担道义责任，积极投身公益。感谢贵单位积极支持2015年“同心 共铸中国心”大型公益活动，做出突出贡献。经“同心 共铸中国心”活动组委研究决定，特授予贵单位“2015年度爱心单位”荣誉称号。
405	北京市昌平区医院	北京市卫生与计划生育委员会 北京市药品与食品监督管理局	北京市医疗器械不良事件监测先进单位
406	北京市昌平区检验科	北京细菌耐药监测网 北京大学临床药理研究所	2015年度北京市细菌耐药监测网中心网工作优秀奖
407	北京市昌平区检验科	北京细菌耐药监测网 北京大学临床药理研究所	2015年度北京市细菌耐药监测网基础网工作优秀奖

408	北京市昌平区医院	北京市人力资源和社会保障局	北京市昌平区医院在2015年医疗保险管理工作中成绩优秀，被评为医疗保险管理服务一等奖，特此表彰
409	北京市昌平区医院	北京市征兵工作领导小组	2015年征兵工作先进单位
410	北京市昌平区医院	北京市哮喘联盟	2015年世界哮喘日宣传先进单位
411	北京市昌平区社区卫生服务管理中心	北京市卫生计生委	处方点评工作管理先进单位
412	北京市昌平区卫生局卫生监督所	北京市爱国卫生委员会	2015年度首都控烟先进集体
413	北京市昌平区卫生局卫生监督所	北京市卫生监督所	2015年度北京市卫生监督机构“卫生监督员的价值观”主题宣讲活动优秀组织单位
414	北京市昌平区卫生局卫生监督所	北京市卫生计生委、北京市总工会	2015年北京市卫生计生监督技能竞赛中获优胜奖
415	北京市昌平区卫生局卫生监督所	北京市爱国卫生委员会	2015年度首都控烟先进集体
416	北京市昌平区卫生局卫生监督所	北京市卫生监督所	2015年度北京市卫生监督机构“卫生监督员的价值观”主题宣讲活动优秀组织单位
417	北京市昌平区卫生局卫生监督所	北京市卫生计生委、北京市总工会	2015年北京市卫生计生监督技能竞赛中获优胜奖
418	医院	北京市红十字基金会	“同心*共筑中国心”“2015年度爱心单位”荣誉称号
419	医院	北京市中医管理局	北京市涉外服务能力大赛团体三等奖
420	医院	北京市食品药品监督 北京市卫生计生委员会	2014年医疗器械不良事件日常检测工作先进单位称号
421	医院	首都精神文明建设委员会	首都文明单位
422	医院	北京市中医药管理局	北京市中医药社区服务技能大赛三等奖
423	医院	中华全国妇联合会	巾帼文明岗
424	医院	北京市计划生育委员会	北京市卫计委健步走比赛团体一等奖
425	急诊科	北京市中医管理局	北京地区中医医疗机构创伤急救能力演练比武优秀组织奖
426	医院	北京市红十字基金会	“同心*共筑中国心”“2015年度爱心单位”荣誉称号
427	医院	北京市中医管理局	北京市涉外服务能力大赛团体三等奖
428	医院	北京市食品药品监督局 北京市卫生计生委员会	2014年医疗器械不良事件日常检测工作先进单位称号
429	医院	首都精神文明建设委员会	首都文明单位
430	医院	北京市中医药管理局	北京市中医药社区服务技能大赛三等奖
431	医院	中华全国妇联合会	巾帼文明岗
432	医院	北京市计划生育委员会	北京市卫计委健步走比赛团体一等奖
433	急诊科	北京市中医管理局	北京地区中医医疗机构创伤急救能力演练比武优秀组织奖
434	昌平区中医医院	北京市卫生和计划生育委员会	北京市社区处方点评工作先进单位
435	昌平区中医医院	北京市食品药品监督管理局、北京市卫生和计划生育委员会	医疗器械不良事件日常监测工作先进单位
436	昌平区中医医院	北京市中医管理局	首届北京中医药涉外服务能力大赛优秀组织奖
437	昌平区中医医院	北京市艾滋病确认中心	2015年性病、艾滋病实验室检测和管理优秀实验室
438	昌平区中医医院	北京市中医管理	2015年度首都中医药信息宣传工作先进单位

439	昌平区中医医院	北京市疾控中心	北京市2015年度死因登记报告先进医疗机构
440	昌平区中医医院	北京市卫生和计划生育委员会	北京市社区处方点评工作先进单位
441	昌平区中医医院	北京市食品药品监督管理局、北京市卫生和计划生育委员会	医疗器械不良事件日常监测工作先进单位
442	昌平区中医医院	北京市中医管理局	首届北京中医药涉外服务能力大赛优秀组织奖
443	昌平区中医医院	北京市艾滋病确认中心	2015年性病、艾滋病实验室检测和管理优秀实验室
444	昌平区中医医院	北京市中医管理	2015年度首都中医药信息宣传工作先进单位
445	昌平区中医医院	北京市疾控中心	北京市2015年度死因登记报告先进医疗机构

昌平区荣获市级以上（含系统）表彰的先进个人

序号	获奖人姓名	所在单位	表彰单位	获奖名称
1	张林利	区安监局职业安全监督管理科科长	国家安监总局、国家煤矿安全监察局	“全国安全生产监管监察先进个人”
2	樊朝花	区安全生产执法监察队副主任科员	北京市安全生产委员会办公室	2015年北京市安全生产月活动优秀新闻报道奖
3	李继蓉	区安监局办公室主任	北京市安全生产监督管理局、北京煤矿安全监察局	2015年度政府信息工作先进个人
4	樊朝花	区安全生产执法监察队副主任科员	北京市安全生产监督管理局、北京煤矿安全监察局	2015年度政府信息工作先进个人
5	刘　昌	百善镇人大办主任	中共北京市委、北京市人民政府	北京市先进工作者
6	朱广立	百善镇孟祖村党支部书记、村委会主任	北京市纪念活动领导小组	庆祝纪念抗日战争胜利70周年安保维稳先进个人
7	朱广立	百善镇孟祖村党支部书记、村委会主任	北京市民政局 北京市人力资源和社会保障局	北京市先进村民委员会主任
8	李爱仙	百善镇良各庄村党支部副书记、村委	首都精神文明建设委员会办公室	首都绿色生活好市民
9	黄　培	北京市昌平区北七家社区卫生服务中心　主任	北京市人民政府	北京市先进工作者
10	陈　静	北京市昌平区北七家社区卫生服务中心　副主任	北京市健康教育所	2015年度北京市健康教育工作先进个人
11	陈　静	北京市昌平区北七家社区卫生服务中心　副主任	北京市卫生和计划生育委员会	2011-2015年北京市乡村医生岗位优秀管理人员
12	胡宴杰	北京市昌平区北七家社区卫生服务中心　副主任	中共北京市卫生计生委委员会纪委	“清语、清心、清风”廉政感言创作征集活动中荣获“三等奖”
13	司嘉琦	北京市昌平区北七家社区卫生服务中心　医师	中共北京市卫生计生委委员会纪委	“清语、清心、清风”廉政感言创作征集活动中荣获“三等奖”
14	路春平	北京市昌平区北七家社区卫生服务中心　医师	中共北京市卫生计生委委员会纪委	“清语、清心、清风”廉政感言创作征集活动中荣获“三等奖”
15	张倩雪	北京市昌平区北七家社区卫生服务中心　药师	中共北京市卫生计生委委员会纪委	“清语、清心、清风”廉政感言创作征集活动中荣获“三等奖”
16				
17	李爱红			
18		昌平区地方税务局稽查局检查四科　副科长	税务总局	税务总局表彰打击发票违法犯罪活动工作成绩突出的大内个人的决定
19	宋桂芝	城北街道安全管理科，主任科员	北京市交通安全委员会	市级交通安全优秀管理干部
20	张翠清	八街党总支副书记八街灰厂路党支部书记兼主任	北京市人民政府	北京市劳动模范
21	李　杰	国通家园居委会、委员	北京市综治委	五星级治安志愿者
22	李　真	松园居委会 副主任	北京市妇女联合会、北京工艺美术行业发展促进中心	2015北京妇女手工艺创新创意大赛鼓励奖

23	黄 俊	昌平区城管执法监察局副局长	北京市城管执法监察局	北京市城管执法系统先进个人
24	尹旭恒	昌平区城管执法监察局北七家执法队队长	北京市城管执法监察局	北京市城管执法系统先进个人
25	戈鸿儒	昌平区城管执法监察局马池口执法队队长	北京市城管执法监察局	北京市城管执法系统先进个人
26	关万奇	昌平区城管执法监察局城北街道执法队队长	北京市城管执法监察局	北京市城管执法系统先进个人
27	徐宝付	北京煌潮大酒店 厨师长	北京市人民政府	北京市劳动模范
28	侯晓叶	秋实家园社区党支部书记、居委会主任	区委组织部	区级优秀共产党员
29	赵春利	畅春阁社区/党支部书记	昌平区组织部	昌平区2015年度优秀共产党员
30	张志平	龙山锦园社区	昌平区妇联	昌平区优秀巧妇
31	贾晓明	秋实家园社区党支部副书记	昌平区妇联	昌平区优秀“京北丽人”志愿服务者
32	阎 平	郝庄家园西区居委会居委委员	昌平区妇联	昌平区优秀“京北丽人”志愿服务者
33	隗冬梅	水屯村委会支委	昌平区妇联	昌平区优秀“京北丽人”志愿服务者
34	张克飞	北京市昌平区城南街道水屯家园社区党支部副书记	昌平区妇联	昌平区优秀“京北丽人”志愿服务者
35	王伟航	畅春阁社区居委委员	昌平区妇联	昌平区优秀“京北丽人”志愿服务者
36	王乃欣	畅春阁社区居委会委员	昌平区妇联	昌平区“平安示范家庭”（京籍家庭）
37	齐桂枝	城南街道郝庄家园北区居民	昌平区妇联	昌平区“平安示范家庭”（京籍家庭）
38	张瑞芹	城南街道昌盛园居民	昌平区妇联	昌平区“平安示范家庭”（京籍家庭）
39	刘有芹	城南街道世涛天朗居民	昌平区妇联	昌平区“平安示范家庭”（京籍家庭）
40	朱红宇	城南街道砂石厂社区居委会	昌平区妇联	昌平区“平安示范家庭”（京籍家庭）
41	费 霞	城南街道拓然家园社区居委会副主任	昌平区妇联	昌平区“平安示范家庭”（京籍家庭）
42	薛响玲	昌平区城南街道拓然家苑流动人口	昌平区妇联	昌平区“平安示范家庭”（非京籍家庭）
43	郝燕粉	昌平区城南街道水屯村流动人口	昌平区妇联	昌平区“平安示范家庭”（非京籍家庭）
44	王艳红	昌平区城南街道新汇园小区流动人口	昌平区妇联	昌平区“平安示范家庭”（非京籍家庭）
45	李振雨	南庄营村委会	北京市人民政府	北京市孝星
46	李振雨	南庄营村委会	北京市志愿服务联合会	首都优秀治安志愿者
47	董国胜	崔村镇社会事务科主任科员	北京市献血办公室	无偿献血公益事业先进个人
48	王国凤	崔村镇社保所科员	中国就业培训技术指导中心	职业指导和创业指导案例征集活动国家级三等奖
49	冉 灏	东小口镇人民政府 镇长	北京市献血办公室	2015年度首都无偿献血宣传组织动员工作荣誉证书
50	于晓杰	东小口镇环境卫生管理中心主任	首都城市环境建设委员会	2015年度首都城市环境建设突出贡献个人
51	唐利君	昌平区发改委副主任科员	北市市发改委价格监测中心	2015年度价格监测工作先进个人
52	孙瑞义	昌平区发改委科员	北市市发改委价格监测中心	2015年度价格监测工作先进个人
53	王 南	昌平区发展和改革委员会科员	首都城市环境建设委员会	2015年度首都城市环境建设突出贡献个人
54	王 珅	北京市昌平区发改委科员	首都城市环境建设委员会	2015年度首都城市环境建设突出贡献个人

55	刘亚辉	区节约能源管理办公室副主任	北京市发展和改革委员会、北京市环境保护局、北京市人力资源和社会保障局、北京市财政局	2015年度北京市节能先进个人
56	谢 婧	北京市昌平区人民法院东小口法庭副庭长	市总工会、市人社局	北京市先进工作者
57	李 娜	北京市昌平区人民法院未审庭庭长	市未成年人保护委员会、市人社局	北京市未成年人保护工作先进个人
58	李 笑	北京市昌平区人民法院民一庭副庭长	市高院、市人社局	北京市模范法官
59	于广丹	北京市昌平区人民法院刑一庭审判员	市高院、市人社局	北京市模范法官
60	程 杰	北京市昌平区人民法院东小口法庭负责人	市高院、市人社局	北京市法院先进法官
61	刘 波	北京市昌平区人民法院执行二庭副庭长	市高院、市人社局	北京市法院先进法官
62	刘 敏	北京市昌平区人民法院沙河法庭副庭长	市高院、市人社局	北京市法院先进法官
63	郭海丽	北京市昌平区人民法院研究室助理审判员	市高院、市人社局	北京市法院先进工作者
64	庞云辉	北京市昌平区人民政府法制办公室 行政复议科科长	北京市人民政府法制办公室 北京市人力资源和社会保障局	北京市政府法制工作先进个人
65	南 龙	北京东华原医疗设备有限责任公司董事长	北京市人民政府	北京市科学技术奖三等奖
66	姜黎滨	北京东华原医疗设备有限责任公司总经理	北京市人民政府	北京市科学技术奖三等奖
67	胡斌强	北京东华原医疗设备有限责任公司研发中心总监	北京市人民政府	北京市科学技术奖三等奖
68	康建荣	北京东华原医疗设备有限责任公司项目实施部经理	北京市人民政府	北京市科学技术奖三等奖
69	李建省	北京东华原医疗设备有限责任公司健康产品第一研发部经理	北京市人民政府	北京市科学技术奖三等奖
70	李华萍	北京华萍宏力茶庄	中共北京市委北京市人民政府	北京市劳动模范
71	暴玉福	北京四合汽车服务公司出租车驾驶员	北京出租汽车暨汽车租赁协会首都的士志愿公益服务总队	在2014-2015年首都的士志愿者奉献公益“星”行动中成绩突出，被评为“的士公益星”
72	侯志永	北京四合汽车服务公司安全运营部副经理	北京市公安局公共交通安全保卫总队	2015年出租汽车行业治安防范工作先进工作者
73	宁志宝	昌平分局昌平派出所民警	北京市市委市政府	北京市先进工作者
74	纪俊旗	昌平分局沙河派出所民警	北京市市委市政府	北京市先进工作者
75	郝亚巡	昌平分局政治处副主任	中共北京市公安局委员会	优秀共产党员
76	朱岩军	昌平分局警务保障处处长	中共北京市公安局委员会	优秀共产党员
77	赵 宁	昌平分局沙河派出所所长	中共北京市公安局委员会	优秀共产党员
78	赵英波	昌平分局情报信息中心副主任	中共北京市公安局委员会	优秀共产党员
79	马朝晖	昌平分局治安支队支队长	公安部	个人一等功

80	贾春和	昌平分局副分局长	北京市公安局	个人二等功
81	张俊立	昌平分局阳坊派出所所长	北京市公安局	个人二等功
82	熊冠辉	昌平分局马池口派出所所长	北京市公安局	个人二等功
83	李　铮	昌平分局治安支队副中队长	北京市公安局	个人二等功
84	李庆龙	昌平分局巡警支队副支队长	北京市公安局	个人二等功
85	朱义春	昌平分局巡警支队副支队长	北京市公安局	个人二等功
86	王文斌	昌平分局南口派出所所长	北京市公安局	个人二等功
87	朱岩军	昌平分局警务保障处处长	北京市公安局	个人二等功
88	何宝国	昌平分局人口大队大队长	北京市公安局	个人二等功
89	郝亚巡	昌平分局政治处副主任	北京市公安局	个人二等功
90	李　军	昌平分局一支队支队长	北京市公安局	个人二等功
91	于　水	昌平分局刑侦支队民警	北京市公安局	个人二等功
92	黄　曦	昌平分局天通苑南派出所民警	北京市公安局	个人二等功
93	冯莉荣	北京市昌平新世纪商城 营业员	中共北京市委、北京市人民政府	北京市劳动模范
94	刘晓梅	昌平区广播电视中心主任	传媒中国组委会及：6 家新闻院校	2015 传媒中国年度贡献人物
95	胡艳艳	昌平区广播电视中心记者	北京市新闻出版广电局、北京网络视听节目服务协会	《我与互联网＋梦想》征文三等奖
96	郑　月	昌平区广播电视中心记者	北京市新闻出版广电局、北京网络视听节目服务协会	《我与互联网＋梦想》征文优秀作品奖
97	张　辉	市规划委昌平分局工会副主席	北京市献血办公室	2015 年度献血宣传组织优秀个人
98	耿利民	北京市规划委员会昌平分局科长（现挂职和田规划局党支部书记、副局长）	新疆和田市委	优秀援疆干部工作先进个人
99	单亚林	北京市规划委员会昌平分局副主任科员	市规划委	第二届依法行政督查督导知识竞赛暨职工规划管理业务技能大赛个人三等奖
100	王　钢	昌平国税局机关服务中心 副主任	北京市公安交通管理局	2015 年度北京市交通安全市级先进个人
101	李　杰	北京市昌平自来水有限责任公司	中共北京市委员会、北京市人民政府	北京市劳动模范
102	陈淑萍	幼儿园园长	北京民办教育协会和北京教育评估院	第九届北京民办教育“园丁奖”优秀校长奖。
103	陈淑萍	幼儿园园长	北京市教育委员会	优秀幼儿园园长
104	张爱生	北京市昌平粮食收储库党支部书记、副主任	国家粮食局	全国粮食系统传承“四无粮库”精神先进个人
105	冯莉荣	北京市昌平新世纪商城 营业员	北京市总工会	北京市劳动模范
106	沙振山	北京市银山出租汽车有限责任公司首都的士雷锋车队	北京出租汽车暨汽车租赁协会首都的士志愿公益服务总队	2014—2015 年首都的士志愿者奉献公益“星”
107	王自新	北京市银山出租汽车有限责任公司首都的士雷锋车队	北京出租汽车暨汽车租赁协会首都的士志愿公益服务总队	2014—2015 年首都的士志愿者奉献公益“星”
108	索占胜	北京市银山出租汽车有限责任公司首都的士雷锋车队	北京出租汽车暨汽车租赁协会首都的士志愿公益服务总队	2014—2015 年首都的士志愿者奉献公益“星”
109	崔富强	北京鹿牌都市生活用品有限公司党委书记、董事长	北京市人民政府	首都环境保护先进个人
110	谷彩琴	昌平区机关行政事务管理处行政科科长	北京市爱国卫生运动委员会	2015 年度首都控烟先进个人

111	杨振宇	北京市昌平区环境保护局北京市昌平区环境监察支队支队长	北京市人民政府	首都环境保护先进个人
112	杨 枭	北京市昌平区环境保护局科员	北京市环境保护局	2014年度全市环保系统"优秀信息员"
113	宋 坡	北京市昌平区环境保护局 职员	环境保护部	2014年全国环境信访工作先进个人
114	时 洪	北京市昌平区环境保护局副站长	环境保护部环境监察局	2014年全国排污申报与排污费征收工作先进个人
115	徐 萍	北京市昌平区环境保护局、北京市昌平区环境保护监测站副站长	环境保护部	国家环境监测"技术骨干"称号
116	杨振宇	北京市昌平区环境保护局、北京市昌平区环境监察支队支队长	北京市环境保护局	2015年全国排污申报与排污费征收工作先进个人
117	杨 枭	北京市昌平区环境保护局科员	环境保护部	2015年度全国环保政务信息工作先进个人
118	杨 枭	北京市昌平区环境保护局 科员	北京市环境保护局	2015年度北京市环保系统信息工作"优秀信息工作者"
119	张爱生	北京市昌平粮食收储库党支部书记	国家粮食局	全国粮食系统传承"四无粮仓"精神先进个人
120	李进兴	北京市皇城粮油有限责任公司副总经理	北京市人力资源和社会保障局	北京市粮食行业先进个人
121	许永强	回龙观镇专职消防队	北京市公安消防总队	实战化岗位练兵比武竞赛第一名
122	胡亚文	回龙观镇政府农经科主任	北京农村产权交易所	2015年北京农村产权交易工作先进个人
123	喻国荣	回龙观镇政府武装部副主任科员	北京市人力资源和社会保障局	北京市同邪教斗争先进个人
124	呼树军	回龙观镇环境卫生管理中心副主任	首都城市环境建设委员会	首都城市环境建设突出贡献个人
125	马立如	回龙观镇环境办职员	首都城市环境建设委员会	首都城市环境建设突出贡献个人
126	韩广二	霍营街道办事处 科员	北京市志愿服务联合会、首都治安志愿者协会	五星级治安志愿者
127	夏 磊	霍营街道办事处 工作人员	北京市志愿服务联合会、首都治安志愿者协会	五星级治安志愿者
128	李 新	霍营街道办事处 科员	北京市防范处理邪教办、北京市人力资源和社会保障局	北京市同邪教斗争先进个人
129	尚 歆	机关工委工会副主席	北京市总工会	首都劳动奖章
130	瓮 民	北京市昌平区纪委监察局	中共北京市纪委、北京市人力社保局、北京市监察局	查办案件工作二等功
131	王双锋	北京市昌平区纪委监察局	中共北京市纪委、北京市人力社保局、北京市监察局	查办案件工作二等功
132	王 乾	北京市昌平区纪委监察局	中共北京市纪委、北京市人力社保局、北京市监察局	查办案件工作三等功
133	王 平	北京市昌平区人民检察院监所检察处处长（副处级）、检察委员会委员、检察员	最高检刑事执行检察厅	2014年全国刑事执行检察重点课题研究征文活动一等奖
134	王丰恺	北京市昌平区人民检察院监所检察处助理检察员	最高检刑事执行检察厅	2014年全国刑事执行检察重点课题研究征文活动一等奖

135	史 焱	北京市昌平区人民检察院法律政策研究室副主任（正科级）、检察员	最高检刑事执行检察厅	2014年全国刑事执行检察重点课题研究征文活动一等奖
136	王雪鹏	北京市昌平区人民检察院公诉一处副处长（正科级）、检察员、主诉检察官	北京市人民检察院政治部	北京市检察机关2014年第三季度“公诉之星”
137	马月新	北京市昌平区人民检察院行政装备处主任科员、书记员、机关后勤服务中心主任	北京市交通安全委员会	市级交通安全优秀管理干部
138	彭 燕	北京市昌平区人民检察院公诉二处处长（副处级）、检委会委员、检察员、机关党委宣传委员	最高人民检察院	首届“守望正义——群众最喜爱的检察官提名奖
139	段森松	北京市昌平区人民检察院监所检察处副处长、副处级检察员	北京市人民检察院政治部	北京检察机关减刑、假释、暂予监外执行专项检察活动先进个人
140	谢金月	北京市昌平区人民检察院公诉一处副科级助理检察员	北京日报	北京日报“检察官在线”栏目2014年度优秀稿件优秀奖
141	谢金月	北京市昌平区人民检察院公诉一处副科级助理检察员	北京日报	北京日报“检察官在线”栏目2014年度优秀稿件优秀奖
142	谢金月	北京市昌平区人民检察院公诉一处副科级助理检察员	北京日报	北京日报“检察官在线”栏目2014年度优秀稿件一等奖
143	谢金月	北京市昌平区人民检察院公诉一处副科级助理检察员	北京日报	北京日报“检察官在线”栏目2014年度优秀稿件特等奖
144	邹开红	北京市昌平区人民检察院党组书记、检察长、检察委员会委员	市委政法委	入选北京市政法系统“十百千”人才工程第一层次人才
145	夏剑英	北京市昌平区人民检察院办公室副主任（副科级）、助理检察员	北京市委市政府	北京市先进工作者
146	刘 伟	北京市昌平区人民检察院政治处组宣科科长（正科级）、机关党委办公室主任、检察员	北京市人民检察院政治部	2013—2014年度北京市检察机关先进个人
147	夏剑英	北京市昌平区人民检察院办公室副主任（副科级）、助理检察员	北京市人民检察院政治部	2013—2014年度北京市检察机关先进个人
148	冯 涛	北京市昌平区人民检察院侦查监督一处副科级助理检察员	北京市人民检察院政治部	2013—2014年度北京市检察机关先进个人
149	薛 音	北京市昌平区人民检察院反贪污贿赂局侦查一处副科级助理检察员	北京市人民检察院政治部	2013—2014年度北京市检察机关先进个人
150	张 伟	北京市昌平区人民检察院控告申诉检察处副科级助理检察员	北京市人民检察院政治部	2013—2014年度北京市检察机关先进个人
151	王 平	北京市昌平区人民检察院监所检察处处长（副处级）、检察委员会委员、检察员	北京市人民检察院政治部	2013—2014年度北京市检察机关先进个人

152	王佳琦	北京市昌平区人民检察院案件管理办公室副主任（副科级）、助理检察员	北京市人民检察院政治部	2013—2014年度北京市检察机关先进个人
153	王丹丹	北京市昌平区人民检察院案件管理办公室副主任（副科级）、正科级检察员	北京市人民检察院政治部	2013—2014年度北京市检察机关先进个人
154	邵艳艳	北京市昌平区人民检察院公诉一处正科级检察员	北京市人民检察院政治部	北京市检察机关2014年第四季度“公诉之星”
155	何月	北京市昌平区人民检察院检察技术处副处长（正科级）	最高人民检察院检察技术信息研究中心	全国检察机关2015年第一期电子证据勘验取证培训班取证标兵
156	罗秋仙	北京市昌平区人民检察院政治处人事科副处级检察员	市妇联	首都最美家庭
157	杨静	北京市昌平区人民检察院政治处副主任（副处级）、办公室主任、检察员	最高人民检察院政治部	检察文化理论与实务研究征文活动二等奖
158	彭燕	北京市昌平区人民检察院公诉二处处长（副处级）、检委会委员、检察员、机关党委宣传委员	北京市人民检察院	北京市检察机关第四届检察业务专家提名奖
159	乔木	北京市昌平区人民检察院办公室科员	北京市人民检察院政治部	北京市检察机关2014年度优秀新录用人员
160	陈洁淼	北京市昌平区人民检察院侦查监督一处副科级助理检察员	北京市人民检察院政治部	北京市检察机关2014年度优秀新录用人员
161	谢金月	北京市昌平区人民检察院公诉一处副科级助理检察员	北京市人民检察院政治部	北京市检察机关2014年度优秀新录用人员
162	张海霞	北京市昌平区人民检察院反贪污贿赂局侦查一处副科级助理检察员	北京市人民检察院政治部	北京市检察机关2014年度优秀新录用人员
163	刘紫阳	北京市昌平区人民检察院职务犯罪预防处科员	北京市人民检察院政治部	北京市检察机关2014年度优秀新录用人员
164	陈丽娟	北京市昌平区人民检察院未成年人案件检察处副科级助理检察员	北京市人民检察院政治部	北京市检察机关2014年度优秀新录用人员
165	刘伟	北京市昌平区人民检察院政治处组宣科科长（正科级）、机关党委办公室主任、检察员	中国共产党北京市委员会	北京市第十二届优秀思想政治工作者
166	彭燕	北京市昌平区人民检察院公诉二处处长（副处级）、检委会委员、检察员、机关党委宣传委员	市委、市政府（市人力资源和社会保障局）	北京市未成年人保护工作先进个人
167	魏晓东	北京市昌平区人民检察院公诉一处行政见习	中国法学会	第十届中国法学青年论坛“完善中国特色社会主义法治实施体系”主题征文活动优秀奖
168	何月	北京市昌平区人民检察院检察技术处副处长（正科级）	最高人民检察院检察技术信息研究中心	首届“科技强检”征文活动优秀奖
169	陈蕾	北京市昌平区人民检察院侦查监督一处副处长(正科级)、检察员	北京市人民检察院	北京市检察机关十佳优秀侦查活动监督案件

170	薛聪颖	北京市昌平区人民检察院侦查监督二处副科级助理检察员	北京市人民检察院	北京市检察机关十佳优秀侦查活动监督案件
171	邹开红	北京市昌平区人民检察院党组书记、检察长、检察委员会委员	最高人民检察院法律政策研究室	适应全面推进依法治国要求，完善检察委员会制度”理论征文活动二等奖
172	王 保	昌平区交通局综合科 科长	首都城市环境建设委员会办公室	首都城市环境建设先进个人
173	于慧芳	昌平区公路运输管理所 副所长	中共北京市委员会	北京市先进工作者
174	姬 闯	昌平区道口安全管理办公室科员	北京市路政局道口管理办公室	2015 年度先进管理干部
175	梁 超	昌平交通支队沙河大队副主任科员	首都城市环境建设委员会	2015 年首都城市环境建设先进个人
176	赵长水	昌平交通支队马池口大队副主任科员	首都城市环境建设委员会	2015 年首都城市环境建设先进个人
177	王玉兰	区科委办公室主任	北京市委北京市人民政府	北京市劳动先进工作者
178	张立华	流村镇社会事务科科员	北京市体育局	优秀社会体育指导员
179	李玉福	流村镇政府 科长	北京市安全生产监督管理局	“两大安保”及时奖励
180	吴少东	流村镇林业工作站 副站长	北京市政府、首都绿化委员会	首都绿化美化先进个人
181	员再新	职员	北京市双拥工作领导小组办公室、北京市民政局、北京市人力资源和社会保障局、北京卫戍区政治部	证书、光荣册
182	李建菊	南口镇人民政府社会事务管理科	北京市卫生和计划生育委员会	2014–2015 年度首都无偿献血工作先进个人
183	王德锁	南口镇人民政府社会事务管理科	北京市献血办公室	2015 年度积极参加首都无偿献血宣传组织动员工作荣誉证书
184	凌仲昆	南口镇辛力庄村党支部书记、村委会主任	首都城市环境建设委员会	首都城市环境建设突出贡献个人
185	张士祥	南口镇曹庄村党支部书记、村委会主任	北京市民政局、北京市人力资源和社会保障局	2015 年度先进社区居、村委会集体及个人荣誉称号
186	罗桂河	昌平区农业局副局长	北京市重大动植物疫情应急指挥部、北京市农村工作委员会、北京市农业局、北京市人力资源和社会保障局	2011–2014 年度北京市动植物疫情防控工作先进个人
187	沈 静	北京市昌平区农机安全监理所 副所长	中华人民共和国农业部、国家安全生产监督管理总局	2015 年全国“平安农机”农机安全监理示范岗位标兵
188	王天坤	昌平区动物疫病预防控制中心	奶牛产业技术体系北京市创新团队．研发中心依托单位：北京市畜牧总站	先进综合试验站站长
189	王天坤	昌平区动物疫病预防控制中心	奶牛产业技术体系北京市创新团队．研发中心依托单位：北京市畜牧总站	团队特殊贡献奖
190	徐全明	北京市昌平区种子管理站	中共北京市委北京市人民政府	北京市先进工作者
191	李文华	北京市昌平区气象局	中国技术市场协会	“三农科技服务金桥奖”先进个人
192	袁 成	副院长	北京陆军预备役高炮第五团	优秀预备役军官
193	李站清	妇产科主任	中国共产党北京市委北京市人民政府	北京市先进工作者
194	荣绍远	副院长		优秀医院管理干部”奖
195	王金玲	外科大夫	北京市妇女联合会北京市总工会北京市人力资源和社会保障局	北京市“三八”红旗奖章荣誉称号
196	郝桂兰	护理部副主任	北京市卫生与计划生育委员会北京市药品与食品监督管理局	授予“北京市医疗器械不良事件监测先进个人”

197	李全亭	检验科主任	北京大学医学部	第十一届北京市卫生系统乒乓球比赛女子单打第三名
198	金圣海	昌平区人大常委会办公室秘书科科长	北京市妇女联合会、北京市总工会	北京市三八红旗奖章
199	熊 强	昌平区劳动人事争议仲裁院仲裁员	北京市劳动人事争议仲裁委员会	优秀仲裁员
200	陈小新	昌平区劳动人事争议仲裁院仲裁员	北京市劳动人事争议仲裁委员会	优秀仲裁员
201	张 鹏	昌平人力社保局 副主任科员	北京市人力资源和社会保障局	优秀信息员
202	云富勇	北京市昌平区商务委员会主任	北京市粮食局北京市人力资源和社会保障局	北京市粮食行业先进个人
203	王 硕	北京市昌平区商务委员会科员	北京市粮食局北京市人力资源和社会保障局	北京市粮食行业先进个人
204	徐 涛	北京市昌平区商务委员会副主任	北京市安全生产委员会办公室北京市人力资源和社会保障局	2013–2015年度北京市安全生产工作先进个人
205	胡玉红	十三陵镇胡庄社区党支部书记、社区居委会主任	北京市人民政府	北京市孝星
206			北京市司法局	北京市普法工作先进个人
207	段怀进	十三陵镇副镇长	北京市安全生产委员会	2013–2015年北京市安全生产先进个人
208	程立新	十三陵镇妇联主席	北京市妇女联合会、北京市总工会、北京市人力资源和社会保障局	北京市“三八”红旗奖章荣誉称号
209	王 哲	十三陵社保所 所长	中国就业培训技术指导中心	职业指导与创业指导案例征集活动优秀奖
210	尹兆怀	十三陵镇综治办主任	北京市公安交通管理局	2015年北京市公安交通管理局安监处交通管理局先进个人
211			北京市交通安全委员会	2015年度市级交通安全优秀管理干部
212	李 全	十三陵镇综治办一镇一警	北京市公安交通管理局	2015年北京市公安交通管理局一镇一警老民警标兵
213	刘天龙	十三陵镇综治办科员	北京市人民政府	北京市孝星
214	陈德春	十三陵镇北新村社区党支部书记兼居委会主任	北京市民政局	2015年度首都社区志愿服务工作者之星
215	马瑞满	十三陵镇林业站站长	北京市人民政府、首都绿化委员会	首都绿化美化先进个人
216	王慧瑾	北京市昌平区食品药品监督管理局 科员	北京市爱国卫生运动委员会	2015年度首都控烟先进个人
217	刘春利	昌平区市政市容委城乡环境建设综合管理中心 主任	首都城市环境建设委员会	2015年度首都城市环境建设突出贡献个人
218	张灏志	昌平区市政市容委城乡环境建设综合管理中心 科员	首都城市环境建设委员会	2015年度首都城市环境建设突出贡献个人
219	句 冉	昌平区市政市容委城乡环境建设规划中心 科员	首都城市环境建设委员会	2015年度首都城市环境建设突出贡献个人
220	马思琪	昌平区市政市容委城乡环境建设规划中心 科员	首都城市环境建设委员会	2015年度首都城市环境建设突出贡献个人
221	魏振雄	昌平区市政市容委城乡环境建设统筹协调中心 科员	首都城市环境建设委员会	2015年度首都城市环境建设突出贡献个人
222	高俊良	市政市容委 副主任	法制宣传教育领导小组、市委宣传部、市人力资源和社会保障局、市司法局	2011–2015北京市法治宣传教育先进个人表彰
223	于慧芳	昌平区交通局公路运输管理所	北京市总工会	北京市先进工作者

224	赵忠杰	北京市交通委员会路政局昌平公路分局路政大队 副队长	交通宣讲团领导小组办公室	优秀宣讲骨干
225	蔡建国	北京市交通委员会路政局昌平公路分局路政大队 科员	北京市交通委员会、北京市人力资源和社会保障局	2013-2014年度北京市交通工作先进个人
226	杨晓茹	北京市交通委员会路政局昌平公路分局政工人事科 科长	中共北京市交通委员会路政局委员会	2015年度优秀党务工作者
227	许立新	北京市交通委员会路政局昌平公路分局财务科 科长	中共北京市交通委员会路政局委员会	2015年度优秀共产党员
228	杨振宇	北京市昌平区环境保护局、北京市昌平区环境监察支队支队长	北京市环境保护局	2015年全国排污申报与排污费征收工作先进个人
229	李 颖	法援中心主任	北京市司法局	法律援助先进个人
230	郭英鹏	法援中心科员	北京市司法局	法律援助先进个人
231	张婷婷	马池口司法所	北京市司法局	社区矫正岗位练兵能手
232	李婉星	兴寿司法所司法助理员	北京市司法局	“人民调解能手”
233	张宝利	昌平区体育局、群体科科长	中共北京市委 北京市人民政府	北京市先进工作者
234	宋丽洁	天通苑北街道办事处科员	首都城市环境建设委员会	2015年首都环境建设突出贡献个人
235	刘 飞	天通苑北街道办事处副主任	首都城市环境建设委员会	2015年首都环境建设突出贡献个人
236	郑春玉	天通西苑第二社区居委会	北京市民政局	先进居委会主任
237	李美贤	天通中苑第一社区青年汇	团市委	优秀社区青年汇点
238	李美贤	天通中苑第一社区青年汇	团市委	优秀社区青年汇点
239	尤雪莲	天通北苑第一社区青年汇	团市委	优秀社区青年汇点
240	尤雪莲	天通北苑第一社区青年汇	团市委	优秀社区青年汇点
241	刘 云	天通北苑第一社区青年汇	团市委	优秀社区青年汇点
242	刘 云	天通北苑第一社区青年汇	团市委	优秀社区青年汇点
243	韩伟民	天通西苑第三社区青年汇	团市委	优秀社区青年汇点
244	杨红霞	天通西苑第三社区青年汇	团市委	优秀社区青年汇点
245	宋丽洁	天通苑北街道办事处科员	首都城市环境建设委员会	2015年首都环境建设突出贡献个人
246	刘 飞	天通苑北街道办事处副主任	首都城市环境建设委员会	2015年首都环境建设突出贡献个人
247	郑春玉	天通西苑第二社区居委会	北京市民政局	先进居委会主任
248	李美贤	天通中苑第一社区青年汇	北京团市委	优秀社区青年汇点
249	李美贤	天通中苑第一社区青年汇	北京团市委	优秀社区青年汇点
250	尤雪莲	天通北苑第一社区青年汇	北京团市委	优秀社区青年汇点
251	尤雪莲	天通北苑第一社区青年汇	北京团市委	优秀社区青年汇点
252	刘 云	天通北苑第一社区青年汇	北京团市委	优秀社区青年汇点
253	刘 云	天通北苑第一社区青年汇	北京团市委	优秀社区青年汇点
254	韩伟民	天通西苑第三社区青年汇	北京团市委	优秀社区青年汇点
255	杨红霞	天通西苑第三社区青年汇	北京团市委	优秀社区青年汇点
256	王成宽	天通苑南街道办事处 副主任	北京市交通安全委员会	北京市交通安全优秀管理干部
257	韩 鹏	天通苑南街道办事处 科长	首都城市环境建设办公室	2015年首都城市环境建设先进个人
258	马翠利	天通苑南司法所 司法助理员	北京市司法局	市司法局社区矫正岗位练兵能手
259	李国兰	天二社区志愿者大组长	北京市纪念活动领导小组、北京市志愿服务联合会、首都治安志愿者协会	首都优秀治安志愿者
260	王玉清	天二社区志愿者大组长	北京市纪念活动领导小组	中国人民抗日战争暨世界反法西斯战争胜利70周年纪念活动，北京市服务保障工作

261	姚武琦	北京居然之家	北京市人民政府	北京市万名孝星
262	娄和平	退休工人	北京市民政局	被授为北京市五星级首都社区志愿者之星
263	李春玲	北京市昌平区统计局 党组书记、局长	北京市第三次全国经济普查领导小组办公室 北京市统计局 国家统计局北京调查总队 北京市人力资源和社会保障局	北京市第三次全国经济普查先进个人
264	李 艳	北京市昌平区统计局 副局长	同上	同上
265	李 丽	北京市昌平区统计局 科长	同上	同上
266	尹 清	北京市昌平区统计局 科长	同上	同上
267	段月莹	北京市昌平区统计局 副科长	同上	同上
268	徐新蕾	北京市昌平区统计局 副科长	同上	同上
269	吕剑峰	北京市昌平区统计局 科员	同上	同上
270	董银亮	北京市昌平区统计局 主任科员	同上	同上
271	程晓玲	北京市昌平区统计局 所长	同上	同上
272	葛守明	北京市昌平区统计局 科员	同上	同上
273	宋士芝	北京市昌平区统计局 所长	同上	同上
274	王 宁	昌平文联 办公室副主任	北京市文联	信息工作先进个人
275	刘少华	北京市昌平区小汤山镇安全科 科长	北京市安全生产监督管理局	2015年世界田径锦标赛与中国人民抗日战争胜利70周年纪念活动安全生产保障工作及时奖励
276	郭 勇	昌平区小汤山镇葫芦河村委会 副书记	首都城市环境建设委员会	2015年度首都城市环境建设突出贡献个人
277	梁志刚	北京同心园保洁服务中心 经理	首都城市环境建设委员会	2015年度首都城市环境建设突出贡献个人
278	朱贵龙	区信访办群众权益保障科主任科员	北京市信访办、北京市人力资源和社会保障局	北京市人民建议征集工作先进个人
279	王常清	区信访办副主任	北京市信访办、北京市人力资源和社会保障局	北京市信访工作先进个人
280	巩学庆	区信访办复查复核科科长	北京市信访办、北京市人力资源和社会保障局	北京市信访工作先进个人
281	张冬玲	兴寿镇团委副书记	共青团北京市委员会、北京市人力资源和社会保障局	北京市优秀团干部（证书）
282	赵春红	兴寿镇信访接待中心主任	中国共产党北京市委员会、北京市人民政府	北京市信访工作先进个人（证书）
283	李 攀	昌平区延寿镇党委副书记、镇长	首都城市环境建设委员会	2015年首都环境建设突出贡献个人
284	王仕福	昌平区延寿镇安全管理科科长	北京市安全生产委员会、北京市人力资源和社会保障局	2013–2015年度北京市安全生产工作先进个人
285	关 江	昌平区延寿镇安全科科员	北京市安全生产监督管理局	2015年安全生产条件普查先进个人
286	殷雅东	昌平区延寿镇林业站站长	北京市森林防火指挥部、北京市人力资源和社会保障局、北京市园林绿化局	2013–2015年度北京市森林防火工作先进个人
287	赵 静	阳坊镇副镇长	首都城市环境建设委员会	首都环境建设突出个人贡献
288	包秋霞	阳坊镇农业发展办公室科员	北京市气象局	2015年北京市十佳气象信息员
289	郭铁圆	阳坊镇环卫管理中心科员	首都城市环境建设委员会	首都环境建设突出个人贡献
290	解玉洁 李桂明 许月臣 张亚琴	中国邮政集团公司北京市昌平区分公司 职工		北京市抗日战争暨世界反法西斯战争胜利70周年纪念等重大活动服务安全保障先进个人

291	仇雪娟	中国邮政集团公司北京市昌平区分公司 职工		北京市献血宣传先进个人
292	茅 江	昌平区园林绿化局 局长	北京市人民政府与北京市人力资源社会保障局	首都绿化美化先进个人
293	张树玲	昌平区园林绿化局 副书记	北京市人民政府与北京市人力资源社会保障局	首都绿化美化先进个人
294	王 霞	昌平区园林绿化局 绿化办副主任	北京市人民政府与北京市人力资源社会保障局	首都绿化美化先进个人
295	李长林	昌平区园林绿化局林业工作站 职员	北京市人民政府与北京市人力资源社会保障局	首都绿化美化先进个人
296	朱大香	昌平区园林绿化局林业工作站 科员	北京市人民政府与北京市人力资源社会保障局	首都绿化美化先进个人
297	陈 超	昌平区园林绿化局平原造林管理中心 科员	北京市人民政府与北京市人力资源社会保障局	首都绿化美化先进个人
298	李旭栋	昌平区园林管理处 科员	北京市人民政府与北京市人力资源社会保障局	首都绿化美化先进个人
299	孙华彬	昌平区园林绿化局 科长	北京市人民政府与北京市人力资源社会保障局	首都绿化美化先进个人
300	王晓东	昌平区园林绿化局 副科长	北京市人民政府与北京市人力资源社会保障局	首都绿化美化先进个人
301	王 政	昌平区园林绿化局兴寿林业工作站 科员	北京市人民政府与北京市人力资源社会保障局	首都绿化美化先进个人
302	姚立松	昌平区流村森林公安派出所（科级单位）所长	北京市人民政府与北京市人力资源社会保障局	首都绿化美化先进个人
303	张 雷	昌平区园林绿化局 科员	北京市人民政府与北京市人力资源社会保障局	首都绿化美化先进个人
304	张 岩	昌平区平原造林管理中心 科员	北京市人民政府与北京市人力资源社会保障局	首都绿化美化先进个人
305	张子健	昌平区公园管理中心 科员	北京市人民政府与北京市人力资源社会保障局	首都绿化美化先进个人
306	纪子健	昌平区公园管理中心（科级单位）副主任	北京市人民政府与北京市人力资源社会保障局	首都绿化美化先进个人
307	李 杰	昌平自来水公司昌平管理所营销二组组长	北京市总工会	北京市劳动模范
308	马守芳	北京市昌平区社会治安综合治理委员会、主任科员	首都环境建设委员会	二〇一五年度首都城市环境建设先进个人
309	刘大钊	百善社区卫生服务中心 主任助理	北京市健康促进工作委员会	荣获2015年“健康中国行”北京市健康科普大赛优秀健康科普文章奖
310	陈赛颖	兴寿社区卫生服务中心 护士	北京市疾病预防控制中心、北京市预防医学研究中心	2015年度死因登记报告先进个人
311	肖 唱	兴寿社区卫生服务中心 护士	北京市健康教育所	2015年度北京市健康教育工作先进个人
312	黄 培	北京市昌平区北七家社区卫生服务中心 主任	北京市人民政府	北京市先进工作者
313	陈 静	北京市昌平区北七家社区卫生服务中心 副主任	北京市健康教育所	2015年度北京市健康教育工作先进个人

314	陈　静	北京市昌平区北七家社区卫生服务中心　副主任	北京市卫生和计划生育委员会	2011-2015年北京市乡村医生岗位优秀管理人员
315	胡宴杰	北京市昌平区北七家社区卫生服务中心　副主任	中共北京市卫生计生委委员会纪委	“清语、清心、清风”廉政感言创作征集活动中荣获“三等奖”
316	司嘉琦	北京市昌平区北七家社区卫生服务中心　医师	中共北京市卫生计生委委员会纪委	“清语、清心、清风”廉政感言创作征集活动中荣获“三等奖”
317	路春平	北京市昌平区北七家社区卫生服务中心　医师	中共北京市卫生计生委委员会纪委	“清语、清心、清风”廉政感言创作征集活动中荣获“三等奖”
318	张倩雪	北京市昌平区北七家社区卫生服务中心　药师	中共北京市卫生计生委委员会纪委	“清语、清心、清风”廉政感言创作征集活动中荣获“三等奖”
319	黄　培	北京市昌平区东小口社区卫生服务中心中心主任	“中共北京市委”“北京市人民政府”	北京市先进工作者
320	温冀兴	回龙观社区卫生服务中心	中共北京市卫生计生委	在“清语、清心、清风”廉政感言创作征集活动中荣获“一等奖”
321	娄树静	回龙观社区卫生服务中心	中共北京市卫生计生委	在“清语、清心、清风”廉政感言创作征集活动中荣获“一等奖”
322	张　芳	回龙观社区卫生服务中心	北京市临床检验中心	北京市临床常规化学室间质量评价活动中被评为优秀质量管理员
323	王　佳	回龙观社区卫生服务中心	北京市临床检验中心	北京市临床常规化学室间质量评价活动中被评为优秀质量管理员
324	侯宏燕	回龙观社区卫生服务中心	北京市临床检验中心	北京市临床常规化学室间质量评价活动中被评为优秀质量管理员
325	杨长凤	回龙观社区卫生服务中心	北京结核病控制研究所、北京防痨协会	在2014年北京市百千万志愿者结核病防治知识传播行动中表现突出，被评为优秀志愿者
326	郝佳佳	回龙观社区卫生服务中心	中华医学会全科医学分会/全科医学协作平台主办，蓝海联盟医学研究院承办	2015年中国全科医学大会，我的全科梦演讲比赛《生命树上有我的一片绿》一等奖
327	张小艳	回龙观社区卫生服务中心	北京药师协会	聘任张小艳同志为北京药师协会社区药事管理专业委员会委员
328	王尚才	回龙观社区卫生服务中心主任	北京药师协会	聘任王尚才同志为北京药师协会社区药事管理专业委员会委员
329	路成伟	回龙观社区卫生服务中心	中华预防医学会	荣获“2015社区慢病立方管理知识竞赛总决赛最佳抢答奖
330	吴丽娟	回龙观社区卫生服务中心副主任	北京市健康教育所	因工作表现突出，被评为2015年度北京市健康教育工作先进个人
331	杨长凤	回龙观社区卫生服务中心	北京市疾控中心	北京市2015年度传染病报告先进个人
332	赵　娟	北京市昌平区卫生和计划生育委员会　卫生应急办公室主任	北京市卫生和计划生育委员会、北京市人力资源和社会保障局等6部门	2014-2015年度首都无偿献血工作先进个人
333	徐　杰	北京市昌平区妇幼保健院办公室科员	北京市卫生和计划生育委员会、北京市人力资源和社会保障局等6部门	2014-2015年度首都无偿献血工作先进个人
334	高金鑫	昌平区疾病预防控制中心科员	北京市疾病预防控制中心	2015年度北京市职业卫生工作先进个人
335	王秀云	昌平区疾病预防控制中心 中心副主任	北京市疾病预防控制中心	2015年北京市住院严重急性呼吸道感染监测工作先进个人

336	杨俊英	昌平区疾病预防控制中心科员	北京疾病预防控制中心	免疫规划工作先进个人
337	朱宗龙	昌平区疾病预防控制中心科员	北京疾病预防控制中心	免疫规划工作先进个人
338	苑新海	昌平区疾病预防控制中心科员	北京疾病预防控制中心	免疫规划工作先进个人
339	庄景新	昌平区疾病预防控制中心科员	北京市疾病预防控制中心	北京市疾控机构营养与食品卫生工作先进个人
340	黄艳丽	昌平区疾病预防控制中心 副科长	中国控制吸烟协会、青少年控烟专业委员会	2015年全国大中小学生“我要健康成长·我爱无烟环境”随手拍竞赛先进个人
341	黄艳丽	昌平区疾病预防控制中心 副科长	北京市疾病预防控制中心	2015年北京市专家进校园健康大讲堂优秀教学视频三等奖
342	张　崛	昌平区疾病预防控制中心科员	九三学社中央委员会	九三学社创建70周年全国优秀社员
343	张　崛	昌平区疾病预防控制中心科员	九三学社北京市委员会	九三学社北京市委员会2014–2015年度参政议政工作先进个人
344	唐雅清	昌平区疾病预防控制中心科长	北京市委市政府	北京市先进工作者
345	王鲁茜	昌平区疾病预防控制中心科员	北京市疾病预防控制中心	2015年度先进个人
346	刘重程	昌平区疾病预防控制中心 副科长	北京市疾病预防控制中心	2015年北京市住院严重急性呼吸道感染监测工作先进个人
347	王瑞琴	昌平区疾病预防控制中心科员	北京市疾病预防控制中心	北京市寄生虫病防控工作“2015年度先进个人”
348	舒高林	昌平区疾病预防控制中心 副科长	北京市艾滋病确认中心	2015年艾滋病检测工作先进个人
349	彭　华	昌平区疾病预防控制中心科员	北京市疾病预防控制中心	2015年北京市肠道传染病防控工作先进个人
350	高进玺	昌平区疾病预防控制中心科员	北京市疾病预防控制中心	2015年北京市住院严重急性呼吸道感染监测工作先进个人
351	徐代庆	昌平区疾病预防控制中心科员	北京市艾滋病确认中心	2015年艾滋病检测工作先进个人
352	赵炳岩	昌平区疾病预防控制中心科员	北京市疾病预防控制中心	2015年麻疹、风疹检测工作先进个人
353	刘　毅	昌平区疾病预防控制中心科员	北京市疾病预防控制中心	2015年食品中致病性微生物检测工作先进个人
354	张　阳	昌平区疾病预防控制中心科员	北京市疾病预防控制中心	2015年食源性疾病检测工作先进个人
355	原　野	昌平区疾病预防控制中心科员	北京市疾病预防控制中心	2015年度北京市健康教育工作先进个人
356	蔡利国	昌平区疾病预防控制中心科长	北京市疾病预防控制中心	2015年度北京市健康教育工作先进个人
357	闫革彬	昌平区疾病预防控制中心 中心副主任	北京市疾病预防控制中心	2015年度北京市疾控机构营养与食品卫生工作先进个人
358	闫革彬	昌平区疾病预防控制中心 中心副主任	北京市艾滋病确认中心	2015年艾滋病检测和管理工作先进个人
359	郭红侠	昌平区疾病预防控制中心 中心副主任	北京市疾病预防控制中心	2015年度北京市健康教育优秀工作者
360	刘国蓉	昌平区疾病预防控制中心科长	北京市疾病预防控制中心	2015年度北京市疾控机构营养与食品卫生工作先进个人
361	张海玲	昌平区疾病预防控制中心科员	北京市疾病预防控制中心	北京市疾控机构营养与食品卫生工作先进个人
362	孙　伟	昌平区疾病预防控制中心科员	北京市疾病预防控制中心	北京市疾控机构营养与食品卫生工作先进个人
363	朱宗刚	昌平区妇幼保健院科主任	北京市牙防所	2015年北京市口腔公共卫生服务项目先进个人
364	曹棒珍	昌平区妇幼保健院科员	北京市牙防所	2015年北京市口腔公共卫生服务项目先进个人

365	孙明明	昌平区妇幼保健院科员	北京市牙防所	2015 年北京市口腔公共卫生服务项目先进个人
366	袁 成	副院长	北京陆军预备役高炮第五团	优秀预备役军官
367	李站清	妇产科主任	中国共产党北京市委 北京市人民政府	北京市先进工作者
368	荣绍远	副院长		优秀医院管理干部”奖
369	王金玲	外科大夫	北京市妇女联合会 北京市总工会 北京市人力资源和社会保障局	北京市“三八”红旗奖章荣誉称号
370	郝桂兰	护理部副主任	北京市卫生与计划生育委员会 北京市药品与食品监督管理局	授予“北京市医疗器械不良事件监测先进个人”
371	李全亭	检验科主任	北京大学医学部	第十一届北京市卫生系统乒乓球比赛女子单打第三名
372	王志鹏	昌平区沙河医院 副院长	中共北京市委 北京市人民政府	北京市先进工作者
373	国 民	昌平卫生监督所 所长助理	北京市爱国卫生运动委员会	2015 年度首都控烟先进个人
374	王 辉	昌平卫生监督所 科长	北京市爱国卫生运动委员会	2015 年度首都控烟先进个人
375	崔宗强	北京市昌平区卫生局卫生监督所科长	北京市卫生计生委、北京市总工会	2015 年北京市卫生计生监督技能竞赛中获计划生育专业个人优秀奖
376	王春生	北京市昌平区中西医结合医院院长	北京市红十字基金会	2015 年“同心＊共筑中国心”、授予“优秀志愿者”荣誉称号
377	潘贵超	北京市昌平区中西医结合医院副院长	中共北京市市委、北京市人民政府	北京市劳动模范先进工作者
378	易璐莹	北京市昌平区中西医结合医院	北京市中医管理局	北京市涉外服务能力大赛十佳个人
379	贾晓志	北京市昌平区中西医结合医院	北京急救中心	2015 年度北京 120 急救网络“急救网络能手”
380	刘金涛	北京市昌平区中西医结合医院	北京市中医管理局	北京地区中医医疗机构创伤急救能力演练比武活动二等奖
381	李玥珺	北京市昌平区中西医结合医院	北京市食品药品监督局、北京市卫生计生委员会	2014 年医疗器械不良事件日常检测工作先进个人
382	毕元焦	北京市昌平区中西医结合医院	北京市中医管理局	北京市首届中医护理教学竞赛三等奖
383	聂 昕	北京市昌平区中西医结合医院宣传科主任	北京市计划生育委员会	北京市计划生育委员会 2015 年度《北京卫生及计划生育年鉴》先进工作者
384	白晓军	北京市昌平区中西医结合医院监护室主任	中共北京市援疆和田指挥部委员会	2015 年 3 月 -2016 年“优秀援疆医生”称号
385	白晓军	北京市昌平区中西医结合医院监护室主任	中共和田地委、和田地区行署	和田地区 2015 年“优秀援疆干部”称号
386	白晓军	北京市昌平区中西医结合医院监护室主任	中共洛浦县委员会、洛浦县人民政府	2015 年度“优秀援疆干部”称号
387	谷晓芬	昌平区中医医院妇产科主任	中华全国总工会	全国五一巾帼标兵
388	龚自启	昌平区中医医院外科主任	中共北京市委、北京市人民政府	2015 年北京市先进工作者
389	张 钊	昌平区中医医院医学工程处科员	北京市食品药品监督管理局、北京市卫生和计划生育委员会	医疗器械不良事件日常监测工作优秀个人
390	巩心悦	昌平区中医医院肺病科护士	北京市中医管理局	中医系统带教老师评比大赛获得理论与技术比赛个人三等奖
391	秦丽英	昌平区中医医院肛肠科护士	北京市中医管理局	中医系统带教老师评比大赛获得理论与技术比赛个人三等奖
392	张亚艳	昌平区中医医院心血管病科医师	被中国致公党北京市委员会	优秀党员

393	张绍开	昌平区中医医院心血管病科医师	北京市健康促进工作委员会	2015年“健康中国行”北京市健康科普大赛十佳健康科普文章奖
394	张绍开	昌平区中医医院心血管病科医师	北京市健康促进工作委员会	2015年“健康中国行”北京市健康科普大赛三等奖
395	孙萍萍	昌平区中医医院党办主任	北京市中医管理	2015年度首都中医药信息宣传工作优秀信息员
396	宗会霞	昌平区中医医院疾控科科员	北京市疾控中心	北京市2015年度死因登记报告先进个人

统　计　表

2015 年昌平区国民经济发展统计表

2015 年主要经济指标完成情况

1-12 月

指标名称	单位	本期累计	上年同期	同比增减 %
GDP	亿元	657.3	611.1	8.2
财政收入(公共预算)	亿元	73.1	66.3	10.2
财政支出(公共预算)	亿元	185.8	138.4	34.2
区域税收	亿元	246.7	242.8	1.6
各项人民币存款余额	亿元	1827.5	1579.2	15.7
#居民储蓄余额	亿元	1002.0	949.8	5.5
各项贷款余额	亿元	366.0	341.7	7.1
农林牧渔业总产值	亿元	22.1	25.8	-14.4
规模以上工业总产值	亿元	1085.5	1125.7	-3.6
建筑业总产值	亿元	179.3	219.8	-18.4
社会消费品零售额	亿元	395.9	368.7	7.4
全社会固定资产投资	亿元	581.1	614.5	-5.4
实际利用外资额	万美元	10622	10646	-0.2
旅游营业收入	亿元	104.3	98.8	5.6
城镇居民人均可支配收入	元	38794	35569	9.1
农村居民人均可支配收入	元	20115	18445	9.1

2015年昌平区房地产开发和销售主要指标

	计量单位	今年	上年	＋－%
一、房屋施工面积	平方米	14283400	13026723	9.6
其中：1、住宅	平方米	9151472	8056033	13.6
2、商用	平方米	716098	620192	15.5
其中：新开工面积	平方米	1995871	2019123	−1.2
1、住宅	平方米	1145361	1169329	−2.0
2、商用	平方米	131380	108113	21.5
二、房屋竣工面积	平方米	3413286	2449410	39.4
其中：住宅	平方米	2539939	1603673	58.4
商用	平方米	143569	3423	4094.2
三、商品房销售面积	平方米	1786054	1419847	25.8
其中：住宅	平方米	1521960	1299091	17.2
商用	平方米	77246	57485	34.4
四、商品房销售额	万 元	3528477	2378426	48.4
其中：住宅	万 元	3066283	2196331	39.6
商用	万 元	103114	81102	27.1
五、商品房待售面积	平方米	1942961	1290846	50.5
其中：住宅	平方米	1388003	735879	88.6
商用	平方米	148224	161812	−8.4

2015 年昌平地区生产总值

指 标	绝对量（亿元）	增长速度（%）（不变价）
地区生产总值	657.3	8.2
按产业分：		
第一产业	8.1	−10.6
第二产业	244.8	0.4
第三产业	404.4	14.3
按行业分：		
农、林、牧、渔业	8.3	−10.6
工业	229.5	0.3
建筑业	28.7	1.0
批发和零售业	22.9	2.0
交通运输、仓储和邮政业	3.0	4.0
住宿和餐饮业	16.8	−1.9
信息传输、软件和信息技术服务业	22.4	17.9
金融业	34.8	12.8
房地产业	77.3	8.8
租赁与商务服务业	24.8	−1.0
科学研究和技术服务业	75.6	36.5
水利、环境和公共设施管理业	10.2	14.9
居民服务、修理和其他服务业	9.8	1.8
教育	52.8	27.5
卫生和社会工作	17.9	20.6
文化、体育和娱乐业	3.0	5.2
公共管理、社会保障和社会组织	19.5	−3.1

2015年昌平区规模以上工业总产值完成情况

单位：万元

指 标	2015年	2014年	同比增长(%)
全区规模以上工业总产值	10855073.4	11257379.1	–3.6
#煤炭开采和洗选业	2932483.3	2962992.7	–1.0
汽车制造业	2833239.2	2791297.7	1.5
专用设备制造业	767957.4	1133907.3	–32.3
医药制造业	760697.3	732065.8	3.9
电气机械和器材制造业	618376.1	491832.3	25.7
通用设备制造业	363123.0	433883.8	–16.3
仪器仪表制造业	327483.3	374750.6	–12.6
非金属矿物制品业	289570.4	352055.0	–17.7
农副食品加工业	236797.0	264414.9	–10.4
开采辅助活动	217959.3	231740.4	–5.9

附 录

中共北京市昌平区委文件目录

文 号	文件标题
京昌发〔2015〕1 号	区委关于印发《区委常委会 2015 年工作要点》的通知
京昌发〔2015〕2 号	区委关于印发《中共北京市昌平区委员会常务委员会工作规则》的通知
京昌发〔2015〕3 号	区委印发《中共北京市昌平区委员会常务委员会关于加强自身建设的意见》的通知
京昌发〔2015〕4 号	区委区政府关于成立中国人民抗日战争暨世界反法西斯战争胜利 70 周年纪念活动昌平区服务保障指挥部的通知
京昌发〔2015〕5 号	区委关于印发《区委常委会 2015 年议题计划》的通知
京昌发〔2015〕6 号	区委印发《关于做好全区基层党组织换届选举工作的实施方案》的通知
京昌发〔2015〕7 号	区委转发《中共北京市昌平区人大常委会党组关于进一步加强和改进全区人大工作的意见》的通知
京昌发〔2015〕8 号	区委区政府关于实施安全发展战略促进国际一流科教新区建设的见
京昌发〔2015〕9 号	区委区人民政府关于印发《昌平区绩效管理工作实施方案》的通知
京昌发〔2015〕10 号	区委关于成立昌平区 2015 年村党组织和村民委员会换届选举工作领导小组的通知
京昌发〔2015〕11 号	区委关于做好昌平区 2015 年村党组织换届选举工作的意见
京昌发〔2015〕12 号	区委关于认真学习贯彻《中国共产党廉洁自律准则》和《中国共产党纪律处分条例》的通知
京昌发〔2015〕13 号	区委关于制定昌平区国民经济和社会发展第十三个五年规划的建议
京昌发〔2015〕14 号	区委区政府关于做好 2015 年军队转业干部安置工作的通知
京昌发〔2015〕15 号	区委关于加强和改进党的群团工作的实施意见

中共北京市昌平区委办公室文件目录

文　号	文件标题
京昌办发〔2015〕1号	两办关于印发《昌平区市级农口劳动模范、先进工作者管理工作暂行办法》的通知
京昌办发〔2015〕2号	两办关于印发《昌平区安全生产“党政同责、一岗双责”实施办法》的通知
京昌办发〔2015〕3号	两办关于继续在2015年春节期间对特困家庭实行“一帮一”慈善扶贫救助的通知
京昌办发〔2015〕4号	两办关于成立第三届北京农业嘉年华活动运行指挥部的通知
京昌办发〔2015〕5号	两办关于印发《昌平区2015年加强流动人口规模调控和服务管理工作实施方案》的通知
京昌办发〔2015〕6号	区委办公室关于转发《中共北京市昌平区委党的建设工作领导小组2015年工作要点》的通知
京昌办发〔2015〕7号	两办关于落实《中共北京市委常委班子2014年度民主生活会整改方案》工作任务分工的通知
京昌办发〔2015〕8号	两办关于进一步加强区领导联系镇（街道）工作推动2015年重点任务落实的通知
京昌办发〔2015〕9号	区委办公室关于成立昌平区2015年社区党组织和社区居民委员会换届选举工作领导小组的通知
京昌办发〔2015〕10号	区委办公室转发区委组织部、区委社会工委《关于做好2015年全区社区党组织换届选举工作的实施方案》的通知
京昌办发〔2015〕11号	两办转发区民政局《关于昌平区第九届社区居民委员会选举工作的意见》的通知
京昌办发〔2015〕12号	两办关于开展2015年镇街和十三陵特区办事处、北方企业集团公司绩效考核评价工作的通知
京昌办发〔2015〕13号	两办关于调整昌平区国家安全工作领导小组的通知
京昌办发〔2015〕15号	区委办公室印发《昌平区关于在处级以上领导干部中开展“三严三实”专题教育的工作方案》的通知
京昌办发〔2015〕16号	区委办公室关于印发《昌平区进一步加强基层服务型党组织建设的实施方案》的通知
京昌办发〔2015〕17号	区委办公室关于印发《昌平区完善党员干部直接联系群众制度的实施细则》的通知
京昌办发〔2015〕18号	两办关于印发《昌平区严控新生违法建设工作办法》的通知
京昌办发〔2015〕19号	区委办公室关于进一步加强和改进党委督促检查工作的实施意见

京昌办发〔2015〕20号	两办关于加强区领导接待群众来访工作的通知
京昌办发〔2015〕21号	两办关于印发《昌平区推进“三网”融合加强网格化体系建设工作实施方案》的通知
京昌办发〔2015〕22号	两办印发《昌平区关于进一步加强社区矫正工作的实施意见》的通知
京昌办发〔2015〕23号	两办关于成立国家知识产权园项目建设工作领导小组的通知
京昌办发〔2015〕24号	区委办公室关于北京市昌平区社会管理综合治理委员会更名的通知
京昌办发〔2015〕25号	区委办公室关于印发《昌平区开展处级单位党政正职向区纪委全委会述责述廉的工作方案（试行）》的通知
京昌办发〔2015〕26号	区委办公室关于印发《关于进一步加强政协协商民主建设的实施意见》的通知

北京市昌平区人民政府文件目录

文　号	文件标题
昌政发〔2015〕1号	关于印发区长副区长工作分工的通知
昌政发〔2015〕2号	关于印发2015年区政府折子工程的通知
昌政发〔2015〕3号	关于印发北京市昌平区2015年在直接关系群众生活方面拟办重要事实的通知
昌政发〔2015〕4号	关于印发昌平区2015年重点工程建设项目的通知
昌政发〔2015〕5号	关于进一步完善和加强区政府工作部门安全监管（管理）职责的通知
昌政发〔2015〕6号	关于推进安全市场隐患排查治理体系建设的意见
昌政发〔2015〕7号	关于印发办理人大代表建议、批评、意见和人民政治协商会议提案办法的通知
昌政发〔2015〕8号	关于印发《昌平区空气重污染应急预案》的通知
昌政发〔2015〕9号	关于印发昌平区2015年度保障性安居工程用地供应计划的通知
昌政发〔2015〕10号	关于取消和承接一批行政审批项目的通知
昌政发〔2015〕11号	关于印发《昌平区开展第二次全国地名普查工作实施方案》的通知
昌政发〔2015〕12号	关于落实无拖欠工资工作的实施意见
昌政发〔2015〕13号	关于加快棚户区改造和环境整治工作的实施意见
昌政发〔2015〕14号	关于本行政区域内禁止露天烧烤食品的通知
昌政发〔2015〕15号	关于划定集中式饮用水水源保护区范围的通知
昌政发〔2015〕16号	关于印发《进一步加强督促检查工作实施办法》的通知
昌政发〔2015〕17号	关于公布区政府各部门行政审批事项汇总清单的通知
昌政发〔2015〕18号	关于印发2015年下半年重点工作任务分解方案的通知
昌政发〔2015〕20号	关于印发昌平区人才公共租赁住房管理暂行办法的通知

北京市昌平区人民政府办公室文件目录

文　号	文件标题
昌政办发〔2015〕1号	关于印发《昌平区“十三五”规划编制工作方案》的通知
昌政办发〔2015〕2号	关于印发《昌平区非紧急救助综合服务平台建设方案》的通知
昌政办发〔2015〕3号	关于切实改进会风做好《2015年区政府常务会议重要议题计划》实施工作的通知
昌政办发〔2015〕4号	转发市规划委昌平分局关于昌平区控制性详细规划联审制度等文件的通知
昌政办发〔2015〕5号	关于印发《昌平区2013-2017年清洁空气行动计划重点任务分解2015年工作措施》的通知
昌政办发〔2015〕6号	转发区教委关于昌平区2015年义务教育阶段入学工作意见的通知
昌政办发〔2015〕7号	关于印发《昌平区低端产业退出资金管理暂行办法》的通知
昌政办发〔2015〕8号	印发《关于进一步加强金融服务“三农”发展工作措施》的通知
昌政办发〔2015〕9号	关于印发《2015年昌平区创建国家环境保护模范城区工作实施方案》的通知
昌政办发〔2015〕10号	关于印发昌平区进一步加强金融支持小微企业发展工作措施的通知
昌政办发〔2015〕11号	关于印发《昌平区2015年农村地区减煤换煤清洁空气行动实施方案》的通知
昌政办发〔2015〕12号	关于印发2015年昌平区综合整治百日专项行动工作方案的通知
昌政办发〔2015〕13号	关于印发《昌平区促进生物医药医疗器械大健康产业加快发展实施办法》的通知
昌政办发〔2015〕14号	关于印发昌平区贯彻落实《北京市2015年政府信息公开工作要点》任务分解方案的通知
昌政办发〔2015〕15号	关于加强税收保障工作的实施意见
昌政办发〔2015〕16号	关于印发《昌平区行政权力清单管理暂行办法》的通知
昌政办发〔2015〕17号	关于印发《2015年昌平区加强农村地区供电用电安全监管工作实施方案》的通知
昌政办发〔2015〕18号	关于印发昌平区缓解交通拥堵第十二阶段（2015年）工作实施方案的通知
昌政办发〔2015〕19号	关于开展2015年全国1%人口抽样调查暨年度人口抽样调查工作的通知
昌政办发〔2015〕20号	关于印发进一步加强房屋租赁联合管理工作的意见
昌政办发〔2015〕21号	关于印发昌平区创建全国绿化模范城市工作方案的通知
昌政办发〔2015〕22号	关于印发昌平区贯彻质量发展纲要实施意见2015年工作方案的通知
昌政办发〔2015〕23号	关于成立昌平区政府职能协调小组的通知
昌政办发〔2015〕24号	关于印发昌平区2015年老旧小区综合整治工作方案的通知
昌政办发〔2015〕25号	关于调整区政府机构设置有关事项的通知
昌政办发〔2015〕26号	关于印发昌平区自备水源井集中整治工作实施方案的通知

昌政办发〔2015〕27号 关于印发昌平区建立职能部门安全生产专职安全员队伍工作方案的通知
昌政办发〔2015〕28号 关于印发昌平区产业准入特别管理措施（2016－2017年）的通知
昌政办发〔2015〕29号 转发区统计局关于进一步加强和完善部门统计工作意见的通知

昌平区重要外事活动

出访情况

3月至4月，副区长刘淑华于对西班牙、匈牙利和捷克进行为期10天的友好访问，就推广中医药理念和文化，落实我区与捷克卡洛维瓦理州中医诊疗、中医培训项目工作以及职业教育和中等教育阶段互派教师、学生等具体事项进行商谈。

8月，区委常委、副区长苏贵光于对哈萨克斯坦和俄罗斯进行为期8天的友好访问，与哈萨克斯坦、俄罗斯科技园区及孵化器企业就双方间建立合作关系及孵化器相关项目合作事宜进行洽谈和对接，同时还就设施农业、科技创新农业技术等领域建立双边、多边合作交流基地一事进行商洽。

9月，区委副书记、区长张燕友于对日本、韩国及中国澳门进行为期10天的友好访问，就加强友城合作和城市管理进行洽谈。

10月，副区长李志杰于对意大利、波兰和捷克进行为期10天的友好访问，就农业、草莓栽培、林木育种等领域进行洽谈合作。

11月，区委副书记、区长张燕友，区委常委、副区长苏贵光于赴香港参加第十九届北京·香港经济合作研讨洽谈会以及‘一带一路’京港携手 创新创业魅力昌平——2015北京昌平投资环境香港推介会”。

12月，区委常委、常务副区长孙卫于赴澳大利亚、新西兰、新加坡为期10天的友好访问，就规划建设，小城镇改造，基础设施建设，环境整治，教育旅游合作等内容进行调研和交流，并与新西兰胡鲁努伊区正式签署友好交流合作备忘录。

12月，北京未来科技城管委会常务副主任吴小利于赴英国、瑞典和香港就国际学校合作办学、“城市客厅”区域项目建设运营、地铁一体化建设等事项进行了专项走访学习。

来访情况

1月12日，以韩国首尔特别市道峰区厅教育支援课系长沈在烈为团长的一行19人中学生交流团来到昌平区进行友好访问。区政府外办、区教委主要领导出席会见仪式。

1月28日，中国CDC专家组一行来到昌平区疾控中心现场调研流感住院病例（SARI）监测工作。全球流感住院病例监测网络（GIHSN）协调办公室、美国CDC流感项目负责人，香港大学相关教授、博士，中国疾病预防控制中心、北京市疾控中心传地所领导一同调研。

3月19日 北九州市立大学中文系师生一行19人访问昌平区，参观十三陵温馨老年公寓并交流座谈，市友协和区政府外办陪同接待。

3月27日，人口与发展南南合作组织第26届执委会代表团一行20余人，在国家和市卫生计生委领导陪同下，来到昌平区考察基层卫生计生工作，副区长王坤参加活动。

4月1日冈比亚环境部长兼气候特使贾尔朱一行5人参观居庸关长城，区政府外办陪同参观。

4月8日俄罗斯国家杜马副主席热烈兹尼亚克一行6人代表团参观小汤山农业示范园，

区政府外办陪同参观。

4月12日至15日，韩国首尔特别市道峰区区厅长李东秦率代表团一行6人来到昌平区进行友好访问。区委书记侯君舒，区委副书记、区长张燕友分别会见了李东秦一行，时任区委常委、常务副区长周云帆，副区长刘淑华，未来科技城管委会常务副主任吴小利，区政府办、外事办、教委、文化委、旅游委等相关部门负责人陪同会见。

5月11日至12日 新西兰胡鲁努伊区代表Michelle MacWilliam和商务助理Chris Mouat一行2人先遣团应胡鲁努伊区长温顿戴利委托访问昌平区，并就教育、农业、旅游、科技、招商等领域与昌平区相关部门进行洽谈，区政府外办全程陪同参观并座谈。

5月21日 美国硅谷市长及企业代表团一行20人参观居庸关长城，区政府外办陪同。

6月3日 美国马里兰州州长拉里.霍根一行18人代表团参观居庸关长城，区政府外办和十三陵特区办事处相关工作人员陪同参观。

6月10日以党中央书记、议会下院议员阿赫梅特别科夫为团长的哈萨克斯坦共产人民党干部考察团一行10人，在中联部陪同下来到昌平区，赴小汤山农业科技示范园参观考察。

匈牙利社会党主席成员、农业工程师贝凯·卡洛伊在中联部领导和工作人员的陪同下来到昌平区，参观小汤山农业科技示范园，了解现代农业发展情况。区政府外办、农业园管委会相关负责人陪同参观。

7月18日，来自世界40个多个国家、800余名师生来到北京市昌平职业学校，参加“2015国际学生北京夏令营——昌平职业学校体验日”活动。区政府外办、区教委等相关单位参与接待服务和安全保障工作。

7月27日至31日 昌平区国际友好交流城市——日本青森县板柳町板柳东小学校长奈良恒率领的小学生代表团一行25人来到昌平区进行友好访问并拜会了昌平区政府和区教委。

7月31日 “2015年发展中国家能力建设国际发展合作研讨班”学员代表团一行29人，在商务部国际商务官员研修学院副院长邹传明陪同下，来到昌平区北七家镇曹碾村考察访问。此次代表团成员由来自津巴布韦、亚美尼亚、白俄罗斯、保加利亚、哥伦比亚等12个国家的学员组成。

8月24日 多哥国民议会议长德拉马尼一行4人代表团参观居庸关长城，中联部、区政府外办陪同参观。

9月4日 东帝汶总统鲁瓦克一行34人访问昌平区并参观昌平职业学校，区政府外办陪同参观。

9月14日至18日，北京未来科技城与法国巴黎韦利济－维拉库布莱市在中国国家标准化委员会、中国标准化研究院和法国标准化协会的支持下，通过现场考察、座谈、专题研讨等形式，就中法城市可持续发展标准化合作事宜达成广泛共识，并签署了合作意向书，计划联合建立世界首个国际间城市可持续发展标准化合作示范基地，共同发起中法商务区可持续发展国际标准。

9月21日 哥斯达黎加立法大会主席、基督教社会团结党领导人奥蒂斯夫妇一行2人参观居庸关长城，中联部、区政府外办、十三陵特区办事处陪同参观。

9月23日 拉美和加勒比国家、泛美开发银行代表团一行19人访问昌平区。区委书记侯君舒，区委常委、副区长苏贵光，未来科技城管委会常务副主任吴小利，中国社科院政治学研究所所长房宁陪同参观。

9月25日，荷兰基础设施与环境部考察团一行6人到昌平区未来科技城参观考察。国土资源部、市国土资源局、国土昌平分局、未来科技城公司相关人员陪同考察。

10月16日塞浦路斯总统夫人阿纳斯塔西亚一行参观居庸关长城，中联部、区政府外办等相关单位陪同参观。

10月18日 德国巴登－符腾州州长克莱切曼一行22人代表团参观昌平职业学校和居庸关长城，区政府外办陪同参观。

10月27日至30日 国际友好城市——韩国

首尔特别市道峰区议长赵淑子率领议会代表团一行18人，对昌平区进行友好访问，并参加第十二届苹果文化节活动。

10月29日，宝洁公司首席技术执行官凯西·费什女士率代表团一行10人，来到昌平区未来科技城园区参观。未来科技城管理委员会常务副主任吴小利、未来科技城发展集团有限公司总经理陪同参观。

11月10日 韩国朝鲜王陵管理所所长南孝大一行8人代表团参观明十三陵，就皇陵安全管理、内部防灾、文物修复等问题与明十三陵特区办事处相关负责人进行深入交流与探讨。

11月26日 斯洛伐克副总理卢博米尔·瓦日尼一行10人参观定陵，区政府外办陪同参观。

12月22日至24日，国际友好城市——韩国釜山广域市金井区议长洪完杓率领议会代表团一行17人，对昌平区进行友好访问，分别拜会了区委、区人大和区政府。

12月23日 伊拉克阿巴迪总理夫人一行15人访问昌平区，参观居庸关长城，区政府外办派员陪同接待。

2015年在直接关系群众生活方面拟办的重要实事落实情况

2015年区政府在直接关系群众生活方面拟办的39件、123小项重要实事，经全区各承办单位共同努力已全面完成。

一、加强大气污染防治

1. 实施平原地区造林工程。充分利用各类拆迁腾退土地、沙坑沙荒地及其他地块，完成平原地区造林8000亩，发挥防沙降尘作用。

截止到2015年底，8000亩平原造林工程已全部完成。（主要责任单位：区园林绿化局）

2. 实施山区绿化造林工程。在山区、半山区实施以乡土树种为主的造林工程6000亩，构建北部山区绿色生态屏障。

该项目已纳入京津风沙源治理二期工程，并全面推进实施。（主要责任单位：区园林绿化局）

3. 加大优质燃煤替代力度。在继续做好城北等7个镇（街）5.7万户农民优质燃煤配送工作的基础上，为阳坊、兴寿、马池口等7个镇5.8万户农民更换优质燃煤及炉具，减少农村生活用煤污染物排放。

优质燃煤替代项目已按计划为各村配送燃煤，完成炉具安装2.84万台，订购优质燃煤9万吨。（主要责任单位：区新农办）

4. 实施燃煤设施清洁能源改造。完成燃煤设施清洁能源改造任务600蒸吨，减少工业废气排放。

已完成燃煤锅炉清洁能源改造80台、865.5蒸吨，超额完成年度任务。（主要责任单位：区环保局）

5. 更换清洁能源公交车。全年更换清洁能源公交车58辆，减少公交车污染物排放。

已更新清洁能源公交车58辆，并全部投入运营。（主要责任单位：区交通局）

6. 实施高污染企业退出。全年退出高污染企业30家，进一步减少粉尘、废水、废气等有害物质排放。

根据实际情况，我区高污染企业退出任务由30家调整为50家，所有退出企业均已停产，完成年度退出任务。（主要责任单位：区经信委）

二、提升居民生活品质

7. 实施居住区绿化美化工程。对沙河豆各庄新区、沙河高教园及回龙观佰嘉城等5个居住小区代征绿地及昌平城区绿地实施绿化美化工程。

居住区绿化美化工程和城区绿化美化工程已全部完工。（主要责任单位：区园林绿化局）

8. 改善老旧小区居住条件。实施老旧小区抗震节能、供热计量、供水管网改造工程，加大直管公房、市政回迁安置房修缮力度，优化群众的居住环境。

2015年老旧小区综合整治工程已开工134栋楼、58.81万平方米，其中已完工49.93万平方米，超额完成年度任务；供水管网改造工程、直管公房修缮工作和市政回迁安置房修缮工程已全面完工。（主要责任单位：区住建委、区水务局、区市政市容委）

9. 实施胡同改造工程。对六街两庙庵、斗母宫、玉虚观等7条胡同路面、检查井及雨水口实施改造。

7条胡同改造工程已全部按时完工。（主要责任单位：区市政市容委）

10. 提高污水处理能力。改造6个镇街11处雨污水设施，实施昌平再生水厂二期厂区外配套管线工程。

城乡雨污水改造工程和昌平再生水厂二期配套管网工程已基本完工。（主要责任单位：区水务局）

11. 实施公厕改造工程。对昌平城区、南口镇、阳坊镇、小汤山镇、十三陵镇等25座公厕实施改造。

公厕改造工程已全面完工，共改造公厕25座。（主要责任单位：区市政市容委）

12. 改造垃圾中转站设备。对城南街道邓庄垃圾中转站进行升级改造，实现垃圾密闭化管理。

垃圾中转站改造升级工程已于2015年6月完工，并投入使用。（主要责任单位：区市政市容委）

13. 完善旅游服务设施。制作安装新业态企业全景指示牌、自然风景区安全警示牌，完善85公里骑行线路便民服务设施，打造麻峪房精品民俗旅游村项目，搭建旅游资源网络信息发布平台，维护"魅力乡村游"交互系统，制作发放昌平景区一卡通2万张，健全昌平特色旅游纪念品市场，修复2座公园破损设备设施，建设新城滨河森林公园绿道。

安装全景指示牌、安全警示牌工作已全面完成；麻峪房精品民俗旅游村项目已全部完工；旅游资源网络信息发布平台正式上线运行；"魅力乡村游"交互系统维护及手机自适应网站建设全面完成；昌平景区"一卡通"已发放2万张；举办了"2015年我最喜欢的昌平礼物"评选活动暨昌平旅游商品展示展卖会，对昌平旅游纪念品市场起到了引导和规范作用。公园破损设施修复工程及滨河森林公园绿道项目已全面完工。（主要责任单位：区旅游委、区园林绿化局）

14. 丰富群众文化生活。放映公益电影1万场，举办星火工程等文艺演出953场，开展送书下乡活动100次，赠送图书2万册。

已放映公益电影1.39万场，开展公益惠民演出953场，完成送书下乡100次，赠送图书2.48万册，全面完成年度任务。（主要责任单位：区文化委）

15. 实施体育惠民工程。创建体育生活化达标社区62个，举办体育赛事17项，新建维护健身器材595套，组织社会体育指导员培训420人，完成国民体质监测6000人，开展科学健身大讲堂活动35场次。

62个体育达标社区创建工作已完成并通过验收；成功举办体育赛事16项；新建、维护健身器材项目已全部完工并投入使用；培训社会体育指导员420人；完成国民体质监测7150人，举办科学健身大讲堂活动35场，全面完成年度任务。（主要责任单位：区体育局）

16. 完善邮政服务。启用龙锦六区等居民小区信报箱，新建回龙观等地区邮政服务及金融代办网点。

龙锦苑六区居民小区信报箱已全部启用，龙跃苑邮政所已于3月18日正式营业。（主要责任单位：区邮政局）

17. 便民购菜、便民早餐工程。开通蔬菜直通车10辆，新建或改造社区菜市场1家，新设或改造早餐门店10家、早餐流动车5辆。

新增蔬菜直通车已正式投放使用；新建春晖社区菜市场已完工，并通过验收；便民早餐工程10家早餐店和5辆流动早餐车已正式营业。（主要责任单位：区商务委）

18. 建设再生资源回收亭。建设再生资源回收亭5个，完善三轮车、磅秤等配套设施。

5个再生资源回收亭全部建设完工。（主要责任单位：区商务委）

三、提高公共服务能力

19. 升级城市管理中心语音系统。对区城市管理信息系统呼叫中心语音系统进行升级改造，提升服务城市管理工作水平。

城市管理中心语音升级改造项目已全部完工，并投入使用。（主要责任单位：区市政市容委）

20. 新建电视台播控中心及网络系统。新建昌平广播电视高清播控机房及广播电视网，同步推出移动终端网络手机版，满足群众的视讯需求。

电视台播控中心新建工程已完工，并投入使用。（主要责任单位：昌平广电中心）

21. 改善政务网络服务能力。优化政务中心网络环境建设，以信息资源平台为媒介，做好公众服务信息资源的整理和扩展工作，满足群众参与网络政务的需求。

完成了虚拟化服务平台建设、区政务机房空调节能改造及全区网管员培训工作，不断优化政务网络环境，提高了网络运行效率。（主要责任单位：区综合行政服务中心）

22. 强化政府信息公开服务。全年制作印发《政务信息汇编》6 期、1.65 万册，《2015 年政务信息汇编合订本》760 册、大目录 4560 张，方便广大群众查阅政务信息。

已印发《政务信息汇编》6 期 1.65 万册、《2015 年政务信息汇编合订本》760 册、大目录 4560 张，切实方便群众查阅政务信息。（主要责任单位：区档案局）

23. 加强食品、药品、商品质量及农村饮用水安全监管。全年检查药品、医疗器械、保健食品、化妆品 550 件，食品样本 2500 个以上；抽检流通领域商品样品 110 个以上，有形市场商品 140 个以上；在农村地区安装饮用水处理设备 10 套、消毒设备 10 套，切实保障群众食品、药品、商品及饮用水安全。

完成了“三品一械”抽检 1092 件，食品抽验及快速检测 5727 件，超额完成年度任务；检测重点领域商品 461 个；20 个饮用水安全项目已全部完工，并通过验收。（主要责任单位：区食品药品监管局、市工商局昌平分局、区卫计委）

24. 加强教育服务设施建设。加大中小学校及幼儿园建设力度，确保北郡嘉源幼儿园、北师大实验幼儿园开园，力争沙河中心小学投入使用，完成沙河大学城高中部、流村中心小学、巩华中心小学、未来科技城第二中学及第二小学前期手续办理；完成工业幼儿园等 40 所中小学校和幼儿园避雷设施改造，为全区 100 所中小学校和幼儿园建设视频会议系统，为 50 所学校安装录播设备，建设校园无线网络，免费开通“家校通”。

北郡嘉源幼儿园已完成教师编制、供电、供水、资金申请手续审批；北师大实验幼儿园及周边市政工程已完成移交；沙河中心小学已开学；沙河大学城高中部、流村中心小学、巩华中心小学、未来科技城第二中学及第二小学建设工程正在加紧办理前期手续；中小学避雷针设施改造工程已基本完工；校园无线网建设工程已全面完工，并通过验收；“家校通”服务系统建设工作已完成，并投入使用。（主要责任单位：区教委、沙河高教园区管委会）

25. 强化医疗卫生服务。推广新型农村合作医疗，加强基层医疗服务站点药品采购、配售工作，组织开展大学新生肺结核病筛查、中小学生流感疫苗接种、青少年儿童龋齿预防、妇女两癌筛查以及村（社区）居民结核病检查服务，为待孕妇女免费增补叶酸，向农村孕产妇住院分娩提供补助，完善便民门诊服务，组织开展大型义诊活动，健全过期药品回收系统。

我区新农合推广工作顺利推进，参合率达 99.52%，并实现了新农合随诊随报和出院即报；各社区卫生服务中心已建立了药品需求登记、短缺药品登记、特殊药品登记制度，增加了药品采购频率，进一步加大了药品采购使用管理；已为新入学的 4.14 万名大学新生免费进行了肺结核筛查及健康教育；为 2.38 万名幼儿园儿童免费提供了氟化泡沫预防龋齿服务，为 1.9 万名适龄儿童提供了窝沟封闭服务；为 2.22 万名妇女进行了宫颈癌筛查，2.43 万名妇女进行了乳腺癌筛查；为 22 个村的 2298 名居民免费进行了结核病检查及健康教育；向 4920 名待孕妇女免费发放了叶酸；为 215 名农村孕产妇发放了分娩补助；便民门诊服务全面开放；在 5 个地区开展了大型义诊活动，出动医务人员 160 余名，医治患者 4811 人；安装过期药品回收箱 190 个。（主要责任单位：区卫计委、区食品药品监管局）

26. 促进城乡劳动力就业。为拆迁地区提供就业精细化服务，开展山区劳动力非农就业技能培训，推广山区林下栗蘑种植服务，帮扶就业困难人员实现就业，促进驻昌部队随军家属就业，实现城镇新增就业 1.2 万人，确保登记失业率控制在 1.5% 以内，不断完善无拖欠工作机制，推动建立规范有序、和谐稳定的劳动关系。

通过开展精细化、均衡化公共就业服务，帮助1.14万名城乡劳动力实现就业，城镇登记失业率为1.45%，同比下降0.05个百分点；通过将职业指导、职业介绍等公共就业服务送进拆迁建设村，指导服务入户、跟踪服务到人等措施为拆迁地区提供就业精细化服务，已帮扶7422名城乡就业困难人员实现就业；出台了山区农村劳动力实用技能培训支持政策，为2734名山区农村劳动力进行了实用技能培训；推广山区林下栗蘑种植工作进展顺利，目前全区已种植栗蘑273.8万袋，产量130万斤，实现种植收入1300万元；为162名随军家属办理了托管注册手续，为166位随军家属办理了自谋职业手续；城镇新增就业2.2万人，帮扶1019名就业困难人员实现就业；建立了劳动合同履行情况网格化监测体系，进一步强化劳动关系和谐指数，已监控各类企业1100家，涉及职工9.39万人，合同签订率为99.6%、续订率为95.3%。（主要责任单位：区人力社保局、区农委）

27. 优化完善公共交通服务。新建安装公交候车亭、公交站牌架及护栏，喷漆翻新老旧公交设施，更换公益广告，开通微循环公交线路。

公交设施建设与维护项目已全面完工，共新建一级候车亭30个、站牌架20个、护栏150延米；抛光翻新公交设施4734平米，喷漆翻新二级候车亭162个；维修候车亭、站牌架47个，护栏19延米；安装二级候车亭28个，站牌架14个，更换公交设施公益广告5万平米；开通公交微循环线路2条。（主要责任单位：区交通局）

28. 完善交通安全设施。新建或改造交通信号灯、违法监控，增设交通拥堵路段隔离设施及中心护栏，施划交通标识标线，安装交通指示牌。

交通安全设施建设项目已全面完工。（主要责任单位：区市政市容委）

29. 强化社会治安综合整治。加大社会面公共区域视频监控系统建设力度，对14个治安案件高发的老旧小区技防设施实施改造，新建、更新门楼牌1.45万块，切实提升群众家居生活的安全感。

小区视频监控系统项目持续推进；新建门楼牌工作已完成。（主要责任单位：市公安局昌平分局）

30. 强化防灾减灾能力建设。升级小汤山文化广场应急避难场所设施，为60处烟花爆竹零售网点安装视频监控系统。

小汤山文化广场应急避难场所设施升级项目已完工；烟花爆竹销售点视频监控系统安装工作已顺利完成。（主要责任单位：区地震局、区安监局）

31. 加强科普法治宣传。为70个村（社区）、企业及学校制作安装法治文化广场标识和橱窗，新建科普电子视窗10个、科普画廊40组、科普体验厅2个，为20个图书室配送图书2万册，为50个村（社区）配备新型科普一体机，组织7000名中小学生参观科普场馆及高科技企业，支持20所市、区级科技教育示范校建设。

为村（社区）和企业、学校安装法治文化广场标识及橱窗工作已全部完成；完成了10个社区科普电子视窗建设、40个村科普画廊建设、50个村（社区）的新型科普一体机建设，为20个社区图书室配送图书2万册，完成了2个科普体验建设，组织7000名中小学生走进中国工程院和北京神雾环境能源科技集团等高科技企业参观，为20所科技示范校安装了60台3D打印机及其他科普设备。（主要责任单位：区科委、区司法局）

四、加强社会保障力度

32. 扩大社会保险覆盖面。做好城乡无社会保障老年居民养老保障待遇发放和城镇居民基本医疗保险、城乡居民养老保险财政补贴，为农村家庭免费购买财产保险，对政策性农业保险实施保费补贴。

城乡无社会保障老年居民养老保障金足额发放；城镇居民基本医疗保险财政补贴足额支付；城乡居民养老保险补贴发放工作顺利完成；为7.37万户农民免费投保了财产险，增加政策性农业保险险种3个，引导农户投保2602户。

（主要责任单位：区人力社保局、区农委）

33. 为特殊、困难群体提供补助。为义务兵、退伍士兵发放优待金及自主、自谋职业生活补助，向城乡低保对象、残疾人提供生活补贴，为老龄人及残疾人发放养老及助残服务卡，为贫困白内障患者提供复明经费补助，减免贫困精神残疾人康复训练费用，为精神分裂症等严重精神障碍患者免费发放基本治疗药品，对因遭遇大病大灾导致家庭生活困难的群众进行救助。

义务兵、退伍士兵优待金和自谋职业生活补助金，城乡低保金，残疾人生活补助金，养老服务卡和助残服务卡全部按时发放；已帮助48位贫困白内障患者实施复明手术、67位精神病人免费入住康复机构，为精神分裂症等严重精神障碍患者免费发放基本治疗药品6918人次。（主要责任单位：区卫计委、区民政局、区残联）

34. 加强计划生育家庭帮扶力度。鼓励14万户计划生育家庭户参加意外伤害保险和女性两癌特别关爱保险，新建失独家庭人员“心灵家园”活动站2–3个，为失独家庭和独生子女伤残家庭进行免费体检及慰问救助。

全年为计划生育家庭办理意外伤害保险10.67万份，女性两癌保险5.8万份，财政补贴资金276.6万元；新建“心灵家园”活动站2个，慰问失独家庭45户，组织失独家庭开展相关活动197场次。（主要责任单位：区卫计委）

35. 加强养老设施建设。在南口镇、小汤山镇各改建一所养老照料中心，新增养老床位450张，确保年内投入运营。加快昌平区级敬老院项目前期手续办理进度，力争年内实现开工。

南口镇养老照料中心和小汤山镇养老照料中心已正式投入运营；区级敬老院建设项目正按期推进前期手续。（主要责任单位：区民政局）

五、完善城乡基础设施建设

36. 实施电力设施改造工程。对龙乡小区等3个人口密集居住小区的配电设施实施改造，力争2015年底前完工，保障群众用电安全。

龙乡小区电力改造工程、华龙园南里小区配电室新建工程、北郊肿瘤医院宿舍外电源工程已按计划实施。（主要责任单位：区发展改革委）

37. 实施乡村公路大修工程。对5个镇20条乡村公路进行大修。

乡村公路大修工程已全部完工，修建里程72.1公里。（主要责任单位：昌平公路分局）

38. 提高市政道路通行质量。对创新路等8条道路进行大修，对京藏高速东辅路等2条道路实施改造，对德胜口旧桥进行重建，完成高教园区西三路北段等5条道路建设工程。

创新路等8条道路大修工程和京藏高速东辅路等2条道路改造工程已全部完工；德胜口桥正在进行重建；高教园区西三路等5条道路部分路段面工程已完工。（主要责任单位：区市政市容委、昌平公路分局、沙河高教园区管委会）

39. 实施道路亮化工程。新建、改造白坊路和雨花汀小区等11条市政道路及居民小区周边路灯设施。

道路亮化工程已全部完工。（主要责任单位：区市政市容委）

昌平区爱国主义教育基地名录

国家级爱国主义教育基地（1个）

名称	地址	电话
中国航空博物馆	小汤山镇	61784883

市级爱国主义教育基地（9个）

名称	地址	电话
明皇蜡像宫	城南街道	69747257
居庸关长城	南口镇	69771665
小汤山农业园	小汤山镇	61785123
坦克博物馆	阳坊镇	66759901
中国北方国际射击场	南口镇	80190371
人与动物科普中心	小汤山镇	61791906
昌平区档案馆	城北街道	86970341
流村国民起义军遗址	流村镇	89771181
南口抗战遗址	南口镇	

区级爱国主义教育基地（8个）

名称	地址	电话
昌平区博物馆	城北街道	69742257
昌平区烈士陵园	城南街道	69742607（传）（民政局）
桃林烈士陵园	兴寿镇	61726042
崔村镇香堂文化新村	崔村镇	60722071
北七家镇郑各庄村	北七家镇	81786043
瓦窑村雷殿生徒步中国事迹展馆	流村镇	89771181
狼儿峪红色文化爱国主义教育基地	流 村 镇	18010285579
阳早寒春爱国主义教育基地	沙河镇	18611629918

昌平区网址目录

1、http://www.bjchp.gov.cn 区政府门户网站
2、http://www.bjchp.gov.cn/Default.aspx?alias=www.bjchp.gov.cn/english 区政府英文门户网站
3、http://www.bjchp.gov.cn/Assistants/default.htm 区无障碍门户网站
4、http://cpqw.bjchp.gov.cn 区委
5、http://cprd.bjchp.gov.cn 区人大
6、http://cpzx.bjchp.gov.cn 区政协
7、http://cpzfb.bjchp.gov.cn 区政府办
8、http://cpfgw.bjchp.gov.cn 区发展改革委
9、http://cpzjw.bjchp.gov.cn 区住房城乡建设委
10、http://cpszsr.bjchp.gov.cn 区市政市容委
11、http://cpgzw.bjchp.gov.cn 区国资委
12、http://www.chpedu.net 区教委
13、http://cpnw.bjchp.gov.cn 区农委
14、http://chpjw.bjchp.gov.cn 区监察局
15、http://cpmzj.bjchp.gov.cn 区民政局
16、http://cpsfj.bjchp.gov.cn 区司法局
17、http://cphbj.bjchp.gov.cn 区环保局
18、http://cpjtj.bjchp.gov.cn 区交通局
19、http://cprlsb.bjchp.gov.cn 区人力社保局
20、http://cpsww.bjchp.gov.cn 区商务委
21、http://cpjsw.bjchp.gov.cn 北京市昌平区卫生和计划生育委员会
22、http://cpkw.bjchp.gov.cn 区科委
23、http://cpjxw.bjchp.gov.cn 区经信委
24、http://cpwhw.bjchp.gov.cn 区文化委
25、http://www.cpkx.gov.cn/ 科技协会
26、http://www.bjab.gov.cn/info/d_infoview.aspx?channelid=68 区审计局
27、http://cptjj.bjchp.gov.cn 区统计局
28、http://cpnyj.bjchp.gov.cn 区农业局
29、http://cpyllh.bjchp.gov.cn 区园林绿化局
30、http://www.chply.com 区旅游委
31、http://cpmfj.bjchp.gov.cn 区民防局
32、http://cptyj.bjchp.gov.cn 区体育局
33、http://cpwsb.bjchp.gov.cn 区外事办
34、http://cphyjd.bjchp.gov.cn/default.aspx 区霍营街道办事处
35、http://cpxfb.bjchp.gov.cn 区信访办
36、http://cpshjs.bjchp.gov.cn 区社会办
37、http://cpswj.bjchp.gov.cn 区水务局
38、http://cpdag.bjchp.gov.cn 区档案局
39、http://cpzw.bjchp.gov.cn 区综合行政服务中心
40、http://www.cpol.gov.cn 区投资促进局
41、http://cpcgd.bjchp.gov.cn 区城管执法监察局
42、http://cpdzj.bjchp.gov.cn 区地震局
43、http://cpqxj.bjchp.gov.cn 区气象局
44、http://www.cprt.com.cn 区广电中心
45、http://cpnfzx.bjchp.gov.cn 区农业服务中心
46、http://cplgb.bjchp.gov.cn 区老干部局
47、http://cpajj.bjchp.gov.cn 区安全监管局
48、http://www.cpcz.gov.cn/ 区财政局
49、http://cpmzqb.bjchp.gov.cn 区民宗侨办
50、http://cpjgz.bjchp.gov.cn 区经管站
51、http://www.wlkjc.gov.cn/ 昌平区未来科技城管委会
52、http://www.nyy.bjchp.gov.cn/ 小汤山农业园
53、http://www.zgc-cp.gov.cn 中关村科技园区昌平园
54、http://www.baic.gov.cn/fjzd/cpfj/ 市工商局昌平分局
55、http://cp.bjgtj.gov.cn/default.aspx

市国土局昌平分局
56、http://chp.bjghw.gov.cn/ 市规划委昌平分局
57、http://cpglj.bjchp.gov.cn 区公路分局
58、http://changping.bjda.gov.cn/
区食品药品监管局
59、http://cp.bjtsb.gov.cn 区质监局
60、http://changping.tax861.gov.cn 区地税局
61、http://www.bjsat.gov.cn/bjsat/qxfj/cp/
区国税局
62、http://cpcbj.bjchp.gov.cn 区城北街道
63、http://cpcnj.bjchp.gov.cn 区城南街道
64、http://cpsh.bjchp.gov.cn 区沙河镇
65、http://cpnk.bjchp.gov.cn 区南口镇
66、http://cpxs.bjchp.gov.cn 区兴寿镇
67、http://cpbs.bjchp.gov.cn 区百善镇
68、http://cplc.bjchp.gov.cn 区流村镇
69、http://cpcc.bjchp.gov.cn 区崔村镇
70、http://cpns.bjchp.gov.cn 区南邵镇
71、http://cpyfz.bjchp.gov.cn 区阳坊镇
72、http://cpysz.bjchp.gov.cn 区延寿镇
73、http://cpdxk.bjchp.gov.cn 区东小口镇
74、http://cphlg.bjchp.gov.cn 区回龙观镇
75、http://cpbqj.bjchp.gov.cn 区北七家镇
76、http://cpxts.bjchp.gov.cn 区小汤山镇
77、http://cpmck.bjchp.gov.cn 区马池口镇
78、http://cpssl.bjchp.gov.cn 区十三陵镇
79、http://cpbq.bjchp.gov.cn 区北企公司
80、http://cpqgh.bjchp.gov.cn 区总工会
81、http://www.chpyouth.org 团区委
82、http://cpwomen.bjchp.gov.cn/default.aspx
妇女联合会
83、http://gsl.bjchp.gov.cn 工商联合会
84、http://cpcl.bjchp.gov.cn 残疾 人联合会
85、http://cpttyn.bjchp.gov.cn/default.aspx
区天通苑南街道
86、http://cpttyb.bjchp.gov.cn/default.aspx
区天通苑北街道

昌平辖区律师事务所、公证处及法律服务所名录

昌平辖区各律师事务所（51个）

律师所全称	地 址	电 话
北京市诚实律师事务所（合伙所）	昌平区政府街23号社区服务中心七层	80107505 80107509(传真)
北京市昌兴律师事务所（合伙所）	昌平区西环路南端钰阳商业楼A单元	89702029 89745363(传真)
北京市双强律师事务所（合伙所）	昌平区西环南路56号D座	69723326 69711015（宋）69747521(传真)
北京市京海律师事务所（合伙所）	昌平区西环南路56号钰阳商业楼F号	80117581 80117581(传真)
北京市奥援律师事务所（合伙所）	昌平区回龙观西三旗桥东北侧新龙大厦6层627/650室	62713114 62717920（传真）13910815788
北京张春月律师事务所	昌平区商业街西口水利局西侧贝加力招待所底商（东二）	80110566（传真）69729618 13011174708
北京王沛颖律师事务所	昌平区商业街西口	89703866 89703866（传真）13501165626
北京傅贵中律师事务所	昌平区沙河玫瑰园853号	80763087 64718870（传真）
北京张国久律师事务所	昌平区南环路22—3号商业楼3层	69782257（传真）13911001157
北京阚世山律师事务所	歌华有限公司昌平分公司南办公楼2501室	13681352982
北京马玉兰律师事务所	昌平区永安路26号北京燕科新技术总公司昌平园区分部310室	56940718 13901196596
北京市杰澳律师事务所（合伙所）	昌平区西环南路56号钰阳商业楼E座	80119712（传真） 13366870226
北京陈伟律师事务所	昌平区西环路78号利阳大厦3层329号	13910663175
北京刘国起律师事务所	回龙观昌平路380号院32号楼3单元402室	82965079（传真）13031108476
北京市理盈律师事务所（合伙所）	昌平区立汤路186号龙德紫金1号楼8层810室	84825200 13601316286
北京席珂律师事务所	昌平区回龙观小区龙腾苑六区4号楼4单元401室	81722721 13911124048
北京董志刚律师事务所	昌平区西三旗建材城西路87号上奥世纪中心2B座906室	82967438 13601262080
北京明旗律师事务所	昌平区南口镇新西广街1号楼2单元1层202	51014398 13911150246
北京旭坤律师事务所	昌平区西环路56号钰阳商业楼9号	69727081（传真）13522841234
北京智光律师事务所	昌平区商业街44号商业用房2层	69706363 13911932933
北京宋东律师事务所	天通苑5区8号楼三单元601室	13910777669
北京昌玺律师事务所	昌平区立汤路186号龙德紫金3-319	84843122（传真）13801367139
北京奉公律师事务所	昌平区西三旗上奥世纪中心2号楼B座731室	6256301482986912（传真）13701226531
北京悟天律师事务所	昌平区东小口地区佳运园21号楼331室	18910535236
北京李红秀律师事务所	昌平区昌平镇西环路56号钰阳商业楼21号	13520024630 13391740370
北京夏涛律师事务所	昌平区凉水河路6号楼322室	69702455 13910328188
北京包杰律师事务所	昌平区东小口镇天通苑西三区33号楼7单元1201室	13911506309（格）
北京高商律师事务所	昌平区北七家镇七北路蓬莱苑商务酒店4层	87283409 13911282869
北京回龙律师事务所	昌平区东小口镇天通苑71号楼7单元101号	59490336 18901326628
北京市亚东律师事务所（合伙所）	昌平区西环路78号利阳大厦底商	51248372 13701331792
河北山庄（北京）律师事务所（合伙所）	昌平区南环路畅春阁底商28-3号	60712626 13931426921 13391633222（胡）

北京远峰律师事务所（合伙所）	昌平区回龙观镇金燕龙大厦1101室	62710176　62712053（传真）13911389674
北京高宏道律师事务所	昌平区双兴苑小区24号楼1门103室	61790189　13718067508
北京市博缘律师事务所（合伙所）	昌平区凉水河路6-6号	69742303　13391888898
北京金标律师事务所（合伙所）	昌平区白浮泉路10号兴业大厦3层03号	52498865　13651213966
北京文兴律师事务所	昌平区科技园区超前路9号北控大厦1楼	80103717　13381320268
北京安翔律师事务所（合伙所）	昌平区西环路56号钰阳商业楼12号	69708146　13371765335
北京智深律师事务所（合伙所）	昌平区回龙观西大街16号院1号楼3层东侧	60728873　13381023018
北京张亚南律师事务所	昌平区回龙观金燕龙大厦13层1311室	13241419529　18501039311
北京劲翔律师事务所（合伙所）	昌平区昌平路40号楼4单元103	81794548　13661273852
北京小方律师事务所	昌平区商业街西口贝加力招待所205、206室	69728957　18600332939
北京广进律师事务所	昌平区西关路20号4号楼6层708室	56339203　13426196612
北京老友律师事务所	昌平区北清路1号珠江摩尔大厦5号楼1单元504室	69730961　18611330278
北京港融律师事务所	昌平区立汤路186号甲2号305、309室	84821660　13911968223
北京蓝宝律师事务所	昌平区小汤山镇龙脉温泉度假村一区17号楼302室	13311516288
北京丁王律师事务所	回龙观镇龙跃园东二区18号楼一层2单元102室	13910167286
北京市和思律师事务所（合伙所）	昌平区东小口镇立汤路188号院1号楼25层2803室	58608299　18810103300
北京市兆君律师事务所（合伙所）	昌平区白浮泉路21号楼淑玉苑28	13701077586　15311191798
北京杰睿律师事务所	昌平区西环路78号1007 B17	80112597　13601302510
北京慈惠律师事务所（合伙所）	昌平区珠江摩尔8号楼2单元1311、1314室	13603271588
北汽福田公司律师		13681047055　13910561097(范)80708679(范)

公证处（1个）

名　称	地　址	联系电话
北京利兆公证处	东环路146	69742931

昌平区法律服务所（19个）

名　称	地　址	法律服务所电话
城北街道第一法律服务所	城北街道办事处	89731124
昌平镇法律服务所	城南街道办事处	69746381
崔村镇法律服务所	崔村镇政府	60725287
阳坊镇法律服务所	阳坊镇政府	69766199
长陵镇法律服务所	长陵镇政府	60762477
沙河镇法律服务所	沙河镇政府	80761444
北七家镇法律服务所	北七家镇政府	69750148

小汤山镇法律服务所	小汤山镇政府	61784148
十三陵镇法律服务所	十三陵镇政府	89761442
兴寿镇法律服务所	兴寿镇政府	61725464
百善镇法律服务所	百善镇政府	61739049
流村镇法律服务所	流村镇政府	89771143
南口镇法律服务所	南口镇兴隆街 3 号	69771390
南邵镇法律服务所	南邵镇政府	60731475
回龙观镇法律服务所	回龙观地区办事处	81749062
东小口镇法律服务所	东小口镇政府	84826148
马池口镇法律服务所	马池口镇政府	60756452
马池口镇第二法律服务所	昌平商业街甲 30 号	64824668
十三陵镇第二法律服务所	东小口镇天通苑一区	13801201430

昌平区储蓄所营业网点名录

农业银行昌平支行分理处（17 个）

名 称	地 址	电 话
昌平支行	昌平区西环南路蓝郡嘉苑 13 号楼	69742069
昌平东环支行	昌平区府学路 29 号	89701423
科技园区支行	昌平区白浮泉路 10 号 2 号楼	69708773
东关南里支行	昌平区东关南里小区 31 号楼商业楼	80112348
阳坊支行市	昌平区阳坊镇阳坊村西大街 59 号 1 幢等 5 幢	69760989
南口支行市	昌平区南口镇交通街 87 号东侧 1 幢等 8 幢	69771428
宏福支行市	昌平区北七家镇郑各庄村宏福广场	81788158
念头支行	昌平区下念头火车站西（市昌平区念头工业区）	60755754
北七家支行	昌平区北七家镇八仙庄村宏翔鸿科技孵化基地 10 号（昌平区北七家工业园 10 号）	89759236
回龙观东区支行	昌平区回龙观镇天龙苑 25 号楼 1 层 03 号	80758926
流星花园支行	昌平区回龙观流星花园三区三十九号楼 04、05 号	81712490
西三旗支行	海淀区西三旗建材城 65 号 1 号楼一层	82921636
沙河支行	昌平区沙河镇展思门路 29 号	69731319
回龙观支行	昌平区回龙观镇十里长街路北（风雅园三区）1 幢等 4 幢	81798606
小汤山支行	昌平区小汤山镇中心街电信局西侧	81788158
霍营支行	昌平区东小口镇霍营村西新晨商场东侧 1 号楼 1 层 1 — 1	69792802
第三储蓄所	昌平区阳坊镇	66758575

农商银行昌平支行分理处（30个）

名称	地址	电话
昌平支行	营业部昌平区东环路南侧142号(中医院路口往南20米)	69744891
兴昌支行	昌平区东环路中医院对面	69744889
沙河支行	昌平区沙河镇展思门路29号	69730414
南邵支行	昌平区南环路南邵回迁小区11号、12号	60732142
北环支行	昌平区北环路2号金兰大厦三单元地下一层C1及C2号房	69709340
小汤山支行	昌平区小汤山镇地税所西院	61781226
崔村支行	昌平区崔村镇西崔村11号	60721355
阳坊支行	昌平区阳坊镇南阳路大都饭店北侧	69760458
兴寿支行	昌平区兴寿镇兴寿村709号	61726064
南口支行	昌平区南口镇东大街保温瓶厂南侧	69771185
马池口支行	昌平区马池口镇马池口村新街347号	60772425
十三陵支行	昌平区十三陵镇胡庄村	89761489
南大街分理处	昌平区南大街路西新世纪商场南	69742287
亭自庄分理处	昌平区马池口镇北小营村东628号	60756436
七里渠分理处	昌平区沙河镇豆各庄村10号	69737524
大东流分理处	昌平区大东流村114号	61711450
长陵分理处	昌平区长陵镇政府南侧	60761042
百善分理处	昌平区百善镇政府西侧	61739209
流村分理处	昌平区流村镇北流村西科技园环岛西500米	89771169
西关分理处	昌平区城区镇西关路12号华尔森小区1号楼	69708934
西沙屯分理处	昌平区沙河镇西沙屯村西侧京昌路百葛桥东	80762266
东海分理处	昌平区城关镇东关府学路建安里7号	89731583
东关分理处	昌平区南环东路22号	69749147
科技园分理处	昌平区白浮泉路10号	80100819
水南路分理处	昌平区水屯村南燕龙商业大厦2号楼一层106室	80105309
鼓楼北街分理处	昌平区城区鼓楼北街北城根3号楼	60749241
桃洼分理处	昌平区南口镇后洼村南兴路中段北侧	69778444
下庄分理处	昌平区兴寿镇下庄村安泗路东侧拔丝厂北	89726124
高崖口分理处	昌平区流村镇高崖口办事处路北	89778084
黑山寨分理处	昌平区黑山寨村255号	89727149

北京银行昌平支行分理处（4个）

名称	地址	电话
昌平支行	昌平区政府街2号	80103736
龙水路支行	昌平区龙水路22号院28-12号底商	69711931
北七家支行	昌平区北七家镇立汤路58号王子大厦瑰宝商业中心	89756452
西三旗支行	昌平区建材城西路87号2号楼一层	82969620

邮政储蓄银行昌平支行分理处（33个）

名称	地址	电话
昌平区支行	昌平区政府街25号	69746413
龙水路支行	昌平区畅椿阁小区龙水路22号院1号楼一层101	60741046
沙河支行	昌平区沙河镇巩华城大街23号	69732648
天通北苑支行	昌平区天通北苑二区甲11号楼1门	81771247
龙锦苑支行	昌平区回龙观龙锦苑五区	80757025
昌崔路支行	昌平区昌崔路201号大厦一层	80107709
北七家支行	昌平区北七家镇定泗路北侧雅安商厦C号商业一层部分底商	80126276
黄平路支行	昌平区霍营街道上坡佳园黄平路202号院一层底商	60788518
回龙观西大街支行	昌平区回龙观西大街118号1幢	59812456
天通西苑支行	昌平区东小口镇天通西苑一区25号楼1门	84847415
风雅园支行	昌平区回龙观镇风雅园小区	81716567
兴寿营业所	昌平区兴寿镇兴寿村运河北岸	61725149
水屯营业所	昌平区水南路6号楼1层6-3	89718763
回龙观支行	昌平区回龙观镇风雅园小区	81798135
龙禧苑营业所	昌平区回龙观文化居住区龙禧苑二区2号楼8门	80753258
太阳城营业所	昌平区小汤山镇立汤路30号	89756635
天通东苑营业所	昌平区东小口镇天通苑小区东苑	61749863
松园营业所	昌平区城区镇东环路	69714482
府学路营业所	昌平区府学路建安里18号楼底商	69729866
小汤山支行	昌平区小汤山镇小汤山村	61781307
北邮宏福营业所	昌平区北七家镇郑各庄村北京邮电大学农宏福校区	58828066
阳坊营业所	昌平区阳坊镇大街	69760536
电力大学营业所	昌平区回龙观镇朱辛庄	80796935
南口营业所	昌平区南口镇新兴路20号	69771157

昌盛园营业所	昌平区昌平镇昌盛路昌盛园一区	69729866
西大街营业所	昌平区城区镇西大街东口路南	69742245
东三旗支行	昌平区东小口镇东三旗邮政支局	61758457
南口镇北营业所	昌平区南口镇北大厂中区 7 号楼	51369771198
龙腾苑营业所	昌平区回龙观文化居住区龙腾苑 5 区 3 号楼 2 门	81710689
霍营营业所	昌平区回龙观东大街 27–23 号	69793403
天通西苑二区营业所	昌平区天通苑西苑二区 12 号楼 104 号	64123017
天通中苑营业所	昌平区天通中苑 I 区邮局	84679523
龙跃苑营业所	昌平区回龙观镇龙跃苑三区 1 号楼 1 层 4 单元 101	60706751

工商银行昌平支行分理处（17 个）

名　称	地　址	电　话
昌平支行	营业部昌平科技园区超前路 9 号	69725447
城关支行	昌平鼓楼南街 9 号	69719542
西街汇富支行	昌平鼓楼西街 35 号	69742596
府学路支行	昌平府学路福地家园 7 号楼 7 号底商	69744410
南口支行	南口西大桥	69776403
沙河支行	沙河巩华大街 58 号 69735742	
沙河英才支行北航沙河校区内		61716676
小汤山支行	小汤山镇中心街	61782369
回龙观支行	回龙观镇天龙苑 25 号楼	80756704
回龙观西区支行	回龙观西大街冠庭中心底商	81746291
风雅园支行	回龙观镇文化居住区风雅园一区 18 号楼	81717104
龙泽支行	昌平区回龙观镇黄平路 19 号院 3 号楼一层 F1–A–001（龙旗广场底商）	82583751
天通苑支行东小口镇立汤路 188 号 58608121		
天通苑西区支行东小口镇天通苑 5 区 84815212		
天通苑东区支行北七家镇天通苑东三区 2 号楼 27、28 门 80141011		
北七家支行	北七家镇立汤路 58 号 1 幢 1 层	80147563
东小口支行	东小口镇中东路 398 号	64125002

建设银行昌平支行分理处（15 个）

名　称	地　址	电　话
营业部	昌平区城区镇东环路 95 号	

沙河支行	昌平区回龙观镇定福皇庄 75 号北京碧水庄园物业管理大楼	69742324
昌平区东关储蓄所	昌平区水关新村甲 1 号	69748033
昌平区东街储蓄所	昌平区东大街	69714472
西顺城储蓄所	昌平区西环路 20–5 号	69746124
西三旗支行	昌平德外西三旗东回龙观黄土东村 209 号	82926184
回龙观储蓄所	昌平区回龙观文化居住区龙回苑小区商业配套	81732653
天通东苑储蓄所	昌平区天通苑东苑 1 区 61 号楼 2 门	81757384
回龙观龙腾支行	昌平区回龙观文化居住社区龙腾园三区 7 号楼 1 层	81728085
天通北苑支行	昌平区天通苑北苑一区甲 4 号楼	81778101
天通苑支行	昌平区天通苑龙德广场北侧	84821910
新龙城支行	昌平区昌平路 380 号院 2 号楼 1–2 层 01.02	82984331
龙锦支行	昌平区龙锦苑 6 区 14 号楼 1–2 层 1 号	89777118
建材城西路支行	昌平区建材城西路 87 号院 1 号楼一层 1001 号	82969578
南环路支行	昌平区城北街道南环路 8 号一层 101、二层 201	89788532

中国银行昌平支行分理处（11 个）

名 称	地 址	电 话
昌平支行	营业部昌平区南环路 57 号	69745394
昌平东环路支行	昌平区南环东路 24 号	69725792
沙河支行	昌平区沙河镇巩华城大街 76 号（百花园酒楼旁边）	80710970
北京西三旗支行	昌平区西三旗环岛东侧，新龙大厦 A 座一层	82951664
学清路支行	海淀区学清路 8 号	82737123
立汤南路支行	昌平区东小口镇中滩一号，北方明珠大厦一层	58608923
天通苑支行	昌平区东小口镇天通苑五区 14 号楼二门	84845092
回龙观支行	昌平区回龙观风雅园二区 8 号楼	81718352
回龙观东区支行	昌平区回龙观龙跃苑二区 36 号楼南段（F0136 号）	80752919
北七家支行	昌平区北七家镇定泗路 238 号（达华会馆一层）	81765208
清河支行	海淀区清河小营西路 27 号，金领时代大厦一层	82729570

昌平地税 2015 年纳税前 100 名企业

	纳税人名称	注册地址
1	北京住总万科房地产开发有限公司	北京市昌平区回龙观镇瑞旗家园 4 号楼 105 室
2	北京诺华制药有限公司	北京市昌平区永安路 31 号
3	北京华融金晖置业有限公司	北京市昌平区回龙观镇京昌公路东侧回龙观镇政府院内东侧平房
4	北京金隅万科房地产开发有限公司	北京市昌平区南环路 10 号院 1 号楼
5	北京京投银泰尚德置业有限公司	北京市昌平区回龙观镇良庄街 4 号楼 -1 至 2 层 01 一层
6	北京市昌平房地产开发有限责任公司	北京市昌平区城区镇东环路 99 号
7	北京未来科技城发展集团有限公司	北京市昌平区小汤山镇人民政府院内 113 室
8	北京锦昊万华置业有限公司	北京市昌平区沙河镇人民政府南楼 2 层 208 室
9	北京万顺达房地产开发有限公司	北京市昌平区马池口镇北小营村东
10	北京城市开发集团有限责任公司回龙观分公司	北京市昌平区回龙观镇龙锦苑四区 28 号楼
11	北汽福田汽车股份有限公司	北京市昌平区沙河镇沙阳路老牛湾村北
12	新时代健康产业（集团）有限公司	北京市昌平区科学园路 10 号院 1 号楼
13	顺天通房地产开发集团有限公司	北京市昌平区东小口镇天通苑一区 201B 楼六层
14	北京科技园建设（集团）股份有限公司	北京市昌平区回龙观镇政府院内东侧平房
15	北京罗顿沙河建设发展有限公司	北京市昌平区沙河镇政府院后楼
16	北京沙河恒大置业有限公司	北京市昌平区沙河镇南丰路 1 号
17	中国移动通信集团终端有限公司	北京市昌平区沙河镇马满路甲一号
18	北京市昌平房地产开发有限责任公司第一项目部	北京市昌平区百善镇政府西
19	北京世纪鸿城置业有限公司	北京市昌平区北七家镇平西府村
20	中铁房地产集团北京金达世纪房地产开发有限公司	北京市昌平区南邵镇社区服务中心 011 房间
21	北京市八仙房地产开发有限责任公司	北京市昌平区北七家镇定泗路 88 号
22	北京润诚嘉信置业有限公司	北京市昌平区沙河镇政府内南楼 205
23	中石油中亚天然气管道有限公司	北京市昌平区昌平科技园区超前路 9 号 302 室
24	探路者控股集团股份有限公司	北京市昌平区科技园区永安路 26 号 609-06
25	绿地集团北京京腾置业有限公司	北京市昌平区小汤山镇英才北三街 16 号院 2 号楼 401 室
26	泰康兴业投资有限公司	北京市昌平区小汤山镇行政区市政管理所 301
27	北京宁科置业有限责任公司	北京市昌平区北七家镇定泗路北侧雅安商厦 C 号二层
28	北京路劲隽御房地产开发有限公司	北京市昌平区南邵镇人民政府院内 306 室
29	北京汇超房地产开发有限公司	北京市昌平区城南街道旧县村西（二层楼）
30	北京新领域房地产开发有限公司	北京市昌平区新干线家园一区 11 号楼 01 层 02 号
31	中国石油集团东南亚管道有限公司	北京市昌平区昌平镇超前路 9 号 B 座 208 室
32	北京天时房地产开发有限公司	北京市昌平区小汤山镇
33	北京市北郊农场	北京市昌平区回龙观镇回龙观饭店路北
34	北京澳柯玛中嘉房地产开发有限公司	北京市昌平区回龙观镇东半壁店村 305 号

35	北京福田康明斯发动机有限公司	北京市昌平区沙河镇沙阳路 15-1 号
36	北京龙冠房地产开发有限责任公司	北京市昌平区回龙观西大街 16 号院 1 号楼 4 层 101
37	北京瑞坤置业有限责任公司	北京市昌平区超前路 9 号
38	北京中关村国际商城发展有限公司	北京市昌平区北清路 1 号院 1 号楼
39	泰康昌盛投资有限公司	北京市昌平区小汤山镇行政区市政管理所 302
40	瑞信方正证券有限责任公司	北京市昌平区回龙观镇金燕龙大厦 19 层 1903、1905 号
41	中国工商银行股份有限公司北京昌平支行	北京市昌平区超前路 9 号
42	北京香江盛富房地产开发有限公司	北京市昌平区马池口镇百葛路 366 号院一区 91
43	神华销售集团华北能源贸易有限公司	北京市昌平区科技园区超前路 9 号 3 号楼 B 座 2310 室
44	中石油（北京）科技开发有限公司	北京市昌平区科技园区黄河北街 1 号院 2 号楼
45	中国石油大学（北京）	北京市昌平区府学路 18 号
46	全球能源互联网研究院	北京市昌平区未来科技城北区国网智能电网研究院内
47	北京雪迪龙科技股份有限公司	北京市昌平区高新三街 3 号
48	北京顺天通建筑工程有限公司	北京市昌平区东小口街道办事处天通苑北苑三区 68 号楼
49	北汽福田汽车股份有限公司北京欧辉客车分公司	北京市昌平区沙河镇沙阳路 15 号
50	北京世纪华盛科技发展有限公司	北京市昌平区科技园区超前路 9 号 B 座 273 室
51	中石油管道联合有限公司	北京市昌平区科技园区创新路 7 号 1 号楼 2052 号
52	北京金隅嘉业房地产开发有限公司	北京市昌平区城北街道办事处办公楼 503 房间
53	中国农业银行股份有限公司北京昌平支行	北京市昌平区西环南路蓝郡嘉苑 13 号楼
54	中国建设银行股份有限公司北京昌平支行	北京市昌平区城区镇东环路中段
55	北京兴昌达博房地产开发有限公司	北京市昌平区南邵镇麓鸣花园会所 2 层
56	华北电力大学	北京市昌平朱辛庄
57	北京京基房地产开发有限公司	北京市昌平区北七家镇东二旗村委会
58	北京昌鑫建设投资有限公司	北京市昌平区财政局院内
59	泰康之家（北京）投资有限公司	北京市昌平区小汤山镇行政区市政管理所 201
60	北京城建远东建设投资集团有限公司	北京市昌平区北七家镇燕丹 3 号
61	北京低碳清洁能源研究所	北京市昌平区振兴路 18 号中国石油大学
62	乐普（北京）医疗器械股份有限公司	北京市昌平区超前路 37 号
63	北京北陆药业股份有限公司	北京市昌平区科技园区白浮泉路 10 号
64	北京天成天房地产开发有限公司	北京市昌平区小汤山镇立汤路 7 号院 1-46 号
65	北京市京电博源供用电工程安装有限公司	北京市昌平区城区镇西关三角地 3 号
66	北京金成华房地产开发有限公司	北京市昌平区立汤路 9 号一区 4 号楼一层
67	北京远联置地房地产开发有限公司昌平分公司	北京市昌平区小汤山镇沙顺路 91 号院 2 号 3 层 315
68	北京正宏置业集团有限公司	北京市昌平区凉水河村西 6 号楼二层
69	北京博纳电气股份有限公司	北京市昌平区科技园区中兴路 10 号 1 号楼 A201 室
70	三一重工股份有限公司	北京市昌平区北清路 8 号 6 幢 5 楼
71	中国石油天然气股份有限公司天然气销售分公司	北京市昌平区科技园区超前路 37 号 6 号楼 4 层 1042 号
72	北京九华山庄集团股份有限公司	北京市昌平区小汤山镇胡芦河村北
73	北京港源建筑装饰工程有限公司	北京市昌平区小汤山工业开发区大东流 295 号
74	北京利尔高温材料股份有限公司	北京市昌平区小汤山镇小汤山工业园四号楼

75	北京万泰生物药业股份有限公司	北京市昌平区科学园路31号
76	北京金科纳帕置业有限公司	北京市昌平区小汤山镇沙顺路68号翰宏花园会所
77	北京国伦房地产开发有限公司	北京市昌平区五街太安胡同五街居委会西院
78	北京新龙伟业建筑工程有限公司分公司	北京市昌平区南邵镇政府院内
79	龙德置地有限公司	北京市昌平区立汤路186号龙德广场五层
80	北京市昌平烟草公司	北京市昌平区昌平镇西关路29号
81	北京金科弘居置业有限公司	北京市昌平区沙顺路91号院3号
82	北京鸿安兴业房地产开发有限公司	北京市昌平区科技园区永安路26号401室
83	国网通用航空有限公司	北京市昌平区科技园区中兴路10号B218
84	北京金河水务建设有限公司	北京市昌平区沙河镇西沙屯
85	北京知蜂堂健康科技股份有限公司	北京市昌平区科技园区白浮泉路13号
86	北京大学国际医院	北京市昌平区中关村生命科学园生命园路1号
87	北京悦荟商业管理有限公司	北京市昌平区南环路10号院1号楼-1层-102内B2000号
88	北京回龙观医院	北京市昌平县回龙观镇
89	北京中关村生命科学园发展有限责任公司	北京市昌平区生命园路29号
90	北京首冶新元科技发展有限公司	北京市昌平区沙河镇昌平路97号
91	北京新能华起投资顾问有限责任公司	北京市昌平区永安路26号孵化器大楼6层1609-03
92	北京神华昌运高技术配煤有限公司	北京市昌平区城区镇超前路9号
93	北京西三旗新龙实业集团有限公司	北京市昌平区回龙观镇黄土南店村
94	国电诚信招标有限公司	北京市昌平区长陵镇政府北侧
95	北京市昌平一建建筑有限责任公司	北京市昌平区科技园区振兴路16号
96	北京弘高建筑装饰设计工程有限公司	北京市昌平区延寿镇长九路469号院3号楼
97	神华物资集团有限公司	北京市昌平区科技园区超前路9号3号楼2392室
98	国电新能源技术研究院	北京市昌平区小汤山镇东流顺沙路245号（未来科技城）
99	北京新龙房地产开发有限公司	北京市昌平区南邵镇社区服务中心109室
100	北京金房暖通节能技术股份有限公司	北京市昌平区超前路9号B座2273室

昌平地税 2015 年纳税额千万元以上企业名单

	纳税人名称	地址
1	北京住总万科房地产开发有限公司	北京市昌平区回龙观镇瑞旗家园 4 号楼 105 室
2	北京诺华制药有限公司	北京市昌平区永安路 31 号
3	北京华融金晖置业有限公司	北京市昌平区回龙观镇京昌公路东侧回龙观镇政府院内东侧平房
4	北京金隅万科房地产开发有限公司	北京市昌平区南环路 10 号院 1 号楼
5	北京京投银泰尚德置业有限公司	北京市昌平区回龙观镇良庄街 4 号楼 -1 至 2 层 01 一层
6	北京市昌平房地产开发有限责任公司	北京市昌平区城区镇东环路 99 号
7	北京未来科技城发展集团有限公司	北京市昌平区小汤山镇人民政府院内 113 室
8	北京锦昊万华置业有限公司	北京市昌平区沙河镇人民政府南楼 2 层 208 室
9	北京万顺达房地产开发有限公司	北京市昌平区马池口镇北小营村东
10	北京城市开发集团有限责任公司回龙观分公司	北京市昌平区回龙观镇龙锦苑四区 28 号楼
11	北汽福田汽车股份有限公司	北京市昌平区沙河镇沙阳路老牛湾村北
12	新时代健康产业（集团）有限公司	北京市昌平区科学园路 10 号院 1 号楼
13	顺天通房地产开发集团有限公司	北京市昌平区东小口镇天通苑一区 201B 楼六层
14	北京科技园建设（集团）股份有限公司	北京市昌平区回龙观镇政府院内东侧平房
15	北京罗顿沙河建设发展有限公司	北京市昌平区沙河镇政府院后楼
16	北京沙河恒大置业有限公司	北京市昌平区沙河镇南丰路 1 号
17	中国移动通信集团终端有限公司	北京市昌平区沙河镇马满路甲一号
18	北京市昌平房地产开发有限责任公司第一项目部	北京市昌平区百善镇政府西
19	北京世纪鸿城置业有限公司	北京市昌平区北七家镇平西府村
20	中铁房地产集团北京金达世纪房地产开发有限公司	北京市昌平区南邵镇社区服务中心 011 房间
21	北京市八仙房地产开发有限责任公司	北京市昌平区北七家镇定泗路 88 号
22	北京润诚嘉信置业有限公司	北京市昌平区沙河镇政府内南楼 205
23	中石油中亚天然气管道有限公司	北京市昌平区昌平科技园区超前路 9 号 302 室
24	探路者控股集团股份有限公司	北京市昌平区科技园区永安路 26 号 609-06
25	绿地集团北京京腾置业有限公司	北京市昌平区小汤山镇英才北三街 16 号院 2 号楼 401 室
26	泰康兴业投资有限公司	北京市昌平区小汤山镇行政区市政管理所 301
27	北京宁科置业有限责任公司	北京市昌平区北七家镇定泗路北侧雅安商厦 C 号二层
28	北京路劲隽御房地产开发有限公司	北京市昌平区南邵镇人民政府院内 306 室
29	北京汇超房地产开发有限公司	北京市昌平区城南街道旧县村西（二层楼）
30	北京新领域房地产开发有限公司	北京市昌平区新干线家园一区 11 号楼 01 层 02 号
31	中国石油集团东南亚管道有限公司	北京市昌平区昌平镇超前路 9 号 B 座 208 室
32	北京天时房地产开发有限公司	北京市昌平区小汤山镇
33	北京市北郊农场	北京市昌平区回龙观镇回龙观饭店路北
34	北京澳柯玛中嘉房地产开发有限公司	北京市昌平区回龙观镇东半壁店村 305 号

35	北京福田康明斯发动机有限公司	北京市昌平区沙河镇沙阳路15-1号
36	北京龙冠房地产开发有限责任公司	北京市昌平区回龙观西大街16号院1号楼4层101
37	北京瑞坤置业有限责任公司	北京市昌平区超前路9号
38	北京中关村国际商城发展有限公司	北京市昌平区北清路1号院1号楼
39	泰康昌盛投资有限公司	北京市昌平区小汤山镇行政区市政管理所302
40	瑞信方正证券有限责任公司	北京市昌平区回龙观镇金燕龙大厦19层1903、1905号
41	中国工商银行股份有限公司北京昌平支行	北京市昌平区超前路9号
42	北京香江盛富房地产开发有限公司	北京市昌平区马池口镇百葛路366号院一区91
43	神华销售集团华北能源贸易有限公司	北京市昌平区科技园区超前路9号3号楼B座2310室
44	中石油（北京）科技开发有限公司	北京市昌平区科技园区黄河北街1号院2号楼
45	中国石油大学（北京）	北京市昌平区府学路18号
46	全球能源互联网研究院	北京市昌平区未来科技城北区国网智能电网研究院内
47	北京雪迪龙科技股份有限公司	北京市昌平区高新三街3号
48	北京顺天通建筑工程有限公司	北京市昌平区东小口街道办事处天通苑北苑三区68号楼
49	北汽福田汽车股份有限公司北京欧辉客车分公司	北京市昌平区沙河镇沙阳路15号
50	北京世纪华盛科技发展有限公司	北京市昌平区科技园区超前路9号B座273室
51	中石油管道联合有限公司	北京市昌平区科技园区创新路7号1号楼2052号
52	北京金隅嘉业房地产开发有限公司	北京市昌平区城北街道办事处办公楼503房间
53	中国农业银行股份有限公司北京昌平支行	北京市昌平区西环南路蓝郡嘉苑13号楼
54	中国建设银行股份有限公司北京昌平支行	北京市昌平区城区镇东环路中段
55	北京兴昌达博房地产开发有限公司	北京市昌平区南邵镇麓鸣花园会所2层
56	华北电力大学	北京市昌平朱辛庄
57	北京京基房地产开发有限公司	北京市昌平区北七家镇东二旗村委会
58	北京昌鑫建设投资有限公司	北京市昌平区财政局院内
59	泰康之家（北京）投资有限公司	北京市昌平区小汤山镇行政区市政管理所201
60	北京城建远东建设投资集团有限公司	北京市昌平区北七家镇燕丹3号
61	北京低碳清洁能源研究所	北京市昌平区振兴路18号中国石油大学
62	乐普（北京）医疗器械股份有限公司	北京市昌平区超前路37号
63	北京北陆药业股份有限公司	北京市昌平区科技园区白浮泉路10号
64	北京天成天房地产开发有限公司	北京市昌平区小汤山镇立汤路7号院1-46号
65	北京市京电博源供用电工程安装有限公司	北京市昌平区城区镇西关三角地3号
66	北京金成华房地产开发有限公司	北京市昌平区立汤路9号一区4号楼一层
67	北京远联置地房地产开发有限公司昌平分公司	北京市昌平区小汤山镇沙顺路91号院2号3层315
68	北京正宏置业集团有限公司	北京市昌平区凉水河村西6号楼二层
69	北京博纳电气股份有限公司	北京市昌平区科技园区中兴路10号1号楼A201室
70	三一重工股份有限公司	北京市昌平区北清路8号6幢5楼
71	中国石油天然气股份有限公司天然气销售分公司	北京市昌平区科技园区超前路37号6号楼4层1042号
72	北京九华山庄集团股份有限公司	北京市昌平区小汤山镇胡芦河村北
73	北京港源建筑装饰工程有限公司	北京市昌平区小汤山工业开发区大东流295号
74	北京利尔高温材料股份有限公司	北京市昌平区小汤山镇小汤山工业园四号楼

75	北京万泰生物药业股份有限公司	北京市昌平区科学园路 31 号
76	北京金科纳帕置业有限公司	北京市昌平区小汤山镇沙顺路 6 8 号翰宏花园会所
77	北京国伦房地产开发有限公司	北京市昌平区五街太安胡同五街居委会西院
78	北京新龙伟业建筑工程有限公司分公司	北京市昌平区南邵镇政府院内
79	龙德置地有限公司	北京市昌平区立汤路 186 号龙德广场五层
80	北京市昌平烟草公司	北京市昌平区昌平镇西关路 29 号
81	北京金科弘居置业有限公司	北京市昌平区沙顺路 91 号院 3 号
82	北京鸿安兴业房地产开发有限公司	北京市昌平区科技园区永安路 26 号 401 室
83	国网通用航空有限公司	北京市昌平区科技园区中兴路 10 号 B218
84	北京金河水务建设有限公司	北京市昌平区沙河镇西沙屯
85	北京知蜂堂健康科技股份有限公司	北京市昌平区科技园区白浮泉路 13 号
86	北京大学国际医院	北京市昌平区中关村生命科学园生命园路 1 号
87	北京悦荟商业管理有限公司	北京市昌平区南环路 10 号院 1 号楼 -1 层 -102 内 B2000 号
88	北京回龙观医院	北京市昌平县回龙观镇
89	北京中关村生命科学园发展有限责任公司	北京市昌平区生命园路 29 号
90	北京首冶新元科技发展有限公司	北京市昌平区沙河镇昌平路 97 号
91	北京新能华起投资顾问有限责任公司	北京市昌平区永安路 26 号孵化器大楼 6 层 1609-03
92	北京神华昌运高技术配煤有限公司	北京市昌平区城区镇超前路 9 号
93	北京西三旗新龙实业集团有限公司	北京市昌平区回龙观镇黄土南店村
94	国电诚信招标有限公司	北京市昌平区长陵镇政府北侧
95	北京市昌平一建建筑有限责任公司	北京市昌平区科技园区振兴路 16 号
96	北京弘高建筑装饰设计工程有限公司	北京市昌平区延寿镇长九路 469 号院 3 号楼
97	神华物资集团有限公司	北京市昌平区科技园区超前路 9 号 3 号楼 2392 室
98	国电新能源技术研究院	北京市昌平区小汤山镇东流顺沙路 245 号（未来科技城）
99	北京新龙房地产开发有限公司	北京市昌平区南邵镇社区服务中心 109 室
100	北京金房暖通节能技术股份有限公司	北京市昌平区超前路 9 号 B 座 2273 室
101	二六三网络通信股份有限公司	北京市昌平区城区镇超前路 13 号
102	洪阳冶化工程科技有限公司	北京市昌平区科技园区昌怀路 155 号
103	中国太平洋财产保险股份有限公司北京市昌平支公司	北京市昌平区高科技园区创新路 6 号
104	北京路鹏达市政工程有限责任公司	北京市昌平区南口镇桃洼村南 1000 米
105	北京新龙伟业建筑工程有限公司	北京市昌平区回龙观镇政府东北侧
106	中国商用飞机有限责任公司北京民用飞机技术研究中心	北京市昌平区昌平镇超前路 9 号 301 室
107	华电煤业集团有限公司	北京市昌平区科技园区中兴路 10 号 A303 室
108	北京爱康宜诚医疗器材有限公司	北京市昌平区科技园区白浮泉路 10 号
109	中国华能集团燃料有限公司	北京市昌平区小汤山工业园区 249 号
110	三一重型能源装备有限公司	北京市昌平区北清路三一产业园
111	北京温都水城旅游饭店管理有限公司	北京市昌平区北七家镇宏福创业园
112	北京兴昌高科技发展有限公司	北京市昌平区科技园区超前路 9 号
113	神华房地产有限责任公司	北京市昌平区小汤山镇土沟村
114	医科达（北京）医疗器械有限公司	北京市昌平区科技园区创新路 21 号

115	北京北辰亚运村汽车交易市场中心	北京市昌平区北七家镇东三旗村村北
116	中意资产管理有限责任公司	北京市昌平区科技园区中兴路10号（凉水河村南）煌潮院内一号楼B230-1
117	北京佰嘉置业集团有限公司	北京市昌平区回龙观镇回南路9号院32号楼101室
118	北京诺和诺德医药科技有限公司	北京市昌平区生命园路2 0号院2号楼和4号楼
119	北京煜邦电力技术股份有限公司	北京市昌平区科技园区华昌路1号1、2、3号楼
120	中国建筑第八工程局有限公司	北京市昌平区沙河镇百沙路沙河镇人民政府南楼210房间
121	北京科技商务区建设有限责任公司	北京市昌平区沙河镇人民政府南楼2层206室
122	北京华彬庄园绿色休闲健身俱乐部有限公司	北京市昌平区土楼乡南口农场场部院内
123	北京金湖国际度假村	北京市昌平区小汤山镇大东流村
124	中国电能成套设备有限公司北京分公司	北京市昌平区十三陵镇泰胡路2号214号
125	昆仑能源控股有限公司	北京市昌平区超前路九号3号楼2406号
126	中国人民财产保险股份有限公司北京市昌平支公司	北京市昌平区城区镇北环路21号
127	中国银行股份有限公司北京昌平支行	北京市昌平区南环路57号
128	北京城北回龙观商品交易市场有限公司	北京市昌平区回龙观镇三合庄村东
129	北京农学院	北京市昌平区回龙观镇北农路7号
130	北京天启房地产开发有限公司	北京市昌平区天通苑小区201号楼
131	北京康比特体育科技股份有限公司	北京市昌平区科技园区利祥路5号
132	北京市三一重机有限公司	北京市昌平区科技园区火炬街18号甲
133	北京博晖创新光电技术股份有限公司	北京市昌平区生命园路9号院
134	北京华福工程有限公司	北京市昌平区科技园区富康路18号
135	北京康得新功能材料有限公司	北京市昌平区科技园区振兴路26号1幢2层
136	北京海林节能科技股份有限公司	北京市昌平区回龙观镇北京国际信息产业基地发展路9号1幢1层109室
137	北京水泥厂有限责任公司	北京市昌平区马池口镇北小营村东
138	中国华能集团清洁能源技术研究院有限公司	北京市昌平区北七家镇未来科技城南区华能人才创新创业基地实验楼A楼
139	北京汇佳科教发展有限公司	北京市昌平区创新路20号
140	北京市昌平区回龙观镇人民政府	北京市昌平区回龙观镇东大街199号
141	中油测井技术服务有限责任公司	北京市昌平区城区镇创新路12号
142	中国石油化工股份有限公司石油工程技术研究院	北京市昌平区沙河镇百沙路5号春潮大厦
143	北汽福田汽车股份有限公司北京福田发动机厂	北京市昌平区沙河镇沙阳路老牛湾村25号楼
144	北京稻香村食品有限责任公司食品厂	北京市昌平区北七家镇工业科技园
145	北京永安园林绿化有限责任公司	北京市昌平区南大街公园内
146	北京像素软件科技股份有限公司	北京市昌平区科技园区白浮泉路10号2号楼1104A
147	北京泰格经济开发公司	北京市昌平区北七家镇平坊村
148	北京天地玛珂电液控制系统有限公司	北京市昌平区科技园区中兴路10号A 112-1室
149	北京法政实业集团有限公司	北京市昌平区北七家镇宏福大厦61608室
150	北京城建五市政工程有限公司	北京市昌平区北七家镇海鶄落村658号
151	北京铁科首钢轨道技术股份有限公司	北京市昌平区沙河镇沙阳路南24号
152	北汽福田汽车股份有限公司北京汽车销售分公司	北京市昌平区沙河镇沙阳路（老牛湾村北）
153	北京神雾环境能源科技集团股份有限公司	北京市昌平区科技园区昌怀路155号
154	北京利德华福电气技术有限公司	北京市昌平区建业二路13号

155 北京市昌平区佛山陵园	北京市昌平区阳坊镇后白虎涧
156 北京福田国际贸易有限公司	北京市昌平区沙河镇沙阳路北侧 100 米
157 北京二六三企业通信有限公司	北京市昌平区昌平镇超前路 13 号 1201 室
158 北大医疗产业集团有限公司	北京市昌平区生命园路 29 号 A110–6 室
159 北京农村商业银行股份有限公司天通苑支行	北京市昌平区东小口镇中滩村东镇政府后面
160 神华科技发展有限责任公司	北京市昌平区小汤山镇北滨河路神华科技创新基地 202 单元

昌平国税 2015 年纳税额前 100 名企业名录

	纳税人名称	注册地址
1	中石油管道联合有限公司	北京市昌平区科技园区创新路 7 号 1 号楼 2052 号
2	新时代健康产业（集团）有限公司	北京市昌平区科学园路 10 号院 1 号楼
3	北京诺华制药有限公司	北京市昌平区永安路 31 号
4	中国移动通信集团终端有限公司	北京市昌平区沙河镇马满路甲一号
5	神华销售集团华北能源贸易有限公司	北京市昌平区科技园区超前路 9 号 3 号楼 B 座 2310 室
6	北京福田康明斯发动机有限公司	北京市昌平区沙河镇沙阳路 15-1 号
7	北京市昌平烟草公司	北京市昌平区昌平镇西关路 29 号
8	乐普（北京）医疗器械股份有限公司	北京市昌平区超前路 37 号
9	北京稻香村食品有限责任公司食品厂	北京市昌平区北七家镇工业科技园
10	北汽福田汽车股份有限公司北京欧辉客车分公司	北京市昌平区沙河镇沙阳路 15 号
11	北京神华昌运高技术配煤有限公司	北京市昌平区城区镇超前路 9 号
12	国电燃料有限公司	北京市昌平区科技园区中兴路 10 号
13	北京路劲隽御房地产开发有限公司	北京市昌平区南邵镇人民政府院内 306 室
14	北京弘高建筑装饰设计工程有限公司	北京市昌平区延寿镇长九路 469 号院 3 号楼
15	北京探路者户外用品股份有限公司	北京市昌平区科技园区永安路 26 号 609-06
16	中国石油集团东南亚管道有限公司	北京市昌平区昌平镇超前路 9 号 B 座 208 室
17	神华国能燃料有限公司	北京市昌平区未来科技城定泗路 237 号都市绿洲 315 室
18	北京铁科首钢轨道技术股份有限公司	北京市昌平区沙河镇沙阳路南 24 号
19	中国康富国际租赁股份有限公司	北京市昌平区回龙观镇北清路三一产业园三层
20	中国华能集团燃料有限公司	北京市昌平区小汤山工业园区 249 号
21	中影巴可（北京）电子有限公司	北京市昌平区中关村科技园区昌盛路 16 号巴可工厂第 3 层
22	国电国际经贸有限公司	北京市昌平区科技园区中兴路 10 号 A 302
23	北京金隅万科房地产开发有限公司	北京市昌平区南环路 10 号院 1 号楼
24	北京北陆药业股份有限公司	北京市昌平区科技园区白浮泉路 10 号
25	国电诚信招标有限公司	北京市昌平区长陵镇政府北侧
26	北京德洋中车汽车零部件有限公司	北京市昌平区科技园区创新路 7 号 2 号楼 2718 号
27	高德软件有限公司	北京市昌平区科技园区昌盛路 18 号 B1 座 1-5 层
28	北京雪迪龙科技股份有限公司	北京市昌平区高新三街 3 号
29	扬子江药业集团北京海燕药业有限公司	北京市昌平区生命园路 16 号
30	北京利尔高温材料股份有限公司	北京市昌平区科技园区火炬街 21 号
31	龙德置地有限公司	北京市昌平区东小口镇中滩村 394 号
32	中电普瑞电力工程有限公司	北京市昌平区科技园区昌平镇超前路 9 号 B 座 2296 室
33	北京万顺达房地产开发有限公司	北京市昌平区马池口镇北小营村东
34	北汽福田汽车股份有限公司北京福田发动机厂	北京市昌平区沙河镇沙阳路老牛湾村 25 号楼

35	北京天地玛珂电液控制系统有限公司	北京市昌平区科技园区中兴路 10 号 A112-1 室
36	北京中盾安民分析技术有限公司	北京市昌平区科技园区火炬街 2 号
37	北京煜邦电力技术股份有限公司	北京市昌平区科技园区华昌路 1 号 1、2、3 号楼
38	北京市三一重机有限公司	北京市昌平区科技园区火炬街 18 号甲
39	北京康比特体育科技股份有限公司	北京市昌平区科技园区利祥路 5 号
40	北京万泰生物药业股份有限公司	北京市昌平区科学园路 31 号
41	北京诚益通控制工程科技股份有限公司	北京市昌平区科技园区超前路 9 号 B 座 2172 室
42	北京知蜂堂蜂产品有限公司	北京市昌平区科技园区白浮泉路 13 号
43	北京天新福医疗器材有限公司	北京市昌平区科技园区火炬街 30 号
44	中意资产管理有限责任公司	北京市昌平区科技园区中兴路 10 号（凉水河村南）煌潮院内一号楼 B 230-1
45	克诺尔南口供风设备（北京）有限公司	北京市昌平区南口镇道北东厂区 1 号 77-79 幢
46	北京神华首路销售有限公司	北京市昌平区科技园区超前路 9 号 3 号楼 2509 号
47	北京爱康宜诚医疗器材股份有限公司	北京市昌平区科技园区白浮泉路 10 号
48	北京安德鲁水果食品有限公司	北京市昌平区南口农场内
49	北京京卫信康医药科技发展有限公司	北京市昌平区科技园区东区产业基地何营路 8 号院 5 号楼 1 层 101
50	中国华电集团物资有限公司	北京市昌平区昌平镇超前路 9 号 3 号楼
51	北京华福工程有限公司	北京市昌平区科技园区富康路 18 号
52	北京泰和康医疗生物技术有限公司	北京市昌平区科技园区华通路 11 号 4B-2 室
53	中生北控生物科技股份有限公司	北京市昌平区科技园区超前路 27 号
54	北京爱美客生物科技有限公司	北京市昌平区科技园区白浮泉路 10 号北控科技大厦 4 层 416B 室
55	巴可伟视（北京）电子有限公司	北京市昌平区中关村科技园区昌平园昌盛路 16 号
56	北京慧聪国际资讯有限公司	北京市昌平区科技园区白浮泉路 10 号 2 号楼北控科技大厦 413 室
57	三一重型能源装备有限公司	北京市昌平区北清路三一产业园
58	北京北科麦思科自动化工程技术有限公司	北京市昌平区振兴路 5 号
59	北汽福田汽车股份有限公司北京汽车销售分公司	北京市昌平区沙河镇沙阳路（老牛湾村北）
60	中国石油大学（北京）	北京市昌平区府学路 18 号
61	北京燃气昌平有限公司	北京市昌平区科技园区超前路甲 1 号 1 号楼
62	北京贝瑞和康生物技术有限公司	北京市昌平区生命园路 29 号 B-246 室
63	海科融资租赁（北京）有限公司	北京市昌平区科技园区超前路 37 号 6 号楼 4 层 1124 号
64	北京国网普瑞特高压输电技术有限公司	北京市昌平区科技园区白浮泉路 13 号 314 室
65	中信证券股份有限公司北京天通苑证券营业部	北京市昌平区天通北苑一区甲 4 号楼 102
66	北京亚奥之星汽车服务有限公司	北京市昌平区北七家镇北京北辰亚运村汽车交易市场中心 3？1、3？2 号
67	北京港源建筑装饰工程有限公司	北京市昌平区小汤山工业开发区大东流 295 号
68	农银国际企业管理有限公司	北京市昌平区科技园区超前路 37 号 6 号楼 4 层 1114 号
69	万华化学（北京）有限公司	北京市昌平区科技园星火街 5 号二层 212 号
70	北京乐普医疗科技有限责任公司	北京市昌平区科技园区超前路 37 号
71	北京康得新功能材料有限公司	北京市昌平区科技园区振兴路 26 号 1 幢 2 层
72	中国联合网络通信有限公司北京市昌平区分公司	北京市昌平区政府街 8 号
73	北京新雷能科技股份有限公司	北京市昌平区科技园区超前路 9 号 B 座 285 室
74	国网智能电网研究院	北京市昌平区未来科技城北区国网智能电网研究院内

75	北京北摩高科摩擦材料有限责任公司	北京市昌平区科技园区白浮泉路13号317室
76	北京八达岭精奥莱商业有限公司	北京昌平区南口镇陈庄
77	北京诺丁山贸易有限公司	北京市昌平区城北街道西环路78号1号楼3层307
78	北京博纳电气股份有限公司	北京市昌平区科技园区中兴路10号1号楼A201室
79	北京枫树置业有限公司	北京市昌平区北七家镇东沙各庄
80	北京东华原医疗设备有限责任公司	北京市昌平区科技园区振超路1号
81	北京科诺伟业科技股份有限公司	北京市昌平区科技园区超前路9号B座2164室
82	北京利德华福电气技术有限公司	北京市昌平区建业二路13号
83	爱协林热处理系统（北京）有限公司	北京市昌平区沙河镇于辛庄村西爱协林厂房内
84	中铁物总轨道装备贸易有限公司	北京市昌平区科技园区超前路37号6号楼4层1235
85	招商局嘉铭（北京）房地产开发有限公司	北京市昌平区东小口镇陈营村委会院内
86	韩华高新材料（北京）有限公司	北京市昌平区中关村科技园（东区）利祥路4号
87	北京生泰尔生物科技有限公司	北京市昌平区科技园区超前路9号B座2354号
88	中航工程集成设备有限公司	北京市昌平区回龙观镇高新三街2号
89	北京金隅红树林环保技术有限责任公司	北京市昌平区科技园区白浮泉路10号2号楼北控科技大厦608室
90	中信国安盟固利动力科技有限公司	北京市昌平区科技园区白浮泉路18号1号楼4层
91	中节能六合天融环保科技有限公司	北京市昌平区科技园区创新路8号
92	北京捷成世纪数码科技有限公司	北京市昌平区百善镇半壁街村9号
93	巴可伟视（北京）贸易有限公司	北京市昌平区科技园区昌盛路16号办公楼4层
94	北京晨光昌盛融资担保有限公司	昌平区超前路9号
95	北京拓首工业炉股份有限公司	北京市昌平区昌平镇科技园区火炬街11号
96	北京万泰德瑞诊断技术有限公司	北京市昌平区科学园路31号
97	中海阳能源集团股份有限公司	北京市昌平区科技园区超前路17号
98	中电智能卡有限责任公司	北京市昌平区昌盛路26号
99	罗格朗（北京）电气有限公司	北京市昌平区科技园区超前路4号
100	华润三九（北京）药业有限公司	北京市昌平区科技园区智通路19号

昌平国税 2015 年纳税额千万元以上驻昌企业名录

	纳税人名称	注册地址
1	中石油管道联合有限公司	北京市昌平区科技园区创新路 7 号 1 号楼 2052 号
2	新时代健康产业（集团）有限公司	北京市昌平区科学园路 10 号院 1 号楼
3	北京诺华制药有限公司	北京市昌平区永安路 31 号
4	中国移动通信集团终端有限公司	北京市昌平区沙河镇马满路甲一号
5	神华销售集团华北能源贸易有限公司	北京市昌平区科技园区超前路 9 号 3 号楼 B 座 2310 室
6	北京福田康明斯发动机有限公司	北京市昌平区沙河镇沙阳路 15-1 号
7	北京市昌平烟草公司	北京市昌平区昌平镇西关路 29 号
8	乐普（北京）医疗器械股份有限公司	北京市昌平区超前路 37 号
9	北京稻香村食品有限责任公司食品厂	北京市昌平区北七家镇工业科技园
10	北汽福田汽车股份有限公司北京欧辉客车分公司	北京市昌平区沙河镇沙阳路 15 号
11	北京神华昌运高技术配煤有限公司	北京市昌平区城区镇超前路 9 号
12	国电燃料有限公司	北京市昌平区科技园区中兴路 10 号
13	北京路劲隽御房地产开发有限公司	北京市昌平区南邵镇人民政府院内 306 室
14	北京弘高建筑装饰设计工程有限公司	北京市昌平区延寿镇长九路 469 号院 3 号楼
15	北京探路者户外用品股份有限公司	北京市昌平区科技园区永安路 26 号 609-06
16	中国石油集团东南亚管道有限公司	北京市昌平区昌平镇超前路 9 号 B 座 208 室
17	神华国能燃料有限公司	北京市昌平区未来科技城定泗路 237 号都市绿洲 315 室
18	北京铁科首钢轨道技术股份有限公司	北京市昌平区沙河镇沙阳路南 24 号
19	中国康富国际租赁股份有限公司	北京市昌平区回龙观镇北清路三一产业园三层
20	中国华能集团燃料有限公司	北京市昌平区小汤山工业园区 249 号
21	中影巴可（北京）电子有限公司	北京市昌平区中关村科技园区昌盛路 16 号巴可工厂第 3 层
22	国电国际经贸有限公司	北京市昌平区科技园区中兴路 10 号 A 302
23	北京金隅万科房地产开发有限公司	北京市昌平区南环路 10 号院 1 号楼
24	北京北陆药业股份有限公司	北京市昌平区科技园区白浮泉路 10 号
25	国电诚信招标有限公司	北京市昌平区长陵镇政府北侧
26	北京德洋中车汽车零部件有限公司	北京市昌平区科技园区创新路 7 号 2 号楼 2718 号
27	高德软件有限公司	北京市昌平区科技园区昌盛路 18 号 B1 座 1-5 层
28	北京雪迪龙科技股份有限公司	北京市昌平区高新三街 3 号
29	扬子江药业集团北京海燕药业有限公司	北京市昌平区生命园路 16 号
30	北京利尔高温材料股份有限公司	北京市昌平区科技园区火炬街 21 号
31	龙德置地有限公司	北京市昌平区东小口镇中滩村 394 号
32	中电普瑞电力工程有限公司	北京市昌平区科技园区昌平镇超前路 9 号 B 座 2296 室
33	北京万顺达房地产开发有限公司	北京市昌平区马池口镇北小营村东
34	北汽福田汽车股份有限公司北京福田发动机厂	北京市昌平区沙河镇沙阳路老牛湾村 25 号楼

35	北京天地玛珂电液控制系统有限公司	北京市昌平区科技园区中兴路10号A112-1室
36	北京中盾安民分析技术有限公司	北京市昌平区科技园区火炬街2号
37	北京煜邦电力技术股份有限公司	北京市昌平区科技园区华昌路1号1、2、3号楼
38	北京市三一重机有限公司	北京市昌平区科技园区火炬街18号甲
39	北京康比特体育科技股份有限公司	北京市昌平区科技园区利祥路5号
40	北京万泰生物药业股份有限公司	北京市昌平区科学园路31号
41	北京诚益通控制工程科技股份有限公司	北京市昌平区科技园区超前路9号B座2172室
42	北京知蜂堂蜂产品有限公司	北京市昌平区科技园区白浮泉路13号
43	北京天新福医疗器材有限公司	北京市昌平区科技园区火炬街30号
44	中意资产管理有限责任公司	北京市昌平区科技园区中兴路10号（凉水河村南）煌潮院内一号楼B230-1
45	克诺尔南口供风设备（北京）有限公司	北京市昌平区南口镇道北东厂区1号77-79幢
46	北京神华首路销售有限公司	北京市昌平区科技园区超前路9号3号楼2509号
47	北京爱康宜诚医疗器材股份有限公司	北京市昌平区科技园区白浮泉路10号
48	北京安德鲁水果食品有限公司	北京市昌平区南口农场内
49	北京京卫信康医药科技发展有限公司	北京市昌平区科技园区东区产业基地何营路8号院5号楼1层101
50	中国华电集团物资有限公司	北京市昌平区昌平镇超前路9号3号楼
51	北京华福工程有限公司	北京市昌平区科技园区富康路18号
52	北京泰和康医疗生物技术有限公司	北京市昌平区科技园区华通路11号4B-2室
53	中生北控生物科技股份有限公司	北京市昌平区科技园区超前路27号
54	北京爱美客生物科技有限公司	北京市昌平区科技园区白浮泉路10号北控科技大厦4层416B室
55	巴可伟视（北京）电子有限公司	北京市昌平区中关村科技园区昌平园昌盛路16号
56	北京慧聪国际资讯有限公司	北京市昌平区科技园区白浮泉路10号2号楼北控科技大厦413室
57	三一重型能源装备有限公司	北京市昌平区北清路三一产业园
58	北京北科麦思科自动化工程技术有限公司	北京市昌平区振兴路5号
59	北汽福田汽车股份有限公司北京汽车销售分公司	北京市昌平区沙河镇沙阳路（老牛湾村北）
60	中国石油大学（北京）	北京市昌平区府学路18号
61	北京燃气昌平有限公司	北京市昌平区科技园区超前路甲1号1号楼
62	北京贝瑞和康生物技术有限公司	北京市昌平区生命园路29号B-246室
63	海科融资租赁（北京）有限公司	北京市昌平区科技园区超前路37号6号楼4层1124号
64	北京国网普瑞特高压输电技术有限公司	北京市昌平区科技园区白浮泉路13号314室
65	中信证券股份有限公司北京天通苑证券营业部	北京市昌平区天通北苑一区甲4号楼102
66	北京亚奥之星汽车服务有限公司	北京市昌平区北七家镇北京北辰亚运村汽车交易市场中心3？1、3？2号
67	北京港源建筑装饰工程有限公司	北京市昌平区小汤山工业开发区大东流295号
68	农银国际企业管理有限公司	北京市昌平区科技园区超前路37号6号楼4层1114号
69	万华化学（北京）有限公司	北京市昌平区科技园星火街5号二层212号
70	北京乐普医疗科技有限责任公司	北京市昌平区科技园区超前路37号
71	北京康得新功能材料有限公司	北京市昌平区科技园区振兴路26号1幢2层
72	中国联合网络通信有限公司北京市昌平区分公司	北京市昌平区政府街8号
73	北京新雷能科技股份有限公司	北京市昌平区科技园区超前路9号B座285室
74	国网智能电网研究院	北京市昌平区未来科技城北区国网智能电网研究院内

75	北京北摩高科摩擦材料有限责任公司	北京市昌平区科技园区白浮泉路13号317室
76	北京八达岭精奥莱商业有限公司	北京昌平区南口镇陈庄
77	北京诺丁山贸易有限公司	北京市昌平区城北街道西环路78号1号楼3层307
78	北京博纳电气股份有限公司	北京市昌平区科技园区中兴路10号1号楼A201室
79	北京枫树置业有限公司	北京市昌平区北七家镇东沙各庄
80	北京东华原医疗设备有限责任公司	北京市昌平区科技园区振超路1号
81	北京科诺伟业科技股份有限公司	北京市昌平区科技园区超前路9号B座2164室
82	北京利德华福电气技术有限公司	北京市昌平区建业二路13号
83	爱协林热处理系统（北京）有限公司	北京市昌平区沙河镇于辛庄村西爱协林厂房内
84	中铁物总轨道装备贸易有限公司	北京市昌平区科技园区超前路37号6号楼4层1235
85	招商局嘉铭（北京）房地产开发有限公司	北京市昌平区东小口镇陈营村委会院内
86	韩华高新材料（北京）有限公司	北京市昌平区中关村科技园（东区）利祥路4号
87	北京生泰尔生物科技有限公司	北京市昌平区科技园区超前路9号B座2354号
88	中航工程集成设备有限公司	北京市昌平区回龙观镇高新三街2号
89	北京金隅红树林环保技术有限责任公司	北京市昌平区科技园区白浮泉路10号2号楼北控科技大厦608室
90	中信国安盟固利动力科技有限公司	北京市昌平区科技园区白浮泉路18号1号楼4层
91	中节能六合天融环保科技有限公司	北京市昌平区科技园区创新路8号
92	北京捷成世纪数码科技有限公司	北京市昌平区百善镇半壁街村9号
93	巴可伟视（北京）贸易有限公司	北京市昌平区科技园区昌盛路16号办公楼4层
94	北京晨光昌盛融资担保有限公司	昌平区超前路9号
95	北京拓首工业炉股份有限公司	北京市昌平区昌平镇科技园区火炬街11号
96	北京万泰德瑞诊断技术有限公司	北京市昌平区科学园路31号
97	中海阳能源集团股份有限公司	北京市昌平区科技园区超前路17号
98	中电智能卡有限责任公司	北京市昌平区昌盛路26号
99	罗格朗（北京）电气有限公司	北京市昌平区科技园区超前路4号
100	华润三九（北京）药业有限公司	北京市昌平区科技园区智通路19号
101	北京瑞祥泰康科技有限公司	北京市昌平区超前路37号
102	北京倍肯恒业科技发展有限责任公司	北京市昌平区科技园区兴昌路1号
103	昆仑能源控股有限公司	北京市昌平区超前路九号3号楼2406号
104	中石油阿姆河天然气勘探开发（北京）有限公司	北京市昌平区科技园区超前路9号B座218室
105	北京复盛机械有限公司	北京市昌平区回龙观国际信息产业基地立业路15号1–5幢
106	北京勃然制药有限公司	北京市昌平区科技园区超前路9号B座2102室
107	北京像素软件科技股份有限公司	北京市昌平区科技园区白浮泉路10号2号楼1104A
108	北京中拓机械集团有限责任公司	北京市昌平区科技园区华通路11号
109	北京阳光普仁医疗器械有限公司	北京市昌平区延寿镇黑山寨村（原黑山寨办事处）院内54号
110	嘉吉亚太食品系统（北京）有限公司	北京市昌平区回龙观镇北京国际信息产业基地发展路11号
111	华北电力大学	北京市德胜门外朱辛庄
112	北京市昌平新世纪商城	北京市昌平区城区镇鼓楼南大街
113	北京西普耐火材料有限公司	北京市昌平区南口镇南辛路10号
114	中国华电集团发电运营有限公司	北京市昌平区白浮泉路17号综合楼401

115	北京水泥厂有限责任公司	北京市昌平区马池口镇北小营村东
116	中国大唐集团科学技术研究院有限公司	北京市昌平区未来科技城定泗路 237 号都市绿洲 309
117	中国华能集团清洁能源技术研究院有限公司	北京市昌平区北七家镇未来科技城南区华能人才创新创业基地实验楼 A 楼
118	河北钢铁集团北京国际贸易有限公司	北京市昌平区未来科技城定泗路 237 号都市绿洲 406 室
119	北京三际无限网络科技有限公司	北京市昌平区科技园区永安路 47 号 A218 室

全国 500 强驻昌企业名录

1. 中国石油化工集团公司
2. 中国石油天然气集团公司
3. 国家电网公司
4. 中国移动通信集团公司
5. 中国电信集团公司
6. 中国华能集团公司
7. 神华集团
8. 中国冶金科工集团公司
9. 中国航空工业集团公司
10. 中国铝业公司
11. 武汉钢铁集团公司
12. 中国大唐集团公司
13. 中国国电集团公司
14. 中国电子信息产业集团有限公司
15. 中国船舶重工集团公司
16. 中国建筑材料集团有限公司
17. 中国海洋石油总公司
18. 中国兵器工业集团公司
19. 中粮集团有限公司
20. 中国华电集团公司
21. 鞍钢集团公司
22. 三一集团有限公司
23. 中国南车集团公司

世界 500 强驻昌企业名录

1. 中国石油化工集团公司
2. 中国石油天然气集团公司
3. 国家电网公司
4. 中国移动通信集团公司
5. 中国电信集团公司
6. 中国华能集团公司
7. 神华集团
8. 中国冶金科工集团公司
9. 中国航空工业集团公司
10. 中国铝业公司
11. 武汉钢铁集团公司
12. 中国大唐集团公司
13. 中国国电集团公司
14. 中国电子信息产业集团有限公司
15. 中国船舶重工集团公司
16. 中国建筑材料集团有限公司
17. 中国海洋石油总公司
18. 中国兵器工业集团公司
19. 中粮集团有限公司
20. 中国华电集团公司
21. 鞍钢集团公司
22. 三一集团有限公司
23. 中国南车集团公司

昌平区属公交运营线路

昌1路 朝凤庵～朝凤庵

朝凤庵～前锋学校～东关环岛北～昌平东关～亢山广场～中国政法大学～燕平家园～东环北路～昌平妇幼保健院～北环东路～昌平北站路口东～昌平北站～北环西路～西环北路～天泽苑小区～西环中路～西环南路～南环中路～昌平南环路～润杰经典小区～水关新村南门～振兴路～昌盛园小学～世涛天朗南门～介山～宁馨苑小区～东关环岛南～东关环岛北～前锋学校～朝凤庵

昌2路 朝凤庵～朝凤庵

朝凤庵～前锋学校～东关环岛北～东关环岛南～宁馨苑小区～介山～世涛天朗南门～昌盛园小学～振兴路～水关新村南门～润杰经典小区～昌平南环路～南环中路～西环南路～西环中路～天泽苑小区～西环北路～北环西路～昌平北站～昌平北站路口东～北环东路～昌平妇幼保健院～东环北路～燕平家园～中国政法大学～亢山广场～昌平东关～东关环岛北～前锋学校～朝凤庵

昌3路 地铁南邵站～花雨汀南门

地铁南邵站～张各庄北～兴昌佳苑～景文屯北～菓岭小镇南门～昌平东关～亢山广场～中国政法大学～昌平中心公园东门～昌平中医院～昌平南环路～永安路口～昌平永安小区～昌平永安路～昌平永安里南口～北控大厦～花雨汀南门

昌11路 南邵地铁站～新建村

地铁南邵站～张营小区～内环东路～何营～北邵洼～果岭小镇南门～东关～亢山广场～中国政法大学～南大街～西关～北郝庄～邓庄～旧县～陈庄～红泥沟～红泥沟西～南口市场～南口东街～南口东站～南口～西大桥～南口公园～南口马坊～二零八所～桃洼东～后桃洼～前桃洼～长水峪～檀峪～花塔～兴隆口村～新元村～黑寨～古将村北～古将村南～白羊沟路口～新建村

昌12路 羊台子～南口火车站（村村通线路）

前庄子～胡庄子～石棚～马庄子～羊台子～石岩寺～山羊洼～药材峪～龙潭～冯庄湾～燕磨峪～南口村西站～南口大堡～南口市场～南口火车站

昌13路 菓岭小镇～乃干屯

菓岭小镇北门～前锋学校～东关～亢山广场～中国政法大学东门～中国政法大学北门～昌平一中～鼓楼东街～昌平鼓楼西街～鼓楼西街中路～天泽苑小区～西环中路～昌平中心公园～商业街东口～永安路北口～永安小区～永安路南口～白浮泉路西口～水屯市场～水屯家园～百泉庄东～百泉庄西～黄瓜园村东站～黄瓜园～上念头～畜仓屯路口～西北地～辛店～北小营～亭子庄东～乃干屯

昌16路 西峪村～昌平北站（村村通线路）

西峪村～真顺村北～真顺～崔村镇政府～八家～官高～三合庄～营坊～前锋学校～东关～亢山广场～中国政法大学～南大街～鼓楼南街北口～区医院～昌平北站

昌17路 北照台～小水峪（村村通线路）

小水峪～高崖口～发电站～朗儿峪～北照台

昌18路 漆园村～韩台（村村通线路）

漆园村～瓦窑村～高崖口～发电站～菩萨鹿～韩台

昌19路 地铁龙泽～王庄工业园

地铁龙泽站～龙华园南区～龙华园～三合庄园～风雅园一区～城北回龙观市场～朱辛庄新区东站～地铁朱辛庄站～豆各庄～东城看守所～演艺学院～定泗桥东站～定福皇庄～碧水庄园～沙河南大桥～沙河～沙河北大桥～路庄桥～路庄村～地铁沙河站～昌平职业学校～绿城小区～松兰堡～王庄工业园

昌 20 路 南口村——沙河

南口村～南口市场～南口东街～南口东站～南口～南口西大桥～南口公园～李庄～南农家园～南口农场中学～卓达大学～土楼～葛村东～亭子庄北～亭子庄东～北小营村～吉利大学～金牛路南口～吉利大学南门～四家庄大桥～四家庄东～四家庄～西马坊～坦克博物馆～清华阳光～防化学院～阳八路西口～阳坊村～阳坊电信局～阳坊镇政府～西贯市～东贯市～前章村～后章村～罗家坟村～东小营村～上庄～永泰庄～二六一医院～皂甲屯村～北玉河村～福田集团～沙河西站～沙河

昌 21 路 香堂村～城铁龙泽站

香堂村～香堂村路口～东崔村～崔村中心小学～真顺村～真顺果园～散热器研发基地～八家村路口～银桥电机厂～官高～何营～北邵洼～果岭小镇南门～昌平东关～亢山广场～中国政法大学～昌平南大街～昌平中心公园～商业街东口～永安路北口～永安小区～永安路～永安路南口～白浮泉路～拓然家园～汇佳学校～白浮～西沙屯～小寨～满井～路庄桥～沙河北大桥～沙河～沙河南大桥～碧水庄园～定福黄庄～定福皇庄南～史各庄～朱辛庄～二拨子～北郊农场桥东～龙华园南区～地铁龙泽站

昌 22 路 朝凤庵～平坊村

朝凤庵～前锋学校～昌平东关～亢山广场～政法大学～燕平家园～东环北路～昌平妇幼保健院～北环东路～昌平北站路口东～昌平北站～北环西路～西环北路～天泽苑小区～西环中路～西环南路～水屯村～水屯市场～白浮～西沙屯～小寨～满井～路庄桥～沙河北大桥～沙河～沙河南大桥～碧水庄园～定福黄庄～定泗桥东站～北京演艺学院～东城看守所～豆各庄新村～七里渠西桥～七里渠～白各庄村～宏福苑西站～宏福苑～西沙各庄～冠雅园～立汤路口～平坊村

昌 25 路 城铁龙泽站～城铁回龙观

地铁龙泽站～龙华园南区～三合庄园～华北电力大学南门～城北回龙观市场～风雅园北～风雅园一区～回龙观小区～回龙观小区东站～龙禧苑三区北门～流星花园二区东门～流星花园一区北门～龙回苑～龙锦苑四区～龙锦苑六区～龙跃苑二区～龙跃苑一区西门～龙跃苑四区北门～龙腾苑四区北门～龙腾苑五区～龙腾苑四区西门～地铁回龙观站

昌 27 路 高丽营～东小口医院

高丽营～高下路口～赖马庄～小汤山工业区～大东流中学～大东流～小东流～土沟新村～未来科技城～小河湾～东二旗村～东二旗村西站～北京洋房小区～海鶄落小区～燕丹路口～燕城苑小区～北七家村南～天通北苑三区北门～狮子营家园～天通北苑二区北门～天通北苑一区北门～丽水园～天通苑西门～东小口～地铁立水桥站～立水桥北站～东小口医院

昌 28 路 二德庄～昌平北站（村村通线路）

二德庄～阿苏卫～航空博物馆～百善～孟祖村东～狮子营村南～狮子营～泥洼村～钟家营～孟祖村北～中国疾控中心～张各庄～地铁南邵站～北邵洼～果岭小镇南门～昌平东关～亢山广场～中国政法大学～南大街～鼓楼南街北口～区医院～昌平北站

昌 29 路 赖马庄～小汤山（村村通线路）

赖马庄～东官庄～西官庄～麦庄～西营～沙坨～东庄路口～后牛坊～小汤山

昌 31 路 昌平北站～九渡河

昌平北站～区医院～鼓楼南街北口～昌平南大街～中国政法大学～亢山广场～昌平东关～果岭小镇南门～北邵洼～地铁南邵站～四合庄～辛庄～纪窑村～金家坟～棉山～西辛峰～大辛峰～西崔村～东崔村～香堂～麻峪～秦城～象房～兴寿～牛蹄岭～下庄～银山路口～花果山～海子村～慈悲峪～南庄～九渡河

昌 32 路　昌平北站～九渡河

昌平北站～区医院～鼓楼西街～天泽园小区～昌平西关～昌平西关环岛北～石牌坊村～大宫门～胡庄～七孔桥～定陵路口～长陵～老君堂～东水峪～沙岭～望宝川～黑山寨～辛庄～北庄～九渡河

昌 37 路　昌平北站～木厂

昌平北站～昌平区医院～鼓楼南街北口～昌平南大街～中国政法大学～亢山广场～昌平东关～菓岭小镇南门～昌平北邵洼～何营～官高村～银桥电机厂～八家村路口～崔村中心小学～东崔村～香堂～麻峪村～秦城～象房～兴寿～牛蹄岭～下庄～上庄～百合～木厂

昌 33 路　昌平北站～禾子涧

昌平北站～昌平妇幼保健院～燕平家园～昌平南大街～昌平西关～邓庄～旧县～陈庄～红泥沟～龙虎台～南口～马坊～李庄～流村～西峰山～漆园～瓦窑～瓦窑西～高崖口～新开～了思台～马刨泉～长峪城～老峪沟～禾子涧

昌 35 路　昌平北站～果庄

昌平北站～昌平妇幼保健院～东环中路～鼓楼东街～鼓楼西街～建明里小区～三中路口～西关环岛北～石牌坊村～涧头村～康陵园～泰陵园～万娘坟～燕子口～德胜口～果庄

昌 36 路　昌平北站～虎峪

昌平北站～昌平区医院～鼓楼东街～燕平家园～昌平南大街～西关～邓庄～旧县～陈庄～辛立庄～北京警察学院～太平庄～虎峪

昌 51 路　昌平北站～酸枣岭村

昌平北站～区医院～鼓楼南街北口～南大街～中国政法大学～亢山广场～昌平东关～果岭小镇南门～北邵洼～地铁南邵站～张各庄～中国疾控中心～孟祖村北口～狮子营村南～孟祖村东～善缘小区～百善～航空博物馆～阿苏卫～大汤山～双兴苑小区～小汤山电信局～小汤山～小汤山镇政府～大柳树环岛西～九华山庄～常兴庄～赴任辛庄～小赴任庄～小东流～后蔺沟村～前蔺沟村～土沟新村～土沟新村北～华都肉鸡～酸枣岭村口～酸枣岭村

昌 51 区间　昌平北站～小汤山农业园

昌平北站～区医院～鼓楼南街北口～南大街～中国政法大学～亢山广场～昌平东关～果岭小镇南门～北邵洼～地铁南邵站～张各庄～中国疾控中心～孟祖村北口～狮子营村南～孟祖村东～善缘小区～百善～航空博物馆～阿苏卫～大汤山～双兴苑小区～小汤山电信局～小汤山～小汤山镇政府～大柳树环岛西～大柳树环岛南～马坊～小汤山农业园

昌 52 路　昌平北站～大柳树环岛南

昌平北站～区医院～鼓楼南街北口～南大街～昌平中心公园东门～中医院～润杰经典小区～创新路～创新中路～汇佳学校～化庄南～景文屯～姜屯～中央财经大学～地铁高教园站～地铁沙河站～昌平职业学校～松兰堡～王庄工业园～沙河机场～上东廓～下东廓～半壁街～牛房圈～吕各庄～尚信村西～尚信村～讲礼村～讲礼新村～官牛坊～官牛坊桥北～小汤山社区医院～小汤山～小汤山镇政府～大柳树村～大柳树环岛南

昌 53 路　二六一医院～北大分校

二六一医院～皂甲屯～北玉河村～福田集团～沙河西站～沙河～沙河北大桥～路庄桥～满井～小寨～西沙屯～白浮～水屯市场～白浮泉路西口～拓然家园～白浮泉中路～富康路南口～富康路～昌平五中～东关南里小区西门～清秀园南区～燕平路北口～燕平家园小区～东环北路～妇幼保健院～北环东路～昌平北站路口东～区医院～鼓楼西街～鼓楼西街中路～建明里小区～三中路口～西关环岛北～石牌坊村～涧头村～大宫门～康陵园～泰陵园～小宫门村～西山口村～北大分校

昌 55 路　白浮村～碓臼峪

白浮村～水屯市场～白浮泉路西口～白浮泉路～拓然家园～白浮泉中路～富泉花园南门～昌盛路～世涛天朗小区南门～昌盛园二区东门～昌平地税局～东关南里小区南门～水关新村～水关路口东～昌平南环路～商业街东口～昌平中心公园～鼓楼南街北口～鼓楼东街～东环北路～妇幼保健院～北环市场～仙人洞村～南新村～长陵园～胡庄～七孔桥～北新村～德陵村～永陵村～长陵小学～景陵村～长陵～献陵村～庆陵村～裕陵村～茂陵村～泰陵村～碓石口～麻峪房村～碓臼裕～（下口村～上口村～大岭沟～分水岭）

昌 56 路　十三陵水库～水屯市场

水屯市场～水屯家园～百泉庄东～百泉庄西～黄瓜园村东站～黄瓜园村～上念头村～畲畲屯路口～畲畲屯南～畲畲屯～畲畲屯北～昌平二中分校～郝庄家园～郝庄家园东～西环南路～西环中路～天泽苑小区～西环北路～北环西路～昌平北站～区医院～鼓楼南街北口～南大街～政法大学～亢山广场～昌平东关～东关北口～前锋学校～朝凤庵村～十三陵水库

昌 57 路　昌平北站～前白虎涧

昌平北站～区医院～鼓楼南街北口～昌平中心公园～商业街东口～永安路北口～永安小区～永安路～永安路南口～白浮泉路西口～水屯市场～京北车辆管理所～马池口村～马池口村北～宏道村～下念头村～红冶钢厂东～红冶钢厂～北京水泥厂～吉利大学～金牛路南口～吉利大学南门～四家庄大桥～亭子庄南东口～亭子庄南西口～西马坊村～坦克博物馆～清华阳光～防化学院～阳八路西口～阳坊村～阳坊电信局～阳坊镇政府～后白虎涧村北～后白虎涧村～北京人文大学～前白虎涧村

昌 57 支　昌平北站～前白虎涧

昌平北站～区医院～鼓楼南街北口～昌平中心公园～商业街东口～永安路北口～永安小区～永安路～永安路南口～白浮泉路西口～水屯市场～京北车辆管理所～马池口村～马池口村西～横桥北～横桥～横桥西～土城～吉利南门～四家庄大桥～四家庄东～史家桥～宏辛庄～八口村～阳坊小学～阳八路西口～阳坊村～阳坊电信局～阳坊镇政府～后白虎涧村北～后白虎涧村～北京人文大学～前白虎涧村

昌 58 路　乃干屯～城铁龙泽站

乃干屯 ～亭子庄东～北小营村～吉利大学～金牛路南口～土城村～横桥村西～横桥村～横桥村东～楼子庄～楼子庄南～北庄户村～东闸村～西坨村西～西坨村～东坨村～踩河村西～踩河村东～满井～满井村～路庄桥～沙河北大桥～沙河～沙河南大桥～碧水庄园～定福黄庄～定福皇庄南～史各庄～朱辛庄～二拨子～北郊农场桥东～地铁龙泽站

昌 59 路　昌平西关～官牛坊

昌平西关～南大街～中国政法大学～亢山广场～昌平东关～果岭小镇南门～北邵洼～地铁南邵站～四合庄～纪窑村～金家坟村～棉山村～西辛峰村～大辛峰村～西崔村～东崔村～香堂村～麻峪村～秦城大桥～秦城～象房～兴寿北～兴寿村～兴寿镇政府东～香屯～肖村～大柳树环岛北～大柳树村～小汤山镇政府～小汤山医院～汤尚路北口～官牛坊

昌 60 路　高丽营～兴寿

高丽营～赖马庄～大东流～西官庄～东官庄～麦庄～东新城～上苑～秦屯～暴峪泉～桃峪口～桃林村～兴寿

昌 66 路　昌平北站～辛力屯

昌平北站～区医院～鼓楼南街北口～南大街～昌平中心公园东门～昌平区中医院～润杰经典小区～创新路～汇佳学校～化庄南～姜屯～中央财经大学～北街家园小区东门～北一街八号～航空航天大学～高教园区中路南站～国兴电子～地铁沙河站～昌平职业学校～于辛庄西口～于辛庄东口～绿城枫景小区西口～辛力屯

昌 67 路　昭陵～地铁南邵站

昭陵～定陵～长陵路口～七孔桥～胡庄～大宫门～石牌坊村～涉外学院～明皇蜡像宫～昌平西关～西环南路～南环中路～南环路～水关路口东～水关新村～东关南里小区南门～北京化工大学～石油大学～亢山广场～昌平东关～果岭小镇南门～北邵洼～何营～内环东路～张营新村～地铁南邵站

昌 68 路　居庸关～沙河

居庸关～南站村～东园村～臭泥坑～南口村西站～南口大堡～南口市场～南口东街～南口东站～南口医院～西普公司～京都府驾校～辛店村～乃干屯～北小营～北京水泥厂～红冶钢厂～红冶钢厂东～上念头村～宏道村～马池口村北～京北车辆管理所～马池口村～西沙屯～小寨～满井～沙河北大桥～沙河

昌 69 路　南口村～下店村

南口村～南口市场～南口东街～南口东站～南口～南口西站～马坊～李庄～白房子～曹家庄～北流村～北流村南～南流村～上店村～下店村

昌 70 路　三一重工～官高东

三一重工～看守所～花塔～檀峪～长水峪～桃洼～桃洼东～二零八所～西马坊～南口西站～南口～南口东站～南口东街～南口市场～龙虎台～陈庄～旧县西～旧县～邓庄～北郝庄～西关～西环中路～天泽苑小区～鼓楼西街～鼓楼东街～昌平一中～政法大学北门～中国政法大学东门～亢山广场～东关～东关北口～前锋学校～营坊西～营坊～营坊北～三合庄～官高～官高东

郊 94 路　昌平西关～怀柔

昌平西关～昌平南大街～中国政法大学～亢山广场～昌平东关～果岭小镇南门～北邵洼～何营～官高～银桥电机厂～八家村路口～崔村政府～崔村小学～香堂～麻峪～秦城大桥～秦城～象房～兴寿～桃林～桃峪口～上苑～暴峪泉～半壁店～赵各庄～下西市～范各庄～良善庄～南石槽～北石槽～寺上～史山～桥梓～怀柔

昌平区主要旅游景区（点）、饭店、民俗旅游度假村名录

昌平区旅游景区（点）名单（33个）

景区名称	质量等级	负责人	电 话
长陵博物馆	5A	周晓燕	60761888
定陵博物馆	5A	朱兆霞	60761424
昭陵博物馆	5A	张立新	60761435
神路公园	5A	闫殿维	89749383
居庸关长城	4A	王志平	69771665
银山塔林	4A	杨增福	89726426
温都水城	4A	刘 辉	81788928
中国航空博物馆	4A	陈 飞	61784882
龙脉温泉度假村	4A	王连勇	61782458
小汤山现代农业示范园	4A	钱忠明	13911923031
中国北方国际射击场	3A	刘 鹏	13581885201
蟒山国家森林公园	3A	洪 书	60711188-8900
明皇蜡像宫	3A	李晓倩	69748709
棋盘山风景区	3A	刘洪明	89779693
鳌山国际休闲空间	3A	张玉林	89775706
北京草莓博览园	3A	孙亚军	13522460096
云中阁风景区	3A	简政荣	13701097008
香堂文化新村	3A	李宗祥	13716021366
天池风景区	2A	刘国辉	13522390334
敕赐和平寺	2A	德 禅	69778491
大岭沟猕猴桃谷风景区	2A	刘文学	13716281692
双龙山森林公园	2A	纪炜龙	13910798762
虎峪自然风景区	2A	柴贵海	69772889
北京后花园自然风景区（白虎涧）	2A	董天佑	69768979
北京奥林狩猎射击场	2A	李可心	69741166
洼子里乡情农艺园	2A	杨德禄	61713095
十三陵国际高尔夫俱乐部		马长青	60762288
华彬国际高尔夫俱乐部		安 峰	89796868
军都山滑雪场		何 平	60725056

雪世界滑雪场	宋春英	89761886
大杨山国家森林公园	肖　娆	13901322858
坦克博物馆	张耀山	66759901
延寿寺	王继刚	13716525521

昌平区旅游星级饭店名单（36个）

截至年底，全区共有36家星级饭店，其中五星级2家、四星级10家、三星级14家、二星级10家。

企业名称	星级	负责人	电　话
北京龙城丽宫国际酒店（金叶）	5星	张震东	80799988
九华山庄国际会展中心大酒店	5星	夏　明	61782288
凤山温泉度假村（金叶）	4星	刘炜宇	60711188
温都水城国际酒店（银叶）	4星	刘　辉	81788888
静之湖度假酒店（银叶）	4星	陈少宇	61709988
昆泰大酒店（银叶）	4星	陈新忠	59910088
汤山假日会议中心（银叶）	4星	孙　兵	61785522
居庸关长城古客栈	4星	马洪庆	89795566
富来宫温泉酒店	4星	易　超	61785588
拉斐特城堡酒店	4星	王艳萍	89758866
阳坊大都饭店（银叶）	4星	杨少英	69768880
石油阳光会议中心	4星	任丽颖	89721468
军都旅游度假村（金叶）	3星	刘春发	60713338
华清温泉宾馆（银叶）	3星	姜　薇	84826665
中石化昌平会议中心	3星	周玉星	60713333
红栌温泉山庄	3星	王　真	61786555
昌平财会之家	3星	徐建军	69716688
地铁度假村	3星	靳海波	60712288
瑶台温泉酒店	3星	武春亮	60721188
北京龙山度假村（住宿达标单位）	3星	高雅楠	89701118
昆钰酒店（住宿达标单位）	3星	许尔明	51529388
北方长城宾馆	3星	王金程	80190398
龙脉大酒店	3星	刘琼莹	61782666
虎峪园林山庄	3星	刘涤非	69771100
且亭山水酒店	3星	张　梅	60713865
益泉花园酒店	3星	姜文瑞	61785555
顺富英达生态园（住宿达标单位）	2星	刘登达	61793333
鲜果乐园度假山庄（住宿达标单位）	2星	刘书牧	89761877

太申祥和山庄	2星	杨海金	80713807
明皇度假山庄	2星	叶洪利	60761030
阳坊胜利文化园	2星	李胜利	69768782
芳草渔村	2星	周春凤	60771010
和泰利恒商务酒店	2星	汪雪峰	60712099
天一方宾馆（住宿达标单位）	2星	周帅军	80101717
北京国寿酒店	2星	范 良	69746346
金橙之家商务酒店	2星	董 静	69728088

昌平区民俗村名录（63个）

（带★的为市级民俗村，共26个）

村名	所属镇（街）	书记	电 话
★麻峪房村	十三陵镇	宋建国	89723886
★碓臼峪村	十三陵镇	王克清	89721939
★东水峪村	十三陵镇	齐振堂	60762534
★德陵村	十三陵镇	田卫云	60761704
★下口村	十三陵镇	朱宗印	89721131
★黄泉寺村	十三陵镇	谢 同	60761193
景陵村	十三陵镇	周进良	60761135
泰陵村	十三陵镇	田爱国	89722686
北庄村	十三陵镇	李广成	89728058
辛庄村	十三陵镇	景满园	89727084
庆陵村	十三陵镇	李全生	60761131
望宝川村	十三陵镇	关 江	89728258
黑山寨村	十三陵镇	张海洋	89727048
昭陵村	十三陵镇	赵春来	60761261
★康陵村	十三陵镇	赵立新	89722119
老君堂村	十三陵镇	关卫利	60761468
燕子口村	十三陵镇	谢志军	60761317
永陵村	十三陵镇	孟庆山	60761129
上口村	十三陵镇	王金华	89721958
锥石口村	十三陵镇	宋连金	89721009
★大岭沟村	十三陵镇	刘文学	89721408
献陵村	十三陵镇	杜振川	60761261
长陵园村	十三陵镇	程希明	89763699
悼陵监村	十三陵镇	张万启	89761564

北新村	十三陵镇	陈德春	60762638
德胜口村	十三陵镇	赵立志	60762490
果庄村	十三陵镇	张建中	89762880
★香堂村	崔村镇	张文山	60722071
★真顺村	崔村镇	李国新	60721399
西峪村	崔村镇	徐兴泉	60721131
★酸枣岭村	小汤山镇	刘淑兰	61713032
讲礼村	小汤山镇	刘广军	61797518
★羊台子村	南口镇	王凤平	89791394
★天龙潭村	南口镇	孟凡华	69779037
东李庄村	南口镇	秦福生	89794680
虎峪村	南口镇	侯树珍	69778748
★花塔村	南口镇	马建林	69778497
★居庸关村	南口镇	侯宝成	
兴隆口村	南口镇	马连友	89790339
★西湖村	延寿镇	魏燕朋	89726049
★湖门村	延寿镇	刘　勤	89725538
★百合村	延寿镇	焦宝金	89726442
★花果山村	延寿镇	王仲怀	89726445
下庄村	兴寿镇	郭　财	89726039
木厂村	兴寿镇	齐玉成	61796444
海字村	兴寿镇	刘广军	89726340
下苑画家村	兴寿镇	冯志广	61707041
韩台村	流村镇	李玉福	89779218
北流村	流村镇	孙宝芹	89771513
发电站村	流村镇	张志权	89779561
★长峪城村	流村镇	陈全刚	80192955
★白羊城村	流村镇	路全亮	89773107
★菩萨鹿村	流村镇	陈建文	89778798
★瓦窑村	流村镇	刘宝河	89779551
禾子涧村	流村镇	卢全利	80102790
老峪沟村	流村镇	陈文海	80192108
★漆园村	流村镇	刘建民	89778321
古将村	流村镇	黄长安	89771144
狼儿峪村	流村镇	邱振民	89778536
★北照台村	流村镇	贺德浩	89778630
黄土洼村	流村镇	张振忠	80192286
★郑各庄村	北七家镇	杨世禄	81784666
后白虎涧村	阳坊镇	李俊才	69768275

昌平区教育机构名录

昌平区幼儿园名录（119 所）

单位名称	地　址	驻地城乡类型
北京市昌平区教工幼儿园	北京市昌平区城北街道西环里小区	主城区
北京市昌平区机关幼儿园	北京市昌平区鼓楼南大街永安巷 5 号	主城区
北京市昌平区工业幼儿园	北京市昌平区城北街道西环路 11 号	主城区
北京市昌平区财贸幼儿园	北京市昌平区八街大将军胡同 2 号	主城区
北京市昌平区滨河幼儿园	北京市昌平区东沙河中区金隅嘉业小区	主城区
北京市昌平实验幼儿园	北京市昌平区小汤山镇土沟新村	特殊区域
北京市昌平区回龙观镇中心幼儿园	北京市昌平区回龙观镇南店新村西	主城区
北京市昌平区兴寿镇中心幼儿园	北京市昌平区兴寿学校院内	镇中心区
北京市昌平区沙河镇中心幼儿园	北京市昌平区沙河镇西二村南河槽大街 76 号	村庄
北京市昌平区马池口镇中心幼儿园	北京市昌平区马池口镇下念头火车站西	主城区
北京市昌平区长陵镇中心幼儿园	北京市昌平区长陵镇政府街路东	村庄
北京市昌平区崔村镇中心幼儿园	北京市昌平区崔村镇政府东侧 200 米	镇中心区
北京市昌平区小汤山镇中心幼儿园	北京市昌平区小汤山镇大东流村 222 号	特殊区域
北京市昌平区南口镇中心幼儿园	北京市昌平区南口镇道北中区 267 号	主城区
北京市昌平区十三陵镇中心幼儿园	北京市昌平区十三陵镇大宫门村村东	村庄
北京市昌平区延寿镇中心幼儿园	北京市昌平区延寿镇黑山寨村	村庄
北京市昌平区沙河第二幼儿园	北京市昌平区沙河镇西沙屯村	城乡结合区
北京市昌平区阳坊镇中心幼儿园	北京市昌平区阳坊镇阳坊村东街西侧	村庄
北京市昌平区北七家镇中心幼儿园	北京市昌平区北七家镇平西府村	村庄
北京市昌平区流村镇中心幼儿园	北京市昌平区流村镇北流村镇政府南侧	村庄
北京市昌平区百善镇中心幼儿园	北京市昌平区百善镇百善村内百善小学	镇中心区
北京市平板玻璃工业公司幼儿园	北京市昌平区南口镇新西广街玻璃公司家属院内	主城区
国营北京市北郊农场幼儿园	北京市昌平区回龙观镇北郊农场家属院内	主城区
首钢生活服务管理中心沙河服务站幼儿园	北京市昌平区沙河镇扶京门路甲 7 号院	城乡结合区
北京市昌平区十三陵特区办事处幼儿园	北京市昌平区城北街道办事处东关二条 8 号楼特区宿舍	主城区
北京农学院后勤服务集团幼教中心	北京市昌平区回龙观镇北农 7 号北京农学院	主城区
中国政法大学幼儿园	北京市昌平区城北街道市府学路 27 号	主城区
中国人民解放军 61016 部队幼儿园	北京市昌平区南口镇 61016 部队院内	主城区
中国人民解放军 95820 部队幼儿园	北京市昌平区 95820 部队院内	主城区
中国人民解放军 96528 部队幼儿园	北京市昌平区南口镇 96528 部队院内	特殊区域
中国人民解放军 63960 部队幼儿园	北京市昌平区阳坊镇 63960 部队内	镇中心区

中国人民解放军防化指挥工程学院幼儿园	北京市昌平区阳坊镇中心北街一号	镇中心区
中国人民解放军国防大学第三幼儿园	北京市昌平区府学路甲十五号	主城区
中国人民解放军装备指挥技术学院士官系幼儿园	北京市昌平区府学路 7 号幼儿园	主城区
中国人民解放军 66325 部队幼儿园	北京市昌平区南口镇南大街 4 号	主城区
北京市昌平区城北街道三街幼儿园	北京市昌平城北三街财神庙 1 号	主城区
北京市昌平区城北街道西关管区幼儿园	北京市昌平区城北街道西关槐树巷	主城区
北京市昌平区城南街道北郝庄幼儿园	北京市昌平区城南街道北郝庄村	城乡结合区
北京市昌平区城南街道邓庄村幼儿园	北京市昌平区城南街道邓庄村	城乡结合区
北京市昌平区城南镇旧县村幼儿园	北京市昌平区城南街道旧县村	城乡结合区
北京市昌平区南郝庄大队双语幼儿园	北京市昌平区南郝庄村西	村庄
北京市昌平区南邵镇姜屯村幼儿园	北京市昌平区南邵镇姜屯村	村庄
北京市昌平区南邵镇官高村幼儿园	北京市昌平区南邵镇官高村	村庄
北京市昌平区南邵中心幼儿园	北京市昌平区南邵镇南邵村地铁旁	镇中心区
北京市昌平区南邵镇张各庄村幼儿园	北京市昌平区南邵镇张各庄村	村庄
巩华北科幼儿园	北京市昌平区沙河沙阳路 18 号	村庄
北京市昌平区沙河镇白各庄村幼儿园	北京市昌平区沙河镇白各庄村	城乡结合区
北京市昌平区沙河镇踩河新村幼儿园	北京市昌平区沙河镇踩河新村	城乡结合区
北京市昌平区龙虎台村百花幼儿园	北京市昌平区南口镇龙虎台村	村庄
北京市昌平区流村镇北流村幼儿园	北京市昌平区流村镇北流村	村庄
北京市昌平区流村镇高崖口中心幼儿园	北京市昌平区流村镇高崖口村	村庄
北京市昌平区流村镇古将村幼儿园	北京市昌平区流村镇古将村	村庄
北京市昌平区流村镇老峪沟中心幼儿园	北京市昌平区流村镇老峪沟村	村庄
北京市昌平区流村镇南流村幼儿园	北京市昌平区流村镇南流村	村庄
北京市昌平区流村镇瓦窑村幼儿园	北京市昌平区流村镇瓦窑村	村庄
北京市昌平区流村镇王峪村幼儿园	北京市昌平区流村镇王峪村	村庄
北京市昌平区流村镇西峰山村幼儿园	北京市昌平区流村镇西峰山村	村庄
北京市昌平区流村镇新建村幼儿园	北京市昌平区流村镇新建村	村庄
北京市昌平区马池口镇北小营中心幼儿园	北京市昌平区马池口镇北小营村	主城区
北京市昌平区马池口镇楼自庄村幼儿园	北京市昌平区马池口镇楼自庄村	村庄
北京市昌平区马池口镇西坨村幼儿园	北京市昌平区马池口镇西坨村	村庄
北京市昌平区阳坊镇西贯市村幼儿园	北京市昌平区阳坊镇西贯市村梨园街	村庄
北京市昌平区百善镇吕各庄幼儿园	北京市昌平区百善镇吕各庄村中	村庄
北京市昌平区百善镇孟祖幼儿园	北京市昌平区百善镇孟祖村南	村庄
北京市昌平区小汤山镇大汤山村幼儿园	北京市昌平区小汤山镇大汤山村	镇乡结合区
北京市昌平区小汤山镇尚信村幼儿园	北京市昌平区小汤山镇尚信村	村庄
北京市昌平区小汤山镇双兴苑幼儿园	北京市昌平区小汤山镇小汤山村	镇乡结合区
北京市昌平区北七家镇宏福苑幼儿园	北京市昌平区北七家镇宏福苑	村庄
北京市昌平区东小口镇中心幼儿园	北京市昌平区东小口镇中滩村	主城区
北京市昌房幼儿园	北京市昌平区城北街道东关南里小区 19 号楼	主城区
北京市昌平区赛亚宝贝艺术幼儿园	北京市昌平区东关路手表厂院内	主城区

北京市昌平区童星幼儿园	北京市昌平区东环路妇女儿童活动中心	主城区
北京市昌平区幼师鼓楼实验幼儿园	北京市昌平区鼓楼东街33号院内	主城区
北京市昌平区为明幼儿园	北京市昌平区南环路金隅万科城创新路32号	主城区
北京市昌平区北大学园幼儿园	北京市昌平区白浮泉路26号院11号楼	主城区
北京市昌平区碧水庄园嘉洛德幼儿园	北京市昌平区碧水庄园1—10	主城区
北京市幼儿师范学校昌平实验幼儿园	北京市昌平区沙河镇七里渠南村531号	城乡结合区
北京市昌平启盼幼儿园	北京市昌平区马池口镇上念头村	村庄
北京市昌平区优美双语幼儿园	北京市昌平区德外二拨子路东北京时代文具公司院内	主城区
北京昌平绿贝儿中英文幼稚园	北京市昌平区回龙观龙博苑二区21号	主城区
北京博苑实验幼儿园	北京市昌平区回龙观龙华园东区甲11号	主城区
北京市昌平区培杰幼儿园	北京市昌平区回龙观龙锦二街88号	主城区
北京昌平天一宝贝幼儿园	北京市昌平区回龙观龙锦苑东二区天一宝贝幼儿园	主城区
北京市昌平区幸福童年幼儿园	北京市昌平区回龙观龙腾六区16号楼	主城区
北京市昌平区幸福童年双语幼儿园	北京市昌平区回龙观龙腾苑四区区20号	主城区
北京市昌平区童学园幼儿园	北京市昌平区回龙观龙跃苑三区东门19号	主城区
北京市昌平区育龙幼儿园	北京市昌平区回龙观龙跃苑一区17号	主城区
北京市昌平区新世纪幼儿园	北京市昌平区回龙观龙泽苑西区幼儿园	主城区
北京市昌平区文德幼儿园	北京市昌平区回龙观瑞旗家园7号楼	主城区
北京昌平汇佳幼儿园	北京市昌平区回龙观文化居住区风雅园三区14号楼	主城区
北京昌平米奇高幼儿园	北京市昌平区回龙观镇北清路2号园墅37号楼	城乡结合区
北京市昌平区小脚丫幼儿园	北京市昌平区回龙观镇金达园小区13号楼	主城区
北京市昌平区爱蕾幼儿园	北京市昌平区回龙观镇龙锦苑四区14号	主城区
北京市昌平区回龙观红黄蓝幼儿园	北京市昌平区回龙观镇龙跃苑东四区	主城区
北京市昌平区芭学园幼儿园	北京市昌平区霍营街道华龙苑中里36号	主城区
北京市昌平区快乐宝贝幼儿园	北京市昌平区霍营街道龙锦苑东一区	主城区
北京市昌平区二十一世纪实验幼儿园	北京市昌平区东小口镇顶秀清溪25号楼	主城区
北京市昌平区中馥慧幼儿园	北京市昌平区东小口镇和谐家园东2区	主城区
北京市昌平区妙想天开幼儿园	北京市昌平区东小口镇天通苑东一区65号	主城区
北京市昌平区红苹果艺术幼儿园	北京市昌平区东小口镇天通苑中苑15号楼	主城区
北京市昌平区金奥经典艺术幼儿园	北京市昌平区东小口镇小辛庄村西	城乡结合区
北京市昌平区育星幼儿园	北京市昌平区东小口镇中滩村114号	主城区
北京市昌平区东方剑桥天通苑中苑幼儿园	北京市昌平区东小口镇中滩村114号	主城区
北京昌平奕青音乐幼儿园	北京市昌平区天通北苑二区甲38号楼	主城区
北京市昌平区幸福摇篮天通苑幼儿园	北京市昌平区天通苑北一区甲2号楼102	主城区
北京市昌平区小酷星幼儿园	北京市昌平区天通苑东三区30号楼	主城区
北京市昌平区天通苑新起点幼儿园	北京市昌平区天通苑西二区8号楼	主城区
北京市昌平区育童康贝幼儿园	北京市昌平区小汤山镇富来宫温泉公寓综合楼	镇中心区
北京市昌平区小哈敦幼儿园	北京市昌平区燕丹村255号	镇乡结合区
北京市昌平区鼎德双育幼儿园	北京市北七家镇下沙各庄村东	镇乡结合区
北京昌平温莎双语幼儿园	北京市昌平区北七家镇东沙各庄温哥华森林	镇乡结合区

北京市昌平区苹果树幼儿园	北京市昌平区北七家镇海德堡花园社区中心	镇中心区
北京市昌平区华成幼儿园	北京市昌平区北七家镇蓬莱公寓小区	镇中心区
北京市昌平区乌兰幼稚园	北京市昌平区北七家镇平坊村7号	镇乡结合区
北京王府幼儿园	北京市昌平区北七家镇王府街11号	镇乡结合区
北京市昌平区跃儿幼儿园	北京市昌平区北七家镇王府街18号	镇中心区
北京市昌平区宏景艺术幼儿园	北京市昌平区北七家镇温泉花园甲A12号	镇中心区
北京市昌平区幸福摇篮幼儿园	北京市昌平区北七家镇燕丹村492号	镇乡结合区
北京市昌平区王子岛英语幼儿园	北京市昌平区北七家镇羊各庄新村俱乐部西侧	镇中心区

昌平区小学名录（91所）

单位名称	地　址	驻地城乡
北京市昌平区城关小学	北京市昌平区西环里32号	主城区
北京市昌平区昌盛园小学	北京市昌平区城南街道昌盛园昌盛园小学	主城区
北京市昌平区二毛学校	北京市昌平区城北街道五街宽街胡同	主城区
北京市昌平区城北中心小学	北京市昌平区城北街道六街瑞光胡同10号	主城区
北京市昌平区城北中心三街小学	北京市昌平区城北街道三街财神庙胡同5号	主城区
北京市昌平区城北中心东关小学	北京市昌平区城北街道东关育才胡同10号	主城区
北京市昌平区城北中心西关小学	北京市昌平区城北街道西关槐树巷	主城区
北京市昌平区南口镇小学	北京市昌平区南口镇兴隆街33号	主城区
北京市昌平区南口铁道北小学	北京市昌平区南口镇铁道北东区平房290号	主城区
北京市昌平区南口中心小学	北京市昌平区南口镇南口村城外5号	村庄
北京市昌平区南口中心辛力庄小学	北京市昌平区南口镇辛力庄村	村庄
北京市昌平区南口中心七间房小学	北京市昌平区南口镇七间房村	村庄
北京市昌平区南口职业学校	北京市昌平区南口镇南农家园小区	特殊区域
北京市昌平区马池口中心小学	北京市昌平区马池口镇马池口村	村庄
北京市昌平区马池口中心横桥小学	北京市昌平区马池口镇横桥村	村庄
北京市昌平区马池口中心楼自庄小学	北京市昌平区马池口镇楼自庄村	村庄
北京市昌平区马池口中心白浮小学	北京市昌平区马池口镇白浮村	城乡结合区
北京市昌平区马池口中心上念头小学	北京市昌平区马池口镇上念头村	村庄
北京市昌平区马池口中心奤夿屯小学	北京市昌平区马池口镇奤夿屯村	村庄
北京市昌平区马池口中心百泉庄小学	北京市昌平区马池口镇百泉庄村	城乡结合区
北京市昌平区巩华中心小学	北京市昌平区沙河镇南一村安济桥路甲1号	村庄
北京市昌平区巩华中心第二小学	北京市昌平区沙河镇东一村泰清宫大街57号	村庄
北京市昌平区沙河中心小学	北京市昌平区沙河镇丰善村	主城区
北京市昌平区沙河中心于辛庄小学	北京市昌平区沙河镇于辛庄中心街	城乡结合区
北京市昌平区七里渠中心小学	北京市昌平区沙河镇七里渠北村1号	城乡结合区
北京市昌平区七里渠中心白各庄小学	北京市昌平区沙河镇白各庄村	城乡结合区

北京市昌平区七里渠中心豆各庄小学	北京市昌平区沙河镇豆各庄新村	城乡结合区
北京市昌平区城南中心小学	北京市昌平区城南街道南郝庄村	城乡结合区
北京市昌平区城南中心旧县小学	北京市昌平区城南街道旧县村	城乡结合区
北京市昌平区城南中心邓庄小学	北京市昌平区城南中心邓庄小学	城乡结合区
北京市昌平区阳坊中心小学	北京市昌平区阳坊镇阳坊村	镇乡结合区
北京市昌平区阳坊中心后白虎涧小学	北京市昌平区阳坊镇后白虎涧村	镇乡结合区
北京市昌平区阳坊中心四家庄小学	北京市昌平区阳坊镇四家庄村	村庄
北京市昌平区西贯市回民小学	北京市昌平区阳坊镇西贯市村	镇中心区
北京市昌平实验小学	北京市昌平区回龙观风雅园三区 13 号	主城区
北京市昌平第二实验小学	北京市昌平区回龙观文化居住区龙腾苑二区 30 号	特殊区域
北京市昌平区回龙观中心小学	北京市昌平区回龙观镇二拨子新村	主城区
北京市昌平区回龙观中心回龙观小学	北京市昌平区回龙观镇南店村西北	主城区
北京市昌平区回龙观第二小学	北京市昌平区回龙观文化居住区文博路 2 号	主城区
北京市昌平区史各庄中心小学	北京市昌平区回龙观镇东半壁店村	城乡结合区
北京市昌平区史各庄中心定福皇庄回民小学	北京市昌平区回龙观镇定福皇庄村	城乡结合区
北京育翔小学回龙观学校	北京市昌平区回龙观镇龙域中路	特殊区域
北京市昌平区霍营中心小学	北京市昌平区回龙观文化居住区龙锦苑三区	主城区
北京市昌平区霍营中心半截塔小学	北京市昌平区东小口镇半截塔村	主城区
北京市昌平区东小口中心小学	北京市昌平区东小口镇中滩村	主城区
清华大学附属小学昌平学校	北京市昌平区东小口镇陈家营西路	主城区
北京市昌平区天通苑小学	北京市昌平区天通苑东一区 40 号	主城区
北京市昌平区北七家中心小学	北京市昌平区北七家镇八仙庄村	村庄
北京市昌平区平西府中心小学	北京市昌平区北七家镇白庙村	镇乡结合区
北京市昌平区平西府中心东沙各庄小学	北京市昌平区北七家镇东沙各庄村	镇乡结合区
北京市昌平区平西府中心郑各庄小学	北京市昌平区北七家镇郑各庄村	村庄
北京市昌平区平西府中心东三旗小学	北京市昌平区北七家镇东三旗村	镇乡结合区
北京师范大学实验小学未来科技城学校	北京市昌平区北七家镇未来科技城南区	特殊区域
北京市昌平区小汤山中心小学	北京市昌平区小汤山镇市场街	特殊区域
北京市昌平区小汤山中心马坊小学	北京市昌平区小汤山镇马坊村	村庄
北京市昌平区大东流中心小学	北京市昌平区小汤山镇大赴任庄 56 号	村庄
北京市昌平区大东流中心东官庄小学	北京市昌平区小汤山镇东官庄 267 号	村庄
北京市昌平第三实验小学	北京市昌平区小汤山镇土沟村 762 号	特殊区域
北京市昌平区南邵中心小学	北京市昌平区南邵镇南邵村	镇中心区
北京市昌平区南邵中心何营小学	北京市昌平区南邵镇何营村	主城区
北京市昌平区南邵中心三合庄小学	北京市昌平区南邵镇三合庄村	主城区
北京市昌平区崔村中心小学	北京市昌平区崔村镇西崔村	镇乡结合区
北京市昌平区崔村中心大辛峰小学	北京市昌平区崔村镇大辛峰村	镇乡结合区
北京市昌平区崔村中心香堂小学	北京市昌平区崔村镇香堂村	村庄
北京市昌平区上苑中心小学	北京市昌平区兴寿镇东新城村 79 号	村庄
北京市昌平区流村中心小学	北京市昌平区流村镇北流村	村庄

北京市昌平区流村中心古将小学	北京市昌平区流村镇古将村	村庄
北京市昌平区流村中心南流村小学	北京市昌平区流村镇南流村	村庄
北京市昌平区流村中心西峰山小学	北京市昌平区流村镇西峰山村	村庄
北京市昌平区流村中心新建村小学	北京市昌平区流村镇新建村	村庄
北京市昌平区高崖口中心小学	北京市昌平区流村镇瓦窑村	村庄
北京市昌平区老峪沟中心小学	北京市昌平区流村镇老峪沟村	镇中心区
北京市昌平区十三陵中心小学	北京市昌平区十三陵涧头村	村庄
北京市昌平区十三陵中心泰陵园小学	北京市昌平区十三陵泰陵园	村庄
北京市昌平区新龙学校	北京市昌平区天通苑东一区 40 号	村庄
北京市昌平区昱颖学校	北京市昌平区东小口镇马连店村	特殊区域
北京市昌平区经纬学校	北京市昌平区沙河镇七里渠南村 369 号	特殊区域
北京市昌平区明欣学校	北京市昌平区东小口镇芦村	特殊区域
北京市昌平区振华学校	北京市昌平区东小口镇东小口村	特殊区域
北京昌平汇蕾学校	北京市昌平区东小口镇东小口村	城乡结合区
北京昌平向上学校	北京市昌平区马池口镇百泉庄村	主城区
北京市昌平区振兴学校	北京市昌平区回龙观镇三合庄村	镇乡结合区
北京市昌平区东方红学校	北京市昌平区北七家镇燕丹村东	主城区
北京昌平雨竹学校	北京市昌平区东小口镇兰各庄村	城乡结合区
北京市昌平区海清学校	北京市昌平区马池口镇白浮村	主城区
北京市昌平区博智学校	北京市昌平区小汤山镇小东流村	村庄
北京市昌平区南七家村实验学校	北京市昌平区回龙观镇三合庄村	村庄
北京市昌平区智泉学校	北京市昌平区北七家镇南七家村	镇乡结合区
北京市昌平区华成学校	北京市昌平区北七家镇东三旗村 506 号	镇中心区
北京市昌平区新源学校	北京市昌平区北七家镇蓬莱公寓	镇乡结合区
北京铭师实验学校	北京市昌平区回龙观镇龙泽苑东区 26 号	主城区

昌平区中学名录（61）

单　位	地　址	驻地城乡
北京市昌平区第一中学	北京市昌平区城北街道东关路 16 号	主城区
北京市昌平区第二中学	北京市昌平区城北街道政府街 5 号	主城区
北京市昌平区第三中学	北京市昌平区城北街道西关北果园	主城区
北京市昌平实验中学	北京市昌平区城北街道永安里振兴路 101 号	主城区
北京市昌平区前锋学校	北京市昌平区水库路 20 号	主城区
北京市昌平区第四中学	北京市昌平区城北街道永安路 5 号	主城区
北京市昌平区第五中学	北京市昌平区昌平镇城北街道富康路 22 号	主城区
北京市昌平区第六中学	北京市昌平区城北街道西环南路 31 号	主城区
北京市昌平区南口学校	北京市昌平区南口镇南大街 8 号	主城区

北京市昌平区陈庄中学	北京市昌平区南口镇陈庄村	村庄
北京市昌平区南口铁道北中学	北京市昌平区南口镇道北西区 593 号	主城区
北京市第十五中学南口学校	北京市昌平区南口镇陈庄村	村庄
北京市昌平区桃洼学校	北京市昌平区南口镇前洼村 999 号	村庄
北京市昌平区亭自庄学校	北京市昌平区马池口镇北小营村	主城区
北京市昌平区马池口中学	北京市昌平区马池口镇马池口村	村庄
北京市昌平区沙河中学	北京市昌平区沙河镇太清宫大街 46 号	村庄
北京师范大学昌平附属学校	北京市昌平沙河大学城高教园北三街北侧	主城区
北京市昌平区阳坊中学	北京市昌平区阳坊镇西大街 18 号	镇乡结合区
北京市昌平区二一学校	北京市昌平区阳坊镇防化研究院	镇中心区
北京市昌平区回龙观中学	北京市昌平区回龙观镇三合庄园西侧	特殊区域
首都师范大学附属回龙观育新学校	北京市昌平区回龙观镇龙锦苑三区	主城区
北京市昌平区天通苑学校	北京市昌平区天通苑西三区 13 号	主城区
北京市昌平区中滩中学	北京市昌平区东小口镇中滩村 292 号	主城区
北京市昌平区燕丹学校	北京市昌平区北七家镇燕丹村 1 号	镇乡结合区
北京市昌平区北七家中学	北京市昌平区北七家镇羊各庄村	镇中心区
北京市昌平区平西府中学	北京市昌平区北七家镇宏福苑小区南侧	村庄
首都师范大学附属中学昌平学校	北京市昌平区北七家镇东侧	主城区
北京师范大学第二附属中学未来科技城学校	北京市昌平区北七家镇未来科技城	特殊区域
北京市昌平区小汤山中学	北京市昌平区小汤山镇小汤山村	镇乡结合区
北京市昌平区大东流中学	北京市昌平区小汤山镇大东流村 109 号	村庄
北京市昌平区百善学校	北京市昌平区百善镇孟祖村南	村庄
北京市昌平区南邵中学	北京市昌平区南邵镇南邵村东	镇中心区
北京市昌平区崔村中学	北京市昌平区崔村镇政府街	镇中心区
北京市昌平区上苑中学	北京市昌平区兴寿镇东新城村 78 号	村庄
北京市昌平区兴寿学校	北京市昌平区兴寿镇兴寿村	镇中心区
北京市昌平区下庄学校	北京市昌平区兴寿镇下庄村	村庄
北京市昌平区流村中学	北京市昌平区流村镇北流村	村庄
北京市昌平区十三陵中学	北京市昌平区十三陵镇王庄村东	村庄
北京市昌平区长陵学校	北京市昌平区长陵镇景陵村南侧	村庄
北京市昌平区黑山寨学校	北京市昌平区长陵镇黑山寨村西	村庄
中央民族大学附属中学昌平学校	北京市海淀区法华寺甲 5 号	主城区
北京市昌平职业学校	北京市昌平区沙河镇松兰堡村	主城区
北京中科青云实验学校	北京市昌平区兴寿镇东新城村 78 号	村庄
北京昌平临川育人学校	北京昌平阳坊镇防化学院内	镇中心区
北京昌平敬华实验学校	北京市昌平区崔村镇南庄营临 88 号	村庄
北京市昌平区佳莲学校	北京市昌平区南口镇南大街 8 号	主城区
北京市私立汇佳学校	北京市昌平区城南街道昌怀路 157 号	主城区
北京市昌平区第二中学分校	北京市昌平区城南街道南郝庄	城乡结合区
北京市天通苑中山实验学校	北京市昌平区东小口镇天通苑四区九号	主城区

北京昌平新东方外国语学校	北京市昌平区阳坊镇阳坊工业园区	镇乡结合区
北京王府外国语学校	北京市昌平区平西府王府街11号	镇乡结合区
北京王府学校	北京市昌平区北七家镇王府街11号	镇乡结合区
北京少林武术学校	北京市昌平区回龙观镇昌平路386号	主城区
北京市昌平区特殊儿童教育学校	北京市昌平区流村镇瓦窑村	村庄
北京智光特殊教育培训学校	北京市昌平区西关小区西500米	城乡结合区
北京市商业学校	北京市昌平区北七家镇曹八西路28号	村庄
北京市昌平卫生学校	北京市昌平区城北街道东环路南段	主城区
北京铁路电气化学校	北京市昌平区南口镇文化路1号	主城区
北京市昌平职业学校	北京市昌平区沙河镇松兰堡村	主城区
北京少林武术学校	北京市昌平区回龙观镇甲一号院	主城区
北京市九华旅游职业学校	北京市昌平区小汤山镇葫芦河村北	镇乡结合区

驻昌公办高校（25所）

名称	地址	电话
中国政法大学	府学路27号	58909058
中国石油大学	府学路19号	89733408
华北电力大学	朱辛庄北农2号	61772535
北京化工大学	东关亢山路	80104006
清华核能与新能源研究院	南口虎峪	89796200
北京大学（管理办公室）	十三陵西山口	89747371
中央财经大学	沙河大学城	61776677
北京航空航天大学	沙河大学城	61716607
北京邮电大学	北七家郑各庄	58828588　58828568
北京农学院	朱辛庄北农1号	80799008
北京联合大学	十三陵石牌坊	80121372　80121212
北京外交学院	沙河大学城	81754788
中央戏剧学院	北七家郑各庄	56620312
北京华文学院	沙河七里渠	80709961
北京交通职业技术学院	城南邓庄村东	80101619
北京劳动保障职业学院	南口路32号	80114086
北京农业职业学院	回龙观二拨子	52781223
国家检察官学院	百善百沙路9号	61719029
国防大学防务学院	府学路15号	66743041
装备学院沙河校区	沙河215号	66366804
装备学院昌平士官学校	府学路7号	66744056
防化学院	阳坊镇	66756020

武警警种学院	南口镇	69787118
武警北京指挥学院	南口镇	57331111
北京警察学院	南口镇南涧路 11 号	89767051

驻昌平民办大学名录（11 所）

单位名称	地 址	电 话
北京科技职业学院	沙河沙阳路 18 号	58911059
北京科技经营管理学院	沙河镇丰善村东	51731650
北京吉利学院	马池口	60753668
北京汇佳职业学院	科技园区创新路 20 号	51631166
北京工商管理专修学院	南口镇南大街 21 号	89794136
北京涉外经济专修学院	十三陵石牌坊	80108445
北京应用技术大学	霍营农垦学院	81700923
北京演艺专修学院	沙河定泗路信苑	69730217
北京翻译研修学院	阳坊防化学院院内	69731022
北京国际商务学院	回龙观育荣学院	80729325
北京新亚研修学院	沙河 215 号	66366896

民办培训机构（73 个）

单位名称	地址	邮编
昌平金色摇篮培训学校	昌平区流村镇王家园自然村旧址	102202
昌平区东沙文化培训学校	昌平区北七家镇东沙各庄村	102209
昌平京都府汽车驾驶学校	昌平马池口镇辛店村	102200
昌平区统计干部培训学校	昌平西环路 17 号统计局	102200
昌平民远文化技术培训学校	昌平区西环路 16 号 1 幢四层 401-404	102200
昌平职工文化技术培训学校	昌平区城南街道南环东路 1 号	102200
亚北培训学校	昌平区北七家八仙庄	102209
工美职业培训学校	昌平区回龙观西三旗环岛路北	100085
北方汽车驾驶学校	昌平马池口镇马池口村	102204
昌平区供销培训学校	昌平区沙河镇巩华大街 73 号	102206
交通职业技术培训中心	昌平区邓庄村东	102200
昌平农家女实用技能培训学校	昌平小汤山镇大东流村	102211
国家档案局档案干部教育中心培训部	昌平区东小口镇霍营黄平路	102209

中昌现代疼痛医学培训中心	昌平区东环路昌平卫校内	102200
友邦文化艺术培训学校	昌平区实验小学	102208
昌平光大文化技术培训学校	昌平政府街12号水产公司6楼	102200
昌平东方特色医药培训学校	昌平区西环路56号	102200
昌平中建协项目管理培训中心	昌平区小汤山镇龙脉温泉	102211
智光特殊教育培训学校	昌平城北街道南郝庄	102208
昌平现代文化培训学校	昌平区东小口镇霍营	102208
昌平童创美术培训学校	昌平区燕平路清秀园一号楼	102200
昌平恒峰文化技术培训学校	昌平区北环路2号综合楼	102200
昌平阳坊胜利培训学校	昌平区阳坊镇西贯市	102205
昌平区金山文化培训学校	昌平区回龙观西大街龙观大厦5层	102209
航空运输培训中心	昌平区兴寿镇麦新路88号	102206
昌平思搏拓展培训学校	昌平长陵镇碓臼峪双龙山森林公园	102213
现代中高级专业人才培训中心	昌平区沙河镇松兰堡	102206
昌平区汉章针刀医学研究院培训学校	昌平区沙河镇北大桥	102206
昌平迈得高外国语学校	昌平城北街道新魁公寓32–5	102200
昌平金鲁班建筑培训学校	昌平科技园区富康路22号建委企管科	102200
北科院交园汽车驾驶学校	昌平区城北街道水库路52号	102206
昌平区育华艺术学校	昌平北七家镇白庙工业园区1号院	102209
昌平兰涛文化艺术培训学校	天通苑小区5区29楼2门901	102209
仁达教育培训中心	昌平十三陵镇石牌坊村南	102202
昌平中法网文化教育培训学校	昌平区兴寿镇桃峪口	102212
昌平府学教育培训中心	昌平区府学路35号	102200
昌平区东方剑桥培训学校	昌平东小口镇天通苑小区四区九号	102218
昌平巨人文化艺术培训学校	昌平区新新公寓底商政府街4—1号至4—9号	100085
昌平方舟科技文化培训学校	昌平镇东环路136号	102200
昌平区星光舞蹈艺术培训学校	昌平区回龙观文化居住区风雅园三区13号	102208
昌平砺志国防教育培训学校	昌平区南口镇后桃洼村	102202
昌平区文新剑桥英语培训学校	昌平区西环路天泽苑一号	102200
昌平区东方金子塔儿童潜能培训学校	昌平区北环路二号综合楼四层	102200
昌平奕青华乐艺术培训学校	昌平区天通苑东一区2号楼	102218
昌平盛华人才培训中心	昌平区南口农场二分场原场部	102200
昌平广通道路运输培训学校	昌平区科技园区创新路8号	102200
国家法官学院培训中心	昌平区府学路甲15号	102200
昌平区辅英学苑文化培训学校	昌平区鼓楼东街43号	102200
昌平区博才教育培训学校	昌平区鼓楼西街天泽苑167	102200
昌平区京师文化培训学校	昌平区北环路3号	102200
昌平区医药实用技术培训学校	昌平区东环路南段	102200
昌平区全池博爱语言培训学校	昌平区沙河镇七里渠南村319号	102208
昌平龙门育才文化培训学校	昌平区十三陵镇西山口村（北大昌平校区内）	102200

昌平展望未来培训学校	昌平区回龙观镇黄平路 19 号院 2 号	102212
昌平若森数字媒体培训学校	昌平区回龙观建材西路 87 号院新龙大厦	102200
昌平区八维世纪行文化培训学校	昌平区回龙观文化居住区风雅园三区 13 号	102208
昌平区妙峰书苑培训学校	昌平区阳坊镇阳坊村西大街 16 号	102205
昌平佳域融合语言文化培训学校	昌平区回龙观文化居住区云趣园一区四号楼	102208
昌平区优美儿童培训学校	回龙观镇二拨子路东时代文具公司内	102208
昌平区领语堂培训学校	东小口镇立汤路 186 号龙德广场	102209
昌平区退休干部培训学校	昌平区城北北环中山路口退休干部活动中心	102200
昌平区轨道交通培训学校	昌平区南口镇文化路	102202
昌平区睿博文化培训学校	昌平区东小口镇七里渠南村工业园	102206
昌平区常青藤儿童教育培训学校	昌平区回龙观文华东路 10 号	102208
昌平区点点奇教育培训学校	昌平区回龙观育知东路 37 号	102208
昌平区学之道文化培训学校	昌平镇东门外手表厂院内	102200
昌平区创艺人才培训学校	昌平西环里 42 号楼东侧	102200
昌平区晨新培训学校	昌平区南口镇交通街 9 号	102202
昌平凡想人创成教育培训学校	昌平西环路酒厂综合楼 2 号楼 1 号	102200
昌平区新天方培训学校	昌平区沙河镇七里渠南村 531 号北教学楼西段一层	102206
昌平区学而思培训学校	昌平区回龙观西大街 118 号龙冠置业大厦 A 座三层	102208
昌平区京伟文化培训学校	昌平区东环路 136 好（方舟书苑后楼）	102200
昌平速通培训学校	昌平科技园白浮泉路 10 号 2 号楼 12 层	102200

昌平区文物保护单位名录

世界文化遗产（2处）

明十三陵
明万里长城北京段昌平部分

国家级文物保护单位（6处）

名称	类别	地址	年代	公布时间
明十三陵	古墓葬	十三陵镇	明	1961年
居庸关－云台	古建筑	南口镇居庸关村	元	1961年
银山塔林	古建筑	延寿镇湖门村	辽金	1988年
万里长城	古建筑	流村镇长峪城村	明	2009年
大运河－白浮泉遗址	古遗址、古建筑	城南街道化庄村	元、明	2013年
京张铁路	近现代	重要建筑南口镇	清、民国	2013年

市级文物保护单位（3处）

名称	类别	地址	年代	公布时间
朝宗桥	古建筑	沙河镇	明	1984年
巩华城	古建筑	沙河镇	明	1995年
和平寺	古建筑	南口镇花塔村	清	1995年

市级地下文物埋藏区（3处）

名称	类别	地址	年代	公布时间
雪山	古遗址	南口镇雪山村	新石器	1993年
张营	古遗址	南邵镇张营村	商周	1993年
桃林	古墓葬	兴寿镇桃林村	辽金	2011年

区级文物保护单位（75 处）

名称	类别	地址	年代	公布时间
五街清真寺	古建筑	城北街道五街	清	2003 年
一中关帝庙	古建筑	城北街道东关路	清	2003 年
六街城隍庙	古建筑	城北街道政府街	清	2003 年
南口城	古建筑	南口镇南口村	明	2003 年
上关城	古建筑	南口镇四桥子村	明	2003 年
南口宝林寺	古建筑	南口镇兴隆街	民国	2003 年
南口村清真寺	古建筑	南口镇南口村	清	2003 年
西沙屯村药王庙	古建筑	沙河镇西沙屯村	清	2003 年
七里渠村观音庵	古建筑	沙河镇七里渠村	清	2003 年
南一村清真寺	古建筑	沙河镇南一村	清	2003 年
沙河镇关帝庙	古建筑	沙河镇医院	清	2003 年
慈悲峪村福庆庵	古建筑	延寿镇慈悲峪村	清	2003 年
昭陵村关帝庙	古建筑	十三陵镇昭陵村	清	2003 年
长峪城永兴寺	古建筑	流村镇长峪城村	清	2003 年
海字村九圣庙	古建筑	延寿镇海字村	清	2003 年
西新城村双泉寺	古建筑	兴寿镇西新城村	清	2003 年
大羊山寺庙遗址	古遗址	兴寿镇大羊山	明	2003 年
木厂村石佛寺	古建筑	延寿镇木厂村	明	2003 年
桃林村东岳庙	古建筑	兴寿镇桃林村	清	2003 年
西贯市清真寺	古建筑	阳坊镇西贯市村	清	2003 年
阳坊镇药王庙	古建筑	阳坊镇阳坊村	清	2003 年
上埝头村九圣庙	古建筑	马池口镇上埝头村	清	2003 年
阿苏卫村关帝庙	古建筑	小汤山镇阿苏卫村	清	2003 年
土沟村普庆寺	古建筑	小汤山镇土沟村	清	2003 年
回龙观村玉光寺	古建筑	回龙观镇回龙观村	清	2003 年
黄土东村真武庙	古建筑	回龙观镇黄土东村	清	2003 年
半截塔	古建筑	东小口镇半截塔村	辽	2003 年
酸枣岭村大兴寺	古建筑	小汤山镇酸枣岭村	清	2011 年
小东流村双观音庵	古建筑	小汤山镇小东流村	清	2011 年
单村菩萨庙	古建筑	东小口镇单村	清	2011 年
南七家村关帝庙	古建筑	北七家镇南七家村	清	2011 年
南口村东岳庙	古建筑	南口镇南口村	清	2011 年
东闸村关帝庙	古建筑	马池口镇东闸村	清	2011 年
亭自庄村娘娘庙	古建筑	马池口镇亭自庄村	清	2011 年

回龙观村菩萨庙	古建筑	回龙观镇回龙观村	清	2011年
下庄村菩萨庙	古建筑	兴寿镇下庄村	清	2011年
肖村关帝庙	古建筑	兴寿镇肖村	清	2011年
东新城村真武庙	古建筑	兴寿镇东新城村	清	2011年
虎峪城	古遗址	南口镇虎峪村	战国	2003年
佛岩寺遗址	古遗址	南口镇湾子村	金	2003年
白羊城	古遗址	流村镇白羊城村	明	2003年
长峪城	古遗址	流村镇长峪城村	明	2003年
马刨泉古长城遗址	古遗址	流村镇马刨泉村	战国	2003年
东燕州城	古遗址	兴寿镇西新城村	唐	2003年
军都故城	古遗址	马池口镇土城村	战国	2003年
小汤山温泉遗址	古遗址	小汤山镇疗养院	清	2003年
沟沟崖寺庙遗址	古遗址	十三陵镇德胜口村	明	2003年
仙人洞	古遗址	十三陵镇仙人洞村	明	2003年
二道河寺庙遗址	古遗址	阳坊镇二道河村	清	2011年
江米泉寺庙遗址	古遗址	兴寿镇半壁店村	清	2011年
李公墓	古墓葬	南口镇南口村	明	2003年
马国柱墓	古墓葬	南口镇东园子村	清	2003年
孙公墓	古墓葬	南口镇东园村	明	2003年
庆禧亲王家族墓地	古墓葬	流村镇白羊城村	清	2003年
杨增新墓	古墓葬	沙河镇南一村	民国	2003年
恭亲王墓	古墓葬	崔村镇麻峪村	清	2003年
何营村伯哈智墓	古墓葬	南邵镇何营村	明	2003年
王氏墓	古墓葬	南口镇臭泥沟村	明	2011年
张公墓	古墓葬	流村镇马刨泉村	明	2011年
文物石刻园	石窟寺及石刻	城北街道南大街	唐～民国	2003年
龙潭石刻	石窟寺及石刻	南口镇龙潭村	明	2003年
仙枕石刻	石窟寺及石刻	南口镇居庸关村	明	2003年
摩崖造像	石窟寺及石刻	南口镇四桥子村	元	2003年
南庄村经幢	石窟寺及石刻	延寿镇南庄村	金	2003年
北庄村石塔	石窟寺及石刻	延寿镇北庄村	明	2003年
昌平烈士陵园	近现代重要建筑	城北街道西关	现代	2003年
西山惨案纪念碑	近现代重要建筑	流村镇溜石港村	现代	2003年
高崖口烈士纪念碑	近现代重要建筑	流村镇狼儿峪村	现代	2003年
桃林烈士陵园	近现代重要建筑	兴寿镇桃林村	现代	2003年
周德纯烈士墓	近现代重要建筑	崔村镇东崔村	现代	2003年
摩崖石刻	近现代重要建筑	阳坊镇防化学院	明～民国	2003年
嵩年墓碑	近现代重要建筑	东小口镇太平庄村	清	2003年
十三陵水库纪念碑	近现代重要建筑	十三陵水库大坝东端	现代	2003年
大汤山烈士陵园	近现代重要建筑	小汤山镇大汤山村	现代	2011年

上店烈士陵园	近现代重要建筑	流村镇上店村	现代	2011 年

区级地下文物埋藏区（11 处）

名称	类别	地址	年代	公布时间
龙山地下埋藏区	古墓葬	昌平镇化庄村南	西周	2003 年
阳坊地下埋藏区	古墓葬	阳坊镇阳坊村东	唐	2003 年
史家桥地下埋藏区	古墓葬	阳坊镇史家桥村	西汉	2003 年
小沙河地下埋藏区	古墓葬	沙河镇小沙河村	西汉	2003 年
上苑地下埋藏区	古墓葬	兴寿镇上苑村西北	唐	2003 年
半壁店地下埋藏区	古墓葬	兴寿镇半壁店村南	唐	2003 年
半壁街地下埋藏区	古墓葬	百善镇半壁街村南	唐	2003 年
东营地下埋藏区	古墓葬	南邵镇东营村	战国	2003 年
太平庄地下埋藏区	古墓葬	南口镇太平庄村北	清	2003 年
北郝庄地下埋藏区	古墓葬	昌平镇北郝庄	辽金	2003 年
宝山遗址	古遗址	十三陵水库北	史前	2003 年

昌平区医疗机构名录

（注：因篇幅有限，本名录中不含门诊部、医务室、诊所、村医务室、社区卫生服务站等医疗机构）

机构名称	地址	电话
中国政法大学校医院	城北街道府学路27号院2号楼	58909221
中国石油大学（北京）医院	城北街道府学路18号院内	89733164　89731605
华北电力大学医院	回龙观镇朱辛庄	80798577　80795666
公安部秦城监狱医院	昌平区秦城一号	61729516
北京银河口腔医院	昌平区回南路九号院41号楼	82567890
北京亚美医院	昌平区天通苑五区商业配套楼西二区19-4-102、5-101	84844310　13146525158
北京新宇医院	昌平区平西府大街43号	80666718　13693135052
北京天苑医院	昌平区天通苑东三区56楼	61764846
北京太阳城医院	昌平区立汤路30号	81764861　13552361232
北京太申祥和中医医院	昌平区太申祥和山庄（国际敬老院）	80713809
北京首钢股份有限公司第一线材厂昌平职工医院	沙河镇沙阳路南24号院内85号、86号	69738404
北京市亚太中医骨科医院	昌平区天通苑北二区甲13号楼1-101室	84843928　13901310344
北京市平板玻璃工业公司职工医院	南口镇南大街6号	13901049807
北京市南口农场职工医院	南口镇南口农场内	69781498
北京市第二社会福利院附属医院	北七家镇曹八西路26号	81761446　13651382455
昌平区中医医院天通苑分院	东小口镇天通苑西一区25号楼	84825810　84816240
昌平区中医医院鼓楼分院	城北街道六街献陵卫胡同16号	69742085
昌平区中医医院	城北街道东环路南段、昌平区星火街9号	69742196
昌平区中小学卫生保健站	城北街道府学路35号	69745817
昌平区中西医结合医院	东小口镇霍营村黄平路219号	69791530
昌平区中联燕龙医院	城北街道西关三角地综合楼12号	69728800
昌平区益明医院	沙河镇满井北路31号	60747231
昌平区医院	城北街道鼓楼北街9号	69742509
阳坊社区卫生服务中心	阳坊镇阳坊村	69766084　69762823
延寿社区卫生服务中心	十三陵镇景陵村	60762086
兴寿社区卫生服务中心	兴寿镇兴寿村	61726799
小汤山社区卫生服务中心	小汤山镇小汤山村南	61781542
昌平区天通苑中医医院	昌平区天通苑东一区9号楼	61766485
十三陵社区卫生服务中心	十三陵镇胡庄村	89761433　89763221
昌平区沙河中西医结合医院	沙河镇巩华城大街42号	80706066　13126699009　80706120
昌平区沙河医院	沙河镇扶京门路22号	69731335

沙河社区卫生服务中心	沙河镇展思门路 5 号	69731253 80728568
南邵社区卫生服务中心	南邵镇南邵村东	60735776
南口医院	南口镇南辛路 2 号	69771229
南口铁路医院	南口镇新兴路 8 号	51014040
南口社区卫生服务中心	南口镇兴隆街 3 号	51642228
马池口社区卫生服务中心	马池口镇北小营村	60771904 60756310
流村社区卫生服务中心	流村镇北流村	89778043
昌平区精神卫生保健院	沙河镇豆各庄 1 号	69731082
昌平区京北新世纪妇科医院	北京市昌平区永安路 18–4、18–5 号	80112020 13801389985
昌平区结核病防治所	城北街道八街	69709896
昌平区计划生育生殖健康技术服务中心	城北街道煤市口胡同 2 号	80109647
昌平区汇仁医院	东小口镇天通苑 1310 号	84826760 84826770
回龙观社区卫生服务中心	回龙观镇政府东侧、回龙观小区龙锦二街 90 号	62716886
昌平区妇幼保健院	城北街道北环路 1 号	69746091
东小口社区卫生服务中心	东小口镇陈营村北	84812601
崔村社区卫生服务中心	北京市昌平区崔村镇政府街	60726739
城区社区卫生服务中心	城北街道南环里 53 号	13911066556 69706816
昌平区博仁医院	城南街道水屯商业街 2 号楼	80103919 13716768033
北七家社区卫生服务中心	北七家镇定泗路北侧	69751164 69756429
昌平区北城中医医院	回龙观文华东路龙跃苑一区 F0335（18 号楼）1—3 号	87276999
昌平区百善社区卫生服务中心	百善镇百善村	69789134
北京神康康复医院	沙河镇满井西村昌平路 100 号	82890431
北京上善医院	东小口镇中滩村东 4 号	61794698
北京睿养中医医院	回龙观镇良庄街 4 号楼 03/04	80199969
北京农学院校医院	朱辛庄北农路 7 号	80799100
北京龙禧医院	回龙观文化居住区龙禧三街及七北路平西府村西	81793485 13439651886
北京六合医院	昌平区天通苑东一区 33 号楼	61794687
北京九洲医院	城北街道宁馨苑小区 13 号楼	69710118
北京九华医院	小汤山镇葫芦河村北	61782288
北京九华温榆河医院	立汤路 26 号院 3 幢	61782288-6217 13716340432
北京汇海医院	天通苑东三区 2 号楼	69733108 18001106809
北京皇城股骨头坏死专科医院	城北街道西关路 27 号	89785854 13521353529
北京环球实业股份有限公司中医医院	东小口镇中滩村 6 号合立方 5–3–108	84844697 18610217071
北京侯丽萍风湿病中医医院	昌平科技园区振兴路 8 号	80111155
北京汉章针刀医院	昌平区天通苑西三区 26 号楼 16 门	80725478 80725466
北京广慈医院	东小口镇天通苑东三区 48 号楼 –2–3 号	80780583
北京大卫中医医院	沙河镇满井村	81722020 15811362663 80722626
北京城北龙城医院	回龙观镇金榜园小区酒楼	62718686
北京长城中医医院	区回龙观风雅园二区 3 号楼	60788885
北京昌平政和中医医院	昌平区昌金路 6 号	60748188

北京昌平圣济骨伤医院	沙河镇踩河新村513号	69735557　13701245139
北京昌平区天通仁和医院	天通苑东一区33-13、33-14	61768010
北京昌平区龙华医院	回龙观龙冠大厦北侧	81794219　80776853
北京昌平区光明骨伤医院	城南街道南大街东巷（机关幼儿园西侧）	69715143
北京昌平京城博爱医院	昌平区一中西侧综合楼	13601313597　69709666
北京保温瓶工业公司职工医院	南口镇交通街1号	89797191
北京安达医院	回龙观龙腾苑三区16号楼	81726626　13910762421

昌平区社区居委会名录

东小口镇社区居委会（4个）

居委会名称	联系电话
森林大第家园南区社区居委会	82919449
森林大第社区居委会	82943651
九台庄园社区居委会	69791528
都市芳园社区居委会	69799206

百善镇社区居委会（2个）

居委会名称	联系电话
善缘家园社区居委会	61738688
林溪园社区居委会	61737112

北七家镇社区居委会（18个）

居委会名称	联系电话
望都家园社区居委会	69757783
冠雅苑社区居委会	89758458
桃园公寓社区居委会	89754071
北亚花园社区居委会	69752643
王府公寓社区居委会	81783817
燕城苑社区居委会	61750800
王府花园社区居委会	81783061
西湖新村社区居委会	89758595
温泉A区社区居委会	81763848
温泉B区社区居委会	81763350
名流花园社区居委会	81757475
名佳花园社区居委会	81758030
美树假日社区居委会	81771349
蓬莱公寓社区居委会	81763735
八仙别墅社区居委会	89753512
宏福苑社区居委会	81789666
宏福苑东区社区居委会	81785809
望都新地社区居委会	80144078

城北街道办事处居委会（43个）

居委会名称	联系电话
一街社区居委会	80103045
水关社区居委会	69723641
昌园社区居委会	80105650
二街社区居委会	69728109
亢山社区居委会	69723616
燕平路社区居委会	80103380
亢山前路社区居委会	89745133
嘉和园社区居委会	61770616
三街社区居委会	69708894
东关北里社区居委会	69727200
北城根社区居委会	69727228
安福苑社区居委会	60700196
北环社区居委会	89710587
裕祥社区居委会	89720624
五街社区居委会	69714257
五城社区居委会	69742889
六街社区居委会	69727148
建明里社区居委会	89704384
八街社区居委会	69723643
灰厂路社区居委会	69701589
玉虚观社区居委会	89784136

西环里社区居委会	89783084
史家坑社区居委会	69743074
清秀园社区居委会	89701468
东关南里社区居委会	80103710
京科苑社区居委会	80107871
京科苑东区社区居委会	80100940
西关社区居委会	80117033
城角路社区居委会	69728026
宅新苑社区居委会	80110630
永安社区居委会	69744050
南关社区居委会	52568212
新悦家园社区居委会	69705887
松园社区居委会	69715466
宁馨苑社区居委会	80107633
国通家园社区居委会	80107553
富松社区居委会	69726592
朝凤社区居委会	60713794
观山悦社区居委会	60713794（暂）
南环里社区居委会	89716797
创新园社区居委会	69723801
政法社区居委会	58909161
创新园南区社区居委会	69723801

城南街道办事处居委会（16 个）

居委会名称	联系电话
凉水河社区居委会	69741710
山峡社区居委会	56915030
化庄社区居委会	89703606
介山社区居委会	60742122
昌盛园社区居委会	60741534
砂石厂社区居委会	60741713
水屯家园社区居委会	80113193
郝庄家园北区社区居委会	89781228
郝庄家园西区社区居委会	89713763
秋实家园社区居委会	80113118
拓然家苑社区居委会	57561878
富泉花园社区居委会	89713237
新汇源社区居委会	89731542
畅春阁社区居委会	60741390
世涛天朗社区居委会	60745375
龙山锦园居委会	56915151

回龙观镇社区居委会（53 个）

居委会名称	联系电话
回龙观社区居委会	82811990
二拨子社区居委会	80796146
北店嘉园社区居委会	81720802
东村家园社区居委会	62710217
良庄社区居委会	80752745
南店社区居委会	62711278
佰嘉城社区居委会	81748928
北郊农场社区居委会	80772419
碧水庄园社区居委会	80715221
昌艺园社区居委会	52566322
风雅园社区居委会	81711108
慧华苑社区居委会	80773162
吉晟别墅社区居委会	62716608
金榜园社区居委会	62717341
龙博苑社区居委会	62716620
龙 城社区居委会	80796064
龙华二社区居委会	80773361
龙华园社区居委会	81794659
龙锦二社区居委会	80753384
龙锦四社区居委会	81744003
龙锦五社区居委会	80753542
龙锦六社区居委会	81744011
龙腾二社区居委会	81710932
龙腾三社区居委会	81737427
龙腾四社区居委会	81713844
龙腾五社区居委会	56218102
龙腾六社区居委会	81737423
龙禧二社区居委会	81749973
龙禧苑社区居委会	81710273
龙乡社区居委会	62711822

龙兴北社区居委会	80794045
龙兴园社区居委会	62938928
龙跃一社区居委会	80753841
龙跃二社区居委会	80753943
龙跃三社区居委会	81744022
龙跃四社区居委会	80753245
龙跃东二社区居委会	80749858
龙跃东四五社区居委会	80749878
龙 泽社区居委会	80772290
龙泽东社区居委会	80773206
农学院社区居委会	80799237
天龙苑社区居委会	81746956
通达园社区居委会	81712374
万 龙社区居委会	62710841
万 润社区居委会	62713315
新康园社区居委会	82954661
新龙城社区居委会	51074560
云趣园社区居委会	81711129
瑞旗家园社区居委会	82462824
国仕汇社区居委会	56457947
智慧社社区居委会	89777309
蓝天嘉园社区居委会	57865072
领秀慧谷社区居委会	80719907

霍营街道办事处社区居委会（19 个）

居委会名称	联系电话
华龙苑南里社区居委会	69791008
华龙苑中里社区居委会	81709892
华龙苑北里社区居委会	69799447
天鑫家园社区居委会	81709309
蓝天园社区居委会	81709300
流星花园社区居委会	81734951
龙回苑社区居委会	80754956
霍营小区社区居委会	81709215
上坡家园社区居委会	60788005
和谐家园社区居委会	81711909
田园风光雅苑社区居委会	81742681
龙锦苑一区社区	81749284
龙锦苑东一区社区居委会	80749816
龙锦苑东二社区居委会	80749802
龙锦苑东三社区居委会	60786171
龙锦苑东四社区居委会	60786192
龙锦苑东五社区居委会	80740449
紫金新干线社区居委会	60770748
霍家营社区居委会	81708729

南口镇居社区委会（11 个）

居委会名称	联系电话
南厂西社区居委会	51640050
南厂东社区居委会	69775502
新兴路社区居委会	51025514
南口村社区居委会	51022304
保温瓶社区居委会	89798935
十一条社区居委会	51642880
兴隆街社区居委会	51642637
隆盛街社区居委会	51640555
玻璃公司社区居委会	51642217
水厂路社区居委会	51640179
南农社区居委会	69781465

沙河镇社区区委会（11 个）

居委会名称	联系电话
北二社区居委会	80727608
东一社区居委会	80727900
南一社区居委会	80722605
西二社区居委会	69732208
沙阳路社区居委会	80725800
站前路社区居委会	51529783
保利罗兰香谷社区	50946288
兆丰家园社区	80703179
北街家园第一社区	69738992

北街家园第二社区	69735068
北街家园第三社区	80720892

十三陵镇社区居委会（2个）

居委会名称	联系电话
胡庄社区居委会	89761781
北新村社区居委会	60762638

天通苑北街道社区居委会(9个)

居委会名称	联系电话
天通东苑第三社区居委会	81779050
天通西苑第二社区居委会	64117861
天通西苑第三社区居委会	64117529
天通西苑第四社区居委会	64123037
天通北苑第一社区居委会	81771035
天通北苑第二社区居委会	81771963
天通北苑第三社区居委会	61769834
天通中苑第一社区居委会	84678634
太平家园社区居委会	84847310

天通苑南街道社区居委会（14个）

居委会名称	联系电话
天通苑第一社区居委会	84819571
天通苑第二社区居委会	84841643
天通东苑第一社区居委会	61768017
天通东苑第二社区居委会	61740947
天通东苑第四社区居委会	81771721
天通西苑第一社区居委会	84846496
奥北中心社区居委会	64126680
北方明珠社区居委会	58608009
顶秀青溪社区居委会	84841123
东辰社区居委会	84845103
清水园社区居委会	64129596
佳运园社区居委会	84845102
嘉诚花园社区居委会	84810186
溪城珑原社区居委会	84675600

马池口镇社区居委会（1个）

居委会名称	联系电话
念头社区居委会	60756885

阳坊镇社区居委会（1个）

居委会名称	联系电话
阳坊社区居委会	69760568

小汤山镇社区居委会（4个）

居委会名称	联系电话
市场街社区居委会	61792754
行政区社区居委会	61793001
大东流社区居委会	61713216
太阳城社区居委会	69750676

南邵镇社区居委会（5个）

居委会名称	联系电话
北郡嘉源社区居委会	57849000
国惠村社区居委会	60775564
路劲·世界城社区居委会	56947113
长滩庭苑社区居委会	60782164
风景丽苑社区	69724611

昌平区村委会名录

东小口镇村民委员会（10 个）

村委会名称	联系电话
中滩村村委员会	84845672
东小口村村委员会	82914995
芦家村村委员会	82915749
单家村村委员会	52572560
店上村村委员会	52572002
兰各庄村村委员会	89217724
半截塔村村委员会	69796989
魏窑村村委员会	69791244
小辛庄村村委员会	69791342
马连店村村委员会	69795996

百善镇村委会（13 个）

村委会名称	联系电话
百善村村委会	61730243
吕各庄村村委会	61730040
上东廓村村委会	61731553
泥洼村村委会	61730117
狮子营村村委会	61730274
下东廓村村委会	61730141
二德庄村村委会	61781814
牛房圈村村委会	61733039
良各庄村村委会	61732708
东沙屯村村委会	61730241
钟家营村村委会	61732250
孟祖村村委会	52700078
半壁街村村委会	61730024

北七家镇村委会（19 个）

村委会名称	联系电话
曹碾村村委会	69750814
八仙庄村村委会	89756143
东二旗村村委会	69750778
羊各庄村村委会	89753207
沟自头村村委会	69757778
岭上村村委会	69752864
北七家村村委会	69751854
鲁疃村村委会	69756167
燕丹村村委会	61759262
海鹊落村村委会	61753526
南七家村村委会	61744932
歇甲庄村村委会	81756396
平西府村村委会	81782320
郑各庄村村委会	81782823
白庙村村委会	81785013
东沙各庄村村委会	89753859
平坊村村委会	69750398
东三旗村委会	61758914
西沙各庄村村委会	89755988

城北街道办事处村委会（5 个）

村委会名称	联系电话
二街村村委会	80105366
三街村村委会	69742403
六街村村委会	69746270
西关村村委会	69742080

朝凤村村委会	60713109

城南街道办事处村委会（5个）

村委会名称	联系电话
旧县村村委员会	89745992
邓庄村村委员会	89705402
北郝庄村村委员会	80101637
南郝庄村村委员会	80101737
水屯村村委员会	89747456

崔村镇村委会（12个）

村委会名称	联系电话
棉山村村委员会	60721030
西辛峰村村委员会	60722570
大辛峰村村委员会	60721846
西崔村村委员会	60721373
东崔村村委员会	60721384
南庄营村村委员会	61725071
南庄村村委员会	61725064
麻峪村村委员会	60723188
香堂村村委员会	60721458
真顺村村委员会	60721366
八家村村委员会	60721363
西峪村村委员会	60721131

回龙观镇村委会（6个）

村委会名称	联系电话
东半壁店村村委会	52569330
西半壁店村村委会	80716795
史各庄村村委会	81716579
定福皇庄村村委会	69739831
朱辛庄村村委会	80719920
三合庄村村委会	81793019

流村镇村委会（28个）

村委会名称	联系电话
上店村村委会	89772003
下店村村委会	89771862
南流村村委会	89771164
北流村村委会	89771513
西峰山村委会	89771194
白羊城村村委会	89773107
新建村村委会	89771152
古将村村委会	89771762
黑寨村村委会	89771184
北庄村村委会	89771134
王园村村委会	89771022
漆园村村委会	89778321
王峪村村委会	89778604
瓦窑村村委会	89779551
小水峪村委会	89778431
高口村村委会	89778427
新开村村委会	89778893
溜石港村委会	89779419
发电站村委会	89779561
菩萨鹿村委会	89778798
韩台村村委会	89779218
狼儿峪村村委会	89778536
北照台村村委会	89778630
马刨泉村村委会	80192070
老峪沟村村委会	80192108
禾子涧村村委会	80192790
黄土洼村村委会	80192286
长峪城村村委会	80192955

南口镇村委会（28个）

村委会名称	联系电话

雪山村村委会	89749184
七间房村村委会	89791398
红泥沟村村委会	69778746
太平庄村村委会	69778762
陈庄村村委会	69778713
辛力庄村村委会	69776788
龙虎台村村委会	69783659
虎峪村村委会	69778615
居庸关村村委会	69777574
檀峪村村委会	69782481
王庄村村委会	69778417
曹庄村村委会	89799122
花塔村村委会	69778497
长水峪村村委会	69781538
新元村村委会	69778457
马坊村村委会	89796941
后桃洼村村委会	89794955
南口镇村村委会	69778744
龙潭村村委会	69779037
燕磨峪村村委会	89791588
马庄村村委会	69778747
南口村村委会	69772619
羊台子村村委会	89797174
前桃洼村村委会	89797164
兴隆口村村委会	89790339
响潭村村委会	69777483
西李庄村村委会	69774094
东李庄村村委会	89794680

沙河镇村委会（22 个）

村委会名称	联系电话
东一村村委会	69731443
西二村村委会	52573381
南一村村委会	69731262
北二村村委会	69732795
老牛湾村村委会	69731072
踩河新村村委会	69731318
西沙屯村村委会	80761236
小寨村村委会	80761028
满井东队村委会	69731405
满井西队村委会	80719104
路庄村村委会	80727816
大洼村村委会	80761358
王庄村村委会	80761037
丰善村村委会	80703179
于辛庄村村委会	52560359
辛力屯村村委会	61732423
松兰堡村村委会	80717519
白各庄村村委会	69733085
豆各庄村村委会	58825483
七里渠北村村委会	80727545
七里渠南村村委会	51645551
小沙河村村委会	69737543

十三陵镇村委会（38 个）

村委会名称	联系电话
麻峪房村村委会	89721031
泰陵村	89722485
碓臼峪村村委会	89721939
锥石口村村委会	89721009
下口村村委会	89721131
上口村村委会	89721958
大岭沟村村委会	89721408
涧头村村委会	89719034
康陵园村村委会	89761218
西山口村村委会	69740274
泰陵园村村委会	89762088
胡庄村村委会	89761400
德陵村村委会	60761704
永陵村村委会	60761129
茂陵村委会	60763921
长陵园村村委会	89763699
石头园村村委会	89722799
燕子口村村委会	60761317

康陵村村委会	89722119
南新村村委会	89763319
仙人洞村村委会	89761592
万娘坟村村委会	89761402
果庄村村委会	89762880
王庄村村委会	89762262
德胜口村村委会	60762490
大宫门村村委会	80109936
东水峪村村委会	60762534
小宫门村村委会	89763480
景陵村村委会	60761135
悼陵监村村委会	89761564
长陵村村委会	60761327
裕陵村村委会	60761136
老君堂村村委会	60761468
昭陵村村委会	60761261
石牌坊村村委会	69740324
黄泉寺村村委会	60761193
庆陵村村委会	60761133
献陵村村委会	60761137

天通苑北街道村民委员会(3个)

村委会名称	联系电话
太平庄村村委员会	64124900
白坊村村委员会	61742562
狮子营村村委员会	81774284

天南街道村委会（1个）

村委会名称	联系电话
陈营村村委会	84840486

兴寿镇村委会（21个）

村委会名称	联系电话
兴寿村村委会	61725284
桃林村村委会	61726042
辛庄村村委会	61726134
沙坨村村委会	61726170
香屯村村委会	61787083
肖村村村委会	61781103
东庄村村委会	61726154
秦城村村委会	61726114
象房村村委会	61726072
下苑村村委会	61707041
秦家屯村村委会	61707043
暴峪泉村村委会	61707004
上西市村村委会	61707049
半壁店村村委会	61707048
桃峪口村委会	61708524
西营村村委会	61707046
东营村村委会	61707024
麦庄村村委会	61707288
东新城村村委会	61707064
西新城村村委会	61707042
上苑村村委会	61707097

马池口镇村委会（20个）

村委会名称	联系电话
乃干屯村村委会	60756424
丈头村村委会	60756425
上念头村村委会	89745049
下念头村村委会	60751180
土城村村委会	60758099
土楼村村委会	69771036
东坨村村委会	80715885
东闸村村委会	69734148
北小营村村委会	60758014
北庄户村村委会	69734146
白浮村村委会	60771366
百泉庄村村委会	89748181
西坨村村委会	69733444

宏道村村委会	60771640
辛店村村委会	60756417
亭自庄村村委会	60756404
畲沧屯村村委会	89711702
葛村村村委会	60750035
楼自庄村村委会	60771456
横桥村村委会	60771224

延寿镇村委会（17 个）

村委会名称	联系电话
慈悲峪村村委会	89728776
南庄村村委会	89727054
北庄村村委会	89728058
辛庄村村委会	89727084
黑山寨村村委会	89727296
分水岭村村委会	89727556
望宝川村村委会	89728683
沙岭村村委会	89727467
木厂村村委会	61796444
百合村村委会	89726442
上庄村村委会	89725911
下庄村村委会	89726141
湖门村村委会	89725538
西湖村村委会	89726049
花果山村村委会	89726445
海字村村委会	89726340
连山石村村委会	61796813

阳坊镇村委会（10 个）

村委会名称	联系电话
八口村村委会	69765859
东贯市村村委会	69760465
史家桥村村委会	69768365
四家庄村村委会	69762198
后白虎涧村村委会	69760515
西马坊村村委会	69760616
西贯市村村委会	52567110
阳坊村村委会	69762698
前白虎涧村村委会	69765612
辛庄村村委会	69765093

小汤山镇村委会（24 个）

村委会名称	联系电话
土沟村村委会	69751041
大东流村村委会	61711482
大汤山村村委会	61785411
大柳树村村委会	61785049
大赴任庄村村委会	61711496
小东流村村委会	61711034
小汤山村村委会	61781230
小赴任庄村村委会	61711048
马坊村村委会	61792378
东官庄村村委会	61711042
后牛坊村村委会	61781225
后蔺沟村村委会	61711136
西官庄村村委会	61711452
讲礼村村委会	61784967
阿苏卫村村委会	61784815
官牛坊村村委会	61784969
酸枣岭村村委会	61711032
前蔺沟村村委会	61711049
南官庄村村委会	61711604
赴任辛庄村村委会	61711483
常兴庄村村委会	61781794
葫芦河村村委会	61781024
赖马庄村村委会	61711124
尚信村村委会	61784968

南邵镇村委会（16 个）

村委会名称	联系电话

三合庄村村委会	60735982	张营村村委会	60730240
小北哨村村委会	60732104	辛庄村村委会	60732247
东营村村委会	60732254	官高村村委会	60732235
北邵洼村村委会	60732250	金家坟村村委会	60732053
四合庄村村委会	60731678	南邵村村委会	60735991
纪窑村村委会	60732141	姜屯村村委会	69712248
何营村村委会	60732154	营坊村村委会	60735724
张各庄村村委会	60734164	景文屯村村委会	69712243

索　引

说　明

· 本索引采取主题索引也称内容分析索引法编纂。主题词（标目）以《昌平年鉴》（2015）版正文中出现的专业名词、名词词组、地名、机构名、人名为主。

· 特载、大事记、统计表等栏目内容不在标引范围内。

· 本索引基本按汉语拼音音序排列，汉字打头的标目按首字的音序音调依次排列，首字相同时，则以第二字排序，依此类推进；以阿拉伯数字打头的主题词，排在最前面以英文字母打头的主题词，列于其后。

· 本索引的文字部分为标目，标目之后的阿拉伯数字表示该标目所在正文中的页码（地址项），其后的小写英文字母（a、b）表示正文中的栏别（从左至右）。

· 部分标目前后面有若干页码，则表示该标目均在这些地方出现。

字　符

数 字

A

B

C

D

E

F

G

H

J

K

L

M

N

P

Q

R

S

T

X

Y

Z